U0901011

中国地质调查局年鉴

Yearbook of China Geological Survey

2015

中国地质调查局 编

地质出版社

·北 京·

图书在版编目（CIP）数据

中国地质调查局年鉴．2015／中国地质调查局编．
—北京：地质出版社，2017.3
ISBN 978－7－116－10289－7

Ⅰ．中…　Ⅱ．①中…　Ⅲ．①地质调查－概况－中国
－2015－年鉴　Ⅳ．①P622－54

中国版本图书馆 CIP 数据核字（2017）第 035282 号

Zhongguo Dizhi Diaochaju Nianjian · 2015

责任编辑：李　莉
责任校对：王　瑛
出版发行：地质出版社
社址邮编：北京海淀区学院路 31 号，100083
电　　话：（010）66554653（邮购部）；（010）66554629（编辑室）
网　　址：http://www.gph.com.cn
传　　真：（010）66554629
印　　刷：北京地大彩印有限公司
开　　本：787 mm × 1092 mm 1/16
印　　张：36　　图　版：16 面
字　　数：1145 千字
版　　次：2017 年 3 月北京第 1 版
印　　次：2017 年 3 月北京第 1 次印刷
定　　价：200.00 元
书　　号：ISBN 978－7－116－10289－7

1. 领导关怀

2015 年 12 月 4 日，国土资源部部长、党组书记、国家土地总督察姜大明（前左一）赴青岛海洋地质研究所东部科研基地调研指导工作。部党组成员、副部长汪民，部党组成员、中国地质调查局局长、党组书记钟自然（前右二），山东省委常委、青岛市委书记李群（前右三），山东省人民政府副省长王书坚（前左二）等陪同调研。

2015 年 5 月 26 日，国土资源部党组成员、中央纪委驻部纪检组组长赵凤桐（右二）赴中国地质科学院地质力学研究所调研。

2. 局领导活动

2015年5月18日，国土资源部党组成员，中国地质调查局局长、党组书记钟自然（前左三）赴中国地质调查局油气资源调查中心调研。

2015年10月31日，中国地质调查局党组副书记、副局长王研（左三）赴陕西宜川县宜参1井现场调研。

2015年9月15日，中国地质调查局党组成员、副局长王学龙（前右三）赴北京市通州区一建设项目地质勘察现场调研。

2015年6月27日，中国地质调查局党组成员、副局长李金发（前左二）赴贵州省六盘水市页岩气项目野外现场调研。

2015 年 12 月 28 日，中国地质调查局党组成员、纪检组长李海清（前左二）赴中国地质科学院水文地质环境地质研究所调研。

2015 年 8 月 26 日，中国地质调查局党组成员，中国地质科学院党委书记、副院长王小烈（前右三）赴松辽盆地外围油气调查项目野外现场调研。

3. 重要会议和活动

2015 年 1 月 27 日，2015 年全国地质调查工作会议在北京召开。

2015 年 5 月 22 日，中国地质调查局“三严三实”专题教育动员大会在北京召开。

2015 年 6 月 3 日，中国地质调查局与北京大学在北京签署天然气水合物创新战略联盟合作协议。

2015 年 6 月 16 日，中国地质调查局海洋装备应用研讨会暨船舶建造合同签字仪式在北京举行。

2015年6月24日，中国地质调查局与浙江省人民政府在杭州举行推进浙江省地质调查工作战略合作协议签字仪式。

2015年8月25日，由国土资源部和国务院参事室、中央文史研究馆联合主办，中国地质调查局和国土资源部矿产资源储量司承办的纪念中国人民抗日战争暨世界反法西斯战争胜利70周年地质矿产史料展在中国地质博物馆展出。

2015 年 10 月 21 日，中国自主研制的彩虹－3 中型无人机航空地球物理综合测量系统在 2015 中国国际矿业大会中国地质调查局展台首次面向公众展示。

2015 年 10 月 25 日，李四光学术思想研讨会在北京召开。

2015 年 11 月 10 日，圆满完成中国地质调查局深海资源调查航次和中国大洋 36 航次科学考察任务的“海洋六号”凯旋。

2015 年 11 月 26 日，国家海洋局、国家测绘地理信息局、中国地质调查局在北京签署协同发展合作协议。

2015 年 12 月 11 日，长江经济带地质工作研讨会在合肥召开。

2015 年 12 月 16 日，中国地质调查局卫星应用研究中心揭牌。

4. 国际合作与交流

2015年2月27日，国土资源部党组成员，中国地质调查局局长、党组书记钟自然（前右一）率团访问美国地质调查局。

2015年6月3日，国土资源部党组成员，中国地质调查局局长、党组书记钟自然（前左六）在北京会见西澳大利亚州矿产石油部部长比尔·迈米安（前左七）。

2015 年 10 月 20 日，中国地质调查局与巴基斯坦石油与自然资源部在天津共同举办巴基斯坦投资矿业论坛。

2015 年 10 月 22 日，2015 中国国际矿业大会国际地质调查局长高层论坛在天津召开。

2015 年 11 月 23 日，由东亚东南亚地学计划协调委员会（CCOP）主办，中国地质调查局承办的东亚东南亚地学计划协调委员会第 51 届年会和第 65 届指导委员会会议在西安召开。

2015 年 12 月 19 日，中越北部湾湾口外海域共同考察起航仪式在广州举行。

5. 党建与精神文明建设

2015 年 4 月 4 日，中国地质调查局机关赴怀柔参加义务植树活动。

2015 年 4 月 28 日，以“团结　拼搏　促进　提高”为主题的中国地质调查局第四届职工篮球赛在北京闭幕。

2015 年 5 月 11 日，中国地质调查局廉政文化活动周启动。国土资源部党组成员，中国地质调查局局长、党组书记钟自然（左一）参观反腐倡廉教育展览。

2015 年 7 月 1 日，中国地质调查局庆祝建党 94 周年“两优一先”暨杰出青年表彰视频会议在北京召开。

2015 年 7 月 30 日，中国地质调查局油气资源调查中心组织新入职职工赴天峨地区 1:5 万页岩气地质调查项目野外现场参加培训。

2015 年 12 月 25 日，中国共产党中国地质调查局直属机关第二次代表大会在北京开幕。

中国地质调查局年鉴编委会

中国地质调查局年鉴编辑部

编辑说明

2015年《中国地质调查局年鉴》由中国地质调查局编撰。主要内容包括工作概述、领导重要讲话、重要会议简介、重要文件、地质调查项目管理、地质调查进展与成果、国际合作与对外交流、行政管理、经济与财务管理、综合保障、干部人事教育、纪检监察审计工作、党群工作、直属单位工作、地方公益性地质调查单位工作、中央管理地质勘查单位工作、院校地质调查院工作，以及统计资料和附录。

由于统计口径不同，书中部分数据与统计资料不尽一致，编辑时专门做了修改。

谨此说明。

中国地质调查局

2016年8月

目　录

工作概述

领导重要讲话

重要会议简介

重 要 文 件

地质调查项目管理

地质调查进展与成果

国际合作与对外交流

行 政 管 理

经济与财务管理

综 合 保 障

干部人事教育

纪检监察审计工作

党群工作

直属单位工作

地方公益性地质调查单位工作

中央管理地质勘查单位工作

院校地质调查院工作

统计资料

附 录

Contents

Profile

Speeches

Major Meetings

Key Documents

Geo-Survey Projects Management

Progresses and Achievements of Geo-Survey Projects

International Cooperation & External Exchanges

Administrative Affairs

Economic and Financial Management

Infrastructure

Human Resources and Education

Discipline Inspection and Financial Audit Work

Party and Mass Organizations

Affiliated Organizations

Local Public Geo-Survey Organizations

Central Geo-Survey Corporations

Geo-Survey Institutes of Universities

Statistics

Appendix

工 作 概 述

中国地质调查局工作概述

2015年，中国地质调查局在党中央、国务院的正确领导下，在部党组的直接领导下，在部各司局大力支持下，认真落实中央精神和部党组部署，主动服务国土资源中心工作，全面促进找矿突破战略行动，加快推进地质调查战略性结构调整，突出加强项目和资金管理，完成1∶5万地质调查56×10^4 km^2、航空物探57万测线千米，取得了一批重要成果，为经济社会发展、生态文明建设提供了基础保障。

一、服务国家能源资源安全，支撑找矿突破战略行动成效显著

（一）陆域能源地质调查取得新发现。

油气新区调查开辟了新阵地，西藏伦坡拉盆地实施地震勘探发现3个岩性圈闭，钻遇24层130 m油气显示，为羌塘盆地油气勘探提供技术储备；南祁连木里盆地发现褐色原油，展现出多种能源综合勘查广阔前景。油气新层系调查锁定一批新目标，松辽外围突泉盆地突参1井钻获轻质原油，在东北地区中－下侏罗统获得重要新发现，开辟油气勘探新领域；准噶尔南缘博格达地区二叠系钻遇224 m油气显示。油气基础地质调查取得重要新认识，羌塘盆地优选出9个重点区块，西部大型盆地碳酸盐岩油气调查圈定了6个重点有利区块，经后续勘探验证，四川中西部三叠系、鄂尔多斯盆地奥陶系、塔中－下寒武统取得重大进展。

非常规油气调查取得重要发现。南方海相页岩气调查取得实质性进展，湘西北牛蹄塘组、黔南打屋坝组解析出含量较高的页岩气。北方页岩气调查拓宽陆相和海陆过渡相新领域，鄂尔多斯盆地南部延长组发现高含气量页岩层段；河南尉参1井发现多层气测异常。通过综合调查评价，优选出42个有利区块，为页岩气区块招标提供了依据。煤层气调查优选出28个盆地群、56个有利区带。松辽外围发现优质油页岩，鄂尔多斯南部渭北隆起钻获厚层油砂。

铀矿资源调查取得一批新成果。与24家煤企合作，开展煤铀兼探，利用砂岩型铀矿成矿规律理论新认识，重新分析评价过去煤炭钻孔资料。通过铀矿调查评价和煤铀兼探，圈定铀矿远景区或找矿靶区近百处，新增矿产地6处。

地热能源勘查取得新进展。全面完成256个地级市浅层地温能调查评价和31个省（区、市）地热资源调查与区划。西藏古堆230 m深度钻获215 ℃高温蒸汽，显示了良好的资源前景。青海贵德3050 m深度钻获150 ℃干热岩，实现我国干热岩勘查零突破。

（二）重要矿产资源调查取得新进展。

圈定物化探异常6300处，发现矿（化）点1000余处，圈定找矿靶区300余处，新发现矿产地35处。新发现西藏改则规模巨大的铜金铁多金属矿化带、新疆东天山路北大型远景规模铜镍矿、青海东昆仑牙扎曲大型规模金矿化带，湖南大万金矿外围钻探验证超大型金资源远景，广东始兴发现20万吨资源远景钨锡矿。这些重要发现具有带动和促进区域找矿意义。

（三）大宗紧缺矿产调查成果突出。

基础地质调查支撑西藏罗布莎地区铬铁矿勘查取得重要进展，罗布莎南部提交200万吨资源储量，香卡山矿区新发现铬铁矿体，估算新增资源量25万吨，有望实现千万吨级资源基地。青海柴达木盆地新增1亿吨氯化钾远景资源。

（四）新兴能源和材料矿产调查成果显著。

四川甲基卡外围新增64万吨氧化锂资源量，达到超大型规模，为打造川西新能源产业基地奠定了资源基础。湖南城步发现18条高纯石英矿脉，含量大于99%。湖北宜昌新发现2处晶质石墨中型矿产地，湖北竹溪发现近百万吨远景铌矿化带。

（五）公益性地质工作促进整装勘查取得一批重大成果。

初步统计，2014年整装勘查区中央财政投入近10亿元，带动地方和企业投入近50亿元，17个整装勘查区取得较好进展，金、铜、铅锌、锰、铝土矿等重要矿产新增一批资源储量，为实现“358”第二阶段目标奠定了基础。西藏多龙新增300万吨铜资源量，全区有望超过2000万吨远景资源量；云南芦子园新增45万吨铅锌，总资源量有望达到500万吨，为形成新的资源基地提供保障。加大锡、锰勘查力度，内蒙古维拉斯托新发现大型锡矿，初步控制6万吨资源量，贵州西溪堡新增7000万吨锰矿资源量，夯实了实现锡、锰找矿目标的基础。青海夏日哈木镍矿、新疆火烧云铅锌矿、西秦岭金矿的重大成果使新的资源基地正在形成。

（六）老矿山深部和外围找矿经济社会效益明显。

江苏栖霞山铅锌矿、四川拉拉铜矿、河南老湾金矿等14个矿区取得重大找矿突破，估算新增资源储量达到大型矿床规模；39个矿区取得重要进展。平均延长矿山服务年限10年，稳定12万职工就业。

二、服务生态文明建设，水文地质环境地质调查成果突出

（一）抗旱找水再立新功。

初步建立了以水文地质信息服务和技术支持为主的抗旱找水长效机制。支援河南、湖北等省抗旱救灾，及时提供2300多项水文地质调查成果，有效满足了抗旱打井需求。拉动地方政府投入水文地质勘查，贵州、广西、山东等省区投入5.5亿元，解决了严重缺水地区、地方病严重地区150万人饮水安全问题。

（二）地下水污染调查获得大量第一手数据。

完成230×10^{4} km^2地下水污染调查，初步查明东北平原、西南岩溶地区以及西北重点地区地下水污染状况；支撑全国地下水污染防治规划、水污染防治行动计划编制，为国家研究制定水安全战略提供基础数据。

（三）矿山地质环境调查有效支撑矿山环境监管。

完成全国12.3万余处矿区及周边第二轮矿山地质环境调查，编制全国矿山地质环境状况分析报告，初步掌握中国矿山地质环境基本现状与变化趋势，为矿山环境监管提供了依据。

（四）应对气候变化地质调查取得新进展。

松辽盆地和浙江邻海海域圈出一批储存目标靶区。与企业合作，成功实施二氧化碳提高石油采收率储存示范工程。初步建立了我国典型地区地质碳汇监测网络。首次将气候变化地质记录提高到年际精度。

三、服务防灾减灾，地质灾害调查监测取得重要进展

（一）完善全国地质灾害信息系统。

记录了28万余处地质灾害及隐患点信息，更新了539个县（市）地质灾害数据，支撑了省级地质灾害防治信息化建设，为应急救灾、编制防治规划奠定了坚实基础。

（二）启动新阶段地质灾害调查评价示范。

在三峡库区、四川芦山和云南鲁甸地震灾区等43个地区，开展1:5万崩滑流调查，基本查明致灾地质条件和诱发因素，编制地质灾害风险区划图，提高了预测的准确性和危险性评估精度。有效指导了重庆巫山县“8.31”地质灾害应急处置。指导地方完成388个县地质灾害详细调查和重要城镇地质灾害勘查。

（三）岩溶塌陷调查取得新进展。

开展珠三角、桂中、湘中、武汉、徐州和皖江城市带岩溶塌陷调查，查明主要诱发因素，为防控岩溶塌陷灾害、合理开发利用国土空间提供基础资料。

（四）地面沉降调查监测网络进一步健全。

完善京津冀、长三角等重点地区地面沉降立体监测网，有效监控面积11×10^{4} km^2。依据全国地形变遥感监测成果，编制中国重点地区地面沉降状况分析报告，为地面沉降防治部际联席会议提供基础资料。

四、服务新型城镇化、工业化、农业现代化和重大工程建设，地质调查提供一批重要成果

（一）京津冀图集服务区域规划提供成功范例。

围绕京津冀一体化协同发展战略，系统总结已有成果，编制京津冀协同发展地区国土资源与环境地质图集，全面反映了京津冀地区国土资源和环境的地质背景，重点针对城镇发展和区域重大基础设施建设、地质灾害防治、水土资源开发利用，提出对策建议，地质工作服务生态文明建设迈出重要步伐，得到国务院和部领导充分肯定。

（二）经济区城市群地质调查有效服务新型城镇化。

开展长江经济带、泛珠三角、丝绸之路经济带等重要经济区带40个城市环境地质调查，基本查明区域水工环地质条件以及重大环境地质问题。与地方政府合作，完成福州、石家庄、嘉兴3个城市地质调查，继续推进南宁、柳州、徐州等6个城市地质调查，为国土空间优化布局和重大工程建设提供技术支撑。初步建立了国家公益性先行、地方跟进的城市地质工作新模式。

（三）土地质量地球化学调查成果有效服务农业现代化。

完成黑龙江、湖北、浙江等粮食主产区 1∶25 万土地质量地球化学调查 6.8 万 km^2，典型地区 1∶5 万土地质量地球化学调查 1 万 km^2，查明土壤环境状况，为土地利用规划、高标准农田建设和现代农业发展提供基础资料。

浙江、湖北等 9 省高度重视农业地质工作。浙江省将土地质量地球化学调查结果作为农产品质量和土地资源管理重要内容。湖北省将硒土资源作为农业强省战略之一，投入 1.2 亿元开展大比例尺农业地质调查工作。

（四）海岸带地质调查有力支撑沿海经济社会发展。

完成环渤海、长三角、北部湾等海岸带综合地质调查 10 万 km^2，建立地质环境监测体系，为上海、江苏、浙江等沿海地区功能区划、滩涂后备土地空间开发利用、堤防建设以及跨海通道工程选址，提供重要基础资料和技术支撑。海南岛浅海地质调查圈定 11 个钛铁矿、锆英石资源远景区，带动地方跟进，发现十分可观的稀土资源。

五、服务建设海洋强国，海洋地质调查迈出重要步伐

（一）海洋基础地质调查得到加强。

完成 10 幅 1∶100 万海洋区域地质调查，实现我国管辖海域 1∶100 万区域地质调查全覆盖。开展 11 幅 1∶25 万海洋区域地质调查和 3 幅 1∶5 万调查试点。初步查明海底综合地质要素，厘清 38 个主要沉积盆地分布范围和海洋固体矿产分布状况。

（二）海域油气资源勘查取得重要进展。

南黄海中部隆起、南海北部陆坡等重点海域，开展新区域、新层位油气资源调查，圈定 5 个有利远景区。主动服务后续勘查，带动中海洋石油总公司开展商业性油气勘探。

（三）天然气水合物勘查奠定了试采工作基础。

完成 2.4×10^4 km 高分辨率多道地震、1.4×10^4 km准三维多道地震，新发现一批指示天然气水合物存在的地质、地球物理证据，圈定 3 个远景区，确定了 2015 年钻探目标区。研制天然气水合物保压钻探取心、海底可控电源等关键设备样机，推进海域试采技术研发。实施了祁连山冻土区天然气水合物试采工程。

（四）首次圈定太平洋深海稀土资源远景区。

组织实施太平洋深海稀土资源航次调查，首次在太平洋中部圈定 6.5×10^4 km^2 深海稀土资源远景区，初步估算远景资源量巨大；完成大型远洋船舶地球物理测量搭载试验，奠定了全面实施深海地质科学考察技术基础。

（五）切实维护国家海洋权益。

圆满完成党中央部署的指定海域科学考察任务，有力维护了国家海洋权益。实施大洋 36 航次科学考察，完成我国富钴结壳矿区资源调查、多金属结核矿区环境调查，为中国五矿集团公司代表中国申请第二块多金属结核矿区提供重要技术支撑。

六、服务国土资源中心工作，提供技术和信息支撑

（一）主动服务国家重大决策。

编制土地、矿产、能源、海洋等分布、开发与利用的自然资源图集，为自然资源管理改革提供基础数据。编制南疆大型资源基地调查工程实施方案，加大了南疆找矿工作力度。支持新疆油气改革，开展新疆退出区块优选评价。编制铁矿、钾盐等重要矿产资源战略研究报告。系统总结全国土壤地球化学环境质量调查成果，支撑全国土壤污染状况调查公报编制，为国家土壤环境保护立法提供基础数据。开展东北边境、三沙等国土资源遥感综合调查，为国防工程建设选址和国土资源规划提供地质资料。

（二）精心服务国土资源管理。

系统查明我国 22 种重要矿产“三率”技术指标，建立重要矿产矿山数据库，支撑一张图管矿和综合监管平台。完成石油、天然气等 7 个能源矿产保障程度论证。开展矿产卫片遥感解译和青海木里等 8 个重点矿区遥感应急监测，为执法监督提供技术保障。开展典型地区资源环境承载力评价与区划，初步建立国土规划实施监测评价指标体系。组织开展云南鲁甸地震灾区地质灾害应急处置，完成重庆特大暴雨地质灾害应急调查，及时提供卫星遥感数据，提高灾区地质灾害应急处置与防治能力。全国地下水数据库与信息系统共记录了 1980 年以来的 415 万条地下水数据，有效指导地下水资源管理。

（三）大力支持集中连片扶贫攻坚工作。

加强江西赣县、湖南新田、云贵高原乌蒙山等扶贫地区农业地质、矿产、水文地质和地质灾害调查，及时转化调查成果，推动地方经济发展。湖南新田土地质量地球化学调查发现富硒土地资源，推动富硒产品开发和农业产业布局，富硒种养加工业已成为新田支柱产业。四川屏山县发现 2.4×10^4 hm^2 绿色富硒土地资源，催生富硒农产品开发。完成乌蒙山区普格县等地质灾害高易发区 1∶5 万地质灾害调查。开展乌蒙山区等水文地质调查，施工170眼探采结合井，解决了30万群众饮水困难。

（四）地质资料服务再上新台阶。

2015年79.5万人次借阅或下载资料，数据服务量近1 TB，比2013年增长67%。截至2015年底，全国各级资料馆藏机构已汇聚150万条地质资料目录，并提供在线服务。全国资料馆地质资料累计近13万档，数字化率达91%。完成5万个重要地质钻孔资料数据库建设，95万个全国重要钻孔基本信息全部上网。制作完成2565幅公开版1∶5万区域地质图，进一步扩大了中比例尺公开版地质资料服务。出台地质调查信息共享服务指导意见，改版中国地质调查局门户网站，实现一站式服务，出版《中国地质调查成果快讯》，加强阶段性成果宣传和服务。

七、实施创新驱动战略，科技与国际合作取得新成果

（一）组织实施一批重大科技项目。

国家地下水监测工程、海洋地质保障工程配套装备等获国家批准，松辽盆地资源与环境深部钻探工程启动，完成汶川科学钻探测井综合研究。中国北方巨型砂岩铀成矿带陆相盆地沉积作用环境与大规模成矿作用、深部矿产资源勘探技术等5项国家重大科技项目和146项国家自然科学基金项目得到资助。

（二）基础地质研究取得一批原创性成果。

新一代中国地层表通过国土资源部批准，展示了13年来国内外地层学研究和地层工作进展。开展深部探测研究，初步建立我国大陆复杂地球结构立体探测体系。建立了成矿地质体、成矿结构面与成矿构造、成矿作用特征标志三位一体的勘查区找矿预测理论与方法体系。浙江龙泉岩群发现2颗41亿年的亚太地区最老碎屑锆石。热河生物群、远安动物群、罗平生物群等发现新种属，为生命演化和地层研究提供了新证据。

（三）研制了一批地质调查实用技术方法。

成功研制4500 m级“海马号”深海作业系统，是继“蛟龙号”后我国深海技术装备又一标志性成果。自主研制的机载成像光谱仪首次试飞。无人机航空物探综合站、直升机航空重力测量和时间域瞬变电磁测量系统等一批技术实现实用化。岩心光谱扫描仪实现野外现场岩心数字化。离子吸附型稀土元素实现野外快速测试。解决了难选钼钨复杂多金属矿利用技术，并实现工业化应用。

（四）创新地质调查方式。

完成三维地质调查试点，建立了三维地质调查工作流程，构建了深部断裂逆冲叠置等三维地质模型，形成了针对不同地质问题地物化遥高度融合的三维地质调查技术方法体系。启动第四系发育区、岩溶区等7个不同类型特殊地质地貌区填图试点，探索从基岩裸露区向特殊地质地貌区转移的地质填图技术方法体系。

（五）稳步推进地质调查国际合作。

国际合作网络和平台建设逐年扩大，与墨西哥、国际地科联等13个国家的地质调查机构和国际地学组织签署15项合作协议，合作国家和地区增加到48个。成立国土资源部中国－上海合作组织地学研究中心，成功举办第八届国际天然气水合物大会等9个国际会议。举办6期援外培训班，25个国家的70名地矿官员与技术人员参加了培训。稳步推进全球矿产资源信息系统建设，新建土库曼斯坦等6个国家数据库，更新6个国家数据，为107个矿业企业和地勘单位提供服务。深化中澳合作填图，提出现代地质调查方法。与塔吉克斯坦、蒙古等16个国家合作开展地球化学填图。

八、狠抓管理，业务建设再上新台阶

（一）优化工作部署。

深入开展调查研究，征求有关部委和国土资源部司局意见，听取院士专家、行业地勘单位建议。委托六大区地调中心征求省级国土资源管理部门意见，了解需求。围绕“五个服务”，确定了坚定不移围绕国家重大需求、坚定不移坚持公益性地质工作定位、坚定不移加强项目和资金管理的总体要求，编制了地矿专项总体方案，完善业务发展实施方案。依托“六大专项”，提出“九大计划”，设置了50个工程、200个项目，明确了后6年地质调查工作总体思路、目标任务和部署重点，构建了计划、工程、项目设置层级框架。总体方案打破部门、专业和单位分割，实现了综合部署，构建出成果与出人才“四同步”平台。

（二）加强项目管理。

探索建立计划、工程、项目推进业务建设和业务活动的工作体系。明确计划协调人、工程首席专家和项目负责人的权利和责任。改变立项论证方式，打破专业分割、部门分割和技术分割。制定项目考核指标体系，明确负责人的资格和条件。严肃论证结果使用，暂缓安排论证不通过的13个项目和25个子项目，取消7名考核不合格负责人资格，对不符合条件的负责人进行调整。加强立项论证监督，成立督导组指导立项论证工作，实现监审部门全过程监督。

加强组织实施，公开公正开展竞争性选择项目承担单位。探索地质调查项目监理，完成14个项目监理试点。试行项目质量随机检查，抽查了290个项目，加大逐级检查力度和整改跟踪。强化承担单位质量体系建设，完成首批16个单位双标二方认证。加强标准建设，发布20项行业标准和16项地调局标准。加强资料汇交监管，通报批评未按期汇交资料的23家单位33个项目。

（三）强化项目资金监管。

加强制度约束，出台了规范野外工作津贴及差旅费补助的指导意见。针对优选项目管理难点，制定竞争性选择项目经费管理暂行办法，引进第三方审计机构进行项目经费验收，制定项目合同管理办法，防范资金风险。修订项目绩效评价管理办法，进一步提升项目绩效评价科学性，保障财政资金使用效益。

（四）加强人才队伍建设。

完成中国地质大学（北京）地调院能力建设评估，动态跟踪西藏、重庆、陕西三省（区、市）未评估的队伍建设情况。举办地调院总工程师等各类培训班466期，1.7万人次参加培训。

（五）加大廉政风险防控力度。

召开加强项目资金管理深入推进党风廉政建设视频会和5个专题座谈会，落实两个责任，构建“八问”责任传导机制，堵塞管理漏洞，规范财务行为，防控廉政风险。开展委托业务、评审劳务费、预算和财务收支等自查自纠和监督检查，排查廉政风险点。

（六）加强安全生产和保密管理。

落实责任制，突出重点地区和重点时段安全生产管理，加快地质调查安全保障体系建设，野外特别是艰险地区项目组北斗终端的配备率逐年提高，开展安全和保密工作专项检查，全年未发生重大责任安全事故和泄密事件。

（季瑞杰　王　磊　整理）

领导重要讲话

国土资源部党组书记、部长、国家土地总督察姜大明在全国地质调查工作会议上的讲话

（2015年1月27日）

同志们：

这次全国地质调查工作会议是在我国经济发展进入新常态，地质调查事业改革发展处于关键时期召开的一次重要会议。会前，自然同志向我汇报了地调局去年工作进展和今年工作安排，王研同志的工作报告我也认真看了，我都赞成。为全面做好今年的地质调查工作，我讲3点意见。

一、2014年地质调查工作实现新发展

2014年，地调局实现了领导班子的顺利交接和平稳过渡，以自然同志为班长的局党组团结带领全国地质调查系统广大干部职工，紧紧围绕国家和国土资源部的中心工作，突出“五个服好务”，开拓创新，攻坚克难，各项工作都取得了重要进展。地质调查工作在继承中发展，在发展中创新，在经济社会发展中的先行性和基础性作用更加凸显，服务大局的意识和能力明显提升。

（一）地质找矿成果丰硕，为国家能源资源安全提供了重要保障。

能源矿产调查取得新发现，在大庆油田外围获轻质原油，湘西北、黔南页岩气勘查获得新的发现，圈定铀矿远景区或找矿靶区97处，宁东、内蒙古等地铀矿勘查取得新进展，青海贵德干热岩勘查实现零突破。大宗紧缺矿产调查成果突出，金、铜、铅锌、锰矿、铝土矿等实现了一批新增资源储量，西藏罗布莎地区铬铁矿有望形成千万吨级资源基地。青海柴达木盆地新增氯化钾远景资源1亿吨。新型材料矿产调查成果显著，四川甲基卡外围新增氧化锂资源量达到超大型规模，为打造川西新能源产业基地奠定了资源基础。老矿山深部和外围找矿经济社会效益明显，53个矿区储量规模扩大，平均延长服务年限10年，稳定12万职工就业。

（二）海洋地质调查取得新突破，为建设海洋强国奠定了重要基础。

首次实现我国管辖海域1∶100万海洋区域地质调查全覆盖，查明38个主要沉积盆地分布范围和海洋固体矿产分布状况。首次在太平洋中部圈定了6.5×10^4 km^2深海稀土资源远景区，初步估算远景资源量十分可观。圈定3个天然气水合物资源远景区，确定了2015年钻探目标区，成功举办了第八届国际天然气水合物大会，向世界展示了我国丰富的科研成果。

（三）加强综合调查和成果转化应用，为新型工业化、城镇化、农业现代化和重大工程建设提供优质服务。

开展京津冀、长江经济带、泛珠三角、丝绸之路经济带等重要经济区40个城市环境地质调查，以及环渤海、长三角、北部湾等海岸带综合地质调查。编制《中国自然资源图集》和《京津冀地区国土资源与环境地质图集》，呈送党和国家领导人及有关部门参阅。配合国家铁路、水利、国防工程等重大基础设施建设开展地质调查，及时提供资料服务。积极开展农业地质调查，完成黑龙江、湖北、浙江等省粮食主产区土地质量地球化学调查6.8×10^4 km^2。发挥地质调查成果的社会服务功能，地质资料服务内容不断丰富，范围不断扩大。

（四）地质环境调查和保护取得新进展，为生态文明建设和防灾减灾作出了重要贡献。

实施了一批地面沉降治理、地质灾害防治、岩溶塌陷灾害防控等调查项目。完成1∶25万全国地下水污染调查230×10^4 km^2。解决广西、贵州、山东等省（区）严重缺水地区、地方病严重地区150万人饮水困难和饮水安全问题。在松辽盆地和浙江邻海海域圈出一批二氧化碳储存的目标靶区，初步建立了典型地

区地质碳汇监测网络。完成12.3万余处矿区及周边第二轮矿山地质环境调查。

（五）坚持创新驱动，地质调查科技创新能力得到稳步提升。

地质调查理论和技术攻关取得重要进展，形成一批在国内外颇具影响的研究成果。成功研制了4500 m级“海马号”深海作业系统，成为继“蛟龙号”后我国深海技术装备的又一标志性成果。岩溶石笋地质记录研究，首次将气候变化地质记录研究提高到年际精度。国际合作网络和平台建设逐年扩大，与墨西哥、国际地科联等13个国家地调机构和国际地学组织签署15项合作协议，合作国家和地区增至48个。我国在国际地学界的影响力显著增强。

2014年，全国地质调查系统的同志们付出了辛勤劳动，工作取得了明显成效，部党组是满意的。我代表部党组，向全体与会代表和长年战斗在地质调查一线的广大干部职工致以亲切问候！向关心支持地质调查工作的有关部门和社会各界表示诚挚感谢！

二、深刻认识经济新常态下地质调查工作的新形势、新任务

经济发展新常态是中央全面把握国际经济政治发展格局、深刻认识我国基本国情和发展阶段所作出的重大科学判断，是对我们党治国理念和发展思想的进一步深化和创新，是当前和今后一个时期指导我国经济持续健康发展的重要战略思想。认识新常态、适应新常态、引领新常态，是当前和今后一个时期我国经济发展的大逻辑，也是做好国土资源工作和地质调查工作的基本遵循。做好地质调查工作必须深入分析经济发展新常态下面临的新形势、新任务。

（一）我国能源资源需求增速有所放缓，但总量居高不下和结构持续优化将成为新常态，要求地质调查工作进行战略性结构调整。

经济增速换挡、经济结构调整是经济发展新常态的基本特征。近年来，受全球经济危机和中国经济转型影响，世界经济发展明显放缓，全球矿产资源需求疲软，矿产品市场迅速从供不应求转变为供过于求，多数矿产价格出现大幅下跌。国际上一些大型投资机构和投机基金退出大宗资源商品领域，资源价格回归供求基本面。

以美国为代表的发达国家，实施“再工业化”战略，对传统的大宗矿产需求不会有较大改变，但其重点发展的高端化、清洁化、智能化现代制造业将带动新型材料矿产的需求。同时，中国经济换挡升级，由粗放的速度增长型向高质量的效益型转变，特别是结构调整和消化过剩产能，大宗矿产资源需求增速明显放缓，但在相当长时间内仍将保持较高水平。以低碳、绿色、环保为特征的新能源、新材料等战略性新兴产业的迅速崛起，也将促进能源消费结构的调整，带动并提升以锂、钴、“三稀”等为代表的新型能源材料矿产品需求。因此，无论是持续服务国家能源资源安全战略，还是推进新型工业化，都需要地质调查工作顺应新常态需要，及时进行调整，持续做好找矿支撑。

（二）全球能源资源供需格局调整，我国实施“一带一路”战略和参与全球治理，迫切需要增强地质调查先行能力。

高水平引进来、大规模走出去正在同步发生是经济发展新常态下我国对外开放的明显趋势。全球经济在经历多年快速发展之后，进入了深度调整和缓慢复苏的阶段，全球政治、经济、贸易，包括能源资源国际秩序发生了巨大变化。国际贸易规则、金融规则改革正在大力推进，能源资源领域的话语权争夺也异常激烈，近期能源资源价格大幅波动就是一种表征。21世纪头10年，全球能源资源供需格局发生了深刻变化，能源资源消费重心由西向东转移，新兴发展中国家的占比与发达国家日渐齐平；能源资源供应出现多元分化，新型清洁能源占比快速上升，对传统能源生产国产生较大冲击。

以中国为代表的新兴发展中国家在全球国际事务中的作用日益增强，一言一动倍受国际高度关注，地质矿产领域同样如此，在当前全球矿业衰退、市场萎缩的情况下尤其突出。党的十八大以来，国家积极实施“一带一路”战略，大力推进欧亚的互联互通，以便在新的国际格局调整中占据有利位置。地质调查工作必须紧紧围绕“一带一路”战略和参与全球能源资源治理的战略需求，用全球视野，统筹谋划国内外的地质调查工作，不断提升服务和支撑国家重大战略的能力。

（三）资源环境约束加剧，生态文明建设深入推进，要求地质调查工作更好发挥基础性作用。

资源环境约束加剧，承载力已经达到或接近上限，是经济发展新常态下的基本特点。人多地少、人均资源相对不足是我国基本国情，有限的土地资源要承载吃饭、建设、生态多重功能，矛盾尖锐，压力空前。多年大规模矿产资源开发造成储量过多过快消耗，而且带来严重的生态破坏。国土开发空间布局失衡加剧，重生产空间、轻生活生态空间问题突出。

地质调查必须适应新形势、新要求，着力开展资源环境综合调查、综合评价，为自然资源产权制度和用途管制制度的建立提供基础支撑，为资源节约集约、高效合理利用提供技术服务，为区域国土规划、城镇发展规划和重要基础设施选址、选线规划提供信息服务。

（四）国土资源管理内涵和方式发生新变化，要求地质调查工作拓展领域、提升能力。

树立新思路，深化新内涵，建立新范式，全国落实“尽职尽责保护国土资源、节约集约利用国土资源、尽心尽力维护群众权益”的职责新定位，是经济发展新常态下国土资源部门的核心任务，要求我们更加注重资源环境保护，更加注重提高耕地质量，更加注重资源节约集约，更加注重创新驱动，更加注重维护群众权益。

地质调查工作要紧紧围绕部的职责定位，调整完善工作布局，增强服务能力和水平，为国土资源改革发展提供有力支撑。比如在提高耕地质量方面，要加强土地质量地球化学调查评价，提出高标准基本农田建设及土壤修复的合理方案和建议。在节约用地方面，要加强地下空间地质结构调查，为地下空间资源开发利用创造条件。在维护群众权益方面，要把“生态保护第一，尊重群众意愿”作为地质调查工作最重要的政治纪律和工作纪律，坚守生态红线，做好群众工作。在地质调查施工中，要充分考虑群众意愿，尽量避开生态保护区、耕地和农舍，足额补偿因施工给农民带来的损失。

（五）实施创新驱动战略，要求地质科技创新与地质调查实现深度整合。

党的十八大提出实施创新驱动发展战略，推动以科技创新为核心的全面创新。习近平总书记在中央财经领导小组第七次会议上强调，创新始终是推动一个国家、一个民族向前发展的重要力量。我国是一个发展中大国，正在大力推进经济发展方式转变和经济结构调整，必须把创新驱动战略实施好。经济发展新常态下，要素规模驱动力减弱，经济增长将更多依靠人力资本质量和技术进步，这是重要的趋势变化。我们要认真贯彻中央要求，把创新驱动战略全面落实到国土资源工作和地质调查工作中。

地质调查工作探索性极强，是科技密集型的行业。近年来我国地质科技取得了长足进步，但与世界发达国家先进水平相比，同经济社会发展的需求相比，还存在较大差距，地质科技与地质调查工作的结合还不够紧密，存在两张皮现象，对地质调查工作的支撑力度还显不足。提升地质调查工作质量和服务水平，必须全面落实科技创新驱动发展战略，主动适应世界科技革命大潮，全面深化地质科技体制改革，努力实现地质科技与地质调查工作紧密结合和深度整合，发挥好地质科技的支撑和引领作用。

总之，地质调查工作必须主动适应经济发展新常态提出的新任务、新要求，遵循经济社会发展的客观规律，把握地质调查工作的特点，抓住并用好新常态蕴含的新机遇，着力解决地质调查工作面临的新矛盾、新问题，更加注重服务国家重大战略，更加注重服务国土资源管理，更加注重转方式调结构，更加注重依靠创新驱动，努力走出一条地质调查工作改革发展的新路。

三、认真抓好2015年地质调查工作

今年是全面深化改革的关键之年，是全面推进依法治国的开局之年，是“十二五”规划实施收官之年，也是完成地质找矿突破战略行动第二阶段目标的最后一年，完成全年任务、谋划好“十三五”工作十分重要。做好今年和未来一个时期的地质调查工作，必须全面贯彻党中央、国务院重大决策部署和全国国土资源工作会议精神，明确地质调查工作的公益性、基础性、先行性定位，大力实施创新驱动发展战略，坚持地质找矿与拓展领域并重，坚持提高调查质量与提升服务水平并重，坚持抓好业务与加强队伍建设并重，坚持全面深化改革与依法规范管理并重，全面提升地质调查工作质量和服务水平。

（一）聚焦国家重大需求，谋划好“十三五”地质调查工作。

要按照部党组提出的“五个服务”要求，谋划好“十三五”全国地质调查工作。一是突出能源资源调查工作。能源是现代化的基础和动力，事关我国现代化建设全局。地质调查工作要抓住难得的机遇，统筹常规油气资源和非常规油气资源的地质调查工作，进一步优化能源矿产的工作部署，为保障国家能源安全提供强有力的技术支撑和公益服务。二是做好海洋地质调查工作。海洋地质调查是建设海洋强国的基础，是发展海洋经济的前提和重要支撑。要加快推进海洋油气资源调查和天然气水合物勘查开发进程。加强中小比例尺海洋基础地质填图工作，提升认知海洋的能力。三是积极为国家重大战略服务。要围绕“一带一路”、京津冀协同发展、长江经济带三大国家战略，加强基础地质调查，开展资源环境承载力评价、城市地下水监测和土地质量监测评价工作。继续做好集中连片特殊困难地区的地质勘查工作，摸清矿产资源情况，促进困难地区经济社会发展。需要指出的是，我部与水利部联合实施的国家地下水监测工程今年进入建设阶段，部已批准地调局编制的组织实施方案，希望各省（区、市）国土资源部门在监测井施工用地、项目质量监管等方面继续给予大力支持。

（二）全力支撑找矿突破战略行动，确保第二阶段目标如期实现。

立足国内增强能源资源保障能力、维护国家经济安全，是中央赋予国土资源部门的重要职责，也是地质调查工作的重要任务。中央高度重视我国能源资源安全问题，去年习近平总书记主持召开中央财经领导小组第六次会议，对这个问题作了专门部署、提出了明确要求。我们要把贯彻落实中央的新要求，与正在实施的地质找矿突破战略行动有机结合起来。在大家的共同努力下，在各方面的有力支持下，2013 年我们超额完成了地质找矿突破战略行动第一阶段 3 年目标，2015 年是地质找矿突破战略行动第二阶段 5 年目标年。地质调查工作要克服全球矿业低迷和国内矿产勘查投入连续下滑带来的各种困难，突出能源矿产和国家重要紧缺矿产资源调查，充分发挥公益性地质工作的引导作用，更多调动社会投入，推动地质找矿取得重大突破，确保第二阶段目标如期实现。

（三）把科技创新摆在重要位置，增强地质科技创新能力。

要按照党的十八大关于实施创新驱动发展战略的重大部署，把创新驱动摆在地质调查的核心位置，推动地质理论和技术方法创新。一要加快推进地质科技体制机制改革。认真学习领会中央推进科技体制改革的精神，把握机遇，积极进取，突出特色，提出深化地质科技体制改革具体办法、措施。二要瞄准重大地质问题创新研究。发挥地质科技在解决资源、环境、灾害等领域的支撑引领作用，面向世界科技前沿、面向国家重大需求、面向国民经济主战场，坚持问题导向，聚焦重大地学问题和关键的勘查开发难题，找准地质科技创新的主攻方向和突破口，精心组织实施一批重大项目。三要培养一批科技创新领军人才。要牢固树立“人才资源是第一资源”的理念，营造有利于激发活力的环境氛围，发挥科研人员的主观能动性，探索以解决问题为导向的科研成果和人才评价机制，促进地质青年科技人才脱颖而出。今年，部里还要召开国土资源系统科技创新大会，对这项工作作出全面部署。在这方面，地调局和地科院要在国土资源系统走在前面。

（四）要抓好班子、带好队伍。

一是守纪律。要进一步增强纪律和规矩意识。在所有党的纪律和规矩中，第一位的是政治纪律和政治规矩。习近平总书记在中纪委第五次全会上明确提出“五个必须、五个绝不允许”。我们必须坚决贯彻执行，在思想上、行动上与党中央保持高度一致。二是重学习。要做到信念坚定、专业精通。把深入学习习近平总书记系列重要讲话与学习群众路线的有关理论结合起来，坚持不懈地用党的宗旨意识和群众观念武装班子的头脑，不断增强和凝聚发展共识。要瞄准世界科学发展前沿，学习新理论、新技术、新方法，成为地质调查的行家里手。三是做表率。领导班子要率先垂范、弘扬正气、清正廉洁，以信念、人格、实干立身，对上对下都讲真话、讲实话，勇于担当。四是讲团结。团结是班子的生命。要认真执行民主集中制，重大事项集体讨论、集体研究、集体决策。团结搞好了，班子才能出凝聚力、出战斗力，才能出智慧，讲话有人听、做事有权威。

（五）要切实加强党风廉政建设。

党中央旗帜鲜明，立场坚定，领导坚强有力，党风廉政建设取得的新成效提振了全党的信心，增强了党的威信，赢得了人民群众的拥护和信赖。当前，党风廉政建设和反腐败斗争形势依然严峻复杂，“四风”病根未除，防止反弹任务艰巨。地质调查项目资金监管点多面广，廉政风险不容忽视。习近平总书记在中央纪委第五次全会发表重要讲话，深刻分析了现阶段党风廉政建设和反腐败工作的形势，对全力以赴做好党风廉政建设和反腐败工作作出了重要部署。我们要认真学习领会，坚决贯彻落实。要把加强项目资金管理作为推进党风廉政建设的切入点和突破口，完善规划部署，加强制度建设，健全风险防控，确保资金使用效益，确保我们的干部想干事、能干事、干成事、不出事。后天，部将召开全国国土资源系统党风廉政建设工作会议，对学习贯彻中央纪委五次全会精神，全面加强国土资源系统党风廉政建设和反腐败工作作出部署，提出要求。地调局要结合自身实际，切实抓好贯彻落实。

地质调查工作是国土资源工作的重要组成部分。部机关各司局要一如既往地关心和支持地调局的工作。各地国土资源主管部门要加强与地调局的沟通，协调好中央与地方公益性地质工作的关系。各省（区、市）地调院、环境监测站要在地方政府的领导下，加快改革步伐，建实建强队伍，地调局要积极给予指导。

完成全年地质调查工作，任务繁重，使命光荣。希望大家认真履行职责，改革创新，规范管理，不断提升地质调查成果的质量和服务水平，为全面建成小康社会、实现中华民族伟大复兴的中国梦作出更大贡献。

春节临近，借这个机会，给大家拜个早年，祝大家身体健康，家庭幸福，羊年吉祥。

国土资源部党组成员，中国地质调查局局长、党组书记钟自然在全国地质调查工作会议上的讲话

（2015 年 1 月 27 日）

同志们：

刚才，姜大明部长作了非常重要的讲话，充分肯定了 2014 年地质调查工作取得的成效，深刻分析了经济发展新常态下地质调查工作的形势和任务，明确提出了对 2015 年地质调查工作的要求。王研同志代表局党组作了工作报告。借此机会，我代表中国地质调查局党组，就贯彻中央的精神和部党组的部署、落实姜大明部长讲话的要求，谈 5 点意见。

一、清醒认识经济新常态下地质调查工作面临的形势和任务

习近平总书记在中央经济工作会议上，全面分析了我国经济发展进入新常态的九大趋势性变化，强调认识新常态、适应新常态、引领新常态是当前和今后一个时期我国经济发展的大逻辑。姜大明部长在全国国土资源工作会议上，从 6 个方面分析了经济发展新常态给国土资源工作带来的机遇和挑战，提出了国土资源工作“五个更加注重”的应对之策。刚才，姜大明部长又从 5 个方面深刻阐释了新常态下地质调查工作的新形势和新任务。能源资源需求总量居高不下与结构优化、开展生态文明建设、实施“一带一路”战略、实施创新驱动发展战略、国土资源管理内涵和方式转变，需要地质调查工作提供更加有力和有效的支撑服务。我们要深刻领会，准确把握。

（一）经济发展新常态要求地质调查工作实行战略性结构调整。

在经济发展新常态下，能源和其他重要矿产资源的需求总量仍将处于高位，增长速度将放缓，需求结构将随着经济结构的调整而发生重大变化。一是能源需求持续增长及环境污染防治、应对气候变化要求加快能源结构调整，迫切需要地质调查工作为油气勘探开发提供新的靶区，为页岩气、天然气水合物商业化勘查开发提供基础支撑。核电工业发展迫切需要加快铀矿地质调查。清洁能源发展迫切需要加大干热岩、地热等资源的调查力度。二是铁、铜、铝、钾盐等紧缺大宗矿产虽然需求增速放缓，但仍处高位的需求总量和过高的对外依存度，要求加强国内优质资源地质调查。三是战略性新兴产业的加快发展迫切需要加大锂、钴、“三稀”、晶质石墨等新能源矿产和新材料矿产的地质调查力度。

2012 年以来，世界和国内矿业持续进行深度调整，矿产品价格、矿业股价持续下行，勘查开发投资持续下滑，矿业企业融资困难。在这种情况下，迫切需要保持地质调查工作投入，发挥好公益性地质工作对商业性矿产勘查的“稳定器”作用。

随着全球矿业持续下行，境外优质资源项目涌现，为中资企业开展境外矿产勘查开发提供了新的机遇。中资企业拓展国际矿业合作、参与新兴国家工业化进程，要求地质调查工作充分发挥基础先行作用。

（二）生态文明建设对地质调查工作提出了新的更高要求。

党的十八大将生态文明建设纳入“五位一体”的总体布局，提出优化国土空间开发格局、全面促进资源节约、加大自然生态系统和环境保护力度、加大生态文明制度建设四大任务。地质调查工作必须适应新要求，在工作内容和服务对象上进行深度调整，加强“山水林田湖”（空间、资源、生态、环境、灾害）、海岸带（统筹陆海）、重要经济区与城市群等综合地质调查，紧紧围绕重大需求，探索新的工作模式，创新成果表达内容和方式，提高服务质量和效率。

（三）全面深化改革和全面依法治国要求对地质调查工作进行深刻的变革。

全面深化改革，一方面需要地质调查工作为自然资源管理制度改革、油气勘查开发体制改革、土地管理制度改革等提供支撑服务；另一方面，要求地质调查制度本身进行改革，包括地质调查成果评价制度改革、地质调查运行机制改革、地质科技体制改革、财务预算制度改革、地质调查监督制度改革和事业单位分类改革。全面依法治国，要求我们必须更加注重运用法治思维和手段推动地质调查事业持续健康发展，强化依法办事、从严要求。加快健全完善地质调查管理制度，提高执行力。

（四）国家一系列重大战略的实施要求地质调查工作提供有力的基础地质支撑。

党的十八大以来，中央陆续提出了京津冀协同发

展战略、长江经济带发展战略、“一带一路”战略、海洋强国战略、创新驱动发展战略等一系列重大战略。这些重大战略的实施，迫切需要地质调查工作提供规划建议、技术支撑和信息服务。

（五）国土资源工作新定位要求地质调查工作加大支撑服务的力度。

部党组将国土资源工作放到现代化建设“五位一体”总体布局中统筹谋划，提出“尽职尽责保护国土资源、节约集约利用国土资源、尽心尽力维护群众权益”的职责新定位。这是经济发展新常态下国土资源部门的核心任务，得到中央领导的充分肯定，得到全国国土资源系统的充分认同。我们要坚决落实姜大明部长的要求，紧紧围绕部的职能定位，调整完善工作布局，增强服务能力和水平，为国土资源改革发展提供有力支撑。

（六）准确把握国际地球科学发展新态势对地质调查工作的影响。

一是地球系统科学迅速发展，促进了地球科学新思维的形成，更加注重圈层相互作用、地球系统过程和整体行为的研究，更加注重人类活动与地球系统之间的相互作用和相互影响研究。二是以地球系统科学为指导，构建从微观到宏观、从地表到深地、深海、深空的地球探测体系，深化对地球的认知。三是地球系统科学与大数据、智能化、移动互联网、云计算技术融合，正推进地质调查工作流程的再造，构建数据密集型的科研方式和现代化的服务方式。四是推进以土壤、包气带、含水层为重点（资源、环境、生态相互作用最强烈、最频繁的地球圈层）的地球关键带的综合调查监测，建立三维地质模型，为资源开发、环境保护、生态改善、灾害防治提供科学依据。五是地球科学与生物科学等其他相关学科日益深度交叉、融合，解决更综合、更复杂的资源环境问题。这些新态势必将对我国地质调查事业产生重大而深远的影响。

二、准确把握经济发展新常态下地质调查工作的定位和思路

姜大明部长明确要求，地质调查工作必须主动适应经济发展新常态提出的新任务、新要求，更加注重服务国家重大战略，更加注重服务国土资源管理，更加注重转方式调结构，更加注重依靠创新驱动，努力走出一条地质调查事业改革发展的新路。我们必须将地质调查事业放到经济社会发展的全局中，摆到国土资源工作的大局中，统筹谋划，找准位置，锁定目标，选好路径。

（一）明确工作定位。

中国地质调查局是国土资源部所属的副部级事业局。地质调查工作是国土资源事业的重要组成部分。按照中央对地质调查工作的要求，根据部党组对地质调查工作要做好“五个服务”的要求，依据中编委关于地调局的“三定”方案，初步确定新常态下地质调查工作的基本定位为：全力支撑能源资源安全保障，精心服务国土资源中心工作。

（二）聚焦总体目标。

坚持建设世界一流地调局的目标不动摇。这个目标的基本内涵包括6个方面。

一是服务一流。这是由地调局的“三定”方案和地质调查工作的职责定位决定的。建设世界一流地调局，第一个标准是必须为经济社会发展、生态文明建设和国土资源中心工作提供及时有效的服务，让地球科学知识和资源环境信息家喻户晓、惠及民生。

二是成果一流。要提供一流的服务，必须有一流的成果，有能够为解决能源、资源、环境、灾害问题提供理论、技术、方法、信息支持的成果，有能够满足政府、企业和社会公众需求的成果，而且必须是世界一流的优秀成果。

三是科技一流。科技一流是建设世界一流地调局的核心。破解能源、资源、环境、灾害难题，关键靠科技创新。没有科技进步，就没有找矿突破。没有科技创新，就不能有效支撑空间格局优化、资源节约利用、生态环境保护和地质灾害防治。没有一流的科技，就没有一流的成果。

四是人才一流。人才一流是建设世界一流地调局的关键。扭转地质调查能力不足与经济社会发展和国土资源中心工作需求不适应的局面，关键靠人才。扭转地质科技创新能力不强、难以破解重大能源、资源、环境和灾害难题的局面，关键靠人才。扭转地调局在国内、国际影响力不强的局面，关键靠人才。没有一流的人才，就没有一流的科技，更没有一流的成果和一流的服务。

五是装备一流。高效、先进、适用的装备是推进地质调查工作现代化的重要保障，是形成科技创新能力的物质基础，是人尽其才的用武之地。没有一流的装备，就难以建立有效的地球探测体系。创建一流的科技，培养一流的人才，形成一流的成果，都离不开一流装备的保障。

六是管理一流。推进科技创新与地质调查的有机融合、发挥引领和支撑作用，建立有效的人才激励机制、充分调动人才的积极性和创造性，破解重大能源、资源、环境和灾害难题，形成满足政府、企业和社会公众需求的成果，促进成果的转化应用、提供一流的服务，高效的管理是非常重要的因素。

建设世界一流地调局是一个比较长远的目标。千里之行，始于足下。要咬定青山不放松，坚定不移地朝着这个目标，脚踏实地，一步一个脚印地向前迈进。要制定切实可行的战略，逐步实现从“跟随”到“并行”，最终实现“超越”。

（三）实施三大战略。

科学技术是地质调查事业发展的第一驱动力。人才资源是推进地质调查事业发展的第一资源。地质调查事业发展的关键在科技进步，科技进步的关键在人才。科学配置科技、人才、装备资源，促进成果形成，提供优质服务，关键靠管理。落实职责定位，实现总体目标，必须实施科技兴局战略、人才强局战略、依法治局战略。

要充分发挥科技创新与进步的引领、支撑和驱动作用，通过科技创新与进步破解能源、资源、环境、灾害和地球系统科学重大问题。要把人才工作纳入全局工作的主要议事日程、贯穿地质调查事业的各领域和全过程。要把人才培养作为地调局党组的头等大事、作为各单位领导班子的头等大事，下大力气实施卓越地质人才计划、杰出地质人才计划和优秀地质人才计划。要把人才队伍建设与地质调查和科学研究同步规划、同步实施、同步考核，作为对各单位领导班子及其成员进行考核的主要指标之一。要健全完善管理制度，强化制度执行，全面推进依法治局。

（四）优化业务布局。

实施“九大计划”，服务“五大需求”。通过实施陆域能源矿产地质调查计划、重要矿产资源调查计划、重要经济区和城市群地质环境调查计划、地质灾害防治和地质环境保护支撑计划、国土开发与保护基础地质支撑计划、“一带一路”基础地质调查与信息服务计划、地质调查科技支撑计划、地质数据更新与应用服务计划、海洋地质调查计划，服务国家能源资源安全保障，服务生态文明建设，服务防灾减灾，服务新型城镇化、工业化、农业现代化和重大工程建设，服务海洋强国建设。

（五）遵循六项原则。

一是坚持中央公益性地质工作定位，妥善处理好公益性与商业性地质工作的关系和中央与地方公益性地质工作的关系。二是坚持围绕国家重大需求和国土资源中心工作，跨专业、跨学科、跨单位综合部署实施地质调查。三是坚持实行“大项目”机制，依托大项目，出大成果、大人才。四是坚持以科技创新与进步为引领和支撑。五是坚持出成果与出人才同步规划、同步实施、同步考核。六是坚持加强项目和资金管理，提高项目绩效，确保资金使用安全。

三、着力推进地质调查工作战略性结构调整

根据中央和部党组的新要求，根据经济社会发展、生态文明建设和国土资源中心工作的新需求，根据全球地质调查工作的新态势，根据新常态下地质调查事业的新定位，必须对地质调查工作进行战略性结构调整。

（一）把能源矿产调查放在更加突出的位置，更加有力地支撑服务国家能源安全保障和勘查开发体制改革。

习近平总书记于2014年6月13日在中央财经领导小组第六次会议上强调指出，能源安全是关系国家经济社会发展的全局性、战略性问题，对国家繁荣发展、人民生活改善、社会长治久安至关重要。要加大常规石油、天然气及煤层气、页岩气、天然气水合物等非常规能源勘探力度，创新勘探开发体制机制，放开资源勘探市场。地质调查工作要急中央之所急，想中央之所想，将能源矿产地质调查作为重中之重，瞄准服务能源安全保障、改善能源结构、支撑油气勘查开发体制改革的目标，力争在页岩气资源调查方面取得重大突破，在北方新区新层系油气资源调查方面取得重要发现，在新疆提出油气勘探开发体制改革试点所需要的勘查区块，在羌塘油气调查新区力争打开局面，同时加快推进北方砂岩型铀矿调查及煤铀兼探、油铀兼探，加大海域油气、天然气水合物等资源的调查力度。

（二）加快推进科技创新，更加有力地支撑找矿突破战略行动。

没有地质规律的新认识，没有技术方法的创新和进步，就不可能有找矿新突破。要努力在成矿理论、找矿规律，以及物探、化探、遥感、钻探、分析测试、信息和资源利用技术上有新突破，以科技进步的新成果驱动地质调查新发展，促进地质找矿新突破。

（三）加强自然资源、国土空间、生态环境、地质灾害地质调查，更加有力地支撑生态文明建设和自然资源管理制度、土地管理制度改革。

紧紧围绕推进生态文明建设、实施国家重点区域发展战略的迫切需求，以支撑服务“四大板块”（西部开发、中部崛起、东北振兴、东部率先发展）和“三大支撑带”（京津冀协同发展区、长江经济带和“一带一路”）战略为重点，加大资源、空间、生态、环境、灾害综合调查力度，加快资源环境承载能力综合评价和应用服务。

（四）加快推进海洋地质调查，更加有力地支撑海洋强国建设。

中央高度关注海洋强国建设，海洋地质调查工作担负着为沿海经济社会发展、海洋油气和天然气水合物勘查开发、海洋权益维护、海洋国防安全、沿海和海洋环境保护、灾害防治提供基础和地质信息服务支撑的重要使命。海洋地质调查工作要依托海洋地质保障工程、天然气水合物资源勘查与试采工程和国家财政安排的其他海洋地质调查专项，充分依靠科技创新、机制创新和管理创新，扩大开放，深化合作，以引导和促进海洋油气商业性勘探开发、加快推进天然气水合物勘探开发产业化、开展海岸带综合地质调查为重点，夯实区域地质调查基础，为海洋强国建设提供强有力的支撑服务。

（五）深化国际地学合作和境外地质调查，更加有力地支撑“一带一路”战略。

要充分发挥国际地学合作和境外地质调查在实施“一带一路”战略中的基础先行作用。要科学制定国际地学合作和境外地质调查规划，将其作为支撑国际矿业投资合作、推进地质科技进步、促进人才成长、提升地调局国际话语权的重要手段。要拓展地质调查工作的全球视野，积极参与国际地学事务，提出并主导国际地学计划，加快推进地质调查国际化。

（六）加大地质资源信息集成开发、综合研究和应用服务力度，更加有力地支撑服务政府、企业和社会对地质信息的需要。

推进“地质云”建设，缩小并逐步消除“数字鸿沟”，整合、共享数据，以大数据、网络化、信息化、智能化等技术手段为依托，开发符合各类用户需要的信息，扩大信息产品和服务的规模，提高信息产品和服务的质量。

四、全面深化地质调查体制机制改革

要用改革的办法破解影响和制约地质调查事业发展的难题。当务之急，要着力推进下列6项改革。

（一）推进地质调查成果评价机制改革。

成果评价机制在地质调查管理体系中的地位作用如同高考制度在教育体制中的地位作用，是根本性的、导向性的，是“牛鼻子”。姜大明部长于2014年1月13日在第13届李四光科学奖颁奖大会上明确提出，科技成果评价要以解决重大资源环境问题为导向，以成果的转化应用和服务效果为标准。我们要切实贯彻姜大明部长的要求，加快推进成果评价体系改革，坚决破除单纯或主要以评奖、发表SCI论文情况论英雄的怪象。

（二）推进地质调查运行机制改革。

地质调查运行机制改革的目标是确保“九大计划、50项工程”的目标得到实现、任务得以完成，确保出大成果、大人才。这项改革要遵循下列基本原则：一是坚持目标导向和问题导向；二是实行目标责任制，明确计划、工程、项目和子项目的目标，明确负责单位和负责人的权利和责任，权责一致，探索放权、问效、追责的新机制；三是简化程序、提高效率，对该管的要管到位，对不该管的要坚决放手。

（三）推进地质科技体制改革。

深化地质科技体制改革，既是国家科技体制改革的要求，也是地质工作自身的迫切需求。地质调查与科学研究脱节是长期没有解决的老大难问题。必须牢固树立“地质调查的过程就是科学探索研究的过程”的理念。区域和专业地调机构必须走进科技创新的主战场，地科院所属的科研单位必须走进地质调查的主战场。要从规划部署、项目立项、组织实施、成果验收、应用评价等管理环节，从地调与科研单位的干部、人才、技术、信息交流等环节，推进地调科研有机融合和一体化。

（四）推进地质调查财务预算制度改革。

新修订的《预算法》《国务院关于深化预算管理制度改革的决定》和《国务院关于加强审计工作的意见》对地质调查财务预算管理提出了一系列重大改革要求。一是明晰政府与市场、中央与地方事权与分工。二是改变预算控制方式，建立跨年度预算平衡机制。三是实行收支脱钩，专项财政资金纳入财政综合预算统筹安排。四是建立全面规范、公开透明的预算管理制度，以“花钱必问效，无效必问责”的原则推进预算绩效管理。五是将对矿产资源、环境保护等情况的审计列为审计的重点领域。我们必须按照国家财政预算制度和审计制度改革的要求，加快修改完善地质调查财务预算管理制度，加大对执行情况进行监督检查的力度。

（五）推进地质调查监督制度改革。

根据中央要求和部党组部署，结合地调局的实际，积极稳妥地推进纪检监察体制改革。要科学设置机构、配强领导干部、优化人员结构、完善领导关系。要强化内部审计职责，加强对直属单位落实中央精神、部党组要求和局党组重大决策情况的审计监督。

（六）推进地质调查事业单位分类改革。

根据国家关于事业单位分类改革的精神，按照《国务院关于加强地质工作的决定》关于“建设一支人员精干、结构合理、装备精良、能承担重大任务的中央公益性地质调查队伍”的要求，在满足国家需求中准确定位，在提供公益服务中提升能力，在改革创新中增强活力。

五、全力以赴推进地质调查事业持续健康发展

（一）地质调查单位要积极主动地向地方人民政府及其国土资源部门汇报工作。

全国地质调查队伍，包括中央和地方队伍，要以全力支撑服务国土资源中心工作为己任，了解需求，完善部署，精心实施，强化信息服务和成果应用。一是支撑国土资源中心工作。二是服务经济社会发展。三是接受指导协调。请部机关有关司局、省级国土资源厅局理解、支持地质调查工作，指导、协调、监督地质调查工作。

（二）中央与地方公益性地质工作要统筹协调、合理分工、信息共享、密切合作。

一是中央与地方事权，合理划分工作分工。中央财政重点支持1:5万及更小比例尺区域地质调查。对南疆、青藏、乌蒙山等特殊地区和铀矿等（战略性）特殊矿产适当提高工作程度。对特殊地质难题，中央财政支持开展示范引领性地质调查工作。二是围绕重大需求，以解决重大地质问题为导向，实现中央与地方公益性地质工作综合部署，协调推进（协同实施）。三是中央与地方公益性地质工作要扩大技术交流、信息共享。

（三）大区项目办今年内健全完善“三定”方案。

加快大区项目管理机构的健全完善，确保职责履行到位、机构设置到位、人员定岗到位，确保地调项目和经费落到哪、监管就跟到哪，确保项目质量和进度、成果转化应用、资料汇交、信息服务符合管理要求。

（四）项目承担单位和项目负责人要切实负起责任。

强化目标责任制。项目负责人对项目的质量、进度、成果的应用服务、资料汇交、资金合法使用负责。落实项目承担单位法人负责制。建立项目信用体系，列黑名单，追责问效。

（五）全国地质调查队伍要切实增强凝聚力和战斗力。

一是加强学习。用党中央、部党组、局党组的新要求，统一思想，凝聚共识。二是构建平台。将大家的心思和干劲聚集到“九大计划、50项工程、300个项目”上来。三是聚焦目标。用“建设世界一流地调局”目标凝心聚力，增强认同感、归属感。四是深化改革。促进地质调查和科学研究有机融合。五是加强交流。加强干部、思想、工作交流。六是增进感情。树立地质调查事业“大家庭”意识，积极为各个单位和干部职工排忧解难。七是严肃纪律。依法从严治局，加强对干部的管理。八是创新方式。将增强凝聚力和战斗力作为党建工作的重要目标，将党建工作作为增强凝聚力和战斗力的重要手段。九是营造环境。改善外部关系，努力营造有利于地质调查事业发展的条件和环境。

（六）全国地质调查单位要把防控廉政风险作为重要任务。

廉政风险是地质调查系统面临的最大风险。各单位领导班子必须把防控廉政风险摆在非常突出的位置，把加强项目和资金管理作为防控廉政风险的重要环节，把项目法人责任制和项目负责人责任制作为防控廉政风险的重要措施，坚决落实“两个责任”，坚决实行“一岗双责”和“一案双查”，坚决落实“八问”责任传导机制，确保党风廉政建设不出问题。

同志们，2015年是实施地质调查总体方案的开局之年，是推进地质调查结构调整的重要之年，是深化地质调查制度改革的关键之年，责任重大，使命光荣。希望全国地质调查工作者认真贯彻部党组和姜大明部长关于地质调查工作的各项要求，齐心协力，团结奋进，锐意改革，开拓创新，为推进地质科技创新和人才成长做出新的更大成效，为服务能源资源安全保障和国土资源中心工作作出新的更大贡献！

中美两国地质调查局局长的对话

（2015年2月27日　美国华盛顿）

2015年2月27日，中国地质调查局（CGS）局长钟自然率团访问美国地质调查局（USGS），与美国地质调查局局长Suzette M. Kimball女士举行了会谈。两位局长就两国地质调查工作的一系列重大问题深入交换了意见，对进一步推进双方合作达成广泛共识。以下是两位局长的对话要点。

一、以综合地质调查支撑多门类自然资源综合管理

钟自然：中国国土资源部（MOLAR）是中国政府负责管理土地、矿产、海洋等自然资源的部门，实施从陆域到海洋、从地表到地下主要自然资源的综合管理。国土资源部下辖国家海洋局、国家测绘地理信息局和中国地质调查局。

目前，中国政府正在研究推进自然资源管理体制改革。总的思路是将“山水林田湖”视为一个整体，推进更多门类自然资源的综合管理。国土资源部负责编制和实施的国土规划和土地利用规划涉及与经济社会发展和生态文明建设息息相关的自然资源、生态环境、国土空间、地质灾害等要素，正在实施的不动产统一登记几乎覆盖所有的自然资源（水资源除外），这为进一步推进自然资源综合管理奠定了良好的基础。

中国地质调查局是国土资源部所属的3个局之一，为国土资源部提供支撑服务是我们的核心职责。我们将中国地质调查局的基本工作定位确定为：全力支撑能源资源安全保障，精心服务国土资源中心工作。国土资源部履行职责、推进自然资源综合管理，迫切需要中国地质调查局提供多门类自然资源、生态环境、国土空间和地质灾害领域的技术支持和信息服务。为此，中国地质调查局将大力加强自然资源综合调查和动态监测，以更好地为摸清资源家底、强化资源管理、保护资源环境、服务社会民生。最近，我们编制了中国自然资源综合图集、京津冀协同发展区资源环境地质图集和长江经济带资源环境地质图集，供中国政府、国土资源部决策参考。

Suzette M. Kimball：美国内政部（DOI）是美国管理自然资源的一个综合性很强的政府机构，其职能涵盖地质、土地、森林、矿产、油气、环境、水、生物、国家公园、印第安人事务等众多领域，下设土地管理局、海洋能源管理局、地表采矿办公室、复垦局、国家公园管理局、渔业和野生动物管理局、印第安事务局、地质调查局、安全与环境执法局等9个局（办）。

美国地质调查局作为美国内政部唯一的科学研究机构，负责地质、地理、矿产资源、水、生物、环境、自然灾害等方面的调查、监测、数据分析、科学研究、信息服务，对自然资源的数量、质量和可利用性进行全国性、长期性监测和评估，为内政部（包括另外8个局）提供科学技术支撑和信息服务。美国地质调查局最核心的任务是为政府自然资源综合管理提供科学依据。

在1996年以前，内政部的多个局都有自己的调查研究队伍。改革之后，按照总体部署科学研究的原则，所有科研工作都集中到美国地质调查局，其他局不再拥有自己的调查研究队伍。对此，一些局（如国家公园管理局）认为他们仍然需要自己的科研队伍为本部门服务，但内政部对这一改革方向坚定不移。实践证明，这项改革非常正确，为美国在自然资源管理中实行统一规划发挥了至关重要的作用。

美国自然资源综合管理最重要的经验之一，就是将统一规划作为实现科学发展的核心，而统一规划需要客观的地质调查和有力的科学技术支撑。目前，内政部各个局都充分认识到科学与信息支撑对自然资源管理的重要性，认为科研机构提供的数据是科学管理的重要依据。

二、中国地质调查局的“九大计划”与美国地质调查局的“七大科学使命”：推进需求驱动、问题导向的战略性业务结构、组织结构和预算结构调整改革

钟自然：中国经济步入新常态以来，经济社会发展和生态文明建设对地质调查工作提出了一系列新需求，中国政府和国土资源部对中国地质调查局提出了一系列新要求，主要体现在中国国土资源部部长姜大明先生提出的“五大需求”，即：一是服务国家能源资源安全保障；二是服务生态文明建设；三是服务防灾减灾；四是服务新型城镇化、工业化、农业现代化和重大工程建设；五是服务海洋强国建设。

为了满足新的要求，解决地质调查成果与需求脱节的突出问题，中国地质调查局以“瞄准重大需求、解决重大问题、聚焦重大目标、形成重大成果”为导向，于2014年9月提出实施“九大计划”（由50项工程，300个项目组成）。“九大计划”：一是陆域能源矿产地质调查计划；二是重要矿产资源调查计划；三是重要经济区和城市群综合地质调查计划；四是地质灾害防治和地质环境保护支撑计划；五是国土开发与保护基础地质支撑计划；六是“一带一路”基础地质调查与信息服务计划；七是地质科技支撑计划；八是地质数据更新与应用服务计划；九是海洋地质调查计划。上述“九大计划”的总体思路和目标任务已经得到国土资源部和财政部的认可。按照地质调查战略性结构调整的要求，我们对预算结构已经做出了相应的调整，下一步将推进组织结构体系的改革。

Suzette M. Kimball：1995年，美国地质调查局面临生存危机，被迫由兴趣驱动型或学科驱动型科学研究转变为需求驱动型科学研究。自2009年开始，为进一步落实需求驱动理念，美国地质调查局提出了以问题为导向的改革，提出“七大科学使命”领域，即：气候变化和土地利用变化、核心科学体系、生态系统、能源和矿产、环境健康、自然灾害、水。我们按照这“七大科学使命”对地质调查业务结构进行重大调整，并相应地对组织结构、预算结构进行了重大改革。美国地质调查局已对“七大科学使命”分别制定中长期发展规划。组织结构由原来按专业学科设置的地质、地理、水文、生物4个部门调整为按科学使命领域设置的7个部门。

改革的原因：一是美国地质调查局过去主要依据科学家的兴趣开展工作，立足解决专业科学问题，难以有效解决国家经济社会发展中的重大问题。二是按专业学科设置内设机构，很难解决更宏观、更综合、跨专业的重大问题。三是企业很难与我们开展合作。比如企业和我们合作研究页岩气时，要分别与我们的地质、水、生物3个部门签订合作协议。

改革的过程：我们对美国地质调查局的调整改革设了2年过渡期。第一年，调整内设机构。按照需求驱动和问题导向的理念，设16位执行主任，取代原来的地质、地理、水文、生物4个业务部门的主任，然后按照聚焦、整合的重大科学使命将执行主任减少到7位。第二年，调整预算结构。之前我们担心国会、内政部和合作伙伴（包括企业、大学和其他研究机构）不同意，但没想到他们都说“你们为什么不早点这么改”。

改革的效果：目前改革已经基本到位，取得的成效得到美国国会、内政部、合作伙伴和社会公众的认可。

改革的经验：一是让科学家参与改革。让他们提出改革的建议，让他们觉得改革是他们的工作创新，充分调动他们的积极性，以减小改革的阻力。二是让合作伙伴参与到改革中来，取得他们的理解和支持。

三、将强烈的服务意识贯穿“七大使命”和“九大计划”

钟自然：中国地质调查局于2015年1月确定了新的发展目标。这个目标的基本内涵包括服务、成果、科技、人才、装备、管理6个方面，其中把服务摆在第一位。我们必须为经济社会发展、生态文明建设和国土资源中心工作提供及时有效的服务，为政府、企业和社会公众提供强有力的技术支撑和信息服务，让地球科学知识和资源环境信息家喻户晓、惠及民生。

Suzette M. Kimball：美国地质调查局设立“七大科学使命”领域，最重要的变化是树立服务意识，全方位地为政府、企业和社会公众服务。我们下大力气改革，让合作伙伴感到我们容易合作。我们非常重视公众服务，尽最大努力为公众提供地学信息和知识。

四、根据国家重大需求确定优先调查领域

钟自然：中国地质调查局以国土资源部“五大需求”为导向，特别关注能源、重要矿产、海洋、地质灾害、T型带（海岸带+长江经济带）、“一带一路”等领域的跨专业综合调查和信息服务。

Suzette M. Kimball：美国地质调查局主要根据下列3个方面的需求确定优先调查领域：一是关注国会的需求。国会每年审批预算时会告知他们关注的事项，并对他们关注的领域多批准一些预算。目前国会对气候变化、能源、矿产、水比较关注。二是听取内政部部长的意见，了解内政部需要支撑服务的优先领域。现在的内政部长要求美国地质调查局加强全球气候变化和水方面的工作。三是根据社会需求及时调整。4年前，随着页岩气迅速发展，我们紧密跟踪热点，及时调整工作内容，重点加强了页岩气研究。

五、高度关注关键带（Critical Zone）：以地质学、地理学、水文学、生物学等多学科的交叉融合解决更为复杂的问题

钟自然：中国地质调查局已经意识到了国际地球科学发展的一些新趋势、新态势。一是地球系统科学迅速发展，更加注重圈层相互作用、地球系统过程和整体行为的研究，更加注重人类活动与地球系统之间的相互作用和相互影响研究。二是开展以土壤、包气带、含水层为重点（资源、环境、生态相互作用最强烈、最频繁的地球圈层）的地球关键带的综合调查监测，建立三维地质模型，为资源开发、环境保护、生态改善、灾害防治提供科学依据。三是地质科学与地理科学、海洋科学、气象科学、水文科学、生物科学等其他相关学科日益深度交叉、融合，解决更综合、更复杂的资源环境问题。因此，我们对关键带的研究非常关注，并正在积极探索跨专业、跨学科的综合调查监测，整合集成地质灾害、地质环境、地下水等多方面的调查监测信息。

Suzette M. Kimball：美国地质调查局的核心科学体系使命以关键带为重点研究对象，以地质学、地理学、水文学、生物学为基础，通过信息科学和计算技术的应用，实现数据信息的融合合成，促进交叉学科或综合学科的发展，以解决更复杂的科学问题和社会问题。关键带是指靠近地球表面的、有渗透性的、介于大气圈和岩石圈之间的地带，垂直方向的范围从树的顶端往下直到地下水深层，是人类对环境扰动最大的圈层。关键带控制土壤的发育、水的质量和流动、化学循环，影响能源和矿产资源的形成与演化。美国地质调查局将持续关注关键带的复杂过程和相互作用，并对相关数据进行收集、管理、集成、分析，以促进对复杂性地球系统的综合描述和认识。在海岸带、江河流域、三角洲、人口密集地区，我们运用关键带理论进行综合调查评价。

六、中国的T型带（海岸带和长江经济带）与美国的海岸带、河流三角洲

钟自然：中国地质调查局正在着力开展中国“T型带”综合地质调查。T型带就是海岸带（包括京津冀协同发展区、长江三角洲、珠江三角洲、海峡西岸经济区和北部湾经济区）和长江经济带（包括长江三角洲、苏南现代化建设示范区、皖江经济区、武汉城市群、三峡库区、成渝经济区和长江源头生态保护区）。海岸带长1.8×10^4 km，分布了3个大城市群和2个小城市群，是我国人口、经济活动、基础设施最密集的地带，资源环境承载力、区域地壳稳定性、活动断裂、地下水、围填海等一系列问题迫切需要加以解决。长江经济带也是一个非常重要的带，中上游生态脆弱、地质灾害频发，下游地质环境和地下水问题突出。研究这两个带非常有意义，而且这项工作还将为我们探索后工业化时代的地质工作模式提供宝贵的经验。

Suzette M. Kimball：我本人就是研究海岸带的。海岸带、河流三角洲是美国地质调查局的重点研究领域之一，有3个分中心从事这方面工作。我们与东南亚国家合作开展了海岸带和三角洲研究。在水方面，我们注重研究地表水和地下水的相互影响，建立综合监测网。我强烈建议将海岸带作为中美地质调查合作的优先领域之一。

七、充分发挥地质调查为土地的科学规划和合理利用服务的功能

钟自然：中国地质调查局过去对土地管理服务支撑不够，目前正在加大这方面的工作力度。我们已经开展了180多万平方千米土地（主要是耕地）多目标地球化学调查，具有良好的基础。在这个基础上，我们准备紧紧围绕土地管理的实际需求，调整调查内容，提高调查精度，为土地资源数量管理、质量管理和生态管护提供有力支撑，为划定城市开发边界、永久基本农田、生态保护红线提供精准信息。

Suzette M. Kimball：美国地质调查局在地质、资源、环境等多个方面为土地规划利用提供支撑，特别是为基于生态系统的土地管理新模式提供支撑。我们尽可能在土地规划之前提供地质调查信息，提前发挥作用，而不是在事后。在国际上，美国地质调查局与加拿大、墨西哥合作开展了土壤地球化学分析。

八、把能源和矿产调查放在重要位置，特别把新能源和新材料矿产调查放在突出位置

钟自然：中国正在加快推进新型工业化、城镇化、农业现代化和信息化，对能源和矿产的需求仍然很强劲，对地质调查工作的需求非常紧迫。中国地质调查局的这次战略性结构调整，最重要的变化之一就是把能源矿产调查摆在了更加突出的位置，特别关注页岩气、天然气水合物、海域油气以及锂等新能源、新材料矿产的调查评价。

Suzette M. Kimball：美国地质调查局从成立至今，尽管工作重点和研究方针多次变动，但能源和矿产调查一直是重要使命之一。我们早期只做固体矿产，后来扩展到油气和其他能源。我们从美国资源实际情况和全球资源供应出发，评价能源和矿产的可供性和可靠性。我们把重点放在新兴能源和高技术型矿产上，高度关注页岩油（气）、天然气水合物、地热、钍、镉、镓、锂等资源。对边缘区和海底沉积矿产资源潜力也给予特别关注。我们重视矿产资源全生命周期的信息收集和矿产物质流分析。我认为，在页岩气等能源资源调查与潜力评价、环境影响等方面，中美科学家交流非常有意义。

九、密切关注能源和矿产开发对生态环境的影响

钟自然：中国政府提出建设生态文明，要求我们必须把生态环境因素摆在资源开发的更重要的位置。中国地质调查局现已建成全国矿山环境数据库，包含11万多个矿山的环境信息。在页岩气方面，我们在调查资源的同时将着手开展环境影响评价所需的1:5万水文地质调查。在重要成矿区带和资源集中区，我们在开展资源调查的同时开展资源开发的环境影响分析。在青藏高原这样的生态脆弱区，我们对矿产资源勘查开发持非常谨慎的态度。

Suzette M. Kimball：美国地质调查局高度重视能源和矿产开发的环境影响评价，提出“认识能源和矿产及其废弃物的环境状况”“了解能源和矿产开发对自然资源的影响”等科学目标，并积极从环境的角度为自然资源管理提供支撑。比如，在美国西南部，公众很关注铀矿开发对环境、含水层的影响以及对国家公园的影响。内政部要求我们对亚利桑那州大峡谷铀矿的生态效应和社会效应进行评价。我们通过建立生物模型、社会经济模型、地质环境模型对其进行了综合评价，认为这个铀矿的开发将对土地、水、人类和野生动物产生一定的负面影响。最后内政部根据我们的评价结论拒绝了对该矿的采矿申请。

十、扩大立足全球的地质调查视野

钟自然：以地球为研究对象的地球系统科学，非常需要全世界的科学家共同努力，相互交流，密切合作，共享信息。中国地质调查局将加强国际地学合作作为实施“九大计划”的重要措施之一。此外，中国政府正在实施“一带一路”战略，需要地质调查工作发挥基础先行作用。我们将加大国际地质矿产合作的力度，与“一带一路”国家共享地质矿产信息，专题分析和综合评价资源潜力和投资条件，积极为企业投资决策提供信息服务。

Suzette M. Kimball：美国地质调查局的“七大科学使命”领域都在广泛开展国际合作。我们努力在国际地学界发挥作用，积极推动全球地球科学发展。我们的国际合作不仅有利于国内任务的完成，而且和美国国家利益息息相关。在资源方面，我们立足全球开展能源和矿产可供性评价。

十一、充分关注地质过程与生态系统、人类健康的联系

钟自然：中国地质调查局开展的土地质量地球化学调查，一方面圈出富硒的土壤分布区，为划定永久基本农田、发展特色农业提供服务；另一方面，圈出重金属污染土地分布区，分析污染原因，为生态修复提供依据，为防治克山病、大骨节病等疾病和减轻重金属对人类危害提供服务。我们正在组织实施的全国地下水监测工程，将从监测水位、水量扩展到包括监测水质、水温。

Suzette M. Kimball：美国地质调查局致力于研究人类活动对环境的影响。人类活动将化学污染物和致病污染物带入环境，对人类、动物和生态系统的健康和安全产生影响。地球表面的地质过程和气候动力学研究是美国地质调查局的一项重要工作，研究内容包括认识生态系统的组成部分和过程、模拟过去和未来的环境变化、理解地质环境与人类健康的关系、理解农业活动的区域环境影响等。此外，我们还提供空气-灰尘-土壤-沉积物-岩石污染方面的关键知识。

十二、推进大数据的综合信息集成

钟自然：我们意识到，地球系统科学与大数据、智能化、移动互联网、云计算技术融合，正推进地质调查构建数据密集型的科研方式和现代化的服务方式。中国地质调查局提出建设“地质云”，缩小并逐步消除“数字鸿沟”，整合、共享数据，以大数据、网络化、信息化、智能化等技术手段为依托，开发符合各类用户需要的信息，扩大信息产品和服务的规模，提高信息产品和服务的质量。

Suzette M. Kimball：奥巴马总统于2012年提出实施“大数据研究开发计划”，运用信息技术传播科学信息，让联邦、州政府、公众了解科学研究内容、获取研究信息。美国地质调查局是参与这项计划的7个机构之一，并在其中发挥了重要作用，提供了最多的数据，其中核心科学体系使命领域提供了非常多的数据。为了使美国地质调查局各个科学使命领域都重视信息技术的运用，我们专门设置了核心科学体系使命领域，为其他“六大科学使命”领域提供超级计算等技术支撑。核心科学体系使命领域打破了专业界限，实现了更广程度的数据集成，甚至超越了地学研究的范畴，为地球系统科学研究提供了全新的视角和途径，并且有效提升了公众对地学研究的认知，取得了很好的效果。

十三、建立科学的成果应用与信息服务评价体系

钟自然：中国地质调查局正在以解决重大资源、环境、灾害和地球系统科学问题为导向，以成果的转化应用和服务效果为标准，改革地质调查成果评价机制，努力纠正过去主要以发表学术论文为标准的评价体系。此外，我们正探索建立地质调查成果与服务的绩效评价与管理体系。

Suzette M. Kimball：在美国，对地质调查成果应用服务效果的评价来自于多个层面。一是用户对成果的质量和水平进行评价。二是每个科学家在各自的专业学会（协会）中得到学术水平、学术质量的评价。三是我们每月向内政部部长、副部长报告地质调查成果和进展。四是每个季度向总统办公室和国会提交报告。如果国会有疑问，会要求我们参加听证，接受质询。美国地质调查局的中心任务体现在3个方面：一是为政府资源管理提供科学依据；二是为社会公众提供地学信息和知识；三是直接为国家安全服务。美国地质调查局以完成国家任务为第一使命，在业绩评估方面重点考虑项目任务完成情况和成果被用户采用的频率等情况。目前美国地质调查局的声誉不错，政府、企业和社会公众都比较尊重和认同美国地质调查局的能力。

十四、秉持开放合作的科学态度

钟自然：中国地质调查局目前在开放合作方面做得还不够，但我们认识到以开放合作的态度开展地质调查非常重要。我们必须扩大与省级地质调查机构的技术交流和信息共享，加强与科研机构、大学、企业的合作，切实增强我们的实力，提升我们对政府、企业和社会的服务能力和影响力，增强对地学界的凝聚力。

Suzette M. Kimball：现在联邦政府每年批准美国地质调查局的预算是11亿美元左右，此外美国地质调查局每年还承担其他联邦机构、地方政府、社区、企业的项目约5亿美元。我们非常重视对外开放合作，专门成立了一个部门负责这一块业务。此外，国会要求我们加强与自然科学基金（主要资助大学的科研项目）的协调，加强与大学的合作。与大学签订长期合同，不仅可以保持一支稳定的研究队伍，而且可以指导、带动学生，推动地质调查工作持续发展。

十五、两位局长共同勾画中美两国地质调查合作的蓝图

两位局长一致同意，中国地质调查局与美国地质调查局过去开展的矿产资源评价、汶川地震滑坡灾害评估、全球气候变化对湿地的影响、深部地球探测等方面的合作研究，取得了良好的成效，为今后的合作奠定了坚实的基础。

两位局长一致认为，中国地质调查局正在实施的“九大计划”和美国地质调查局正在推进的“七大科学使命”中，有大量需要双方共同关心、合力解决的重大科学问题，双方都拥有大量的信息和宝贵的经验，中美两国科学家都有加强交流合作的强烈愿望，双方合作的前景非常广阔。

经商定，中国地质调查局与美国地质调查局今后将优先开展以下领域的合作：一是开展页岩气、天然气水合物、地热等新能源矿产资源评价及其环境影响方面的合作，其中重点是页岩气。二是开展海岸带综合调查方面的合作。三是开展关键带研究，探索跨学科、跨领域、综合性调查监测，以解决更复杂、更重大问题。四是深化在大数据、网络化、信息化方面的合作。五是继续开展地质灾害防治方面的合作。六是开展应对全球气候变化、地球深部探测等方面的合作。

钟自然邀请 Suzette M. Kimball 女士访问中国地质调查局，继续就这次会谈中涉及的一系列重大问题深入交换意见。两位局长商定，双方互派科学家商谈具体合作项目。

会谈结束后，两位局长签订了中国地质调查局与美国地质调查局合作协议延续执行的意向书。

国土资源部党组成员，中国地质调查局局长、党组书记钟自然在近期工作通报部署会上的讲话

（2015年7月20日）

我讲5个方面的意见。

一、2014年7月以来主要工作进展情况

2014年7月以来，大的工作布局是：实施三大步骤，采取6项措施，取得6点成效，但是还有3点缺憾。

（一）三大步骤。

第一个步骤是根据党的十八大的新精神和新一届部党组对地调局工作的新要求，局党组聚焦姜大明部长提出的“五大需求”，研究确定了“九大计划”。2014年9月1~5日，用了50个小时，确定了“九大计划”。这是今后一段时期地质调查工作的总体布局，是我们28个直属单位、7600名干部职工凝心聚力、干事创业、发挥用武之地的平台。“九大计划”提出后，局党组又根据中央和部党组的要求，充分考虑各单位的实际情况，进行了调整、优化，最终形成了“九大计划、50项工程”的格局。

第二个步骤是2015年1月27~28日的全国地质调查工作会议。姜大明部长代表部党组对我们提出新的、明确、具体的要求。局党组研究提出了新时期地质调查工作的定位：全力支撑能源资源安全保障，精心服务国土资源中心工作。提出了“六个一流”的建局目标：服务一流、成果一流、科技一流、人才一流、装备一流、管理一流。提出了地调局推进改革发展的“三大战略”：科技兴局战略、人才强局战略、依法治局战略。提出了地质调查工作的“六项调整”和地质调查体制机制的“六项改革”。2月27日，我和美国地质调查局局长进行了3.5小时的对话，这是对1月27日我讲话的解读。半年过去了，我们推进的工作，都是在这个定位、“六个一流”目标、“三大战略”、“六项调整”和“六项改革”措施的框架下开展的。28个直属单位和11个部室的领导班子和局党组是否保持一致，就是要看你们做的事情是否在这个轨道上，是否在这个方向上，是否与局党组心往一处想、劲往一处使。

第三个步骤是2015年3月30日到4月10日，局党组通过两次党组扩大会议，与28个直属单位和11个部室一一研究商定了年度重中之重工作、重点工作和主要工作，概括为“两重一主”。局党组首先要盯

的是重中之重的那两三件事，这种管理方式就是目标责任制。我们一起商定的目标，我们一起去完成。局办公室两个月一督办，人事教育部年终考核，监察审计的内审包括巡视都是为了完成这些目标。半年过去了，请各单位对照局党组研究确定的“两重一主”工作，强力推进、优先完成重中之重工作。

大的节奏上就这3个步骤，或者叫作“三部曲”。

（二）六项措施。

一是研究提出并积极推进地质科技体制机制改革方案。机制改革有了新探索、新进展、新成效。体制改革已经拿出方案，部党组即将听取汇报，对外正在协调推进。

二是研究推进地质调查预算管理及相关制度改革。此项改革与地质调查运行机制和项目管理体系改革是一个导向。与此相关的内外部关系，特别是与财政部和国土资源部有关司局，尤其是勘查司和财务司关系的协调上有了很大的进展。落实大区项目办“三定”方案，目前职责、机构、人员已经到位，下一步就是工作要到位。局机关部分部室的“三定”微调方案、总工程师室和业务部室职责关系的调整已经确定，原计划7月份重点推进，现在因为沈阳地调中心案件处理、“地质调查领域的抗日战争”历史资料展览及其他几个重要、紧急事项的原因，稍微推后。

三是形成发布了一批重要地质调查成果。包括《京津冀地区国土资源与环境地质图集》《长江经济带国土资源与重大地质问题图集》《“一带一路”能源和其他重要矿产资源图集》和《“一带一路”石油天然气勘探开发图集》等一系列图集。张高丽副总理充分肯定我们的工作，但指示涉及“一带一路”的信息很敏感，要保密。我们将以机密件报出去。还有《中国页岩气资源调查报告（2014）》《中国耕地地球化学调查报告（2015）》和“海马号”遥控深海探测仪器的自主研发等一批在国内甚至国际有重要影响的成果被发布出来，也包括大家在一楼大厅看到的展览，上周一姜大明部长带领部相关司局长来参观指导，下一步要到部里展览，还要以部和国务院参事室的名义对外展览。这是近期发布的一系列具有重要影响的成果。

四是加大业务建设力度。总体思路是以“九大计划”为平台推进业务建设和队伍建设。近期主要做了以下几件事：一是对境外地质调查和国际地学的工作布局进行统筹安排，包括大区地调中心、全球矿产资源战略研究中心、全球矿产资源信息中心、地球化学研究中心等。二是对学科建设作了总体布局。三是重组3个由地调局和地科院共同组织的研究中心，包括全球矿产资源战略研究中心、地球深部探测中心和卫星应用研究中心。

五是加大了领导干部队伍建设的力度。从去年国庆节以后，半年多时间提拔、任用、交流司局级领导干部50多人，挂职交流处级干部近30人，其中还办理了司局级领导干部退休22人。

六是启动“地调百年”系列重大活动。6月5日召开的第八次局长办公会议上，决定“地调百年”系列重大活动要重点抓好4项核心内容。一是形成中国地质调查百年史纲，系统反映和总结地质工作经验、文化、规律。二是编制中国地质调查百年画册，全面反映地质调查为经济社会发展做出的成就和贡献。三是推出中国地质调查百项重大成果。四是遴选百名地质英才（卓越地质人才、杰出地质人才和优秀地质人才）。

（三）六点成效。

一是中国地质调查事业的发展方向和建设目标更明确。1月27日全国地质调查工作会议确定的方向和方略得到了地调局全体干部职工、部党组和社会各界的认同。我们内部的表现更明显，大家的认同度越来越高。

二是地调局的内外部关系得到明显改善。我局与财政部、发展改革委、科技部、商务部、外交部、环境保护部、农业部这些部门之间的关系有了明显改善。特别是在对我们影响巨大的预算体制改革方面，我们与部机关司局和财政部之间的关系更加顺畅。

三是队伍凝聚力有所增强。虽然仍有很多不足，但与过去相比变化比较大。比如一个图集的编制，一个报告的形成，都需要几个、十几个、甚至几十个单位的密切协作，大家配合得很好。

四是地调局的影响力有所提升。6月份以来，地调局的一些重大成果频频在主流媒体亮相，中央电视台、《人民日报》、新华社等主流媒体纷纷报道。包括报送中央的很多材料，部党组都给予了充分肯定。

五是建设世界一流地调局、实现“六个一流”目标的信心得到增强。地调局是能做事的，能够为满足国家重大需求，能够为服务支撑国土资源中心工作做事。我们能做事，也能做成事，我们能够为国家的重大需求和国土资源部的中心工作作出贡献、发挥作用，我们也一定能够实现建设世界一流地调局的目标。

六是地调局长远发展的基础更扎实。上述那些成果都是很实在、很扎实的，都得到了财政部的认可。比如松辽盆地油气勘探、油铀兼探和煤铀兼探、页岩气勘探开发等，都有希望实现重要突破。在国土资源部开展中心工作和发挥重要职能的过程中，也同样得到了我们提供的决策依据和技术支撑。比如天然气水合物勘探开发、耕地地球化学调查、地下水质量和污染调查，京津冀协同发展规划、河北省500万亩❶绿化带选址等工作中，都有我们广大干部职工作出的重要贡献。在取得了国土资源部、国务院各部委及地方的认同后，我们的经费、装备及其他改革发展的条件和基础都比过去更加扎实。

（四）三个缺憾。

第一是局党组，首先是我本人，对各个单位，包括直属单位和部室落实重中之重和重点工作目标任务过程中存在的困难和问题关注不足，解决得不够。有些单位对实现目标任务是有压力、有困难的，对这些困难如何解决，我们想得还不多，关心得还不到，解决得还不够。

第二是对局机关的全体工作人员和直属单位的领导班子成员的身心状况、思想情绪、困惑难题关心不够，解决的不够。我们不可能关心到直属单位的每个人，但是我们至少应该关心到每个单位的领导班子成员。现在很多交流提拔的干部，仍然两地分居，家里有小孩要上学，还有老人要照料，我们关心得不够，解决得不够。局党组要切实关心直属单位领导班子成员，领导班子成员再去切实关心本单位的干部职工。

第三是去年下半年我们提出了“九大计划”的雏形，而后9月17日是APEC休假开始的第一天，按规定应休假一个星期。当时我承诺，在APEC休假期间加班工作的人员要补假。快一年过去了，当初的承诺有没有兑现，还有其他类似这样的承诺有没有兑现？借今天这个机会，我向大家表态，当初做的承诺今天仍然有效，各部室要把政策执行到位，当初在APEC期间加班工作的，争取趁着孩子放暑假，在今年8月底之前补假到位。

二、财政预算管理制度改革和科技计划管理制度改革与“九大计划”的关系

财政预算管理制度改革有新的要求，主要有5个方面。

第一是实行中期财政规划管理，3年滚动。这个3年滚动跟我们地质调查3年填1幅图是完全一致的，务必要对接好。2016～2018年，已经规划好3年填1幅图，落实3年滚动规划，对我们不是什么难题。

第二是加强项目管理和项目库的建设。一是项目生成机制。二是项目管理上的“五项原则”。三是必须建立项目库。我重点强调一下项目管理的“五项原则”。一是要理顺关系。中央部门和所属单位是承担项目的主体，财政部起审核作用。二是政策导向。项目要清晰反映国家战略发展规划和宏观调控政策导向，这跟我们“聚焦国家重大需求和国土资源中心工作”是一致的，“九大计划”就是瞄准这个目标建立的，财政预算制度改革等于是给我们实施“九大计划”提供了预算保障。三是3年滚动规划为年度预算提供了约束。这也正是我们需要的，我们的“九大计划”去年是“九大计划”，今年是“九大计划”，到2020年还是“九大计划”。虽然推进过程中会有微调和优化，但是总体稳定。四是突出重点，聚焦重大改革、重点政策和重点项目，突出部门主要职能。这也与我们“精心服务国土资源中心工作”相一致。比如《中国耕地地球化学调查报告（2015）》就是围绕划定永久基本农田这项国土资源部的中心工作而编制的。再比如找矿突破战略行动和能源资源调查，都是聚焦国土资源中心工作。五是讲究绩效，事前有目标，事中有监控，事后有评价，结果要应用。这跟我们强调需求导向、目标导向、问题导向、成果应用导向是一个意思。

第三是全面推进预算绩效管理。“绩效”就是指：一要把钱花了，不出问题；二要出成果、出人才，要服务、要应用。

第四是加强预算评审工作。这方面刚才他们都讲了，我不再重复。

第五是理顺各方面的关系，明确各自的责任，包括财政部的责任，国土资源部的责任，地调局的责任，大家各自的责任，主体责任，监督责任等。

大家要理解、吃透财政预算管理体制改革精神，要与科技计划管理制度改革的精神相结合，这两者是相辅相成的。纯科研的经费全部切走了，包括行业公益性专项，全部切到科技部科技创新“五大平台”上去了。所以“九大计划”中的地质科技支撑计划暂时是空的，需要有两个支撑。一是立足“六大任务”，从其他“八大计划”中提炼重大科技问题，到国家科技创新“五大平台”上申请项目，例如深地探测项目。二是要把地质调查的过程回归到科学探索的过程，实现地质调查与科学研究的有机融合。在国际上，如美国地质调查局，都是科学创新机构，他们的地质调查就是科学研究。以后技术标准规范、预算

❶ 1亩≈666.67 m^2。

的定额要作相应修改。今天将对照表发给你们，“六大任务”与“九大计划”是对应的，50项工程完全保留下来了，业务推进的格局没有受到任何影响，反而因为预算制度改革得到了支撑和保障。大家要深刻理解“六大任务”“九大计划”“50项工程”的对应关系。原来我们规划的200个左右的项目，现在要增加一些，但不要突破400个。作为二级项目，这近400个项目，都要有清晰的目标、完整的任务、预期的成果。

三、坚持三项原则，处理好六个重大关系

7月14日在第六次局务会上审议一级项目预算实施方案时，我强调过“三项原则”，要求处理好“六个重大关系”，这里再强调一次。

（一）三项原则。

这还是去年7月10日财政部当时的经建司司长李敬辉同志（现任预算司司长）到局里调研时，我跟他在座谈会上提出来的“三个坚定不移”。根据新形势、新情况、新要求，作了文字上、表述上的调整，意思没变。

一是坚定不移地坚持围绕国家重大需求和国土资源中心工作，科学部署、精心实施“六大任务”和“九大计划”。在“九大计划”里面，地质科技支撑计划承接国家科技创新平台的项目。

二是坚定不移地坚持中央公益性地质工作定位。这里面有两层含义：一个是坚决理顺公益性与商业性地质工作的关系；二是坚决理顺中央与地方地质工作的关系。要科学厘定公益性与商业性地质工作边界，合理划分中央与地方公益性地质工作事权。

三是坚定不移地坚持国家财政预算管理制度改革的方向、目标、任务和要求，全力构建高效、顺畅的地质调查运行机制和项目管理体系。

这“三个坚定不移”跟之前的意思是一致的，只是增加了新的内容。

（二）六个重大关系。

对地质调查工作规划部署6个一级项目实施方案，推进实施地质调查战略性结构调整，需要在总量、结构和布局上统筹考虑六大关系。

一是资源、环境、基础之间及其内部的关系。包括资源、能源和其他矿产资源之间的关系，水工环地质调查内部的关系，地质灾害、水文地质、环境地质、工程地质、重要经济区、城市群地质调查之间的关系。

二是陆域、海洋、境外之间及其内部的关系。这是空间上的布局关系。

三是直属单位与非直属单位之间的关系。随着财政预算制度改革的进行，直属单位当总承包、二传手、甩手掌柜的时代已经一去不返了，所以怎么处理好直属单位的承担能力和项目外协之间的关系，是我们必须马上考虑并解决的问题。

四是用户需求与成果服务之间的关系。在项目规划初期就应规划好成果给谁用，用什么表达方式。要以用户需求为导向，根据需求和实际情况，确定目标，包括出什么样的成果，给谁用，成果的表达方式是什么，自规划部署阶段、立项阶段就确定下来，不能等到最后才去捞、去组装、再集成、再研究，虽然这些也同样需要，但一开始规划里要有这方面的内容。

五是财政预算制度改革与科技体制改革之间的关系。要考虑好“六大任务”“九大计划”和国家科技创新“五大平台”、地质科技支撑计划之间的关系，哪些到国家科技创新平台上去，哪些在我们自己的平台上，要有分工。要立足我们自己“九大计划”的平台，申请国家科技创新平台的重大项目。我们比中国科学院、大专院校有更加坚实的基础，更能提炼面向国家重大需求和部门中心工作的科学问题。

六是突出重点与统筹兼顾之间的关系。不能眉毛胡子一把抓，需求不清楚的，任务不清楚的，预期成果不清楚的，必须先放放。从现在开始，各单位一把手就得重视二级项目，到时不要跟我讲“我要养人，经费不够，队伍没活干”，你们自己得在“五大平台”和“六大任务”“九大计划”这个平台上找到自己的位置，在需求中找准位置，而不是根据你自己的需求安排项目。现在要求已经变了，环境已经变了，时代已经变了。一定要早想好，早安排好，进了项目库才行。

四、对下半年工作提出六点要求

一是请28个直属单位和11个部室对照年初确定的重点工作，特别是重中之重工作的目标任务，加快推进。你们要问问自己，时间过半，目标任务有没有过半？

二是按照财政预算制度改革要求，科学编制一级项目实施方案，全面落实“九大计划”和一级项目实施方案确定的目标任务。今年下半年一定要把50个左右的工程目标，以及工程首席专家、项目负责人的清单发下去。

三是按照财政预算管理改革的要求，构建高效顺畅的地质调查运行机制和项目管理体系，包括成果评价体系。这是年初部署的重点任务，要与财政预算制度改革、科技体制改革、地质调查运行机制和项目管理体系改革衔接一致。这也是吸取沈阳地调中心案件的教训，健全完善制度的一种方式。

四是以筹备“地调百年”系列活动为契机，推进百项重大成果的形成和百名优秀人才的遴选。今天已经把百项成果印发各个单位征求意见，这是一个载体。关于百名人才，我讲过，要分成3级。今年年底为筹备中国地质调查百年纪念活动，遴选100名优秀地质人才。在100名优秀人才中，优中选优，选20~30名杰出地质人才。再在20~30名杰出地质人才中选出5~10名卓越地质人才。从外部再引进“李四光学者”，大体上与我们单位的卓越地质人才相对应。卓越地质人才和“李四光学者”的待遇要高于地调局现在所有人员的待遇。50个工程首席专家的绩效工资待遇比各单位一把手的绩效工资高20%~30%。工程首席专家要发挥好作用，考核合格的可以名利双收。

“地调百年”是指中国地质调查百年纪念活动，部党组对此有一些考虑。第一是名称就叫“中国地质调查百年纪念活动”。第二是纪念活动不搞庆典，以学术报告、展览、研讨为主，关键是要展示成果和人才。纪念活动包含“四个一百”：百年史纲、百年画卷、百项成果、百名人才。百年画卷主要是地质调查为经济社会发展作出的贡献，以画册、画卷的形式表达出来。比如地质调查对大庆油田的发现作出了什么贡献，对三峡大坝的规划和决策作出了什么贡献。这次百名人才的遴选，不搞评审、投票那一套，而是由28个直属单位的“一把手”给我写推荐信。一个单位有几个优秀的人才，这个单位的“一把手”肯定心中有数，谁够格是卓越地质人才，谁够格是杰出地质人才，谁够格是优秀地质人才，以什么理由推荐。各单位“一把手”要以自己的个人信誉做担保，以推荐信的形式报上来，这也是局党组考察28个单位“一把手”的一种方式。推荐的人不合格，你个人的信誉就受到影响。各单位推荐完后，再按程序来产生卓越地质人才、杰出地质人才和优秀地质人才。这些称谓不是终身制的，同样要考核，要评估。

五是以吸取沈阳地调中心违纪案件教训为契机，以加大地质调查项目和财务管理力度为重点，切实加强党风廉政建设。今年要着力落实党风廉政建设工作的“七大任务”，着力落实“八问”责任传导机制和“六个强力推进”的措施，重点抓好3个大检查，在局系统作一次“大扫除”。

六是切实抓好“三严三实”专题教育，以“三严三实”的态度和要求全力推进地质调查事业改革发展，统筹部署和实施各项重点工作。今年工作头绪多，各单位领导班子特别是“一把手”要切实担起责任，统筹兼顾，突出重点。

五、局党组最关注的事项

局党组关注地调局28个直属单位、11个部室和7600人什么事情？

一是重点工作进展情况。我将《中国地质调查局各单位2015年重点工作》放在案头，经常翻阅，其中的重中之重工作是我最关注的事情。我最关注的工作你上没上心，党组关注的工作你上没上心，这是我最关心的。

二是1月27日我在全国地质调查工作会议上讲的定位、目标、战略、调整改革的措施有什么新进展。那天的讲话是局党组集体研究决定的，是局党组集体意志的体现。要强调的工作都在那个讲话里了，如果理解不透彻，大家可以看看中美两国地质调查局局长的对话，那是对这个讲话的解读。

三是28个直属单位、11个部室司局级领导干部的工作动态。要带好28个直属单位、11个部室、7600多人的队伍，关键是要带好你们160多个领导干部。你们的工作动态内网上都有，我会经常关注，你们是满天飞，还是在实实在在抓工作、抓业务、带队伍？当然重点是39个单位的一把手，只要你们39个人把劲用对地方，地调局的局面就会大大改观。

四是野外地质调查动态和预算执行情况。现在信息传递很快，每个时间节点，野外多少人，安全信息系统里面都很清楚。到7月10日，2754人、500台车在野外。地质工作者不出野外，不可能出成果。

五是重大改革、重大调整的进展。这个是地调局解决体制机制障碍、保证长远健康运转的关键。

六是新情况，新问题，新动态。包括内外部关系的改善和内外部形象的变化。

今天上午的两个会，局系统内部要原汁原味地传达，开展大讨论、大学习、大教育，进行大检查、大扫除、大整改。希望以7月20日为界，地调局各单位都要真正发生脱胎换骨的变化，把包袱、把污垢留在2015年7月20日之前。7月20日之后，以一个符合中央要求、符合中央纪委要求、符合部党组要求的全新地调局的形象展示在世人面前。

科学规划部署　精心组织实施
不断提高地质调查能力和服务水平

——中国地质调查局党组副书记、副局长王研在2015年全国地质调查工作会议上的报告

（2015年1月27日）

同志们：

这次会议的主要任务是深入贯彻党的十八大和十八届三中、四中全会以及中央经济工作会议精神，全面落实全国国土资源工作会议部署，总结2014年地质调查工作，部署2015年重点工作任务。

刚才，姜大明部长作了重要讲话，充分肯定了2014年地质调查工作取得的成绩，对下一步工作提出了新的更高的要求。一会儿，钟自然局长还要就地质调查工作新形势下，加快推进地质调查战略性结构调整作重要讲话。我们要认真学习领会，全面贯彻落实。

下面，我受钟自然局长委托，代表局党组作工作报告。

一、全力支撑“五个服务”，2014年地质调查成果丰硕

过去的一年，我们在党中央、国务院的正确领导下，在部党组的直接领导下，在部机关各司局大力支持下，认真落实中央精神和部党组部署，主动服务国土资源中心工作，全面促进找矿突破战略行动，加快推进地质调查战略性结构调整，突出加强项目和资金管理，完成1∶5万地质调查56×10^4 km²、航空物探57万测线千米，取得了一批重要成果，为经济社会发展、生态文明建设提供了基础保障。

（一）服务国家能源资源安全，支撑找矿突破战略行动成效显著。

一是陆域能源地质调查取得新发现。油气新区调查开辟了新阵地，西藏伦坡拉盆地实施地震勘探发现3个岩性圈闭，钻遇24层130 m油气显示，为羌塘盆地油气勘探提供技术储备；南祁连木里盆地发现褐色原油，展现出多种能源综合勘查广阔前景。油气新层系调查锁定一批新目标，松辽外围突泉盆地“突参1井”钻获轻质原油，在东北地区中－下侏罗统获得重要新发现，开辟油气勘探新领域；准噶尔南缘博格达地区二叠系钻遇224 m油气显示。油气基础地质调查取得重要新认识，羌塘盆地优选出9个重点区块，西部大型盆地碳酸盐岩油气调查圈定了6个重点有利区块，经后续勘探验证，四川中西部三叠系、鄂尔多斯盆地奥陶系、塔中下寒武统取得重大进展。

非常规油气调查取得重要发现。南方海相页岩气调查取得实质性进展，湘西北牛蹄塘组、黔南打屋坝组解析出含量较高的页岩气。北方页岩气调查拓宽陆相和海陆过渡相新领域，鄂尔多斯盆地南部延长组发现高含气量页岩层段；河南尉参1井发现多层气测异常。通过综合调查评价，优选出42个有利区块，为页岩气区块招标提供了依据。煤层气调查优选出28个盆地群、56个有利区带。松辽外围发现优质油页岩，鄂尔多斯南部渭北隆起钻获厚层油砂。

铀矿资源调查取得一批新成果。与24家煤企合作，开展煤铀兼探，利用砂岩型铀矿成矿规律理论新认识，重新分析评价过去煤炭钻孔资料。通过铀矿调查评价和煤铀兼探，圈定铀矿远景区或找矿靶区近百处，新增矿产地6处；宁东地区具有万吨级砂岩型铀矿资源潜力，内蒙古巴音青格利经后续勘查达到大型矿床规模。

地热能源勘查取得新进展。全面完成256个地级市浅层地温能调查评价和31个省（区、市）地热资源调查与区划。西藏古堆230 m深度钻获215 ℃高温蒸汽，显示了良好的资源前景。青海贵德3050 m深度钻获150 ℃干热岩，实现我国干热岩勘查零的突破。

二是重要矿产资源调查取得新进展。圈定物化探异常6300处，发现矿（化）点1000余处，圈定找矿靶区300余处，新发现矿产地35处。新发现西藏改则规模巨大的铜金铁多金属矿化带、新疆东天山路北大型远景规模铜镍矿、青海东昆仑牙扎曲大型规模金矿化带，湖南大万金矿外围钻探验证超大型金资源远景，广东始兴发现20万吨资源远景钨锡矿。这些重要发现具有带动和促进区域找矿意义。

三是大宗紧缺矿产调查成果突出。基础地质调查支撑西藏罗布莎地区铬铁矿勘查取得重要进展，罗布莎南部提交200万吨资源储量，香卡山矿区新发现铬铁矿体，估算新增25万吨，有望实现千万吨级资源基地。青海柴达木盆地新增1亿吨氯化钾远景资源。

四是新兴能源和材料矿产调查成果显著。四川甲基卡外围新增64万吨氧化锂资源量，达到超大型规模，为打造川西新能源产业基地奠定了资源基础。湖南城步发现18条高纯石英矿脉，含量大于99%。湖北宜昌新发现2处晶质石墨中型矿产地，湖北竹溪发现近百万吨远景铌矿化带。

五是公益性地质工作促进整装勘查取得一批重大成果。初步统计，2014年整装勘查区中央财政投入近10亿元，带动地方和企业投入近50亿元，17个整装勘查区取得较好进展，金、铜、铅锌、锰矿、铝土矿等重要矿产新增一批资源储量，为实现“358”第二阶段目标奠定了基础。西藏多龙新增300万吨铜资源量，全区有望超过2000万吨远景资源量；云南芦子园新增45万吨铅锌，总资源量有望达到500万吨，为形成新的资源基地提供保障。加大锡锰勘查力度，内蒙古维拉斯托新发现大型锡矿，初步控制6万吨资源量，贵州西溪堡新增7000万吨锰矿资源量，夯实了锡锰找矿实现目标的基础。夏日哈木镍矿、新疆火烧云铅锌矿、西秦岭金矿的重大成果促进了新的资源基地正在形成。

六是老矿山深部和外围找矿经济社会效益明显。江苏栖霞山铅锌矿、四川拉拉铜矿、河南老湾金矿等14个矿区取得重大找矿突破，估算新增资源储量达到大型矿床规模，39个矿区取得重要进展。平均延长矿山服务年限10年，稳定12万职工就业。

（二）服务生态文明建设，水文地质环境地质调查成果突出。

一是抗旱找水再立新功。初步建立了以水文地质信息服务和技术支持为主的抗旱找水长效机制。支援河南、湖北等省抗旱救灾，及时提供2300多项水文地质调查成果，有效满足了抗旱打井需求。拉动地方政府投入水文地质勘查，贵州、广西、山东等省（区）投入5.5亿元，解决严重缺水地区、地方病严重地区150万人饮水安全问题。

二是地下水污染调查获得大量第一手数据。完成230×10^4 km^2地下水污染调查，初步查明东北平原、西南岩溶地区以及西北重点地区地下水污染状况；支撑全国地下水污染防治规划、水污染防治行动计划编制，为国家研究制定水安全战略提供基础数据。

三是矿山地质环境调查有效支撑矿山环境监管。完成全国12.3万余处矿区及周边第二轮矿山地质环境调查，编制全国矿山地质环境状况分析报告，初步掌握我国矿山地质环境基本现状与变化趋势，为矿山环境监管提供了依据。

四是应对气候变化地质调查取得新进展。松辽盆地和浙江邻海海域圈出一批储存目标靶区。与企业合作，成功实施二氧化碳提高石油采收率储存示范工程。初步建立我国典型地区地质碳汇监测网络。首次将气候变化地质记录提高到年际精度。

（三）服务防灾减灾，地质灾害调查监测取得重要进展。

一是完善全国地质灾害信息系统。记录了28万多处地质灾害及隐患点信息，更新了539个县市地质灾害数据，支撑了省级地质灾害防治信息化建设，为应急救灾、防治规划奠定了坚实基础。

二是启动新阶段地质灾害调查评价示范。在三峡库区、四川芦山和云南鲁甸地震灾区等43个地区，开展1:5万崩滑流调查，基本查明灾害形成地质条件和诱发因素，编制地质灾害风险区划图，提高了预测的准确性和危险性评估精度。有效指导了重庆巫山县“8.31”地质灾害应急处置。指导地方完成388个县地质灾害详细调查和重要城镇地质灾害勘查。

三是岩溶塌陷调查取得新进展。开展珠三角、桂中、湘中、武汉、徐州和皖江城市带岩溶塌陷调查，查明主要诱发因素，为防控岩溶塌陷灾害、合理开发利用国土空间提供基础资料。

四是地面沉降调查监测网络进一步健全。完善京津冀、长三角等重点地区地面沉降立体监测网，有效监控面积11×10^4 km^2。依据全国地形变遥感监测成果，编制我国重点地区地面沉降状况分析报告，为地面沉降防治部际联席会议提供基础资料。

（四）服务新型城镇化、工业化、农业现代化和重大工程建设，地质调查提供一批重要成果。

一是京津冀图集服务区域规划提供成功范例。围绕京津冀一体化协同发展战略，系统总结已有成果，编制京津冀协同发展地区国土资源与环境地质图集，全面反映了京津冀地区国土资源和环境的地质背景，重点针对城镇发展和区域重大基础设施建设、地质灾害防治、水土资源开发利用，提出对策建议，地质工作服务生态文明建设迈出重要步伐，得到国务院和国土资源部领导的充分肯定。

二是经济区城市群地质调查有效服务新型城镇化。开展长江经济带、泛珠三角、丝绸之路经济带等重要经济区带40个城市环境地质调查，基本查明区域水工环地质条件以及重大环境地质问题。与地方政府合作，完成福州、石家庄、嘉兴3个城市地质调查，继续推进南宁、柳州、徐州等6个城市地质调查，为国土空间优化布局和重大工程建设提供技术支撑。初步建立了国家公益性先行、地方跟进的城市地质工作新模式。

三是土地质量地球化学调查成果有效服务农业现代化。完成黑龙江、湖北、浙江等粮食主产区1∶25万土地质量地球化学调查6.8×10^4 km^2，典型地区1∶5万土地质量地球化学调查1×10^4 km^2，查明土壤环境状况，为土地利用规划、高标准农田建设和现代农业发展提供基础资料。

浙江、湖北等9省高度重视农业地质工作。浙江省将土地质量地球化学调查结果作为农产品质量和土地资源管理重要内容。湖北省将硒土资源作为“农业强省”战略之一，投入1.2亿元开展大比例尺农业地质调查工作。

四是海岸带地质调查有力支撑沿海经济社会发展。完成环渤海、长三角、北部湾等海岸带综合地质调查10×10^4 km^2，建立地质环境监测体系，为上海、江苏、浙江等沿海地区功能区划、滩涂后备土地空间开发利用、堤防建设以及跨海通道工程选址，提供重要基础资料和技术支撑。海南岛浅海地质调查圈定11个钛铁矿、锆英石资源远景区，带动地方跟进，发现十分可观的稀土资源。

（五）服务建设海洋强国，海洋地质调查迈出重要步伐。

一是海洋基础地质调查得到加强。完成10幅1∶100万海洋区域地质调查，实现我国管辖海域1∶100万区域地质调查全覆盖。开展11幅1∶25万海洋区域地质调查和3幅1∶5万调查试点。初步查明海底综合地质要素，厘清38个主要沉积盆地分布范围和海洋固体矿产分布状况。

二是海域油气资源勘查取得重要进展。南黄海中部隆起、南海北部陆坡等重点海域，开展新区域、新层位油气资源调查，圈定5个有利远景区。主动服务后续勘查，带动中海油开展商业性油气勘探。

三是天然气水合物勘查奠定了试采工作基础。完成2.4×10^4 km高分辨率多道地震、1.4×10^4 km准三维多道地震，新发现一批指示天然气水合物存在地质、地球物理证据，圈定3个远景区，确定了2015年钻探目标区。研制天然气水合物保压钻探取心、海底可控电源等关键设备样机，推进海域试采技术研发。实施了祁连山冻土区天然气水合物试采工程。

四是首次圈定太平洋深海稀土资源远景区。组织实施太平洋深海稀土资源航次调查，首次在太平洋中部圈定6.5×10^4 km^2深海稀土资源远景区，初步估算远景资源量巨大；完成大型远洋船舶地球物理测量搭载试验，奠定了全面实施深远海地质科学考察技术基础。

五是切实维护国家海洋权益。圆满完成中央部署的指定海域科学考察任务，有力维护了国家海洋权益。实施大洋36航次科考，完成我国富钴结壳矿区资源调查、多金属结核矿区环境调查，为五矿集团代表中国申请第二块多金属结核矿区提供重要技术支撑。

（六）服务国土资源中心工作，提供技术和信息支撑。

一是主动服务国家重大决策。编制土地、矿产、能源、海洋等分布、开发与利用的自然资源图集，为自然资源管理改革提供基础数据。编制南疆大型资源基地调查工程实施方案，加大了南疆找矿工作力度。支持新疆油气改革，开展新疆退出区块优选评价。编制铁矿、钾盐等重要矿产资源战略研究报告。系统总结全国土壤地球化学环境质量调查成果，支撑全国土壤污染状况调查公报编制，为国家土壤环境保护立法提供基础数据。开展东北边境、三沙等国土资源遥感综合调查，为国防工程建设选址和国土资源规划提供地质资料。

二是精心服务国土资源管理。系统查明我国22种重要矿产“三率”技术指标，建立重要矿产矿山数据库，支撑一张图管矿和综合监管平台。完成石油、天然气等7个能源矿产保障程度论证。开展矿产卫片遥感解译和青海木里等8个重点矿区遥感应急监测，为执法监督提供技术保障。开展典型地区资源环境承载力评价与区划，初步建立国土规划实施监测评价指标体系。组织开展云南鲁甸地震灾区地质灾害应急处置，完成重庆特大暴雨地质灾害应急调查，及时提供卫星遥感数据，提高灾区地质灾害应急处置与防治能力。全国地下水数据库与信息系统共记录了1980年以来的415万条地下水数据，有效指导地下水资源管理。

三是大力支持集中连片扶贫攻坚工作。加强江西赣县、湖南新田、乌蒙山等扶贫地区农业地质、矿产、水文地质和地质灾害调查，及时转化调查成果，推动地方经济发展。湖南新田土地质量地球化学调查发现富硒土地资源，推动富硒产品开发和农业产业布局，富硒种养加工业已成为新田支柱产业。四川屏山县发现2.4×10^4 hm^2绿色富硒土地资源，催生富硒农产品开发。完成乌蒙山普格县等地质灾害高易发区

1∶5 万地质灾害调查。开展乌蒙山区等水文地质调查，施工 170 眼探采结合井，解决了 30 万群众饮水困难。

四是地质资料服务再上新台阶。去年 79.5 万人次借阅或下载资料，数据服务量近 1 TB，比 2013 年增长 67%。截至 2014 年底，全国各级资料馆藏机构已汇聚 150 万条地质资料目录，并提供在线服务。全国资料馆地质资料累计近 13 万档，数字化率达 91%。完成 5 万个重要地质钻孔资料数据库建设，95 万个全国重要钻孔基本信息全部上网。制作完成 2565 幅公开版 1∶5 万区域地质图，进一步扩大中比例尺公开版地质资料服务。出台地质调查信息共享服务指导意见，改版地调局门户网站，实现一站式服务，出版中国地质调查成果快讯，加强阶段性成果宣传和服务。

（七）实施创新驱动战略，科技与国际合作取得新成果。

一是组织实施一批重大科技项目。国家地下水监测工程、海洋地质保障工程配套装备等获国家批准，松辽盆地资源与环境深部钻探工程启动开钻，完成汶川科学钻探测井综合研究。中国北方巨型砂岩铀成矿带陆相盆地沉积作用环境与大规模成矿作用、深部矿产资源勘探技术等 5 项国家重大科技项目和 146 项国家自然科学基金项目得到资助。

二是基础地质研究取得一批原创性成果。新一代中国地层表通过国土资源部批准，展示了 13 年来国内外地层学研究和地层工作进展。开展深部探测研究，初步建立我国大陆复杂地球结构立体探测体系。建立了成矿地质体、成矿结构面与成矿构造、成矿作用特征标志三位一体的勘查区找矿预测理论与方法体系。浙江龙泉岩群发现 2 颗 4.1 Ga 的亚太地区最老碎屑锆石。热河生物群、远安动物群、罗平生物群等发现新种属，为生命演化和地层研究提供新证据。

三是研制了一批地质调查实用技术方法。成功研制 4500 m 级“海马号”深海作业系统，是继“蛟龙”号后我国深海技术装备又一标志性成果。自主研制的机载成像光谱仪首次试飞。无人机航空物探综合站、直升机航空重力测量和时间域瞬变电磁测量系统等一批技术实现实用化。岩心光谱扫描仪实现野外现场岩心数字化。离子吸附型稀土元素实现野外快速测试。解决了难选钼钨复杂多金属矿利用技术，并实现工业应用。

四是创新地质调查方式。完成三维地质调查试点，建立了三维地质调查工作流程，构建了深部断裂逆冲叠置等三维地质模型，形成了针对不同地质问题地物化遥高度融合的三维地质调查技术方法体系。启动第四系发育区、岩溶区等 7 个不同类型特殊地质地貌区填图试点，探索从基岩裸露区向特殊地质地貌区转移的地质填图技术方法体系。

五是稳步推进地质调查国际合作。国际合作网络和平台建设逐年扩大，与墨西哥、国际地科联等 13 个国家地调机构和国际地学组织签署 15 项合作协议，合作国家和地区增加到 48 个。成立国土资源部中国－上海合作组织地学研究中心，成功举办第八届国际天然气水合物大会等 9 个国际会议。举办 6 期援外培训班，25 个国家的 70 名地矿官员与技术人员参加了培训。稳步推进全球矿产资源信息系统建设，新建土库曼斯坦等 6 个国家数据库，更新 6 个国家数据，为 107 个矿业企业和地勘单位提供服务。深化中澳合作填图，提出现代地质调查方法。与塔吉克斯坦、蒙古等 16 个国家合作开展地球化学填图。

（八）狠抓管理，业务建设再上新台阶。

一是优化工作部署。深入开展调查研究，征求有关部委和国土资源部机关司局意见，听取院士、专家和行业地勘单位建议。委托大区地调中心征求省级国土资源管理部门意见，了解需求。围绕“五个服务”，确定了坚定不移围绕国家重大需求、坚定不移坚持公益性地质工作定位、坚定不移加强项目和资金管理的总体要求，编制了地矿专项总体方案，完善业务发展实施方案。依托“六大专项”，提出“九大计划”，设置了 50 个工程、331 个项目，明确了后 6 年地质调查工作总体思路、目标任务和部署重点，构建了计划、工程、项目设置层级框架。总体方案打破部门、专业和单位分割，实现了综合部署，构建出成果与出人才“四同步”平台。

二是加强项目管理。探索建立计划、工程、项目推进业务建设和业务活动的工作体系。明确计划协调人、工程首席专家和项目负责人的权利和责任。改变立项论证方式，打破专业分割、部门分割和技术分割。制定项目考核指标体系，明确负责人的资格和条件。严肃论证结果使用，暂缓安排论证不通过的 13 个项目和 25 个子项目，取消 7 名考核不合格负责人资格，对不符合条件的负责人进行调整。加强立项论证监督，成立督导组指导立项论证工作，实现监审部门全过程监督。

加强组织实施，公开公正开展竞争性选择项目承担单位。探索地质调查项目监理，完成 14 个项目监理试点。试行项目质量随机检查，抽查了 290 个项目，加大逐级检查力度和整改跟踪。强化承担单位质量体系建设，完成首批 16 个单位双标两方认证。加强标准建设，发布20项行业标准和16项地调局标准。加强资料汇交监管，通报批评未按期汇交资料的23家单位33个项目。

三是强化项目资金监管。加强制度约束，出台了规范野外工作津贴及差旅费补助的指导意见。针对优选项目管理难点，制定竞争性选择项目经费管理暂行办法，引进第三方审计机构进行项目经费验收，制定项目合同管理办法，防范资金风险。修订项目绩效评价管理办法，进一步提升项目绩效评价科学性，保障财政资金使用效益。

四是加强人才队伍建设。完成中国地质大学（北京）地调院能力建设评估，动态跟踪西藏、重庆、陕西3省（区、市）未评估的队伍建设情况。举办地调院总工程师等各类培训班466期，1.7万人次参加培训。

五是加大廉政风险防控力度。召开加强项目资金管理、深入推进党风廉政建设视频会和5个专题座谈会，落实两个责任，构建“八问”责任传导机制，堵塞管理漏洞，规范财务行为，防控廉政风险。开展委托业务、评审劳务费、预算和财务收支等自查自纠和监督检查，排查廉政风险点。

六是加强安全生产和保密管理。落实责任制，突出重点地区和重点时段安全生产管理，加快地质调查安全保障体系建设，到野外特别是到艰险地区项目组北斗终端的配备率逐年提高。开展安全和保密工作专项检查，全年未发生重大责任安全事故和泄密事件。

同志们，上述成绩的取得，是部党组正确领导的结果，是国土资源部机关各司局大力支持、地质调查系统广大干部职工团结奋斗的结果，更是各部委、各省国土资源管理部门和所有承担地调局项目的各个单位和广大地质工作者大力支持、合力奋进的结果。在此，我受钟自然局长委托，代表地调局，向长期关心支持地质调查工作的各位领导和同志们表示衷心感谢！向奋战在地质调查工作岗位上的广大地质工作者表示崇高的敬意！

在充分肯定成绩的同时，也要清醒地认识到我们工作中还存在许多困难和问题，如调查和服务能力不强，科技创新动力不足，地质调查事业发展的体制性、机制性障碍和廉政风险依然存在，队伍的吸引力、凝聚力和战斗力仍然不强，等等。这些问题迫切要求我们在今后的工作中采取有力措施，认真地、尽快地加以解决。

二、聚焦需求，明确目标，全面落实2015年地质调查工作任务

2015年是全面深化改革的关键之年，是收官“十二五”、规划“十三五”的重要一年，是落实未来6年地质调查工作部署的开局之年，总的要求是：深入贯彻党的十八大和十八届三中、四中全会精神，全面贯彻落实国土资源工作会议部署，主动适应经济发展新常态，以服务国家重大战略和国土资源中心工作为重点，以“九大计划”为平台，以管理创新、机制创新和科技创新为动力，聚焦国家重大需求，推动结构调整，着力提升能力，为经济社会发展和国土资源中心工作提供坚实支撑。

2015年地质调查工作部署的重点是：

（一）陆域能源矿产地质调查计划。

主攻南方页岩气、加强北方新区新层系、探索羌塘新区，加强砂岩型铀矿，开展漳州干热岩资源勘查示范。2015年安排7项工程、35个项目。

一是羌塘新区油气战略调查。开展半岛湖等重点区地震勘探，优选有利目标区，落实钻探井位，探索适应高原的油气勘探技术和方法体系。开展伦坡拉旺页1井压裂试油，力争取得重要发现。

二是北方新区新层系油气调查。开展塔里木、准噶尔盆地航磁航重和武威－敦煌中小油气盆地航磁航放综合调查，查明油气盆地结构构造和地质背景；针对松辽盆地外围北部、准噶尔盆地北缘等新区，实施少量地震勘探，提高资料品质；针对新层系进行区域油气资源潜力调查，圈定油气远景区和有利目标区，优选目标实施钻探，力争实现2～3处油气新发现，推动油气公司跟进勘探。

三是南方页岩气资源调查。主攻四川盆地及外围龙马溪组、牛蹄塘组，滇黔桂地区泥盆系、石炭系，优选有利勘探靶区，实施地震、钻探等工程验证，力争取得页岩气重要发现。依托重庆涪陵等页岩气示范区，开展页岩气成藏理论、勘查技术和调查评价研究，建立中国特色海相页岩气理论体系和勘查技术方法体系。开展页岩气资源潜力评价，摸清资源家底，为页岩气规划和勘查开发提供基础支撑。

四是支撑新疆油气体制改革试点。以新疆退出油气区块和伊宁等中小盆地为重点，开展资料二次开发、重点区带调查评价，优选勘查区块。

五是加强大型盆地综合调查评价。继续开展鄂尔多斯、塔里木等盆地地震资料连片处理解释和综合评价，提出勘探新目标。开展新疆准南低煤阶、东北枯竭矿区等煤层气调查。开展内蒙古二连盆地油页岩、华北煤系矿产等非常规能源调查，落实勘查开发有利区及可采资源。

六是开辟北方砂岩型铀矿新区。加强铀矿调查评价，推进煤铀兼探、油铀兼探，重点开展东胜铀矿田外围等地质调查，查明一批大中型铀矿产地。开展广西苗耳山、江西相山等地区硬岩型铀矿调查评价，新增一批铀矿资源。

（二）重要矿产资源调查计划。

加强重点成矿区带地质矿产综合调查，推进大宗紧缺矿产和新兴产业矿产战略调查，深化整装勘查区和重要矿集区找矿预测与技术示范，突出南疆五地州和乌蒙山集中连片扶贫区调查评价。2015 年安排 14 项工程、47 个项目。

一是重点成矿区带基础地质调查。加强重点成矿区带、重要找矿远景区 1:5 万地质矿产综合调查，综合部署地质、物化探、综合研究等工作，查明成矿地质条件，发现找矿线索，圈定找矿靶区，带动商业勘查。

二是大宗紧缺矿产和新兴产业矿产战略调查。加强西藏铜、铬铁矿，青海格尔木镍矿，柴达木盆地钾盐等大宗紧缺矿产，南岭和大兴安岭南段锡矿，湘黔和桂中地区锰矿等找矿战略行动目标矿种战略调查。加强川西锂辉石、鄂西北铌钽矿、甘肃肃北等地区晶质石墨矿产战略调查，力争实现找矿新发现。促进西南三江、青藏高原、南疆五地州和环扬子形成若干个千万吨级铜资源基地和千万吨级铅锌资源基地，山东胶东、青海东昆仑和青甘川“金三角”等新增一批千吨级金矿资源基地。

三是整装勘查区和典型矿集区重大问题攻关。开展专项地质填图，“三位一体”找矿预测和技术应用示范，解决关键地质问题，明确新的找矿方向。开展找矿突破第二阶段目标评估，总结找矿成果，优化第三阶段工作部署。

四是乌蒙山等集中连片扶贫区矿产调查评价。开展乌蒙山区云南昭阳、四川金阳矿产调查和江西赣县金矿评价，加大工程验证，新增可供勘查和开发资源，为实现资源优势转化为经济优势奠定基础。

五是矿产资源节约集约利用调查。推进重要矿产资源“三率”动态分析评价、矿山生态地球化学调查、资源节约与综合利用技术应用示范等工作，促进资源节约与综合利用。

（三）重要经济区和城市群地质环境调查计划。

重点开展“三区三带”地质环境综合调查，服务国土规划和“三条红线”划定。2015 年安排 4 项工程、8 个项目。

一是京津冀地区地质环境调查。开展京津唐、京张、冀中南等重点城市规划建设区 1:5 万环境地质调查和地面沉降、活动断裂专题调查。开展京津冀地区地质环境综合监测试点等工作。完善地质工作服务生态文明新模式。

二是长江经济带地质环境调查。编制长江经济带国土资源和环境地质图集，制定皖江城市带地质环境调查部省合作总体实施方案。全面完成江苏沿海、长株潭城市群地质环境调查部省合作项目。开展京广沿线、长江沿线重点城市环境地质调查，为城镇规划、基础设施建设提供地质依据。

三是关中城市群地质环境调查。开展大西安地区 1:5 万环境地质调查、关中天水经济区主要断裂活动性及灾害效应调查、汾渭盆地地面沉降地裂缝综合调查，为城市规划建设提供地质安全保障。

四是泛珠三角经济区地质环境调查。开展珠江－西江经济带 1:25 万地质环境调查，编制地质环境图集，为区域规划提供地质依据。完成珠江口、文昌航天城等重点地区 1:5 万环境地质调查，开展软土沉降、海岸带稳定性等专题调查，为沿海重点城市和重要港口提供基础地质资料。

（四）地质灾害防治和地质环境保护支撑计划。

以建设地质灾害信息系统和地下水信息系统为核心，开展地质灾害调查、水文地质调查及地下水监测等工作。2015 年安排 6 个工程、20 个项目。

一是地质灾害调查。开展乌蒙山片区、金沙江流域、汉江中游等地区地质灾害调查，开展南北活动构造带天水、陇南、安宁河活动断裂及其灾害效应调查，开展地质灾害调查监测成果集成与重大问题攻关，完成全国地质灾害信息系统及服务产品的顶层设计，及时有效服务防灾减灾与山区城镇化建设。

二是水文地质调查。开展西南岩溶地区、柴达木盆地、河西走廊以及乌蒙山、大别山等贫困缺水地区 1:5 万水文地质调查，完成西北、西南地区地下水污染调查评价。开展全国地下水资源信息系统建设工作。

三是组织实施国家地下水监测工程。加强统筹协调，突出抓好工程初步设计与审批，完成项目管理办法和相关技术标准；完成地下水监测中心大楼购置；以华北平原为重点开展地下水监测工程建设，施工 2000～3000 眼地下水监测井。

四是继续推进应对气候变化地质调查研究。开展准噶尔盆地二氧化碳地质储存目标靶区优选，继续实施山东二氧化碳储存资源化利用示范工程；开展西藏、云南、新疆地质碳汇动态监测，初步形成全国监测网络。通过多种地质记录载体研究，揭示过去气候变化时空展布情况。

（五）国土开发与保护基础地质调查计划。

紧紧围绕生态文明建设和经济社会发展对土地、

矿产资源的利用与管理的迫切需要和自然资源管理体制改革对资源、环境、空间信息的需求，开展全国性资源环境数据库建设，加大支撑服务力度，提高服务效益，增强决策支持能力。2015 年安排 4 项工程、21 个项目。

开展土地质量地球化学调查，为基本农田保护边界和城市开发边界划定及基本农田建设工作提供地质依据。开展矿产资源勘查开发与保护基础支撑工程，建立长期稳定的支撑服务平台，提升国土资源管理决策能力和水平。开展国土遥感综合调查，建立全国国土遥感综合调查信息系统和监测技术体系，提升自然资源管护能力。开展地质矿产调查战略规划研究，增强国家资源战略和地质工作管理决策科学化与精细化程度。

（六）地质调查科技支撑计划。

开展解决影响重大资源环境问题相关的重大基础地质问题和关键技术方法研究。2015 年安排 2 项工程、11 个项目。

一是重大基础地质问题研究。开展地层、构造、岩石、矿床等基础研究，解决地质调查中的一些重大地质问题。阐明北方、中央和东部关键地区地壳格架，解剖若干重要成矿带，对比不同成矿带重大地质事件和成矿事件，为寻找特定时间的矿产提供依据。在前寒武纪古老岩石的发现和相关成矿调查方面有新的突破，查明重大地质事件及成矿事件关联，集成已有成果，构建中国大陆聚散和巨型成矿带发育演变框架。

二是开展关键技术方法研究。建立、完善深部勘探技术、浅覆盖区勘查技术、常规与非常规能源勘查技术、环境与地质灾害监测防治技术等 4 大技术体系。完善 3000 m 深部地质岩心钻探技术、阵列井中激发极化法观测系统等深部勘探技术及设备；开展地电化学测量、浅层取样钻探等浅覆盖区勘查技术示范；研发和集成页岩气现场分析技术和方法，推广无人机磁/放系统在能源领域的应用；开展地质灾害光纤实时监测等技术集成示范，开展 15 000 m 以深钻探关键技术与装备研究。

三是推进现代地质调查试点。完善三维地质调查技术方法体系。开展造山带、陆块区、活动构造区等典型地区现代地质填图试点，继续推进黑龙江森林覆盖区、广西岩溶区、新疆西南天山艰险区等特殊地质地貌区填图试点。修订《四大岩类区 1∶5 万地质填图方法指南》，编制《造山带和第四纪地质填图方法指南》，初步形成现代地质填图技术方法体系。

（七）“一带一路”基础地质调查与信息服务计划。

围绕“一带一路”战略，依托国际合作平台，采集重要矿业投资目标国地质矿产信息，为政府决策和企业投资提供信息服务。2015 年安排 3 项工程、6 个项目。

加大“一带一路”国际合作网络和平台建设，推动签署多项合作协议，成立全球尺度地球化学国际研究中心，建实、建强国际岩溶研究中心和中国－上合组织地学研究中心，筹建中国－东盟地学合作研究中心。加强全球矿产资源信息系统建设和服务，新建一批重要国家数据库，发布年度境外地质矿产信息。与塔吉克斯坦等 22 个国家合作开展地球化学填图。加强天然气水合物勘查开发、页岩气等领域“引进来”合作与交流，加大数字化填图、岩溶气候变化、地球化学填图等技术“走出去”合作力度。加大人员交流，举办多期援外培训班。

（八）地质数据更新与应用服务计划。

以综合采集、加工、处理各类信息为主要手段，开展基础地质数据更新与集成、地质大数据与信息服务，形成符合用户需要的信息产品，及时有效提供地质资料信息服务。2015 年安排 2 项工程、14 个项目。

一是加强地质信息资源积累与更新。集成整合各类地质信息资源，构建国家地质基础数据库体系。全面完成 1∶5 万区域地质图空间数据库建设和国家级馆藏地质资料数字化；完成 15 万个重要地质钻孔基础资料数据库建设；完成 736 幅 1∶25 万建造构造图等全国矿产资源潜力评价成果的集成整合；新增 1000 幅 1∶5 万区域地质图的公开版图件；完成 2 万册馆藏重要地学文献数字化。更新一批省级、大区级、全国小比例尺系列基础地质图件。开展全国区域地质特征和成矿规律总结，形成一批有宏观影响力的基础地质研究成果。探索构建“调查—集成—应用”基础数据与图件更新机制。

二是构建服务产品体系与服务集群体系。形成由局属单位、省级馆藏机构、省级地调院及环境监测站组成的多层次协同服务体系。依托实施“九大计划”，在统一标准规范下提供服务。不断完善、丰富地质信息服务产品体系，开发制作通俗易懂普适性产品和权威专业性产品。

三是启动覆盖全领域的地质大数据支撑平台建设。建立以数字化、网络化、智能化为主要特征的地质大数据支撑平台，逐步形成基于云计算技术和大数据技术的地质数据管理与分析处理中心。

四是初步实现地质调查全过程数据采集数字化、动态监测实时化、数据传输网络化、数据处理综合化与智能化、成果表达三维可视化，重点加强在水工环领域的推广应用。加快集成整合地质调查业务管理信息系统建设进程，健全完善生产调度指挥系统综合功能。

（九）海洋地质调查计划。

重点抓好天然气水合物试开采目标优选、技术研发等工作。2015 年安排 7 个工程、28 个项目。

一是海洋基础地质调查。开展我国管辖海域1∶100 万海洋区域地质调查成果集成、数据产品开发、应用与服务。实施 1∶25 万厦门、三沙等 10 幅海洋区域地质调查。

二是海域天然气水合物资源勘查。实施 20 口钻探井，进一步拓展资源远景区，为优选试开采目标区提供依据；推进海域试开采技术研发，编制试开采实施方案，初步落实试开采海上作业平台。继续开展祁连山木里地区水平对接井试采工程试验；与中海油、中石油等有关单位形成合作框架，全方位开展试开采工程、配套技术等前期条件准备工作；继续开展试采海域的工程地质环境调查，为试采期间环境保护和环境效应影响评价提供有效保障。

三是重点海域油气资源调查。与国家石油公司紧密衔接，以海相古—中生界新层位为目标进行选区评价，加大深部地震勘探技术方法和成藏理论攻关研究，进一步优选有利远景区，确定重点目标，提出钻探井位建议，开展钻前预测，为油气新发现、新突破奠定基础。

四是海岸带地质调查。系统收集海岸带调查资料，编制 13 种沿海重要经济区海岸带海陆环境地质系列图；继续推进山东莱州湾、江苏南通等典型海岸带海陆统筹的中、大比例尺综合地质调查试点，为重大工程选址、生态区保护等提供地质依据。继续开展辽河三角洲、南海北部湾等海岸带地质环境监测体系建设，完善海岸带地质环境监测系统。

五是太平洋深海稀土资源调查评价和天然气水合物资源侦察。组织大洋 36 航次科考，开展我国富钴结壳矿区资源与环境调查，多金属结核矿区资源调查。

为实现 2015 年地质调查工作目标任务，确保取得预期成果，这里再着重强调几点：

一是制定地质调查规划。编制成果经验总结方案，认真梳理总结建局 15 年来和“十二五”地调成果及经验教训，完善后 6 年总体规划部署，研究提出“十三五”建议框架，争取纳入国家“十三五”规划。编制科技发展、人才成长、基地与装备等规划，统筹业务、队伍、科技、人才、装备以及领导班子建设。完善局中长期发展规划和局属单位业务定位，明确建设世界一流地调局的工作目标和措施。

二是抓好任务落实。要进一步修改完善工程和项目实施方案，按照计划、工程、项目逐级落实目标任务。局机关要加强指导，对重大进展密切跟踪，组织技术交流，修改制定标准规范，开展业务培训，协调解决项目实施中的各种问题。工程牵头单位、项目实施单位、承担单位要抽调精干力量，精心组织，科学施工，确保目标任务完成。计划协调人、工程首席专家、项目负责人要按照各自分工，把握重点方向，保障时间安排，确保主要精力从事组织实施工作。要建立进展情况汇报制度，重点计划、重大工程定期汇报，重大进展每月汇报，其他方面做到不定期汇报。

三是严格项目管理。完善地质调查项目管理体系，实行地调局—项目办—实施单位（承担单位）3 级项目管理。项目实行法人负责制。项目管理要重心下移，项目承担单位要按照质量管理体系负责作好项目质量管理，项目办负责项目质量抽查，局机关要对项目办管理情况进行监督检查。定期公布项目质量情况，纳入单位信誉体系，质量好坏对是否能继续承担项目产生直接影响。进一步规范外协项目，加强外协业务统筹管理，实行外协项目备案制。建立中期评估制度，完善项目考核体系。加强业务培训，继续举办地调院总工程师、环境监测站站长培训班。

各单位要高度重视项目安全生产和保密工作，强化红线意识，坚持“一岗双责”，加大安全隐患整改。到西部艰险地区开展野外工作的项目组必须到野外工作站报到，全部配备北斗终端。加强涉密测绘成果和地质资料使用、管理，确保保密工作不出问题。

四是加强财务预算管理。贯彻落实新预算法和国务院关于深化预算管理制度改革决定精神，探索地质调查工作事权与支出责任相适应的管理方式。修订完善概算、预算编制制度等财务制度。严格委托业务管理，引入中介审计机构对优选项目和 30 万元以上委托业务经费使用情况进行审计，实行承担单位信用评价和责任追究机制。深化财务信息公开和联网监控，扩大财务信息公开内容、范围。各单位要认真学习领会习近平总书记在中纪委第五次全会上的重要讲话精神，要把加强项目经费管理作为推进党风廉政建设的切入点和突破口，加强制度建设，健全风险防控，确保项目经费使用效率，确保审计不出问题。

五是加大成果资料汇交与服务力度。加强资料汇交管理，严格执行国土资源部地质资料汇交规定，未按要求汇交资料的单位将取消其承担地质调查项目的资格。加强地质资料成果服务，每年定期举办成果发布会，各承担单位应按要求及时向社会提供成果服务，今年将开展试点，选择重要成矿带或整装勘查区的成果向社会发布，重大成果通过地调局成果快讯发布。要分领域分专业建立成果评价体系，用户对成果的评价纳入承担单位信誉体系。

六是加强公益性队伍建设。各单位要抓住事业单位改革的机遇，搞好队伍定位，优化队伍结构，加快业务结构调整，充实野外一线力量。完善地方公益性队伍能力建设评估制度，加快推进未通过评估单位队伍能力建设步伐。加强重点实验室、业务中心、野外基地等业务平台建设，提升承担公益性工作的能力。要牢固树立人才资源是地质调查事业发展第一资源的理念，大力实施局“百人计划”和“千人计划”，开展“李四光学者”特聘专家等高端人才引聘。

同志们，潮平两岸阔，风正一帆悬。地质调查工作的蓝图已经绘就，任务已经明确，我们要按照中央的要求，在部党组的正确领导下，抢抓机遇，攻坚克难，真抓实干，奋力开拓，不断提高地质调查能力和服务水平，共同为开创地质调查工作新局面而努力奋斗！

谢谢大家！

锐意改革创新　加强政治保障
为地质调查事业发展作出更大贡献

——中国地质调查局党组副书记、副局长王研在中共中国地质调查局直属机关第二次代表大会上的报告

（2015 年 12 月 25 日）

各位代表、同志们：

在全面从严治党进入新常态，全党和全国上下深入学习贯彻习近平总书记系列重要讲话精神和党的十八届五中全会精神，我局着力推进地质调查工作战略性结构调整的新形势下，中国共产党中国地质调查局直属机关第二次代表大会隆重召开了。这次大会的主要任务是：高举中国特色社会主义伟大旗帜，坚持以邓小平理论、“三个代表”重要思想、科学发展观为指导，深入贯彻落实党的十八大、十八届二中、三中、四中、五中全会和习近平总书记系列重要讲话精神，全面总结第一次党代会以来特别是近年来局直属机关党建工作和纪检工作，提出今后一个时期的工作任务；选举产生中共中国地质调查局直属机关第二届委员会和第二届纪律检查委员会，进一步动员和组织直属机关各级党组织和广大党员干部，在新的历史起点上，锐意改革创新，加强政治保障，为地质调查事业发展作出更大的贡献。

现在，我代表中共中国地质调查局直属机关第一届委员会向大会报告工作，请予审议。

一、关于第一次党代会以来工作的回顾与总结

自局直属机关第一次党代会以来，特别是近年来，局直属机关各级党组织在局党组和部直属机关党委的领导下，坚持服务中心、建设队伍，以党的建设作为增强凝聚力和战斗力的重要手段，把增强队伍的凝聚力和战斗力作为党的建设的重要目标和要求，推进党建工作与业务工作紧密结合，团结带领广大党员干部职工，紧紧围绕各个时期的中心任务，积极进取、开拓创新，为地质调查事业改革发展提供了精神动力、政治保障和智力支持。直属机关党的思想、组织、作风、反腐倡廉和制度建设得到全面推进，有效保证了党中央、国务院方针政策和部党组、局党组决策部署的贯彻落实。

（一）加强理论武装、抓好思想政治工作，党员干部思想政治素质明显提高。

直属机关各级党组织一直把理论武装摆在党建工作的首位，用党的创新理论成果武装党员干部头脑，组织党员干部深入学习中国特色社会主义理论体系，特别是深入学习贯彻习近平总书记系列重要讲话精神，深刻领会其中包含的新思想、新观点、新论断、新要求，不断增强理论自信、道路自信和制度自信，统一思想和行动。按照中央部署和部党组、局党组要求，深入开展创先争优、党的群众路线教育实践活动和“三严三实”专题教育，以及学习贯彻党的十七大、十八大精神等系列教育，党员干部的思想理论素质不断提高。

以局党组中心组理论学习为龙头，充分发挥了党组中心组对直属机关学习的示范和带动作用，以专题学习、中国地质大讲堂、教育培训为主要平台抓手，

广泛开展学习型党组织建设活动。开通理论学习读书网站，推进网络自主选学，开展学习辅导、专题研讨、撰写读书心得等活动，推进学习形式多样化。充分利用中央党校、国家行政学院、干部学院等教育阵地，加强教育培训。局直属机关逐步形成了刻苦学习、认真思考、谋划发展的良好氛围，各单位形成了以党委中心组为龙头、局处级干部为重点、党支部抓落实的理论学习工作格局。

在全局系统全面深入开展思想谈心活动，对活动目的、基本原则、谈心方式、谈心主要内容等方面作出明确规定，努力做到“五必谈”，谈心活动受到局系统广大干部职工的积极响应，对进一步加强干部职工队伍思想政治工作起到了重要作用，达到解决问题、化解矛盾的目的。各级党组织深入了解、分析局系统干部职工思想状态、工作状态、身心状态和生活状态，通过调查问卷、座谈会、个别谈心等形式，掌握干部职工“四态”基本现状和存在的问题，引导干部职工摒弃陈旧观念，以积极的心态适应形势的变化，把全局干部职工的思想和行动统一到局党组重大决策部署上来。

下大力气发现、总结、宣传、推广先进典型，宣传学习身边的油气调查中心、局水文地质环境地质部、“四个图集”编写组、“海马号”研制试验团队等先进集体和西安地调中心原主任李向、航遥中心空勤员石磊等先进个人的典型事迹，弘扬正能量，不断增强党员干部投身地质调查事业的热情和责任感。

（二）抓住基层、打牢基础，基层党组织战斗堡垒作用和党员先锋模范作用充分发挥。

认真贯彻落实党章和《中国共产党党和国家机关基层组织工作条例》，着力加强党的基层组织建设，增强党组织的生机活力。开展以“抓基层、打基础，全面活跃党支部”为主题的党支部百分竞赛试点活动，按照突出重点、兼顾全面、量化操作的原则，分别从党支部规定动作、自选动作、加分项目等方面开展竞赛，进一步促进党支部建设规范化、制度化。加强专兼职党务干部培训教育，定期举办支部书记委员、党委书记培训班，提高他们党建工作水平。高度重视野外一线党的建设工作，指导各单位党组织建立野外临时党支部和党小组，总结野外临时党组织工作经验，做到业务工作做到哪里，党的组织就覆盖到哪里。结合离退休党组织的实际，通过开展符合离退休党员特点的活动，保障离退休党员的政治权利，发挥了离退休党组织在直属机关党建工作中的作用。

积极推进党务公开，建立和完善党内情况通报、情况反映、重大决策征求意见、党务信息发布等制度，保障党员对党内事务的广泛参与和有效监督。按照“坚持标准、保证质量、改善结构、慎重发展”的方针，认真有序做好发展党员工作。关键时刻发挥党组织和党员的作用，面对汶川特大地震、青海玉树地震、甘肃舟曲泥石流和西南、北方旱灾等突发性重大灾害，直属机关各级党组织和广大党员干部情系灾区，在危急关头冲上一线，充分发挥技术优势，在地质灾害防治、环境治理、灾后重建、抗旱打井找水等方面，作出突出贡献。坚持每两年对“两优一先”进行评选表彰，营造学习先进、创先争优的良好氛围。一批先进党组织和党员获得上级表彰，航遥中心党委获“中央国家机关抗震救灾先进基层党组织”光荣称号，石磊同志获“中央国家机关优秀共产党员”称号。

（三）加强党性锻炼、落实“八项规定”，党员干部作风显著改进。

直属机关各级党组织坚持把作风建设作为党建工作的重要内容，以增强党性、改进作风为重点，深入开展“讲党性、重品行、作表率”活动。坚持高标准、严要求、快节奏，推动以改进作风、增强执行力为核心内容的机关作风建设常态化。推进党性分析活动，持续开展“三找四问三比”查找思想作风问题，召开党性分析专题组织生活会，持续加强党性教育。局机关不断推进转观念、转职能、转作风，以每月重中之重、重点工作完成情况作为转变作风的有效抓手，取得良好效果。

党的十八大以来，直属机关各级党组织和党员，深入贯彻落实中央“八项规定”精神，贯彻落实《部党组关于党员干部密切联系群众、进一步改进工作作风的若干规定》和《局党组关于改进工作作风 密切联系群众若干规定》，坚决反对形式主义、官僚主义、享乐主义和奢靡之风，抓住节日、纪念日等节点，防止“四风”问题反弹。

（四）加强廉政教育、落实“两个责任”，反腐倡廉建设取得较好成效。

直属机关各级党组织坚持把反腐倡廉建设作为地质调查事业发展的生命线，持续加强党性党风党纪教育，组织学习党章和《中国共产党廉洁自律准则》《中国共产党纪律处分条例》，强化党规党纪意识；开展正反两个方面典型教育，组织参观反腐倡廉法制教育基地，观看反腐倡廉教育片，接受廉洁从政教育。加大廉政文化建设，开展廉政文化周活动，充分发挥廉政文化在反腐倡廉中的教育、熏陶、导向和约束作用，筑牢拒腐防变的思想防线。

落实党风廉政建设“两个责任”，强化责任担当，党组织是责任主体，党委（支部）书记作为第一责任人，担负统一领导、直接主抓、带头廉洁、敢抓敢管的责任，做到重要工作亲自部署、重大问题亲自过问、重要环节亲自协调、重要案件亲自督办。各级党组织坚决落实“八问”传导机制，坚持“六个强力推进”，层层传导压力，切实贯彻执行党风廉政建设责任分解、承诺履行、逐级报告、定期约谈、沟通会商、问责追究以及领导干部述廉等制度。严格落实监督责任，认真贯彻落实中央关于纪律检查体制机制改革的总体部署，纪委、纪检人员主动转职能、转方式、转作风，聚焦监督主业，提高监督能力，严肃查处违规违纪问题。加强廉政惩防体系和廉政制度建设，建立健全风险防控制度体系，扎紧制度的笼子，加强项目和资金使用的内部监管。持续抓好事务公开，让权力在阳光下运行。

（五）发挥群众组织优势，加强地质文化建设，营造团结和谐、奋发向上的良好氛围。

直属机关各级党组织把群众组织作为党建工作的重要支撑力量，领导和支持工会、共青团依据各自章程开展活动，深入开展精神文明创建，充分发挥他们联系干部职工的桥梁纽带作用。各级工会组织充分发挥职代会的作用，积极推进民主管理、民主监督，促进、推动事务公开；开展创建职工之家、职工建言献策、送温暖慰问、央务阳光助学、职工及家属生病关怀等工作；积极组织运动会、篮球赛、羽毛球赛等文体活动，队伍凝聚力不断增强。共青团组织坚决贯彻落实局党组《关于进一步加强共青团和青年工作的意见》，充分发挥广大青年在建设世界一流地调局中的生力军作用。组织开展“杰出青年”评选表彰、“中国梦·地质梦·青春梦”演讲比赛等活动，增强局系统青年荣誉感和凝聚力。加强青年培训工作，组织开展团委书记培训班，促进青年学习、教育、培训的常态化、制度化。

地质行业一向具有鲜明的文化特色，根据我局实际，局党组确定了“建设世界一流地调局”的建局目标，“科技兴局、人才强局、依法治局”的三大战略。统一标识，统一了各单位网站布局，设计了局旗、局徽。开办《地质调查报》、开设局展览馆，颁布和谐团队准则，以“三光荣”地质精神为基础，开展“地调精神”表述语征集活动，地质文化建设初见成效。加强精神文明创建活动，积极推进文明单位创建，环境监测院获全国文明单位荣誉称号。

在各项工作取得成绩的同时，我们也清醒地认识到直属机关党建工作中还存在不少差距和不足：在思想认识方面，对做好党建工作是最大政绩的重要性认识不够，党建工作被边缘化的倾向依然存在；在组织建设方面，存在基层组织建设薄弱、缺乏活力等问题；在党风廉政建设方面，反腐倡廉依然存在形势严峻、隐患较重、风险较大等问题；在党务干部队伍建设方面，存在适应从严治党新常态的能力不足问题。这些问题要高度重视，认真研究，切实加以解决。

二、今后一段时期的工作任务

党的十八大提出了全面推进党的建设新的伟大工程、全面提高党的建设科学化水平的总体要求，从8个方面进行了具体部署，进一步完善了党建工作的总体布局。

党的十八大以来，习近平总书记发表了系列重要讲话，中央作出了“四个全面”的战略布局，为加强党建工作提供了基本遵循。习近平总书记强调，要落实从严治党责任，把抓好党建作为最大政绩，这把从严治党提高到前所未有的高度，形成了以从严治党为核心的党建工作新常态。

地质调查事业改革发展正面临着难得的历史机遇。在新的时期推动地质调查事业科学发展，关键在党，关键在队伍，各级党组织要进一步增强责任感、使命感，正确认识、积极适应全面从严治党新常态，认真思考和谋划党建工作，全面加强和改进局系统党建工作。

今后一个时期局直属机关党的工作指导思想和总体要求是：高举中国特色社会主义伟大旗帜，坚持以邓小平理论、“三个代表”重要思想、科学发展观为指导，深入学习贯彻党的十八大及十八届二中、三中、四中、五中全会和习近平总书记系列重要讲话精神，以“服务中心，建设队伍”为核心任务，以党的执政能力建设和先进性建设为主线，坚持党要管党、从严治党，紧紧围绕地质调查事业改革发展这个大局，统筹谋划、加强和改进直属机关党的思想、组织、作风、反腐倡廉和制度建设，充分发挥凝聚改革共识、汇集改革正能量、提供政治保证的重要作用。

我们要抓好以下6个方面的工作：

（一）切实加强理论武装和思想政治工作。

思想理论建设是党的根本建设，是党的先进性、纯洁性建设和执政能力建设的首要工作。思想政治工作是我们党的最大特色、最大优势，是党的全部工作的生命线。直属机关各级党组织一定要抓紧抓好。一是加强理论武装。深入学习贯彻习近平总书记系列重要讲话精神，领会讲话的新思想、新观点、新论断、新要求，用讲话精神统一思想和行动，指导和推进各项工作。进一步加强学习型党组织建设，完善中心组学习、党员领导干部讲党课等制度，以中国地质大讲堂、党建网络学习专栏、专题理论辅导等形式，组织党员干部学习理论；把坚持理想信念、保持党的纯洁性教育作为重点，深入开展社会主义核心价值体系学习教育；按照建设高素质党员干部队伍的要求，组织党员干部学习党中央、国务院关于地质调查工作的部署和要求，学习好地质调查工作所需要的经济、政治、文化、科技、法律等方面的知识及相关技能，不断优化知识结构，切实增强学习能力、实践能力和创新能力。二是做好思想政治工作。积极探索新形势下加强和改进直属机关思想政治工作的新途径新方式，切实增强思想政治工作的针对性、实效性和吸引力、感染力。继续深入开展局系统干部职工思想状态、工作状态、身心状态和生活状态调查。持续推进谈心谈话活动和征求职工意见建议工作。三是进一步抓好发现、总结、宣传和推广先进典型工作，加大典型培树力度，推出局系统在破解发展难题、推进中心工作、加强党建工作、做好群众工作等各方面的先进个人和先进集体典型，使广大基层党组织、党员、职工学有榜样、赶有目标、做有方向，发挥先进典型在推进地质调查事业科学发展中的示范引领作用。

（二）切实严明党的政治纪律、政治规矩和组织纪律。

党的政治纪律和政治规矩是全体党员的行为规范和行动准则，也是党的凝聚力、战斗力的重要体现和可靠保证。组织纪律是处理各级党组织之间以及党组织和党员之间关系的行为规范，是维护党的团结统一的重要保证。直属机关各级党组织要切实增强党性原则，讲政治、懂纪律、守规矩。一是严守党的政治纪律和政治规矩。在政治上、思想上、行动上，与以习近平同志为总书记的党中央保持高度一致，坚决维护中央权威、维护部党组和局党组权威。二是严肃党内政治生活，严格做到“五个必须”“五个决不允许”，坚决杜绝“七个有之”。三是严明党的组织纪律。严格遵守党章规定的“四个服从”这一党的基本组织原则和组织制度。坚持贯彻民主集中制，重大事项集体研究决策，严格按照“集体领导、民主集中、个别酝酿、会议决定”的原则进行。严格执行请示报告制度。严格组织管理，发挥党内监督作用。

（三）切实强化党的基层组织建设。

党的基层组织建设是保持党的先进性、提高党的执政能力的重要基础。直属机关各级党组织要把组织建设摆在工作的重要位置。一是落实党的基层组织工作条例，完善党建工作责任制，各级党组织要切实担负起主体责任，形成书记抓党建，各有关部门齐抓共管、一级抓一级、层层抓落实的党建工作格局。局直属机关党委负责对各单位落实党建工作责任制的督促、检查和考核。二是抓好党组织班子建设。强力推进直属单位党委换届工作。2016年，未按时换届的党委，要召开党员大会或党员代表大会，完成换届工作，健全建强党委班子。及时合理调整党支部，选配好党支部书记，坚持党支部书记岗位培训制度，进一步增强党支部书记“两手抓”的意识和自主活动的能力，提高党支部的工作水平。三是抓好党员管理教育。坚持和完善“三会一课”制度，党内谈心制度、组织生活会制度等党内制度。加强党员队伍建设，积极探索新形势下教育、管理、监督党员的长效机制。加强党员党性教育，作好入党积极分子的教育和培养，关心党员思想、工作、生活，健全党内激励、关怀、帮扶机制。

（四）切实推进作风建设。

党的作风关系党的形象，关系人心向背，关系党的生死存亡。直属机关各级党组织要持续改进工作作风，密切联系群众，推进作风建设取得新成效。一是践行“三严三实”要求常态化、长效化。党员干部带头践行，自觉将“三严三实”要求内化于心、外化于行，融入修身做人全过程，贯穿到用权律己各方面，体现到谋事创业实践中，以实际行动，树立对党忠诚、个人干净、敢于担当的形象。当前，各级党组织要扎实推进“三严三实”专题教育，紧紧抓住“整改问题”，直属单位着力解决“六个不适应”问题，局机关着力推进转变观念、转变职能、转变作风，确保专题教育取得成效。二是持之以恒纠正“四风”。严格贯彻落实中央“八项规定”精神和《部党组关于党员干部密切联系群众、进一步改进工作作风的若干规定》《局党组关于改进工作作风　密切联系群众若干规定》，进一步改进调查研究，改进文风会风，厉行勤俭节约，坚持联系群众，抓细抓小，使“四风”没有藏身之地。三是落实联系群众各项制度。完善领导干部联系群众制度，发挥领导干部在作风建设中的示范带头作用。完善基层党组织和党员联系群众制度，开展党员干部基层一线调研活动，深入群众中间，服务职工群众，解决实际问题。

（五）切实深化反腐倡廉建设。

加强反腐倡廉建设是地质调查事业改革发展的政治保障，直属机关各级党组织要坚持反腐倡廉常抓不懈，拒腐防变警钟长鸣。一是强化反腐倡廉教育。加强党章的学习教育，深入学习贯彻落实《中国共产党廉洁自律准则》和《中国共产党纪律处分条例》两部党内法规。开展“讲党性、重品行、作表率”党性教育，加强警示教育，从反面典型特别是身边反面典型的违法违纪案例中汲取教训。加强廉政文化建设，开展廉政文化周活动。二是落实“两个责任”。落实好党风廉政建设主体责任和监督责任两个责任，进一步落实“八问”责任传导机制和“六个强力推进”，把纪律和规矩挺在前面，强化对权力运行的监督制约，加强风险点防控，紧紧抓住项目和资金管理等关键点，及时发现和解决苗头性、倾向性、潜在性问题，加强执纪监督问责，坚决严肃查办腐败违纪案件。三是加强反腐倡廉制度建设。按照把权力关进制度的笼子的要求，修订完善规章制度、推进惩防体系建设，畅通民主监督渠道，推进党务、政务、事务公开，让权力在阳光下运行。

（六）切实做好群众组织、文化建设和精神文明创建工作。

群团工作、文化建设和精神文明建设是增强团结、促进和谐、提升凝聚力的重要力量。直属机关各级党组织要加强领导，充分发挥群团组织联系群众的桥梁纽带作用，推进文化建设和精神文明创建，构建凝心聚力、共同发展的良好氛围。一是做好群团工作。深入学习领会习近平总书记在群团工作会议上的重要讲话精神，认真学习贯彻《中共中央关于加强和改进党的群团工作的意见》，坚持党建带团建、带工会建设，增强群团工作和群团组织的政治性、先进性、群众性，坚决克服群团工作和部分基层群团组织中存在的“四化”倾向，切实做到“六个坚持”。加强群团组织建设，推进工会、共青团组织换届工作。各级工会、共青团、妇工委要结合自身实际，组织开展富有特色、丰富多彩的各类活动。二是进一步推进地质文化建设和精神文明建设。积极研究地调局文化建设方案，推进局系统统一标识，办好内外网站、地质调查报和展览馆。深入开展群众性文明创建活动，全面提升文明单位创建工作水平。三是进一步做好统战和维稳工作。学习贯彻落实2015年召开的中央统战工作会议精神，贯彻落实《中国共产党统一战线工作条例（试行）》要求，充分发挥民主党派、无党派人士的积极性，为地质调查工作献计献策。认真做好维稳工作，切实维护安定团结的政治局面。

深入推进局直属机关党建工作，关键要有一支党性强、作风正、有能力、热爱党务工作的高素质党务干部队伍。直属机关各级党组织要加强党务干部队伍建设，把优秀干部选拔到党务干部队伍中来。要把党务工作岗位作为培养选拔领导干部的重要平台，以能力建设为重点加强对党务干部的培养，努力造就一支既懂党务又懂业务的复合型党务干部队伍，为以改革创新精神全面加强直属机关党的建设提供人才支撑。

新一届党委肩负着局直属机关各级党组织、广大党员干部的信任和期望，也肩负着责任和重托。我们要以高度的使命感和责任感，认真履行职责，不断加强自身建设，团结带领直属机关各级党组织和广大党员干部职工，为推动地质调查事业科学发展而努力奋斗！

各位代表、同志们，长风破浪会有时，直挂云帆济沧海。让我们团结在以习近平同志为总书记的党中央周围，在部党组、局党组和部直属机关党委的领导下，以“严”的精神和“实”的要求，坚持锐意改革创新，加强政治保障，奋发有为、开拓进取，持续抓好直属机关党的建设，为实现“六个一流”的目标、早日建成世界一流局，为实现中华民族伟大复兴的中国梦，作出我们新的更大的贡献！

中国地质调查局党组副书记、副局长王研在中国地质调查局2015年办公室主任会议上的讲话

（2015年5月14日）

同志们：

这次会议是在经济发展进入新常态、矿业形势发生新变化、中央对地质工作提出新要求的情况下召开的。主要目的是进一步贯彻落实全国国土资源系统办公室主任会议和全国地质调查工作会议精神，总结交流、谋划部署局系统办公室工作。钟自然局长对这次会议高度重视，专门听取了会议筹备情况的汇报，并作了重要批示，对办公室工作取得的成绩给予了充分肯定，明确了办公室工作的新定位，提出了新要求，这是做好新常态下办公室工作的重要遵循。我们要深入学习、认真领会、准确把握，不折不扣地贯彻到位，执行到位，用中央新精神、部党组新部署和局党组新要求统一思想、凝聚力量，促进中心工作开展再上新台阶。

2014年，局办公室在党组的坚强领导下，紧紧围绕中心，服务大局，落实上求实，执行上求严，管理上求细，推进上求快，在决策参谋、统筹协调、督办落实、提升效能、优化形象、整顿秩序等方面大胆创新、锐意改革，为全面贯彻局党组的决策部署提供了坚强保障，为全力助推地质调查事业改革发展提供了坚强支撑，为不断提升局系统队伍的凝聚力、战斗力付出了艰辛努力。在局办公室的指导、协调、服务、监管下，各单位办公室凝心聚力、统一步骤，将智慧和力量聚焦到中心工作上来，在工作任务繁重、工作要求提高的情况下作出了积极贡献。这些成绩的取得是局党组正确领导、悉心指导的结果，是相关部门单位大力配合、全力支持的结果，是办公室人员真抓实干、辛勤努力的结果！实践证明，全局各级办公室这支团队是一支政治坚定、作风优良、工作踏实，有素质、有能力，敢打攻坚战、能打持久战的队伍。在此，我代表局党组向在座各位，并通过你们向全局系统办公室的同志们，表示衷心的感谢和诚挚的问候！关于办公室的工作，我讲以下几点意见：

一、明确目标，精准定位，把握办公室工作面临的新形势、新任务、新要求

当前，我国经济发展进入新常态，主要特征是经济增长换挡期、结构调整阵痛期和前期刺激消化期“三期叠加”。在全国国土资源工作会议、全国地质调查工作会议上，部党组、局党组对新常态下的国土资源和地质调查工作进行了深入研判、分析谋划和安排部署。办公室要以高度的政治敏锐性，站在经济社会发展大局和地质调查工作全局，准确把握当前中央和部、局党组的新要求，按照局党组对办公室工作的新定位，充分发挥职能作用，以认识新常态、适应新常态、引领新常态的大逻辑，聚焦陆域能源矿产地质调查计划、重要矿产资源调查计划、重要经济区和城市群综合地质调查计划、地质灾害防治和地质环境保护支撑计划、国土开发与保护基础地质支撑计划、“一带一路”基础地质调查与信息服务计划、地质科技支撑计划、地质数据更新与应用服务计划、海洋地质调查计划等“九大计划”，实施“科技兴局、人才强局、依法治局”三大战略，推进地质调查成果评价机制改革、地质调查运行机制改革、地质科技体制改革、地质调查财务预算制度改革、地质调查监督制度改革、地质调查事业单位分类改革等“六项改革”，主动作为、奋发有为，为实现服务一流、成果一流、科技一流、人才一流、装备一流、管理一流的“六个一流”总目标夯实基础、增强保障。

（一）学习领会习近平总书记对中办工作的新指示。

2014年5月8日，习近平总书记视察中办并同中办各单位班子成员和干部职工代表座谈。座谈会上，习近平对中办工作提出了“五个坚持”的要求，即：坚持绝对忠诚的政治品格，坚持高度自觉的大局意识，坚持极端负责的工作作风，坚持无怨无悔的奉献精神，坚持廉洁自律的道德操守。“五个坚持”是新形势下做好办公室工作的根本遵循，是各单位办公室的行为指南，是办公室干部加强党性修养的重要标准和必由之路。习近平总书记同时指出，中办为党中央服务最直接，联系各方面最广泛，保障党中央最关键，在党政军群各机构运转中最核心。这是对各单位办公室职责、定位和作用的系统阐释。对“五个坚持”和“四最”定位，我们要深学、细查、笃行。要将“五个坚持”作为“三严三实”专题教育（既严以修身、严以用权、严于律己，又谋事要实、创业要实、做人要实）的重要内容，学深悟透，内化于心，外化于行。在修养上向“五个坚持”看齐，在职责上向“服务、联系、保障”方面发力，在标准上向“最直接、最广泛、最关键、最核心”上迈进，持续巩固“四最”定位，真正代表单位形象、展示机关作风、反映工作质量、体现领导水平。

（二）准确把握部党组对办公室工作的新要求。

部党组对“五个坚持”的要求高度重视，姜大明部长结合全国国土资源工作，对国土资源系统办公厅（室）工作作出重要批示，要求全系统办公厅（室）围绕中心、服务大局，履职尽责、提高效能，着力推动中央精神和部党组部署的贯彻落实。全国国土资源系统办公室主任会议要求全面学习贯彻中央领导同志和部党组重要指示精神，把抓落实放在更加突出位置，加强统筹协调和牵头抓总，加强办公室建设，不断提高保障国土资源中心工作的能力和水平。

（三）全面落实局党组对办公室工作的新部署。

钟自然局长批示，要求局办公室认真学习领会习近平总书记视察中央办公厅时提出的“五个坚持”重要要求，准确把握新常态下地质调查工作的定位和思路，紧紧围绕“九大计划”的实施和推进，切实发挥好组织协调、审核把关、督办落实、服务保障的作用。要以开展“三严三实”专题教育为契机，加强党性修养，锤炼工作作风，扎实有序地推进各项工作，为建设世界一流地调局作出更大的贡献。钟自然局长的批示是新常态下地质调查系统办公室工作的纲领，是办公室推动改革、加强管理、提升能力的主要依据。办公室的同志要以高度的责任感，自觉用批示精神统一思想、增强党性、提升修养、锤炼作风。年初，局党组与各单位主要负责人确定了各单位2015年的重中之重工作、重点工作和主要工作，简称“两重一主”。这是完成年度任务目标，确保6年规划部署落地的动员令，是党组管理模式的“新常态”。办公室要自觉将工作重心、目标任务和主要职责调整到局党组的指示要求上来，牢牢盯住、紧紧扭住、切实执行、认真督办，统筹促进本单位本部室将中心工作聚焦到局中心工作上来，使局党组的意图及时落地，决策全面执行，形成全局统一意志、统一目标、统一行动。

（四）主动适应地质调查工作的大格局。

当前，以资源高消耗为代价带来的地质繁荣期已过顶峰，对资源需求的结构性变化导致局系统、地勘行业业务结构和队伍结构发生深刻调整，公益性与商业性地质工作、中央与地方事权界限逐步划清，一批国家重大区域发展战略规划实施，科技体制改革、财政预算体制改革等重大改革措施强力启动，一系列加强党建、正风肃纪规定接连出台。针对这种形势，局党组抓住机遇、主动应对，提出了建设世界一流地调局的总目标，保持定力、精准发力、稳妥用力地实施了确定业务结构、治局方略和管理模式的“三部曲”，打出一套“三大战略”“六项改革”“九大计划”的组合拳。这些重大决策的研究、实施迫切需要办公室作好决策参谋、统筹协调、督办落实，迫切需要办公室及时响应、全面传达、营造氛围，迫切需要办公室改进管理、反馈情况、追责问效，迫切需要办公室整顿秩序、优化形象、凝聚力量。办公室要在队伍建设、能力提升、人才培养上持续用力，建制度、抓落实，有经验、有亮点，树典型、树形象。出一流管理人才、一流管理思想，率先实现管理一流的目标。

2015年是推进全面建成小康社会、全面深化改革、全面依法治国、全面从严治党的“四个全面”战略布局实施之年，是6年规划部署的开局年。我们要认识经济发展新常态，顺势而为明方向，把握地质调查新常态，主动作为抓落实，构建办公室工作新常态，奋发有为创伟业，深刻领会局党组的精神，牢牢坚持办公室的定位，切实发挥好组织协调、审核把关、督办落实、服务保障的职责作用，以改革创新的生动实践，打造地调局的“新门面”。

二、围绕中心，服务大局，统筹促进“两重一主”目标全面实现

当前，与新形势、新要求相比，办公室还需要进一步推动职能、作风、方式的转变，还需要在服务水平、服务方式上下工夫，还需要解决能力提升不到位、队伍建设不到位的问题，尤其是避免出现行政管理与中心工作“两张皮”现象，避免出现党组决策不落地、不到位现象。2015年各单位重中之重工作、重点工作和主要工作是局党组确定的重大决策部署，是今年全局的核心任务。办公室要正确认识大局、自觉服从大局、主动维护大局，以舍我其谁的责任心、时不我待的紧迫感、勇于担当的使命感，扭住“两重一主”不放松，结合职能找准结合点，明确目标选好着力点，围绕薄弱环节、突出重点环节、狠抓关键环节，全力以赴推动“两重一主”目标全面实现，争当执行局党组决策部署的“先锋队”，甘当服务党组中心工作的“后勤兵”，勇当落实局党组政策要求的“督察员”，促进全局工作提水平、上台阶。

（一）着力提升参谋水平，支撑服务科学决策。

一要瞄准国家重大发展战略、重大改革措施，部党组的重大部署，观大势、谋全局、议大事，吃透上级精神，客观分析评估对本单位的影响，根据地调工作实际，提出有针对性、有地调局特色的金点子、好建议，努力使上级要求既全面又创造性地落实。二要围绕局党组重大决策、“两重一主”工作，到直属单位、项目和子项目承担单位调查，掌握第一手资料，了解原始信息，提供真实情况，帮助领导掌握工作进度、挖掘先进典型、发现存在的问题。三要综合分析全局动态。不断拓展信息渠道，健全报送机制，办好《工作动态》《局内要情》等信息刊物，系统反映各单位的班子动态和工作安排，当好领导的“千里眼”和“顺风耳”。加强对信息的梳理研判，不断提升信息质量，从现象中看到本质，从一般中找到规律，突出反映领导重点关注问题、重大共性问题、热点难点问题，为领导把握全局、科学决策、推进工作提供全过程、高质量的信息服务。

（二）着力健全完善制度，助推依法治局战略。

一要抓好制度的顶层设计。按照“务实、管用”和“突出针对性、指导性”的原则，继续梳理现有制度，对建章立制工作进行整体规划和通盘考虑，推动制度的立、改、废，健全完善地质调查管理体系，确保有章可循，有据可依，实现单位管理全流程、全方位的制度化、规范化和科学化，为依法治局战略实施打牢坚实的制度基础。二要提高制度的有效性。对中央和部党组、局党组要求迅速落实的文件规定，以高度的政治敏锐性，紧密追踪、不折不扣地执行贯彻。特别是关于党风廉政建设、作风建设的规定，要在第一时间进行传达、第一时间组织学习、第一时间配套出台落实措施，避免干部职工糊里糊涂犯错误现象。三要强化制度执行。注重用法制思维解决地质调查改革和发展的问题，用制度明确各项工作的责任边界和具体要求，要定期开展制度的检查和评估，形成照章办事的良好习惯和促进地质调查工作长远发展的长效机制。

（三）着力强化协调统筹，确保“两重一主”落地。

实施“九大计划”，完成“两重一主”任务目标，真正落实好大项目机制，推进地质调查与科学研究有机融合，必须着力构建党组（党委）统一领导、办公室牵头抓总、各单位齐抓共管、各方面积极参与抓落实的工作格局。一要强化统筹职责。在工作的千头万绪中抓住“红线”，理清脉络，分清主次、轻重、缓急，弹好“钢琴”。要合理安排各单位工作任务，科学摆布工作力量，确保工作有序推进。二要发挥中枢作用。办公室要综合协调、统筹推进本单位行政事务、办文办会、后勤服务、调研信息等具体工作。要加强与各单位的联系，做好上传下达、下情上传，协调左右、衔接各方，使上级决策迅速转变为实际行动。与业务工作做到参与不干预、到位不越位，确保机关规范高效运转，充分发挥各单位的职能，充分调动干部职工积极性。三要加强沟通协调。妥善处理好与上级部门、兄弟单位、地方政府、行业单位的关系，最大程度寻求相关方面的支持，最大程度寻求不同利益的最大公约数，最大程度汇集共识，形成联动，凝聚力量，奏响和谐、团结、有序推动地质调查事业发展的“交响乐”和“大合唱”。

（四）着力加强交流总结，发现挖掘先进典型。

办公室在落实“两重一主”工作中，要善于用好、用活点面结合、典型引导的科学工作方法，运用典型经验指导面上的工作，通过点上突破带动全局的工作，形成一棋活、一盘活的局面。一要注重挖掘培养先进典型。善于发现主动落实“两重一主”、创新落实“两重一主”的典型人物、典型事迹，树立系统标杆，发挥示范作用，引导正确方向。二要注重总结升华经验。认真总结提炼先进典型的具体实践，结合局党组的决策部署，凝练形成在管理创新、机制创新和科技创新方面的先进经验和规律性认识，使各单位党委、党员干部学有榜样、比有参照、赶有目标。三要加强交流推广。注重运用动员会、交流会、现场会等方式，大张旗鼓地宣传推广好做法、好典型，提振精神、鼓舞士气，力促形成地质调查系统万马奔腾、百花齐放、争创一流的局面。

（五）着力改进督办方式，增强决策执行成效。

督办不是隔岸观火光吆喝，卷起袖子不干活，要切实把自己摆进去，协调各方，参与落实，抓好本级，带好下级。一要抓重点。避免主次不分、碎片化、眉毛胡子一把抓的问题。将“两重一主”工作作为督办核心内容，分解目标责任，科学合理制定时间表和路线图，每两月汇总分析各项任务进展情况，上报党组研究。对局党组重大决策部署要随时开展专项督办、调研督办。二要抓全程。避免停留在表面，满足于了解进度、反映问题的层次。要用真招、动真格、求实效，落实不力要提醒、发现问题要通报、工作偏离要指导、出现困难要上报，围绕抓落实开展全程跟踪督办。三要抓关键。将各单位一把手作为督办任务的第一责任人，明确要求、时限、目标，促使各单位一把手真抓真管。通过抓各单位一把手，带动全局各直属单位办公室、各部室综合部门形成一股绳，形成共同抓落实的工作机制。发现问题要追责问效，对不听招呼、不听指挥、阳奉阴违的要及时通报，最大限度地发挥督办支撑决策、考核、问责和绩效管理的作用，切实促进完成任务、实现目标。

（六）着力营造良好氛围，凝聚共谋发展合力。

当前，局党组正下大力气优化外部形象，着力提升地质调查队伍的凝聚力和战斗力，出台了十大措施，其中增进感情、严肃纪律、改善环境、统一标识等措施与办公室工作紧密相关。一要唱响主旋律。出精品，出亮点，汇集齐心协力共推地调事业发展的正能量。二要树立新闻宣传“一盘棋”意识。加强与业务部室（处室）、相关单位和新闻媒体的联系，构建各方积极参与、动态反映、及时的宣传体系，形成横向协调、纵向联动的大宣传格局。全局握成一个拳头，发出一种声音，打造地调局整体形象。三要注重形成地质调查方面的社会关注热点。力争我局工作“报上有名、电视有影、广播有声、网络有言”。推出地质科普题材的优秀作品，增加地质调查的社会显示度，有效引导舆论，形成全社会关心支持地质调查工作的合力。

三、改进作风，提升能力，持续加强办公室队伍建设

宏伟蓝图需要一流管理保驾护航，需要优秀人才勇于担当，需要坚强团队齐心协力。办公室要坚持定位、迎难而上，夯实队伍建设这个基础，发扬“钉钉子”的精神，按照“责任到人、落实到日”和“立即行动、马上就办”的要求，抓铁有痕、踏石留印，着力破解制约发展中的矛盾和问题，一抓到底，抓出成效，确保善始善终，善作善成。

（一）严守政治规矩，坚守政治的生命线。

要坚持对党的绝对忠诚，对中央和部党组、局党组的重大决策部署，认识上真正理解、态度上真正拥护、行动上真正落实。一要严明政治纪律。做局党组决策的积极建议者和坚决执行者。把局党组关心、关注的事放在各项工作首位，以高度的政治敏锐性、高度的政治责任感推动工作。二要严守组织纪律。努力做到“四个服从”，自觉接受组织安排，服从服务大局。三要严格执行廉政纪律。要着力抓好局党风廉政建设工作视频会议上确定的“七项任务”和“六个强力推进”要求的落实，强力推进主体责任落实、强力推进制度建设、强力推进事务公开、强力推进队伍建设、强力推进监督检查、强力推进责任追究。切实把“八问”（责任是否落实？要求是否明确？教育是否开展？制度是否健全？监督是否得力？整改是否完成？查处是否到位？心里是否有底？）问下去，把“两个责任”担起来，确保办公室不出事。要发挥办公室审核把关的职能作用，在本单位防控廉政风险方面敢动真碰硬，从严从快落实好党风廉政建设的各项要求。

（二）自觉学习提高，夯实思想理论基础。

要把学习作为政治责任和精神追求，在学习中长本领、增见识，提高自身修养和素质，提升能力和水平。一要坚持用习近平总书记系列重要讲话精神坚定信念、指导实践，特别是习近平总书记最近讲的好干部“信念坚定、为民服务、勤政务实、敢于担当、清正廉洁”的二十字标准，提出的“心中有党、心中有民、心中有责、心中有戒”的“四有”要求，以及对全党干部提出的“对党忠诚、个人干净、敢于担当”的要求，等等。要认真学习领会，努力掌握中央领导的科学方法、工作作风和扎实学风。二要坚持学习姜大明部长和钟自然局长的讲话精神，下苦功夫、下真功夫、下长功夫，全面理解、准确把握部党组和局党组的部署要求，努力提高谋划业务工作、解决具体问题的能力。三要加强对本专业知识的学习，重点加强地质调查专业知识的学习，提高按照地质工作规律和市场经济规律推进工作的水平。四要坚持用优秀的智慧成果提升修养，砥砺意志，用理论上的修为保持政治上的坚强定力，实现行动上的高度自觉。

（三）有为才能有位，坚持实践增长才干。

要以高度负责的精神，忠诚履责、尽心尽责、勇于担责、不辱使命。一要重视小事。细微处见真章，点滴里看水平。要把每项任务具体化、明确化、实效化、标准化，做到一丝不苟，精益求精。二要不怕难事。惧怕困难是最大的问题，回避问题是最大的问题。要敢于直面矛盾、敢于担当风险、敢于迎难而上、敢于坚持原则，把自己摆到建设世界一流地调局的进程中，直面问题，攻坚克难。三要多办实事。围绕地质调查业务建设、学科发展、科技进步、人才成长，充分发挥办公室职能，为干部职工排忧解难。

（四）务实方能高效，实践锤炼良好作风。

一要践行“三严三实”。从严从实开展“三严三实”专题教育，以“三严三实”的要求深入贯彻中央“八项规定”精神，严防“四风”反弹回潮，推动作风建设长效化和常态化。要以“转变职能、转变作风、转变方式”的成果作为检验“三严三实”活动效果的一项重要标准。二要坚决改进会风。今后凡是全局性的重大活动、重要会议，一律由办公室统筹安排会务。要加强严细管理，抓好会议纪律和会议组织，严而又严，细之又细，真正体现出办公室的能力和水平。三要切实转变文风。要认真审核把关文字材料，特别是报送上级的材料、向外公布的材料和各类上会材料，务必求准、求精、求实，优化、提升地调局整体形象。四要适应局党组工作方式。当前局党组任务部署要求严、节奏快、标准高、措施实，办公室首先要适应这种工作方式，振奋精神、改进作风。对各项重大决策部署，要“无须扬鞭自奋蹄”，争取理解得深、跟进得快、执行得好、督办得实，确保拉得出、顶得上、打得赢，让党组满意。

（五）团结就是力量，努力建设和谐团队。

办公室工作辛苦，长时间加班加点，收入低，精神压力大，选择在办公室工作就意味着奉献，意味着付出。各单位领导要关心、爱护、支持、重视办公室同志的工作，下大力气加强办公室建设。一要配齐配强队伍。选拔事业心强、素质高、群众基础好的同志充实办公室力量。二要加强支部建设。认真总结、推广“抓基层、打基础，全面活跃党支部”试点活动经验，有效激发支部活力。三要加大交流力度。努力创造条件，用足用好政策，增加办公室干部职工交流、挂职、学习、培训的机会，拓宽视野，丰富阅历，增长才干，让办公室的干部有目标、有奔头。四要创新工作方法。关心办公室干部职工的工作、生活和情绪，在建设世界一流地调局的共同愿景下，用崇高的地质事业、深厚的行业感情、优秀的传统文化凝聚人心，树立地调局大家庭意识，营造和谐、向上、奋进的氛围，培养忠诚、干净、担当的干部，形成团结、坚强、温暖的集体，不断增强地质调查队伍的向心力、凝聚力和战斗力。

明天还要举办文秘培训班。文秘档案工作是各单位办公室非常重要的工作之一，希望在座的各位主任们带头认真学习、钻研业务，努力提高办公室各项工作的业务水平。由于时间关系，不能专程看望参加培训班的全体学员。借此机会，我代表局党组、代表自然局长向各单位从事文秘档案工作的同志们表示诚挚的问候，祝你们学有所获、学有所悟、学有所成。

同志们，岁月不居，天道酬勤，收获来自耕耘，实干成就伟业。2015 年任务已经明晰，目标已经明确。让我们以奋发有为的斗志、排除万难的决心、只争朝夕的精神，戮力同心、和衷共济，为实现地质调查事业顺利发展搭好台、服好务，以优异成绩回报局党组的关怀和厚望，作出新的更大的贡献！

谢谢大家！

中国地质调查局党组成员、副局长王学龙在全国地质调查工作会议上的总结讲话

（2015 年 1 月 28 日）

同志们：

经过与会代表的共同努力，全国地质调查工作会议圆满完成了各项议程，就要结束了。大家一致认为，这次会议主题突出、组织紧凑、开得很好。尽管这次会议是一次年度工作会，但开得有针对性，开出了特色，开出了成效。大明部长的重要讲话，立意高远、内涵丰富，为我们指明了前进方向，提供了根本遵循。自然局长的讲话，总揽全局、视野广阔，是一个思想性、指导性很强的讲话，是地质调查系统统一思想、协调行动的指南。王研副局长的工作报告和 4 位副局长的专题报告，求真务实，要求具体，针对性很强。大家普遍感到回顾去年的工作有成就感，分析当前的形势有使命感，面对繁重的任务有紧迫感。总之，会议达到了认清形势、统一思想、交流经验、提高认识、明确任务、增强信心的预期目的。

下面，我对会议做一简要总结。

一、会议取得的成效

通过这次会议，大家感到体会很深、收获很大。认为这是一次全面贯彻党的十八大及十八届三中、四中全会精神，以及国土资源工作会议精神，对新时期地质调查工作进行全面动员和系统部署的重要会议；是一次按照部党组“五个服务”要求，认真梳理地质调查发展思路、进一步明确地质调查发展目标和任务的重要会议；是一次立足经济发展新常态，加快推进地质调查战略性结构调整、促进地质调查事业又好又快发展的重要会议。

概括起来有以下 3 个方面：

第一，这是一次在关键时期召开的重要会议。大家普遍认为，这次会议正逢 3 个关键时期。首先，这次会议是“十二五”规划进入收官之年关键时刻召开的一次重要会议，对地质调查事业发展承上启下具有重要意义。我们既要抓紧落实好地质调查“十二五”规划任务，又要科学谋划好地质调查“十三五”规划蓝图，保持地质调查发展的连贯性和可持续性。其次，2015 年是全面深化改革的关键之年。国家科技体制改革、事业单位改革、财政预算体制改革逐步深化，我们需要用改革的办法破解影响和制约地质调查事业发展的难题。再次，2015 年是全面推进依法治国的开局之年，依法办事，依规管理，全面加强项目经费监管，对地质调查行业健康发展具有特别重要的意义。

第二，这是一次在新的起点上统揽全局的重要会议。当前，我国经济发展步入新常态，经济发展方式和经济结构发生改变，必然给地质调查工作发展的外部环境和内生动力带来深刻变化。大家普遍感到，当前地质调查工作已经站在新的历史起点上，肩负着新的历史使命。大明部长要求我们必须主动适应经济发展新常态提出的新任务、新要求，遵循经济社会发展的客观规律，把握地质调查工作的特点，抓住并用好新常态蕴涵的新机遇，着力解决地质调查工作面临的新矛盾和新问题，提出“四个更加注重”的要求，即更加注重服务国家重大战略，更加注重服务国土资源管理，更加注重转方式调结构，更加注重依靠创新驱动，努力走出地质调查改革发展的新路。自然局长的讲话统揽全局，对当前和今后一个时期地质调查工作作出了全面部署，丰富了新常态下地质调查工作的新内涵，明确了推进地质调查战略性结构调整的总体思路，提出了改革思路、战略重点、推进路径和保障

措施。王研副局长的工作报告，提出了以服务国家重大战略和国土资源中心工作为重点，以“九大计划”为平台，以管理创新、机制创新和科技创新为动力，聚焦国家重大需求，推动结构调整，着力提升能力的总体要求，部署了9个方面的重点工作，为做好今年地质工作提供了重要遵循。

第三，这是一次在新形势下达成广泛共识的重要会议。大家一致认为，通过学习大明部长的重要讲话、自然局长的讲话和王研副局长的工作报告，对过去一年地质调查工作取得的成绩有了更全面的了解，对地质调查工作所面临的机遇和挑战有了更准确的把握，对地质调查工作所肩负的重大任务和重要责任有了更深刻的认识，对新常态下加快推进地质调查战略性结构调整有了更深入的理解，对实施好地质调查“九大计划”有了更坚定的信心和决心。通过大会交流发言和分组讨论，大家交流了体会，分享了经验，找到了差距，开阔了视野，拓宽了思路，看到了方向。这次会议，振奋了精神，鼓舞了士气，是一次继往开来的大会，团结的大会，鼓劲的大会。大家纷纷表示，一定要以对党、对国家、对人民高度负责的态度，以只争朝夕、分秒必争的精神，以求真务实、顽强拼搏的作风，寻求新举措，实现新作为。

二、准确把握会议精神

这次会议的主要精神集中体现在姜大明部长和钟自然局长的重要讲话，以及王研副局长的工作报告中。认真学习、深刻领会会议精神，要着重把握好以下几点：

第一，要深刻领会、准确把握会议对当前形势的分析判断。大明部长讲话中，作出了未来我国能源资源需求增速有所放缓，但总量居高不下和结构持续优化将成为新常态、科学技术发展日新月异，科技创新成为推进地质调查工作发展的关键动力的基本判断。强调指出，地质调查工作要适应新常态，进行战略性结构调整，要服务国家实施“一带一路”战略和参与全球治理，增强地质调查先行能力，要在服务生态文明建设和国土资源综合管理中发挥基础性作用，要围绕国土资源管理内涵和方式发生的新变化，不断拓展领域、提升能力。这是对当前地质调查形势的准确把握和深刻分析。自然局长的讲话，从经济社会发展新常态、生态文明建设、全面深化改革和全面依法治国、国家实施一系列重大战略、国土资源工作新定位、国际地球科学发展新态势等6个方面，深入分析了地质调查工作所面临的机遇和挑战。总之，大明部长和自然局长的重要讲话对形势的分析判断既全面又准确，既有高度又有深度。我们要统一认识，既要看到面临着重要机遇，也要认识到面临着严峻挑战，要牢固树立危机意识，切实增强责任意识，抢抓机遇，乘势而上，努力推进地质调查事业发展与改革实现新的跨越。

第二，要深刻领会、准确把握地质调查工作新定位新思路的丰富内涵。自然局长提出的经济发展新常态下地质调查工作的新定位和新思路，是科学发展观在地质调查工作中的具体体现，是在新起点上实现新跨越的必由之路。自然局长在讲话中指出，做好新时期地质调查工作，必须进一步明确定位、聚焦总体目标、实施“三大战略”、优化“六大业务”布局、遵循“六项原则”、实行“六大改革”。这是根据新常态下地质调查工作面临的新形势新任务新要求，对地质调查工作思路进行的全面概括和系统阐述。这6个方面是相辅相成、有机统一的整体。其中，找准定位是根本，建设世界一流地调局是宏伟目标，实施“三大战略”是基本途径，优化业务布局是抓手，“六项原则”是基本要求，“六大改革”是活力源泉。我们必须准确领会新常态下地质调查新定位新思路的精神实质，科学把握新思路的丰富内涵，奋力开拓新时期地质调查事业更为广阔的发展前景。

第三，要深刻领会、准确把握地质调查工作战略性结构调整重点。大明部长在讲话中指出，认识新常态、适应新常态、引领新常态，是当前和今后一个时期我国经济发展的大逻辑，也是国土资源工作判断发展大势、进行战略布局、安排工作的基本前提。作为经济社会发展的基础和先行的地质调查工作，要突出能源资源调查，积极为国家战略服务。自然局长在讲话中明确了地质调查工作战略性结构调整的6项重点任务。要求把能源矿产调查放在更加突出的位置，更加有力地支撑服务国家能源安全保障和勘查开发体制改革。要加快推进科技创新，更加有力地支撑找矿突破战略行动。要加强自然资源、国土空间、生态环境、地质灾害地质调查，更加有力地支撑生态文明建设和自然资源管理制度、土地管理制度改革。要加快推进海洋地质调查，更加有力地支撑海洋强国建设。要深化国际地学合作和境外地质调查，更加有力地支撑“一带一路”战略。要加大地质资源信息集成开发、综合研究和应用服务力度，更加有力地支撑服务政府、企业和社会对地质信息的需要。总之，对地质调查进行战略性结构调整，是促进地质调查事业发展的强大动力和地质调查工作转型升级的重大机遇，是落实新定位新思路的突破口和着力点，是我们在更大范围、更宽领域、更高程度、更好水平上服务经济社会发展的基本途径。

三、抓好会议精神贯彻落实

对贯彻落实本次会议精神，我着重强调以下3点：

第一，迅速学习传达贯彻会议精神。这次会议的精神主要体现在大明部长和自然局长的重要讲话上，以及王研副局长的工作报告。会后大家要尽快向主管部门汇报好这次会议精神，引起重视，争取支持。要及时召开工作会议，组织本单位、本部门干部职工认真学习会议精神，切实把部局党组的部署要求传达到各单位、传达到每一位干部职工。要紧密结合各自实际，抓紧研究制定贯彻落实的具体措施和实施方案，切实将会议的各项部署和主要任务落到实处。

第二，踏石留印抓好工作落实。一分部署，九分落实。做好今年工作，必须在狠抓落实上下工夫。一要聚焦，紧紧盯住部局党组各项工作安排，把规定动作不折不扣执行到位、落实到位。二要聚神，做到心无旁骛、聚精会神抓好工作，对重点工作要盯住不放、一抓到底。三要聚力，充分调动各方力量，形成攻坚合力。要以钉钉子精神，抓铁有痕、踏石留印的韧劲，把各项工作目标、任务和责任落实到位，形成一环扣一环、一级抓一级、层层抓落实的工作局面。

第三，从严从实加强队伍建设。当前地质调查投资规模大，廉政风险也明显加大。近年来，审计、专项检查中也发现不少违规行为。这些问题如不彻底整改，将严重影响地质调查事业健康发展。就像自然局长指出的，廉政风险是地质调查系统面临的最大风险。各单位要按照习近平总书记“三严三实”要求，全面落实主体责任，坚持把党风廉政建设与地质调查业务工作一同研究、一同部署、一同检查、一同落实、一同考核，把党风廉政建设贯穿到地质调查项目实施的全过程，确保我们的干部想干事、能干事、干成事、不出事，确保廉政建设不出问题。

春节即将来临，各单位要认真贯彻中央“八项规定”精神，严格执行中央纪委正风肃纪一系列要求和中办、国办通知精神，要切实抓好安全、稳定和走访慰问等工作。借此机会，提前给大家拜个早年，祝大家在新的一年里身体健康、工作顺利、阖家幸福！

谢谢大家！

中国地质调查局党组成员、副局长李金发在直属单位财务管理工作会议上的讲话

（2015年7月20日）

同志们：

借此机会，与大家见个面。刚才兴华同志介绍了，党组分工作了微调，财务部交由我分管。这样一方面有利于技术与经济工作的统筹管理，另一方面也是给了我一个学习的机会。我没有在局层面上管理过财务，以后要向学龙同志、向在座的各位学习。下面，我就进一步加强局财务管理，积极做好下半年各项财务工作，提出几点想法和要求。

一、目前的形势与任务

（一）预算制度改革号角已经吹响。

去年10月，国务院发布了《关于深化预算管理制度改革的决定》，提出了重点推进的3个方面改革：一是改进预算管理制度，二是完善税收制度，三是建立事权和支出责任相适应的制度。并且明确“预算管理制度改革是财税体制改革的重头戏，应先行推进，并在今明两年取得决定性进展，为2016年基本完成深化财税体制改革的工作任务奠定基础”。在今年的国发3号文件——《国务院关于实行中期财政规划管理的意见》中，更是进一步要求加快建立现代财政制度、改进预算管理和控制、全面推进中期财政规划管理。将“实施中期财政规划”作为应对我国经济社会发展面临的诸多挑战和复杂环境的有效举措。近期，我局与国土资源部有关司局、财政部经建司汇报协调2016年地质调查项目立项工作，深感我们工作中还有诸多不适应的地方。目前有几个方面要进一步明确。

一是项目定位。钟局长谈的大定位有两个方面，一个是国家重大需求，第二个是国土资源部的需求，作为公益性地质工作的定位还是整体考虑为“三性”，基础性、公益性和战略性，我们一定要坚持。钟局长说过，一个是中央事权与地方事权要分开，另一个是政府财政资金与企业资金要分开，这是基本定位。在工作部署上，基础性定位是1∶5万小比例尺区域性地质调查工作，1∶5万基础地质调查、矿调、水工环地质调查以及航空物探调查，今年还增加一个油气基础性调查。公益性定位在调查基础上，形成试点

示范，例如1∶5万水文地质调查基础上打几口水文井；公益性定位第二是体现在我们对调查资料集成、加工、整理，重大成果服务上。战略性定位在战略性矿产资源，战略性矿产资源一个是油气包括常规油气和非常规油气，油气资源就是“四新”，还有能源矿产包括铀矿、锂矿，还有锶、钕、铯、石墨，晶质石墨作为石墨烯重要原料，还有蓝晶石、高纯石英等国家新型产业支柱所需矿产资源，我们要事先投入，工作定位是战略政策，在异常查证基础上钻孔验证，形成整体的、面积性的评价，这就是战略性定位。前阶段我到四川甲基卡，初步探明氧化锂资源量达到超大型规模。找准公益性地质工作定位，这样就和勘查、开发环节不发生矛盾。在部财务司廖司长来局指导工作时，也专门谈到这个问题，如果你干工作别人也想干，说明就不是基础性、公益性；如果我们工作确确实实是基础性、公益性和战略性，是没有人来做的。为什么我们战略性矿产要往前做一点？主要是探明市场还没有，市场没有人干，我们就必须往前走一点，拉动市场。有些战略性是不开放的，特别是能源矿产，所以这是我们的定位。

二是项目设置。项目设置分成一级、二级项目。一级项目管方向，相当于6个专项，这6个一级项目已经确定了目标任务、社会效益、工作部署。一级、二级项目与“九大计划、50项工程”进行了对接，初步拟安排300～500个项目落实。地方地调单位的项目不再直接安排，90%以上的项目都在我们直属单位。6个一级项目是由相关的工程项目来落实的，各个工程目标、内容、部署都是明确的，工程还是50个，都是很清晰的。在工程中，项目为主体，形成了二级项目，对有些很大的、与项目库管理要求不适应的，进行了拆分；有些很重要的子项目，进行了充实提升为项目。二级项目是实实在在的项目，要具可操作性。直属单位之间，项目不要有交叉，所以项目预计要多一些，达到300～500个。通过这次改革，也改变了以往项目“小而散”的问题。需要由地方地调单位开展的子项目，直属单位就要代表国土资源部、地调局来实行政府采购。这种改革模式，我们已经探索过。海洋、天然气水合物项目就是这种模式。在2016年，中央预算的单位，还是纳入了二级项目承担单位里面。《关于加强和改进中央部门项目支出预算管理的通知》明确，“部门预算项目实施主体为中央部门及所属单位，非部门所属单位不得作为项目的实施主体纳入部门预算”，如何妥善处理，还需要探索。

三是项目管理。财政部管一级项目、国土资源部管二级项目，财政部审核一级项目，地调局受部委托代部审核二级项目，项目设置和审核都是两级。各单位回去之后要按要求及时组织二级项目申报，地调局进行审核后进入地调局项目库。项目实施与以往有较大变化，原来实施方式有计划、委托、招标等方式。现在则是计划、政府采购，二级项目计划方式下达直属单位，二级项目中的子项目通过政府采购的方式落实。

四是绩效考评。强化以支出结果为导向的预算管理，强化预算支出的责任和效率。

五是预算约束。财政部着重加强预算执行管理，明确要求“严格预算调整，硬化预算约束”，同时，把往年结余资金、年度预算执行的情况，与下年度预算申报统筹考虑，预算约束的合力已经形成。预算实行3年滚动，什么是滚动管理，比如某单位今年预算2亿元，只执行了1亿元，明年申请3亿元，只给2亿元，另外1亿元就收走了，这就是滚动管理。这种管理方式变革给我们的压力是很大的。

同时，国务院还出台了一系列文件，《预算法》《国务院关于深化预算管理制度改革的决定》《国务院关于实行中期财政规划管理的意见》《国务院关于加强审计工作的意见》和《财政部关于加强和改进中央部门项目支出预算管理的通知》等，要在工作中认真消化吸收。这一系列重大改革，一是明晰政府与市场的功能与作用、中央与地方事权与分工。二是转变预算控制方式，建立跨年度预算平衡机制，施行3年中期支出规划。三是实行收支脱钩，专项财政资金纳入财政综合预算统筹安排。四是建立全面规范、公开透明的预算管理制度，以“花钱必问效，无效必问责”的原则推进预算绩效管理，现在我们还是处在花了钱没人来问效阶段。项目成果按没按时提交、服务效果怎样，都要问一问，追究责任，这要形成一套完善的制度。五是将对矿产资源、环境保护等情况的审计列为审计的重点领域。2016年，国家审计署把地质矿产调查评价专项（2010～2015年）进行专项审计，所以我们要开展3项大检查，对发现的问题一定要严格整改。

（二）财务管理工作还存在困难和问题。

一是预算执行压力很大。第一是上半年执行情况比去年要低。第二是结转资金过大，2014年全局结余结转资金近20亿元。一年我们承担的地调项目预算也就20多亿元，如果安排2016年项目时，财政把这20亿元滚动管理，就没多少钱了。这个压力是很大的，如果不消化掉，将会产生很大问题。所以，不仅今年预算要执行好，同时要把结余资金消化掉。

二是我们预算体系还不健全。我们传统预算体系还是以成本为核心的预算体系，这种体系完全不适应财政体制改革，完全不适应目前财务工作的需要。比如审计工作，首先看有没有预算，没有预算钱花了就不行。新的体系不建立起来，我们就很被动。干任何事，首先看有没有预算，没有预算就不能报销，预算要按程序申报；没有预算就不能干。所以，需要尽快建立以预算为核心的财务管理体系。

三是关键环节管理的有效控制措施还相对薄弱。总结沈阳地调中心发生的问题，有3方面值得认真思考。首先，是领导干部决策正确与否，是单位发展成败的关键。从沈阳地调中心情况来看的话，有几个决策是影响事件的关键。第一，错误地追求预算执行率。不是以推进各项工作来促进预算执行，而是按所谓“主意”，把银行的钱打出去，就提高了预算执行率。采取了非常错误的决策，从根本上造成资金控制不住现象的发生。第二，允许公款私存。第三，大额备用金支取和超期不结账。第四，以包代管。把资金管理权力下放给研究室，研究室想怎么管就怎么管，管理部门也不能参与管理和监督。分管领导也不用签字。所以，领导的决策给违法违纪使用资金创造了条件，几百万在职工个人手上，部分人把持不住自己，用于赚取利息、炒股、买房，等等。其次，是依法管理、依法办事是单位健康发展的保证。我们正处在大改革时期，地质工作的内容、规模都在深度调整。在深度调整过程中，有一点必须坚持好，就是依照现行的法律制度制定完善单位的规章制度，绝不能违背法律规章制度要求。从沈阳地调中心情况看，制定的一些制度，违背了法律法规和改革要求。比如公款私存、大额备用金借取严重违反了相关法律法规要求，还有挪用公款2000多万、虚报冒领800多万，一些野外资金使用形成的发票是真发票、假内容。再次，是管理体系建设是单位可持续发展的基础。单位管理体系就是治理结构要有序，决策、监督、执行是“三驾马车”，互相约束、互相制约。沈阳地调中心就只有“一驾马车”。还有就是单位的人才结构和组织结构要合理。沈阳地调中心财务管理一直很薄弱，缺乏得力的人才，管理部门职能也发挥不出来。上述这些关键环节的缺失，造成诸如备用金和在野外发生的资金使用与支出的控制不周密的情况，务必采取有效措施加以解决。我在宜昌地矿所任职时，设计了野外支付凭证单，有领款人、经手人的身份证、电话号码、单位或地址，还有证明人、负责人，再加上取得的税务发票，形成了真实、完整、有效的管理方法。在野外确实需要借备用金，但是怎么既能方便开展工作，又能有效控制住，这些关键环节的管理就需要去想办法，缺乏有效的办法就会出大问题。还有外包也容易出问题，这些关键环节都要想办法控制住，防止出问题。

四是基础工作还很薄弱。包括我们的统计、标准、预算责任制都还很薄弱，需要进一步加强。

五是财务管理队伍有待进一步加强。28个直属单位领导班子中配备懂经济财务管理干部的单位有11个，4个领导班子满额的单位配备了副总经济师。9个单位是副处长主持财务处工作。财务管理队伍建设状况与局党组要求还有很大差距。

六是审计风险依然很大。刚才讲到了今年开展的3个“大检查”，各单位务必按照局党组要求，作好“大扫除”，迎接专项审计。

二、坚决落实好党组要求

钟自然局长、新一届局党组特别重视加强对项目和资金的管理，作出了一系列的决定，要求要“坚定不移地加强项目和资金管理”，同时提出了“审计不出大问题”“两出一不出”的目标要求，确保地调局健康发展。一要加强领导、强化责任意识，提高领导决策能力。二要完善制度，特别是要加强关键环节制度建设。三要依法理财，严格管理。四要进一步完善预算管理体系。五要强化监督责任。六要加强财务基础工作。七要加强财务人才队伍建设。

钟局长在这些方面都提出过很好的要求，各单位一定要抓好这些关键环节。像财务处长该配的要配到位，缺少的制度要尽快完善。要梳理制度建设情况，我们梳理了7个方面、44项重点环节，对这些环节怎样管控特别重要。对于预算管理，从2016年开始一定要建立起以预算为核心的财务管理体系，自身管理、监督检查和审计都要按照预算来办。

三、积极推进下半年几项重点工作

一要继续加强协调沟通，做好2016年预算申报。首先要求定位要有大的预算体系，大预算的格架要形成，单位的大预算落实到部门、部门的预算分解到项目，形成上下贯通的预算体系，确保每项经济活动在预算体系之内。预算管理体系建立完善后，单位预算执行力、各项开支等都会得到有效的控制。比如项目执行中，有相应的预算就可以执行，没有就不能执行，这就是刚性预算约束。这种改变是根本性的，因为我们长期以来是成本摊销为主的财务管理，先花钱再摊销报账，很容易出问题。各单位要建立以预算为核心的财务管理体系。

二要积极推进预算执行。预算执行是关键，单位预算执行不好，将会影响2016年预算申报，要想办法加强野外地质调查、委托业务等工作，通过加快各项业务工作进展，从根本上促进预算执行。

三要认真开展“三项大检查”。“三项大检查”，第一个是财务大检查，是对财务制度、财务管理、财务基础工作、财务人员情况的一次大检阅、大扫除。通过这次大检查，要把财务工作的薄弱环节挖掘出来，以问题为导向，认真进行整改。第二个是项目大检查，各单位要认真梳理。立项在地调局机关，这几年项目变化很大，所以要认真梳理；各单位要针对项目实施重点环节进行认真梳理。第三个是装备大检查，既与财务管理有关，部分内容也与项目有关。

四要做好结余结转资金清理。各单位要按照上午讲话要求，开展“十二五”项目结余结转资金清理，一是加快相关工作，推进结转资金执行；二是按要求盘活财政资金存量。

五要完善财务管理制度。积极推进财务管理制度修订完善工作，一是尽快出台“关于加强项目组野外工作期间资金支出管理的若干要求”。二是继续推进《预算标准体系》建设，修改完善《招标管理办法》《合同管理办法》。财政部要求我们招标一定要按照政府采购和公开招标程序来组织，通过正规的招标中介机构进行招标，其中要处理好地质工作规律和市场经济规律之间的关系，要通过招标这一市场配置资源的方式，把最优秀的资源配置到地质调查项目中来，形成竞争。同时也要充分认识和尊重地质工作规律。地质工作是探索的过程、积累的过程，在招标工作中要很好地把两者结合起来，比如在确定项目承担单位条件中，把工作基础好的、资质条件好的要加分。大家要开动脑筋，创新工作。同时要继续推进《财经法规汇编》工作。

六要加强对直属单位财务管理的指导。一是继续抓好财务支出监管与财务信息公开。继续推进财务信息公开，指导各直属单位，细化公开事项，增加公开内容。二是进一步完善《直属单位财务管理干部配备方案建议》，积极促进直属单位财务管理领导干部队伍建设。继续完善《财务管理人才队伍建设规划》，开展直属队伍财务管理人员业务技能测试和业务培训。三是各单位要在不断加强配备经济分管领导的基础上，切实为财务管理等部门配齐所需要的基本人员数量。财务部门只有一个负责人的，应当增设副处长，有编制但人员没有到位的要尽快到位，人员编制符合干部管理规定的，应设置两名副处长。

同志们，今年是“十二五”收官之年，又是“十三五”起步之年，承上启下意义重大。下半年又是今年的收官之时，更是关键。希望大家同心协力、积极推进，切实落实好各项财务管理工作，抓出成效。今天是第一次与大家在一起交流财务工作心得，希望在今后的财务管理上互相学习，共同推进我们财务工作走向健康发展的轨道。谢谢大家。

强化责任担当　依法从严治局
将局系统反腐倡廉建设工作不断引向深入

——中国地质调查局党组成员、纪检组长李海清在中国地质调查局2015年党风廉政建设工作视频会议上的报告

（2015年4月1日）

同志们：

我受局党组委托，就中国地质调查局党风廉政建设和反腐败工作报告如下：

一、2014年工作回顾

过去的一年，是全面深化改革，推进依法治国、依规治党的重要一年。在国土资源部党组和驻部纪检组的坚强领导下，我们认真贯彻中央关于党风廉政建设和反腐败工作的决策部署，坚决落实部党组要求，坚持以项目和资金管理为重点，以健全完善“八问”责任传导机制为主线，不断巩固教育实践活动成果，着力纠正“四风”问题，严肃查处违纪违规案件，努力探索建立不敢腐、不能腐、不想腐的长效机制，局系统党风廉政建设取得了新的成效。

（一）强化责任担当，推动党风廉政建设主体责任落地。

新一届局党组紧紧抓住党风廉政建设主体责任这个“牛鼻子”，针对近年来审计发现问题屡审屡犯的现象，提出了以构建“八问”为主要内容的责任传

导机制。制定印发了《关于进一步落实党风廉政建设责任制主体责任和监督责任的指导意见》，明确6项主体责任和4项监督责任，实行一岗双责、党政同责、一案双查、齐抓共管，全面落实党风廉政建设责任制。2014年下半年，新一届局党组召开的23次党组会中13次涉及党风廉政建设工作，专门组织召开与反腐倡廉工作有关的视频会3次、专题座谈会5次，通过抓学习、查问题、摆风险、明责任、传压力、抓落实、促整改，形成了经常性研究、部署和推进党风廉政建设的工作格局。局党组成员认真督促分管部室和单位领导班子主动作为，按照“一岗双责”要求，认真履行主体责任。各直属单位以“八问”责任传导机制为抓手，通过会议部署、签订责任书、听取汇报、实地调研、工作指导、廉政谈话等方式，逐级传导责任。局党组通过将“八问”纳入廉政建设责任制考核内容，提高落实主体责任的实效。

（二）严明党的纪律，作风建设取得成效。

局党组、各直属单位通过中心组理论学习、专题辅导和党员主题教育等形式，经常性教育引导党员干部认真遵守党的政治纪律和政治规矩。结合年度民主生活会，认真查摆剖析遵守党的纪律情况，不断强化底线和红线意识，自觉维护中央权威，坚决落实部党组的决策部署；认真执行民主集中制、“三重一大”事项集体决策、请示报告和领导干部个人有关事项报告制度。局党组书记代表党组公开廉洁自律承诺并“约法三章”，严明党的纪律，率先垂范，主动接受监督。坚持把落实中央“八项规定”精神作为严肃政治任务，通过开展自查和专项检查，与党的群众路线教育实践活动整改落实工作一并推进。截至2014年底，全局累计完成整改任务1279项，完成率90.97%；完成各类规章制度730项，完成率88.1%。严格“三公经费”管理，2014年全局“三公经费”实现了只减不增的目标。有效防止形式主义、官僚主义、享乐主义和奢靡之风等作风问题的发生。

（三）规范项目和资金管理，廉政风险防控能力进一步提升。

深入排查廉政风险。针对内外部审计、信访案件及巡视等发现的问题，局党组印发了《关于进一步加强廉政风险点防控的通知》，从7个方面梳理排查出44个廉政风险点，提出3项措施，重点防控矿权处置、所属公司经营、基建项目执行、审计发现问题、外协项目委托、公款私存私用6个风险点。各单位紧密结合实际，对本单位廉政风险点进行了再梳理、再排查，对发现的问题努力做到立行立改，对存在的隐患着力从规范管理行为入手，堵塞漏洞。

制定并完善管理制度。探索建立计划、工程、项目推进业务建设和业务活动的工作体系，理顺项目管理关系。改变立项论证方式，打破专业分割、部门分割和技术分割，完善项目和资金管理制度。局印发了《地质调查项目绩效评价管理办法（试行）》《竞争性选择地质调查项目经费管理暂行办法》《地质调查项目合同管理办法》《关于规范地质调查项目评审等业务活动的通知》《关于进一步加强项目和财务管理工作的通知》《关于规范野外工作津贴及差旅费补助的指导意见》等多项新规定。加大项目承担单位特别是地方队伍承担项目的优选力度，继续推进竞争性优选项目承担单位，全年优选项目617项，经费20.8亿元，占总经费的28%。

加强监督检查。组织开展外事纪律专项整顿，对发现的问题督促限期整改，进一步规范了外事管理工作。对委托项目和评审活动进行专项检查，促使项目安排和预算编制合规运行。坚决纠正内审发现的问题，完成28个单位内部审计问题的整改验收工作。纪检监察部门参与项目立项论证及评估会现场监督，积极提出意见建议，促进完善业务管理流程。落实《中国地质调查局关于推进事务公开的指导意见》，按照公开的内容、范围、方式、程序和时限要求，加大事务公开力度。印发《关于进一步推进财务信息公开与监督的通知》，在全局范围内推进财务信息公开。运用财务信息联网监督，对相关单位财务管理出现的苗头性问题及时进行提醒纠正。注重运用“制度+科技”手段，继续完善各类项目和财务监管信息系统，不断提高风险防控能力。

（四）深化反腐倡廉教育，筑牢廉洁从业思想防线。

继续举办廉政文化活动周，营造良好氛围。以“转作风·树正气·促廉洁”为主题，局统一组织开展了学习贯彻中央“八项规定”精神知识答题、廉政绘（漫）画书法作品展和典型案例警示教育活动，注重以身边的事教育身边的人。各直属单位结合实际，自行组织开展一系列廉政文化活动，唱响廉政主旋律。《中国纪检监察报》刊登了局廉政文化建设情况。

采取多种方式，增强廉政教育针对性。局纪检组依托地质图书馆资源建立“廉政文化图书馆”，打造廉政文化建设新平台。注重事前预防，重要节假日向领导干部发送廉洁短信，及时将中央纪委通报的顶风违反中央“八项规定”精神典型问题展出，邀请审计署资源环保审计局领导来局进行防范审计问题专题讲座。通过对新任领导干部进行廉政谈话，编印局系统领导干部反腐倡廉学习材料，增强领导干部依纪依规办事意识和责任。利用参加会议、调研、监督检查等工作，对发现的问题早打招呼早提醒。各单位也结合实际，注重开展经常性的反腐倡廉教育，不断增强干部职工遵章守纪、廉洁办事的自觉性。

（五）强化监督执纪问责，严肃查处违纪违规案件。

保持惩治违纪违规问题高压态势。根据审计署审计移送的问题线索和信访举报，严肃查处了8起违规违纪案件，涉及因公出国考察团擅自改变行程、变相公款旅游、滥发福利、违规发放纪念品、虚列会议费、转嫁招待费、违规经商办企业等问题，给予16人党纪政纪处分、17人组织处理。全局纪检监察部门共受理信访举报44件，其中组织直属单位调查核实31件。局重点核查了驻部纪检组转交的中央巡视组收到的6件举报信，对苗头性的问题及时提醒，对相关人员的违规行为进行了纠正，对存在的问题严肃处理，对举报失实的予以澄清。

巡视和内部审计等监督工作得到加强。在前两轮普遍巡视的基础上，对4个单位探索开展专项巡视，围绕遵守党的纪律、廉洁自律、贯彻落实中央“八项规定”精神和干部选拔任用4个方面，着力发现和解决存在的问题。完成对14个单位的内部审计工作。对发现的18个重要问题，移交10个所在单位纪委进行查处。严格执行领导干部任前廉政谈话、诫勉谈话、函询制度，2014年全局纪检组（纪委）负责人同下级党政主要负责人谈话364次（其中司局级43次）、任前廉政谈话167次（其中司局级18次）、诫勉谈话61次（其中司局级5人次），局纪检组函询3人次。

纪检监察队伍履职能力得到提高。局系统各级纪检监察部门，坚决贯彻中央纪委关于“转职能、转方式、转作风”的部署要求和部党组关于纪检监察机构深化“三转”、改进监督工作的意见，在内设机构没变、人员基本没增的情况下，着力加强学习、完善制度、认真履职。召开局系统纪委书记座谈会，交流研讨深化“三转”的认识和措施，在调查研究的基础上，起草了深化“三转”的指导意见和加强直属单位纪检监察审计组织机构建设的方案，找准职责定位，聚焦中心任务，努力把主要精力转到监督执纪问责的主业上来。

过去一年，地调局党风廉政建设工作取得了明显成效，这主要得益于中央坚持党要管党、从严治党的坚强决心和政治定力，得益于部党组和驻部纪检组领导坚强有力，得益于局系统广大干部职工的有效参与和纪检监察干部的辛勤付出。归纳起来，我们有以下几点体会：

一是部党组深入推进党风廉政建设的鲜明立场、坚决态度和有力部署，是我们做好工作的根本保证。姜大明部长反复强调，国土资源系统最大的危险是腐败，党风廉政建设工作做不好，其他工作都是零；多次指示我们要加强项目和资金管理，确保“审计不出大问题”。驻部纪检组赵凤桐组长履新数日即来局机关调研，上任不足半年先后深入9个在京直属单位检查指导工作。部党组和驻部纪检组领导的关心支持为我们做好工作提供了动力源泉。二是牢牢抓住主体责任这个党风廉政建设的“牛鼻子”，是我们做好工作的根本前提。围绕主体责任落实，局党组提出了“八问”责任传导机制，为主体责任落地生根提供了有力抓手和重要标尺。如果党政领导班子不按照局党组的要求靠前指挥，班子成员特别是党政主要负责人不统筹谋划、总揽全局，不把主体责任扛在肩、抓具体，仅靠纪检监察部门协抓和监督执纪，根本就不可能做好党风廉政建设工作。三是紧紧围绕以项目和资金管理这个重点深入推进党风廉政建设，是我们做好工作的关键。项目和资金是地质调查事业的根本保障，又是滋生腐败、滥用权力的起始之源。只有紧紧抓住防控项目安排和资金使用中的问题这个关键和重点，坚持疏与堵结合、查与防结合、破与立结合，才能有效遏制局系统违规违纪问题易发多发的局面。四是落实“三转”聚焦主业监督执纪问责，是纪检监察部门履行职责的根本途径。作为党内监督的专责机构，纪检监察部门必须找准职责定位，要切实加强监督执纪问责，通过监督强化职工纪律红线意识，通过执纪使党的纪律规矩成为刚性约束，通过问责使党的组织坚强有力。

在充分肯定成绩的同时，必须清醒看到局系统党风廉政建设工作与中央和部党组的要求还有较大差距。一是在项目和资金管理方面，存在着预算编制不合理执行不严格，挤占挪用项目资金，委托业务管理、劳务费发放、备用金管理不规范，基建工程超概算，违规发放年货节礼，利用虚假合同和票据报销项目资金，私存私放私用备用金等问题，典型案件社会影响恶劣，个别单位甚至发生大面积严重违规违纪问题。二是在信访举报方面，反映干部选任、廉洁自律等方面的问题比较突出。三是在落实党风廉政建设主体责任方面，仍然存在认识不到位和落实不到位的问题，仍然习惯把党风廉政建设工作全部推给纪检监察部门，责任传导机制有待进一步巩固和加强。四是在落实党风廉政建设监督责任方面，纪检监察部门落实中央“三转”要求进展缓慢，存在不敢转、不愿转和不会转的问题，存在职能发散、聚焦不足的问题，存在不敢监督、不会监督、不善于监督的问题。这些问题应引起我们的高度重视，在今后的工作中努力加以解决。

二、2015 年主要工作任务

2015 年局系统党风廉政建设的总体要求是：认真贯彻落实党的十八大和十八届三中、四中全会精神，深入学习贯彻习近平总书记系列重要讲话精神，全面贯彻落实十八届中央纪委五次全会、国务院第三次廉政工作会议的工作部署和部党组的要求，继续以加强项目和资金管理为重点，以完善“八问”责任传导机制为抓手，深入推动“两个责任”的落实，严明政治纪律和政治规矩，持之以恒落实中央“八项规定”精神，坚决纠正“四风”，坚持以零容忍态度惩治腐败，加强反腐倡廉教育和廉政文化建设，为地质调查事业发展提供坚强保障。

（一）切实抓好主体责任落实，严肃责任追究。

1. 深化责任传导机制。各直属单位党政领导班子必须切实增强责任意识，自觉、主动把主体责任担起来，进一步巩固和完善“八问”责任传导机制，在已有工作基础上，进一步制定并落实具体措施，层层传导责任。要规范廉政建设责任书签订工作，把“八问”纳入廉政建设责任书，细化责任内容；按照党政主要负责人与班子副职、班子副职与分管部门负责人、业务部门负责人与项目负责人等顺序逐级签订。各单位主要负责人应自觉当好领导者、推动者、执行者、引领者和示范者，做到常研究、常部署、亲自抓、不甩手；分管领导应自觉抓好分管业务和分管部门的党风廉政建设工作，中层部门负责人和项目负责人应自觉抓好本部门和本项目组廉政建设工作，做到管理、业务工作与廉政建设两手抓两不误。局党组年中听取一次各单位责任落实情况的汇报，并在年底责任制考核中重点对“八问”落实情况进行检查。

2. 强化责任追究。按照中央和部党组的要求，今年要突出问责，实行更严格、更严肃的责任追究，各单位必须引起高度重视。要落实“一案双查”，对违反党的政治纪律和政治规矩、“四风”问题突出、发生顶风违纪问题、出现大面积违纪违规案件和发现问题不报告、压案不查的单位和部门，既要追究主体责任，也要追究监督责任，既要追究当事人的责任，也要追究领导责任。坚持对责任追究典型问题在局系统内进行通报制度，充分发挥“问责一个，警醒一片”的作用。

（二）依法从严治局，强化刚性约束。

1. 严明纪律和规矩。各单位党政领导班子，必须坚持把严守各项纪律和规矩，特别是政治纪律和政治规矩摆在更加重要的位置，按照习近平总书记在中央纪委五次全会上提出的“五个必须”和“五个决不允许”要求，教育引导党员干部自觉维护中央权威和党的团结，自觉维护部党组、局党组的威信，认真落实局党组提出的“以三严立三威”的要求，切实遵循组织程序，坚决服从组织决定。各级党员领导干部要增强敏锐性，摒弃惯性思维，要在守纪律、讲规矩上做表率，管好亲属和身边的工作人员，以上率下，带头落实中央和部、局党组各项决策部署。

2. 健全完善制度体系。根据新时期依法治局的工作特点，构建地质调查工作制度体系。及时修订、精简不适用的制度。按照风险防控的要求，科学合理补充完善各项管理制度，把控重点环节、关键领域，堵塞管理漏洞，规范各项业务办理流程，实行全过程管理。要根据新要求，修订完善项目管理和财务管理制度。要在制度执行上下工夫，确保制度能有效执行，成为刚性约束。

3. 强化对纪律执行情况的检查。各级纪检监察部门要根据党章、党内监督条例等规定，通过民主生活会、案件查办、信访处理、巡视、内部审计、诫勉谈话、询问和质询等方式，加强对党的纪律和规矩、中央和部、局党组重大决策部署以及各项制度规定执行情况的监督检查，对不守纪律、不讲规矩的行为要严肃批评教育，对屡禁不止、屡教不改、造成恶劣影响的要依纪依规进行严肃处理，使纪律和规矩真正成为带电的“高压线”。

（三）坚决落实“八项规定”精神，严防“四风”反弹。

1. 深化认识，巩固成果。各单位要充分认清“四风”的严重性、危害性和顽固性、反复性，保持经常抓的韧劲、长期抓的耐心，一抓到底，坚决防止反弹回潮。要认真学习领会中央“八项规定”精神以及党的十八大以来中央和部、局出台的一系列新规定，特别是有关“三公经费”支出、精简会议、干部培训、办公用房、例行节约反对浪费等方面的规定要求，做到牢记在心、严格遵守。要巩固党的群众路线教育实践活动成果，对未完成的整改事项，要集中攻关，有什么问题就解决什么问题。继续将落实中央“八项规定”精神的情况作为监管的重点，适时开展监督检查，推进作风建设常态化。

2. 突出重点，严肃问责。各级纪检监察部门要把违反中央“八项规定”精神的行为，列为纪律检查的重点，作为纪律处分的重要内容，紧盯“四风”新形式、新动向，进一步加大监督力度，坚决查处公款吃喝、公款旅游、公款送礼、滥发福利节礼、利用婚丧嫁娶敛财等问题，重点查处中央“八项规定”出台后的顶风违纪行为，按照《国土资源部行政审批和评审评估工作人员行为规范“六不准”》，对违反者依规依纪作出严肃处理。严格执行违反中央“八项规定”精神月报制度。

（四）持续加强项目和资金管理，强化廉政风险防控。

1. 加强项目管理，强化责任制。按照“计划—工程—项目”目标任务，明确责任，实行单位法人负责制和项目负责人责任制。工程牵头单位主要领导和分管领导对工程实施负主要领导责任和直接领导责任；项目实施单位主要领导和分管领导对项目实施负主要领导责任和直接领导责任，因指导协调不力、监督检查不力、选人用人不力，造成工程目标未完成、成果提交未达到要求、发生违规违纪案件的，视情节轻重，给予限期整改、诫勉谈话、通报批评、取消评优、取消单位承担新开项目资格等处理。工程首席专家在工程牵头单位领导下开展工作，对工程的目标任务实现负实施和技术指导之责；项目负责人在项目实施单位领导下开展工作，对项目的目标任务实现负组织实施、技术指导、资金使用、安全保密、成果质量与效益之责，因组织实施不力、技术指导不力、监督检查不力，造成工程（项目）目标未完成、成果提交未达到要求、发生违规违纪案件的，视情节轻重，给予限期整改、诫勉谈话、通报批评、取消评优、降低绩效工资、取消工程首席专家资格（取消项目负责人资格）等处理。项目监审专家受聘参加项目立项论证和评估、设计审查、质量和经费检查、野外验收、成果评审等业务活动，对不能认真履行职责、违反相关规定的，视情节轻重，给予通报批评、取消监审专家资格等处理。

2. 加强财务管理，防控资金违规使用风险。各直属单位行政主要负责人对本单位资金监管和支出规范负总责，项目经费使用人员部门负责人是经费支出审核把关第一责任人，财务部门审核人员是经费支出审核把关第二责任人，要对经费支出的合理合规性切实负起监管责任，应该发现问题没有发现是失职，发现问题没有纠正或报告就是渎职，视情节轻重，给予批评教育、通报批评、取消评优资格等处理。各单位要继续坚持预算原则和实施招投标制度，对于违反规定无预算开支报销和未执行政府采购程序的将依纪依规追究审批人员和业务经办人员的责任。要对外协管理、合同管理、备用金、会议费、政府采购、基建等高风险点强化监管力度。对备用金管理实行动态跟踪和定期清理；统一合同管理并建立完善的合同管理制度；要制定有关强化外协项目管理的规定。各直属单位对委托出去的项目必须加强项目执行、成果验收和经费使用的监管，资金使用到哪里监管就要到哪里，建立外协项目约谈机制，发现问题要约谈外协项目所在单位的负责人。进一步明确作为预算执行主体，外协项目委托单位既要对预算执行负责，也要对委托项目资金的真实、合法、效益成果负监督之责，如果外协项目出现问题，要追究委托单位的监管责任。加强财务管理队伍建设，定期组织培训，着力培养高素质财务管理人员，继续充实领导班子经济管理方面的力量。

3. 强化各管理部门的监管作用，正确履职尽责。各单位各级管理部门，要按照职能切实担负起对项目和资金运行的监督管理责任。财务管理部门要充分发挥联网监控的技术力量，管好大额支出，加强对预算编制、经费支出和审计问题整改等工作的现场监督检查，同时，指导基层财务制度的建设。项目管理部门要坚持公开、公正、公平的原则进行项目立项论证、设计审查、质量检查、成果验收等工作，并实施监督检查，杜绝各环节的利益输送。外事管理部门要加强对出国（境）项目审批和执行情况的监督检查。人事管理部门要加强对劳务用工咨询评审费支出情况的监督检查。装备、后勤、物业等管理部门要加强对物品、设备、项目用车等采购、租用、使用等工作的监督检查。对检查发现的问题要立行立改、真改实改，不允许避重就轻、敷衍了事、大事化小的消极整改，不允许有选择性的整改或者边改边犯的整改。对发现的问题和整改情况要在全局范围内进行通报。继续深化事务公开工作，让项目和资金管理与使用支出情况在阳光下运行。

（五）不断深化反腐倡廉教育，强化廉洁自律意识。

1. 办好2015年廉政文化活动周。在连续成功举办两届廉政文化活动周的基础上，继续深化廉政文化活动周内涵，以“廉通你我，地兴人和”为主题，围绕“建设世界一流地调局”的标准，在集思广益的基础上凝练廉政文化核心价值理念和共同愿景。局将统一组织集中开展一次面对面的廉政警示教育活动。鼓励各单位进一步深化廉政文化创建活动，继续抓好廉政文化传播载体建设，发挥好廉政文化图书馆的作用。

2. 抓实抓好反腐倡廉经常性教育。局机关各部室和各直属单位党委要深入开展反腐倡廉形势与任务教育，认真组织好习近平总书记系列重要讲话精神、中央纪委五次全会和全国国土资源系统党风廉政建设工作会议精神的学习宣传，认真研读原文，深刻领会实质，不断增强责任感和使命感，切实把思想认识统一到中央精神、部党组的要求和部署上来。今年要抓好《习近平关于党风廉政建设和反腐败斗争论述摘编》《十八大以来廉政新规定》《中国地质调查局反腐倡廉应知应会读本》和《十八大以来局系统违规违纪案例警示教育材料》等的学习宣传，加强《预算法》《国务院关于加强审计工作的决定》等财经法规制度的教育培训。每一个项目和资金管理方面的新制度出台，都要组织干部职工进行学习培训。将反腐倡廉教育内容纳入对领导干部、管理人员、项目负责人、技术业务等各类人员的教育培训中，全面破除仅凭以往经验和固有观念管事理财的惯性思维。

（六）规范纪律检查，严肃查处违规违纪问题。

1. 严格请示报告制度。各级纪检监察部门要严格履行问题初核、立案调查请示报批程序，线索处置和案件查办在向同级党委报告的同时必须向上级纪检监察部门报告，坚决防止发生漏报、瞒报以及不按规范要求处置案件线索等问题。

2. 强化问题线索管理。改进信访案件审查工作，对不同渠道反映的问题线索，按照拟立案、初核、谈话函询、暂存、了结5类标准分类处置，按时统计上报、定期清理、规范管理。

3. 突出违纪违规问题查处重点。紧紧围绕防止审计出现大问题的目标，坚决查处内外部审计发现的严重违纪违规问题，重点查处党的十八大后不收敛不收手、问题反映集中、群众反映强烈的领导干部，不搞下不为例，不搞迁就，不以经济处罚代替执纪问责，或以集体决策失误为由，逃避个人责任，逐步形成良性的责任导向。对违反中央“八项规定”精神和审计中发现的重大问题，一律进行点名通报。要用好身边反面典型事例，充分发挥好警示、震慑和教育作用。

（七）推进纪检监察体制改革，加强纪检监察审计队伍建设。

1. 抓紧制定并落实纪检监察审计队伍建设实施意见。按照部党组《关于加强直属事业单位纪检监察干部队伍建设的意见（试行）》，制定印发《局党组关于加强直属单位纪检监察审计干部队伍建设的实施意见》，配强领导干部、优化人员结构、完善领导关系。党委书记不兼纪委书记，纪委书记不兼任行政副职，确因工作需要可由党委副书记兼任纪委书记，在领导班子成员分工中不分管财务、项目管理等工作。纪委书记（副书记）人选，由局纪检组会同人事教育部提出建议，征求驻部纪检组意见后报局党组审批。各直属单位必须设立监察审计处（也可与党委办公室合署办公），作为纪委的办事机构，编制3～5人。监察审计处主要负责人人选由各直属单位纪委提出意见，征求局监察审计室和人事教育部意见后，报本单位党委审批。强化局纪检组对各直属单位纪委的领导，各直属单位纪委必须积极主动向局纪检组请示报告工作；有权直接反映本单位存在的重大问题。加强局监察审计室对各直属单位监察审计处的指导和监督。建立健全纪检监察审计工作全局统一组织、人员统一调配的工作机制。加强对纪检监察审计干部的培养锻炼，加大交流力度。纪检监察审计干部要加强自身建设，按照部、局党组要求，努力做对党忠诚、严守纪律的表率，端正党风、廉洁自律的表率，恪尽职守、敢于担当的表率。

2. 切实落实“转职能、转方式、转作风”要求。制定局纪检组关于深化“三转”、加强和改进监督工作的实施意见，强化纪检监察部门“再监督”“再检查”职责，把事前、事中的监督职责交还给行政业务主管部门，努力克服职责泛化、疲于应付、浮于表面的弊端，解决好职能越位、错位和缺位的问题，把工作的切入点放到对职能部门依规履行职能的监督检查上来，切实做到聚焦主业履职到位。根据中央反腐倡廉制度建设进展，适时修订局党风廉政建设若干规定和巡视工作实施意见。

3. 进一步发挥内部审计和巡视监督作用。拓宽内部审计职能，加大内部审计监督力度，将各单位落实中央和部、局党组重大决策执行情况纳入内部审计监督范围。强化内部审计职责，对直属单位的内部审计，由两年一次调整为一年一次，既可对财务收支情况进行全面审计，也可针对一个计划、工程、项目或者一笔重点经费进行审计。2015年把租车费、劳务费（含野外雇工费、评审费）、槽探及钻探施工费、外协费、矿权转让费、大型仪器装备采购作为审计重点。深化专项巡视工作，选派直属单位现任党委书记担任巡视组组长，围绕“四个着力”，突出对领导班子和领导干部在作风建设、落实主体责任、遵守政治纪律和政治规矩，以及以权谋私方面存在的突出问题，落实巡视问题的反馈和整改情况在单位内部通报要求，加强对巡视问题整改落实情况的检查。对内部审计和巡视中发现的重大违纪违规问题，要依纪依规严肃查处。

同志们，做好2015年的党风廉政建设和反腐败各项工作，任务艰巨、责任重大。会后，将印发局党组2015年党风廉政建设实施意见和任务分工。我们要按照部、局党组的部署要求，切实把工作安排好，把任务分解好，把落实抓到位，以更加坚定的信心、更加有力的措施，扎实推进党风廉政建设工作，为地质调查事业发展作出新的更大贡献。

认清新形势 明确新任务 显著提升地质科技创新能力和支撑服务水平

——中国地质调查局党组成员，中国地质科学院党委书记、副院长王小烈在中国地质科学院2015年工作会议上的报告

（2015年1月29日）

各位院士、各位领导、同志们，大家好!

这次会议的主要任务是深入学习贯彻党的十八大和十八届三中、四中全会精神，认真落实全国国土资源工作会议和全国地质调查工作会议部署，分析当前地质科技工作面临的新形势和新任务，全面总结2014年主要工作，研究部署2015年重点工作。下面，我代表院领导班子作工作报告。

一、2014年主要工作

2014年全院干部职工认真学习领会中央领导系列重要讲话精神，积极贯彻落实部局党组的决策部署，求真务实、开拓创新、锐意进取，各项工作取得显著成绩。

（一）教育实践活动整改落实成效显著。

1. 教育实践活动成果进一步巩固。院党委按照中央要求和部、局党组部署安排，落实中央“八项规定”精神，聚焦“四风”问题认真对照检查，扎实推进群众路线教育实践活动整改落实，切实转变作风。专项整治文山会海和“三公经费”支出，各单位文件、简报和内部刊物的数量大幅减少，各类会议和“三公经费”支出显著下降；整治铺张浪费，清理办公用房，对超出标准的办公用房进行了腾退和调整。全面梳理和汇编各项规章制度，按照整改要求建章立制，建立和完善了党委议事督办、单位负责同志工作情况报告等制度。组织开展了整改落实情况专项检查，加大力度，集中攻坚，破解难题，结合院系统内部审计，对项目资金、外事管理进行了重点检查，大力推进事务公开，进一步巩固教育实践活动成果。

2. 党风廉政建设得到加强。按照中央“八项规定”和党风廉政建设的各项要求，落实中央纪委驻部纪检组组长赵凤桐到院调研座谈时的指示精神及部、局党组有关要求，加强廉政教育、内控制度建设和项目经费监管。院党委先后印发《关于深入推进党风廉政建设各项工作的通知》和《2014年党风廉政建设实施意见》，签订了2014年党风廉政建设责任书，编印了《中央八项规定以来文件汇编》，开展了廉政宣传教育系列活动，不断增强干部职工的自我约束力。加强廉政风险防控，认真查处案件，党风廉政建设取得新成效。

（二）地调科研成果亮点纷呈。

1. 科技成果产出总体向好。2014年全院承担各类科技项目1193项，总经费10.62亿元，比2013年增长5.46%，其中国家科技项目经费2.66亿元（占25.05%）、地质调查项目经费7.37亿元（占69.39%）、横向项目经费0.59亿元（占5.56%）。发表学术论文1117篇，同比增长16.6%，其中第一作者SCI检索论文371篇，同比增长64.9%，EI检索论文114篇，同比增长40.7%，出版专著25部，获国家发明专利12项、实用新型专利44项、外观设计专利3项、软件著作权登记16项。荣获国土资源科学技术奖一等奖2项、二等奖4项、其他省部级奖4项，获中国地质调查成果奖一等奖4项、二等奖7项。4项成果入选地调局、地科院2014年度地质科技十大进展，2项成果入选中国地质学会2014年度十大地质科技进展。

2. 组织实施重大科技项目取得新进展。深部探测技术与实验研究专项全面完成各项计划任务，46个课题通过评审验收，取得国际瞩目的高水平研究成果，“地壳一号”万米钻机在“松科2井”超深科学钻探工程正式开钻。国家973项目钾盐成矿理论与预测研究、富铁矿形成机理研究取得重要成果，国家

863计划“深部矿产资源勘探技术”重大项目正式启动。地质调查项目组织实施进展顺利，地层古生物、岩浆岩、变质岩、区域构造、矿产地质、水工环、地质灾害、物化探等调查研究取得重要成果。积极投入地质矿产调查评价专项6年规划部署及2015年立项论证工作，负责组织实施2项计划、12个工程及40个项目，落实大项目机制取得显著进展。国家自然科学基金项目获批97项，包括杰青1项、重点项目5项，基金项目经费合计超过6000万元。

3. 基础地质调查研究取得新成果。在江西赣州发现霸王龙新类型——中国虔州龙，建立霸王龙类新亚科——分支龙亚科，三峡地区埃迪卡拉纪生物地层研究迈入世界前列。在冀东地区发现大量3.8～3.5 Ga的碎屑锆石，在鞍山地区发现3.8～3.1 Ga多期岩浆活动，鉴别并划分三大古陆核，华北克拉通早前寒武纪地壳演化研究取得重要成果。重新厘定阿拉善古老地块与中亚造山带的边界及构造归属，揭示了东秦岭造山带的基底组成及控矿效应。发现湖南衡山低角度拆离构造。汶川地震断裂研究取得重要进展。相关成果在《自然·通讯》《古生物学报》《前寒武纪研究》《冈瓦纳研究》《构造物理》等国际权威期刊发表，产生了重要的学术影响。

4. 新技术、新方法、新装备研发能力不断增强。重大仪器设备研发取得显著进展，成功开发新一代航空地球物理数据处理解释系统，无人机航空物探综合站、瞬变电磁测量系统实现实用化，发展具有自主知识产权的2000 m深孔地－井TEM三分量测量系统，国产大功率多功能电法与阵列多频相位激电系统应用示范效果良好，能够为深度1000～2000 m深部隐伏矿体找矿勘探提供有效技术支撑。自主研发独立供电偶极子地电化学测量技术，有望为浅覆盖区矿产勘查提供更加有效的技术方法。实验测试技术方法、副矿物铀－铅定年技术、海洋碳酸盐岩沉积铼－锇测年方法得到提升，微区和非传统同位素分析精度达到国际同类实验室先进水平。青藏高原三江源6种土壤成分获批成为国家一级标准物质，4项生态地球化学评价样品分析方法成为行业标准。

（三）科技引领和支撑服务成绩斐然。

1. 科技引领找矿实现新突破。通过“油钾兼探”和多学科综合研究，科技引领钾盐找矿取得突破性进展，在柴达木盆地西部阿尔金山前第四纪早期地层发现新型砂砾富钾卤水层，在塔里木库车凹陷发现厚达百米的古近纪含钾盐矿层，在四川盆地发现三叠系杂卤石，在上扬子盆地发现重要的储卤构造及富钾卤水矿。创新发展叠生成矿理论、综合找矿模型及有效技术方法组合，指导内蒙古哈达门沟金矿实现找矿重大突破，发现大型隐伏金矿1处，探获黄金资源储量23吨。研究伟晶岩控矿因素、成矿规律与找矿方向，引领四川甲基卡稀有金属矿产勘查实现重大突破，新增氧化锂资源储量64.31万吨，成为超大型稀有金属矿床。

2. 水工环调查评价及支撑服务取得新成效。组织开展华北平原地下水污染调查及承载力适应性研究，为京津冀一体化发展规划提供了重要依据。地下水污染调查监测能力显著提高，集成水土污染调查技术，快速圈定某油气田区地下水重金属铬超标污染范围，锁定万余个污水渗坑。通过西南岩溶流域水文地质调查，查明6个富水区，帮助解决3万余人的饮水及1000多头牲畜用水问题。组织开展云南鲁甸地震次生地质灾害隐患排查，对口援助云南盐津县开展地质遗迹调查评价、地质公园申报、地质灾害监测预警、防灾减灾培训。指导青海格尔木成功申报昆仑山世界地质公园，帮助广西桂林等地联合申报中国南方喀斯特并入选世界遗产名录。

3. 产学研用结合迈出新步伐。积极推进“8＋6”与“1＋6”合作，组织召开了地科院8个单位与大区地调中心负责人联席会议；分组前往大区地调中心，先后签署多项合作协议，推动资源共享、联合攻关。积极推进与地勘单位、矿业企业科技合作，搭建产学研用结合平台，促进科技成果转化；先后与西南能矿集团、亿阳集团、浙江地勘局签署科技战略合作协议，与贵州地勘局、宁夏地勘局、延长石油等达成科技合作意向。组织专家赴浙江丽水和黔西南分别开展找矿突破联合攻关，应用自主专利技术进行汞地球化学测量发现重要找矿线索。

（四）人才队伍建设开创新局面。

高层次科技人才引进培养有新起色。启动“李四光学者”引聘计划，3名国际知名专家入选首批“李四光学者”，院基本科研业务费资助海外引进人才自主选题开展创新研究；曾令森研究员获国家杰出青年基金资助，李建华博士入选国家2014年度“香江学者计划”。加大科技人才举荐力度，李廷栋院士获何梁何利奖，陈毓川院士被授予国际矿床成因协会终身荣誉会员，裴荣富院士荣获第十届光华工程科技奖，卢耀如院士再获河北省院士特殊贡献奖；石建省研究员荣获“全国优秀科技工作者”称号，唐菊兴研究员荣获“全国民族团结进步模范个人”称号，刘敦一研究员获首届“汤森路透中国引文桂冠奖——高被引科学家奖”。组织评选第三届新华联科技奖，4名专家获得杰出成就奖，9名专家获得突出贡献奖。

1. 干部队伍建设明显加强。根据院属单位班子情况和领导干部选拔任用要求，经局党组研究决定，调整充实了地质研究所、矿产资源所、地质力学所等单位领导班子；提任4名处级干部交流到局属单位任职，选派4名年轻干部到局属单位挂职锻炼。各单位分别采取措施，加强干部自身建设，对中层干部进行了必要调整、充实和交流，新提任处级干部33人，一批优秀年轻干部提拔到中层领导岗位，为干部队伍增添了活力。

2. 研究生培养工作取得新成绩。制定了《研究生学业奖学金管理办法（试行）》和《博士后管理工作实施细则》等制度，强化了研究生培养和博士后管理工作。分别与北京大学、中国地质大学（北京）、中国地质大学（武汉）协调落实联合培养研究生管理等相关工作。研究生培养规模继续扩大，全院现有在读研究生424人、在站博士后107人。2014年毕业研究生66人，就业率达到97%。8名研究生获2014年度研究生国家奖学金。

（五）国际合作交流持续推进。

2014年全院上报外事项目166项、536人次，包括派出项目106项、265人次，请进项目60项、271人次。积极推进中、俄、蒙、哈、韩5国第三阶段合作，组织中俄联合野外地质考察。与德国美因茨大学签署合作谅解备忘录，联合开展地球科学研究和教育培训。成功举办第十二届国际盐湖会议、第十四届国际矿床成因协会大会、发展中国家水资源可持续利用国际研讨会，组团参加第六届联合国教科文组织世界地质公园大会、世界地质图委员会2014年大会等重要国际会议，扩大了我院国际学术影响。较好完成了国际地质科学联合会秘书处和司库日常管理工作，与国际地科联签署全球尺度地球化学填图合作谅解备忘录，推动国际地科联首次协办中国国际矿业大会。积极推动加入北极大学。我院推荐的西澳大利亚地调局弗朗西斯科·佩拉诺教授荣获国家国际科技合作奖。

（六）科技支撑体系建设进展顺利。

1. 重点实验室建设不断加强。大陆构造与动力学国家重点实验室顺利通过科技部组织的专家组现场考核和建设验收，组织召开北京离子探针中心国家科技基础条件平台建设经验现场会，院属单位8个部重点实验室经综合评估均为优秀级，成矿作用与资源评价重点实验室正式申报国家重点实验室。组织开展国土资源部第三批46个重点实验室建设进展交流活动，组织专家对9个院级重点实验室进行了建设验收。

2. 科研实验基地建设稳步推进。京区科研实验基地建设取得新进展，先后取得规委、建委、土地、规划、市政等64个文件，落实建设用地92亩，建筑面积7.55×10^4 m^2，总投资约7.2亿元；C1地块用地获得北京市政府批准，进一步完善了初设方案；执行2014年中央预算内投资2亿元，落实2015年预算投资2.3亿元，即将全面开工建设。联合国教科文组织国际岩溶研究中心桂林基地建设项目获国家发改委正式立项，用地面积373亩，建筑面积1.4×10^4 m^2，总投资1.9亿元。完成北京离子探针中心实验研究基地一期项目决算审计和二期科学仪器研发楼项目初设。物化探方法技术实验研究中心建设工程验收合格，广州岩溶塌陷地质灾害研究基地投入使用，厦门地质科研实验基地项目获厦门市发改委批复。组织开展了全院2014～2020年基地建设规划修编工作。

3. 信息支撑保障有力。各单位相继开通运行办公自动化（OA）系统和财务信息管理系统，提高了办公效率。完成了5个地质基础数据产品建设，完善了地质矿产实验基础信息等3个服务平台，开展了地下水资源数据集成与服务等3项系统建设，完成了院网络二级等保改造。院网站全年发布信息800多条，政务信息被《部内要情》采用50余条，《局内要情》采用情况在全局排名第一。开通地科院人民网官方微博，粉丝数量达11万多人。《地球学报》继续被EI收录，连续第2年被评选为“中国最具国际影响力学术期刊”。

（七）综合管理效能明显提高。

1. 地质调查项目管理进一步规范。按照地调局工作部署和有关要求，按时完成了地质调查581个工作项目的设计评审和审批，圆满完成2014年竞争性选择项目承担单位工作。组织专家对地调项目进行了质量抽查和财务检查，会同各实施单位对26个计划项目所属115个工作项目进行了成果报告评审验收，按期完成98个项目成果资料的汇交工作。组织开展了2015年地质矿产调查评价项目立项论证工作，完成新开子项目可行性报告论证146项，续作子项目考核387项。组织院属单位交流地质调查项目管理经验，地科院项目办以优异成绩通过了地调局组织的项目管理检查评估。

2. 项目预算和资金管理全面加强。局党组高度重视项目预算与资金管理工作，先后两次来院召开院士及院、所负责人专题座谈会。院多次召开院、所长联席会、院务会和专题会，落实局党组会议精神和工作部署。针对项目预算和资金管理存在的问题，组织全院开展预算和财务收支自查自纠，聘请中介机构对重点项目进行了重点审计，抽查地调项目资金使用情况，涉及资金2.8亿元。对审计和检查发现的问题及时进行整改。举办财务管理和法律法规知识培训班，提高了科研人员资金使用的法规意识。

3. 安全、保密、综治工作得到加强。地科院分别与各所（中心）签订了《安全生产责任状》，印发了《关于加强汛期安全生产工作的通知》和《关于加强消防安全工作的紧急通知》等文件，进一步加强了野外项目安全管理，开展了电气安全检查、消防安全培训演练等工作。完成院属单位保密专项检查及整改，举办计算机网络安全使用与技术维护保密知识讲座，购置保密设备，保密防护设施进一步完善。

（八）党建和精神文明建设再上新台阶。

党建工作呈现新局面。坚持民主集中制，严格执行《党委议事规则》，按照“集体领导、民主集中、个别酝酿、会议决定”原则进行议事决策。对涉及改革发展、干部人事、职工切身利益等重大事项，均通过党委会充分讨论、集体决策。自觉遵守党的政治纪律、组织纪律、廉政纪律，对习近平总书记提出的“七个有之”认真进行了对照检查，坚持党内组织生活制度，切实发挥支部的战斗堡垒作用，激发了基层党组织的活力。

1. 精神文明建设取得新成绩。高度重视、精心准备，迎接中央国家机关精神文明检查组来院考察，组织申报2012～2014年度首都文明单位标兵。积极开展城乡共建、扶贫帮困、青年联谊、院士讲堂、青年志愿服务、摄影展等系列活动；组织管理部门青年职工到野外一线进行实践锻炼；举办了丰富多彩的文体活动，增强了队伍凝聚力。认真落实离退休干部职工福利待遇，重视发挥离退休党支部作用，创新活动方式，丰富活动内容，增加走访慰问次数，取得良好效果。2014年地科院机关、地质研究所、实验测试中心被评为首都文明单位。

2. 职工居住环境显著改善。有序组织开展百旺茉莉园、杏林湾商品房团购及八家嘉园、唐家岭新城、苏家坨公租房入住工作，334套百旺茉莉园团购房已销售到位并领取钥匙，杏林湾48套团购房开始销售，67套公租房全部入住并获得30%～40%的公租房补贴，共解决职工住房449套，有效缓解了长期以来京区单位职工住房难问题。积极落实李克强总理对百万庄卯区旧房改造的重要批示，组织编制方案，修改规划和设计，争取相关部门支持。国管局已同意我院先期启动并独立运行卯区旧房改造工作。

3. 后勤保障更加有力。院青龙桥办公区水、电、网络、物业管理等问题得到有效解决，服务质量明显改善。出台了大院停车收费管理办法，立体车库系统投入使用，解决了大院停车难问题。启用百万庄大院食堂地下餐厅，进一步规范了职工就餐卡的使用。部分住宅楼修缮项目顺利组织实施，职工住房补贴发放有序开展，工作环境持续改善，后勤服务保障水平明显提高。

同志们，2014年各项工作成绩，离不开部局党组正确领导和有关部门大力支持，是全院干部职工团结奋斗的结果。借此机会，我代表院领导班子，向各级领导及有关部门表示衷心感谢！向全院干部职工表示崇高的敬意！

在肯定成绩的同时，我们还应该清醒地认识到，过去一年的工作还存在不足。一是科技创新试点推进不力，科技创新能力亟待提高；二是科技引领作用和支撑服务水平有待增强；三是协同创新和联合攻关能力不足；四是审计不断出现新问题，项目和资金管理仍需加强。这些问题制约了院、所的改革发展，需要在今后特别是新的一年认真加以解决。

二、当前面临的形势和任务

2015年是全面完成“十二五”规划的收官之年，是全面深化改革、推进依法治国的关键之年，是实施创新驱动发展战略、推进科技体制改革的重要一年。我们要认清形势，找准定位，乘势而为，努力把握新常态下地质科技发展的机遇和挑战，聚焦国家重大需求，谋划“十三五”改革发展，扎实推进地质科技创新。

（一）充分认识深化科技体制改革的紧迫性

当前，全球新科技革命和产业变革浪潮正在兴起，智能、绿色、可持续发展成为各国普遍追求，重大科技突破对全球产业结构、形态和组织方式带来深刻影响。习近平总书记提出，要面向世界科技前沿、面向国家重大需求、面向国民经济主战场，精心设计和大力推进改革，形成推进科技创新发展的强大合力。科研院所要增强责任感和紧迫感，在国家全面深化改革的背景下，主动作为，把破除体制机制障碍作为最紧迫的任务，以科技评价体系、激励机制、成果转化、人才队伍建设、资源共享、创新文化建设为突破口，打通科技创新和经济社会发展之间的通道，最大限度地激发科技第一生产力的潜能。

国家2014年先后出台《关于深化中央财政科技计划（专项、基金等）管理改革的意见》《关于加快科技服务业发展的若干意见》和《关于开展深化中央级事业单位科技成果使用、处置和收益管理改革试点的通知》等重要文件，目前正在加快推进事业单位分类改革。姜大明部长要求把科技创新摆在重要位置，增强地质科技创新能力，钟自然局长提出要全面深化地质调查体制机制改革。面对国家和部、局的一系列重要举措，我们要吃透精神，深化地质科技体制改革，坚持以科技创新为引领和支撑，在满足国家需求中找准定位，在提供公益服务中提升能力，在改革创新中增强活力。

（二）充分认识新常态下加强地质科技创新的重要性。

党的十八大以来，党中央、国务院将能源安全、生态文明、“一带一路”、创新驱动等上升为国家战略，将科技创新摆在国家发展全局的核心位置，地质科技工作面临新的发展机遇。从国内外能源资源形势来看，全球能源资源供需格局调整，我国能源资源需求增速将放缓，但总量居高不下和结构持续优化将成为新常态，要求地质工作进行战略性结构调整，增强地质工作先行能力，促进资源能源勘查突破，立足国内提高油气资源和大宗紧缺矿产资源保障能力。从部局党组工作部署来看，部党组提出地质工作要牢牢把握地质事业发展的基本规律，充分发挥自身优势，做好“五个服务”；局党组提出要全力支撑能源资源安全保障，精心服务国土资源中心工作，实施科技兴局、人才强局、依法治局三大战略，综合部署“九大计划、50 项工程、331 个项目”。从地调科研工作要求来看，财政部要求明确地质矿产调查评价专项定位，按照实物工作量核定地质调查项目预算，逐年压缩科技类软项目，2015 年大幅度调减科技支撑与理论研究项目预算，今后年度科技项目按照深化中央财政科技计划（专项、基金等）管理改革方案进行部署。这些变化为地质科技工作带来了新的挑战和严峻考验，要求我们要增强紧迫感和危机感，调整工作思路，不断创新科研工作方式，积极投入地质调查主战场，大力推进调查与研究一体化，更好发挥地质科技支撑引领作用。

地质科技工作需要适应新常态，更加紧密地服务国家战略、更加主动地加快创新发展、更加自觉地服从国家和部、局工作要求，更加有力地支撑找矿突破战略行动。我们在观念上要适应、认识上要到位、方法上要对路、工作上要得力，以创新驱动地质调查事业发展；我们要敏锐把握机遇、真正用好机遇，围绕国家需求，优化学科结构，主动发挥优势，更加有效地支撑服务资源能源勘查和生态文明建设，推动全院科技工作和各项事业跨越发展。

（三）充分认识加强党风廉政建设和项目资金管理的迫切性。

在中纪委第五次全会上，习近平总书记发表了重要讲话，要求严明政治纪律和政治规矩，落实“两个责任”，强化监督执纪问责，持之以恒落实中央“八项规定”，坚决遏制腐败现象蔓延势头，坚定不移推进党风廉政建设和反腐败工作。我们要认真学习贯彻，把思想和行动统一到中央对反腐败形势的判断和对任务的部署上来，努力做好党风廉政建设各项工作。

2014 年，国家修订了《预算法》，出台了《关于加强审计工作的意见》和《关于改进加强中央财政科研项目和资金管理的若干意见》等文件，对规范科研项目预算和资金管理具有重要意义。部、局党组高度重视党风廉政建设，局党组提出“八问”责任传导机制，将强化党风廉政建设和项目资金管理作为重点工作全力推进。当前，院属单位在项目预算和资金管理方面仍存在一些薄弱环节：在预算编制方面，预算编制不够科学、预算审核不够严格；在预算执行方面，存在盲目支出、重点费用支出控制不严、部分项目负责人和科研人员财经法规意识不强等现象；在财经队伍建设方面，骨干力量比较薄弱，会计核算和监督体系不够完善；在财务管理方面，制度不够健全，审计屡屡发现问题等等。这些问题必须引起我们高度重视，各单位各部门要把项目资金管理作为党风廉政建设的重要抓手，切实加强财务管理，推进反腐倡廉工作不断深入。

三、2015 年重点工作

总体工作思路：深入贯彻党的十八大和十八届三中、四中全会精神，全面落实全国国土资源工作会议和全国地质调查工作会议部署，实施创新驱动发展战略，加大体制机制创新，推动“三大工程”，夯实“三个平台”，强化“四项建设”，保障能源资源安全，引领支撑找矿突破，服务经济社会发展和生态文明建设。

（一）推动“三大工程”，创新发展地质科技。

1. 推动地质科技创新工程。深化地质科技体制改革。按照国家有关要求及部、局相关部署，积极推动事业单位分类改革，加强对分类改革的政策把握及统筹协调，明确单位职责定位，深化地质科技体制改革。借鉴中国科学院、农业科学院、林业科学院等单位的经验和做法，结合我院实际，研究制定切实可行的改革措施，在人事制度、分配制度、激励机制等方面制定配套管理办法，不断激发创新活力。积极探索科学合理的科技成果评价体系，加强成果信息对外发布和宣传报道，及时向社会提供最新成果资料，提高科技服务水平。通过深化改革和体制机制创新，推进世界一流科研机构建设，在国家科技创新体系中发挥更大作用。

组织实施重大科技项目。围绕国家需求，瞄准学科前沿，按照国家科技计划管理改革有关要求，积极申报和组织实施国家重大科技项目。推动地壳探测工程申报国家科技重大专项，组织申报地学创新研究、深地资源勘探、重大技术设备研发、深部地下实验室等国家重大项目，努力争取国家重点研发计划、基地和人才专项等资助。积极申报和组织实施国家自然科学基金项目，力争重大、重点、杰青项目申报取得新突破。精心组织实施地质矿产调查评价专项2项计划、12项工程、40个项目，确保出成果、出人才、出效益。

提升地质科技创新能力。加强大陆构造和动力学国家重点实验室、北京离子探针中心、国家现代地质勘查工程技术研究中心、岩溶动力系统与全球变化国际联合研究中心等国家级科技条件平台建设，支持符合条件的实验室整合资源申报国家重点实验室，规范部、局、院重点实验室及各类野外科研实验基地运行管理，积极推进大型科学仪器、设备、设施及数据资料的共享服务。组建地球深部探测研究中心，加强全球矿产资源战略研究中心、盐湖科学工程研究中心、三维地质调查研究中心、全球变化地质研究中心等业务中心建设。

组织编制“十三五”科技发展规划。梳理总结“十二五”科技成果，跟踪分析国内外发展动态，开展地质科技战略研究，围绕国家重大需求和国土资源中心工作，组织编制院、所科技发展规划，完善地质矿产调查评价专项有关计划、工程、项目实施方案，为“十三五”地质科技工作谋好篇、布好局。在地质调查项目实施过程中，研究提出科技创新重大任务和重点攻关目标，组织开展重大科技项目、重点科技工程、重要科技计划前期调研论证，积极为国家和部、局“十三五”规划部署提供合理化建议。

2. 推动高层次人才培养工程。加强高层次人才引进培养。认真做好院士候选人推选工作，力争今年院士增选实现突破。组织实施第二批“李四光学者”引聘计划，面向国内外公开招聘急需紧缺高层次优秀人才，支持重点学科、重点实验室和科研团队建设。创新用人机制、分配办法、激励措施，加大高层次科技人才培养力度，力争“千人计划”引进、“万人计划”和“杰青”培养取得新进展。

培养中青年科技人才。在地球科学前沿研究、资源能源勘查、地质环境调查评价、地质灾害监测防治、技术方法研发等重点领域，支持中青年科技人才承担地调科研项目，鼓励符合条件的科研集体积极申报国家、部、局科技创新团队，打造中青年科技人才梯队。选派中青年科技人员出国培训与合作交流，营造有利于青年才俊成长的良好环境。

加大研究生和博士后培养力度。完善研究生招生制度，健全培养过程管理和导师评价机制；加强研究生学习和科研实践指导，适度扩大研究生培养规模。积极探索国内外联合培养研究生和博士后新途径，做好研究生教育评估和博士后科研流动站评估相关工作，推进地科院研究生院建设，培养更多优秀地质科技人才。

3. 推动科研实验基地建设工程。全力推进院京区地质科研实验基地建设，组织京区单位优化重点实验室、科研、教学等建设布局，尽快完成施工图设计，加快办理《土地划拨批准书》《工程规划许可证》和《施工许可证》等手续，力争今年5、6月份全面开工建设。积极争取有关部门对国际岩溶中心基地建设的大力支持，尽快完成可行性研究报告并报国家发改委批准，落实土地划拨资金，组织编制项目初步设计，争取早日动工。大力推进厦门地质科研实验基地建设，完成建设用地许可、项目规划报批、地质勘察、设计招标等工作，为顺利开工打好基础。京区、桂林、厦门3个基地建设事关我院长远发展，将大幅改善我院科研实验条件，全院干部职工要积极支持，各有关部门要通力配合，全力以赴做好科研基地建设各项工作。

（二）夯实“三个平台”，提升支撑服务能力。

1. 打造地调科研融合平台。积极推进“8+6”和“1+6”科技合作，围绕项目实施、科技创新、联合攻关、人才培养、实验室建设，推动院属单位与大区地调中心开展务实合作，实现优势互补、协同创新、共同发展目标。做好顶层设计，积极探索、先行先试、逐步深入，通过“8+6”和“1+6”合作，联合开展区域地质调查试点示范，创新发展地质调查理论和现代地质填图方法，不断提升地质调查工作水平；在面积性地质调查及综合研究的基础上，凝练科学目标，聚焦关键问题，形成重大科技项目立项建议，集中优势科技力量，联合申报和组织实施国家五大类科技计划项目，促进地调与科研深度融合，逐步实现创新驱动发展目标。

2. 搭建产学研用结合平台。采取有效措施，加强与高等院校、地勘单位、矿山企业、油气公司、地方政府合作，开展找矿突破科技攻关、水工环调查评价、科技支撑服务、博士后培养，促进科技成果转化。联合中国地质大学（武汉）共建高温高压实验室，联合合肥工业大学共建深部找矿实验室。积极推进与新华联集团、西南能矿集团、浙江地勘局、西藏地勘局、福建地勘局、中国地质大学（北京）等单位科技合作，以解决资源环境领域重大地质问题为导向，力争产学研用结合取得新成果。

3. 拓展国际合作交流平台。组织实施国际科技合作项目。推动并加强“以我为主”的国际化学科体系建设。组织实施重要国际科技合作项目，继续推进中、俄、蒙、哈、韩5国第三阶段国际合作与交流；组织开展中俄双边地学合作和野外地质考察，推进中德合作研究中心建设和研究生联合培养，推动中美在行星地球科学前沿领域的合作；在中非科技伙伴计划框架下，推动对非地学合作。支持专家学者在国际组织中任职，加强对国际先进技术的引进、消化、吸收及转化应用。

充分发挥国际组织平台作用。加强与国际地学组织的密切联系，继续做好国际地科联秘书处和司库的日常工作，加快推进联合国教科文组织全球尺度地球化学国际研究中心建设。跟踪联合国教科文组织“国际地球科学与地质公园计划”发展动态，做好中国国际地学计划全国委员会换届工作。续签国际岩溶研究中心有关协定。发挥中国地质公园网络中心作用，组织世界地质公园评估检查。筹备召开第八届世界华人地质大会和2015年中美地质学会第二届学术研讨会。

（三）强化“四个建设”，保障各项事业健康发展。

1. 着力强化管理和服务体系建设。规范地质调查项目管理。按照地调局关于加强地质调查项目管理与业务推进有关要求，探索建立权责明晰的项目分级管理模式，健全完善地调局—项目办—实施单位3级项目管理体系，建立计划协调人—工程首席专家—项目负责人业务推进体系，充分发挥组织实施单位和项目负责人的作用，有效推进地质调查项目实施。规范管理地质调查项目，做好立项论证、项目优选、设计审查、质量检查、评审验收、资料汇交、成果登记等各项管理工作，加大项目质量抽查力度，监督检查各承担单位项目管理情况，提高地质调查项目工作质量和成果水平。

加强项目预算和资金管理。深入贯彻执行国家新《预算法》，继续推进财务管理事务公开，建立公开透明的预算制度，将预算编制、执行、决算、重大事项决策等全部公开。细化预算编制，强化预算约束，严格执行项目预算，完善项目预算执行考核制度，提高项目预算执行和经费使用效率。健全完善内部控制体系，加强制度建设及风险防控，优化财务信息管理系统，对项目预算和经费管理实施全过程监控，强化委托业务费监管及合同管理，堵塞漏洞，确保项目资金安全。进一步加强内部审计及整改落实，加大审计问责及违法违规惩处力度。

做好安全、保密、综治工作。增强保密意识，切实筑牢保密防线，把保密工作任务和安全责任分解到部门、落实到岗位、量化到个人。加强网络信息服务与网络安全管理。抓好安全生产，坚持管业务必须管安全，加强安全生产宣传教育，提高干部职工尤其是野外人员的安全技能。做好社会治安综合治理，深入开展平安建设活动，做好矛盾纠纷排查等工作。

2. 大力推动干部队伍建设。认真做好干部选拔配备工作。贯彻落实中央关于干部工作的新部署、新要求，坚持“信念坚定、为民服务、勤政务实、敢于担当、清正廉洁”的好干部标准，遵循《干部选拔任用条例》规定的资格条件、标准和程序，树立正确的用人导向，营造“公开、平等、竞争、择优”的选人用人机制，加大干部选拔交流力度，促进干部培养使用和健康成长。2015年重点做好所级班子配备和处级干部选拔任用工作，提高领导班子的整体素质。

切实加强领导班子自身建设。建设坚强有力的领导班子，认真贯彻执行民主集中制，坚持重大事项集体研究决定，坚持中心组理论学习制度，坚持谋大事、抓全局，解放思想、实事求是、与时俱进，聚焦中心任务，发挥整体功能，凝聚班子合力，着力做到6个加强：一是加强思想政治建设，坚持正确的政治方向；二是加强学习，努力提高自身素质；三是加强团结，形成坚强有力的领导核心；四是加强廉洁自律，树立勤政廉政的良好形象；五是加强作风建设，弘扬求真务实精神；六是加强制度建设，促进管理和决策的科学化、民主化、规范化。

3. 全面推进党风廉政建设。落实“两个责任”。各级党组织要切实担负党风廉政建设主体责任，深化“四风”整改，加强监督检查，强化执纪问责，落实责任传导机制。各级纪检监察组织要落实监督责任，做到真监督、严监督、守铁律，重点加强项目经费监管和廉政风险点的排查，加大违纪违规查处力度。院党委将与各所、院机关各处室及项目负责人签订党风廉政建设责任书，落实“一岗双责、党政同责、一案双查、齐抓共管”的责任制度，保障各项事业健康发展。

加强廉政教育。一是按照中央要求和部、局部署安排，组织开展“三严三实”专题教育，教育引导党员干部特别是领导干部加强党性修养、改进工作作风。二是开展廉政警示教育，丰富活动形式，夯实勤政廉政的思想基础，净化政治生态，保持警钟长鸣。三是开展财经法规专题教育，使广大干部职工全面了解国家预算和财务管理的基本要求，切实增强遵纪守法意识。四是加强纪检监察业务培训，不断提高纪检监察干部履职能力。

4. 继续抓好党建和精神文明建设。加强党建工作。加强基层组织建设，抓好基层党组织换届选举。全面推进党支部目标化管理，建立基层党支部的工作制度，规范党支部组织生活，切实提高“三会一课”和民主生活会质量；做好党建带群团工作，组织召开京区工会与团委换届大会，健全完善基层群团组织，更好发挥群团组织的桥梁纽带作用。

开展精神文明创建活动。以院网站、政务信息、传统媒体和新媒体宣传为依托，创新宣传方式和手段，开展理想信念主题教育活动。加强学风院风建设，弘扬科学精神，增强创新意识，遏制学术不端、恶意诬告等行为。积极开展各项公益活动，继续做好云南盐津县扶贫工作。组织开展丰富多彩的科技文化活动，营造风清气正、和谐向上的科研氛围。

做好职工住房工作。积极与国管局、北京市相关部门、西城区政府沟通协调，推动百万庄卯区旧房改造项目尽快启动。认真做好百旺茉莉园入住各项工作，组织开展杏林湾住房团购配售等工作，进一步改善职工住房条件。

切实关心职工生活。坚持以人为本，加强职工的思想教育，关心帮助青年职工进步成长。全面做好离退休干部工作，在政治上尊重、思想上关心、生活上照顾、精神上关怀老同志，体贴入微，切实为他们排忧解难。着力解决职工群众反映强烈的突出问题，多为干部职工办实事、办好事、解难事，增强队伍的凝聚力和向心力。

同志们，2015 年目标已经明确，任务更加繁重，我们要认清形势，把握机遇，敢于担当，在部、局党组的正确领导下，团结拼搏，深化改革，乘势而为，全面完成各项工作任务，显著提升地质科技创新能力和支撑服务水平，为经济社会发展作出新的更大贡献！

重要会议简介

中国地质调查局重要会议简介

一、2015 年全国地质调查工作会议

时间：2015 年 1 月 27 日

地点：北京

参加人员：国土资源部党组书记、部长、国家土地总督察姜大明，国土资源部党组成员、中国地质调查局局长、党组书记钟自然，中国地质调查局党组副书记、副局长王研，国土资源部原副部长、中国地质调查局原局长寿嘉华，国务院参事、中国地质调查局原副局长张洪涛，中国地质调查局党组成员、副局长王学龙、李金发，中国地质调查局党组成员、纪检组长李海清，中国地质调查局党组成员、中国地质科学院党委书记、副院长王小烈，国务院办公厅、国家发展和改革委员会、财政部、人力资源和社会保障部、商务部等有关部门负责人，国土资源部机关有关司局和有关部属单位负责人，有关院士、专家，各省（区、市）国土资源厅负责人、地调院院长、环境监测站站长、武警黄金指挥部、中央管理的地勘单位、有关地质院校的负责同志，地调局各局属单位党政主要负责人、局机关部室负责人等。

主要内容：会议全面分析了地质调查工作面临的形势和任务，明确了经济发展新常态下地质调查工作的定位和思路，通报了 2014 年地质调查成果，部署了 2015 年主要工作。国土资源部党组书记、部长姜大明出席会议并作重要讲话。国土资源部党组成员、中国地质调查局局长、党组书记钟自然主持会议并作重要讲话。中国地质调查局党组副书记、副局长王研代表局党组作工作报告。

二、国家测绘地理信息局与中国地质调查局签署协同发展合作协议

时间：2015 年 3 月 26 日

地点：北京

参加人员：国土资源部部长、党组书记、国家土地总督察姜大明，国土资源部党组成员、副部长、国家测绘地理信息局局长库热西，国土资源部党组成员、中国地质调查局局长、党组书记钟自然。

主要内容：国家测绘地理信息局与中国地质调查局在京签署协同发展合作协议，深入开展多形式、多层次的业务合作。国土资源部部长、党组书记、国家土地总督察姜大明，国土资源部党组成员、副部长、国家测绘地理信息局局长库热西，国土资源部党组成员、中国地质调查局局长、党组书记钟自然讲话。国家测绘地理信息局卫星测绘应用中心与中国国土资源航空物探遥感中心签署了对口合作协议；国家基础地理信息中心与中国地质调查局发展研究中心（全国地质资料馆）签署协议并交换数据。

三、2015 年党风廉政建设工作视频会议

时间：2015 年 4 月 1 日

地点：北京

参加人员：国土资源部党组成员、中国地质调查局局长、党组书记钟自然，局党组成员、副局长王学龙、李金发，局党组成员、纪检组长李海清，局党组成员、地科院党委书记王小烈，局机关全体干部、各直属单位班子成员、处室负责同志、纪委委员、项目负责人和纪检监察干部。

主要内容：国土资源部党组成员、中国地质调查局局长、党组书记钟自然作重要讲话。局党组成员、纪检组长李海清作党风廉政建设工作报告。会议学习习近平总书记系列重要讲话精神，贯彻党的十八届三中、四中全会和中纪委五次全会、国务院第三次廉政工作会议精神，落实 2015 年全国国土资源系统党风廉政建设工作会议部署和要求，总结 2014 年反腐倡廉工作，部署 2015 年任务。局监察审计室、财务部负责人分别通报了直属单位落实局党组加强项目和资金管理、推进党风廉政建设情况及审计情况。

四、世界地球日成果主题报告会

时间：2015 年 4 月 25 日

地点：北京

参加人员：中国地质调查局党组成员、副局长李金发，局党组成员、地科院党委书记王小烈，国务院相关部委、国土资源部机关相关司局、在京地质调查行业单位、大型矿业企业以及大专院校等代表。

主要内容：局党组成员、副局长李金发出席报告会并作题为“珍惜地球资源是我们共同使命”的主旨报告。局总工程师室主任严光生介绍了近20年来中国地质调查取得的成果及目前已经形成的成果服务体系。地调局3位工程专家分别作了“新能源——发现、机遇与挑战”“矿产资源集约与综合利用”和“京津冀协同发展国家战略决策支撑”的主题报告。

五、中国地质调查局海洋装备应用研讨会暨船舶建造合同签字仪式

时间：2015年6月16日

地点：北京

参加人员：国土资源部党组成员、中国地质调查局局长、党组书记钟自然，局党组副书记、副局长王研，局党组成员、副局长王学龙、李金发，国家发展改革委投资司副司长罗国三，国土资源部规划司、财务司、地质勘查司、科技与国际合作司相关负责人，中国船舶工业集团、中国远洋运输集团、中国船级社相关领导。

主要内容：国土资源部党组成员、中国地质调查局局长、党组书记钟自然作重要讲话。局基础调查部主任张海啟介绍了海洋地质调查工作概况，广州海洋局副总工程师何高文介绍了“海洋六号”入列以来的工作概况及取得的成果。局装备部装备处处长周昶介绍了此次建造的3艘船的基本情况。广州海洋局与上海船舶有限公司、广东中远船务工程有限公司，青岛海地所和上海船厂船舶有限公司分别签订船舶建造合同。

六、全国土地质量地质调查服务土地管理现场会议

时间：2015年6月25日

地点：浙江嘉兴

参加人员：国土资源部党组成员、中国地质调查局局长、党组书记钟自然，局党组副书记、副局长王研，局党组成员、副局长李金发，局总工程师室主任严光生，浙江省人民政府副省长黄旭明，嘉兴市人民政府市长林健东。

主要内容：国土资源部党组成员、中国地质调查局局长、党组书记钟自然作重要讲话。局党组成员、副局长李金发发布《中国耕地地球化学调查报告(2015)》，局总程工师室主任严光生介绍“中国地质调查成果”。浙江省人民政府副省长黄旭明、嘉兴市人民政府市长林健东分别致辞。

七、“两优一先”暨杰出青年表彰大会

时间：2015年7月1日

地点：北京

参加人员：国土资源部党组成员、中国地质调查局局长、党组书记钟自然，局党组副书记、副局长王研，局党组成员、纪检组长李海清，局党组成员、地科院党委书记王小烈，部直属机关党委副书记田文彪出席会议，获表彰的优秀共产党员、优秀党务工作者、先进党支部代表及第二届杰出青年，在京局直属单位党委主要负责同志、团委书记，局机关全体党员干部。

主要内容：庆祝党的生日，表彰中国地质调查局系统2013~2014年度优秀共产党员、优秀党务工作者、先进党支部和第二届“中国地质调查局杰出青年”。中国地质调查局党组成员、纪检组长李海清宣读“两优一先”表彰决定，局党组成员、地科院党委书记王小烈宣读杰出青年表彰决定。国土资源部党组成员、中国地质调查局党组书记、局长钟自然为获奖代表颁奖。杰出青年代表冯晓曦、李永飞、尹立河、孙雁鸣、谢桂青、吴金生等6位同志作汇报展示。

八、纪念抗战胜利70周年地质矿产史料展文稿编写参事、馆员研讨会

时间：2015年8月18日

地点：北京

参加人员：国土资源部党组成员、中国地质调查局局长、党组书记钟自然，国土资源部办公厅副主任李俊喜致辞，中国地质调查局党组副书记、副局长王研，国务院参事室、中央文史研究馆蒋明麟、张洪涛、蔡克勤、邓小南、资中筠、赵德润、王静霞等参事和馆员，局机关有关部室、发展研究中心（地质资料馆）有关负责人和展览工作组相关人员。

主要内容：研讨纪念抗战胜利70周年地质矿产史料展文稿编写及相关事宜。国土资源部办公厅副主任李俊喜致辞，全国地质资料馆专家对本次展览的主要内容以及相关背景作了介绍。参事和馆员对展览文稿提出意见和建议并参观全国地质资料馆馆藏库房，实地查看相关的地质矿产史料。

九、2015年全国地质调查院（所）总工程师培训班

时间：2015年10月10~16日

地点：北京

参加人员：中国地质调查局党组成员、副局长李金发，局总工程师室主任严光生，甘肃国土资源厅副厅长郭玉虎、陈汉，甘肃地勘局副局长薛斌义、中矿联地勘协会秘书长田郁溟，各省（区、市）地质调查院、行业地勘单位、地质院校、局属单位的总工程师或技术主管领导，局机关相关业务部室人员及特邀专家。

主要内容：中国地质调查局党组成员、副局长李金发，甘肃国土资源厅副厅长郭玉虎、陈汉，甘肃地勘局副局长薛斌义、中矿联地勘协会秘书长田郁溟分别致辞。李金发副局长作了“新形势下我国地质调查工作的新思路新战略”报告，分别从生态文明建设、地球科学发展、大数据时代、资源环境约束以及党的十八大以来出台的一系列重大战略和改革措施等多角度，分析了当前地质调查工作面临的新机遇、新任务、新挑战。深入阐述了应对新形势下地质调查工作进行的战略性结构调整与工作部署的总体思路。严光生主任作了“中国地质调查部署”报告，详述了地调局围绕“九大计划”所确定的工作重点及工作部署安排。杨殿中厅长助理代表甘肃省国土资源厅详细介绍了甘肃地质勘查部署及最新找矿进展。

十、李四光学术思想研讨会

时间：2015 年 10 月 25 日

地点：北京

参加人员：国土资源部部长、党组书记、国家土地总督察、武警黄金部队第一政委姜大明，国土资源部党组成员、副部长汪民，国土资源部党组成员、中国地质调查局局长钟自然，国土资源部总工程师彭齐鸣，中国科学技术协会副主席冯长根，中国地质调查局老领导寿嘉华、孟宪来、张洪涛、王宝才，中国地质科学领域两院院士李廷栋、陈毓川、赵文津、肖序常、杨文采、裴荣富、卢耀如、马瑾、邓起东、康玉柱、石耀霖、金之钧、莫宣学，中国地质科学院地质力学研究所所长徐勇、李四光亲属代表邹宗平，国土资源部、中国科学技术协会、中国科学院、中国地质调查局、中国地质学会、李四光地质科学奖委员会、武警黄金部队、相关院校和有关地勘单位、企业等的专家。

主要内容：国土资源部部长、党组书记、国家土地总督察、武警黄金部队第一政委姜大明讲话。中国工程院院士康玉柱、中国地质科学院地质力学研究所所长徐勇、李四光亲属代表邹宗平分别发言。姜大明、汪民、钟自然、冯长根等为首批“李四光学者”和“杰出地质人才”称号获得者颁发证书，并为重新安放的李四光铜像揭幕，参观修整后重新开放的李四光纪念馆。

十一、国家海洋局、国家测绘地理信息局、中国地质调查局签署合作协议

时间：2015 年 11 月 26 日

地点：北京

参加人员：国土资源部部长、党组书记、国家土地总督察姜大明，国土资源部党组成员、副部长、国家测绘地理信息局局长库热西，国土资源部党组成员、中国地质调查局局长、党组书记钟自然，国土资源部党组成员、国家海洋局局长王宏，国家海洋局、国家测绘地理信息局、中国地质调查局部分领导班子成员，国土资源部机关有关司局和直属单位负责人。

主要内容：国土资源部部长、党组书记、国家土地总督察姜大明出席协议签署仪式并讲话。国土资源部党组成员、副部长、国家测绘地理信息局局长库热西，国土资源部党组成员、中国地质调查局局长钟自然分别与国土资源部党组成员、国家海洋局局长王宏签订有关协议。

十二、长江经济带地质工作研讨会

时间：2015 年 12 月 11 日

地点：安徽合肥

参加人员：国土资源部党组成员、中国地质调查局局长、党组书记钟自然，安徽省人民政府副省长方春明，合肥市人民政府副市长周善武，中国地质调查局党组副书记、副局长王研，局党组成员、副局长李金发，国土资源部机关有关司局领导，长江经济带 11 个省（市）代表，中国地质调查局直属单位、局机关部室负责同志。

主要内容：国土资源部党组成员，中国地质调查局局长、党组书记钟自然作题为“聚焦需求创新机制全力支撑长江经济带建设”的重要讲话。安徽省人民政府副省长方春明讲话，合肥市人民政府副市长周善武致辞。中国地质调查局党组成员、副局长李金发发布《支撑服务长江经济带发展地质调查报告(2015)》。中国地质调查局与 11 省（市）国土资源厅（局）签署了《长江经济带地质工作协调机制》。南京地调中心、武汉地调中心和油气调查中心分别作了长江经济带地质调查工作部署和页岩气调查最新进展的专题报告。

（张舒为）

重要文件

中共中国地质调查局党组关于印发加强直属单位纪检监察审计干部队伍建设实施意见的通知

中地调党发〔2015〕12号

各直属单位、各部室：

《中共中国地质调查局党组关于加强直属单位纪检监察审计干部队伍建设的实施意见》已经2015年3月23日第12次局党组会议研究同意，现印发执行。

特此通知。

二〇一五年三月三十一日

中共中国地质调查局党组关于加强直属单位纪检监察审计干部队伍建设的实施意见

为加强直属单位纪检监察和内部审计干部队伍建设，根据国土资源部党组《关于加强直属事业单位纪检监察干部队伍建设的意见（试行）》（国土资党发〔2015〕5号），结合局实际情况，研究提出关于直属单位纪检监察审计干部队伍建设的实施意见：

一、各直属单位必须设立纪委，党的总支部委员会和支部委员会必须设立纪委委员，不设立委员会的党支部，必须明确1名党员分管纪检监察工作。

二、各直属单位应当配备专职纪委书记1人。因领导干部职数原因暂时难以配备的，应当配备专职纪委副书记，任党委委员，按有关规定履行相关程序。

三、党委书记不兼任纪委书记。纪委书记不兼任行政副职，确因工作需要可由党委副书记兼任纪委书记。纪委书记在领导班子成员分工中不得分管财务、项目管理等工作。

四、各直属单位必须设立监察审计处。监察审计处可与党委办公室合署办公，作为纪委的办事机构，履行纪检、监察、内部审计3项职能，重点做好监督执纪问责工作，编制3~5人。

五、纪委书记（副书记）主要职责任务：履行落实党风廉政建设责任制监督责任，协助本单位党委加强党风建设和组织协调反腐败工作，研究制定本单位贯彻落实中央和部、局党组关于反腐倡廉部署要求的实施办法；主持制定本单位反腐倡廉（包括构建惩防体系）工作总体规划、年度工作计划和相关规章制度，并组织实施；主持制定本单位内部审计工作方案，并组织实施；组织开展对局党组和本单位重大决策执行情况的监督检查；组织受理违纪违规信访举报和案件查处工作；负责向本单位党委和局纪检组报告工作或反映情况，组织完成本单位党委和局纪检组交办的其他工作。

六、监察审计处主要职责任务：承担本单位反腐倡廉建设工作，组织开展本单位纪律检查、行政监察、内部审计工作，研究拟定有关规划、计划和规章制度，经批准后负责组织实施。具体职责任务：一是贯彻落实局党组和本单位党委反腐倡廉工作部署安排，研究制定落实工作计划和具体措施，并组织实施。二是研究制定本单位纪律检查、行政监察、内部审计规章制度，并对执行情况进行监督检查。三是承担本单位廉政建设责任制考核工作。四是承办本单位及局纪检组（监察审计室）转交的违纪违规信访举报和案件查处工作。五是组织开展本单位内部审计工作。六是开展对局党组和本单位重大决策事项的监督检查。七是承办领导交办的其他工作。

七、各直属单位纪委在本单位党委和局纪检组双重领导下开展工作。

八、强化局纪检组对各直属单位纪委的领导。各直属单位纪委必须积极主动向局纪检组请示、报告工作。局纪检组要加强对各直属单位纪委工作的指导和监督，按照有关规定批准和改变各直属单位纪委对于案件所做的决定。

九、各直属单位纪委可以直接向局纪检组反映本单位存在的重大违纪违规问题。对有重大违纪违规问题未发现的，或发现重大违纪违规问题未报告或未调查处理的，将依照有关规定追究责任。

十、各直属单位监察审计处必须接受局监察审计室的指导和监督，积极主动向局监察审计室请示和汇报工作，可以直接向局监察审计室反映本单位存在的有关问题。

十一、各直属单位纪委书记（副书记）人选，由局纪检组会同人事教育部提出建议，征求中央纪委驻部纪检组监察局意见后，报局党组研究决定。

十二、各直属单位监察审计处主要负责人人选，由各直属单位纪委提出意见，征求局监察审计室和人事教育部意见后，由本单位党委研究决定。

十三、各直属单位纪检监察审计干部实行交流制度。纪委书记和监察审计处主要负责人，任职满5年应当进行交流，任职满8年必须进行交流。

十四、建立纪检监察审计干部培训制度。通过委托或自办培训班、安排参加上级部门的培训班等形式，对纪检监察审计干部进行业务培训。

中共中国地质调查局党组关于印发加强地质科技人才队伍建设指导意见（试行）的通知

中地调党发〔2015〕36号

各直属单位、各部室：

《中共中国地质调查局党组关于加强地质科技人才队伍建设的指导意见（试行）》已经第37次局党组（扩大）会议审议通过。现予印发，请认真贯彻落实。

二〇一五年九月六日

中共中国地质调查局党组关于加强地质科技人才队伍建设的指导意见（试行）

为了推进“科技兴局、人才强局、依法治局”三大战略，造就一支能够破解重大能源、资源、环境、灾害难题和基础地质问题，在国内地学界具有影响力，在国际地学界具有话语权的地质科技人才队伍，实现“六个一流”的建局目标，全力支撑国家能源资源安全保障，精心服务国土资源中心工作，提出如下指导意见：

一、深刻认识加强地质科技人才队伍建设的重要性、紧迫性

（一）国家实施一系列重大战略，迫切需要提升地质科技人才创新能力。当前，我国经济社会发展进入新常态，正处于全面建成小康社会的关键时期和深化改革开放、加快转变经济发展方式的攻坚时期，对地质调查工作的需求更为迫切。国家实施京津冀协同发展、长江经济带建设和“一带一路”建设等重大战略，迫切需要地质调查工作发挥基础先行作用，解决重大能源、资源、环境、灾害等重大关键地质问题，支撑服务经济社会发展和生态文明建设。中央深化预算管理制度和科技体制改革，加快实施创新驱动发展战略，迫切需要地质调查工作加速推进科技创新。创新驱动实质上是人才驱动，迫切需要加快构建地质科技新机制，激发地质科技人才队伍创新活力。面对新形势、新任务，地质科技人才队伍总体能力还不适应国家公益性地质调查工作，不能满足国家经济社会发展的需要。主要表现在人才结构性矛盾较为突出，缺乏能够承担重大工程、重大项目的领军人才，缺乏在国际地学界具有话语权的高端人才；人才创新能力不强，创新动力不足，重大成果不多；激励机制缺乏，制约人才成长的因素较多。迫切需要加快实施“科技兴局、人才强局、依法治局”战略，增强科技创新能力，推动地质调查事业改革发展。

（二）地质科技人才是地质调查事业改革发展的关键因素。局党组根据新常态下经济社会发展的新趋势和新特点，分析当前和今后一个时期地质调查工作面临的严峻资源环境问题，决定把地质科技人才队伍建设作为突显“服务一流、成果一流、科技一流、人才一流、装备一流、管理一流”建局目标的主要途径和方式。提出了科学技术是地质调查事业改革发展的第一生产力、人才资源是地质调查事业改革发展的第一资源、地质调查过程就是科技创新和人才成长过程的理念。推进新时期地质调查工作，核心是科技，关键是人才。要坚定不移地走科技兴局、人才强局之路，科学谋划，勇于探索，深化改革，优化环境，构建具有局特色、符合现阶段改革发展实际、科学的人才工作体制机制，加快推进地质科技人才队伍建设。

二、实施地质科技人才工程，构建人才成长梯队

围绕“六个一流”建局目标，依托地质调查“九大计划、50 项工程、300 个项目”，构建人才成长梯队，全面实施“地质科技人才工程”。

（三）卓越地质人才计划。评选对象是在国际、国内地学界享有较高声誉，取得重大创新成果，有效解决了能源、资源、环境、灾害或基础地质重大关键问题，成果转化应用效益非常显著，在服务国家“五大需求”上成效非常突出，在团队建设和高层次人才培养方面成效显著，具有成长为世界级科学家潜力的知名专家。入选者的资格条件、工资待遇与急需紧缺高层次人才引聘计划的入选者相当。入选者将被授予“李四光学者”称号。

（四）杰出地质人才计划。评选对象是在国际地学界具有一定影响力，在国内地学界具有较大影响力，取得重大成果，解决了能源、资源、环境、灾害或基础地质重大问题，成果转化应用效益明显，在服务国家“五大需求”成效显著，在团队建设和优秀人才培养方面成效突出的领军人才。入选者将被授予“杰出地质人才”称号。

（五）优秀地质人才计划。评选对象是在国内地学界具有一定影响力，在地调系统具有较高知名度，取得重要成果，解决了能源、资源、环境、灾害或基础地质重要问题，成果实现了转化应用，有效服务国家“五大需求”，在团队中担任重要角色，在人才培养方面成效明显的核心骨干。入选者将被授予“优秀地质人才”称号。

三、坚持正确的用人导向，建立科学的人才评价标准

（六）坚持正确的用人导向。地质科技人才评选，要以品德、能力和成果业绩为评价指标，不唯资历、不唯学历、不唯职称、不唯论文、不唯奖项，形成正确的用人导向，不拘一格降人才。品德关键是看其是否道德高尚、品行端正、学风正派、廉洁自律；能力关键是看其解决重大问题能力高低、科技创新能力强弱、培养人才质量、数量以及能否承担重大工程、项目；成果业绩关键是看其取得成果对经济社会发展的贡献程度和对国土资源事业的支撑程度、服务效率。

（七）建立科学的人才评价标准。人才评价的核心是业绩成果评价，要坚持“四问”的原则：一问人才取得的成果是否解决了资源环境问题或基础地质问题，二问成果是否实现了转化应用和有效服务，三问成果是否促进了科学理论创新和技术方法进步，四问是否促进了人才成长和团队建设。要引导地质科技人才将自我成长与国家需求紧密结合，面对亟待解决的资源环境重大问题、基础地质问题，不断提高原始创新、集成创新和引进消化吸收再创新的能力，引导地质科技人才从过度注重发表论文、申报奖项向注重破解关键难题、实现成果转化应用和有效服务方向转变。

四、规范人才评选程序，严格进行人才评选

（八）规范人才评选程序。卓越、杰出、优秀地质人才评选程序按照提名推荐、单位审核、资格审查、专家评审、局科技委员会评议、局党组研究决定的程序进行。

1. 提名推荐：候选人由所在单位主要负责人在本单位人才遴选的基础上向局提名推荐，填报《中国地质调查局卓越、杰出、优秀地质人才候选人提名书》（以下简称《提名书》）。

2. 单位审核：候选人所在单位要在《提名书》中对候选人材料的真实性、准确性以及候选人的政治表现、廉洁自律、道德品行等方面进行审核。

3. 资格审查：局总工程师室、人事教育部、监察审计室对候选人的材料进行资格审查，确定有效候选人。

4. 专家评审：局组织专家评审委员会，听取有效候选人演讲答辩，开展评议并进行无记名投票，获 2/3 以上赞成票的有效候选人方可成为初选人选。

5. 局科学技术委员会评议：局技术委员会对初选人选进行评议，确定建议人选名单。

6. 局党组研究决定：建议人选名单报局党组研

究决定，名单和材料公示无异议后，正式公布。

（九）严格进行人才评选。人才评选必须坚持公平、公正、公开的原则。直属单位要对本单位人选进行严格把关，将符合条件的人才推荐到局，主要负责人要对本单位提名推荐负责；专家评审委员会由局系统内外知名同行专家组成，其中局系统外专家不少于1/3，评审专家要对本人的评审行为负责；局科学技术委员会要认真履行职责，宁缺毋滥，将真正符合条件的人才评选出来。实行人才评审回避制度，相关利益关系人应主动申请回避。直属单位司局级领导干部和局机关职工原则上不作为候选人参与卓越、杰出、优秀地质人才评选。

五、实行岗位聘用制和目标责任考核，严格退出机制

（十）实行岗位聘用制度。对卓越、杰出、优秀地质人才实行岗位聘用制，聘期一般为三年，由局、入选人才所在单位与入选人才签订三方聘用合同。对入选人才实施动态管理，定期考评，优胜劣汰。

（十一）实行目标责任考核。采取年度考核和聘期期满评估相结合的方式，对入选人才进行岗位目标责任制考核。考核、评估结果分为优秀、合格、基本合格、不合格4档。对年度考核为不合格者或连续两年考核为基本合格者或聘期期满评估为基本合格、不合格者，予以解聘。局总工程师室和人事教育部负责地质科技人才考核、评估组织实施工作。考核、评估的结果由局党组审定。

六、健全人才激励机制，激发人才创新活力

（十二）用好用活绩效工资制度。统筹全局绩效工资，建立健全与成果业绩紧密联系、充分体现人才价值、有利于激发人才活力的激励保障机制。直属单位绩效工资分配向取得突出成果业绩的卓越、杰出、优秀地质人才倾斜。卓越、杰出、优秀地质人才基准绩效工资分别按照人才所在单位最高绩效工资水平的200%～300%，140%～160%和100%核定。

（十三）实行考核评估结果与绩效挂钩。对人才年度考核优秀者，按照核定基准绩效工资额的120%兑现；合格者，按照核定基准绩效工资额的100%兑现；基本合格者，按照核定基准绩效工资额的50%兑现；不合格者，不享受人才绩效工资待遇。

七、加强人才工作领导，构建顺畅高效的管理体制和运行机制

（十四）切实加强人才工作领导。坚持党管人才原则。把人才工作作为局党组和各单位领导班子的头等大事，纳入重要的议事日程。各单位主要负责人是人才工作的第一责任人，要树立强烈的人才意识，落实人才培养主体责任，亲自抓人才工作，善于发现人才、培养人才、用好人才、服务人才。局人才工作领导小组要在管宏观、管政策、管协调、管服务方面发挥作用。局科学技术委员会和咨询委员会要在人才评选、考核、培养方面发挥作用。要进一步明确综合管理职能部门和技术业务部门培养人才责任，建立组织人事部门牵头抓总，相关职能部门各司其职、密切配合的人才工作格局。

（十五）完善人才工作运行机制。把人才队伍建设贯穿于地质调查事业的各领域和全过程。人才队伍建设要与地质调查和科学研究同步规划、同步实施、同步考核。要把人才培养和团队建设作为单位年度重要目标，纳入各单位领导班子、主要负责人、计划协调人、工程首席专家、项目负责人的绩效考核体系之中。

八、加大人才培养力度，营造良好成长环境

（十六）加大人才培养力度。对于入选人才，局将建立配套的政策措施，采取“一事一议、按需支持”方式给予项目、资金、设备、人员、出国指标等方面的保障。完善大项目机制，将“九大计划、50项工程、300个项目”、国家科技“五大平台”和国家其他专项作为地质科技人才成长的平台。对已经承担地质调查工程或项目的入选人才，考核优秀或合格者，完成任务后给予滚动持续支持。优先支持入选人才申报国家项目。大力支持以入选人才为核心的重点实验室、业务中心等科技平台和优秀创新团队建设。有计划地培养推荐入选人才到国际组织任职。优先支持入选人才参加国际合作和学术交流。

（十七）营造有利于人才成长的良好环境。要健全科研诚信体系，培养科学严谨、实事求是、精益求精的治学态度，营造风清气正的学风。全局要大兴识才、爱才、敬才、用才之风，让“想干事的有舞台、能干事的有机遇、干成事的有待遇”。要减少行政事务干扰，让地质科技人才能够沉下心来、潜心研究业务工作。

（十八）切实贯彻落实指导意见。各直属单位要根据指导意见精神，结合本单位实际，制定单位的地质科技人才队伍建设方案，完善人才使用、吸引、培养、评价和激励机制，构建合理的人才梯队。要科学配置项目、资金、装备、人员、出国指标资源，加大对入选人才的培养和支持。

中共中国地质调查局党组关于印发加强地质调查成果评价指导意见（试行）的通知

中地调党发〔2015〕37 号

各直属单位、各部室：

《中共中国地质调查局党组关于加强地质调查成果评价的指导意见（试行）》已经第 37 次局党组（扩大）会议审议通过。现予印发，请遵照实施。

二〇一五年九月六日

中共中国地质调查局党组关于加强地质调查成果评价的指导意见（试行）

为贯彻落实中国地质调查局“全力支撑国家能源资源安全保障，精心服务国土资源中心工作”的基本定位，推动实现“服务一流、成果一流、科技一流、人才一流、装备一流、管理一流”的建局目标，构建以解决重大资源环境问题和基础地质问题，推进成果转化应用和服务，促进科技进步、人才成长和团队建设为导向的地质调查成果评价机制，提出如下指导意见。

一、充分认识地质调查成果评价的重要性

（一）加强地质调查成果评价是地质调查体制机制改革的关键环节。地质调查成果评价是地质调查管理体系的“牛鼻子”，对地质调查规划部署、立项论证、组织实施、质量监控、评审验收、应用服务、成果评奖、人才遴选、绩效考核等具有根本性、导向性作用。

（二）地质调查成果评价必须适应经济社会发展新常态。当前，我国经济社会发展进入新常态，生态文明建设、新型城镇化和工业化建设、能源资源消费结构调整，以及深化财政预算管理制度改革和科技体制改革等，对地质调查工作提出了新的更高的要求，迫切需要地质调查工作切实发挥基础性、先行性作用，增强科技创新能力和支撑服务能力，急需建立适应新形势、新要求的成果评价机制。

二、坚持地质调查成果评价“四项基本准则”

（三）必须解决资源环境问题和基础地质问题。地质调查计划、工程和项目的规划部署与组织实施必须有效解决资源环境问题和基础地质问题。要支撑或促进找矿突破战略行动，圈定陆域、海域能源和重要矿产资源新的有利区、目标区和靶区。要针对国家重大战略、重大工程建设和典型资源环境问题区，查明资源环境禀赋，查清环境地质问题和地质灾害现状、成因和演化规律，提出对策措施。要在基础地质、矿产地质、水文地质、工程地质、环境地质等基础地质背景研究方面，取得新的认识和判断。

（四）必须实现转化应用和有效服务。地质调查计划、工程和项目的规划部署与组织实施，必须紧紧围绕国家对地质调查工作的“五大需求”，着力做好成果转化应用与服务。要支撑国家重大决策，满足国家能源资源消费结构调整需求和油气勘查开发体制改革需求，提出竞争性出让区块；为国家制定资源环境政策、编制实施国土规划等，提出决策依据；为国家海洋矿产资源勘查开发规划、海岸带国土空间开发利用、海洋经济发展规划以及海洋权益维护等工作提供基础支撑。要围绕国土资源中心工作，为国土资源规划、矿产资源勘查开发管理、地质环境保护和地质灾害防治、永久基本农田划定、耕地质量管控、资源环境承载力评价等提供技术支撑。要大力推进成果资料共享与社会化服务，加快非涉密成果资料的权威发布，及时共享各类地质调查成果；推动构建完善的信息发布平台、产品加工平台和新闻传播平台，向各类用户提供及时、准确的成果信息。

（五）必须促进科学理论创新和技术方法进步。地质调查计划、工程和项目的规划部署与组织实施，必须把促进科学进步和技术创新摆在突出位置。要促进基础地质理论的完善和创新。要推进学科融合和地球系统科学研究，提出对成矿规律、找矿规律、地球关键带资源环境问题等的新认识和新观点。要实现地质调查技术、信息技术、资源综合利用等的创新与综合集成。要促进地质调查新技术、新方法、新标准的推广和应用。要提高科研基地和野外长期观测研究平台的建设水平。

（六）必须促进人才成长和团队建设。地质调查成果的形成，必须与人才成长和团队建设同步部署、同步实施、同步考核。要搭建学术交流平台，架构人才成长梯队，推动队伍能力不断提升。要培养出规模适度、结构合理、创新能力突出、成果成效显著的优秀团队。要培养出具有国内、国际影响力，水平达到优秀、杰出和卓越程度的人才。

三、强化地质调查成果产品化设计

（七）明晰地质调查成果产品内涵。地质调查成果产品是指通过调查、监测、实验、测试、分析、计算、综合研究等智力劳动，形成的具有独立性、完整性和可使用性的知识产品。成果产品分为两类，一是项目直接形成的成果产品，包括区域地质认识、能源资源靶区、地质理论、技术方法与设备、基础数据、科研基地等；二是经过整合、集成及综合研究形成的成果产品，包括专项报告、综合性图件、决策建议、技术标准、信息服务平台、科普宣传品等。地质调查成果产品必须可供政府、企业、社会公众及专业技术人员等直接使用。

（八）树立成果产品化和应用服务贯穿地质调查工作全过程理念。地质调查计划、工程、项目都要将成果产品化的理念贯穿在项目立项、实施、成果形成及持续服务的全过程之中。立项阶段要充分开展需求调研，准确把握用户需求的成果产品内容和形式，设计好预期成果。实施阶段要切实抓好野外验收、阶段性成果等过程管理，特别要严格监督检查成果产品的生产进度和质量。验收阶段要紧密围绕用户需求，按照预期成果严格评审验收，并及时提供用户使用或纳入信息共享平台，加快成果转化。后续服务阶段要针对用户需求，挖掘成果资料服务潜力，加强成果资料的二次开发利用，不断提高服务能力。

四、创新地质调查成果评价方式

（九）实行地质调查成果全过程评价。地质调查成果评价必须贯穿项目立项、实施、成果形成以及持续服务的整个过程。项目实施过程中的预期成果评审意见、进展情况检查意见、原始及基础资料验收意见、阶段性成果信息发布情况和宣传服务效益等，都按一定权重计入终审阶段成果总体评价中。终审阶段成果评审意见、成果持续转化应用与服务效益等，是地质调查成果评奖的主要依据。

（十）试行用户直接参与成果评价。扩大成果评价人员范围，探索政府部门管理人员、企业代表以及社会公众代表等用户直接参与专家组会审。成果为哪类用户服务就邀请哪类用户参与评价。视情况可邀请境外专家参与成果评价。用户评价结果按一定权重计入成果总体评价结果。

（十一）丰富用户评价方式。根据成果类型与特点，用户评价可采用问卷、网评、现场审核、提供相关应用效益证明、远程会审等多种方式进行。

五、加强地质调查成果评价组织管理

（十二）完善地质调查成果评价管理制度。局总工程师室和大区项目管理办公室是成果评价管理的主管部门，要按照地质调查成果评价的基本准则，研究建立成果评价指标和标准，健全成果评价管理制度体系，切实做好成果评价的组织管理和监督检查工作，确保成果评价导向的正确性和成果评价工作的质量。

（十三）发挥工程牵头实施单位和项目承担单位作用。工程牵头实施单位和项目承担单位要将成果评价准则落实到项目自检、互检、野外检查、中期评估、成果初审等管理环节，确保形成用户满意的成果产品。要加大成果产品的宣传和推广力度，及时实现成果转化应用与服务效益。

中共中国地质调查局党组关于印发开展落实党风廉政建设主体责任和监督责任检查考核工作实施办法的通知

中地调党发〔2015〕62 号

各直属单位，各部室：

《中共中国地质调查局党组关于开展落实党风廉政建设主体责任和监督责任检查考核工作的实施办法》已经 2015 年 11 月 16 日第 47 次局党组会议审议通过。现予印发，请遵照执行。

二〇一五年十二月一日

中共中国地质调查局党组关于开展落实党风廉政建设主体责任和监督责任检查考核工作的实施办法

为全面落实《中共国土资源部党组关于落实党风廉政建设主体责任和监督责任的检查考核办法的通知》(国土资党发〔2015〕37号)、《中共中国地质调查局党组关于落实党风廉政建设责任制主体责任和监督责任的指导意见》(中地调党发〔2014〕37号),促进中国地质调查局各直属单位党组织履行主体责任,纪检组织履行监督责任,构建责任明晰、追责到位、措施有力的责任运行体系,制定本办法。

一、检查考核内容

(一)党组织的主体责任。

1. 贯彻中央和部、局党组对党风廉政建设和反腐败工作的部署要求,以“六个强力推进”为抓手,结合实际研究制定本单位党风廉政建设年度工作计划;落实“八问”责任传导机制,逐级签订廉政责任书,明确本单位领导班子及成员抓党风廉政建设的责任分工,把责任分解到处室,落实到个人,细化到每个工作环节。

2. 落实局党组重大决策部署,研究制定落实局党组“两重一主”工作目标的具体办法和措施。贯彻执行局党组“两个《指导意见》和三个《暂行规定》”,支持计划协调人、工程首席和项目负责人开展工作,促进出成果、出人才。落实项目法人责任制和项目负责人责任制,针对本单位廉政风险点建立健全项目和资金管理制度,完善廉政风险防控措施。

3. 主要负责人专题听取班子成员抓党风廉政建设工作情况汇报和纪检监察部门汇报并研究党风廉政建设工作;对审计、巡视发现的问题采取有力措施进行整改。

4. 严格按照《党政领导干部选拔任用工作条例》、《事业单位领导人员管理暂行规定》选好用好干部;考察拟选拔任用干部前书面征求同级纪检监察部门意见;对新任职的处级以上领导干部进行廉政谈话;按照干部管理权限、职数、编制和上级要求设置独立纪检监察审计机构,配齐配强人员。

5. 严格落实中央“八项规定”精神和部、局党组关于加强作风建设的有关规定;持之以恒纠正“四风”问题;按规定实行党务、政务、事务公开。

6. 严格执行廉洁自律规定,领导干部按要求述职述廉;把党章、党规、党纪和廉政教育纳入本单位年度学习和教育计划,积极开展廉政文化建设活动;坚持“三会一课”制度,按要求召开领导班子民主生活会和党员干部组织生活会;严格执行“三重一大”集体决策制度。

7. 支持纪检监察部门开展纪律审查工作,对本单位党员干部涉嫌违规违法问题不隐瞒、不干扰案件查办。

8. 对违规违纪干部按规定给予党纪政纪处理或做出调整岗位、改任非领导职务等组织处理。

(二)纪检监察部门的监督责任。

1. 协助本单位党委抓好党风廉政建设安排部署和责任分工;按要求向同级党委和上级纪检监察部门报告党风廉政建设工作情况;协助本单位党委对两个责任落实情况进行检查考核。

2. 开展执纪监督,对本单位权力运行情况和党员干部遵守政治纪律、政治规矩情况开展监督检查;落实“抓早抓小”要求,对党员干部身上的苗头性、倾向性问题开展警示教育、提醒谈话、函询或诫勉谈话;对本单位落实中央“八项规定”和纠正“四风”情况开展监督检查;对本单位重点项目、重点资金或风险防控的薄弱环节开展内部审计;如实提供拟任干部廉洁自律情况材料。

3. 认真履行纪律审查职能,认真调查处理和报结上级批转及本单位受理的问题线索;落实“一案双查”要求,严格查处本单位发生的违规违纪案件。

4. 健全完善纪检监察制度、纪检监察干部内部监督机制、组织纪检监察干部进行业务培训。

二、组织实施

(一)自查自评。

各被检查考核单位按照考核确定的内容和评分标准,每年年底前对本单位落实“两个责任”的情况进行对照自查,填报《中国地质调查局党组关于落实党风廉政建设主体责任和监督责任检查考核评分表》,形成自查自评报告,报局党组。

(二)上级考核。

检查考核在局党组的统一领导下,与局年终领导班子和领导干部考核统一进行,由局党组成员带队对分管单位进行集中检查,局监察审计室、人事教育部、直属机关党委等部门组成检查考核组,采取听取汇报、查阅有关资料、召开座谈会、个别谈话等方式开展检查考评,对各单位提交的自查自评报告进行复核，同时对被检查考核单位落实两个责任情况进行民主测评。

（三）评定等次。

由检查考核组综合自查自评分数、民主测评分数和检查考核组考核情况，按照优秀（考核分数在90分以上）、良好（考核分数在70～89之间）、合格（考核分数在60～69之间）、不合格（考核分数在59分以下）4个档次，提出考核建议，报局党组审定。

凡年度内被考核单位、部室党员干部受到党纪政纪处分，取消该单位、部室及其党政主要负责人、分管领导和当事人的评优评先资格。

三、结果运用

（一）反馈整改。

考核结果经局党组研究后，形成书面反馈意见。被检查单位党组织应针对检查考核中发现的问题，自收到书面反馈后一个月内制定整改措施，报分管局领导和局党组。

（二）组织人事部门备案。

检查考核结果由局人事教育部备案，将其作为领导班子综合评价、绩效考核和领导干部奖励惩处、选拔任用的重要依据。

（三）责任追究。

对年度考核不合格的单位予以通报批评，由分管局领导对不合格单位的主要负责人和领导班子进行约谈，并视情况予以诫勉谈话。

附件：中共中国地质调查局党组关于落实党风廉政建设主体责任和监督责任检查考核评分表（略）

中国地质调查局关于加强大区地质调查项目管理办公室建设的通知

中地调发〔2015〕41号

天津、沈阳、南京、武汉、成都、西安地调中心：

为适应地质调查管理改革和发展需要，健全完善地质调查项目管理体系，切实加强地质调查项目管理，现就加强中国地质调查局华北、东北、华东、中南、西南、西北地质调查项目管理办公室（以下简称“大区项目办”）建设的有关事项通知如下。

一、明确大区项目办职责任务

大区项目办主要负责组织开展辖区地质调查规划部署研究，协调联系省级国土资源主管部门，开展中央与地方地质调查工作需求、项目安排和成果应用服务对接，协调中央与地方公益性地质工作的关系；研究提出辖区年度地质调查项目计划建议，形成与下达年度辖区项目管理目标任务；负责辖区地质调查项目实施监督、成果评审验收、地质资料汇交、应用与服务、预算与财务管理工作。负责对地方公益性地质调查队伍实行项目联系和业务指导。

二、健全大区项目办内设机构

根据上述职责任务，大区项目办设规划处、技术处、经济处和成果处。

（一）规划处：主要承担辖区地质调查规划部署研究，协调联系省级国土资源主管部门，协调统筹中央、地方地质调查工作，做好地质调查需求对接，研究提出辖区地质调查部署建议和年度计划建议；承担组织开展地质调查项目立项论证和项目承担单位优选工作。

（二）技术处：主要承担组织开展辖区地质调查项目设计审查、质量监督检查和野外验收等工作。

（三）经济处：主要承担辖区地质调查项目预算和滚动预算工作，负责辖区地质调查项目经费使用和竣工决算监管工作，负责辖区地质调查项目财务、统计和绩效管理工作。

（四）成果处：主要承担辖区地质调查项目资料接收、保管、服务和项目成果评审、应用服务等工作，负责与省级国土资源主管部门开展成果应用服务对接工作。

三、核定大区项目办人员编制和领导配置

（一）大区项目办人员编制为20～30人，在大区地调中心现有编制内调剂解决。

（二）大区项目办设主任1人，常务副主任1人，专职副主任1人。大区地调中心主任兼任大区项目办主任，大区地调中心1名副主任兼任常务副主任。大区项目办主任、副主任由局党组任命，各处处长由局人事教育部任命。规划处、技术处和成果处处长人选需征求局总工程师室意见，经济处处长人选需征求局财务部意见。

四、其他事项

（一）大区项目办由地调局和大区地调中心双重管理，实行主任负责制，常务副主任负责大区项目办日常工作。日常业务工作受局总工程师室领导，财务工作受局财务部领导。

（二）大区项目办工作人员人事、工资、组织关系由所在大区地调中心管理，原则上不得承担地质调查项目。

（三）大区项目办要根据《中国地质调查局地质调查项目管理办法（试行）》和局有关要求，加强对地质调查项目管理，强化管理责任，履行好管理职责。要强化服务意识，密切配合工程牵头单位、项目实施单位，做好工程、项目业务推进工作。

（四）大区项目办要加强与省级国土资源主管部门沟通协调，主动并充分征求省级国土资源主管部门对本行政区划内地质调查工作的需求、项目安排和成果应用服务建议，切实做好中央、地方地质调查工作衔接。

（五）请各大区地调中心抓紧研究制定具体实施方案，报局同意后组织实施，确保职责、机构、人员及早到位。

特此通知。

二〇一五年七月二日

中国地质调查局关于印发计划协调人工程首席专家项目负责人责任与权利暂行规定（试行）的通知

中地调发〔2015〕86号

各直属单位、各部室：

《中国地质调查局关于计划协调人责任与权利的暂行规定（试行）》、《中国地质调查局关于工程首席专家责任与权利的暂行规定（试行）》、《中国地质调查局关于项目负责人责任与权利的暂行规定（试行）》已经第37次局党组（扩大）会议审议通过。现予印发，请遵照执行。

二〇一五年九月六日

中国地质调查局关于计划协调人责任与权利的暂行规定（试行）

第一条 根据新时期地质调查工作的总体布局和贯彻落实科技兴局、人才强局、依法治局战略要求，为推动实施“九大计划”，确保计划领域目标任务的完成，充分发挥计划协调人在计划领域实施方案制定、业务推进和成果集成与服务方面的重要作用，特制定本规定。

第二条 每项计划设立1名计划协调人。

第三条 计划协调人应当具备以下条件：

（一）热爱祖国，遵纪守法，具有良好的职业操守，身体健康。

（二）年龄原则上不超过58周岁。

（三）具有较高的专业技术水平和较强的组织协调能力。

（四）在地质调查管理岗位工作5年以上，熟悉地质调查技术业务工作。

第四条 计划项目协调人人选由局总工程师室、人事教育部提名推荐，局党组研究决定。

第五条 计划项目协调人在局总工程师室的领导下为计划领域的战略决策、组织实施和成果集成与服务提供咨询与技术指导。主要职责如下：

（一）研究提出计划领域的目标任务和工作部署思路。

（二）承担计划领域重要技术业务发展问题的咨询工作。

（三）组织指导计划领域成果集成和服务产品的策划。

（四）指导、协调工程实施方案的论证和审核。

（五）指导、协调工程成果的验收。

（六）承担局交办的其他工作。

第六条 计划协调人对本计划领域具有下列权利。

（一）提出计划领域的工程设置建议，推荐工程牵头实施单位和工程首席专家。

（二）提出对工程阶段性目标、年度工作计划和工程实施方案优化调整的建议。

（三）提出对工程牵头实施单位和工程首席专家

的考核、评估、调整的意见与建议。

第七条 计划协调人实行聘期制，聘期3年。

第八条 计划协调人享受计划协调人绩效工资，计划协调人基准绩效工资按其所在单位最高绩效工资水平的120%核定。

兼任计划协调人的局机关工作人员不享受计划协调人绩效工资待遇。

第九条 对计划协调人实行目标责任制，强化目标责任考核。采取年度考核和聘期期满评估相结合的方式。考核、评估结果分为优秀、合格、基本合格、不合格4档。

对年度考核不合格者予以解聘，对年度考核连续两年基本合格者予以解聘，对聘期期满评估基本合格、不合格者予以解聘。被解聘者3年内取消推荐计划协调人资格。

第十条 由局总工程师室、人事教育部负责对计划项目协调人的考核、评估工作。计划项目协调人的考核结果由局党组研究决定。计划协调人考核不合格或因故不能履行职责时，由局总工程师室、人事教育部提出调整意见，局党组研究决定。

第十一条 计划协调人考核结果与绩效工资挂钩。年度考核为优秀的，按照核定的基准绩效工资额的120%兑现；考核为合格的，按照核定的基准绩效工资额的100%兑现；考核为基本合格、不合格者，不得享受计划协调人绩效工资待遇。

第十二条 局总工程师室要在地质调查项目论证、项目管理和业务推进上充分发挥计划协调人的作用。各业务部室要做好计划协调人的业务支撑与服务。

第十三条 工程牵头实施单位、工程首席专家对工程实施过程中的重要技术业务问题应及时向计划协调人汇报，接受计划协调人的指导、协调。

第十四条 本规定由局总工程师室会同人事教育部负责解释。

第十五条 本规定自发布之日起施行。

中国地质调查局关于工程首席专家责任与权利的暂行规定（试行）

第一条 根据新时期地质调查工作的总体布局和贯彻落实科技兴局、人才强局、依法治局战略的要求，充分发挥工程首席专家在工程实施和业务推进中的重要作用，确保工程目标任务的完成，形成具有宏观影响的重大成果，推动高层次人才队伍建设，特制定本规定。

第二条 每项工程设立1名工程首席专家。每人只能担任一项工程的首席专家。

第三条 工程首席专家候选人必须具备下列条件：

（一）热爱祖国，遵纪守法，具有良好的职业操守，身体健康。

（二）年龄原则上不超过58周岁。

（三）具有较高的学术造诣和较强的组织协调能力。主持完成过国家级、省部级重大项目，在解决能源、资源、环境、灾害和基础地质重大问题方面取得重要创新成果，成果转化应用和服务效果明显。

（四）在推进团队建设和人才培养方面取得了明显成效。

第四条 工程首席专家在工程牵头实施单位的领导下负责工程的组织实施，对工程目标任务的完成及实施效果负责。主要职责如下：

（一）负责组织开展需求调研，了解用户对成果内容和表达方式的要求，研究制定工程实施方案，确保工程目标任务聚焦国家重大需求和国土资源中心工作。

（二）负责对工程下设项目进行业务指导、监督、协调和服务，针对项目实施中存在的重要技术业务问题，提出具体解决措施、办法，确保工程顺利实施，促进项目目标任务保质保量完成。

（三）围绕工程项目的重大科学问题组织开展科技攻关，促进理论创新、技术进步和学科建设。

（四）组织开展工程领域业务研讨和科学技术成果交流，促进人才成长。

（五）组织开展工程成果集成和服务产品研发，推进成果的转化应用。

（六）根据宏观政策变化、区域战略调整、总体规划修编等特定情况，及时报告需要调整的工作目标，以及需要上级主管部门协调解决的问题，开展前期沟通、协调，提出可操作性的解决方案、措施、意见与建议。

（七）主动做好与局业务部室和计划协调人的业务沟通，接受局业务部室和计划协调人的指导、协调。

（八）完成局交办的其他工作。

第五条 工程首席专家对下设项目的实施在计

划、组织、调度、监督方面具有下列权利：

（一）提出项目设置建议，推荐项目承担单位和项目负责人，担任工程下设核心项目负责人（工程首席专家为司局级领导的除外）。

（二）提出对项目阶段性目标、年度工作计划进行优化和调整的建议。

（三）组织项目承担单位、项目负责人及有关人员开展业务活动，协调解决项目实施过程中存在的问题。

（四）组织项目承担单位、项目负责人及有关人员开展工程成果集成和服务产品研发。

（五）向工程牵头实施单位或局总工程师室、人事教育部提出对项目承担单位和项目负责人的考核、调整的意见与建议。

（六）向工程牵头实施单位或局总工程师室、人事教育部提出对涉及项目工作的相关单位及个人奖励或问责的意见与建议。

第六条 工程首席专家的评选按照工程牵头实施单位提名推荐、局职能部门审查、专家委员会评审、局党组研究决定的程序进行。

（一）工程牵头实施单位提名推荐工程首席专家候选人，按要求填写《中国地质调查局工程首席专家提名书》，并附相关证明材料。候选人材料的真实性、准确性以及候选人的政治表现、廉洁自律、道德品行等由工程牵头实施单位负责审核，签署审核意见后报局总工程师室。

（二）局总工程师室、人事教育部会同有关业务部室对工程牵头实施单位推荐的工程首席专家候选人进行资格审查，研究提出答辩候选人建议名单。

（三）专家委员会由局咨询委员会专家、计划协调人和外聘专家组成，负责对工程首席专家候选人进行业务能力的考评，确定建议候选人名单。

（四）局科学技术委员会专家对工程首席专家建议候选人名单进行审议，提出意见。

（五）局党组（扩大）会议研究决定，进行公示。公示期间，有异议的，可向局监察审计室提交异议书。对有异议的候选人，由局总工程师室、人事教育部会同其所在单位进行核查。

（六）通过公示的候选人名单经局党组研究批准后公布，并颁发中国地质调查局工程首席专家聘书。

第七条 工程首席专家实行岗位聘用制，聘期3年。

第八条 工程首席专家基准绩效工资按照工程牵头实施单位最高绩效工资水平的140%～160%核定。司局级领导兼任工程首席专家者不享受工程首席专家绩效工资待遇。

第九条 对工程首席专家实行目标责任制。采取年度考核和聘期期满评估相结合的方式，强化目标绩效考核。考核、评估结果分为优秀、合格、基本合格、不合格4档。

对年度考核不合格者予以解聘，对年度考核连续两年基本合格者予以解聘，对聘期期满评估基本合格、不合格者予以解聘。被解聘者3年内取消推荐工程首席专家候选人资格。

第十条 对工程首席专家考核、评估，严格按照“一问能否解决能源、资源、环境、灾害、基础地质问题？二问能否在应用项目成果服务‘五大需求’上发挥作用？三问能否对推进科技进步做出贡献？四问能否对促进人才成长和团队建设做出贡献？”的“四问”作为衡量标准。

第十一条 工程牵头实施单位对工程首席专家组织初评，局总工程师室、人事教育部负责组织工程首席专家的考核、评估工作。工程首席专家的考核、评估结果由局党组审定。工程首席专家的调整由局党组研究决定。

第十二条 工程首席专家考核结果与绩效工资挂钩。年度考核优秀者，按照核定的基准绩效工资额的120%兑现；年度考核合格者，按照核定的基准绩效工资额的100%兑现；年度考核基本合格者，按照核定的基准绩效工资额的50%兑现；年度考核不合格者，不享受工程首席专家绩效工资待遇。

第十三条 将兼任工程首席专家的司局级领导在工程实施和业务推进的履责情况纳入领导干部年度考核内容，绩效工资按照所担负的领导岗位的绩效工资标准发放。

第十四条 将工程首席专家考核、评估结果作为局人才培养工程选拔的重要依据。对表现优秀、实绩突出的工程首席专家给予表彰并授予荣誉称号，同等条件下优先推荐参加国家级、省部级人才的评选。

第十五条 局、大区项目管理部门组织项目管理活动要主动与工程首席专家进行协商沟通。

第十六条 局机关业务部室和计划项目协调人要切实加强对工程实施的业务指导。在业务推进和成果集成工作方面应充分发挥工程首席专家的作用。

第十七条 工程牵头实施单位及所属管理服务部门要为工程首席专家提供工程实施必要的条件保障和服务工作。

第十八条 项目承担单位和项目负责人对项目实施过程中的重要技术业务问题应及时向工程首席专家汇报，接受工程首席专家的指导、协调。

第十九条 局机关、大区项目管理部门工作人员不得担任工程首席专家。司局级领导要逐渐退出工程首席专家岗位。

第二十条 受党纪处分人员，两年内不得推荐为工程首席专家候选人。受政纪处分人员，处分期间不得推荐为工程首席专家候选人。

第二十一条 本规定由局总工程师室会同人事教育部负责解释。

第二十二条 本规定自发布之日起施行。

中国地质调查局关于项目负责人责任与权利的暂行规定（试行）

第一条 根据新时期地质调查工作的总体布局和贯彻落实科技兴局、人才强局、依法治局战略的要求，为推动实施大项目机制，充分发挥项目负责人在项目实施和业务推进中的重要作用，确保项目目标任务的完成，提高地质调查队伍能力，加速人才培养，特制定本规定。

第二条 项目实行法人负责制和项目负责人责任制。项目负责人在法人的领导下开展工作。

第三条 项目承担单位要按照公开、公平、公正的方式提出推荐项目负责人候选人名单。局总工程师室、人事教育部在充分征求工程牵头实施单位和工程首席专家的意见的基础上进行审核，提请局务会研究决定。

第四条 每个项目设置1名项目负责人。可根据项目需要设置1~2名项目副负责人。

第五条 项目负责人应当具备以下条件：

（一）热爱祖国，遵纪守法，具有良好的职业操守，身体健康。

（二）年龄原则上不超过58周岁。

（三）在本专业领域中具有较强的业务能力和较强的组织协调能力。

（四）熟悉地质调查项目技术和经济管理。

第六条 项目负责人在项目承担单位的领导下负责项目的组织实施，对项目实施的技术、质量、工作进度、成果、资料汇交、经费使用负责，确保项目目标任务的完成。主要职责如下：

（一）负责组织研究制定项目实施方案，确保项目目标任务和预期成果符合工程目标任务和预期成果的总体要求。

（二）根据项目任务要求，严格执行地质调查有关技术规范标准，确保项目质量。

（三）针对项目实施中存在的重要技术业务问题，提出具体解决措施、办法，确保项目顺利推进。

（四）围绕项目的重大科学问题组织开展科技攻关，促进理论创新、技术进步和学科建设。

（五）组织开展项目业务研讨和科学技术成果交流，促进人才成长。

（六）根据宏观政策变化、区域战略调整、总体规划修编等特定情况，及时报告需要调整的工作目标，以及需要上级主管部门协调解决的问题，开展前期沟通、协调，提出可操作性的解决方案、措施、意见与建议。

（七）主动做好与工程牵头实施单位和工程首席专家的业务沟通，接受工程牵头实施单位和工程首席专家的指导、协调。

（八）组织开展项目成果集成和服务产品研发，推进成果的转化应用。

（九）负责编报项目技术、财务和统计报告。

（十）确保项目预算编制科学，预算执行到位，经费使用合法合规。

（十一）按照《地质资料管理条例》及其实施办法等有关规定，向相关地质资料管理部门汇交地质资料。

第七条 项目负责人在项目实施中具有下列权利：

（一）提出对项目阶段性目标、任务优化和调整的建议。

（二）组织项目相关人员开展业务活动，协调解决项目实施过程中存在的问题。

（三）组织项目相关人员开展项目成果集成和服务产品研发。

（四）向项目承担单位提出对涉及项目工作的相关单位及个人奖励或问责的意见与建议。

第八条 项目可根据实际需要下设子项目，项目承担单位和项目负责人对下设子项目的技术和经济工作负全部责任。

第九条 项目负责人实行岗位聘用制，聘期与项目实施周期一致，一般为3年。

第十条 项目负责人享受项目负责人绩效工资。项目负责人基准绩效工资按照项目承担单位最高绩效工资水平的80%~120%核定。

第十一条 对项目负责人实行目标责任制，强化目标绩效考核。采取年度考核和聘期期满评估相结合的方式。考核、评估结果分为优秀、合格、基本合格、不合格4档。

对年度考核不合格者予以解聘，对年度考核连续两年基本合格者予以解聘，对聘期期满评估基本合格、不合格者予以解聘。被解聘者3年内不得再担任项目负责人。

第十二条 项目承担单位对项目负责人组织初评。局总工程师室、大区项目管理部门负责项目负责人的考核、评估工作，并征求相关工程首席专家、业务部室的意见。考核、评估结果由局务会议审定。

项目负责人的调整由局总工程师室会同财务部、人事教育部根据考核、评估情况提出调整建议，由局务会议审定。

第十三条 项目负责人考核结果与绩效工资挂钩。年度考核优秀者，按照核定的岗位绩效工资总额的120%兑现；年度考核合格者，按照核定的岗位绩效工资总额的100%兑现；年度考核基本合格者，按照核定的岗位绩效工资总额的50%兑现；年度考核不合格者，不得享受项目负责人绩效工资待遇。

第十四条 将项目负责人的考核、评估结果作为局人才培养工程选拔的重要依据。对表现优秀、实绩突出的项目负责人给予表彰并授予荣誉称号，同等条件下优先推荐参加国家级、省部级人才的评选。

第十五条 工程牵头实施单位、工程首席专家要切实加强对项目实施的业务指导。在业务推进和成果集成方面应充分发挥项目负责人的作用。

第十六条 项目承担单位及所属管理服务部门要为项目负责人提供项目实施必要的条件保障和服务工作。

项目承担单位、项目负责人对项目实施过程中的重要技术业务问题应及时向工程牵头实施单位、工程首席专家汇报，接受工程牵头实施单位、工程首席专家的指导、协调。

第十七条 局机关、大区项目管理部门工作人员和司局级领导不得担任项目负责人。项目承担单位行政负责人原则上不得担任项目负责人。

第十八条 受党纪处分人员，两年内原则上不得担任项目负责人。受政纪处分人员，处分期间不得担任项目负责人。

第十九条 本规定由局总工程师室会同人事教育部负责解释。

第二十条 本规定自发布之日起施行。

中国地质调查局关于印发地质科技奖评奖暂行办法的通知

中地调发〔2015〕121号

各直属单位、各部室：

《中国地质调查局地质科技奖评奖暂行办法》已经2015年12月14日第13次局务会审定通过，现予印发。2012年8月30日印发的《中国地质调查成果奖励办法（试行）》（中地调发〔2012〕126号）予以废止。

二〇一五年十二月十八日

中国地质调查局地质科技奖评奖暂行办法

第一章 总 则

第一条 为贯彻《中共中国地质调查局党组关于加强地质调查成果评价的指导意见（试行）》的精神，表彰和激励在地质调查工作中做出突出贡献的单位和个人，调动地质科技工作者的积极性和创新性，促进地质调查与科技工作的深度融合，提升地质调查成果支撑国家能源资源安全保障和服务国土资源中心工作的能力，制定本办法。

第二条 中国地质调查局地质科技奖（以下简称“地质科技奖”）主要奖励中国地质调查局（以下简称“地调局”）直属单位形成的各类地质科技成果、非直属单位承担地调局组织实施的地质调查项目形成的地质科技成果，以及集体或个人非项目研究形成的地质科技成果。

第三条 地质科技奖设立特等奖、一等奖和二等奖，其中特等奖从一等奖中优选产生；评选按能源与其他矿产资源、水工环地质、基础地质、技术方法和管理支撑5个专业类别分别初评，然后综合评审的方式进行。

第四条 地质科技奖每年度评选一次，奖励项数根据当年申报成果的质量和数量确定。严格按照评审标准评选，宁缺毋滥。

评审标准根据地质科技成果在解决资源环境问题和基础地质问题、实现转化应用和有效服务、推进科学理论创新和技术方法进步以及促进人才成长和团队建设的贡献大小确定。评审标准见附件。

第五条 地质科技奖评奖工作遵循公开、公平和公正的原则。评奖过程采用举报电话、举报信箱和公示等形式，广泛接受各方监督。

第六条 由地调局推荐国土资源科学技术奖和国家科学技术奖的成果，原则上在获得地质科技奖的成果中择优推荐。

第七条 涉密成果申报地质科技奖，应当按照国家、国土资源部和地调局有关法律、法规和规定进行审查，并在适当范围内评选。

第二章 组织机构

第八条 地调局总工程师室是地质科技奖的归口管理部门，负责地质科技奖申报、评审、公示、异议处理、奖励授予等组织管理工作，负责地质科技奖评审委员会专家的遴选、聘任及专家库建设工作。

第九条 设立地质科技奖励工作办公室（以下简称“奖励办”），挂靠在局地学文献中心。奖励办承担评奖过程具体事务性工作。

第十条 地质科技奖评审委员会由地质行业技术专家和成果用户代表组成。成果用户代表主要包括政府管理部门人员、企业代表以及社会公众代表等。

评审委员会分专业评审组和综合评审组。专业评审组成员不少于9人，设组长1人、副组长1～2人，原则上1个单位不超过1人，地调局外系统的人员比例应超过1/2；综合评审组成员不少于17人，设主任1人，副主任1～2人，专业评审组组长原则上进入综合评审组。

第三章 奖励申报

第十一条 地调局每年发布地质科技奖申报通知，凡是符合条件的地质科技成果均可在规定时间内申报。

第十二条 申报地质科技奖的项目成果可以是子项目、项目或工程成果，必须具备下列基本条件：

（一）通过评审时间不少于1年；

（二）项目形成的地质资料已按照国家和地调局相关规定完成汇交，并取得地质资料汇交凭证；

（三）已完成地调局项目成果登记，并取得登记证明。

第十三条 申报地质科技奖的非项目成果，必须具备下列基本条件：

（一）已完成成果鉴定时间不少于1年；

（二）已完成地调局成果登记，并取得登记凭证。

第十四条 申报单位按照申报通知要求，登录地质科技奖申报系统填报，并向奖励办报送加盖单位公章的下列材料：

（一）《中国地质调查局地质科技奖申报成果汇总表》1份；

（二）纸介质成果1套；

（三）《中国地质调查局地质科技奖申报书》及其相关附件2套。相关附件包括：项目成果评审意见、成果鉴定证书、地质资料汇交凭证、地质调查项目地质资料提交证书、中国地质调查局项目成果登记证明；论文或专著主书名页、专利证书、计算机软件著作权登记证书、科技查新报告、储量评审意见书、应用与服务效益证明、人才培养和团队建设相关证明等。

第十五条 填写申报书时，应按贡献大小对成果主要完成人和主要完成单位排序。

一等奖主要完成人不超过15人，主要完成单位不超过10家；二等奖主要完成人不超过10人，主要完成单位不超过7家。

第十六条 多个单位共同完成的重大项目成果，原则上应按整体成果报奖，若其中某单项成果独立申报，需征得共同完成单位及相关项目负责人书面同意。整体成果再报奖时，应扣除获得过奖励的单项成果内容。

第十七条 申报单位应对申报材料进行初审，并对其完整性、真实性、可靠性负责。

提交申报材料前，申报单位应在申报成果的完成单位，对申报成果名称、主要成果内容、主要完成单位和主要完成人等情况进行公示，公示期不少于3个工作日。

第十八条 项目经费使用存在严重违规、违纪及违法问题的成果，不得申报。

第十九条 项目经费使用和保密、安全监管上存在严重违规、违纪及违法问题的人员，不得列入主要完成人。

第二十条 凡存在知识产权、主要完成人或主要完成单位争议的，在争议调停前不得申报。

第二十一条 申报但未获奖的成果，如果以相关成果内容再次申报，应间隔一年以上并补充新的成果内容。

第二十二条 已获得国家或省部级科学技术奖励的地质科技成果，地质科技奖不再接受申报。

第四章 评 奖

第二十三条 地调局总工程师室会同财务部、人事教育部和监察审计室对申报的项目成果、主要完成单位和主要完成人进行资格审查。符合要求的，提交形式审查；不符合要求的，不予受理。

第二十四条 奖励办负责对通过资格审查的申报成果形式审查。符合要求的，提交专业评审组评审；不符合要求的，不予受理。

第二十五条 专业评审组分组评审申报成果，通过网上预审和会议评审，以打分及投票表决形式产生专业评审结果。

第二十六条 综合评审组依据专业评审结果，投票表决产生综合评审结果。一等奖、二等奖和特等奖成果须分别获得到会专家不低于2/3的赞成票数。

第二十七条 局科学技术委员会依据综合评审结果，评议提出获奖成果建议名单，报请局务会审核批准。

第二十八条 地质科技奖评奖实行回避制度。与当年申报成果主要完成单位和主要完成人有利害关系的评审专家应当回避。

第五章 公示与异议处理

第二十九条 地质科技奖评奖实行公示制度。形式审查结果和评审结果分别在局网站公示5个工作日。

第三十条 对评审结果、主要完成单位和主要完成人持有异议的，应当在公示期内，向局总工程师室提出署名书面意见和必要的证明材料，并提供联系方式。异议提出者为单位的，还应由法定代表人签字并加盖单位公章。逾期不予受理。

第三十一条 局总工程师室在收到异议及相关证明材料后，按下列原则处理：

（一）涉及成果主要完成单位、主要完成人及其排名异议的，由申报单位在收到异议之日起5个工作日内提出处理意见，并报局裁定；

（二）对报奖材料真实性提出异议的，由局组织有关人员核实、处理；

（三）涉及奖励等级异议的，不予受理。

第三十二条 在规定时间内未完成异议处理的，本年度暂不予授奖。

第六章 奖励授予

第三十三条 地调局发布地质科技奖评奖结果，并向获奖单位和获奖人颁发获奖证书。获奖证书不作为确定成果权属的直接依据。

第三十四条 获奖单位可按照精神鼓励为主、物质奖励为辅的原则，对获奖人给予绩效奖励，并作为考核、晋级、职称评定、岗位遴选和项目负责人遴选的重要依据。

第三十五条 地调局采用竞争方式择优选择地质调查项目承担单位时，单位获得地质科技奖情况可纳入该单位综合实力进行考评。

第七章 附 则

第三十六条 评审委员会成员和相关工作人员在地质科技奖评奖工作中徇私舞弊的，视情节轻重给予相应处分。

第三十七条 申报单位或个人在地质科技奖申报过程中弄虚作假、剽窃、侵占他人成果的，由地调局撤销奖项、追回证书、对当事人和申报单位予以通报并取消申报单位5年的报奖资格。

第三十八条 本办法由地调局总工程师室负责解释。

第三十九条 本办法自发布之日起执行。

附件：中国地质调查局地质科技奖奖励范围与评审标准（略）

中国地质调查局印发关于急需紧缺高层次人才引聘计划实施办法的通知

中地调发〔2015〕123号

各直属单位、各部室：

《中国地质调查局急需紧缺高层次人才引聘计划实施办法》已经第13次局务会议审议通过，现予印发，请认真贯彻执行。《急需紧缺高层次人才引聘计划实施办法》（中地调发〔2013〕27号）同时废止。

二〇一五年十二月二十二日

中国地质调查局急需紧缺高层次人才引聘计划实施办法

第一章 总 则

第一条 为推进“科技兴局、人才强局、依法治局”三大战略，实现“六个一流”建局目标，加快提高地质调查队伍的自主创新能力和国际竞争力，全力支撑能源资源安全保障，精心服务国土资源中心工作，根据《中共中国地质调查局党组关于加强地质科技人才队伍建设的指导意见（试行）》（中地调党发〔2015〕36号），实施急需紧缺高层次人才引聘计划，特制定本办法。

第二条 目标任务：围绕局“九大计划、50项工程、300个项目”确定的新时期地质调查总体布局，到2020年面向海内外引聘一批能够破解重大能源、资源、环境、灾害难题和基础地质问题，在国际地学界具有话语权的急需紧缺高层次人才。引聘的急需紧缺高层次人才将被授予“李四光学者”称号。

第三条 实施原则。

（一）坚持突出重点、急需先引原则。重点引聘掌握关键技术、能够填补国内空白、迅速提升局国际、国内地学界地位的海内外高端人才。优先满足局“九大计划、50项工程、300个项目”和国家科技项目、重点学科领域、重点实验室以及国家工程技术中心等重要科技平台对急需紧缺高层次人才的需求。

（二）坚持“五不唯”和“五问”原则。引聘急需紧缺高层次人才要以品德、能力和成果业绩为评价指标，坚持“五不唯”和“五问”标准：不唯资历、不唯学历、不唯职称、不唯论文、不唯奖项；是否解决资源环境问题或基础地质问题，是否实现成果转化应用和有效服务，是否推动科学理论创新和技术方法进步，是否促进人才成长和团队建设，经费的使用是否合理合规。

（三）坚持宁缺毋滥、以用为本原则。严格急需紧缺高层次人才引聘和使用条件，严格程序和岗位资格条件，成熟一个、引聘一个，提高引进质量和效益；坚持以用为本，依托项目平台，采取特别支持政策，发挥高层次人才的引领作用，有效带动人才成长和团队建设。

（四）坚持上下联动，共同推进原则。局及直属单位共同搭建人才引聘平台，多措并举，上下联动，创造有利条件，分层次、分类别引聘急需紧缺高层次人才。

第二章 引聘标准

第四条 引聘海内外急需紧缺高层次人才均应具备以下基本条件：

遵纪守法，具有“求实、创新、团结、奉献”的科学精神，学风正派，具有良好的职业道德。在国际、国内地学界享有较高声誉，具有较强的原始创新、集成创新或引进消化吸收再创新能力，在团队建设和高层次人才培养方面成效显著，取得过重大创新成果，能够有效解决当前能源、资源、环境、灾害或基础地质重大关键问题，或是取得的创新成果能够立即转化应用，或是掌握的关键技术能够填补国内空白，能够有效支撑服务国家“五大需求”和国土资源中心工作的知名专家。

第五条 引聘海外高层次人才应同时具备以下条件：

年龄一般不超过65周岁，有5年以上在国际组织机构、科研机构，或国际知名高校、企业关键岗位工作的经历；近5年主持过国际大型科研或工程项目，能领衔组建国际一流的地质调查或科研创新团队；每年在用人单位的实际工作时间不少于3个月。

第六条 引进国内高层次人才应同时具备以下条件：

年龄一般不超过55周岁，原则上应有担任国家科技计划、重大专项、自然科学基金重大项目或国家（省部级）重点实验室、国家工程技术中心的首席科学家或负责人的经历，能全职在用人单位工作。

第三章 引聘程序

第七条 急需紧缺高层次人才引聘按照岗位设置、岗位审定、提名推荐、资格审查、领导面谈、专家评审、局科学技术委员会评议、局党组研究决定、签订合同的程序进行。

第八条 岗位设置。直属单位根据本单位业务发展规划的战略重点、重要学科领域战略布局，研究提出本单位急需紧缺高层次人才引聘岗位，填报《中国地质调查局急需紧缺高层次人才引聘岗位申请表》报局。

第九条 岗位审定。局科学技术委员会对直属各单位急需紧缺高层次人才引聘岗位目录进行评议，并根据发展战略需要，编制局急需紧缺高层次人才引聘岗位目录，报局党组审定后，面向国内外公开发布招聘。

第十条 提名推荐。用人单位主要负责人在本单位严格遴选的基础上向局提名推荐急需紧缺高层次人才，填报《中国地质调查局急需紧缺高层次人才引聘推荐书》，提出推荐意见和单位资助计划。用人单位必须对被推荐人进行背景调查，对被推荐人材料的真实性、准确性以及政治表现、廉洁自律、道德品行等方面进行审核。

第十一条 资格审查。局总工程师室、科技外事部、人事教育部、监察审计室对被推荐人的材料进行资格审查，确定有效被推荐人。

第十二条 领导面谈。局领导与有效被推荐人进行面谈，确定是否进入专家评审环节。

第十三条 专家评审。局组织专家评审委员会，听取有效被推荐人演讲答辩，开展评议并进行无记名投票，获2/3以上赞成票的有效被推荐人方可成为引聘初选人选。专家评审委员会由局系统内外知名同行专家组成（不少于9人），其中局系统外专家不少于1/3。

第十四条 局科学技术委员会评议。局科学技术委员会对引聘初选人选进行评议，确定引聘建议人选名单。

第十五条 局党组研究决定。引聘建议人选名单报局党组研究决定，名单和材料公示无异议后，正式公布。

第十六条 签订合同。局、用人单位与引聘人才签订《中国地质调查局急需紧缺高层次人才引聘合同》（以下简称《引聘合同》）。《引聘合同》需经局科学技术委员会及有关部室审议，局党组审定后签订。

第十七条 引聘人才中符合国家千人计划条件的，按国家要求报送相关部门评选审定。

第四章 支持方式

第十八条 局给予引聘人才项目支持。原则上，在引聘合同期内，给予引聘的海外高层次人才不低于2000万元的项目支持；给予引进的国内高层次人才不低于1000万元的项目支持。

第十九条 引进人才岗位职数由局统筹，不纳入用人单位相应等级岗位职数。

第二十条 用人单位可按引聘人才所聘岗位等级，提供相应面积的临时住房或发放租房补贴，资金来源与使用应符合国家财务管理有关规章制度。引聘的海外高层次人才可实行协议工资，协议工资可按照用人单位平均工资水平的300%～500%核定，其中基准绩效工资部分占协议工资比例控制在50%～70%。引进的国内高层次人才执行用人单位现行工资制度，其中基准绩效工资按照用人单位最高绩效工资水平的200%～300%核定。

第二十一条 用人单位按照国家有关法律法规规定为引聘人才办理社会保险和野外期间的意外伤害保险。

第二十二条 用人单位应在团队建设、实验室条件、办公用房、招收研究生等方面给予支持。局及用人单位积极协调解决引聘人才的落户、配偶工作安排和子女入学等问题。

第五章 组织管理

第二十三条 局人才工作领导小组负责对急需紧缺高层次人才引聘计划实施相关事宜进行决策和指导。局人才工作领导小组办公室负责急需紧缺高层次人才引聘计划实施日常管理和服务工作。

第二十四条 引聘人才聘用合同期限原则上不少于3年。其中引聘的海外高层次人才根据约定可签订劳动合同或劳务合同。全职引进的国内高层次人才签订岗位聘用合同，在岗位聘期享受人才绩效待遇。

第二十五条 引聘人才实行岗位目标责任制考核。考核采取年度考核、期满评估相结合的方式，其中聘期为5年以上的，需要进行中期评估。考核、评估结果分为优秀、合格、基本合格、不合格4档。对年度考核为不合格者，或连续两年考核为基本合格者，或中期评估为基本合格、不合格者，予以解聘。期满评估为基本合格、不合格者，不再续聘。局总工程师室和人事教育部负责引聘人才考核、评估组织实施工作。考核、评估的结果由局党组审定。

第二十六条 实行考核评估结果与绩效工资挂钩。对引聘人才年度考核为优秀者，按照核定基准绩效工资额的120%兑现；合格者，按照核定基准绩效工资额的100%兑现；基本合格者，按照核定基准绩效工资的50%兑现；不合格者，不享受人才绩效工资。

第六章 附 则

第二十七条 直属单位应根据本办法，结合本单位实际，制定本单位引进急需紧缺人才具体实施方案，并报局审核备案。

第二十八条 本办法由局人事教育部负责解释。

第二十九条 本办法自发布之日起实施，2013年4月24日颁布的《急需紧缺高层次人才引聘计划实施办法》（中地调发〔2013〕27号）同时废止。

附件：1. 中国地质调查局急需紧缺高层次人才引聘岗位申请表（略）

2. 中国地质调查局急需紧缺高层次人才引聘推

荐书（略）

3. 中国地质调查局急需紧缺高层次人才引聘合同（范本）（略）

中国地质调查局关于印发外事工作管理办法的通知

中地调函〔2015〕33 号

局直属各单位、局机关各部室：

《中国地质调查局外事工作管理办法》已经 2014 年第 11 次局务会审议通过，现予印发，请遵照执行。

二〇一五年一月二十九日

中国地质调查局外事工作管理办法

第一章　总　则

第一条　为适应新形势下国家外事管理新要求，进一步规范和加强局系统外事管理工作，根据《外交部、中央外办、中央组织部、财政部关于进一步规范省部级以下国家工作人员因公临时出国的意见》（中办发〔2013〕16 号），《外交部、财政部、科技部关于对部分科研人员因公临时出国实行分类管理的意见》（外发〔2014〕61 号）等国家有关外事管理规定，按照“统一领导、归口管理、分级负责、协调配合”的外事管理原则，制定本办法。

第二条　本办法的适用范围包括地调局机关及局属单位。

第三条　本办法所称外事工作包括：外事计划管理、出国（境）管理、国（境）外来访管理、对外合作协议管理、在华举办涉外会议管理、国际合作成果及其推广应用管理，以及外事保密工作管理。

第四条　局系统外事工作要紧密围绕局中心业务工作和“九大计划”目标任务，坚持“四个服务”。一是服务于地质调查事业发展的需要。二是服务于科技进步和人才成长的需要。三是服务于利用国外资源和市场的需要。四是服务于提升地调局的国际地位和形象、增强在国际地学界话语权的需要。

第二章　外事计划管理

第五条　局外事计划管理是指局年度外事计划的编制、督促执行和检查评估等。内容包括：因公临时出国（量化类）计划、因公临时出国（科研人员分类管理类）计划、因公临时赴台港澳地区计划、在华举办涉外会议计划、外宾接待计划，以及签署对外合作协议计划等。

第六条　各单位要严格按照“因事定人”、“人事相符”和“从严控制、保压结合、分类管理”的原则，围绕国土资源部和地调局国际合作规划，瞄准全局中心业务工作和“九大计划”目标任务，编制外事计划，重点保障、优先安排国家重大和前沿领域的科研项目、重要国际会议、重点人才培养和在重要国际组织担任主要职务的科学家履职等重要国际合作工作。

第七条　年度外事计划的编制应强化预算管理，坚持“厉行节约、务实高效”的原则，严格控制因公临时出国（境）团组规模。各单位应在核定的年度预算内安排外事活动，不得无预算或超预算，不得向同级机关、下级机关、下属单位和企业等摊派、转嫁费用。

第八条　各单位应在每年 10 月底前通过局外事管理系统报送本单位下一年度的外事计划，并将正式纸质文件报局外事管理部门。局属各单位财务部门应先行审核下一年度外事计划的经费预算，并在报局正式文件中注明“经费预算已经本单位财务部门审核同意”。局外事管理部门负责汇总并统筹编制局系统年度外事计划建议，经局务会审议通过后报国土资源部外事管理部门审核审批。获部批准后下达给局机关各部（室）和局属各单位执行。

第九条　各单位要严格按局年度外事计划执行和管理外事活动。如遇特殊情况确需调整年度外事计划的，须说明调整原因，经本单位院长（主任、所长）办公会审议批准后，逐级上报局和部外事管理部门审核审批。

第三章　出国（境）管理

第十条　出国（境）事项包括出国（境）签署合作协议、学术交流、合作研究、参加国（境）外培训、参加国（境）外会议、履行承担的国际组织职责，以及实施境外地质调查项目等。

第十一条 出国（境）管理坚持“谁派出、谁负责”、“谁审批、谁负责”、“谁把关、谁负责”的原则，实行事前公示、事后公开、成果共享。各单位主要负责人是出（国）境项目管理的第一责任人。出国（境）团组在国（境）外实行团长负责制。团组所有人员须依据干部管理权限经相关部门备案同意（备案表样式见附件1）。

第一节 出国（境）任务的审核审批

第十二条 出国（境）事项实行分类审批。包括因公临时出国（量化类）任务审批、因公临时出国（科研人员分类管理类）任务审批和因公临时赴台港澳任务审批。

第十三条 凡列入局外事计划中的所有出国（境）事项，仍须按程序逐项报批。申报材料须至少提前2个月报送，经上级主管部门批准后组织实施。

出国（境）事项除报送正式请示件外，还须附有效的境外邀请信、因公临时出国（境）申报表、因公临时出国人员或赴台港澳人员备案表。请示件正文中须明确出访团组的团长姓名。局级人员须提供邀请函的中文译文，参加国际会议须提供参会人员的外语水平证明。

执行因公临时出国（科研人员分类管理类）任务的科研人员，除提交上述书面材料外，还须按出访工作内容提交以下材料：

（一）执行国家科技计划（基金）科研项目，须提供含有出国人员姓名及出国任务的项目任务书复印件；

（二）出席重要国际科技类学术会议，须提供担任大会主席、副主席、分会主席，作特邀报告、大会报告或分会报告的证明材料；

（三）执行中央政府间多双边科技合作协议，须提供相关合作协议复印件，并执行协议规定的国际科研交流与合作任务；

（四）在科技类国际组织任职或兼职的科研人员，须提供国际组织任职证明材料，并执行与其在该组织中担任职务相对应的任务；

（五）外方提供全额资助，须提供外方背景材料和全额资助的证明。

第十四条 外方邀请单位和邀请人应与出访人员的职级相称，不得降格以求。不得应境外中资企业（含各种所有制的中资企业）邀请出访。不得接受海外华侨华人和外国驻华机构邀请，严禁通过中介机构联系或出具邀请函。

第十五条 加强出国经费预算管理。使用财政资金执行因公临时出国（境）任务的，纳入本单位预算管理，按照“经费先行审核”的要求从严把关。使用国家主管部门批准的科研项目和双多边合作项目经费的，严格按照项目预算及经费使用安排履行审核审批手续。使用外方资助项目经费的，按照双方达成的协议或共识予以审核审批。出国（境）团组应当事先填报《因公临时出国（境）任务和预算审批意见表》（表格样式见附件2），由单位外事和财务部门分别出具审签意见，明确审核责任。

第十六条 出国团组的组团单位和派出单位要事前通过内部局域网、公开栏等便于本单位人员知晓的方式如实公示有关团组和人员信息，公示期限不得少于5个工作日。公示内容包括团组全体人员的姓名、单位和职务、项目名称和任务说明、经费来源和预算、出访国家（地区）、日程安排、往返航线、邀请函、邀请单位情况介绍等。组团单位和派出单位在报送请示正文中须注明“已在本单位内部公示，无异议”。未按规定公示或公示异议未处理的，外事部门不予审核审批。出访请示件需经本单位主要负责人签发后报局外事管理部门审核。

派出单位外事管理部门应至少提前3个工作日组织出访人员登录“中国地质调查局外事管理系统”，填写出访人员、行程等信息并核对机票相关信息。核实无误后，打印《因公临时出国（境）信息确认单》并报本单位主要负责人签字确认后，出访人员方可离境。

第十七条 因公临时出国（境）项目按以下原则进行审批管理。

因公临时出国（境）（量化类和赴台港澳类）团组人数原则上不超过6人。一次出访不得超过3个国家和地区（含经停国家和地区，不出机场的除外），在外停留时间不得超过10天（含离、抵我国国境当日）。出访2国不得超过8天，出访1国不得超过5天。赴拉美、非洲航班衔接不便的国家的团组，出访两国不超过9天，出访1国不超过6天。出访团组人数、国家数、在外停留天数均为最高限量，不得曲解为必须用满。出席国际会议、多双边机制性磋商谈判及培训团组的人数和在外停留天数等，应按现行有关规定并根据任务需要和人员身份从严控制。同一单位的党政主要领导，原则上不得同时同团出访，也不得同时或6个月内分别率团访问同一国家或地区。局级人员原则上每年出访不超过1次。

符合科研人员因公临时出国分类管理条件的科研人员出国实行分类管理，不计入本单位和个人年度因公临时出国批次限量管理范围，出访团组、人次数和经费单独统计。出席国际会议或从事科学实验、观测、勘探、采集、合作研究等科研活动团组的人数和在外停留时间，可根据任务实际需要和人员身份从严控制。

已离（退）休人员原则上不再派遣执行因公临时出国任务。姓名已列入国家科技计划科研项目书或课题任务书中的离（退）休返聘人员可根据任务需要执行相关出国任务。专职纪检干部不得执行与纪检业务无关的出国任务。

第十八条 严格控制双跨团组。严禁组织考察性、无实质内容或营利性双跨团组。

第二节 出国（境）任务的执行

第十九条 局外事管理部门接到国土资源部出访项目批复后将通过局外事管理系统通知各有关单位。

（一）出国项目经部批准后，出国人员到国土资源部外事服务中心办理因公护照和出国签证手续。

（二）赴台湾项目经部批准后报国台办审批。国台办批复后，由赴台湾人员本人持国台办发给户籍所在地（或工作所在地）公安机关的批复，到当地公安部门出入境办公室办理赴台通行证及签注。

（三）赴港澳项目经部批准后报国务院港澳办审批。国务院港澳办批复后，赴港澳人员到国土资源部外事服务中心办理有关手续。

第二十条 各出访团组不得擅自延长在外停留时间，未经批准不得变更出访路线，不得参加与访问无关的活动和会议。出访人员根据出访任务需要在一个国家或地区的城市间往来，应当事先在出访行程计划中列明，并报本单位外事和财务部门批准。

第二十一条 出国（境）团组在外期间，实行团长负责制，团员要自觉服从团长的领导，未经团长同意不得随意单独活动。出国（境）团组在外期间要自觉接受我国驻当地使、领馆的领导和监督，遇有重要问题及时报告。

第二十二条 组团单位应当对出国（境）团组人员进行出国（境）前的外事纪律、财经纪律教育和安全保密教育，参团单位必须予以积极配合。未经行前培训，不得执行出访任务。

第二十三条 加强对出国（境）人员安全防范意识的教育，出国（境）团组尽量少带外汇现金，在国（境）外能够使用旅行支票或信用卡支付的费用，务必使用旅行支票或信用卡。

第二十四条 出国（境）人员在出访期间应保管好因公护照等重要证件，防止丢失。入境后 7 天内须通过所在单位外事管理部门将因公护照交汇交至国土资源部外事服务中心统一保管；入境 10 天内须将赴台港澳证件按照干部管理权限交由单位人事管理部门统一保管，以备再次出国（境）使用。个人不得保存因公护照和赴台港澳证件。

第二十五条 局机关和局属各单位应切实加强因公出国（境）经费核销管理，严格按照批准的出国（境）团组人数、天数、出国（境）路线、经费计划进行核销。出国（境）人员的出国（境）费用开支标准按照财政部、外交部《因公临时出国经费管理办法》（财行〔2013〕516 号）执行。出访人员应在入境 30 天内，登录“中国地质调查局外事管理系统”，填写实际经费开支情况等信息，并凭《因公临时出国（境）信息确认单》到本单位财务部门报销出国（境）费用。

第二十六条 对在外事活动中不按政策办事、弄虚作假、造成严重后果或在国（境）外期间不遵守外事纪律、违法乱纪、造成不良影响的，将追究有关人员和单位主要负责人的责任。

第四章 国（境）外来访管理

第二十七条 国（境）外来访事项包括接待国（境）外人员签署合作协议、合作研究、学术交流、野外考察、参加在华涉外会议等。

第二十八条 国（境）外来访管理应坚持“友好对等、务实节俭”，“谁接待、谁负责”的原则。

第二十九条 凡列入局年度外事计划中的国（境）外来访任务，仍须按程序逐项报批。申报材料须至少提前 2 个月报送，经上级主管部门批准后组织实施。

第三十条 邀请国（境）外人员来访，需说明邀请事由、来访人员及其国籍（地区）、停留时间、活动地点、详细日程、接待单位和经费情况，并附被授权单位邀请函（台港澳人员除外）。邀请台港澳人员来访，需另附受邀来访人员的个人中文简历。如需部、局领导出面会见，须至少提前 1 个月向局外事管理部门报送申请材料。请示件中须详细写明来访人员简历、来访行程安排、谈话参考材料等。未经批准或授权，不得对外发出正式邀请。

第三十一条 接待经费预算须按财政部《中央和国家机关外宾接待经费管理办法》（财行〔2013〕533 号）的相关规定制订，并经本单位财务部门审核。

第三十二条 邀请国（境）外人员赴西藏项目须经国土资源部外事管理部门同意后，并向西藏自治区有关部门申请办理进藏许可证。

第三十三条 邀请国（境）外人员赴有关省

（市、自治区）对国（境）外人员非开放地区或敏感地区从事特殊活动（如人工地震数据采集、科学钻探等）的项目，须事前办理军方审批手续。

第三十四条 国（境）外人员来访活动需使用全球定位系统（GPS）等测量仪器设备的，须事先报请有关测绘部门审批。未经批准，不得使用相关仪器设备。

第三十五条 国（境）外人员来访活动含水文监测内容的，须事先报请有关水利部门审批。

第三十六条 国（境）外人员采集和携带标本、样品出境须按有关文件执行。不允许采集标本和样品时，应事先向对方说明。

第五章 对外合作协议管理

第三十七条 对外合作协议包括以地调局机关、地科院机关和其他局属单位名义与国（境）外地质调查机构、教育研究机构和国际组织签订的合作谅解备忘录和项目合作协议。以地调局机关名义签署对外合作协议，须于签署前15天报国土资源部外事管理部门备案。以地科院名义签订对外合作协议，须于签署前15天报局外事管理部门备案；以地科院所属单位名义签订对外合作协议，须于签署前15天报地科院备案，同时抄送局外事管理部门；以其他局属单位名义签署合作协议，须于签署前15天报局外事管理部门备案。

第三十八条 地调局与国（境）外地调机构和国际组织签订合作谅解备忘录和项目合作协议，由局领导或授权局相关部门负责人与外方签署。局属单位与外方签署协议，由该单位负责人或授权相关人员与外方签署。双方签署人职务应原则对等。

第三十九条 局机关各部门和局属各单位未经局委托或授权，不得以局名义与国外地质调查机构及教育研究机构和国际组织签订任何合作协议。任何个人，未经本单位同意，不得以本单位名义与外方签订协议。

第六章 在华举办涉外会议的管理

第四十条 在华举办涉外会议的类型包括地调局或局属单位发起主办的涉外会议和地调局或局属单位承办的涉外会议。按照会议正式代表（不含工作人员，下同）的人数，在华举办涉外会议可分为大型涉外会议（会议正式代表在300人以上）、中型涉外会议（会议正式代表在100人以上）和小型涉外会议（会议正式代表在100人以下）3类。其中，总人数超过800人或外宾人数超过300人的大型涉外学术会议需报国务院审批。

第四十一条 在华举办涉外会议遵循“以我为主、为我所用”的原则，要服务于地调局地质调查和科学研究工作，为创建世界一流地调局搭建国际交流平台。

第四十二条 按照国土资源部“统一领导，归口管理”的外事管理制度，申办单位应至少提前1个月向局报送申办涉外会议前申请材料，经局审核后报部审批。经授权后，方可申办或对外承诺办会。未经批准，任何单位和个人不得擅自对外申办、承诺举办涉外会议；不得以已与对方商妥为由要求认可和批准。经批准同意申办的涉外会议，在对外申办过程中不得做出超出授权范围的承诺或承担额外的义务。

在华举办涉外会议实行年度计划报批制度，会议举办单位需在每年10月底前向局报送下一年度举办涉外会议的年度计划。已列入计划的涉外会议，须至少提前6个月将会议立项申请报局审核后报国土资源部外事管理部门审批。立项获批准后，方可邀请国（境）外代表参会。

第四十三条 在华举办涉外会议严格执行财政部《在华举办国际会议费用开支标准和财务管理办法》（财行〔2012〕1号），加强对国际会议经费收支的财务管理和监督，并遵循以下原则：

（一）厉行节约，严控开支。涉外会议承办单位应本着“勤俭办外事”的原则，科学、规范、合理地编制和申报涉外会议预算，严格控制会议规格，认真执行各项费用开支标准，力求会风简朴，务实高效。

（二）参照惯例，规范管理。根据国际惯例，不为会议代表配备生活用品，不组织公款游览、参观等，不得借举办涉外会议的名义向地方政府或企业强行摊派或变相摊派会议费用。

（三）单独核算，专款专用。涉外会议经费应纳入单位财务统一管理，单独核算。举办大型涉外会议应设有专门为会议服务的临时财务机构；举办中型、小型国际会议也应配备专职的财务人员。涉外会议结束后，承办单位负责对收支情况进行检查；检查合格的，形成财务报告报局财务管理部门审查。审查不合格的，将追究承办单位的相关责任。

第四十四条 京区单位异地举办涉外会议、京外单位在本地和北京以外的地方举办涉外会议，需由承办单位征得当地政府外事主管部门同意后再报局。

第四十五条 一般性涉外会议原则上不邀请国家领导人和部领导出席，部领导原则上不担任会议组织机构的职务。如确有必要邀请国家和部领导出席或担任会议组织机构职务，需经地调局报国土资源部外事管理部门审核后报相关机构批准。未经批准，任何单位和个人不得邀请国（境）外政要和前政要、部级以上政府官员或敏感人士出席会议。任何单位和个人不得为提高会议规格随意使用“峰会”、“国际论坛”等称谓。

第四十六条 承办单位的主要领导和分管外事工作的领导是涉外会议的主要责任人，须严格按照本细则做好涉外会议的管理，并加强对涉外会议的外事纪律监督。对不履行报批手续或违反外事纪律和财务规定的单位和个人，将提请有关部门进行处罚。对造成重大责任事故的承办单位，将暂停该单位今后涉外会议的承办资格。

第四十七条 在华举办援外培训参照在华举办涉外会议管理。商务部另有规定的，从其规定。

第七章 外事工作成果管理

第四十八条 外事工作成果包括国际合作项目成果、出访总结报告、出访期间搜集的技术资料、国（境）外来访接待成果总结、在华举办涉外会议成果总结和在此基础上形成的各单位年度外事工作总结等。

第四十九条 出国（境）团组在出访任务结束后30天内，应完成出访总结报告（报告样式见附件3），报团长和本单位外事管理部门审核后，提交至“中国地质调查局外事管理系统”和“国土资源部出访报告汇交系统”，并在本单位公布出访实际执行情况和出访报告等。

第五十条 出访团组的出访执行情况（包括任务完成情况、经费使用情况等）应在本单位内部予以公开。局外事管理部门对局重要团组的出访成果进行不定期公开汇报交流。局属单位须组织本单位重要出访团组在出访任务结束后2个月内进行成果汇报。局外事管理部门将组织监审、人事、财务等部门适时对出访项目的执行情况、经费使用情况、成果总结等进行抽查。

第五十一条 对外合作项目结束后，相关局属单位须向局外事管理部门提交合作成果报告，内容包括通过合作所解决的理论和技术问题、社会和经济效益、人才培养成果、合作成果的应用和推广前景等。局外事管理部门将不定期检查国际合作成果质量，并对重大的国际合作成果进行推广。对未按规定提交材料的单位和个人将给予通报批评并限期改正。在改正之前，将暂停相关单位及个人其他出访项目的审批。

第五十二条 每年12月底，局属单位应通过局外事管理数据库系统将本年度的外事工作总结报局外事管理部门。局外事管理部门将对局机关和局属单位的外事成果总结进行评估。

第八章 外事保密工作管理

第五十三条 在外事活动中，要严格执行保密制度，明确保密责任，严肃保密纪律。不得泄露国家秘密和地质调查工作中的秘密事项。

第五十四条 在对外合作与交流中，因合作需要向外方提供或展示的技术资料，应该是公开发表的。可能涉及国家安全的未公开发表的数据和资料，必须按局保密工作规定的程序事先经过本单位主管领导、局保密委员会，乃至上级主管部门的批准。

第五十五条 未经保密部门批准，出访团组和个人严禁携带国家规定的属于保密范围的各种地形图和地质图件、资料以及有涉密内容的各类电子和纸质载体。不得托运携有内部资料的行李；经保密部门授权批准携带的涉密文件、资料和其他涉密载体要指定专人保管。因工作需要携带储存介质出国（境）时，必须使用未存储过或使用过涉密信息的储存介质。

第五十六条 发生任何失窃、泄密事故，必须在第一时间向所在单位保密委员会及上级主管部门报告，并立即采取补救措施。

第五十七条 因不遵守保密制度在对外合作与交流活动中造成失、泄密事故的，必须严肃处理，情节严重的给予行政处分，触犯法律的追究法律责任。

第九章 附 则

第五十八条 本办法由地调局负责解释。

第五十九条 本办法自印发之日起施行。地调局原有外事规定与本办法不一致的，以本办法为准。

附件1-1 因公临时出国人员备案表（略）

附件1-2 因公临时赴港澳人员备案表（略）

附件1-3 因公临时赴台湾人员备案表（略）

附件1-4 中国地质调查局因公临时出国（境）备案汇总表（略）

附件2 因公临时出国（境）任务和预算审批意见表（略）

附件3（出访报告格式）（略）

中国地质调查局办公室关于印发《中国地质调查局机关特殊困难职工帮扶办法》（修订）的通知

中地调办发〔2015〕4号

局机关各部室：

《中国地质调查局机关特殊困难职工帮扶办法》（修订）已于2015年3月16日局务会审议通过，现予印发，请遵照执行。

二〇一五年三月十八日

中国地质调查局机关特殊困难职工帮扶办法（修订）

第一条 为健全和完善局机关特殊困难职工帮扶机制，减少因病、因生活遭遇突发性事件等原因给职工带来的特殊困难，使帮扶救助工作制度化、规范化，参照国管局和国土资源部相关文件精神，特制定局机关特殊困难职工帮扶办法。

第二条 帮扶对象。局机关因特殊情况造成家庭生活困难亟须救助的在编职工、退休职工（以下简称职工）。

第三条 帮扶原则。在公开、公平、公正的基础上，量入为出。

第四条 帮扶范围。

（一）职工因患重大疾病，在合同医院（包括符合有关规定的医院）医疗所产生的需个人自付的医药费（自付费药物须是公费医疗报销范围内无可替代品种）、人工器官费和材料费（材料在公费医疗报销范围内无可替代品种）年度超过1万元的。

（二）职工家庭因自然灾害、突发事件等原因造成经济财产重大损失（有商业保险者在保险公司理赔之后，直接经济损失仍超过本人年工资、退休金收入总额），严重影响家庭正常生活的。

（三）职工因配偶无工作无固定收入或本人丧偶又承担丧失劳动能力残疾子女抚养义务，家庭实际人均月收入低于2000元，造成家庭经济生活困难的。职工子女患重大疾病，个人自付的医药费年度超过2万元，造成家庭生活困难的。

第五条 资金来源及帮扶金额。帮扶资金的主要来源是局机关福利费。根据每年申请帮扶人的具体情况，结合年度帮扶资金的实际，对每位申请人的帮扶金额逐一核定，原则上个人帮扶金额最高不超过2万，年度帮扶总额不超过年度职工福利金数额。如有其他渠道取得的困难补助资金，根据其规定适用范围，统筹考虑。

第六条 帮扶申请流程。

（一）职工符合帮扶范围任意条款之一的，可在每年11月初（遭遇突发事件的可随时申请，11月及以后的医药费可顺延到下一年度申请帮扶）向局机关工会提出个人书面申请。

（二）职工因病申请帮扶救助金时需提交以下材料：

1. 职工本人的个人书面申请；

2. 《中国地质调查局职工因病帮扶救助金申请表》（附件一）或《中国地质调查局职工生活困难申请帮扶救助金申请表》（附件二）；

3. 必要的相关证明材料。

第七条 局机关工会负责接受特殊困难职工申请帮扶的申报与相关事实的审核把关，医务室负责相关医药费用的审核，职工所在部室、办公室、人事教育部分别签署意见。

第八条 机关工会牵头，办公室、人事教育部参加，提出拟帮扶救助方案，方案通过局务会审议通过后，对拟发救助金情况在局机关以适当的形式进行公示后发放。

第九条 下列情况不予补助。

（一）有伪造病历或篡改病情以及其他各种欺骗、作弊行为。

（二）因醉酒、斗殴、自伤自残自杀；酒后驾驶、无照驾驶或者驾驶无有效行驶证的机动交通工具等交通违法行为造成的重大疾病和伤残。

对于骗取特殊困难帮扶救助金的人员给予批评教育，并追回相关资金。

第十条 局鼓励职工个人按自愿原则对特困职工踊跃捐款。

第十一条 本办法由局机关工会负责解释。

第十二条 本办法自2015年1月起施行。

中国地质调查局办公室关于印发备用金管理办法的通知

中地调办发〔2015〕15号

各直属单位：

为进一步加强备用金管理，规范备用金的借支、使用、报销等行为，保障备用金的安全存放及合规使用，局制定了《备用金管理办法》，现印发你单位，请遵照执行。

二〇一五年五月十八日

备用金管理办法

第一章 总 则

第一条 为进一步加强备用金管理，规范备用金使用，防控资金管理风险，切实提高资金安全和使用效益，根据事业单位财务制度，以及财政部、国土资源部和地调局对财政性资金管理的相关要求，制定本办法。

第二条 本办法适用于各类备用金的借款、使用和报销。

第三条 备用金管理遵循安全、规范原则，一事一借，备用金必须严格按照借款用途使用，未经批准不得擅自改变用途。

第四条 借取备用金，具备刷卡条件的对外支付事项，应采用公务卡方式支付；不具备刷卡条件的，可以银行结算或现金方式支付。原则上应规避大额现金支付。

第二章 借款与报销

第五条 应根据资金安全与工作需要的原则，合理设定备用金限额与审批权限。

第六条 借款单应写明借款人姓名、借款金额、借款日期、用途等内容，依据单位审批权限，履行审批程序后，方可办理借款。

第七条 备用金应及时核销，原则上借款期限不得超过6个月，工作完成或支付行为完毕，应及时履行报销手续。每年12月20日以前应对备用金进行核实结清。

第八条 备用金的借款与报销必须一事一清，前款不清后款不借。

第三章 管理职责

第九条 单位应建立备用金管理制度，保证备用金安全和使用合规。

第十条 借款人应保证备用金的使用合规，存放安全，还款及时，不得挪作他用。

第十一条 借款人所在部门对备用金借款事项的真实性、使用的合规性负有管理责任，应及时掌握备用金使用情况，督促其按时归还借款。

第十二条 财务部门应对备用金借款进行登记、及时清理。

第四章 监督与处罚

第十三条 财务部门应建立备用金台账，实行动态管理，对逾期不还款的，及时催还借款。

第十四条 财务部门应建立备用金信用管理机制，对违规使用备用金或逾期还款的，应视情节轻重分别给予指定还款期限、降低备用金额度、暂停借款等处罚。

第十五条 备用金出现违规使用问题，单位应立即追还该借款人的所有备用金借款，给予警告并要求整改。

第五章 附 则

第十六条 本办法由地调局负责解释。

第十七条 本办法自印发之日起施行。

中国地质调查局办公室关于全面贯彻落实2015年局党组六个强力推进要求的通知

中地调办发〔2015〕17号

各直属单位、各部室：

在2015年党风廉政建设工作会议上，局党组书记、局长钟自然同志代表局党组提出了“六个强力推进”要求。为全面贯彻落实局党组要求，现将有关事项通知如下。

一、总体要求

各单位要认真学习、深刻领会、准确把握局党组提出的“六个强力推进”要求，以坚定的决心、扎实的作风、严明的纪律和有力的举措抓好贯彻落实。加强对“六个强力推进”落实情况的监督检查，确保政令畅通，坚决纠正打折扣、搞变通的行为。

二、落实“六个强力推进”情况监督检查的重点内容

（一）强力推进主体责任落实。重点检查各单位党风廉政建设“八问”责任传导机制的建立和落实情况；廉政建设责任书签订情况；党政主要负责人研究、部署、听取、指导、推进和检查党风廉政建设工作情况。

（二）强力推进制度建设。重点检查廉政风险点排查情况；加强项目管理、财务管理、外协项目管理等重要制度建设情况，包括制度内容是否全面、责任主体是否明确、内控措施是否严密、教育培训是否到位等情况。

（三）强力推进事务公开。重点检查事务公开相关制度（含事务公开目录）的制定情况，包括事务公开的内容是否符合要求，公开的范围、方式、程序和时限是否规范和明确；事务公开的发布平台建设情况；事务公开制度的执行情况。

（四）强力推进队伍建设。重点检查各单位监察审计处、项目管理处、财务处、人事处4个部门的机构是否健全，人员配备是否到位，管理职责是否明确，以及履行监管职责情况；2015年4个部门的新任负责人人选报送局归口管理部室的审核情况。

（五）强力推进监督检查。重点检查局党组重大决策部署执行情况；廉政风险防控措施落实情况；各单位纪检监察部门开展纪律检查，内部审计，以及党风廉政建设责任制考核情况。

（六）强力推进案件查处和责任追究。重点检查各类信访受理、案件查处情况；上级纪检监察部门按照管理权限转交各单位办理的各类信访案件查办情况；线索处置和案件查办向上级纪检监察部门报告情况。

三、方法步骤

（一）制定工作方案。各单位要根据局2015年党风廉政建设工作会议精神和局党组《2015年反腐倡廉建设实施意见》（中地调党发〔2015〕19号）（以下简称《实施意见》），结合本单位实际，研究提出落实局党组“六个强力推进”的工作方案，同时将《实施意见》提出的各项任务，一并明确时间表和路线图，做到任务到位、人员到位、责任到位，确保各项工作有序开展。各直属单位5月30日前将工作方案书面报局监察审计室，以后每季度末将工作进展情况书面报局监察审计室。

（二）主要监督检查方法。一是“三类”会议纪要情况分析。局监察审计室结合每季度对各单位“三类”会议纪要情况的研究分析，每3个月向局党组报告一次工作进展情况。二是专项巡视。把“六个强力推进”执行情况纳入专项巡视，作为监督检查遵守党的政治纪律和政治规矩的重要内容，对不执行局党组决策部署，或者作选择、搞变通的，要严肃批评教育，对经教育仍不改正的要严肃问责。三是内部审计。把“六个强力推进”要求纳入内部审计范围，对落实不够或执行不力的单位和部门，下发审计整改通知书，限期进行整改和验收，促使其履职尽责。四是信访案件查处。发生违规违纪问题的单位，要通过信访案件查处倒查各单位落实“六个强力推进”中存在的突出问题，对组织涣散、纪律松弛，不履职尽责的单位启动问责，严肃追究相关领导责任。

（三）年终考核。把“六个强力推进”纳入党风廉政建设责任制考核范围，并结合日常监督检查情况，对各单位进行全面考核，考核结果作为评先评优、干部晋级晋升和绩效工资的重要依据。

四、责任追究

依据相关规定，对局党组关于“六个强力推进”等重大决策部署不传达、不研究，不结合工作实际部署安排的，视情节轻重对单位或部门的主要负责人进行约谈或责令作出书面检查；对不按照职责分工落实主体责任和监督责任，致使本单位干部职工因违规违纪问题受到调查或处理，情节较轻的，给予单位或部门主要负责人、纪委书记通报批评，情节较重的，给予调离工作岗位或免职处理。

二〇一五年五月二十一日

中国地质调查局办公室关于印发财务预算委员会工作制度的通知

中地调办发〔2015〕18号

各直属单位，各部室：

《中国地质调查局财务预算委员会工作制度》已经局财务预算委员会第一次会议审议通过，现予以印发。

二〇一五年五月二十二日

中国地质调查局财务预算委员会工作制度

中国地质调查局财务预算委员会是中国地质调查局领导下的业务咨询机构，是局党组适应财政管理体制改革要求，提高重大经济决策的内容、程序和效果的合法性、科学性、民主性、效益性和执行的有效性，强化宏观指导，切实管控财经风险重大举措。

一、主要职责任务

对局党组和局制定的重大部署和重点工作，研究制定贯彻落实的措施。对下列事项提出建议，供决策参考。

（一）中长期经济运行发展战略；

（二）重大地质调查计划、工程规划论证与绩效评价；

（三）重要财务预算管理制度；

（四）地质调查项目预算标准与规范；

（五）局属单位内部财务控制体系建设和财务检查；

（六）会计领军人才、财务人才培养计划。

二、委员会组成

主　任：王学龙

副主任：武选民　骆庆君　严兴华

成　员：申　勤　马江芬　田素军　王香萍　马淑玉　刘开江　刘德成　钟开威　孙清元　杨海涛　杨　赟

成员实行任期制，3年为一任期。

三、组织管理

财务预算委员会在中国地质调查局领导下开展工作，下设秘书处，负责日常管理工作。秘书处挂靠局财务部。

四、工作制度

（一）财务预算委员会实行集中会议方式开展评议工作。

（二）根据拟审议的议题（或内容），财务预算委员会主任提议，不定期召开局财务预算委员会会议。

（三）财务预算委员会会议由主任召集和主持，主任也可委托副主任召集和主持。

（四）参会的委员原则上不少于全体委员的2/3。

（五）委员要紧扣会议议题，实事求是发表意见和建议。委员就审议事项提出质询，并进行讨论，汇报部门（或单位）负责回答委员提出的有关咨询和问题。

（六）会议主持人综合审议情况，确定是否进行表决。

（七）会议采取投票或表决的方式。表决分为“同意”、“不同意”和“再议”3种。当半数以上委员表决“同意”的事项，作为通过事项；当半数以上委员表决“不同意”的事项，作为否决事项；当半数以上委员表决“再议”的事项，应提出需补充和进一步落实意见、要求，由汇报部门（或单位）按要求加以落实，下次上会时再议。

（八）根据会议审议情况，形成财务预算委员会会议纪要，经委员会主任签字后生效。

（九）委员因故不能参加会议，应提前向委员会主任请假，经委员会主任同意方后可缺席。出席会议的委员非特殊情况不得迟到、早退。

（十）财务预算委员会秘书处负责提出年度重点工作安排计划和重大调研活动工作方案，提交财务预算委员会批准执行。

（十一）财务预算委员会秘书处负责提出每次会议审议内容建议，经主任批准后，制定会议方案，提出会议召开时间、地点和议程。会议召开前3天，需将会议审议的有关材料和通知送达委员会组成人员。

（十二）财务预算委员会秘书处负责做好会议记录，起草财务预算委员会会议纪要和相关文件，完成主任交办的其他工作。

中国地质调查局办公室关于印发局机关事务公开管理暂行办法的通知

中地调办发〔2015〕27号

各部室：

《中国地质调查局机关事务公开管理暂行办法》已经第六次局务会议审议通过，现予印发。请遵照执行。

二〇一五年七月二十九日

中国地质调查局机关事务公开管理暂行办法

第一章 总 则

第一条 为进一步提高局机关科学决策和民主管理水平，促进依法治局，增强工作透明度，加强廉政风险防控，密切联系群众，保障职工知情权、参与权和监督权，依据《国土资源部办公厅关于进一步加强以公开促监督工作的指导意见》、《中国地质调查局事务公开指导意见》等制度，制定本办法。

第二条 本办法所称事务公开包括局机关各项事务内容公开、程序公开和结果公开。

第三条 事务公开应当遵循合法、及时、真实和公正原则；不得泄露党和国家秘密、商业秘密和侵犯个人隐私；不得损害国家、集体和个人合法权益。

第二章 公开的主要内容

第四条 局机关事务公开包括：

（一）重大事项公开。局重大决策，中长期发展规划，重要会议纪要，三定方案，领导重要讲话，年度部门预算，预算执行情况，办公用品采购发放，培训管理，公务活动，职工福利等。

（二）项目管理。新开项目立项论证结果，年度项目计划，项目设计审查意见，项目野外验收意见，项目成果报告评审意见，项目统计报告，项目质量检查结果通报，项目技术报告，项目统计报告，项目动态调整，资料汇交，项目成果，项目成果快讯，项目成果登记信息，地质调查成果评奖，国土资源科技奖推荐结果等情况。

（三）财务管理。财务管理制度，部门预算，财务决算，预算执行情况，财务支出网上监管情况，审计情况，竞争性选择地质调查项目承担单位，局机关年度部门预算，局机关预算执行情况等。

（四）装备基建。制度建设，规划项目，年度项目评审，年度投资计划及计划执行情况，政府采购和招投标，政府采购计划执行，实物资产管理和公益性队伍能力建设评估办法和评估结果等情况。

（五）科技外事。批复后的局年度外事计划，计划出访时间、地点、人员、预期成果、经费等，局机关各外事出访项目总结报告，国家重大科技和国际项目申报，地质科技工作与国际合作规划等。

（六）人事管理。工作人员考试录用，干部调任，干部任免，评选、表彰、奖励，年度考核、安全生产、绩效考核，专业技术职务评审，干部人事规章制度。

（七）纪检监察。纪检监察案件处理结果，落实党风廉政建设责任制年度考核情况。

（八）党务工作。党建工作计划、总结，年度党组中心组理论学习计划，年度党费收缴及使用情况，党员发展，入党积极分子培养情况，党内评先、评优情况，工会经费使用情况。

（九）机关事务。住房配售、供暖费和物业费情况，办公用房的使用情况，会议管理，办公用品采购发放，印刷费，培训管理，“三公经费”，出国费（实际支出），医疗费，职工福利，后勤服务管理。

（十）其他职工要求公开且不违反国家法律法规规定的事项。

公开事项中，国家（行业）规定公开方式的，按照国家（行业）有关公开规定予以公开。

第五条 公开内容涉及保密的，按照相关保密管理规定执行。

第三章 公开的方式和程序及时限

第六条 应当主动公开的事务信息，根据内容和需要，采用以下方式公开：

（一）中国地质调查局文件；

（二）局相关会议；

（三）地质调查报；

（四）局内外网；

（五）其他便于职工及时准确获取信息的形式。公开事务可以采用一种或多种形式公开。

第七条 事务公开程序：

（一）汇集公开内容。部门承办人员按本办法，汇集、撰写公开事项的具体内容；

（二）审查批准。根据信息内容和职权，分别提请部门负责人或者局领导审查批准；

（三）实施公开。采取适当的方式进行公开；

（四）归档备查。对所公开的信息存档、备查。

第八条 强化事务公开时效性，固定内容（有关政策、规章制度等）长期公开；常规性工作（日常业务、日常开支等）每季度公开一次；阶段性工作（年度工作目标进展情况、重大事项进展情况等）逐段公开；其他工作（重要文件、会议纪要等）随时公开，在工作办结后3个工作日内公开。

第九条 职工个人要求公开的事项或对公开内容提出异议的，应当在15日内给予明确答复。

第四章 监督和保障措施

第十条 事务公开工作在局党组领导下进行，办公室对各部室事务公开进行督办，监察审计室负责受理对事务公开工作的投诉举报，并按规定对违规违纪问题进行核查，对事务公开工作推进不力的单位和领导提出问责建议。

第十一条 事务公开的信息应当及时、准确。如发现虚假或者不完整信息，追究相关部门和人员的责任。

第十二条 职工对事务公开进行监督，发现问题，可以向监察审计室或者上级机关反映。

第五章 附 则

第十三条 本办法由办公室负责解释。

第十四条 本办法自公布之日起施行。

附件：中国地质调查局机关事务公开目录（略）

中国地质调查局办公室关于做好地质调查成果服务过程中保密工作的通知

中地调办发〔2015〕28号

各直属单位、各部室：

局党组高度重视地质调查成果服务，把服务定位在“一流地调局”、“六个目标”之首。今年以来，各单位在成果服务方面做了大量工作，取得了明显成效，收到了预期效果，社会反响良好。随着成果服务范围的不断扩大，服务内容的不断深化，服务对象的日趋多元，保密工作显得尤为重要。各单位要在加大地质调查成果和资料服务应用力度的同时，切实加强地质调查资料的保密工作。经局研究，现将做好地质调查成果服务过程中保密工作的有关要求通知如下：

一、要高度重视保密工作

切实加强领导，增强保密意识、大局意识和责任意识，严格按照《党政领导干部保密工作责任制规定》的要求，健全完善保密工作责任制，层层落实保密责任。党政主要领导干部负总责，分管保密工作的党政领导干部负具体领导责任，分管业务工作的党政领导干部负直接领导责任。

二、要切实加强定密管理

定密管理是保密工作的重要环节之一，定密解密是保密工作的起点和终点。要严格按照《国家秘密定密管理暂行规定》和《国土资源工作国家秘密范围的规定》的要求，落实定密责任人，主动开展定密工作，坚持最小化、精准化定密原则，既确保国家秘密安全，又便利信息资源合理利用。地质调查成果形成过程中，要积极主动提前预测成果可能的涉密情况，暂时无法确定密级的，可先行按秘密级管理。对敏感信息的发布要提前考虑相应的对策并监控舆情。凡是含有国家秘密的地质调查成果，要按照保密管理的有关规定标注密级、保密期限和份号。

三、要加强地质调查成果的保密审查

地质调查成果在提供社会服务前，要按照保密管理的有关规定，严格履行保密审查程序。经过保密审查的地质调查成果一旦确定为涉密，要严格控制知悉范围并对提供使用的服务对象进行登记。未经过保密审查的地质调查成果不得擅自提供社会服务。

四、要加强保密工作的监督检查

各单位在近期要开展一次保密工作检查，重点检查地质调查成果的涉密情况。对已经形成但尚未发布或提供服务的地质调查成果，要进行保密审查以确定成果是否涉密，发现问题及时整改。在地质调查成果的形成过程中，要强化保密管理，加强保密监督，涉及国家秘密的文字、数据、图片、信息等资料不得在非涉密网络、非涉密计算机上存储处理。

特此通知。

二〇一五年八月四日

中国地质调查局办公室关于加强和规范对外签署合作协议管理的通知

中地调办发〔2015〕34号

各直属单位、各部室：

为严格对外合作管理，规范协议签署的管理程序，提高合作协议的实效性，经局研究决定，要进一步加强和规范对外签署合作协议管理，现将有关要求通知如下：

一、签署协议的原则

拟签署的合作协议必须符合局的总体工作布局和单位业务发展方向，围绕“三个坚定不移”和“五项服务”，坚持“需求驱动、问题导向、目标聚焦、优势互补、成果共享”的原则。

二、加强协议签署的管理

各直属单位、各部室对外签署任何战略合作协议，都要经过充分调研论证，由分管局领导核准、局长审批同意后提交局长办公会议讨论，通过后方可签署。

凡是不符合“合作协议签署原则”的协议，一律不予批准。不得签署涉及项目经费的合作协议。不得签署无实质性内容、无法有效开展的合作协议。拟签署的合作协议不得影响本单位地调项目的执行。各直属单位间不再互签合作协议，确需合作的，通过局层面协调或以项目等形式进行资源共享与合作研究。地质矿产调查评价专项委托业务（外协项目），按照局项目委托业务有关规定执行，不得以签订合作协议形式进行委托。

三、规范合作协议的签署人

以局名义签署的合作协议，应当由局领导或授权相关部门负责人与协议方签署。以直属单位名义签署的协议，由该单位主要负责人或授权相关人员与协议方签署。

四、加强对协议执行效果的评估

各协议签署单位每年年底向局相关部室提交协议执行情况报告，由相关部室进行评估。执行情况不佳的协议可以终止或暂缓执行。

五、对建议终止的协议进行确认

局办公室组织相关部室对局系统已签署的224项合作协议进行了评估，建议延续157项，终止67项，评估结果已在第16次局长办公会议上做了汇报。根据局长办公会要求，请各单位对评估建议为“建议终止”的协议进行确认。如单位意见与评估建议不一致，需说明原因。请各直属单位于9月30日前将最终意见填写到附件中，加盖单位公章报局办公室。

附件：建议终止合作协议一览表（略）

二〇一五年九月十四日

中国地质调查局办公室关于做好局党组规范性文件报送备案工作的通知

中地调办发〔2015〕36号

各部室：

根据《中共中央办公厅秘书局关于做好党组（党委）规范性文件报送备案工作的通知》（中秘文发〔2015〕103号）要求，局党组制定的规范性文件应当报送中共中央办公厅备案。为做好报送备案工作，现将有关要求通知如下。

一、报备范围

局党组在履行职责过程中形成的具有普遍约束力、可以反复适用的规则、规定、办法、细则、决议、决定、意见、通知等文件，包括贯彻执行中央决策部署、指导推动地质调查工作、涉及社会经济发展和职工切身利益、加强和改进党的建设等方面的重要文件。

下列文件不属于备案范围：①人事调整、内部机构设置、表彰决定方面的文件；②请示、报告、会议活动通知、会议纪要、领导讲话、情况通报、工作要点、工作总结、工作方案；③其他不具有普遍约束力、不可反复适用的文件。

二、报备材料和要求

报送规范性文件备案，应当提交备案报告、正式文本和制定说明（样式见附件），一式3份，以骑马钉形式装订成册，同时报送电子文件光盘。

备案报告应载明制定机关、印发日期和文件名称，引用的文件名称应当准确、完整。正式文本应含发布通知，正式文本的电子版与纸质版应当一致。制定说明应当包括制定意图、主要内容、起草及征求意见情况、审议情况，以及其他需要向备案机关报告的重要事项。

三、报备方式

（一）局党组规范性文件，发文字号用“中地调党发”，由主办部室按照局机关公文办理程序办理。

（二）局党组规范性文件的备案报告，发文字号用“中地调办函”。在局党组规范性文件发布后，按照“谁主办、谁备案”原则，主办部室按照要求的格式和内容拟制备案报告和制定说明，按照公文办理程序办理。自规范性文件发布之日起20日内将完整的报备文件和材料装入信封送交局办公室文秘处。信封上应当标明“备案”字样。

（三）局办公室将报备文件登记后，及时通过机要交通方式报送中央办公厅法规局。局办公室按照要求于每年1月31日前将上一年度局党组发布的规范性文件目录报送中央办公厅法规局。

（四）各部室2015年8月29日后主办并发布的局党组文件，属于应报备范围的规范性文件，应当按照通知要求拟制报备文件上报中央办公厅。

附件：1. 中国地质调查局办公室关于《×××》的备案报告（略）

2. 关于《×××》的制定说明（略）

3.《中共中央办公厅秘书局关于做好党组（党委）规范性文件报送备案工作的通知》（中秘文发〔2015〕103号）（略）

二〇一五年十月十三日

地质调查项目管理

地质调查项目实施概况

中国地质调查局总工程师室

2015 年，按照“全力支撑找矿突破战略行动、精心服务国土资源中心工作”的总体思路，围绕“五个服务”的总体要求，梳理出“八大目标”，设置地质调查“九大计划”，总经费 749 237 万元。

一、陆域能源矿产地质调查计划

主要开展羌塘盆地油气资源战略调查、松辽盆地外围油气基础地质调查、天山－兴蒙构造带油气基础地质调查、南方页岩气基础地质调查、煤层气等非常规能源矿产调查和北方砂岩型铀矿调查。经费预算 163 845 万元，设立 34 个项目。

二、重要矿产资源调查计划

主要开展南疆地区大型资源基地调查、西北主要成矿带地质矿产调查、东特提斯成矿带大型资源基地调查、青藏高原能源资源综合调查、扬子陆块及周缘地质矿产调查、江南陆块及周缘地质矿产调查、华北陆块及周缘地质矿产调查、东北老工业基地资源环境综合调查、整装勘查区基础地质调查与潜力评价、大宗急缺矿产和战略性新兴产业矿产调查、特殊地区地质填图、重要油气盆地和成矿区带航空物探与遥感调查、矿产资源节约与综合利用调查和沿边地区基础地质调查。经费预算 253 946 万元，设立 47 个项目。

三、重要经济区和城市群综合地质调查计划

主要开展京津冀一体化协同发展区地质保障、长江经济带地质环境综合调查、泛珠三角地区地质环境综合调查和丝绸之路境内段综合地质调查。经费预算 34 310 万元，设立 8 个项目。

四、地质灾害防治和地质环境保护支撑计划

主要开展重要活动构造带地质灾害与区域地壳稳定性调查、地质灾害高易发区调查、生态脆弱区和特困区水文地质环境地质调查、岩溶地区水文地质环境地质综合调查和主要含水层水质综合调查。经费预算 69 965 万元，设立 20 个项目。

五、国土开发与保护基础地质支撑计划

主要开展土地地球化学调查、矿产资源勘查开发与保护基础支撑、地质矿产调查战略与规划支撑和国土遥感综合调查。经费预算 38 585 万元，设立 21 个项目。

六、“一带一路”基础地质调查与信息服务计划

主要开展周边国家重要成矿带对比研究、全球矿产资源地球化学与遥感调查和全球矿产资源信息综合与服务。经费预算 9990 万元，设立 6 个项目。

七、地质科技支撑计划

主要开展关键地质问题综合调查和新技术新方法推广应用。经费预算 8130 万元，设立 9 个项目。

八、地质数据更新与应用服务计划

主要开展国家基础地质数据更新与集成和地质大数据与信息服务。经费预算 43 015 万元，设立 14 个项目。

九、海洋地质调查计划

主要开展海洋基础地质调查、海域油气资源调查、海岸带综合地质调查、数字海洋地质、海域天然气水合物资源勘查、海域天然气水合物资源试采和陆域天然气水合物资源勘查与试采。经费预算 127 451 万元，设立 28 个项目。

（马野牧）

地质调查项目组织实施管理

中国地质调查局总工程师室

2015年，地质调查项目组织实施管理重点是推进项目任务书下达、设计审批、野外验收和成果评审等关键环节监管，通过实行统一配号方式，严格对设计审批、野外验收和成果评审进行控制，将管理工作各环节纳入到项目监管系统中，在项目管理工作中起到了积极作用。

一、地质调查项目业务管理

为适应经济新常态下地质调查工作的新形势新任务，全面实施“九大计划”，落实工程、项目目标任务，做好2015年度地质调查工作，推进地质调查业务体系建设，2015年3月发布关于地质调查业务推进工作安排的通知，要求做好工程、项目实施方案的修改与批复等工作；2015年5月底，组织完成2210个任务书的下达工作。并引入电子印章等技术，实现任务书编制下达全无纸化信息化，项目管理效率与信息化水平进一步提高。依据“关于做好2015年地质矿产调查评价专项项目设计审查工作的通知”（中地调函〔2015〕170号）的有关要求，2015年5月底开始，大区项目办、地科院项目办、各委托管理机构和武警黄金部队组织开展了2015年设计审查工作。设计审查工作中，充分发挥二级管理机构、项目实施单位和计划项目负责人的积极性的管理理念，达到了预期的效果。同时在财务预算管理方面，加大了设计审查与项目论证阶段的经费预算衔接工作，使项目预算的编制更加规范。

2015年，应用项目监管系统完成野外验收778个，成果报告评审1091个，成果登记268个。

二、地质矿产调查评价专项清理整治

为确保地质矿产调查评价专项顺利实施、各项任务目标按期完成、项目经费使用符合相关规定，局研究决定从2015年8月起开展地质矿产调查评价专项清理整治行动，并印发《地质矿产调查评价专项大检查工作方案》（中地调函〔2015〕265号）；专项大检查范围为2010～2015年由地调局组织实施的地质矿产调查评价专项，包括已经完成和正在实施的全部工作项目（子项目，含招标项目），以及相关的重要委托业务。检查项目总数6000余项，项目承担单位500余个；检查工作分自查自纠、检查、落实整改与总结3个阶段实施。自查自纠阶段，要求各项目承担单位按照大检查工作方案，开展自查自纠工作，对已经完成和正在实施的工作项目（子项目，含招标项目），以及相关的重要委托业务，进行全面清理整治，并于2015年9月底前完成自查自纠工作；检查阶段，部署13个检查组于2015年10～11月共检查项目承担单位365家，占全部承担单位的74.5%，抽查地调项目1070个，占所有项目的17.1%；落实整改阶段，对专项大检查自查中1861个逾期未完成成果评审验收和838个逾期未完成成果资料汇交的地调项目，局总工程师室下发中地调项管〔2015〕31号文，对整改工作进行了统一部署，按照项目管理职责，编制了评审验收项目责任清单，明确了组织管理单位、项目承担单位和局机关各业务部室职责分工，提出了成果评审验收和成果资料汇交工作等具体整改要求。

（任收麦）

地质调查项目质量管理

中国地质调查局总工程师室

一、质量监督管理

为加强地质调查项目质量监督管理，全力做好2015年地质调查项目质量检查工作，确保地质调查项目质量，总工程师室于2015年8月确定了2015年项目质量和管理检查的内容、工作重点、工作分工、组织形式、检查比例、检查方法、有关要求以及监理试点工作安排等。2015年10月结合局项目大检查进一步对2010～2015年地质调查项目的质量进行了检查。

项目质量检查，重点是检查2014～2015年矿产资源调查评价专项中正在实施的子项目质量情况。检查内容包括项目人员投入、工作进度、野外地质编录和工程施工质量、项目3级质量检查验收、整改关闭情况等。重点检查项目投入的技术人员数量是否满足设计要求、工作进度是否正常、完成的工作量与设计是否相符、地质编录和资料整理、工程施工质量是否满足设计和标准规范要求等。

项目管理情况检查主要是检查子项目承担单位、大区项目办项目管理情况。其中，子项目承担单位主要检查管理制度的建立情况、质量体系运行情况、项目人员配备情况、项目3级质量检查情况、项目委托业务的管理情况，项目成果提交与资料汇交的管理情况等，重点检查项目承担单位项目管理制度是否健全、质量体系运行是否正常、3级质量检查是否到位，委托业务管理是否规范、项目成果提交与资料汇交是否及时等。大区项目办管理主要检查大区项目办组织机构的落实和人员到位情况，项目管理制度落实和管理细则制定情况，工作部署情况、项目管理情况、质量管理活动的开展情况等。重点检查项目办人员到位情况、项目设计、年度检查、野外验收、成果评审、资料汇交的管理是否符合局项目管理有关规定，各项工作是否做到了及时、有效。

项目质量抽查和管理情况检查工作由局机关、大区地调中心（大区项目办）及武警黄金指挥部分别组织开展。截至2015年12月31日，累计检查了52个单位项目管理情况，抽查了312个子项目。其中，局机关业务部室结合地质矿产调查评价专项大检查工作，对7个项目承担单位管理情况进行检查，抽查项目31个，六大区项目办检查了43个单位项目管理情况和276个子项目质量情况，武警黄金指挥部检查了2个支队项目管理情况和5个子项目的质量情况。

针对检查中发现的部分单位管理制度不完善，项目管理文档、技术文档不齐全，野外验收、成果评审不及时，资料归档滞后等问题，做了以下整改工作：一是抓紧制修订完善了各单位管理制度并发布实施，强化管理制度的贯彻执行，有针对性地修改单位的质量体系文件，有效运行单位的质量管理体系并注意保留过程控制记录。二是补充完善了项目管理文档、技术文档。对于缺少立项论证报告、设计审批意见书、任务调整批复意见、野外验收意见等关键文档的要逐一补齐，逐个项目建立文档目录，并补充必要的说明材料。三是制定了强有力的措施，进一步强化项目实施过程（包括委托业务）的控制和管理，加强三级质量检查及存在问题的整改跟踪验证工作。

二、质量管理体系建设

根据国土资源部的要求，着力在地质调查项目承担单位中推进DZ/T0251—2012标准的贯彻落实，为各地调单位健全完善质量管理制度和开展质量管理体系文件的换版工作提供了指导性文件支持。开展了中化矿山总局化工地调总院、中化矿山总局化工地研院、广西地调院、实物资料中心的质量管理体系换证审核及发证工作。截至2015年12月，已有25家单位通过了地调局二方认证。

利用地质矿产调查评价专项大检查和单位管理及项目质量检查之机，重点检查了项目承担单位质量体系的建立和运行情况，有针对性地指导了一批单位健全完善质量体系。为持续推动地质调查项目承担单位质量管理改进，增强单位内部自我完善能力，局委托发展研究中心举办了两期质量体系内审员培训班，在全国的地质调查项目承担单位中培训了质量体系内审员120人，进一步充实了内审员队伍，提高了内部质量体系审核能力和项目承担单位的质量保证能力，推动质量体系健康发展，起到了重要作用。

三、地质调查标准化建设

结合地质工作需求变化，完成了新的地质调查标准体系构建和标准化的顶层设计及标准体系表的编制，为“十三五”地质调查标准化规划制定和年度计划安排提供了科学依据。

组织开展1∶5万区域地质调查、1∶5万地质矿产调查、页岩气资源调查等一批地质调查急需标准的制定，发布了7项局工作指南。全面更新了国标、行标、局标网上服务目录和局标文本，免费提供局标下载服务，促进了标准在地质调查工作中的应用，充分发挥了标准化基础支撑作用。

四、全国省级地调院（所）总工程师技术培训

2015年10月10～16日在甘肃省举办了全国地质调查院（所）第九届总工程师培训班。省地调院、行业地勘单位总工程师，地区地调中心、部分局属研究单位业务主管领导，专家及地调局人员120余人参加培训会议，9位专家进行了讲座授课。培训采用室内交流与野外考察相结合的形式，重点围绕新形势下中国地质调查工作的新思维新战略、西秦岭成矿带成矿地质背景和主要矿床类型等进行研讨，实地考察了大桥金矿、厂坝铅锌矿、李坝金矿等典型矿床的含矿层位、地质剖面、采坑、岩心等。收到了显著效果，培训班不仅为全国地调队伍领军人才提供了实践机会，也为省级地调院（所）的总工程师们搭建了交流学习的平台，对促进地质调查工作起到了重要作用。

（董　英）

地质调查项目成果管理

中国地质调查局总工程师室

一、编写印发了《关于加强地质调查成果评价的指导意见（试行）》

开展成果评价机制改革研究，编写印发了《中共中国地质调查局党组关于印发加强地质调查成果评价指导意见（试行）的通知》（中地调党发〔2015〕37号），提出了在规划部署、立项论证、组织实施、质量监控、进度安排、成果验收、资料汇交、应用服务、人才选拔等各方面，对地质调查成果评价的“四项基本准则”：即成果能否解决能源、资源、环境、灾害、基础地质问题；能否实现项目成果转化应用服务；能否推进地质科技进步；能否促进人才成长和团队建设。

二、2015年度中国地质调查局地质科技奖评选

依据《关于加强地质调查成果评价的指导意见（试行）》，配套修改印发了《中国地质调查局地质科技奖评奖暂行办法》，地质调查成果奖更名为地质科技奖。2015年度地质科技奖共计评选出25项获奖成果。其中“南海北部陆坡天然气水合物资源调查与评价”成果获特等奖，“1:500万国际亚洲地质图”等9项成果获一等奖，“1:100万（E49）海南岛幅海洋区域地质调查”等15项成果获二等奖。

评选工作中，深入贯彻落实局党组《关于加强地质调查成果评价的指导意见（试行）》和《地质科技奖评奖暂行办法》，对专业评审组分类、评审标准、专家评审推荐意见撰写等环节进行了全面调整。高标准、严要求、宁缺毋滥地评选出中国地质调查一流成果。最终评选出的25项获奖成果瞄准国家急需解决的资源环境问题和基础地质问题，有效实现了成果转化应用和服务、积极推动了科学理论创新和技术方法进步、显著促进了人才成长和团队建设。2015年度中国地质调查局地质科技奖获奖成果见表1。

表1　2015年度中国地质调查局地质科技奖获奖成果一览表

序号	成果名称	主要完成单位	主要完成人员	等级
1	南海北部陆坡天然气水合物资源调查与评价	中国地质调查局广州海洋地质调查局	杨胜雄、张光学、黄永样、梁金强、付少英、陆敬安、王宏斌、郭依群、张　明、沙志彬、伍忠良、吴能友、刘　坚、龚跃华、徐华宁	特等奖
2	1:500万国际亚洲地质图	中国地质科学院地质研究所、中国石油化工股份有限公司石油勘探开发研究院、中国地质调查局西安地质调查中心、中国地质调查局南京地质调查中心、广州海洋地质调查局、中国地质调查局天津地质调查中心	任纪舜、牛宝贵、王　军、金小赤、谢良珍、和政军、姜　兰、陈克强、张二朋、姚冬生、曾　勇、邱　燕、赵　磊、肖黎微、刘仁燕	一等奖
3	西藏甲玛铜多金属矿床成矿理论创新与找矿重大突破	中国地质科学院矿产资源研究所、成都理工大学	唐菊兴、王登红、郑文宝、应立娟、钟康惠、郭　娜、叶　江、郭文铂、姚晓峰、孙　艳、王立强、冷秋锋、唐晓倩、林　彬、黎枫佶	一等奖
4	全球地质矿产与资源环境卫星遥感“一张图”工程	中国国土资源航空物探遥感中心、吉林大学、四川省地质调查院、浙江大学、核工业北京地质研究院、湖南省遥感中心、安徽省地质调查院、青海省地质调查院、中国煤炭地质总局航测遥感局、湖北省地质调查院	杨清华、姜琦刚、付长亮、杨日红、王梦飞、尹显科、黄智才、刘德长、余德清、吴海权、张　焜、牛宝茹、胥　兵、孟小红、李　娜	一等奖

续表

序号	成果名称	主要完成单位	主要完成人员	等级
5	长江三角洲经济区地质环境综合调查评价与区划	中国地质调查局南京地质调查中心、上海市地质调查研究院、江苏省地质调查研究院、浙江省地质环境监测院；南京大学、中国地质大学（武汉）、中国地质科学院水文地质环境地质研究所	姜月华、苏晶文、张泰丽、王寒梅、王光亚、赵建康、施　斌、吴吉春、周爱国、张礼中、贾军元、周权平、周　迅、李　云、黄金玉	一等奖
6	全国矿产资源潜力评价重力资料应用与集成	中国地质调查局发展研究中心	张明华、乔计花、赵更新、刘宽厚、孙中任、曾春芳、袁　平、兰学毅、雷受旻、董　杰、李　富、苏美霞、张省举、朱国器、朱西敏	一等奖
7	南极埃默里冰架－格罗夫山综合地质调查与研究	中国地质科学院地质力学研究所、中国地质科学院地质研究所	胡健民、刘晓春、赵　越、陈　虹、刘　健、徐　刚、任留东、张栓宏、李　淼、崔建军、娄玉行、曲　玮、刘　平	一等奖
8	中国侵入岩大地构造研究与编图	中国地质调查局发展研究中心、中国地质大学（北京）	邓晋福、冯艳芳、狄永军、苏尚国、伍光英、张　波、孟　斐、公凡影、甄世民、贾德龙、张万益、蒋　校、刘　翠、马　腾、李仰春	一等奖
9	北京地面沉降高精度监测关键技术及重大工程应用	北京市水文地质工程地质大队、中国地质环境监测院	叶　超、罗　勇、程国明、贾三满、雷坤超、刘文臣、田　芳、王　荣、周　毅、杨　艳、郭海朋、王海刚、罗　郧、王新惠、田苗壮	一等奖
10	矿产资源潜力评价数据模型方法技术体系	中国地质调查局发展研究中心、四川省地质调查院、中国地质大学（武汉）、广东省佛山地质局、广东省地质调查院、中国地质调查局西安地质调查中心、中国地质调查局武汉地质调查中心、安徽省地质调查院、中国地质调查局南京地质调查中心、中国地质调查局天津地质调查中心	左群超、杨东来、文　辉、汪新庆、王成锡、宋　越、周顺平、邓　勇、李文胜、李　林、胡海风、肖志坚、陈安蜀、何翠云	一等奖
11	1:100 万（E49）海南岛幅海洋区域地质调查	广州海洋地质调查局	陈泓君、彭学超、黄永健、孙桂华、钟和贤、汪　俊、张金鹏、李丽青、温明明、张江勇	二等奖
12	长江口以北沙泥质海岸带地区环境地质调查与评价	青岛海洋地质研究所	刘　健、孔祥淮、周良勇、陈　斌、胡　刚、徐　刚、王　红、夏　宁、蓝先洪、毕世普	二等奖
13	中南地区矿产资源潜力评价	中国地质调查局武汉地质调查中心	潘仲芳、魏道芳、谢新泉、赵小明、杨晓君、曾春芳、陈希清、邹先武、李　林、崔　放	二等奖

续表

序号	成果名称	主要完成单位	主要完成人员	等级
14	福建建瓯–南平地区矿产远景调查	福建省地质调查研究院	王文兵、王芳华、王衍勋、吴求仁、杜建文、邹山进洪、余根锌、雷玉平、陈贻真、周延召	二等奖
15	海洋地质数据库	青岛海洋地质研究所	魏合龙、戴勤奋、苏国辉、何书锋、林峰、孙记红、王圣洁、刘京鹏、姚长新、周连成	二等奖
16	湖南省矿产资源潜力评价	湖南省地质调查院	贾宝华、黄革非、孙海清、唐分配、罗小亚、黄建中、陈俊、苏正伟、邓延林、李胜苗	二等奖
17	湖南新田县土地质量地球化学评估	湖南省地球物理地球化学勘查院、湖南省地质调查院、湖南省地质科学研究院	骆检兰、苏正伟、黄逢秋、张建新、刘耀荣、吴金华、刘显丽、朱丽芬、鲁江、王欢欢	二等奖
18	广西扶绥–崇左地区铝土矿调查评价	广西壮族自治区地质调查院	吴天生、罗立营、苏策励、梁裕平、李小林、张启连、陈粤、黄昌先、陈上仁、黄国民	二等奖
19	典型矿山地质环境监测关键技术研究	中国地质调查局水文地质环境地质调查中心、重庆地质矿产研究院、湖南省地质环境监测总站	张青、史云、史彦新、蒋凡、姚光华、孟宪玮、赵学亮、张晓飞、郝文杰、涂昌鹏	二等奖
20	南黄海海相中–古生界油气勘查方向	青岛海洋地质研究所、中国地质调查局、中海石油（中国）有限公司、中国石油化工股份有限公司、上海海洋石油局第一海洋地质调查大队	张海啟、赵洪伟、米立军、郭齐军、郭洪周、李慧君、梁杰、温珍河、胡建国、吴志强	二等奖
21	危机矿山勘查项目实物地质资料采集与成果集成应用	国土资源实物地质资料中心	李寅、刘凤民、夏浩东、舒斌、任香爱、刘晓文、张立海、吴海、易锦俊、李树才	二等奖
22	湖南铜山岭地区锡多金属矿远景调查	湖南省地质调查院	曾永红、李福顺、曾志方、易志军、胡绪云、秦志伟、何立斌	二等奖
23	贵州省区域地质志	贵州省地质调查院	代传固、王雪华、陈建书、王敏、卢定彪、秦守荣、张明发、林树基、焦惠亮、王立亭	二等奖
24	沈阳市浅层地温能调查评价	中国地质调查局沈阳地质调查中心	都基众、杨泽、于慧明、李霄、崔健、金洪涛、张梅桂、郭晓东、李旭光、蔡贺	二等奖
25	新疆西昆仑岔路口–甜水海地区地球化学找矿研究与潜力评价	新疆维吾尔自治区地质调查院、新疆维吾尔自治区地质矿产勘查开发局地球物理化学探矿大队、新疆维吾尔自治区地质矿产勘查开发局第十一地质大队、新疆维吾尔自治区地质矿产勘查开发局第一区域地质调查大队	周军、任燕、谢渝、张建奎、李胜伟、穆利修、李咸阳、赵森、尹得功	二等奖

三、2015年度地质科技十大进展评选

2015年12月开展了“地质科技十大进展”的评选。经来自国土资源部、科技部、中国科学院、国家自然科学基金委员会等多家单位的38位院士、专家和用户代表投票，“神狐及其邻近海域天然气水合物资源勘查取得重大突破”等10项成果脱颖而出。本次评选的“地质科技十大进展”集中代表了2015年度中国地质调查和地学研究的重要进展，这些地质科技成果在解决资源环境问题和基础地质问题、实现转化应用和有效服务、推动科学理论创新和技术方法进步、促进人才成长和团队建设等方面成效显著，发挥出科技支撑引领找矿突破、服务生态文明建设的作用，对社会各界了解中国地质行业为国民经济发展所作的贡献、对提高地质行业的社会认知度起到积极作用。2015年度地质科技十大进展简介如下：

（一）神狐及其邻近海域天然气水合物资源勘查取得重大突破。

广州海洋局杨胜雄、梁金强教授级高级工程师带领的“海域天然气水合物资源勘查”团队在地质调查项目资助下，坚持技术方法和基础理论创新，针对中国南海天然气水合物资源的赋存地质条件，形成一套适合南海特点的天然气水合物资源高精度勘查、评价和预测技术体系，总结南海天然气水合物成藏模式，创造性地提出南海天然气水合物成藏理论。2015年在神狐及其西部邻近海域，通过钻探及海底表层取样，均获取了天然气水合物样品，取得了天然气水合物资源勘查重大突破，进一步验证和丰富了南海天然气水合物成藏理论，推动了科学理论创新和技术方法进步。其中，在神狐海域共实施23口探井钻探，均发现天然气水合物，圈定矿藏面积128 km^2，控制资源量超过$1500 \times 10^8\ m^3$，相当于海上超大型油气田规模。圈出10个规模较大的矿体，其中2个大型矿体探明储量高达$400 \times 10^8\ m^3$，为海域天然气水合物试采提供了重要参考靶区；首次发现了Ⅱ型天然气水合物，对指导深部油气勘探具有重要意义。在神狐西部邻近海域，利用自主研发的“海马号”非载人遥控探测潜水器首次发现海底活动性“冷泉”（命名为“海马冷泉”区），并在“海马冷泉”区利用重力取样器在海底表层成功获取块状天然气水合物实物样品，对后续天然气水合物钻探部署具有重要意义，同时更好地引领和推动中国海域冷泉地质与生态环境的研究，具有重要的资源和科学创新意义。项目实施过程中锻造培养了一支海域天然气水合物勘查研究团队，该团队入选第一批国土资源科技创新团队，1人被授予“李四光学者”（卓越地质人才）；同时还锻炼和造就了一支以“海马号”为支撑平台的海洋地质勘查技术研发与应用科技创新团队，1人被授予地调局杰出青年。

（二）武陵山复杂构造区古生界海相油气实现重大突破。

油气调查中心翟刚毅、包书景带领的页岩气团队在地质调查和战略选区项目资助下，联合贵州国土资源厅、成都地调中心、贵州黔能页岩气开发有限责任公司和贵州地调院，运用地质与地球物理一体化方法，系统对中国南方古生界油气形成富集条件进行了详细调查和深入研究，在武陵山矿权空白区评价优选了黔北安场向斜油气有利区，并结合地震资料精细处理解释，在保存条件好的向斜西翼部署实施安页1井。安页1井在二叠系栖霞组见到良好油气显示；在志留系石牛栏组钻遇高压气层，裸眼中途测试最大初始产量$42.01 \times 10^4\ m^3/d$，平均产量$9.50 \times 10^4\ m^3/d$，实现了武陵山地区油气重大突破。安页1井钻探验证了残留向斜常规油气成藏模式，即残留向斜不但具有连续性的页岩气形成富集条件，也可通过压性断裂和岩性遮挡形成常规油气藏，属于新区、新层系、新类型重大发现和突破，开辟了南方油气勘查新领域。安页1井为贵州省首次常规天然气发现，且邻近中国石化南川、彭水区块和页岩气中标企业矿权区，这一突破将有效带动该区油气勘查工作，促使油气公司、页岩气中标企业加大勘查投入，为黔北贫困区经济发展带来新机。项目实施过程中初步建成了年龄结构合理、专业齐全、潜心研究、勇于创新的页岩气资源科研团队，团队中1人入选国土资源科技领军人才，3人入选国土资源杰出青年科技人才。

（三）创新引领准噶尔盆地砂岩型铀矿找矿取得历史性突破。

天津地调中心金若时团队在地质调查项目和973计划项目资助下，联合中煤地质总局特种技术勘探中心、新疆地勘局第九地质大队、新疆煤田地质局，瞄准国家能源重大需求，以“大盆地、大砂体、大规模成矿作用成大矿”的创新思路，将准噶尔盆地调整为重点工作区。依据砂岩型铀矿地质特征及煤田钻孔测井资料，建立了以煤田资料“二次开发”为主线的砂岩型铀矿快速勘查评价技术方法体系，并广泛应用于铀矿资源调查工作中，钻孔见矿率大于70%，取得了显著的找矿效果。在盆地北部、东部发现多处工业矿体，并首次在准噶尔盆地侏罗系中统头屯河组发现大型远景规模的矿产地1处，取得了新地区、新层位铀矿找矿的重大进展，改写了该盆地20年来未取得砂岩型铀矿突破的历史。同时进一步深化了对砂岩型铀矿成矿理论的认识，提出了砂岩型铀矿成矿作用为富铀氧化流体与还原性流（气）体耦合作用，矿体赋存于强还原剂与富铀氧化流体作用形成的相对还原环境地段。新认识、新突破进一步引领了准噶尔盆地铀矿工作部署，为国家级铀矿重点调查评价区规划提供了重要依据。项目实施过程中培养了一支多学科综合性的铀矿科研团队，该团队被评为“全国国土资源管理系统先进集体”。

（四）科技创新引领找矿突破——中国首例千万吨级斑岩-浅成低温热液型铜（金银）矿床诞生。

矿产资源所唐菊兴研究员团队在地质调查、企业委托、国家公益性行业专项等项目资助下，联合西藏地勘局第五地质大队、中铝矿产资源有限公司、成都理工大学、地质力学所，开展产学研结合，在条件极其艰苦的藏北阿里地区，经过3年的艰苦会战，全力促进多龙整装勘查区找矿突破。研究了多龙地区成矿地质背景和找矿方向，查清了成矿规律和资源潜力，明确了高硫化型浅成低温热液-斑岩型矿床的主攻矿床新类型，提出了铁格隆南矿床中浅部浅成低温型矿体叠加在中深部斑岩型矿体之上的新认识。通过找矿实践，研发了野外快速勘查评价技术方法组合，开展了斑岩成矿系统深部找矿示范，完善了青藏高原矿床成矿系列，创新了西藏斑岩-浅成低温热型矿床的勘查模型。在创新理论的支撑下，引领中铝矿产资源公司和西藏地勘局勘查评价了中国首例千万吨级浅成低温热液-斑岩型矿床——铁格隆南铜（金银）矿床（1098万吨，Cu 0.53%），预测铜远景资源量超过1500万吨，结束了西藏没有超大型高硫浅成低温热液-斑岩型铜（金银）矿床的历史，开辟了找矿新方向。项目实施过程中建立了一支西藏重要成矿带固体矿产勘查评价创新团队，团队中1人被授予“李四光学者”（卓越地质人才），1人被评为2015年全国先进工作者，1人入选2015年青年千人计划，1人获青年地质科技奖银锤奖。

（五）首次揭示南极大陆岩石圈三维整体格架。

地质力学所安美建、赵越研究员团队在国家自然科学基金、中国国际极地年、国家极地专项、地质调查等项目资助下，在国际极地年旗舰项目多国联合工作中，历经数年技术研发，使用美、中等国家在气候环境极端恶劣的南极内陆高原获得的最新观测数据，在国际上首次获得了南极板块高精度岩石圈三维结构，查明了南极大陆整体构造格架，解决了南极重要的基础地质问题，发现了20 Ma俯冲到南极半岛之下的板片残余，揭示了东南极山系是冈瓦纳超大陆最后聚合形成时的缝合带，促进了全球板块构造理论体系的健全和发展，主要成果发表在《地球物理研究杂志》（JGR）、《南极科学》（Antarctic Science）等国际核心期刊，在国际上产生了重要的学术影响，提高了中国在南极事务中的影响力。在与国际一流科学家竞争与合作的联合研究中，造就了一支具有国际影响力的、创新能力突出的研究团队。

（六）全国耕地地球化学状况首次发布。

物化探所成杭新研究员团队在地质调查项目资助下，历时15年组织全国77家单位10万余人次，开展土地地球化学调查，对中国耕地地球化学总体状况作出重大判断。2015年6月25日正式发布《中国耕地地球化学调查报告（2015年）》，产生深远影响。在已调查的13.86亿亩耕地中，无重金属污染耕地面积12.72亿亩、富硒耕地5244万亩、重金属中-重度污染面积3488万亩，同时东北黑土地有机质明显下降，南方耕地酸化和北方耕地碱化趋势加剧。调查过程中形成了土地质量地球化学调查、评价、监测、预警系列技术规范，提出并推动了生态地球化学理论和学科的建立和快速发展，实现了勘查地球化学理论的原始创新，在技术方法上取得重大突破。调查成果更好地服务土地资源管理，支撑国家土壤环境保护重大政策法规的制定；富硒等特色耕地资源已得到初步开发，成为地方经济发展的增长点。项目实施过程中建立了一支25人的地球化学调查研究团队，其中1人被授予杰出地质人才，1人被评为全国国土资源管理系统先进工作者，有力支撑了全国土地质量地球化学调查和区域化探工作的实施。

（七）西南石漠化综合治理技术创新驱动火龙果生态产业跨越式发展。

岩溶地质所蒋忠诚、马祖陆团队在国家科技支撑计划和地质调查项目资助下，联合航遥中心和中国科学院广西植物研究所，创新了石漠化区水土漏失理论及水土联合调控模式，研发了石漠化遥感调查与地面监测评价技术方法，查明了21世纪以来国家石漠化综合治理工程取得的进展和问题，提出了国家第二期石漠化治理建议。在广西果化等地开展了石漠化综合治理试验，创建了石漠化区表层岩溶水复合蓄引生态调控技术、不同水土漏失环境下的景观生态型土地整理技术、岩溶土壤火龙果栽培管理系列技术。年开发利用岩溶水资源5万多立方米，保障了居民饮用水安全；防治水土漏失的土地整理8000亩，水土漏失得到根治；本土植物霸王花成功授粉长出火龙果，火龙果生态产业实现了由试验到产业化的转变，辐射带动周边20多万农民脱贫致富。项目实施过程中形成了30人的岩溶生态与石漠化治理研究创新团队，团队中1人入选国土资源科技领军人才，1人入选国土资源杰出青年科技人才，1人入选广西杰出青年人才。

（八）创新地下水保障能力评价理论服务国家粮食安全战略。

水文环境所张光辉团队在地质调查项目资助下，联合中国农业大学、核工业航测遥感中心，围绕国家粮食安全战略实施的需求，创新关键技术，查明了中国东北、黄淮海平原和长江流域的国家粮食主产区范围、井渠密度分布状况、农作物布局结构与播种强度及其灌溉用水对地下水的依赖程度，揭示了农业超采区地下水位“强降—弱升”规律。在破解黄淮海平原地下水超采与气候、农作物播种强度、陆表水文和地下水资源状况的互动机制基础上，创建了适宜中国粮食主产区的地下水保障能力评价理论与方法，并首次阐明了中国粮食主产区地下水保障能力状况，指明了黄淮海平原耗水农作物需重点优化调整范围和程度以及缓解农业超采地下水对策，为国家粮食安全战略决策和针对性解决华北农业超采地下水问题提供重大科学依据，拓展和丰富了中国区域地下水评价理论。项目实施过程中形成了一支地下水资源综合评价与开发利用科技创新团队，团队中1人入选国土资源科技领军人才，1人获“省突出贡献中青年专家”和“黄汲清地质科技奖”，1人获“省直青年五四奖章标兵”。

（九）大口径同径长钻程超千米连续取心和单回次进尺创钻探世界纪录。

勘探技术所张金昌、王稳石研究员带领的松科二井团队在地质调查项目资助下，突破科学钻探沿袭的“小径取心、大径扩孔”工程套路，在松科2井2826～4500 m三开井段，创造φ311 mm口径连续取心和单回次进尺超30 m两项钻探世界纪录。取心进尺累积达1241.04 m，岩心直径达φ214 mm，平均岩心采取率达98.67%。本次钻探为国内外首次实现大口径井段“同径取心、一径完钻”和“三筒联装长回次钻进”，大幅度提高了深部大口径井段的综合钻探效率、有效回避了扩孔作业风险，为松科2井三开井段压缩施工周期最少4个月，节约钻探成本近千万元，对支持深部资源与环境研究、提升中国岩心钻探国际学术和技术地位、示范指导国内外深部钻探技术设计和工程实践产生重大影响。形成具有自主知识产权的深部大口径岩心钻探技术体系，为中国深部地壳探测工程和超万米科学钻探储备了技术方法。项目实施过程中打造了一支平均年龄约30岁的深部钻探研发和管理团队。

（十）长羽毛恐龙及翼龙研究取得新发现。

地质研究所吕君昌研究员团队在国家自然科学基金项目及地质调查项目等资助下，联合河南省地质博物馆、英国爱丁堡大学等单位，在江西赣州地区晚白垩世地层中发现了新的窃蛋龙类化石——赣州华南龙，为研究窃蛋龙类恐龙的颅面演化、古地理分布及古生态环境提供重要信息；在辽西早白垩世地层中发现了大型的、短前肢的新驰龙类恐龙——孙氏振元龙，首次为大型、短前肢类型的驰龙类提供羽毛形态学方面的重要信息，为研究驰龙类的多样性、鸟类羽毛以及飞行起源提供了重要依据；在辽西发现的喙嘴翼龙类翼龙——朝阳东方颌翼龙，为该地区晚侏罗世地层中发现的第一件翼龙标本，不仅填补了时代上的空白，同时对于印证晚侏罗世喙嘴龙类的辐射演化具有重要作用。这些重大发现对于研究古生物学中的窃蛋龙类的演化、驰龙类羽毛演化及鸟类羽毛起源等热点与难点问题提供了重要的参考依据，尤其在建立新属种的基础上，首次提出赣州恐龙动物群的概念，对于研究该地区古生物物种的系统演化、古地理分布与其他动物群对比等具有重要的指导意义。项目实施过程中培养了一支在恐龙化石调查和研究、挖掘和修复方法与技术日趋成熟的科技创新团队。

四、地质调查项目成果登记

截至2015年底，共完成了333项地质调查项目成果登记，其中298项在地质调查项目运行监管系统中进行了申报，35项因涉密等原因仅进行了线下纸质材料登记。登记成果涉及17个局直属单位、26个省级地调院、9个省级环境监测站、16个行业地勘单位、4个院校及8个其他单位。已登记成果的专业领域分别为基础地质领域100项（占33.56%）、矿产地质领域87项（占29.20%）、水工环地质领域32项（占10.74%）、综合79项（占26.51%）。从登记成果的具体表现形式上看，登记矿产地341处，异常1642处，地层、古生物、矿物等新发现269个，成果报告、研究报告658份，图件5932幅，论文1054篇，著作51部，标准规范115个，软件42个，数据库106个，仪器设备44件，新材料2件，新技术新工艺18件，专利21项，其他成果30项。

（邢丽霞　刘　宏）

地质调查进展与成果

陆域能源矿产地质调查

中国地质调查局资源评价部

一、常规能源

（一）贵州遵义地区安页1井获油气页岩气重大突破。

安页1井位于贵州省北部遵义市正安县安场镇，构造上属四川盆地东缘武陵褶皱区安场向斜西翼南段，属油气（页岩气）探矿权空白区。该井设计井深2184 m，目的层为志留系龙马溪组—奥陶系五峰组页岩气，兼探二叠系栖霞组—茅口组常规天然气。

安页1井一举获得二叠系栖霞组、志留系石牛栏组和五峰－龙马溪组、奥陶系宝塔组“四层楼”式天然气、页岩气重大突破。其中，石牛栏组含气地层累计厚68 m，经压裂获超过10×10^4 m^3/d的高产稳产工业气流。

（二）松辽外围盆地群火山岩覆盖区多口调查井见油气显示。

2015年，按照“西进山、东进盆，扩大侏罗系油气勘探前景”的思路，在松辽盆地外围实施了多口地质调查井，均见到良好油气显示，有望再获油气新发现。

秀水盆地南部秀D1井钻遇良好油气显示，其中300～530 m、670～760 m之间气测异常显示活跃；700～760 m，气测异常较高，最高达到8%，泥浆槽面见明显的油花。荧光级油气显示累计厚度72.83 m，油斑和油迹级油气显示累计厚度达240.68 m，油浸级别油气显示达17.56 m。秀D1井在346m处见到黑色黏稠的稠油，在440 m之后见到黄色、褐黄色轻质油。

扎鲁特盆地陶D1井钻遇大套厚层状暗色泥岩，在429.5 m处砂岩中的方解石脉裂隙中可见荧光级别油气显示。现场气测结果显示，井深增加，气测值有明显增大的趋势，在井深584 m处见最大异常值为2.06%。页岩气现场解析结果表明，241.6 m处页岩中页岩气含量为0.21 m^3/t。松辽盆地西部斜坡高力板凹陷高D1井在巨厚层火山岩盖之下的862.55 m火山碎屑岩与泥岩段，钻遇可燃气体，其中甲烷含量39.67%～55.5%、氮气含量43.39%～59.2%、二氧化碳含量0.7%～1.14%，具有较好的油气资源前景。牛营子盆地牛D1井，在342～356 m之间含砂质条带白云岩裂隙中见油浸－富油级油气显示，356～365 m为油斑－荧光级油气显示。

（三）鄂尔多斯盆地东南部奥陶系碳酸盐岩领域油气调查新突破。

鄂尔多斯盆地东南部实施的宜参1井，完钻层位寒武系三山子组，完钻井深3200 m。该井对三叠系延长组、二叠系山西组、奥陶系马家沟组3套主要目的层系都进行了系统取心，是盆地东南部取心层位最全的钻井。在奥陶系、石炭－二叠系、三叠系均取得了良好油气显示。综合分析各含气显示层段的电性、物性和含气性等方面因素，优选马五12（厚度2.8 m）和马五13（厚度1.9 m）层段进行酸化压裂试气，无阻产量最高产气量3.7×10^4 m^3/d。

（四）羌塘盆地半岛湖地区二维地震攻关取得重大进展，识别出大型圈闭构造。

在半岛湖区块北部完成了6条地震测量线，清晰识别出一个大型地腹构造。初步解译推测该构造圈闭面积大于100 km^2，闭合高度大于1000 m；圈闭内有上侏罗统索瓦组、中侏罗统夏利组—布曲组及上三叠统藏夏河组等3套生储盖组合，是目前羌塘盆地油气有利区发现的最大圈闭构造。

（五）河套盆地钻遇太古宇潜山含油层，有望获得工业油流。

在河套盆地吉兰泰坳陷部署的庆浅1井，于井深251 m起见油气显示，累计含油级厚度4.04 m，油斑级厚度28.39 m。383.4～397.5 m井段泥浆槽面原油显示达50%以上。

二、非常规能源

（一）鄂西宜昌地区常规天然气、页岩气均获重要新发现。

在鄂西宜昌地区实施的宜地2井，开孔层位为白垩系石门组，设计井深1500 m。完钻层位震旦系灯影组顶部，完钻井深1806.97 m。

在钻至787～870 m覃家庙组下段黑色泥质白云岩时气显强烈，甲烷最高含量达到0.8%，全烃最高含量可达0.9%。在钻至1342 m寒武系天河板组下段的深灰色角砾状灰岩时，见良好气显示，泥浆槽面见有大量气泡，气测全烃含量高达9%，成分为甲烷，放喷点火成功，火焰高度2～3 m。在钻至1668.5 m寒武系水井沱组黑色页岩时见强烈气显，并在水井沱组下段获得连续优质烃源岩70 m，现场解析气量最高达到3.6 m^3/t，显示了该地区页岩气勘探的潜力。

（二）陕西汉中地区寒武系页岩气获得重要发现。

镇地1井位于陕西省南部汉中市镇巴县永乐镇潘家坡村，构造位置位于米仓山、大巴山交界处。该井钻至1664.93 m下寒武统水井沱组黑色页岩地层时，全烃值和甲烷值出现异常并持续上升。井深1698.79 m处，全烃异常值蹿升至9.958%，甲烷异常值蹿升至6.389%。岩心浸水试验气泡极其剧烈（部分岩心入水成翻滚状），1702 m岩心现场解析气高达2.9 m^3/t。

（三）山东西南地区获良好页岩油显示。

汶页1井位于山东泰安市岱岳区房村镇，构造上处于鲁西南地区汶东凹陷中部，该井设计井深1500 m，目的层为下古近系大汶口组中上段富有机质泥页岩。

汶页1井大汶口组中上部为钻探主要目的层段，经测试该段总有机碳含量平均为2.5%，主要分布区间为1%～3%，干酪根类型以I型和II1型为主。本井油气显示活跃，含油层段主要分布于396.86～1028.40 m处，共计93层，单层最大厚度13.61 m，累计厚度202.84 m。含油层段集中分布在440～560 m和700～800 m，主要含油岩性为富有机质含油页岩及泥灰岩，产出状态主要为页理含油（182.25 m），少量为裂隙含油。45件岩心样品进行了含油率测试，平均含油率4.19%，最高达到30%；其中22件样品含油率在2%以上，部分页岩岩心可直接点火燃烧。含油层段的岩性组合、油气显示和含油率等各种证据表明该地区页岩油前景良好。

（马飞宙　汪大明）

重要矿产资源调查

中国地质调查局资源评价部、基础调查部

一、战略新兴产业矿产

（一）四川甘孜甲基卡新增锂辉石矿达大型规模。

2015年以X03矿脉南部地区为重点，开展了地质填图、物探、化探、遥感等工作，新发现6条锂辉石矿脉。其中，X10矿脉走向近南北，推断长约600 m，ZK2901孔见矿厚22.56 m，岩心样和捡块样分析Li_2O品位高达2.07%。在2014年底累计探获锂辉石矿（Li_2O）资源量64.31万吨的基础上，累计探获锂辉石矿（Li_2O）资源量88.55万吨。

（二）河南西峡地区圈定2个石墨找矿靶区。

杜落庄－黑山寺沟石墨矿找矿靶区：在区内发现9条石墨矿化体，矿体赋存在雁岭沟组的钙质石墨片岩或石墨大理岩中，顺层产出，呈似层状、透镜体状，矿化体长度560～1560 m，厚度0.98～17.44 m，固定碳品位3.26%～26.60%。经初步估算，探获（334_1）石墨矿资源量175.73万吨，固定碳平均含量9.31%，有望提交一处大型晶质石墨矿产地。

韭菜沟石墨矿找矿靶区：在区内发现1条石墨矿化体，矿体赋存在钙质石墨片岩或石墨大理岩中，顺层产出，呈似层状、透镜体状，矿化体长度1640 m，厚度7.38～17.70 m，固定碳含量5.87%～10.37%。经初步估算，探获（334_1）石墨矿资源量43.07万吨，固定碳平均含量8.86%。有望提交一处中型晶质石墨矿产地。

（三）内蒙古苏尼特左旗呼热图音发现超大型萤石矿床。

呼热图音萤石矿床由两个大型脉状矿体构成，赋存于近南北向断裂破碎带内，矿体围岩主要为上石炭统宝力高庙组火山岩，岩性为灰红色流纹质熔结凝灰岩和灰红色流纹质晶屑凝灰岩。矿体北侧出露晚石炭世中粗粒正长花岗岩。萤石矿化断裂破碎带出露长度大于 2000 m，宽 50 ~ 250 m。走向 5° ~ 15°，倾向 95° ~ 105°，倾角 75° ~ 85°，通过地表 14 个探槽工程控制，在萤石矿化断裂破碎蚀变带中圈定两个萤石矿体，估算资源量 2076 万吨，其规模已达超大型矿床。如果矿体在走向和倾向上得到有效控制，萤石矿床规模将成倍增大。

二、黑色金属

新疆西昆仑玛尔坎苏地区发现大型优质富锰矿带。

西昆仑玛尔坎苏锰矿带位于帕米尔高原克孜勒苏柯尔克孜自治州阿克陶县木吉乡，大地构造位置位于西昆仑与西南天山接合部位，出露于玛尔坎苏断陷盆地。经过公益性及商业性勘查，目前该成矿带发现一批锰矿床（点）。

通过路线地质调查、槽探揭露等手段，在奥尔托喀讷什锰矿东部邻区发现苏萨尔布拉克、博托彦和托库孜布拉克锰矿点。苏萨尔布拉克锰矿点已圈定区内富锰矿体长约 500 m，分上下两层矿：上层矿厚 0.5 ~ 0.8 m，锰品位约 35%；下层矿厚 1.2 ~ 2.5 m，目估锰品位约 35%，富锰矿向东尖灭。博托彦锰矿点矿体长 400 m，厚 1.5 ~ 2.0 m，锰品位达 35% 以上。托库孜布拉克锰矿点矿体长约 200 ~ 500 m，厚 1.0 ~ 7.0 m，锰品位约 32%。

通过综合研究，提出了西昆仑地区锰矿带受上石炭统碳酸盐岩建造层位控制及背斜控矿的新认识，认为富锰矿带含矿层位稳定，富锰矿体在背斜或倒转向斜两翼产出，东西长达 65 km，向西延至塔吉克斯坦，资源潜力巨大。

三、有色金属

南疆木孜塔格地区发现多个锑金矿找矿靶区。

在回风口、屈库勒克一带累计新发现锑、金、铜等多金属矿（化）点共计 16 处，已发现风帘山锑矿点、枯水湖南锑矿点、屈库勒克东金（锑）矿和屈库勒克南金（锑）矿等。风帘山锑矿初步划分出 5 条矿脉，Ⅰ号脉体平均宽约 15 cm，地表长 300 m 以上。其余脉体宽约 10 cm，延伸长度小于 60 m，见有锑华矿化及辉锑矿化。枯水湖南锑矿划出 1 条主矿脉，平均宽约 25 cm，地表长约 600 m。屈库勒克地区新发现屈库勒克东金（锑）矿和屈库勒克南金（锑）矿，有望达到中型规模。屈库勒克东金（锑）矿圈出金矿体 12 条，锑矿体 1 条，金品位 $1.14 \times 10^{-6} \sim 125.16 \times 10^{-6}$，平均品位 5.8×10^{-6}，锑品位 36.4% ~38.9%。屈库勒克南金（锑）矿共圈出金矿体 2 条，金矿体宽度 1 ~ 16 m，长约 600 ~ 650 m，金品位 $0.95 \times 10^{-6} \sim 15.05 \times 10^{-6}$，平均品位分别为 4.52×10^{-6} 和 3.15×10^{-6}。

四、研究成果

（一）*地层古生物*。

罗平生物群新发现一批节肢、鱼类和牙形石新属种。通过详细填图进一步扩大了罗平生物群空间分布范围，将化石层位下延至二叠系—三叠系界线，往上延伸到晚三叠世卡尼期，形成了从二叠纪末生物大灭绝到三叠纪中晚期生物复苏的完整演化链条。成果为罗平国家地质公园建设提供了核心技术支撑。建成国土资源部罗平野外观测研究基地，成为化石保护、科普宣传、教学实习、综合研究示范基地。

通过牙形石研究，首次在藏北地区发现连续沉积的海相二叠系—三叠系界线（PTB）地层文布当桑剖面。建立了两种重要牙形石生物地层序列，从生物地层学角度证实冈底斯北部存在晚二叠世海相沉积地层。新建晚二叠世文布当桑组岩石地层，为青藏高原区域地层对比和沉积古地理演化研究提供重要资料。

将埃迪卡拉系古生物化石研究成果成功应用于年代地层划分。据化石分布建立两个化石组合，利用其标准化石的始现及绝灭，初步建立了埃迪卡拉纪年代地层格架。

确认汉高山群不整合于太古宇界河口群之上，为长城系底界的确定和华北陆块古元古代—中元古代地层格架的建立提供了重要依据。

（二）*岩石*。

在赣东北蛇绿混杂岩带中新发现约 800 Ma 高镁安山岩，表明当时双溪坞弧尚未拼贴到扬子东南缘，扬子与华夏地块尚未发生碰撞。浙江龙游地区超高压变质榴闪岩的发现和变质时代厘定，反映出扬子和华夏地块的碰撞应发生于加里东期，而非以往普遍认为的晋宁期。上述新发现为重建华南大地构造演化史、研究钦杭成矿带的区域成矿地质背景，具有重要意义。

发现胶北地体存在 5 期岩浆事件与 2.55 ~ 2.50 Ga与 1.95 ~ 1.80 Ga 两期高级变质事件，进一步确定华北克拉通辽河群各岩组间为构造接触，为建立华北克拉通东部陆块重大地质事件群提供新的科学素材。

在苏鲁超高压变质带识别出古元古代超高温泥质麻粒岩，表明扬子板块北缘经历了古元古代增生造山作用。在桐柏发现含假蓝宝石基性麻粒岩，表明可能存在商丹洋洋脊俯冲。

（三）*构造*。

首次确定扬子北缘存在增生杂岩。在鄂西北竹山－竹溪地区识别出“竹山构造混杂带”，由一套不同时代与岩性的基质和岩块组成，岩块间断层接触，具有增生杂岩特点。在大洪山地区厘定出被动陆缘、洋盆与岩浆弧构造环境的岩石组合，建立了大洪山晋宁期造山带构造格架，提出了该区新元古代构造演化和成矿地质背景的新认识。

查明浙江陈蔡岩群属于早古生代俯冲增生杂岩，发育洋岛海山组合等洋盆地层系统，并经历了扬子与华夏地块陆陆碰撞期间的强烈变质变形，为研究华南大地构造演化提供了新素材。

（四）特殊地质地貌区地质填图试点。

开展西部戈壁荒漠和东北森林草原浅覆盖、东部平原深覆盖、西南天山高山峡谷、乌蒙山岩溶、南方强风化层等特殊地质地貌区地质填图试点，总结了不同类型区填图技术方法组合，初步编制了浅覆盖区、深覆盖区和高山峡谷区地质填图工作指南。

（马飞宙　李永胜　石显耀　毛晓长　沙志彬）

重要经济区与城市群综合地质调查

中国地质调查局水文地质环境地质部

一、京津冀一体化协同发展区地质保障工程

1. 编制《支撑服务京津冀协同发展地质调查报告（2015年）》，服务京津冀协同发展宏观决策。分析总结了京津冀协同发展的有利资源环境条件和重大地质问题。结果表明：①根据地下水资源调查报告，确定京津冀地区地下水可开采资源量 $1.88\times10^{10}\ m^3/a$，地下淡水质量总体较好，可作为支撑京津冀地区经济社会持续发展和城乡生活用水的主要供水水源。同时确定京津冀平原区地下水超采量 $1.80\times10^9 m^3/a$，其中深层地下水超采面积占平原区面积68%，诱发了地面沉降等地质灾害。②根据耕地地球化学调查报告，确定京津冀地区调查的99%以上耕地无重金属污染，富硒耕地189 300 hm^2、绿色优质耕地 $1.32\times10^6\ hm^2$，有利于发展生态农业和特色优质农业。③浅层地温能和水热型地热能资源每年可利用热量折合标准煤3.43亿吨，可以替代87%的燃煤量，有利于促进节能减排和大气污染防治。④京津冀地区区域地壳相对稳定区面积占85%，场地工程地质条件总体良好。确定区内分布31条主要活动断裂带，可能直接影响城市发展和交通、水利等重大工程规划建设及运行安全。初步调查显示，延庆、崇礼两地冬奥会场馆规划区及周边无制约基础设施建设的重大地质问题。⑤区内分布11 500 km^2 的严重地面沉降区，直接影响城市和重大线性工程规划建设及运行安全。⑥确定燕山－太行山集中连片特困区分布有可供开发利用的地质遗迹240余处，地热田、温泉40余处。建议纳入环首都国家公园规划建设。

2. 编制《关于河北省京津保平原生态过渡带工程规划建议的评价报告》，服务京津保生态过渡带生态环境保护工作。该报告对河北省京津保平原生态过渡带工程规划区土地的质量和地质环境条件进行了综合评价，确定规划区内共有82 400 hm^2 优质耕地，环境地质问题突出的土地264 900 hm^2。其中水土重金属污染，严重区占11%，地下水严重超采且地面沉降问题突出区占48%，地裂缝高易发区占15%，露天采矿地质环境破坏区占8%，河道周边土地沙化区占4%，湿地萎缩区占4%，盐碱地占10%。建议对优质耕地实行严格保护，不宜规划为林地。水土重金属污染区不宜种植农作物，建议规划为成片林地；其他环境地质问题突出区，建议结合环境地质问题治理，进行成片林地开发。该报告已上交国土资源部规划司和河北省国土资源厅，在河北省京津保平原生态过渡带生态用地规划调整中发挥了重要作用，得到部、局领导充分肯定和地调局通报表扬。

3. 1:5万环境地质调查为重大工程建设提供了有效的支撑。对北京新机场建设区、通州重点基础设施规划选址开展工程地质和活动断裂调查，为工程建设提供基础地质资料；编制了《京张冬奥会场区及交通干线规划建设区地质调查专题汇报》，报告详细阐述了京张冬奥会场区及交通干线的主要环境地质问题及资源保障。

4. 查明京津冀地面沉降状况、分析地面沉降发展趋势，为重大工程建设规划提供基础数据，为京津冀地区地面沉降联防联控提供技术支撑。根据地面沉降调查监测资料，截至2015年底，京津冀平原区累计沉降量超过200 mm的面积达64 000 km^2，沉降速率大于50 mm/a的严重沉降区面积达11 500 km^2。地面沉降对高铁等重大线性工程的影响日益严重。2015年已建高速铁路穿越地面沉降速率大于50 mm/a的线路长度115 km，与2012年相比增长了4.8倍。京

沪高铁北京至济南段穿越华北平原4个严重地面沉降中心，2014年沉降速率大于50 mm/a的线路长约58.6 km，2015年约为45.5 km。拟建京沈、京张、京九、京承等高铁需要穿越2015年地面沉降速率大于50 mm/a的线路长度约70 km。

二、长江经济带地质环境综合调查工程

1. 为支撑服务长江经济带发展战略，国土资源部中国地质调查局会同长江经济带11省（市）国土资源部门，系统梳理了以往地质调查成果，对长江经济带国土资源条件和重大地质问题进行了研究。结果表明：①长江经济带耕地、页岩气、地热、锂等资源条件优越，3.00×10^{7} hm^{2}无污染耕地集中分布，拥有3个国家级页岩气开发基地，探明储量5.44×10^{11} m^{3}，每年地热可利用量折合标准煤2.4亿吨，相当于2014年燃煤量的19%，发现亚洲最大的能源金属锂矿床，资源条件有利于发展现代农业、清洁能源产业和战略新兴产业；②长江经济带活动断裂、岩溶塌陷、地面沉降、滑坡崩塌泥石流等重大地质问题，影响过江通道、高速铁路和城市群规划建设，12座拟建的过江通道地质适宜性较差，沪昆高铁19%线路存在地质安全隐患；③土壤酸化、地下水污染、矿山环境地质问题比较突出，影响绿色生态廊道打造，应予以关注。

2. 为进一步促进地质调查成果的转化应用，更好地支撑服务长江经济带规划建设，对已有数百份地质调查成果资料进行了综合分析和系统总结，编制了《长江经济带国土资源与重大地质问题图集》。该图集包括35张图件，从服务城镇与基础设施规划、产业发展规划布局、耕地保护和质量管理、国土开发与生态环境保护、海岸带开发与保护等5个方面提出了地学建议，该图集上报中央财经领导小组办公室118册及提供长江经济带11省（市）国土资源厅（局）应用，获得好评。图集公开版也已上网，并作为地球日宣传材料。

3. 与安徽、浙江、江苏、上海等国土资源厅（局）进行需求对接，共同编制完成了《皖江经济带地质环境综合调查实施方案（2015～2020年）》《浙江国土地质环境综合调查总体实施方案（2015～2020年）》《上海市国土地质综合调查实施方案（2015～2020年）》《苏南现代化建设示范区国土地质综合调查实施方案（2015～2020年）》和《成渝经济区环境地质综合调查项目部署方案（2015～2020年）》等5份实施方案，为下一步地调中心与有关省市全面合作奠定基础。

4. 基本查明长三角地区地面沉降现状。上海、苏锡常、杭嘉湖等地区地面沉降严重，累计沉降量大于200 mm的沉降区面积接近10 000 km^{2}，经多年防治，地面沉降防治工作全面纳入法制化轨道，已经得到了有效控制，沉降速率趋缓，2014年沉降量普遍低于7 mm。

5. 通过对上海大浦东地区1∶5万水文地质调查，新发现深部第Ⅳ承压含水层惠南镇和头桥镇淡水资源遭受咸化污染，确定了各含水层之间沟通区位置，填补了南部地区第Ⅰ承压含水层水文地质调查空白，为地下水资源开发利用和科学管理、应急水源地圈定、工程建设等提供决策依据。通过深基坑降水场地试验，进行工程建设遭受流沙、基坑突涌、腐蚀性影响评价，有关成果已应用于基坑降水工程和轨道交通前期线路规划。

6. 在城市地质调查方面，丹阳小城镇地质调查、嘉兴、台州、重庆、宜宾等城市地质调查和长株潭城市群地质调查3个层次均取得丰硕成果。丹阳小城镇调查建立了三维工程地质结构模型，提交应急水源地和水土质量评价等调查成果，及时服务支撑土地管理、农业生产布局，获市长好评；提出苏州城市开发边界线划定初步方案和宜兴市永久基本农田保护红线划定方案，为新型城镇化科学布局和耕地保护提供了借鉴思路；台州城市地质评价了地下轨道交通工程地质层特征；嘉兴、重庆和长株潭城市群核心区均构建了三维工程地质结构，进行了地下空间开发利用地质环境适宜性评价，为城镇地下工程建设提供了有力支撑。

7. 在潮间带调查方面，创建了潮间带“三段渐进式”地形测绘法并攻克铁板砂潮间带取样技术；编制了大丰港区域陆海统筹规划地学建议图，提出了海上风电路由通道布设、大丰港航道规划建设等建议，盐城地区海岸带地质环境调查与评价成果为“盐城港大丰港区深水航道一期工程”项目报批等重大工程建设提供了重要依据；评价了通州湾小庙洪等重要潮流通道的稳定性，为滩涂围垦、吕四港和通州湾的港航规划建设提出了建议，相关成果已经应用到腰沙滩涂围垦中。在浙东沿海淡水奇缺的三门蛇蟠岛围垦区打出一口出水量达5300吨/天的淡水井，为宁波南部滨海新区应急水源地建设提供保障。

8. 加强科技创新，开展深基坑降排水地面沉降机理与控制关键技术研究。自主研发的土层渗流分层固结变形三轴模拟试验系统，实现了对减压降水过程中土样受力变形的动态模拟与测试；首次开展深基坑减压降水地面沉降防治综合分区研究，综合分区在考虑减压降水目的含水层、地层组合、目的含水层顶、底板埋深等因素的基础上将上海市域划分为24个分区，成为深基坑减压降水地面沉降防治研究的基础分区。

三、泛珠三角地区地质环境调查工程

1. 初步编制《泛珠三角地区地质环境图集》，图集分为5大类共计97张图。其中，需求分析类图16张，基础条件类图13张，国土资源类图25张，地质环境问题类图37张，评价建议类图6张。该成果为泛珠三角地区地质工作深入开展，提升成果水平和服务能力，强化应用打下了坚实基础。

2. 开展珠三角经济区资源环境承载力评价。依托1∶25万和部分地区1∶5万区域调查评价成果资料，根据珠三角经济区资源环境特点，确定土地资源、水资源、地质矿产（含地热资源、地质遗迹资源）、土壤环境、水环境、地质灾害风险等6个专题进行资源环境承载力综合评价，建立了珠三角经济区区域资源环境承载力评价的指标体系和评价模型。

3. 在珠江口内伶仃岛以北的典型地区开展填海造地地质环境适宜性评价试点。评价结果表明，适宜区主要分布在深圳沙井、福永、西乡街办及前海地区沿海区，分布面积276 km^2，占评价区陆地总面积26.9%；较适宜区分布在东莞长安、中山横门岛、珠海唐家湾、广州南沙龙穴岛南侧等地区沿海区，分布面积199 km^2，占评价区陆地总面积19.5%；适宜性差区主要分布在珠海淇澳岛、广州南沙万顷沙南侧及龙穴岛东北侧、深圳蛇口街办、东莞虎门等地区沿海区，分布面积550 km^2，占评价区陆地总面积53.6%。

4. 成果转化应用方面：为海南航天城、东海岛钢铁基地等重大工程提供水资源保障，服务北海地下水利用规划，解决缺水区民生用水。具体为：①实施探采结合，精准服务民生，为干旱缺水区提供安全用水保障。在湛江、防城港、贵港等市的缺水区，探采结合施工水文地质钻探12孔，进尺2350 m，总出水量达23 923 m^3/d，直接为6300多人解决了饮水困难或饮水不安全问题。②为海南文昌国家航天城提供应急供水安全保障。在距离文昌航天城10～20 km内，圈定了月亮湾和东郊2个应急水源地。月亮湾水源地可供最大应急时限为3个月，可开采量10 000 m^3/d，总供水量达900 000 m^3。东郊水源地可供最大应急时限为6个月，最大开采量6365 m^3/d，总开采量1 145 700 m^3。③为湛江市东海岛宝钢钢铁基地建设提供水资源保障。查明了东海岛地下水水源地总补给量为1.68×10^8 m^3/a，允许开采量为1.10×10^8 m^3/a，目前已开采量为5.03×10^7 m^3/a，可增开采量6.00×10^7 m^3/a。项目成果主动服务工程建设，建议按照浅、中、深3个含水层，设计4组计12口井，为钢铁基地顺利落户和试生产提供了可靠的水资源供给保障。

四、丝绸之路经济带境内段综合地质调查工程

1. 初步编制了《丝绸之路境内段国土资源与环境地质图集》，图集包含地质专业和规划服务两类图件68张，涵盖了自然地理，土地资源、矿产资源、水资源、区域稳定性、环境地质问题及规划建议等。

2. 基本查明了关天经济区、西咸新区活动断裂的分布位置，初步评价了其活动性，并开展断裂带触发灾害效应专题研究，提出了不同建设工程的活动断裂安全避让距离，完成了西咸新区地震小区划划分。

3. 围绕海绵城市建设，开展了“三水转化”、中水利用、地下水库调蓄能力专题研究，完善了关中盆地地下水动态监测系统，为“引汉济渭”和“八水润长安”等水景工程可能引发的环境地质问题进行了趋势预测，提出了以规避环境地质问题风险为约束条件的地下水位管控方案。

4. 提出了以吸应力为核心的黄土水敏性力学机制理论，弥补了中国非饱和黄土特性理论研究的短板，在此基础上，申请并获批了自然科学基金重点项目“黄土水敏性力学机制及致滑机理”（编号：41530640）。

5. 发展了基于渐进破坏机制的黄土斜坡稳定性分析理论，初步建立了基于不同含水率的黄土地质灾害早期识别、风险评估、实时监测、快速预警和高效处置一体化技术体系，为中国黄土地区地质灾害早期识别和监测预警提供科技支撑。

6. 开展山区城镇地质灾害调查与风险评估示范，完善相关技术标准，实现技术引领。编制了《1∶1万山区城镇地质灾害风险评估规范》，为新型城镇化建设提供科学依据，为中国未来1∶1万山地城镇地质灾害调查与风险评估工作提供理论与技术支撑。

（邢卫国　胡秋韵）

地质灾害防治与地质环境保护支撑

中国地质调查局水文地质环境地质部

一、重要活动构造与区域工程地质调查工程

聚焦国家重大工程规划与新城镇化建设的活动断裂和内动力地质灾害等问题，开展相关的地质调查和评价研究工作，为川藏铁路和中巴经济廊带选线选址、活动构造带地震地质灾害风险评估、应急地质调查（特别是“4.25”尼泊尔地震地质灾害）等提供了重要地质依据和技术支撑。

1. 活动构造方面：在遥感解译、野外调查和综合梳理前人资料的基础上，初步编制了青藏高原东部活动断裂分布图，新发现和厘定了多条全新世活动断裂的位置和活动习性，为内动力地质灾害研究提供了重要基础。

2. 地震地质灾害方面：①在活动断裂和历史地震分析的基础上，梳理了南北构造带具有潜在地震滑坡危险的重要城镇。初步结果表明，在45个地级市中，6个潜在地震滑坡危险性高，21个危险性中等，在317个县（市）中，55个危险性高，101个危险性中等，今后应对高危险的重要城镇给予关注。②落实中国地质调查局－奥地利国家技术研究院合作，联合开展了黄土滑坡危险性建模与制图工作，探索了地震滑坡快速识别与编图技术，并成功应用到“4.25”尼泊尔地震应急工作。工程骨干6人参与了国土部组织的野外应急调查和科技应对咨询，形成了要情专报及时报送上级主管部门。

3. 服务国家重大工程规划方面：通过中巴经济廊带、川藏铁路沿线工程地质调查，为铁路选线方案优化和中巴经济廊带区域工程地质特征的认识提供了技术支撑。及时编制发表成果快讯，并有力支撑了“一带一路”图集的编制。

4. 科技创新和新技术探索方面：紧跟国际最新型SAR技术，探索并发展了活动断裂和蠕滑型地质灾害的InSAR监测技术，有力支撑了地灾行业协会2个技术规范的编制。依托本工程工作区，骨干成员申请到国家自然科学基金项目8项。

5. 初步编制完成《中国主要活动断裂与“十三五”重大工程规划图（1∶250万）》，除了长江经济带95条过江通道外，主要梳理了在建和规划的“五纵六横”铁路工程（高速铁路、重要干线等）、油气管道工程（原油、成品油、天然气）、水电站、核电站、重要港口等，初步分析了活动断裂对这些工程的影响。

二、山地丘陵区地质灾害调查工程

1. 编制完成《全国地质灾害防治“十三五”规划（征求意见稿）》和《全国地质灾害现状与分析报告（2015年度）》，更新了全国地质灾害分布图（1∶500万）、全国地质灾害易发程度分区图（1∶500万）、西南山区地质灾害易发程度分区图（1∶100万）、黄土高原区地质灾害易发程度分区图（1∶100万），以及集中连片扶贫区地质灾害相关图件和地质灾害应急支撑服务产品。

2. 编制完成《崩塌滑坡泥石流灾害地质调查与风险评价规范》和《崩塌滑坡泥石流灾害地质调查与风险评价信息化技术要求》。

3. 截至2015年底，完成1∶5万标准图幅调查41幅，调查面积共21 300 km^2，涉及19个流域。共有12个省市726个县的1∶5万详细调查、1∶10万县市调查、排查巡查数据入全国地质灾害数据库。

4. 研发完成并全面推广应用地质灾害调查野外数据采集系统。该系统实现了集野外精确定点、调查表填写、实体勾绘等9大核心功能，实现了野外调查数据库的“一键式”导出对接与应用，显著提高了地质灾害调查工作的效率和精度。

5. 提出了大巴山区顺层岩质滑坡发生、发展变形演化的4个阶段，为滑坡早期灾害识别、临灾预警阶段划分提供技术上的支撑和依据。

6. 提出了西南山区低频泥石流早期识别指标体系与判别方法，并研发了西南山区低频泥石流早期识别手机APP软件，有力促进了成果的推广普及应用。

7. 基于地质灾害隐患精细化编录，结合区域孕灾背景规律调查，开展不同条件下地质灾害危险性及风险动态评价，为城镇规划建设和地质灾害风险管理提供技术支撑。初步提出了鄂西南山区城镇规划选址建议，进一步夯实了成果服务内涵，提升了成果服务水平。

8. 在各二级项目中进一步加强了无人机遥感摄影、三维激光扫描等新技术方法的规范应用与成果挖掘。探索开展危岩体三维不接触测量和机载激光雷达摄影测量，取得了较好的初步成绩。初次将红外探测

的方法应用于地质灾害调查和隐患识别工作，实验效果良好。

9. 创新成果表达，开展多种形式地质灾害防治宣传。编制了精细化的地质灾害警示及避险图，开展丰富多样的地质灾害防治进校园活动，提高了调查成果的普及，增强了防治宣传效果。

三、生态脆弱区和特困区水文地质环境地质调查工程

1. 服务民生和革命老区贫困地区小康社会建设。在乌蒙山区、太行山区、大别山区、沂蒙山区、陕甘宁等革命老区和扶贫区，累计施工探采结合井300眼，为33万缺水群众提供了清洁地下水水源。在河北省阜平县、贵州省毕节市、四川省古蔺县、云南省昭通等地发现并探测多处具有旅游价值的地质景观，促进贫困地区多元经济发展，加快脱贫致富。

2. 西北干旱盆地水文地质调查取得突破性进展。系统总结了柴达木盆地前期勘查成果，圈定一批具有重要供水意义靶区。初步查明巴丹吉林沙漠浅层地下水的补径排模式和径流特征。

3. 调查技术方法创新为理论创新与实践提供了保障。完善了1∶5万标准图幅综合水文地质图编图思路及范式。黑河流域采用勘探孔封隔分层技术获取高精度水文地质参数。建立了老空区老空水物探技术方法调查体系，查证了典型老空区的“三带”结构特征。

四、岩溶地区水文地质环境地质综合调查工程

1. 在西南岩溶地区10个流域和北方2个典型岩溶泉域完成1∶5万水文地质环境地质调查9200 km^2，查明了岩溶水系统分布、水文地质条件和水资源特征，圈定了一批水源地，探采结合钻探成井25眼，解决了6万多人饮用水问题。

2. 查明了中国第二大岩溶地下河南洞河的主管道分布及其流域的石漠化和水土流失特征，形成南洞地下河水资源开发初步建议。

3. 查明了娘子关泉域地下水水质恶化趋势及原因，向山西省政府提出了建议。

4. 完成中国东部重点岩溶塌陷区1∶5万灾害地质调查2160 km^2，对徐州地铁1号线岩溶塌陷风险进行了评估。

5. 完成气候变化地质记录和碳汇1∶5万环境地质调查1650 km^2，通过湖南龙山洞穴石笋调查获得500年以来环境年际变化过程和5个冷期事件。人工干预固碳增汇试验取得了可与森林碳汇相比拟的新数据。

6. 完成二氧化碳地质储存综合调查1150 km^2，圈定2处储存目标靶区，鄂尔多斯深部咸水层二氧化碳地质储存工程成功注入30多万吨CO_2。

7. 新编了1∶400万中国可溶岩类型图，为湄公河国际河流编写了中国国家报告。

8. 兴建2处国际岩溶研究中心岩溶地质环境监测站，形成了岩溶动力学国家重点实验室建设方案。

五、主要含水层水质综合调查工程

1. 首轮全国地下水水质与污染调查全面收官。历时11年组织全国150多家单位4500多名技术人员，累计完成调查总面积440×10^4 km^2，覆盖了全国主要人口密集区、经济发达区和部分生态脆弱区。共采集地下水样品4万组，获得测试数据300多万个，编制完成《中国地下水质量与污染调查报告（2015年）》，为“水十条”制定和全国人大常委会《水污染防治法》执法检查提供了技术支撑，建立了全流程现代化地下水水质与污染调查技术方法体系，形成了地下水水质与污染调查标准规范。

2. 地下水污染调查应急能力进一步提升，开展了腾格里沙漠水土污染、天津港“8.12”重大火灾爆炸事故地下水环境影响评估应急调查。

六、国家地下水监测工程

1. 山东、河南、江苏等省首批350眼地下水监测井建设工作基本完成。

2. 工程的初步设计通过了国家投资项目评审中心的评审，编制完成了《国家地下水监测工程组织实施方案》，发布了《国家地下水监测工程项目管理办法》及相关细则。

3. 完成了国家级地下水监测点数据展示界面开发、地下水调查信息查询系统中1∶5万和1∶20万水文地质图查询展示系统的设计开发。

4. 完成了30余万条2014年度地下水监测数据及华北平原地区地面沉降监测设施信息的整理入库。

（邢卫国　胡秋韵）

国土开发与保护基础地质支撑

中国地质调查局水文地质环境地质部

矿山地质环境调查工程

1. 完成了调查技术标准《全国矿产资源集中开采区矿山地质环境调查技术要求》的修改完善，形成试用稿。按照主要内容与适用范围、引用标准、术语和定义、总则、工作程序、调查内容、工作方法、矿山地质环境评价、数据库建设、图件编制等10个方面对矿产资源集中开采区矿山地质环境调查工作做出统一规定和要求。

2. 召开了工程二级项目研讨会和技术标准培训会，并形成了中国地质环境监测专题会议纪要。进一步明确了以下几个方面问题：①关于项目空间部署的要求；②关于科技创新目标的要求；③关于主要工作内容和实物工作量的要求；④关于矿山地质环境调查技术要求；⑤关于野外数据采集系统；⑥关于调查成果的要求。

3. 完成了支撑第三轮全国矿产资源规划的两个专题研究：矿山地质环境保护与恢复治理研究和全国矿产资源开发生态风险和环境承载力研究。通过研究提出了963个矿山地质环境重点治理区，评价了东北煤铁矿基地、晋陕蒙接壤区能源基地、京九中段皖赣北综合矿产开发区、红水河流域有色金属开发区等12个矿产资源重点开发区域的生态风险和环境承载力。

4. 完成了国家发展改革委东北等老工业基地振兴司委托的课题研究——采煤塌陷地综合治理政策研究成果报告。从中国采煤塌陷概况、采煤塌陷防治、采煤塌陷防治政策梳理、采煤塌陷治理存在的问题等5个方面展开研究，提出了对策建议。

5. 承担了国土资源部环境司委托的《矿山地质环境保护与土地复垦方案编制指南》的编写工作，并完成了初稿。该项工作是我部2016年度改革任务之一。

6. 完成了局百项成果之一《全国矿山地质环境调查报告》的编写工作，并形成了送审稿。从中国矿产资源开发状况、采矿毁损土地、矿山废水排放、矿山固体废物排放、资源枯竭城市等5个方面形成了初步认识和基本判断，提出了“十三五”中国矿山地质环境调查工作重点。

7. 正在推进全国矿山地质环境信息系统建设工作，重点是采集2016年部署开展的矿产资源集中开采区地质环境调查数据，研发矿山地质环境信息发布子系统、矿山地质环境评价与决策支持子系统和矿山地质环境调查成果展示子系统。

（邢卫国　胡秋韵）

“一带一路”基础地质调查与信息服务

中国地质调查局科技外事部

一、境外地质调查投入显著增长

利用地质矿产调查评价专项、商务部援外项目、商务部援外培训、亚洲区域合作基金等渠道资金，开展境外地质调查工作。据统计，2015年地调局境外地质调查工作共投入经费约1.67亿元，同比增长超过80%。其中，地质矿产调查评价专项投入9990万元，商务部援外项目投入约5700万元，商务部援外培训投入361万元，亚洲区域合作基金投入206万元。

地质矿产调查评价专项是地调局境外地质工作主要经费来源，占总经费的74.6%。2015年利用该专项资金部署实施“一带一路”基础地质调查与信息服务计划（“九大计划”之一），下设“周边国家重要成矿带对比研究”“全球矿产资源地球化学与遥感调查”和“全球矿产资源信息综合与服务”3个工程。

利用商务部援外项目资金在津巴布韦、赞比亚、摩洛哥、乍得、利比里亚等5个国家开展地质、地球化学填图和航空物探工作。

二、服务国家重大战略决策有所作为

编制了《“一带一路”能源和其他重要矿产资源图集》和《“一带一路”石油天然气勘探开发图集》，

得到了习近平总书记、李克强总理、张高丽副总理重要批示，给予充分肯定。同时，这些图集也提供给各部委决策使用。

编制了《我国“十三五”矿产资源“走出去”规划专题研究报告》《“一带一路”地质调查规划(2016~2030年)》《援外地质调查工作中长期战略建议》和《非洲矿产勘查开发战略研究》等，为国土资源部、商务部、发改委等政府部门提供了决策支撑。

三、社会化服务的能力进一步增强

全球矿产资源信息系统建设与服务力度加大。聚焦“一带一路”，新增12个国家数据，包括“一带一路”5个国家，年度新增境外资料条目3800多项。开发了一系列境外地质矿产信息产品，包括苏丹、土耳其等2个国家的国别报告，印度尼西亚等10个资源型国家的基础地质图件和地质概况，铜、铝、镍等10个矿种的矿产品信息手册，智利国家铜矿公司等10个2014年铜产量最大的矿业公司手册，铜、金等6个矿种系列研究报告。继续定期发布《境外矿产资源勘查开发简讯》《国外地学动态》和《非常规能源信息》等内部刊物。依据图书馆丰富的境外地学资料优势，建成了国外地质文献集成服务系统和全球矿业活动信息系统。

年内举办两次境外地质矿产信息发布会，累计为超过300家单位1200余人次提供服务。

四、实质性地质调查成果突出

援外资金项目创历史新高，年度境外地质调查资金累加超过2亿元。航空物探地质调查首次走出国门。在老挝、摩洛哥等12个国家合作开展了区域地质地球调查，完成低密度地球化学填图80×10^4 km^2，1∶5万~1∶25万地球化学填图约4×10^4 km^2，1∶10万地质填图1×10^4 km^2，1∶50万~1∶5万卫星遥感解译50×10^4 km^2。并在水文地质、岩溶和矿山环境方面与东盟和中亚国家开展了实质性合作。

完成了印尼苏门答腊岛巴东－明古鲁地区1∶25万地质地球化学调查，圈定2个A类找矿远景区和1个B类找矿远景区；实现了塔吉克斯坦帕米尔地区1∶100万水系沉积物地球化学调查全覆盖；建立了吉尔吉斯斯坦全境1∶5万化探、自然重砂和金矿信息数据库，对重点选区进行了异常检查；完成了阿根廷萨尔塔1∶25万地球化学填图5100 km^2，考察了Taca超大型铜矿。通过综合研究和典型矿床剖析，查明了老挝及邻区的地质构造演化分3个阶段，在该区发现了一批带状分布的铜、金矿（化）点，判断为中国三江成矿带的南延，据此初步圈定了一批找矿远景区；在秘鲁境内划分出25个四级成矿带；在对巴西巴伊亚州阿巴伊拉及相邻地区成矿规律初步研究后认为，该区的矿化类型主要与太古宙—中元古代前寒武纪地层有关；编制了澳大利亚工作区矿产地质图件，总结区域成矿规律；梳理划分了阿拉伯半岛成矿区两个构造演化阶段；在对南极北查尔斯王子山格林维尔期地质体的组成、基本特征以及泛非期构造热事件的叠加改造调查的基础上，初步判断该地区经历了3期构造－岩浆作用的叠加。

五、地质调查国际合作网络进一步扩大

积极参加中国国际矿业大会，以及在加拿大、南非、澳大利亚、土耳其举办的国际矿业大会，沟通并促成《中华人民共和国国土资源部中国地质调查局与乌兹别克斯坦地质矿产委员会地质科技合作协议》的签订、《中华人民共和国国土资源部中国地质调查局与伊朗地质调查局地质科技合作谅解备忘录》及《地质科技合作项目合作协议》的签署、《中国地质调查局和阿根廷地质调查局〈地球化学填图合作项目协议〉》的签订以及《中华人民共和国国土资源部中国地质调查局与土耳其地质调查局地质科技合作谅解备忘录》的签署。通过境外项目合作，促成国家间地质调查机构领导的互访，与秘鲁等国签订了地质调查领域的合作谅解备忘录，进一步巩固和强化了“一带一路”国家间的项目合作。

目前，已签署合作协议国家超过50个，新签国际合作协议和合作意向书15份，其中新增2个“一带一路”沿线国家。

六、国际合作平台进一步加强

成功举办了首届国际地质调查局长论坛，利用国土资源部中国－上海合作组织地学合作研究中心，加强与中亚国家的地学合作研究，举办两届地学合作论坛。利用联合国教科文组织、世界地质公园网络办公室等举办地质公园、岩溶地质环境等多期国际研讨会。

联合国教科文组织全球尺度地球化学研究中心获国家批准，并投入实质性运作。这一国际研究平台的建立将有助于与联合国教科文组织成员国建立合作关系，大力推动多尺度地球化学填图工作，提升中国在该领域的国际主导地位。为此，局积极制订《国际地球化学填图系列指南》，完成了具有完全自主知识产权的三维球体架构设计与软件编制，举办了4期地球化学填图培训班，为来自20余个国家150余人进行了地球化学填图培训，搭建了全球地球化学填图国际合作网络，与土耳其、伊朗等资源大国签订了有关地球化学填图的国际合作协议。初步完成了联合国教科文组织全球尺度地球化学国际研究中心网站设计。初步编制了覆盖陆地22%面积14种元素地球化学图，初步建立了全球一张地球化学图。

七、国际合作人员交流与培训又创新高

利用外交部亚洲区域合作资金和地质矿产调查评价专项资金，举办6期针对东盟国家地矿人员的数字化地质填图、地球化学填图、地下水和地质环境、低品位铝土矿勘查开发、矿产勘查方法技术和跨界综合编图等培训班，并首次“走出去”与老挝自然资源和环境部在老挝联合举办数字填图和地球化学填图技术与应用培训班。利用援外资金举办发展中国家地矿人员短期培训班6期。2015年，累计有40多个国家252名地矿人员来华参加培训，创历史新高，为2014年培训人数的3倍。

八、提高人员能力，自我规范管理有新进展

制定地球化学填图作业指导书，加强培训，提高了地调局参与境外地质调查的能力和水平。制定地球化学填图标准和技术要求4个，研制国际版GeoEXPL多元地学信息综合处理与分析系统。开展地球化学填图培训6次，多元地学信息综合处理与分析应用2次。

（元春华）

地质科技支撑

中国地质调查局科技外事部、基础调查部

一、地质科技成果基本情况

一批国家科技计划项目获得立项。国家自然科学基金项目新批准立项143项（重大项目1项、国际合作与交流项目1项、优青项目1项、重点基金项目2项、面上基金项目46项、青年基金项目92项），经费6781.4万元；国家重大科技专项项目“页岩气资源评价方法与勘查技术攻关”获科技部立项，5年总经费2.7亿元；成功申请国家重大工程建设“某光学装置选址地质环境调查与评价”项目，经费500万元；北斗地基增强系统国土资源数据中心建设项目已签订合同，经费500万元；国际地质对比计划IGCP－649项目“金刚石和地幔再循环”获国际地科联（IUGS）批准立项。深部资源勘查理论与技术、深海地质探测技术、天然气水合物试采关键技术等一批重大科学项目建议被国家科技计划采纳，列入国家重点研发专项申报指南。以第一作者发表论文2067篇，其中国际SCI和EI论文450篇、国内SCI和EI论文158篇、核心期刊论文1123篇，出版专著90种，获批专利169项，其中发明专利30项、实用新型专利78项、软件著作权33项。举办学术会议98次。

启动国家实验室筹建准备工作。开展了研讨、调研，提出了筹建初步方案。完成一批重点实验室建设，依托广州海洋局建设的海底矿产资源重点实验室、成都地质中心的沉积盆地与油气资源重点实验室、水环地调中心建设的地质环境监测技术重点实验室、青岛海地所建设的天然气水合物重点实验室、西安地调中心的岩浆作用成矿与找矿重点实验室和黄土地质灾害重点实验室、岩溶地质所的岩溶生态系统与石漠化治理重点实验室顺利通过国土资源部评估验收，正式挂牌运行。

二、地质科学研究

（一）地质编图方面。

编制完成了1:250万《月球地质图》（虹湾幅），编制了中国及邻区海陆大地构造系列小比例尺地质图件。

（二）古生物研究方面。

在内蒙古宁城的中侏罗系和河北省青龙县的晚侏罗系地层中分别发现攀援灵巧柱齿兽和短指挖掘柱齿兽化石，研究成果在《科学》杂志上以两篇文章连载发表。在辽西发现一新的长羽毛恐龙——孙氏振元龙和晚侏罗世喙嘴龙类（新属种），在江西赣州地区发现新的窃蛋龙化石——赣州华南龙。

（三）地层学研究方面。

获得滹沱群中石英斑岩锆石$^{207}Pb/^{206}Pb$年龄为2166±17 Ma和2138±17 Ma，限定滹沱群的时代为–2.2 Ga之后。获得延庆土城子组跨越侏罗纪/白垩纪过渡期发育的岩石年代学证据，即获得其一段底部最老年龄数据（153 Ma）和四段顶部凝灰岩SHRIMP锆石U－Pb年龄数据（129 Ma）。获得黄陵杂岩体庙湾蛇绿岩中蛇纹石化方辉橄榄岩的年龄。

（四）区域地质演化方面。

获得辽东半岛新元古代沉积地层辉绿岩锆石U－Pb及斜锆石Pb－Pb年龄数据，结合野外地质调查认识，将辉绿岩形成时间从三叠纪提前到新元古代早期，综合证明华北克拉通东部在0.92～0.89 Ga前发生了区域性抬升，并与徐淮地区及朝鲜平南盆地

0.92～0.90 Ga 辉绿岩床构成了形成于大陆裂谷环境的新元古代早期基性大火成岩省。利用天然地震观测数据，获得南极大陆及相邻海域高精度三维地壳和地幔的深部结构。开展了南极地区油气资源与固体矿产资源成矿条件分析，初步评价了资源潜力并圈定可能的远景区。

（五）成矿作用研究方面。

发现一种新的金矿床类型——岩浆型金矿，建立了矿床的成因模式。中国陆块海相成钾理论研究揭示了中国小陆块海相成钾的“构造、物源和气候”三者的耦合机制，提出了东特提斯域小陆块的成钾模式，获得思茅盆地勐野井组的绝对年龄以及钾盐成矿年龄，确定了四川盆地三叠纪古盐湖卤水已浓缩到钾盐析出阶段的认识。中国富铁矿成矿机制与预测研究提出了不同类型富铁矿的成矿理论，在攀西地区钒钛磁铁矿巨量富集和海相火山岩型铁矿形成的特殊地质背景和动力学机制研究等方面取得新进展。北方巨型砂岩型铀矿成矿研究初步厘定了鄂尔多斯盆地北部和伊犁盆地南缘含铀岩系的沉积序列及盆地地层格架与构造事件，确定了鄂尔多斯盆地东北部多个铀矿床主要有机质组成及类型。在武陵山复杂构造区开展页岩气地质科技攻关研究，系统研究了南方古生界油气形成富集条件，显示页岩气前景良好。在鄂尔多斯盆地研究了碳酸盐岩油气地质条件研究，提出了岩溶作用成藏新模式。

三、勘查技术与方法

（一）实施了一批深部钻探等重大科技工程。

松辽盆地资源与环境深部钻探进展顺利，实现了大口径同径长钻程取心技术突破，创造了 φ311 mm 口径连续取心和单回次进尺超 30 m 两项钻探世界纪录，岩心直径达 φ214 mm、平均岩心采取率 98.67%。首次实现大口径井段“同径取心、一径完钻”和“三筒联装长回次钻进”作业。

汶川地震断裂带科学钻探野外工作圆满竣工。克服了地层破碎、坍塌掉块、钻孔严重缩颈等技术难题，完成了 WFSD-4 号钻孔野外施工，标志着汶川地震断裂带科学钻探野外工作的全面完成。经过近 7 年的科研攻关，首次揭示了汶川地震后断裂带快速愈合过程，发现了世界上最低的断层摩擦系数，确定了断层中“石墨”可作为判断地震发生的标志，为破解汶川地震机理提供了重要证据和科学认识。

（二）研发或集成了一批地质勘查技术和仪器装备。

完成了同位素地质学专用 TOF-SIMS（飞行时间二次离子质谱）科学仪器主要部件单独加工调试和 2 台整机的总体装配，质量分辨率达到 14 000（在质荷比 =112 时）。完成了波谱-能谱复合型 X 射线荧光光谱仪分光室、高精度测角仪和大功率高压发生器关键部件的研制，完成了 2 台试验样机的搭建。研制了航磁三分量磁力仪、磁补偿仪和数据收录系统。完成了新型高精度航空重力仪和稳定平台样机整体优化。完成了固定翼时间域航空电磁系统，完成了集成调试试飞。完善了直升机吊舱式时间域航空电磁勘查系统发射子系统和接收子系统优化，研究了多种去噪和数据校正方法。研制出干热岩高温钻探 Φ140 涡轮钻具，初步确定了抗 200 ℃耐高温可循环泡沫钻井液配方。完成了高压钻井液流变仪样机研制，在压力 220 MPa、温度 320 ℃的情况下测试，准确测量了样品的黏度。研制出了 JW-1 便携式地质灾害应急调查工具箱，大幅提高了应急调查工作效率，在四川名山县等现场得到了成功的应用。地下水分层远程监测通讯主机和小型地下水动态监测仪研发成功，实现了一孔多层监测井管理等功能，在黑河流域 8 个“一孔多井”监测井进行了应用示范。完成了 02C 卫星 MUX 多景影像数据的几何校正、无缝拼接及匀色处理、02C HR 和 MUX 数据的不同融合方法等关键技术研究，初步建立了 02C 星从数据统筹、接收和分发的地矿数据应用服务模式。2000 m 以内全液压地质岩心钻探装备及关键器具研制成功，荣获 2015 年度国家科技进步奖二等奖。

有机氯和 Cd、Cr 污染土壤的动力学与 PRB 修复技术。研发了土壤重金属大量活化并溶于水的“#1 重金属活化剂”、低温活化 DDT 与六六六等有机污染物的“#2 有机污染物活化剂”，以及 EK-PRB 修复装置。熔融制样 LA-HR-ICP-MS 法测定稀有稀散元素的研究。提出利用线性拟合寻找分馏稳定区域拐点的新的分馏效应定量评价方法，确定了采用 ^{6}Li 作为内标可有效减少基体效应，形成了同时较为准确测定 Nb、Ta、Zr、Hf 和稀土元素在内的 49 种元素技术方法体系。

小道距高分辨率多道数字地震探测系统研制成功，开发完成了一套基于网络的双缆多道采集和记录系统，合作研制了一条 24 道数字地震固体拖缆，适合复杂海区作业。

（三）大力推进了勘查技术示范与转化应用。

自主研制的“海马号”4500 m 级深海无人遥控潜水器（ROV）成功投入地质调查工作。在中国南海某海域完成了 3 个站位海底详查工作，首次获取了活动性“冷泉”标志的多角度高清视频记录、实物样品和海水温度、甲烷含量等数据。

彩虹3无人机航磁测量系统达到实用化，在新疆喀什地区完成生产工作量21 000测线千米。直升机硬架式航磁测量系统，在新疆西昆仑高海拔区取得应用突破，有效地降低了复杂地形区作业飞行高度。GeoProbe Mager航空物探数据处理软件，在全国133家地勘单位和高等院校推广730套。

国产2 m空间分辨率光学卫星快感数据，在矿山遥感监测、国土空间资源调查和基础地质调查等方面使用率达80%以上。

3500 m钻探装备（YDX－6型），在山东招远阜山镇牛草涧金矿完成一口终孔直径122 mm、孔深691.2 m的地质勘查及大口径主井的先导孔，终孔孔斜为0.6°。127 mm涡轮钻具在福建漳州干热I井成功完成了国内首次涡轮取心钻进，在井深880.09 m处井段，平均机械钻速为1.29 m/h，取心率达71.1%。膨胀波纹管在广西南丹马鞍山孔明银铅锌矿区ZK703孔1035 m段反复出现坍塌、5个月零进尺的复杂地层区应用成功护壁，圆满钻进至1200.27 m终孔深度。

大深度三维电磁探测技术初步工程化。开发出150部多功能电法接收机、6部大功率发射机，2部瞬变电磁发射机、60部瞬变电磁三分量接收机等仪器。

（四）矿产资源综合利用技术取得新突破。

开发了新型稀土矿物高效浮选促进剂COH，实现稀土矿选矿的常温浮选，打破了传统稀土选矿技术需加温、对泥矿效果不佳的技术瓶颈。

研制了适用于矿石品位低、结构复杂的难选稀土矿选矿的“浮团聚磁选”新工艺，实现细粒级稀土矿物的高效选矿回收，大幅降低了选矿成本和环境风险。

研制出了具有复合力场的高效选铁精选设备，形成了“阶段磨矿－选择性解离－复合力场磁选精选”的选铁新技术，针对红格矿区原矿TFe品位为22.88%，TiO_2 8.95%的橄辉岩型钒钛磁铁矿表内矿，获得了TFe品位59.28%、回收率55.15%的铁精矿。

研制出“强磁抛尾－粗精矿再磨－离心选矿－浮选”重点抑制橄榄石的联合选钛工艺，浮选作业回收率从27.05%提高到60.78%，实现了钛铁矿的高效利用。

以洛钼集团钼精矿淋洗液为原料，研制了以弱碱性阴离子交换树脂为吸附材料的冶金废液中回收铼的成套工艺技术，实现了工业化生产，铼回收率大于98%。

根据黄金冶炼渣中含有多种有价金属元素的特点，研制了两段焙烧新工艺，综合回收了黄金冶炼渣中的Au、Ag、Cu、Pb、Zn、Fe。

研发了微生物溶浸回收铁矿中伴生金属元素的新工艺。针对攀西地区钒钛磁铁矿中伴生有铜、镍、钴等金属元素的铁矿石，在磨矿－磁选回收铁以前对矿石中伴生的铜、镍、钴等金属元素进行生物处理和回收利用，大大提高伴生金属的回收率。

（五）三维地质调查试点。

通过不同类型试点工作，建立了三维地质调查总体工作流程，总结了针对不同类型、不同地质问题的三维地质调查技术方法组合，形成了三维地质调查方法技术体系。自主研发了三维地质调查成果集成及可视化平台，编制了深部地壳结构探测、成矿带与矿集区和经济区与城市群三维地质调查技术指南。

探索建立了重要成矿带与矿集区、重要造山带、重要经济区与城市群等25个不同尺度、不同类型的三维区域地质模型，解决一批深部关键地质问题。本溪－临江地区太古宙含铁建造三维地质结构揭示了鞍本地区南部深部存在巨大铁矿找矿潜力，褶皱及相关的拉伸剪切作用是后期铁矿富集的重要因素。构建了铜陵矿集区地下地质结构，提出了“一体两带多层成矿系统”三维成矿模式。扎鲁特区域三维地质模型建立反映了松辽盆地外围与油气有关的晚二叠世林西组深部空间特征。建立了龙门山构造带8～10 km深度范围的三维地质结构，解析了与地震密切相关的深大断裂深部延伸形式，分析龙门山构造带地质演化的动力学过程。

（六）关键地质问题区填图试点。

在冀北尚义陆相沉积盆地开展1∶5万陆相沉积地层填图试点，采用岩石地层、沉积相和盆地分析要素开展地质填图，展现了地层时空分布、物源供给和盆地动态演化。

针对内蒙古晚古生代和中生代后造山钙碱性和碱性花岗岩，应用“岩性＋时代＋组构”开展填图试点，初步确定了侏罗纪序列和白垩纪序列及其各自的单元。

在华北地块北缘燕山－辽西火山岩带开展火山岩填图试点，初步确认测区主要为2个破火山构成的复合火山机构，识别出一套由黑曜质碎屑岩构成的蒸汽－岩浆爆发产物，证明复合破火山经历过蒸汽－岩浆爆发，以及岩浆溢流、爆发、侵出和侵入的复杂过程。

在狼山地区开展1∶5万复杂构造区填图试点，识别出三叠纪韧性剪切带、侏罗纪挤压构造、白垩纪拆离带、新生代早期逆冲系统、新生代中期大型左行走滑构造系统等，以及华北板块与阿拉善地块之间的边界断裂，发现大面积新元古代和古生代枕状熔岩，初步总结了构造填图方法。

开展了秦岭花岗岩 Nd、Hf 同位素填图，探索示踪深部及其成矿制约新途径，初步结果显示深部组成分带制约了成矿分带。

（韦延光　贺　颢　石显耀）

地质数据更新与应用服务

中国地质调查局总工程师室

2015 年，紧紧围绕国家经济社会发展和生态文明建设对地质调查数据信息与成果资料的需求，以采集、加工、处理、综合集成各类地质数据信息为主要手段，充分利用云计算、物联网、大数据、移动互联网等新一代信息技术，更新汇聚地质资料数据，开发满足各类用户需要的地质数据信息产品，提供及时有效的服务。地质数据资源积累与更新能力、地质数据资源共享服务能力显著提高。2015 年地质数据更新与应用服务总体进展顺利，取得了一系列丰硕成果。

一、地质资料数据资源建设稳步推进

2015 年度，共完成 960 个地质调查项目的 1143 种成果地质调查资料汇交。截至 2015 年底，各资料管理单位馆藏成果地质调查资料、成果地质资料、原始地质资料、科技档案分别为 13 056 种、158 100 种、3603 种、16 294 种，共计 19 1053 种。新增实物资料 65 档，截至 2015 年底，馆藏实物地质资料总计 459 档，包括重要钻孔岩心 36 万余米、典型矿山大型标本 260 块、各类地质标本 1.7 万块、薄片 4 万片。

全国地质资料馆馆藏地质资料总量达 13 万档，资料类别包括区域调查、海洋地质调查、矿产勘查、水工环勘查、物化遥勘查、地质科学研究、技术方法研究等，馆藏库数据总量达 98 TB。完成 10.2 万余种、约 500 万件地质资料的扫描数字化工作，形成数据量 18.5 TB。

二、地质资料信息服务内容不断更新完善

传统借阅服务。提供传统窗口借阅服务 6354 次，借阅量达 32 931 份次和 542 696 件次。提供纸质资料复制 3214 图幅和 114 684 页，各类电子数据复制量 16 394 份次，1373.39 GB。实物资料中心接待到馆服务 2027 人次，利用岩心 2.5×10^4 m，取样 3916 件。

网络在线服务。开展地质资料在线服务，2015 年度网站在线访问量 537 858 人次，实物地质资料网站访问量 70 026 人次。

委托保管地质资料服务。青岛海地所、广州海洋局按照国土资源部油气和海洋地质资料委托保管工作要求，为社会公众和专业用户提供原始和实物地质资料服务。

第二代《中国区域地质志》已完成了 11 个省（自治区）的“片区”总结，为矿产地质、城市建设、工程建设、防灾减灾、农田水利建设等提供了重要的基础地质资料。编制完成《中国断代大地构造图（1∶1000 万）》系列图。

三、信息技术支撑能力不断加强

数字地质调查系统三维数据采集建模取得突破并示范应用，三维地质数据交换标准基本定稿并试点应用；数字地下水资源调查系统、数字环境地质调查系统投入试用并示范推广，推进了数字地质调查体系开发、集成和全面应用，进一步提升了地质调查现代化水平。

四、地质数据资料服务取得新亮点

充分利用第 46 个地球日、“6.25” 全国土地日和 2015 年国际矿业大会等平台，通过举办中国地质调查成果主题报告会和地质调查成果信息化服务产品推介会等形式，向国家相关部委、企业、地勘单位和社会公众宣传推介了地调局在新能源开发利用、资源节约利用、京津冀等国家重大发展战略决策支撑以及基础地质调查等方面的成果及服务情况。完善、制作并公开发布了 1∶50 万水工环调查成果系列图数据、矿产资源整装勘查区重要地质钻孔数据、矿产资源整装勘查区地学文献服务产品、全国土地质量地质调查成果目录等。1∶5 万区域地质图、1∶20 万区域地质图、1∶25 万建造构造图提供网上服务。新发布 35 万个地质钻孔资料、11 万幅全国矿产资源潜力评价成果地质资料服务目录，全国重要地质钻孔数据库汇总了 30 万个重要地质钻孔数据，建成含 70 万个钻孔的全国重要地质钻孔图表数据库。全国重要地质钻孔数据库平台全年用户访问量达 6 万人次，全国地质资料馆全年共有 79.5 万人次借阅或下载资料，数据服务量近 1 TB。在 2015 年国际矿业大会，首次发布了 11 万幅全国矿产资源潜力评价成果省级地质资料服务目

录、首次向社会提供93幅海洋地质调查最新基础地质图件，并首次编发了《中国地质调查年度报告(2015)》。经过多方努力，解决了大中比例尺地质地理要素保密无法提供服务的瓶颈，利用天地图底图，在线发布了首批300余幅1:5区域地质图，广大地勘单位、企业反响热烈。在挖掘历史资料方面，对日本侵华期间由地质工作者形成的和由日本侵略者形成的近8000档约10万件地质资料进行梳理、挖掘和整理。成功承办了纪念中国人民抗日战争暨世界反法西斯战争胜利70周年地质矿产史料展。

五、发布一批重大地质调查成果

以“全力支撑国家能源资源安全保障，精心服务国土资源中心工作”的基本定位，构建了以解决重大资源环境问题和基础地质问题，推进成果转化应用和服务，促进科技进步、人才成长和团队建设为导向的地质调查成果评价机制，推出一批一流地质调查成果。《支撑服务京津冀协同发展地质调查报告(2015)》《京津冀地区国土资源与环境地质图集》《支撑长江经济带发展地质调查报告》《中国耕地地球化学调查报告》《中国地球化学调查报告》和《中国页岩气资源调查报告》等报告的发布，得到了中央领导、部领导的重视与肯定，紧密围绕“五大服务需求”，有力助推经济社会发展。

（邢丽霞　刘　宏　涂　骏）

海洋地质调查

中国地质调查局基础调查部

开展中国管辖海域1:100万海洋区域地质调查成果集成，重点海域1:25万海洋区域地质调查和1:5万海洋区域地质调查试点、重点海岸带综合地质调查与监测、海域油气资源调查、天然气水合物资源勘查与试采以及大洋科学考察等工作，为建设海洋强国和生态文明提供服务。设立“海洋地质调查计划”，包括7项工程，26个项目，89个子项目（不含绩效评估与组织实施）。另外，承担中国大洋协会第36航次科学考察项目1个。

一、海洋区域地质调查

加大实施海洋区域地质调查力度。开展1:100万天津幅、上海东幅、广州幅等图幅地质地球物理资料处理、样品测试分析和综合解释研究工作，编制完成上述图幅地形图、地貌图、地质图等系列图件，初步建立了东部、南部海域地层格架，全面启动全国1:100万海洋区域地质调查成果集成工作。继续开展1:25万锦西幅、营口幅、日照幅、连云港幅、霞浦县幅、厦门幅、泉州幅、乐东幅等海洋区域地质调查及1:5万福建平海、浮叶幅海洋区域地质调查。完成航空重力测量17 581 km、单波束测深3988 km、多波束测量9008 km、浅地层剖面测量3988 km、单道地震测量3988 km、海底地质取样603个站位、地质浅钻7口（总进尺506 m），系统获取了一批地质、地球物理、地球化学等资料，提供了相应基础和应用图件。

二、重点海岸带综合地质调查与监测

推进陆海统筹海岸带综合地质调查，启动渤海湾西部、莱州湾、南通海岸带海陆统筹综合地质调查试点。继续开展辽河三角洲、山东半岛、长江三角洲等重点经济区海岸带综合地质调查与监测，海南岛浅海砂矿资源、华南湿地资源的调查与评价、渤海海峡跨海通道地壳稳定性调查评价、琼州海峡跨海通道地壳稳定性调查评价，大陆架科学钻探，中国重点海域地应力观测与综合研究，海陆相互作用及海岸带地质灾害研究。编制了《1:400万中国海岸带国土资源与环境地质图集》。2015年度完成单波束测深6286 km、多波束测量1750 km、侧扫声呐测量2550 km、浅层剖面测量6121 km、单道地震测量2370 km、24道高分辨率地震测量1054 km；海底地质取样1016个站位、地质浅钻21口（总进尺1736 m）。78条海岸带侵蚀和淤积剖面监测2次、30口水文井监测2次。进一步查明沿海重要经济区基础地质、环境地质、工程地质、潜在地质灾害分布特征，为沿海地区经济社会发展、重大工程建设、防灾减灾、国土空间开发利用等提供基础地质数据支撑。

三、海域油气资源调查

继续开展南黄海、东海陆架西部和东南部、南海北部及台湾海峡油气资源调查研究。开展多道地震资料处理和综合解释，在南黄海完成多道地震资料连片处理5000 km，崂山隆起目标处理3000 km，崂山隆起储层预测3000 km，崂山隆起烃类检测3000 km，确定了南黄海崂山隆起区中－古生界油气重点目标，发现大型构造圈闭6个，同时大陆架科学钻探（CS-DP－2井）首次在崂山隆起区海相中－古生界钻探获取油气显示，为优选参数井钻探井位奠定了基础。在东海陆架西部完成地震资料解释2000 km。在南海北部东沙海域完成多道地震资料处理解释3500 km，油气地球化学调查200个站位，发现了局部构造5个、油气微生物异常7个，指出了南海北部东沙海域油气有利远景区。编制了《2014年度中国海域油气勘探开发形势图》。

四、数字海洋地质

开展海洋地质保障工程、天然气水合物资源勘查与试采工程数据库建设，国家海洋地质信息服务体系建设。加强海域油气资源专题数据库建设相关标准、规范研究，开展专题数据库数据标准框架建设。完成首批海洋地质资料公开服务目录，在2015国际矿业大会首次公开发布海洋地质调查成果，包括93幅成果图件，16份研究报告等。

五、海域天然气水合物资源勘查

继续开展中国海域天然气水合物资源勘查以及天然气水合物成矿理论及分布预测研究、勘查技术研发、钻探技术研发、数据库建设及战略研究等配套工作。主要完成海洋地球物理调查29 308.06 km，海底地质取样1124站位，海域水合物钻探23口5457 m，ROV测量2个站位。在珠江口盆地中部海域实施23口探井钻探，均发现天然气水合物，钻探区水合物分布面积约128 km^2，圈出10个规模较大的矿体，其中2个大型矿体，探明储量高达400×10^8 m^3。在珠江口盆地西部海域利用自主研发的“海马号”4500 m级深海无人遥控探测潜水器（ROV）首次发现了海底活动性“冷泉”——“海马冷泉”区，并首次通过重力取样器直接在海底浅表层采获水合物实物样品。在新的调查海区发现多处似海底地震反射波、甲烷泄漏及气烟囱、碳酸岩结壳等水合物存在的典型地质、地球物理标志，显示出优秀的勘探潜力。

六、海域天然气水合物资源试采

海域天然气水合物试开采准备工作及时启动。初步制定了海域天然气水合物试采实施方案，开展试开采有利目标区优选，对南海北部重点目标进行了选区评价，初步提出试开采靶区。在数值模拟的基础上，首次提出了“地层流体抽取”试开采技术方法。调研了试开采使用钻探平台（船舶），开展了井口控制装备、井下防砂装置、安全生产监测等关键技术装备研发及试验。开展了天然气水合物重点富集区地质环境调查，进行了天然气水合物环境影响效应评价。

七、陆域天然气水合物资源勘查与试采

继续推进中国陆域冻土区天然气水合物资源勘查与试采工作。主要完成陆地地球物理调查727 km，陆地地球化学调查20 000 km^2，陆地地质钻探2口1196.84 m。在羌塘盆地鸭湖地区实施钻探调查，QK－6和QK－7井均发现高压浅层气，显示该地区有较好的油气生成、运移过程。气源条件一直是制约羌塘盆地天然气水合物找矿突破的关键因素，此次发现的浅层气体在羌塘盆地尚属首次。在青海南部乌丽地区实施钻探调查，TK－2井在60～310 m多个层段发现岩心气体释放、岩心表面渗水、红外低温、点火助燃等特征，揭示了青海南部乌丽地区天然气水合物赋存的重要证据，证实青南藏北冻土区具备良好的天然气水合物找矿前景。

八、中国地质调查局深海资源调查与大洋36航次科学考察

“海洋六号”船于2015年4月28日至11月10日，分别执行地调局深海资源调查航次和大洋36航次科学考察任务，共获得作业区测线调查2.3×10^4 km和航渡测线调查14×10^4 km综合地球物理调查数据、测站调查128个站位样品、沉积物岩心样品297 m、多金属结核样品1.1吨，现场分析各类样品3000个。通过深海稀土资源调查，在西太平洋新圈定出30余万平方千米深海稀土资源远景区，首次发现特高含量稀土富集层段。大洋36航次调查任务，在太平洋的中国富钴结壳合同区采薇海山和维嘉海山及其周边海域，开展了资源、环境和生物调查，为履行中国富钴结壳勘探合同提供了重要保障。在太平洋新的海域开展了多金属结核资源调查，为在国际海底区域申请新的矿区，奠定了坚实基础。同时，在新技术新方法应用上取得新进展，一是首次成功将中国自主研制的“海马号”4500 m级深海无人遥控探测潜水器ROV应用于中国富钴结壳合同区调查。二是首次利用自主研制的小型钻机和切割机对海山富钴结壳进行了原位钻取和切割试验。三是实现了多波束回波勘探新技术在多金属结核和富钴结壳资源调查领域的推广应用。

（石显耀　毛晓长　沙志彬）

国际合作与对外交流

国际合作与对外交流

中国地质调查局科技外事部

一、强化制度建设，加强外事管理

（一）编制地调局外事工作管理办法。

为适应新形势下国家外事管理工作新要求，进一步规范和加强局外事管理工作，根据国家外事管理规定，特别是党的十八大以后国家外事文件精神，紧密围绕局中心业务工作，编制完成了《中国地质调查局外事工作管理办法》。对出访、来访和在华举办国际会议进行了详细的规定。

（二）开展外事管理工作培训。

召开局外事管理工作培训会。邀请外交部肖建国副司长和国土资源部马永正处长对局系统外事管理人员进行培训，解读国家外事管理新政策。

（三）开发国际合作智能管理平台。

为进一步提高国际合作计划的填报效率，加强国际合作监管工作，对中国地质调查局外事管理系统进行了升级改造，将其升级为中国地质调查局国际合作智能管理平台。此平台有利于外事管理部门从国际合作计划申报、计划审批、计划执行、成果汇交与共享等各个环节进行全程监管，确保国际合作出成果、出人才、不出问题。

二、强化顶层设计，编制国际合作计划申报指南

编制《中国地质调查局2016年度国际合作计划申报指南》，指南紧密服务地质调查“九大计划”目标任务，优先保证全局国际合作总体格局建设，以“一带一路”沿线国家为重点，拓展国际合作网络，围绕国家需求和局重点业务工作，引进天然气水合物勘查开发、地球关键带、海岸带地质等重点领域的急需技术，优先支持入选“卓越地质人才”“急需紧缺高层次人才”和“杰出地质人才”开展国际合作与交流活动，全力助推“九大计划”的实施和世界一流地调局的建设。

三、组织重要外事活动，推进双边合作

通过出访和来访，进一步拓宽国际合作网络格局。签署了《中日韩三国地学合作协议》《中－韩地学合作谅解备忘录》《中－秘地学合作谅解备忘录》《中－波海洋地质科学合作谅解备忘录》《中国－伊朗地1:5万水文地质编图合作协议》《中国－奥地利滑坡危险性建模与制学合作谅解备忘录》《中－印地学合作谅解备忘录》《中－意地质灾害和图合作协议》《中国－乌兹别克斯坦地质科技合作协议》《中国－土耳其地学合作谅解备忘录》等一系列重要国际合作协议。

（一）组织重要团组出访。

2015年2月，钟自然局长率团访问美国和加拿大。在访问美国期间，与美国地质调查局局长苏茜特·金波尔女士就如何以综合地质调查服务多门类自然资源管理、如何推进中国地质调查局“九大计划”和美国地质调查局“七大科学使命”、如何实施以需求驱动问题导向为基础的业务结构调整等问题进行战略对话，双方商定将在页岩气、天然气水合物、地热资源、新材料矿产、海岸带、地球深部探测等作为下一步合作的优先领域。在访问加拿大期间，参加了加拿大勘探开发者协会年会，会见了加拿大自然资源部部长卢克·布拉彻特先生，并与加拿大自然资源部矿业和金属助理副部长玛丽安·康柏·贾维斯女士举行了两部第17次部长级会谈。

2015年3月，王研副局长率代表团访问了阿根廷地质调查局和秘鲁地质矿产与冶金研究院。在访问阿根廷期间，王研副局长一行会见了阿根廷矿业国务秘书马约拉尔，并与阿根廷地质调查局举行了双边会谈，推进了低密度地球化学填图合作项目。在访问秘鲁期间，王研副局长与秘鲁地质矿产与冶金研究院院长苏珊娜女士续签了《中国地质调查局与秘鲁地质矿产与冶金研究院地学合作谅解备忘录》，签署了《2015～2016地质填图、地质年代和地球化学技术合作》项目协议，移交了《中国地质调查局与秘鲁地

质矿产冶金研究院关于地球化学与地质填图技术》项目合作阶段性成果。

2015年5月6~13日，李金发副局长率代表团一行访问了意大利国家环境保护研究所和希腊国家地质矿产勘查研究院。在访问意大利期间，与意大利国家环境保护研究所签署了正断层与逆冲断层地震诱发地质灾害对比研究以及1:5万水文地质调查与编图两份合作协议。在访问希腊期间，与希腊国家地质矿产勘察研究院商谈建立了合作关系，双方一致同意在地质灾害和矿产资源综合利用领域开展务实合作。

2015年6月18~25日，王学龙副局长率代表团一行访问了奥地利国家技术研究院和捷克地质调查局。在奥地利访问期间，与奥地利国家技术研究院签署了“滑坡危险性建模与制图”项目合作协议。在捷克访问期间，与捷克地质调查局商讨了双方国际合作方案。

（二）接待重要团组来访。

2015年5月，印度地质调查局代表团访问地调局。来访期间，在李克强总理和莫迪总理见证下，王小烈书记与印度驻华大使续签双边合作谅解备忘录。为推进双边开展合作，2015年10月，与参加中国国际矿业大会的印度代表团围绕如何落实中印地学合作谅解备忘录进行了会谈，双方在地球化学调查、稀土、铜、锡、钨等矿产资源勘查、高原冰川湖泊区地灾防治等领域的合作达成共识。双方将择机签署具体项目合作协议，全面启动务实合作。

2015年6月3日，澳大利亚西澳矿产石油部部长比尔·迈米安一行4人访问地调局。双方就矿政管理、中澳地质填图合作等领域进行了友好交谈。双方将继续保持双边多层次的矿业管理者和地质科技人员往来，互通有无，增强互信；择机签署新的项目合作协议，不断拓展合作领域、丰富合作内涵；深化三维地质填图技术、矿山环境治理与保护、矿产资源开发中的生态环境保护等领域的合作；加强地质调查技术人员培训；推进双边地学信息交流。

2015年6月11日，乌兹别克斯坦地质与矿产资源委员会代表团访问地调局，钟自然局长与图拉穆拉托夫主席就地质矿产领域的相关问题深入交换了意见。双方一致同意，共同推进已经签署协议的合作项目，积极为这些合作项目提供人员、资金和技术等支撑；进一步拓展合作领域，加强技术、信息和人才方面的交流，更好地引导中国企业到乌兹别克斯坦投资矿业。经协商，为进一步深化中国与乌兹别克斯坦在地质调查领域的合作，双方签署了《中华人民共和国国土资源部中国地质调查局－乌兹别克斯坦地质与矿产资源委员会地质科技合作协议》。

2015年10月14日，美国地质调查局专家组一行6人访问地调局，并成功举办第一届中美两国地质调查局地下水水质与监测合作研讨会，确立了重点地区地下水对比研究、页岩气开发对地下水影响研究、重点地区地下水监测网络设计与优化等10个优先合作领域，并针对每一个领域确定了中方和美方各自具体实施单位，拉开了中美全面地质合作的序幕。

2015年12月15日，安哥拉地质矿产部部长德凯罗斯率代表团访问地调局。双方就地质矿产领域的科技合作深入交换了意见，达成了广泛共识。双方一致同意签署中国地质调查局与安哥拉地质矿产部在地质调查领域合作谅解备忘录，深化在技术交流、人员培训和能力建设等方面的合作。

此外，在2015中国国际矿业大会期间，先后与澳大利亚、秘鲁、苏丹、墨西哥、加拿大、马达加斯加、马里、印度等国家地调机构进行了会谈活动，进一步深化或开启了双边基础地质、能源和矿产资源、地质灾害、生态环境、海洋地质等领域的合作。

四、举办重要国际会议

（一）主办中日韩三国地调机构领导人会议。

2015年4月8~9日，在北京主办的第一届中日韩3国地调机构领导人会议。会上签订了中日韩3国地学合作协议，续签了《中韩地学合作谅解备忘录》，中日韩3国地学合作关系得到强化。中日韩3国一致同意，在国际地质编图、三维地质调查、地下水和地热资源、地质环境与地质灾害、海洋地质、天然气水合物、矿物材料等领域加强合作。此次会议成果还被驻韩国首尔中日韩3国合作秘书处编入2014~2015年度3国合作进展报告，供3国领导人参阅。

（二）主办CCOP第51届年会和第65届指导委员会（CCOP）会议。

2015年11月23~29日，在西安主办东亚东南亚地学计划协调委员会（CCOP）第51届年会和第65届指导委员会会议。CCOP组织成员国、合作国和国内地勘单位300余人参加了会议。会议期间，举办了“海岸带地质与防灾减灾”专题会议，推进了成都地调中心与中南半岛5国成矿规律合作研究项目以及岩溶地质所与老挝、柬埔寨、缅甸等国的环境地质编图合作项目。同时，在会议期间地调局与CCOP组织重要的合作机构——欧洲地质调查局达成了初步合作意向。此次会议得到中央电视台和人民日报海外版等多家媒体的报道，并得到CCOP技术秘书处高度赞扬，取得了良好的国内和国际反响。

（三）利用中国国际矿业大会平台推进国际合作。

2015年中国国际矿业大会期间，安排与加拿大联邦及各省地调机构、澳大利亚西澳矿产石油部和地质调查局、秘鲁地质矿产冶金研究院、苏丹地质总局、墨西哥地质调查局、马达加斯加能源矿产部、马里矿业部和地质矿产局、印度矿业部等8家地质调查局会谈，并分别与土耳其和伊朗签署合作谅解备忘录和项目合作协议。

（四）其他重要涉外会议。

为推进“一带一路”基础地质调查计划实施，积极推进了第一届中俄中亚造山带学术研讨会、地震断层破裂和愈合机制中德研讨会和第七届国际岩溶研究中心培训班等一批重要涉外会议。

五、推进重要国际合作项目

（一）中国－西澳地质填图合作项目。

推进西安地调中心与西澳地质调查局开展地质填图合作计划（2012～2015年）。双方已联合完成了西澳北部和甘肃北山地区的合作填图任务，并对西澳北部元古代造山带和中国西北部祁连造山带和典型矿床进行了对比研究。西澳地质调查局已向地调局移交国际合作项目成果图件。

（二）中国－加拿大三维地质填图项目。

根据《中国地质调查局与加拿大萨斯喀彻温省地质调查局地学合作谅解备忘录》，双方签署了中加三维地质调查技术合作协议。地调局派出技术骨干人员赴加学习了区域地质调查数据整合与三维地质建模流程基本技术，邀请加方人员来华开展区域地质和地球物理调查与三维建模技术合作研究，有力保证了合作项目的顺利进行。

（三）中国－波兰海洋地质合作项目。

继中波第一阶段合作项目“中国北部湾及邻域晚更新世以来沉积环境与气候演化（SECEB）”顺利结题之后，为积极推动中波新开项目“琼西南海域晚更新世三角洲沉积及古环境调查与评价（ERES）”的启动，2015年4月，邀请波兰什切青大学Edward Wlodarczyk校长等9人来华访问，并在广州海洋局联合召开SECEB项目总结会和ERES项目启动会，并续签了《中波海洋地质科学合作谅解备忘录》。目前，中波科学家已完成海南岛西部河口第四纪构造运动的野外科考和相关采样工作。

（四）中国－奥地利滑坡危险性建模与制图合作项目。

2015年6月王学龙副局长率团出访奥地利期间，与奥方签署了“中国天水地区黄土滑坡危险性建模与制图”项目合作协议。双方即将全面开展滑坡调查编录、区域滑坡易发性、危险性模型方法的适用性和质量评估、区域滑坡危险性评价模型和空间模拟工具等领域的合作研究。2015年7月，我方将派技术人员赴奥地利联合开展下奥地利州和布尔根兰州的地质环境和滑坡调查编录工作。

（五）中国－意大利地质灾害与1:5万水文地质编图合作项目。

为推动落实与意大利国家环境保护研究所签订的《中华人民共和国国土资源部中国地质调查局与意大利国家环境保护研究所地学合作谅解备忘录》，2015年5月李金发副局长率团出访意大利期间，与意大利国家环境保护研究所签署了正断层与逆冲断层地震诱发地质灾害对比研究以及1:5万水文地质调查与编图项目合作协议。双方确定了项目合作实施方案，圈定了各自国家的对比研究工作区域，已启动对比研究所需的资料搜集与整理工作。

（六）中国－韩国天然气水合物合作项目。

为落实《中韩地学合作谅解备忘录》的相关条款内容，积极推进局海洋地质机构与韩国天然气水合物组织和韩国KIGAM建立天然气水合物开发联盟，开展天然气水合物项目合作。

六、积极推动国际化人才培养进程，提升国际影响力

选派多名科学家赴英国牛津大学、美国麻省理工学院、美国斯坦福大学、美国康奈尔大学、美国加州理工学院等知名学术机构参加培训或合作研究，引进了同位素示踪技术、超高压变质岩石和地幔岩、引进了利用场发射电子探针和纳米离子探针新技术对磷灰石、独居石、石榴石等副矿物进行高分辨微量元素组成特征测定，Melts软件计算地壳深熔作用过程中矿物溶解动力学行为，电感耦合等离子体质谱仪、板块碰撞边界地震学数据成像技术等一批国外先进理念和技术。

此外，积极推动局科学家参与国际地学机构和组织，成功推选局熊盛青入选中美政府间民用航天对话中方专家组成员、局海洋地质专家参与国际海底管理局年度活动、局科学家参与国际地学计划（IGCP）、国际大陆科学钻探计划（ICDP）等活动，推动局科学家竞选CCOP区域地质咨询专家等席位，协助国际地科联秘书处举办IUGS第69次会议的筹备工作，协助联合国教科文组织岩溶研究中心续签第二运行周期协定，积极推动联合国教科文组织全球尺度地球化学研究中心完成国内报批手续，以便尽快实现正式挂牌运行。

（舒思齐）

行 政 管 理

新闻宣传和政务信息工作

中国地质调查局办公室

2015年，按照局党组要求，地质调查新闻宣传和政务信息工作坚持围绕中心、服务大局，不断拓展思路，创新方式，完善机制，取得了较好成绩。

一、聚焦中心工作，加强宣传策划，在主流媒体的显示度大幅提高

随着经济社会的一系列变动，地质调查事业改革发展任务艰巨，对新时期的地调宣传也提出新的要求。为规范和加强新闻宣传工作，局对外加强协调，与中央电视台、中国国土资源报社、中国矿业报社、国土资源部宣教中心等单位加强合作，做到重大宣传事前沟通、提前谋划。对内上下联动，2015年11月印发《关于加大地质调查成果宣传力度　主动及时回应社会关切的指导意见》，严肃宣传纪律，加强统筹管理，形成全局新闻宣传“一盘棋”。

重点围绕地质调查支撑服务国家重大战略实施，全力支撑能源资源安全保障，精心服务国土资源中心工作，策划开展了长江经济带地质工作研讨会、土地质量地质调查服务土地管理现场会等重大活动和页岩气调查等重大成果的宣传工作。发挥专业优势，对社会关切的天津港火灾爆炸事故、浙江丽水滑坡事故等，提供专业解读，开展科普宣传，从地质科学角度协助做好舆论引导。《人民日报》、《新华社》、《光明日报》、《经济日报》等中央主流媒体连续刊登局相关报道。中央电视台全年累计播发局新闻报道13组，得到社会广泛关注，并制作了央视报道剪辑，在全国地质调查工作会议上进行了播放。《中国国土资源报》、《中国矿业报》全年以要闻和专版形式，累计刊发地质调查稿件1100余篇。

二、实施网站统一改版，加强日常维护和监督管理，网站宣传和服务效能得到明显提升

局网站作为地质调查新闻宣传的新媒体平台和重要窗口，日益受到社会关注。对局系统“1+28”家网站进行了统一改版，进一步优化了局外部形象，实现了重大活动全部制作专栏进行报道。进一步突出地质调查业务成果，树立信息资源服务意识，完成了由政务宣传为主向业务宣传和成果服务为主的转化。

11月印发实施了《关于加强网站信息管理的指导意见》，局系统网站管理更加规范，内容更新更加及时，网站访问量明显提高。各单位通过网站信息采编系统积极向局门户网站投送新闻稿件，保障了网站信息发布的及时性和全面性。

局门户网站全年发布重大工作进展、成果及行业动态信息7000余条，发布视频40余条，日均访问人数接近1万，访问量比2014年增长30%，英文网站年访问量比2014年增长20%。

三、突出报送重点，加强审核把关，政务信息报送更加准确、及时

重点围绕部、局党组重大决策部署的落实，地质调查重要成果及其在满足需求、解决问题方面的服务成效等内容编报信息，特别加强了全局层面重要信息的报送。12月印发了《关于进一步加强全局新闻宣传与政务信息审核把关的通知》，要求涉及重大业务进展、重大突破的上报信息和对外发布信息要严格履行审批程序，尤其是有关海洋地质调查、油气资源、铀矿、天然气水合物和其他重要矿产资源，以及部、局领导活动和讲话等信息的发布要报局审核，严格把关。同时，根据使用需求，及时优化完善政务信息采编系统，提高了信息编报效率。

四、政务信息工作较2014一年取得明显进步

全年编发《局内要情》46期，《地质调查专报》16期，刊发信息600余条。累计向部报送信息1600余条，其中被《部内要情》采用360条（2014年290条，增长24%），被《国土资源信息》采用5条（2014年3条），中办、国办信息刊物采用5条（2014年3条）。2015年局政务信息积分为1536分，较2014年积分1214分增长26%，积分排名由部系统第二升至第一。局办公室新闻处和环境监测院、地科院、航遥中心、油气调查中心、发展研究中心、水文环境所、南京地质调查中心7家直属单位的办公室评为2015年度信息工作先进单位，15名具体负责信息报送的同志被评为2015年度国土资源信息工作先进个人。

（王堡垒　刘　瑶）

保密工作

中国地质调查局办公室

2015年，在保密机构建设、定密管理、保密检查、保密教育和培训、隐患整改落实和违规行为责任追究等方面组织开展了大量工作，取得了显著成效。局机关和各直属单位保密意识显著增强，重视程度普遍提高，管理措施不断完善，保密工作环境逐步改善，全局没有发生重大失泄密事件。

一、明确定密责任，推动科学定密

按照《国家秘密定密管理暂行规定》和国土资源部保密办的有关要求，结合局机关实际情况，参照国土资源部的有关做法，明确了局主要负责人钟自然为法定定密责任人，保密委员会主任王研和副主任李金发以及各部室负责人为指定定密责任人，同时明确了各定密责任人的定密权限和定密事项范围。

为指导定密工作，推动科学定密，组织召开了地质调查成果定密指南研讨会，邀请国家保密局、国家测绘地理信息局、总参测绘局有关专家参加研讨，为局制定《地质调查成果定密指南》提供了理论和实践参考。

二、加强保密审查，做好地质调查成果服务的保密工作

针对地质调查成果形成和服务过程中容易出现失泄密隐患的问题，局保密办公室研究起草并印发了《关于加强地质调查成果服务保密工作的通知》（中地调办发〔2015〕28号）。《通知》要求局机关和各直属单位明确保密责任，加强定密管理，加强成果公开服务的保密审查和日常监督检查，强调在积极推进地质调查成果服务的同时，切实加强保密工作。

组织编制的“一带一路”能源和其他重要矿产资源及勘探开发图集，得到了国家高层领导的高度重视。为切实发挥图集的作用，推动地质调查成果有针对性的服务，规范图集的使用行为，局保密办公室制定印发了《“一带一路”重要图集保管和使用暂行规定》（中地调办发〔2015〕37号），重点强调了“一带一路”地质调查成果服务的保密工作。

明确了地质调查成果保密审查职责分工和审查程序，并对《京津冀国土资源与环境地质图集》《长江经济带国土资源与重大地质问题图集》和《中国自然资源图集》等一系列重大地质调查成果以及各直属单位2014年度事业单位年检报告进行了保密审查。确定了国际矿业大会期间地质调查成果公开发布和信息资料服务的保密审查原则和有关事项。

三、严格执行保密规定，组织做好保密工作责任书和保密承诺书的签订工作

按照《党政领导干部保密工作责任制规定》的要求，进一步健全完善保密工作责任制，层层落实保密责任。明确党政主要领导干部负总责，分管保密工作的党政领导干部负具体领导责任，分管业务工作的党政领导干部负直接领导责任。按照中央保密委、国家保密局和国土资源部的有关要求，局保密委员会主任王研代表中国地质调查局与国土资源部保密委员会主任汪民签订了保密工作责任书。28个直属单位和局机关11个部室的主要负责同志签订了保密工作责任书。机关工作人员上岗、离岗时签订了保密承诺书，分别在保密管理部门和人事部门存档。

四、组织开展保密检查，督促保密隐患单位整改落实

根据《中国地质调查局2015年保密工作要点》和国土资源部保密办的有关要求，为进一步加强保密工作，贯彻落实《党政机关和涉密单位网络保密管理规定》《党政领导干部保密工作责任制规定》，局保密办公室于2015年11月印发了开展保密检查的通知并召开视频会议进行了工作部署，组织各直属单位开展保密工作自查。2015年12月，局保密办公室联合国土资源部保密办并组织部分直属单位对28个直属单位进行了实地检查。检查内容包括5个方面：①涉密地质资料、涉密测绘成果及其他国家秘密文件的管理情况；②涉密、非涉密计算机及移动存储介质管理情况；③非涉密网络保密管理情况；④保密责任书和保密承诺书签订情况；⑤年度保密工作要点落实完成情况。重点检查计算机483台（套），其中非涉密机370台（套），涉密机113台（套），检查涉及大部分的业务处室和主要管理处室。

按照国土资源部保密办公室的要求，组织开展了各直属单位网络安全保密检查工作。国家保密局对地调局进行了保密工作检查，发现了一些问题。局保密办公室及时将保密检查的情况向局保密委员会进行了通报，并及时采取了措施加以整改。

五、完善保密工作机构，加强涉密岗位和人员管理

认真贯彻落实《党政机关涉密人员管理暂行规定》，研究确定了局机关涉密岗位设置和涉密人员名单，并对涉密人员进行了相关审查。根据局机关人员变动，及时调整了保密委和保密办的人员组成，保证了保密工作的正常开展。12月9日，局保密委员会第四次全体（扩大）会议议定，增补陈辉、窦云涛、周绪辉为局保密委员会委员，增补窦云涛为保密办副主任、刘元宏为保密办成员。同时明确局机关相关处室为涉密部门（处室）。相应岗位为涉密岗位，相应岗位的工作人员为涉密人员。

六、全面掌握局系统保密工作基本情况，推动保密工作规划纲要的贯彻落实

一是组织局机关和各直属单位填报2014年度保密工作统计数据情况报告，填报内容主要包括保密工作总体情况、年度产生涉密事项和涉密载体数据以及年度更新数据。二是全面总结局系统《“十二五”保密工作规划纲要》贯彻落实情况，形成局系统《“十二五”保密工作规划纲要》贯彻落实情况的总结报告。三是根据全局保密工作基本情况，提出了《“十三五”期间保密工作规划纲要》的意见建议。

七、开展保密教育，普及保密知识

为贯彻落实中央保密办、国家保密局《关于学习观看保密教育片〈手机背后的谍网〉的通知》（中保办（局）字〔2015〕10号）要求，组织局机关干部职工在网络上观看了《手机背后的谍网》保密教育视频，并与局直属机关党委、机关工会联合举办了手机使用保密教育答题活动，普及了手机使用保密管理的有关知识，增强了局机关干部职工手机使用的保密意识。

八、做好涉密文件资料的销毁工作

按照国家保密局和国土资源部要求，规范了在京直属单位和局机关各部室涉密文件资料的销毁工作，定制了涉密文件资料销毁专用袋。局机关涉密文件资料、内部文件资料与公开出版的报刊图书杂志相区别，实行了专袋分装销毁。

（周绪辉）

文秘档案工作

中国地质调查局办公室

一、公文管理

2015年，全年共处理内部发文签报1532件，其中发文发函1113件，签报365件，涉密发文54件；处理外部来文1776件，其中涉密收文77件，中央文件153件。内部发文外部收文数量较上年有所减少。

1. 加强公文审核。加强发文必要性审查和公文格式审核的同时，进一步加强公文质量的审核把关，重点加强公文内容和文字审核，并将审核中发现的典型错误进行归纳整理，形成两期《公文常见问题辑录》。印发各单位和各部室参考，以促进局系统对公文质量的重视和工作责任心的提高。

2. 规范公文管理。印发《关于进一步规范公文办理有关事项的通知》，强调规范办文程序，严格按照公文处理流程报批公文；提高办文效率，严格按照公文办理时限办结公文；强化公文审核，切实提高公文质量和办文水平。针对大区项目办报局公文不规范问题，印发了《关于规范各大区项目办公文管理的通知》，统一公文格式和报文要求。

3. 加强公文写作培训。举办文秘档案培训班，组织各直属单位办公室主任和文秘档案管理人员、各部室综合处长和文秘档案人员共计100余人参加了培训。编印文秘档案工作手册，为外事工作培训班举行了公文写作知识讲座，为办公室年青同志能力提升举行了公文写作专题讲座等。

4. 推进办公自动化。指导发展研究中心网络室推进局机关公文系统升级改造，为开通移动办公系统做好前期准备。推动局机关与各直属单位之间公文网络交换的实现，协助发展研究中心开展局机关各部室和局属单位文秘人员进行公文交换操作实务培训。

二、档案管理

1. 指导局机关各部室开展2014年文书档案立卷

归档工作。严格按照《中国地质调查局文件材料归档范围和文书档案保管期限规定》的要求，组织各部室文秘人员完成2014年文书档案的归档工作。局机关的全部归档文件2386件，分装97标准档案盒共106盒，其中涉密档案89件8盒。按照部办公厅的要求，向部办公厅上报了局机关的文书档案电子目录。

2. 提供档案查询借阅服务。2015年档案文件查询借阅服务150余人次。为配合审计工作，协助昆明审计办和京津冀审计办查询、复制档案文件28件。为做好“野战军”地质装备专项审计筹备工作，查询、整理“野战军”地质装备专项2002~2015年有关文件、签报、会议纪要等，并编制了相应文件目录。

3. 开展档案业务培训。组织局机关各部室和在京局属单位的档案业务人员，参加部办公厅举办的档案归档工作培训班。邀请国家档案局资深专家在局文秘档案培训班上讲授机关文书档案保管期限范围和立卷归档规则，及时了解上级主管部门对档案归档和管理工作的新精神、新要求，进一步提高局系统档案管理工作水平。

（杨妮娜）

综合治理工作

中国地质调查局办公室

2015年，地调局认真贯彻党的十八大、十八届五中全会和首都社会管理综合治理工作会议精神，认真落实《国土资源部2015年社会治安综合治理工作要点》，以创建“平安单位”为主线，以加强单位内部安全和维护社会稳定为重点，大力加强内部治安防控体系建设，切实强化综治责任制落实，局机关各项工作运行平安稳定，无案（事）件发生。

一、完善机制，健全综合治理协调联动体系

1. 加强组织领导。定期召开维稳综治工作领导小组会议，研究部署局系统综合治理和维护稳定工作。强化综合治理责任制，明确“一岗双责”责任分工，局机关及在京直属单位与部综治委签订了《综合治理责任书》。直属单位均建立了综合治理领导小组或委员会，各单位主要负责人认真履行第一责任人职责，逐级签订《综合治理责任书》，分解目标责任，层层落实责任制，形成齐抓共管的工作局面。

2. 完善协调机制。进一步加强和改进新形势下维护稳定和综合治理工作思路和方法，印发《中国地质调查局2015年维护稳定综合治理工作要点》，全面部署局系统维护稳定和综合治理工作。逐步健全监督检查制度，完善矛盾纠纷排查调处机制、内部防控机制，保障业务经费和工作条件。在年度绩效考核指标体系中加强对维护稳定和综合治理工作的考核评价，全年开展综合治理专项检查、抽查十余次。

二、细化管理，确保综合治理各项工作落到实处

1. 部署局系统安全维稳工作。认真贯彻落实部维稳综治工作会议精神，加强对局系统维稳综治工作的部署，要求直属单位严密防范境内外敌对势力、民族分裂势力、暴力恐怖势力、宗教极端势力和“法轮功”等邪教组织的渗透、破坏活动，维护好局系统安全和政治稳定。

2. 强化信访工作。坚持预防为主、教育疏导、依法调处、防止激化的原则，杜绝了因矛盾激化而酿成的恶性或群体性案件。做到预防和处理同时抓，及时妥善处理群众来信来访，加大初信初访办理力度，提高处理矛盾的能力。热情、及时答复信访问题，全年未发生因信访产生恶劣影响的事件。

3. 加强安全生产。贯彻落实全国安全生产电视电话会议精神，牢固树立以人为本、安全发展、科学发展的理念，以依法治安为主线，继续扎实推进“七个强化”，抓预防、重治本，全面提高安全生产管理标准化、科学化水平，抓好汛期、暑期、野外工作高峰期、重要节假日等重点时段的安全生产工作，加强安全生产管理保障体系建设，要求局系统野外工作项目组、车辆、飞机必须100%配备北斗终端并接受安全保障监控，保障野外工作任务顺利完成，全局安全生产形势持续向好。局领导亲自带队到野外安全检查，对3个野外工作站进行调研、检查。地调局被国务院安全生产委员会评为“2015年全国安全生产月活动先进单位”。

4. 加强安全保卫。根据45号院物业管理委员会要求，由物业中心1名副主任专门负责安全保卫工作，成立应急处置分队，由物业中心保安队和重点部门人员组成。更换局机关大院车证，加强进出机关大院办公楼人员检查登记。增强安保力量，增加巡逻频次，配齐防火毯、防爆毯（桶）、防刺背心等安保器材。加强对局门户网站管理，防止遭受黑客攻击。7月5日，局机关和发展研究中心联合开展消防及反恐防暴演练，王研副局长现场指挥，参加人数200余人，当地派出所配合模拟现场突发情况，对犯罪嫌疑人实施控制、抓捕，并实地操作使用灭火器、水龙带等消防设备，增强了防范意识和技能。

5. 加强消防安全。建立45号院义务消防队，每个部室均设立1名消防员。汛期到来前，局领导3次带队检查资料库房等重点部位防汛工作。针对汛期、暑期前后工作形势，重点加强对地质资料馆、计算机房、财务部门、档案室、配电室、中控室和水电暖气重点部位的安全隐患检查。提前做好地下排水泵的巡检，并做好巡检记录。春节前，对大院公共设施、楼道、停车场、地下车库、绿化带、草坪等进行彻底清理，防止烟花爆竹引发火灾。对例行检查出的设备故障及隐患及时进行了维修及更新。对大院及楼内灭火器分两批进行了更新、检测，对大院的消防、安防监控设备签订了设备维保合同，维修厂家定时到中心进行维护和保养。对食堂常用电器设备进行检修维护。加装办公楼内消防设施器材标识和消防安全疏散标识，调整增强灾害应急力量，增配应急设施。购置消防条例、消防安全宣传图片，在醒目位置张贴宣传。

6. 做好交通安全管理。对直属单位执行《野外工作用车安全管理规定》进行监督检查。印发《中国地质调查局办公室关于进一步加强机关大院机动车辆管理的通知》，更新局机关车证，全面清理大院地下车库和院内停放车辆，建立巡查和报告制度。按照部交通委要求，组织开展领导干部用车交通安全管理专项检查，进一步加强专车车辆管理。坚持每月对驾驶员开展一次交通安全教育，与驾驶员签订《安全责任书》。定期对车辆进行安全检查及维护，保障车辆无故障行驶。严格节假日车辆管理，节假日期间所有车辆一律封存，特殊情况用车一律由带班局领导审批。全年，局车队未发生重大交通安全事故及严重违章行为，圆满完成各项出车任务。

7. 加强职工健康和饮食卫生管理。印发《中国地质调查局关于关心职工身心健康的意见》，建立职工健康保障体系，组织职工开展健康体检，形成体检结果分析报告，局务会进行专题研究。积极配合食品药品监督局加强食品卫生安全防范工作，开展灭蟑灭鼠24次。按规定聘请有资质的施工单位定期对食堂操作间排烟罩、烟道进行清洗，全年共清洗烟道4次。为保障大院职工饮用水安全，加装了饮用水过滤装置，定期更换。按照卫生局要求与有资质的清洗公司签订合同，按规定定期对大楼内空调管路、风机盘管进行清洗消毒。

8. 加强内部环境整治。地调局被中央国家机关爱国卫生运动委员会、首都城市环境综合整治委员会评为“2014年度首都城市环境建设样板单位”。完成局机关矿物标本园设计施工，进一步优化工作环境。加强内部环境清理，清理大院周边角落环境卫生、私拉架空电线。整治局机关主楼和西楼地下空间，重点检查了监控、消防探头和喷淋设备、气体灭火等安全设施设备情况，改造了地下空间防水和排水工程，集中清理了堆放物品。对各种公共设施进行了彻底检查、清理和维修，确保了全年水、电、暖及各类设备设施的正常运转。

9. 做好节假日和敏感时期安全稳定工作。在节假日和全国两会、纪念抗日战争胜利70周年、“9. 3”阅兵、十八届五中全会前及时印发加强值班和维稳综治工作通知，督促在京直属单位加强对外部环境和舆情的关注，严格强化内部防范和管控措施，认真做好信访工作，及时化解和排除矛盾，加大安全生产管理和保密工作力度。节假日及敏感时期，在京直属单位按照要求安排专人24小时在岗值班，实行零报告制度，安全形势稳定，未发生突发事件和群体性事件。

10. 开展禁烟活动。按照中央国家机关爱卫办《关于开展中央国家机关“拒绝烟草 健康生活”签名活动的通知》，5月下旬组织在京单位开展禁烟宣传活动，通过联合签名、发出倡议、播放禁烟公益短片、制作《北京市控制吸烟条例》宣传板等形式开展活动，共有14个单位2000余人次参与禁烟宣传活动。动员广大干部职工认真执行《北京市控制吸烟条例》，做到在公共场合和社会活动中，不吸烟、不敬烟、不接受敬烟，积极践行健康生活方式。

11. 做好计划生育和义务植树工作。大力开展“优生、优育、优教”宣传，提高干部职工对优生优育知识的掌握和了解。局机关职工均按指标生育，没有发现超生现象。积极响应部号召，组织干部职工参加首都义务植树活动，完成植树任务，努力做好首都绿化和美化工作。

12. 认真开展能源资源消费统计。做好能源资源消费统计工作，建立工作台账，按时向部节能办汇交能耗统计数据。全年未出现漏报、错报现象。

三、加强宣传，不断增强干部职工综合治理和维护稳定意识

一是综治维稳领导小组定期召开专题会议，及时传达中央、部有关要求，切实提高领导小组成员综治维稳责任感。二是按部要求，派员参加有关培训，将培训内容及时在局内宣传，提高广大干部职工的综治维稳意识。三是充分利用现有宣传媒介，及时将有关内容在局机关办公楼大厅、餐厅等位置开展宣传。四是开展专题宣传，防灾减灾宣传周活动期间，在局内网设立“防灾减灾宣传周”专栏，及时公布国家法律、法规及有关规范性文件，制作防灾减灾常识和实施技能等资料，张贴防灾减灾宣传挂图。公共机构节能宣传周活动期间，积极宣传国家节能方针、政策、法律、法规及中国能源资源形势和节能的重要意义，悬挂宣传条幅，张贴宣传标语和节能宣传挂图，大力弘扬勤俭节约，反对铺张浪费。

（王　磊）

经济与财务管理

地质调查项目经济管理

中国地质调查局财务部

2015年，地质调查项目经济管理按照坚定不移加强项目和资金管理的要求，紧密围绕“全力支撑能源资源安全保障、精心服务国土资源中心工作”中央公益性地质工作定位，通过实施“九大计划”，切实履行“服务国家能源资源安全保障，服务生态文明建设，服务防灾减灾，服务新型城镇化、工业化、农业现代化和重大工程建设，服务海洋强国建设”5项任务，保证了地质调查工作平稳运行。

一、建立与国土资源部、财政部等部门顺畅高效的工作关系

建立了一级项目、二级项目体系和3年滚动支出计划，从长远和源头上解决了项目立项问题，为“九大计划、50项工程、300个项目”搭建相对稳定长远可预期的平台和预算保障，解决地质工作的稳定投入。落实了2015年包括地调项目在内的各项预算，顺利调整了各种预算，2016年的项目预算按要求的时间点顺利报送财政部。

二、积极适应预算管理制度改革要求

根据部门预算管理制度改革的新要求，提前筹划部署2016年项目立项工作，全面完成6个一级项目总体方案编制、评审及上报工作；制定了地质调查二级项目设置、预算编制和评审以及绩效目标编制要求，为二级项目立项论证工作提前做好准备。组织力量指导检查二级项目预算评审，对二级项目预算评审、项目入库进行3次复查，圆满完成2016年地质调查二级项目预算编制、评审及上报工作。

三、加强预算的编制和评审监督

为保障2015年项目编制质量，在预算编制环节下发预算编制文件，落实项目法人负责制和项目负责人负责制，全面把控任务书的下达，杜绝私自中途分解任务和经费。对2015年所有2400余个子项目进行复核，抽查了10%子项目的预算编制和审查质量情况。

四、加强监督检查，完善内控体系，确保审计不出大问题

局党组高度重视审计工作，积极配合审计署资源环保审计局的审计工作，对于审计中发现的问题，召开了审计整改布置和落实责任专题会，印发了《关于确保审计不出重大问题若干举措的意见》，提出了增强风险意识、遏制多发态势、做好源头预防遏制、加强监管、完善制度等7个方面措施。加强日常监督，利用信息技术实施常态化网上监管，建立通报和整改机制，确保发现的问题及时整改，防范重大违规违纪问题的发生。开展财务大检查，针对检查中反映出的一些风险集中、问题突出、涉及面广的问题，印发了《中国地质调查局关于进一步加强财务管理的若干规定》，提出30条内容明确、具操作性的具体要求。

五、地质调查项目预算下达与经费使用情况

2015年，财政部批复由地调局组织实施的地质矿产调查评价专项预算62.18亿元，安排子项目2176项，其中新开项目695项，预算29.14亿元；续作项目1481项，预算33.04亿元。采用竞争方式确定承担单位的项目预算为7.68亿元，安排子项目317项。

2015年地质调查项目总经费为82.98亿元，其中本年预算62.18亿元，往年结转21.26亿元，预算调整-0.46亿元。2015年地质调查项目实际支出61.75亿元，年末结转21.22亿元。

（石　森）

局系统预算财务管理

中国地质调查局财务部

一、局系统预算下达与执行情况

2015年，国土资源部批复局系统各类财政预算共计17个批次，预算总额91.02亿元（包括本年预算74.90亿元，上年结转和结余16.12亿元），其中基本支出预算总额10.02亿元，项目支出预算总额81.00亿元。

2015年，全局共完成国库预算资金支出76.70亿元，国库预算执行率达到91.15%，实际执行率达到87.58%，全面完成全年预算执行考核目标。

二、局系统经济运行情况

2015年，全局总收入96.45亿元，比2014年减少3.79亿元，下降3.78%。全局总支出98.59亿元，比2014年增加6.73亿元，增长7.33%。全局结转、结余资金总量15.30亿元，比上年减少7.40亿元，下降32.60%。

截至2015年末，全局固定资产总值达到58.55亿元，比2014年末的53.82亿元增加了4.73亿元，增幅8.79%。全局自有资金（事业基金和专用基金）总量16.13亿元，比2014年末增加了1.09亿元，增幅7.25%。

2015年，全局可用住房改革资金1.64亿元，实际支出1.64亿元，结余189.28万元。

三、局属单位预算管理重要活动

1. 理顺财政关系。加强与财政部、国土资源部等相关司局的沟通协调，确保局报送的材料能有效传递，提出的需求能得到解决，为局的预算编报、下达及调整等各项工作顺利进行提供保障。全力以赴配合财政部评审中心开展二级项目评审工作，参加评审的水工环二级项目预算编制质量得到高度肯定，与其他部门比较经费调减比例最低，顺利通过评审。

2. 全面开展结余结转资金清理，盘活用好存量资金。根据国务院和财政部关于盘活存量资金、推进统筹使用、做好预算执行的工作部署，先后5次组织开展不同节点、不同范围、不同内容的存量资金清理，共计上缴存量资金4.1亿元，统筹使用存量资金1.0亿元，压减了存量资金规模，保障局全面完成预算执行率考核指标，为“十三五”项目启动和顺利实施提供了有力保障。

3. 实施财务大检查工作。共派出10个检查组，全面检查包括局机关在内的29个单位2014～2015年财务管理整体情况。

4. 以问题和需求为导向，进一步完善预算财务管理制度体系。一是针对国家审计发现的问题，印发了《关于确保审计不出重大问题若干举措的意见》。二是为进一步加强备用金管理，规范备用金的借支、使用、报销等行为，保障备用金的安全存放及合规使用，印发了《备用金管理办法》。三是印发了《中国地质调查局关于进一步加强财务管理的若干规定》，对各单位在财务机构建设、备用金管理、野外经费管理、矿业权管理及处置、基建管理等十大方面提出规定，并以此为规范要求各直属单位进行管理。

5. 加强网上财务信息监督。一是对2014年财务信息公开与联网监督工作进行了全面梳理和回顾，发布2014年度局财务信息公开与联网监督工作总结。二是按月开展全局财务信息联网监督工作，对大额经费支出等进行预警、核实，并指导督促各单位发现问题的整改，2015年累计发布10期财务信息监督工作情况月度报告。三是完成“经费支出管理信息系统”的上线和培训工作，依托“经费支出管理信息系统”督促、指导、规范各直属单位财务信息公开工作。

6. 督促审计整改。积极配合审计署资源环保审计局对局及局直属单位的审计工作，先后配合审计组对国土资源部的预算收支情况审计、存量资金专项审计和信息系统专项审计。组织、指导、督促各单位对有关问题进行整改，保证每个问题的整改必须全面彻底。根据各单位的整改情况，完成《中国地质调查局关于2014年度预算执行审计发现问题整改落实情况的报告》。

7. 加强财务管理队伍的建设。在使用中锻炼财务人员，利用财务大检查，抽调财务人员参加大检查，压担子、经受锻炼，磨炼意志、增长才干、接受考验，拓宽视野、提高境界、增长业务水平。通过预算编制培训、指导文件的下发、大检查的开展、审计通报、政策解读与宣传、制度建设、网上监管、财务工作要点的下发、资金清理、政策汇编等，加强业务能力的培养，不断提高财务人员的业务水平和工作能力，促进财务管理队伍建设。

（石　森　杨海涛）

局机关财务管理

中国地质调查局办公室

一、加强学习，深入贯彻执行党的路线方针政策

认真学习贯彻党的十八届五中全会精神和姜大明部长的宣讲报告，深入学习贯彻局2015年党风廉政建设工作会议精神、“两个《指导意见》和三个《暂行规定》”文件精神，继续学习全国人大新颁布的《预算法》，并结合局机关具体情况进行深入的讨论，进一步学习贯彻落实中央“八项规定”，积极参加“三严三实”专题教育活动，不断提高政策水平和工作能力。

二、强化预算管理，合理统筹运用资金

根据局机关发展规划、年度业务工作计划，准确测算年度资金需求规模，按要求及时完成2015年度的部门预算编报工作。根据预算收入和工作安排情况，编制2015年局机关经费支出明细预算。加大预算执行监督检查和督促力度。利用财务管理信息系统，对各项费用预算与实际支出进行实时跟踪对比，避免了超预算执行或无预算执行等情况的发生，2015年财政资金预算执行率达到85.35%，较上年提高31.26%。

三、加强经费管理，高质量完成核算、决算等工作

组织完成2014年局机关各类决算及年报的编报工作。各类决算和报表的编制质量和水平得到很大程度的提高，受到上级财务管理部门的表扬。贯彻落实中央“厉行节约”精神，严格控制“三公经费”支出，“三公经费”支出控制在财政部下达的控制数范围以内。加强财务报销管理，严把审核关；及时合理合法地对经济业务进行会计核算；及时准确办理各项资金支付，切实保障资金安全；及时申报用款计划，有效保障各项工作的正常开展。

四、推进财务公开，接受群众监督

继续在局机关内网公开有关财务报销相关政策法规和制度，同时每月公开包括局机关总经费支出情况、“三公经费”、各部室经费、培训费、差旅费等经费支出情况6张表格，实现财务报销制度及财务信息的综合查询，做到方便局机关职工查询的同时提高财务信息透明度。

五、加强沟通协调，积极配合审计和财务检查工作

加强与上级管理部门的联系，努力做到沟通常态化，在审计署及相关部门领导的支持和理解下，客观及时地反映和解决局机关财务管理工作中的有关问题，积极配合各项审计检查，及时组织完成了各项审计整改工作。主要包括审计署2014年年终审计、配合局机关党委完成了工会财务大检查的自查工作，编写了自查报告、按局财务部开展财务大检查工作要求，局机关财务完成了相关自查工作，编写了自查报告，同时接受检查，对发现的问题进行了整改。

六、加强作风建设，抓好廉政建设，营造高效团队

坚持按流程办事、按规定办事，遇到重大问题由集体讨论决定。认真学习中央纪委十八届五次全会和国务院第三次廉政工作会议，以及钟自然局长在局2015年党风廉政建设工作视频会议上的讲话，深入理解和贯彻执行部党组、局党组重大决策部署，发扬民主集中制，努力营造和谐团结的工作氛围。加强《准则》和《条例》的学习，认真领会局党组两个《指导意见》和三个《暂行规定》精神，增强纪律意识、大局意识。认真查找岗位廉政风险点，强化廉政风险防控。认真参加了办公室“三严三实”专题教育。积极创建“廉洁型”处室，强化服务意识，由被动应付向主动服务转变。

（刘　凌）

企业管理

中国地质调查局财务部

一、企业基本情况

2015年33家经济实体中，盈利20家，亏损5家，8家处于停业状态。

2015年实现总收入8.76亿元（其中盛和资源有

限公司以归属于成都综合所出资额部分计，剔除已注销企业影响，下同），比上年减少 1.09 亿元，减幅 11.03%；总支出 8.34 亿元，比上年减少 0.69 亿元，减幅 7.64%；净利润 4182 万元，比上年减少 3958 万元，减幅 48.62%。

2015 年末，资产总额 12.22 亿元，比上年增长 0.17 亿元，增幅 1.39%。其中流动资产 10.08 亿元，同比下降 1.86%；非流动资产 2.13 亿元，同比增长 20.22%。

负债总额 5.01 亿元，比上年减少 0.30 亿元，减幅 5.57%。其中流动负债 3.99 亿元，同比下降 22.85%；非流动负债 1.02 亿元，同比增长 645.49%。

所有者权益为 7.20 亿元，比上年增长 0.46 亿元，增幅 6.87%。2015 年，平均从业人员 1436 人，比上年减少 257 人。

职工薪酬总额 1.03 亿元，年人均薪酬 71 586.43 元，比 2014 年增加 17 551.32 元。

二、加强企业管理

根据财政部安排，组织开展局系统“中央党政机关和事业单位所办企业专项调查”工作，并审核报送报表及相关资料。按照国土资源部的要求，组织完成了局直属单位所办企业的设立背景、产权关系、资产财务状况、人员情况、历史负担以及单位与所办企业之间关系，了解掌握拟保留企业是否符合本单位定位，对促进地质调查与科研发展、进一步增强本单位活力是否有积极作用。编制了《关于所办企业情况的报告》和《关于确认所办企业经营意向情况报告》，切实规范局直属单位所办企业经营管理，主动积极适应事业单位和科技体制改革。

（张康登　夏英煌）

综合保障

基本建设管理

中国地质调查局装备部

按照局2015年工作部署和确定的“两重一主”工作，基本建设管理工作以研究提出解决油气调查中心办公基地问题方案，依规积极推进国家专项和部门基建项目为核心任务。聚焦地调科研工作对基地建设的实际需求，通过修编完善基地建设发展规划，精心组织基本建设项目论证，制订基本建设项目管理及廉政风险防控要求等业务基础工作，指导直属单位依规开展基地建设改造工作，改善和提高局系统地调科研实验空间环境和硬件条件。

一、油气调查中心基地建设方案获审议通过

为贯彻落实局党组关于解决油气调查中心办公基地建设问题的指示，装备部积极协调各方，主动探索解决问题的方式和途径，研究提出的关于油气调查中心基地建设方案建议，经第9次局长办公会审议通过。其后，寻求国土资源部规划司的支持，并与业内专家进行充分交流，在认真分析国家投资政策、研究讨论油气调查中心业务发展需求基础上，明确了油气调查中心基地建设思路，指导油气调查中心编制了项目建议书，并获国土资源部批准。建设地点位于地科院京区基地，建筑面积5962 m^2，投资估算2988万元。土地、规划等前期工作正在全力推进。

二、重大专项申报实施工作成效显著

地科院京区地质科研实验基地项目实现开工建设。积极推进项目建设，指导地科院修改完善初步设计、工艺设计及施工图设计，协助办理各项批复文件和投资计划申请，有序开展招投标和施工技术咨询工作。经各方共同努力，项目于2015年7月顺利实现开工建设。该项目总建筑面积为75 544 m^2，主要建设内容包括实验重点室、科研、教学用房，建设用地约92亩。项目总投资概算7.18亿元。全年已完成基础施工，进入主体施工。

国际岩溶中心基地建设顺利进入发改委评审程序。积极争取规划司支持，指导地科院、岩溶地质所完善项目可行性研究报告，协助办理土地预审、环评等审批手续，项目可行性研究报告已经国土资源部报发改委进入项目审批程序。该基地总用地面积316亩，申报总建筑面积15 483 m^2，主要建设内容包括综合研究实验楼、国际交流信息中心、配套试验用房以及5个野外试验区基础设施等。总投资估算1.8亿元。

三、基地建设规划修编有序开展

为全面贯彻落实局党组新理念、新思路、新方法，更好地发挥基地建设的支撑保障作用，及时调整基地规划修编思路、认真开展基地现状的调研核查，并坚持问题驱动、目标导向原则，对直属单位编报的规划资料进行审核，梳理各单位基地建设需求，汇总分析局基地建设规划各类数据，按时完成规划修编年度工作任务。

四、投资计划编报管理科学合理

根据部批复的2015年投资计划9347万元，完成了年度投资计划的分解工作，并对计划执行情况进行监督检查。根据部关于2016年投资计划的编报要求，组织编报了2016年投资计划建议，申请投资21.12亿元（含专项项目）。根据部关于3年滚动投资计划的编报要求，组织并完成了3年滚动投资计划建议编报工作，申请投资57.62亿元。

五、部门项目审查论证依规开展

根据部规划司审定的2015年度项目论证计划建议，指导直属单位完成了3个项目建议书、5个项目可行性研究报告和3个项目初步设计的审查报批工作。

六、加强在建项目全过程管理

为加强在建项目管理，一方面在招标文件编制及合同签订等关键环节，有针对性地对新开工项目的单位给予专业服务和指导；另一方面，深入开展实地调研，通过调阅资料及交流沟通，多层面、多角度了解项目总体实施情况，并对管理中存在的主要问题，及时给予技术服务和政策咨询。总体看，2015 年投资计划执行情况好于以往，项目进展顺利。

七、加强基建管理业务基础建设

完成了《中国地质调查局基本建设项目管理办法（征求意见稿）》并广泛征求意见；完善了基本建设项目绩效评价指南，并扩大了试点范围；配合发展研究中心完成了基本建设管理数据库升级开发，并成功组织直属单位数据库应用培训。

（高慧中）

装备管理

中国地质调查局装备部

一、设备资产清查

按照局党组全面清查、评估局系统设备配置与使用情况，提高使用效率，形成科技能力的要求，组织开展了设备资产清查工作。

在各单位自查工作的基础上，针对自查及历年审计发现的问题，在局相关部室的配合下，组织专家对28 家单位的装备计划预算执行、采购合规性、报废处置、闲置或使用效率和管理基础工作（包括制度、数据库运行、资料和库房管理）等方面进行了核查。

经过近 10 个月的清查工作，摸清了全局设备资产状况，系统评价了装备在地质调查与科研工作中所发挥的技术支撑和保障作用。同时，对核查中发现的问题及产生问题的原因进行了剖析，本着发现问题、解决问题、规范管理的原则，通过与各单位交换意见，提出整改要求，对后续管理工作提出了建议，形成了设备资产清查报告，经局长办公会审议，给予充分肯定。

二、大型设备开放共享

为有效解决局系统设备资产闲置和使用效率不高问题，根据国务院印发的《关于国家重大科研基础设施和大型科研仪器向社会开放的意见》精神，结合设备资产清查情况，提交了《关于大型科研仪器开放共享组织实施方案建议》。

三、海保配套装备项目

装备部按照党组确定的工作任务，一方面，积极争取部规划司、财务司和发改委投资司、财政部预算司大力支持和帮助；另一方面，加强项目参建单位协调，积极推进各项前期准备工作。在青岛海地所、广州海洋局和航遥中心密切配合下，国家发改委批复项目初步设计概算，落实项目总投资 19.52 亿元，2015 年投资和预算 4 亿元。先后完成了 3 艘调查船设计、建造、监理、项目管理及船机设备、进口设备采购招标工作。获取了财政部关于固定翼飞机单一来源采购方式的批复，并完成了合同谈判和签订工作。截至 12 月底，累计完成项目招标 13.81 亿元，占总投资 70.75%，签订合同金额 9.35 亿元，较预定目标超额完成了任务。特别是通过举办海洋装备应用研讨会暨船舶建造合同签字仪式和 3 艘调查船上海和广东两地开工建造仪式，取得较好社会反响。

四、装备管理工作

1. 装备投资计划管理。根据部关于 3 年滚动投资计划的编报要求，组织编报了 127 配套装备和野外用车更新装备项目 2016～2018 年投资计划。根据部关于修缮购置专项的编报要求，组织地科院完成了 3 年修缮购置专项规划及 2016 年项目申报工作。申请总预算 4.93 亿元，其中 2016 年申请预算 1.52 亿元。

2. 装备政府采购管理。

一是及时完成勘探技术所、地质图书馆等单位地质调查专项设备购置计划的调整审批工作。

二是及时完成全局政府采购进口设备和单一来源报批工作。2015 年因地调项目政府采购预算未获批复，进口设备报批主要是海保装备专项和修购项目，全年共上报政府采购进口设备申请涉及 11 个单位 12 批次，共计预算 4.2 亿元，设备数量 134 台（套），上报申请均获得财政部批复。

三是及时上报了局系统政府采购计划与相关执行情况。

3. 设备调拨。完成野战军技术装备专项设备 100 台（套），金额 9971 万元的调拨工作。

4. 装备报废处置。受理并审核、报批局属 11 个单位的设备报废申请，涉及设备 254 台（套），资产金额 4716.7 万元。

5. 开展两个课题研究。开展了野外用车配置、野外装备配置两个课题研究。修改并完善了《地质调查野外用车配备使用管理办法》和《地质调查野外用车配备指标核定建议方案》。

五、地质技术装备的基础管理工作

一是加强局机关设备资产管理。完成了 2015 年局机关设备采购计划编制工作。根据局设备采购计划，按相关程序开展局机关办公设备政府采购工作，共计采购办公设备40台（套），合同金额33万元，并完成设备的验收及分发等工作。同时对超过使用期限，且无法使用的局机关办公设备和家具报废处置，共计报废处置175台（套），资产原值124万元。并完成年终盘点、对账等相关工作。二是加强装备管理基础信息化建设工作。开展并完成了装备动态管理系统3期开发及调试工作。

六、局系统设备存量情况

截至2015年底，局系统约有仪器设备9.34万台（套），原值约43.8亿元。其中：新增设备约1.15万台（套），原值约4.76万元；报废设备约0.42万台（套），原值约1.03万元。

（王小华）

安全生产工作

中国地质调查局人事教育部

2015年，地调局深入学习习近平总书记、李克强总理关于安全生产的重要指示精神，切实落实全国安全生产电视电话会议部署，牢固树立“以人为本、安全发展、科学发展”理念，以依法治安为主线，坚持“七个强化”和“六个严格”，创新工作思路，抓预防、重治本，统筹抓好安全生产各项工作，全局安全生产形势持续向好，有力保障了地质调查工作任务的顺利完成。

一、安全生产责任制

1. 安全生产工作部署传达落实到位。局党组高度重视安全生产工作，多次听取安全生产工作汇报，召开2次安委会会议研究部署安全生产工作，安全生产工作纳入生产调度会重要内容进行部署。局办公室、总工程师室、财务部、装备部、人事教育部等安委会组成部门按照职责分工负责，密切配合，积极协调推进全局安全生产工作落实。各直属单位召开各类安全会议109次，传达会议及文件通知精神，切实贯彻落实国家、部、局安全生产要求。制定本单位的安全生产工作计划，将安全生产工作与单位重点工作同研究、同部署、同检查、同落实、同考核，保障各项工作落实到位。

2. “一岗双责”责任体系逐步完善。安全生产机构和人员逐步建实。大区地调中心等8家单位设置独立安全机构，其余单位将安全生产管理职能统一划归人事部门。全局共配备专职安全人员43人，兼职安全人员593人。构建责任传导机制，逐级签订安全生产责任书2364份，将压力传递到各层级，将职责落实到各岗位，全局28家直属单位与部门签订责任书，11家单位与每位职工签订责任书，“党政同责、一岗双责、失职追责”的安全生产责任体系逐步完善，基本形成了职能部门分工负责、安全生产管理部门总体推进、党政工团齐抓共管的局面。

3. 严格安全生产责任制考核。2015年，局对28家直属单位安全生产责任制落实情况进行了考核。天津地调中心、沈阳地调中心、成都地调中心、航遥中心、广州海洋局、油气调查中心、发展研究中心、环境监测院、地质图书馆、地质研究所、地质力学所、岩溶地质所、探矿工艺所13家单位考核为优秀。南京地调中心、武汉地调中心、西安地调中心、青岛海地所、水环地调中心、实物资料中心、地科院、矿产资源研究所、实验测试中心、水文环境所、成都综合所、郑州综合所、勘探技术所、探矿工程所14家单位考核为合格。物化探所1家单位考核为不合格。

二、安全生产宣传培训

1. 开展“安全生产月”活动。各单位以“加强安全法治、保障安全生产”为主题，深入开展“安全生产月”活动。组织学习习近平总书记安全生产重要讲话、新《安全生产法》及部、局安全生产规章制度。认真开展安全生产谈心谈话活动，局党组成员结合调研深入基层，与领导班子成员谈心谈话；直属单位领导班子与930余名部门负责人、项目负责人谈心谈话，集中解决思想问题和管理难题。26家单位5200多名职工开展了以“知法守规保安全”为主题的安全生产知识竞赛活动。2015年地调局被国务院安委会评为全国“安全生产月”先进组织单位。

2. 开展丰富多彩的宣传教育活动。2015年，全局发放安全生产宣传资料7800余份，张贴悬挂标语390余幅，编辑专刊80余期，制作展板近400个，发布稿件160余篇。局编发宣传主题招贴和壁报100余套；油气调查中心组织参观朝阳区公共安全馆，地科院联合地质研究所、矿产资源所和实验测试中心4家单位开展“6.16”全国安全生产咨询日活动，在大院内设立咨询点，现场解答咨询，全局上下营造出“安全生产，人人有责”的良好氛围，促进干部职工从“要我安全”向“我要安全”转变。

3. 加强安全生产培训和应急演练。地调局在北京举办安全生产管理专修班，65名专兼职安全人员参加培训；局机关、发展研究中心联合阜外派出所举办应急疏散及防暴防恐模拟演练，分管副局长亲自担任总指挥，300余人参加演练。各单位高度重视出队前教育，成都地调中心针对承担西藏地区野外作业任务多的情况，专门邀请拉萨野外工作站站长作西部艰险地区安全生产专项培训。全局举办各类安全生产培训班115期，近6000人次参加了培训或应急演练。

三、野外安全生产

2015年，地调局强化重点时段和关键环节安全生产措施落实，野外作业安全管理力度不断加大。

1. 加强汛期、暑期、野外出队高峰期、重要节假日的安全生产工作部署。坚持预防为主，抓早抓小，印发《关于做好出队前和汛期安全生产工作的通知》和《关于切实做好2016年元旦春节期间安全生产工作的通知》等7个文件，对重点时段、关键环节安全生产工作提出具体要求。

2. 严格野外项目组北斗配备和到野外工作站报到登记制度。2015年全局共有27家直属单位1538个子项目开展野外地质调查工作，共派出3239个工作组5972名作业人员（外聘占40.69%）、1336台车辆、28艘船舶，22架飞机在野外开展工作，其中有431个工作组1414人在西部艰险地区开展野外工作。针对2014年北斗配备率、野外工作站报到率低等问题，依托安全生产管理保障系统发布《局安全生产季报》，对北斗配备率和野外工作站报到率低于局平均水平的单位进行通报，及时消除安全隐患，有力提高了安全生产监管力度和水平。2015年，局出野外项目组北斗配备率从2014年的42.48%提高到67.89%；到西部艰险地区野外项目组北斗配备率从55.43%提高到81.90%，到野外工作站报到率从37.83%提高到76.80%。

3. 规范野外交通安全。2015年全局野外用车达1336辆，其中租赁车辆占74.55%，西部艰险地区车辆租赁率高达81.82%，安全风险高。大部分单位能够管理到位，与具备营运资质的正规公司签订租车合同，租用车况良好的车辆，聘用经验丰富的驾驶员并对车辆进行技术会审。各单位通过安全生产管理保障系统加强车辆和人员日常监控保障和日常提醒，加强驾驶员安全教育、提醒和管理，提高安全意识，严控夜间行车、开快车、酒后驾车。

四、专项安全生产管理

1. 部署开展危险化学品隐患大排查。吸取天津港“8.12”危险品仓库特别重大火灾爆炸事故教训，局及时下发通知，结合安全生产大检查，对危化品隐患进行重点排查。全局共有22家单位存储使用危化品，具有品类多、涉及面宽、但数量不多的特点。各单位普遍存在对危化品认定不清、购买手续不完善、存储库房不合规、领用台账不全、规章制度不完善等问题。局聘请专家指导各单位对危化品进行统一认定，推动各单位建立管理台账，科学分类存储，从购买、运输、存储、领用和回收等各环节规范管理，推进危化品的全流程安全管理。

2. 加强油气钻井安全生产管理。油气钻井安全生产是近年来局安全生产管理面临的新问题。2015年，全局共有油气调查中心等8家单位涉及油气钻井施工项目46个。为避免井喷失控、硫化氢泄漏、油气火灾爆炸事故发生，局及时印发《关于进一步加强油气钻井安全生产工作的通知》，部署各单位开展油气钻井安全生产专项自查，要求各相关单位强化安全生产资质审核和施工设计安全评价，强化井控安全设置配备，加强安全技能培训和应急演练，完善油气钻井安全生产管理。

五、安全生产检查和隐患治理

2015年，地调局不断加强安全生产检查，强化隐患治理，加大安全生产费用投入，持续改善安全生产工作环境和条件。

1. 创新检查方式，开展安全生产检查。地调局组成4个安全生产检查组，由局级领导带队，对28家直属单位、19个基地、11个野外项目组进行安全生产大检查，排查隐患和风险点49项，提出意见建议27条。本次检查探索标准化检查模式，检查内容包括9大方面、30多项要点，涉及安全生产管理全过程。针对危化品等管理薄弱环节，首次试行第三方参与检查，邀请两名国家级安全专家指导检查，增强了检查科学性、专业性。2015年，各单位开展安全检查286次，其中领导带队检查243次，野外检查69次，查出隐患和风险点274项，基本做到全面覆盖，不留死角，安全生产检查的标准化、专业化程度提高。

2. 建立隐患督办机制，加强隐患整改。建立隐患整改督办机制，按照“能立即整改的，立行立改；不能立即整改的，下达整改通知限期整改”原则，对隐患整改情况进行跟踪检查。年终局还开展了安全检查“回头看”活动，督促隐患整改。截至2015年底，已完成隐患整改42处。对暂时整改不了的7处隐患，严格落实整改责任制，制定整改方案，落实防范措施，切实做到整改责任、措施、资金、时限、预案“五落实”，确保隐患治理不走过场，不打折扣，切实有效。

3. 加大安全生产经费投入。2015 年，全局累计投入安全生产经费 7396.29 万元，人均 0.99 万元，比上年度增加 29.9%。17 家直属单位安全经费使用达到项目总经费 2% 的目标。经费主要用于北斗终端配备、改善安防设施、隐患整改治理，购买意外伤害险、劳保用品、健康体检等。

六、安全生产保障

以安全生产管理保障系统建设和野外工作站保障服务能力建设为核心，持续提高干部职工安全生产保障水平。

1. 发挥安全生产管理保障系统作用。地调局持续加强安全生产管理保障系统建设，野外工作站安全生产管理保障系统建成并投入使用。2015 年系统使用单位达 141 家（含项目承担单位），注册使用人数超过 1 万人，在线使用北斗设备 2599 台（套），累计访问量 20 余万人次，局生产安全技术中心全年完成点对点定位报位 136 余万次。依托系统编制野外情况一览表，为生产管理部门提供支撑和服务，为安全生产监管提供依据。

2. 严格规范配备安全防护与应急救生用品（用具）。地调局印发《关于进一步加强劳动防护用品与应急救生用品（用具）配备管理的通知》，指导各单位严格配备管理、严肃配备监督问责。2015 年，全局 28 家直属单位均为出野外职工配备了应急救生用品，提高了野外工作的安全防护水平。

3. 持续加强野外工作站建设。地调局大力加强野外工作站能力建设，充分发挥野外工作站在安全监督、后勤服务、应急救援方面作用。2015 年，拉萨、乌鲁木齐、喀什、西宁、格尔木野外工作站加强能力建设，及时响应处置西藏双湖“8.12”交通事故及羌塘盆地车辆遇险事件，有力保障了地质调查人员生命财产安全。

七、安全生产事故

2015 年 8 月 12 日，物化探所“青南藏北冻土区天然气水合物资源勘查”项目组租用 1 辆老款奔驰乌尼莫克小型越野车在西藏自治区那曲地区（平均海拔 5000 m）开展野外工作时，发生一起租用车辆翻车责任事故（非我方责任事故），造成 1 死 2 伤，经济损失共 97 万元。

（唐承敏　胡海波）

干部人事教育

直属单位领导班子建设

中国地质调查局人事教育部

一、班子补充调整

研究提出调整方案。为加强领导班子建设，增强干部队伍力量，在综合分析研判局机关部室和直属单位领导班子现状的基础上，研究提出调整建议和工作方案，既统筹考虑干部综合素质和班子成员间协调配合，又注重调动和发挥各年龄段干部积极性，领导干部调整机制进入常态化，班子建设从选优配齐向选优配强转变。开展补充调整工作。通过内部选任、外部交流等方式调整了23家直属单位、10个部室的领导班子，涉及副巡视员以上领导干部50人次，新提拔副巡视员以上领导干部23人，其中正局级6人、副局级13人、正处级4人。平级交流的干部16人，退休领导干部12人，交流任职领导干部21人。起草了《关于直属单位助理、副总工程（经济、会计）师配备情况的报告》和《关于直属单位主任（院长）助理、副总工程师、副总经济师设置配备建议》。

二、领导班子和领导干部年度考核

修改领导干部考核办法。印发《中共中国地质调查局党组关于开展直属单位领导班子和领导干部2015年度考核工作的通知》（中地调党发〔2015〕68号），优化简化考核程序，改进考核方式方法，突出考核重要内容，将重中之重工作和重点工作的完成情况、人才队伍建设情况、财务预算执行率情况、落实党风廉政建设责任制情况作为重点，基本建立起“以德才素质为基础，以量化考核为目标、以业绩考核为核心”适合单位特点的分类考评机制。组织完成28家直属单位领导班子和132名领导干部2015年度考核。考核结果是成都地调中心、广州海洋局、油气调查中心、发展研究中心、成都综合所5家单位获得表彰，天津地调中心、武汉地调中心、青岛海地所、水环地调中心、环境监测院、地质图书馆、实验测试中心、探矿工程所8家单位获得表扬。

三、干部监督工作

加强干部选拔任用监督检查，选人用人环境逐步改善。以巡视检查、年度考核、干部考察、离任检查为抓手，认真组织开展直属单位干部选拔任用监督检查工作，开展了广州海洋局、水文环境所、勘探技术所3家直属单位干部选拔任用监督检查工作和25家直属单位干部选拔任用“一报告两评议”。理顺部分直属单位内设机构干部选拔任用工作职能，完成6家直属单位人事、党办职责分工及分管领导职能分工的调整工作。继续推行干部选拔任用工作记实制度。干部选拔任用和监督检查工作基本做到横向到边、纵向到底、全面覆盖，步入制度化、常态化轨道。强化干部日常管理监督，领导干部遵规守纪意识进一步增强。完成2014年度局机关和直属单位1317名处级以上领导干部个人有关事项报告材料录入审核汇总，完成15批83名拟提拔考察人选和145名随机抽查人选基本信息的个人有关事项进行重点核查和随机抽查。对8名直属单位主要负责人进行离任经济责任审计。坚持领导干部谈心谈话和诫勉提醒制度，对个别干部出现苗头性、倾向性问题，年度考核测评分偏低的及时进行提醒教育，对6批新任领导干部和挂职干部进行集中和个别谈话。通过强化干部日常监督管理，干部行为更加规范，自我约束更加严格，廉洁自律、遵章守纪的意识逐步增强。

（赵　霞　聂大海）

干部人事工作

中国地质调查局人事教育部

一、职工队伍概况

2015年末，局系统在职职工7534人，其中干部6905人、工人629人；局级干部144人、处级干部1112人、科级及以下6278人；具有高级职称的2645人、中级职称2603人；本科以上学历的5969人，其中博士1423人，硕士2387人。

二、干部人事制度改革

稳妥推进养老保险制度改革，按照人社部统一部署和安排，对局机关和直属单位参加社保经办工作进行摸底统计，报送《局机关和直属单位人员情况调查表》，测算局机关个人养老保险费用和职业年金缴费金额，按月对局机关工作人员养老保险费和职业年金进行预扣，将局机关工作人员全部纳入人社部社会保障中心。继续推动机关事业单位养老保险制度改革前期准备工作，组织京内外直属单位统计报送《中央国家机关所属在京事业单位和人员情况调查表》，对直属单位参加社保经办工作进行摸底统计。按照人社部、财政部调整机关事业单位工资标准和野外地勘工资标准要求，组织完成局机关和直属单位在职人员调整工资标准和离退休人员增加离退休费工作，2015年7月30日前全部实现增资到位。完成局机关工作人员工作性津贴和生活性补贴调整工作，供暖补贴和物业补贴调整工作，上报调资情况报表10套。妥善解决南京地调中心和成都地调中心拟提高离休干部待遇事宜。推进油气调查中心执行地勘单位野外工资标准。

全面推进直属单位岗位设置管理，根据地质调查业务发展情况，完善正高级专业技术岗位任职资格条件，推行“凡晋必竞”，规范事业单位竞聘上岗，初步建立了按需设岗、按岗位聘任、竞争择优、动态更新的岗位设置及动态管理机制。指导直属单位做好岗位补充遴选工作，新批复直属单位二级岗位人选24人，初步建立管理人才和专业技术人才成长的双通道。

按照《中国地质调查局绩效管理试点办法（试行)》和《中国地质调查局绩效管理试点实施细则(试行)》，完成了天津地调中心等六大区地调中心以及发展研究中心、航遥中心、实验测试中心、成都综合所和局财务部、水环部12家试点单位的绩效管理年度评估工作。组织召开局绩效领导小组2015年第一次全体会议，审议2014年评估情况报告、局绩效管理试点工作总结及2015年工作建议报告，研究2015年绩效管理工作方案。

三、中央公益性地质调查队伍建设和机构编制管理

推进地质调查运行机制改革，地质调查组织实施管理、业务推进和项目管理体系基本组建到位。机关业务部室“三定”调整到位，印发实施《局机关部分部室职能、处（室）机构和人员编制调整方案》，进一步理顺了关系，统一部署和组织实施地质调查工作的能力显著增强。大区地质调查项目管理办公室建设基本到位，印发实施《关于加强大区地质调查项目管理办公室建设的通知》，及时选配了六大区项目办主任、副主任及各处负责人42人，确保职责履行到位、机构设置到位、人员定岗到位，为构建三级项目管理体系奠定基础。直属单位队伍机构与业务建设调整取得重要进展。加快推进直属队伍业务机构建设，组建中国地质调查局全球矿产资源战略研究中心、地球深部探测中心和卫星应用研究中心，批复中心主要职责、内设机构和人员编制方案，明确管理运行机制。审核批复沈阳地调中心、油气调查中心等单位内设机构调整，直属单位全力支撑能源资源安全保障，精心服务国土资源中心工作能力增强。纪检监察机构队伍逐步调整到位，推进地质调查监督制度改革，提出《关于落实部局党组加强直属单位纪检监察审计机构和队伍建设的建议》，直属单位设立独立监察审计处，承担党风廉政建设和局党组重大决策执行情况监督职责，组织开展直属单位纪委书记、副书记配备工作，人员结构进一步优化。

稳妥推进地质科技体制机制改革，地科院重组改革取得进展。参加地质科研管理体制机制改革，起草《中国地质调查局中国地质科学院重组改革方案》及相关背景材料，积极向中央编办、财政部沟通协调。研究起草向中编办、财政部、科技部沟通协调情况报告，为领导决策提供参考。

协调推进转制所改革，起草《中国地质调查局拟转企院所改革方案设想》，开展转企所改革调研。针对转企所存在的突出问题，积极协调科技部政策法

规与监督司理解和支持，将转企所纳入国家56个拟转企所统筹研究改革发展。就直属单位分类改革有关情况，积极与科技部、财政部汇报沟通，向国土资源部提出环境监测院等4个单位分类建议。

四、干部人事日常管理工作

印发《关于做好局直属单位处级干部调整方案和干部任免事项报批工作的通知》，规范直属单位处级干部选任，审核批复15家直属单位2015年处级干部总体调整方案，对直属单位人事、监审、财务处长人选进行备案审批。选派33名优秀干部进行挂职锻炼，其中10名干部通过国家平台挂职锻炼，2名援藏、2名援疆、3名博士服务团、3名扶贫或西部挂职。建立局及局属单位挂职锻炼平台，选派11名优秀干部在局属单位挂职锻炼，选派12名优秀干部到局机关挂职锻炼。

按照提高质量、结构合理、稳步增长的原则，审核批复28家直属单位2015年度进人计划。直属单位2015年新进人员301人，其中博士108人，硕士147人，引进人才学历层次提高，队伍的年龄结构、专业结构、素质结构进一步优化，队伍活力明显增强，整体实力显著提高。印发《关于报送2016年度进人计划的通知》，对各单位2016年新进人员计划进行审核调整，改善队伍结构，解决人才队伍结构与地质调查业务结构调整要求不适应的问题。组织在京单位开展2015年毕业生考试录用接收和落户审核工作。完成3名军转干部安置。

改进考核方式方法，建立信息化平台，实现网上在线测评。完成局机关124名干部年度考核，22名同志考核优秀，6名同志记三等功。

推进干部档案专项审核，完成局管干部档案240余册的分类调整、编号编码、更换目录工作，补充档案材料3000余份。完成直属单位管理干部档案归类整理2000余册，补充材料万余份，大大提高了干部人事档案的完整性和准确性。

组织开展长江经济带等4个图集的先进个人和先进单位表彰工作，组织开展页岩气、地球化学先进集体表彰工作，组织开展2015年国土资源管理系统先进集体、先进个人推荐工作，激发了广大干部职工干事创业积极性。

解决直属在京单位10名干部夫妻两地分居，审核上报28名干部的两地分居材料。

（马成义　刘元宏）

人才队伍建设

中国地质调查局人事教育部

2015年，地质调查人才工作全面贯彻落实党的十八大和十八届三中、四中、五中全会精神，深入学习贯彻习近平总书记系列重要讲话精神，围绕服务国家重大战略和国土资源中心工作，大力实施人才强局战略，加快推进人才发展体制机制改革和政策创新，统筹局卓越、杰出地质人才计划等重点人才计划实施，着力提升人才队伍破解重大能源、资源、环境、灾害难题能力，积极营造有利于人才发展的良好环境，为建设世界一流地调局提供有力的人才支撑。

一、人才发展机制和政策创新步伐加快，有效激发人才干事创业

1. “平台＋项目＋人才”培养机制进一步健全，夯实了人才干事创业平台。建立了由业务推进和项目管理构成的地质调查运行机制，按照“五问”标准，设定计划、工程、项目的成果、科技创新和人才培养目标，并开展考核，“大项目＋大成果＋大人才”的运行机制逐步完善，出大成果、大人才的地质调查项目平台进一步夯实。大力推动申报国家重大科技项目和国家自然基金项目，依托国家重大项目实施人才培养，2015年获批公益行业专项16项，经费1.2亿元；成功申报大型油气田及煤层气开发国家科技重大专项项目1项，经费2.7亿元；获批国家自然基金项目151项，经费6820万元。推动科研平台建设培养人才，启动国家实验室筹建，完成8个部重点实验室的验收，推动7家境外业务中心建设，以北京离子探针中心、全球尺度地球化学国际研究中心等为代表的科技条件平台成为创新团队的孵化器，王学求领衔的地球化学填图科技创新团队、李海兵领衔的活动构造与断裂作用科技创新团队、殷跃平领衔的地质灾害应急减灾科技创新团队、尹福光领衔的青藏高原地质与找矿科技创新团队入选第二批国土资源科技创新团队培育计划。积极探索推进“1＋1＋6”和“8＋6”联合培养机制，沈阳地调中心、西安地调中心纳入地科院研究生培养单位，联合培养研究生和博士后，为创新人才培养搭建平台。

2. 实施“一项工程”和“三项重点计划”，构建人才成长梯队，打造地调局人才品牌。2015 年，新设立并实施地质科技人才工程，下设卓越、杰出和优秀 3 项地质人才计划，其中卓越人才计划与已出台的急需紧缺高层次人才引聘计划并行，是局最高等级人才计划，一个侧重用好现有人才，一个侧重引聘海内外掌握关键技术人才，入选者都被授予“李四光学者”称号，获得相同的待遇和支持。两项计划将本土人才与引聘人才放在同等重要的位置，让各类人才都有成长平台。3 项人才计划与急需紧缺高层次人才引聘计划和即将出台的优秀创新团队培育计划，构成具有局特色的地质科技人才成长梯队和人才体系架构。对于入选人才，局将在项目、资金、设备、人员、出国指标等方面给予全方位支持。

3. 改革成果和人才评价机制，建立“五不唯”和“五问”为核心的人才评价标准。2015 年局加强顶层设计，大力推进成果和人才评价机制改革，出台《关于加强地质调查成果评价的指导意见（试行）》（中地调党发〔2015〕37 号）和《关于加强地质科技人才队伍建设的指导意见》（中地调党发〔2015〕36 号，以下简称《人才指导意见》），建立了以“五不唯”和“五问”为核心的人才评价标准。将品德、能力、成果业绩作为人才评价标准，有效解决了重学历资历职称、轻成果业绩，重论文奖项、轻贡献效益，重数量产量、轻效率质量等问题，引导地质科技人才将自我成长与国家需求紧密结合，引导地质科技人才不断提高原始创新、集成创新和引进消化吸收再创新的能力，实现了人才评价从过度注重发表论文、申报奖项向注重破解关键难题、实现成果转化应用和有效服务方向转变。

4. 打破人才称号终身制，实施人才岗位聘用制和目标责任考核制，促进人才能上能下，能进能出。推进事业单位聘用制度和岗位管理制度改革，坚持“按需设岗、竞聘上岗、按岗聘用、合同管理”，依托局“九大计划、50 项工程、300 个项目”培养人才，出台了《关于计划协调人责任与权利的暂行规定（试行）》《关于工程首席专家责任与权利的暂行规定（试行）》和《关于项目负责人责任与权利的暂行规定（试行）》（中地调发〔2015〕86 号，以下简称 3 个《暂行规定》），建立了计划协调人、工程首席专家和项目负责人岗位聘用制，受聘人员享受相应岗位绩效工资，岗变薪变。实施计划协调人、工程首席专家和项目负责人年度考核制度，考核优秀者，将入选卓越、杰出、优秀地质人才计划，享受更高的人才岗位绩效工资。卓越、杰出、优秀地质人才打破了过去人才计划一般只是授予称号或者给予一次性奖励的做法，对入选人才同样实行岗位聘用制，明确责权利，明确岗位考核目标，实行优胜劣汰。

5. 探索建立符合专业技术人员和行政管理人员不同特点的职业发展路径，解决“官本位”问题。《人才指导意见》规定直属单位司局级领导干部和局机关职工原则上不作为候选人参与卓越、杰出、优秀地质人才评选。过去很多优秀的地质科技人才一旦取得突出业绩，就转而从事行政工作，使一批潜在的领军人才、高端人才无法及时脱颖而出。《人才指导意见》通过搭建事业平台、给予丰厚待遇和营造“拴心”环境，吸引更多有才华的地质科技人才能够安心、潜心从事专业技术工作，尽快成长为能够全力支撑国家能源资源安全保障，精心服务国土资源中心工作的领军人才、高端人才，破解了地质科技人才“绩而优则仕”的问题。

6. 推动激励机制改革，激发地质科技人才创新活力。2015 年打破以往收入分配上的“大锅饭”和平均主义，探索建立与岗位和成果业绩紧密联系、充分体现人才价值、有利于激发人才活力的绩效工资分配机制，明确了绩效工资分配向承担重要任务的计划协调人、工程首席专家和项目负责人倾斜，向取得突出成果业绩的卓越、杰出、优秀地质人才倾斜。计划协调人、工程首席专家和项目负责人可分别享受所在单位绩效工资的 120%，140% ~160% 和 80% ~120% 的待遇；卓越、杰出、优秀地质人才则可分别享受所在单位绩效工资 200% ~300%，140% ~160% 和 100% 的待遇。用好考核结果，将考核与绩效工资紧密挂钩，考核优秀者将按 120% 兑现待遇，不合格者则不享受相关待遇，解决考核走过场、走形式的问题。

7. 国际合作与交流不断深化，为培养国际化人才奠定坚实基础。2015 年，局开展境外调查项目 63 项，年度经费 1.67 亿元，国际合作项目与平台逐步扩大，发展研究中心、大区地调中心和有关科研院所相继成立从事境外地质矿产研究和调查的专职队伍，锻炼和培养了 200 余名精业务、会外语、能够从事境外合作的复合型专业人才，20 余名地质学家获得合作国颁发的荣誉证书，进一步提升了局的国际影响力。充分利用国际会议扩大人才国际视野，扩大知名度，成功举办首届国际地调局长论坛、中日韩地调局长论坛、第 51 届 CCOP 会议以及 2015 中国人东盟矿业合作论坛地质环境保护论坛等一系列国际学术会议，邀请国外知名专家开展学术交流，有力推动国际化人才培养。积极推动各类人才在国际地学组织中任职，2015年曹汇副研究员当选世界青年地球科学家联盟中国委员会主席。

二、抓好局重点人才计划实施，统筹推进各类人才队伍建设

1. 实施重点人才计划，加快高层次地质领军人才选拔培养。组织实施地质科技人才工程，开展首批卓越、杰出地质人才遴选，共遴选梁金强、唐菊兴2名卓越地质人才并授予“李四光学者”称号，遴选王学求、王登红等18名杰出地质人才。实施急需紧缺高层次人才引聘计划，首批引聘卢海龙、吴能友2名天然气水合物专家，授予“李四光学者”称号；地质力学所引聘“国家青年千人”王文磊；地科院实施高层次人才引聘计划，引聘迪勒克、赵建新、刘勉等3位外籍教授作为院首批高级访问学者。2015年，高锐当选中国科学院院士，结束了局10年未新增院士的局面，朱立新、蒋忠诚、王贵玲当选俄罗斯自然科学院外籍院士。潘桂棠、侯增谦获第十四届李四光地质科学奖，曾令森入选百千万人才工程，刘福来、李海兵等13人入选国土资源部第二批科技领军人才开发和培养计划。

2. 依托项目和科技条件平台，加大中青年骨干人才培养力度。坚持以用为本，依托项目和科技条件平台培养青年骨干人才。近年来，局获批的青年基金项目逐年增加，2015年获批98项。局依托“九大计划、50项工程、300个项目”培养青年人才，79名40岁以下的中青年骨干人才经过选拔担任了项目负责人，每个项目配备1名40岁以下的青年骨干人才担任副负责人，为培养锻炼青年科技人才科技创新能力提供了良好的平台。新增武汉地调中心、油气调查中心和岩溶地质所3个博士后科研工作站，局博士后科研工作站达10个，在站博士后达百人。翟庆国获国家优秀青年基金项目资助，屈红刚、李忠海等18人入选第二批国土资源杰出青年科技人才培养计划。高延光、李凯等15名优秀青年入选局第二届“杰出青年”评选。

三、加强和改进人才工作，进一步提高人才工作水平

1. 认真学习两个《指导意见》和三个《暂行规定》。各直属单位认真贯彻局党组关于加强人才队伍建设的精神，召开党委会、专题会传达学习两个《指导意见》和三个《暂行规定》，努力把思想和行动统一到局党组的部署和要求上来。各直属单位根据《人才指导意见》起草本单位《人才队伍建设方案》，其中17家单位已印发。

2. 加强人才工作领导，构建顺畅高效的管理体制和运行机制。《人才指导意见》坚持党管人才原则，明确了局党组、各单位领导班子、局人才工作领导小组、局科学技术委员会、咨询委员会和各部门在人才工作中的职责定位。目前，27家单位成立了人才工作领导小组，把人才工作作为领导班子的头等大事，纳入重要的议事日程。组织召开人才工作领导小组扩大会议，总结上年工作，部署局新一年人才工作，基本形成了党组（党委）管宏观、管政策、管协调、管服务，组织人事部门牵头抓总，相关职能部门各司其职、直属单位密切配合的人才工作新格局。2015年，人才培养和团队建设作为单位年度重要目标，纳入各单位领导班子、主要负责人、计划协调人、工程首席专家、项目负责人的绩效考核体系之中。

3. 加强人才工作舆论宣传。局继续在《中国国土资源报》办好“人才强局之路”专栏，办好局“人才队伍”专栏。在局网站设立《局出台两个〈指导意见〉三个〈暂行规定〉》专栏，对文件进行详细解读。围绕实施地质科技人才工程，对28名入选卓越、杰出地质人才和急需紧缺高层次人才进行宣传，在《中国国土资源报》《中国矿业报》和《地质调查报》专版报道人才工作成果，组织撰写人物采访系列文章16篇，起到了良好的舆论宣传效果，积极营造有利于人才脱颖而出的良好氛围。

（唐承敏　胡海波）

职工教育培训

中国地质调查局人事教育部

一、编制培训计划

一是编制《中国地质调查局2015年领导干部调训计划》。为配合2014年度领导干部调整，2015年度加大了干部调训力度，计划调训局级干部58人，其中中央党校、国家行政学院、3所干部学院计划调训26人，比2014年度增加8人，自主选学计划调训32人，比2014年度增加8人。二是编制《中国地质调查局2015年培训班计划》。按照局党组“出大成果、出人才、不出问题”要求，围绕“九大项目、50项工程”加大培训力度，局机关全年计划举办17个培训班，其中局办班6个、部室办班11个。培训经费安排合计308.21万元，其中培训班费用294.21万元、党校培训费用10万元、学历学位教育4万元。2015年度局机关实际举办11个培训班，新任领导干部能力、地质调查项目管理、地调项目预算编制与绩效管理、装备动态管理系统、纪检监察干部、青年干部等6个培训班因工作关系未能举办，预算执行率为63%。三是备案直属单位培训班计划。局属各单位编制了本单位干部教育培训计划，内容涵盖政治理论学习、专业知识（岗位任职、专业技术、岗位资质、特殊工种等)、学历学位教育，渠道包括党校、行政学院、干部学院、地质院校、相关部委、国外相关组织机构以及内部培训等，涉及综合管理人员、专业技术人员、工人等各级各类人员，并上报局人事教育部进行备案。

二、大规模开展干部教育培训

2015年，局系统共有3935名在职职工参加了培训，总计10571人次。其中，综合管理干部1071人、专业技术干部2712人、工人153人，专业技术干部培训占主体约为68.9%。累计参加12天以内培训的3653人、13天至1个月的132人、1～3个月的76人、3个月以上的74人，短期培训占主体约为92.8%。在10 571人次中，按渠道分，参加党校和行政学院的为85人次，其他为10 486人次；按类型分，继续教育为10 259人次，占培训的主体约97.8%，学历学位教育227人次，占培训人次的2.2%。

1. 政治理论学习。2015年局系统共选派50名领导干部参加中央党校、行政学院、干部学院及自主选学学习，选派41名处级干部参加中央党校直属机关分校学习，1名处级干部参加国家行政学院学习，提升干部政治理论水平、党性修养和履职能力。

2. 专业技术培训。通过举办讲座、培训班、依托项目等方式对不同层次专业技术人员进行培训。一是提高高级专业技术骨干人员的宏观部署和组织实施能力。局机关举办第九期地质调查总工程师培训班、第八期环境监测站站长培训班，通过新技术、新方法、新理论培训以及考察矿区等方式，提高高级专业技术骨干人员的宏观部署和组织实施能力。二是提高中层专业技术人员的业务水平和实践能力。局机关通过举办矿产资源评价新技术新方法高级培训班、页岩气资源调查技术培训班、1:5万水文地质调查野外培训班、国外矿产资源调查勘查技术培训班，不断丰富中层专业技术人员的专业知识，提高他们承担地质调查项目的能力和水平。此外，各单位还在实践中通过承担重大地质调查项目和科研项目，提高专业技术人员尤其是青年技术骨干的业务能力，培养中坚技术骨干。三是提高青年人员的野外技能和实践经验。针对年青技术人员野外基本功和实际动手能力不强的情况，重点进行野外技能培训，并充实到项目组锻炼，在实践中积累经验。四是参加境外培训。局系统各单位选派10人次参加境外培训班，进行学术交流、野外填图等。

3. 开展综合管理干部培训。一是举办综合业务培训班。举办预算财务管理、文秘档案、外事管理、安全生产管理、工会干部培训班，提高综合管理干部的综合业务管理水平。二是鼓励人员参加职称计算机、英语、注册人员考前培训以及BFT等资质考试。

4. 选派人员参加学历学位教育。各单位积极选派有发展潜力、可承担重任的专业技术骨干人员和管理人员进行在职硕士、博士学位学习，2015年局系统共有227人在职攻读学历学位教育。

三、探索建立局干部培训师资库

委托地质学会教育分会开展局干部培训师资库研究工作，初步形成近300人的师资库。

（华　英）

离退休干部工作

中国地质调查局人事教育部

截至2015年末，地调局共有离退休职工6301人，其中离休223人，退休职工6078人。2015年局机关离退休干部工作主要有：一是落实好老干部政治待遇，组织好每月党支部学习，及时向老同志通报局的重要工作进展和文件精神。二是加强退休支部建设。局机关选举产生了新一届的退休支部书记及支部委员，支部工作更富活力。三是重要节假日开展老领导、患重病大病老同志慰问工作，及时看望生病住院的老同志。四是加大特殊困难帮扶力度，补助患癌症和大病的5名老同志1.5万元。五是组织直属各单位开展以“展示阳光心态、体验美好生活、畅谈发展变化、积极建言献策”为主要内容的离退休干部工作为党的事业增添正能量活动以及“敬老月”活动。六是组织参加“点赞中国梦”国土资源部离退休职工书画摄影展，局系统45名老同志获奖。七是局机关组织老同志开展春游和秋游活动，到怀柔APEC会议中心和玉渡山风景区进行参观。八是做好局系统离休干部提高享受副省部级医疗待遇和按副省部级医疗待遇报销审核上报工作。经中组部批复，局系统有1名离休干部提高享受副省部级医疗待遇，17名享受按副省部级标准待遇医疗报销。九是做好局机关老干部体检工作。十是做好局系统离退休干部统计工作。十一是指导直属单位做好离退休干部管理工作。

（华　英）

纪检监察审计工作

纪检监察工作

中国地质调查局监察审计室

2015年，局系统认真贯彻中央关于党风廉政建设和反腐败工作的决策部署，按照部党组和驻部纪检组的部署要求，以完善“八问”责任传导机制和“六个强力推进”为总抓手，以加强项目和资金管理为重点，全面落实主体责任和监督责任。强化队伍建设，深入推进“三转”，坚持把纪律和规矩挺在前面，加强监督执纪问责，不断探索正风反腐的长效机制，党风廉政建设各项工作取得了新进展。

一、以“八问”责任传导机制为抓手，推进落实两个责任

4月1日，召开2015年局党风廉政建设工作视频会，总结2014年工作，部署2015年任务，局党组书记、局长钟自然同志强调，要以“六个强力推进”为总抓手，强力推进主体责任和监督责任落实，强力推进制度建设，强力推进事务公开，强力推进队伍建设，强力推进监督检查，强力推进责任追究，把局系统党风廉政建设工作不断引向深入。局党组书记与分管局领导、分管局领导与直属单位主要负责人签订廉政责任书，认真落实“八问”责任传导机制要求，建立健全党风廉政建设三级责任体系。各直属单位按照“八问”责任传导机制和“六个强力推进”总体要求，结合实际制定年度工作计划，层层签订了廉政责任书，部分单位廉政责任书签订范围扩大到全体工作人员。局系统一级抓一级、层层抓落实的责任传导机制初步形成。

4月24日，制定印发《中共中国地质调查局党组2015年党风廉政建设实施意见》，对局系统党风廉政建设做出全面部署，明确重点内容、分管局领导、落实部门和单位。

12月1日，制定印发《中共中国地质调查局党组关于进一步落实党风廉政建设主体责任和监督责任检查考核工作的实施办法》，加强对“两个责任”落实情况的监督检查，为构建更加完善的“两个责任”运行体系提供了具体明确的制度遵循。通过年中、年末两次对“两个责任”落实情况的检查，局系统干部职工对责任传导机制认知度和效果评价满意度不断提高。

局党组在精心部署的同时，坚持把落实“两个责任”融入中心任务，与业务工作紧密结合，不定期研究、分析党风廉政建设的新形势、新任务，部署和推动各项任务有效落实。局党组共召开54次党组会议，其中36次涉及党风廉政建设。

突出问责，实行更严格、更严肃的责任追究，严格实行“一案双查”，既处理当事人，也处理管理者、监督者，通过刚性问责倒逼“两个责任”的有效落实。2015年共有5个单位8名局级干部和4名处级干部被追究责任，其中7人受到党政纪处分，对5人进行诫勉谈话。

二、以“三严三实”教育为契机，深化作风建设

坚持把学习贯彻中央精神、部党组要求放在首要位置来抓，以“三严三实”专题教育活动为契机，把“严”的要求和“实”的精神贯穿于作风建设的始终，不断增强纪律和规矩意识。

12月17日，转发国土资源部党组《关于学习贯彻〈中国共产党廉洁自律准则〉和〈中国共产党纪律处分条例〉实施意见的通知》，组织党员深入学习《中国共产党纪律处分条例》《中国共产党廉洁自律准则》和习近平总书记系列重要讲话精神。

认真贯彻落实中央和部党组关于改进工作作风、密切联系群众的一系列规定和要求，结合“三严三实”专题教育深入查改“不严不实”问题，严防“四风”问题反弹回潮。

加强和规范局机关和直属单位的一般公务用车管理，基本完成局系统各单位超标办公用房的改造，严格执行公务接待函和公务接待清单制度。

根据群众反映线索，严肃处理了1起来信反应某直属单位领导公款吃喝问题，局党组对1名局级干部进行了谈话提醒。按照驻部纪检组要求，进一步核查了局2013年审计署审计发现的相关问题，给予1名副局级领导干部党纪处分，对5名局级干部进行诫勉谈话。

三、强化廉政文化建设，注重事前预防

5月11～17日成功举办了以“廉通你我，地兴人和”为主题的廉政文化活动周，局举办了反腐倡廉典型警示教育专题讲座，依托地学文献中心建立了地调局廉政文化图书馆，并组织了廉政文化核心价值理念征集活动。各直属单位开展了一系列内容丰富、形式多样的廉政文化创建活动，局系统2000多名职工参加，营造了风清气正的良好氛围。

组织局系统各单位学习贯彻中央和部、局党组重要会议精神、出台的重要制度规定，深入开展反腐倡廉教育。梳理汇编《十八大以来中央和部、局廉政有关规定要求》和《中国地质调查局领导干部廉洁自律手册》，印发局系统领导干部学习。在重要节日前发送廉政短信提醒，强化事前预防、提醒。

加大对局系统违规违纪问题的通报力度。11月5日，印发《中国地质调查局关于对沈阳地调中心部分人员严重违反财经纪律案件查处和执纪问责情况的通报》，用身边的事教育身边的人。

11月，连续印发《中国地质调查局关于2015年1～10月份党风廉政建设和内部审计情况的通报》，《中国地质调查局关于2015年内部审计阶段性工作情况的通报》，指出存在的问题，指导各单位加强反腐倡廉建设。

四、强化监督检查，推动局党组重大决策部署落实

5月21日，印发《中国地质调查局办公室关于全面贯彻落实2015年局党组“六个强力推进”要求的通知》，对贯彻落实“六个强力推进”进行部署安排。

按照中央和部党组深化“三转”的总体要求，以领导班子和领导干部为重点，强化对各直属单位特别是主要负责人执行局党组重大决策部署情况的监督检查和执纪问责。3月31日，印发《关于局党组加强项目和资金管理推进党风廉政建设情况的通报》，并在局党风廉政建设会议上进行通报。协助局党组完成了2014年党风廉政建设责任制考核工作。

强化巡视工作。坚持以问题导向，围绕“四个着力”和局党组重大决策部署，9～10月，组织开展了对广州海洋局、勘探技术所、水文环境所3个单位的巡视工作。局纪检组长带队向被巡视单位反馈情况，督促各单位及时整改。12月1日，印发《中共中国地质调查局党组巡视工作实施意见》。

强化对重点工作、重大事项的监督检查。对“九大计划、50个工程、331个项目”立项评审进行监督。组织协调各单位纪检监察部门对局二级项目论证工作、地质调查二级项目负责人提名推荐等工作进行了现场监督。通过强化监督检查，切实增强了各单位贯彻落实局党组各项重大决策部署的自觉性。

五、坚持把纪律和规矩挺在前面，强化执纪问责

坚持把纪律和规矩挺在前面，针对突出问题，严肃党的纪律和规矩，认真受理信访举报，强化纪律审查，严格责任追究。在部党组和中央纪委驻部纪检组领导下，7月，完成沈阳地调中心严重违反财经纪律问题查处工作，40人分别受到党纪、政纪处分，其中4人追究领导责任，36人追究直接责任，对18人给予通报批评。根据驻部纪检组要求，进一步核查了局2013年审计署审计发现的相关问题，对1名副局级领导干部，2名处级干部给予党纪处分。指导某局属单位对1名同志虚报冒领项目资金的违纪行为进行了严肃查处，给予政纪处分。

认真受理信访举报，强化问题线索管理。对不同渠道反映的问题线索，按照拟立案、初核、谈话函询、暂存、了解5类标准分类处置。2015年共受理信访举报45件，完成线索初核33件、函询7件和暂存5件。

严格执行领导干部任前廉政谈话、诫勉谈话、函询制度。2015年全局纪检组（纪委）负责人同下级党政主要负责人谈话456次（其中局级43次）、任前廉政谈话145次（其中局级53次）、诫勉谈话60次（其中局级6人次），局纪检组函询10人次。

六、强化“三转”，加强纪检监察队伍建设

大力加强纪检监察队伍建设。认真落实《中共国土资源部党组关于加强纪检监察干部队伍建设的意见（试行）》，3月31日，印发了《中国地质调查局党组关于加强直属单位纪检监察审计干部队伍建设的实施意见》，11月印发《关于落实局党组第45次会议精神加快推进直属单位纪检监察审计机构建设的通知》，大力推进局系统纪检监察审计干部队伍建设，选配调整各直属单位纪委书记（副书记），建实机构、配齐人员。调整后，全局28个单位全部配备了纪委书记或专职纪委副书记。各直属单位全部单独设立了监察审计处，人员编制3～5人。

继续深化“三转”，努力提高纪检监察审计干部能力素质。6月印发《中国地质调查局纪检监察部门深化转职能转方式转作风　加强和改进监督工作指导意见的通知》，9月印发《中国地质调查局党组关于转发部党组关于把纪律和规矩挺在前面的通知》，指导局系统纪检监察部门进一步聚焦主业，强化执纪问责。

10月21～22日，召开了2015年纪委书记座谈会，局系统60多名纪委书记和纪检监察审计干部围绕“深化‘三转’，把纪律和规矩挺在前面，切实履行职责”进行深入研讨，对于进一步找准定位，明确要求，谋划工作，抓早抓小起到积极作用。

12月，重新编辑了《2015年纪检监察干部工作手册（修订本）》，作为纪检监察审计干部的工作指南，推动反腐倡廉建设工作有效开展。

（张　昱）

内部审计工作

中国地质调查局监察审计室

2015年，局以规范项目和资金管理，推动局党组重大决策部署贯彻落实为目的，以查找问题为主要任务，以加强制度建设和执行、规范管理和廉政风险防控为重点，开展内部审计工作。

一、内部审计工作全覆盖

根据《中华人民共和国审计法》《国务院关于加强审计工作的意见》和《关于实行审计全覆盖的实施意见》的有关要求和相关程序，2015年将两年开展一次的内部审计改为每年一次，首次实现当年对28个直属单位内部审计全覆盖。通过公开招标，与北京中天恒会计师事务所（以下简称“中天恒”）签订了委托业务合同。

制定2015年内部审计工作实施意见和实施方案，同时，首次抽调各直属单位内审人员参与中天恒组成的10个审计组，分3批对28个直属单位开展了实地审计。

召开审计工作部署动员视频会进行全面部署。邀请审计、项目管理专家对内审人员进行系统培训。下达审计通知，召开审计进点会。实施实地审计，内审组通过查阅内部控制制度、有关会议纪要与纪录，抽查会计凭证等方式，进行现场监盘，对审计发现的问题不掩盖，同时与被审计单位交换意见，并由被审计单位相关责任人签字确认审计结果。

按照工作方案，结合各被审计单位实际，围绕落实局党组重大决策部署和经济运行情况两条主线，监督检查各直属单位贯彻落实局党组重大决策部署的具体措施、实际做法、取得的成效以及存在的问题。对各直属单位内部控制制度建立健全及执行、预算收支、基本建设、资产与技术装备、会计核算基础、所属经济实体等经济管理情况进行审计。

10月8日至11月底，完成了实地审计工作，每一批次实地审计结束，开始进行审计报告初稿的编写和审核工作，12月中旬完成审计报告初稿的审核修改工作，12月底分别向被审计单位征求意见，修改完善后向局提交了内部审计报告。

二、对有关直属单位主要领导干部进行离任经济责任审计

根据中办、国办印发的《党政主要领导干部和国有企业领导人员经济责任审计规定》（中办发〔2010〕32号），审计署等7部委联合印发的《党政主要领导干部和国有企业领导人员经济责任审计规定实施细则》（审经责发〔2014〕102号），国务院印发的《关于加强审计工作的意见》（国发〔2014〕48号）的有关要求和相关程序，2015年根据局领导批示和人教部通知要求，局派出由局系统内部审计人员和财务人员组成内部审计工作组，对青岛海地所原所长等14位同志任职期间相关经济责任进行了实地审计。

重点检查被审计人员及所在单位贯彻落实局党组重大决策部署和“两重一主”工作完成情况；对内部审计整改情况进行核实，查阅相关会议纪要、内部管理制度、招投标及相关合同等资料，盘点相关资产、资金账实情况；抽查部分会计凭证，抽查任期内预算文件、决算报表、会计账簿、职工工资发放等相关资料，核查基本建设项目、装备和材料购置及管理情况。与部分班子成员、主要中层干部及职工代表进行了问询谈话。

三、发现的主要问题

（一）对28个直属单位的审计。

通过对28个直属单位内部审计，共查出问题857个，其中贯彻落实局党组重大决策部署问题97个，占比11.32%；内部控制制度的建立健全及执行问题105个，占比12.25%；预算收支管理问题165个，占比19.25%；重大经济事项决策执行情况问题4个，占比0.47%；基本建设管理问题34个，占比3.97%；资产与技术装备问题129个，占比15.05%；

会计核算基础管理问题 139 个，占比 16.22%；所属经济实体管理问题 74 个，占比 8.63%；其他管理问题 110 个，占比 12.84%。

问题表现：贯彻落实局党组重大决策部署情况，一是个别单位存在工作推进缓慢滞后情况；二是个别单位对目标任务分解指标不明确，不具体，责任传导、任务落实不到位；三是部分单位传达、学习两个《指导意见》和三个《暂行规定》不到位，未能及时研究制定贯彻落实的具体办法或措施；四是个别单位落实项目单位法人负责人和项目负责人责任制的有效举措还不够，特别是对项目负责人的责任与权力的规定还不够具体明确，作用发挥不够；五是在“三严三实”专题教育中，个别单位党员领导干部查找“不严不实”问题有待进一步深入。经济运行情况：一是多个单位内控制度不完善、不规范；二是项目预算执行与经费核算问题比较多，无预算超预算支出费用、挤占项目经费的现象普遍存在；三是基本建设管理方面存在的问题，主要是执行国家、部门和局的管理法规与制度不严格；四是部分单位实物资产管理工作比较薄弱，个别单位存在超范围大额使用现金、备用金借款清理不及时；五是部分单位出国费控制与管理不严格；六是部分单位与所属经济实体经济关系不清晰，业务交叉、人员交叉，资产划分不够清晰、责权利界定不够明确、费用开支无法严格区分，出现无偿使用国有资产、挤占财政项目成本、开支不合规等情况。部分企业清算不及时，已清算企业账面投资处理不及时。

各单位按照局办公室印发的审计问题整改通知要求进行全面整改。对问题较多的单位，由分管内部审计工作的局领导带队实地反馈意见，督促整改。对问题较严重、整改工作不到位的单位由分管局领导对党政主要负责人进行约谈，限期完成整改。局监察审计室适时对各单位整改情况进行全面监督检查。

（二）离任经济责任审计。

审计发现被审计领导干部所在单位，在预算执行、资产管理、资金往来、所属企业管理等方面还存在一些不规范等问题，存在违纪风险。其中共性问题：一是内部控制制度的建设与执行方面的问题；二是预算编制及执行约束，规范预算管理工作方面的问题；三是资产价值形态及实物形态管理方面的问题；四是以往审计发现问题尚未整改到位部分的整改方面的问题；五是会计基础工作的管理方面的问题。

根据中共中国地质调查局党组第 31 次会议要求，将局党组会通过的经济责任审计报告印发给各经济责任被审计人员所在单位，作为各单位总结经验、吸取教训的依据，同时对尚未整改到位的问题及时整改到位。

（张　昱）

党 群 工 作

党建与精神文明建设

中国地质调查局直属机关党委

2015 年，机关党委紧紧围绕局全年工作总体部署，以服务中心、建设队伍为核心任务，以“三严三实”教育活动为契机，以落实“两重”工作为重点，紧紧围绕地质调查科研中心工作，坚持常规工作抓规范、重点工作抓深化、创新工作抓突破，全面推进新形势下局直属机关党的思想、组织、作风、反腐倡廉和制度建设，为推动局党组决策部署落实、促进干部作风转变、加强基层党组织和党员队伍建设提供有力保障。

一、理论武装和思想政治建设工作

1. 认真组织学习宣传贯彻十八届五中全会精神。印发《中共中国地质调查局党组关于认真学习宣传贯彻十八届五中全会精神的通知》，组织局系统各级党员干部学习宣传贯彻五中全会精神。认真传达宣传习近平总书记所作的工作报告、说明、重要讲话和《建议》内容，传达宣传姜大明部长关于十八届五中全会精神的宣讲报告。采取中心组学习、党支部学习等多种形式，充分利用报刊、网络、宣传栏等载体，大力宣传局系统学习贯彻五中全会精神的进展情况和“十二五”时期取得的成就，在局系统营造认真学习、全面贯彻、积极落实五中全会精神的浓厚氛围。

2. 坚持党组中心组学习制度。以邓小平理论、“三个代表”重要思想、科学发展观为指导，全面学习贯彻落实十八届五中全会和习近平总书记系列讲话精神。把学习习近平总书记系列重要讲话精神作为重中之重，注重原原本本研读原文，领会核心要义，做到学而信、学而用、学而行，补足“精神之钙”，拧紧思想上的“总开关”，做政治上的“明白人”。制定 2015 年局党组中心组学习计划，组织召开习近平总书记系列讲话精神、十八届五中全会精神、党风廉政建设和地质科技创新等 4 个专题的学习，坚持认真学习原文与专题辅导相结合、研究讨论与联系实际相结合，加强对地质调查工作改革发展的重大问题和深层次、战略性问题的研讨，不断提高党员领导干部战略思维能力、驾驭全局能力，全力打造学习型党组织，为全面完成 2015 年地质调查各项重点工作、推动地质调查事业发展提供理论指导和政治思想保证。举办中国地质大讲堂 5 次，邀请中外专家学者为局系统广大干部职工授课，搭建学习平台，深入推进学习型党组织建设。

3. 组织开展“四态调查”。全面组织开展局机关和直属单位职工的思想状态、工作状态、身心状态和生活状态即“四态调查”。组织召开了“四态调查”工作座谈部署会，按照区域、专业、综合研究与服务、科技创新支撑以及转制所 5 种类型确定了 6 家试点单位开展“四态调查”工作。印发了《关于在部分单位开展干部职工“四态调查”工作的通知》，机关党委对 6 家单位调研情况、相关统计进行了梳理分析，形成试点单位“四态调查”报告。并于 10 月份在局系统全面开展“四态调查”工作，对各单位调研情况、统计数据进行统一分析、统计，形成全局 2015 年度“四态调查”报告，提出解决方案和建议，为局党组了解职工关切、忧虑和困难提供重要基础资料和信息。

4. 指导监督各直属单位和各部室召开党委（党支部）中心组学习讨论会。印发《关于加强党委中心组学习的通知》，从制度上规范各直属单位党委中心组学习，布置安排了各直属单位、各部室党组织深入学习和研究落实中央关于严守政治纪律和政治规矩要求，研究增强领导干部政治敏锐性和政治坚定性的措施、深入学习中央及部党组对地质调查工作的要求，研究落实建设世界一流地调局目标的措施等 3 次学习，并通过抽查学习情况报告等方式进行了检查监督。

二、“三严三实”专题教育

1. 抓好“三严三实”学习教育。局党组对“三严三实”专题教育高度重视，把开展专题教育作为当前加强党建工作的首要任务，多次召开专题会议传达贯彻刘云山、赵乐际同志在座谈会上的讲话，认真研究部关于开展“三严三实”专题教育活动的方案，讨论审定了地调局《关于在局系统开展“三严三实”专题教育工作实施方案》，对全局“三严三实”工作提出明确要求。坚持把学习教育摆在首位，着眼于坚定理想信念、强化党性观念、增强实干精神，通过个人自学、讲党课、集中学习研讨、学习先进典型、深入调查研究等方式，打牢党员干部思想基础。注重专题学习研讨与党组中心组集中学习相结合，利用围绕“严以修身，加强党性修养，坚定理想信念，把牢思想和行动‘总开关’”等主题，召开党组“三严三实”专题学习研讨会7次，每次学习研讨会由2名党组成员和4名部室及直属单位负责同志围绕专题内容作上下互学主题发言，不断提高党员领导干部战略思维能力。

2. 从严从实查摆整改问题。坚持把问题意识、问题导向贯穿专题教育始终，提出既要聚焦找准问题，又要切实整改问题。按照中央部署和部“六个查一查”的要求，结合思想工作实际，联系正反两方面典型，广大党员从“修身、律己、用权、谋事、创业、做人”6个方面认真对照检查，真正把自己摆了进去、把问题找了出来。其中，局党组查找出“不严不实”问题16条，党组成员查找出“不严不实”问题35条。各单位全部列出了问题清单，共计查找出340余条问题。其中局机关部室70余条、各直属单位270余条。贯彻落实中央要求和部局党组关于整改落实工作的部署，对各项整改任务进行分解和责任落实，明确责任部室，做好督办工作，锲而不舍抓好整改，积极推进“三严三实”整改任务落实。

3. 认真组织开展好“三严三实”专题民主生活会和组织生活会。每位局党组成员都结合自己学习体会，联系自身成长、家庭教育和分管工作，把自己摆进去，把职责摆进去，把思想和工作实际摆进去，谈认识、交流观点、分享体会，查摆问题、剖析原因、提出措施，达到了相互启发、形成共识的效果。局机关各党支部以“三严三实”作风建设推进“三个转变”，局属各单位以“三严三实”作风建设推进解决“六个不适应”问题为主题，认真组织开展“三严三实”专题民主生活会和组织生活会，坚决贯彻落实局党组重大决策部署，加强和改进作风建设，切实履职尽责、攻坚克难，以实现转变观念、转变职能、转变作风“三个转变”，切实解决工作中存在的“六个不适应”问题。

三、组织建设工作

1. 做好两委换届选举工作。按照部直属机关党委要求，根据基层组织工作条例，成立局第二次党代会筹备领导小组和工作组织机构，明确工作分工，把各项任务落实到人，并明确完成时间。按照“三上三下”的工作步骤，召开全委会启动筹备工作，确定了代表选举、党委纪委候选人预备人员的推选考察，起草修改了领导讲话、“两委”报告，并征求意见，起草向上级党委的请示报告等一系列工作，于2015年12月25日召开局直属机关第二次党员代表大会，圆满完成换届选举工作。积极推进局党组关于《推进局属单位党委换届选举工作的通知》的落实，督促条件成熟的局属单位积极开展两委换届。

2. 组织召开局系统党办主任会议。为更好地贯彻落实局党组工作部署，将党的建设聚焦于全局重点工作，进一步加强党建工作和业务工作有机融合，机关党委于11月26~27日在西安召开了局系统党办主任会议。局直属单位党委办公室主任、局机关各部室支部委员等42人参加会议。会议全面总结了2015党建工作和“三严三实”专题教育工作开展情况，并逐项对2015年党建重中之重工作和重点工作进行了汇报讨论，研讨了在工作开展过程中遇到的党建工作难题，并对2016年党建工作提出了初步设想和计划。党办主任会议的召开，对提高全局党建工作的统一部署，提高直属机关党委工作的执行力和服务水平发挥了重要作用。

3. 认真做好党员教育、管理和党员发展工作。根据工作需要调整局办公室等7个党支部的领导。按照《中国共产党党员发展细则》的规定，截至目前，发现并制止了4名不符合要求的发展对象突击发展问题。组织开展抗战胜利70周年宣传纪念活动，布设纪念中国人民抗日战争暨世界反法西斯战争胜利70周年地质资料展。

4. 继续推进党支部百分竞赛试点活动。航遥中心深入试点单位等开展支部百分竞赛实地调研，在调研的基础上，形成支部百分竞赛工作总结，提出存在的问题，并对下一阶段试点工作提出要求。为进一步加强党支部规范化建设，在局系统全面推广奠定了较好基础。

四、典型培树和党建宣传工作

1. 做好抓典型、树标杆工作。加大发现、总结、宣传、推广先进典型工作力度，印发了《关于加强先进典型发现总结宣传推广工作的通知》，在全局系统作好总体工作部署。在局系统“三严三实”专题教育实施方案和具体推进安排中，把先进典型工作作为重要内容，到油气调查中心调研，把油气调查中心作为“三严三实”典型示范，组织局系统广大职工学习油气调查中心先进事迹，印发《中共中国地质调查局党组关于学习油气调查中心领导班子先进事迹 进一步推进“三严三实”专题教育的通知》，在局系统产生了积极影响；对油气调查中心、水环部、“四个图集”和“海马号”的先进事迹，进行了深度宣传报道。

2. 做好“两优一先”评选工作。做好局“两优一先”的评选表彰和部直属机关“两优一先”推荐工作，坚持评选推荐主要聚焦业务中心人员和一线职工，共评选推荐优秀共产党员 70 人、优秀党务工作者 44 人和先进基层党组织 71 个。开展局第二届杰出青年的评选表彰和大力宣传，做好地调局首批“李四光学者”和“杰出地质人才”的事迹宣传工作。

3. 加大党建宣传工作力度。对地调局门户网站的“党建工作”网页进行改版，积极推进局系统党建宣传工作，及时宣传中央和部局党组加强党建工作的部署，宣传直属单位党建工作中创造的好做法，涌现出的好典型，取得的好经验，增强机关党建工作的影响力、辐射力。网页管理工作由专人负责，定期更新，每月有新内容，每事有新消息，并严格执行局网站的管理制度。积极利用局宣传栏开展党建工作宣传，2015 年共展出 5 期 20 块展板。推出“践行‘三严三实’、学习先进典型”专栏，宣传推广典型事迹，推动专题教育。

五、党风廉政建设工作

1. 切实履行好党风廉政建设主体责任和监督责任。将党风廉政建设作为《2015 年局党组中心组理论学习计划》的重要内容，紧密结合钟自然局长强调指出的“八问”和“六个强力推进”，精心组织落实。通过中心组学习，局党组发挥引领示范和带动辐射作用，为局系统广大党员干部职工做出表率。

2. 加强反腐倡廉主题学习教育。组织机关干部职工集体观看《作风建设永远在路上——落实中央“八项规定”精神正风肃纪纪实》专题片，引导党员干部树立作风建设永远在路上的理念，加强对党纪法规的学习教育，时刻保持清醒的头脑，筑牢拒腐防变的思想防线。注重利用身边事例强化教育，深入学习油气调查中心等局系统先进典型，从局系统近几年发生的违反“八项规定”精神、违反财经纪律、违反外事纪律的典型案例中汲取教训，用身边人身边事教育和警示党员干部。

3. 强化监督惩处力度。按照局党组要求，参与了沈阳地调中心部分党员干部违规套取项目经费重大案件的查处。认真处理干部职工的信访举报。参与局直属单位巡视工作。配合监审室，积极参与相关工作，派出骨干力量，积极与被巡视单位协调联系，完成巡视报告等编写，为巡视工作的圆满完成付出努力。

六、精神文明建设工作

局属各单位 2015 年精神文明建设围绕中心工作，继续推进文明细胞工程建设，加强精神文明宣传力度，巩固文明创建成果，开展了丰富多彩、形式多样的群众性精神文明创建活动，取得了较好的效果。环境监测院、发展研究中心、地质图书馆、地科院、地质研究所、实验测试中心精神文明工作各具特色，成效突出，环境监测院继续保持“全国文明单位”荣誉称号，发展研究中心首次获得“中央国家机关文明单位标兵”称号，继续保持“首都文明单位标兵”称号，地科院、地质图书馆和实验测试中心继续保持“中央国家机关文明单位和首都文明单位”称号。京外单位文明创建工作成效显著，西安地调中心、武汉地调中心、成都地调中心、水环地调中心、南京地调中心、成都工艺所等 6 家单位继续保持“省级文明单位”（标兵）荣誉称号。

（楼红英）

工会、共青团和妇女工作

中国地质调查局直属机关党委

2015 年，局系统各级工会、共青团和妇女组织在党委和上级工青妇组织的领导和支持下，认真学习贯彻党的十八大和十八届三中、四中、五中全会精神，深入贯彻中央党的群团工作会议精神，始终坚持“围绕中心、促进发展、建功立业”的理念开展各项工作，取得了一定成效。各级党组织高度重视群众组织工作，充分发挥群众组织的特点和优势，推进工作开展。

一、工会、妇女工作

1. 加强民主管理。充分发挥职代会的作用，让职工代表参政议政，参与单位的民主管理工作。各级工会组织协助单位党政班子抓好重大事项征求意见制度的落实，切实维护职工的知情权、参与权、选择权和监督权，调动职工参与民主管理、民主监督的积极性。通过职工代表大会、谈心和职工座谈会等形式广泛征求职工的意见和建议，认真进行对待职工提出的不同意见，充分发挥职工参政议政的作用。

2. 认真履行工作职责。完善工会制度建设，印发《局机关送温暖活动暂行规定》，修订印发《局机关职工帮扶办法》。积极开展丰富多样的群众活动，获部写作技能大赛一等奖1篇、二等奖4篇、三等奖12篇。组织局直属机关参加国土资源部直属机关第三次归侨侨眷代表大会代表和委员推荐选举工作。

3. 立足岗位，创先争优。组织相关评优推选工作，组织参加中国能源化学工会关于表彰全国能源化学系统五一劳动奖状、奖章、工人先锋号和劳模创新工作室的活动。矿产资源所唐菊兴获全国“五一劳动奖章”。

4. 积极开展群众性文体活动。组织开展局系统第三届职工篮球赛，分别在广州、沈阳、天津3个赛区和北京举行，局系统26支队伍、300多名职工参加了比赛。组织开展“三八”妇女节系列活动，组织女职工参加北京市文化周活动。组织开展局机关保密知识竞赛。

5. 加大人文关怀力度。局直属机关工会高度重视，按照有关文件精神认真制订慰问方案，布置慰问事宜。在调查了解情况的基础上，向上级部门递交申报材料和职工困难、医疗等证明，争取中央国家机关和部直属机关党委、直属机关工会的支持。申请到全国劳模三金、中央国家机关工会联合会职工送温暖困难补助、部直属机关工会送温暖困难补助共计173 780元，对全国劳模、困难职工和老党员进行了慰问，积极开展送温暖活动。局直属机关工会、局机关工会共发放慰问金29 000元，慰问了12位老党员和困难职工。共计慰问各类人员163余人次。

二、青年工作

1. 组织开展纪念“五四”运动96周年活动。成功组织了“五四”青年节活动。组织开展局第二届“杰出青年”评选工作，并在庆祝“七一”建党94周年大会上对“杰出青年”进行表彰，会后及时对局第二届“杰出青年”评选表彰活动进行了总结。加大了对“杰出青年”先进事迹宣传，制作了局“杰出青年”专题网站和“杰出青年”专题展板，在《中国国土资源报》《地质调查报》进行宣传。受到表彰的15位杰出青年开拓创新、攻坚克难的进取精神，脚踏实地、勤奋敬业的实干精神和吃苦耐劳、勇于担当的奉献精神，体现了地质工作的优良传统和强烈的时代特征，为全局广大青年做出了表率。活动对全局广大团员青年进一步继承和弘扬“五四”精神，立足岗位、扎实工作、奋发图强，具有积极的推动作用。

2. 继续推进抓基层、打基础、全面活跃团支部活动。西安地调中心、发展研究中心、航遥中心3家单位作为试点单位，由团委负责具体组织实施，以各团支部为主体开展活动。试点活动充分体现了“党有号召、团有行动”的要求，突出共青团和青年工作特色，通过团的百分竞赛这个平台和抓手，各单位尤其是试点单位，在全面推动共青团和青年工作方面取得了明显成效。

3. 组织开展形式多样的活动。加强与上级团组织的沟通，完成部直属机关团委安排的各项任务，及时上报各类材料。召开直属单位团组织负责人工作研讨会，听取在京单位团委负责人对局直属机关团委全年工作的意见、建议，为共青团工作的开展创造良好基础和氛围。组织在京直属单位青年团员参加“青春之梦”主题参观学习暨交流联谊活动，领略各行业各领域各战线文化魅力、优良传统和时代精神。组织在京直属单位青年团员代表参加“院士面对面”活动，为青年团员提供和院士近距离接触和对话的机会，学习渊博的知识和科学的方法，领悟院士科学求实的精神和高尚道德品质。

4. 获得荣誉称号情况。组织参加评选中央国家机关优秀志愿者个人、项目和集体等奖项。向部直属机关团委推荐优秀志愿个人、项目和集体候选人各1人。

（胡　影）

直属单位工作

中国地质科学院工作

中国地质科学院

概　况

中国地质科学院（以下简称“地科院”），截至2015年底，全院在职职工1927人、离退休1718人。在职职工中专业技术人员1572人，其中，两院院士14人、研究员及教授级高级工程师329人、副研究员及高级工程师374人；586人具有博士学位，509人具有硕士学位。

全院有3个国家级平台（1个国家工程技术研究中心、1个国家科技基础条件平台中心、1个国际联合研究中心）、38个国土资源部平台（14个重点实验室、15个野外基地、4个质检中心和5个科普基地）、15个中国地质调查局平台（5个重点实验室、10个业务中心）、9个院级重点实验室。

全院获国土资源科学技术奖一等奖3项、二等奖3项、其他省部级奖2项，获地调局2015年度地质科技奖4项。6项成果入选地调局、地科院2015年度地质科技十大进展，2项成果入选中国地质学会2014年度十大地质科技进展。

地质调查进展与成果

全院承担各类科技项目1465项，总经费9.82亿元，其中国家科技项目经费1.85亿元（占18.83%）、地质调查项目经费6.74亿元（占68.61%）、横向项目经费0.56亿元（占5.7%）。发表学术论文1034篇，其中第一作者SCI论文378篇、EI论文76篇、国内核心期刊论文497篇，出版专著19部。获发明专利15项、实用新型专利27项、软件著作权登记11项。

一、国家重大科技项目

地质研究所和矿产资源所分别主持的“973”项目“青藏高原南部大陆聚合与成矿作用”和“中国陆块海相成钾规律及预测研究”顺利验收，项目成果得到专家委员会的高度评价。“973”项目“我国富铁矿成矿机制与成矿预测”及在研“863”、重大仪器设备研发、重点基金等项目进展良好。按照部、局要求，组织专家提出国家重点研发计划“十三五”立项建议，组织编制“深地资源勘查开采”重点专项实施方案和申报指南，已列入2016年国家优先启动的重点研发计划。

二、基础研究和理论创新

地质研究所在赣州等地新发现长羽毛恐龙及翼龙化石，古生物研究取得具有国际影响的重要成果，深化了对环境变迁与生物演化的认识。组织编制区域地质志，出版了《全国1:100万分幅地质图》、《月球地质图》（1:250万），编制了数字化亚洲花岗岩图。建立了印度－欧亚大陆碰撞地球动力学模型和青藏高原新的成矿模型。矿产资源所组织矿产地质志编制培训17场、参培1000多人，完成长江中下游、阿尔泰2个区带和水泥灰岩、铀两大矿种编志试点。陆块海相成钾理论研究取得重要突破，提出找钾靶区及成钾远景区，指导江陵凹陷中南部整装勘查取得找钾突破。海相火山岩型和BIF铁矿形成背景及富铁矿成矿机理研究取得重要进展。地质力学所完成第一张南极板块（大陆及海域）高精度三维地壳和岩石圈结构图，提高了南极地质研究程度，编制了《华北地区1:50万活动构造图》。

三、技术方法研发应用

以理论技术创新推动地质调查，地质研究所积极探索区域性专业地质填图（现代地质填图）试点示范，创新地质填图工作新思路、新方法。建立了全球首个碳酸盐全岩稀土元素精确定量溶解法。东海长期观测站建立井下综合地球物理观测研究平台，实现关键地带地应力实时监测。成功研制国家第一个钕同位素比值（$^{143}Nd/^{144}Nd$）标准样品。地质力学所编制完成《覆盖区1:5万区域地质调查工作指南》。实验测试中心强化全国地质行业分析测试技术和服务体系，铼-锇同位素、元素微区与形态分析等测试水平显著提高。物化探所在无人机航磁测量系统、地震勘探、油气地球物理综合探测、土地质量地球化学调查评价和土壤修复等方面取得了重要的技术进步。

四、支撑引领找矿突破

聚焦国家重大需求，矿产资源所在西藏班公湖-怒江成矿带科技引领找矿实现重大突破，铁格隆南斑岩-浅成低温热液型铜矿成为中国最大的千万吨级超大型矿床，预测资源量超过1500万吨。川西甲基卡勘查发现超大型锂辉石矿，有望成为世界级锂资源基地。在准噶尔东部发现大型隐伏斑岩-矽卡岩型铁铜矿。通过“油钾兼探”在柴达木盆地、兰坪-思茅盆地、塔里木盆地等6个有利区，获得氯化钾远景资源量8.89亿吨，氧化钾资源远景量近百亿吨。地质力学所在柴达木盆地调查评价油气资源取得新进展，南方页岩气调查中发现新层系。物化探所利用地震和非震技术方法组合促进了松辽盆地外围油气新发现。水文环境所在青藏铁路沿线措美县，钻获205 ℃高温地热蒸汽资源，为中国同等深度最高温度，估算发电潜力约110 MW。在福建漳州龙海实施中国第一口干热岩科学深钻进尺突破3120 m。地质研究所在冈底斯和北喜马拉雅地区圈定一批找矿靶区和成矿远景区，为青藏高原矿产资源勘查部署提供了重要依据。

五、服务国家战略和生态文明建设

积极助推经济社会发展，水文环境所编制完成了《中国地下水质量与污染调查报告》，已提交国务院参事室、发展改革委、水利部、环境保护部、科技部等部门使用，为“水十条”制定和全国人大常委会《水污染防治法》执法检查提供了重要技术支撑。创新地下水保障能力评价理论，服务国家粮食安全战略。物化探所发布《中国耕地地球化学调查报告(2015年)》，对中国耕地地球化学总体状况做出科学判断，影响深远。岩溶地质所创新西南石漠化综合治理技术，驱动火龙果生态产业跨越式发展，岩溶水文地质、应对全球气候变化、碳循环及碳汇效应研究、岩溶塌陷调查及应用和服务得到加强。地质力学所编制《中国主要活动断裂对重大工程规划建设影响分析报告》，完成总装备部牵头的国家重大战略工程某光学装置一期工程选址工作，积极参与尼泊尔8.1级地震地质灾害应急调查。

六、产学研用紧密结合

一是落实中央精准扶贫要求，发挥地科院岩溶地质景观、地质灾害防治、地质公园建设等专业优势，抽调精干人员组成扶贫工作组，开展对口扶贫单位云南省盐津县地质灾害调查和典型地质景观调查，推进乌蒙峡谷地质公园规划建设，编制完成地质灾害防灾预案，扶贫工作得到地方政府和部、局的高度评价。二是全面支撑部地质公园管理，组织修订《国家地质公园规划编制技术要求》《国家地质公园验收标准》和《中国国家地质公园建设指南》。推动甘肃敦煌和贵州织金洞正式列入世界地质公园名录。三是与浙江地勘局、江西地勘局、深圳地质局等单位通过联合承担项目、设立院士工作站，对“浙江治岭头矿床成岩成矿作用及对区域找矿的意义”“赣南变质岩离子吸附型稀土成矿规律及找矿方向”“海水入侵对填海地基稳定性及地下空间开拓影响机制”等主题开展合作，并取得初步成果。四是发布了《中国地质科学院科学普及工作意见（2015~2020年)》，组织开展“世界地球日”和“科技活动周”等主题科普活动，受到国土资源部和科技部表扬。

七、国际合作与交流

全年共派出项目122项282人次，请进项目62项346人次。中、俄、蒙、哈、韩5国第三阶段项目合作进展顺利。组织召开了金刚石和地幔再循环、地震破裂和断层作用、中亚造山带、岩溶环境地质编图、亚洲岩溶、中美地下水水质与监测等国际学术会议和国际岩溶研究中心国际培训班。邀请国外知名专家来院进行学术交流，收到良好效果。北京离子探针中心引进第四纪测年带头人组建中-澳年代学联合实验室。与加拿大地质调查局、澳洲昆士兰大学和卧龙岗大学积极开展地质填图国际合作，探索地调科研融合的填图新方法。较好完成了国际地科联秘书处和司库日常工作。

改革创新

一、研究制定科技体制机制改革方案

按照局年度工作部署相关要求，成立了地质科技体制改革领导小组和改革方案编写组，先后赴中国科学院、林业科学院、医学科学院、复旦大学等单位调研，形成优化科研院所体制机制调研报告，起草完成《中国地质调查局科技体制机制改革方案》初稿，两次到科技部汇报并征求意见，经修改完善后，向部党组做了专题汇报。

二、编制自然资源与能源安全国家实验室筹建方案

按照姜大明部长和部、局党组指示，组织精干力量，收集整理国内外有关资料和重大科技问题，向全局及相关研究领域专家发函征集重大前沿优势研究方向，开展实地调研，召开专题研讨会，历经40余稿修改完善，提交自然资源与能源安全国家实验室的筹建方案，已上报部科技司，呈送部领导审定，并启动选址、征地前期工作。

三、促进科研与地调深度融合

院（所、中心）领导带队，赴大区地调中心等单位调研、座谈，商讨共同申报和组织实施地调科研项目、共建重点实验室、联合培养研究生和博士后。组织召开地调科研一体化座谈会和现场会，联合举办中国西部造山作用与成矿、东北老工业基地地质找矿、现代地质填图方法与试点等专题研讨会，凝练重大科学问题，深化“1+6”“8+6”地调科研合作机制。北京离子探针中心在西安地调中心建立了SHRIMP远程共享工作站，成为全球范围内第11个远程共享控制系统。

四、参与编制系列重要规划建议

配合部起草《关于促进科技成果转化的若干意见》。多次组织院士专家征求《国土资源部关于实施科技创新驱动发展战略若干意见》的修改建议。协同局科技外事部起草局“十三五”地质科技发展规划、国际地质合作规划和学科发展规划。起草完成院“十三五”科技发展规划初稿。

五、业务中心建设

围绕国家需求和部、局、院工作部署，地球深部探测中心于2015年6月正式成立，并开始正常运行。一是加强松辽盆地科学钻探工程“松科二井”的实施管理，开展了多项钻探新技术实验，自主研制的“地壳一号”万米科学钻机运转正常。二是组织力量积极申报深部地质调查工程，设置了4个二级项目，促进地质调查向深部进军。三是全面完成了深部探测技术与实验研究专项第一阶段49个课题的成果验收。按照局党组要求，重组全球矿产资源战略研究中心，完成中心职能定位、机构设置、人员配备等工作。

六、科技平台建设

一是稳步推进国际岩溶研究中心、全球尺度地球化学国际研究中心等国际合作平台建设，在组织机构、人员配备、经费保障等方面给予了大力支持。二是根据业务发展需要，利用修购专项等经费，新购置一批先进仪器设备；北京离子探针中心同位素专用二次离子质谱仪完成总装，为产业化发展奠定了基础。三是全力支撑做好国土资源部各类科技条件平台管理工作，修订《国土资源部重点实验室建设与运行管理办法》和《国土资源部野外科学观测研究基地管理办法》，组织完成8个部重点实验室的验收。积极推动成矿作用与资源评价等实验室申报国家重点实验室。四是积极推进大型科研仪器设备共享平台建设，修改完善《中国地质科学院大型科学仪器设备资源共享意见及其实施细则》。五是网站建设与信息服务平台高效稳定，完成全年地质科学数据集成与服务，建立了找矿技术方法科研基地网站。六是院、所主办多个学术期刊荣获“2015中国最具国际影响力学术期刊”称号，《地质学报》（中文版）2016年起被EI收录，《地质力学学报》《中国岩溶》新晋中文核心期刊。

七、科研实验基地建设

一是院京区地质科研实验基地于2015年7月正式动工，共办理各项批复94份，落实2015年资金2亿元，完成地基基础工程，建筑结构施工进展顺利，2016年春节前后实现主体结构封顶。二是厦门基地获厦门市发改委的批复和建设用地规划许可证等重要批件，设计和工程建设许可办理稳步推进。三是岩溶基地项目可研报告已通过国家发改委评估中心评审，近期将正式上报国家发改委，同时完成了土地交接工作。四是北京离子探针中心基地二期科学仪器研发楼建设工程正式启动。五是物化探方法技术实验研究中心大楼通过验收，并正式投入使用。

八、安全、保密、信息和后勤保障

一是分别与院属各单位签订《安全生产目标管理责任书》和《社会治安综合治理目标责任书》，开展安全检查、消防安全培训演练等，院继续荣获“部社会治安综合治理先进单位”称号。二是认真作好保密专项检查及整改，签订《保密工作责任书》和《保密承诺书》，举办保密知识讲座，进一步完善保密防护设施。三是信息宣传力度加大，改版中文网站，院英文网站正式上线，微博、微信等新媒体平台投入使用，信息网络及服务器运行稳定。四是百万庄大院和青龙桥基地办公环境、物业服务进一步改善，院属各单位后勤保障得到加强。

经济管理

项目、资金和装备管理水平得到提高。一是扎实开展地调项目、财务、装备“三项大检查”及因公出国（境）专项检查，对存在问题认真整改。二是完成43个地调项目中387个续作子项目的考核、30个项目野外验收、92个项目成果报告评审和56个项目经费总结报告验收。三是采取重点监控、定期通报等措施，大力推进财政预算执行进度，7个单位完成了年度预算考核指标。四是进一步加强地调项目经济管理，组织4个优选项目招标工作；完成30个优选项目经费检查，涉及经费2.31亿元；完成结题项目经费总结报告验收120项，涉及经费4.64亿元。五是精心组织修缮购置规划和项目申报，全院获得财政部确认2016～2018年修购规划三年总规模4.93亿元。

人才队伍建设

一、高层次科技人才培养引进

高锐研究员当选中国科学院院士，结束地科院10年未新增院士的局面。朱立新、蒋忠诚、王贵玲当选俄罗斯自然科学院外籍院士。石建省获“全国优秀科技工作者”称号。侯增谦获第十四次李四光地质科学奖。成杭新获“全国国土资源系统先进工作者”称号。曾令森获第七届黄汲清青年地质科技奖。王文磊入选“国家青年千人计划”。翟庆国获国家自然科学优秀青年基金资助。章雨旭获第四届全国新闻出版行业领军人才称号。唐菊兴获地调局首批卓越地质人才称号，王登红等6人获地调局杰出地质人才称号。6名研究员、5名青年科技骨干和2个团队分别入选第二批国土资源科技领军人才开发和培养计划、杰出青年科技人才培养计划和科技创新团队培育计划。首批面向国内外公开引聘3名高级访问学者。

二、干部队伍建设

局加强了对院属单位领导班子的配备工作。局、院考察组到矿产资源所、地质力学所、岩溶地质所开展了纪委副书记民主推荐和组织考察。4名年轻干部如期完成到局属单位挂职主任助理工作。完成全球矿产资源战略研究中心副主任和研究室负责人民主推荐、组织考察和任命工作。选举产生了第二届院京区工会委员会和经费审查委员会，完成京区离退休中心党委换届工作。

三、研究生培养工作

完成19个硕士、博士学位授权专业研究生培养方案的审定，新增沈阳地调中心和西安地调中心为研究生培养单位，新增博导14人、硕导24人。2015年共招收硕士、博士研究生144人，99名毕业生获得学位。35名博士后进站，6人获得国家留学基金委项目资助，5人获中国博士后科学基金资助。1人获CCOP“东亚地学与环境研究奖”，4人获“北京市优秀毕业生”荣誉称号，10人分别获程裕淇优秀研究生奖和优秀学位论文奖。组织中、德研究生野外联合地质教学，研究生培养国际化水平进一步提高。

党建与精神文明建设

一、党风廉政建设

严格执行中央“八项规定”，认真抓好党风廉政建设，落实全面从严治党责任，严守政治纪律和政治规矩。一是制定并印发了《中共中国地质科学院党委关于落实党风廉政建设党委主体责任和纪委监督责任的实施意见》《中共中国地质科学院党委关于落实局党组“六个强力推进”的工作方案》等规章制度，在强化主体责任持续加力，纠正“四风”持之以恒。二是落实局《2015年反腐倡廉建设实施意见》，明确目标，细化措施，做到任务到位、人员到位、责任落实；加强干部人事档案专项审核和个人事项申报工作。三是大力推进廉政文化建设，有序开展反腐倡廉主题宣传、党风廉政建设形势任务和正反典型案例教育，用身边人身边事开展警示教育，扎实推进党风廉政建设。

二、精神文明建设

一是李四光纪念馆重新开馆并举办李四光学术思想研讨会，学习姜大明部长重要讲话，大力弘扬李四光精神，营造良好科技创新文化氛围。二是广泛开展城乡共建、扶贫帮困、青年联谊、院士讲堂、摄影展、社会调研、建立荣誉室、参观学习等活动，不断丰富职工精神文化生活。三是认真落实离退休干部职工福利待遇，充分发挥离退休党组织作用，创新活动方式，丰富活动内容，加大走访慰问力度，取得良好效果。

三、筹备两项重要纪念活动

认真筹备中国地质调查100周年和中国地质科学院建院60周年两项活动，院成立领导小组并下设办公室，制定了工作方案，启动地科院大事记编纂、宣传片拍摄、“我与地科院共成长”征文、60周年画册、科技成果展览、科普读物出版、编撰院士传记等系列工作。设立基本科研业务费项目开展地科院60年科技工作回顾与展望、地质科技成果的公益性科学普及与推广探索研究，支持各项筹备活动。

四、改善职工住房条件

完成百旺茉莉园334套团购房配售工作，正在办理房屋产权证手续，解决了入住职工户口迁移和子女就学问题。杏林湾48套团购房配售工作进展顺利，已全部完成网签。向海淀区中关村申请获批人才公租房67套补贴95.7万元。百万庄卯区改造已获国管局批准，规划设计方案已报送北京市规委。岩溶地质所职工集资房已开工建设。

（孟庆伟）

中国地质调查局发展研究中心工作

中国地质调查局发展研究中心

概　况

中国地质调查局发展研究中心（以下简称“发展研究中心”）是中国地质调查局直属事业单位，实行主任负责制。承担地质和矿产勘查工作方向、发展战略、部署研究，负责全国地质资料接收、保管和服务，承担地质调查信息化建设工作，承担为找矿突破战略行动提供技术指导、开展相关研究等职能。加挂“全国地质资料馆”和“国土资源部矿产勘查技术指导中心”的牌子，负责管理国土资源实物地质资料中心和部十三陵培训中心（已停止对外服务）。

内设机构：共设处（室）27 个。综合管理部门 5 个：办公室、党委办公室、科技外事处（质量管理办公室）、财务资产处、人事教育处。技术业务部门 18 个：规划与部署研究室、政策与经济管理研究室、情报室、期刊编辑室；资料综合处、资料收藏室、数据管理室、资料服务室；信息工程室、网络运行室（地质信息技术实验室秘书处）、网站编辑室；境外区域地质矿产研究室、境外地质矿产信息室（筹建）；专项支撑综合处、勘查处、矿业权指导处、老矿山处、技术服务处。其他部门 4 个：后勤处、物业中心、经营开发中心、离退休干部管理处。

人员情况：现有职工 361 人，在职职工 252 人、离（退）休职工 109 人。在职职工中 87 人具有博士学位、83 人具有硕士学位、68 人具有正高级职称、71 人具有副高级职称。

获奖情况：荣获省部级科技奖 12 项，获得 12 项计算机软件著作权，中心共发表论文 175 篇，出版专著 20 部。《中国地质》和《地质通报》双双荣获“2015 年最具国际影响力学术期刊”称号。荣获“2012 ~ 2014 年度首都文明单位标兵”荣誉称号。

安全生产与基建装备：全年安全生产专题培训 20 次，经费 220 万元。新增固定资产 351 台（套），金额约 953 万元。

地质调查进展与成果

中心负责的 4 个工程、15 个项目、75 个子项目进展良好。完成 50 个项目成果评审、23 个项目成果地质资料汇交和归档。

一、“两重”工作

（一）支撑局总工程师室开展成果管理。

1. 开展地质调查成果评价研究，支撑局出台《加强地质调查成果评价的指导意见（试行）》，协助局起草《地质调查成果评审办法》。开展“百年百项”重大地质调查成果编撰工作。协助局创办了《中国地质调查 2015 年度报告》（中英文版）。以“九大计划”为基础，梳理和设计综合性成果产品，协助局总工程师室梳理 2014 ~ 2015 年度地调成果体系，提出培育方向。

2. 通过刊物、主流媒体宣传报道，推动地质调查成果的转化与应用。编印《中国地质调查成果快讯》18 期。在局门户网站共发布信息 7132 条，局门户网站日均访问人数 9643 人、访问页面数 63 895 个，分别同比增长 75. 19% 、30. 19% 和 5. 56% 。通过《中国国土资源报》等纸媒刊发 3240 多篇地质调查成果报道，完成 2015 年地质调查网络视频新闻 21 条，在央视《新闻联播》等栏目播报新闻 25 条，协助央视拍摄专题片《乌蒙山探宝》在科教频道滚动播放。

（二）支撑局总工程师室开展地质资料和信息服务。

支撑部、局举办了纪念中国人民抗日战争暨世界反法西斯战争胜利 70 周年地质史料展。在 2015 国际矿业大会期间实现了 1∶5 万区域地质图公开网上服务的“破冰之举”。在“4. 22”世界地球日，支撑局发布分省地质环境图等数据资料，并提供网上在线下载。在“6. 25”全国土地日，发布全国区域地球化学调查评价数据目录等。编制地质资料定密工作指南。协助局强化地质调查资料汇交监管，地调项目汇交资料 1301 种，比 2014 年增长 49% 。

（三）支撑局总工程师室制定并实施“地质云”整体实施方案。

研究提出了“地质云”建设总体技术框架，协助局总工程师室编写《局“地质云”建设总体方案》等。推进“地质云”建设试点与示范，在成都地调中心承担的西藏阿木雄地区 1∶5 万地质矿产综合调查的填图工作中开展智能地质调查应用示范。在内蒙古租赁了电信云服务，将邮件系统迁至云端，获得成功。

（四）支撑局办公室全面掌握地质调查工作动态，改造、监管各直属单位的对外网站。

支撑局网站全面改版，突出了局的主要工作和地质调查成果信息发布与服务。支撑局办公室完成1+28家单位网站改造，实现局与局属单位网站首页的统一标识、统一风格。推进了局英文网站建设，提升了国际影响。信息采编系统上线运行，规范并及时将有关信息向局报送。协助局开展对局属单位网站的全面监督检查，提高局属单位网站在信息发布、互动交流等方面的服务水平。

（五）研究提出地质调查的发展战略、规划、政策和管理措施的建议。

出版了《美国地质调查局战略计划（2013～2023年）》专辑。完成了“建设世界一流地调局”研究报告。编制了《基础性公益性地质矿产调查总体方案（2016～2018年）》《地质矿产调查评价专项实施方案（2015～2020年）》。编制了《2014年全国地质勘查成果通报》《中国地质调查进展与趋势2015》，提交了《地质矿产科技战略研究报告（2015）（初稿）》《我国主要矿产资源供应风险治理示范研究》等专题报告，为地质调查的发展战略、规划、政策和管理提供了应对措施和合理化建议。

（六）支撑局总工程师室优化细化、实施和监督“九大计划”工作进展。

协助局总工程师室推进计划—工程—项目跟踪，建立联系人跟踪机制。完善50个工程2015年度目标任务，审核了200个项目，推动了地调项目目标管理的机制建设。完成了地质调查有关“十三五”规划的编制（初稿）。协助局组织完成2015年地矿专项347个续作子项目考核、394个子项目设计审查、147个二级项目立项论证、126个地调项目成果评审。

（七）支撑局科外部组织开展境外地质调查，建立健全全球矿产资源信息中心，具体承办境外矿产信息发布事宜。

协助局完成“一带一路”图集的编印工作。研究编制有关的国际合作规划。积极筹建全球地质矿产信息中心，完成了申报方案编制。持续建设更新全球矿产资源信息系统，新增12个国家、更新8个国家的基础地质矿产数据，搭建全球地质矿产信息网。支撑局境外地质矿产信息发布（2015）。

（八）加强全国地质资料馆工作。

新增电子数据15 590种，数据量36.5 TB，全国地质资料馆馆藏地质资料134 813种，地质调查科技档案11 971种；电子数据132 490种，数据量80.6 TB。馆藏地质资料的数字化工作全面完成，数字化率100%。接待416个单位5267人次到馆借阅地质资料，通过电话、电子邮件及网上客服接待阅者14 273人次，网站访问557 762人次。保障全国地质资料信息网和电子阅览系统的正常运行，更新目录18批次、10 582种。地质资料业务管理系统用户达7200多个。地质资料目录中心新增3个节点、更新部署9个节点，新增目录数据10万余条，在线提供可公开查询利用的目录数据量达150余万条。

（九）部勘查技术指导中心全力支撑部勘查司工作。

在部勘查司领导下，开展了107个整装勘查区的进展跟踪及专家技术指导，完成了找矿突破战略行动第二阶段目标评估，开展第三阶段8～10年目标分析工作。编制整装勘查区系列专题图件1000余幅。出版《勘查区找矿预测理论与方法（总论）》，共向矿山企业、地勘单位、科研院所等单位发放16 000册，该成果经部组织鉴定，总体达到国际领先水平。全面推进整装勘查区和矿集区找矿预测。开展物化探新技术示范与推广，在内蒙古、吉林等整装勘查区和典型矿区开展面积性物化探找矿工作和抗干扰电法仪技术应用示范取得显著效果。组织面向全国地勘单位、矿业企业一线技术人员的勘查理论和物化探技术方法培训，累计培训人数达1000余人。细化形成了《重要固体矿产风险勘查后补助项目管理办法》（草稿）。提出整装勘查区调整和选区建议、找矿突破战略行动第三阶段主攻矿种调整名单和中国重要矿产勘查开发基地定义、标准和具体建议。

（十）与其他27个局直属单位建立高效、顺畅、密切的协调合作机制。

依托网络建设及信息服务节点建设，主动开展走访、调研、对接业务，深化与局属单位的合作与联系机制。向油气调查中心提供基础资料数据和技术服务，完成了双方数据服务、技术服务支撑协议的签订并提供首批服务。主动向局属单位分发《中国地质调查成果快讯》，扩大了地质调查成果产品服务类型，提升地质调查成果社会认知度。

二、主要业务工作

（一）推动研究成果的转化与应用。

编辑出版《地质工作战略研究参考》12期、《地质调查动态》24期、《地质资料动态与参考》12期、《地质信息化》2期、《境外矿产资源勘查开发简讯》24期。

（二）地质资料业务拓展。

承接了部档案馆职能。接收部机关档案室移交的专业档案共计1107卷（件），共保管国土资源档案9352卷（件）、9950盒。

（三）信息化工作支撑服务。

支撑局业务网和视频网链路保障工作。地质调查智能空间与感知服务取得突破进展，首次展示了野外地质调查智能位置感知服务模式。全面完成1∶5万数字地质图空间数据库建设，多目标农业地球化学调查和土地质量地球化学数据库建设稳步推进。成功进行国产高分卫星数据在地质调查作为地理底图的科学性和可行性论证，并促进了其数据更好地公开使用和服务于应用行业。地质调查业务信息管理系统有力支撑了局项目部署、项目运行等管理工作，其一体化综合集成进入实施阶段。推进部地质信息技术重点实验室的验收工作。承办数字地质调查系统和地学数据处理推广和培训，首次“走出去”在境外举办了地质调查技术培训班，老挝地质人员用数字调查系统首次填制了自己的地质图。

（四）深化境外矿产资源勘查开发专题研究，为局境外地质矿产信息提供支撑。

发布GeoExpl（International）地质勘查数据处理与分析系统，并在发展中国家及局境外项目执行单位推广应用。编写了《局业务成果报告2015》并在中国国际矿业大会上发布。编制完成《“一带一路”相关国家地质矿产研究报告》。完成了土耳其、苏丹、摩洛哥3个国家地质矿产与矿业开发国别报告，编制了朝鲜、伊朗、马来西亚等20个国家基础地质图及说明书，编制了《全球主要矿产品手册（2015）》和《全球主要矿业公司手册（2015）》。为70余家单位或部门定制与咨询服务，全球矿产资源信息系统数据服务量为44.2 GB。为局外事管理系统提供维护服务，研发了局出访来访动态监管子系统。

（五）开展矿政研究，服务找矿突破战略行动。

持续跟踪开展矿产资源开发管理相关制度研究，为部矿政改革创新提供支撑服务。探索提出矿产资源勘查开发基地的内涵、外延、标准、分类及评价指标体系。初步完成已有主要矿产资源基地的资源及其生产状况分析。初步形成了勘查实施方案管理制度以及相关配套制度。起草形成了《我国稀土矿钨矿开采总量控制政策执行情况调研报告》等。

改革创新

一、强力推进制度建设

5月份全面启动制度再次梳理工作，中心原有制度共107项，梳理后计划废除25项，修订36项，新增2项。截至2015年年底，已完成19项。

二、强化项目和资金管理

完善并继续应用中心项目管理系统，项目立项和设计审查工作实现网上办理。加强委托业务管理，中心内网公布子项目拟开展外协情况。如实填报“预算支出系统”，严格经费支出。

三、加强事务公开力度

以中心办公内网为平台，按月公布各项目组预算执行情况，公开管理部门内部预算、职工医药费用报销情况。通过会议纪要、通报、简讯等形式加大对落实上级重要部署进展情况、“三重一大”事项的决议、会议安排、调研议程、因公出国、耗材采购等重要事项的公开力度。

四、扎实推进离退休干部工作

注重活跃老同志的精神生活，充分利用“一刊、一群、一站”（即发展研究中心离退休干部活动通讯、微信群、情暖桑榆网页）加强离退休干部学习。坚持摄影、书画、编织等兴趣小组，4名老同志作品获得部“点赞中国梦”书画摄影展二、三等奖和优秀奖。

经济管理

严格预算执行，全年可用财政资金总额为22 860.73万元，财政资金总预算完成率为92.44%，完成了局考核指标。对“三公经费”、会议费和委托业务费严格审核，健全财务监督和控制机制，修订了《公务卡管理实施细则》，制订了《备用金管理实施细则》。

人才队伍建设

按局要求成立了人才工作领导小组。严格按照程序择优推荐了2016年二级项目负责人和副负责人。招录博士后6人，在站8人，引进博士后出站人员1人，推荐进北京大学博士后流动站进修1人，推荐攻读博士学位3人。

入选计划协调人1人，入选工程首席专家4人，其中1人被评为优秀工程首席专家。入选部科技领军人才计划1人，入选部杰出青年科技人才计划1人；入选局杰出地质人才计划2人。3个团队在局党组会议上受到表扬。1人获得第十五届青年地质科技奖银锤奖。1人被评为局杰出青年。

协助局人事教育部完成副局级实职干部推荐工作2人次，调整使用处级交流干部1人，对2014年新提任的副处级干部8人进行了试用期满测评考核。

党建与精神文件建设

一、认真组织学习党的十八届五中全会和习近平总书记系列讲话精神

以内网专栏为载体及时传达五中全会精神，发布学习安排和学习情况。积极组织参加十八届五中全会精神宣讲大会等视频辅导报告会等部、局开展的学习活动。

二、从严从实开展“三严三实”专题教育

坚持以上率下，班子成员带头学习教育。先后召开5次党委中心组理论学习会、1次学习成果回顾梳理研讨会。坚持“两手抓、两不误”。将专题教育与贯彻落实局“两重一主”工作结合起来，举办专题讲座，不断深化对“建设世界一流地调局”、局“九大计划”等的认识。在职能处（室）、各党支部、领导班子3个层面深入查找，共收集中心和领导个人“不严不实”问题意见和建议68条。坚持边学边查边改。党委召开“三严三实”专题民主生活会、支部召开组织生活会，开展批评与自我批评、查摆突出问题。

三、全面落实党风廉政建设“两个责任”、落实局党组“八问”传导机制和“六个强力推进”

印发中心落实“两个责任”实施意见，在2015年党风廉政建设工作会上分级签订廉政责任书，新增加处（室）主要负责人与项目负责人签订廉政责任书。组织开展党员和党支部承诺，参加局廉政文化活动周。面向全体职工征集廉政文化核心价值理念作品17篇，布置中心廉政文化宣传走廊，开展廉政风险点知识网上答题活动，组织干部职工阅读廉政书籍等。纪检监察部门集中力量监督执纪问责，充实纪检机构。

四、群团活动、城乡共建助力精神文明建设再上台阶

为职工开辟了体育活动室，专为年轻妈妈建立了母婴室，开展心理健康讲座。组织职工参加全国妇联“家庭助廉行动——最美家庭”征文活动，中心3篇获奖。继续开展城乡共建，协助张山营镇开展土壤质量调查与评价。开展青年学术论坛、管理领域青年论坛等丰富多彩活动。2015年3月荣获“2012～2014年度首都文明单位标兵”荣誉称号。

（陈　昱）

中国地质调查局天津地质调查中心工作

中国地质调查局天津地质调查中心

概　况

中国地质调查局天津地质调查中心（以下简称“天津地调中心”）是中国地质调查局直属的事业单位。主要承担华北地区地质调查及相关综合研究工作，承担华北地区地质调查资料信息的接收、保管和服务，承担有关项目管理和监管工作。

内设机构包括6个综合管理部门、3个业务管理部门、5个地质调查机构、2个研究机构、2个技术支撑部门、3个后勤保障部门、1个经营开发部门和2个经济实体。中国地质调查局华北地区项目管理办公室内设4个大区业务管理部门和1个中央地勘基金华北项目监理办公室。此外，中国地质调查局天津地质资料馆、国土资源部华北矿产资源监督检测中心、中国地质调查局前寒武纪地质研究中心、中国地质调查局同位素地质年代学研究中心、天津地调中心非化石能源矿产实验室等机构也设立在天津地调中心。

天津地调中心现有职工275人。在职职工中，203人具有中级以上专业技术职称，其中47人有正高级职称。41人具有博士学位，占职工人数比例14.9%；131人具有硕士学位，占职工人数比例47.7%；本科72人，占职工人数比例26.2%。管理人员共38人，占职工人数比例13.8%；专业技术人员219人，占职工人数比例79.7%；工勤技能人员18人，占职工人数的6.5%。

2015年，天津地调中心以第一作者发表论文共99篇，其中国外SCI论文4篇、国内SCI论文7篇、EI论文5篇、中文核心论文40篇、科技核心论文17篇和其他文章26篇；出版专著1部。作为参与单位获得国土资源科学技术奖一等奖1项、二等奖1项，获得山东省国土资源科学技术奖一等奖1项和地理信息科技进步奖二等奖1项。

2015年12月，天津地调中心非化石能源矿产实验室正式挂牌。该实验室主要在非化石能源矿产资源领域，开展国家重大战略需求的关键科学问题研究和矿床选矿方法研究，为造就一流地质人才和研究团队提供平台，推进铀矿和其他非化石能源矿产的调查研究工作。

2015年，天津地调中心获地调局安全生产优秀单位、铀矿调查评价项目组荣获“全国国土资源系统先进集体”荣誉和“天津市模范集体”称号，并被地调局树为典型。连续2次获“天津市科技系统文明单位”称号。资料信息室获得2015年度天津市

“三八”红旗集体。1 人入选局首批杰出地质人才，1 人被评为局第二届十大杰出青年，3 人入选《京津冀地区国土资源与环境地质图集》突出贡献人员，1 人荣获天津市劳动模范。

地质调查进展与成果

一、“九大计划”项目工作进展和成果

2015 年，天津地调中心管理并承担北方砂岩型铀矿调查工程、京津冀一体化协同发展区地质保障工程、华北陆块及周缘地质矿产调查工程等 3 个工程 8 个项目。其中，由天津地调中心实施的项目 6 个，自身承担的子项目 67 个（24 个优选承担单位），承担科研类及横向项目或课题 14 项。项目质量良好，验收项目质量优良率达 100%。

（一）陆域能源矿产地质调查（北方砂岩型铀矿调查工程）。

2015 年，北方砂岩型铀矿调查工程新发现铀矿孔 24 个、铀矿化孔 119 个，见矿率 53%，在鄂尔多斯、准噶尔、松辽三大盆地找矿成果突出。鄂尔多斯盆地西缘、东南缘、东北缘有望成为大型和中型规模的矿产地，并首次在延安组发现具有一定规模的工业矿体。准噶尔盆地东部、北部均发现铀工业矿体，东部地区提交具有大型规模矿产地 1 处，实现了准噶尔盆地铀矿找矿历史性突破。松辽盆地北部圈定了 18 个重点找矿靶区，首批钻探验证已发现厚大工业矿体，成矿潜力巨大。硬岩型铀矿工作也取得重要进展，在豫西发现铀矿异常点 152 个、异常带 14 条。内蒙古东胜柴登南 - 布尔台铀矿地质调查项目发现 2 条含铀矿黑云母伟晶岩脉及数十条稀有金属矿化花岗伟晶岩脉。在湖南和江西部署的硬岩型铀矿找矿项目均发现铀工业矿体。

初步完成“华北石炭 - 二叠系油气基础地质调查”项目成果报告，估算了油气远景区资源储量。

（二）重要矿产资源调查计划（华北陆块及周缘地质矿产调查工程）。

通过内蒙古 1∶5 万北山、狼山两个面积性调查，新发现矿化点近 10 处，为后续矿产调查和评价提供了基础资料。内蒙古 1∶5 万查干呼舒庙等 6 幅区域地质矿产调查项目查明了各地层单位的物质组成、地层层序、沉积环境及形成时代，建立了测区岩石地层格架，并进行了组级和段级岩石地层单位详细填绘。内蒙古 1∶5 万哈珠等 4 幅区域地质矿产调查项目明确了中奥陶统咸水湖组、中泥盆统雀儿山群基本层序、物质组成，同时新采集大量的珊瑚、腕足类化石，为雀儿山群的时代划分提供了化石依据。

基本建立大兴安岭南段与冀北、辽西和大兴安岭北段的地层划分对比方案，并对典型矿床进行调查研究，明确其成矿物质的来源与形成机制。重点厘清华北陆块、兴蒙造山带和苏鲁 - 大别造山带的大地构造相系划分，完成华北及大兴安岭成矿带南段地区1∶150 万地质图的编图与建库工作。明确了冀西北地区大量孔兹岩系岩石存在。基本廓清华北地区古元古代以来的 3 个岩浆岩省，共划分 9 个岩浆岩带、38 个岩浆岩亚带。收集了铀矿项目研究区各类资料近 400 份，汇编了 7 个中国北方主要产铀盆地综合柱状图。

首次确认华北陆块存在新太古代早期 2.7 Ga 的条带状铁建造，在秦岭造山带早古生代构造配置取得新进展。基本查明了内蒙古北山地区的大地构造格架，修正了内蒙古北山地区的地层分区。圈定找矿靶区 40 余处、圈定单元素地球化学异常 432 处、综合异常 74 处，新发现矿（化）点 66 处。新发现浩宾塔拉特大型萤石矿产地。乌拉盖次火山岩型铅锌矿、阿巴嘎北侧萤石矿可能达到大型 - 超大型矿产地。

（三）重要经济区和城市群综合地质调查计划（京津冀一体化协同发展区地质保障工程）。

修改完善了《京津冀地区国土资源与环境地质图集》，该成果得到国土资源部和国家领导人重视。组织局属单位和河北省地勘单位共同编制了河北省京津保平原生态过渡带工程规划建议评价报告，已被部规划司与河北省国土资源厅采纳。与京津冀 3 省（市）地勘局共同组织编制了 11 个京津冀协同发展区资源环境地质调查专题报告和地质工作响应计划。完成了潍坊市滨海区区域地壳稳定系统评价，为沿海地区经济建设和规划建设提供了强有力的地质数据支撑与服务。

（四）“一带一路”基础地质调查与信息服务计划（全球矿产资源信息综合与服务工程）。

开展了东、南部非洲地学研究中心的筹建，组建了国际地学研究团队。“中 - 坦合作坦桑尼亚姆贝亚省恩通巴地区 1∶25 万区域地球化学调查”等 4 个项目的成果报告通过验收评审，圈定了多处金、银等地球化学异常，有效降低了企业开展境外矿产风险勘查风险。完成了津巴布韦和赞比亚项目的野外验收。梳理、归集了 2011 年以来境外勘查工作中 15 个国家的各类图件和文献，为建设境外地质矿产数据库提供基础资料。与四川地勘局等 3 个国内地质调查机构达成了协同开展境外地学研究和地质勘查、境外地质资料合法共享的合作意向。取得了赞比亚地质调查二期项目航空物探和地球化学综合填图任务。

（五）海洋地质调查计划（海岸带综合地质调查工程）。

编制了《渤海湾西岸海岸带综合地质调查2015～2018年工作方案》及《渤海湾西岸海岸带1∶25万环境地质图》初稿。完成了津冀沿海产业转移承接区环境地质调查工作方案和京津冀协同发展区海岸带环境地质调查报告。查明了天津滨海新区围海造陆过程及其对海岸带地质环境的影响，重新厘定了天津市基岩地质构造格架和重要断裂位置，在海平面变化、现代沉积过程和第Ⅱ海侵层形成时代研究上取得重要进展。

二、其他重要工作进展情况

（一）天津港爆炸事故调查。

代表地调局，作为主要技术成员单位参加了国家环保部组织的天津港"8.12"特别重大火灾爆炸事故调查工作。制定调查工作技术方案，紧急组织调动了队伍，深入爆炸核心，调查与评估爆炸事故对环境的影响，为灾害应急处置工作提供技术支撑。在8天的时间里，共施工地质取心钻孔7个、地下水监测井6组18眼，钻探总进尺571.5 m。向国务院调查专家组提供了滨海新区2015年遥感影像图、爆炸场地周边地下水水位观测剖面、工程地质剖面、地面沉降图及天津港潮位统计等数据资料，为爆炸场地地下水污染的分析、监测、预测提供了重要的实测数据，满足了地下水应急监测的需求，为后续地下水污染模拟预测和场地修复治理提供了依据。

（二）科学研究。

"973"项目：以大盆地、大砂体、大规模成矿作用成大矿为指导，初步查明铀矿石类型及铀存在形式，初步建立了鄂尔多斯盆地氧化还原序列。完成鄂尔多斯盆地重力异常、航磁异常、遥感影像、地球化学及伊犁盆地侏罗系含铀岩系砂体厚度图及沉积相等图件编制。"准噶尔盆地铀矿地质调查新进展"入选地调局"十大地质科技进展"。

地质科技平台建设：完善了泥质海岸带地质环境重点实验室、前寒武纪地质研究中心建设规划。前寒武纪地质和第四纪地质研究是天津地调中心的传统重点研究方向，多年来始终坚持"小团队，高水平"队伍建设原则，地球早期生命演化成果一直处于世界领先水平。2015年，由朱士兴研究员领导课题组在地球早期多细胞真核生物起源和演化研究方面成果已初步显现，基本将多细胞生物在地球上出现的时间从距今6.35亿年前提前到了距今15.6亿年前。提出了铀矿地质学科建设发展规划，瞄准国家绿色能源等重点发展领域，成立了非化石能源矿产实验室。

地质调查与科研有机融合：着力开展了铀矿地质、前寒武纪地质、第四纪地质、环境地质和实验方法等基础地质研究。在重力磁法调查的工作方法和若干关键技术上取得初步进展和技术创新。初步总结出针对草原浅覆盖区化探取样方法。

实验测试方法研究和测试：完成了铀矿单矿物铀－铅测年实验方案设计，建立了示波极谱法测定铀（Ⅵ）分析方法。获得了一批重要的非锆石类含铀矿物铀－铅定年结果。完成了2万余件样品的岩矿测试。

（三）国际合作与交流。

受邀与英国普利茅斯大学开展全新世相对海面变化国际合作研究。与澳大利亚地质调查局在三维建模技术、成矿体系研究等方面开展合作交流，拓宽铀矿和前寒武纪地质学研究合作领域。取得了赞比亚地质调查二期项目综合填图项目。成功申报了"海上丝绸之路非洲中东部7国矿产资源潜力评价"等两个二级项目。

（四）地质数据更新与应用服务。

2015年，共接收了32家承担单位提交的64个项目地质资料，资料提交率达100%，资料汇交合格率达75%。向全国和相关省市地质资料馆转送资料100份，完成了35个地调项目成果登记，并将汇交合格资料及时整理入库，实现目录数据库的网上查询服务。完成82个图幅1∶5万区域地质图数据库建设，更新维护了"一张图"工作程度与工作部署空间数据库。建设了"京津冀一体化协同发展区地质保障工程"数据库系统。初步建立了全国盐湖数据库。收集、整理和研究铀矿资料，开展了铀矿钻孔柱状图数据库示范建库工作。

改革创新

一、"973"项目和铀矿工程管理水平不断提高

天津地调中心进一步整合资源，理顺工程和项目的组织协调与统筹管理，将"973"项目和铀矿工程作为一个整体来组织，专门成立了"973"项目和铀矿工程管理办公室，并针对工程和项目的总体目标，成立了13个专题小组，制定了《铀矿工作组暂行管理办法》，明确其职能和作用，促进了项目的顺利启动和实施。

二、科研项目申报总数和获得资助数量创历年新高

2015年，天津地调中心共有6个国家自然科学基金项目获得资助，其中面上项目2项，青年科学基金项目4项，直接费用203万元。顺利启动"973"

计划科技项目、科技基础性工作专项的课题和商务部援外地质调查项目各1项，实施国家自然科学基金项目2项以及其他科研项目2项。

三、重点项目重要成果已见端倪

朱士兴研究员领导课题组经过了近20年的深入研究，发现了迄今证据最充分、时代最古老（>1560 Ma）、个体最巨大、属于高级古藻类植物的前埃迪卡拉纪（>635 Ma）的宏观多细胞真核生物群化石标本，基本将多细胞生物在地球上出现的时间从距今6.35亿年前提前到了距今15.6亿年前。

四、华北地区项目管理

梳理了华北区基础地质调查工作程度，围绕需求，与华北各国土资源主管部门沟通、调研和项目对接。开展了华北地区地质调查评价专项大检查。严格审查程序，精心组织完成了二级项目立项论证和入库，对存在问题的项目下达了整改通知书并督促其整改。组织专家对项目实施监督检查和野外实地指导。完成了225个子项目的设计评审、审批及110个成果报告的验收和审查。完成了华北地区地调项目经费统计年报的审查、汇总和上报，对华北地区项目承担单位的项目经费使用情况和经费使用情况总结报告进行了监督检查和审查验收，对项目竣工决算评审报告进行核准，全面覆盖了2012年中心竞争性选择项目。

经济管理

不断完善内控制度建设，切实开展财务资金管理，有效实施经济业务全程管控。修订、制定了绩效工资管理、合同管理、设备管理等相关管理办法，协助局完成了财务、装备及项目管理等三项大检查，认真落实各项整改，在确保国家财政资金安全的前提下，保证了中心管理及项目实施的资金投入。2015年，天津地调中心总收入2.53亿元，总支出2.35亿元。其中，财政补助收入2.03亿元，执行额度1.88亿元，财政预算资金执行率达93%。

人才队伍建设

一是推进实施二级项目负责人制度，遴选上报了15个二级项目负责人，修改和完善了《绩效工资管理暂行办法》，落实了杰出人才、工程首席专家的待遇政策。二是组织申报博士后科研工作站。与中钢集团天津地质研究院联合培养研究生。完成了专业技术人员的内部轮岗交流。择优招聘和引进专业技术人才，新招聘和引进博士研究生6人，硕士研究生11人；回聘学科带头人1人。

党建和精神文明建设

一、党建工作

组织党员干部和职工认真学习贯彻党的十八届三中、四中、五中全会精神、中纪委五次全会精神及习近平总书记系列重要讲话精神，深入开展宣传教育，引导和提高干部职工对形势的深刻认识，完成处级干部选拔任用工作。探索开展了野外临时党支部建设工作，完成了13个党支部的换届改选。有3名党员、2名党务工作者、2个党支部在局党组2013~2014年度的表彰中获得荣誉称号。切实开展“三严三实”专题教育。党委将“三严三实”专题教育列入中心党建工作重大任务，采取个人自学和集中学习、专题研讨相结合方式，组织党员干部进行学习。

二、党风廉政建设工作

党委切实担负起党风廉政建设的主体责任，将党风廉政建设工作与中心业务管理工作统一研究，统一部署，统一落实，统一检查，统一考核，逐级签订廉政责任书，层层落实廉政责任，使“八问”责任传导机制、“六个强力推进”落到实处。纪委切实履行监督责任，强化廉政风险点防控，对关键部门、关键岗位和关键人员实行全方位监督，确保审计不出大问题。制定并完善了“三重一大”事项决策制度、处级干部管理办法等制度，以制度建设促进党风廉政建设，形成“不敢”“不能”“不想”的制约机制。

三、离退休职工管理

节日走访慰问和看望生病住院的老同志已成常态。在纪念中国人民抗日战争暨世界反法西斯战争胜利70周年期间，系统归纳整理了9位抗战老战士、老兵的个人经历及事迹材料，并发放了慰问金和纪念胸章。多次组织老同志参加歌咏和书画比赛等活动。改善老干部活动中心基础设施，更新了有关设备。大力宣传老同志典型先进事迹，沈保丰同志荣获全国离退休干部先进个人荣誉称号，其先进事迹专题片《孜孜不倦，知识报国》获天津市第六届党员教育电视片观摩交流活动二等奖，作为党员干部现代远程教育教学资源编入市级教材库，并在天津电视台播放。

四、共青团和青年工作

组织青年职工参与了“珍惜地球资源、转变发展方式——提高资源利用效益”的地球日地学科普活动，开展了以增强责任意识、培养团队合作精神为内容的拓展培训。团委被天津市科技团工委推荐为天津市青年文明号。

（蔡云龙）

中国地质调查局沈阳地质调查中心工作

中国地质调查局沈阳地质调查中心

概 况

中国地质调查局沈阳地质调查中心（以下简称“沈阳地调中心”），是中国地质调查局直属的事业单位，主要承担东北地区地质调查及相关综合研究工作，承担东北地区地质调查资料接收、保管和社会化服务工作，承担东北地区有关项目管理和监管。

沈阳地调中心下设综合管理部门：办公室、总工程师室、财务资产处、科技外事与装备处、东北地区项目管理办公室、人事教育处（离退休管理处）、党委办公室、监察审计处。技术业务部门：基础地质与综合研究室、能源地质研究室、矿产地质研究室、水文地质环境地质研究室、勘查技术研究室、东北亚研究室、信息资料室、实验测试中心、宝玉石质量检验检测中心。其他部门：后勤服务中心、基地建设办公室（临时机构）。

沈阳地调中心共有职工 395 人，在职职工 252 人。专业技术人员 242 人，其中研究员 11 人、教授级高级工程师 37 人、副研究员和高级工程师 52 人，32 人具有博士学位、91 人具有硕士学位。离退人员 190 人、其中离休 8 人、退休 182 人。

2015 年沈阳地调中心固定资产总额达 1.45 亿元。当年新增固定资产 1942 万元，主要为野外生产设备，如地调局调拨“野战军”技术装备、重力仪等。实验测试中心顺利通过计量认证，获得国家认监委颁发的《检验机构实验室资质认定证书》。

沈阳地调中心实行安全生产和保密工作责任制，签订了 2015 年安全生产和保密工作责任书，实施安全生产周报制，加强涉密重点部位和部门日常监管，全年无安全事故和失泄密事件发生。

地质调查进展与成果

2015 年，沈阳地调中心共承担 55 个子项目（包括地质调查、省级基金、行业基金等），其中地质调查专项工程 2 项、项目 5 项、子项目 42 项。包括新开子项目 14 项和续作子项目 28 项。项目总经费达到 15 300 万元。

一、能源地质调查评价

秀水盆地钻遇多层油气显示的侏罗系烃源岩和有利储层，经测井解释，圈定油层 4 层，总厚 60.3 m；差油层 7 层，累计厚度 131 m；页岩油 3 层，总厚度 63.5 m。辽西牛营子地区钻遇富油层，在碳酸盐岩等地层裂隙中见油斑级 14.75 m、油浸级 5.2 m、富油层 17 m，见油连续性好、厚度大，展示良好油气前景。金羊盆地实施二维地震和非震物探，基本查明章吉营子凹陷的构造特征以及下侏罗统北票组分布特征。高力板坳陷高 ZK1 井，揭穿巨厚层火山岩后见到火山碎屑岩与泥岩互层，涌出地下水中含有大量可燃气体（甲烷 52.35%、氮 46.55%）。扎鲁特盆地实施的陶 D1 井，钻遇厚度大于 50 m 的林西组黑色泥岩，发现三段页岩气气测异常，现场解析最高含量为 0.21 m^3/t。

二、支撑服务东北老工业基地振兴

组织编制东北老工业基地资源环境图集。由东北老工业基地产业布局和自然地理、能源资源基础、地质环境保障、黑土地保护与开发利用建议、“一带一路”中蒙俄经济走廊产能合作潜力 5 部分组成。主动服务于国土资源主管部门，向内蒙古国土资源厅提交多份信息资源，特别是提供了一批页岩气调查后备选区成果。

三、基础地质调查

内蒙古 1∶5 万南燕窝等 4 幅和徐地营子等 4 幅区域地质矿产调查等项目，基本查明白音高老组、龙江组与光华组的岩石组合特征、接触关系及其空间分布规律，解决长期存在争论的地层层序和接触关系问题，为合理建立大兴安岭成矿带的地层格架奠定基础。综合编图工作顺利开展，完成《东北 1∶150 万露头大地构造相图》和《东北地区 1∶150 万地质图》的编制。更新《大兴安岭地区 1∶50 万地质图》，对相应的数据库进行更新。编制完善《1∶250 万东北侵入岩分布图》。

四、矿产资源调查评价

东北地区铀矿选区项目发现铀异常发育区 7 处，圈定找矿远景区 4 处，初步总结远景区成矿地质背景、控制因素及铀异常发育特征。黑龙江多宝山－大新屯整装勘查区找矿示范，有望提交大型金矿产地。内蒙古敖汉旗大黄花地区矿产地质调查新发现金矿点 1 处，圈定 20 余条含金石英脉。鄂伦春旗朝阳村地区发现较大规模的铜矿化体。阿荣旗龙门口地区发现多处含孔雀石硅化蚀变带。呼伦贝尔市孔家沟地区发现铜矿化1处。黄河吐地区新发现铅锌多金属矿化带1处。呼伦贝尔市哈达林场和猎房地区1∶5万矿调圈定一批有重要找矿意义的金、银、铜多金属异常。

五、水工环地质调查

珲春国际合作区地面塌陷调查，探索建立煤矿采空区地面塌陷调查方法，初步查明珲春市煤矿采空区和地面沉陷的分布规律。应用InSAR技术，掌握下辽河平原地面沉降现状和分布，分析地面沉陷原因。对典型的放射性异常煤田开展地质环境评价，筛选出康平长城窝铺、红阳煤田、阜新煤田、南票煤田等主要煤系地层含铀性异常区。通过东北地区地下水水质异常点复核调查，基本查清水质异常原因及污染来源。

六、境外地质调查

东北亚重要成矿区带资源潜力调查评价成果集成收集了锡霍特－阿林地区相关地质矿产资料、总结了该成矿带的成矿规律，初步编制了成矿预测图件。马达加斯加低密度地球化学调查，归纳和总结了马达加斯加3个优势矿产系列的分布特征和资源情况，初步建立了马拉卡琳那远景区的成矿模型。收集了马达加斯加1∶10万地质图20张（纸）和1∶20万地质图5张。

七、科学研究

加强与物化探所、东北煤田地质局、辽河油田及中石化东北公司等单位合作交流，推进产学研紧密结合与资料共享。

推进“8＋6”“1＋6”模式，探索地调科研一体化新机制，组织召开东北老工业基地找矿研讨会，聚焦地质找矿关键问题，拟与地科院联合申报“十三五”国家重大科技项目。成功申报两项国家自然科学基金，实现零的突破。组织编报《“火山沉积盆地油气勘查重点实验室”建设方案》。组织编写“中国地质调查局东北亚地学研究中心”申报材料，明确定位、职责和任务，拟定学术委员会人员组成，初步落实业务团队。“松辽外围中新生代盆地群油气地质综合调查”成果获得局2015年地质科技奖一等奖，获辽宁省国土资源科学技术奖一等奖3项。公开发表论文82篇，其中SCI论文1篇、EI论文1篇、中文核心期刊论文29篇；以第一单位出版外文专著1部。

八、国际合作与交流

完成外事出访计划3项，包括量化管理类2项（赴中国台湾参加第八次世界华人地质大会、英国参加“威斯塔多参数综合测井系统”），科研人员分类管理1项（赴澳大利亚墨尔本参加2015年国际地热大会）。为推进中国－东北亚地学研究中心平台建设，加强国际合作与交流，邀请俄罗斯科学院远东分院构造与地球物理研究专家开展学术交流与研讨。

九、地质调查信息化建设与服务

积极开展地质成果资料社会化服务，签订未公开地质成果资料协议80份。接收东北地区地质调查成果资料共计54档160份，原始资料2257件。完成汇交凭证36份。转送地调资料102份共20次。初步建成超级计算服务平台，可为地质调查数据提供安全稳定备份和实时大数据分析。

十、认真履行大区项目办的管理职能

走访东北4省（区）国土资源主管部门，开展需求对接。组织召开东北地区“十三五”地质调查工作部署研讨会，分析实施东北老工业基地振兴战略亟须解决的关键地质问题。组织召开东北地区2016～2018年地质矿产调查二级项目实施方案论证审查会，确保项目按期顺利入库。组织项目承担单位完成132个项目成果报告的评审，完成65个项目决算审查验收。拟定《中国地质调查局东北地区项目管理办公室工作规则》。初步建立东北地区项目管理数据库。组织完成续作项目评估、新开子项目的预算审查和优选工作。完成20个项目承担单位、55个项目的专项大检查工作，并分别形成各单位项目检查报告和东北地区项目检查存在问题总结报告。及时完成中央地质勘查基金管理中心下达的各项任务，及时上报年度监理工作计划和年报，组织开展项目野外验收2项，成果报告评审4项，竣工决算4项。

改革创新

一、推进事务公开

“三重一大”事项必须经过领导班子集体讨论研究决定。人事任免、评先评优、规章制度修订等重大事项，涉及职工利益和重大改革措施，均通过公示、通知、会议等形式征求职工建议，接受监督。通过会议及时通报和传达部、局重要指示精神、重要决策和重大事项。各类重要会议，均形成会议纪要并在内部网站发布，接受职工监督。

二、加强制度建设

沈阳地调中心把2015年作为重建管理制度体系之年，陆续制定修订出台制度31项，涵盖财务管理、人事管理、项目管理等方面，通过加大宣传、贯彻的力度，强化制度执行，严格按制度办事，用制度管人、管事，全面规范各项管理工作。

三、加强三项大检查及内部审计发现问题整改

按照局要求，对检查中发现的问题逐项研究，明确责任部门和责任领导，能整改的，立即整改，不能立即整改的，涉及资产采购及处置、项目管理、横向收入等方面，明确完善内控措施，强化监管责任。

四、加强项目的组织实施与监督管理

组织编写2016～2018年二级项目立项论证和实施方案（含备选）15项，其中12项成功入库。组织开展2015年度地质调查项目年度工作汇报交流和原始资料质量展评工作，评选出年度优秀成果4项，项目原始资料优秀奖8项。

编制中心2015年度项目管理工作计划，有序安排和实施项目立项、设计审查、野外质量检查、年度野外验收、成果报告编写与评审等主要节点的工作。对2015年度各项目野外出队计划、用车计划、雇工计划、返聘（外聘）计划、委托业务计划和工程施工计划等进行统筹，确保各项工作有序、规范开展。

2015年采取询价等方式确定委托业务承担单位20项，采取竞争性优选方式确定委托业务8项，所有委托业务均签订委托业务合同，提交工作方案。中心组织开展委托业务的野外检查、野外验收和成果、资料评审验收工作。

五、加强设备管理

全面清查盘点中心设备资产，建立动态管理库，基本做到账、卡、物相符。梳理固定资产产权，保证产权归属清晰、完整、准确。出台《沈阳地质调查中心国有资产管理办法》等管理制度，规范2015年装备的政府采购程序，建立2015年采购装备档案。

六、加强临时用工统一管理

规范野外司机等临时用工招聘工作，规范劳务用工合同管理，采取劳务派遣等方式合理、合规使用编制外劳动用工。

经济管理

以《沈阳地质调查中心财务管理办法》为核心，制定差旅费、劳务费、合同、政府采购、公务卡、网上银行、备用金、会计档案管理和会计凭证查阅等多项管理和内控办法，形成较为完善的财务内控体系。

编制2015年度财务收支计划，模拟全年经济事项，预计资金支出，定期进行资金量度分析，促进预算执行效率。认真落实备用金使用管理规定，加强资金的事前审批管理，推行野外专用卡制度，加强财政项目资金流动性管理，保证项目资金安全。加强财务信息公开，强化监督。集中学习、培训，定期座谈交流，会计基础工作进一步加强。

2015年总收入24 715.16万元，总支出25 773.29万元，由上年结转使用的资金6328.95万元，实现收支结余分配49.48万元。结转下年使用的资金5221.34万元。2015年财政资金国库执行率91%。

人才队伍建设

完成新一轮中层干部聘任，积极落实局人才队伍建设“两个指导性意见”和“三个暂行规定”，及时调整计划协调人、工程首席专家、项目负责人的绩效工资。完善《中心绩效工资暂行办法》和《中心特殊贡献奖励绩效实施细则》等制度，使绩效工资向优秀人才和关键岗位倾斜，向地调科研一线倾斜。

充实能源研究室队伍，组建东北亚研究团队和基础地质与综合研究团队，1人获评局首批杰出地质人才，1人获评局杰出青年。

2015年，沈阳地调中心2位地质专家被聘为“东北老工业基地资源环境综合调查工程”和“松辽盆地外围油气基础地质调查工程”首席专家，12人为工程下设二级项目负责人。“松辽盆地外围油气调查”项目团队及负责人获得地调局通报表彰。优选40余位优秀青年业务骨干担任各类子项目负责人。工程硕士班3人通过毕业答辩，获得学位；3人获得硕士学历、学位。加强地调科研技术力量，引进急需人才，2015年新进3人，其中博士研究生1人，硕士研究生2人。

党建与精神文明建设

全年党委中心组开展6次理论学习、组织全体职工参加了“三严三实”3个专题的主题研讨学习、《准则》和《条例》的集中学习、国土资源大讲堂及地质大讲堂全部视频讲座。分批组织19名党员干部参加辽宁省直机关工委党校等专题培训。2015年新发展5名党员，完成5名党员的组织关系接转工作，5名预备党员转正。

开展扶贫工作队驻村工作，为唐杖子村“造血式”扶贫奠定基础，开创了河坎子乡有机食品种植的先例。

贯彻落实局党组要求部署，抓好年度廉政责任制的落实，积极开展反腐倡廉教育，组织项目负责人以上干部近80人去辽宁省反腐倡廉展览馆接受教育。学习《习近平关于党风廉政建设和反腐败斗争论述摘编》和钟自然局长寄语。深化“三个转变”，开展执纪监督，坚决落实中央“八项规定”和局党组提出的“以三严立三威”的要求，持续加强作风建设。认真履行纪律审查职能，积极配合部局财务专项整治工作组的工作，严肃开展违纪违规案件的查处工作。

扎实推进纪检监察审计队伍建设，确定一名支部委员专门负责纪检工作。重新修订《沈阳地调中心内部审计暂行办法（初稿）》等规章制度。

（岳明新）

中国地质调查局南京地质调查中心工作

中国地质调查局南京地质调查中心

概　况

中国地质调查局南京地质调查中心（以下简称“南京地调中心”）是集地质调查、科学研究、信息服务于一体的国家公益性地质调查单位。主要承担国家基础性、公益性地质调查和战略性矿产勘查工作，承担华东地区地质调查项目的组织管理、监督工作，承担华东地区地质调查资料信息的接收、保管和服务工作，受委托承担华东地区中央地质勘查基金项目的监理工作。

内设机构包括9个综合管理部门、8个技术支撑部门、3个公益服务部门。中国地质调查局华东地区项目管理办公室内设4个大区业务管理部门。中央地质勘查基金华东项目监理部、中国地质调查局华东地质资料分馆、中国地质调查局城市环境地质研究中心、中国地质调查局光谱探测地质仪器研发重点实验室、国土资源部华东矿产资源监督检测中心等机构也设立在南京地调中心。

南京地调中心现有在职工278人：专业技术人员240人、管理人员21人、工勤人员17人。

2015年，南京地调中心安全行车153 × 10^4 km，实现了2015年安全生产、保密和综合治理稳定工作目标任务。2015年采购固定资产设备329台（套），固定资产入账金额为2465余万元。

2015年，南京地调中心获得“争创无职务犯罪单位活动”先进单位。获国土资源科技奖二等奖1项，局地质科技奖二等奖2项，城市环境地质业务团队获江苏省“工人先锋号”。2015年公开发表学术论文39篇，其中SCI、EI论文合计10篇（国外SCI论文6篇，EI论文1篇）；出版专著1部；申请或授权各类专利15项。

地质调查进展与成果

中心承担项目总数89个，总经费19 455万元。其中地调项目47个，经费15 370万元。47个项目通过评审和审查，优秀10项；12个项目通过野外验收，优秀9项；35个项目通过成果评审，优秀12项；20个项目完成资料归档，19个项目完成资料汇交；外协合同签订115份，合同金额7056万元。获1项国家自然科学基金、1项江苏省基金、2项江苏省“333”工程科研项目。

一、重要经济区和城市群综合地质调查计划(长江经济带地质环境综合调查工程)

（一）组织实施长江经济带地质环境综合调查，支撑国家重大战略的实施。

组织编写了《支撑服务长江经济带发展地质调查报告》以及长三角经济区等5份区域地质调查报告和长江经济带地下水、地热、活动断裂、耕地质量等6个专题研究报告。《支撑服务长江经济带发展地质调查报告》系统梳理了长江经济带以往地质调查成果，提出了长江经济带建设需要关注的四大有利资源环境条件和4个重大地质问题，对长江经济带优势资源利用和产业转型升级、基础设施和重大工程建设以及新型城镇化建设发展将起到地质支撑和决策参考作用，获中央领导批示。主动服务各级政府，中心牵头编制的《长江经济带国土资源与重大地质问题图集》上报中央财经领导小组办公室118册提供长江经济带11省（市）国土资源厅（局）应用。图集编制组受到局通报表扬，获先进集体称号。

配合地调局召开“长江经济带地质工作研讨会”和“全国土地质量地质调查服务土地管理现场会议”。《浙江省国土地质环境综合调查总体实施方案(2016～2020年)》纳入中国地质调查局与浙江省政府签订的局省合作协议。创新形成浙江、皖江、苏南等局省合作模式和丹阳、莆田、马鞍山等局市合作模式。

（二）将苏南现代化建设示范区作为试点，支撑服务东部率先实现现代化区域发展战略。

编制了《苏南现代化建设示范区国土地质综合调查实施方案（2015～2020年）》和国土资源图册。开展了丹阳城镇水工环地质综合调查，查明了丹阳市土地环境质量状况、工程地质状况、水环境质量状况、地下水及浅层地温能开发利用条件，编制了《小城镇地质环境综合调查技术指南》，为全面开展苏南现代化建设示范区地质调查工作提供了范例。提出苏州城市开发边界线划定初步方案和宜兴市永久基本农田保护红线划定方案，支撑新型城镇化科学布局和耕地保护等。

（三）强化城市地质学。

完成了长江中下游、钦杭（东段）、武夷山成矿带1∶50万地质图修改并提交审查。修编了《中国地质调查局城市环境地质研究中心发展规划（2015～2020）》，编制城镇化与城市发展科技“十三五”规划研究，建立中国地质调查局城市环境地质研究中心网页，组织召开了城市环境地质工作研讨和成果交流会。

二、重要矿产资源调查计划（江南陆块及周缘地质矿产调查工程）

（一）江南陆块及周缘地质矿产调查工程获重要进展。

1. 整装勘查区的找矿工作取得重大突破。朱溪外围钨铜矿查明的钨资源量286万吨、铜22万吨、银1165吨，成为华东地区继沙坪沟钼矿、大湖塘钨矿又一世界级超大型矿床。

2. 整装勘查区提交3处大型矿产地，探明多处大中型矿床，新发现4处可供普查基地。宿州地区金刚石、武夷山区晶质石墨等取得找矿新发现。

3. 综合地质调查研究方面，构建了长江中下游成矿带深部找矿区域地质资料数据平台和庐枞等5个重点勘查区地质矿产、物化探数据库，首次提出了长江中下游地区三横二纵的深部构造岩浆岩带。建立了泥河铁矿、沙溪铜矿等实测找矿模型，提出了深部玢岩铁矿、深部斑岩铜矿、层控热液型铁矿铜矿找矿方法组合及工作流程。

4. 在钦杭成矿带东段首次识别出中二叠世一套含微细浸染型金矿的海相火山岩。建立了钦杭成矿带东段“层体同位”的区域成矿模式。

5. 总结了浙闽松政地区、浙江昌化－安徽绩溪地区、江西竹山－广东澄江地区的重要含矿建造，圈定成矿远景区24处，提交找矿靶区17处、矿产地1处。

（二）火山岩地质学。

制定了《火山地质与资源学科发展规划（2016～2020年）》，出版《火山与火山岩景观》。完成华东地区1∶150万露头大地构造相图、地质图编制和数据库建设。完成《中国1∶250万火山岩大地构造图》《中国东部1∶250万中新生代陆缘弧盆系构造图》及说明书。

三、地质灾害防治和地质环境保护支撑计划（山地丘陵区地质灾害调查工程）

推进暴雨型地质灾害调查和苏锡常地面沉降调查。编制了《东南台风暴雨型地质灾害调查项目实施方案（2016～2020年）》初稿、东南沿海地区地质灾害分布图及浙江飞云江小流域调查评价系列成果图。协助浙江省国土资源厅开展丽水山体滑坡灾害应急救灾工作。形成了苏锡常地面沉降“空地一体化”的监测方法体系，建立了动态的地面沉降、地下水与地质环境条件的风险评价模型，完成《苏锡常地面沉降调查成果报告》初稿。

四、“一带一路”基础地质调查与信息服务计划（全球矿产资源信息综合与服务工程）

构建中国－南美洲大洋洲地学研究中心。编制了中国－南美洲大洋洲地学研究中心申报方案，《拉丁美洲地区和南太平洋岛国地质调查援外建议（2016～2020年）》已报商务部。开展了境外地质调查工作，完成了大洋洲地区地质矿产系列图集，出版《大洋洲地区优势矿产资源潜力评价》专著。完成了与秘鲁续签谅解备忘录（MOU）及地质与地球化学填图的技术合作（2015～2016年）协议，《秘鲁阿雷基帕地区1∶5万区域地质图和地球化学异常图》已由局正式移交给秘方。

五、其他重要工作进展

（一）推进皖江经济区综合地质调查。

建立了新常态下中央与地方“需求导向、多方联动、统筹部署、事权明确、共同实施、全面服务”合作开展地质工作的“皖江模式”。编制了皖江经济带国土资源与重大地质问题图集初稿、资源与环境综合调查报告、综合地质调查工作指南初稿。地质调查成果已支撑服务于城镇规划建设、重大工程选址、防灾减灾和安全保障、巢湖沿岸生态地质环境综合治理工程、土地质量评价、发展特色农业等方面。

（二）页岩气、土地质量地球化学调查。

总结了华东地区煤炭资源分布，编制了华东地区煤田分布图、铀地球化学图。圈定页岩气远景区1处，选定页岩气有利目标区1处。国土资源部发布了由中心编制的《地球化学普查规范》，起草编制了《地球化学详查规范》。发现福建、江西富硒土壤潜力区34 160 km^2。

（三）大区项目管理。

1. 对华东地区地质调查工作“一张图”数据库进行了更新和校核，为2016～2020年地质调查工作部署打下基础。

2. 完成86个项目设计书的评审和审查、46个项目的野外验收、51个项目报告的评审和审查。完成2个项目的招标工作。完成66个单位133个项目的专项大检查、10个单位18个项目的经费使用监督检查、8个单位43个项目的经费总结报告验收。

3. 接收汇交资料145档，验收合格115档。完成华东地区1∶5万区域地质图数据库建库12幅、1∶5万数字区调整合38幅、华东地区信息服务产品体系目录1套（1072页）、文件级目录数据库建库120档（计3125件）、江南陆块工程区地质工作程度图集1册。提供服务126人次，签订借阅协议57份，提供数字化服务251 GB。

（四）地质仪器研发。

国家重大仪器专项“岩心光谱扫描仪研发与产业化”突破了凸面光栅分光技术，国内首次研制成功高效率微型成像光谱仪。岩心波谱扫描仪实现了产品化，在3个矿区得到应用，扫描岩心4×10^4 m，并进行矿区蚀变矿物立体填图，制定了中国近红外蚀变矿物填图方法，填补了国内空白；研制成功具有自主知识产权的岩心成像扫描仪样机。专利申请16项，其中发明专利5项。

改革创新

一、坚持创新驱动，建立华东地区地质调查工作联动协调机制

2015年，与华东6省（市）进行了20次的地质调查需求调研和对接活动，与华东6省（市）国土资源管理部门共同编制了中央与地方合作开展地质调查工作方案，促成中国地质调查局与浙江省政府签订了浙江省地质调查工作战略合作协议，与安徽省政府签订了皖江经济带综合地质调查合作协议。

二、发挥地质工作服务经济发展的先行性作用，建立中央引领地方、中央与地方合作开展地质调查工作新机制

紧紧围绕国家需求及地方实际问题开展地质调查工作，坚持中央公益性地质工作定位，地方专项地质工作配合，建立中央公益性地质队伍引领，地方地质队伍参加，高校科研院所融入的多学科融合、多方法配套、多单位参与的开放式项目实施新机制。与安徽省国土资源厅合作建立了城市群地质调查“皖江模式”。与江苏省丹阳市政府合作建立了“紧贴需求、共同出资、联合实施、突出应用、宣传转化”的后工业化时代新型城镇化地质调查“丹阳模式”。与安徽、浙江、江苏、上海基本达成1∶1出资合作模式，与马鞍山、南京六合、南通等地方政府基本达成1∶1出资合作模式。江苏省国土资源厅就苏南现代化建设示范区地质调查部署向江苏省财政厅进行了专门沟通协调，江苏地方财政拟匹配1.7亿元资金。

经济管理

2015年下达财政拨款预算总额29 287.89万元，其中基本支出4325.66万元，项目支出24 962.23万元；2015年本年财政拨款资金为24 550.27万元。基本支出财政拨款累计支出4325.66万元，预算执行率100%，国库支付额度支出4063.40万元，国库执行率93.94%；项目支出财政拨款累计支出18 504.64万元，预算执行率74.13%，国库支付额度支出17 711.79万元，国库执行率86.56%；基本支出和项目支出合计22 830.30万元，预算执行率77.95%，国库支付额度支出合计21 775.19万元，国库执行率87.85%。

人才队伍建设

打造会干能战的业务团队。完成了城市环境地质、火山地质与资源、高光谱仪器研发等业务团队建设方案。1人入选局杰出地质人才，1人获得金锤奖，1人入选局高层次人才，1人被中国地质学会推荐为中国科协“光华工程奖”候选人，1人入选局青年地质英才，1人入选局杰出青年，2人入选江苏省突出贡献专家，3人入选江苏省“333”人才工程，3人获2014～2015年度“江苏省优秀地质科技工作者”，1人获“全国最美地质队员”；城市环境地质业务团队获江苏省“工人先锋号”。

党建与精神文明建设

坚持中心组理论学习制度，及时组织学习贯彻中央、部、局的有关文件及会议精神。根据局党组部署和要求，多次开会研究部署中心党风廉政建设工作。逐级签订了党风廉政建设目标责任书，严格落实局党风廉政建设工作会议上提出的以“八问”为内容的责任传导机制，形成了主要领导亲自抓，党政领导齐抓共管的责任体系。

制定完善了《中国地质调查局华东地区地质调查项目管理办公室工作人员廉洁自律规定》《中国地质调查局南京地质调查中心外租车辆管理办法》和《中国地质调查局南京地质调查中心编制外人员管理办法》等管理规定。

坚持将学习教育作为加强廉政建设的根本，把反腐倡廉宣传作为预防职务犯罪的重要手段，突出重点，多措并举，全面构筑反腐防线。开展党课学习、开展党委中心组（扩大）学习会议、开展“三严三实”专题教育、开展廉政文化周活动。

对局党组重大决策部署和中心重点工作落实情况

进行检查，对易发腐败关键点进行预防、管理和监督，加强对项目与资金的管理、干部日常监督和管理，开展内部审计。

（武　玲）

中国地质调查局武汉地质调查中心工作

中国地质调查局武汉地质调查中心

概　况

中国地质调查局武汉地质调查中心（武汉地质矿产研究所）（以下简称"武汉地调中心"），是隶属国土资源部的专业地质调查与科研机构，是地调局全国六大区地调中心之一。主要承担国家基础性、公益性、战略性地质调查与科研工作，履行地调局赋予的中南地区地质调查工作规划部署、项目质量检查和信息资料服务等职能。工作区域主要包括湖南、湖北、广东、广西和海南等省（区）。

内设机构包括8个综合管理部门、10个业务部门、2个综合服务部门，中国地质调查局中南地质调查项目管理办公室内设4个业务管理部门，获批设有博士后科研工作站。此外，国土资源部中央地勘基金中南监理部、国土资源部中南矿产资源监督检测中心、国土资源部科普基地——龙化石博物馆、中国地质调查局资料馆中南分馆、中国地质调查局花岗岩成岩成矿地质研究中心、湖北省古生物化石专家委员会、中国地质调查局古生物与生命－环境协同演化重点实验室、国土资源部湖北宜昌三峡古生物野外科学观测基地等机构挂靠武汉中心。

在职职工301人，其中专业技术人员239人、管理人员39人、工勤人员23人，56人具有正高级职称、53人具有副高级职称、144人具有中级职称，57人具有博士学位者（含在读）、105人具有硕士学位者、本科及大专学历100人，离退休人员228人。

制订安全生产及保密工作管理制度，完善消防设施及重点部位监控系统。强化安全保密检查及整改，车队实现安全行驶 106×10^4 km，全年没有发生任何安全保密事故。

荣获"2013～2014年度湖北省文明单位"称号。

地质调查进展与成果

组织实施地质矿产调查评价专项中的2个工程，承担10个项目51个子项目及国家自然科学基金项目12项、国土资源公益性行业科研专项4项、商务部援外项目4项、横向项目10项，项目总经费20 688万元。按期完成各项目实物工作量，完成成果报告评审34项，野外验收14项，13项成果报告归档。

发表论文113篇，其中SCI论文16篇、EI论文7篇，出版专著19部。获国土资源科技奖二等奖1项、局地质科技奖二等奖1项、中国地理信息科技进步奖二等奖1项，国家发明专利1项，获2015年全国科技活动周"科研机构和大学向社会开放"活动组织荣誉证书。4项成果入选地调局百项重大成果。

一、地质调查工作进展与成果

（一）基础地质调查。

在扬子陆核新发现成岩年龄为3017±13 Ma的变质玄武岩，其与东冲河片麻岩一起构成花岗－绿岩带。重新厘定扬子地块黄陵地区原崆岭群。确定黄陵杂岩体庙湾蛇绿岩中蛇纹石化方辉橄榄岩年龄（Sm－Nd等时线年龄1063±12 Ma）。首次在扬子陆核南部鹤峰地区获得基性岩950±15 Ma岩浆结晶年龄。在扬子陆块北缘大洪山、北淮阳浒湾厘定出高精度锆石年龄数据支持的新元古代俯冲－增生杂岩带，初步提出桐柏－大别地区新元古代多岛洋模式。

确定华夏地块信宜贵子地区混杂的变玄武岩与变沉积岩块碎屑锆石年龄和构造环境，表明贵子混杂岩构造混杂时间可能为早古生代。在扬子陆块东南缘湘桂交界多处发现晚三叠世基性岩、超基性岩，在华夏地块云开地区发现印支期基性侵入岩，为探讨华南中生代构造体制转换提供了重要依据。提出华南中生代构造体制转换发生于中、晚三叠世，晚三叠世是华南中生代大规模成矿作用的第一个高峰期。

地层古生物学研究获得系列重要研究成果，在*Science reports*等4家国际著名刊物上发表论文4篇。在神农架发现了具备竞争国际金钉子剖面条件的特列奇阶底界界线层型剖面和点。修订和完善了宜昌地区志留系几丁虫序列，建立了三峡地区志留系下兰多维列统几丁虫丰度、分异度与环境变化关系，为分析奥陶纪生物大绝灭之后生物的复苏、多样性与环境变化关系研究提供了科学依据。在早三叠世远安－南漳动物群发现湖北鳄类化石新材料，讨论了湖北鳄类觅食方式，获得了二叠纪生物大绝灭之后，三叠纪早期生物复苏和多样性演化的关键性证据。在吉林大阳岔剖面奥陶系底界发现了世界上最早的浮游类笔石化石。在海南抱伦金矿区发现古元古代花岗岩（年龄为1704 Ma），在海南岛首次发现加里东期花岗岩（年龄为420 Ma），在高州杂岩中发现早三叠世岩浆作用。

推进古生物与生命－环境协同演化重点实验室和三峡地层古生物——湖北宜昌野外基地建设，聘请知名花岗岩研究学者担任花岗岩中心学术委员会委员。举办花岗岩及其有关的成矿系统国际学术研讨会，开展学术交流与国际合作研究。

（二）油气及页岩气地质调查。

编制《湖北省页岩气勘探调查规划》，为湖北省新能源调查、勘探、开发和产业布局提供支撑。宜地2井在寒武系连续钻获总含气量平均超过2 m^3/t、最高解吸气含量达3.6528 m^3/t，厚度达到72 m的含气页岩，实现了中扬子地区寒武系页岩气调查评价的重大突破。圈定湖北宜昌车溪－龙泉页岩气勘探有利区2100 km^2，页岩气估测资源量达5000×10^8 m^3，有效促进和带动了宜昌和中扬子地区页岩气的勘探。全面获得了黄陵周缘和雪峰山地区下古生界、湘中和湘东南地区上古生界富有机质泥岩的成因、分布和页岩的含气性特点，圈定了页岩气重点远景区，提升了中扬子地区页岩气基础地质调查水平，为准确查明中扬子地区页岩气资源状况奠定基础。

在寒武系天河板组首次钻获裂缝型天然气，获得中扬子油气新区、新层系油气地质调查的重要发现，拓展了中扬子地区天然气勘探领域，为中扬子碳酸盐裸露区或浅覆盖区以及复杂构造区天然气勘探提供了新思路。

（三）矿产资源调查评价。

扬子工程在中南地区新发现矿（化）点134处，圈定物化探异常425处，圈定找矿靶区90处。新增资源量铜51万吨、铅锌612万吨、金113吨、锰矿石3100万吨、铝土矿4300万吨、钨103万吨、锡14万吨。奠定了湖南吉首－贵州铜仁地区铅锌－锰资源基地，为中南地区锰、铅锌、金5年目标提供了资源保障。

重新划分中南地区各成矿带找矿远景区，划分了不同构造体系下产出的不同成矿系列，系统分析各成矿构造旋回中主要成矿动力学背景，编制系列地质矿产图件。出版中南地区矿产资源潜力评价系列成果报告和图集系列专著。

获得武当－桐柏－大别成矿带刘山岩铜锌矿、庙垭稀土矿、东溪金矿等代表性矿床高精度年龄，确定其成矿环境。初步确定诸广山岩体南部斜州地区和苗儿山－越城岭地区铀矿具有较大找矿潜力，为进一步优选找矿靶区奠定了基础。在广西天等龙原－德保那温锰矿整装勘查区厘清含锰岩系层序，初步建立锰矿沉积成矿模式。在宁乡云影窝钾镁煌斑岩中发现了镁铝榴石、金红石、铬铁矿等金刚石指示矿物，进一步完善了《1∶100万金刚石地质矿产图》，划分出8个金刚石找矿远景区。

（四）水文地质环境地质灾害地质调查

参与编制《长江经济带国土资源与重大地质问题图集》。编制《长江中游资源环境承载力评价报告》《泛珠三角地区地质环境图集》和《珠三角经济区国土资源环境承载力评价报告》。开展长江中游城市群岩溶塌陷调查，查明了碳酸盐岩和岩溶地面塌陷的分布、发育特征、影响因素和成灾机理，圈定了岩溶地面塌陷高易发区，出版《长江中游城市群地质环境图集》等3套图集，支撑服务国土规划、资源优化配置、城镇化建设、防灾减灾及重大工程建设。开展广东广佛肇及广西贵港岩溶塌陷调查，初步查明岩溶塌陷类型及时空分布。

地下水资源调查成果直接服务民生和国家重大工程建设，在缺水区查明应急水源地11处，为湛江东山岛宝钢钢铁基地、文昌航天城提供应急水源地规划建设保障。大冠沙野外科学观测研究基地地下水监测成果服务北海水源地规划。查明珠江口、北海及雷琼地区地下水污染及北海地区、雷州半岛海水入侵等地质环境问题及形成条件，提交《广西北海地区高位养殖产业规划对策与建议》。

开展丹江口水源区地质灾害调查，查明堵河流域地质灾害及隐患1362处。初步完成《丹江口水源区国土资源与生态环境地质图集》编制。开展三峡地区地质灾害调查，基本查清巴东等地区灾害类型、数量、范围、规模，总结了地质灾害分布规律、发育特征和典型地质灾害成灾模式。

建立了水库滑坡涌浪灾害的水波动力学模型和三维流固耦合模型，改进滑坡涌浪分析方法，取得创新性成果。南方降雨型灾害研究取得初创性成果，指导三峡库区若干重大地质灾害防治工程。

二、国际合作与交流

出国人员2批6人次，接待外宾5批17人次。45人参加国际学术研讨会，其中15人在会上做学术报告。厄立特里亚能源矿产部长、副部长及苏丹地质调查局局长等访问武汉地调中心。开展了中德湖北松滋猴鸟鱼化石群野外发掘和合作研究。中丹德合作研究大阳岔奥陶系地质剖面，发现最早奥陶纪笔石。邀请国外知名学者做学术报告2次，联合组织召开花岗岩及其有关的成矿系统国际学术研讨会，联合承办中国-东盟地学研究合作论坛。

推进构建中国-西非北非地学研究中心，建立海上丝绸之路地学数据使用平台，发布数据9170条。参与编制《一带一路地质调查国际合作规划》《矿产资源勘查开发国际合作规划研究报告》《“十三五”援外地质调查规划》和《海上丝绸之路图集》。“走出去”地质工作4个援外项目取得一批成果。

三、地质调查信息化建设与服务

组织成果评审21次，完成62个项目成果评审。举办中南地区地质调查资料管理技术培训与交流会。开展中南地区地质资料质量评比。完成中心门户网站及资料服务网站改版。

四、实验测试工作

完成发射光谱仪的升级改造，通过同位素电感耦合等离子体质谱仪等设备的立项论证，通过国家认监委组织的稀散元素矿石中重要成分测定能力验证。气体同位素质谱仪MAT253完成安装、调试及培训，投入使用。建立土壤样品镉同位素、固体有机物总碳氮氢含量和同位素比值、有机气体单体碳氢同位素分析方法等。

改革创新

一、加强中南地区项目管理

完成111个子项目设计审查、质量抽查20项、野外验收23项、报告评审66项。组织完成中南地区2015年2个项目3个标段、武汉地调中心委托业务16个标段竞争性选择地质调查项目承担单位工作。完成中南地区地质调查工作程度系列图集编制，完成中南地区2016~2018年矿产地质、水工环地质、土地质量地球化学和油气页岩气基础地质调查工作部署图。开展中南地区中央事权地质调查工作需求调研与对接。组织开展了辖区内“扬子陆块及周缘地质矿产调查工程”和“泛珠三角地区地质环境综合调查工程”共14个二级项目的立项论证。

完成6个优选项目经费使用情况检查和评价，完成71个项目经费使用情况总结报告审查验收。完成55份“2014年地质调查项目决算报表”的审查、汇总、上报。完成249个项目“2014年地质调查项目统计年报”的汇总、审查、建库、上报，完成2015年地质调查项目统计建库、季报、半年报、预计报的汇总和上报。完成2个单位的统计质量检查，完成对河南、湖北等6省（区）79个项目承担单位专项检查工作。完成中央地质勘查基金项目的年度监理任务。

二、完善地质资料管理

接收中南地区106个地质调查项目的112档资料，发放《地质资料提交凭证》70张，发放《地质调查资料汇交凭证》80张。向各级地质资料馆藏机构转送地质调查资料24次，共63人次，92箱199档。完成中南地区36个项目的成果登记。

三、加强制度建设

制订武汉地调中心《保密工作管理制度》《返聘退休人员实施办法》和《关心职工身心健康工作方案》。修订武汉地调中心《安全生产管理制度》《差旅费及野外工作津贴补充办法》和《资金与经费开支管理办法》。

经济管理

实现收入27 737万元。按可比口径计算，比2014年增长11%。国库资金执行率90.07%，财政资金预算执行率86.31%。资产总额28 274万元，负债总额8374万元，净资产总额19 890万元。

人才队伍建设

招聘硕博士研究生9人，调入教授级高级工程师1人、博士1人。培养博士2人，1人获得管理硕士学位。17人入选湖北省地质勘查专家库，1人荣获中国地质学会第十五届青年地质科技奖金锤奖，1人被评为《长江经济带国土资源与重大地质问题图集》编制先进个人。完成9名副处级干部的考察转正工作。

党建与精神文明建设

开展“三严三实”专题教育，武汉地调中心领导讲专题党课和主题发言，查找领导班子和班子成员“不严不实”问题，提出整改措施。加强基层组织建设，开展“三抓一促”活动，武汉地调中心党委及3个基层党支部分别获湖北省直机关、地调局党建工作合格单位和先进基层党组织，8名党员获优秀共产党员、优秀党务工作者荣誉称号。发展1名新党员，4名预备党员转正。

加强干部队伍建设，严格执行领导干部个人有关事项报告制度。加强党风廉政建设力度，建立监督提醒常态机制。成立监察审计处，明确职责，全程监督设备采购、人员招聘、职称评审、项目招投标等重点工作。开展节日廉政短信提醒，举办廉政文化周、廉政书画作品展及廉政文化核心价值观征集等活动。

坚持以文明创建为抓手，连续14年保持湖北省文明单位荣誉。发挥群团组织作用，开展慰问野外一线职工、协助办理职工子女入学等活动。落实离退休干部政治、生活待遇。

（李云霞）

中国地质调查局成都地质调查中心工作

中国地质调查局成都地质调查中心

概　况

中国地质调查局成都地质调查中心（成都地质矿产研究所）（以下简称“成都地调中心”），是中国地质调查局直属事业单位，主要承担西南地区地质调查及相关综合研究工作，承担西南地区地质调查资料信息的接收、保管和服务，承担有关项目管理和监管工作。内设机构包括11个综合管理及服务部门、8个技术业务部门和2个经济实体。此外，国土资源部中央地勘基金西南监理部、国土资源部西南矿产资源监督检测中心、中国地质调查局资料馆西南分馆、青藏专项（西藏片区）管理办公室等机构设在成都地调中心。主要工作区域包括川、滇、黔、渝、藏5省（区、市）及东南亚、南亚地区。沉积地质与能源地质、青藏高原地质、矿产资源调查与评价是成都地调中心的优势业务领域。

截至2015年12月31日，成都地调中心从业人员479人，其中在编职工379人、离退休人员280人。在编职工中有博士生导师2人、硕士生导师18人、博士学位者66人、硕士学位者155人，132人具有高级技术职称，另有中国科学院院士1人。享受国务院政府特殊津贴者24人（含离退休人员）。

2015年，羌塘盆地油气资源调查成果获得西藏自治区科学技术奖一等奖，罗平生物群综合研究成果分别获得国土资源科学技术奖一等奖和局地质科技奖一等奖。另有国土资源科学技术奖二等奖1项、国家地理信息科技奖二等奖1项。

地质调查进展与成果

2015年，成都地调中心组织实施地质调查工程2个、项目7个，承担各类项目127项。其中，地质调查子项目86项，部公益性行业科研、国家自然科学基金、科技部科技基础工作、国家“973”计划、国家科技重大专项等其他国家财政专项项目27项，科技开发项目14项，经费总计约46 766.04万元，其中外协经费29 060.36万元。

截至2015年12月31日，全年组织144个工作组、622人次赴野外开展地质调查研究工作，完成年度计划实物工作量。34项成果报告通过评审，优秀率50%。完成资料汇交的子项目10项。

全年共发表科技论文154篇，其中SCI论文34篇（含国际SCI论文27篇）；出版专著4部和行业规范1部；获得国家自然科学基金项目7项、四川省杰出青年基金项目1项。

一、“九大计划”项目工作进展和成果

（一）陆域能源矿产地质调查。

羌塘盆地油气资源战略调查工程创新了高海拔地区二维地震数据采集方法。通过地震数据解译揭示了2个大型圈闭构造。证实了盆地北部构造宽缓，地层层序清晰，构造保存完好。明确了3套烃源岩、2套生储盖组合，优选出2个最有利含油气系统，确定了2个油气勘探目标层。

南方页岩气基础地质调查工程四川盆地及周边页岩气调查初步查明了盆地页岩气资源潜力，提出了评价指标体系；优选出2个有望突破的资源潜力区和2个勘探目标区，在油气矿权空白区新发现3个富有机质页岩层系，实施了10口调查井。

（二）重要矿产资源调查计划。

东特提斯成矿带大型资源基地调查工程提交找矿靶区60余处，矿产地15处，1∶5万基础图件200幅。拉动形成滇西北1000万吨铜、北衙300吨金、扎西康300万吨铅锌资源基地。作为主体勘查单位，在扎西康铅锌矿、马扎拉金矿找矿获核心成果。在上扬子陆块康滇地区中元古界地层构造格架、喜马拉雅新生代增生－碰撞过程、冈底斯及三江南段岩浆成矿系统等方面提出了新认识。

完成青藏高原地球科学研究中心组建方案，确定古亚洲洋及古特提斯洋起源于罗迪尼亚超大陆解体、青藏高原形成起源于特提斯构造演化、亚洲大陆生态环境变化起源于青藏高原隆升三大主题和前寒武纪地质、特提斯形成演化、高原隆升与环境演变、（能源资源）成矿效应四大领域，以青藏造山带碰撞与成矿理论研究为主要目标，加强青藏高原地质找矿研究团队和罗平古生物团队建设。

（三）地质灾害防治与地质环境保护支撑计划。

在大渡河流域的孕灾背景和成灾规律、监测预警、预报及防灾减灾等方面取得系列成果。在雅砻江流域的地质灾害发育特征、地质控制因素及成灾机理、灾害链模式、创新地质成果表达方式等方面获系列成果。作为主编单位，编制出版了1部行业标准——《地质灾害排查规范》。与地质力学所合作，积极落实“8+6”机制。参与支撑长江经济带发展地质调查报告和图件编制，获局通报表扬。

依托“西南地形急变带地质灾害综合调查与风险制图”科技专项，加强西南山区地质灾害发育特征及成灾机理、分布规律研究，与国外大学开展地灾方法研究合作，不断推进业务建设。

（四）“一带一路”基础地质调查与信息服务计划。

编制完成《中国－东南亚南亚地学研究中心组建方案》，系统梳理了2003年以来东南亚地质找矿成果，初步建成了区域地质资源信息数据库，提交了地质矿产编图成果和选区评价成果。

围绕业务发展和人才培养需要，积极开展“引进来，走出去”国际合作交流，持续推进青藏高原地质、罗平生物群、页岩气、矿产、地质构造、地质灾害等方面国际合作研究和培训。全面出访6个团组10人次，接待国（境）外来访6个团组25人次。不断巩固与深化和东盟的合作关系，丰富东南亚找矿成果，为境外矿产资源勘查奠定了基础。

（五）地质科技支撑计划。

1. 勘查技术领域有效支撑了整装勘查区和矿集区矿产资源调查、页岩气资源调查、西南山区地质灾害调查和乌蒙山区打井找水工作，学科发展和团队建设能力进一步提升。

2. 实验分析测试室获得国家实验室资质认定，测试能力增加至4类98个产品1239项参数，在沉积和储层、烃源岩分析与有机地球化学实验等方面，新建数十项测试项目方法，拓宽了分析测试领域。

（六）地质数据更新与应用服务计划。

全年共接收西南地区成果（原始）地质资料119档，已合格入库84档。西南地区地质资料汇交合格率较上年提高近20%。全年共提供资料信息到馆服务128人次，全年数据加工报告2730份，图件2390幅，计65 GB。开发了青藏1:25万区域地质图数字化产品30幅、西南1:150万地质图数字化产品和基于移动终端的资料服务系统。

二、乌蒙山脱贫攻坚

在地质找矿、土地质量调查、防灾减灾和打井找水等方面发挥了显著支撑作用。组织调查评价了3个大型矿床、1个中型矿床，新获一批资源量，新增富硒特色农业区1处。提交了四川普格县和云南鲁甸县的地质调查系列图件。先后完成的2个探采结合井和1个表层泉工程，缓解了区域内近万人的饮水问题。配合中央电视台、地调局完成了《乌蒙山寻宝记》专题宣传片制作，并在中央电视台播报宣传。编撰了《乌蒙山区地质调查支撑脱贫攻坚成果图集》初稿。

三、学科发展与业务平台建设

（一）业务平台建设。

2015年，依托成都地调中心建设的国土资源部沉积盆地与油气资源重点实验室挂牌运行。国土资源部罗平生物群野外科学观测研究基地列入首批验收名单。

（二）学科发展。

编制沉积学、石油地质学、构造地质学等学科发展规划（2015～2020年）和2015年度学科建设方案，稳步推进学科建设。以羌塘油气、四川盆地页岩气、古大陆再造3个团队为依托，以国土资源部沉积盆地与油气资源重点实验室运行为平台重振沉积学和石油地质学科。以东特提斯工程团队为依托发展构造地质学，以试点填图、野外构造地质培训基地建设带动构造地质学人才成长，以构造变形的调查研究为重点发展构造地质学。

改革创新

一、建立经济社会需求驱动型的地质调查工作新机制

一是先后与西南地区5省（区、市）省级国土资源主管部门建立了顺畅、密切的协调机制。在需求、项目、成果等环节加强了沟通对接。

二是探索乌蒙山区脱贫攻坚地质调查新机制。加强项目承担单位间联系协调，与四川凉山州、云南昭通市和贵州毕节市国土资源局加强需求对接，针对产业发展需要和关键地质问题，安排专项资金开展调查评价，推进精准脱贫。

二、建立加强项目资金使用和管理的责任体系和工作机制。

1. 建立了项目负责人—业务室负责人—业务管理部门负责人3层责任传导机制，明确项目资金使用监管责任。

2. 加强优选单位项目、委托施工项目、大额外送测试费和专题外协项目招投标和合同管理，建立了外协单位信用评价、责任追究和约谈机制。

3. 严格预算执行，实行项目直接经费与野外工作方案挂钩，预算执行考核结果与绩效工资发放挂钩。

4. 印发系列有关资金和资产管理的规定，通过备用金限额控制，对办公用品、专用材料、野外装备、野外租车等大宗材料实行定点采购等措施加强项目资金管理。

三、初步完成业务管理、运行及分配机制改革

1. 初步理顺业务管理和运行机制。确立了目标责任管理模式，形成中心领导—副总工程师—部门负责人的目标责任传导和考核机制。编制了工程—项目实施管理和业务推进方案，成立了工程管理办公室，明确了项目办、科技处、业务室、项目组等部门和岗位在工程和项目实施中的职责，突出了工程首席、项目负责人在业务推进中的主体地位。

2. 初步完善了绩效分配体制。先后发布了《岗位补贴发放暂行规定》《项目绩效考核分配优化方案》《重要岗位绩效发放暂行办法》和《高层次人才绩效工资发放暂行办法》等，体现了以实际业绩和贡献为导向的绩效考核分配原则，确保了绩效向关键岗位和重要岗位倾斜。

3. 以经济目标管理为核心，完成实验与分析测试室的运行体制改革。

经济管理

2015 年度，成都地调中心实现资金总收入70 923.74万元，其中 2014 年财政结转经费 4265.88 万元，2015 年财政补助收入 60 957.7 万元，事业收入 4979.64 万元，其他收入 720.52 万元。其中承担的财政性项目经费为 57 148.9 万元，包括招标优选项目经费16 665 万元；较 2014 年同比增长 0.95% 。国库支出执行率 95.07% ，财政拨款预算执行率为 94.46% 。

在矿业市场持续低迷的大环境下，成都地调中心继续巩固和开拓了矿产勘查、油气和页岩气地质调查、实验测试分析等业务对外合作。通过业务成果转化服务，全年收入 4522 万元。

人才队伍建设

2015 年，成都地调中心落实地调局“两个《指导意见》和三个《暂行规定》”，印发执行《地质科技人才队伍建设实施方案》，加大对各层次人才的选拔培养力度。通过与高校建立联合培养基地，拓宽国际联合培养人才渠道，依托项目、业务基地、科研平台，落实“8 +6”科研一体化机制，加强青藏油气、青藏高原地质找矿、四川页岩气、南方古大陆、罗平古生物群等科研团队建设，形成了多个以学科带头人、骨干和优秀青年为主体的层次结构合理的梯级队伍，并取得一系列集体和个人荣誉：青藏高原地质找矿团队获批国土资源部创新团队，1 人获李四光地质科学奖，1 人获局杰出人才称号，1 人入选国土资源科技领军人才培养计划，1 人入选国土资源部杰出青年人才培养计划，1 人入围中国青年科技奖候选人，1 人获得中国地质学会青年地质科技奖银锤奖。

党建与精神文明建设

一、思想和组织建设。全年召开 10 次党委会，8 次中心组（含扩大）学习会议，2 次党政联席会。学习贯彻习近平总书记的重要讲话精神及中央、部、局各项指示精神，以微信平台、案例分析、参观廉政教育基地等多种形式开展思想和警示教育。

二、落实主体责任，树立责任担当意识。健全完善党政领导全面抓，分管领导重点抓，重点部门、重点项目具体抓的工作机制，将“八问”责任传导机制落实到部门责任书中，形成中心—各部门，业务室—项目组责任考核机制，将党建和党风廉政工作紧密融入地调科研业务工作中。

三、强化监督责任，确保监督执纪到位。结合“三严三实”专题教育活动开展，认真查找“不严不实”问题，对“两重一主”工作等重大事项推进情况开展监督检查。针对内外审计、“三项大检查”提出的问题，逐一落实整改，责任到人。完成各类信访件调查回复，作好情况报告。

四、认真开展“三严三实”教育活动。通过会议、微信群、发放材料、开展好正反两方面典型对照学习等积极开展“三严三实”学习教育活动。围绕“六个不适应”，对照检查整改问题。班子成员带头示范，进行专题集中学习主题发言。中层干部立足个人岗位，对照热点、难点问题，撰写和交流个人对照检查材料。

五、加强文化建设与凝聚力建设。中心党委指导工会及团委、青工部完成了换届选举工作，积极发挥工会、团委、青工部在文化建设和凝聚力建设方面主力军的作用，组织开展了系列文化建设活动，促进了职工交流，营造了团结奋进、文明和谐的良好氛围，推动了中心凝聚力建设。

（任淑珍）

中国地质调查局西安地质调查中心工作

中国地质调查局西安地质调查中心

概　况

中国地质调查局西安地质调查中心（西安地质矿产研究所）（以下简称“西安地调中心”）是中国地质调查局直属事业单位。主要承担着国家在西北地区的基础性、公益性地质调查和战略性矿产勘查任务及相关综合研究工作，负责西北辖区内地质调查资料信息的接收、保管和社会服务工作，负责西北地区国家地质项目的管理和监管工作。

机构设置分综合管理服务机构9个、地调科研技术机构10个，大区项目管理机构4个，建立有国土资源部中国－上海合作组织地学合作研究中心。其他还包括2个部重点实验室：岩浆作用成矿与找矿重点实验室和黄土地质灾害防治研究重点实验室，1个局重点实验室：干旱－半干旱区地下水与生态重点实验室，1个局级研究中心：中国地质调查局造山带地质研究中心，5个国土资源部野外科研观测基地。设有陕西省地质学会地下水资源与环境专业委员会、陕西省地球物理学会勘探地球物理专业委员会。与西北大学、长安大学联办有博士、硕士培养点，与中国地质大学（北京）、长安大学等联建有研究生培养基地。建立有人事部、全国博士后管委会审批的博士后科研工作站。

截至2015年12月31日，在职职工440人，其中59人具有高级职称，105人具有副高级职称，202人具有中级职称。48人具有博士学位，213人具有硕士学位，本科127人。

2015年度获省、部级科技奖一等奖2项、二等奖2项，局地质科技奖一等奖1项。全年发表论文251篇，其中SCI、EI论文24篇，中文核心期刊论文84篇，出版专著6部，获发明专利6项。

地质调查进展与成果

2015年共承担地质调查3项工程、13个项目、60个子项目、50个科研项目。其中在研的国家自然科学基金项目21项。

一、全面完成“两重一主”工作目标，落实“九大计划”

银额盆地及邻区获得晚古生代石炭－二叠系高产工业气流，渭河盆地发现国家战略性短缺资源氦气。银额盆地油气基础地质调查提供的6个油气矿权区块，其中苏宏图北部勘查区首钻延哈参1井于二叠系钻获无阻流量9.15×10^4 m^3/d的高产工业气流。在河套盆地吉兰泰坳陷油气勘查空白区，实施庆浅1井首次发现新生古储的古潜山油藏。渭河盆地现已初步查明，有望成为氦气资源供给地。

确认西昆仑玛尔坎苏优质富锰矿带的发现，火烧云富铅锌矿资源量已达1740万吨，成为中国最大的富铅锌矿床。西昆仑西段玛尔坎苏沉积型优质富锰矿带，长达65 km，向西延入塔吉克斯坦境内，含矿层稳定，厚度较大，已发现奥尔托喀纳什等6个锰矿床（点）。仅奥尔托喀纳什矿床已控制锰资源量（333以上）2000万吨，平均品位30%～35%。该锰矿带将有望成为中国最有经济价值的优质锰矿基地。西昆仑东段发现的火烧云铅锌矿带，区域上与青海沱沱河地区、云南金顶地区铅锌矿等构成的青藏高原北东缘中－新生代巨型铅锌矿带。

东昆仑确认夏日哈木铜镍矿为中国早古生代晚期最大的铜镍矿床，明确了中国乃至世界早古生代晚期铜镍矿成矿期的存在。夏日哈木铜镍矿镍资源量已超过110万吨，已成为中国仅次于金川世界级巨型铜镍矿床的超大型矿床，创新了铜镍矿成矿认识，形成了中国新的铜镍矿找矿勘查基地。

与西澳地质调查局填图合作，对比中外地质填图方法的优劣，初步形成了现代填图理论认识和方法指南。通过近6年的深入合作，了解了西澳地质填图的理论与方法技术流程。借鉴欧美地质填图的理论方法经验，编著完成《现代地质填图方法指南》初稿（出版中）。完成了《西澳伊尔岗地区1∶10万地质图》和《甘肃北山牛圈子地区1∶5万地质图》出版前修改工作。

依托甘肃黑方台部黄土崩滑野外科学观测基地的监测数据和分析结果，成功预报了“1.29”焦家滑坡和“4.29”党川滑坡，及时撤离受威胁群众450人，避免了人员伤亡。山阳“8.12”滑坡发生后，紧急派出专业人员，完成山阳滑坡应急技术指导工作，作为专家组组长单位编制了滑坡灾害成因分析与处置工作报告，得到了国务院领导认可。

国土资源部中国－上海合作组织地学合作研究中心的平台作用得到显示。邀请伊朗、土耳其、乌兹别克斯坦等8国代表首次在陕西省“西洽会”上承办了丝绸之路经济带矿产资源国际合作论坛，得到了陕西省政府和国土资源部领导的肯定。举办2015丝绸之路经济带地学合作研讨会，促成了中－伊地调局地学合作谅解备忘录和中－乌地质科技合作协议的签订。向陕西省政府建言在西安建立丝绸之路经济带国际矿业权交易所，获得陕西省政府采纳实施。

依托丝绸之路境内段综合地质调查工程，首先从关中经济区综合地质调查入手，开展城市群综合地质调查。已查明了西－咸新区活动断裂与潜在地裂缝的分布，初步建立了地裂缝空间预测方法和地面沉降预警模型，及时服务于国家西－咸新区示范区的规划和建设，得到了陕西省西－咸新区建设办公室的好评。目前《丝绸之路经济带境内段国土资源与环境图集》正在编制完善中。

科技平台建设获得突破。国土资源部岩浆作用成矿与找矿重点实验室和国土资源部黄土地质灾害重点实验室同时通过部验收挂牌，在局系统为首次。成功申请2016年11项国家自然科学基金，其中1项为重点基金——“黄土水敏性的力学机制及致滑机理研究”。

协助地调局举办CCOP（东亚东南亚地学计划协调委员会）第51届年会和第65届指导委员会会议。组织召开了南疆地区资源勘查开发与生态文明建设研讨会，提出了多方联动全面促进南疆地区地质工作和生态文明建设倡议书。

二、全面完成2015年地调科研任务，立足五项服务

完成了8个二级项目入库工作。4位填图专家登上局地质大讲堂，推动地质填图的改革，提高在地质填图方面的影响力。

水文地质调查在青海柴达木盆地圈定12处具有重大供水意义的地下水富集区，为地方政府和当地群众移交探采结合井63眼，累计出水量19.2×10^4 m^3/d。在新疆南疆库尔勒地区实施7眼水文地质勘探孔，建立地下水动态自动监测孔，结束了库尔勒地区地下水监测没有专业水文地质监测的历史。为陕西革命老区延安市吴起和志丹县城找到了地下水水源地，6.3万群众喝上安全放心的水。

银额盆地及邻区石炭系—二叠系油气基础地质调查成果交流与研讨会成功召开，切实推动了西北地区公益性油气基础地质调查为油公司的服务，提高了中心在油气地质调查工作方面的影响力。

探索并建立了一套适用于东天山浅覆盖区1∶5万机动浅钻化探方法技术组合，获得了浅钻取样器国家专利1项。地球物理整体调查研究能力有所提高，装备的使用和管理规范，获得局的肯定。已经初步形成了一支年轻的土地调查队伍，服务于国家土地督察西安局的土地督察工作。拓展耕地地球化学业务，顺利完成了西北耕地1∶25万土地质量地球化学调查二级项目的论证工作。

与北京离子探针中心建立紧密合作关系，建成SHRIMP远程系统。ICP－MS激光剥蚀测年工作进展迅速，实验测试领域申请获准2项国家自然科学基金青年基金项目，实现了零的突破。

积极为中国企业“走出去”服务，经局批准与河南地勘局签署了在塔吉克斯坦开展工作的战略合作框架协议，帮助山东冶金局在吉尔吉斯斯坦申请了矿权。按局要求及时更新了网站栏目设计。《西北地质》影响因子在全国40个地学类期刊中排名第35名，是六大区地调中心唯一进入前40名的地学期刊。

三、大区项目管理完成报告评审和资料汇缴工作

完善项目办组织机构和人员配备，吸纳了一批青年技术骨干，履行西北地区的大区项目管理职责。全年完成二级项目立项论证40个，组织2015年子项目设计审查246个；完成2015年子项目招标5个；完成58个项目承担单位2010～2015年实施的188个项目的专项大检查，24个单位项目管理情况检查，15个子项目野外质量检查；完成212个项目野外验收，279个优选项目自查自纠总结的审核和汇总上报工作，47个子项目工作量调整变更请示的批复及上报工作。对西北地区大调查以来的项目进行了全面清理验收，梳理出286个项目需完成报告验收评审，组织完成成果报告评审293个，汇缴地质资料344份。主动与西北5省区国土资源主管部门对接，参与了新疆、青海、陕西地方政府部署的地质项目的论证工作。开展地质矿产调查评价专项经费监督检查工作，共抽查了56个单位149个项目。

改革创新

中心的管理工作已形成“三合一”管理体系、绩效管理体系和全面预算管理体系3种管理体系交织的管理网络，进一步迈向制度化、规范化、经常化管理。印发了《中心2015年重点工作及各部门目标责任》（蓝皮书），推进“两重一主”工作目标的实现。建立重点工作进展反馈机制，利用工作例会收集并掌握各部门重要工作推进情况，提出督办意见。通过全面预算管理的实施，预算执行率达到91%。与地方联系，拟将绩效工资全部纳入住房公积金缴费基数。建立了党风廉政责任传导机制。

依托分布式大数据技术和“互联网+”创新驱动理念，在针对泛结构、泛类型的地质调查数据开展统一建模基础上，搭建了可面向社会公众的行业级网络化服务门户，并具备多节点水平扩展、纵向延伸和跨域组网的协同服务能力，实现了地质调查数据的广域网集群式汇聚、局域网分布式存储以及地质大数据的多手段提取、多视角分析和时尚化展现与扁平化接口等技术，为地质大数据工程的实施提供了具有启发式、探索性、普适性的前期关键技术与数据储备，同时也为地质调查数据信息规模化服务机制的构成开辟了地质调查数据信息无障碍服务通道。

经济管理

2015年实现总收入54 928.52万元。其中财政收入47 827.27万元、对外收入7101.25万元元，总支出53 962.75万元，其中基本支出9971.7万元、占总支出的18.5%、项目支出43 649.72万元，占总支出80.9%，预算执行率91%。组织完成了2015年5个竞争性选择地调项目承担单位工作，其中，公开招标1项，邀请招标3项，竞争性谈判1项。

人才队伍建设

滕家欣、计文化入选局杰出地质人才，张茂省等两人入选国土资源部第二批科技领军人才开发和培养计划，王超、王根龙入选国土资源部第二批杰出科技人才计划，尹立河入选国土资源杰出青年科技人才培养计划、2015年陕西省创新人才推进计划、局杰出青年，马洪云入选陕西省科技新星，计文化获得黄汲清科技奖，尹立河、李建星、马中平获国土资源部“十二五”科技与国际合作先进个人，贺永康被国土资源部和武警黄金部队评为警地共建技术帮带先进工作者。与中国地质大学、西北大学、长安大学等重点高校的合作，发挥博士后站作用，2015年共招收2名博士后进站工作。3人入选局工程首席专家，20余人入选二级项目负责人。2015年接收来自俄罗斯托木斯克理工大学、北京大学、南京大学、吉林大学等毕业生12人，其中博士后1人、博士3人、硕士8人。

党建与精神文明建设

扎实开展“三严三实”专题教育，制定了任务推进表、建立了党委委员、主任助理“三严三实”专题教育联系点制度。加强党建制度化规范化管理工作，建立了党委会议纪要制度，部署开展党委班子成员讲党课5次，完善党支部（总支）工作考核及支部（总支）书记述职制度，首次开展了党员述职工作。

认真履行党风廉政建设主体责任和监督责任。统筹部署和推进党风廉政建设和反腐败工作。强化廉政风险防控，加强问题整改和责任追究。切实落实“六个强力推进”，积极推进“三个转变”。

加强党务、政务、业务有机融合，落实“两联一包”扶贫工作，为当地群众修筑道路桥梁和推广特色种植。2个党支部获局先进党支部称号，4名同志获局优秀共产党员荣誉称号，2名同志获局优秀党务工作者称号。工会获西安市石化农林工会“2014年度先进职工之家”，1人获西安市劳动模范称号，1人获西安市职业经济技术创新能手。连续3年被陕西省委老干部工作局评为“全省老干部系统宣传信息工作先进集体”。

（丁　夏）

广州海洋地质调查局工作

广州海洋地质调查局

概　况

广州海洋地质调查局（以下简称“广州海洋局”）是直属中国地质调查局的多学科、多功能海洋地质调查研究机构，主要从事国家基础性、综合性、战略性和公益性的海洋地质调查研究工作。

广州海洋局设有办公室、人事劳动处、计划财务处、安全保卫处、党委办公室（团委）、纪检监审处、局工会（女工委员会）、科技处（项目管理处）、装备管理处（船舶建造办公室）、经营管理处（生产调度处）、离退休管理处等11个处（室）和海洋区域地质调查所、海洋矿产地质调查所、海洋环境地质与工程地质调查所、海洋地质勘查技术方法所、海洋地质科学发展战略研究所、实验测试所、资料处理研究所、信息资料所、船舶大队等 9 个专业所（队）及矿业开发部、广州地质勘察基础工程公司、广东海锦房地产开发有限公司、广州基地管理处、南岗基地管理处等 5 个经营、物业管理单位。

全局现有职工 1615 人，其中在职 690 人、离退休 925 人。在职职工中具备专业技术职称人数 589 人，占职工总数的 85.4%。拥有博士 60 人、硕士 199 人。有高级职称专业技术人员 171 人，其中中国工程院院士 1 人、教授级高级工程师 65 人、高级工程师 118 人。5 人获得李四光地质科学奖，1 人获黄汲清青年地质科学技术奖，1 人获金锤奖，4 人获银锤奖，30 人享受国务院政府特殊津贴，22 名教授级高级工程师担任中山大学兼职教授，2 人入选新世纪百千万人才工程国家级人选，1 人入选全国会计领军人才，1 人入选地调局卓越人才（获得首批“李四光学者”称号），1 人入选国家中青年科技创新领军人才，2 人入选国土资源部第一批国土资源科技领军人才开发和培养计划，1 人入选国土资源部第一批国土资源杰出青年科技人才培养计划，1 人入选地调局首批高层次地质人才培养计划，5 人入选地调局青年地质英才培养计划。

2015 年，广州海洋局围绕“海洋地质计划”、国际海域中长期发展规划等工作部署，全面实施海洋地质保障工程配套装备项目，组织实施海洋调查船舶建造，并对原有调查船进行全面检验维修。为贯彻和实施国务院批准的“天然气水合物资源勘查与试采工程”国家专项，落实“127 工程”基地建设规划，拟定了天然气水合物资源勘查技术及装备研发试验基地方案，并向地调局上报天然气水合物专项配套装备基地建设项目建议书。技术装备楼项目已基本竣工。

2015 年，广州海洋局“天然气水合物资源勘查取得重大突破”被评为地调局、地科院 2015 年度地质科技十大进展（位列第一）及中国地质学会 2015 年度十大地质科技进展（位列第七）。作为海域天然气水合物资源勘查研究和大洋 36 航次、深海调查航次的承担单位，分别受到地调局发文表扬，“海马号”4500 m 级深海非载人遥控探测潜水器研发项目组受到地调局发文表扬，还获评为第三届中国海洋工程咨询协会“十佳单位”，下属单位技术方法所获“全国国土资源管理系统先进集体”荣誉称号。严兴华获得“全国会计领军人才”证书，何高文获“全国十佳最美地质队员”称号和省文明办“2015 年第三季度广东好人”（敬业奉献好人）称号，陶军获评 2014 年度海洋人物和第三届中国海洋工程咨询协会“十佳”标兵，梁金强入选地调局首批卓越地质人才并获“李四光学者”称号，孙雁鸣、盛堰当选地调局第二届杰出青年，姚会强入选第二批国土资源杰出青年科技人才培养计划。

地质调查进展与成果

一、地质矿产调查

2015 年，广州海洋局围绕“九大计划”“五项服务”，开展“重中之重”工作 4 项，“重点”工作 6 项。“重中之重”工作有 2 项取得重大进展，“重点”工作有 3 项取得重大进展，其他 5 项已全面完成。在南海北部实施 23 口探井，均发现天然气水合物，圈定矿藏面积 128 km^2，为试采选址奠定了基础。首次获得海底浅部块状天然气水合物样品。联合勘探首次在致密油气储层钻获油流。完成了 6 个图幅 1:25 万海洋区调年度任务。在太平洋新圈定资源远景区 36×10^4 km^2。首次开展了中太平洋海山区多金属结核资源调查，在采薇海山群等海域发现了丰度较高的资源。自主研制的“海马号”迅速转化为生产力，在南海水合物资源调查和国际海底矿产资源调查中成功应用。落实《中越联合声明》，开展北部湾湾口外海域中越共同考察海上调查工作。

2015 年，广州海洋局提交的 34 个地质调查子项目设计或年度工作方案中，24 个获评优秀级、10 个良好级，优良率 100%。承担的中国大洋 36 航次调查设计，提交的 10 份项目成果报告已通过地调局组织专家评审，均评为优秀级。完成地质调查成果报告资料的归档和汇交工作，向全国地质资料馆汇交了 47 个项目成果报告。

二、大洋 36 航次调查

“海洋六号”船于 2015 年 4 月 28 日开赴太平洋执行地调局深海航次调查和中国大洋 36 航次调查任务。11 月 10 日凯旋，历时 197 天，行程近 6×10^4 km。在多个区域开展调查，在深海调查、中国富钴结壳合同区资源与环境考察和多金属结核资源调查以及“海马号”应用等方面取得了丰硕成果。

三、科研项目工作进展及主要成果

2015 年广州海洋局共承担科研项目 37 项，成功申请 2016 年度国家自然科学基金面上项目 1 项和青年科学基金项目 2 项。出版学术专著 3 部，公开发表论文 155 篇，其中国际 SCI/EI 论文 12 篇、国内 SCI/EI 论文 14 篇、核心期刊论文 78 篇、一般期刊论文 51 篇，获得计算机软件著作权 2 项。参与完成的天然气水合物原位地球化学探测系统荣获 2015 年度国土资源科学技术奖二等奖和局地质科技奖二等奖。参与完成的《中国海陆及邻区地质地球物理系列图(1:500万)》荣获2015年中国地球物理科学技术进步奖一等奖。国土资源部海底矿产资源重点实验室顺利通过验收并挂牌运行。

四、国际合作与交流

2015年广州海洋局继续推进国际合作项目，贯彻落实习近平主席访问越南期间与越方共同发表的《中越联合声明》，2015年12月19日至2016年1月22日“奋斗五号”船出航执行“中越北部湾湾口外海域共同考察”调查任务。与德国波罗的海海洋研究所加强合作，于2015年2月28日至3月27日在南海开展了“南海北部全新世以来环境演变研究”项目的联合航次调查，德方10位科学家参加了航次调查，航次取得了丰富的第一手资料，并获得了初步成果。德国科学家7月来访期间，与广州海洋局共同讨论了初步成果及下一步工作计划。与波兰什切青大学开展的中波合作项目于2015年4月13～15日在广州召开工作会议，启动新一轮海洋地学合作，并签署了项目合作协议。

改革与创新

一、完善《会议管理办法》和公务接待管理办法，对“三公经费”管理、会议费预算支出管理等工作进行专项督查，重点梳理预算收入、支出情况，加强财务会计核算、财政票据使用管理，对会议费、培训费等使用情况进行全方位的监督检查。严控会议规模，压缩会议费用，杜绝无明确公务目的的差旅活动，规范出国（镜）审批手续，公务接待费、公务出国（境）费比同期大幅减少。坚持每周四现场办公制度，认真开展领导干部办公用房的检查和整改，确保办公用房不超标。

二、2015年，广州海洋局首次开展了涉密人员资格审查工作，实行三级审查制度。签订年度保密工作责任书。举办了涉密网络使用人员保密培训班，召开了涉密项目保密管理专题会议。多次开展各类保密自查工作，重点对现有网络、涉密文件、信息资料等进行了检查，还分别接受了部、局和省保密部门保密综合检查。投入500多万元专项经费建设涉密网络信息系统，并于11月中旬基本通过国家保密技术测评中心广东分中心现场测评。

三、与局属15个单位签订了年度安全生产责任书，进一步明确了各单位的安全生产职责。全年共开支安全生产经费2022万元，分别用于船舶、设备、人员保险，租用护航船及安全培训、消防维护、整改、特种设备检测维护等项目，从经费上确保安全生产各项工作得到落实。全年共组织全面安全检查13次，组织1030人次参加安全培训、安全生产知识竞赛、消防演练等。2015年，共组织5艘调查船出海作业780天，累计船舶安全航行91 472海里，全局34台机动车辆安全行驶27×10^4 km。实现了与地调局签订的安全生产责任目标，保持了全局安全生产形势的持续稳定。

经济管理

一、积极推进财政预算执行，2015年34个项目预算经地调局组织审查，优良率为100%。为确保财政预算执行率按要求达标，广州海洋局从年初就开始谋划，全面部署、统筹安排，有计划地分月积极推进预算执行。通过相关部门和项目承担单位的共同努力，克服水合物工程和新船建造预算及国库资金下达晚的种种困难，超额完成了地调局规定的按月序时的预算执行考核指标，全年国库资金预算执行率达到92.51%，财政预算费用执行率为88.85%，超额完成了地调局下达的90%和86%的“双考核”指标要求。

二、全面实施海洋地质保障工程配套装备项目，精心组织实施海洋调查船舶建造，根据年度地调项目需要，顺利完成船舶各项修理工作，保证调查船安全适航。首次完成“海洋六号”特别检验，提前准备2016～2017年“海洋六号”南极科考适航工作。协调解决“探宝号”维修及设备部件采购方面存在的困难。顺利实施“海洋四号”大修改造及调查设备安装，提前完成特别检验维修工程。完成“奋斗五号”中间检验工程。积极落实政府采购计划，基本完成装备预算执行。全年共签订装备采购合同213份，合同金额4.077亿元（含新船建造合同）。

三、为贯彻和实施国务院批准的“天然气水合物资源勘查与试采工程”国家专项，落实“127工程”基地建设规划，拟定了天然气水合物资源勘查技术及装备研发试验基地方案，并向地调局上报天然气水合物专项配套装备基地建设项目建议书。经多方争取，广州燃气集团有限公司在南岗基地铺设燃气管道并正常供气，结束了南岗基地近40年来没有通燃气管道的历史，节约财政资金近1000万元。为解决海洋保障工程新建造的2艘新船的靠泊问题，码头延长扩建工程前期工作已经提前启动。

人才队伍建设

启动实施“地质科技人才工程”，开展地调局首批卓越、杰出地质人才计划候选人的提名推荐工作。

由广州海洋局组织牵头的海域天然气水合物资源勘查、海域油气资源调查两个工程的2016～2018年工程实施方案一次性通过地调局的考核审查，其中海域天然气水合物资源勘查工程首席专家杨胜雄2015年度考核优秀。提名推荐梁金强等9名同志为地调局地质调查二级项目负责人候选人人选，同时，配备了7名项目副负责人。10月29日，广州海洋局召开第17次党委会研究通过了《广州海洋地质调查局关于贯彻落实中国地质调查局 两个〈指导意见〉和三个〈暂行规定〉基准绩效工资的实施意见（试行）》（广海地调发〔2015〕137号）。制定出台了《广州海洋地质调查局人才队伍建设方案（试行）》（广海地调发〔2015〕159号）。

党建与精神文明建设

一、以“八问”责任传导机制和“六个强力推进”为抓手，抓好党风廉政责任制的落实。制定出台了《关于进一步落实党风廉政建设责任制主体责任和监督责任的实施意见（试行）》和《广州海洋地质地调查局全面贯彻落实“六个强力推进”实施方案》，进一步理清党委的主体责任和纪委的监督责任。健全完善责任分解、责任传导、监督检查、倒查追究的完整链条，加大问责工作力度，确保“两个责任”落到实处。与局属14个基层单位签订年度廉政建设责任书，把“八问”纳入廉政建设责任书。

二、成立2015年大洋考察临时党委，使海洋地质调查工作延伸到哪里，党建工作服务中心、服务党员的作用也体现到哪里。开展党员“四重温、四增强”党性锤炼活动，增强党员爱党、忧党、护党、兴党意识。开展服务创新驱动发展战略“共产党员先锋岗”创建活动，激发党员的内生动力。召开庆祝建党94周年暨表彰大会，评选表彰2013～2014年度优秀党员、优秀党务工作者和先进党支部。修改完善发展党员工作制度，开展干部职工思想状态、工作状态、身心状态和生活状态这“四态”问卷调查，收集调查问卷471份。“七一”前慰问海上生产一线党员，向8名抗战老战士、老同志颁发抗战胜利70周年纪念章，向14名50年以上党龄老党员颁发了“南粤七一纪念奖章”。

三、抓好宣传阵地建设，营造事业发展良好舆论氛围。一是坚持正确的舆论导向，及时准确宣传中央及部、局党组等一系列重要会议精神，开展学习宣传先进人物等活动，弘扬正能量，为构建和谐广州海洋局、推进海洋地质事业的发展提供有力思想舆论支持。二是加强宣传阵地建设，全年编辑《广州海洋地质》简报6期，增发深海大洋简报5期，编制宣传橱窗4期，全局各单位、部门通过局内网宣传栏刊发信息1476篇。三是加强网络和新媒体建设，拓展对外传播渠道和能力。按照地调局要求，统一规范完成门户网站，全年发布工作信息438篇。并创办了“广海局微信”公众号，全年发布工作信息298篇。四是围绕重大业务，加强成果宣传与推广，提高了社会影响力。全年累计在省部级以上新闻媒体刊发地调局相关报道超过100篇，并多次被国家级媒体报道，引发社会广泛关注。

四、深化党建带群建、党工青妇一体推进工作机制。局工会修订《局事务公开工作制度》，关注职工诉求，推进事务公开，做好大洋科考36航次及深海资源调查航次后方服务等工作，推进“职工之家”建设。组队参加地调局第四届职工篮球比赛，成功卫冕冠军。组织60名职工参加广东省“全民健身促健康、同心共筑中国梦”主题活动。局体协获得广东省第十五届“体育节”优秀组织奖，矿产所和盐矿所分别获得“体育节”先进单位荣誉称号。共青团组织深化“青年文明号”创建活动，组队参加广东省直第三届工作技能大赛，组建大洋考察“青年突击队”，举办第二届青年学术论坛，激发广大青年在生产、科研一线拼搏奉献、成长成才。举办第六届青年篮球赛，组织团员青年参观烈士陵园、农讲所、广东美术馆、华侨博物馆和抗战胜利70周年纪念展览，丰富团员生活。“海洋六号”船团支部获“广东省五四红旗团支部”，张如伟、郑少雄、陈春亮分获“广东省百佳团支部书记”“广东省直优秀团干部”及“广东省直优秀团员”称号。女工委扎实开展“提升素质工程”和“巾帼文明岗”创建活动，引导女职工立足岗位，巾帼建功。局女工委获广东省工会“女职工工作先进集体”荣誉称号。

（陈成毅）

青岛海洋地质研究所工作

青岛海洋地质研究所

概　况

青岛海洋地质研究所（以下简称“青岛海地所”）是中国地质调查局直属的承担国家基础性、公益性战略性海洋地质调查队伍，主要承担近海及海岸带地质与矿产资源调查以及海洋地质实验和科学研究的任务。

青岛海地所内设机构分别为办公室、党委办公室、地调与科研处、监察审计处、人事教育处、财务资产处等6个综合管理部门；海洋油气与水合物资源室、海洋区域地质室、海洋环境地质室、海洋固体矿产地质室、海洋地质调查技术方法室、海岸带与大陆架地质室、海洋工程地质室、信息资料室、海洋地质实验检测中心等9个业务部门；杂志社、物业管理部、船舶与装备处、东部基地建设办公室、离退休管理办公室等5个支撑部门。2个部重点实验室分别为国土资源部海洋油气资源与环境地质重点实验室和国土资源部天然气水合物重点实验室，1个局重点实验室为中国地质调查局滨海湿地生物地质重点实验室。中国地质调查局海岸带地质与大陆架地质研究中心、中荷海岸带地质研究中心设在青岛海地所。

截至2015年底，全所在职职工288人，其中各类专业技术人员227人，占全所职工总数的80.2%，高级职称以上人员112人、中级职称79人。通过招标完成设备采购73台（套）、材料采购14批次，通过政府采购完成设备采购82台（套）。

全年累计发表期刊论文137篇，其中SCI/EI论文52篇，中文核心期刊论文80篇。获实用新型专利11项，申请发明专利2项。获中国地球物理科学技术进步奖一等奖1项，局地质科技奖二等奖1项。获国家自然科学基金14项、山东省自然科学基金2项、中国博士后基金1项、山东省博士后创新项目1项和青岛市应用研究项目7项。

地质调查进展与成果

一、海洋基础性地质调查工作成果

2015年，完成海洋基础性地质调查任务，服务海洋强国建设。

全年使用8艘调查船和1个钻探平台开展外业调查，完成侧扫声呐4815 km、单波束测深12 367 km、多波束测14 828 km、单道地震1653 km、多道地震11 424 km、浅地层剖面7808 km、高分辨率地震2333 km、表层地质取样783站位、柱状地质取样322站位、海底热流测量49站位、浅海表层取样3450站位、深海表层取样142站位、深水底层水样140站位、OBS测量40站位、沉积动力观测31站位、海域地质钻探1818 m。陆域及海岸带调查累计完成遥感点验证80点位、岩石样品937件、沉积物样品218个、水样200件，海岛调查5个，岸滩剖面监测20条，岸滩标志桩监测144点位、RSETS监测10站次。

1∶100万和1∶25万海洋区域地质调查开展顺利，编制完成多幅系列专题图件。辽河三角洲地质调查标定了土壤初级生产力，确定了古河道分布和区域水文特征，圈定了辽东湾海砂矿重点赋存区。在舟山北部海域查明了海底淡水资源赋存潜力。

二、海域天然气水合物工作进展

海域天然气水合物试采方面完成了实施方案研究编制，启动了工程准备工作。创新性地提出了水合物试采新方法——地层流体抽取法。开展了国内水合物试采施工能力的调研，落实了工程施工单位，确定了试采技术方案和关键流程，编制完成了工程实施方案。

勘查方面建立了地震层序，发现多处BSR反射，提出了针对无井区水合物三维地质建模驱动模式的研究思路，以及水合物矿体雕刻和资源量评价方法。

成藏机理研究方面开展了自生碳酸盐岩和硫化物生成过程的生物地球化学实验研究，总结了水合物的气源特征及类型，建立了特定海域海底沉积物微生物演化生烃模式。

测试与实验模拟方面提出了一种交流阻抗谱测试技术方法，开发了耦合力学过程的水合物开采模拟程序，自主研制了水合物开采技术及过程监测综合实验系统、含水合物沉积物绝对渗透率测试装置、水合物分解气高压连续氧化实验装置及水合物共振柱等4套实验装置。

三、海域油气资源调查工作进展

南黄海油气调查工作选定了钻探井位，为2016年实施验证钻探做好了前期准备。

完成二维多道地震资料采集5062 km，清晰地揭示了深部地层反射。开展海陆对比研究，发现了3套区域性烃源岩、2 套局部烃源岩，确定海相中－古生界油气资源潜力巨大。

与油公司建立了地震资料共享、有利区块共选、重点目标共商的海洋油气调查新机制。完成 7500 km 二维地震资料处理和解释，发现 6 个大型圈闭构造，最大面积达 220 km^2，优选出两个重要目标靶区，为确定参数井位奠定了基础。

大陆架科学钻探在崂山隆起碳酸盐岩地层中发现了明显的油气显示，进一步增强在南黄海进行参数井钻探的信心。

四、海岸带综合地质调查工作进展

海岸带综合地质调查工作在经济 T 型带建设和地方经济社会发展中的作用不断凸显。编制完成的《浙江海岸带重点区综合地质调查实施方案》列入中国地质调查局与浙江省战略合作框架，在更高层面上推进海岸带综合地质调查，助推经济 T 型带建设。

组织编制了 1∶400 万和 1∶800 万《中国海岸带国土资源与环境图集》，共 4 类图件 46 幅。

滨海湿地监测国际合作全球芦苇湿地观测网初见成效，取得阶段性成果；认真落实中美地调局局长长对话成果，与美国科学家就监测系统建设选址联合考察了西溪湿地。

五、海洋地质信息化工作进展

加大海洋地质信息服务力度，面向社会公开发布了海洋地质成果图件 93 幅，研究报告 16 份。与涉海单位探讨信息共享与服务机制，形成了海洋地质资料数据共享与服务框架；明确了信息资料服务需求，进一步完善了国家海洋地质信息中心建设方案。

推进整合海洋地质数据资源和服务产品研制，完成 6 个海洋地质信息服务产品开发，确定了涉密网安全保密防护框架和总体架构。

研制了海洋地质信息服务系统，初步实现了海洋地质信息社会化服务。不断推进数据传输系统建设，在山东省莱州湾新增 4 处地下水监测数据野外无线传输站点，运行监测站点达到 17 处。

六、科技平台和业务平台工作进展

国土资源部水合物重点实验室顺利通过验收，青岛海洋科学与技术国家实验室海洋矿产资源评价与探测技术功能实验室组建完成。

以中国地质调查局海岸带中心为依托，加强和沿海省市及有关单位联系，完善《海岸带综合地质调查工程实施方案》。为沿海省市海岸带地质工作和队伍建设提供建议和指导，为中心成员单位 100 多人组织举办了海洋地质培训班。

七、社会化服务工作

发挥青岛海地所海洋地质专业优势，先后完成了山东省沿海 12 个县市海域使用规划，编制了《山东省黄海海洋生态红线划定方案（2016～2020 年）》并通过了山东省常务会议审定。在服务地方经济建设中，承担日照、潍坊环境保护规划等项目 85 个；青岛海地所海洋地质调查为国际休闲体育大会提供了重要支撑。

八、国际合作与交流

2015 年度，执行 15 个批次的出国访问与交流，邀请国外专家到访交流与合作 34 人次。出访及来访国家涉及美国、越南、韩国、英国、朝鲜等多个国家。

为落实中越两国领导人共识，启动中越“长江三角洲与红河三角洲全新世沉积演化对比合作研究”项目，并且组成联合考察组完成第一次野外共同考察，标志着中越合作进入实施阶段。

举办各类学术会议和研讨会 8 次，邀请国内外专家作学术报告 196 人次。科研人员参与国内外学术会议交流 50 人次，其中口头报告 29 人次，展板报告 6 人次。

改革创新

“业治铮”号调查船运行平稳。全年在外调查 201 天，完成水合物勘查、1∶25 万霞浦县幅海洋区调等任务。物探 A 船建设全面启动，10 月份正式开工建造，完成了柴电推进系统、地震空压机、多波束等 11 台（套）设备采购。

东部基地建设完成水合物实验楼及其配套设施建设，完成海洋地质样品库立项和可研报批，启动公租房建设前期准备工作。127 配套装备和基地建设项目正式启动，编制完成立项建议书初稿，基本确定了建设内容和建设方案。

设备自主研发能力进一步加强。研发了 3000 m 声学深拖系统，并完成首次水下试验；研制了一套简易轻便型测波浮标，提高了数据采集效率。

实验测试技术方法创新进一步提高。建立了粉末压片 X－射线荧光光谱测定近海沉积物中常微量组分方法和离子色谱测定近海沉积物中卤族元素方法。

加强制度建设，管理工作进一步规范。编印了《青岛海洋地质研究所管理制度汇编》，制定和修订了《三重一大事项决策制度》和《差旅费管理办法》等制度。

签订安全生产责任书，严格工作落实，开展各类安全检查 13 次，整改问题 34 个；抓好出队审批，完成审批 81 批次，涉及 39 个项目；加大专业安全用品配备，全年投入安全生产经费 168.86 万元；规范危化品管理，制定了管理制度；严格做好车辆和交通安全，全年未发生任何安全生产事故。

加大对涉密电脑的源头控制，制作并发放唯一编号涉密刻录光盘。开展保密检查和保密自查力度，加强涉密人员管理，开展职工保密教育和培训，全年未发生失、泄密事件。

经济管理

制定了部门预算分解目标，逐项落实，不断提升预算编制的科学性。采取项目执行和预算执行两手抓的措施，确保预算执行率，年度国库预算执行率90.5%，财政项目预算执行率86.9%。

配合完成前任所长离任审计、财务大检查和内审工作，安排了对所属企业的专项审计。高度重视审计和检查过程中发现问题的整改，按照从严、从快、举一反三的原则开展整改工作。

严格控制委托业务比例，不断规范委托业务管理程序。2015年度委托任务131项，预算金额为3796万元，占地调项目资金比例为21.2%，委托业务比例进一步降低。加强委托业务经费监管，对上海海洋石油物探有限公司和山东省第四地质矿产勘查院等单位委托业务经费使用情况进行抽查，对发现的问题要求限期整改。

人才队伍建设

完成人才招聘工作。全年累计新增26人，招收应届毕业生11人，引进5人，通过调动调入3人，招收派遣制船员7人。加强专业性人才队伍建设，注重培养后备人才。新增船舶和海上调查人员15人，船员队伍、海上采集队伍初具规模。

新招收博士后4人，新进联合培养研究生11人，毕业19人。累计新增研究生导师7人。

加大干部挂职和选拔力度，培养年轻干部。选送1人到地调局机关挂职，2人到广州海洋局挂职；严格执行《党政领导干部选拔任用工作条例》，选拔中层干部2人。

1人获得山东省泰山学者特聘专家，1名外聘专家成功入选青岛市特聘专家突出贡献奖，1人入选国土资源部第二批高层次创新型科技人才培养工程，1人入选地调局第二届十大杰出青年。

党建与精神文明建设

一、党委中心组学习、处级以上干部集体学习、支部书记委员学习培训工作有序开展；开展了“支部建设服务中心工作”党支部品牌创建活动。

二、召开常务会议27次、所务会议4次、专题会议52次，坚定不移地贯彻落实部局党组重大决策部署，全力推进各项工作。

三、扎实开展“三严三实”专题教育。印发“三严三实”专题教育工作方案，制定实施方案和推进计划时间表；组织参加局“三严三实”专题教育动员部署视频会和专题教育学习，发放专题教育辅导读物；广泛征求意见，查找“不严不实”问题；结合研究所实际，组织召开4次专题研讨会，整改“不严不实”问题，改进工作作风。

四、明确责任，强化传导，持续推进反腐倡廉工作。发布反腐倡廉建设实施意见和监察审计工作要点，督导党建和反腐倡廉建设推进；印发“六个强力推进”工作方案，狠抓落实；修订完成《纪委工作规则》，把责任落实延伸到党支部纪检委员；突出源头、监督重点，参与过程监督重点事项41项；加强离任审计、财务大检查和内审发现问题整改的督导；加强职能部门建设，成立监察审计处，落实了职能和人员组成。

五、签订廉政目标责任书，落实“八问”责任传导机制。将“八问”纳入责任书，逐级签订责任书，开展责任传导谈话71人次，对廉政风险点进行了深入排查；组织中层干部学习党风廉政建设视频会议精神，参观青岛市反腐倡廉警示教育基地，开展廉政文化周活动，开展典型案例警示教育。

（杨惠晴）

中国国土资源航空物探遥感中心工作

中国国土资源航空物探遥感中心

概　况

中国国土资源航空物探遥感中心（以下简称“航遥中心”），1957年成立。为中国地质调查局直属全额拨款事业单位，主要职责和任务为开展国土资源航空物探、遥感调查与监测及相关地球物理勘查、地质测绘、工程测量等工作；开展航空物探、遥感方法技术、仪器及软件的研发与推广工作；开展航空物探、遥感资料开发应用研究和信息化建设工作；开展航空物探、遥感科学研究和国际合作与交流工作；开展卫星数据获取与应用工作；开展科技开发、技术咨询与应用工作；承担部、局交办的其他工作。

2015 年 12 月，中国地质调查局卫星应用研究中心挂牌。航遥中心内设 17 个处级机构：办公室、党委办公室、人事处、财务资产处、总工办（含质管办）、科技外事处、监察审计处、安全生产管理处、离退休服务中心、物探部、遥感部、信息中心、卫星应用中心、国土资源部航空地球物理与遥感地质重点实验室、物业管理部、企业管理部、基建办公室（临时）。2015 年底，职工总数为 1273 人，其中在职职工 554 人，离退休职工 719 人。

2015 年，新增设备 418 台（套），价值 2672 万元。全年报废设备 5 批 141 台（套），价值 248.2 万元。

2015 年度，获得各类集体奖 24 项。科技类奖项主要有“航空物探遥感多方法综合勘查系统研制与集成”获中国地球物理科学技术进步奖一等奖，“航空地球物理勘查技术系统”获国土资源科学技术奖一等奖和局地质科技奖一等奖，“时间域直升机航空电磁探测系统关键技术与应用”获全国商业科技进步奖特等奖等。综合类奖项主要有国土资源部 2015 年度社会管理综合治理先进单位、国土资源部信息工作先进单位、地调局 2014 年度安全生产优秀单位等。

地质调查与科学研究

2015 年，航遥中心承担地质矿产调查评价专项 2 个工程、7 个项目、41 个子项目，承担“863”课题等各类科研项目 20 项，承担 20 个社会服务项目。编制了 2 个工程实施方案，完成 2016 年度 12 个二级项目总体方案编写、预算编制及入库工作。37 个（子）项目通过野外现场验收，51 个（子）项目完成成果验收，优良率均为 100%。

全年共发表学术论文 138 篇（SCI 论文 7 篇、EI 论文 11 篇、中文核心期刊论文 65 篇、一般期刊论文 55 篇），出版专著 7 部；获得 2 项发明专利、1 项实用新型专利和 30 项软件著作权。

一、地质调查项目工作进展

（一）全面完成 2015 年度航空物探野外飞行工作任务。

全年共派出 27 个野外队，累计完成航空物探野外飞行工作量 50.08×10^4 km。先后集成 19 套航空物探测量系统，17 架飞机执行野外任务。

（二）航空物探遥感调查推动矿产资源和油气能源调查。

选编航磁异常 6000 余处，查证异常 116 处，在新疆、湖北、贵州等地新发现矿化（点）35 处，新圈定一批找矿远景区，遥感地质调查新发现异常 1734 处，矿化蚀变带 17 处，为进一步开展区域矿产勘查工作提供了找矿线索。海上和陆域航空物探油气调查，新圈定 12 个油气预测区。编制完成《全国油气盆地航磁调查成果图集》和《1∶100 万中国陆域航磁－地质构造系列图》，初步完成《全国重要成矿带航空物探调查成果图集》，编制了中国海域－西太平洋磁力异常图南北两个图幅，推进了航空物探技术、成果在全国油气和矿产资源调查中的应用。

（三）遥感环境调查服务国家战略决策。

全国国土遥感综合调查为国家自然资源一体化改革提供了技术支撑，完成了全国陆域林地、地表水、海岸带等 6 大要素的遥感综合调查，集成中国大宗矿产、地下水、土地利用现状等要素调查成果，更新了《中国自然资源图集》，将图集送至中央领导。全国地面沉降监测工作服务国家区域协同发展战略，编制中东部、京津冀地面沉降 InSAR 监测一张图，完成京沪高铁全线地面沉降 InSAR 调查与重点区段精细监测。服务国家“一带一路”战略。开展境外地质调查及编图，为局《“一带一路”能源和其他重要矿产资源图集》编制了相关图件。突发地质灾害应急遥感调查服务民生。迅速响应，快速开展了尼泊尔－西藏 8.1 级地震、陕西山阳滑坡、新疆公格尔九别峰冰川移动和深圳滑坡监测等应急调查。

（四）矿山遥感调查与监测为矿山开发、环境治理提供技术支撑。

开展了陆域 192 个全国重点矿区矿山开发环境监测，提交矿产开发疑似违法图斑分布图及报表 8716 份，为全国矿产卫片执法监督检查工作提供了基础数据。基本查明了全国矿产资源开发状况和矿山地灾、固体废弃物分布、矿山环境治理复绿等情况，编制了全国、省级、县级系列图件（表）和分析评价报告。

（五）遥感综合调查开拓军民融合新领域。

组织军民 21 家单位，利用自主卫星技术，开展边海防地区基础地质遥感调查工作，摸清了东北、西北、西南和三沙等边境地区 80 余万平方千米资源及环境现状与变化情况，形成了边境地区基础地质遥感和国防建设应用专题图件，有力支撑了边境地区自然资源管护和国防建设等工作。

二、科学研究

重视科技创新引领作用，新组建了科学技术委员会和物探、遥感、信息3个专业技术委员会。推动国土资源部航空地球物理与遥感地质重点实验室建设，编制了《重点实验室发展规划（2015～2020年）》。第二届航遥青年创新基金课题结题，完成第三届课题征集评审。

（一）航空物探技术发展。

航空物探综合勘查系统不断完善和提升。全年集成航磁、航重、航电、航空重/磁、航磁/放、航空磁/电/放6种不同形式的航空物探测量系统19套，完成多种综合测量系统与飞机平台改装集成并全面投入生产测量。航空数字光泵磁力仪、航空伽马能谱仪、航空重力仪、航空物探综合勘查系统等一批863科研成果已经转化成生产力，为地质矿产调查评价和资源能源勘查提供了性能稳定、技术成熟的多参量综合测量航空物探勘查系统。

成功完成新型航空重力梯度平台样机飞行试验，系统各项指标达到了试验设计要求和目标。新型航空重力仪研制取得实质性进展。研制完成了航磁三分量测量系统和航空超导全张量磁梯度样机。直升机吊舱式时间域航空电磁勘查系统升级完善，可应用于隐伏金属矿产和地下水勘查。研制了大速高比条件下五组合特宽角相机和适于航空物探无人值守的测量系统。升级了国产航空物探数据处理解释软件，提升了数据处理能力和反演解释方法实用化水平，软件系统在全国大规模推广应用。

（二）遥感技术体系建设。

国土资源卫星业务运行系统实现了资源一号02C、高分一号和高分二号3颗国土资源卫星的业务化运行。可实现每天接收卫星数据2000景，数据量1.2 TB，每天800～1000景卫星数据的正射产品自动化生产。中心牵头开展国家空基规划陆地业务卫星2型4星工程、陆地资源调查监测卫星业务应用工程可行性研究通过了评估。开展了高光谱数据无缝拼接技术和光谱模拟技术的研究。应用遥感技术，创新性提出了“基于地质背景的目标识别方法”和“岩石风化程度遥感调查技术方法”等一批遥感地质调查技术方法。

三、国际交流与合作

2015年，派出4批次11人次专业技术人员赴国外工作考察交流，积极开展了多次援外技术培训，接待来自秘鲁、加拿大、马里、巴基斯坦等国技术专家10批次131人次到访。组织参加了2015年中国国际矿业大会和地球观测组织（GEO）等国际会议，促进了中心在航空物探及遥感对地观测领域的技术输出和宣传。

四、地质调查信息化建设与服务

（一）主动向系统单位对接服务。

调研了28个局属单位的国产卫星需求，与油气调查中心、成都地调中心、武汉地调中心等单位多次开展业务对接，了解了对方需求，推动了工作部署，促进了相互合作。向国土资源系统、局属单位等105家单位（机构）提供数据13.3万景、正射影像产品$3565\times10^4\ km^2$。向天津地调中心提供陕西商南－丹凤航空放射性调查系列图件，为其部署铀矿资源地面普查提供资料。

（二）形成航空物探遥感网络服务体系。

初步完成航空物探遥感数据集成与服务系统建设，数据资料服务门户网站上线运行，发布《全国六大区1∶250万航磁化极等值线平面图》《1∶25万航磁系列编图》和《航空物探遥感工作程度图》等产品信息，及时提供管理结果查询服务。向全国地质资料馆汇交地调项目成果资料26档，向全国52个单位提供航空物探遥感资料服务739次。接收、编档入库成果资料252档、13 910件。

改革创新

一、人才队伍及干部队伍建设

引进高校毕业生31人，调入3人，2名博士后出站。举办培训59期1200人次。完成专业技术岗位和管理方位遴选，109人次得到晋升，7名副处级干部试用期满如期转正。1人获全国十佳最美地质队员称号，1人入选第二批国土资源杰出青年科技人才培养计划、1人被评为地调局第二届杰出青年，1人获第二届海洋测绘学科发展突出贡献奖。

二、安全生产工作

加强安全生产管理保障系统建设和北斗导航终端的运行使用。举办野外安全生产培训3次，野外检查9次、基地检查7次，野外工作组检查193次。开展“安全生产月”活动，举办紧急疏散和消防演练。全年共落实使用安全经费298万元，接受局安全生产检查1次，未发生安全生产责任事故。

三、保密工作

落实保密工作责任制。开展全中心保密自查、检查共6次。接受局保密检查1次。履行出国人员行前保密提醒制度，完成多形式保密教育。全年未出现失、泄密事件。

四、民主管理和事务公开

大力推进职工民主政治建设，按时召开第六届职工代表大会，完成工会及职工代表年度培训工作。组织召开民主党派和无党派人士座谈会，八一前夕召开复转军人座谈会。务实推进事务公开，对制度办法、重大事项、业务科研进展、经费使用等进行及时公开通报，全年公开信息383条。

五、信息宣传

在《中国国土资源报》《中国矿业报》和《地质调查报》等媒体上刊发各类新闻65篇，在地调局网站上发布新闻110条，部内要情28条，局内要情45条，在《地质调查成果快讯》上刊发22篇稿件。

六、后勤保障工作

积极推动职工住宅建设项目，已进入预施工阶段。对水、电、暖等设备进行维修保养，实施基地维护及抢修工程45项，确保了水、电、暖的正常供给。组织开展职工体检，为职工提供日常医疗服务。

经济管理

通过使用预算控制查询系统、实行生产调度会制度，对生产进度、预算编制及执行进行了全程监控和管理。2015年，财政预算拨款合计约4.11亿元（国库支付额度3.67亿元），支出3.56亿元（国库支出3.2亿元），执行率86.75%（国库执行率87.28%）。

党建与精神文明建设

积极开展“三严三实”专题教育，促进思想和作风转变。先后举办“践行三严三实、严肃组织生活”党支部书记培训班和“践行三严三实、贯彻局党组决策部署”管理干部培训班。认真召开领导班子专题民主生活会和支部组织生活会，深入查摆“不严不实”问题，开展批评与自我批评。

一、党的建设

加强理论学习，全年共召开17次中心组理论学习会。加强日常宣传教育，先后组织开展了职工“四态”问卷调查、党内“两优一先”评选和“七一”庆祝表彰大会、纪念抗战胜利70周年参观等活动。加强党支部建设，组织开展党支部工作考核和党建述职考核评议。做好党员发展工作，5名同志光荣加入党组织，9名预备党员按期转正。

二、党风廉政建设

召开党风廉政建设工作会议，对全年反腐倡廉建设工作进行了部署；层层签订责任书，打造共同责任体制。制定出台了《关于进一步加强党风廉政建设和反腐败工作的意见》和《落实“两个责任”实施意见》，研究制定了《贯彻落实2015年局党组“六个强力推进”工作方案》，组织开展了“两个责任”专项检查和考核。组织开展党风廉政宣传教育月活动，开展了“两个责任”专题理论学习、“依法依规办事”专题研讨会、组织参观了局廉政文化展、司法部燕城监狱等系列活动。配强配齐纪检监察干部，各党支部配齐了纪检委员。修订完善了《中心廉政风险三级防控责任体系》，加大内部审计力度，对中心财务管理、各项经济业务往来合同、飞行公司招标等开展了专项检查。

三、精神文明和航遥文化建设

研究制定了《航遥中心职工行为准则》和《航遥中心办公及家属区文明公约》。丰富职工文化生活，组织开展了“庆元旦·迎新春”棋牌系列活动、职工运动会、第四届“航遥优秀青年”评选表彰等活动。

四、民生工程

以人为本，持续改善职工工作、生活条件。关注野外一线人员工作和生活，举办了野外队出征、凯旋仪式，班子成员在国庆、中秋等节日慰问达100余人次。认真对待职工来信来访，全年安排领导接待日11次，接待来访4人次。

五、维护职工和离退休队伍和谐稳定

高度重视职工队伍思想稳定，密切关注职工思想动态，维护和谐稳定的发展局面。加强离退休党支部建设，推进“三到位”工作法，坚持离退休党支部党日活动。从思想和生活上关心离退休老同志，改善老同志活动场地条件，精心组织系列文体活动，活跃离退休职工文化生活。全年慰问老同志180余人，日常探视170余人次。

（王　艳）

中国地质科学院地球物理地球化学勘查研究所工作

中国地质科学院地球物理地球化学勘查研究所

概　况

中国地质科学院地球物理地球化学勘查研究所（以下简称“物化探所”）作为国家公益性科研机构，既是中国科技创新体系的组成部分，又是中央基础性公益性地质调查机构，是中国现代地质勘查行业物探和化探两大学科的科研创新基地，相关应用基础理论和新方法新技术研究开发、成果转化的辐射源。

内设机构包括7个职能管理部门，4个服务部门、11个业务研究部门、1家所属公司。在职职工371人、离退休职工363人，在职职工中科技人员280人，其中中国科学院院士1人，具有高级专业技术任职资格的128人，享受政府特贴人员3人，百千万人才工程国家级人选2人，省部级科技人才计划9人，5人入选国土资源高层次创新型科技人才培养工程，1个团队入选国土资源科技创新团队。

2015年，承担各类科技项目109项。获批专利和软件著作权16项，发表科技论文106篇，其中SCI和EI论文21篇，出版专著1部。获国土资源科学技术奖二等奖1项，局地质科技奖二等奖1项，入选地调局、地科院2015年度地质科技十大进展1项，参与广东省科技成果奖二等奖1项。基本建设完成超净实验室、磁屏蔽实验室；物化探方法技术实验研究中心大楼投入使用。

地质调查进展与成果

2015年，物化探所以承担隶属“九大计划”的2个工程为平台，将地质调查与科学研究紧密结合，重点围绕支撑能源资源发现、服务国土资源工作、科学技术创新三大需求展开工作，取得系列进展和成果。

一、地质调查工作进展

1. 松辽盆地西缘油气地球物理调查取得新进展。通过非震物探综合地质调查在火山岩覆盖层下发现三个凹陷区，经高ZK1井钻探验证，油气层位与地球物理勘探预测的层位、深度完全一致。建立的划分中生界、晚古生界地层的解译模式为松辽盆地西缘深部地质构造及控盆作用研究，主要断裂的深部构造样式及其对盆地形成的控制作用分析提供了可靠地质依据，为东北地区“新区、新层系”油气资源调查取得突破提供了强力支撑。

2. 实现了局直属队伍实施生产性油气地震调查零的突破。利用2台套千道地震仪，开展“松辽外围西部盆地群油气基础地质调查”项目二维反射地震勘探工作，完成油气地震勘探180测线千米，获取的高质量原始数据，得到大庆、东北石油局等石油领域专家高度认可，为了解地层单元及构造展布特征，分析石油地质条件提供了可靠资料。同时，还完成了青南藏北天然气水合物资源地震勘探50测线千米的工作。

3. 航空物探调查成果为资源勘查突破提供支撑。钦杭成矿带湖南段开展的1:5万航空物探调查工作，编制航空物探综合岩性构造图，新发现矿点、矿化点8个，完成了全区多金属及放射性铀资源找矿远景区及重点找矿靶区预测，圈出各类远景区40片，重点找矿靶区52个。运用以彩虹－3中型无人机为平台的航空地球物理综合测量系统开展了塔里木等重要油气盆地的航磁调查，为基础地质调查增添了新技术支撑和服务手段。

4. 运用多种地球物理、地球化学勘查技术在南疆地区大型资源基地调查工程、江南陆块及周缘地质矿产调查工程、华北陆块及周缘地质矿产调查工程中开展示范应用。在新疆喀拉通克铜镍矿区勘查中，运用深部金属矿抗干扰地震技术推测630～1150 m处存在深部隐伏岩体，经钻探验证的岩体埋深为671.45～1176.25 m，厚度达478 m，并在1119.65～1122.65 m断续见镍黄铁矿、黄铜矿等，为该区深部找矿指明了方向。

5. 建强土地质量地球化学调查中心，牵头组织编制完成《中国耕地地球化学调查报告（2015年）》。该成果入选地调局、地科院2015年度地质科技十大进展，报告由地调局在2015年全国土地日活动现场正式发布，推动了各地土地质量地质调查的开展和成果的应用。推动浙江、广西、福建等省（区）与部合作开展土地质量地球化学调查，为其他地质调查工作支撑服务国土资源中心工作、服务企业、服务社会提供了示范。全面推进土地地球化学调查工程2015年32个拟结题工作项目的野外验收工作。

二、地质调查成果

（一）支撑能源资源调查新发现或重大突破及寻找深部矿方法技术研究进展。

1. 支撑油气、天然气水合物调查的物化探勘查技术体系初步形成。总结提出了油气与天然气水合物调查、战略性油气地球化学填图、冻土区天然气水合物调查的有效物化探方法技术和指标。研究出的物化探勘查技术组合、游离烃甲烷碳同位素新技术，天然气水合物资源评价的分形－GIS新技术，松辽盆地油气地球化学模式谱系等在发现松辽盆地、羌塘盆地若干油气、天然气水合物远景区得到有效运用。

2. 深部矿勘查地球化学理论方法研究取得突破。提出多维异常体系，构建异常结构模式，提出了深部矿体预测方法，利用元素负异常，可以有效界定热液成矿系统的边界。同时研发出三维异常结构模型及可视化系统，实现了地球化学异常结构建模和可视化分析，构建了以多维异常体系理论为基础的矿产资源潜力评价方法。在胶西北焦家金矿上方土壤热磁组分微孔隙中，发现几十至几百纳米的纯金属颗粒，为方法有效性和机理探讨提供了微观证据。

（二）加强物、化探学科能力建设进展。

1. 研制出先进的电磁法传感器。深入研究磁心、线圈绕制技术以及磁反馈技术，研制出频率域感应式磁场传感器 IGGE－30、IGGE－80，可完全替代美国 ZONGE 的 ANT/6、加拿大凤凰公司的 AMTC－30、MTC－80 感应式磁场传感器，直接配接国产仪器。

2. 固定翼时间域航空电磁系统全状态集成调试试飞取得成功，突破了多项航电仪器研制、专用飞机平台改造技术，将为区域地质调查提供电性填图新技术。

3. 地下物探工作站建设初步完成。该工作站以地下电磁波层析成像、井中磁测、井中激电、地球物理测井等方法技术为主，集仪器和软件于一体，适用于井深 2000 m 工作，通过三维井地磁测约束反演等方法技术，实现全空间大深度立体探测。

4. 研发出新型全自动双通道气体发生－原子荧光光谱仪，获 22 项国家实用新型专利；组织起草的《矿产可控源音频大地电磁法技术规程》和《相位激发极化法技术要求》2 个规范作为行业标准发布实施。

5. 覆盖区找矿立体勘查地球化学方法技术体系进展。独立供电偶极子地电化学技术研发成功，元素活动态测量技术、土壤热磁组分测量技术、浅钻地球化学勘查技术取得突破，实用化程度、适用性、可操作性大大提高，为解决覆盖区资源勘查提供了更加先进和成熟的技术。

（三）加大物化探地质资料应用服务力度。

1. 发挥资料和专业优势，完成或参与了中国耕地质量、区域地球物理、区域地球化学调查报告，全球地球化学分析报告，重点成矿带 1∶25 万区域重力调查成果文集，中国陆域地球化学系列图（1∶500 万～1∶25 万），中国陆域地球物理系列图件编写编制；圆满完成局下达的“百年百项”成果编写任务，总结了全国以区域地球物理、区域地球化学为主的区域地质调查工作发展和成果；利用三维大地电磁测量成果资料，建立长江中下游地区岩石圈地质结构模型，为长江经济带建设提供深部地质资料。

2. 开发了系列物化探资料社会化服务产品，完成局地质信息服务网络物化探专业服务节点建设；研制完成中大比例尺化探数据一体化处理系统（Geochem Studio 1.0），向全国地勘、有色、冶金等行业推广赠送 82 套。

3. 推进地球化学调查样品分析方法标准化。完成地球化学调查样品 76 种元素分析方法的标准化工作，初步形成 58 种分析方法的标准文本送审稿；通过解决质谱干扰问题、研究元素分馏效应定量评价方法，建立了熔融制样 LA－HR－ICP－MS 法测定铌、钽、锆、铪和稀土元素等 49 种元素的分析方法。研制了 7 个土壤、10 个水系沉积物、6 个岩石和 17 个金标准物质；组合制备标准控制样 960 组共计64 000件，对外发行单位 625 家，有效监控 900 余批次样品分析质量。

三、建成联合国教科文组织全球尺度地球化学国际研究中心，支撑服务“一带一路”战略获进展

1. 依托所建设的联合国教科文组织全球尺度地球化学国际研究中心于 2015 年 9 月获国务院批准，标志着中心正式成立；中心办公大楼建成，网站域名和 IP 地址获批准，内网试运行；编制完成全球地球化学分析报告（送审稿）。

2. 部署开展了全球尺度、“一带一路”巨型成矿带尺度和国家尺度地球化学填图工作；制订中英文版《全球地球化学基准采样指南》《国家尺度地球化学填图采样指南》等 6 个系列国际地球化学填图技术指南；建成全球平面和球面图形展示检索的“化学地球”平台；培训承担境外地质调查任务的科技人员，为获取全球各国一致性地球化学数据奠定基础；完成与“一带一路”重点国家双边合作协议文本，与土耳其、伊朗签署地球化学填图合作协议；完成中、美、欧、澳 8 个重金属元素污染状况对比和全球地球化学数据库 27 元素数据甄别、入库工作及全球地球化学基准网建设国内 500 个基准点采样、老挝 200 个样品采集工作。

四、开展国内外科技交流合作

1. 加大科技合作与交流力度。组织召开关键技术问题研讨、成果交流、方法技术培训 28 次，邀请国际专家专题学术报告 2 次，参会人数 510 人次；参加国际学术研讨会 5 项，累计 7 人次；赴老挝等 5 国执行境外地调项目并进行技术交流 12 人次；组织接待 200 余名外国学者来所访问和学术交流。因公出访项目获批 11 项，已执行 10 项，实际出访 19 人次。

2. 中拉青年科学家交流计划实施顺畅。哥伦比亚地质调查局青年地质学家艾德里安·佩雷斯·阿维拉 2015 年 4 月到所进行为期一年的工作访问，全面了解中国地球化学填图方法技术，能够熟练地从事全球尺度地球化学填图和全球地球化学基准方面的合作研究，为在全球尺度地球化学国际研究中心框架内开展中－拉国际合作奠定了基础。

3. 为安哥拉地矿部培训地球化学样品分析测试人员。按照《安哥拉 IGEO 基础设施项目实验室人员培训及运营技术服务合同》约定，2015 年 9～12 月，对 25 名安哥拉技术人员进行地球化学分析理论知识和操作技能培训，推动了中国的地球化学分析测试技术走向世界。安哥拉地矿部部长德凯罗斯专程来华参加学员结业典礼。

改革创新

一、围绕地调科研深度融合需求开展重大科研项目立项工作

围绕地质调查任务和国家战略需求、主要研究方向上国内外发展趋势，组织自然基金立项工作，召开 5 次 9 场立项专家研讨会，3 项自然科学基金项目获准立项。积极申报国家重点研发计划“深部资源勘探开发”计划中的地球物理探测和地球化学勘查技术研究项目，基本完成申报材料有关文案。

二、制度建设工作

以“五问”“五不唯”作为成果和人才评价标准，制定“地质科技人才队伍建设暂行办法”，完善人才使用、引进、培养、评价和激励机制，明确了人才成长和团队建设导向；起草《地质调查成果评价办法》（征求意见稿）；完善内控机制，编制所主要规章制度汇编手册，出台推进项目分级负责、艰险地区野外工作管理等方面规章制度 10 余项。

三、安全、保密工作

1. 安全生产工作。深化一岗双责，逐级签订责任书；出队工作组 139 个，出车 400 余台次，近千人直接参与野外工作。出队项目实现安全生产管理保障系统全面审批和实时监控。出台艰险地区野外安全生产工作管理办法，提升艰险地区野外保障程度。

2. 保密工作。制定年度保密工作要点，逐级签订责任书；召开保密委全委会 2 次，对重要事项专题研究、落实；实施野外检查 17 批次，室内检查 2 次；发放 31 台野外保密专用笔记本电脑，改善野外保密工作条件；完成“科研楼网络信息系统建设”项目，改善了网络系统安全性；加强定密工作，购置 100 本定密指导手册供业务处室负责人、涉密人员学习；实施对 5 份成果报告的密级认定和 5 篇论文、1 部文集、1 部花岗岩图集公开出版保密审查工作；总结贯彻实施“十二五”时期全国保密事业发展规划情况并上报。

经济管理

2015 年，经济运行情况良好，折旧后总资产达 5.35 亿元，比上年增长 1.73%，其中固定资产增加 2.98%，净资产增加 1.88%。预判分析预算实际执行能力，主动优化结构，将结转资金与预算编制相结合，加大预算统筹管理力度。全面落实预算执行节点管理，按月推进并动态修正，协调和督办预算执行。清理以前年度项目结转结余资金，盘活财政存量资金，着力清理备用金，严格执行先清后借原则，有效控制了备用金额度。全所总收入 25 711.58 万元，国库额度执行率 90.1%。

人才队伍建设

切实落实局两个《指导意见》和三个《暂行规定》精神，加强队伍建设。推荐国家科技入库专家 53 人，职称评审专家 31 人。成杭新获全国国土资源管理系统先进工作者，张勤、张杰分别入选第二批国土资源科技领军人才开发和培养计划、杰出青年科技人才培养计划，以王学求为带头人的地球化学填图研究团队入选第二批国土资源科技创新团队培育计划，成杭新、王学求被评选为局首批杰出地质人才，刘亚轩获中国地质学会第十五届青年地质科技奖银锤奖。接收高校毕业生 7 人、博士后 2 人。鼓励年轻科研人员担当项目第二负责人，目前 35 岁以下项目负责人占项目负责人总数的 47%，较 2014 年又有增长。

党建与精神文明建设

一、党建与精神文明建设

加强领导班子建设，发挥政治核心作用，坚持“三会一课”制度，召开领导班子民主生活会和支部组织生活会，提高党组织凝聚力和战斗力。开展“三严三实”专题教育活动，查摆“不严不实”问题并认真整改。发放《优秀领导干部先进事迹选编》，学习《中国共产党廉洁自律准则》和《中国共产党纪律处分条例》，提高党员党性修养。为规范所党委内部议事规则和民主决策程序，修订《党委议事规则》。举办抗战胜利集邮展、组织离退休职工开展书法摄影展、健康知识讲座等活动，开展职工羽毛球、乒乓球等健身活动，丰富精神文化生活。

二、建立充实监察审计机构和人员，完善制度建设

建强所领导班子，白冶同志调入物化探所任纪委书记。单独设立监察审计处，聘任处长 1 人，调整配备工作人员 2 人，机构、职责和人员到位。制发《推进项目分级负责防范廉政风险实施办法》和《关于落实党风廉政建设党委主体责任和纪委监督责任的实施办法》，完善《物化探所党委关于贯彻落实中央“八项规定”的实施办法》等规章制度。层层签订廉政责任书，实现廉政责任全覆盖，健全防控体系。

三、推进党风廉政建设

纪监审部门围绕中心，推进“三个转变”，加大执纪监督问责力度，落实好“两个责任”和“八问”责任传导机制。举办以“廉通你我，地兴人和”为主题廉政文化周活动，强化廉政教育；组织处级以上干部填报廉政信息表，进行个人有关事项报告；对重点项目、物品采购、人员招聘、业务委托单位优选等重要工作加强监督；配合局开展财务、地调项目和装备等“三项大检查”，并进行内部审计，防控廉政风险；进一步清理规范办公用房、公务用车等，严控“三公经费”使用。

（王路阔）

中国地质调查局油气资源调查中心工作

中国地质调查局油气资源调查中心

概 况

中国地质调查局油气资源调查中心（以下简称“油气调查中心”）是中国地质调查局直属的国家公益性地质事业单位，承担油气资源基础性地质调查、重点地区油气资源战略调查及相关综合研究工作，为国家油气资源战略、规划、管理及勘查开发提供基础支撑，为经济社会发展提供油气地质基础信息资料和公益性服务。

主要职责和任务：开展石油、天然气资源基础地质调查、重点地区油气资源战略调查评价以及相关综合研究工作；开展页岩气、天然气水合物、煤层气、油页岩、油砂等非常规油气资源调查评价及相关综合研究工作；承担海洋地质战略研究、工作部署研究及相关综合研究工作；开展油气资源调查评价新技术、新方法、新理论的研究、引进、示范与推广工作；承担油气资源调查评价相关技术标准研究工作；开展油气资源调查评价相关信息化建设与成果资料服务工作；开展油气资源调查评价相关国际合作与交流；承担部、局交办的其他事项。

油气调查中心共设13个处室：办公室、条件保障处、财务资产处、科技处（项目管理处）、人事教育处（党委办公室、安全生产处）、监察审计处、油气地质调查室、页岩气调查室、天然气水合物调查室、海洋地质研究室、综合研究与数据信息室、勘查技术室、试验研究中心。

2015年底，在职职工133人，局级以上领导5人，中层干部19人；各类专业技术人员111人，占83%；研究生以上学历108人，占81%；具有高级职称人员42人，占32%。

2015年，非常规油气地质实验室正式运行，建成地球物理数据处理解释中心，启动页岩气、天然气水合物调查研究中心建设。高度重视安全保密工作，强化落实责任制，全年无事故发生。

2015年，油气调查中心1项成果入选2015年度地质科技十大进展；发表学术论文55篇，其中SCI论文7篇、EI论文11篇、中文核心期刊论文24篇。获得1项实用新型专利中国专利优秀奖和3项国家发明专利。

地质调查进展与成果

2015年，油气调查中心组织实施和承担各类中央财政项目、课题76项，总经费82 996.47万元。公益性油气资源调查取得进展和发现。为部、局提供了强有力的业务支撑。

一、地质调查项目工作进展

（一）油气资源调查评价。

油气调查中心贯彻落实地调局党组决策和部署，以能力建设为主线，坚持“出成果、出人才”，油气调查能力建设取得明显进展。全年完成高精度重磁面积测量4550.70 km^2、剖面测量1413.24 km，大地电磁剖面测量6517.44 km，时频/音频电磁剖面测量682 km，二维地震剖面测量2665.77 km，油气化探1492点；完成钻井20口、正在钻井19口，累计进尺50 629.34 m；地层含油气测试4口井；取得多项成果与进展。

1. 北方油气新区调查取得重大发现。鄂尔多斯盆地东南部碳酸盐岩油气战略调查取得重要突破：鄂尔多斯盆地马五段见良好油气显示，部署实施宜参1井，试气产量达每日37 000 m^3，填补了本区奥陶系新层系风化壳油气勘探空白，综合研究进一步圈出了鄂尔多斯盆地奥陶系古风化壳展布范围，开拓了盆地南部3500 km^2 的油气勘探新区。松辽外围通化盆地首次钻遇油气显示，部署实施该盆地第一口油气地质调查井通地1井，见油气显示18处，总厚度30.46 m，为分析松辽外围东部地区油气基础地质条件和资源潜力提供重要依据，提振油气企业松辽外围勘探信心。伦坡拉盆地中深层岩性油气勘探再获突破：旺2井钻获油气显示23层，总厚度88.5 m，深化了伦坡拉盆地油气地质条件及成藏认识。煤层气调查取得发现：启动了新疆准南、黑龙江鸡西、四川南部及贵州六盘水等4个重点地区、典型类型的煤层气地质调查工作，均钻获良好煤层气显示；部署实施的准南玛纳斯冲断褶带低煤阶煤层气第一口参数井玛煤参1井，共钻遇煤层47层38.76 m，展示了新疆准南西山窑组低煤阶煤层气良好的勘探前景。塔里木盆地库车坳陷和柴达木盆地鱼卡西部钻获优质油砂：巴油砂1井在侏罗系克孜勒努尔组获高品质油砂岩心7.23 m，油砂最大单层厚度3.5 m，鱼油砂1井在侏罗系采石岭组获饱含油级别油砂岩心14.48 m，油砂最大单层厚度5.2 m，显示了塔里木盆地北缘和柴达木盆地北缘良好的油砂勘探潜力。羌塘盆地外围措勤盆地新发现两处油气显示，青海南部和羌塘盆地发现天然气水合物间接信息。

2. 南方页岩气调查取得新突破。部署实施的安页1井，首次在南方志留系石牛栏组海相灰岩获得高产天然气流，并见到少量稠油，实现了武陵山复杂构造区海相领域油气战略调查重大发现。部署实施的镇地1井，在秦岭-大巴构造区下寒武统牛蹄塘组首次发现页岩气。部署实施的秭地1井和秭地2井，在下震旦统陡山沱组和下寒武统牛蹄塘组均钻遇良好显示。部署实施的汶页1井是鲁西南隆起地区首口页岩油地质调查井，获油气发现93层累计厚度202.84 m，展示了鲁西南地区中小型凹陷群页岩油调查前景。贵州黔北、湖北巴东、湖北秭归、湖南涟源以及安徽泾县等地均获页岩气重要发现。广西天峨地区获取一批高品质二维地震资料。

3. 支撑油气和页岩气勘查开发体制改革取得成效。完成新疆地区油气招标区块选择及地质资料包编制任务，优选5个招标区块，国土资源部据此发布《新疆石油天然气勘查区块招标出让项目（2015）公告》。编制完成"一带一路"石油天然气勘探开发图集，得到党和国家领导人的重要批示，已提供有关单位参考。跟踪招标区块勘查开发进展：初步搭建了页岩气资料信息共享平台，完成9个招标区块勘查开发资料录入；通过《页岩气动态》《钻井日报》和《页岩气勘查开发年报》等提供社会化服务；组织页岩气勘查开发成果交流会、技术研讨会和专家咨询会，为招标区块提供交流平台；优选45个页岩气区块并编制资料包，完成《页岩气调查地震资料采集与处理技术规程》《页岩气调查地面时频电磁法技术规程》和《页岩含气量测定恒温解析法》三项页岩气标准制定；加强与中央、地方和企业联动，助推黔北、川南等国家级示范区建设和鄂西等省级页岩气示范区建设。跟踪全国页岩气、煤层气、油页岩、油砂等非常规油气资源勘查开发进展，编制提交了《中国页岩气资源调查报告（2014）》《中国煤层气资源调查报告（2014）》《中国油页岩资源调查报告（2014）》、《中国油砂资源调查报告（2014）》和《中国主要含油气盆地调查报告（2014）》。开展基础性油气地质综合研究，编制全国油气基础系列图件、图册；配合国土资源部完成油气、页岩气区块督察方案编制和专项督察；为部、局油气资源战略、规划、管理以及勘查开发提供基础支撑。

（二）公益性作用。

1. 非常规油气地质实验室于2015年6月成立并全面对社会开放。引进了FIB-SEM、Qemscan、场发射扫描电镜、原子力显微镜、红外碳硫仪、岩心综合测试系统、脉冲式覆压孔渗仪等55台实验装备，形成了非常规油气储层物质成分及宏-微观结构表征、页岩生烃能力和物性、页岩（煤层气）含气性、陆域天然气水合物现场分析检测、陆域天然气水合物试采与环境监测5大技术体系及综合研究能力。开通运行非常规油气实验室网页平台，设立实验室开放基金，累计提供有机碳、岩心综合测试、高光谱岩心扫描、气相色谱等9大类500样次的分析测试。

2. 建设公益性油气地质信息服务平台，启动建设全球油气数据信息中心。平台于2015年3月上线试运行，作为全国唯一面向社会的公益性油气地质信息专业网站，通过全国、全球盆地勘探程度、资源潜力分布和基础设施等数据信息集成服务，为国家和企事业单位的油气资源战略、规划、管理以及勘查开发提供信息支撑。

3. 地球物理数据处理解释中心于2015年5月正式挂牌成立。以支撑油气基础地质调查、服务社会为目的，引进了12套地震、非震数据处理解释软件，装备大型并行机1套，工作站11台，二维地震年处理能力2000 km，能够满足油气、页岩气、天然气水合物等地球物理调查数据的处理解释需求。2015年，处理二维地震2000 km，提交6口井位建议，为井位论证部署提供了科学依据。

4. 页岩钻井岩心高光谱扫描采集，向中标企业提供岩心数据服务。基于国内第一台高光谱岩心扫描仪HyLogger，完成7100 m岩心高光谱数据扫描采集，进行数据解释处理，绘制了页岩钻井矿物成分深度曲线图。向城口区块、黔江酉阳区块和秀山区块提供了岩心高光谱扫描数据及解释成果服务，网络提供页岩气岩心服务信息，助力页岩气中标区块进一步开展页岩气勘探开发工作。

5. 实行地质工程网上日报制度，提供社会化服务。发布30多口钻井的钻井工程地质日报，伦坡拉盆地、敦煌盆地、伊犁盆地等地区的二维地震、非震工程施工日报和其他调查工作，实现了公益性调查成果与社会的同步共享。

二、科学研究

（一）理论创新。

对祁连山冻土区天然气水合物伴生矿物及岩石主微量元素地球化学研究，获得了祁连山冻土区天然气水合物成藏体系地球化学动力学新认识，成果在国际SCI期刊*Marine and Petroleum Geology*正式发表。在北羌塘首次发现早侏罗世“海蜷蛤页岩相”，有助于进一步认识中生代羌塘盆地沉积和古海洋演化历史，促进北羌塘坳陷天然气水合物等非常规或常规油气资源的找矿工作。在羌塘盆地发现微生物新菌种——*Youhaiella tibetensis*，成果在国际期刊《国际系统与进化微生物学》正式发表。航空高光谱探测技术应用于准东地区油气调查。

（二）发明专利。

《含气量连续测量装置》专利获国家知识产权局“实用新型专利中国专利优秀奖”。该技术方法及其装置已应用于多口井钻探现场，为页岩气资源评价、有利区优选提供技术支撑。自主研发的天然气水合物钻井岩心分解气的真空提取方法、采集系统和采集方法，获得3项国家发明专利。

三、国际合作与交流

2015年，邀请国内外专家学者来访进行学术交流，组织国内学术交流会议26场次，参加学术会议和研讨会120余人次。完成外事出访任务5批9人次，出访国家有瑞士、美国、加拿大、韩国、泰国、德国和澳大利亚。

改革创新

业务体系建设工作。加强野外调查能力建设，组建了地球物理勘探试点队伍（非震勘探队），工作人员50余人，仪器30余台（套），完成500 km非震工作任务。引进新技术新设备，在青海哈拉湖、西藏尼玛部署可控震源车，开展油气及水合物资源勘探，突破了高原油气勘查技术瓶颈，取得的地震资料质量显著提高。首次开展海上野外调查，完成预期目标。开展资源调查发展战略研究，提出《美国地质调查局公益性油气地质调查工作分析报告》和《我国大国能源发展全球经略报告》。全面协调推进陆域能源矿产地质调查计划。持续开展大型盆地综合研究。获批设立博士后科研工作站。通过第三方监督审核，成功延续质量管理体系认证证书。建立新疆伊犁、西藏拉萨2个野外工作基地和6个井场野外标准化建设基地。

制度建设工作。加强制度建设，规范管理人、财、物关键环节，新增10项制度和管理办法。

新闻宣传工作。2015年，部、局网站采用油气调查中心新闻稿件89篇，部内要情采用30条，局内要情采用48条。引起社会广泛关注，《人民日报》《中国国土资源报》《中国矿业报》、新华网、人民网、凤凰网、央广网等媒体发表报道106篇，对油气调查中心重大成果进行报道。

改善办公条件。维护网络安全设备和常规网络设备，建设实验室弱电系统、监控系统、会议系统和无线系统。完成中心装备采购，完成了设备采购594台（套）。加强设备管理，完成设备实物管理建档等基础工作。完成实验室改造并交付使用，完成职工食堂简易改造和环境整治。

安全保密工作。落实安全生产、保密和综合治理责任制，全员签订责任书。开展野外工作现场及办公基地安全、保密检查共计60余次，各层次安全、保密培训50余次，投入安全生产经费228万元。做好综治工作，强化安全稳定意识，定期检查，配齐消防器材。

文书档案工作。完成首次档案整理工作并建立数字化档案库。完成2012～2014年档案和资料整理共2376件，形成电子档案29 800页。

经济管理

强化预算精细管理，完善财务内控制度，加强资金使用管理，完成地调局年度考核。加强委托业务立项和承担单位优选工作，外协项目严格执行先审计后验收，检查和调研高校承担委托业务经费使用情况。2015年，财政项目预算收入82 654万元（子项目55个），基本支出收入674.15万元，2014年度财政项目结转6765.45万元，3项合计90 093.6万元。2015年，预算支出80 743.46万元，预算执行率为89.62%。资产总计20 005.92万元，负债合计2184.18万元，净资产合计17 821.74万元。

人才队伍建设

扩充人才队伍。引进应届毕业生16人，博士后出站人员2人，社会在职人员3人，2015年，在职职工达到133人。开展2016～2018年二级项目负责人遴选，产生二级项目负责人22人。拥有计划协调人1人，工程首席专家5人，新增国土资源领军人才2人，国土资源杰出青年科技人才1人，国土资源部“五四青年奖章”获得者1人，地调局杰出地质人才2人、杰出青年1人。

党建与精神文明建设

开展“三严三实”专题教育。通过自查、谈心、座谈会等形式，归纳整理出对油气调查中心班子5个方面17条意见和建议，班子成员高度重视及时整改。

推进党风廉政建设。全面落实一岗双责，研究部署中心党风廉政建设工作，提出了“四个坚持、四个确保”要求。落实“八问”责任传导机制，全员签订《党风廉政建设责任书》，逐级细化落实责任。制定印发落实局党组“六个强力推进”实施方案，明确路线图和时间表，有序开展各项工作。深入推进廉政风险防控机制建设，加强对干部职工正反两方面的廉政教育，纪委书记与新任职干部进行廉政谈话。

落实党建工作责任制。深化全面治党要求，建立了以中心党委、党委办公室、党支部为纵向，以各处室为横向的立体化党建工作责任制体系。1个先进基层党支部、1名优秀党员和2名优秀党务工作者获2015年国土资源部“两先一优”评选表彰。

推进精神文明建设，发挥党政工团合力。与平谷区山东庄镇桃棚村落实共建措施，慰问村里老人，开展无线网络建设需求调研。组织观影、健步走、羽毛球训练等文体活动。承办中国地质调查局第四届职工篮球赛决赛，获甲组第三名。开展人文关怀，全年慰问职工23人次。

（吴燕辛）

中国地质科学院地质研究所工作

中国地质科学院地质研究所

概　况

中国地质科学院地质研究所（以下简称“地质研究所”）是国家科技创新体系的重要组成部分，是国家基础地质研究和地质调查的重要力量，主要从事基础性、公益性、战略性和前沿性的基础地质调查和基础地质研究工作，同时承担地质学、地球物理学和地球化学专业研究人才的教育和培养。建所58年来，地质研究所已经基本建成为一个学科比较齐全、人员结构较为合理、设备较为完善的综合性地学基础研究机构，在区域地质及地质编图，大地构造，生命起源演化与地层，前寒武纪地质，超高压变质地质，岩石学、矿物学、地球化学与地球物质科学，大陆动力学与地幔动力学，成矿地质背景与区域成矿学，岩石圈结构及地球动力学，同位素地质学等方面，形成了在国内外有一定影响的优势研究领域和方向。

截至2015年底，地质研究所共有职工466人，其中在职职工254人、离休人员14人、退休人员198人。在职职工中，管理人员33人、专业技术人员218人、工勤人员4人。专业技术人员218人中，两院院士6人、研究员及教授级高级工程师62人、副研究员及高级工程师37人、中级职称及以下人员119人。在职职工中有博士学位的156人、硕士学位的21人、本科24人、大专及以下人员17人。现有6个职能处室、11个专业研究室、1个国家级科技基础条件平台和4个部级重点实验室。全国地质编图委员会、中国地质调查局地层与古生物中心、中国地质调查局三维地质调查中心、1个公开出版物《岩石矿物学杂志》和7个学术机构挂靠在地质研究所。2015年11月成立了纪检监察审计室，由3人组成。

领导班子由4人组成，所长、党委副书记侯增谦，党委书记、副所长何长虹，副所长高锦曦，副所长卢民杰。

安全生产方面全年无安全生产事故发生。离子探针中心二期工程顺利开工建设。完成2015年进口装备34台（套）购置计划，预算批复金额为1000万元。

2015年，以第一作者公开发表论文244篇，其中SCI、EI论文154篇（其中国际SCI论文102篇），核心期刊论文87篇。图幅23件，构造图及说明书1套，专著2部，取得专利3项。国内引用率列全国科研机构第18位。“中国及亚洲重要造山带花岗岩浆时空演化及构造背景对比研究”获国土资源科学技术奖一等奖，“青藏高原南部变质作用与构造演化”获国土资源科学技术奖二等奖。获地调局、地科院2015年度地质科技十大进展1项。

地质调查进展与成果

一、承担项目情况

2015年，科研项目总经费达2.05亿元。其中，承担科技部项目17项、参加11项，经费4850.47万元；承担国家自然基金项目95项，经费3003.75万元；承担地质调查项目48项、参加25项，经费11 673万元；承担横向项目6项，339万元；承担基本科研业务费项目51项，614万元。

自然基金项目获批36项，获批经费3299万元。其中，面上17项、青年15项、优青1项、应急管理1项、重点国际合作1项、重大基金课题1项，资助率44.44%。优青项目资助为首次突破。

2015年3月，杨经绥为首联合国际著名专家申请的国际地球科学计划IGCP-649项目“金刚石和地幔再循环”（Diamond and Recycled Mantle）获联合国教科文组织（UNESCO）和国际地科联（IUGS）批准立项，为期5年。该研究计划的启动表明中国在地幔深部矿物研究领域的国际引领地位。IGCP-649项目2015年学术研讨会在青海省西宁市举办。

组织申报地质调查2个工程、14个二级项目，已经通过。

二、地质调查进展与成果

地质研究所承担了“关键地质问题综合调查”工程，参加了“青藏高原能源资源综合调查”（地科院）、“国家基础地质数据更新与集成工程”（地科院）、周边国家重要成矿带对比工程（地调局西北项目办）和深部地质调查（地调局东北项目办）4项工程。取得了以下主要进展和成果以下。

（一）关键地质问题综合调查工程项目。

1. 地层、沉积及油气研究。精确标定了中国中-新元古代地层格架，建立了划分对比标准等。系统总结了华南地区新元古代地层对比。首次应用SHRIMP U-Pb锆石年龄标定柳坝塘组年龄，制约了昆阳群的上界年代。提出中生代早中期，以鄂尔多斯、四川为水系集散中心，形成统一的“华北-鄂尔多斯（四川）汇水盆地”沉积古地理格局。建立了油页岩井约束地震反演，油页岩地震正演模拟地质模型和油页岩空间定量评价模型。

2. 古生物。侏罗纪树栖柱齿兽及哺乳型动物生态多样性和柱齿兽类揭示哺乳动物原始类群的演化发育过程研究，同时宣布了两项对早期哺乳动物演化有重大意义的侏罗纪哺乳动物化石研究的重要发现。在辽西新发现了目前最大的长羽毛的驰龙类恐龙和喙嘴龙类一新成员，分别命名为孙氏振元龙和朝阳东方颌翼龙。江西省赣州地区发现了一种新的窃蛋龙化石，命名为赣州华南龙。鄂尔多斯地区发现蜥脚类乌喙骨和部分肩胛骨。

3. 变质地质。提出了变质作用新的分类方案，划分为古老克拉通变质作用、造山带变质作用、埋深变质作用和洋底变质作用4个主要类型。对变质单元进行了重新划分，对主要变质单元的时代进行了厘定。对多个地区的变质作用及变质时代、岩石组合等的研究取得新认识。

4. 造山带研究。提出碰撞造山带划分为4种基本式样：正向对称式、正向不对称式、斜向对称式、斜向不对称式；完整的碰撞过程可以划分为3个阶段，分别以挤压、走滑和伸展构造系统为特色。在杂多地区识别出一组花岗质岩墙，表明羌塘地区早在新生代初就已经具有隆升达到一定高度。新疆西准噶尔发现晚古生代两类赞岐岩，对中亚造山带的构造演化和陆壳增长研究有重要的意义。发现洋脊俯冲的存在，提出晚古生代双向洋脊俯冲模式图。提出西准噶尔北部早石炭世的构造演化低角度俯冲模式。

5. 专题填图试点。依托“关键地质问题综合调查工程”，初步开展了1∶5万标准图幅和专题填图填图试点及三维地质填图试点，建立了初步的填图标准框架。三维地质调查试点分层次建立了25个不同尺度、反映不同内容的三维地质模型，建立了中国三维地质调查总体工作流程，开发了具有自主知识产权的三维地质调查建模软件和成果数据管理系统。

（二）青藏高原能源资源综合调查工程项目。

1. 青藏高原研究。精细刻画了印-亚大陆碰撞的详细过程，建立了大陆碰撞地球动力学模型，提出了喜马拉雅造山和高原隆升新模型。提出了全新的大陆聚合成矿理论框架，揭示了大陆聚合成矿系统的发育机制。提出青藏高原东南缘围绕东构造结的“弯曲-解耦”模式。提出陆-陆碰撞、洋陆俯冲实现印度、亚洲碰撞的模式。

2. 矿床学。通过成矿预测新方法探索，在冈底斯东段，圈定了12个找矿新靶区，提出4个找矿战略新区；在北喜马拉雅地区，圈定5个成矿远景区和47个找矿靶区，为青藏高原矿产资源勘查部署提供了重要依据。通过对青藏高原3类重要矿床类型的深入研究，结合国际对比，创建了3个新的成矿模型，揭示了大陆聚合过程主要矿床的成矿机理。通过对伊朗扎格罗斯造山带SSZ带碳酸盐岩容矿铅锌矿床的综合研究，提出逆冲推覆构造带中富硅类MVT矿床的存在。认为青海南部沱沱河地区区内主要发育3期成矿事件，形成5种主要矿床类型，提出区内应优先寻找方向。提出岩浆碳酸岩型超大型稀土矿床成因——洋壳沉积物深循环的产物，富REE岩浆经历不混溶过程和流体出溶过程，是导致REE进一步富集成矿的关键。在内蒙古识别出一种新的金矿床类型——岩浆型金矿，并提出了该类型金矿床的成因模式，丰富了金成矿理论。

（三）国家基础地质数据更新与集成工程工程项目。

1. 全国地质构造区划与区域地质调查综合集成对海量地质成果进行了大综合和大集成，细化了有关地质规范和标准，为了统一地质对比和编志标准，在地层区划和地层划分对比、侵入岩类型及分期、构造区划和运动期序，以及地质图表编绘、地质术语及度量单位使用等，都根据国标、行标及国际标准做出了统一规定。

2. 中国及邻区海陆大地构造研究和相关图件编制，完成了1∶1000万国际亚洲地质图编稿图，是目前资料最新、最全的亚洲及相邻地区海陆地质图，第一份以旋回演化论为指导编制而成的国际亚洲地质图。提出在大地构造研究中应重视洋－陆转换过程的新认识，在中国及邻区海陆大地构造研究方面走在了国际前沿。

（四）周边国家重要成矿带对比工程工程项目。

中东亚跨境成矿带对比与综合编图项目完成1∶250万东－北－中亚及邻区地质图、能源矿产成矿图及说明书编写。系统研究了1264个油气田和1623个煤田成矿地质背景和能源矿产成矿特征；总结了油气聚集成藏规律和特点。

（五）其他成果。

1.《1∶250万月球地质图》（虹湾幅）中、英文版，1∶100万分幅地质图由地质出版社公开出版发行。

2. 东海长观站野外基地是利用中国大陆科学钻探工程已经完成的5158 m深的科学钻孔，进行5000 m井下观测的最佳实验室，是中国（亚洲）第一个科学深孔观测站。2015年2月18日至3月30日的观测记录共记录到地震105次。绝大多数地震分布在长期观测站周边50 km内，最大地震为安徽阜阳3月14日M4.8级地震。郯庐大断裂曾在200年前发生过8级以上大地震，长期认为已经进入地壳稳定阶段，郯庐断裂的近期频繁地震记录值得注意。

3. 北京离子探针中心完成了激光后电离系统的组装，对铅、银等二次流强度提高了两个数量级；三维样品台技术指标最小步长为0.1 μm；TOF－SIMS－REE的质量分辨率已达到14 000。第一个国家钕同位素比值（$^{143}Nd/^{144}Nd$）标准样品研制成功，获得中华人民共和国国家标准样品证书。确定了锆石（U－Th)/He标准物质样品源条件，候选标准锆石（U－Th)/He年龄初步测试。全球首个碳酸盐全岩稀土元素研究精确定量溶解法建成，对如何从碳酸盐岩中提取其他有效的地球化学信息具有极为重要的启发和借鉴意义。

4. 综合GPS、地质调查和地球物理数据，论证了龙日坝断裂是扬子地块的最西边界，提出青藏高原东缘龙门山以高角度逆冲响应印度－欧亚碰撞的新模式。

三、国际合作与学术交流

2015年，度派出（外事出访项目）共28项56人次，其中参加国际会议共4项19人次，进行项目合作共24项47人次。共接待来访专家、学者29项72人次。

举办国际学术会议4场，国内学术会议5场。

2015年共举办167次学术报告，英文学术报告81人次。

四、科研基地与实验室建设

北京离子探针中心基地二期科学仪器研发楼建设工程正式启动，中心承担的国家重大科学仪器设备开发专项项目“同位素地质学专用TOF－SIMS科学仪器”顺利完成了两台整机的总体装配，为产业化发展奠定了基础，新引进的高分辨激光显微共焦拉曼光谱仪调试成功并对外开放，派出技术骨干在西安地调中心成功建立了新的SHRIMP远程共享工作站。

推进大型仪器开放共享，在首钢筹建一个700 m^{2}的实验中心，质谱仪、扫描电镜和元素同位素分析仪等大型仪器统筹在全所内部使用，并对社会开放共享。

大陆构造与动力学微区实验室新引进的“高分辨热场发射SEM－EDS－CL”和“高分辨热场发射岩石组构分析仪（EBSD)”两台大型仪器顺利通过验收，并投入正常运转。

东海长期观测站建立了井下综合地球物理观测研究平台。

在第46个世界地球日主题宣传活动周，北京离子探针中心向公众开放。地质研究所科普示范基地暑期开放，迎来八一中学师生参观。

改革与创新

出版了2015年度英文年报*Annual Report in 2015－Institute of Geology, Chinese Academy of Geological Sciences*。

杨经绥研究员和姚建新研究员荣获第三届新华联科技奖。

《岩石矿物学杂志》荣获“2014 中国最具国际影响力学术期刊”称号。

吕君昌研究团队获地调局、地科院地质科技十大进展。

地层、岩石、构造地质、古生物学科全局共建体系基本形成。

积极开展“五大专题”填图试点和三维地质填图示范，探索完善中国区域地质填图体系和综合地质填图改革。

确定了地质调查与科学研究双轮驱动的发展思路，探索了“1+1+6”全局基础地质领域调查研究一体化工作机制。

曾令森研究员《喜马拉雅高 Sr/Y 花岗岩研究》论文入选“Earth an Planetary Science Letters”高引用率论文榜。

许志琴院士为青年职工和学生奉上了一场科普讲座：献给地球母亲的歌——生命地球。

侯增谦研究员获得李四光地质科学奖科研奖，曾令森研究员获第七届黄汲清青年地质科学技术奖，翟庆国副研究员获国家自然科学优秀青年基金资助(国土资源部唯一)。获国土资源科学技术奖一、二等奖各 1 项。

加强了制度建设，新建 4 项，修订 1 项。

经济管理

2015 年，总收入 28 028. 39 万元，其中财政拨款为 21 097. 34 万元，占总收入的 75%，事业收入为 6337. 08 万元，占总收入的 23%，其他收入为 593. 97 万元，占总收入的 2%。预算账面执行率 88%，国库执行率 90%。

人才队伍建设

高锐研究员当选中国科学院院士，结束地科院 10 年未新增院士的局面。地质研究所入围国家人才创新培养基地，李海兵团队入围国家创新人才团队。李海兵研究员入选 2014 年国家百千万人才工程。翟庆国副研究员获国家自然科学基金优秀青年基金资助，取得了国土资源部在该项目上的突破，并获得中国地质学会青年地质科技奖银锤奖、国土资源部直属机关“五四青年奖章”。曹汇副研究员当选世界青年地球科学家联盟中国委员会主席。2015 年中国高被引学者（Most Cited Chinese Researchers）榜单公布，地质研究所刘福来、杨经绥、万渝生、侯增谦、张泽明、刘敦一、张建新 7 名研究员榜上有名。

截至 2015 年底，在站博士后 40 人（其中在职博士后 9 人）、博士研究生 81 人、硕士研究生 84 人。目前博士研究生导师 35 人、硕士研究生导师 35 人。6 名研究生获 2014 年度研究生国家奖学金。地质研究所研究生安伟荣获第二届国际古地理学会议优秀青年论文奖。继续强化青年人才培养，2015 年有 6 人出国开展长期合作研究，其中 2 位青年科技人才获国家留学基金资助。82 人次开展出国访问。

继续做好高端人才引进，引聘了 2 名“李四光人才”。鼓励海外访问学者来所工作，正在根据相关政策修订《海外访问学者计划实施办法（修订版）》，2015 年引聘海外客座教授 4 人，成功引聘 2 位“李四光学者”。

地质研究所分获《中国科学：地球科学》杂志 2015 年度“最佳论文”和“热点论文”奖。地质研究所两篇论文分别入选 2014 年度百篇最具影响优秀国内学术论文及中国百篇最具影响国际学术论文。

地质研究所在 2015 年全国科技周活动中获科技部表彰。

党建与精神文明建设

扎实推进“三严三实”教育活动。全年共召开党委中心组学习会 8 次、支部专题学习会 12 次、党委书记讲党课 1 次。抓好民主集中制的贯彻落实。建立了领导班子例会制度，加强领导班子成员的沟通交流。完善各类议事制度，并作好相关会议的记录和纪要整理。继续组织开展学习型党支部目标化建设，评选了 2 个先进党支部。发展 3 名预备党员。继续推进事务公开工作。召开了 2015 度职工代表大会，职工代表共提出 9 项提案。

加强反腐倡廉工作。根据新形势、新要求，出台了地质研究所《地质所野外工作期间差旅费报销管理暂行办法》《地质所内部审计工作规定》和《地质所党委关于进一步改进工作作风密切联系群众的意见》等一批新的规章制度。开展《预算法》等财经法规制度的学习和宣传，以“廉通你我，地兴人和”为主题开展了廉政文化周活动，组织开展了参观廉政基地、签署“廉政承诺书”、观看廉政教育片、开展违规违纪案例警示教育、知识答题、征集廉政文化核心理念等丰富多彩的活动，营造了浓厚的廉政文化氛围，提高了干部职工的廉政自觉意识。开展了 1 次新职工岗前廉政教育、1 次研究生入学廉政教育和 2 次干部任前廉政谈话。

为职工办实事，一是配合院积极开展茉莉园、杏林湾商品房团购工作；二是继续开展为职工过生日活动，坚持开展“送温暖”，看望、慰问生病住院的职工和困难职工。开展了丰富多彩的主题教育活动和文体活动，组织文体兴趣小组开展活动，举办了羽毛球、乒乓球、健步走比赛，大陆动力学研究室举办了职工摄影展。继续与共建单位铁矿峪村开展了城乡精神文明共建活动，双方召开了座谈会。深入开展保密教育，开展了保密工作自查。继续保持“中央国家机关文明单位”和“首都文明单位”称号。

（李朋武）

中国地质科学院矿产资源研究所工作

中国地质科学院矿产资源研究所

概　况

中国地质科学院矿产资源研究所（以下简称“矿产资源所”）是中央级科学事业单位，是专门从事矿产资源研究的社会公益类科研机构，既是国家科技创新体系的重要组成部分，又是中央公益性地质调查队伍的核心科技支撑力量，其主要任务是开展区域成矿规律、区域成矿预测、矿产勘查新理论新方法研究、矿产资源潜力评价、成矿远景调查、矿产资源战略和可持续发展研究，以及重大资源科学问题攻关示范研究。

矿产资源所下设13个研究室、8个职能处室和1个成果转化中心。在职职工273人，其中中国工程院院士2人，具备正高级专业技术职称资格人员62人，副高级专业技术职称资格人员85人。拥有2个部级重点实验室，中国地质学会矿床地质专业委员会和中国矿物岩石地球化学学会矿物专业委员会挂靠在矿产资源所，主办学术刊物《矿床地质》。具有地质学、地质资源与地质工程2个一级学科博士学位授权点7个博士学位授权专业，8个硕士学位授权专业。现任所领导班子成员：所党委书记、所长傅秉锋，所党委委员、副所长张佳文、毛景文、王宗起、邢树文、李基宏。

2015年，矿产资源所发表各类文章210余篇。作为第一单位发表SCI论文74篇、国外SCI论文59篇，核心期刊论文58篇、会议论文摘要8篇，出版专著5部。申请专利5项。2014年国内论文被引用次数较多的20个研究机构中，矿产资源所位列第12名。作为主持完成单位获国土资源科学技术奖一等奖1项、二等奖1项，作为参加单位获国土资源科学技术奖二等奖2项。

地质调查进展与成果

一、找矿突破成效较为显著

1. 西藏多龙整装勘查在成矿理论和勘探两方面取得重大进展。通过对多龙勘查区详细研究，识别出班公湖-怒江成矿带西段3期岩浆成矿作用，建立洋盆俯冲闭合事件与矿床形成的地质年代学序列，提出青藏高原腹地早在1.2亿~1.1亿年间就已经发生了大规模隆升，存在古高原，并接受近1000 m剥蚀的新认识，结束了西藏没有超大型高硫化型浅成低温热液型铜（金银）矿床的历史，为区域找矿突破指明了方向。在多龙整装勘查区取得了重大找矿新突破，发现多龙矿集区存在高硫化型的浅成低温热液型铜（金银）矿床，继而实现深部斑岩型铜金矿体找矿的重大突破。截至2014年底，铁格隆南的铜资源量（332+333）突破850万吨，拿若的铜资源量达到251万吨（332+333）。2015年，估算铁格隆南深部铜资源量241万吨。2013~2015年，铁格隆南矿区共求获铜资源量1098万吨，成为单个矿床千万吨级的铜矿床，预测远景资源量将超过1500万吨。

2. 由矿产资源所承担的“我国‘三稀’资源战略调查”项目通过对甲基卡矿田的地质特征与成矿规律研究，建立了成矿模型。截至2015年底，新发现9条（X01~X09）锂矿化伟晶岩脉，Li_2O品位1.3%~2.60%（工业品位是0.8%~1.1%，边界品位是0.4%~0.6%）。其中新三号脉探获Li_2O 64.31万吨，达到超大型规模，有望成为居世界首位的超级锂辉石型锂矿床，根据成矿地质条件分析预测资源潜力，川西地区有望成为世界级的锂资源基地。同时，项目在福建、湖北、湖南、甘肃、江西、青海、四川、广西、云南等发现多处矿化点及矿化异常。评价了多个有色金属矿山中稀散元素的赋存状态和利用现状，为稀散元素的再利用奠定了基础。

3. 新疆东准覆盖区隐伏斑岩-矽卡岩铜矿预测找矿取得找矿突破。以基础性、公益性地调为引导，有效衔接地方勘探资金实现找矿突破，成果及时转化。通过科研成果引导，在新疆地勘基金的支持下，2011年发现浅覆盖区隐伏拉伊克勒克铁铜矿床。截至2015年10月，已控制矿带长大于5600 m，获得铜金属资源量101.5万吨，取得找矿突破。2015年9月，在外围新发现隐伏斑岩铜矿床一处。

4. 西藏雄村、南木林盆地科研找矿双丰收。首次提出西藏冈底斯成矿带存在侏罗纪斑岩－浅成低温热液成矿系统，在南木林盆地林子宗群火山岩中发现首例浅成低温热液型银铅锌矿床。以斑岩、浅成低温热液成矿理论指导矿产勘查，取得巨大找矿突破，雄村矿区累计探获金属资源量铜超过230万吨、金超过200吨、银超过1000吨，斯弄多矿区控制Pb＋Zn资源量超过30万吨、银400吨，对矿区、区域找矿具有积极和重要的指导意义。

5. 中国陆块海相成钾理论突破及靶区预测。揭示了中国小陆块海相成钾的“构造、物源和气候”三者的耦合机制，并据此总结了东特提斯域小陆块的成钾模式。首次获得思茅盆地勐野井组的绝对年龄以及钾盐成矿的年龄，解决了长期争议的思茅盆地成钾年代问题，为正确理解思茅盆地的钾盐成矿规律和勘查提供了新思路和科学依据。提出了找钾战略靶区及其重点成钾远景区，并以裂谷成钾理论为指导对江陵凹陷中南部进行整装勘查，钻获富钾卤水，取得找钾突破，通过块段法获得有工程揭示的氯化钾预测资源量2亿吨，预测成矿区的总资源量8亿吨。

6. 陕北盐盆“钾气兼探”取得突出进展。通过研究，揭示了陕北奥陶纪盐盆具备形成大套厚层优质钾石盐工业矿层的有利成钾条件。聚焦绥德有利成钾凹陷，将找钾范围缩小至2000 km^2 内。W型“复底锅”成钾新模型的提出为下一步钾盐勘查部署提供科学依据和明确目标。鄂尔多斯盆地上古生界海陆过渡相新领域良好的页岩气资源前景，将有力推动中国海陆过渡相新领域页岩气勘查早日取得突破。

二、基础研究取得突破性进展

1. 富铁矿形成机制与预测研究取得新进展。认为攀枝花式岩浆型铁矿形成于榴辉岩＋地幔柱、西天山海相火山岩型铁矿形成于热幔－冷壳高角度俯冲的地球动力学背景，沉积变质型、矽卡岩型和火山岩型富铁矿的形成与多期多阶段热液“去硅富铁”和溶解—再沉淀有关，岩浆早期磁铁矿的分离结晶作用以及随后的岩浆流动分异是攀枝花式富铁矿形成的主要机制。

2. 膏盐层氧化障在玢岩矽卡岩型铁矿中作用研究的新发现。阐明了玢岩铁矿、矽卡岩铁矿成矿机理，提出膏盐层氧化障是成矿关键因素，建立了玢岩、矽卡岩铁矿－硫铁矿－石膏矿三位一体成矿模型，推动了玢岩铁矿、矽卡岩铁矿成矿理论的发展。揭示了铁矿浆的形成过程，建立玢岩铁矿“双层成矿结构”模型，指出在宁芜、庐枞盆地深部岩体与膏盐层的接触部位存在矿浆－矽卡岩型富铁矿体（大冶式铁矿），并被最近的找矿勘查证实。

3. 新疆北部火山－侵入岩型铁多金属矿床综合研究。通过年代学研究厘定土古土布拉克组属早石炭世晚期—晚石炭世早期。将铁多金属矿划分为海相火山岩型、矽卡岩型、岩浆型和辉绿岩型。认为多期叠加成矿是造成成矿元素复杂的主要原因。系统地开展典型矿床研究，建立了矿床模型。提出了乔夏哈拉和老山口铁铜金矿为IOCG型。确定了磁海含钴铁矿中Co和Ni的赋存状态，首次在矿区识别出10种矿物。

4. 矽卡岩金属矿床元素共生分离机制探讨及其应用。成矿元素共生分离机制是矽卡岩矿床研究的重要方面。项目以鄂东南为对象，开展了矽卡岩铜铁矿与铁矿、铜钨矿与钨铜矿和矽卡岩金铜矿与外围金矿的对比研究，提出地层和岩体的不同是造成矽卡岩金属矿床铜与铁、铜与钨共生分离机制的根本原因，建立了矽卡岩金矿与外围远端浸染状金银同一成矿系统的成矿模型。

5. 印度下地壳俯冲。西藏新生代钾质－超钾质火山岩锆石Hf－O和全岩Li同位素证据。综合全岩地球化学和Sr－Nd－Pb－Li－Hf－O同位素研究，得出西藏钾质、超钾质和富镁钾质火山岩来自于次大陆岩石圈地幔不同程度部分熔融，受到印度下地壳不同比例的交代；印度下地壳在早－中中新世俯冲到拉萨地块之下。提出了钾质、超钾质和富镁钾质火山岩成因模式，为理解新生代富钾岩石的成因对青藏高原岩石圈结构、隆升机制以及地壳生长过程及其动力学背景提供了重要依据。

6. 我国能源资源2020～2030年保障程度论证综合研究。成果在对能源单矿种保障程度论证成果综合与提升的基础上，结合对国内外能源格局分析，系统论证了未来15年中国能源资源的可供性、供需缺口、保障程度及境外可得性，并提出对策建议。为建设具有全球视野和世界影响的资源战略研究智库奠定了坚实基础。基于研究结论所形成的转化应用报告《大力推动煤制油气，再造一个油气生产大国：把能源安全主动权掌握在自己手中》已提交上级部门，成果可为国家能源战略决策与规划提供科学支撑。

改革创新

矿产资源所积极主动地在地质调查战略布局中谋求占位、在科技创新平台上谋事拓展、在服务社会经济中谋划延伸。

一、在矿产资源地质调查业务中发挥国家队的科技引领作用

整体进入地质调查主战场，在矿产资源地质调查业务中发挥国家队的科技引领作用，实现了工作阶段和学科的覆盖，为地调与科研深度融合奠定了业务基础和平台。2016 年，财政部项目入库论证工程 2 项、二级项目 19 个，覆盖了潜力评价（成矿预测、成矿区划和承载力评价）、资源环境综合调查评价、1∶5 万矿调、矿产资源调查（远景调查、预查、战略性矿种到普查阶段）、勘查技术方法应用等工作阶段和学科。同时建立地调项目库，收集项目建议 470 项。

二、指导并推进矿床学学科建设

根据国家需求，结合矿产资源所学科建设，编写了矿产资源所二级地调项目的建议书，保证所学科建设的任务需求，拟定了《矿产资源研究所学科建设发展规划》。

三、积极申报国家创新平台项目

获准国家自然科学基金项目 22 项，建立了科研项目库，提交了 122 个项目建议，涉及的专业领域包括基础地质、勘查技术方法、资源战略、矿山环境等学科领域。

四、推进科技平台和业务中心建设

稳步推进成矿作用与资源评价重点实验室、盐湖资源与环境重点实验室和成矿规律与成矿预测中心建设。矿产资源所承办的中国地质科学院经济地质学家协会（SEG）学生分会成立，这是 SEG 在中国大陆成立的第一个学生分会，是连接中国学生和世界各国的其他学生以及来自企业界、学术界和政府的专业地质学家和矿床学家的重要纽带，为人才培养和学术交流提供了又一个重要的平台。

五、支撑决策、服务经济

撰写《以全面结构调整为主线，提高资源利用效率》的报告，通过国土资源部提交中财办后获好评，其中矿产资源利用效率等有关指标已列入国家“十三五”规划编制中。形成上报国务院的《大力推动煤制油气，把能源安全主动权牢牢掌握在自己手中》的研究报告；以矿产资源所为主编制完成《“一带一路”能源和其他重要矿产资源图集》，提出了重要认识和工作建议，获得中央领导同志的批示肯定。

六、制定政策、搭好平台

完成科技成果转化管理办法（讨论稿）、横向项目管理办法（讨论稿），建立有效合规的奖励制度，努力实现让科学家名利双收。筹建矿产资源所“科技成果目录库”，逐步实现在公共平台共享。完成紫祥公司的资产清算，逐步建立矿产资源所科技成果进入市场的服务平台。

人才队伍建设

一、推动干部队伍建设

根据学科建设规划及工作需求，成立了地调处、监审处、“一带一路”地学中心，调整了所成果转化处、信息中心职能，通过竞争上岗方式，开展了科技外事处、地质调查处、成果转化中心负责人的选拔任用。通过轮岗、交流等任职方式，选配了条件保障处处长、监察审计处处长、财务处处长、科技外事处副处长、非金属研究室副主任等岗位人选。开展了党委办公室等 10 个部门（含业务部门）11 个中层岗位人选的选拔任用工作。

二、适应科技体制改革的要求，探索绩效管理办法

完成了绩效管理办法的调研工作。在符合国家规定的前提下，通过合理确定绩效内容，量化绩效目标，严格绩效考核，形成科学的评价办法及与绩效考核挂钩的工资分配制度，发挥绩效的引导和激励作用。

三、加强人才队伍建设

一是加强学术交流、培训。参加国际会议 10 项、国际交流合作 24 项，外事接待 16 项；二是通过接收毕业生、博士后和社会公开招聘等形式引进人才，扩充了研究队伍。聘任西澳地质调查局 Franco Pirajno 教授、澳大利亚西澳大学 Leon Bagas 教授、蒙古国科技大学 Ochir Gerel 教授 3 位国际一流专家为客座教授。

四、人才脱颖而出

唐菊兴研究员和王登红研究员分获地调局首批卓越地质人才（“李四光学者”）和杰出地质人才称号，唐菊兴研究员获“全国先进工作者”称号，谢桂青研究员获“地调局第二届杰出青年”荣誉称号，宋杨同志获中国地质学会第十五届青年地质科技奖银锤奖，1 人获“程裕淇优秀研究生奖”，1 人获“程裕淇优秀学位论文奖”，1 人获“北京市优秀毕业生”荣誉称号。

经济管理

一、改善财务管理

按照“谁管事谁负责”和“简单有效”的原则，重新理顺所财务管理流程，理顺管理关系。财务处推进落实综合预算员派出制，即根据业务规模和专业方向为各业务室（中心或项目办）派出指定的财务人员，协助业务室（中心或项目）办理预算编制、预算执行和票据审核工作。通过综合预算员的派出，对项目预算和资金管理实行全程监控式管理。

二、紧抓预算执行

在研项目299项，财政项目预算23 162.28万元，其中矿产资源调查评价项目10 466万元。在完成任务工作的同时，紧抓预算执行。

三、加强审计整改

落实局党组对项目、装备以及财务的3项大检查，加强所内部的审计检查。成立专门整改协调领导小组，以检查整改工作为契机，全面梳理所内各项经济业务管控情况。全面清理外协合同执行情况，建立完备的合同管理制度；催收备用金，严格控制备用金使用规模，切实按照备用金管理办法的要求执行；清理结转结余资金，按照财政部结转结余资金管理制度的规定及时清理，加强项目结转结余资金的管理；开展了全所固定资产清查工作。

党建与精神文明建设

一、围绕所的中心工作，扎实开展“三严三实”活动

充分发挥党支部战斗堡垒作用，通过党委书记授课、党委委员支部报告，发挥经常性思想宣传工作的政治优势，将“三严三实”融入日常的科研、管理工作当中。

二、在全所范围内开展多种调查研究方式

了解干部职工思想状态、工作状态、身心状态和生活状态，形成有针对性管理建议和措施的调查研究工作报告，为实现矿产资源所“健康、尊重、欣赏、包容”的文化氛围打下扎实的理论基础。

三、加强政务信息和新闻宣传工作

以网站、政务信息、专报和新闻媒体为依托，宣传科技创新和地质调查成果，宣传先进典型，弘扬科学精神和创新意识，营造健康文明科学进步的新风尚。向报刊媒介投稿30余篇，向局、院网站投稿百余篇，发稿率93%以上（据投稿系统统计），所网站发稿200余篇，上报政务信息80余条，其中重中之重及重点工作覆盖率达到100%。以平谷共建课题成果撰写的调查研究报告《创新基层党建模式，推动共建共享发展》荣获全国党建研究会2015年度调研课题优秀成果奖二等奖。

四、切实关心职工生活，支持并指导工会和共青团开展工作

工会组织职工开展了摄影比赛、篮球赛、乒乓球赛、观电影等丰富多彩的科技、文化和业余文体娱乐活动。畅通言路完善信访制度，工会随时收集职工群众的意见、建议和要求，并转交到相关部门予以处理、解答，切实为干部职工办实事。

（曹瑞欣）

中国地质科学院地质力学研究所工作

中国地质科学院地质力学研究所

概　况

中国地质科学院地质力学研究所（以下简称“地质力学所”）主要从事基础地质、地应力与地壳稳定性、矿产与能源地质、第四纪地质与环境、地质灾害、新构造与活动构造、极地地质等方面的研究与调查工作。现有7个职能处室、8个专业研究室、3个公益服务部门、2个部级重点实验室、2个部野外科学观测研究基地、1个局级重点实验室、1个局业务中心和2个院重点实验室。地质力学所是中国地质学会地质力学专业委员会、第四纪地质与冰川专业委员会、古地磁专业委员会、国际工程地质与环境协会新构造与地质灾害专委会（IAEG－C24）秘书处和地质灾害治理工程监理专业委员会挂靠单位，主办学术刊物为《地质力学学报》。

2015年度，“广西成矿规律及勘查部署研究汇总报告”获得广西壮族自治区科技进步奖二等奖，“南极大陆及相邻海域岩石圈三维结构和地质构造新进展”获评2015年度地调局、地科院十大科技进展和地质学会十大地质科技进展，科普图书《山崩地裂——认识滑坡、崩塌与泥石流》获得全国国土资源优秀科普图书奖。获得发明专利1项、实用新型专利1项和计算机软件著作权2项。

地质调查进展与成果

一、地质调查项目工作进展

2015年，在研项目162项，总经费1.38亿元。其中科技部项目5项，国家自然科学基金项目42项，部公益性行业科研专项项目5项，地质调查工程2项、子项目37项、专题1项，所基本科研业务费项目18项，院基本科研业务费项目5项，委托项目49项。

1. 特殊地区地质填图工程。完成浅覆盖区1∶5万区域地质调查工作指南和特殊地质地貌区填图试点工作要求（草案）。初步建立活动构造填图技术方法体系。编制完成华北地区1∶250万活动构造图及华北主要活动构造带1∶50万活动构造图。

2. 重要活动构造带地质灾害与区域地壳稳定性调查工程。完成南北活动构造带71条活动断裂与地质灾害调查，编制完成1∶100万南北构造带中南段活动断裂图，支撑地灾行业协会2个技术规范编制。编制完成全国主要活动断裂对重大工程规划影响评估报告及分布图，完成1∶500万中国新构造图、中国区域地壳稳定性评价图及说明书。为区域地壳稳定评价和重大工程规划选线等提供了重要地质支撑，服务工程建设与防灾减灾。

3. 基础地质研究。确定辽东半岛新元古代辉绿岩床侵位年龄（920～890 Ma），为认识华北克拉通在罗迪尼亚超大陆中的位置及演化提供了重要依据。确定了燕辽地区大火成岩省及其在哥伦比亚超大陆重建中的地位。获得白云鄂博超大型稀土矿床及火成碳酸盐岩形成于1.3 Ga的重要证据，为认识其成因及构造背景提供了重要依据。

4. 地应力测量和监测研究。研制新型压磁应力解除测量系统、深孔水压致裂测试系统、压磁应力监测系统，宜地2井1698 m水压致裂地应力测量为该方法国内公开报道的最大测试深度。地应力观测技术成功应用于黔东南等页岩气成藏区地应力状态测量，有力支撑页岩气勘查与开发。研制海域地应力观测站浮标系统，完成3个海洋钻孔，建设3个海洋地应力观测站，建设完善蓬莱地应力观测数据中心，丰富了海洋探测手段，服务海洋强国战略。初步完成中国地应力数据库建设，编写了首份全国地应力测量与监测报告。

5. 能源地质研究。在湘中地区发现下寒武统及中奥陶统烃源岩。获取湘中地区大尺度裂缝密度分布规律，初步建立页岩气“甜点”评价地质指标，提出页岩气保存条件评价要素。测得黔北及武陵地区下寒武统牛蹄塘组、下志留系龙马溪组页岩储层现今地应力状态，为页岩气勘探开发提供基础数据。在柴达木盆地东部石炭系中发现大规模分布的生物礁和岩溶，初步判定了油气有利勘探区带。在柴达木盆地发现2个碳沥青矿，估算碳沥青总资源量超过3亿吨。在南祁连盆地哈拉湖坳陷区二叠纪地层中发现油砂，三叠纪地层中发现菊石化石带，为评价其早中生代沉积环境、开展新的含油气层位调查提供了依据。

6. 地质灾害调查。完成1∶500万中国现今地应力状态图、中国地质灾害易发性分区图及说明书。积极参与和支撑“4.25”尼泊尔地震应急地质调查和科技应对工作，得到相关部门表扬。落实中央精准扶贫要求，开展云南盐津地质灾害调查，编制地质灾害防灾预案，得到地方政府和部、局高度评价。

7. 矿田构造研究方面。编制《矿田构造调查工作指南》，系统集成分析了国内外矿田构造研究现状和发展趋势，指出进一步发展的方向。出版《勘查区找矿预测理论与方法》，完善了接触交代型铁铜多金属矿床、沉积变质型铁矿、韧性剪切带型矿床勘查－找矿预测模型。

8. 极地地质研究。完成第一张南极板块（大陆及海域）高精度三维地壳和岩石圈结构图。组织7人参加第31次南极科学考察、5人参加第32次南极科学考察。形成国内一支稳定的极地地质科学考察研究团队。

9. 第四纪地质与环境研究。在内蒙古大青山水磨沟一带发现第四纪冰川堆积物，^{14}C测年早于1.3万年，是近年来中国东部中低山区发现的可靠末次冰期冰川沉积。在全球气候变化的地质记录、构造地貌演化、环境变化的灾害效应、环境磁学、构造磁学等方向上取得了系列成果。对高原隆升环境效应的区域差异研究有新认识。对青藏高原东缘、东南缘河流阶地开展系统调查和研究，为地质灾害调查提供基础地质依据。

二、发表论文著作和专利情况

2015年，地质力学所出版专著5部；以第一作者发表论文165篇，其中SCI论文85篇（国际SCI论文53篇）、EI论文22篇、核心期刊论文55篇、会议论文3篇。总量较上年度有所下降，但质量大大提高（2014年发表论文173篇，SCI论文55篇，其中国际SCI论文37篇）。获得发明专利1项、实用新型专利1项、计算机软件著作权2项。

三、国际合作和交流

2015年，执行外事出访17项38人次。接待美国、英国、奥地利、希腊、新加坡等国专家来华开展合作研究、学术交流16人次。赴加拿大参加第十三届国际岩石力学大会，展示了近年来在地应力测试方法及相关基础研究方面的研究成果承办了地质灾害风险评估研讨会，中奥专家针对具体的地质灾害风险评估技术与成果支撑服务问题进行了讨论和交流。

四、境外地质调查

1. 中国西部黄土滑坡危险性建模与制图研究。

对奥地利进行滑坡考察和滑坡危险性评价建模对比研究，野外调查了奥地利州和布尔根兰州滑坡，并针对双方初步完成的天水地区黄土滑坡易发性评价成果图件及其存在的问题和改进方案开展了研讨，拟定了合作研究报告的提纲和编写分工。

2. 俄罗斯雅库特南部阿尔丹中部地区金及金－铀矿地质与成矿作用。通过对俄罗斯西伯利亚中部地区（阿尔丹中部）典型矿床探槽、钻孔岩心、地表采场（采坑）等系统观察，详细了解了相关地层、岩石组成、构造及矿化表现形式及其空间变化特征，系统采集了相关样品，并与俄方专业人员开展了深入广泛的交流。为进一步深入开展该地区岩浆活动及成矿作用并开展与中国成矿条件对比研究积累了第一手资料。

3. 天山成矿带境内外构造背景与成矿环境对比研究。赴乌兹别克斯坦开展地质调查工作，对塔什干以东的别尔套－库拉明成矿带，塔什干以西的努拉套山地区的乌奇库拉奇铅锌矿、比兰金矿、兰加尔钨矿及途经的蛇绿岩带开展了考察，系统采集了约 50 kg 的岩石和矿石样品。

5 名科研人员分两批参加第 32 次南极科学考察。第一批对菲尔德斯半岛及附近地区基岩露头的矿产特征开展踏勘性基础野外考察，对长城站周边主要露头开展了地质调查，初步了解了岩石组成及地表蚀变矿化特征。完成了罗斯岛、难言岛和墨尔本山等 4 个预选站址地区的野外实地考察。第二批对南极半岛及乔治王岛乔治王湾双石塔东沿岸等地开展了野外地质调查及样品采集工作。

改革创新

一、探索科技体制改革

初步编制“十三五”科技发展规划，明确了新形势下地调、科研定位和任务。探索推进“8＋6”新机制，提出了《地质力学研究所推进“8＋6”合作新机制工作方案》及实施方案。积极创新推动产学研用工作模式，与 15 家地勘单位深入合作。地调科研融合发展新机制成效初现。

二、明确方向任务

深入贯彻党的十八大和十八届三中、四中、五中全会精神，落实全国国土资源工作会议、全国地质调查工作会议和地科院工作会议精神和要求，围绕局“九大计划”“五项服务”开展地质调查和科学研究，发挥地质力学特色和人才队伍优势，主动服务国家需求，扎实推进队伍建设，不断提升综合管理能力，“两重一主”工作推进突出，为经济社会发展提供技术支撑和服务。

三、制度建设

按照局项目质量、财务、装备 3 项大检查和内部审计、离任审计提出的问题和整改要求，及时进行落实，规范了内部管理。新制订和完善了涉及工作规则、经费管理、技术业务、外事管理等 19 项规章制度和办法，为内部管理规范化提供制度保障。ISO9001 质量、职业健康安全管理体系运行正常。地质勘查甲级资质（固体矿产勘查、水文地质、工程地质、环境地质调查）和地质灾害危险性评估甲级资质 2015 年顺利完成甲级资质延续。

四、改善科研办公条件

完成地质力学所南楼地下一层岩石标本的搬迁和安置工作。完成新建食堂燃气管线施工。完成李四光纪念馆布展及重新开馆。

为科研人员提供廉租房和设立青年单身宿舍，解决青年职工后顾之忧。

五、安全生产与综合治理工作

落实安全生产责任制，签订责任书，层层负责，分级管理，形成各负其责的安全生产管理体系，安全生产管理平台运行良好。制定 2015 年安全生产检查方案，完成野外检查工作，落实完成安全生产检查整改。规范野外工作用车管理。开展了野外创伤应急处理培训，汛期及时与野外工作人员沟通和进行安全提醒。全年安全形势平稳，未出现安全责任事故。制定综治安全检查制度，保障大院日常运转，定期对重点部位用电安全等情况进行隐患排查，并及时整改。联合紫竹院街道办拆除了北平房职工出租房违章建筑物。

落实保密工作责任制，全员逐级签订保密承诺书。组织测绘成果保密培训 1 次，开展所内保密检查 3 次，接受地调局组织的 1 次保密检查对发现的问题隐患及时予以整改。开展地形图清理工作，共清点1∶5 万地形图 13397 份，拟销毁 8577 份；清点 1∶10 万地形图 9064 份，已销毁 4734 份，减轻了涉密资料管理压力。

经济管理

2015 年，总收入 19 048.50 万元，其中财政拨款收入 15 304.13 万元、事业收入 3326.67 万元。资产总额达到 26 322.80 万元，其中固定资产 16 243.03 万元

人才队伍建设

2015 年底，在职职工 197 人，拥有博士学位者

108人，其中正高级职称44人、副高级职称56人。2015年招收应届毕业生5人，引进博士后出站人员10人、调入3人，军转干部1人。新增4名硕士研究生导师、5名博士研究生导师。目前，21名博士后在站从事研究工作，76名研究生（博士研究生34人、硕士研究生42人）在培。

胡健民、张永双入选地调局首批杰出地质人才。刘晓春、张永双、王宗秀获国土资源部“十二五”科技与国际合作先进个人称号，南极地质研究团队获国土资源部“十二五”科技与国际合作先进集体称号。裴军令入选第二批国土资源杰出青年科技人才培养计划，王文磊入选“青年千人计划”。姚鑫获中国地质学会第十五届青年地质科技奖银锤奖。

以能源矿产为主题，联合中国地质大学（武汉）、李四光地质科学奖基金会和贵州地勘局举办了第五期地质力学进修班。

党建与精神文明建设

一、“三严三实”专题教育活动

研究制定“三严三实”专题教育实施方案。召开全体党员“三严三实”专题教育动员大会，制作了“三严三实”专题教育专栏。组织开展了“三个专题”学习研讨，13个支部分为3个专题组，以研究室、职能处室、服务部门联合分组方式开展学习，所党委委员、各支部处级干部参加，非党员中层干部列席参加学习。党委委员分别在党委中心组集中学习研讨中作了专题发言，并在所在支部带头讲专题党课，共有12名中层干部在支部学习中作了主题发言。

二、党风廉政和事务公开

组织学习党的十八大以来习近平总书记关于反腐倡廉建设重要讲话，中纪委五次全会重要讲话，传达部、局党风廉政建设工作会议精神，准确把握上级领导关于加强反腐倡廉建设的总体部署和要求。

推进公文系统、项目管理、财务管理网络自动化建设，落实地调局项目质量、财务、装备三项大检查和内部审计、离任审计提出的问题和整改要求。严厉查处违纪违法案件。

以所公告栏、内网公布信息、会议公开、文件纪要公开以及所内交流群等公开形式，推进事务公开，召开了两次专题职代会，对食堂的收支和运营管理，周转房、集体宿舍的管理和使用进行了专题讨论，参与专项采购小组会议对重大金额的设备购置、维修、施工钻探等进行监督，对2015年度干部选拔聘任进行全过程监督。

公务用车实行严格的审批制度。因公出国按照批复的任务批件执行，不得改变行程和超期滞留。公务接待原则上都安排在单位食堂，严格控制“三公经费”的支出，没有超标、违规现象。

推进“两个责任”和“八问”责任传导机制落实，初步建立了党风廉政建设的责任传导机制，编制了“两个责任”的实施方案。所长、党委书记与部门负责人、党支部书记共同签订第一层级的党风廉政责任书。项目负责人与室主任签订第二层级的党风廉政责任书。纪检监察机构人员落实到位。配备了一名专职纪委副书记，成立了监察审计处，人员编制3人。以发放廉政书籍、案例宣讲、设置廉政文化专栏等多种形式的廉政文化周期活动进行廉政文化宣传教育活动。

三、精神文明建设

承办李四光学术思想研讨会，学习李四光精神。李四光纪念馆开放和讲解，宣传李四光精神。

开展送温暖行动。春节期间慰问离休老干部、退休老领导和老专家，对10名困难职工进行了送温暖活动，为实现计划生育的贫困母亲开展捐款活动。

开展了丰富多彩的文体活动。制定了《职工身心健康活动方案》，并为工会小组配发了跳绳、毽子等健身活动用品。参加了国土资源部第十一届乒乓球赛和地调局第四届职工篮球赛。举办了“适应新常态，实现地质梦，青春勇担当”主题“五四”青年节座谈会。组织女职工开展健步走活动。

（杨　健）

中国地质环境监测院工作

中国地质环境监测院

概　况

中国地质环境监测院（国土资源部地质灾害应急技术指导中心）（以下简称“环境监测院”）是中国地质调查局直属事业单位，承担全国地质环境监测网的建设、运行和管理，承担地质灾害的监测、预报、预警以及相关调查研究工作，提供全国重大地质灾害应急技术指导，开展水文地质、工程地质、环境地质信息服务。

环境监测院设有院办公室、财务资产处、项目管理与科技外事处、技术装备处、人事教育处（安全生产管理处）、党委办公室和纪检监察审计处7个综合管理部门和综合研究室、地质灾害调查监测室、地下水调查监测室、矿山环境与国土整治室、地面沉降调查监测室、环境地质调查评价室、信息网络室、遥感室、地质环境咨询评估室、三峡地质灾害监测中心、应急协调室、应急调查评估室、应急监测预警室、应急会商处置室、应急培训演练室、科技情报资料室和期刊编辑室17个技术业务部门，以及离退休管理处、物业管理部、西峰寺培训中心、国家地下水监测工程专项办公室和京区基建办公室。

截至2015年底，环境监测院共有在职职工232人，其中博士62人、硕士84人，本科及以上学历人数占到了全院在职职工总数的91%。具有各类专业技术任职资格者224人，其中教授级职称49人、副高级职称61人，有2名专家享受国务院政府特殊津贴待遇。

环境监测院认真贯彻“安全第一，预防为主，综合治理”的安全生产方针，制定了2015年安全生产措施计划，院领导与各部门负责人签订了安全生产责任书，科学细化、量化安全生产年度考核的指标，确保安全责任的层层落实。2015年，大力开展了以“强化红线意识，促进安全发展”为主题的安全生产月系列活动，多次举办安全生产专题培训班，不断提高院安全管理水平和广大职工的安全意识。2015年，环境监测院安全生产考核被地调局定为优秀等次。

2015年2月，环境监测院荣获“第四届全国文明单位”殊荣，3月再次获得“首都文明单位标兵”。环境监测院团委荣获“中央国家机关最具活力团支部”称号。

地质调查进展与成果

一、野外地质调查与科研工作总体概况

完成7个图幅调查、29个地质调查项目的野外实物工作量。全年累计出队9000余人/天，全院技术人员参与了野外工作，占全院职工总数的65%。依托监测预警示范区等科研平台和相关科研项目，在地质灾害、地下水、矿山地质环境等领域开展了地质环境问题形成机理研究及监测预警技术方法研究。2项成果获得国土资源科学技术进步奖二等奖，成功申报国家自然科学基金项目3项。

二、组织实施四大地质调查与监测工程

1. 启动实施国家地下水监测工程。一是监测工程初步设计通过批复，并落实项目投资1亿元。二是编制了《国家地下水监测工程项目管理办法》。三是完成监测中心大楼购置和350个监测站点施工的招标工作，开展地下水监测信息应用服务系统研发。四是加强工程实施技术储备，发挥监测工程的示范带动作用，推进全国地下水三级监测网络建设，召开全国31省地下水三级监测网络体系研讨会与培训班，推动全国地下水三级监测网络体系建设。

2. 组织实施地质灾害高易发区调查示范工程。在西南山区、黄土高原等5类地质灾害高易发区，组织完成1∶5万地质灾害调查示范面积2×10^4 km^2，编制完成《崩塌滑坡泥石流调查评价技术要求》等标准4项；针对地方防灾减灾及山区城镇建设需求，按流域、行政单元形成调查监测成果集成示范性成果。

3. 组织实施生态脆弱区和特困区水文地质环境地质调查工程。组织完成1∶5万水文地质调查为主的图幅55幅，调查面积2.2×10^4 km^2；1∶25万水文地质调查图幅3幅，调查面积4.5×10^4 km^2。通过探采结合井，为30万～40万人口提供安全的地下水供水水源。组织实施1个干热岩勘探孔，进尺4000 m。

4. 组织实施矿产资源勘查开发与保护基础支撑工程。组织完成大型矿业基地1∶5万区域环境地质调查5200 km^2、1∶10万区域环境地质调查800 km^2，组织完成14张全国及重要地区地质环境图件，组织完成城市群、资源型、生态型地区7个典型县（市）资源环境承载力评价，组织开展西藏等9个省（区、市）地质遗迹调查，编制完成《中国重要地质遗迹保护名录》建议稿（第一批）。

三、水工环地质信息中心建设

1. 明确了全国水工环地质信息中心的建设思路，完成了地质灾害、地下水、矿山地质环境等专业信息系统建设与服务需求分析与总体设计。

2. 推进数据库建设，完成48个县（区）地质灾害数据、7个省地质遗迹数据、30余万条地下水监测数据、11万余条矿山地质环境数据的更新与入库。

3. 推进产品网络化服务，建立中国地质调查局地质环境监测院网站，并在网站上发布共享部分地质环境信息与服务产品。

4. 探索信息共享机制，召开局属28家单位专题研讨会，探讨构建环境监测院与大区地调中心及其他水工环地质调查机构的信息共享机制，初步达成数据共享与服务的共识。制定了《水工环地质调查成果数据共享章程》和《水工环地质调查成果数据共享

平台管理办法》。

5. 加强全国地质环境信息化成果推广应用，在部分市、县部署应用地质灾害防治信息系统。

四、加强地质环境领域战略与规划编制研究

1. “十三五”规划编制。

2. 协助部机关编制完成《国土资源部资源环境承载能力评价与监测预警工作方案》《关于加强矿山地质环境保护与治理的指导意见》和《关于采煤沉陷区治理的指导意见》等多个文件及材料。

3. 协助部机关组织开展了年度矿山地质环境治理示范工程评估核查工作及2015年度国家级矿山地质环境治理工程的立项申报工作。

4. 组织完成了26张全国和重要地区地质环境图件编制，编制了中国重要地质遗迹资源分布与保护图集，参与编制完成了京津冀及长江经济带环境地质图集。

5. 出台《地质灾害危险性评估》等3项行业标准。

6. 编制了《水工环地质调查项目2016～2018年实施方案》和全国地下水、地质灾害、矿山地质环境、地质遗迹保护的年度报告。

五、开展地质灾害应急技术支撑与服务工作。

1. 开展地质灾害气象预警预报。共制作预警产品150份，其中在中央电视台发布29次，在部、局网站以及手机报、微信、微博等途径发布150次。

2. 开展“4.25”西藏地震引发地质灾害、陕西山阳“8.12”滑坡灾害、浙江丽水“11.13”滑坡灾害等10余次地质灾害应急响应工作。

3. 开展地质灾害应急技术培训与演练。先后赴辽宁等8个省开展应急技术推广与培训，与广西联合开展省部突发地质灾害应急演练。

4. 开展地质灾害应急值守约300人/天，报送信息80余条，其中上报国务院值班信息28条。

5. 开展三峡库区地质灾害监测预警技术指导与信息服务。组织完成了长江三峡移民工程地质灾害防治工程竣工验收，编制了《三峡后续工作地质灾害防治项目2015年度实施方案》，开展了库区4处险情应急调查、3次巡查、6次应急演练和1次科普宣传。

6. 地质灾害预警工作成为国家预警发布体系的重要组成部分。27个部委参加的部际联络员会议在四川青川地质灾害预警试验区成功召开。

改革创新

一是紧密围绕环境监测院“两重”工作，以组织实施国家地下水监测工程、水工环地质信息中心建设及加强国土和地质环境支撑服务工作为重点，统筹推进地质环境调查监测与地质灾害应急工作，调查监测能力、应急处置能力、科技创新能力和支撑服务能力得到了较明显提升。二是准确定位，积极发挥支撑服务与技术引领作用。环境监测院充分利用开展全国地质灾害、地下水、矿山地质环境、地面沉降、地质遗迹等领域调查、监测与综合研究项目所积累的技术成果，积极参与部、局多项规划、文件起草和编制，参与编制京津冀、长江经济带环境地质图集，较好地发挥了支撑服务作用。同时通过组织实施国家地下水监测工程、地质环境信息化建设、地质环境图系编制，制定地下水、地质灾害、矿山地质环境等方面的技术标准和规范以及组织开展地质环境相关领域技术培训等方式，指导省级地质环境监测机构的业务发展，有效推动了地质环境监测体系建设。三是以需求为导向，积极做好地质灾害应急技术支撑与服务工作。全年共制作地质灾害气象预警产品153份、应急预警产品6份，在中央电视台发布预警信息31次，开展地质灾害应急调查处置工作10余次。先后赴辽宁等8个省开展应急技术推广与培训，与广西联合开展省部突发地质灾害应急演练。

经济管理

2015年，财政拨款预算收入24 414.72万元，执行率86%；事业收入2029万元。

在经济管理方面，一是完善经济管理办法。根据国家陆续出台的规章制度，结合单位实际工作制定修订相关管理办法，配套办法覆盖经济运作的全过程。二是继续加强经济宏观调控。将预算管理与资产管理、资产管理与财务管理、实物管理与价值管理相结合，为促进技术业务工作较快推进、提高国有资产使用效果、改善职工办公条件和生活水平提供服务和保障。三是坚持抓好财政项目预算管理。保持项目预算与技术方案及预期绩效目标的一致性；加大对重大财政专项经费支出的目标相关性、政策相符性和经济合理性的审查力度；监督各预算执行部门，在保证资金安全的前提下抓好预算执行。四是高度重视资金使用的过程管理。严格审核各项经费开支范围、标准，监督预算执行，加强对外协经费使用情况监督、检查。五是逐步扩大财务信息公开范围。不断完善经费预算执行预警系统，及时公布和反馈各个项目的预算执行情况，公开部门预算、决算等财务信息。

人才队伍建设

2015年，环境监测院认真学习、贯彻落实局关于地质科技人才的“两个《指导意见》和三个《暂行规定》”的要求，狠抓人才队伍建设。一是坚决贯彻局党组的决定，研究出台2015年度计划协调人、杰出人才和工程首席绩效待遇方案。二是召开人才工作座谈会，宣传贯彻局党组人才强局的战略，听取工程首席、部分项目负责人和业务骨干等对人才培养、人才团队建设的意见和建议。编制了《青年英才培养计划实施暂行办法》和《高层次地质科技人才计划实施办法》。三是按照局相关规定，通过公开竞聘的方式确定了2016～2018年地质调查二级项目负责人。四是修订院《绩效工资实施办法》，健全完善相配套的人才激励机制。五是有序开展人才队伍建设日常工作。2015年，环境监测院招考接收了5名应届高校毕业生，面向社会公开招聘了3名国外留学人员或博士后。六是按计划组织地质遗迹调查技术培训、国产卫星地质灾害调查监测系统软件培训等技术业务培训班以及全员规章制度、保密、安全员等管理培训，提高广大职工知识水平和业务技能。七是组织青年技术论坛，搭建技术交流舞台，营造向上、创新、干事的氛围。八是按照部、局的统一部署，完成基本工资调整和正式职工预扣养老保险工作。九是完成了2015年博士后出站和招聘进站工作。十是有计划地推进干部人事档案审核专项工作，完成副高、副处以上人员档案的审核工作。

党建与精神文明建设

2015年，环境监测院党委认真抓好党建与精神文明建设工作，以“八问”责任传导机制为抓手，强力推进主体责任落实；以“六个强力推进”为抓手，深入推进党风廉政建设重点工作；抓早抓小抓细，全面落实纪委的监督责任。一是认真贯彻落实局党组的重大决策部署，作好反腐倡廉工作部署。二是出台“两个责任”实施意见，厘清责任主体。出台《落实党风廉政建设主体责任和监督责任的实施意见》，对党委主体责任、党政主要负责人责任、党委成员责任、纪委监督责任进行细化规定。三是签订责任书，落实责任制。把“八问”责任纳入《党风廉政建设责任书》，院领导与部门主要负责人和项目负责人分别签订责任书，形成了分级抓、层层负责的责任体系。四是开展廉政风险点排查。五是加强制度建设。完成新一轮规章制度的修订工作，将制度装订成册，职工人手一份。制订《国家地下水监测工程项目管理办法》，严格规范项目决策和资金使用。六是完善内部控制制度。根据管理职责，科学设立流程，分口把关。“八个控制”明确了职能部门分工控制、关键岗位相互分离。七是规范事务公开工作，制定《事务公开暂行办法》。八是加强廉政教育。开展作风建设全员培训和廉政文化周活动，在院内网开设“警示教育”专题，营造浓厚的廉洁文化氛围。九是强力推进责任追究。对财务检查、内（外）部审计中发现的问题，纪委主动介入，督促整改工作，对相关责任部门负责人进行约谈，严肃查处当事人，对责任人进行诫勉谈话，给予相应处罚。十是认真核查信访反映问题，对问题线索进行调查核实。十一是认真落实上级纪检组织交办的工作。

（姜　喆）

中国地质调查局水文地质环境地质调查中心工作

中国地质调查局水文地质环境地质调查中心

概　况

中国地质调查局水文地质环境地质调查中心（以下简称“水环地调中心”）是中国地质调查局直属事业单位，主要承担水文地质、环境地质、工程地质调查及相关技术方法研究与开发工作。

水环地调中心现设有综合管理部门9个：办公室、科学技术处（项目管理处）、计划财务处、装备与开发处、人事教育处（安全生产管理处）、党委办公室（工会）、纪检监察审计处、离退休管理处、资料成果服务室，技术业务部门15个：水文地质调查室、地质灾害调查室、环境地质调查室、地下水与土壤污染调查防控室、二氧化碳地质储存调查室、地质灾害监测技术室、地下水监测技术室、钻探工程技术室、地震技术室、电法技术一室、电法技术二室、遥感与测绘技术室、信息与计算室、水工环地质软件研发室、技术推广研究所，后勤服务部门2个：物业管理部、汽车队。

截至2015年12月31日，水环地调中心共有职工536人，在职341人、离退休195人（离休8人、退休187人）。各类专业技术人员279人，其中教授级高级职称47人、高级职称43人、中级职称85人、初级职称104人。

水环地调中心2015年度安全生产与保密工作无责任事故。配备个人北斗终端设备55台，地质救生包205个，三合一保密防护软件52套，启用涉密打印机房。开展野外安全培训、安全生产月活动、野外安全保密联合检查、消防演练等活动。全年调度使用车辆1284台次，安全行驶210余万千米。

基地建设方面。加大机关大院、家属院环境整治力度，实施一系列绿化、亮化、美化工程。

水环地调中心承担的“全国二氧化碳地质储存潜力评价与示范工程”项目获2015年度局地质科技奖一等奖。水环地调中心研制的“地下水动态远程数据发射装置”荣获第十七届中国专利优秀奖。水环地调中心地质灾害党支部荣获2013～2014年度地调局系统先进党支部称号。

地质调查进展与成果

2015年，水环地调中心负责实施地质调查项目7项，承担地质调查子项目31项；完成地质调查项目设计16项，优秀7项、良好9项；完成结题项目成果报告25项，优秀12项；野外资料验收12项，优秀10项。总体优秀率54.71%，优良率100%。公开发表论文59篇，其中检索类期刊10篇、核心期刊论文40篇；出版专著1部；获授权专利8项，其中发明专利4项；获得3项软件著作权。

完成1∶5万水工环地质调查面积1.6×10^4 km^2，共37.5个标准图幅；1∶5万遥感解译面积1.67×10^4 km^2；1∶25万综合地质调查22.75×10^4 km^2；1∶25万遥感解译13.95×10^4 km^2；水文地质钻探进尺1.18×10^4 m；工程地质钻探7450 m；综合物探点近2.1万点；岩土水样9188组。

一、“两重”工作

2015年，完成2项重中之重工作和3项重点工作。5项两重工作局考核平均得分93.10分，受到局党组表彰。

（一）重中之重工作之一：健全完善地质环境（地下水、地质灾害和矿山地质环境）监测技术研发和应用体系。

国土资源部地质环境监测技术重点实验室通过部科技司组织的专家验收，正式挂牌运行。形成具有自主知识产权的地下水动态自动采集传输装置和中英文版多源多级监测设备信息管理系统。编写完成《地下水监测网运行与维护技术规范》，其软件和硬件均已中标应用于国家地下水监测工程。依托国土资源部巫山地质灾害实时监测预警示范站信息发布系统，升级完善突发性地质灾害监测信息平台。向西藏地震灾区和乌蒙山地区赠送群测群防监测仪器近2000台（套）。将分布式光栅光纤监测技术应用于甘肃华亭采煤沉陷区等矿区。

（二）重中之重工作之二：大力提高水工环地质调查监测能力，全力推进业务转型。

结合地调科研项目，初步建成河西走廊黑河流域西北内流盆地水文地质、甘肃陇南高山峡谷与活动断裂区地质灾害、河南新乡地下水与土壤重金属污染调查评价和修复场地示范区、西安人工泄露和青海平安天然泄露CO_2地质储存风险监测技术与生态影响评价等野外调查监测研究基地。参与中英合作四川盆地CO_2封存项目，为CO_2地质封存提供选址可行性研究服务。根据水环地调中心新的业务定位和任务，进一步优化地调专业人员结构。

（三）重点工作之一：创建地下水和土壤污染防治实验室。

已建成面积约1000 m^2、检测设备30余台（套）、资产总值800多万元的地下水和土壤污染防治实验室。完成二级机构设置和实验室主任授权，配置检测人员7人，制定了实验室质量管理手册与各项管理制度。实现14项分析组分的CNAS资质认可。

（四）重点工作之二：推进地质调查与科学技术研究开发一体化，提高科技创新能力。

研制完成多通道地下水监测管材和分层监测传输仪器，填补国内空白，已应用于地质调查项目并推广。研发地下水多参数快速检测便携工具箱，提高野外现场检测的工作效率。提出地下水多层监测井钻探成井技术新工艺。钻孔分层封隔技术与地下水高频高压监测技术相结合，形成地下水分层振动洗孔与抽水试验工作方法。拓展新领域，地球物理勘探与水力压裂技术相结合，增大了难采钾盐地层的渗透性和成井率，为中国难采钾盐提供了技术方法。探索机载雷达在三峡库区地质灾害调查中的应用，提高了地质灾害体的识别程度和调查工作效率。地质灾害调查实际发灾点的80%，在调查预警之中达到灾前识别。基于云计算的水文地质科技计算平台已见雏形。

（五）重点工作之三：建立三峡库区地质灾害实时监测野外科学观测基地。

加强海量监测数据分析，探寻降水诱发滑坡和水库水位变动触发滑坡的形成机理。开展巫山、万州、开县等3个县域的滑坡和秭归县白水河滑坡等5个涉水滑坡的监测工作。编制完成《突发性地质灾害监测预警技术指南》《三峡库区典型崩塌与滑坡监测案例汇编》《滑坡监测技术方法与应用》《崩塌监测技术方法与应用》《岩土工程实验室管理制度及操作技术要求》，支撑全国地质灾害监测预警体系建设。与部野外科学观测研究基地管理办公室沟通协调，做好三峡库区地质灾害实时监测野外科学观测基地挂牌各项准备工作。

二、水工环地质调查成果

（一）水文地质调查。

在甘肃黑河流域、宁夏中南部、东北三江平原、山东沂蒙山区、华北太行山与漳卫河流域等区域，组织完成了19幅1∶5万水文地质调查任务。在黑河流域重点地区利用物探测井、同径分层成井、双封隔器分段封隔震荡洗井等新技术新方法。在冀中平原典型盐碱化地区，建立了水平井－集水井结构与虹吸取水系统，实现了全天候自动排水降盐目标，提出适宜于滨海细颗粒地层的地下水开发利用方式。东北三江平原农田水文地质调查，初步建立了水土质量综合评价技术指标体系。在太行山阜平县发现具有旅游开发价值特大溶洞群。结合水文地质填图工作，对沂蒙山区三个层位6个典型洞穴进行探测，提出了岩溶洞穴旅游资源合理开发利用建议。在宁夏生态移民安置区完成探采结合井4眼，为4个生态移民村约1.6万人提供了饮用水供水水源。

（二）地质灾害调查。

在陇南白水江流域、嘉陵江上游燕子河流域、泾河流域和三峡库区完成9幅1∶5万地质灾害调查。在白水江流域，查明地质灾害隐患点410处，其中滑坡隐患点147处、崩塌隐患点45处、泥石流177处。在燕子河流域，总结了典型滑坡体的成灾机理及变形特征，查明了孕灾的工程地质斜坡结构类型。通过三峡库区巫山段危岩体调查与监测，对三峡库区地质灾害类型、发育特征、成灾背景形成初步认识。泾河流域地质灾害调查充分发挥高精度遥感、低空无人机飞行、三维激光扫描等新技术手段，提高了地质灾害调查工作效率。通过开展典型沟谷型泥石流远程监测预警，研发出低频声波采集分析预警仪。

（三）环境地质调查。

在青藏高原典型地区、青海东部城市群、准噶尔盆地、豫北平原、京张重点规划建设区完成了10幅1∶5万水文地质环境地质综合调查。查明青海省东部城市群、京张重点规划建设区水文地质、工程地质、环境地质特征，编制兰州西宁经济区环境地质图系以及京张重点规划建设区地质环境综合调查报告。提交了崇礼冬奥会场区地质环境调查初步报告，支撑服务崇礼冬奥会场区规划建设。参与京津冀、长江经济带图集有关专业图件编制，参编人员受到局表彰。在豫北平原建立了典型重金属污染区第一批野外修复试验基地监测井。在准噶尔盆地查明了奎屯工业园和石河子工业园两个主要地下水污染区。在青藏高原北缘重点区首次发现水温高达82.2 ℃的温泉。完成鄂尔多斯深部咸水层CO_2地质储存示范工程30万吨灌注目标。

（四）水工环技术方法。

完成1∶1万、1∶5万、1∶10万、1∶25万等不同比例尺水工环遥感解译$15.78\times10^4\ km^2$，开展直流电法、电磁法、浅层地震、探地雷达、综合测井等地球物理勘探点2万多个。罗布泊固液相钾盐资源勘查子项目完成高精度重力勘探300 km^2，初步圈定了即将实施的罗北凹地固液相钾盐1500 m科学钻孔的井位范围。运用大型可控震源深探地震勘探技术，获得准格尔碳储选址靶区埋深4050 m高信噪比地震剖面成果。开发了适合小口径监测井采样的手提式惯性采样设备。完成《地下水采样技术规程》《地质仪器设备折旧标准》《地质救生包技术规范》和《西部艰险地区野外地质调查安全生产管理规定》等规程规范的编写。研发完成中国地质调查局野外工作站安全生产管理保障系统，并在新疆、青海、西藏野外工作站安装部署，已正式运行。编制完成《水工环技术方法信息服务方案》，梳理出8类可提供服务的产品资源，发布了2015年版中国地质调查技术方法信息网。

改革创新

一、科技成果创新转化

为地方政府防灾减灾提供技术支撑：与辽宁省、湖南省确定开展地质灾害监测预警示范工作；在云南省怒江流域建立了泥石流监测预警系统；承担三峡库区5县（区）66处灾害体1200余个监测点的专业监测预警。为企业和地方经济发展服务：运用物探、压裂、空压机抽水技术，完成青海冷湖滨地钾肥公司压力增水任务；完成阜平神仙山地区地质遗迹调查与保护利用报告。初步建成一体化地下水监测体系，形成集自动采集、存储、传输与动态管理为一体的地下水监测体系，为《国家地下水监测工程》建设运行提供监测设备与管理服务软件。拓展二氧化碳封存技术服务链条。参与了由科技部组织的中欧NZEC项目、英国驻重庆领事馆组织的CO_2地质封存项目，为华能集团玉环电厂、中电投远达环保公司等单位CO_2地质封存提供选址可行性研究服务。

二、制度建设

完成野外差旅费管理办法、招标采购管理办法、物资采购管理办法、材料出入库管理办法等20项制度的制定、修改工作，形成涵盖党务、政务、技术业务、经济、人事、装备、安全保密、资料档案、基本建设等方面74项制度体系。

三、管理方面

扭住实物工作量和执行预算两个指标，任务到日，责任到人，推进地质调查工作和预算执行工作，完成了局确定的考核指标。严格野外验收和成果报告审核环节，强调落实项目负责人、业务室主任、业务副总工程师和专家组逐级审核把关的质量责任，提高成果报告的质量和水平。提出3类人才和二级项目负责人绩效工资管理方案，完善激励机制建设。围绕水工环野外调查能力、物探勘查能力、实验室建设和信息系统建设等4个方面进行装备建设。

经济管理

2015年，水环地调中心实现总收入2.31亿元。其中：财政收入1.86亿元、非国库直接拨付科研项目收入313.86万元、成果转化与技术服务横向项目合同额3561.73万元，实现收入4244.58万元，固定资产增加2071.06万元，较上年增加17.02%，职工个人收入适度增长。全年财政资金预算执行率达到93.88%，各项经济指标均达到年初的预期目标。

人才队伍建设

一、内外培训

代表局科技外事部，举办水文地质调查数据统计应用培训班，来自局属各单位、地质学校及北京有关单位60余人参加了培训。开展为期2周的年度原始资料展评和成果汇报交流活动，188人次进行了项目成果、专题研究成果和论文成果宣讲。

二、国际交流与合作

与瑞士苏黎世联邦理工大学合作开展气候变化条件下黑河流域和河北馆陶水资源可持续管理研究，2人参加了2015年世界地热大会，1人随地调局赴奥地利和捷克进行合作访问。邀请100余人次国内外专家学者来中心进行学术交流。

三、项目负责人遴选

根据地调局二级项目负责人遴选推荐要求，以“四问”和“五不唯”标准，遴选出16名项目负责人，其中35岁以下的青年领军人才5人。

党建与精神文明建设

一、党建工作

以中心组学习为龙头，深入学习贯彻中央会议精神、习近平总书记系列重要讲话精神。在项目组成立7个野外临时党支部，同步推进党建工作与业务工作。组织开展党章党规学习活动、庆祝建党94周年系列活动、处级以上干部“三严三实”专题教育活动。参与地方脱贫攻坚工作。

二、党风廉政建设工作

落实主体责任和监督责任，以“六个强力推进”和“八问”责任传导机制为抓手，建立党风廉政建设层层负责制，明确了中心主任、分管业务副职、部门负责人、项目负责人在项目管理中的责任；明确了中心主任、项目负责人、部门负责人以及财务人员在项目资金报销审批过程中的任务和责任；明确了财务、人事、装备、科技处等相关职能部门在预算编制、资金使用过程中的监管责任。部署完成财务大检查、项目大检查、装备大检查和内部审计整改工作，以检查、审计整改来督促制度建设，通过制度建设堵塞漏洞。成立纪检监察审计处。开展过程跟踪审计工作。

三、精神文明建设工作

继续保持省级文明单位称号。利用“三八”“五四”“七一”等节日组织开展庆祝活动。开展球类比赛、职工运动会、联欢会等文体活动。开展党员志愿救助活动，通过全体党员自愿捐款方式筹集资金，资助8名困难学生。关怀离退休老职工生活。

（刘迎娟）

中国地质科学院水文地质环境地质研究所工作

中国地质科学院水文地质环境地质研究所

概　况

中国地质科学院水文地质环境地质研究所（以下简称“水文环境所”）始建于1956年，是中国地质调查局事业单位，是中国地质科学院国家创新体系组成部分，也是国家公益性地质调查队伍的骨干力量。主要开展水文地质、工程地质、环境地质基础理论和学科创新、应用研究、战略研究和综合编图、地质调查和地下水资源评价、合理利用和保护、城市地质、农业地质、灾害地质、地热及浅层地温能利用、应对气候变化等相关研究、实验测试和信息化建设、国际交流与合作、科技开发、成果转化和技术服务工作。

水文环境所设有8个综合管理部门、16个科研业务保障部门和3个其他部门。国际水文地质学家协会中国国家专业委员会，中国地质学会水文地质专业委员会、地热专业委员会、农业地质专业委员会，中国地质调查局地热资源调查研究中心，河北省矿泉水产品质量监督检验站均挂靠在所内。

2015年，全所职工总数540人，其中在职职工316人、离退职工224人。中国工程院院士1人、俄罗斯自然科学院外籍院士2人、博士研究生导师8人、享受国务院政府特殊津贴专家3人。管理岗57人、专业技术岗248人、工勤技能岗11人。正高级职称40人、副高级职称49人、中级职称126人。

2015年，“华北平原地下水污染调查评价及关键技术研究”获2015年度国土资源科学技术奖一等奖。“创新地下水保障能力评价理论服务国家粮食安全战略”获地调局、地科院2015年度地质科技十大进展和中国地质学会2015年度十大地质科技进展。“海河流域农业区水资源衰变与可持续利用性”获2015年度河北省科技进步奖二等奖。2015年，全所发表论文108篇，其中，SCI论文27篇、EI论文8篇，出版学术专著2部，获发明专利7项、实用新型专利16项。主办的《地下水科学与工程》英文学术期刊创办3年，已被《新资源引文索引》（ESCI）和《美国剑桥科技文摘》（CSA）、俄罗斯《文摘杂志》（AJ）、世界著名地学数据库GeoRef等多家国际检索机构收录，并已纳入SCI跟踪考评。

地质调查进展与成果

一、总体情况

2015年，水文环境所紧紧围绕“两重一主”工作，全面部署2015年地质调查项目实施，积极组织论证2016年地质调查二级项目，扎实推进中国地下水质量报告编制，精心组织主要含水层水质综合调查工程实施，加快发展地热、干热岩资源调查，加快推进地质调查与科学研究有机融合和一体化。落实2015年地质调查子项目21项，经费12 550万元。完成2014年及以前结题项目野外验收27项、成果验收55项，组织开展质量检查10项，资料汇交17项。17个委托业务公开招标，经费2595万元，占2015年地质调查项目委托业务经费90%以上。按照《中国地质调查局关于编制提交重大地质调查成果的通知》，牵头负责编制3项，参与编制2项。

二、地质调查进展与成果

（一）积极推进中国地下水质量报告编制。

组织编制完成《中国地下水质量与污染调查报告》，全面深入分析了中国地下水质量形成演化规律和地下水污染主要类型及分布特征。报告调查显示，中国地下水1/3可直接作为饮用水源，1/3经适当处理可作饮用水源，1/3不宜作为饮用水源；地下水污染组分超标率达15%，主要污染物为“三氮”、重金属和有毒有害有机物。该报告受到中央，全国人大，部、局领导好评，为“水十条”制定、《水污染防治法》执法检查及《华北平原地下水污染防治实施方案》等提供了有力技术支撑。

（二）精心组织实施中国主要含水层水质综合调查工程。

《中国主要含水层水文地质综合调查实施方案》获局批复。配合中办对腾格里沙漠区进行地下水污染调查，历时10天，行程3000多千米，综合运用卫星遥感解译、地面调查访问、现场测试识别等技术手段，共排查涉污企业41个，核查污水坑（盐池）53个、固体废物堆置场地11处、集中供水水源地1个。现场测试土壤重金属和挥发性有机污染气体51点次，现场测试水样物化指标55组、总石油类污染样品23组。采集送检地下水样33组、地表水样24组，采集土样7组。经部、局审核，向中办调研组提交了《西北地区地下水污染有关情况报告》及《实验室测试分析结果分析报告》。成果报告对中央领导了解腾格里沙漠工业园区污染事件真实状况，提供了重要依据。习近平总书记和中央其他领导同志在调研报告上作出重要批示，中办督查室专门发来感谢信，对参与此项工作的水文环境所同志们提出表扬。

组织完成2016～2018年新开二级项目论证，顺利通过局工程考核并荣获优秀。完成8个项目野外验收、2个项目成果验收。完成2015年野外调查面积130×10^4 km^2，样品采集6680组，各子项目全面进入资料数据分析及成果报告编制阶段。组织开展数据库成果质量检查和验收，并将成果整合集成。编制《全国地下水污染调查评价初步结果报告》和《中国地下水质量与污染调查报告》，为全国人大常委会执法检查提供了基础资料。成功承办中美两国地调局地下水水质与监测合作研讨会。参与编制地质行业标准2项、局标1项，获正式实施。该工程被评为局优秀工程之一，工程首席获评局杰出地质人才。地下水污染调查全流程分析技术体系入选地调局、地科院2014年度地质科技十大进展。

（三）加快发展地热、干热岩资源。

高温钻探取得重大突破，在西藏190 m深度钻获

205 ℃高温蒸汽。中国首次干热岩科学深钻进尺突破3120 m。查明全国31个省（区、市）的地热资源分布及利用现状。编制完成《我国地热资源调查评价报告》《中国地热志》《地热资源调查评价工程实施方案》和《浅层地热能勘查评价规范》。组织编制《中国地热资源图集》《中国主要盆地地热资源图集》和《中国主要城市浅层地温能资源图集》等集成成果，成功举办中国地质学会地热专业委员会第二届学术年会。提出加强地热领域产学研合作9项倡议。

（四）华北平原地下水污染调查评价及关键技术研究。

该项目研发了适合中国特色的地下水有机污染样品采样器和相关装置，为全国地下水污染调查评价项目实施提供样品采集质量保证。建立远程实时质量监控网络系统，规范和认定一批有机污染物样品分析实验室。基于统一数据库标准，构建了中国首个地下水质量与污染调查评价信息系统，保证地下水污染调查海量数据管理与评价效率。提出地下水污染单指标标准指数法，较好区分地下水质量与污染，能客观反映区域地下水污染状况。基于区域地下水污染风险，构建了地下水污染防治区划方法。基于该成果编制的《京津冀地区国土资源与环境地质图集》为京津冀一体化建设提供了科学基础。项目成果荣获2015年度国土资源科学技术奖一等奖。

（五）创新地下水保障能力评价理论，服务国家粮食安全战略。

该项目围绕国家粮食安全战略实施的需求，创新农田区井渠遥感识别解译关键技术，首次查明中国主要粮食基地的13个主产区分布范围、作物布局结构和灌溉农业开采地下水状况，揭示了农业超采区地下水位“强降—弱升”规律，破解了黄淮海平原农业区地下水超采程度与气候变化、农作物播种强度、陆表水文和地下水资源状况之间机制，创建了适宜中国粮食主产区地下水保障能力评价理论与方法，建立了“安全保障”及“无法保障”评价指标体系。首次阐明中国粮食主产区灌溉农业对地下水依赖程度和地下水资源保障能力状况，指明黄淮海平原耗水农作物需重点优化调整范围、程度和缓解农业超采地下水对策，为国家粮食安全战略实施提供重大科学依据。成果荣获地调局、地科院2015年度地质科技十大进展和中国地质学会2015年度十大地质科技进展。

改革创新

一、优化管理改进服务

修编印发《水环所规章制度汇编（2015版）》，运行实施公文系统云平台和手机客户端，实现移动办公和短信催发，提升了办公效率。坚持每月重点工作一张表和签报事项通报公开制度，强化监督首问负责制落实情况，每天公布所领导和职能部门负责人在所情况，加强向上级请示报告制度，继续巩固政务信息报送先进单位荣誉，编制印刷所2014年年报并报送部、局、院及兄弟单位。

二、严格干部选拔任用和监督

对离退休管理处处长、条件保障处副处长两个职位进行公开选聘。强化干部监督管理，做好干部选拔任用“一报告两评议”，组织领导干部准确完整填写个人有关事项报告。

三、强化安全生产检查

重点开展安全生产教育培训、野外和基地等重点部位安全生产检查，实现全年安全零事故。全员签订保密责任承诺书，配发50台涉密计算机，加强保密检查通报和处罚。面向社会公开招标3家汽车租赁公司，简化租车手续，严格野外车辆出队审批手续。

四、积极为职工办实事

广泛征求意见并印发《2015年为职工办实事项目》9项，制订《规范和保障职工福利的实施意见》，为在职职工办理人身意外伤害和交通工具乘客意外伤害保险。每季度公开发布监测中心关于石家庄和正定两基地办公和生活区饮用水质量检测报告。调整兑现离退休人员离退休费。

五、所务公开工作走在局系统前列

完善所务公开信息系统，明确公开事项达93项，坚持每月发布所务公开督察报告，基本上实现了应公开事项全公开。所各类会议、“二重一主”和“三重一大”事项及职工关心的重点难点热点事项，绝大多数可以在内网上查阅。

经济管理

2015年，批复预算收支总额为2.15亿元，其中财政补助收入为1.97亿元、事业收入为0.18亿元。全年共实现各类经费收入2.31亿元，其中财政补助收入1.97亿元、事业收入0.26亿元、其他收入0.08亿元。完成各类资金账面支出2.48亿元，其中财政资金支出2.22亿元、事业支出0.26亿元。完成各类资金国库支出2.17亿元（含上年结转资金支出），国库预算执行率为95%。

人才队伍建设

一、落实“五问”标准

在地质调查二级项目立项论证时，以“五问”

为准则，坚持需求、目标和成果应用为导向，面向用户需求、科技创新及人才培养，使二级项目目标更明确、部署更合理、绩效成果更可考核。在“中国主要含水层综合调查”工程及所属项目、子项目实施过程中，以“五问”为指导，面向国家和人民群众对地下水质量需求为目标，认真总结全国地下水水质情况，编写的《中国地下水质量与污染调查报告》获中央及部、局领导好评。

二、贯彻“两个《指导意见》”

在开展地调项目野外检查中，认真贯彻落实《关于加强地质调查成果评价的指导意见》精神，聘请政府部门管理人员、企业代表直接参与专家组会审，对成果应用和用户需求提出宝贵意见。

三、实施三个《暂行规定》

制定《计划协调人、工程首席、项目负责人、地质科技人才调整基准绩效工资的实施方案》，并依据“方案”兑现绩效工资。起草了《关于落实局党组加强地质调查成果评价指导意见（试行）的实施方案》《2015~2020年人才队伍发展规划》《高层次人才引聘计划实施办法》和《杰出青年培养计划实施办法》。加强编外人员管理，修订《编外人员管理办法》，与劳务派遣公司达成协议，编外用工全部实行劳务派遣。

四、人才队伍建设取得新突破

石建省荣获全国优秀科技工作者称号，王贵玲受聘俄罗斯自然科学院外籍院士，孙继朝被评为局杰出地质人才，李凯被授予局第二届杰出青年称号，韩占涛和刘景涛获中国地质学会第十五届青年地质科技奖银锤奖。2015年评选所杰出青年2人、培育团队3个，支持优秀青年出国培训2人。2015年，面向社会公开招聘，引进应届高校毕业生13人，其中博士5人、硕士8人。

党建与精神文明建设

一、“三严三实”专题教育扎实开展，收效显著

通过专题教育，广大党员干部把“三严三实”作为思想遵循、作风导向、行动准则，从严从实、风清气正的政治生态在所已经逐步形成，负责任、敢担当在干部队伍中已经蔚然成风。全所工作更加聚焦国家重大需求，以“五问”“五不唯”作为评价成果和人才标准，党员干部把心思和精力更加集中到干事创业上，大局意识、服务意识、责任意识明显增强，队伍凝聚力战斗力显著提升。

二、贯彻落实“八问”要求，压力传导机制进一步健全

坚持以加强项目和资金管理为重点，以“八问”责任传导机制和“六个强力推进”为总抓手，扎实推进党风廉政建设工作，在局会议上所作的经验交流受到好评。所主要负责人、所领导副职、部门和项目负责人层层签订责任书。单独设立监察审计处，纪检监察机构“三个转变”取得明显成效。

三、积极推进问题整改，全所未出现严重违规违纪问题

制定《2015年监察审计工作要点》，选取7个项目进行内部审计。加强重大决策部署的监督检查，突出做好局巡视、“三项大检查”、内审发现问题的整改工作。根据局内部审计报告，对所党委梳理的26项事项，积极开展调查核实整改工作，对属于责任事故的4起典型事项，在全所进行通报。根据局巡视组反馈意见，组织制定18项整改措施。按照局督办限期整改清单，成立整改领导小组，调查核实相关问题，保质保量地完成局下达的整改任务。

四、开展多种形式的宣传教育，引导干部职工树立公私分明、按规办事的价值观

所会议研究廉政建设议题21次，制作反腐倡廉宣传展板3块，通报了4个方面典型问题，优选出43名职工廉政心灵感言进行集中展示。邀请河北省委党校党建教研室主任孟庆云教授到所就《准则》和《条例》进行辅导。组织全体在职党员开展“学党纪、守党规”为主题的答题活动。

五、加强党群组织自身建设，工作基础进一步夯实

按要求配齐党办、监审、工会、团委、妇委会的主要负责人和工作人员，党群组织体系健全。在党支部开展“讲党性、重品性、作表率”主题实践活动，坚持实施党建工作责任制考核，加强所党委班子建设，注重班子整体功能发挥。

六、深入扎实开展精神文明创建活动，继续保持“河北省省级文明单位”荣誉称号

广泛开展争做十佳文明职工标兵、创文明研究所和文明处室活动，在党内开展“特色党建活动”创建，工会开展创建“温暖职工小家”活动，继续保持河北省直“先进职工之家”荣誉称号。在团员青年中广泛开展以“成长成才、岗位建功”为主题的学术交流、联谊交友、爱心奉献、兴趣小组等活动，在老干部中开展“幸福老年之家”创建活动，层层树正面典型，全方位弘扬正能量。

七、举办丰富多彩的文化活动，队伍凝聚力进一步增强

建成所荣誉室，激励水环人传承历史、再创辉煌热情。举办纪念抗日战争胜利70周年系列纪念活动、职工团拜会、运动会、健步走、读书会、拓展培训等丰富多彩的文化活动。成立羽毛球、骑行、书画及舞蹈协会，组建电声乐队和篮球队，有力地推动了文化活动的蓬勃开展。出台《规范和保障职工福利实施意见》和《关心职工身心健康的意见》，切实保障职工福利。

八、深入细致做好思想政治工作，干部职工幸福感不断提升

坚持“五必谈、五必访”和定期家访制度，定期召开座谈会、电子显示屏、内网所务公开栏等形式，及时向广大职工通报所里各项情况，坚持所领导每月接待日制度，开展为职工办实事征集办理制度，实行党委成员联系党支部制度，着力将问题解决在基层，尽力让职工满意。

（范建勇）

中国地质科学院岩溶地质研究所工作

中国地质科学院岩溶地质研究所

概　况

中国地质科学院岩溶地质研究所（以下简称“岩溶地质所”）是中国地质调查局（中国地质科学院）直属的科研事业单位，为国家非营利性科研机构。

主要职责：开展岩溶地质基础理论和学科创新工作；开展岩溶地质与全球变化研究；承担岩溶水文地质、工程地质、环境地质和地质灾害调查研究、监测评价及治理工作；承担岩溶矿产资源、洞穴资源调查评价工作；开展岩溶地质实验测试、信息化建设工作；开展岩溶地质国际交流与合作工作，承担联合国教科文组织国际岩溶中心相关工作；开展科技开发、成果转化、技术服务工作；为联合国教科文组织国际岩溶研究中心提供支撑；承担局、院交办的其他工作。

内部机构设置：综合管理部门7个，包括办公室、党委办公室、监察审计处、科技外事处、财务资产处、人事教育处（安全生产管理处）、条件保障处；技术业务部门9个，包括岩溶动力学研究室、岩溶区域地质研究室、岩溶资源研究室、岩溶生态与石漠化研究室、岩溶工程与灾害研究室、岩溶景观与洞穴研究室、岩溶探测技术方法研究室、岩溶地质与资源环境测试中心、岩溶资料信息中心；其他部门3个，包括后勤服务中心、离退休管理处、国际岩溶研究中心基建办。

人员情况：截至2015年底，人员370人，在职人员214人，其中中国科学院院士1人、研究员33人、副研究员及高级工程师42人、中级职称65人；博士研究生导师6人；具有博士学位者29人、硕士学位者113人。

地质调查进展与成果

一、地质调查工作进展

2015年，承担各类地调、科研项目150项，经费总额1.4亿元。

1. 紧紧围绕国家重大战略，聚焦国家重大需求，与有关单位共同编制的《“一带一路”地下水资源分布图》《“一带一路”地热资源图》和《长江经济带岩溶塌陷危险性分布图》，得到中央领导的认可与重要批示。西南石漠化综合治理技术创新驱动火龙果生态产业跨越式发展入选2015年度地调局、地科院十大科技进展。

2. 岩溶地区生态重建列入“典型脆弱生态修复与保护研究”国家重点研发专项的重点，“岩溶地下水探测与调控”和“全球气候变化地质响应机制及应对技术调控”分别列入水利工程和应对全球气候变化国家重点专项，“西藏高原岩溶演化地质记录及动力学机制”列入“十三五”立项资助计划。

3. 完成1∶25万岩溶地质碳汇和地下水污染调查35×10^4 km^2，1∶5万水文地质环境地质调查1×10^4 km^2，1∶5万岩溶塌陷调查3000 km^2，建立岩溶地质环境与地下水监测站101处。施工探采结合井位50处，解决了8万人的饮用水问题。

4. 11项地调二级项目成功列入2016～2018年项目库，1项列为备选项目。2016年争取到地调项目经费11 590万元。

5. 组织开展项目质量检查工作。完成复查10项，室内质量检查14项，野外质量抽查4项。发现2015年度地调项目实施过程中主要存在的9大类23小类问题，提出了5个方面的改进措施，确保高质量、高标准地完成全年地质调查工作。

6. 加强地质资料汇交及集成整合工作，为地调科研工作提供基础资料服务。完成2149件资料归档，整理早期地质资料5608件，数据处理量500 GB。

二、精准扶贫工作

1. 完成乌蒙山云南昭通片区的典型地质景观调查，将地质调查成果及时转化，协助贫困县区申报地质公园，新探索出一条旅游地质资源推动地方经济绿色环保可持续发展的道路。

2. 完成乌蒙山片区1∶5万标准图幅4000多平方千米的水文地质调查工作，为乌蒙山片区经济社会发展提供了翔实的水文地质技术支撑。完成29眼探采结合井和6处地下水开发示范工程的施工，钻井出水量超过6000 m^3/d，直接为当地超过7万人提供了饮用水源，解决了当地老百姓生活用水紧缺、工业园区发展用水紧张等问题。

三、岩溶地质成果应用

承担社会服务项目21项，新增合同经费570万元。果化岩溶生态研究基地培育的适生于岩溶石山的火龙果已在平果县推广4万亩，为西南岩溶地区石漠化综合治理和水土保持提供了技术支撑和示范样板。利用表层岩溶带理论和岩溶储层开发技术，指导油气公司改变开发井钻探和采油方式，增效7.5亿元。贵南高铁沿线岩溶塌陷、岩溶水文地质工程地质调查评价工作，解决了“贵南高铁”独山－都安段全长120多千米铁路工程的岩溶塌陷、岩溶水文地质工程地质问题。承担贵州织金洞申报世界地质公园项目，助力织金洞成为全球第122个、贵州首个联合国教科文组织世界地质公园。

改革创新

一、国际岩溶研究中心建设

积极推进第二期协定的编写，做实秘书处；在岩溶动力学、岩溶资源可持续利用和生态环境保护等方面进行广泛的国内外学术交流与合作；成功举办国际培训班，培训了来自20个国家的38名学员，为促进岩溶生态系统的治理与恢复，以及岩溶地区的可持续发展作出贡献。

二、岩溶动力学国家重点实验室申报

与桂林理工大学、中国地质大学（武汉）签署了共建国家重点实验室备忘录，编写了国家重点实验室建设方案，明确了重点研究方向。

三、国家重大科技项目申报

获国家自然科学基金资助12项，获广西科技项目10项，均创所历史新高。开展了石漠化生态脆弱区生态修复、岩溶地下水探测、应对全球气候变化地质研究等方面的重大课题申报的准备工作。

四、地调科研有机融合

与武汉地调中心、成都地调中心签订备忘录。与湖南、广西等国土资源部门、地方政府及地勘单位进行广泛对接，确保二级项目评审顺利通过。

五、重大成果报告编写

编写完成《西南岩溶地区水文地质环境地质调查成果集成报告》，提交部百年百项重大成果1项、局百年百项重大成果6项，编写第二期国家石漠化综合治理建议报告。

六、岩溶地质学和岩溶动力学学科建设

主编的《岩溶水文地质学》《西南岩溶石山地区重大地质环境问题及对策研究》和译著《岩溶水文地质学方法》出版。明确重点发展6大优势领域。《中国岩溶》重返中文核心期刊。在《自然与生态学》英文版杂志第4期发表“岩溶生态系统”专辑。

七、条件建设

1. 投入资金1080万元，购买仪器设备636台(套)，为进一步提升所地调科研成果质量提供了可靠的技术支撑。

2. 国际岩溶研究中心基地项目土地预审工作完成，取得桂林市政府、广西区政府、国土资源部批复通过，项目用地合法性得到正式确认，基地围墙开建，项目可行性研究报告上报国家发改委。

3. 广州基地正式挂牌；武隆基地基础设施修缮项目完成竣工验收和结算；毛村试验场一期维修项目进入收尾阶段；果化石漠化研究基地修缮项目有效推进；部岩溶生态系统和石漠化治理重点实验室、局岩溶塌陷防治重点实验室通过部、局组织的评估与验收并挂牌；中国岩溶地质馆维修改造接近尾声；克服重重困难，全力推进职工全额集资房建设。

八、国际交流与合作

组织出访7批次19人次，接待来访8批次41人次。与英方联合对郴州万华岩洞穴系统探险科考，开创了全球洞穴三维扫描先河。“岩溶生态环境恢复及岩溶碳循环、碳汇效应对比研究”获批中国－斯洛伐克政府间科技合作项目。成功举办第二届亚洲跨学科岩溶学术会议等专题学术交流会。

九、安全生产与保密工作

进行22次出队前及出国前安全培训，开展18次野外和基地安全生产检查。全年实现了因公责任死亡事故为零、因公责任重伤事故为零、重大经济损失责任事故为零。

开展4次室内、2次室外保密检查。利用所内网和文化长廊进行保密知识宣传。2015年保密工作顺利通过了广西测绘局、地调局保密检查组的检查。

经济管理

经济总量为19 069万元，财政拨款14 622元、事业收入2041万元、其他收入133万元。年末资产总额15 285万元，其中，固定资产增加1278万元，比上年增长74%。职工收入稳步增长。

人才队伍建设

一是李强、杨奇勇同志入选省、部级杰出青年。重视职工再教育，组织了包括12名单证博士在内的14人参加的为期50天的出国英语提高班培训。2名职工取得了国家博士后出国留学资助。目前，所里在职研究生25人（博士研究生23人、硕士研究生2人）。

二是采取有效措施支持省、部杰出青年的科研工作，为他们配备专用设备，改善实验环境，为出国交流创造条件。利用所控项目，为年轻人申报或提出重大科技问题提供支持，打破原有条条框框，为年轻人申报职称创造条件。2015年，共有15名年轻人申报工程类高级职称。

三是以工程为平台，按照“五问”和“五不唯”的标准，培养和使用年轻人。有2位年轻人担任地调二级项目负责人，9位年轻人担任副负责人。

四是按照局的统一部署，完成了监察审计处的组建。

五是2015年8月，进行了工资调整。全所在职职工每月增加31万元，人均增加1430元，减扣绩效工资及预扣个人养老保险和职业年金后，人均净增加537元。

党建与精神文明建设

一、党风廉政建设

1. 全面落实党风廉政建设责任制，深入开展“三严三实”专题教育，全年没有发现违法违纪事情。

2. 以“八问”责任传导机制和“六个强力推进”为抓手，新建、修改完善了《财务管理制度》和《采购管理办法》等9个制度，完成了2015年度制度汇编。

3. 加大事务公开力度。建立了事务公开档案；在岩溶地质所内网建立事务公开专栏，及时将部、局、院非涉密的重要文件在内网公布；对财务预算执行情况、外事出访情况、招投标、人事录用、奖惩等情况进行公示。

4. 严格执行中央“八项规定”，采取措施进一步规范“三公经费”支出，严格控制公务接待费以及会议费，严格执行上级批复的出国计划，全年“三公经费”均未超预算指标。

二、精神文明建设

调整了食堂管理人员，提高了食堂中餐质量，丰富了饭菜种类。走访慰问独居空巢老人32人次。以“我的地质事业心”为主题，采访所内退休老专家，制作事迹宣传册，弘扬老一辈的光荣传统，激发青年职工干事创业的热情。组织开展迎新春茶话会、秋游等活动。举办野外安全、卫生急救、野外摄影摄像等知识讲座。开展“三八”春游活动。关爱女职工健康，在体检中安排专门针对女职工的体检项目。加强工会、共青团等组织建设，增强了单位的凝聚力和向心力。

（苏橹萱）

国土资源实物地质资料中心工作

国土资源实物地质资料中心

概　况

国土资源实物地质资料中心（以下简称“实物资料中心”）是中国地质调查局直属事业单位。主要承担国家级实物地质资料的筛选、采集、接收、整理、保管及服务工作，开展实物地质资料开发利用及全国重要地质钻孔数据库建设工作，开展全国实物地质资料工作规划部署和工作规范等管理研究，指导全国开展实物地质资料管理业务工作，开展实物地质资料信息化建设，开展国内外实物地质资料学术交流与合作；承担地质调查与矿产资源评价工作；承担秦皇岛海平面与地形变监测研究工作；承担实物地质资料检测及实验测试工作；承担部、局交办的其他工作。

内设办公室、财务资产处、科学技术处、人事教育处、党委办公室、监察审计处等6个综合管理处室和综合研究室、汇交采集室、库藏管理部、资料服务室、网络信息室、计划项目管理办公室、地质调查室、岩矿测试实验室、秦皇岛海平面与地形变监测研究工作站等9个业务处室，以及离退休服务处和物业管理部。

截至2015年底，共有职工426人，其中在职职工195人，离（退）休职工231人。在职职工中，具备专业技术职称的147人，占在职职工总数的75.38%。其中具有高级职称者33人、中级职称者34

人，初级职称者74人。

2015年，实物资料中心首次获国土资源科学技术奖1项，获局地质科技奖1项，2个项目成果作为国土资源部公益性地质资料信息服务产品向社会提供服务，被中国科协命名为“全国科普教育基地”。全年共发表论文48篇，出版专著9部，获软件著作权5项。完成实物地质资料配套服务楼内部装修工程建设，新增设备253台（套），总值581万元。全年未发生安全生产和失泄密事故。

地质调查进展与成果

2015年，实物资料中心共承担各类科研项目13项，其中新开项目5项、续作项目8项，其中4个项目立项获优秀，4个项目设计获优秀，2个项目成果报告获优秀。

一、业务发展战略研究和顶层设计

2015年，实物资料中心提出“全力支撑国土资源部和中国地质调查局实物地质资料管理工作，带动引领各省开展实物地质资料管理与服务工作，做好国家馆实物地质资料‘收、管、用’工作”的职责定位，并全面贯彻落实到业务工作中，推动职责落地生效。完成《实物中心“十三五”业务发展规划》初稿的编制，进一步明确“十三五”业务发展思路。

二、实物地质资料工作

（一）支撑部、局做好实物地质资料管理工作。

按照“分级管理、分类筛选、分散保管、共享服务”的工作思路，继续修改完善《国土资源部关于进一步加强实物地质资料管理工作的通知》，在贵州、湖南、湖北3省进行试用，根据实际操作情况进一步细化职责。在贵州、湖南、湖北等5省开展“分级分类”筛选试点工作，推动实物地质资料分级分类管理。对实物地质资料汇交进行有效监管，全年处理汇交清单近7000份，筛选出22个项目汇交资料，为建立实物地质资料“及时汇交、有效汇聚”的格局奠定基础。

（二）推动、引领各省开展实物地质资料管理工作。

编制《实物地质资料筛选工作要求》和《资料整理、数字化及目录数据库建设工作指南》等一系列技术规范，供省馆使用。继续修改完善《实物地质资料建档及保管工作技术规范》，启动新技术规范的研制，推动省馆按照统一标准开展工作。带领山东、安徽、福建等省开展实物地质资料联合采集。深入甘肃、福建、四川、贵州、新疆、青海等省馆开展实物地质资料管理工作调研，与省馆一起研究问题，解决困难。指导山东、广东、江西等省馆建馆及业务工作。组织省馆研讨“十三五”实物地质资料工作发展思路，进一步统一认识，凝聚共识。通过编制《全国实物地质资料管理工作年鉴》和《实物地质资料管理动态与参考》，为省馆和委托保管单位业务交流搭建平台。

（三）全国重要地质钻孔数据库建设工作。

新验收与汇总30万个重要地质钻孔数据，建成了含70万个钻孔的全国重要地质钻孔图表数据库，其中固体矿产钻孔包含样品分析数据。完成36万个钻孔数据的技术处理，公开发布了41万个钻孔的柱状图及基本保管信息和1万条样品分析数据，上线服务以来受到社会各界的高度关注，点击率超过6万人次。完善全国重要地质钻孔数据库服务平台，提供便捷的网上检索查询服务；实现了与各省地质资料信息服务平台的对接，完成云南等10省钻孔数据库服务平台分节点部署，为提供全国统一的实物地质资料共享服务打好基础。

（四）实物地质资料馆藏资源情况。

接收、采集了一批重要矿床和油气实物地质资料，并录制了湖南、贵州两个整装勘查区实物资料采集影像。全程跟踪“松科二井”钻探工程，岩心及时整理、运输、入库。全年新增加岩心近5万余米、标本1000余件、委托省馆保管一级实物地质资料5000 m。截至2015年底，馆藏实物地质资料总计459档，岩心总量达36万余米、标本1.7万块、大标本260块、薄片4万片等等。实物地质资料整理及数字化工作有序开展，整理岩心达4×10^4 m，首次开展实物地质资料多元信息提取技术方法研究，完成3×10^4 m岩心扫描、3000块标本整理及照相任务，截至2015年底，扫描图像数据总量达2.2 TB。

（五）实物地质资料社会化服务工作。

首次总结编写《实物地质资料应用典型案例》，引导社会各界重视实物地质资料的应用。增加服务资源，全国重要岩心图像信息数据库新增10×10^4 m岩心图像，总发布量达20×10^4 m，作为国土资源部公益性服务产品向社会提供服务。国家馆藏资料目录数据库对外发布，100档资料分析测试信息上线提供服务，服务资源不断丰富。拓展服务对象，主动服务“松科二井”、国外培训班和重大课题项目，在2015年中国国际矿业大会期间为部、局展台做好实物地质资料展览展示和成果宣传服务。全年接待到馆专业服务2027人次、教学实习服务2450人次、服务利用岩心2.5×10^4 m、取样3916件，中国实物地质资料信息网络点击率达7万人次，服务满意率达100%。实物地质资料电子阅览室建成正式投入使用，初步完成实物地质资料集群服务系统开发，为试点目录数据集群服务提供支撑。

（六）科普工作。

实物资料中心科普基地被中国科协命名为2015～2019年全国科普教育基地，获得“2015年国土资源优秀科普基地”荣誉称号，获得“2015年全国科技活动周宣传活动”荣誉证书。编制《地调局实物资料中心科普规划方案》，编写完成《国家实物地质资料馆展览大纲》。坚持“用大众的语言讲好地质调查故事”的理念，开展了世界地球日、科技活动周、院士讲座、科普进校园、进社区等活动，全年接待参观人数4000余人次。编制了《趣话实物地质资料》《馆藏十大精品》和《世界地球日科普活动片》等科普产品。开展标本的固定和流动展览展示。

（七）信息化建设工作。

加强信息化建设顶层设计，提出“数据有效汇聚、集中管理加工，统一集群服务”的信息化建设模式。首次开展实物地质资料信息异地备份工作。实现实物地质资料业务管理系统有效运行。支撑馆藏目录数据、岩心图像、光薄片与标本数据、实验测试信息及全国重要地质钻孔数据等数据发布工作，实现数据同步更新、多级检索等功能。完成中国实物地质资料信息网改版升级和实物资料中心政务网创建工作。

三、区域地质调查、实验测试及海平面观测工作

完成全部应结题的地质调查项目成果验收，全国立典性剖面调查项目成果评审获得优秀，内蒙古1∶5万呼格吉勒图等4幅区调项目报告评审获一优三良，1575高地金矿调查评价项目野外验收获优秀。实验室通过计量认证复核换证审核，积极承接市场项目，完成产值近100万元。做好秦皇岛野外海平面观测数据采集、整理及服务工作，全年获得连续观测数据10.51万个。完成“津冀地区海平面变化及影响”等4个项目年度工作任务。

四、对外合作与交流

与西澳大利亚地质调查局开展互访，就实物地质资料无损分析技术深入交流、研讨。多次邀请专家学者到实物资料中心开展学术交流活动。

改革创新

一、旧房遗留问题处理工作取得新进展

坚持“合法合理、公正公开”的原则，继续推进旧房遗留问题处理，完成无房户及换房户过户手续办理工作。推进加房户问题处理，召开多次座谈会听取老同志的意见，开展政策咨询、走访调研、专家咨询等工作，上门逐户向加房户做好政策宣传解读，介绍咨询调研及专家咨询情况。按照住房相关政策，中心已将加房户问题处理工作转入对5000元购房款的问题处理，同时还做好加房户有关案件的应诉工作。

二、规章制度修订完善

持续开展制度“立、改、废”工作，全年建立完善规章制度17项，制度体系进一步完善。通过领导干部带头执行制度、定期监督检查、推进事务公开等方式，促进制度执行。制度没有明确规定的问题，采取制定有效措施，以会议纪要形式印发执行，既提高工作效率，又避免反复修改制度或制度出台草率不易执行等问题。

三、目标责任体系健全完善

围绕重点工作将全年工作细化，明确责任部门、落实措施和进度安排，共分解出目标任务298项，并以此作为年终考核的重要依据。健全完善督办机制，以“列表督办”为抓手，一项一项抓落实，每月对列表督办事项落实情况进行一次通报，确保责任目标全面完成。

四、项目管理规范有序

做好项目立项、设计、委托外协、资料汇交和成果登记报奖等项目管理各个环节工作。重点加强项目质量管理，完成项目自查自纠及整改工作，项目管理进一步规范，加强了委托外协和出版物的管理。

五、人事管理工作

加强工资管理，全面统筹人员经费，合理编制工资计划，按要求及时调整工资标准，开展了职工收入政策宣传。做好职工养老保险经办有关工作。完善特殊奖励绩效发放方案，按“四问”要求对项目负责人工作成效进行考核，按推选等次发放绩效，改变了对项目负责人均等奖励的方式，强化了激励作用。完善考核工作，将“两重”工作和“四问”落实情况作为年终考核的重要内容，扩大考核参评人员范围，全体职工对部门和中层干部履职情况打分，确保考核更加全面、公正、客观。

六、安全生产及保密工作

落实安全生产责任制，加强重点部位和重点时段安全生产管理，开展危险化学品等多项安全检查，举办安全生产系列宣传教育活动，配备一批北斗车载及个人终端设备，全年未发生安全生产事故。落实领导干部保密工作责任制，调整保密委员会及保密办公室成员，组建保密技术支撑小组，开展保密检查及整改工作，配备了移动保密资料柜等一批保密设备，全年未发生失泄密事件。

经济管理

2015年，实物资料中心国库预算资金下达10 573万元，支出9683万元，国库预算执行率92%。财政预算资金下达10 832万元，支出9453万元，预算执行率87%。加强预算及资金管理，合理编制预算，建立预算执行责任制并严格落实，考核结果与绩效工资和年终考核挂钩，推动了预算执行，完成了地调局下达的考核目标。严格执行内控制度，加强财务核算工作，保证了资金使用安全。完成外部审计和内审计的整改工作，干部职工审计风险意识增强。实现了预算执行数据实时查询，每月公布预算执行情况，进一步提高财务信息公开透明度。

人才队伍建设

一、干部队伍建设

完成干部试用期满转正考核工作，8名干部按期转正。按局要求成立了监察审计处，配备了1名主持工作的副处长。采取平级调整和临时主持工作的方式配齐了部分处室负责人。加强干部教育培养，选派干部参加司局级干部选学和中央党校学习。开展干部选拔任用政策宣传。完成干部个人有关事项报告和干部档案专项审核等工作。

二、人才队伍建设

落实地调局“两个《指导意见》和三个《暂行规定》”精神，深入学习领会“四问”要求，印发了《实物中心关于落实局党组两个“指导意见”和三个“暂行规定”工作安排的通知》，提出从6个方面贯彻落实的具体意见。核定了项目负责人等人员的基准绩效工资。以“四问”为评价标准，组织完成项目负责人的遴选。制定《实物中心优秀青年科技人才管理暂行办法》，评选出2名优秀青年科技人才。陈新宇同志入选国土资源杰出青年科技人才培养计划。首次选派2名业务骨干到发展研究中心挂职锻炼，选派3人到上级单位借调，为职工成长成才搭建锻炼平台。全年接收引进毕业生7人，选派5名技术骨干参加学历学位教育，组织开展了一系列职工培训活动。

党建与精神文明建设

一、党的思想、作风和组织建设

加强思想建设，学习贯彻习近平总书记系列重要讲话精神及党的十八届三中、四中、五中全会和上级有关精神，领会精神实质和内涵，指导工作实践，进一步促进思想政治工作与业务工作的有机融合。加强作风建设，开展“三严三实”专题教育。认真学习习近平总书记关于“三严三实”的重要论述及中央领导同志相关重要讲话精神，制定工作方案并组织实施。查找班子及其成员“不严不实”问题，列出问题清单，能立即整改的进行了立行立改，不能立即整改的，制定了整改措施。守纪律、讲规矩，强化“四个意识”，坚持“五个必须”，遵守中央“八项规定”精神，规范会议秩序、公务接待、公务用车、劳务费发放等工作，领导干部加强调研，进一步密切联系群众，工作作风进一步改进。加强组织建设，制定党员发展计划，3名预备党员转正，接受1名预备党员，加强党的基层组织建设，召开支部书记和纪检委员培训会，组织各支部开展学习，各支部开展了主题党日活动。

二、党风廉政建设工作

认真履行主体责任。调整党风廉政建设领导小组，完善党风廉政建设责任制。以“六个强力推进”为抓手，部署落实全年党风廉政建设工作。分解落实“两个责任”，落实“八问”传导机制，逐级签订廉政建设责任书。班子听取了上半年党风廉政建设情况和17个处室负责人及分管领导落实主体责任情况的汇报。支持纪委监督执纪问责，按地调局要求单独成立了纪检监察审计处，配齐人员。加强廉政教育，组织学习党章、《准则》和《条例》，党委副书记作专题党课，开展了廉政文化活动周等活动。认真履行监督责任，维护党章权威，检查局党组重大决策部署落实情况，检查相关制度执行情况，抓早抓小，把握好“四种形态”。明确纪委职能定位，深化“三个转变”，退出了政府采购等议事机构，集中监督执纪。加强廉政惩防体系和廉政制度建设，全面排查廉政风险点，提出50条防控措施。强化审计监督，开展了委托业务费、劳务费、维修费、“三公经费”等专项资金审计，并做好整改。及时受理群众来信来访，全年共接受处理信访举报7件。推进事务公开，最大限度保障职工的知情权、参与权和监督权，让权力在阳光下运行。

三、精神文明建设工作

充分发挥群团组织的积极作用。工会按时召开职代会，充分发挥民主参与、民主管理、民主监督作用。组织职工参观北平抗日烈士纪念馆，举办3次职工运动会。加强“职工小家”建设，努力争创先进“职工之家”。团委举办首次青年论坛，组织开展青年读书、参观教育、素质拓展及篮球联谊赛等活动，促进青年整体素质提升。积极做好离退休服务管理工作，落实离退休职工有关待遇，召开座谈会通报相关情况，积极开展健康有益的老年文体活动，坚持走访和重大节日慰问制度，及时了解并积极解决老同志的生活困难和合理诉求，为离退休职工做好各项服务工作，营造老有所乐、老有所为的良好环境。

（曹德婕）

中国地质图书馆工作

中国地质图书馆

概　况

中国地质图书馆（中国地质调查局地学文献中心）（以下简称“地质图书馆”）是国土资源部中国地质调查局所属的公益性事业单位，是中国图书馆学会常务理事单位、中国科技情报学会理事单位。现有馆藏文献量77万卷（册）。主要职责和任务是收集、整理、典藏国内外地学文献，加工、处理、传播国内外地学文献信息，为社会提供地学文献信息服务，研究、开发、转化国内外地学文献信息，实时发布地学情报，开展图书馆学、信息学、地学文献处理技术及标准化的研究，开展地学科普与文化研究，地调成果管理研究，传播地学知识，开展与国内外相关行业和机构的业务交流与合作。

地质图书馆内设17个处室，其中业务处室10个、职能处室7个。新设立纪检监察审计处，并配备了3名专职纪检监察审计人员。核定编制138人，正式职工为126人、编外用工75人。全年有5人退休、调出2人、辞职1人，接收3名应届毕业生，调入1人。

落实安全生产责任制，层层签订安全生产目标任务责任书。开展经常性的安全教育宣传，充分利用会议、安全管理系统和宣传标语等形式开展教育培训。开展经常性安全检查，发现隐患及时整改。全年涉及安全方面的经费投入90多万元。全年未发生安全责任事故。

完成《中国地质图书馆大楼建筑节能改造设计方案》，报部、局批复，维护大楼基础设施，改善大楼内部工作环境。2015年，装备采购程序规范，按地调项目10%提取设备购置费，购置密集架314节、存储设备一套、服务器两台。

全球矿产资源信息集成与服务项目获国土资源科学技术奖二等奖；地质资料信息服务集群化产业化研究与应用项目分别获国土资源科学技术奖二等奖、局地质科技奖二等奖。

地质调查进展与成果

一、地质调查项目工作进展

地质图书馆2015年纵向项目20项，其中续作16项、新开1项，经费当年总额4010万元，结转3项。17个续作与新开项目设计全部通过地调局相关部门组织的评审，其中设计质量优秀4个、良好13个。2015年，结转项目3项，1项已完成成果报告初审，2项通过评审，1项优秀、1项良好。横向课题11项，其中2015年度新增课题6项，年度新增经费276万元。纵向项目经费较2014年同比增加15%。

二、成果

（一）情报研究。

2015年，编写内部情况专辑10部，出版内部刊物共84期。为局“一带一路”、基础地质调查、非常规能源矿产调查、海洋地质调查计划、海域天然气水合物试采等收集、整理文献资料、情报信息并提供相关研究报告：编写了《油砂、重油和沥青——从开采到冶炼》《美国地质调查手册第三篇行政系列委员会篇》《美国地质调查手册第四篇项目管理》及《美国地质调查手册原文资料目录与译词表》4部专辑，向政府、科研，企事业单位的相关人员发放2000余册。对俄罗斯、土耳其、秘鲁、阿曼-阿联酋、缅甸等重点国家近3000条馆藏文献进行了梳理、建库和分析，编译报道文章16篇。集中开展了“一带一路”及重要成矿区带主要组成国家地学文献采集与分析工作，覆盖114个国家，采集量达到2.1万条，编写“一带一路”国家重要地学文献资料目录集成专题研究报告。创办内部刊物《海洋地质信息》，内容涉及天然气水合物、海域油气、海洋矿产资源、海洋基础地质调查、海岸带地质调查与综合治理、海洋地质相关计划和政策等。完成《全球首次近海甲烷水合物试采——从选址到实施》《“世界海洋地质情报信息服务系统”功能简介》和《海洋资源——机遇与挑战并存》3部专题研究报告。完成《国外煤层气勘探开发与利用技术及政策》专辑和《地球物理在油砂勘探开发中的应用》专辑。编译《全球“三稀”矿产资源地质调查与研究——稀土篇》和《全球“三稀”矿产资源地质调查与研究之——战略性新兴金属篇》。

（二）地学文献信息资源建设与服务。

2015年，全年文献资源采集经费1407.2万元，文献类型涉及期刊论文、电子图书、学位论文、标准规范、文摘索引、科学数据统计等。纸本文献全年共采购验收中外文图书4734种5669册，完成文献破损修复7027册。采购验收登到中外文期刊1116种9320册。采集CNKI、维普、Springerlink、AGU等25个数据库，免费开通试用Geofacets、Nature、超星发现和视频、尚唯科技报告数据库等8个数据库，以补充馆购电子资源。地学文献数据库建设项目完成约69 965册馆藏重要地学文献数字化工作，完成约25 827册，80 185期，132.6万篇670.9万页期刊数字化扫描加工工作。地学知识库建设项目在梳理地质调查成果的基础上，开展了地质调查成果知识特征研究、地学知识结构和知识元分析研究，细化地质调查成果知识特征研究，持续开展成果构成分析，完成知识库系统开发委托的招投标，并完成系统初步模型设计，重点就成果查询、查重功能进行了专家研讨，形成成果知识库支撑局成果评价体系建设的基本思路。完成2015年9个公开与内部出版物的编辑、出版与发行工作，公开出版物3个：《中国地质调查》（7期）、《国土资源科普与文化》（4期）、《中国地质文摘（英文版）》（3期），内部期刊6个：《国外地学动态》（12期，60篇30万字）、《非常规能源信息》（12期，60篇36万字）、《国外地质调查管理》（11期，20万字）、《海洋地质信息》（9期，23万字）、《地调舆情》（40期，800余条目）、《地学文化动态》（12期，15万字）。拓展联机联合编目平台，与24家单位达成文献资源共建共享协议，建设博、硕士学位论文目录数据库等资源平台，团体名称规范档等资源平台，扩大联编用户范围及共建共享覆盖领域，进一步联合全国地勘行业相关单位，共同建设国家地学文献目录中心，拓展了中国科学院古脊椎动物与古人类研究所为新的行业成员馆，地学目录中心成员馆31家，实现书目资源类型的增加与共享，目录中心数据量70多万条。完成了对各成员馆提交的同构/异构数据资源的汇聚与发布工作，为读者提供文献资源网络公共目录查询与馆际互借服务。全年共完成包括图书、期刊、图件和非书资料等文献编目19 559册。

2015年，接待到馆读者为254 293人次，借还书总量为60 104册。为部、局及大学新生办理借阅卡证3760张，办理离退证手续5291人。为部、局机关、地科院、发展研究中心等单位提供上门服务95次，接待读者229人次，提供借还书1984册，扫描复印1253页；为机关图书角累计更换新书刊1010册，宣传推介内部刊物1742册；为局属京内外各单位及社会其他单位和个人完成了2327页的全文传递工作；为局属各单位及全国地勘行业12家单位提供外文专项服务，完成印制479 873页，发刊1998册；完成文献扫描复印29 727页，其中为局属4家单位免费扫描复印3875页。学科馆员为发展研究中心、岩溶地质所、地科院及部分省市地勘局、地调院、有色局、地震局等30多家单位开展上门学科服务，为地质科研人员介绍文献资源使用与利用技巧。通过QQ、E-mail等方式为科研人员提供远程咨询服务，通过远程访问方式为地质科研技术人员提供文献资源服务，为局属及地勘行业176家单位开通VPN 7400余个，为岩溶地质所提供国外岩溶地质图件集成服务；为武警黄金地质研究提供中国部分重要成矿带文献3000余篇；为中国国土资源经济研究院提供“国内外地质调查项目管理制度评估”方面的专题文献60余篇；为成都综合所科研人员查找相关电子图书。为地质科研人员的立项、成果报奖、职称评定等提供科技查新服务，完成科技查新课题71项、文献引证220余份，顾客满意度均达到100%。推行国土资源、地调系统和地勘行业单位的远程访问免费服务，加强了馆藏文献资源宣传推广，提高文献资源利用效率。

（三）地调成果管理支撑。

开展国内外地质调查成果评价体系建设研究，完成成都、沈阳、天津等大区地调中心及有色金属协会等国内地勘行业单位成果评价调研报告，提交成果评价调研报告。围绕美国、英国开展国外成果评价调研，为《中国地质调查局地质调查成果评价指导意见（试行）》出台提供了支撑。建设地质调查成果信息管理系统，优化和维护地质调查成果奖励模块、登记模块和出版物管理三大模块，开展了系统服务建设，整合模块底层数据，补充专利等成果信息，提升服务功能。

（四）网站建设与服务。

网站建设以变求新，优化统一对外服务平台。为各类应用系统、基础环境提供维护，保障网络安全、丰富资源元数据仓储、提升搜索性能、扩展存储空间、完善存储体系、保障数据安全，全方位为地学文献中心知识服务平台提供全面支撑。自主开发一套新的内网网站，信息导航更加明确，可实现全站搜索。持续开展门户网站的功能改进和维护，新增读者捐赠、廉政文化图书馆等专题栏目，完成内外网站的改版与上线工作。开展地学资讯信息分类方面研究，促进采集资讯信息的分类整理。重新设计开发用户统一认证系统，实现读者卡号和远程访问账号的一体集成和统一认证，实现用户一次登录即可获取各服务系统数据。针对个人用户的个性空间，推出个性化服务。2015年，门户网站访问已超过53万人次，较2014年提高1.9%。页面访问数超过272万，较2014年提高0.3%。

（五）地学科普。

正式开通地质调查成果科普网站“山海经”，发挥地学科普基地作用。

创作地学科普新产品。出版《地质探秘之旅》之《走进火山》《飞跃珠峰》和《洞穴之旅》等科普读物。确定2015年科普题材为盐湖、恐龙和可燃冰。

为社会公众提供地学科普服务。2015年，继续开展科普进校园、进农村、进社区活动。共开展科普活动8次，向600多人次开展了地学科普宣传教育：组织北航附中师生开展科普进校园活动，参观逸夫博物馆和中国地质图书馆，并对“神秘的能源”知识展览进行了宣讲；前往密云县教育局、中国科技馆进行“十三五”科普宣传规划前期调研，了解到山区学生们和参观科技馆的公众对国情资源、生态地质环境、防灾减灾等方面的知识的需求；与清华大学电子系合作推进国土资源部科普示范活动——创建“星星火”图书角工作；配合全国“万众创新，拥抱智慧生活”科普日，前往密云县北庄小学开展科普宣传，全校270余位师生参加了活动。

改革创新

建立领域特色、成果显著、服务有效、团队高效的情报研究体系。加强“一带一路”、非常规能源和海洋地质调查等地学情报研究。推出以国外地学热点专题研究、国外地学动态定期报道、馆藏国外地质文献数据集成为核心系列成果。

创新地学文献服务方式。试行“特聘学科馆员”模式，特聘一批业内高水平专家学者作为地质图书馆的学科馆员，为地质科研人员提供深层次、多学科、有针对性的学科咨询服务。

加强制度创新。建立完善《教育培训管理办法》，明确职责分工、培训分类、培训内容及方式、学历学位教育、培训班管理、职工参训管理考核与评估及纪律。修订《考核实施办法》，简化考核程序，在考核过程中不唯分、不唯票，只看工作业绩。制定《职工发表论文和参加学术会议管理暂行办法》，鼓励职工在地质调查与科研项目和业务工作中发表高水平的学术论文、积极参加学术会议，提高科研人员的学术水平。修订《合同管理办法》，建立合同起草、签批、签订的工作程序，规范合同日常管理。

按照局批准的“三定”方案，制定地质图书馆“三定”方案实施方案。明确内设机构、各处室职责、人员编制，完成内设机构调整及新一轮全员聘任。修改出台考核实施办法，调整绩效工资分配办法，取消浮动绩效调节系数，将机动绩效部分统一放到年终考核兑现。

安全生产达到“零伤亡、零事故、零损失”安全生产目标。人事教育处加挂“安全生产处”牌子，作为地质图书馆常设安全生产管理机构，全面负责安全生产具体实施工作，年初逐级签订安全生产目标任务责任书，不定期组织职工学习贯彻落实各类安全生产法律法规及标准，形成领导和职工齐抓共管局面。

经济管理

规范财务核算，夯实基础工作，细化预算编制，严格按批复的设计执行预算。完成2016～2018年支出规划和2016年部门预算编制和上报工作；统筹编制内部预算实施方案，年中进行微调，确保预算执行；组织完成行政事业类项目实施方案编制、审查及财务管理信息系统输入及申报工作；根据局要求组织编制收支计划和各期用款计划；协调资金运作，督促预算执行，提高资金使用效率。

人才队伍建设

制定《中国地质调查局地学文献中心科技人才队伍建设实施方案》，完善人才评选及考核评价体系、考核激励机制，完善人才工作运行机制、加大人才培养支持力度。建立健全项目法人责任制和项目负责人责任制，全面履行主体责任。坚持年度绩效考核制度，将考核结果与绩效工资分配挂钩。坚持青年英才评选和奖励制度，鼓励和扶持青年职工成才。组织内部职工培训9次，参加外部培训37人次，在职学历教育在读8人，党校培训2人。2015年，职工以第一作者公开发表论文35篇，其中核心期刊论文9篇；出版专著2部。

党建与精神文明建设

创新党建工作方式和内容，党建工作与业务工作相互融合，同布置、同落实、同检查、同考核。加强纪检监察队伍建设，落实党风廉政建设主体责任和监督责任，将党风廉政建设传导机制落实到具体责任人。开展反腐倡廉形势与任务教育，做好警示教育，开展好廉政文化周活动，充实完善局廉政文化图书馆。加大廉政风险点防控力度，着力构建反腐倡廉长效机制。统筹安排工青妇活动，继续抓好文明单位“五个一”和“职工之家”创建工作，组队参加了国土资源部直属机关第十一届乒乓球赛及地调局在郑州举办的第四届职工篮球赛，均获优秀组织奖。

（陈　慧）

国家地质实验测试中心工作

国家地质实验测试中心

概　况

国家地质实验测试中心（以下简称“实验测试中心”）是中国地质调查局直属的公益性科研事业单位。下设7个职能处室、7个专业研究室、1个部级重点实验室、2个局级和院级重点实验室、1个局级业务中心。中国地质学会岩矿测试技术专业委员会、中国计量测试学会地质矿产实验测试专业委员会、全国国土资源标准化技术委员会地质矿产实验测试分技术委员会等学术组织挂靠在实验测试中心。截至2015年底，实验测试中心在职职工130人，具有博士学位者33人、硕士学位者40人、大学本科者37人、大专及以下20人。在职专业技术人员中，正高级职称者22人、副高级职称者30人、中级职称者55人、初级及以下20人、工人3人。在研各类项目117项、科技部各类项目9项、自然基金项目24项、公益性行业专项项目5项（内含13项课题）、课题4项、地质调查子项目20项、横向课题13项、基本科研业务经费项目28项及横向开发1项。中心以第一单位取得实用新型专利4项、软件著作权4项，制定局标准1项。以第一单位共发表论文40篇，其中国际SCI/EI论文5篇、中文SCI/EI论文5篇、中文核心期刊论文30篇。

领导班子：中心主任副书记庄育勋，党委书记、副主任骆庆君，副主任罗立强，副主任、纪委书记沈建明。

地质调查进展与成果

一、重大科学仪器设备开发专项“波谱-能谱复合型X射线荧光光谱仪的研发与产业化”样机已搭建

完成了大功率高压发生器的样机加工，最大功率达6 kW，高压和电流稳定性均达到设计要求。完成了高精度测角仪样机加工，主体法兰部分和关键轴系均采用高强度7075航空铝材加工，其弹性模量与不锈钢接近，但其重量仅为不锈钢的1/3；其驱动部件采用涡轮涡杆减速系统方式取代了传统斜齿式驱动方式，提高了控制精度和失电锁定性能，增加了测角仪的自锁功能，角度分辨率达到0.001°。

完成新产品、新材料、新工艺、新装置、计算机软件著作12项，获得实用新型专利授权4项，发表核心期刊科技论文4篇。

二、整装勘查区现场分析能力和范围不断扩展

建立了以能量色散X射线荧光光谱（EDXRF）技术为主，原子吸收光谱（AAS）为辅的祁漫塔格板房式现场实验室，检测数据为现场地质工作的部署提供了依据。完成了基于EDXRF的辽东成矿带铁铜钴矿区集装箱式现场实验室建设和应用示范，由现场分析数据圈定的异常区与当地地质剖面图矿体部分基本一致。车载实验室野外分析能力扩展到铀、离子型稀土（总量）和钾盐钻探岩屑和泥浆。EDXRF分析技术方法已基本形成对铁、铜、铅、锌、镍、锰、铀、钼、钨、铝土、离子型稀土等重要矿种的矿产勘查现场分析技术能力覆盖。2015年，在湖北钾盐钻探现场、江西赣州离子型稀土矿区开展了相关应用示范工作，野外稀土总量分析数据对指示稀土异常有效，现场泥浆数据与实验室结果吻合。制样设备向小型化发展，功能更加完备。建成了基于小型气体质谱仪等的可移动式钻探流体现场实时分析实验室，可同时在线分析钻探泥浆气体中的CH_4、CO_2、H_2、He等多种组分。

研制成功基于液体阴极辉光放电（SCGD）原理、CCD检测器（345~1015 nm）的Li-K分析仪样机3台，可同时分析Li、K、Rb、Cs等多种元素。该仪器重量轻、体积小、电力功耗低，无须其他辅助燃气或助燃气体，具有比较好的野外应用前景。

三、地质分析技术标准信息管理及地下水远程实时监控实现信息化并推广应用

自主研发的地质分析标准方法信息管理系统和地质分析标准物质信息管理系统已在20家实验室推广应用。两个软件极大提高了工作效率和数据处理的准确度，将推动《地质分析标准方法研究技术规范》和《地质分析标准物质研究技术规范》两项基础标准的应用实施。上述两项基础标准对于规范和统一中国地质分析标准方法和标准物质研制的技术要求，提升和促进中国地质分析标准方法和标准物质研制水平和能力及国际接轨都具有重要意义。

针对地下水分析不同于固体样品的分析，时效性

强的特点，为了确保不同实验室、不同批次、不同人、不同时间、不同仪器设备分析数据的可比性和有效性，提出地下水远程实时监控的质量控制思路，构建了地下水有机分析质量远程实时监控的工作机制。自主研发的全国地下水样品测试质量监控专家系统V1.0实现了地下水样品有机分析质量的远程实时监控，应用于对实验室日常测试过程的质量监控和趋势监控分析，确保不同时空地下水样品分析数据的可比性。

四、地下水调查中多指标有机污染物快速检测技术取得重要进展

针对中国是农药使用大国和城市化工业化的快速推进，中国地下水有机污染呈现农药、化学、化工品等多种复合污染新态势。运用气相色谱－质谱、液相色谱－三重四极质谱等先进有机分析新技术提升分析灵敏度、解决极性有机污染物检测以及同时分析共流出物等多项检测难题。研究建立了地下水中94种非极性弱极农药的同时测定，地下水中44种极性较强农药同时测定，地下水中110种化学化工品有机污染物同时测定以及地下水中54种挥发性有机污染物同时测定等7项系列多指标快速分析方法体系，满足了中国地下水调查急需，为中国开展新一轮含水层综合调查提供了技术支撑，促进了地质行业有机分析测试的进一步发展。所建分析方法基本覆盖了中国主要常用农药以及主要化学化工有机污染物，大幅提升和拓展了有机污染物检测效率和检测能力，降低了分析成本，为中国地下水多指标有机污染物筛查和快速分析提供了可能。方法已用于中国典型地区地下水中有机污染筛查，确证了中国部分地区地下水确实存在微量农药、化学化工品等有机污染，其中极性农药污染等新特征值得高度重视。

五、油气地球化学实验测试技术为油气地质调查项目提供了技术支撑

结合羌塘盆地海相地层的油气地质综合调查工作，面向羌塘盆地油气资源潜力评价关键问题研究的需求，针对该区域烃源岩地球化学特点，对总有机碳测定方法、可溶有机质提取与含量测定方法、石油族组分的分离制备方法、镜质体反射率测定方法、烃源岩热解分析等实验方法对于羌塘盆地烃源岩的适用性进行了研究，改进了不适应的分析测试方法，研制了分析质量监控样品，建立了系统的、适合羌塘盆地烃源岩评价研究的地球化学实验测试技术方法体系。

以提高油气地质调查样品分析测试质量为目的，组建了油气地质调查实验测试质量管理办公室，构建了油气调查中心油气地质调查实验测试质量监控总体方案，对承担油气地质调查样品实验测试的实验室进行了基本情况调查和能力考核，就主要烃源岩地球化学指标的分析测试质量监控方法与技术要求开展了试验研究。

六、行业支撑与服务

从行业规划、能力建设和质量管理入手，行业服务与支撑工作稳步推进，取得较大进展。制定了构建、强化全国地质行业分析测试技术和服务体系，发挥领军作用落实方案。完成了部质量监督检测中心建设管理办法、法律修订草案建议稿、行政审批事项受理单、审批事项服务指南、审批事项审查工作细则。完成国土资源部质量监督检测中心相关管理文件体系的起草和论证，完成行业实验室调研报告编写。完成了国家认监委能力验证计划土壤及沉积物中重金属元素测定（CNCA－14－A13）评审验收。

七、信息化建设与服务

制定了构建分析测试数据的信息系统实施方案。建立了地质标准物质信息、分析方法标准目录信息等基础数据库。完成了局属单位和省局实验室的基本信息系统建设。探索发现了检测技术与质量控制中的许多具有统计意义的规律，为进一步提升检测技术具有很好的指导作用。

八、对外检测服务

完成中心申报地勘（实验测试）甲级资质工作，通过了“二合一”认证认可复查换证现场评审，积极开展测试服务。截至2015年12月底，完成检测任务1149批次，样品数24 487件，检测项目796 268项，检测总收入2591.74万元。

九、国际合作与交流

2015年，有5个团组10人次赴美国、加拿大、葡萄牙开展合作研究或参加国际会议。组织召开了第十一届全国X射线光谱学术报告会，会议邀请了比利时、葡萄牙、奥地利、日本及国内近10位X射线光谱领域著名学者进行了大会报告。

改革创新

一、制度建设工作

根据上级新出台的一系列法律、制度、规定和新形势、新变化，在2011年修订的基础上，新制修订了《中心工作规则》《人事管理规定》《首席科学家遴选及科研团队管理办法》《科技成果转化应用管理办法》《大型仪器设备使用及共享管理办法》《合同管理办法》《委托业务管理办法》和《公务卡管理办法》等制度办法35项，废除了《部门评优办法》《评比获奖奖励办法》和《文明处室文明职工评选表彰办法》等3项与国家有关法律、法规、政策不相适应的制度办法，重新整合形成了行政管理、干部人事管理、财务资产管理、科技外事管理、物资设备管理、检测服务管理、党建与精神文明建设、工会与职代会8个系列56项制度办法。汇编了2015版测试中心规章制度汇编。

二、人事管理工作

开展了首批卓越、杰出地质科技人才候选人推荐工作，制定了《测试中心人才队伍建设方案》。组织开展5个地质调查二级项目负责人提名推荐工作，制定了《二级项目负责人绩效工资发放方案》。完成首席科学家遴选准备工作，制定了《测试中心科研团队管理及首席科学家遴选办法》。

三、基础条件建设

积极配合地科院开展永丰产业园区基地建设工作，完善实施实验测试中心“新基地”建设整体设想。完成2015年中心设备购置计划，积极推进百万庄修缮项目实验室改造计划实施，全力保障测试仪器设备正常运转，保障基础设施正常运行。正式启用物资管理信息平台。开展大型设备维护检定工作和水、电、暖、气、耗材、卫生、综治等基地工作条件保障。

四、安全生产工作

全面落实各级安全生产、综合治理责任，并纳入绩效管理考核指标。完善并落实全员安全教育培训制度，全面落实安全生产与保密责任制。中心主任与各部门负责人签订了安全生产责任书、社会治安综合治理责任书、保密责任书。各项目负责人、研究生导师与外返聘人员、学生签订安全生产承诺书。修订了《安全生产管理办法》等4项管理办法，完善了突发事件、野外作业突发事件、火灾、突发环境污染事故、危险化学品事故等一系列应急预案。

经济管理

2015年，全年经济运行情况良好，总收入12 458.66万元，比上年的12 217.15万元增长2%。总支出11 456.81万元，上年支出10 233.91万元，增长了11.94%。

截至2015年底，事业基金年末结余5251.78万元，比上年增长25.79%；专用基金年末结余3205.44万元，比上年增长31.54%。在职职工工资总额达到2260余万元。

截至2015年底，实验测试中心固定资产9646.24万元。其中，新增固定资产1515.47万元，其中新增单价10万元以上仪器1435.76万元、100万元以上1083.05万元。

人才队伍建设

加强中层干部队伍建设，积极推进岗位竞聘工作。规范化推进接收应届毕业生工作，2015年接收应届硕士1人、博士1人。开展了2015年度研究生的复试工作，录取博士生1人、硕士生4人。完成了2015年度毕业2名硕士研究生的论文答辩工作。

党建与精神文明建设

一、党风廉政建设

实验测试中心研究制定了2015年党建工作要点、党委中心组理论学习计划、党风廉政建设工作要点和2015年精神文明与文化建设工作计划等，对加强队伍建设、促进全年任务的圆满完成起到了重要保障和助推作用。启动事务管理平台建设，固化权力运行程序、优化事务运行流程、强化工作督办落实、深化党务事务公开，进一步增强工作透明度，增进全员监督。成立监察审计处，完善监察审计机构。

二、大力推进文化建设

实验测试中心积极推进文化建设，开展了先进处室、优秀职工评选活动，深入开展践行社会主义核心价值观和实验测试中心核心价值观的活动，整体上呈现出风清气正、团结和谐、务实高效、创新进取、整洁有序的氛围。

（刘善轩）

中国地质科学院勘探技术研究所工作

中国地质科学院勘探技术研究所

概　况

中国地质科学院勘探技术研究所（以下简称“勘探技术所”）1957年成立于北京，1981年迁至河北廊坊。隶属于国土资源部中国地质调查局，是国内第一所探矿工程应用技术研究所，也是国内从事探矿工程和岩土钻掘应用技术研究规模较大、综合实力较强的研究所，是中央公益性地质调查队伍的重要组成部分。主要开展国家基础性、公益性地质调查和战略性矿产勘查所需各类钻探技术研究与示范推广，为公益性地质调查和战略性矿产勘查提供技术支撑与服务。

截至2015年，勘探技术所现有职工396人，其中在职206人、离退休190人。在职人员中正高级职称36人、高级职称24人、中级职称33人、初级职称37人，博士13人、硕士27人、本科88人、大专27人。

2015年，安全生产费用合计87.63万元，全年没有发生安全生产事故和泄密事件。

2015年，勘探技术所科研业务楼及基础设施安全节能改造项目完成基础设施改造施工图设计招标。完成龙河中试基地临时工宿舍、设备库房和钻机检测平台建设并投入使用。完成无负压供水设备的安装改造和部分路面维修工程。完成装备专项审计工作，对发现的问题正在整改。

2000 m以内全液压地质岩心钻探装备及关键器具项目成果获2015年国家科技进步奖二等奖。

地质调查进展与成果

一、地质调查科研项目进展情况

2015年，联合中国地质大学（北京）、吉林大学共同承担松辽盆地资源与环境深部钻探工程（简称“松科二井”）项目，2015年4月1日，从2826.48 m开始三开钻进，截至2015年12月31日，井深4310.69 m。完成全部测井、录井工作，各项数据获取完整，该工程创新的大直径长筒取心技术成果被评为地调局、地科院2015年度地质科技十大进展。青海木里定向对接井水合物试采工程项目完成450 m主孔、试采井试采段扩孔和造斜及150 m水平段的钻进施工。3500 m地质岩心钻机项目完成一期691.2 m的野外生产试验。2500 m深井车载钻机项目完成1450 m的野外生产试验。400 m自动化轻便岩心钻机项目优化数据采集系统和自动化控制系统，数据采集与北斗系统传输在井深300 m的斜孔试验中成功应用。反循环钻探技术与装备研究项目在黑龙江省多宝山铜矿完成10个孔的钻进试验，累计进尺800余米，平均钻进速度达10 m/h。完成Φ147 mm铝合金钻杆全尺寸室内强度试验，极限抗拉强度为3500 kN，在“松科二井”试验21回次，累计进尺233.13 m，井下使用时间634 h。Φ178 mm液动锤在“松科二井”进行41.84 m的取心钻进试验，钻进效率明显提高。改进后的高温磁中靶系统完成2口野外深井生产试验，井深≥2780 m，井下温度均≥106 ℃。Φ127 mm涡轮钻具在福建漳州干热岩科学钻探工程现场成功完成2个回次的入井试验。膨胀套管技术在广西成功完成1口1000 m深孔的护壁堵漏工程，开创国内小直径膨胀套管成功应用的先例。与土耳其签订2项工程合同，土耳其卡赞天然碱溶采项目钻井工程，总钻井工作量222口井，合同额5897万美元，已完成12口垂直井钻井任务及纠斜工作。土耳其贝帕扎里天然碱5期钻井工程，总钻井工作量为111口井，合同额3541万美元，已完成6口垂直井，另有3口垂直井和2口水平井在建。完成2014年度签订的土耳其贝帕扎里四期工程，该项目的34口井的钻井工程取得完工证书。

二、地质调查成果

2015年，结题验收制定《气举反循环钻探规程》项目，规定气举反循环钻探技术的钻探设备与器具配置、钻探施工等工作要求和操作要点，具有很强的实用性和可操性，是国内第一部适合地质勘查行业的气举反循环钻探技术标准。冻土区天然气水合物长期科研观测基地项目：完成祁连山冻土区天然气水合物长期观测基地的总体规划，及前期基础工程建设，修建道路，完成长期观测基地地面平整工作，制定长期观测基地监测动力供应方案。地质岩心钻探钻具规格系列等3项标准制修订项目：标准首次将硬质合金、复合片与金刚石钻具合并成一个系列，统一绳索取心钻探口径和金刚石钻探口径，将不对称梯型螺纹和负角度梯形螺纹以及高强度钢级管材等新技术进行规范并纳入，具有很强的兼容性、先进性、适用性和可操性。青藏高原冻土带天然气水合物调查评价项目：试制冻土天然气水合物钻探施工必要的取样钻具、辅助器具，完成钻孔3个，进尺1300 m，钻获岩心1190 m，全面完成施工任务，质量达到规范要求。气动碎管管道原位更换设备及工艺研究项目：在国内首次研发出气动碎管管道原位更换技术，研制的全液压恒张力卷扬机和S200、S260、S400三种型号的气动碎管锤、涨扩拉管头等配套器具，经室内试验和现场应用，证明在地下管道原位置换工程中应用效果良好。静力碎管管道原位更换设备及工艺研究项目：在国内首次研发出静力碎管管道原位更换技术。研制的系列全液压裂管机、高强度拉杆、系列涨扩拉管头等配套器具，经室内试验和大量现场应用证明，在地下管道原位置换工程中应用效果良好。Φ1500 mm全回转套管钻机、钻具及工艺项目：成功研发Φ1500 mm全回转套管钻机和直径1200重型双壁套管钻具，钻机在增压逃逸系统、电液夹持装置、刀头恒负载控制装置等方面采取创新性设计，钻机和套管完成62 m

Φ1200 mm 全套管灌注桩生产试验，应用水平国内领先。膨胀套管护壁技术与推广应用项目：完成5种规格波纹膨胀管的制作工艺、室内试验、野外试验和施工工艺流程编制等工作内容，其中两种波纹管在国内4项工程中得到成功应用。实践证明，该技术操作简单、可靠，施工成本低。

三、专利情况

2015年，国家知识产权局授予勘探技术所研发的一种切割事故钻杆的水力内割刀，一种套管旋挖装置，一种地质钻探波纹膨胀管护壁膨胀工具，一种科学深井、超深井钻探用钻杆，一种用于取心钻具的卡簧座与内管连接结构，一种定向造斜取心钻具，液动锤分流机构、液动锤以及井下钻探装置，一种长寿命双壁钻杆，一种用于正循环气动潜孔锤的循环方式转换接头，一种冲击式土层取样钻机，一种立轴式钻机不停机倒杆装置为国家实用新型专利。国家知识产权局授予勘探技术所研发的一种水平分支多井组对接井的施工方法为国家发明专利。

四、学术交流

2015年7月30~31日，由《探矿工程（岩土钻掘工程）》编辑部组织的干热岩勘探开发技术专家研讨会在西宁召开，共有来自地矿、煤炭、有色、建设、高校等系统从事科研、施工和装备制造单位的40多位专家就干热岩资源、地热资源定义及分布、干热岩勘探开发技术、干热岩勘探开发战略规划以及钻探技术在干热岩勘采中如何发挥作用等问题进行讨论。2015年8月25~28日，由中国地质学会探矿工程专业委员会主办的第十八届全国探矿工程（岩土钻掘工程）学术交流年会在黑龙江省哈尔滨市召开，来自各省地矿、冶金、有色、煤田、核工业、武警黄金部队等相关行业地勘单位330余人参加了会议，会议以“支撑找矿突破、推进科技进步、增强公共服务能力”为主题，共遴选139篇论文，由地质出版社编辑出版论文集。会议特别邀请到中国科学院高德利院士和4位知名专家作了特约报告，7人作主题报告，25人进行学术交流。

改革创新

一、ISO9001质量管理体系通过第三次再认证审核

完成并通过所和所属聚力公司的ISO9001质量管理体系第三次再认证审核。

二、设立监察审计处

按照部、局要求，为开展纪律检查、行政监察和内部审计工作，经勘探技术所党委研究，设立监察审计处，明确了部门职责，编制3人，设处长1人、纪检监察员1人、审计员1人。

经济管理

一、2015年预算执行情况

截至2015年12月31日，勘探技术所上年结转国库资金1524.95万元，本年预算9237.37万元，财政资金总额10 762.33万元。全年预算执行金额9936.23万元，预算执行率为92%。勘探技术所上年结转2225.69万元，本年预算9237.37万元，财政资金总额11 463.07元。财政支出金额9710.21万元，占全年财政总金额的85%。

二、财务大检查工作情况

2015年，配合地调局完成对勘探技术所的财务大检查和内部审计工作，对发现的问题进行整改并上报整改情况报告。

三、资产管理工作

2015年，勘探技术所新增资产69台（套），原值430.41万元，报废资产17台（套），报废原值13.25万元。

人才队伍建设

2015年，引进高校毕业生8人。制定并印发《勘探技术研究所人才队伍建设方案》。确定2个二级项目负责人、2个二级项目副负责人和1个子项目负责人。2015年，张永勤同志入选第二批国土资源科技领军人才开发和培养计划，刘凡柏同志获得第八届“河北省优秀科技工作者”荣誉称号。截至2015年底，勘探技术所共有2人入选国土资源部领军人才计划，1人入选国土资源部杰出青年科技人才计划，1人入选地调局高层次地质人才培养计划，2人入选地调局青年地质英才培养计划。核发河北省2014年度精神文明一次性奖励。调整离退休职工补贴标准，增加离退休职工的离退休费。

党建与精神文明建设

一、开展所领导班子2014年度民主生活会

召开所领导班子2014年度民主生活会，进行民主生活会总结并制定整改措施。

二、组织“两优一先”先进科研团队和个人的推荐工作

组织部直属机关党委和地调局“两优一先”评选。张永勤、谢文卫被评为优秀共产党员，徐刚峰、于飞被评为优秀党务工作者，第四党支部被评为先进党支部。

三、开展“三严三实”专题教育活动

印发《勘探所党委关于开展“三严三实”专题教育实施方案》，召开“三严三实”动员部署会，组织开展“三严三实”3个专题的学习活动。

四、开展“四态调查”工作

按照局直属机关党委要求，在全体干部职工中开展思想状态、工作状态、身心状态和生活状态调查，共收调查问卷118份，进行调查结果的汇总，撰写调查报告，分析存在的问题及原因，提出初步解决建议。

五、党支部建设工作情况

2015年，列为党员发展对象1人，列为重点培养对象1人，组织3名新党员参加上级的培训，办理2名预备党员转正。

六、落实中央“八项规定”情况

2015年，批复勘探技术所会议费34.77万元，截至2015年12月实际支出14.81万元；批复因公出国（境）经费量化管理7.5万元，截至2015年12月实际支出4人次6.68万元，非量化管理（科技项目）出国6.83万元；批复公务接待经费财政资金14.55万元，截至2015年12月实际支出1.46万元。

七、廉政建设情况

所长与中层干部、中层干部和班组长分别签订党风廉政建设责任书，印发勘探技术研究所廉政文化活动周方案，开展党员干部教育和廉政警示教育。加强项目招投标的监督。组织有关人员参加地调局反腐倡廉警示教育视频会。邀请廊坊市广阳区预防职务犯罪协会会长、检察院副检察长来所就预防职务犯罪进行讲座。

（方光沛）

北京探矿工程研究所工作

北京探矿工程研究所

概　况

北京探矿工程研究所（以下简称“探矿工程所”）成立于1957年，为中国地质调查局直属的科研单位。所部及研发中心位于北京市海淀区学院路29号，科研基地位于北京市房山区周口店和良乡开发区。探矿工程所主要承担探矿工程新技术、新方法、新工艺、新设备和新材料的研究与示范推广；承担战略性矿产资源调查和基础性地质调查钻探技术研究工作，为国家公益性地质工作提供技术支持和服务；开展钻头、钻具、勘查机械、勘查仪器、钻井液和环境保护等相关技术的开发、咨询、服务和经营工作；开展相关技术国际交流与合作等。

探矿工程所设有7个综合管理部门：综合办公室（党委办公室）、人事教育处（安全生产处）、财务资产处、科学技术处（项目管理处）、监察审计处、开发管理处、后勤保障处；6专业技术部门：金刚石钻头技术研发中心、钻井化学技术研发中心、勘查机械研发中心、大口径岩土钻掘技术研发中心、勘查仪器研发中心、地热钻采技术研究中心；1个部级质量检测中心：国土资源部地质钻探工具监督检测中心；1个下属企业：北京诚通钻井材料厂。

截至2015年底，全所共有职工202人，其中，在职职工124人、离退休职工78人。在职职工中，专业技术岗位人员86人，其中高级专业技术人员18人、中级专业技术人员39人。

2015年，探矿工程所作为推进落实2015年度“两重”工作的突出单位受到地调局通报表扬。

地质调查进展与成果

2015年，探矿工程所共承担实施各类科研项目19项，其中地质大调查项目13项、海洋专项项目1项、国家重大仪器专项1项、科技部科研院所技术开发专项1项、公益性行业科研专项经费项目1项、国际合作项目2项。科研总经费3970万元，其中地调项目2430万元、海洋专项700万元、其他来源科研项目经费840万元。2015年度全所共获得发明专利5项、实用新型4项。发表论文21篇，其中SCI论文1篇、核心期刊论文14篇。取得了丰富的科研成果。

一、世界首台3000 m电动永磁直驱顶驱钻机研制取得重大突破

永磁直驱卷扬安全可靠、送钻精确、节省能源，顶驱钻进取得初步成功。2015年，在浙江省临安市完成页岩气钻探现场试验进尺2100 m。

二、成功研制TKP－1保温保压取心钻具

2015年4月和7月，在水深100 m、804 m以及1392 m海域成功完成TKP－1钻具深水保压性能的海试。9月，到靶区完成实物保压取样并成功。实现国内重大技术突破，标志着中国已经具备了海域天然气水合物保温保压取样作业能力。

三、成功研制国内首台超高温高压钻井液流变仪

经过各项性能测试，该仪器已经能够实现在压力220 MPa、温度320 ℃的情况下正常测量样品的黏度，达到了项目要求，为仪器工程化、产业化奠定了重要基础。

四、坚硬岩层钻进、碎岩技术研发步入世界一流行列

针对深部油气勘探需求研制成功Φ320 mm的孕镶金刚石全面钻头，为川东北深部坚硬致密地层提高钻探效率提供技术支撑，减少起下钻次数，替代价格高昂的进口产品，节约钻井成本；为深部盐矿钻探施工研制的复合片钻头，钻进效率提高3倍。

五、国内首次小口径涡轮取心钻进取得成功

探矿工程所自主研制的Φ127 mm涡轮钻具在福建漳州干热Ⅰ井成功完成国内首次涡轮取心钻进。

六、浅层勘查设备及工艺研发取得重要成果

实现了300 m以浅轻便钻机系列化（5 m、15 m、30 m、50 m、300 m钻机系列）和工艺多样化，完成野外示范工作量2600 m。一种可实施绳索取心钻进的轻便钻机获发明专利。编写完成了《浅层取样钻探规程》。

七、掌握勘查仪器核心技术

探矿工程所已研发用于测试深井、超深井、高温高压钻井液的流变性、润滑性、膨胀性、堵漏性、沉降稳定性等特性的全套仪器设备相关的核心技术，在石油和各种矿藏勘探开发中发挥了重要的作用。

八、高温可循环泡沫冲洗液耐温可达到200 ℃

“一种耐高温钻井液及其配制方法和应用”获发明专利。

九、海域钻探钻井液技术支撑作用突出

成膜防塌冲洗液护壁剂效果良好，在山东东海大陆架科学钻探、浙江、贵州等地页岩气及海上钻探完成试验工作量15 000余米。

改革创新

一、认真贯彻落实局党组《加强地质科技人才队伍建设指导意见（试行）》《加强地质调查成果评价的指导意见（试行）》和局《计划协调人工程首席专家项目负责人责任与权力暂行规定（试行）》（以下简称《意见》和《规定》）

研究制定印发了落实《意见》和《规定》的3个具体办法，贯彻“五问”“五不唯”原则，明确岗位工资系数向取得突出成果业绩的卓越、杰出、优秀地质人才等有关人才倾斜，落实了项目负责人责任制及考核奖惩机制，实行考核评估结果与绩效挂钩。

二、不断推进青年地质人才队伍建设

1. 推行“平台+项目+人才”的培养机制。依托科研项目，优选青年科研人员担任项目副负责人、专题副组长等重要职位，为优秀青年地质人才创造实践锻炼机会，加速青年地质人才团队培育。

2. 优化调整业务部门组织架构，拓宽人才成长通道。根据青年职工占所人才队伍比重较大的现状，对所业务部门进行了结构性调整。各业务处室下设科研部和开发部，三维、海洋、能源三个地质调查钻探技术研究中心下设工程部，选拔优秀青年科研技术人员担任科研部、开发部、工程部的副主任，赋以实际职权，分担部门领导班子的管理工作，加速青年人才成长。

三、深入推进依法依规治所

1. 加强项目管理、财务管理、外协项目管理等方面的制度建设。以项目和资金管理为重点，制定修订出台了所《科技成果管理办法（试行）》《科技项目管理办法（试行）》《采购管理办法实施细则（试行）》和《地调项目外协管理规定》等重要管理制度，细化出台了《开发管理处工作职责》。

2. 安全生产和综合治理工作平稳运行。坚持做好日常安全生产监督检查，抓好敏感时段的综治安全工作。坚持每周部门负责人带队进行部门检查、每月所领导带队进行安全生产检查的制度。认真开展了浙江、甘肃等地项目组野外工作安全生产检查。2015年，探矿工程所共开展各类安全检查394次（其中，全所性安全检查11次）。高度重视全年节日及两会等重要会议期间的安全综治工作，保障了全年各项工作的平安运行。全年没有发生治安事件。

经济管理

一、高度重视预算管理

2015年，探矿工程所财政预算资金总额5289万元。通过合理安排收支预算，加强预算执行管理，实现了财政资金经费预算和基本支出的基本平衡并略有结余。全年预算执行率和国库预算执行率均达到90.99%。

二、以技术创新为支撑的市场竞争力进一步增强

2015年，探矿工程所紧密结合市场需求，坚持走创新驱动发展之路，向高端技术市场挺进，科研成果转化的技术附加值进一步提升，科研成果在地质钻探、油气勘察和基础设施建设以及境外矿业勘探等方面得到广泛推广应用。

党建与精神文明建设

一、深入开展“三严三实”专题教育

1. 认真组织学习贯彻落实党的十八届五中全会精神和习总书记系列重要讲话精神。扎实开展理论学习，2015年探矿工程所党委以十八届五中全会、习总书记重要讲话、“三严三实”专题教育、《廉洁自律准则》和《纪律处分条例》等为研讨主题，组织开展了9次中心组（或中心组扩大）学习活动。各部门、各支部按照“三严三实”专题教育工作部署和所年度党建工作安排，分别组织开展了理论学习与研讨活动，党员干部思想认识和政策理论水平得到进一步提升。

2. 扎实开展“三严三实”专题教育。探矿工程所党委制定各专题方案，认真组织实施，确保了专题教育各阶段活动的落实和质量。党委还注重把“三严三实”教育与理论学习、廉政教育有机融合，形成了“专题党课＋理论学习＋座谈发言＋问题查摆＋廉政教育”的系统组织模式，取得了良好成效。

二、着力加强党支部建设

2015年，探矿工程所党委结合党员分布情况对相关支部设置进行了调整，组织完成了全所9个支部支委的换届工作。继续深入开展支部百分竞赛活动，各支部紧贴中心业务工作自主开展活动，党建工作能力得到提升。加强了发展党员计划管理和入党积极分子培训，提高对新党员的思想教育和培养要求。2015年，探矿工程所共发展2名新党员，新党员转正6人，确定入党积极分子9人。组织开展“两优一先”评选活动，2015年共评选出所先进党支部2个、优秀党员6人、优秀党务工作者4人，共有1个党支部、1名党员和1名党务工作者获得部直属机关党委、局直属机关党委“两优一先”称号。

三、下力抓好党风廉政建设

1. 认真落实廉政建设“两个责任”和地调局“八问”责任传导机制。根据《探矿工程所党风廉政建设党委主体责任和纪委监督责任分工》，细化廉政建设主体责任和监督责任，全面落实“八问”责任传导机制。组织开展了各部门、支部“两个责任”落实情况检查。严格落实中央“八项规定”和党的十八大以来中央和部、局出台的一系列新规定，特别是有关“三公经费”支出、精简会议、干部培训、办公用房、厉行节约等方面的规定要求，坚决杜绝了公款吃喝、公款旅游、公款送礼、滥发福利节礼等问题。全年未发现有违反“八项规定”问题发生。

2. 进一步完善惩防制度体系。制定修订出台了所党委《关于改进工作作风、密切联系群众的若干规定》和所《科技成果管理办法（试行)》《科技项目管理办法（试行)》《采购管理办法实施细则（试行)》和《地调项目外协管理规定》等重要管理制度，细化出台了《开发管理处工作职责》，修订了廉政风险防控措施，进一步完善了内控管理体系。

3. 推进纪检监察队伍建设。按照局纪检监察队伍建设指导意见，配备了专职纪委书记，单设了监察审计处，配齐了专职纪检监察人员和内部审计人员。

4. 坚持常态化廉政教育。将廉政教育渗透到日常工作中，在干部职工集中的所务会议、中层领导会议、全所职工会议等场合，所党政主要负责人坚持对廉政工作逢会必说。2015年，党委和有关干部进行诫勉谈话1人次，提醒谈话5人次。全年所未发生严重违规违纪问题。

四、积极开展文化建设

征集评选研究确定了新探工精神表述语“创新、务实、和谐、奉献”。开展了廉政文化周活动。作为局第一批先期试点单位开展了职工“四个调查”，全面摸清职工思想、工作、身心、生活现状，增强了思想政治工作的针对性。加强了群众性活动组织开展。启动了所史修编工作。

（李海鹏）

中国地质科学院探矿工艺研究所工作

中国地质科学院探矿工艺研究所

概　况

中国地质科学院探矿工艺研究所（以下简称“探矿工艺所”）是中国地质调查局直接管理的公益性地质调查和战略性矿产资源勘查技术支撑机构，主要承担地质灾害防治和地质灾害监测方面的新技术、新方法、新仪器的研究、推广应用和示范，承担公益性地质调查和矿产资源、能源勘探新技术、新方法、新材料、新器具、新设备的研究与推广应用，开展西南地区水文地质、环境地质与地质灾害的调查评价工作。

探矿工艺所设有综合办公室、党委办公室、科技处（项目管理处）、计划财务处、开发处、后勤处、监察审计处7个管理服务部门和地质灾害监测技术研究室、地质灾害防治技术研究室、探矿技术研究室、水文地质环境地质研究室、新技术示范室5个业务部门。

探矿工艺所现有职工197人，其中在职职工137人。在职职工中，各类专业技术人员128人，教授级高级工程师25人。全所职工中有人事部授予突出贡献的中青年专家3人、获李四光地质科学奖1人，享受国务院政府特殊津贴专家13人、国土资源部跨世纪人才1人、全国和国土资源部技术能手2人、全国和省、市劳动模范5人。人才队伍专业结构合理，平均年龄不到40岁，是一支以中青年为主的地调科研队伍。

地质调查进展与成果

2015年，探矿工艺所承担地调科研项目21项，其中地质矿产调查评价子项目12项、国家重大科学仪器设备开发专项1项、科技部科研院所技术开发研究专项2项、科技支撑计划项目专题1项、国土资源部公益性行业科研专项3项、国家自然科学基金课题2项，地调科研总经费为6045.6万元（含外协经费）。获得实用新型专利授权6项（地质勘查绳索取心钻孔煤层气压力测定仪、一种滑坡野外模型试验用的自动加载系统、一种非接触式滑坡表面裂缝监测仪、用于地质灾害应急调查的工具箱、用于地质灾害应急调查的携行马甲、预应力锚索锚固段扩孔钻具），发表科技论文36篇，参加编写地质灾害防治系列行业标准14项，地质灾害应急处置技术研究团队被评为国土资源部“十二五”科技与国际合作先进集体。

一、核心技术的研发和应用，突显专业技术特色

1. 地质调查监测仪器研发取得进展。超高温钻孔轨迹测量仪研发完成了仪器关键器件和仪器整体结构设计，开展了样机加工、工程化相关技术文件和标准编制。研发了便携式地质灾害应急调查工具箱，完成样机试制、野外数据采集系统研究、现场试验及维护使用说明书编写等工作。

2. 深孔复杂地层钻探技术研发、应用成效显著。套管钻进技术在若尔盖整装勘查区得到工程化应用，平均岩心采取率83%，平均机械钻速0.96 m/h，平均台月效率325 m。复杂地层中完成套管钻进岩心钻探试验，创造了国内126 m不提钻换钻头取心钻进的纪录。深孔钻探技术服务甘肃省阳山金矿，协助武警黄金第十二支队顺利完成1500 m的深孔钻探设计、施工，创造了矿区深孔的新纪录。支撑地质找矿突破，完成新疆、青海整装勘查区岩心钻探27 200 m。实施乌蒙山地下水探采结合工程项目，完成钻探总进尺2268 m，成井12口，日出水量达到1344 m^3，惠及人口17 050人。

二、推进地质灾害防治技术中心建设，地质灾害应急勘查、治理能力增强

1. 完善中心管理体制和运行机制，加强优秀人才和创新团队建设，聘请1名泥石流研究领域的知名教授作为兼职学术带头人，建成6个学术研究团队。

2. 加强业务中心、实验室硬件条件建设。完成大型伺服液压模型实验槽、泥石流模拟实验槽的升级改造，基本建成滑坡和泥石流两个物理模拟试验室；新建了注浆材料实验室；启动北川泥石流野外观测与防治技术现场试验基地建设工作。

3. 助力四川省地质灾害综合防治体系建设。完成金阳县、色达县209处地质灾害点调查，调查面积10 638 km^2。积极开展与四川省北川、宣汉、南江等地方政府部门的对接，推进科技支撑与成果应用。

4. 地质灾害防治技术体系研究取得可喜成绩。滑坡深部位移监测仪器研发与应用示范、西部复杂山体滑坡快速加固技术研究、川东巴河流域地质灾害调查、成套快速锚固技术装备研究等专项取得系列成果。正式启动地质灾害防治工程缺陷修复加固技术装备研发、渗流作用下孔隙水压力对坡面固体物质启动的机理研究等专项研究。

三、打造三峡库区等重点地区地质灾害监测技术品牌成效明显

1. 完成三峡库区（重庆市奉节县和云阳县）监测预警阶段性工作任务。承担51处滑坡和81处高切坡的监测工作，布设1280处监测点，投入各类监测仪器设备共计160余台（套）。三峡水库水位日降幅对库区地质灾害防治工程影响的调查评价研究通过野外验收和项目验收。

2. 主持编制重庆市三峡库区后续工作奉节县、云阳县地质灾害监测预警工程项目方案和预算，预算获重庆市财政局批复，并分别与奉节和云阳签订了合同。

3. 利用地质调查项目平台，加强重庆市奉节县、云阳县和四川省丹巴县、金阳县地质灾害监测预警示范站的建设；参与了贵州省公路系统高陡边坡监测预警工作，拓展了监测工作的服务领域。

四、水工环地质调查能力得到提升

1. 全面完成水工环地质调查项目工作任务。地质灾害详细调查完成1∶5万遥感解译面积3050 km^2、1∶5万地质灾害调查2800 km^2、剖面工程地质测绘92 km、工程地质钻探1850 m。1∶25万水文地质环境地质调查完成遥感解译8000 km^2，完成调查面积5120 km^2、路线调查740 km、调查点829处，完成重点区调查240 km^2、路线调查165 km，完成地面物探3条剖面150点，完成水文地质钻探进尺1007.1 m，工程地质钻探进尺243.7 m。

2. 落实2016～2018年地质调查业务工作。组织编制了地质调查二级项目立项论证材料，6个水工环地质调查项目立项论证材料顺利入库，1项专项获得自然科学青年基金项目资助。

3. 日喀则地震地质灾害应急调查和水文地质调查取得实效。派出地质灾害调查技术专家参加尼泊尔强震区国家应急专家组工作。承担西藏昂仁－谢通门整装勘查区水文地质环境地质调查项目，完成探采结合井7口，日最大涌水量达1.8万吨，直接解决了当地2257人的用水困难。

改革创新

一、加强地调科研管理，提高项目质量

一是紧抓地调科研项目的组织实施，制定项目工作计划，强化进度及质量监督检查，委托业务统一管理，大额委托业务实行公开招标，规范了合同签订。二是地质调查和科研项目整体进展顺利，年度实物工作量全面完成，重点项目取得阶段性成果。三是加强了项目设计审查，地调项目设计内部审查率达到100%，实施了12个项目野外质量检查；8个项目完成经费总结和验收，完成了成果资料汇交和归档；2个地调项目提交验收报告。在地调局组织开展的地调项目野外检查中，3项获优秀，优秀率50%，优良率100%。

二、加强市场准入及能力建设，努力开拓成果转化市场

加强科技成果转化体系建设，多功能钻机开发等成果转化团队落实到位，工程项目实施过程管理办法等制度建设取得进展。地质灾害勘查、设计、施工、评估4个甲级资质及测绘丙级资质完成延续换证工作。地质勘查（钻坑探）甲级资质和金属非金属矿产资源地质勘探《安全生产许可证》申报成功。积极开展贵州、云南等地的业务拓展，组织投标30余次。

三、加强制度建设，紧抓执行力，提升管理效率

制定或修订专家咨询评审费管理办法、财务票据管理办法等9项制度，完成《探矿工艺所学科建设发展规划》和《地调局地质灾害防治技术中心建设发展规划（2015～2020年）》的编制。加强催办督办，办事效率和执行力大幅提高。加强会议管理，对会议议定事项，加强执行的检查和督促。开展单位名称、门户网站、宣传窗口等标识的规范使用及统一工作。

四、加强装备专项检查的整改，推进基建与资产管理，提高保障服务水平

加强固定资产管理，逐项落实装备专项检查问题整改，落实责任部门和人员，完善固定资产数据库、台账，补充设备资料档案，固定资产验收入库、登记保管和发放程序规范。完成基地建设规划修编工作，完成地调科研业务楼修缮节能改造及基地基础设施环境改造项目竣工资料编制、结算审核。继续加大力度统筹实验室装备配备，地质灾害防治技术实验室和钻进技术实验室建设初具规模，为地质调查项目的顺利实施提供了条件保障。

五、加强安全生产和保密工作，层层落实责任，总体形势稳定

推进安全保障系统建设，规范野外项目作业审批38批次，落实出队前安全教育和培训、专项体检、劳保及安全装备配备、工作站报到等事项。扎实开展安全生产月活动，强化宣传教育与培训。实施野外专项检查13次、基地检查12次。落实安全生产经费，配备北斗终端12台（套）、急救包60套，保障能力提升。加强保密工作，紧抓涉密测绘成果资料使用及管理，开展保密自查2次，自查计算机52台，严查保密责任及承诺落实，未发生失密、泄密事件。

六、重视对离退休人员的服务工作

一是按照政策认真落实离退休职工的政治、生活和医疗待遇。二是开展慰问和送温暖活动。三是加强同离退休同志的交流与沟通，及时通报所情。四是解决好老同志提出的合理化建议和合理诉求，妥善化解老同志间矛盾，确保了离退休职工队伍基本和谐稳定。

经济管理

探矿工艺所严格执行财经法规，财政项目经费管理以预算为主线，建立了以计划财务处牵头、其他职能部门相互配合的预算编制工作体制，实行技术与经济的统筹。对项目组野外工作的进展情况采取周报制，建立预算执行联动机制，推动预算执行。

推行财务管理信息系统，规范财务过程管理，推行公务卡，强化“三公经费”支出控制。规范公司财务管理，解决管理中存在的经济责任不清晰问题。分离企业财务部门，逐步形成了开发项目绩效核算新的工作机制。开展2014～2015年财务大检查及整改工作。

2015年，探矿工艺所国库总预算为7185.57万元，年末上缴2013～2014年度结余资金880.37万元，总支出5745.61万元，预算执行率91.12%。财政总预算为8669.79万元，年末上缴资金880.37万元，总支出6321.85万元，财政预算执行率81.16%。2013～2015年财政收入与非财政收入平均数为13 177.55万元，2015年非财政收入为5934.10万元，非财政收入比为45.03%。2015年末总资产14 493.66万元，负债为2061.63万元，资产负债率为14.22%。

收入规模增长，结构有所优化。2015年，探矿工艺所完成收入8008.57万元，成都华建勘察工程公司收入4156.55万元，探矿技术研究开发公司收入490.06万元，一所两公司的总产值为12 655.18万元。

人才队伍建设

加强业务结构调整，出台激励人才成长的新政策。制定《地质调查与科研人员岗位系数核定的补充规定》《地质调查二级项目负责人责任与权利的暂行规定（试行）》和《地质调查项目重要岗位及优秀地质人才绩效工资管理暂行办法》，通过制度设计和激励政策调整，促进科技人才培养。

加强技术合作与交流，促进科技创新能力建设。推行学风建设，通过举办青年技术交流会、地调科研项目成果汇报会等多种形式加强业务练兵。派遣科研人员参加国际国内学术会议及行业研讨，加强与行业单位的合作，建立项目合作、技术推广的长期战略合作关系。

加强人才队伍建设，能力建设得到提升。加强干部选拔与培养，引进水文地质、环境地质专业技术带头人2人，调入技术骨干2人；招收应届博士2人、硕士6人。3人获国土资源部“十二五”科技与国际合作先进个人，1人获得“成都市劳动模范”和地调局“第二届杰出青年”荣誉称号，1人获得“成都市我身边的优秀女性”称号。

党建与精神文明建设

一、推进主体责任落实

一是加强党风廉政建设，健全“八问”为主体的责任传导机制。二是制定“六个强力推进”工作方案，完善党风廉政建设责任制。三是严格执行“八项规定”，会议严格审批，公务接待、公车购置、会议费等费用严格控制。四是实施廉政风险点排查，持续加强内控制度建设。五是开展党风廉政教育，推进事务公开。

二、推动监督责任落实

加强纪检监察队伍建设。成立监察审计处，设处长1人、专职纪检监察员1人、内部审计人员1人。履行监督执纪问责。紧抓加强项目和经费管理、委托业务、合同审批、装备采购等重点环节，开展相关监督工作。

三、抓好“三严三实”专题教育

一是所党委主要负责同志带头讲专题党课，发挥带学促学的作用。二是完成了专题一、专题二、专题三的学习研讨。三是突出问题导向，所班子和班子成员都认真查找“三严三实”问题，汇总整理4个方面共计13条“不严不实”问题清单，坚持边学边查边改。

四、加强工会工作，队伍凝聚力和精神文明建设不断增强

加强工会建设，坚持工资集体协商协议、集体合同等制度。坚持所务公开和职工代表大会制度，坚持为职工办好事、办实事，职工队伍稳定、收入和福利持续增长。加强精神文明建设，队伍凝聚力和精神文明建设不断增强。

（田　深）

中国地质科学院郑州矿产综合利用研究所工作

中国地质科学院郑州矿产综合利用研究所

概　况

中国地质科学院郑州矿产综合利用研究所（以下简称“郑州综合所”）是专门从事矿产资源利用评价，矿产资源利用规划，矿产资源信息标准，矿产资源综合利用新技术、新工艺、新装备研究和矿产资源勘查的公益性地质调查机构，是中国地质调查局地质调查技术支撑单位。

郑州综合所下设业务部门7个：资源与环境研究室、金属矿研究室、非金属矿研究室、地质采矿研究室、选冶装备研究室、信息标准研究室、检测中心；管理服务部门8个：办公室、科学技术处、科技发展处、财务处、人事处、监察审计处、基建装备处、后勤服务中心；成果转化机构1个：镔锐公司。

郑州综合所现有在职职工158人，其中博士14人、硕士65人、本科41人，正高级职称16人、副高级职称31人、中级职称的53人，离退休113人，国务院政府特殊津贴享受者12人，“863”主题专家1人，国家级矿产督察员15人，河南省优秀专家3人，河南省安全生产专家1人，突出贡献的中青年专家1人，河南省学术技术带头人1人，国土资源部百名跨世纪科技人才1人，国土资源部百人计划1人，国土资源部杰出青年科技人才4人、部创新团队1个，局青年地质英才3人，郑州市科技创新创业骨干人才1人。

截至2015年底，郑州综合所共有各类科研装备1044台（套），价值约4924.25万元。其中30万元以上大型设备32台，价值2381.8万元。

郑州综合所坚持“安全第一、预防为主”的工作方针，防范和杜绝重特大安全生产责任事故的发生，实现了全年安全生产零事故目标。

2015年，郑州综合所被河南省委、省政府联合命名为省级文明单位。

地质调查进展与成果

一、重中之重工作：精心组织实施矿产资源节约与综合利用调查工程

通过加强协调沟通，明确了工程目标。完善了工程实施方案，成立了工程管理办公室，强化了管理，确保局项目部署思路和工程首席有关措施、计划落实到位。通过加强督促检查，确保了工程所属子项目质量持续提高。开展了项目自检、互检和抽检，自检互检率达100%。抽检了5个项目，抽检率达41.67%。对具有野外工作量的项目进行了野外工作检查。针对实验记录填写不规范等问题，要求项目组改进整改。根据工程首席建议，组成联合检查组对项目现场复检并督促整改，确保检查成效。2015年10月，对矿山尾矿及环境调查评价项目22个省的外协情况进行了会议现场汇报和检查。通过加强项目管理制度建设，确保了工程所属项目管理合法、合规和科学。通过认真部署工程2016～2018年二级项目立项，确保工程可持续性。

2015年，矿产资源节约与综合利用调查工程各项工作取得显著进展，《全国重要矿产资源“三率”调查》入选地调局百年百项成果目录。2015年应结题子项目按期结题，续作项目实现了年度目标任务。依托工程项目培养了一批青年科技人才，若干专业技术团队已近成型。如“三率”调查团队、盐湖综合利用团队、尾矿利用团队和磁选高效化技术设备制作团队。

二、重点工作、开展大型资源基地技术经济概略性评价

科研人员赴多个矿集区开展了专题调研，赴青海调研摸清了矿集区工作空白点，收集了丰富的基础资料。通过与局相关部室、计划协调人沟通交流，确保项目目标和选区符合国家需求、符合一级项目总体目标需求。2015年确定了二级项目名称为青海祁漫塔格金属矿集区综合地质调查，完成了项目入库工作。

改革创新

一、科研业绩和成果突出

2015年，郑州综合所以项目实施为抓手，科研业绩和成果突出。主要表现在以下几个方面：

1. 形成了一批复杂共伴生和难利用矿产资源综合利用技术成果。在有色金属矿和稀、贵多金属矿综合利用，非金属矿利用开发，稀散元素冶金提取技术，卤水资源有价元素提取技术，冶炼渣资源化利用技术上均取得重要进展。如甘肃大型蓝晶石矿分选研制出中性无污染新型分选药剂；西部大型铷矿铷的浸取率达到90%以上，氯化铷产品纯度99.5%，为未来开发奠定了基础；青海上庄磷矿分选出回收率达95%以上的合格磷精矿，还分选出了黑云母精矿；金矿尾渣二次利用技术通过焙烧工艺控制，可从尾渣中得到金、银、铜、铅等，实现了变废为宝；盐湖提钾工艺研制出适合现代农业的速溶硫酸钾产品。

2. 资源节约与综合利用技术的示范推广显示出良好的社会效应。四川德胜集团攀枝花青杠坪矿业公司选厂采用了郑州综合所专利设备磁场筛选机后，在铁精矿年产量不降低的前提下铁精矿品位由原TFe 54.5%提高至56.5%以上，铁精矿中S含量由原来0.7%降至0.5%，TiO_2重选产品由原日产300吨提高至400～500吨，新增年产值近2250万元。不仅为下游冶炼作业提供了优质原料，而且改进磁筛工艺提高了一段磨矿处理能力，停止使用一套磨机，年节能降耗近500万元。该技术的示范推广不仅为攀枝花地区钒钛磁铁矿的提质分选、节能降耗开辟了新路，更为整个攀枝花地区矿业领域树立了节约与集约利用先进技术典范。

北京华夏建龙集团华夏建龙矿业科技有限公司采用磁筛工艺后在保证精矿品位前提下，每月铁精粉增产5%。磁筛技术在建龙集团下属多个矿山的应用推广，充分体现了其在提质、增产、节水、降耗方面的优势，为建龙集团公司选厂在铁精粉价格大幅下滑的背景下降低生产成本、提高精矿质量提供了有效的技术手段，显示了很好的节约与集约利用示范效应。

3. 科研成果管理与集成加强，显示度进一步提升。2人获得中国黄金协会授予的中国黄金协会科学技术奖一等奖。水镁石矿物改性新技术及氢氧化镁阻燃剂工业应用获局地质科技奖二等奖；全国重要矿山"三率"综合调查与评价和全国重要矿山"三率"综合调查与评价信息系统通过项目验收。难选滑石型钼矿选矿关键技术研究与工业应用和钼钨氧化矿综合利用新技术研究及工业应用项目成果申报了2015年国土资源科学技术奖一等奖。发明专利磁场选矿方法及其选矿设备参加了国家知识产权局中国专利奖评选。

2015年，郑州综合所共获得专利24项，其中发明专利7项、实用新型专利17项。科研人员发表论文64篇，其中SCI论文5篇、EI论文1篇，中文核心期刊论文53篇、一般论文5篇。完成科研报告登记35项、成果报告发放登记26项。

4. 平台建设进一步增强，带动示范作用逐步显现。依托郑州综合所的国家非金属矿资源综合利用工程技术研究中心调整充实了支撑队伍。国土资源部矿产资源综合利用野外实验基地基本完成建设各项工作，带动示范作用逐步凸显。国土资源部多金属矿评价与综合利用重点实验室"完成建设各项工作，即将迎接验收。河南省黄金资源综合利用重点实验室通过河南省科技厅组织的评审验收。

二、服务及管理水平进一步提升，效能进一步显现

郑州综合所围绕部、局党组重大决策部署和研究所工作安排，不断提升管理及服务能力及水平。改革了机构设置，加强地调项目管理，设立科技发展处，加强服务社会、企业能力。加强了制度制修订，修订完善了涉及所务管理、科研管理、人事管理和收入分配、财务管理和业务保障制度共计16项，完成了新版制度汇编。提升了公文流转效率和执行力。加强了装备管理，切实发挥野战军装备作用。完成日常设备清查和应报废设备的报废处置。新建了研究所大门，完成了职工活动中心装修改造，着手启动高新区实验室改造。材料采购更加及时规范，物业管理更加规范高效，后勤保障能力进一步提升。安全生产和监督管理得到加强，实现了全年零事故率的目标。

经济管理

2015年，在矿业形势严峻的情况下，郑州综合所经济运行面临较大压力，各项经济指标基本平稳，收入合计达7641.88万元，较上年略有增加，支出7896.58万元。全年预算执行率为88.88%。

加强审计监督及审计整改工作。郑州综合所2015年接受了各类专项财务检查、审计等共计4次，对审计发现的问题做出了具体的整改工作安排，强化整改验收，完成整改事项30余项。通过整改，进一步规范了财务管理工作。新制定了《郑州综合所公务卡实施细则》《郑州综合所财务信息公开实施办法》等两项新制度，修订了《郑州综合所财务管理办法》等3项制度。加强了预算执行管理的信息化建设。开发了预算执行系统，2016年1月正式运行，进一步规范了预算执行。

人才队伍建设

2015年，郑州综合所通过多种措施不断加强人才队伍建设，提升班子领导水平，为研究所各项工作正常开展提供人才保证。

一是加强领导班子建设，坚持集体领导，分工负责。按照"两出一不出"要求，优化了所领导分工，通过党委会、所长办公会等多种形式，集体讨论决定研究所问题及各项工作安排，集思广益，科学决策，保证了研究所各项工作的正常开展。

二是加强干部队伍建设，开展了干部选拔任用。2015年，研究所严格按照国家和部、局有关文件要求，遵守干部选拔程序，开展并完成了5个岗位的干部选拔工作。通过开展干部选拔聘用，进一步优化了队伍结构，提升了干部队伍的知识化和专业化水平。

三是以贯彻落实局党组两个《指导意见》和三个《暂行规定》为抓手，以"五问"作为评价成果和人才的标准，有力促进了人才成长和团队建设。健全人才激励机制，研究制定了新的《收入分配制度和成果转化促进办法》，研究制定了《工程首席专家和二级项目负责人的责任和权利的暂行规定》。实施创新人才工程，开展了第二届郑州综合所"科技创新之星""成果转化之星"评选活动。

四是不断引进人才，优化专业结构。2015年，郑州综合所引进硕士1人，进一步充实了人才队伍，优化了队伍专业结构。

党建与精神文明建设

一、认真学习贯彻落实习近平总书记系列重要讲话精神，党的十八大，十八届三中、四中、五中全会精神

向各党支部发放了《习近平总书记系列重要讲话读本》、十八届历次全会公报等，要求党员干部深入学习领会，把学习领会同实际工作相结合，统一思想和行动。所党委按照年初制定的《党委中心组学习计划》安排，开展了一系列学习活动，组织15次集中学习，学习贯彻局党组重大决策部署、局属单位先进典型和违反财经纪律反面典型，学习党中央新颁布的法律法规等。通过学习，提高认识水平，实现思想观念的转变与转化。

二、切实增强党风廉政建设实效

郑州综合所把贯彻落实“两个责任”作为党风廉政建设的重要内容，放在突出位置抓好抓实，把责任制的全面落实贯穿到反腐败各项工作中。认真贯彻落实局党组以“八问”为主要内容的责任传导机制；研究制定了《所党委2015年反腐倡廉工作安排》，印发了落实局党组“六个强力推进”工作方案；制定了《郑州综合所廉政风险点及防控责任》，明确廉政风险点12个方面67条。

通过完善制度，扎实构建拒腐防变的保障机制。逐层签订《2015年党风廉政建设责任书》。全所共签订党风廉政建设责任书57份。大力推进监督检查。监察审计处配合其他部门，参与监督仪器装备、进口设备、大宗原材料采购等经济活动，开展了对履行节约等执行所规所纪情况专项检查。委托中介机构完成了对国土资源部矿产资源综合利用野外试验基地办公楼工程结算审计。

继续开展了廉政文化周活动，安排部署了廉政教育系列活动。坚持向中层以上干部、项目负责人、关键岗位人员发送廉政短信。

三、扎实开展“三严三实”专题教育

按照中央、部、局党组统一部署，郑州综合所扎实推进“三严三实”专题教育活动。党委书记亲自为全所党员上党课，对全所开展“三严三实”专题教育作动员部署。2015年，郑州综合所累计开展4次专题学习讨论活动，各党支部围绕“三严三实”主题开展了主题党日活动。所党委就领导班子“不严不实”问题广泛征求意见和建议，共征集到“不严不实”问题27条，通过查摆问题，积极提高个人修养和管理水平。

四、加强精神文明建设

2015年，郑州综合所组织开展了一系列丰富多彩的文明创建活动，如文明礼仪培训、“文明有礼”宣传，文明交通志愿服务活动，慰问老党员、困难群众，扶贫助残等。各部门也积极配合，用实际行动支持研究所精神文明建设。努力最终也取得了丰厚回报，2015年5月，河南省委和省政府联合对我单位省级文明单位进行了命名，“省级文明单位”顺利挂牌。资源与环境研究室和地质采矿研究室两个处室获得省直“青年文明号”称号。

（孙建军）

中国地质科学院矿产综合利用研究所工作

中国地质科学院矿产综合利用研究所

概　况

中国地质科学院矿产综合利用研究所（以下简称“成都综合所”）是中国地质调查局直属的中央公益性地质调查队伍，主要从事矿产资源综合评价、综合开发研究，重点配合国家地质找矿开展矿产资源可利用性评价，研究矿产综合利用新技术、新方法、新工艺，开拓新资源、提高资源综合利用和保障程度，为国家资源开发规划和决策提供科学依据，为矿山设计提供技术支撑。

内设职能部门8个：所办公室、党委办公室、监察审计处、科学技术处（项目办）（含《矿产综合利用》编辑部）、组织人事处、计划财务处、装备处、工会（离退休办）；业务部门3个：矿冶工程研究中心、资源与环境地质研究中心、分析测试中心；服务部门2个：后勤服务中心、峨眉基地管理处。

截至2015年底，共有职工411人，其中离退休职工234人、在职职工177人。在职职工中，高级职称者占28%，中级职称者占40%。全所享受国务院政府特殊津贴10人。

已通过ISO9001质量管理体系认证，具有区域地质调查、固体矿产勘查、地质实验测试（岩矿鉴定、岩矿测试、选冶试验）甲级资质，获得国家实验室认可证书和国家计量认证合格证书，以及水文地质调查、工程地质调查、环境地质调查、地质勘探等相应资质。

2015年，投入安全生产工作经费80万元，填报安全检查记录238次、安全培训29次，野外项目组累计发送安全短信1194条。全年实现安全生产零事故。

截至2015年底，现有装备固定资产（不含房屋）2136台（套），资产原值5945.2万元。

获2014年度省直单位工会财务工作目标考核先进集体一等奖。所直属党支部获地调局先进党支部。

地质调查进展与成果

一、总体情况

2015年，共承担各类科研项目62项，其中纵向项目34项（新增项目4项）、市场项目28项（新签项目17项）。4项新增纵向项目来源为：国土资源部地质大调查项目1项、国家自然科学基金资助项目1项、四川省科研项目1项、所基金1项。全年新增科研合同经费4753万元，较2014年减少1734万元，同比下降27%，其中纵向项目合同经费3894万元，较2014年减少463万元，同比下降11%；市场项目合同经费997万元，较2014年减少803万元，同比下降45%。

科研成果黑色页岩型粘土钒矿选矿试验研究和白马德胜青杠坪钒钛磁铁矿选矿新工艺研究分别获得四川省科技进步奖二等奖和三等奖。

围绕地调局“九大计划”总体布局，申报的2016～2018年川西稀有金属矿集区综合地质调查、攀西地区多金属矿产资源集中开采区地质环境调查和青海大场金矿矿集区技术经济与环境综合评价3个二级项目通过局项目立项论证，2016年预算经费总额4100万元。

二、主要项目进展

（一）地质调查项目。

1. 攀西钒钛磁铁矿铁钒钛分离技术研究。开发铁、钛精矿混合还原熔炼——铁、钒、钛分离提取新工艺，解决了3种金属的分离提取，尤其是钛的利用率较目前生产工艺提高了近3倍。

2. 南秦岭北大巴山地区超贫钒钛磁铁矿综合利用技术研究。开发了“粗粒干式抛尾－阶段磨选选铁和选铁尾矿强磁抛尾－强磁精矿再磨－摇床富集－浮选除硫－浮选选钛”技术，实现超低品位钒钛磁铁矿的回收利用，该技术的成功开发应用，将新增30亿吨超贫钒钛磁铁矿。申请发明专利1项。

3. 渝东典型沉积型赤褐铁矿资源综合利用技术研究。针对不同类型铁矿开发了“连续悬浮磁化焙烧－磁选－反浮选”和“混合铁矿悬浮焙烧－磁选”技术，获得国家发明专利1项，有望使中国100多亿吨的沉积型难选铁矿资源得到经济利用。

4. 青海祁连县小沙龙低品位难选铁矿选矿试验研究。开发了“粗粒抛尾－一段粗磨－弱磁粗选－粗精矿再磨－精选”技术，对于嵌布粒度极细的低品位难选铁矿有极好的针对性，为中国大量低品位难选铁矿的开发利用提供了技术支撑。

5. 香格里拉铜钼多金属混合共生矿合理开发利用技术研究。研发了“铜钼混合浮选－铜钼分离－混合浮选尾矿磁选－脱泥－氧化钼浮选”和“盐酸预浸－次氯酸钠溶液浸出－净化萃取分离钼－酸沉焙解－氧化钼”选矿工艺，解决了氧化程度较高的铜钼混合共生矿综合利用难题。

6. 金川地区低品位铜镍矿提镍降镁关键技术研究。成功研发新型络合抑制剂DY－01和新型硫化镍矿捕收剂DB－01，形成了低品位铜镍矿提镍降镁关键技术，将对老矿山废石的开发利用，延长矿山寿命提供技术保障。申请发明专利1项。

7. 云南保山地区矽卡岩型铅锌铁铜共生矿综合利用技术研究。获得了“铜铅混浮－混浮粗精矿精选－分离－混浮尾矿选锌”工艺，实现了铜、铅、锌的有效分离，为同类型矿石的开发利用提供了示范。

8. 滇渝地区中低品位铝土矿及其伴生资源合理利用技术研究。研发了浮选脱硫、脱硅技术，可使高硫铝土矿的开采铝硅比从4降低到3左右，解决了极低品位铝土矿浮选脱硅的技术难题，可增加铝土矿资源储量1亿吨以上。

9. 东秦岭成矿带铌、钽、铷稀有矿产资源可利用性评价。开发“磨矿－浮选（锂云母）－浮选（石英长石分离）－重强磁（选别铌钽矿物）”工艺和铷锂云母原料“二段焙烧－水浸”工艺，为东秦岭成矿带铌、钽、铷稀有矿产资源可利用性提供了评价。申请发明专利3项。

10. 四川中低品位胶磷矿选矿技术研究。针对矿石性质，开发的单一反浮选工艺和正反浮选工艺，实现了胶磷矿的低温高效分选，有效降低选矿成本，工业化推广应用前景广阔，为该类矿的开发利用提供了多种途径。

（二）地质找矿项目。

1. 四川九龙乌拉溪1∶5万4幅区域地质矿产调

查。划分出1个岩群9个组9个岩性段和5个侵入岩体2个火山岩段；圈定出26个综合异常，系统研究了该区的成矿地质背景及成矿规律，新发现矿（化）点2处。

2. 新疆回风口地区矿产地质调查。圈定了48处化探异常，圈定了成矿远景区6个，优选出找矿靶区6处，查证了化探异常29处，概略检查16处，重点检查7处，新发现锑矿（化）点6处，初步估算锑金属资源量为1.08万吨，有较好的找矿前景。项目通过了地调局西北项目办组织的野外验收。

3. 四川乌蒙山区1:5万解放沟、小兴场、布拖县、西洛、拖觉幅区域地质矿产调查。完成1:5万地质填图1400 km^2、1:1万地质草测5 km^2、1:1万土壤测量5 km^2、1:1万地物化剖面15 km。建立了其岩石地层序列与填图单位，建立了填图标志，查明了小江断裂的性质、规模、组成特征等几何学及运动学特征。新发现1个铅锌多金属矿点。

（三）国土资源公益性行业科研专项。

1. 攀西深部橄辉岩钒钛磁铁矿利用技术开发。开发出橄辉岩型钒钛磁铁矿高效选铁精选设备浮电磁精选机和针对橄榄石矿物的选择性抑制剂EM－A，形成了“阶段磨矿－选择性解离强化分选－复合力场磁选精选的选铁新技术”和“强磁抛尾－粗精矿再磨－离心选矿－浮选的选钛”新技术，实现了攀西地区难选钒钛磁铁矿选矿技术重大突破，可释放攀西地区难选钒钛磁铁矿资源数十亿吨，对提高钒、钛、铁资源的利用率有着重大意义。

2. 含锶铌等稀土稀有矿综合利用及其尾矿资源化技术研究。研发稀土“浮团聚磁选”新工艺和一种新型绿色稀土矿高效捕收剂化，使稀土选矿回收率由原来的20%提高至50%以上。新技术对国内外其他难选稀土矿选矿具有良好适应性能。获得2项国家发明专利授权、1项国际发明专利和1项国家发明专利正在受理。

三、取得的成果

1. 科技创新成果。四川九龙乌拉溪1:5万4幅区域地质矿产调查新发现矿点2处；新疆回风口地区矿产地质调查新发现锑矿点6处，初步估算资源量为1.08万吨；四川乌蒙山区1:5万解放沟、小兴场、布拖县、西洛、拖觉幅区域地质矿产调查新发现1个铅锌多金属矿点；攀西深部橄辉岩钒钛磁铁矿利用技术开发项目可释放攀西地区难选钒钛磁铁矿资源数十亿吨，实现了攀西地区难选钒钛磁铁矿选矿技术重大突破；南秦岭北大巴山地区超贫钒钛磁铁矿综合利用技术研究将新增和盘活30亿吨超贫钒钛磁铁矿；渝东典型沉积型赤褐铁矿资源综合利用技术研究有望使中国100多亿吨的沉积型难选铁矿资源得到经济利用；滇渝地区中低品位铝土矿及其伴生资源合理利用技术研究增加可利用铝土矿资源储量1亿吨以上，大幅度提高了中国铝土矿可利用储量，延长了中国铝土矿资源的保障年限。

2. 科技成果转化。通过邀请和调研走访，充分了解企业需求，与中铝公司、凉山矿业、攀钢集团等矿山企业开展项目合作。全年共承担市场项目29项。

3. 学术新成果。全年发表学术论文55篇，其中，SCI论文6篇、EI论文1篇、核心期刊论文45篇；出版专著1部；获得国家发明专利9项、实用新型专利2项。出版发行学术期刊《矿产综合利用》6期。

4. 国际合作新进展。承办了2015年东盟国家低品位铝土矿综合利用技术培训班。组织科技人员到美国开展装备使用技术培训。编制成都综合所2016年国际合作计划。

改革创新

一、科技平台建设

国土资源部钒钛磁铁矿综合利用重点实验室自获准组建以来，形成了一系列新技术、新方法、新工艺，共释放各类型铁矿资源80余亿吨，2015年6月27日首批通过了部、局组织的建设验收，并获准挂牌。

二、制定发展规划

围绕局党组“九大计划、50项工程、300个项目”的总体布局，确定成都综合所以“矿产资源开发利用绿色评价”为发展方向，制定了《学科建设发展规划》《重点实验室建设发展规划》和《金属矿产资源综合利用技术研究中心建设发展规划》等三项学科平台发展规划和《“十三五”选冶产业化发展规划》等5项产业化发展专项规划。建立建强了资源与环境地质研究中心，并构建起完备的机构队伍，为持续健康发展形成总体布局。

三、制度建设

新制定《践行“三严三实”党员干部行为规范》《科技人才队伍建设工作》《地质调查成果评价办法》《工程首席专家责任与权利的暂行规定》和《地质调查二级项目负责人责任与权利的暂行规定》等5项制度。完成党建、财务等6项制度修订。

经济管理

在矿业市场萎缩，经济总量略有下滑的情况下，

2015年全年收入合计9105万元。全年支出合计9394万元，财政预算执行率为86%，完成预算执行率考核指标。

人才队伍建设

一是对副处级及以上干部和副高级职称及以上专业技术人员的人事档案进行全面审核，未发现重大造假问题。

二是在人才梯队建设领域，高度重视青年人才培养，通过设立技术创新基金、实行立项奖励制度和加大对专利及高水平论文奖励力度等创新举措，支持和鼓励青年科研人员担当项目负责人、发表学术论文、申请国家项目，目前成都综合所36岁以下的项目负责人共26人，占比达55%，青年科研人才培养取得显著成效。

三是通过长期实践，总结出“以点带面”的科研团队培养模式，以工作中涌现出的优秀科研人员为点，围绕其建立集科研攻关和产业化为一体的科研团队，加快科技创新和成果转化效率，同时让青年科研人员进入团队学习，积累经验，提升能力，团队内部形成能力互补，又同时具备强大造血功能，优秀科研创新团队不断涌现。首次开展了科研创新团队评选表彰，稀土矿“浮团聚磁选”新工艺科研团队、中低品位铝土矿选矿脱硅技术科研团队获得优秀创新团队荣誉。

党建与精神文明建设

一、党建和思想政治工作成效显著

学习贯彻了习近平总书记系列重要讲话精神和十八届五中全会精神。开展了“三严三实”专题教育、专题民主生活会和组织生活会。党员发展工作、创先争优活动、支部活动等得到有效落实。全国文明单位复查顺利通过四川省文明委的测评验收，荣誉得到继续保持。团委建制得到恢复，团组织换届选举顺利完成，各项青年活动有效开展。

二、党风廉政建设切实加强

认真贯彻局党组“六个强力推进”精神，制定了《落实局党组“六个强力推进”要求工作方案》。通过签订党风廉政建设责任书细化落实“八问”责任传导机制，召开党委会议研究、部署、听取、指导、推进和检查党风廉政建设工作，成立纪检监察审计处，深入改进作风，加强廉政教育和对权力运行的监督制约等方式有效落实了主体责任。通过召开纪委会议学习、研究、部署工作，印发《领导干部履行党风廉政工作职责情况记录簿》对全所领导干部履行党风廉政建设职责进行检查考核，对局党组重大决策部署进行督查，开展内部审计及审计问题整改等方式有效落实了监督责任。

三、精神文明建设

整理汇编完成了全国文明单位测评体系（2012～2015年）档案。提交了全国文明单位创建复查工作报告。全国文明单位复查顺利通过四川省文明委的测评验收，荣誉得到继续保持。

积极响应四川省委关于集中力量打赢扶贫开发攻坚战，确保同步全面建成小康社会的号召，所党委选派优秀科技青年骨干龙运波同志作为驻村干部对口帮扶四川省广元市旺苍县化龙镇石川村。

（袁　波）

地方公益性地质调查单位工作

北京市地质调查研究院工作

北京市地质调查研究院

概　况

北京市地质调查研究院于2000年成立，2003年与北京市地质调查所（前身为成立于1958年的北京市102地质队）合并，组建新的北京市地质调查研究院，隶属于北京市地质矿产勘查开发局，是全额拨款事业单位，是北京市专门承担基础性、公益性和战略性地质调查任务的专业队伍。主要承担北京市国土资源和地质环境的调查、监测、勘查和评价工作，负责地质灾害的调查、预警预报和防治技术工作，承担区域矿产资源勘查、地质工程施工、桩基施工等工作。

全院共有职工155人，其中管理及工勤人员32人、专业技术人员123人（高级职称33人、中级职称59人），现设11个业务科室、6个管理科室。

北京地调研究院始终持“安全第一、预防为主”的安全生产方针，全年安全生产无事故。

全院土地面积71 078.5 m^2，房屋建筑面积30 572.33 m^2，全院拥有各类设备709台（套）。

2015年，继续被授予“首都文明单位”称号，1人被授予“北京市先进工作者”荣誉称号，1人因在《京津冀地区国土资源与环境地质图集》编制工作中表现突出被地调局授予先进个人称号。

地质调查进展与成果

一、基础地质调查

1. 北京1∶5万琉璃河（J50E003009）、庞各庄（J50E003010）、安次县（J50E003011）幅区域地质调查。为2015年度续作项目，项目工作方案于2015年5月26日通过了地调局华北项目办组织的评审，获良好级。2015年度完成1∶5万区域地质调查600 km^2、机械岩心钻探1555 m、其他钻探200 m、电法剖面测量20 km。项目建立填图单元划分方案：主要以地貌成因类型+地貌形态类型进行了测区地质单元划分；初步查明测区地质构造单元及断裂调查特征；初步查明测区第四纪地层的岩性、成分、厚度等特征；在收集航磁、重力异常、石油勘探、地热勘探等资料的基础上，重新编制了基岩地质图。

2. 北京市1∶10万区域地质图编制。为2015年度新开项目，项目设计书于2015年7月10日通过了北京地勘局组织的评审。2015年度工作成果：建立了北京市1∶10万区域地质图的地层表述方式；修订岩体表述方式为“岩性+年代”；修编完成1∶10万地形图；搜集关于北京地区新近发表论文，出版专著等修编地质图的最新资料，并进行统计处理；对太古代变质岩按照TTG和表壳岩进行了重新圈定；对第四系山区和平原区不统一的表述方法统一修订为“年代+成因类型”表述方法。

3. 北京区域地质调查片区总结与服务产品开发。为2015年度续作项目，项目工作方案于2015年6月5日通过了地科院项目办组织的评审，获良好级。2015年度完成的工作：为突出北京的城市地质特色，新版《北京市区域地质志》增加了“城市地质”篇章和《北京市平原区基岩地质图》；对北京平原新生代地质进行总结，对中更新世以前沉积的地层，按照不同新生代凹陷单元进行理论分析和总结；对晚更新世以来沉积的地层进行较细致地研究，为城市建设提供基础地质资料；根据最新的研究成果及同位素年龄资料，对密云县怀柔区的变质岩进行重新划分；与新版《河北省北京市天津市区域地质志》进行衔接与融合。

4. 北京市典型地区乡镇级土地质量地球化学评估试点。为2015年度结转项目，项目于2015年6月26日通过了地科院项目办组织的野外验收，获优秀级。项目成果于2015年12月10日通过了航探中心组织的成果验收，获良好级。

二、矿产资源调查评价

1. 北京市矿产地质与区域成矿规律综合研究。为2015年度续作项目，项目工作方案于2015年6月5日通过了地科院项目办组织的评审。2015年度完成的工作：继续补充收集岩石、矿石照片；完成北京市有色金属、贵金属成矿规律图综合研究报告和相关图件；梳理非金属矿产资料，录入石灰岩矿产资料；对项目录入文字、图件进行了自互检；对金属矿产成矿系列进行初步研究；修改矿产志简本及相关图件。

2. 北京密云－怀柔地区深部铁矿资源潜力评估。为2015年度结转项目，项目成果于2015年5月16日通过了地调局华北项目办组织的成果验收，获优秀级。

三、水文地质环境地质灾害地质调查

1. 北京地区主要活动断裂精细调查及灾害效应研究。为2015年度续作项目，项目工作方案于2015年5月26日通过了地调局华北项目办组织的设计评审，获良好级；完成1∶5万地表地质调查420 km^2、高密度电阻率勘探剖面15.72 km、浅层人工地震勘探剖面16.2 km、钻探2087.94 m、^{14}C同位素测年5件、古地磁测试2150件。项目成果：通过地表调查，查明了顺义断裂沿线地裂缝及墙体开裂发育情况；基本查明顺义断裂带发育位置及结构特征，并结合钻孔资料对其活动性进行了初步探讨；对张喜庄断裂进行定位及结构特征调查。

2. 北京市典型区小城镇水工环地质综合调查试点。由于所属计划项目调整，2015年作为北京地区主要活动断裂精细调查及灾害效应研究项目的一个专题开展工作。项目选取4个不同类型的小城镇，围绕北京市典型区城镇发展规划，在充分收集已有地质资料的基础上，综合应用遥感解译、地表综合性调查、各类钻探、多种物探手段，开展了水工环地质综合调查，重点查明了典型城镇地质环境、地质资源特征和主要环境地质问题，评价了水文地质、工程地质条件及地质环境质量。更新了工作区的水工环地质调查资料，取得一批水工环地质调查综合成果。

3. 北京市昌平区、延庆地区地质灾害应急调查（2015年度）。2015年度，项目组配合北京国土资源局昌平分局、延庆分局对工作区受突发性地质灾害威胁的182个村、13个风景旅游区以及主要交通道路沿线的地质灾害隐患点进行了汛前排查、汛中巡查和汛后核查工作，对突发性地质灾害进行了现场调查；调查范围主要涉及山区、半山区，调查面积约为1800 km^2；2015年底，共提交工作简报10份、应急调查报告4份、年终工作总结2份。

四、地质科学研究

1. 北京市地下空间资源调查评价及关键技术研究。为2015年度续作项目，项目年度设计书于2015年6月11日通过了北京地勘局组织的评审；完成北京东五环区内300 km^{2}地下空间资源现状调查，进行了资源量估算和质量评价；收集东五环内钻孔资料，进行了三维地质结构模型的构建；在通州以及首都二机场地区施工了1900 m钻探，进行了土体室内试验和原位试验的对比分析，总结了深部（地下100 m）土体室内试验数据和原位试验数据之间的关系；进行了地下空间形态物探方法探测试验及试验场井间电测深试验，创新性地提出了井中电法监测方法；利用综合遥感解译、综合物探和实地调查相结合等手段梳理出思路和方法，对地下空间资源量的动态变化进行监测。

2. 北京市土壤类型和地质背景关系研究。为2015年度新开项目，项目设计书于2015年6月9日通过了北京地勘局组织的评审，获良好级；项目通过土壤类型调查工作，发现北京境内地质构造间接引起土壤垂直带性分异，并探讨了土壤类型和地质背景之间的关系。

五、地质调查信息化建设与服务

1. 北京市重要钻孔数据库建设。为2015年度新开项目，项目设计书于2015年7月31日通过了北京国土资源局组织的评审；共完成了2437个重要钻孔的数据库建设。

2. 数字化成果地质资料汇交。为2015年度新开项目，2015年度完成数字化成果地质资料210档，并向北京地勘局完成了汇交。

3. 北京数字城市地质资料数据中心建设试点。为2015年度结转项目，项目成果于2015年12月14日通过了发展研究中心组织的成果验收，获良好级。

（梁亚南）

天津市地质调查研究院工作

天津市地质调查研究院

概 况

天津市地质调查研究院隶属于天津市地质矿产勘查开发局，是天津一支专门从事“公益性、基础性和战略性”地质调查的专业队伍，是经天津市编委确认的事业单位。主要承担区域地质调查、液体矿产和固体矿产勘查、水文地质调查、工程地质调查、环境地质调查、地球物理勘查、地球化学勘查、遥感地质调查、信息系统建设等工作。设置4个管理科室：综合办公室、劳动人事科、计划财务科、总工程师（质量管理）办公室，下设城市地质与基础地质研究所、矿产地质研究所、生态地质环境研究所、地矿信息中心、综合地质研究所、蓟县分院等业务科室。

天津地调院现有在职职工83人，其中专业技术人员74人，占全院职工总数的89.2%，含高级职称18人、中级职称39人、初级职称17人；从事地质专业技术人员69人，占全院职工总数的83.1%；大学本科以上学历74人，约占职工总数的89.2%。

无重大安全责任事故，伤亡事故率为零。

天津地调院拥有SIR－20地质雷达、10 kW大功率激电仪、DZQ48高分辨率地震仪、HFS－6射线快速测量仪、WSD－2数字声波仪、WDDS－1数字阻率仪、FD－803射线检测仪、FD－3022型微机四道能谱仪、测汞仪、磁力仪等多种各类先进的技术设备。

《华北平原地下水污染调查评价及关键技术研究》获2015年度局地质科技奖一等奖。

地质调查进展与成果

一、基础地质调查

内蒙古1∶5万敖加斯台、包饶勒敖包、卫境大队、准阿德格、敖包吐、艾勒格庙幅区域地质矿产调查。完成了年度工作方案编写与审查工作；完成1∶5万填图1300 km^2、1∶2000地质剖面45 km、1∶5000地质剖面50 km、槽探350 m^3、硅酸盐稀土微量样品220件、光谱化学样65件、薄片鉴定645件、大化石80件、锆石测年38件，基本完成了年度野外填图工作。2015年10月16～20日，地调局组织有关专家对项目进行了原始资料质量抽查和野外现场检查。综合评定项目野外原始资料质量评分88分，质量等级总体为良好级。

二、水文地质环境地质灾害地质调查

天津市重点地区农用地质量地球化学调查评价。2015年，提交《天津市重点地区农用地质量地球化学调查评价（二期）设计》和《天津市重点地区多目标地球化学调查2015年度工作方案》两份设计，其中《天津市重点地区农用地质量地球化学调查评价（二期）设计》获得优秀，《天津市重点地区多目标地球化学调查2015年度工作方案》为良好。按计划完成蓟县和宁河县宁河镇－廉庄乡2个工区野外调查和采样工作，采集土壤、灌溉水、化肥、农作物、底泥等各类样品1140件。2015年11月26～28日，地调局委托物化探所组织专家对项目野外工作进行验收，项目野外工作通过验收，评分93分，获优秀级。初步完成《西青区农用地质量地球化学调查评价报告》《滨海新区太平镇土地质量地球化学调查评价和规划应用示范报告》和《天津市多目标地球化学图集》等报告编写和成果图件编制。

三、地质科学研究

1. 天津市矿产资源调查成果综合集成与服务产品开发。编制完成《天津市矿产资源调查成果综合集成与服务产品开发2015年度工作方案》和《天津市矿产资源调查成果综合集成与服务产品开发委托业务实施方案（2016～2018年）》，并通过全国项目办组织的评审。参加项目办组织的技术培训与研讨会3次，共5人次。按照矿种全覆盖原则，全面搜集本市有关矿产方面资料，包括各类矿产勘查报告、研究报告及图件，对资料进行查阅、整理、筛选、消化吸收，建立资料档案目录，共收集资料105份，填制资料收集卡片约80张，完成矿产地数据库的录入50个。开展了非金属固体矿产硫铁矿、磷、重晶石、砖瓦用页岩、水泥用灰岩、冶金及建筑用白云岩、含钾岩石、陶瓷土、大理岩（石）、海泡石、麦饭石、花岗岩、辉绿岩等矿种重要矿床野外调查工作，调查矿床20余处，补充金矿野外调查。开展非金属固体矿产硫铁矿、含钾岩石、重晶石、泥炭、砖瓦用页岩、水泥用灰岩、天然油石、麦饭石、陶瓷土等矿种典型矿床研究工作，编制附图、插图，开展数据库建设。

开展非金属固体矿产志书研编工作，修改金属矿产各论部分，开展矿产志普及本编写工作。初步完成非金属矿产磷、硫铁矿、重晶石、含钾岩石、泥炭、天然油石、麦饭石、海泡石粘土、陶瓷土、贝壳等10个矿种的志书研编。

2. 华北地区地质系列图件编制与综合研究。完成了年度工作方案的编写及审查工作。对系列图件进行修改和完善，开展地层构造综合研究；编制完成了《1∶25万天津市基岩地质图》《1∶25万天津市基岩地质构造图》《1∶25万天津市第四纪地质与地貌图》《1∶25万天津市地质图》《1∶25万天津市航磁异常图》和《1∶25万天津市重力异常图》。初步编制完成了项目报告第一篇区域地层、第五篇侵入岩与深成作用、第八篇地质构造和第十篇城市地质等4篇23章。

四、地质调查信息化建设与服务

公开版数字地质资源建设。2015年6月15日，通过了发展研究中心的设计审查，设计报告质量为良好（89分）。按照发展研究中心的安排，现在正在进行项目实施工作。

（王国良）

河北省地质调查院工作

河北省地质调查院

概　况

河北省地质调查院成立于2000年4月，隶属于河北省地质矿产勘查开发局，是河北省承担基础性、公益性、战略性地质任务的事业单位，是一支具备实施国家大调查项目资格的专业队伍，是具有独立法人资格的地质科研生产机构。主要承担区域地质调查、矿产地质勘查、水文地质工程地质环境地质调查、地球化学勘查、地球物理勘查、遥感地质调查、地质信息工程等工作。

河北地调院现设有管理科室13个、业务科室13个。在岗职工227人，其中博士3人、硕士34人、本科140人；专业技术人员中，正高级职称24人、副高级职称48人、中级职称55人。全院现有设备1227台（套），价值14 825 407元。

河北地调院始终坚持“安全第一、预防为主、综合治理”的安全生产方针，全年安全生产无事故。

2015年，河北省矿政信息及三维动态管理系统和河北1∶25万邢台、邯郸市幅区调修测2项目获河北省国土资源优秀成果奖二等奖。

地质调查进展与成果

2015年，河北地调院共承担地质项目19项。其中，地调局地质矿产调查专项项目8项，河北省国土资源厅地质矿产勘查专项项目8项（含2014年部署未完成1项），项目资金总额4404.97万元，承担市场项目3项。

提交地调局项目设计（年度实施方案）8份，提交成果地质报告9份；提交省地质勘查项目设计7份，地质成果报告8份，均顺利通过评审验收。4个项目通过了野外验收。

一、基础地质调查

（一）区域地质调查。

承担地调局区调项目1项：内蒙古1∶5万臭水池、上咸水沟、野马泉、沙坡泉煤矿幅区域地质矿产调查。

2015年，完成1∶5万区域地质调查900 km^2。通过路线观察与剖面研究，新发现了多个褶皱构造，主要有野马泉南东向斜、野马泉北向斜、文革山南向斜、咸水沟南向斜；新发现3条韧性剪切带：红旗泉北西西向韧性剪切带、野马泉北西向韧性剪切带和文革山西韧性剪切带；在野马泉幅1534高地早石炭世干泉期酸性火山岩内新圈定一处火山机构。

（二）区域物化遥地质调查。

承担地调局区域物化遥地质调查项目3项：河北遵化－滦南铁矿整装勘查区1∶5万区域地质综合调查、河北承德大庙地区1∶5万区域地质综合调查、河北张北－丰宁地区土地环境地质调查。承担河北省国土资源厅区域物化遥项目3项：河北省下山岔、板申图、驿马图、狮子沟幅1∶5万地球化学测量，河北省丰宁、嘎吐营、南辛营、窄岭、虎什哈幅1∶5万水系沉积物测量，河北省山区1∶2.5万高精度航空磁测勘查石保测区、张家口东测区航磁异常查证（续作）（2014年末完成项目）。

1. 河北遵化－滦南铁矿整装勘查区1∶5万区域地质综合调查。完成1∶5万重力测量500 km^2。

2. 河北承德大庙地区1∶5万区域地质综合调查。完成1∶5万重力调查面积790 km^2。

3. 河北张北－丰宁地区土地环境地质调查。项目完成1∶25万多目标区域地球化学测量1500 km^2。

4. 河北省下山岔、板申图、驿马图、狮子沟幅1∶5万地球化学测量。项目完成1∶5万地球化学测量1560 km^2。

5. 河北省丰宁、嘎吐营、南辛营、窄岭、虎什哈幅1∶5万水系沉积物测量。共圈定16元素地球化学异常890处，圈定综合异常47处，查证异常15处，圈定可供进一步工作的找矿靶区7处，指定可供地质普查的矿产地2处。

6. 河北省山区1∶2.5万高精度航空磁测勘查石保、张家口东测区航磁异常查证（续作）。野外调查工作任务已全部完成，发现多处铁矿、多金属矿找矿有利地段。

二、矿产资源调查评价

承担地调局地质矿产调查评价项目2项：河北滦南高庄子－扒齿港地区矿产地质调查和河北张北县义兴店－张家营地区矿产地质调查。承担河北省国土资源厅地质勘查项目1项：河北省隆化县瓦房铜钼矿普查（续作）。基本完成了年度野外调查工作。完成主要实物工作量：钻探4487 m、槽探1789 m^3。

1. 河北滦南高庄子－扒齿港地区铁矿调查评价，项目完成1∶1万磁法测量90 km^2。

2. 河北张北县义兴店－张家营地区矿产地质调查。完成1∶5万土壤地球化学测量380 km^2，圈定综合异常19处。

3. 河北省隆化县瓦房铜钼矿普查（续作）。项目钻探工程见到较连续的钼矿化，见矿效果较好。ZK2091孔：在710～1000 m，见3层铜矿化，累计视厚度4.5 m，品位0.46%～2.34%；1050～1590 m见4层辉钼矿化，累计视厚度85.5 m，品位0.045%～0.058%，最高0.11%。ZK2034孔：见有10层较连续的钼矿（化）体，主要集中在942.80～1236.80 m地段，累计视厚度169.7 m，矿石品位0.09%～0.19%，最高0.3%。

三、地质科学研究

承担地调局地质科研项目2项：河北滦南－遵化铁矿整装勘查区关键基础地质研究和河北省矿产资源调查成果综合集成与服务产品开发。

1. 河北滦南－遵化铁矿整装勘查区专项填图与技术应用示范。项目研究总结了迁安水厂式铁矿、滦县司家营式铁矿等典型矿床地质及成矿作用特征，建立了本区沉积变质铁矿成矿模式，开展了区域地质成矿规律研究。应用各矿区钻孔信息，结合物探测量成果，编制了综合剖面图，对南部覆盖区深部地质构造格架进行了研究，构建了找矿预测模型，圈定了找矿远景区，进行了成矿预测，提出下一步铁矿勘查工作方向。

2. 河北省矿产资源调查成果综合集成与服务产品开发。完成河北省石油志书初稿和水气矿产初稿。完成贵金属、有色金属、部分非金属志书研编工作65%。完成1∶50万河北省简编地质图。完成黑色金属矿产数据库，其余矿产地数据库完成45%。

四、地质调查信息化建设与服务

承担河北省国土资源厅信息工程建设项目4个：河北省重要地质钻孔数据库建设（2015年度）、河北省矿产资源第三轮规划编制、河北省土地变更调查省级核实（张家口、廊坊）、农村集体土地确权登记发证。

1. 河北省重要地质钻孔数据库建设。项目完成18 000个重要地质钻孔“三图一表”图表数据库建设和50个固体矿产钻孔属性数据库建设。

2. 河北省矿产资源第三轮规划编制。项目全面收集了《河北省矿产资源年报》《河北省地质勘查成果通报》等相关资料，编制完成专题研究报告7份，完成了项目前期研究工作；根据国土资源部统一要求，在广泛征求相关部门意见和专家研讨基础上，提出了河北省拟纳入第三轮全国矿产资源规划有关重点内容和河北省第三轮规划重要指标；编制完成了河北省第三轮矿产资源规划文本及图表（送审稿）。

3. 河北省土地变更调查省级核实（张家口、廊坊）。完成了张家口、廊坊所辖27个县（市、区）的成果资料收集与初步整理，主要包括2014年度县级土地调查更新数据库，2015年度建设用地审批资料、基本农田调整、补划、土地开发整理及违法用地查处等资料。对国家下发的3000个监测图斑进行了整理、汇总。

4. 农村集体土地确权登记发证。项目已对全省25个县级单位130个村庄地籍调查成果进行了检查。

（王佳楠）

山西省地质调查院工作

山西省地质调查院

概况

山西省地质调查院成立于1999年，是隶属于山西省地质勘查开发局管理的事业单位，主要从事区域性、基础性、公益性地质调查工作和战略性矿产资源评价工作。

2015年，全院在职职工总人数306人，拥有各类专业技术人员232人，其中高级职称77人、中级职称72人。院机构由管理部室、生产科研机构和物业后勤3部分组成。其中，管理部室由办公室、技术部、质管办、党群部、人教部、计财部、安全设备部、审计经营部8个部门组成；生产科研机构由基础地质调查研究中心、矿产地质调查研究中心、地球化学勘查研究中心、地球物理勘查研究中心、水工环地质调查研究中心、遥感信息中心、综合研究中心、实验测试中心8个二级实体组成，是山西省唯一一支集区域地质（矿产）调查、矿产地质勘查、水文地质勘查、工程地质勘查、环境地质勘查、地球物理勘查、地球化学勘查、信息工程、遥感地质勘查、地质测绘、地质勘探工程、岩矿分析鉴定与测试、选矿试验等工作为一体、具有独立法人资格的地质科研生产机构。拥有瞬变电磁仪、数字化测井仪、磁力仪、激电仪、地震仪、X射线荧光光谱仪、V8多功能物探数据采集系统、等离子体质谱仪（ICPMS）等各类大型设备仪器700余台（套）。

2015年，山西地调院继续被评为“省直文明和谐标兵单位”。1人荣获国土资源部2015年地质勘查行业“最美地质队员”称号，并被评为全国“十佳最美地质员”；1人荣获“山西省巾帼建功标兵”。

2015年，山西地调院博士后科研工作站首次招聘1名博士后科研人员进站工作。

2015年，全面完成了山西地勘局下达的安全生产控制考核指标。

地质调查进展与成果

2015年，山西地调院有4个项目通过了野外验收，30个项目通过了成果报告评审，3个项目完成了资料汇交。完成的主要实物工作量：1∶5万区调填图面积2185 km^2、1∶1万高精度磁法扫面415.402 km^2、矿产地质钻探1583.15 m、槽探12 164.56 m^3。完成1∶10万岩溶水文地质环境地质调查3250 km^2、1∶5万水文地质调查1307 km^2。

一、基础地质调查

（一）区域地质调查。

2015年实施的区域地质矿产调查类项目16项，其中3项有野外工作，其余13项均为成果报告编写工作。野外实施的3个项目主要进展与成果如下：

1. 山西1∶5万大盂、杨兴、冶元村、上兰村、阳曲幅区域地质矿产调查。项目来源为地调局，项目于2015年11月通过了野外验收，并取得了3幅优秀、1幅良好的成绩。项目在系舟山逆冲推覆构造和新生代盆地研究方面进展明显。

2. 内蒙古1∶5万哈达图、霍布仁达巴高吉高尔、巴彦高勒大队、乌拉盖牧场幅区域地质矿产调查。项目来源为地调局，2015年9月通过了野外验收，并取得了2幅优秀，2幅良好的成绩。项目重点对测区中生代火山岩进行了深入调查研究，重新进行了岩石地层划分，获得了大量高精度同位素测年资料，进行了火山岩相与火山构造的划分。

3. 内蒙古1∶5万额勒斯图浑迪、哈布特盖嘎顺、骆驼口东、青山、大红山、双红山幅区域地质矿产调查。项目来源为地调局，项目完成了2015年度工作任务，在地层划分与对比、古生物、同位素年代学、侵入岩、地质构造调查研究等方面均取得了明显进展。

（二）地球物理勘探。

五台山-恒山地区铁矿整装勘查区1∶1万高精度磁法测量。项目来源为山西省矿业权价款，于2015年底完成了野外工作，野外验收达优秀。项目共圈定756个局部磁异常，其中已知由磁铁石英岩矿化引起的矿致异常176个、推断为磁铁矿化成因的矿致异常147个，推断具多金属成矿远景的异常3个、矿化因素与非矿化因素综合异常97个、非矿致异常333个。

（三）地球化学调查。

山西省1∶5万区域地球化学测量（晋东北）。项目来源于山西省矿业权价款，2015年主要进行了部分异常查证工作。

（四）遥感地质调查。

实施遥感地质调查类项目2项。

1. 山西省矿产资源开发环境遥感监测。项目来源于地调局，2015 年主要进行了 2014 年工作成果报告编写和评审工作。

2. 山西省灵丘银铜铅锌钼成矿区遥感地质调查。项目来源为山西省矿业权价款，2015 年 11 月通过野外验收，并获得优秀成绩。项目共提取出遥感异常区 33 个，圈定出 C 级找矿靶区 3 个，通过槽探工程对遥感异常进行查证，新发现金矿点 1 个。

二、矿产资源调查评价

2015 年实施的矿产项目以铝土矿、金矿为主，主要有 5 项，项目进展与成果如下：

1. 山西兴县铝土矿远景调查，项目共估算铝土矿（334）资源量 16 894. 90 万吨；山西霍西盆地铝土矿调查评价，项目共估算铝土矿（334 + 远景）资源量 39 853. 40 万吨；山西霍西 – 河东地区铝土矿整装勘查区综合研究及沁源铝土矿远景调查，项目圈定出 3 处铝土矿找矿靶区，估算（334 + 远景）资源量共计 25 413. 28 万吨。这 3 个项目来源均为地调局，并已通过成果报告验收，成绩全部优秀。

2. 山西临县林家坪 – 三交铝土矿调查评价。项目来源为地调局，已于 2015 年 11 月通过野外验收，成绩优秀。项目初步圈定两个铝土矿远景找矿靶区，初步估算远景资源量 20 667. 94 万吨。

3. 山西省右玉县杨千河乡后窑子 – 火烧滩金矿地质详查。项目来源为山西省矿业权价款。2015 年共完成 2 个钻孔的施工，其中一个孔中见 2 层矿体，第一层矿体厚达 38. 4 m，平均品位 2. 66 g/t，单样最高品位 21. 7 g/t；第二层厚约 1. 49 m，平均品位 2. 07 g/t。另一个孔也有矿化显示，但矿化不连续。

三、水文地质环境地质灾害地质调查

实施水文地质环境地质灾害地质调查类项目有 4 项。

1. 山西六盆地地下水污染调查评价。项目来源为地调局，通过六盆地系统采样和现场测试分析，基本查明了浅层及中深层地下水常规化学指标、毒理指标和微量有机组分的分布状况，主要超标指标程度、范围以及地下水质量分级、分布范围、面积等基本特征。对六盆地地下水水质、污染状况进行了分析评价，基本查明了山西六盆地水源地的开采、分布、水质和污染情况，对地下水天然防污性能和污染风险性进行了分析评价，进行了地下水污染防治区划，提出地下水污染防治建议。项目已于 2015 年 12 月通过成果验收，获优秀。

2. 山西省地热资源现状调查评价与区划。项目基本查明了山西省地热地质条件和赋存条件。分析论述了区域大地热流特征和区域地温场特征，对全省地热资源分布特征、地热流体的水化学特征和动态特征进行了论述分析，对 5 类热储层进行了资源和地热流体质量评价，提出地热资源合理开发利用对策建议和地热资源勘查与保护区划，指出了近期可勘探区、未来 5 年可勘探区和未来 20 年可勘探区。

3. 山西省主要城市浅层地温能开发区 1∶5 万水文地质调查。项目基本查明了工作区浅层地温能赋存条件，对浅层地温能开发利用适宜性进行了分区，开展了浅层地温能热容量计算、浅层地温能换热功率计算及浅层地温能资源潜力评价，进行了浅层地温能资源量估算及开发利用潜力评估，针对浅层地温能开发利用现状及特点分析了浅层地温能开发利用对地质环境影响，提出了综合防治措施和浅层地温能开发利用动态监测网建设设想。

4. 晋东能源基地水文地质环境地质调查。项目开展了 1∶5 万高平县幅、礼义幅和荫城幅的水文地质环境地质调查，基本掌握了区域水文地质条件与地下水赋存分布和变化规律；调查地下水开发利用状况及其相关生态环境地质问题，分析人类工程活动与自然气候变化对地下水的影响。

四、地质科学研究

山西省南部地球化学背景研究及小麦种子锰锌硒微量元素包衣剂田间试验。为山西地勘局出资扶持的创新型项目，取得的研究成果：依据小麦种植区土壤锰锌硒分布情况，确定了不同土壤硒含量区拌种剂中最佳硒的浓度；研制出了多功能包衣剂，有效地增加了产量，增产率在 4. 14% ~ 10. 39%，平均增产率达到 9% 左右。经过包衣后小麦籽粒硒的含量明显增加，“小麦锰锌硒肥拌种剂”和“小麦锰锌硒混合物包衣剂”两项成果已申请国家发明专利，并已被国家专利局受理。

（王　权）

内蒙古自治区地质调查院工作

内蒙古自治区地质调查院

概　况

内蒙古自治区地质调查院于1999年10月经内蒙古自治区编制委员会批准，由自治区国土资源厅组建的一支正处级事业单位。根据自治区编制委员会批复的“五定”方案，内蒙古地调院的主要职能是承担基础性、公益性地质调查、战略性矿产资源勘查及地下水评价，为政府决策提供依据，为矿政管理提供技术支撑及其他相关服务。

内蒙古地调院内设办公室、党务工作部、计划财务部、事务服务中心、总工办、综合研究规划室、能源室、信息中心及区域地质、矿产地质、物化探地质、水文及环境地质调查所，下设矿产资源储量评审中心。职能拓展至矿产资源储量评审、地质勘查基金项目质量监控、地质找矿战略服务及矿政支撑等领域，内蒙古自治区矿业联合会、内蒙古自治区观赏石宝玉石协会、内蒙古自治区地质学会挂靠内蒙古地调院管理。

全院181名职工中，专业技术人员占80%以上，其中博士16人、硕士38人，大学本科96人；正高级工程师55人、高级工程师51人、工程师40人。自治区先后引进3位院士和5位首席专家在内蒙古地调院工作，并拥有1个博士后科研工作站和自治区唯一的一个地学重点实验室。拥有占地面积40亩建筑面积2万多平方米的办公基地及1800余台（套）仪器设备。拥有2项地质勘查甲级资质和9项乙级资质。

2015年，内蒙古地调院通过举办安全知识培训、与各项目组签订安全生产责任状、积极开展“安全生产月”活动、生产设备定期检查、领导带队赴野外一线检查督促安全生产工作等措施，增强了全员的安全生产意识，落实了安全生产责任，全年未发生重大安全生产责任事故。

地质调查进展与成果

2015年，内蒙古地调院共落实各类地质矿产调查评价项目56项，项目资金约10 647.29万元。其中，中央财政项目24项、自治区财政项目30项、市场项目2项。共完成1∶5万区域地质调查4730 km^2、1∶5万矿产地质调查4319 km^2、1∶5万化探4069 km^2、多目标化探调查1500 km^2、槽探2.2×10^4 m^3、钻探4700 m、各类测井6000 m。各类项目共获得设计优秀12项、野外验收优秀2项、成果报告优秀5项。

一、基础地质调查

（一）区域地质调查。

发现了大量古生物化石，对中生代火山活动和火山机构进行了深入研究，总结了大兴安岭地区中生代火山岩与成矿规律的关系。新发现各类矿化点15处。

（二）地球化学调查。

内蒙古通辽地区多目标区域地球化学调查。项目发现1500亩富硒土地。

二、矿产资源调查评价

（一）矿产及矿调项目。

发现各类矿化点38处内蒙古自治区额济纳旗大红山地区金铜多金属矿集中勘查项目新圈定铜钼矿（化）体8条、钨矿（化）体3条，有望成为中大型矿床。内蒙古自治区四子王旗脑木更锂铷稀有金属矿预查项目新圈定锂矿（化）体3条，有望成为大型锂铷、铌钽矿。

（二）能源矿产勘查。

那仁宝力格地区新发现了铀矿化体。武川盆地和巴彦浩特盆地筛选出3套页岩气重点目标层系。内蒙古自治区地热资源调查评价与区划项目初步评价了全区的地热资源，划分了地热资源区划。

三、水文地质环境地质灾害地质调查

四子王旗地下水资源勘查与区划。项目在严重缺水的四子王旗找到了水质、水量较好的地下水。

四、其他

在认真做好基础性、公益性地质调查和战略性矿产资源勘查以及科学研究的同时，内蒙古地调院积极发挥地质工作的先行作用和事业单位支撑服务功能，逐步加强支撑内蒙古自治区地质工作部署，做好自治区地质勘查基金项目选区立项研究和质量监控等重点工作，高效快捷地提供各类技术服务。

1. 为内蒙古自治区找矿突破战略行动提供技术支撑。完成了霍各乞整装勘查区等3个整装勘查区的勘查实施方案及矿业权设置方案修编工作。配合内蒙古自治区国土资源厅开展了地质勘查工作质量检查和整装勘查区及老矿山督查工作。

2. 全面开展了内蒙古自治区6个矿种资源保障程度评价工作。承担编制的《内蒙古自治区第三轮矿产资源规划（2016～2020年）》完成18个专题的评审。

3. 在加强内蒙古自治区地勘基金项目质量监管方面发挥作用。2015年，内蒙古地调院配合内蒙古地勘基金中心开展了内蒙古地勘基金项目野外质量检查和资金使用情况检查工作，组织检查自治区勘查基金项目160个，较好地完成了内蒙古自治区国土资源厅委托内蒙古地调院承担的项目质量监控任务，检查报告提交内蒙古地勘基金中心，作为进一步加强和改进项目质量管理的依据。

4. 在矿产资源储量管理方面，2015年共受理储量核实报告203份，已评审148份，备案162份，并对2个超贫磁铁矿报告进行了野外核查。严把了报告勘查单位的资质及人员资格审查关，制定、完善了评审工作程序和技术要求，明确了报告的接办分离、要件审查、预审及不合格报告的退件办法，进一步规范了评审程序和评审工作人员行为，评审工作效率进一步提高。

5. 加强协会建设，发挥桥梁纽带作用。挂靠内蒙古地调院管理的内蒙古矿业联合会承担了绿色矿山建设研究课题的编写，完成39个矿产资源勘查实施方案的审查。观赏石宝玉石协会初步完成了《内蒙古石谱》的编纂。地质学会完成了换届选举工作，承办了全区第三轮矿产资源规划编制培训会议。《西部资源》顺利完成了全年出版发行任务，社会影响力和认可度不断提升。

6. 一流地质调查机构建设稳步推进。在圆满完成各类地质调查和科研及支撑服务工作的同时，内蒙古地调院以打造一流地调机构目标为己任，多管齐下，全力推进，取得了初步进展。一是人才建设稳步推进。3人获国土资源部科学技术奖一等奖，11人获国土资源部科学技术奖二等奖，1人获中国地质学会金罗盘奖，1人入选“草原英才”工程后备人才，1人在内蒙古地调院博士后工作站进修，“内蒙古重要成矿带成矿规律与找矿预测”团队获“草原英才”工程第五批产业创新创业人才团队，特聘院士和专家引领作用也得到了全面发挥。二是科研能力得到了强化。在获批建设博士后科研工作站的基础上，获批建设自治区唯一的地学重点实验室，建设工作全面启动。三是加强了对外技术交流和合作。成功与中铝力拓、包钢集团、鄂尔多斯市能源投资开发公司等知名企业开展了交流与合作，进一步拓展了服务领域和空间。四是装备建设水平进一步提高。新装备的浅层取样钻和热泵机组通过一年的生产实践，取得了一手使用经验。五是勇于担当、敢于创新，开展了干热岩、可燃冰、中生代火山盆地油气、城市环境地质等自治区空白领域的探索工作，保持了占领自治区地质工作前沿高地的好势头。

7. 制度创新和改革创新进入新阶段。一是研究出台了《“三重一大”事项决策实施细则》等一批新制度，内蒙古地调院重大决策事项、重要人事任免、重要项目安排及大额资金运作的民主决策程度进一步提高，政府采购均实行了比价招标，自行采购招标及实施建立了完善的档案。二是强化项目质量管理，建实建强了内蒙古地调院总工办，明确了总工程师、副总工程师及总工办主抓全院质量工作的职责和权力。组织开展了“质量年”活动，对内蒙古地调院2011～2014年承担的项目进行了全面细致的检查。三是在业务工作中注意加强了地质资料及公文保密管理、重点部位防范等工作，保密工作基本做到了不留死角。四是督办工作扎实有力，通过签发督办单等形式，对院重大事项全程跟踪，全程记录，做到件件有回音，事事有着落，保证了内蒙古地调院31项重点工作顺利实施。五是积极探索内部机制改革，成立了深化改革领导小组，以创新奖励性绩效考核体系为主线，探索干部聘用制和市场项目有限合伙责任制度，搭建人才交流平台，确定更开放的市场项目激励措施，明确考核指标体系，科学合理划分责任主体，充分调动干部职工工作积极性，坚决打破干好干坏、干多干少一个样。草拟了《深化绩效考核工作方案（试行）》《干部聘用试点办法》《部室考核大纲》、《人员流动平台管理办法》《市场项目管理办法》《项目岗位设置标准》《不良事故分类标准》和《质量事故分类标准》等“1+7”配套方案。

（霍　燕）

辽宁省地质矿产调查院工作

辽宁省地质矿产调查院

概 况

辽宁省地质矿产调查院是2000年成立的一支省级公益性地质调查事业单位，隶属于辽宁省地质矿产勘查开发局，是集基础地质、矿产地质、水文地质、环境地质、物探、化探、遥感和信息技术于一体的地质勘查队伍。

现设有办公室、财务部、审计科、总工办、党群工作部和车队6个管理部门，以及基础一部、基础二部、资源评价一部、资源评价二部、水环部、综合研究室6个业务部门。根据辽宁省机构编制委员会办公室（辽编办发〔2015〕205号文）核准辽宁地调院事业编制188人。辽宁地调院现有在册职工158人、离退休人员60人。其中，专业技术人员136人，占在册职工总数的86%；全院高中级技术人员89人，占专业技术人员的65%。具有区域地质调查甲级、固体矿产勘查甲级等10个地质勘查类相关资质。

2015年，共获得各类地质项目科技成果奖励8项，其中辽宁省辽河流域多目标区域地球化学系列图编制、辽宁省白旗（K51E023016）幅、黄旗堡（K51E024016）幅1∶5万区域地质矿产调查、辽东湾海岸带地质环境遥感调查与演变分析、辽宁省海岸带环境地质调查评价、下辽河平原地下水污染调查评价5个项目成果获2015年度辽宁省国土资源厅科学技术成果奖一等奖。

地质调查进展与成果

一、基础地质调查

1. 辽宁1∶5万房木镇（K51E009019）、和隆（K51E009020）、八棵树（K51E010019）、大孤家（K51E010020）幅区域地质矿产调查。2015年11月项目通过地调局野外验收，其中2幅优秀、两幅良好。经过1∶5万水系沉积物测量，在工作区内圈定了9个综合异常区，发现金多金属矿化点22处，划分了6个成矿远景区。在清河断裂北侧栾家街处新发现一中太古代英云闪长质片麻岩，LA－ICP－MS锆石U－Pb测年为2857±17 Ma。项目将传统的槽台界线北侧北移至寇河断裂。

2. 辽宁1∶5万夏家堡（K51E011019）、猴石（K51E011020）、北三家（K51E012019）、清原县（K51E012020）幅区域地质矿产调查。完成1∶5万地质填图450 km^2、路线地质调查950 km。通过对1∶5万夏家堡幅、猴石幅水系沉积物测量，共圈定出单元素异常218个、综合异常13个，测区内共新发现金多金属矿化点10处。

二、矿产资源调查评价

（一）矿产远景调查。

1. 辽宁省盖州－大石桥地区矿产远景调查。2015年12月，该项目进行了野外验收，成绩为优秀。最终提交了盖州市榜士堡镇双顶山Au找矿靶区（A类）、大石桥市黄土岭镇向阳村Au找矿靶区（B类）2处。2015年主要完成392 km^2 地面磁法测量工作，对王家堡－英守沟评价区的Ⅲ－3号地磁异常、向阳村评价区的1∶5万水系沉积物Hs6号综合异常、芹菜峪评价区的1∶5万水系沉积物Hs7号综合异常开展矿产重点检查工作，提交了可供进一步勘查工作金找矿靶区1处。

2. 辽宁大石桥－桓仁地区辽河群含矿性综合调查评价。2015年完成1∶1万磁法剖面测量50 km、1∶5万相位激电测量70 km^2、1∶1万地质填图3 km^2。区内已发现的王家堡子铅锌金多金属异常和铅锌多金属矿化蚀变带已列为2015年省资源补偿费项目，开展普查工作。

（二）矿产资源勘查。

1. 辽宁省宽甸县太平川金多金属矿普查。完成1∶1万地质填图26.5 km^2、1∶1万土壤测量20.7 km^2、1∶1万中梯激电面积测量2 km^2、中梯激电剖面测10 km、电测深50点。发现3条金矿化体，其中3号矿化体深部控制厚度0.18～0.6 m，金品位2.77×10^{-6}～4.44×10^{-6}。在工作区西部发现含金银铅构造碎裂蚀变带，走向近北北西向，倾向东，倾角40°～50°，宽1～5 m，长度大于400 m。在工作区东部砬西沟发现含金石英脉，宽0.3 m。

2. 辽宁省绥中县月明山钼多金属矿普查。经初步勘查在月明山花岗斑岩体与新太古代片麻状二长花岗岩基础部位的外接触带经钻探验证发现两层钼矿体，钻孔穿厚分别为25 m和70 m，钼含量一般为0.01%～0.05%。矿体赋存于新太古代片麻状二长花岗岩中，属于较典型的斑岩型矿床。通过野外验收，获优秀成绩。完成普查报告的编制。全年共完成 GPS E 级控制点的布测 5 个、1∶1 万地质填图 20 km^2、1∶1 万土壤测量 10 km^2、槽探 719.16 m^3。施工 3 个钻孔，完成工作量 1349.93 m。

通过土壤测量共圈定金、钼、铅、锌等 11 种元素单元素异常共 172 处，其中钼元素异常 21 处、金元素异常 23 处，具备进一步开展工作的潜力。针对月明山花岗斑岩体北缘的一处金－钼组合异常进行查证，发现一条地表宽约 20 m，长 150 m 和铁矿化蚀变带，主要蚀变特征：高岭土化、黄铁绢英岩化、褐铁矿化；在 TC4H6 刻槽取样金品位达到 1.47 g/t，样长 1 m。

三、水文地质环境地质灾害地质调查

1. 沈阳经济区 1∶25 万地质环境调查评价。项目完成任务书下达的各项工作量，通过野外验收，获优秀成绩。在充分收集已有地质调查成果基础上，编制沈阳经济区 1∶25 万遥感影像图、地质图、第四纪地质图、地貌图、水文地质图、工程地质图等地质环境系列图件；初步建立沈阳经济区 1∶25 万地质环境调查评价数据库系统；组织编制沈阳经济地质环境调查评价可行性研究报告。

2. 辽宁省典型地区多目标地球化学调查评价。在新民市大民屯镇开展采样工作，完成表层土壤样品 827 件，其中重复样 30 件。在盘锦市大洼县新兴农场规划出 4.2 万亩富铁大米原产地，在丹东前阳镇地区规划出 9 万亩富硒土地，该区采集的 32 件水稻样品中，达到国家富硒大米标准的样品 19 件，富硒率达 60%。

四、地质科学研究

辽宁省矿产地质与区域成矿规律综合研究项目全面总结辽宁省矿产全貌及重要成矿规律，启动部分矿种矿产地质志志书研编工作。①补充搜集以往地质资料，清理省内已知矿产地数据；编写辽宁省矿产地特征一览表，进行不断完善。②陆续开展典型矿床或重要矿床的野外地质调研工作。③开展研编辽宁省铁矿、金银等贵金属、铜铅锌钼等有色金属、硼矿、菱镁矿滑石矿、高岭土膨润土等粘土矿、宝玉石矿（金刚石、岫岩玉等）单矿种矿产地质志，及研编泥炭、硫铁矿、磷矿、煤炭、铀矿等相关矿种内容。④编写并提交《辽宁省矿产资源综合集成与服务产品开发子项目 2015 年主要进展和成果报告》。

五、地质调查信息化建设与服务

辽宁地调院为辽宁省国土资源厅矿业权设置方案编制技术支撑单位，参与了全省方案编制技术标准制定和编制工作的管理，完成 156 份设置方案资料归档工作；为国土厅勘查处技术支撑，检查整理完成 2015 年辽宁省地勘成果直报系统的填报，编写《辽宁省“十二五”地质勘查成果报告》，编制《2015 年地质勘查基金信息交流报表》。

六、其他

2015 年，辽宁地调院按照党的十八届五中全会精神和“三严三实”专题教育活动安排，深刻领悟与贯彻中央精神，切实遵守党的政治纪律，严格执行中央“八项规定”要求，加强廉政建设，进一步加强勤奋务实的作风建设。持续修改完善《地质调查项目管理办法》等 13 项管理制度；完成 3 名应届地学专业硕士接收工作；配合完成 5 个省本级项目的结题审计工作，编制了 14 个国家财政项目的经费使用报告，确保项目经费严格按照预算标准和范围支出；配合国家审计署完成矿业权审计工作；全年新增双域激电仪 4 套，对讲机 5 台；通过了方圆质量管理体系认证年检，完成地质灾害勘查设计等资质延续；新增了宽甸县太平川金多金属矿普查等 2 个探矿权。

（于成广）

吉林省地质调查院工作

吉林省地质调查院

概　况

吉林省地质调查院于 1999 年 10 月由吉林省编委批复定位为事业实体，主要承担国家基础性、公益性、战略性地质调查、矿产勘查和省勘查基金项目；同时面向社会承揽地质勘查、水工环地质调查、地质灾害勘查治理等项目。内部机构设院长、副院长、总工程师、党委办公室、综合办公室、纪检监察室、勘查部、人事部、财务部、安全部、矿业开发部、综合研究室、质量管理办公室、资料档案室和项目分队。

吉林地调院现有在册职工 187 人，其中男职工 156 人、女职工 31 人；各类专业技术人员 173 人；具有研究员职称的30人、高级职称的68人、中级职称的49人、初级职称的26人；其中具硕士学位的地质技术人员20人。专业技术人员占职工总人数的93%。

建立了安全生产管理体系，落实了全员安全生产责任制。对安全生产始终作为头等大事来抓，并利用各种机会与场合进行安全教育。自建院以来，未发生安全事故。

吉林地调院17 065 m^2 建筑面积的办公楼施工现处于收尾阶段，计划2016年10月进驻办公。拥有多套次能够满足地质工作需要的野外交通工具、物化探测试仪器、野外通讯及GPS定位设备、电脑和其他设备，新增伽马总量测量仪2台。北斗终端安全保障系统设备已配置到新疆、西藏高海拔工作区的野外工作队伍。

地质调查进展与成果

2015年，吉林地调院共承担地质勘查工作项目36项。其中，国土资源大调查项目8项、中央地质勘查基金项目1项、吉林省地质勘查基金项目7项、省外风险勘查项目2项、吉林地勘局计划内项目3项、地质市场项目12项、院自筹资金勘查项目3项。工作地域涉及吉林省、内蒙古自治区、新疆维吾尔自治区和西藏自治区。

一、基础地质调查

（一）区域地质调查。

2015年，吉林地调院新开1:5万区域地质矿产调查项目1项（3个图幅）。完成1:5万区域地质调查200 km^2、1:5万放射性伽马总量测量1111 km^2、1:5万水系沉积物测量1030 km^2、1:5万遥感解译1111 km^2、地质剖面测量16.9 km、组合样（硅酸盐、微量、稀土）16件、化学样28件、同位素测年样12件、槽探500.00 m^3。完成了物、化探扫面工作，初步确定了中泥盆世机房沟岩组（D_2j）和晚二叠世杨家沟组（P_3y）的存在；对测区内的侵入岩划分了8个填图单位，认定了区内北东向伊通－舒兰岩石圈断裂的存在。

（二）区域地球化学调查。

吉林省大安安广地区多目标地球化学调查项目共完成：1:5万环境地质调查180 km^2、土壤样品858件、灌溉水样品20件、农作物（玉米）样品30件、根系土样品30件、接受2014年布置的干湿沉降样品5件。

确定了1:5万和1:1万尺度土地质量地球化学评价的指标分级，对采样密度与插值效果进行了初步探讨，提出了本地区1:5万和1:1万尺度上农用地土地质量地球化学评价成果与地类图斑整合的基本思路和方法技术。

二、矿产资源调查评价

共承担矿产远景调查项目4项、吉林省境内3项、新疆阿克曲哈萨依地区1项。完成1:5万地质填图367 km^2、1:5万水系沉积物测量927 km^2、1:5万遥感解译367 km^2、1:1万地质填图50 km^2、1:2000地质剖面29.78 km、1:5000地质剖面10.46 km、1:1万土壤剖面测量20 km、1:1万土壤测量30 km^2、组合样（硅酸盐、微量、稀土）20件、化学样313件、槽探10 140 m^3。圈定1:5万水系沉积物组合异常16处、1:1万土壤异常41处；发现铌钽矿（化）体4条、发现达工业矿体品位的含钼石英脉转石1处（Mo含量为0.1%）。

三、水文地质环境地质灾害地质调查

长吉经济圈地质环境综合调查为新开项目。完成1:10万区域水文地质调查2625 km^2、1:5万专项水工环地质调查380 km^2、激电测深30点、1:10万遥感解译2625 km^2、1:5万遥感解译380 km^2、水文地质钻探100 m、工程地质钻探500 m、土壤分析样100件、水质全分析样100件、动态观测100点次。新发现了洪积扇残留的地貌单元；判定出工作区地下水水位有下降趋势；发现了区内大小养殖场排泄物均未做任何防护措施，对地下水及地表水已造成了一定污染。

四、地质科学研究

吉林省矿产资源调查成果综合集成与服务产品开发。2015年度，主要对有色金属、“三稀”金属及水气矿产共30种（包括亚种共44种）开展了研编，初步厘定全省矿产地数量共550处。划分了18种矿床（成因/工业）类型。开展了对10个典型矿床的综合研究，初步编制完成了典型矿床成矿模式图和找矿模型图20张。

五、其他

（一）中央地质勘查基金项目。

新疆且末县野狼沟地区铜多金属矿普查。为续做项目，2015年主要施工了5个钻孔，完成钻探工作量2356.40 m，除54ZK3504外，其余钻孔均见有厚大隐伏铜铅锌矿（化）体，厚度在150～350 m，单矿种组分含量可达边界品位。

（二）吉林省地质勘查基金项目。

2015年，共实施吉林省地质勘查基金项目7项。完成1:2.5万遥感解译1440 km^2、1:1万地质填图141.85 km^2、1:1万磁法测量10.56 km^2、1:1万土壤

测量 22.67 km^2、1∶1 万土壤剖面测量 34.16 km、金属活动态测量 168.25 km^2、气纳微金属测量 665 点、槽探 2913 m^3。发现铅矿化点 1 处、金矿化点 1 处；圈定气纳微金属综合异常 24 处、土壤化探综合异常 17 处、正磁异常 5 处、遥感找矿远景区 13 处；遥感解译出环形构造 61 个、玄武岩天窗 39 处。野外验证玄武岩天窗 7 处，其中 1 处基底岩石中发现金矿化线索。

（三）省外风险勘查基金项目。

在新疆阿勒泰地区共实施勘查项目 2 项。完成1∶1 万综合测量（地质、化探、高磁、激电）3.83 km^2、1∶1000 地质剖面测量 2.71 km、瞬变电磁剖面测量 300 点、激电测深 53 点、1∶1 万高磁测量 9.28 km^2、槽探 8000 m^3、钻探 2419.1 m。

福海县苏尔布尔特铜金矿普查项目深部仅见规模小、品位低的金、锌矿（化）体；青河县薛夏巴斯套金矿普查项目填图中发现 1 处铜矿化点和 1 处镍矿化点；槽探揭露发现金矿体 3 条，宽 1～4 m，金品位 2.75×10^{-6}～3.96×10^{-6}；发现镍矿（化）体宽 22 m，镍平均品位 0.23%。

（四）吉林地勘局计划内项目。

实施计划内项目 3 项。完成 1∶5 万水系沉积物测量 83 km^2、1∶1 万地质测量 20 km^2、1∶1000 地质草测 1.39 km^2、1∶1 万土壤测量 20 km^2、1∶1 万水文地质简测 30 km^2、1∶2000 水文、工程、环境地质简测 3.65 km^2、土壤剖面测量 34.16 km、钻探（矿产）11 107.86 m、钻探（水文）449.55 m、槽探 13 671.48 m^3。

临江市老三队金矿详查项目利用钻探对Ⅱ－1、2、3、4 号，Ⅱ－4－2 号，Ⅱ－10、11 号、Ⅱ－11－1 号 8 条金矿体进行了深部控制。控制长度 40～350 m，最大控制斜深 150 m，见矿厚度 0.92～31.5 m，金品位在 0.17×10^{-6}～26.80×10^{-6}，2016 计划提交资源/储量评价报告。

（五）省内市场项目。

共实施项目 12 项。完成 1∶2000 地质剖面测量 65.3 km、1∶1 万高精度磁法测量 8.18 km^2、高精度磁法剖面测量 4.95 km、激电中梯剖面测量 5.2 km、激电测深 50 点、槽探 29 123.28 m^3、钻探 6297.40 m。

经过工作，在伊通地区完成地热井 1 口，稳定涌水量 1656 m^3/d，出口温度 47 ℃；在西藏那曲南措铜矿详查中新发现宽 0.6～0.9 m 的金矿体 2 条，金品位达 25×10^{-6}～48×10^{-6}；在 NTCC201 号探槽中发现宽 5～7 m 的矽卡岩型铜金矿体，金品位最高 9.89×10^{-6}，铜品位最高 2.53%。

（六）自筹资金项目。

吉林地调院实施自筹资金项目 3 项。共完成 1∶1 万高精度磁测剖面 84.72 km、1∶1 万激电中梯剖面测量 28.50 km、槽探 1494 m^3、钻探 4419.80 m。

獐项地区∑5 号岩体中的 5 个钻孔见到镍工业矿体，估算镍工业矿体矿石量 200 万吨，镍金属量 1 万吨，镍平均品位 0.54%；在长仁地区圈出磁异常 2 处、激电异常 3 处，施工钻孔 5 个，其中 2 个钻孔见到镍矿体，矿体厚度 1.0～9.0 m，镍平均品位 0.56%。

（刘培喜）

黑龙江省地质调查研究总院工作

黑龙江省地质调查研究总院

概　况

黑龙江省地质调查研究总院成立于 1997 年 7 月 1 日，隶属于黑龙江省地质矿产勘查开发局，是黑龙江省唯一从事基础性、公益性地质调查及战略性矿产勘查工作的公益类地质队伍，是黑龙江省地勘行业的龙头。主要承担国家基础地质调查、矿产远景调查、水文地质调查、生态环境调查及遥感地质调查等基础性、公益性工作。

2015 年末，总院调整内部机构设置，形成 7 个内设科室、7 个生产科研部门和 3 个临时性支撑部门。总院现有职工 153 人，平均年龄 39 岁，其中博士 7 人、硕士 70 人、具有大学本科学历的职工 70 人，专业技术人员 143 人，副高级及正高级职称 52 人、中级职称 81 人、初级职称 8 人。技术人员中 100% 具有本科以上学历。

2015 年，总院加强安全生产管理和安全监控体系建设，严格控制重大安全事故，健全安全生产监督管理机构，形成系统完善的安全生产监管网络体系。

截至 2015 年末，全院持有区域地质调查、固体矿产勘查、地球化学勘查三个甲级资质以及水文地质调查，工程地质调查，环境地质调查，液体矿产勘查，地球物理勘查，遥感地质调查，地质灾害治理工程监理、设计、勘查 7 个乙级资质。通过地调局质量管理体系认证。拥有计算机、绘图仪、工程复印机、扫描仪、物化探设备、交通运输等各种仪器设备1000多台（套）。

2015年度，黑龙江地调总院获得中华全国总工会授予的“全国模范职工之家”荣誉称号。

地质调查进展与成果

2015年度，黑龙江地调总院共承担各类地质调查项目19个，其中基础地质调查项目12个（含区调、物化探、遥感及矿产远景调查）、矿产资源勘查项目2个、科学研究与技术方法创新类项目5个。

一、基础地质调查

2015年，共承担基础地质调查项目12个，其中区域地质矿产调查项目4个、区域地球化学调查项目3个（含多目标地球化学调查、富硒土地环境调查评价）、区域遥感地质调查项目3个、1:5万矿产远景调查类项目2个。

基础地质调查项目资金总额4636.78万元，其中中央财政出资1255万元、省级财政出资3381.78万元。基础地质调查项目完成的图幅数为40幅、完成的面积为51 581 km^2，实施的图幅数64幅、实施的面积387 813.8 km^2。

（一）区域地质调查。

1. 中央投资。2015年，承担中央投资的1:5万区域地质矿产调查类项目2个，为续作项目，分别是黑龙江1:5万建边农场、四站林场、窝窝、嫩北农场十九队幅区域地质矿产调查，黑龙江1:5万建堂、小连珠河、西北楞、青山沟林场幅区域地质矿产调查。投入资金总额535万元，其中中央财政投资535万元、地方财政投资0万元。完成的图幅数为8幅、完成的面积为2797 km^2，实施的图幅数8幅、实施的面积2797 km^2。

通过1:5万区域地质矿产调查，新发现的地质成果、找矿成果（新发现的矿点、矿化点、矿化线索的数量）如下：

（1）黑龙江1:5万建边农场、四站林场、窝窝、嫩北农场十九队幅区域地质矿产调查。新发现岩金矿（化）点1处，1个样品金含量达矿体边界品位，为1.05×10^{-6}。

（2）黑龙江1:5万建堂、小连珠河、西北楞、青山沟林场幅区域地质矿产调查。新发现石墨矿点6个，固定碳含量在4%～14%。

2. 地方投资。2015年，承担省级1:5万区域地质矿产调查类项目2个，为新开的黑龙江省1:5万地营子幅、大砬子幅区域地质矿产调查，黑龙江省1:5万卫林林场、大罗镇、向阳山林场、三楞幅区域地质矿产调查。投入资金总额1681.78万元，其中中央财政投资0万元、地方财政投资1681.78万元。实施的图幅数6幅、实施的面积2058.13 km^2。

（二）区域地球化学调查。

2015年，承担区域地球化学调查类项目3个，为续作的黑龙江1:25万鸡西市、牡丹江市、绥芬河市幅基础地质调查修测（区域化探），黑龙江抚远－富锦地区多目标区域地球化学调查；新开的黑龙江省“两大平原”示范区综合改革试验区寒地富硒土地环境调查评价。投入资金总额2050万元，其中中央财政出资400万元、省级财政出资1650万元。完成的图幅数为3幅、完成的面积为32 985 km^2，实施的图幅数3幅、实施的面积32 985 km^2。

（三）区域遥感地质调查。

2015年，承担（基础地质）国土遥感（综合）调查（矿产资源开发环境遥感监测）项目3个，为新开的东北边境地区基础地质遥感调查、东北地区国土遥感综合调查、黑龙江省矿产资源开发环境遥感监测。投入资金总额270万元，全为中央财政投资。

（四）矿产远景调查。

2015年，承担1:5万矿产远景调查类项目2个，为续作的黑龙江多宝山铜金矿外围霍龙门矿集区深部矿产远景调查和结转的黑龙江龙沟河－鲜花山地区矿产远景调查。投入资金总额100万元，其中中央财政投资50万元、地方财政投资50万元。

二、矿产资源调查评价

总院2015年承担中央及地方矿产资源勘查（含银多金属矿普查、航放异常筛选与评价）项目2个，为新开的黑龙江省大兴安岭新林区805高地银多金属矿普查和续作的黑龙江省嫩江县星火镇矿南村银多金属矿普查。2015年投入资金总额234万元，其中地质矿产调查评价专项经费0万元、省级地勘基金234万元。

勘查矿种有银、铅锌多金属。完成主要实物工作量为钻探1061 m、槽探7000 m^3。

新发现的找矿成果（新发现的矿点、矿化点、矿化线索的数量）：黑龙江省嫩江县星火镇矿南村银多金属矿普查，新发现银（铅锌）矿点1处、银（铅锌）矿体7条。

三、地质科学研究

2015年，共承担科学研究与技术方法创新类项目5个。投入资金总额3073.2万元，其中中央财政投资305万元、地方财政投资2768.2万元。

（一）地质勘查方法及手段研究。

2015年，共承担地质勘查方法及手段研究类项目2个，为续作的国家地质数据一体化管理系统与建设项目及新开的黑龙江省大兴安岭成矿带航电方法试验项目，投入资金总额2686万元，其中中央财政投资200万元、地方财政投资2486万元。

（二）区域重点成矿区带成矿规律及成矿预测研究。

2015年，共承担区域重点成矿区带成矿规律及成矿预测研究及矿产资源总体规划类项目3个，为续作的黑龙江省矿产资源调查成果综合集成与服务产品开发、黑龙江省（2014～2018年）勘查部署项目及新开的黑龙江省矿产资源总体规划（2016～2020年）项目。投入资金总额387.2万元，其中中央财政投资105万元、地方财政投资282.2万元。黑龙江省（2014～2018年）勘查部署项目已编制完成报告，已通过国土资源厅终审，待复制出版汇交。

（李　媞）

上海市地质调查研究院工作

上海市地质调查研究院

概　况

上海市地质调查研究院主要组织实施国家及上海市基础性、公益性、战略性地质调查，承担上海市地质环境监测和地面沉降防治等工作。

2015年，院内设部门由16个调整为14个，仍下辖上海市地质资料馆和上海市地质陈列馆。拥有博士后科研工作站、国土资源部资源环境监督检测中心、国土资源部地面沉降监测与防治重点实验室、上海市科委地面沉降工程技术研究中心和地质资料信息平台各1个，及《上海国土资源》编辑部。

截至2015年年底，共有职工184人。中高级专业技术人员109人，其中教授级高级工程师10人、高级工程师42人。拥有侧扫声呐系统、多波速系统等多类先进地质调查装备。是首批省级公益性地质调查队伍能力建设评估A级单位之一，通过了ISO9001:2008质量管理体系论证。是国土资源部“全国模范地勘单位”、上海市文明单位。

2015年，获国土资源部科学技术奖二等奖2项、局地质科技奖一等奖1项、上海市科学技术奖二等奖1项、决策咨询研究成果奖一等奖1项、自然科学奖三等奖1项、优秀测绘产品奖二等奖和三等奖各1项，获发明专利1项。

地质调查进展与成果

一、基础地质调查

全面完成了长江三角洲重点地区深部地质调查（上海）项目工作，2015年7月通过了地科院项目办组织的成果报告验收。

通过研究，修正了基岩面起伏和第四系底界起伏特征，厘定了区内玄武岩的形成期次，修编了基岩地质图。

进一步厘定了区内第四系年代地层，明确了第四纪海侵的主要范围，初步比较了不同沉积区的第四纪物源演变的空间差异。围绕早中更新世古河道变迁，进一步研究了深部地层沉积分区的动态变化，修编了不同时代的岩相古地理模式。

细化了岩石单位内部沉积相划分，通过构建57个时代-岩相分层和30条地质剖面、140个单元格，更高精度地剖析了区内三维地质结构，更新或完善了区内三维第四纪地质数据库和地质结构模型。

二、水文地质环境地质灾害地质调查

（一）地质环境调查评价。

全面完成地调局下达的上海市大浦东地区地质环境调查评价项目工作，2015年12月通过了地调局华东项目办组织的成果报告评审。

查明了工作区水文地质条件，建立了含水层空间构架，新发现深部第Ⅳ承压含水层惠南镇和头桥镇淡水资源遭受咸化污染，确定了各含水层间沟通区位置，填补了南部地区第Ⅰ承压含水层水文地质调查空白，为地下水资源开发利用和科学管理、应急水源地圈定、工程建设等提供决策依据。

创新编图思路，编制了1:5万水文地质系列图件300余幅，为平原区1:5万水文地质编图提供了借鉴。

查明了地下水开发利用现状，进行了地下水开采潜力评价，制定了地下水保护规划，提出了地下水开发利用对策措施，在上海地下水管理、采灌方案制定、地面沉降防治措施优化等方面得到了应用。

开展了典型垃圾填埋场对地质环境影响专题研究，指出了老港填埋场周边潜水对人体存在较为严重的健康风险；开展了大浦东江海岸带地质环境对重大

工程影响专题研究，指出了金山石化工程海底滑坡风险和东海大桥近岸段地区存在较大桥墩冲刷风险；开展了大浦东地区浅部含水层地下水对地下空间开发影响专题研究，通过深基坑降水场地试验，结合区域浅部含水层水文地质条件分析，进行了工程建设遭受流沙、基坑突涌、腐蚀性影响分区及评价工作。研究成果可为垃圾填埋场选址、污染治理、重大工程维护、地下空间开发设计、施工等提供决策依据，部分成果已得到工程建设单位应用。

（二）地面沉降监测和防治研究。

1. 续作地调局上海市地面沉降调查项目工作。完成了全市地面沉降监测及张江地区 1∶5 万地面沉降调查 200 km^2，继续开展地面沉降分区管理研究。

运用 GPS、精密水准、自动化等多技术方法开展区域地面沉降监测，全面掌握地面沉降动态变化。主编了国土资源部《地面沉降防治工程设计规范》（征询意见稿），修订完成了上海市规范《地质灾害危险性评估技术规程》，编制了《上海市重大市政工程设施及周边地面沉降监测技术规定》等技术标准，成为全面规范和指导上海地区乃至全国地面沉降防治工作的重要技术文本。

研究确定了上海 2020、2040 年中长期分区地面沉降控制目标。针对地下水开采引发的地面沉降，研究建立了能反映含水系统现状应力应变特征的地面沉降数值模型，实现了地下水位持续抬升条件下含水系统持续压缩的模拟，研究提出了不同管控区和含水层的地下水采灌量控制指标。针对工程性地面沉降，深入开展深基坑降排水地面沉降防治综合研究。

分析总结了轨道交通沉降特征、影响因素，建立了轨道交通沉降监测预警指标体系，构建了轨道交通监护管理的 GIS 信息管理平台，实现了轨道交通沉降的信息化预警，促进了重大基础设施地面沉降监测预警机制建设，提高了重大工程安全运营的基础保障能力。

2. 完成了国土资源部公益性项目滨海地区工程建设引发地面沉降机理及控制措施研究，地面沉降防治关键技术研究有所突破，等待成果验收。

（三）海岸带地质环境调查。

2015 年，完成单波束测深 7101 km、多波束测深 1103 km、沉积物表层取样 321 站位、海滩 RTK 测量 238 km、海堤沉降水准监测 815 km。通过了由青岛海地所组织的野外验收。

分析了区域水下地形及变化特征，揭示了重点区水下地形最新变化规律，分析了年度和累积海堤沉降特征，完成了 1∶25 万地质调查和地质环境监测系列成果图件编制，包括基岩地质、第四纪地质等 9 类。完成了调查区遥感地质调查、表层沉积物特征、柱状沉积物特征、钻孔沉积特征和浅部地层地球物理特征以及研究区工程地质特征等初步成果编制。完成了风暴潮风险性综合评估及预警、河口环境污染评价、长江三峡水库建设对河口稳定性影响研究、滩涂后备土地资源潜力研究等专题研究成果的编制。

（四）水土环境监测与评价。

承担了地调局上海市典型地区土地质量地球化学评价示范工作项目，2015 年 11 月通过了地科院组织的野外验收。

首次在上海地区开展了 1∶1 万大比例尺的土地质量地球化学调查，系统查明了廊下镇土地质量现状，同时进行了采样密度、评价单元、赋值方法、评价指标、评价技术方法等研究，为土地质量地球化学评价技术方法优化完善提供技术支撑。

结合成果应用需求，以“土地二调”图斑为评价单元，研究确定了评价单元最佳赋值方法，实现了每个地块地球化学质量的量化。

通过分析大气干湿沉降以及灌溉水的元素地球化学特征，研究了工作区土壤污染元素的输入途径，提出了土壤污染防治措施。

通过工作区土壤环境质量、养分元素丰缺和土地质量地球化学评价，进行了工作区土壤种植条件分区区划，提出了土壤改良措施及种植建议。

建立了叠加法、因素法，将土地质量地球化学评价成果与农用地分等成果进行整合研究，实现了农用地质量一张图。

结合减量化土地复垦项目验收，从调查采样密度、评价指标和技术方法等方面进行了补充耕地质量等别评定的技术方法研究，初步建立了补充耕地质量等别评定技术方法。

三、地质调查信息化建设与服务

地质资料日常管理正常运转。按照地质资料信息管理要求开展地质资料集群化工作，及时完成城市地质资料数据中心更新维护。建成并完善地面沉降监测设施信息管理系统、轨道交通数字化监护系统、路政工程沉降管理系统等多个专业信息子平台，实现地质资料信息的动态更新和资源共享，探索实现了多元化的地质信息社会服务。

正在编制征求意见稿上海市工程建设规范《地质信息数据规范》。

（吴继红）

江苏省地质调查研究院工作

江苏省地质调查研究院

概　况

江苏省地质调查研究院，是江苏专业从事基础性、公益性地质工作的唯一科研事业单位。拥有各类从业资质24个，其中甲级资质15个。拥有基础地质、环境地质、矿产地质、实验测试4个研究所，9个科研生产中心，1个博士后科研工作站，1个地质博物馆，1个国土资源部重点实验室，1个珠宝产品质量检验站。设有《地质学刊》编辑部，并挂靠管理江苏省地质学会、江苏省矿业协会和江苏省徐霞客研究会等。2015年购置设备及软件219台（套）。全年零生产事故。

现有在职职工442人，其中研究员级高级工程师48人、副高级专业技术人员123人，博士17人、硕士163人，江苏省有突出贡献的中青年专家2人，国土资源部"十一五"科技工作先进个人1人，国土资源部优秀青年科技人才2人，江苏省第4期"333"高层次人才培养工程第3层次培养对象14人，全国国土资源系统先进工作者2人，部科技领军人才1人。

2015年，荣获全国文明单位、中国地质调查局先进集体、江苏省国土资源厅先进集体、"巾帼文明岗"等荣誉称号。获国土资源科学技术奖二等奖2项，江苏省科学技术奖三等奖1项，江苏省国土资源科技创新奖一等奖、二等奖各1项。1人获全国国土资源系统先进工作者，1人获全省国土资源管理系统"六五"普法先进个人，1人获全省优秀宣传思想文化工作者。

地质调查进展与成果

一、基础地质调查

（一）区域地质调查。

1. 长江三角洲重点地区三维地质填图。已完成成果评审，在第四纪地层中新发现海滩岩；初步查明基岩地质构造与基岩面起伏变化特征及新构造运动特征，评价了区域地壳稳定性。

2. 江苏1∶5万盐城市区调。重新建立了第四纪沉积物的地层时代界线；新发现盐城断裂带仍存在破坏性活动的可能；首次提出自早更新世晚期以来，江苏沿海地区海侵影响面积、强度均逐渐扩大的观点；首次提出对江苏沿海地区影响的洋流存在70年左右的动力变化周期性；首次提出江苏沿海晚更新世以来存在2次海侵。

3. 江苏1∶5万余东幅区调。重新建立了第四纪沉积物的地层时代格架；首次识别出晚更新世末冰消期海侵形成的非典型古土壤层，为浅层天然气的气源层；首次提出工作区南部基岩面之上沉积物为近源山前冲积扇沉积；获得了前第四纪海侵证据；发现大型膨润土矿1处。

4. 新疆西昆仑1∶5万等5幅区调。查明了测区第四系地质地貌特征，岩石地层单位空间分布、物质组成、变质变形及含矿性等特征；基本查明了测区褶皱、断裂类型和空间分布特征。

5. 长江三角洲海岸带综合地质调查与监测。重新认识了海岸带地质环境及河口变迁特征，厘定了测区浅表第四纪地质界线。

6. 江苏1∶5万港口等5个图幅平原区填图试点。对工作区地层、地质构造背景有了新的认识，找出了区内存在的重大地质科学问题。

（二）地球化学调查。

1. 长江三角洲典型地面沉降区水土污染监测与防治技术研发与示范。完成成果验收，建成了苏锡常地区水土污染监测网，开展了重金属污染土地植物修复试验示范工程建设和重金属污染土地现场调控试验，拟订了水土污染监测的方法技术草案。

2. 江苏省国土（耕地）生态地质环境监测。完成年度监测报告的编制。

（三）遥感地质调查。

1. 华东地区矿山环境监测。完成成果评审，利用遥感技术监测全省矿产资源开发状况和矿山环境问题，圈定矿山环境要素，类型包括采场、中转场地、矿山建筑物、治理工程，涉及矿种有建筑石料用灰岩、凹凸棒石粘土、砖瓦用粘土。

2. 全国地表形变遥感地质调查（吉林、黑龙江）。完成成果评审，利用干涉雷达测量为主要技术手段开展地表形变遥感调查工作，基本查明哈尔滨等地区地面形变特征及发展态势。

3. 江苏省矿产资源开发环境遥感监测和东部沿海地区国土遥感综合调查。项目系新开项目，完成遥感解译110 050 km^2、野外验证4800 km^2。

（四）城市地质调查。

1. 镇江城市地质调查。完成项目验收，获优秀，项目成果顺利移交给镇江市人民政府。

2. 徐州城市地质调查。完成野外调查 3126 km^2、钻探 11 715 km^2、物探点 21 723 点、土壤样品采集 8969 个，向徐州市政府提交了地铁一号线、观音机场地质安全论证两项专题成果。

3. 启动泰州城市地质调查。设置基础、水文、工程、土壤、地灾、地热、信息等七大专题，率先开展 1:5 万基础地质调查及地热专题调查与评价工作。

二、矿产资源调查评价

（一）固体矿产资源调查评价。

1. 江苏盱眙地区矿产地质调查。1:5 万土壤地球化学测量共圈定综合异常 13 处，初步确定具有找矿意义的成矿远景区 3 处。

2. 江浦 – 六合地区矿产地质调查。通过 1:5 万激电中梯测量初步圈定 4 个激电异常。

3. 冶山铁矿接替资源勘查。共划分出找矿远景区 4 处、找矿靶区 12 个。

4. 西横山地区找矿。其中上湾塘金矿普查。共圈定 22 个铜、铜金、金矿体和 2 个硅灰石矿体。胡家店铁铜金矿普查共圈定铜金矿体 4 条、硫铁矿体 6 条、磁铁矿体 1 条。初步估算西横山地区金矿资源量达中型（5 吨）以上。

5. 溧水区麻山头 – 西湖村锶矿预查。见 3 层锶矿体，溧水区太尉庄电气石矿普查圈定电气石矿体 20 条，初步估算太尉庄电气石矿（333）资源量 65 万吨。

6. 南京市堂莫山铜金矿普查共圈定化探金异常 11 个、铜异常 6 个、高极化异常 6 处，圈定铜矿体 13 个。

7. 新沂 – 东海地区金、多金属矿调查评价。新发现新沂踢球山地区小何家铜矿化点和赣榆地区姜斗沟钼矿点。

（二）成矿规律研究。

江苏省（含上海市）矿产地质与区域成矿规律研究，开展冶山铁矿、迂里铅锌矿、西横山金矿、苏州花岗岩体等典型矿床、重要岩体的野外调查及采样测试，更新了一批同位素年龄数据，初步完成省内黑色金属矿产（铁、锰、铬、钛、钒）志书的研编工作。

（三）地热资源调查。

江苏省地热资源现状调查评价与区划项目和江苏省主要城市浅层地温能调查评价项目已完成报告评审。基本查明了工作区地热资源、主要城市浅层地温能资源分布及开发利用现状，编制了江苏省地温梯度等值线等图件，对全省 5 个重点区的地热特征有了较深入的认识，计算了全省地热资源量和浅层地温能资源量，进行了地热资源、浅层地温能资源区划。

三、水文地质环境地质灾害地质调查

（一）环境地质调查评价。

1. 江苏沿海综合地质调查。编制了 1:25 万江苏沿海地区地质环境系列图件，基本查明了南通地区和大丰、伍佑、启东、江厦等图幅水文地质、工程地质、环境地质条件，深化了对南通地区深层地下水水质演化规律的认识，评价了南通规划区浅层地下水防污性能，编制了南通城市规划区应急水源地规划，划分了南通地区工程地质区，提出了地下空间资源开发利用建议，初步建立了工程地质结构和含水层三维结构模型、地质环境监测网和数据库；基本摸清沿海地区滩涂围垦历史演变，初步查明滩涂围垦对地质环境的影响。

2. 苏南现代化建设示范区综合地质调查。基本查明宜兴市耕地地球化学特征及地质灾害发育分布特征，完成 1:25 万系列地质环境图件的编制；制定了资源、环境承载力评价指标体系，开展了针对城市开发建设的综合限制性评价、自然适宜性评价及针对耕地保护的农用地适宜性评价。

（二）灾害地质调查评价。

协助省厅编制了汛期突发地质灾害应急响应工作方案，结合江苏特点采购了以无人机等先进设备为主系列应急装备，升级了地灾气象风险预警平台，开发了汛期地质灾害气象风险预警移动 APP。

四、地质科学研究

1. 苏南平原区地裂缝成因机制及预警研究。完成地裂缝监测站建设 1 处，建成地裂缝水准监测墩及其他测量标志 40 个，建成 GPS – InSAR 监测组合标 7 座、分布式光纤监测剖面 2 条、光纤地面沉降监测孔 1 个、水位自动化监测孔 1 个，完成地质勘探钻孔 7 个，总进尺 854. 85 m。

2. 地裂缝分布式光纤监测技术研发与系统集成。完成 2 种现有光纤光栅传感器件的改进、2 种新型地裂缝监测传感器开发及 BOTDR 分布式光纤监测数据处理模块的总体架构。

五、其他

（一）实验测试工作。

完成测试样品近 90 000 件。

（二）南京地质博物馆。

2015 年，共接待观众 12 万余人次，开展世界地球日等地学科普宣传活动。

（陈　娟）

浙江省地质调查院工作

浙江省地质调查院

概　况

浙江省地质调查院组建于1999年10月，前身是浙江省区域地质调查大队，是省国土资源厅直属的纯公益性差额拨款事业单位，现有浙江省矿业权交易中心、浙江省地质勘查基金管理中心、中国地质调查局农业地质应用研究中心3块牌子。主要从事区域性、基础性、公益性地质调查，战略性矿产资源远景评价等工作，承担省级矿业权交易和全省地质勘查基金项目的组织实施和管理等任务，为经济社会发展提供专业服务，为国土资源管理提供技术支撑。

院党委下设8个党支部，共计161名党员；院机构设置5个职能部门、13个二级生产单位；4个分工会。全院现有在职职工223人，专业技术人员占85%，有教授级高级工程师10人、高级工程师55人、工程师86人；博士后1人、博士9人、在读博士9人、硕士63人。

院部位于杭州市萧山区，占地约30亩，现有各类房屋、建筑物19幢。拥有大型区域矿产地质调查、物化探设备。2015年，连续7年被省厅评为目标责任制考核优秀单位，被地调局评为“2015年地质调查工作表现突出的单位”；“浙江经验”在全国推广；荣获国土资源部“十二五”科技与国际合作先进集体、浙江省地质学会2013～2014年度先进集体。陈小友同志被评为“最美国土资源人”，林清龙同志荣获地调局先进个人奖。安吉杭垓剖面列入全国地层委员会上奥陶统赫南特阶下扬子区标准剖面。

2015年未发生任何生产安全责任事故。通过ISO9001质量管理体系第三方认证。

地质调查进展与成果

2015年，共承担了41个公益性地质调查项目，20个项目在各类评审中被评为优秀级，优秀率达到50%，与2014年相比上升了17%。

一、基础地质调查

（一）区域地质调查。

杭垓区调。项目在安吉县杭垓剖面上识别出6个笔石带和1个壳相动物群，并首次在赫南特阶地层中发现丰富的海绵动物群。江绍拼合带地质构造研究项目提出了研究区经历了新元古代早期洋陆俯冲造山、早古生代晚期弧陆碰撞造山等多期造山作用的新认识；通过对龙泉俯冲增生杂岩的研究，提出沿余姚－丽水断裂带存在一条晚古生代早期武夷地块与东南地块碰撞拼贴带的新认识。在陈蔡地区开展的造山带地质填图试验具有全国性示范作用，项目成果得到以李廷栋院士为首的专家组高度评价。

（二）城市地质调查。

浙江省海洋经济发展示范区嘉兴城市群地质调查。项目建立了嘉兴地下空间资源利用适宜性评价三维模型，实现了地下空间开发利用适宜性的三维动态评价，并在乌镇国际互联网会址及周边地区地下空间规划建设等方面得到了成功应用，该项创新性成果填补了国内相关研究领域空白。

（三）农业地质调查。

推动农业地质工作上升为省委省政府的决策部署。通过农地中心的推动，首次把农业地质调查评价建档及监测工作纳入农产品质量建设、永久基本农田划定及土壤污染防治工作范畴，在全国率先确立了国土资源部门在农产品质量建设中的职能作用，从制度上保障农业地质调查及其成果的转化应用。

在全国省级地调院层面首次组织实施了地调局二级项目，按时完成浙江土地质量地球化学调查及在土地规划中的应用示范项目及下设的8个子项目的年度任务，其中1∶5万、1∶25万土地质量地球化学调查面积合计13 200 km^2。嘉兴市、永康市、临安市等试点区土地质量地质调查成果在土地管理工作中得到了实际应用。海盐澉浦项目获得了中国地质调查局水工环地质调查成果优秀图幅奖。湖州市本级、海盐县项目、海盐澉浦项目均以优秀的成绩通过了野外验收。浙西北土地质量地质调查应用研究项目在天然和人工富硒条件下稻米中硒的赋存状态研究等方面取得了重要的阶段性成果。

全力配合浙江省国土厅开好全国土地质量地质调查服务土地管理工作现场会。现场会上，“浙江经验”受到了国土资源部、中国地质调查局、浙江省政府、浙江省国土厅及嘉兴市领导的高度评价，也得到了来自全国29个省（区、市）代表的充分肯定。

二、矿产资源调查评价

（一）固体矿产调查评价。

通过矿产远景调查圈定了水系沉积物综合异常20处，发现矿（化）点26处，发现了铅锌多金属、萤石、金刚石、金的找矿线索21处，初步圈定找矿靶区3处，为全省“751”地质找矿突破提供了技术支撑。

（二）地热勘查。

在龙游塔石、仙居大战、磐安云山、永嘉南陈、嘉兴新塍等地区勘察设计的5口地热井均成功打出了热矿水，总涌水量在4090 m^3/d以上。浙江省主要城市浅层地温能调查评价项目以优秀级通过了成果报告评审。杭州市浅层地温能调查评价项目监测网络建设专题已完成4个监测站点建设。省地质资料中心浅层地温能开发利用示范工程建设专题正在进行施工前期准备。

三、其他

省矿业权交易中心全年累计办结交易项目36个，交易总金额约18.53亿元。省地勘基金中心组织完成了16个项目野外验收、7个项目成果报告评审工作。矿产督察站组织完成了28个勘查项目76家矿山年度督察任务。

（陈美君）

安徽省地质调查院工作

安徽省地质调查院

概　况

安徽省地质调查院（安徽省地质科学研究所）组建于1997年，是隶属于安徽省地质矿产勘查开发局的全额拨款事业单位。主要组织实施国家和安徽省基础性、公益性地质调查和战略性矿产勘查工作。下设7个业务部门（基础地质调查所、矿产资源调查所、水文地质环境地质调查所、地球物理地球化学调查所、地质勘查信息所、遥感地质调查所和综合研究室）、6个研究中心（安徽省地质遥感中心、安徽省城市地质研究中心、农业地质研究中心、生态环境地质研究中心、大陆成矿作用研究中心和非常规能源研究中心）和1个省级博士后工作站。拥有甲级资质6个。

2015年，单位在职职工211人，其中技术人员203人，教授级高级工程师28人（二级4人）、高级工程师52人，硕士学历66人、博士学历12人，享受国务院政府特殊津贴人员5人，安徽省学术、学科带头人4人，“安徽省五一劳动奖章”2人，“安徽省五四奖章”1人，国土资源部科技创新团队1个，国土资源部科技领军人才1人、青年科技人才1人。

2015年，获得安徽省国土资源科技进步奖6项，其中安徽省江淮流域生态地球化学调查、安徽省浅层地热能调查与评价报告、安徽庐枞地区深部找矿理论与方法获安徽省国土资源科技奖一等奖，安徽省矿产资源储量登记网络管理系统、安徽中部能源及多金属成矿带矿山开发与遥感调查与监测获安徽省国土资源科技奖二等奖。李运怀同志受到地调局通报表扬。

地质调查进展与成果

2015年，共承担各类地勘项目72项，其中地调局项目21项、省国土资源厅项目33项、省地勘局项目15项、市场项目3项。共完成主要实物工作量有1∶5万地质填图3659 km^2，1∶5万水文地质、环境地质调查7976 km^2，1∶5万遥感地质解译183 374 km^2，钻探17 703 m，槽探3650 m^3等。

一、基础地质调查

（一）区域地质调查。

安徽省1∶5万横船渡、乌石垄、城安、郭村4幅区域地质调查项目通过成果验收。

（二）区域矿产地质调查。

1. 安徽1∶5万南陵县、泾县、后山、陈村、三溪镇幅区域地质矿产调查。完成1∶5万区域地质填图面积600 km^2。在志留系发现了存在过渡性质地层；在石炭系解决早石炭世浙溪组（岩楔）的归属问题，并发现金陵组－高骊山组/王胡村组的横向展布特征；在三叠系发现了沉凝灰岩和多套风暴岩；对侏罗系进行了详细研究，初步划分为4段。新发现矿（化）2处并初步查明矿（化）点空间分布规律。

2. 安徽1∶5万姚李镇、苏家埠、张家店、舒城县、金牛镇幅区域地质矿产调查。对石炭纪和侏罗纪地层进行了进一步研究并取得新的认识。对庐枞盆地及其外围地区的铀矿床成因类型进行了划分，明确了碱性岩（石英正长岩）型、火山岩型、砂岩型及其他4种类型；明确了徐村铀矿床产出于黄梅尖岩体与钟山组地层的接触带上，砂岩型与碱性岩型铀矿化均有发育，是一个复合成因的矿床。徐村铀矿床中的铀矿化受到断裂带的控制，水云母化、硅化、碱性长石化是近矿蚀变，红化（赤铁矿化）是主要的矿化蚀变类型。

3. 安徽省宿松地区矿产地质调查。新发现金矿化线索2处，发现多条褐铁矿化、黄铁矿化、硅化花岗斑岩及石英脉。

4. 安徽1∶5万主簿原幅、官庄幅区域矿产地质调查。共圈定23个综合异常，其中甲类异常4个、乙类异常8个。

5. 安徽1∶5万施家集幅、东王集幅区域矿产地质调查。新发现铜矿点1处，矿化体为含铜石榴石透辉角岩。项目于9月份通过省公益性管理中心组织的野外验收。

6. 安徽1∶5万明光市、池河镇、藕塘集、珠龙镇幅区域矿产地质调查。圈定地球化学综合异常28个，其中有较好找矿前景的异常6个。

二、矿产资源调查评价

1. 安徽庐江县黄寅冲地区朱岗铅锌矿普查。在龙冲ZK0502孔于孔深428.80～431.72 m、435.51～506.56 m见两段磁铁矿（化）体，磁铁矿呈脉状、网脉状、少量稀疏浸染状分布于粗安斑岩中，累计视厚度74.29 m；孔深289.72～293.76 m见辉钼矿（化）体，视厚度4.04 m；朱岗ZK0904孔于孔深428.80～431.72 m见铅锌矿（化）体，视厚度19.03 m，方铅矿、闪锌矿呈微细粒浸染状分布于闪长玢岩中。

2. 安徽省铜陵地区深部矿产资源调查。通过地科院项目办组织的成果验收，评定等级为优秀级。

3. 安徽矾山镇－将军庙深部矿产资源远景调查。通过发展研究中心组织的成果验收，评定等级为优秀级。

4. 安徽庐枞及其外围地区铁铜矿勘查、安徽宁国－休宁地区金多金属矿远景调查、安徽枞阳－周潭地区铁铜多金属矿远景调查。3个项目均通过地调局华东项目办组织的成果验收。

5. 安徽铜陵－青阳地区铜矿调查评价。在施工的ZK401孔内见铜矿化体3条、金矿化体4条、铅锌钼多金属矿化体1条、钼矿体3条。

6. 安徽来安新屯仓－全椒浅覆盖区矿产地质调查项目。初步圈定了2处预测找矿靶区。

7. 安徽省繁昌县长龙山地区深部铁矿普查。在ZK302的1016.47～1016.68 m见厚0.21 m的铁矿层。

三、水文地质环境地质灾害地质调查

1. 1∶5万横山桥幅、芜湖市幅环境地质调查。已完成全区的工程地质调查及横山桥幅南部、芜湖市幅东部的水文地质点调查工作。

2. 1∶5万周潭幅－大通镇幅环境地质调查。为2015年新中标项目。对周潭幅、大通镇幅工作区进行了初步的遥感解译，对周潭幅、大通镇幅及周边地区进行了野外踏勘及调研。

3. 皖江经济带河湖冲淤变化研究与岸带稳定性评价。为2015年中标项目，目前已完成高密度电阻率法物探3000点。

4. 皖江示范区高标准基本农田示范县农业水文地质调查。为2015年中标项目，目前已完成1∶5万水文地质调查200 km^2、1∶10万水文地质调查500 km^2。

5. 安徽省合芜蚌自主创新改革试验区地质环境调查评价。基本查明合芜蚌工作区内水文地质、工程地质、环境地质条件，基本掌握了区内地质灾害现状、矿山地质环境问题、旅游资源、地下水资源分布及开发利用现状。

四、地质科学研究

1. 安徽省矿产资源调查成果综合集成与服务产品开发。项目开展了重要矿区的野外地质调研、资料搜集、采样及测试分析工作，加强了黑色金属、贵金属研编，编写总结报告。

2. 皖南新元古代中晚期岩相及古地理环境与成矿。项目在青阳百丈岩一带的蓝田组中发现沉积滑塌构造、滩相沉积；在东至的洪方、休宁的小溪等多处发现皮圆村组硅质岩中夹大量灰岩透镜体，并首次发现大量的层状、层柱状、柱状不同类型叠层石。

3. 安徽沿江地区中生代构造界面和构造样式调查。项目初步认为沿江地区金子运动属于隆升性质，提出金子运动面位于周冲村组与其上黄马青组之间的新认识。

4. 华北地台南缘岩浆作用与成矿研究。项目认为淮北后马场岩体寄主岩石可能来源于拆沉的大陆下地壳部分熔融，并随后受到地幔熔体的混染。

5. 皖南构造带形成演化及其与成矿关系。项目通过对研究区浅变质碎屑岩（板桥组、木坑组、牛屋组、周家村组等）进行锆石U－Pb测年，结果表明这些碎屑岩锆石U－Pb年龄集中在722～860 Ma之间；天井山地区金元素富集主要与NE向的石英脉蚀变有关，控矿构造为区内NE向的宁国墩－五城深大断裂，金含量最大达到4×10^{-6}。

五、地质调查信息化建设与服务

依托地质资料信息服务平台分别与合肥市地震局、安徽省地震工程研究院、合肥市规划设计研究院、合肥市轨道交通有限公司等多家单位签署地质资料信息共享利用框架协议。

铜陵地区地质资料信息服务集群化及产业化项目进一步完善了安徽“两化”工作规范，可提供数据分析评价、辅助成图、三维地质建模、地质信息产品开发、非密地质资料网络化发布与共享服务。

（方　懿）

福建省地质调查研究院工作

福建省地质调查研究院

概　况

福建省地质调查研究院是隶属福建省地质矿产勘查开发局的正处级事业单位，主要承担国家和地方公益性地质调查和战略性矿产勘查等工作。

内设办公室、财务科、总工程师办公室和党群办公室4个管理科室，下设区域地质调查所、矿产地质调查所、海洋地质调查所、地质环境调查所、物化探所和信息发展中心6个二级单位。2015年末，共有职工273人，其中正式职工235人、外聘人员38人。正式职工中，专业技术人员223人，其中正高级职称4人、副高级职称63人、中级职称104人。拥有区域地质调查、液体矿产勘查、固体矿产勘查、水工环地质调查、地球物理勘查、地质灾害危险性评估和地质灾害治理工程勘查7个甲级资质，地球化学勘查、遥感地质调查和地质钻探3个乙级资质，测绘丙级资质。

2015年，福建地调院贯彻落实安全生产责任体系“五落实、五到位”规定，深化安全生产标准化建设，积极开展危险防控和隐患排查治理，实现全年安全生产。

地质调查进展与成果

2015年，共承担地质调查项目28项，提交野外验收8项，提交报告10份，提交的项目设计、野外验收和报告优良率100%。

一、基础地质调查

（一）区域地质调查。

承担7个1∶5万区域地质调查项目，其中2个项目成果报告通过评审，2个项目完成野外验收。完成1∶5万调查面积约2971 km^2，其中福建1840 km^2，内蒙古477 km^2。

1. 福建4个项目：开展赖源等4幅、长汀县等4幅、连城县等4幅和建瓯市等4幅，其中赖源等4幅项目报告通过评审，长汀县等4幅与连城县等4幅完成野外验收。通过以上项目的开展，在工作区内多处划分出船山组、经畲组及童子岩组等重要含矿层位及其找矿标志层，发现矿化点24处，圈定1∶5万水系沉积物测量综合异常14处。其中，连城县等4幅、长汀县等4幅2个区调项目对闽西南地区浅变质地层进行重新厘定并建立了统一的划分标志；建瓯市等4幅区调新划分出北东向展布的变基性岩、变辉石岩等镁铁－超镁铁质岩及大理岩、变硅质岩等岩块，在大丘村变基性岩中发现斜长花岗岩岩块。

2. 西藏1个项目：改则县牙多勒等6幅项目通过报告评审，项目重新厘定区内地层、划分出一套构造片岩或增生杂岩，查明测区侵入岩的时空分布、将调查区15个侵入体归并为三个时代的岩体群，发现舍拉玛矽卡岩型铜金铁多金属矿点及那边热勒矽卡岩型金矿点，圈定1∶5万水系沉积物测量综合异常6处。

3. 内蒙古2个项目：军马场等4幅完成野外验收，乌力牙斯台等4幅项目报告通过评审。军马场等4幅划分出中侏罗世万宝组、中侏罗世塔木兰沟组与早白垩世梅勒图组等地层，重新厘定了区内地层层序；在浑迪音扎拉格一带发现一套早白垩世花岗斑岩，系统划分火山构造的级别和类型，将调查火山构造划分为7个Ⅳ级火山构造、83个Ⅴ级火山机构、2个Ⅵ级火山构造，发现金属和非金属矿（化）点10处。

（二）生态地球化学调查。

承担3个地球化学调查项目，其中区域地球化学调查1个、土地质量地球化学调查2个。光泽－柘荣地区1∶25万多目标区域地球化学调查项目完成野外采样工作。至此福建省实现1∶25万多目标区域地球化学调查全覆盖。福州1∶5万和长汀－连城地区1∶1万土地质量地球化学调查评价，系统获取了工作区土壤系列地球化学特征参数，评价了土壤养分丰缺状况和土壤环境质量，发现大面积富硒富锌土壤。

（三）海洋地质调查。

承担福建海域平海、浮叶地区1∶5万海洋区域地质调查项目1项，通过地质取样、物探综合剖面测量等手段，基本查明工作区海域海底沉积物、海流情况及海砂潜力等，初步圈定海砂（重矿物）资源找矿远景区。

协助青岛海地所完成福建海域1∶25万三沙幅海岛综合地质调查等工作，摸清了图幅内海岛资源状况。

二、矿产资源调查评价

（一）矿产远景调查与评价。

承担矿产远景调查与评价项目7项，分别为新市－象洞、川石－东游、大田－屏山和德化东洋等4个矿产地质调查，以及全省“三稀”资源、适中－霞村煤炭、西藏舍拉玛铜铁矿等3个矿产资源评价项目。通过以上项目的开展，系统评价了工作区找矿潜力及主攻矿床类型，提交铅锌矿产地1处，发现煤矿产地1处，发现钼、铅锌矿（化）点11处，圈定1∶5万水系沉积物测量综合异常38处、1∶5万高精度磁测磁异常28处。

（二）矿产资源勘查与评价。

1. 钨矿：《福建宁化行洛坑钨矿矿集区深部矿产战略性勘查报告》通过评审，圈定钨矿体12条，矿体厚度0.71～2.36 m，WO_3品位0.14%～2.25%，提交WO_3资源量1.55万吨，平均WO_3品位1.34%。

2. 银矿：福建省建瓯市奖坑银金矿详查，年度施工28个钻孔，完成钻探7196 m，见矿率100%，各孔分别见1～3条银矿体，单矿体厚度1.27～3.05 m，银品位83.10×10^{-6}～315×10^{-6}。扩大了原有矿体规模，发现一批银矿体，累计查明银矿资源量（332＋333）达中型以上，矿（化）带沿走向及倾向均未完全控制。

3. 煤矿：福建连城县坪上矿区煤矿普查项目报告通过评审，提交无烟煤（333＋334）资源量1556.39万吨，其中（333）资源量607.16万吨、（334）资源量949.23万吨。

三、水文地质环境地质灾害地质调查

承担3个项目，分别为环三都澳发展区地质环境综合调查、福州永泰县小城镇水工环地质综合调查及泉州城市地质调查。通过调查工作的开展，基本查明各工作区地质环境条件及土地质量状况，为城市规划及土地资源优化配置提供初步地质依据。泉州城市地质调查项目通过野外验收，基本查明工作区岩土体、地形地貌、断裂构造、岩体风化带等特征，建立了泉州地区第四纪地层层序，厘清了沉积物类型与成因、地貌形态组合与成因，为泉州地区的工程地质标准层建立提供基础资料；通过海岸带变迁、富硒土壤和应急水源地等专题研究，为泉州市规划建设海岸带、旅游地质及农业地质提供基础资料，对可能作为应急地下水源地的泉州北峰和惠安黄塘水源地提出保护措施与保护范围。

四、地质科学研究

承担科研项目3项，分别为福建区域地质调查与片区总结、福建省（含台湾）矿产地质与区域成矿规律综合研究和闽台中生代构造－岩浆区区域地质专项调查。

1. 福建区域地质调查与片区总结。项目成果报告以优秀级通过评审，项目综合、集成了近30年来台湾基础地质调查研究成果，对台湾省区域地质特征及研究进展进行了全新总结。

2. 福建省（含台湾）矿产地质与区域成矿规律综合研究。完成福建省铜钨钼等8种有色金属及稀土金属矿产地质志分册编写，以及台湾省铜、镍、铝土矿有色金属及稀有金属矿产地质志编写。

3. 闽台中生代构造－岩浆区区域地质专项调查研究。到台湾地区开展实地调查和研究，收集了大量第一手野外调查资料，并与台湾地学工作者深入交流，推进两岸基础地质调查与研究。

五、地质调查信息化建设与服务

1. 区域地质图数据库建设（福建）。完成麻沙幅等7个1∶5万地质图幅空间数据库建设，并以优秀级通过最终验收。

2. 台湾地质文献数据库建设。进一步充实了馆藏台湾地质资料，建立了大陆目前最全的台湾地质资料文献数据库。

（包胜志）

江西省地质调查研究院工作

江西省地质调查研究院

概　况

江西省地质调查研究院是一支以中高级专业技术人员为主的省级公益性A级地质调查队伍，是省科技厅认定的省级科研单位，被授予全国文明单位。下设20个职能科室和18个业务部门；在职在岗职工

401 人，其中大学本科以上学历 244 人（含博士 3 人、硕士 57 人），专业技术人员 317 人（其中，高级以上职称 108 人、中级职称 105 人），主要承担国家基础性、公益性和战略性地质工作，业务领域涵盖了除油气之外的所有地质专业领域，包括基础地质、矿产地质、水工环地质、农业地质、城市地质、旅游地质、灾害地质、实验测试、数字国土、测绘及物化遥等领域；工作地域涉及江西省、西藏、新疆、非洲莫桑比克等区域。配置了各类装备、仪器和软件等 2100 余台（套）。全院始终以“安全第一、预防为主、综合治理”的方针，认真落实各项生产责任制和党风廉政建设责任制，实行第三方质量认证和地调局三级质量管理体系。2008 年 5 月，经人力资源和社会保障部批准设立全国博士后科研工作站，2011 年 5 月和 2013 年 5 月，分别经江西省编办批准，增挂江西世界矿产经济研究所和江西省现代农业地质研究所。

地质调查进展与成果

2015 年，共承担各类地质勘查项目 100 余项。项目来源主要有地调局、省国土厅、省地勘局、省科技厅、院自筹资金及商业性地质勘查。2015 年完成地调局 16 个续作和新开项目的立项论证工作及设计评审与审查工作，立项论证优秀率为 37.5%。完成了 5 个项目的成果报告评审工作，其中 4 个良好、1 个优秀。完成了 7 个项目的野外验收，其中 3 个获优秀。

一、基础地质调查

（一）区域地质调查。

1. 在乐平鸣山新发现中二叠世板内陆缘裂谷环境形成的火山岩（玄武岩），为研究晚古生代构造演化及成矿规律提供了重要的基础。

2. 对赣西地区南华纪下坊组进行了深入的岩相分析，重塑了其沉积构造环境，进一步研究了硅铁建造成因，为分析“新余式”铁矿展布规律提供了新资料。

3. 对赣闽二省交界地层划分数十年的争论区开展了系统的对比研究，初步统一了震旦纪地层划分方案，为赣闽二省地质构造认识提供了新的思路。

（二）农业地质。

围绕鄱阳湖生态经济区、赣南原中央苏区等地对土壤重金属污染调查与防治、富硒土地调查与产业开发布局等方面开展了大量工作。完成了赣州地区土地资源地质环境调查项目的野外验收和数据验收（两项均获优秀级），与兴国县、石城县达成地质遗迹服务意向等。通过向南昌市政府对接，在进贤县开展富硒土壤资源开发选区的技术服务工作。

二、矿产资源调查评价

1. 江西龙头岗－焦塘地区新发现矿点 2 处（枧坞、丰山坞），矿石质量达到工业品位，有进一步工作价值。

2. 在洲上－靖安地区新发现 3 处高岭土矿点，伴生稀有金属铷元素，为稀有金属找矿提供了重要的找矿线索。

3. 西藏康托矿产远景调查。在测区新发现 4 处矿点，圈定了下一步找矿靶区。

4. 新发现江西省高安市九美瓷土矿矿产地 1 处，预计矿石资源量（332＋333）70 万吨。

5. 江西省高安市北头煤矿。钻孔见煤情况较好，多孔见可采煤层，估算资源量约（333＋334）2634 万吨，显示出整个付家圩向斜盆地（230 多平方千米）内良好的找煤前景。

6. 江西省万载县三十把铜多金属矿普查。项目在矿区地表发现 12 条铜矿（化）体。估算铜资源量（333＋334）6.69 万吨，达小型规模。

三、水文地质环境地质灾害地质调查

开展江西 1∶5 万九江等 4 幅环境地质调查项目，查明了长江湖口、彭泽段沿岸的地貌特征、地层结构特征、溶岩分布范围及发育特征；西南岩溶地区 1∶5 万水文地质环境地质调查项目，通过钻孔发现多处水源地，解决了当地上千居民的饮水问题，并在岩溶区新发现温泉露头点 3 处；鄱阳湖生态经济区环境地质综合调查项目完成野外验收并获优秀级；配合地调局完成了《长江经济带国土资源与重大地质问题图集》的编制。

四、地质调查信息化建设与服务

1. 承接南京地调中心江西区域地质图数据库建设项目，并通过专家评审验收。

2. 服务国家“一带一路”发展战略布局，在门户网站新增“一带一路”地质矿产经济专栏，下设“国家战略愿景与行动”“沿线区域经济社会概况”、“地质矿产勘查开发”3 个栏目；编制完成 3 期《世界矿业消息》，对国内外重要的矿业开发、矿业政策、矿权等信息进行了整理汇总并对境外矿业投资风险进行提醒。

五、其他

分析测试和选矿工作：共承接各类样品分析测试 62 663 件，完成东乡佛子岭铅锌矿等 4 个选矿实验。

（陈　芝）

山东省地质调查院工作

山东省地质调查院

概　况

山东省地质调查院是2000年9月，经山东省机构编制委员会批准组建的公益性地质调查事业单位，隶属山东省国土资源厅管理，2015年9月经山东省机构编制办公室批准，加挂山东省国土资源厅矿产勘查技术指导中心牌子。主要职责任务是根据国家和省社会发展需要及国土资源规划、计划，承担国家、省基础性、公益性地质调查和战略性矿产勘查任务，为国民经济和社会发展提供基础地学信息资料，为政府对国土资源规划、管理、保护和合理开发利用提供科学依据，并向社会提供公益性服务。

山东地调院下设办公室、党群办公室、财务部、人事部、技术与质量部5个管理部门和地质所、矿产资源所、水文环境所、物化探所、信息遥感所5个业务科室。现有职工96人，平均年龄39岁，党员比例达79%，大学本科以上人员占96%，研究生以上学历人员占36%，专业技术人员占90%，高级职称以上占60%。

2015年，山东地调院认真贯彻“安全第一、预防为主”的安全生产方针，全年未发生任何安全责任事故。成果获得国土资源科学技术奖一等奖1项，国土资源科学技术奖二等奖1项，局地质科技奖一等奖1项，山东省国土资源厅科学技术奖一等奖5项、二等奖6项、三等奖3项，获得新型专利技术2项。先后涌现出李四光地质科学奖野外奖、山东省有突出贡献的中青年专家、济南市专业技术拔尖人才、山东省“三八”红旗手、第十五届青年地质科技奖金锤奖、全国地勘行业“最美地质队员”、全省国土资源系统首届“十大道德模范”等地学科技尖兵。连续7年保持“省级文明单位”称号。

地质调查进展与成果

2015年，山东地调院共承担地调局项目11个，山东省地质勘查项目16个。提交主管部门验收的项目16个，获得优秀成果项目12个、良好项目4个，优良率100%。

一、基础地质调查

（一）区域地质调查。

2015年，共完成1∶5万区域地质调查200 km²，1∶1万地质剖面测量46 km，各类样品测试3900件。完成了山东省地质系列图件编制与综合研究，编写了新一代《山东省区域地质志》，系统研究了山东省地质演化规律；开展了潍北地区区域地质调查，基本建立了莱州湾南岸第四纪岩石地层格架，首次在昌邑东北一带发现牡蛎礁，识别了晚更新世以来的4次海侵事件并进行了区域对比，确认了全新世海侵是第四纪地质史上最大规模的一次海侵；在胶州发现具有铱元素异常的陆相白垩纪与古近纪地层界线，属中国首次发现。

（二）地球化学调查。

2015年，共完成1∶25万农业区域生态地球化学评价4 km²，城市生态地球化学评价650 km²，典型地区1∶5万多目标调查470 km²，获取了土壤、大气、地下水和农产品等4500件样品70余项元素20多万个原始数据，全面摸清了山东省土地质量家底，圈定了富硒、富锌等特色土地资源，并首次对典型城市环境进行评价，首次对城市雾霾进行研究。

（三）地球物理勘探。

2015年，共完成1∶5万重磁测量2500 km²、重磁剖面测量260 km、推断断裂构造100余条、隐伏岩体20多处，圈定成矿远景区11处，并对平度断裂、招平断裂南延等问题进行了研究。

二、矿产资源调查评价

2015年，共完成机械岩心钻探17 652.57 m，采集各类样品约6315件。山东省莱州市招贤地区金矿普查项目在已完成的第一批钻孔中均发现具有工业品位的矿体，其中有一钻孔见明金，在该地区深部找矿尚属首例；山东省莱州北部金矿远景调查项目通过工作确定了三山岛断裂在三山岛北部海域的北延位置并发现厚大金矿体，分析该成矿带矿床分布规律，具有寻找大型至超大型金矿床的有利条件。通过物探在三山岛断裂带西部圈定的重力梯级带与焦家成矿带、三山岛成矿带均为同方向、等间距，有望成为胶东地区新的金矿成矿区。

三、水文地质环境地质灾害地质调查

2015年，共完成1∶5万水文地质820 km²、工程地质调查870 km²，开展地质与工程地质钻探5523 m、水文地质钻探200 m、海域钻探320 m，采集各种样

品1300件。开展的山东半岛蓝色经济区莱州湾南岸环境地质调查，初步建立了莱州湾平原区工程地质分层标准，查明了第四系沉积相对土体物理力学性质的影响；开展的沂蒙山革命老区抗旱找水工作，40余眼探采集合井解决了地方老百姓的饮用水问题；开展的济南城市地质调查项目，全面获得济南地下三维空间地质数据，为轨道交通建设提供了重要地质参数；开展的潍坊市滨海区区域地壳稳定性调查评价，评价了潍坊市滨海新区的地壳稳定性，为滨海新区建设提供了依据；在山东半岛蓝色经济区通过地下水污染调查评价，全面掌握了半岛蓝色经济区水文地质条件及其地下水水化学特征演变规律，建立了地下水污染与水资源保护信息数据库。

四、地质调查信息化建设与服务

完成6幅数据库建设，其中山东省1:5万区域地质数据库基本建设完成，为其他地质勘查项目的实施提供了基础地质信息数据，提高了地质勘查项目信息化水平；与航遥中心合作完成了山东省矿山环境监测项目的矿山开采疑似违法图斑的野外核查验证工作。

五、其他

2015年，山东地调院主办了山东省找矿突破战略行动经验交流现场会、整装勘查区勘查项目进展情况调度会、省财政地质勘查项目优选论证会等大型会议；承接了山东省地质勘查资质年度检查和勘查项目年度检查工作；组织地质勘查项目设计审查、勘查实施方案审查及找矿突破战略行动5年目标评估等工作；修编了《山东省找矿突破战略行动实施方案》，对预期新增资源量目标及实物工作量等进行了调整，新增了地热、浅层地温能和海洋区域地质调查等工作部署；初步完成了《山东省海洋地质调查计划》的编写，明确了海洋发展战略的总体思路，制定了发展的主要目标，提出了基本要求，对主要工作进行了部署。

（陈　磊）

河南省地质调查院工作

河南省地质调查院

概　况

河南省地质调查院是2000年8月经河南省机构编制委员会批准组建的公益性地质勘查事业单位，隶属河南省地质矿产勘查开发局管理。主要职责是承担国家和省政府确定的基础性、公益性和战略性地质调查任务；承担并组织实施全省地质灾害、地质遗迹、环境地质调查及评价工作；为国家和省政府对国土资源规划、保护和综合利用等提供有关基础地质资料。

单位现有在职职工447人，专业技术人员380人，其中教授级高级工程师40人、高级工程师110人、工程师125人，博士、硕士102人，享受国务院政府特殊津贴专家1人，河南省学术技术带头人4人，河南省拔尖人才13人，第十四次李四光地质科学奖野外奖1人，中国地质学会第一届野外青年地质贡献金罗盘奖1人，“河南省五一劳动奖章”1人。拥有甲级资质10项，其中地质勘查资质7项，地质灾害勘查、设计、危险性评估资质3项。内设11个职能管理部门、13个专业中心、2个服务单位。

认真贯彻“安全第一、预防为主”的安全生产方针，加入地调局安全生产管理保障系统，加强安全生产和保密工作，全年未发生安全生产责任事故和失、泄密事件。已确权土地占用面积37 381.10 m^2、房屋建筑面积7683.32 m^2，拥有各类地勘专用仪器设备185台（套）、汽车32辆，固定资产总额9805.66万元。

2015年，荣获国土资源科学技术奖一等奖1项、二等奖1项，河南省科学技术进步奖二等奖1项，河南省国土资源科学技术奖5项，河南省地勘局科学技术奖12项。被授予全国地质勘查安全生产优秀单位，河南省地矿系统“安康杯”竞赛优胜单位等荣誉称号，通过“河南省文明单位”年度复核。

地质调查进展与成果

2015年，共承担各类地质项目61项，其中中央财政项目25项、地方财政项目14项。经业务主管部门评审设计32项、组织野外验收项目14项、提交成果报告10项，优良率达100%。

一、基础地质调查

（一）区域地质调查。

在省内内乡、栾川地区，省外青海、新疆等地区，共开展22个1:5万图幅区调，2015年度完成填图面积3200 km^2；在河南省境内首次查明了晚震旦世灯影组与新元古代耀岭河组的接触关系，获得了大量化石和同位素年龄资料；完成了《中国矿产地质志·河南黑色金属卷》初稿，初步开展了铜、铅、锌、银、钼、钨、金、煤、铝土矿、水泥灰岩矿产的研编工作。

（二）城市地质调查。

中原城市群城市地质调查项目野外验收及成果报告均以优秀级通过评审。郑汴新区城市地质灾害与地质环境综合调查评价项目建立了郑汴新区地质环境监测网络和大区域工程地质三维可视化模型；实施的郑州航空港区城市地质环境综合调查评价项目，为航空港区的规划建设提供了可靠的地质资料和有力的技术支撑。

（三）农业地质调查。

完成商丘地区 1∶25 万多目标地球化学调查 2100 km^2，基本查清土壤元素含量特征及其分布规律。开展富硒土地资源调查和土壤修复技术方法研究，建立河南省富硒空间数据库，初步圈定河南省绿色富硒耕地 378 万亩。

（四）遥感地质调查。

重点开展了河南省矿山地质环境遥感监测、黄河中游地区国土资源遥感综合调查等 5 个项目，完成不同比例尺的遥感地质解译近 40×10^4 km^2。通过多源遥感数据处理与研究，初步实现了多源、多层次遥感技术的综合应用；初步建立了省内林地、草地、湿地、土地荒漠化等遥感解译标志，编制了全省自然资源和环境现状遥感解译图，并对其分布特点进行了分析研究。河南省矿山环境监测项目初步完成了河南省矿山环境监测数据库建设，该成果已应用于省级国土资源管理部门土地矿产卫片执法监督检查工作。

二、矿产资源调查评价

（一）能源调查评价。

完成“郑东页岩气”第一口预探井（牟页 1 井）排采试验，获页岩气日流量 1256 m^3/d。“郑西页岩气”通过前期勘查和评价，优选出穆寨页岩气有利目标区，正在进行第一口预探井验证施工。

（二）固体矿产勘查。

1. 2015 年，提交特大型钼矿产地 1 处、超大型岩盐矿产地 1 处、大型铝土矿矿产地 1 处。其中，栾川县冷水钼矿预查新增（334?）钼资源量 82.27 万吨，濮阳县梨园岩盐矿普查提交（333＋334?）岩盐资源量 112 亿吨，渑池县礼庄寨铝土矿普查提交（333＋334?）铝土矿资源量 5047 万吨。

2. 新发现各类矿（化）点 32 处，圈定和提交找矿靶区 22 处，其中铷铍、铌等“三稀”矿产找矿靶区有望升级为大中型矿产地。

三、水文地质环境地质灾害地质调查

相继开展了中原城市群西北部重工业基地环境地质调查，洛阳盆地地下水污染调查评价，济源市重金属污染土地修复治理示范工程研究，洛宁县、新密市 1∶5 万地质灾害详查等工作，完成 1∶25 万区域环境地质调查面积 2000 km^2、1∶5 万水工环地质调查面积 2120 km^2。

四、地质科学研究

1. 通过在栾川整装勘查区开展深部资源勘查技术集成、关键基础地质研究等科研项目，建立了栾川矿集区三维地质模型，预测深部超大型钼矿床 1 处，提出了栾川矿集区钨钼矿“三维建模和立体预测—矿床（体）预测—钻探工程验证”深部找矿技术方法组合，经相关勘查项目验证，最大见矿厚度达 300 余米，预估钼资源量超 200 万吨；在康山－上宫金成矿带提出“激电中梯＋激电测深＋可控源＋地井激电＋钻孔原生晕”含金硫化物矿床深部找矿预测技术方法组合，经相关勘查项目验证，初步估算资源量金 41 吨、银 1000 吨、铅锌 67 万吨。

2. 依托地下清洁能源勘查开发产业技术创新战略联盟科技平台，成功申报河南省重大科技专项河南页岩气勘查开发及示范应用研究；博士后研发基地连续两年被评为“河南省优秀博士后研发基地”，并成功升级为博士后科研工作站。有 1 项成果被鉴定为国际先进水平。公开出版专著 6 部，发表论文 18 篇，其中 SCI 论文 2 篇、EI 论文 1 篇、中文核心期刊论文 17 篇。

五、地质调查信息化建设与服务

1. 继续开展国家基础地学数据库建设工作。完成 12 幅河南省内 1∶5 万区域地质图空间数据库建设；开展了地质资料细目研究工作，提交了原始地质资料汇交范围。

2. 在省政府支持下，和军工单位合作共同研制的基于卫星的远程会商系统成功上线运行。远程会商系统是在河南地调院基于卫星远程找矿指挥中心硬件基础上研制的软件系统，将原来的固定地点（如指挥中心）指挥功能扩展增强为随时随地远程会商。远程会商系统具备数据通信、疑难求助、技术指导、决策分析、统一调度等功能。

六、其他

2015 年 11 月 22～23 日，作为承办单位配合中国地质学会水文地质专业委员会在郑州召开了中国地质学会水文地质专业委员会 2015 年年会暨地下水高效利用与可持续发展研讨会，依托河南省地球化学生态修复工程技术研究中心，于 7 月 12 日组织召开了河南省生态学会土壤修复专业委员会成立大会暨第一届学术会议。河南地调院当选土壤修复专业委员会首届主任单位。

（蔡春楠）

湖北省地质调查院工作

湖北省地质调查院

概　况

湖北省地质调查院隶属湖北省地质矿产勘查开发局，为公益一类事业单位，是湖北省省级地质调查队伍的主体，为国家和地方建设提供公益性、基础性、战略性专业地质调查服务。现有甲级资质9个、乙级资质3个，通过GB/T19001:2008质量管理体系认证。秉承“和谐、求实、奉献、创新”院训，建设有院士工作站、博士后流动站创新研究基地、国土资源部“三稀”重点实验室，是国家自然科学基金依托单位，是地调局授予的“省级公益性地质调查队伍能力建设A级单位”和湖北省国土资源厅授予的“湖北省国有地勘单位找矿能力评估AAA级单位”。

院内设有9个职能部门及12个直属机构。现有在编职工330人，其中享受国务院政府特殊津贴2人，高级职称91人、中级职称79人。截至2015年底，拥有各类地质勘查设备仪器1582台（套），仪器设备原值3190.49万元。

建院以来，该院共完成中央、省级财政资金项目300余项，获国家、省科技成果奖及地勘成果奖20余项。2015年度，荣获“2013～2014年度湖北省级文明单位”“湖北省2014年安全生产先进单位”“武汉市2014年道路交通文明安全先进单位”等荣誉称号，被地调局通报表扬为2015年优秀地质调查单位。1:5万高店子区调项目获地调局中南项目办“地质调查资料提交优秀项目”。田望学荣获“全国先进工作者”称号，陈觅荣获“省直机关青年岗位能手”称号，申锐莉荣获“湖北省女职工建功立业标兵”“省直机关优秀共产党员”称号。

地质调查进展与成果

2015年度，共承担各类项目163项，其中财政类项目51项、市场类项目112项。地调局下达中央财政项目24项（新开4项），在全面完成各项任务的基础上，取得生产科研多方面成果。

一、基础地质调查

（一）区域地质调查。

完成了1:5万水坪、三岔、骡坪、宣恩、岳武坝、大悟等25.5个图幅6个项目区调的年度工作任务。两竹－随州构造带物质组成演化及含矿性研究、扬子北缘晋宁期构造带演化与含矿性研究等科研项目取得阶段性成果。在红安大别地区识别出了多期变质变形花岗岩类及可能与Rodinia超大陆裂解事件有关的双峰式火山岩。在鄂西地区首次获取了中二叠世与晚二叠世界线附近高精度锆石U－Pb年龄值（260.0±2.0 Ma）。

（二）地球化学调查。

开展了4项“金土地”工程土地质量地球化学评价项目和2项土地环境地质调查项目。完成1:25万长阳－恩施地区5000 km^2（累计13 000 km^2）的采样，初步圈定富硒（0.4 μg/g以上的）土壤面积2000余平方千米。查明了丹江口库区生态地质环境现状。在巴东县、仙桃市等地新发现富硒土壤230 km^2，有力促进了仙桃市“荆楚香”天赋硒米品牌的确立及推广。

二、矿产资源调查评价

（一）固体矿产资源调查评价。

新发现宜昌市兴山县徐家河银钒矿、五峰县岩屋槽煤矿以及秘鲁（阿雷基帕大区）CERROREDONDO铜矿等3处矿产地，其中徐家河银钒矿估算V_2O_5和Ag资源量（334_1）分别10.31万吨和445.48吨，达中型规模；岩屋槽煤矿估算（333＋334_1）煤资源量4782.38万吨，接近中型规模；秘鲁（阿雷基帕大区）CERROREDONDO铜矿估算资源量铜2万余吨、金3.5吨，达小型规模。在两郧－两竹地区、随州－麻城地区取得重要进展。竹溪县天宝铌矿普查扩大了Ⅰ号矿带规模，地表控制长度由7 km延伸至15 km，新发现Ⅳ号矿带，长度3.3 km，宽15～78 m，达特大型规模。麻城市两路口钨钼矿普查圈定6条钨矿化体，其中Ⅰ号矿体估算钨资源量（333＋334）约1.12万吨，达中型规模。蕲春县梨木岭铜钼矿在金沟村一带新发现钨矿体3处，矿体厚度0.72～4.44 m，品位0.22%～0.53%。在随州新发现车店石墨矿，圈定4条矿（化）体，长度115～1100 m、厚度10～60 m、片径0.01～0.2 mm。

（二）能源调查评价。

秭地1井、鹤地1井、秭地2井等新发现显示大冶组下部、牛蹄塘组一段、三段、陡山沱组二段等层段页岩气勘探前景巨大。秭地1井在牛蹄塘组和陡山沱组钻获页岩气，含气量高，现场解吸气量分别为 0.473～1.496 m^3/t、0.234～1.047 m^3/t，在陡山沱组获突破性进展，显示黄陵背斜东（南）翼具页岩气勘探潜力。鹤地1井发现二叠系—三叠系多个页岩气层位，鹤峰区块大隆组、龙潭组、孤峰组及下窑组可合并为一个复合页岩气勘查层系进行综合勘探。秭地2井牛蹄塘组中部最优质层段达30 m，平均含气量达 2.43 m^3/t。

三、水文地质环境地质灾害地质调查

长江中游武汉城市群深部地质调查和武汉都市发展区环境地质调查调查专项项目成果验收均获优秀。参与确立了《武汉市标准地层表》，新发现地质灾害点45处，评定国家级地质遗迹景观6处，发现富硒土壤资源分布区4处。首次建立了武汉市主城区1∶5万三维地质概念模型和城市地质数据库。

四、地质科学研究

2015年，承担地调局湖北省地质系列图编制与综合研究（地质志修编）、湖北省矿产地质与区域成矿规律综合研究（矿产志）及省财政、局预算科研等地质科研项目7项。其中，地质志修编项目编制完成了1∶50万湖北省系列地质图，在省内识别出包括新发现的大洪山晋宁期造山带在内的3套洋陆转换增生杂岩带和弧盆系，提出了统一扬子克拉通基底是由多陆块在青白口纪拼合而成的新认识。

五、地质调查信息化建设与服务

全年共完成10个标准图幅1∶5万区域地质图空间数据库和5.5个图幅矿调成果数据库建设，开展了湖北省8122个重要地质钻孔的数据库建设。全年开展了11个项目资料整理汇交工作，已取得6个汇交合格证。在信息化服务领域，完成了湖北省重要地质钻孔数据库建设，部署了钻孔数据库服务平台，并面向社会提供服务。

六、境外地质调查

经过对所属矿权的全面评估，完成筛选和维护续费，优选并延续了26宗探矿权，总有效面积 199.13 km^2，与荆楚富矿基金管理公司合资设立了秘鲁荆楚富矿矿业有限公司，签订了秘鲁 PUTACA-PAMPA（普塔卡邦巴）银多金属矿勘查合同。

七、其他

为社会提供地质技术服务的工作领域不断拓展，承担实施了土地预审、测量、水工环等项目112个，合同额、完成产值、实现收入同比分别增长约133%、93%、70%。

全面完成了《湖北省找矿突破战略行动2011～2020年实施方案》修编，湖北省经常性区划等经常性工作继续开展，新承担了湖北省页岩气资源潜力评价等系列重大技术咨询服务与研究课题。参与构建了湖北省境中央和地方事权地质矿产勘查项目库和《荆楚富矿行动》《湖北省找矿突破战略行动》地质矿产勘查项目库，为湖北省“十三五”资源规划和勘查规划编制提供了依据。

（邓　杰）

湖南省地质调查院工作

湖南省地质调查院

概　况

湖南省地质调查院隶属湖南省地质矿产勘查开发局，是一支集生产、科研于一体、专业性强的地勘队伍，主要承担国家和省级基础性、公益性和战略性地质勘查和科研任务。

2015年，湖南地调院在职职工459人，其中中、高级职称者176人（含研究员级高级工程师7人），硕士及以上学历者56人、本科及大专学历者265人。拥有在用设备1292台（套），设备原值35 016 380元，其中财政调拨178台（套），设备原值12 338 428元。

2015年，湖南地调院承担实施的湖南1∶5万城步县幅区域地质调查项目获湖南省人民政府科学技术进步奖三等奖，全国地质勘查进展跟踪体系建设及应用项目获国土资源科学技术奖二等奖，1∶5万花明楼幅水文地质图获中国地质调查局1∶5万水工环地质调查成果优秀奖。

地质调查进展与成果

2015年，湖南地调院共承担公益性地勘项目57项，总经费11 219万元。

一、基础地质调查

1. 1∶5 万召市地区地质矿产调查。新发现铅锌、重晶石等矿（化）点15处，共圈定了5个找矿远景区、4个找矿靶区。

2. 湖南1∶5 万石提镇地区地质矿产调查。初步建立了调查区内的构造变形序列，新发现矿（化）点10处，其中钒矿点1处、铜矿化点6处、铅锌矿（化）点3处。

3. 1∶5 万桑植地区地质矿产调查。基本查明了调查区构造形迹的展布特征，新发现铅锌、铁、重晶石及菊花石等矿（化）点12处。建立了调查区铅锌、铁矿找矿模型，共圈定4个找矿远景区、找矿靶区5处。

4. 1∶5 万官地坪地区区域地质矿产调查。新发现矿（化）点5处，其中铅锌矿（化）点2处、重晶石矿化点2处、赤铁矿点1处。划分找矿远景区8处，其中鱼山矿区Pb矿化较好。

5. 1∶5 万尹家溪地区地质矿产调查。查明了寒武纪及奥陶纪地层在区内的纵横向变化特征以及二叠纪梁山组与泥盆纪云台观组呈平行不整合接触关系。新发现铜多金属矿（化）点及铅铜矿化重晶石脉各1处。

6. 湖南1∶5 万铁丝塘地区地质矿产调查。对调查区岩浆岩的侵入序列进行了厘定，初步查明了衡阳盆地中冠市街附近玄武岩的分布特征，在区内圈定了52处综合异常。

7. 1∶5 万永顺县地区综合地质调查。初步建立和完善了区内地层系统，新发现磷矿与褐铁矿（化）点2处。其中磷质多呈豆状或角砾状的胶磷矿产出，最高含量可达60%以上。

二、矿产资源调查评价

1. 湖南苗儿山地区矿产地质调查。新发现矿点7处，其中金矿点1处、铜钨矿点3处、钨矿点3处。

2. 湖南大福坪地区矿产地质调查。新发现小铁冲铁矿、包家洞锰矿等矿点。

3. 湖南董家河地区矿产地质调查。圈出辰溪县鲇鱼洞－天门洞铅锌硫铁磷矿找矿靶区1处，矿体产于早震旦世金家洞组下段，划分为鲇鱼洞矿段、黄泥界矿段和天门洞矿段3个矿段。

4. 湖南黄金洞地区矿产地质调查。新发现周方、洲上、周家洞和石坳等8个金矿（化）点。周方金矿点发现5条金矿脉，金品位$0.10 \times 10^{-6} \sim 0.95 \times 10^{-6}$，洲上金矿点圈出5条金矿化脉，金品位$0.06 \times 10^{-6} \sim 1.55 \times 10^{-6}$，石坳金矿点圈出4条金矿脉，金品位$0.10 \times 10^{-6} \sim 1.95 \times 10^{-6}$。

5. 湖南宝山地区矿产地质调查。新发现铜多金属矿化点1处。

6. 湖南浣溪地区1∶5 万地质矿产综合调查。新发现高岭土矿点2处、稀土矿点2处、钨矿化点6处。白钨矿化点可见矿化带大于2 m。

7. 湖南省醴陵市雁林寺矿区恒石金矿边深部金矿普查。新发现了盲矿体23条，其中V27、V29、V38、V43为工业矿体，施工的8个钻孔7个见矿，见矿率87.5%，新增（333＋334）资源量金金属量5999 kg，其中（333）类金金属量880 kg，（333）类占14.67%。

8. 郴州市铁石垅矿区边深部铅锌矿普查。发现新矿体40个（工业矿体20个、低品位矿体20个）。初步估算，新增（333＋334）铅锌矿石量38.1万吨，Pb金属量16 351吨，Zn金属量4421吨，Ag金属量14吨。平均品位Pb为4.29%，Zn为1.16%，Ag为36.16×10^{-6}。

9. 湖南省平江县仕源矿区金矿预查。新发现12条金矿脉，呈北西（西）向或北北西向分布。圈出8个矿体，矿体长186～372 m不等，厚0.53～9.82 m，品位$0.53 \times 10^{-6} \sim 5.09 \times 10^{-6}$，初步估算其中6个矿体金资源量1442 kg。

10. 湖南省龙山县凤溪矿区铅锌矿预查。新发现硅化破碎带5处以上，矿体厚度0.9～3.4 m，平均品位Pb为1.70%～4.83%，Zn为2.45%～6.05%。

11. 湖南省资兴市硅石矿及饰面石材资源调查评价。新发现石英岩玉矿化点2处。

12. 湖南省新宁县界牌矿区铜多金属矿详查。发现1条白钨矿化云英岩化细粒花岗岩脉，脉宽1～2 m，WO_3品位0.06%～0.54%。岩脉上下接触带围岩——中粒斑状黑云母花岗岩中亦可见白钨矿化。

13. 湖南省浏阳市戴家洞矿区铜多金属矿普查。发现9个矿体，长150～350 m，厚0.53～3.77 m，Cu含量0.08%～0.759%，WO_3含量0.01%～3.24%。

14. 湖南省溆浦县黑岩屋矿区锑矿普查。发现矿体3条。其中Ⅰ号矿脉厚度2～5 m，Sb品位0.67%～5.41%，Au品位$0.19 \times 10^{-6} \sim 1.00 \times 10^{-6}$；Ⅱ号矿脉厚0.50～1.50 m，Sb品位3.85%～13.07%。

三、水文地质环境地质灾害地质调查

1. 长株潭城市群地质环境调查与区划。初步查明了朗梨幅地下水类型及富水性情况。已完成所有13孔水文地质钻探，进尺2000 m，涌水量2496.5 m^3/d；1∶5 万长沙等9幅环境地质调查初步查明了工作区岩土体工程地质类型、工作区富水地段水文地质条件，初步查明了工作区环境地质问题主要有水土污染、地面塌陷、崩塌、滑坡等地质灾害。

2. 湘中地区岩溶塌陷调查。调查岩溶泉295个，裂隙泉54个，岩溶泉总流量2342.94 L/s，新发现地下河18条，修正地下河管道4处。调查到塌陷点29个，调查到溶洞5处、地下河3条，出口总流量830 L/s。调查发育岩溶大泉1处，流量23.73 L/s。

3. 湖南蒸河岩溶流域水文地质环境地质调查。查明了水文地质钻探靶区的地质构造及岩溶发育深度，有效指导水文地质钻孔选点18处。探明允许开采量2734 m^3/d，可解决5万多人生活用水。

4. 长株潭沪昆高铁沿线城镇群地质环境综合调查。初步查明了工作区的岩性、厚度、含水层埋深、水量、水质情况，获取了水文地质参数，涌水量567.04 m^3/d。

5. 西南岩溶地区1∶5万水文地质环境地质调查。查明了工作区的主要环境地质问题为地下水污染及地下水位下降，提出了初步治理方案。新发现地下河12条，完成14个水文地质钻孔，成井11口，提交允许开采量1796.68 m^3/d。

6. 湖南省严重缺水地区抗旱找水勘查。在衡阳县杉桥镇铁冲村、新邵县坪上镇沙坪村2处开展了1∶1万水文地质调查、水文地质物探及水文地质钻探成井工作，抽水试验涌水量分别为316.8 m^3/d 和247.19 m^3/d。

7. 湖南重点岩溶流域水文地质及环境地质调查。查明了工作区的主要环境地质问题为地下水污染及岩溶石漠化。完成12个水文地质钻孔，成井5口，提交允许开采量597.54 m^3/d。

8. 湖南省娄邵盆地基本农田区土地环境地质调查。完成12个大气干湿沉降采集点的布设和60组灌溉水样采集工作，完成861 km^2 的土地环境地质调查工作。

9. 复合污染土壤典型污染物的空间分布规律和迁移转化途径研究。通过土壤淋洗柱实验，发现乙二胺四乙酸二钠是使土壤中重金属重新活化较为理想的活化剂，pH对重金属活化起到促进作用。

10. 湖南省临澧县1∶5万地质灾害详细调查。查明各类地质灾害点113处，共有地质灾害隐患点112处。

11. 湖南省张家界市武陵源区1∶5万地质灾害详细调查。查明各类地质灾害点244处。共有地质灾害隐患点237处，潜在威胁人口3109人，潜在经济损失25 210万元。

12. 湖南省澧水流域地质灾害调查评价。查明各类地质灾害点1587处，圈定1个地质灾害高易发区、1个地质灾害中易发区和4个地质灾害低易发区。

四、地质科学研究

1. 湖南省矿产地质与区域成矿规律综合研究。基本完成了《中国矿产地质志书——湖南卷》铅锌、铜、钼、铋、汞、锑、钨、锡、金、银等矿种部分的初稿。

2. 湖南“三稀”资源综合研究与重点评价。圈定平江县梅仙、雁下–断峰山找矿靶区2处。

3. 湘东地区花岗岩与成矿关系研究。发现花岗岩成矿主要与燕山期花岗岩关系密切。

五、油气资源调查

承担实施了湖南零陵1∶5万页岩气地质调查，基本查明了湖南省页岩气成藏条件并进行了远景区和有利区划分，初步确定奥陶系下部发育厚约200 m的页岩气目标层。

六、其他

2015年物化探工作方面，承担实施了湘潭市河东第二污水处理厂基坑支护、止水帷幕工程及土方开挖工程、湘潭锰矿采空塌陷区初步勘查和湘潭锰矿区矿山地质环境治理示范工程等施工项目。

（陈　鹏）

广东省地质调查院工作

广东省地质调查院

概　况

广东省地质调查院是隶属广东省地质矿产勘查开发局的公益一类正处级事业单位，业务上受地调局指导。主要承担国家和广东省基础性、公益性地质调查及战略性矿产资源勘查任务，为政府相关部门提供地质基础信息资料和技术支撑，并向社会提供公益地质服务。持有区域地质调查，固体矿产勘查，地球化学勘查，水文地质、工程地质、环境地质调查等4项甲级资质和液体矿产勘查、地球物理勘查2项丙级资质。

内设13个职能科室：办公室（党办）、人事科、总工程师办公室、财务科、安全设备科、监察审计室、规划协作办公室、基础地质调查室、矿产资源调查评价一室、矿产资源调查评价二室、水文地质环境地质调查室、物化探室（地质勘查技术室）、地质信息资料室。

2015 年，承担的珠江三角洲经济区农业地质与生态地球化学调查研究项目获广东省科学技术奖二等奖；广东省珠江三角洲经济区农业地质与生态地球化学调查评价信息系统及数据库建设项目获国土资源（广东）科学技术奖二等奖；广州城市地质调查和广东粤北地区锡铅锌多金属矿评价项目获广东省科学技术奖三等奖。广东地调院被广东省总工会命名为“广东省职工创新示范基地”，院团委获团省委授予“广东省五四红旗团委”称号，在广东省开展的“南粤地质人才工程”遴选中，有 2 人当选领军人才，6 人当选学科带头人，30 人当选技术骨干。

地质调查进展与成果

2015 年，广东地调院共承担各类公益性地质调查项目 24 个，其中续作项目 12 个、新开项目 12 个。

完成的主要实物工作量有地质测量、物化探、水工环、山地工程等。地质测量：1∶5 万区域地质（矿产）测量完成 3278 km^2，完成率 100%；1∶1 万地质测量完成 59.7 km^2，完成率 107%；地质剖面测量完成 198.86 km，完成率 150%。物化探：1∶2000 土壤氡剖面测量 6.4 km，完成率 100%；1∶1 万磁法剖面测量完成 85 km，完成率 100%；1∶25 万区域地球化学测量完成 1500 km^2，完成率 100%；1∶5 万水系沉积物测量完成 1403 km^2，完成率 100%；1∶1 万土壤测量 34 km^2，完成率 100%。水工环：1∶5 万水文地质、工程地质和环境地质调查各 420 km^2，水文、工程地质钻探 700 m。山地工程：钻探完成 1775 m，完成率 100%；槽探完成 4351 m^3，完成率 70%。

一、基础地质调查

1. 广东 1∶5 万厚街圩、小榄镇、容奇镇、太平镇幅区调。以岩性为主结合海洋氧同位素分期建立了第四系填图单位，对浅覆盖区主要隐伏断裂进行了揭露，探讨了断裂构造与第四纪沉积盆地的成生演化关系；构建了浅覆盖区第四纪松散层三维地质结构模型；动态分析了 33 年以来珠江口典型河道的岸线变迁。

2. 广东 1∶5 万明山嶂煤矿、高坡圩、砂田圩、谭江圩等幅区域地质调查。初步建立了调查区内晚中生代伸展构造体系，圈定综合异常 11 个，新发现高品位离子吸附型重稀土和铜银多金属等 3 个矿点。

3. 广东 1∶5 万单水口镇、三江、台山县、斗门镇幅区域地质调查。已全面完成野外工作并通过了验收。项目对前第四纪地层建立了 8 个组级岩石地层单位，将第四纪地层划分为 4 个组、6 个段和 1 个层级岩石地层单位，初步查明区内主要断裂构造和隐伏断裂的展布特征，新发现 1 个钨矿化点。

4. 广东 1∶5 万周陂公社、隆街公社、新丰县、马头幅区域地质矿产调查。新填绘出早侏罗世嵩灵组（Js）火山地层，获寒武纪水石组含火山晶屑石英杂砂岩夹层内自形岩浆锆石年龄 513 ± 23 Ma，认为该区在寒武纪有过一定的火山活动；圈定了半岭、凹头两个找矿靶区。

5. 广东 1∶5 万大布公社、罗坑圩、八宝山、横石塘幅区域地质矿产调查。发现于长田等地测水组之上大套碳酸盐岩中夹有顺层产出厚大于50 m的角砾状灰岩；在东北部下畔村、黄洞等地花岗岩中发育有中基性岩脉；通过水系沉积物测量圈出了大潭河等 4 个综合异常。

6. 广东 1∶5 万丰阳公社、大路边公社、东陂、连县幅区域地质矿产调查。新识别并填绘出巴平组、四望嶂组、大埔组等单位；对大东山岩体进行了解体。连州汛塘金矿找矿前景较好。

二、矿产地质调查

1. 广东福田地区矿产远景调查。共圈出综合异常 49 处，提交新发现矿产地 2 处圈定找矿靶区 3 个，获得资源量（334）WO_3 1.6 万吨、Mo 6000 吨、Pb + Zn 3.2 万吨、Au 2.95 吨、Ag 53.7 吨。

2. 广东中坝地区矿产远景调查。项目共圈出综合异常 31 处，新发现矿（矿化）点 11 处，圈定 A 类找矿远景区 5 个，圈定 A 类找矿靶区 3 个，圈出稀土找矿目标区 7 处，稀土找矿前景巨大。

三、环境地质调查

1. 珠三角地区岩溶塌陷地质灾害调查。基本查明了区内岩溶发育地质环境条件，岩溶塌陷分布发育规律及演化规律，在岩溶塌陷风险评价等方面取得了新进展。

2. 珠江口产业带地质环境综合调查（唐家幅、澳门幅）。基本查明了 1∶5 万唐家幅、澳门幅的水文地质条件、工程地质条件及主要工程地质问题；软土集中分布在填海区域，地面沉降主要分布于软土厚度超过 10 m 的地区；完成了唐家幅伶仃洋区 1965 年以来的海岸变迁图。

3. 广东阳江茂名地区多目标地球化学调查。基本查清了区内土壤地球化学分布特征及土壤环境质量现状，利用镉、汞、铅等 8 种重金属元素评价了土壤环境质量。

4. 华南地区重要地质遗迹调查。完成广东省重要地质遗迹调查169处，编制了1∶50万广东省地质遗迹分布图、地质遗迹保护名录、广东省重要地质遗迹评价等级各1份，并建立了数据库。

四、地质综合研究

1. 广东省“三稀”金属资源战略调查。重点在龙门县开展牛牯嶂岩体的铌钽为主的“三稀”矿产资源和热水岩体北缘离子吸附型重稀土矿调查，提交了广东重点矿集区稀土金属调查评价可行性报告和子项目总结资料。

2. 广东区域地质调查与片区总结。完成了广东省重力及香港、澳门特别行政区1∶100万重力异常图和航磁异常图的编制，完成了全省大地构造区划的初步划分，进行了全省岩石编图单位补充与修正。

3. 广东省矿产地质志编制与综合研究。完成了部分志书初稿的编写，初步厘定了广东省的矿床成矿系列，认为全省共有矿床成矿系列22个，归为16个类型，分属4个成矿系列组合，总结了广东离子吸附型稀土矿的成矿规律和成矿模式。

4. 广东厚婆坳地区锡金属1∶5万潜力评价。开展了新寮岽、厚婆坳等5个典型矿床的研究工作，完成了莲花山矿床矿产地质特征实地调查。

5. 广东雪山嶂整装勘查区专项填图与技术应用示范。研究认为大宝山可能存在两个成矿系统，建立了大宝山铜钼钨多金属矿的成矿模式；发现金门重点工作区矿产在平面上呈环状分带，垂向上分层。

6. 广东厚婆坳铜锡多金属矿整装勘查区专项填图与技术应用示范。初步建立了新寮岽矿区“多位一体”双层复合型成矿模式、田东－飞鹅山地区钨锡多金属矿成矿模式，认为厚婆坳矿床深部可能有云英岩型钨锡钼铋多金属矿体。

7. 利用遥感成果，开展广东省矿产资源开发利用状况、矿山地质环境、矿山环境恢复治理（含复绿工程）、矿产资源规划执行情况等遥感调查与监测工作，完成遥感解译179 800 km^2；查明广东省矿山开发占地总计28 731.71 hm^2；发现以滑坡为主的各类地质灾害及隐患106个；编制了矿山开发占地、矿山地质灾害、矿山环境治理、“矿山复绿”行动进展、矿山环境污染等系列成果图件和综合分析评价。

（方成义）

广西壮族自治区地质调查院工作

广西壮族自治区地质调查院

概　况

广西壮族自治区地质调查院是集科研与生产为一体的综合性地勘事业单位，隶属于广西壮族自治区地质矿产勘查开发局，主要负责基础性、公益性地质调查和矿产勘查工作；开展地质勘查工艺、技术研究；开展地热调查评价及其他地质工作。内设职能管理科室7个：办公室、人事科、财务科、总工办、矿业权科、安全生产科和离退休科。下属单位6个：矿产地质所、基础地质所、水文地质环境地质所、地球化学所、信息中心和测试中心。现有在职人员219人，专业技术人员180人，占全院总人数82%，其中教授级高级工程师7人、高级职称技术人员49人、中级职称技术人员55人、初级职称及以下69人。拥有12个勘查资质，甲级资质3个、乙级资质8个、丙级资质1个。完成并通过地调局省级公益性地质调查队伍能力建设评估复核，保持A级单位。拥有地面探测装备、地质环境装备、野外保障装备等各类地勘设备866台（套），总资产2070.33万元。2015年全年无安全生产责任事故。

荣获各类奖项合计8项：荣获全国国土资源系统先进集体，全区国土资源系统集体二等功，广西“十二五”农村饮水安全工程找水打井劳动竞赛“先进集体”；广西扶绥－崇左地区铝土矿矿产远景调查项目获2015年度局地质科技奖二等奖，广西龙州县金龙矿区铝土矿详查报告项目获2004～2014年广西地质学会十大地质找矿成果奖。黄桂强、梁礼革被授予“全区国土资源系统个人二等功”，覃选、林有全被授予“先进个人”称号，周怀玲获“全区离退休干部先进个人”称号。

地质调查进展与成果

一、基础地质调查

（一）区域地质调查。

承担1∶5万区域地质矿产调查续作项目3个。

1. 广西1∶5万西凉幅、月里街幅、麻尾幅、尧山幅区域地质矿产调查。首次发现晚三叠世双壳类化石。进一步查明顶茂（丹池）断裂多期次活动特点，水系沉积物测量圈定出16处综合异常。

2. 广西1∶5万坡头、木格、太平圩、古龙幅区域地质矿产调查。在野外调查工作过程中发现矿（化）点共有7处，其中金、铜、铅锌金属矿（化）点5处。

3. 广西1∶5万汀坪、两水、千家寺幅区域地质矿产调查。初步查明奥陶系地层层序、岩性特征及化石分布情况。在青白口系拱洞组与猫儿山岩体接触带发现数条玉髓脉，经鉴定已达到宝玉石级。在燕山期猫儿山花岗岩体外接触带发现了矿化，拣块样显示Ag、Sn、W达到了工业品位。

（二）区域地球化学调查。

1. 广西玉林地区多目标区域地球化学调查。调查区环境质量总体良好，Ⅰ、Ⅱ级土壤面积9226 km^2，占调查区总面积的83.8%。调查区富硒土壤面积达7584 km^2，占工作区总面积68.90%。至2015年底，广西累计完成1∶25万多目标区域地球化学调查总面积 4.5×10^4 km^2，除本年度调查的5000 km^2外，以往年度的样品分析测试已全部完成，圈定富硒土壤面积达 2.8×10^4 km^2。

2. 广西土地质量地球化学评价。对南宁市邕宁区、武鸣县、贵港市覃塘区土地质量地球化学评价初步成果表明，评价区主要农耕区土壤环境质量较好。圈定优良富硒耕地与园地约50.6万亩（水田约14.8万亩、旱地约30.1万亩、园地约5.7万亩），约占评价面积的11.77%。划定了评价区17个富硒土壤集中区。

（三）南宁城市地质调查。

初步编制了工作区第四纪地质图，大致掌握了工作区内第四纪地层的岩性和分布状况、地貌分布状况、地质灾害的类型和分布状况等。岩溶发育深度在120 m以上，溶洞多被泥质充填，钻孔涌水量较小，一般小于10 m^3/h；土壤环境质量总体良好，土壤养分普遍缺乏，土壤质量地球化学等级以良好土壤为主；发现了大面积富硒土壤。

二、矿产资源调查评价

承担的矿产远景调查与评价项目10个，其中新开4个、续作6个。共圈定化探综合异常38处、物探异常59处、成矿远景区4个、找矿靶区12处，发现矿（化）点18处。

1. 广西龙州－扶绥地区矿产地质调查（续作）。圈定找矿靶区2处，于渠洋地区发现合山组含矿铁铝岩，长度约50 km，厚约2～5 m；南坡地区发现合山组含矿铁铝岩，长度约60 km，厚1～3 m，矿石 Al_2O_3 含量在50%～70%之间，SiO_2 含量在10%左右，A/S 3%～10%。

2. 广西靖西－大新地区矿产地质调查（续作）。圈定碳酸锰找矿靶区3处，向都向斜南翼焕屯－金屯一带新发现五指山组锰矿层，出露长约1.5 km，已发现锰矿体1个（Ⅱ矿层），厚0.35 m，锰品位10.86%，Ⅲ矿层厚0.35 m，锰品位13.91%。

3. 广西五将地区矿产地质调查（续作）。圈定了综合异常16处，经初步查证，油罗金银钼异常区发现含钼、金矿化破碎带各1个，钼品位0.0107%～0.0137%，金品位 0.12×10^{-6}～0.4×10^{-6}；元山北金银铅锌钨锡异常区发现金、金银铅矿体各1个，金钨矿化体2个，钨矿化点2处。

4. 广西马江地区矿产地质调查（续作）。圈定化探综合异常22处，物探异常59处；密冲异常查证区新发现破碎带型金矿体1个，厚度约1 m，Au品位 1.23×10^{-6}；皇殿顶发现钨矿体1个，厚度3.80 m，WO_3 品位0.073%。

5. 广西柳州地区1∶5万页岩气地质调查。基本查清了工作区内页岩气目的层鹿寨组一段（C_1lz^1）、二段（C_1lz^2）、三段（C_1lz^3）的岩性组合特征、沉积环境及富有机质泥页岩发育的地质条件。通过分析评价，鹿寨组一段（C_1lz^1）、鹿寨组二段（C_1lz^2）具备大量生烃的物质基础，地层厚度分布稳定，是页岩气藏发育非常有利的地层组段。

6. 广西1∶5万金牙、平乐、沙里、月里幅矿产地质综合调查。在金牙矿区北部约7 km处发现F2断裂具弱硅化、褪色化、褐铁矿化。在金牙幅西南林耀发现一条锑矿化带，长约300 m。

7. 广西宝坛地区矿产地质调查。初步划分4个多金属成矿远景区，新发现1条含铜锡破碎带、1条铜锡矿化带、2条含方铅矿化的石英脉和2条含金重晶石石英脉破碎带。

三、水文地质环境地质灾害地质调查

新开水工环地质调查项目3个、续作项目9个。

1. 广西重点岩溶流域水文地质及环境地质调查（1∶5万贺州市幅）（续作）。进一步查明了工作区的水文地质条件，查明了工作区主要环境地质问题，发现贺州市周边天然水点和机民井部分地段地下水中铊元素存在超标现象，初步圈定了铊污染的范围；查明了地下水开发利用现状，成井6口，解决近5000人的饮用水问题。

2. 西南岩溶地区1∶5万水文地质环境地质调查（广西钟山幅、平桂幅、公会幅、贺街幅）。调查进一步查明了工作区水文地质条件，成井17口，可解决1.5万人的饮用水问题。通过野外调查和取样分析，发现工作区内有2个铊元素浓度集中超标区，经初步分析，望高工业园区有稀土、电子工业，因而对松木寨造成了铊元素明显的污染，其他地段铊元素超标可能与出露的黑色岩系有关。

3. 广西左江岩溶流域水文地质环境地质调查（1:5万龙州县幅、鸭水滩幅）。测区岩溶发育规模的分带性明显，初步查明岩溶管道性质，查明工作区存在的主要环境地质问题、地下水开发利用现状；通过探采结合，成井11口。

4. 桂中地区岩溶塌陷调查（1:5万柳城县幅）、（1:5万平山公社、江口公社幅）。主要查明了岩溶塌陷成因类型与时空分布规律，进一步查明了该区的水文地质条件，重点查明了工作区的人类工程活动，尤其是地下水开采活动的特征；查明了覆盖型岩溶区的盖层结构及空间分布以及典型区内岩溶发育特征及空间分布规律。

四、地质科学研究

基于水－碳耦合循环过程的岩溶碳汇评价方法项目获得2015年国家自然科学基金委员会青年科学基金项目资助，直接费用资助金额19万元。超低频雷达技术在干旱地区找水中的应用项目研制出的超低频雷达样机，设备轻便，探测方法灵活，能适用于野外复杂地形探测，实用性强。编制完成《广西地热能开发利用规划》。广西矿产资源调查成果综合集成与服务产品开发（矿产志）广西钨钼矿成矿规律研究、广西丘陵山区矿山生态环境科学考察等科研项目按设计正在推进。

五、地质调查信息化建设与服务

信息服务类项目有5个，以续作项目为主。全球主要矿产资源分布与潜力分析研究完成越南7幅地质图，毛里塔尼亚1幅1:100万、30幅1:20万地质图数据库建设，掌握了图幅范围内的矿产资源分布情况。完成广西1:5万地质图数据库和参与完成广西重要地质钻孔数据库、广西地质矿产勘查开发局地学基础数据系统建设项目。

（赵　琰）

海南省地质调查院工作

海南省地质调查院

概　况

海南省地质调查院于1999年8月成立，由1953年进岛的海南地质大队抽调精干人员组成，是具有独立法人资格的公益性事业单位，隶属海南省地质矿产勘查开发局。内设办公室、党办、计划财务科、总工办、质管办、组织人事科、安全科、设备科、经营科等职能管理科室和区调队、矿产队、水环评价与地灾防治中心（海岸带与海岛调查研究中心）、农业地质调查研究中心（水土保持和环境评价中心）、遥感信息中心、物探队、测绘分院、工勘施工处、土工实验室等专业队伍。主要承担中央与地方财政出资的区域性、基础性、公益性地质调查和战略性矿产勘查工作。全院现有职工335人，其中技术人员254人，大学本科或以上学历占80%。拥有各类仪器和设备466台（套）。

2015年，院获“海南省五一劳动奖状”，1人作为海南省唯一代表被党中央、国务院邀请到北戴河休假；被武汉地调中心评为地质调查资料提交先进单位；海南1:5万番阳幅、五指山幅、营盘村、乘坡幅区调项目被评为地质调查资料优秀项目。

地质调查进展与成果

一、基础地质调查

（一）区域地质调查。

完成海南1:5万东方县、感城、板桥、莺歌海幅区域地质调查地质填图350 km^2、第四纪地层剖面23 km、钻探1099.2 m、槽探1450 m^3；1:5万铺前市、景心角、三江市、翁田市、大致坡幅区域地质调查填图面积272 km^2，1:5000侵入岩地质剖面12.62 km、槽探510 m^3。五指山地区发现约250 Ma的深变质岩，儋州地区发现约240 Ma的双峰式侵入岩组合和约250 Ma的高压低温变质岩，文昌地区发现约250 Ma的“木兰头杂岩”，东方地区发现了变质核杂岩迹象。

（二）地球化学调查。

海南省典型地区多目标地球化学调查（续作）。完成专项地质测量和专项生态环境地质测量117 km^2，完成了2015年度8个大气干湿沉降物样品收集缸的布置，采集面积性土壤样品684件、灌溉水样品21件、其他水体和配套底泥样品14套（另有5件底泥）、农产品－根系土配套样品63套（稻谷、菠萝、荔枝、芋头、辣椒等）。确定了1∶5万土地质量地球化学评价中养分、环境等指标评价标准。完成了调查区土壤养分、环境单指标和综合指标地球化学等级划分。

二、矿产资源调查评价

1. 海南大母岭－雅亮地区金钼多属矿调查评价（续作）。青隆岭查证区共圈定11个钼矿体。ZK001孔Mo品位为0.010%～0.036%，ZK201孔Mo品位为0.010%～0.049%，ZK601孔Mo品位为0.010%～0.13%。

2. 海南省昌江－东方地区矿产远景调查。完成1∶5万矿产地质测量草测600 km^2、槽探工程2000 m^3、土壤剖面测量20 km、1∶1万矿产地质测量（简测）8 km^2、钻探600 m。初步在区内划分了金矿A类找矿远景区3处（土外山－红甫门岭中深部构造蚀变岩型、红泉十八队－那都中深部石英脉型、不磨中深部石英脉型）、B类2处（峨麻岭构造蚀变岩型、俄龙岭－风塘岭石英脉型）、C类1处（叉河农场－红草村石英脉型）；提交了居便、白马岭、温村、包括4处重点检查区，报公口、华侨农场八队、金针岭、红草村4处矿产概略检查区；初步圈定了3处找矿靶区。

3. 海南省乐东县抱伦金矿接替资源勘查。成果报告编写工作已完成，初步估算Tr1含矿破碎带共7个矿体，共求获资源量（333）类矿石量645 650吨，金属量6138 kg；Tr4含矿破碎带共4个矿体，共求获资源量（333）类矿石量621 637吨，金属量4997 kg。合计资源量（333）类矿石量1 267 287吨，金属量11 135 kg。

4. 海南省东方市不磨金矿接替资源勘查。成果报告编写工作已完成，对Ⅱ号脉带0号和4号勘探线施工了钻孔，控制到的Ⅱ－1号和Ⅱ－2号矿体，共求得矿石量149 781吨，金属量1488 kg。

三、水文地质环境地质调查

1. 海南国际旅游岛水文地质工程地质调查评价。完成工作区（昌洒市幅）水文地质钻探与工程地质钻探工作，并完成了数据的录入，完成了地下水位统测、水样采集、溪沟测流工作，完成了白土村东南2 km海岸地段群孔抽水工作；查明了昌洒市幅及铜鼓咀幅地形地貌及地层岩性特征；基本查明了工作区地下水类型和分布以及水化学特征；基本查明了工作区内岩土体类型、分布及特征。

2. 海南西部滨海湿地地质调查与生态环境评价。海南岛西北部沿岸主要以红树林湿地类型为主，主要分布在儋州湾。在澄迈美浪湾也分布有红树林湿地公园，部分红树林已遭到破坏。昌江海尾湿地公园保护较好，主要以沼泽湿地为主，湿地植被覆盖度≥30%，是海南比较稀缺的内陆淡水沼泽湿地。

3. 海南海岸带综合地质调查。开展了工区内所涉及的1∶5万南山岭幅、九所幅、崖城幅、高峰幅、马岭市幅陆域1∶10万区域环境地质调查（修测）约900 km^2，开展25条调查路线，共布置了88个水井点和20个工程地质调查点；完成潮间带地质钻探1口，进尺21 m；完成海域表层取样100个站位、海水取样40个站位、海底浅钻钻探5口，开展了沉积物和海水样的现场测试工作。

4. 海南文昌航天城地质环境综合调查。完成了长坡市幅、潭门港幅的野外调查工作，目前地下水统测、溪沟测流、渗流试验、钻探正在开展之中。

5. 海南岛1∶5万翁田市幅、文昌县幅、冠南圩幅、崖县幅环境地质调查。完成崖县幅民井抽水、水位统测、地质浅钻、渗水试验、水文地质钻探800 m、工程地质钻探600 m。

6. 海南岛东寨港红树林分布区环境地质调查。全部或超额完成了项目合同书与设计书规定的野外工作。完成生态环境地质调查315 km^2、底泥574件、沉积柱底泥270件、水平剖面底泥60件、海水样30件、汇水盆地水样36件、红树植物样114件、人为污染源底泥及水30套。

7. 开展了海南岛重点海湾地质环境综合调查、海南省乐东县龙沐湾孔隙－裂隙型地热田热矿水预可行性勘查、海南省琼北盆地（老城－洋浦）层状地热资源调查、海南省三亚市海坡孔隙－裂隙型地热田热矿水预可行性勘查、海南省地质环境编图等省财政项目。

四、遥感与监测

1. 三沙市岛礁遥感综合调查与监测。开展西南中沙群岛岛礁遥感基础地质、土地资源、旅游资源、钻井平台分布现状等专题因子遥感调查，基本查明了西沙群岛第四系地层岩性、水文地质、构造等基本情况；并利用多期遥感影像图对土地资源利用现状进行对比，查明土地分布类型、占地面积及土地利用变化情况；开展西沙群岛工作区旅游资源因子进行详细的调查，查明旅游资源类型和空间分布情况，分析了西沙群岛旅游资源独有的特色。

2. 海南省矿山环境监测。完成了1∶5万重点区矿山开发状况调查 14 000 km^2，完成 1∶50 万海南省矿山地质环境编图工作。

3. 海南省矿产资源开发环境遥感监测。完成了遥感图像处理、室内解译、野外查证，提交了重点区工作简报。

4. 南部沿海地区国土遥感综合调查。完成海南岛 1∶25 万自然资源（林地、草地、地表水等）和生态地质环境（荒漠化、湿地、海岸带等）遥感解译面积 3×10^4 km^2。完成 1∶5 万重点区自然资源（林地、草地、地表水等）和生态地质环境（荒漠化、湿地、海岸带等）遥感解译面积 40 km^2。

五、信息化建设与地质科学研究

1. 海南省重要地质钻孔数据库建设。完成年度阶段性的海南省地质钻孔图表数据库，海南省地质钻孔数据库建设 2015 年度工作报告，工作日志、质量监控记录等相关文档。

2. 海南昌江－东方地区金矿整装勘查区关键基础地质研究（续作）。完成 1∶1 万岩性构造蚀变填图 20 km^2、1∶1 千岩性构造蚀变剖面 6 km、激电中梯剖面 6 km、CSAMT 剖面 2150 点、土壤地球化学剖面 6 km、地电化学剖面 6 km。

3. 海南省矿产地质与区域成矿规律综合研究（矿产志）。完成项目 2015 年度续作考核报告、年度工作方案和 2016 年度委托业务实施方案的编写与评审工作。完成部分矿种的研编工作。

4. 海南省古生物化石保护规划（2016～2020 年）。项目已完成成果报告及附图、附表编制工作，并通过了海南省国土资源厅验收。

5. 开展海口市云龙镇富锗富硒淮山标准的制定工作，海南省首个《富锗富硒淮山标准》通过评审。

六、境外地质工作

开展的坦桑尼亚盖塔省布孔贝孔贝区乌希龙博镇 PL9803 矿区预查和坦桑尼亚盖塔省布孔贝孔贝区乌希龙博镇 PL10491 矿区预查新发现 6 个金矿（化）体，最高品位 13.55×10^{-6}。

（张运会）

重庆市地质调查院工作

重庆市地质调查院

概　况

重庆市地质调查院属重庆市国土房屋管理局直属事业单位，是重庆市国土房屋管理局地质勘查技术支撑单位，院设立办公室、总工办、财务科、基础地质科、资源评价科、古生物室、评审组、项目组、油气室 9 个职能部门。现有职工 36 人，外聘人员 53 人。其中教授级高级工程师 4 人、高级工程师 23 人、高级经济师 1 人、工程师 50 人。现已具备区域地质调查乙级资质、固体矿产勘查乙级资质、液体矿产勘查乙级资质及水工环地质调查乙级资质。主要承担全市地质调查、矿产资源勘查、水文地质勘查、油气资源勘查、古生物化石保护及矿业权技术管理服务工作；承担地质调查、矿产资源和水文地质勘查工作；开展地质矿产研究；开展项目监督检查，组织实施项目监理；建立地质信息系统并提供服务。同时也是一支以地质矿产高级技术人才为主体的地质矿产勘查项目管理队伍。

2015 年度，共实施各类地质矿产勘查项目 227 个（中央财政项目 25 个、市级财政项目 132 个、区县垫资项目 34 个、商业性项目 36 个），完成地质勘查投入共 2.32 亿元，其中中央财政 1.3 亿元、市级财政 9725 万元。

地质调查进展与成果

一、基础地质调查

2015 年度，全市 1∶5 万区域地质调查完成面积 9756 km^2，覆盖率达到 65.7%；1∶5 万区域地质调查部署率达到 77.0%。土地质量调查共开展 6 个项目，其中在荣昌，铜梁，城口等区县实施了 1∶5 万生态地球化学调查，全年完成面积 414 km^2，覆盖率达到 11.6%。发现富硒土地 322 km^2。

二、矿产资源调查评价

2015 年度，提交矿产地 29 处（新发现矿产地 21 处），其中超大型 1 处（兴隆锶矿床）、大型 3 处、中型 9 处、小型 16 处。提交（333）类及以上类别储量汇总累计探获煤炭 6.17 亿吨，锰矿石 170 万吨，铝土矿 2394 万吨，铁矿石 392 吨，钒矿物量 274 970 吨，钼金属量 20 610 吨，锶矿物量 1330 万吨，岩盐矿石量 53 亿吨。

1. 重庆秀山锰矿勘查。依托正在实施的秀山小茶园典型矿床与贵州松桃地区对比研究和整装勘查区关键基础地质研究的最新成果，结合现代成矿预测理论推测了獠牙、泡木岭、楠木庄、官舟村、宋农等5个成锰槽盆，通过钻探验证已获得獠牙盖成锰槽盆，矿体厚0.20 m、Mn品位9.55%。秀山锰矿整装勘查已探获锰矿石资源储量2249万吨（项目总体目标预期探获资源储量5000万吨），其中2015年探获202万吨。

2. 城口锰矿整装勘查。圈定了高燕、修齐、大渡溪深部找矿靶区，靶区面积达16.64 km^2。目前累计探获锰矿资源量590万吨（项目总体目标预期探获资源储量3000万吨）。

3. 锶矿整装勘查。大足兴隆延深普查阶段共施工了35个孔，30个孔见矿，矿床平均品位46.19%，平均厚度4.35 m，现探获的矿石量已达3152万吨，相当于73个大型矿床规模，且品位较高，易开发选冶，已成为亚洲最大的锶矿床。

4. 岩盐勘查。重庆市开展岩盐资源勘查项目4个，分别为合川区大石、忠县石宝、云阳县黄岭、长寿兴隆场岩盐资源勘查。完成钻探进尺20 699 m，完成勘查资金投入10 007万元，探获岩盐资源量约53亿吨。

5. 页岩气开发。完成全市页岩气勘探开发规划，确立了2016年实现页岩气产量突破30×10^8 m^3，产能达到50×10^8 m^3的目标。通过加强合作区块内页岩气勘探、非油公司中标区块页岩气勘探督察工作，主动联系区块所在地国土和政府部门，协调施工作业、建设用地等事宜，各区块勘探工作顺利推进。

三、水工环地质调查

岩溶找水是重庆市委、市政府关于“民生二十二条”的相关要求，通过在渝东北、渝东南岩溶缺水地区实施打井取水的地质勘查工作，旨在解决或缓解渝东北、渝东南岩溶缺水地区部分场镇和相对集中农户人畜饮水困难。2015年继续实施岩溶缺水区供水示范项目，共完成供水井66口，成井45口，成井率68%，试验出水量共5477 m^3/d，预计可解决5万余人饮水难题，超额完成了成井13口的年度目标任务。

四、古生物化石调查及保护

为加强古生物化石保护，抽调专人成立了古生物室，并落实专项工作经费，组织评审通过《重庆市古生物化石保护规划（2016～2020）》及《重庆市古生物化石保护规划实施方案》《重庆市古生物化石资源调查评价技术要求编制》《重庆市合川区大石街道恐龙化石修复及装架》《重庆市云阳县普安乡恐龙化石调查及保护方案》《重庆市云阳县普安乡恐龙化石勘查方案》《重庆市合川区大石街道恐龙化石修复及装架方案》和《重庆市重点保护古生物化石登记方案》。指导208地质队在重庆市合川区大石街道一个恐龙化石点进行抢救性发掘，发掘出一具完整度60%左右的马门溪龙骨架化石。在重庆市云阳县普安乡恐龙化石点调勘查工作中，揭露化石沿地层走向约540 m，化石层厚度近2 m，已发掘出古植食蜥脚类和肉食兽脚类恐龙化石。

五、地质科研成果

完成《重庆市区域地质志》初稿编写，详细编撰了重庆市沉积岩和沉积作用，地质构造以及区域地质发展史等内容。完成《重庆市岩溶石山缺水区地下水供水规划（2014～2023年）》《重庆市地热水资源勘查与开发利用总体规划（2015～2025年）》和《“重庆——中国温泉之都”发展建设规划》等3个规划项目。完成《重庆地区铝土矿成矿规律研究及铅锌矿找矿方法研究》，对重庆市铝土矿和铅锌矿找矿工作具指导作用。完成《中低品位铝土矿选冶试验和重庆地区铝土矿铝镓钪综合利用技术研究》，对铝硅比为3～4的重庆低品位铝土矿，获得铝硅比≥7的铝土矿精矿，Al_2O_3选矿回收率60%～80%；精矿拜耳法氧化铝溶出率≥80%。冶金提镓、钪作业回收率钪≥60%、镓≥70%。

六、实物地质资料库建设

正在开展实物地质资料库建设前期工作，完成了项目可行性研究报告编制。初步规划占地面积约100亩，总投资2.3亿元，实物库房两座，设计库容可储存150×10^4 m岩心，配套地质博物馆建筑面积2×10^4 m^2。

（秦　溱）

四川省地质调查院工作

四川省地质调查院

概 况

四川省地质调查院于1999年成立，是具有独立法人资格的事业单位，隶属四川省地质矿产勘查开发局。主要承担国家急缺矿产资源潜力评价，战略矿产资源勘查、区域地质、地球化学、地球物理、遥感地质、水文地质、工程地质、环境地质、农业地质、城市地质调查，应用技术研究及矿产资源规划等基础性、战略性和公益性地质勘查和研究工作。

核定编制175人，在册职工165人。各类专业技术人员153人，中高级职称107人（含教授级高级工程师16人）。博士7人、硕士48人。内设10个管理部门、2个中心、1个档案馆、10个生产及综合研究单位。

持有地调局颁发的质量管理体系认证证书，全年未发生安全生产责任事故。

现有设备753台（套），价值28 554 600.00元，新增设备68台（套），价值655 300元。

拥有区域地质调查、固体矿产勘查、地球化学勘查、遥感地质调查甲级资质，地质灾害危险性评估、地质灾害治理工程勘查甲级资质，环境污染防治工程甲级资质，水工环地质、液体矿产勘查、气体矿产勘查乙级资质，无人机航空摄影乙级资质，地球物理勘查丙级资质，地质灾害治理工程设计、地质灾害治理工程监理丙级资质，摄影测量与遥感、地理信息系统丙级资质。首批省级公益性地质调查队伍建设评估A级单位。

汶川地质灾害遥感与地质调查项目获国土资源部科学技术奖二等奖。四川会理－会东铜多金属矿评价，四川阿坝州生态地球化学调查项目获局地质科技奖二等奖。矿产资源潜力评价数据模型研制、开发、应用与数据集成建设获中国地理信息产业协会地理信息科技进步奖二等奖。

地质调查进展与成果

2015年，共承担国家和地方各类公益性地质工作项目34项。

一、基础地质调查

（一）区域地质矿产调查。

承担10个项目：云南香格里拉格咱地区东旺乡6幅区域地质矿产调查、青海省都兰县约格柔曲地区2幅1∶5万区域地质矿产调查、四川1∶5万孟获城5幅区域地质矿产调查、西藏扎布耶察卡北地区1∶5万4幅区域地质矿产调查、西藏腊丁地区地质矿产综合调查、四川水洛－克尔地区矿产远景调查、四川亚日贡－地巫地区矿产远景调查、四川卡斯－俄亚地区矿产远景调查、四川扎坝－古龙地区矿产远景调查、西藏自治区阿里地区江玛－赛登地区4幅矿产地质调查，完成填图面积6925 km^2、水系沉积物测量2129 km^2、区域重力测量300 km^2。

（二）生态地球化学调查。

在宜宾市兴文县、筠连县、凉山州普格县则木河流域、泸州市叙永县麻城乡、摩尼镇和达州开江等地区完成土地质量地球化学调查2557 km^2，获得了土壤中重金属、有益元素等24～27项元素或指标，有机氯农药残留19项指标，近地表大气层8～10种元素或指标，地表水49项分析指标，农产品10～51项指标数据，圈定富硒土地438.48 km^2，查明了特色农产品产地环境。

（三）遥感地质。

承担成都经济区城市群环境地质调查评价遥感解译，四川1∶5万开元场、魏城幅环境地质调查遥感解译，乌蒙山区小流域觉洛乡幅、美姑县幅地质灾害调查遥感解译，“4.20”芦山强烈地震灾区泸定县地质灾害详细调查。续作东昆仑成矿带矿产资源遥感地质调查、西南界河地区国土资源遥感综合调查、全球重要成矿带遥感地质矿产信息提取、四川省矿山环境监测等项目。

二、矿产资源调查评价

1. 四川“三稀”资源综合研究与重点评价和四川康定甲基卡锂矿普查。找矿获重大突破，在甲基卡外围新增锂辉石资源储量约14万吨，伴生的铌、钽、铍、铷、铯等稀有金属以及锡等品位可达到工业要求。

2. 四川乌蒙山区优势矿产资源调查评价。在四川金阳县西衙门磷矿初步探获磷矿石资源量达中型规模。同时根据地方政府需求，对普格县大坪石灰石矿进行初步评价，估算石灰石资源量约8600万吨。

3. 新发现中型磷矿产地2处、铜铅锌矿点9处。

甲基卡外围矿产地质调查新发现含矿伟晶岩脉，可望新增1处中型矿产地。四川整装勘查区关键基础地质研究，推动了四川省攀西钒钛磁铁矿和若尔盖铀矿整装勘查。

三、水文地质环境地质灾害地质调查

1. 乌蒙山重点地区水文地质填图两河口幅、米市幅。完成1∶5万图幅调查面积910 km^2。

2. 成都城市群环境地质调查评价。区内地下水具承压性较为普遍，水量较为客观，为区内红层区“贫中找富”小型集中供水，解决相对聚居区供水需求提供了可能。

3. 四川盆地地下水污染调查评价。基本查明了四川盆地地下水资源和污染状况及地下水天然防污性，编制了地下水污染防治区划。

4. 乌蒙山区小流域觉洛乡幅、美姑县幅地质灾害调查。发现工作区内岩体结构破碎，地质环境条件复杂且降雨量丰沛，暴雨猛烈，易诱发地质灾害，查清了调查区地质灾害发育数量、规模、范围及发育分布特征。

四、地质科技进展与成果

1. 四川典型重金属污染土地修复试验。开展了固化、植物及化学淋虑修复试验，采用几组不同配方钝化剂均可达到降低土壤中镉元素含量。

2. 编纂出版了《四川省成矿区带划分及区域成矿规律》《沱江榨菜优势产区生态地球化学特征》《川中丘陵区沱江生态地球化学评价》《青藏铁路沿线矿产资源遥感调查》《全国自然重砂资料应用实例》和《汶川地震地质灾害遥感调查研究》等6部专著。

五、地质调查信息化建设与社会化服务

四川省重要地质钻孔数据库建设，完成1322个项目清理，26 335个钻孔图片库建设。完成全国矿产资源潜力评价全国汇总组及六大区地调中心成果资料及数据库汇总。

（肖华蓉　秦宇龙）

贵州省地质调查院工作

贵州省地质调查院

概　况

贵州省地质调查院始建于1999年10月，2006年2月经贵州省地质矿产勘查开发局党委批准建实。下设综合办、财务科、总工办、质管办、基础地质调查部、物化遥调查部、矿产地质调查评价部、水工环调查部等管理部门和区调、矿产、水工环、物探、化探、遥感、旅游地质调查、图文中心、测试鉴定中心及综合研究室等业务机构。2010年在地调局开展的地方公益性地质调查队伍能力建设评估中获A级单位等级。被地调局评为2012年质量管理优秀单位，获地调局“2015年度地质调查工作表现突出单位”，通报表扬。

核定编制332人，现有在职职工284人，其中专业技术人员265人，拥有贵州省省管专家1人，贵州省局管专家4人、局管骨干11人；研究员11人、副高级职称77人、中级职称97人；博士8人、硕士44人、大学本科184人、大学专科23人。拥有区域地质调查甲级资质、固体矿产勘查甲级资质、地球物理勘查甲级资质、地球化学勘查甲级资质、遥感调查乙级资质、水工环地质调查乙级资质、岩矿鉴定乙级资质、地质灾害危险性评估乙级资质、地质测绘乙级资质、液体矿产勘查丙级资质、地质灾害防治工程勘查丙级资质。

2015年的安全生产工作以科学发展观为指导，始终坚持“安全第一、预防为主、综合治理”的方针，以“加强安全法治、保障安全生产”为主题，围绕基地、附样库管理、野外地质勘查、劳动保护药品的配备、野外临时租用办公地、交通安全、消防管理等方面及时发现和整改安全隐患，全年实现了安全生产。被中国职业安全健康协会地质勘探安全分会授予“2015年度全国地质勘查安全生产优秀单位”。

贵州地调院2015年初完成了从贵阳市五矿大厦、八公里及新添寨等地到新庄生产基地的搬迁。新庄基地建筑面积4034.8 m^2。

地质调查进展与成果

一、基础地质调查

2015年，贵州地调院共组织实施了21项基础地质调查项目，全年共完成1∶5万区域地质调查10 648（省外2030）km^2、1∶5万页岩气基础地质调查2500 km^2、1∶5万水系沉积物测量900 km^2、1∶5万水文地质调查 600 km^2、1∶5 万环境地质调查 910 km^2。贵州省基础地质调查工作累计共完成 1∶5 万区域地质调查 98 000 km^2、1∶5 万水系沉积物测量 28 000 × 10^4 km^2。使贵州省已完成 1∶5 万区域地质调查的国土面积比例由 49.6% 提高到 54.5%，已完成 1∶5 万水系沉积物测量的国土面积比例由 15% 提高到 16.4%。

在地调局开展的地质矿产调查评价专项大检查中，对贵州 1∶5 万开阳、花黎、瓮安、羊昌、龙岗、牛场 6 幅区调开展了项目野外及室内抽查工作，获评优秀级。

2015 年 11 月，成都地调中心对贵州地调院承担的 4 个项目进行了野外验收。其中，贵州 1∶5 万岩脚、六技、朗岱、坪上、普定、补朗 6 幅区调获得 5 幅优秀、1 幅良好；贵州 1∶5 万普立、玉舍、阿嘎、鸡场、杨梅、猴场 6 幅区调获得 4 幅优秀、2 幅良好；贵州 1∶5 万以角、滥坝、马场、纳雍、百兴 5 幅区调获得 3 幅优秀、2 幅良好；贵州乌蒙山区优势矿产资源综合调查评价项目评定为优秀级。

在 4 个区调项目的报告评审中，贵州 1∶5 万黑树庄、海子街、长春堡、毕节、阴底、坡脚 6 幅区调取得了 3 幅优秀、3 幅良好；贵州 1∶5 万绥阳、茅坡、凤冈、虾子、湄潭、琊川 6 幅区调取得了 3 幅优秀、3 幅良好；贵州 1∶5 万锦屏、远口、平略、同古 4 幅区调取得了 3 幅优秀、1 幅良好；贵州 1∶5 万罗悃、八茂、桑朗、圭里 4 幅区调取得了 1 幅优秀、3 幅良好。

二、矿产资源调查评价

2015 年，贵州地调院主要承担完成了《贵州省页岩气勘查开发利用专项规划（2015～2020 年）》的编制工作，为推进贵州省页岩气勘查开发利用，尽快实现页岩气规模化、商业化开发取得突破，将页岩气资源潜在优势转化为能源供给优势提供了远景，凸显了贵州地调院在贵州省页岩气勘查开发利用工作中的技术支撑作用。

三、水文地质环境地质灾害地质调查

开展了乌蒙山 1∶5 万农业地球化学调查，基本查明了地球化学状况，评价了土地质量等级，发现并圈定了 118 km^2 以上富硒土壤。开展了乌蒙山（贵州）优势矿产资源调查评价工作，新发现矿产地 4 处，提交（333 + 334）铅锌金属资源量 54.53 万吨、铝土矿矿石量 2193 万吨、铁矿矿石量 2159 万吨、稀土矿矿石量 10.5 万吨。开展了乌蒙山典型地区资源环境承载力评价试点，在系统分析乌蒙山典型岩溶石山区资源环境禀赋和社会经济发展特点的基础上，以贵州省黔西县作为试点，为国土资源环境承载力监测预警体系建设提供试点案例，并针对岩溶石山区特点和发展需求，提出国土资源环境承载力监测预警体系建设初步建议。开展了乌蒙山贵州贫困片区水文地质环境地质综合调查，查明了区域水文地质环境地质条件、地下水赋存与运移规律、地下水资源状况及其开发利用条件、主要环境地质问题及其影响，编制了重点扶持县地下水开发利用和地质环境综合治理区划，实施地下水开发利用示范工程，初步建立了乌蒙山贵州贫困片区水文地质环境地质数据库与信息系统。

地调局实施的贵州乌蒙山特色农业区土地环境地质调查评价，贵州计划投入 4.5 亿元，用 3 年时间（2016～2018 年）完成贵州省耕地质量地球化学调查评价，为各地因地制宜发展现代山地特色高效农业提供参考依据。贵州地调院参与完成了该计划总体实施方案的编制。

四、其他

2015 年，新增省部级奖励 2 项，1 名博士由北京大学与中国国土资源经济研究院联合培养开展博士后研究工作，引进博士 2 人，继续支持 20 余名职工攻读在职博、硕士学位。2015 年，有 4 人获得研究员职称，28 人获得高级工程师职称。

（何　薇）

云南省地质调查局工作

云南省地质调查局

概　况

云南省地质调查局为云南省国土资源厅管理的副厅级事业单位，核定事业编制 458 人。主要职责是负责云南省基础性、公益性地质调查和战略性矿产资源勘查以及国土资源规划研究、地质信息服务等工作。局下设云南省地质调查院、云南省地质环境监测院、云南省国土资源规划设计研究院、云南省地质技术信息中心 4 个正处级事业单位。截至 2016 年 5 月，实有在职职工 439 人，拥有专业技术人员 393 人，其中

高级以上职称 144 人（正高级职称 41 人、副高级职称 103 人）、中职职称 159 人、初级职称 90 人，是一支知识高度密集的生产科研型地质调查队伍。目前已拥有区域地质调查、固体矿产勘查、液体矿产勘查、地球物理勘查、水文地质、工程地质、环境地质调查、地质灾害治理工程勘查等 9 项甲级资质和地球化学勘查、遥感地质调查、建设项目环境影响评价、建设项目水土保持方案、地热水资源评价、测绘等 9 项乙级资质。2015 年，云南地调院矿产所荣获“十二五”时期全国国土资源管理系统先进集体，李文昌同志荣获中国科协第十届“十佳全国优秀科技工作者”称号，云南地调院王建昆同志荣获国土资源部“最美地质队员”称号。2015 年，共发表论文 25 篇，其中 SCI 论文 5 篇、中文核心期刊论文 5 篇，出版专著 1 部。

地质调查进展与成果

一、基础地质调查

（一）区域地质调查。

共承担 9 个 1∶5 万区域地质调查项目 40 个图幅，均属续作项目，总面积 16 064 km^2。其中，结题的有 3 个项目 12 个图幅，总面积 5632 km^2，4 幅获优秀图幅；通过野外验收的有 2 个项目 10 个图幅，总面积 4020 km^2，3 幅获优秀；正在开展野外工作的有 4 个项目 18 个图幅（1 个项目 3 个图幅属云南地调局与成都地调中心合作项目），总面积 6412 km^2。1∶5 万香竹林等 7 幅区调项目在控角、那卡河等地的奥陶纪湾河蛇绿混杂岩中发现了多个规模不等的退变质榴辉岩岩片。

（二）遥感地质调查。

完成了云南省南部片区（8 个州市）矿山环境遥感监测及卫片执法遥感解译 19.11×10^4 km^2、重点矿集区 1∶50 000 矿产资源开发利用状况遥感监测 12 000 km^2、矿山地质环境问题区 1∶50 000 环境地质调查 100 km^2。完成了镇康、耿马等 24 个 1∶5 万图幅区域地质调查遥感解译工作。

二、矿产资源调查评价

1. 云南香格里拉整装勘查区。东炉房铜金多金属矿区，钻孔深部揭露到厚大富铜矿体，圈定铜钼工业矿体 7 个。铜厂沟斑岩铜钼矿，新增钼资源量 15 万吨，矿床规模有望达超大型。

2. 云南镇康芦子园－云县高井槽整装勘查区。通过工程控制，矿床规模进一步扩大，铅锌总资源量达 482.13 多万吨、铁矿石 3.1 亿吨，其中 2015 年新增铅锌资源量 74.05 万吨。

3. 云南省鲁甸县乐马厂－巧家县茂租铅锌银多金属矿整装勘查区。新增（333＋334）类铅＋锌金属量 12 万吨。新发现了巧家县高桥、沈家沟、大岩洞铅锌矿点和巧家县松林铅锌矿、河沟头铅锌矿床。

4. 云南乌蒙山地区矿产勘查。在巧家毛坪铅锌矿外围新发现中型铅锌矿 1 个，探获资源量 11.88 万吨；发现中型重晶石矿 1 个，探获资源量 507 万吨。

三、水文地质环境地质灾害地质调查

（一）水文地质调查、环境地质调查。

继续实施乌蒙山区水文地质环境地质调查，完成调查面积 600 km^2、钻探 6010 m。

按规范要求完成 2015 年度国家级地下水动态监测工作，编制了年度地下水动态监测年报、通报及 2016 年云南省地下水动态监测预报。

（二）地质灾害防治。

组织开展了 42 个县（区、市）的 1∶5 万地质灾害详细调查工作。至 2015 年底，全省 129 个县（区、市）的地质灾害详细调查已全部启动，提交成果的有 42 个，通过野外验收的 45 个，正在开展野外工作的 42 个。

（三）地质灾害监测预警。

2015 年，启动了鲁甸地震灾区 34 条泥石流沟的地质灾害专业监测预警项目，进一步推进了云南省专群结合地质灾害监测预警体系的建设。

（四）地质遗迹调查。

继续实施西南地区重要地质遗迹调查（云南省）项目，成果报告已经通过评审。

四、地质科学研究

承担了国家重点基础研究发展计划（“973”计划）项目课题之复合成矿系统预测理论与勘查技术集成、云南省香格里拉县格咱地区铜多金属矿整装勘查区综合研究、云南省镇康县芦子园铅锌多金属矿整装勘查区专项填图与技术应用示范、云南香格里拉格咱岛弧印支期斑岩型铜矿成矿模式与找矿方法研究，云南省科技领军人才培养计划项目之西南三江叠合成矿作用与成矿预测等科研项目，通过对义敦岛弧带复合成矿系统、金沙江－哀牢山复合成矿系统、保山地块复合成矿系统等的深入研究，提高了对三江地区地质构造演化、成矿作用机制和规律的认识。特别是对香格里拉燕山期钼多金属矿带成矿规律研究的突破，有效指导了这一地区的地质找矿工作。

五、国土资源规划研究

协助云南省国土资源厅完成了 2014 年度矿业权开发利用方案、矿产资源勘查实施方案、矿产压覆报告的技术审查及部分州（市）矿业权设置方案，并

展了云南省土地利用总体规划实施评价工作，开展了《鲁甸县地震灾后恢复重建土地利用规划（2014～2017年）》编制工作，完成全省土地利用总体规划评估、修改的技术审查及规划数据库更新工作，完成多个土地整治项目可行性研究报告编制、规划设计和预算编制以及工程量复核工作。

六、地质技术信息化建设

完成了云南省2574个矿山年度性储量动态测量管理工作。完成了云南省16 000个重要地质钻孔数据库建设工作。完成了省厅矿产资源储量年度登记、统计数据库建设及储量简表和年报编制、印刷等工作。地质环境信息化建设之系统平台和软件开发基本完成，基本完成了云南省地质环境信息化建设试点项目的11类空间数据库录入和动态更新。

（刘明超）

西藏自治区地质调查院工作

西藏自治区地质调查院

概　况

西藏自治区地质调查院，是根据西藏自治区人民政府办公厅2001年《关于印发自治区地质矿产勘查开发局职能配置、内设机构和人员编制方案的通知》（藏政办发〔2001〕14号）精神设立的，为自治区地质矿产勘查开发局下属事业单位。

目前，西藏地调院已具有独立的法人资格，独立的财务核算体系和账号，有部颁发的地质勘查资格证书。院部现有各类人员40人，其中正式职工26人，援藏干部3人、公益性岗位1人、借调5人、聘用人员5人。其中博士3人，硕士11人、本科13人，其他13人。高级职称9人，中级职称11人，初级职称7人，其他13人。院部设办公室、财务科、政工人事科、工会、技术室、遥感信息室、拉萨工作站7个机构。

院部内设办公室、财务人事室、技术室、遥感信息中心、拉萨野外工作站5个机构，下设6个分院（含西勘集团）。各分院由地勘局下属各地勘单位组成，院部与各分院之间实行分散式管理，主要为项目联系和业务指导关系。

西藏地调院全面承担国家公益性地质调查项目工作，并开展地质调查项目的组织实施、质量管理、野外后勤保障等工作，全面接受地调局、地科院及地调局西南项目办和成都地调中心的项目指导、管理，指导分院组织项目实施和完成项目任务。同时，院部也利用人才结构较高的优势，在搞好项目管理工作的同时，充分发挥科技人员专业特点和业务能力，适当承担地调局、科技部、国土资源部科研类项目。

根据西藏地调院工作性质和特点，院部地质工作主要分割为两部分：国家公益性地质项目（青藏专项）技术管理和承担部分青藏专项、“973”、行业基金等科研项目具体工作，专业涵盖基础地质、矿产地质、油气及遥感地质等领域。根据西藏地调院技术人员专业特点，充分发挥专业特长；在独立完成较困难的专业领域，采取“请进来、走出去”的原则，加强与具有技术优势的区内外地勘单位、大专院校合作。

地质调查进展与成果

2015年，西藏地调院主要承担了公益性地质调查项目、合作及商业地勘项目等。全年共落实青藏专项项目50余项，完成工作经费1.34亿元。完成科研类、综合研究类项目17项，完成经费1600余万元。

2015年度，西藏地调院共承担地调局中央财政项目46项（含1个挂靠项目、新开9项、续作36项），其中1:5万区域地质调查4项、化探项目2项（1:25万化探1项、1:25万水文地质调查1项）、矿产评价12项、矿产远景调查18项、电法扫面1项、遥感地质项目1项、综合研究项目8项。项目总经费13 490万元（其中续作经费10 740万元、新开经费2750万元）。

西藏地调院2015年完成的主要实物工作量如表2所示。

米拉山整装勘查项目实施过程中发现位于达布矿集区南侧鸡公村矿区2015年资源量有重大突破。初步估算钼资源量约6万吨，铼资源量160吨，平均品位4×10^{-6}，300～500吨的远景，有望成为全国最大稀有金属矿床。矿区可能存在除石英脉以外的矿床类型，预测矿区2015年新增钼资源量大于10万吨。

2015年底，在地调局举行的地质调查项目成果报告评审中，西藏地调院承担的项目成果报告均取得

表 2 完成的主要实物工作量

工作项目	单位	总工作量	完成工作量	完成率/%
1:5 万地质填图	km^2	8256.00	8300.00	101
1:1 万地质填图	km^2	294.00	799.00	272
各类剖面测量	km	3125.00	3125. 00	100
1:5 万水系沉积物测量	km^2	6425. 00	7500.00	117
1:5 万遥感地质解释	km^2	8948.00	7054.00	78.8
探槽	m^3	47 100.00	52 355.00	111
钻探	m	5950.00	17 741.00	298

优良成绩。

西藏地调院（中国地质调查局拉萨野外工作站）2015 年共接待进藏项目组 136 个 1109 人次、249 台工作车辆，收集预警信息 71 条，其中重要信息 11 条。通过中国地质安全管理平台发布安全预警信息通知 6 个、新闻 3 篇、简报 1 份。开展安全生产、维护西藏和平稳定宣传培训 80 场次，54 个项目组 610 人参加。向项目组下发安全生产读物和通知 600 余份。开展了西部艰险地区地质调查安全生产保障系统日常监控和相关内容的填报工作，在西藏区域内共监控到北斗终端报警 4 次（其中 2 次为误报、1 次为测试、1 次为超速行驶）；协助项目组办理边防通行证 20 余份；向项目组转发安全生产通知以及安全培训材料 1170 余份；完成紧急救援 1 次；开展野外安全生产检查 1 次，分别对 3 家单位 5 个项目组进行了野外一线现场安全生产检查；参加野外应急演练 1 次（中国冶金总局二勘院承担的西藏山南雪莎地区地质矿产综合调查）；完成项目组外部环境协调工作 2 次。

（黄 炜）

陕西省地质调查院工作

陕西省地质调查院

概 况

陕西省地质调查院是政府机构改革和省属地勘单位事企分离过程中设立的陕西省人民政府直属事业单位。主要职责是统一部署和组织实施全省基础性、公益性地质调查和矿产资源评价工作；组织实施国家战略性矿产勘查工作；组织实施水文地质、工程地质和环境地质调查评价工作；开展地质环境监测和地质灾害调查、预报预警与专项防治；承担省地勘基金项目管理中的具体工作和省政府出资勘查项目探矿权管理的初审工作；对项目执行情况开展监督检查和成果管理。

陕西地调院设办公室、财务处、项目管理处、技术管理处、资源评价处 5 个内设机构，下辖省地质调查中心、省地质环境监测总站、省地质资料信息中心 3 个直属处级单位。

持有各类资质 16 个，其中区域地质调查等甲级资质 8 个、遥感地质调查等乙级资质 3 个、地质灾害治理工程设计等丙级资质 3 个、建设项目水资源论证乙级资质 1 个、地质钻探丙级资质 1 个。经地调局评估为地方公益性地质调查队伍能力建设 A 级，持有地调局颁发的质量管理体系认证证书及国家地质调查项目承担单位合格证书。

2015 年，陕西地调院完成的矿产资源高强度开采区地质灾害与防治技术项目荣获 2015 年陕西省科学技术奖一等奖。陕西地调院直属单位陕西地调中心获得“矿权空白区找矿重大进展先进单位”。王炬川同志获得全国地勘行业“十佳最美地质队员”，范立民同志获得第十四次李四光地质科学奖（李四光野外地质工作者奖）。

2015 年，2 项科技成果申报陕西省科学技术奖，组织 2 个项目申报局地质科技奖。

地质调查进展与成果

2015 年，共承担中央、省各类财政资金项目 23 个，总费用 6740 万元。

一、基础地质调查

开展基础地质调查类项目共10项。2015年共完成1:5万区域地质调查总面积5585 km^2、实测地质剖面554 km、采集各类样品15 000余件、新发现矿产地2处、新发现各类矿化（点）线索合计51处。

1. 陕西省凤太矿田西部基础地质调查。初步建立了测区岩浆岩谱系和测区构造格架，初步圈定1:5万水系沉积物综合异常19个。

2. 陕西省勉略宁地区基础地质调查。1:5万地面高精度磁测圈定磁异常68个，1:5万水系沉积物测量圈定综合异常10个。

3. 陕西省山阳中村—商南湘河一带基础地质调查。1:5万水系沉积物测量圈定综合异常66个；1:5万地面高磁测量圈定局部磁异常68个。

4. 新疆阿尔金山地区区调。对原划的帕夏拉依档上游高压－超高压变质岩片中的斜长角闪岩透镜体有了新的认识，这一基性岩浆活动可能为Rodinia超大陆初始裂解事件在阿尔金南缘的响应。

5. 新疆阿尔泰地区5幅1:5万区调。认为喀纳斯群经历4期变形，从而建立了测区由早到晚的构造变形序列。

6. 关中－天水经济区（关中盆地）富硒区地球化学调查与评价。2015年度共采集小麦籽实样品370件、根系土334件、秸秆100件。

二、矿产资源调查评价

开展矿产资源调查评价类项目共10项，其中矿调类项目7项、普查类项目2项、详查类项目1项。

1. 陕西省宁陕县江口—太山庙一带钨钼多金属矿产调查评价项目。发现钨矿化区4处，区内初步估算（$333+334_1$）类WO_3矿石量3万吨以上。在金盆矿段圈定白钨矿体16条，估算（$333+334_1$）类WO_3矿石量314.93万吨，估算资源量1.33万吨，达到中型钨矿床。

2. 陕西省铜川－黄陵地区三叠纪油页岩资源普查。初步估算油页岩资源量（333+334?）为68.58亿吨、页岩油资源量3.87亿吨。

3. 陕西镇旬盆地西缘金多金属矿调查评价。圈定1:2.5万化探综合异常10个，发现矿点3个；镇安月坪沟钼（钨）矿点初步圈定含钼石英脉10多条。

4. 陕西洛南县洛源－文公岭铁矿调查评价。发现金矿点4个；洛源老庙沟矿权空白区新发现一金矿化体，厚1.0 m，金品位$0.64\times10^{-6}\sim4.02\times10^{-6}$；翻山沟铁矿圈定矿体3个，钻探工程TFe含量6.5%～10.7%。

5. 内蒙古阿拉善盟梧桐沟矿调。圈定锑矿体5条，提交新发现矿产地1处。

6. 新疆阿合奇县果儿沟铁锰矿调查评价。初步圈出南、北2条近东西向展布的铁锰矿带。

三、地勘基金项目管理

2015年，实施省级地勘基金项目166项。完成钻探23 5943 m、槽探263 754 m^3。能源类矿产共获煤炭资源量64.38亿吨、油页岩资源量（334）249.16亿吨，折合页岩油14.56亿吨。金属类矿产估算（$333+334_1$）资源量：金35吨、银100吨、铁矿石1000万吨、钛磁铁矿矿石3006万吨、钼7.8万吨、铌（Nb_2O_5）6.66万余吨、铀5万吨。落实了凤县马蹄沟金矿、镇安县庙沟金矿、镇安县银洞湾铜银矿、宁强县南沙河金矿、汉阴县坝王沟金矿、略阳县柳树坪铅锌矿、丹凤县庾家河晶质石墨矿、商南县三官庙金矿、略阳县横现河锰矿、华阴市华阳川铀矿、华县百花岭金矿等一大批矿产地。

四、水文地质环境地质灾害地质调查

开展水工环调查评价项目共8项。完成遥感解译1162 km^2、水工环地面调查6423 km^2、水文地质和工程地质钻探7479 m、水文测井1586 m、样品测试1776件、热响应试验11处、抽水回灌试验563台班、动态监测835点次。

（一）水文地质环境地质灾害地质调查。

1. 大西安城市地质调查。全面调查了大西安规划区内地下水开采水源地、应急或后备水源地的基本情况；对大西安主城区内地层结构、水位埋深、黄土湿陷、液化指数以及场地类别等进行了系统总结。

2. 陕西省大中型城市浅层地热能调查。完成了汉中市的地面调查、勘探孔施工、岩土样、水样采取、抽水、回灌试验、现场热响应试验等工作；采用指标法初步对汉中市地下水地源热泵适宜区进行了划分。

3. 陕西省2015年（关中地区12县区）地质灾害详细调查遥感解译。开展了咸阳市长武县等12县（区）地质灾害隐患点的遥感解译工作，解译灾点100多处。

4. 关中城市群城市地质环境监测网建设。关中盆地重点地区1:5万水文地质工程地质调查2015年完成了胜天水库旧址以北的金水沟工程地质调查环境地质调查，并开展900 m水文地质钻探。

5. 陕北煤炭开采区采动损害调查水工环专项调查。陕西省财政公益性基金项目陕北煤炭开采区采动损害调查专项2015年完成了陕北煤炭开采区采动损害调查水工环专项调查野外调查补充工作。初步计算调查面积约为 8971.5 km^2。

6. 陕西省地下水动态研究。完成了咸阳、渭南、宝鸡、商洛、汉中、安康、榆林、延安等 8 个市，西安、铜川正在进行之中，已完成调查面积 1695 km^2，采取地下水样 1130 套、地表水样 130 套、有机样 130 套；完成了《陕西省地下水位年鉴（1986 ~ 2000 年）》《陕西省地下水位年鉴（2001 ~ 2013 年）》和《陕西省地下水质年鉴》的编录、校核工作，年鉴共收纳近 30 年地下水位数据 50 万余条。全省共布置地下水位监测点 435 个（含统测和群观）。完成了陕西省主要开采区地下水易污性评价课题。陕西省地下水环境评价已确定外协单位。

7. 陕西省典型矿山地质环境治理恢复技术方法研究。编制完成了《陕西省典型矿山地质环境治理恢复技术方法研究》立项论证报告。

（二）地质环境监测。

1. 地下水动态监测。指导全省 8 市监测站地下水动态监测工作，完成了 246 个地下水动态监测点的年度监测任务。编写完成《2015 年度陕西省地下水动态监测报告》及 2015 年度陕西省和西安市年度（季度）地下水水情通报。

2. 地质灾害监测。完成西安地面沉降分层标监测 64 点次、地裂缝对点监测 142 点次、地裂缝短水准剖面监测 273 点次。完成了 2015 年度陕西省地下水水情通报编写工作。

（三）地质灾害应急调查

1. 汛期地质灾害防治及应急调查。汛期共接报地质灾害灾情 33 起。完成西安市蓝田县九间房镇铜鹅沟水石流灾害应急调查、小寨镇南沟村坡面泥流灾害应急调查、长安区王曲街道办崩塌灾害应急调查和山阳县“8.12”大型山体滑坡灾害应急调查。

2. 地质灾害应急演练。2015 年，在西安市高陵县泾渭街道办梁村崩塌组织开展了 3 次野外应急调查演练。参加卫星远程视频会商、演练、调试 20 次。

五、地质科学研究

开展综合研究类项目共 12 项。

1. 陕西省矿产资源调查成果综合集成与服务产品开发（陕西省矿产地质志）。完成了铜、钼钨、汞锑、铅锌、铁单矿种矿产地质志初稿等工作；完成了《陕西省矿产地质志普及本（初稿）》；依据陕西地质构造多阶段（旋回）发展演化的特点，划分了断代成矿单元。

2. 陕西省石泉 - 旬阳金矿成矿规律与矿产预测研究。在研究区圈定 4 个金的找矿靶区；预测研究区金资源量 229.2 t，新增预测金资源量 177 t。

3. 陕西秦岭造山带中生代构造体制与成矿作用研究。认为受特提斯、太平洋两大构造域交替（或联合）控制，约以 210 Ma 为界。在成矿年代学研究中，主要基于辉钼矿 Re - Os、金矿 K - Ar、Ar - Ar、铜矿含矿母岩体锆石 U - Pb 等年龄测试方法，对中生代成矿作用、成矿期次和成矿区带进行初步划分。

4. 陕西省整装勘查区系列基础地质图件编制。编制覆盖 19 个整装勘查区范围的地质、矿产、地球物理（磁法、重力）、地球化学、矿业权设置等 7 类基础性、综合性系列图件 405 张。

5. 陕西省基础地质调查现状与规划部署研究。确定了省 2016 ~ 2020 年基础地质调查评价研究总体工作布局、规划指标。

6. 陕西小秦岭金矿田成矿规律与深部成矿预测研究。在研究区划分出 6 个金成矿远景区及 5 个金深部预测找矿靶区。

（唐　亮）

甘肃省地质调查院工作

甘肃省地质调查院

概　况

甘肃省地质调查院是甘肃省地质矿产勘查开发局下属的具有独立法人资格的事业单位，主要承担中央与地方财政出资的基础性、公益性地质调查和战略性矿产勘查任务以及商业性地质勘查工作。持有国土资源部及甘肃省国土资源厅、甘肃省测绘地理信息局颁发的 17 个专业的 7 个甲级和乙级资质证书，专业包括区域地质调查、矿产资源勘查、物化探、水工环地质调查、地质灾害治理、测量、遥感、地理信息系统等。内设办公室、计财部、总工办、质管办、基础部、矿产部、水工环部等 13 个管理部室，34 个项目组，1 个综合研究室和 4 个辅助生产单位。全院在职职工 311 人，专业技术人员 244 人，占 78.46%，其中正高级职称 7 人、副高级职称 63 人、中级职称 84 人。安全生产紧紧围绕“四个为零”的责任目标安排部署工作，与所有项目组和生产辅助单位签订安全生产目标管理责任书，在全体从业人员的共同努力下，确保了全年无重大事故发生，实现了“四个为零”的安全生产责任目标，获得了甘肃地勘局安全生产先进集体。现有机关办公场所和项目组办公场所2处。拥有承担地质项目所需要的设备、仪器、装备共计1667台（套）。其中，野外交通工具58辆、物化探测试仪器109台（套）、野外通信及定位设备409台（套）、计算机设备476台、其他设备618台（套）。2015年，甘肃省西和县大桥金矿资源储量核实项目获国土资源部国土资源科学技术奖二等奖；甘肃省多目标区域地球化学调查项目获得第八届全省职工优秀技术创新成果奖三等奖。

地质调查进展与成果

2015年，甘肃地调院承担了区域地质调查、区域地球化学调查、矿产地质调查、能源地质调查、水工环地质调查、地质科学研究等多个专业的地质调查工作，项目来源有中央财政、地方财政投入和社会资金投入，项目设计评审、野外验收、成果报告评审优良率达100%。

一、基础地质调查

2015年，实施1∶5万区域地质（矿产）调查项目共7项，分别部署在秦岭、祁连、阿尔金、东天山、冈底斯等重要造山带，项目围绕重要基础地质问题和成矿背景开展工作。1∶25万和1∶5万水系沉积物测量工作圈定了一批化探异常，同时选取部分异常开展了异常查证，通过地化剖面、1∶2.5万水系和1∶1万土壤及槽探揭露，发现了不少矿化点。年内完成的3个区域地质调查项目野外验收获两优一良的成绩。

全年各项目完成主要实物工作量：1∶5万地质矿产填图3283 km^2，1∶5万水系沉积物测量2722 km^2，1∶2.5万水系沉积物测量18 km^2，1∶25万水系沉积物测量1134 km^2，1∶1万土壤测量3.31 km^2，1∶2000地质剖面测量187.05 km，1∶5000地质剖面测量81.45 km，岩石、土壤剖面测量99.05 km，槽探4527.7 m^3。

二、矿产地质调查

矿产地质调查项目主要分布在甘肃省北山、阿尔金－祁连和西秦岭地区，涉及项目类型为矿产远景调查、资源调查评价、矿产勘查和规划研究等4类，涉及主要矿种及矿床点有稀有（铌钽、铷）、稀土（稀土族、钪）、有色金属（铜、锑、铅锌）、黑色金属（铁）、贵金属（金）等。

项目累计完成1∶5万地质填图1000 km^2、1∶5万高精度磁法测量1120 km^2、1∶5万水系沉积物测量1695 km^2、1∶1万地质草测81.44 km^2、1∶1万高精度磁法测量80.13 km^2、1∶2千地质草测4 km^2、槽探26 092.57 m^3、钻探6470.66 m。

圈定单元素化探异常41处，其中金12处、锑8处、汞8处、砷2处、铅4处、锌4处、钨3处；圈定磁异常16处；发现铜、金、铅、锌等找矿线索66处；确定找矿靶区10个。

提交矿产地2处，即阿克塞县多坝沟金矿、肃北县杨岭铁矿；提交矿致异常5处，即成县观音岩金矿点、余石山西金多金属矿点、昭格呼都北金矿点、肃南县科泼沟铜矿点、迭部县朵儿乡达益村金矿点。

提交金资源量7吨（大桥金矿5吨、多坝沟金矿2吨）、铁矿石资源量1000万吨（杨岭铁矿）、铌钽氧化物5万吨（余石山铌钽矿）。

1. 阿克塞县多坝沟金矿。初步圈定工业矿体3条，低品位矿体13条。Au－1为主矿体，矿体长262 m，厚4.1 m，推深102 m，矿体平均品位5.32×10^{-6}。

通过开展DZK0001钻孔，见工业矿体1条，厚5.45 m，平均品位7.68×10^{-6}，与地表矿体对应较好；低品位矿体大于1 m的4条，累计厚度11.47 m，平均品位1.38×10^{-6}。

DZK0701钻孔中见工业矿体2条，厚度分别为0.36 m和0.45 m，平均品位为5.78×10^{-6}和5.99×10^{-6}；低品位矿的累计厚度1.92 m，平均品位1.23×10^{-6}。

DZK0801和DZK1501钻孔就现有分析结果看，DZK0801中见工业矿体1条，厚度0.44 m，平均品位2.50×10^{-6}；低品位矿体累计厚度2.20 m，平均品位1.50×10^{-6}。DZK1501中仅见低品位矿体2条，一条厚1.02 m，平均品位1.37×10^{-6}，另一条厚0.8 m，平均品位1.17×10^{-6}。

提交（333+334）金资源量2吨。

2. 肃北县杨岭铁矿。杨岭铁多金属矿区发育2条铁矿体，累计真厚度约1.86～14.19 m，倾角27.5°～47.5°，矿体向南倾斜，东西延伸约1500 m，深部推深500 m，全铁品位为20.0%～42.62%，平均品位27.7%，磁铁平均品位为19.14%，赋矿围岩为变砂岩，矿石矿物为磁铁矿、磁黄铁矿、黄铁矿等，脉石矿物为石英、方解石、阳起石等，磁铁矿含量20%～30%，铁黑色，粒状集合体产出，单个晶体难以观察到，团块状、似层状、条带状，宽1～2 cm，具阳起石化、绿泥石化、绢云母等蚀变。

根据钻孔见矿情况，杨岭铁多金属矿区发育两条钒矿体，累计真厚度0.63～2 m，倾角50°～60°，东西延伸约1500 m，深部推深约350 m，品位为0.55%～0.74%，平均品位0.62%；赋矿围岩为碳质板岩。

提交（333+334）铁矿石资源量1000万吨。

三、能源地质调查

2015年，甘肃地调院依托中央及省级财政，实施各类能源地质调查项目6个，包括油气地质调查，页岩气资源调查评价及规划，铀矿、煤矿资源调查等。

未来几年省财政将投入专项资金开展页岩气调查评价工作。各项目在实施中取得了较好成果，发现了新的矿化线索，有2个项目获得了野外检查验收优秀级。

四、水工环地质调查

甘肃地调院2015年承担省级财政水文地质调查项目2个，累计完成1∶25万矿泉水水文地质调查18 600 km^2、1∶5万矿泉水水文地质调查40 km^2、采取水质简分析+矿泉水专项分析样品239组、矿泉水全分析样品77组。甘肃省矿泉水调查（西部）项目完成了对河西走廊绿洲平原区和走廊南部山区的矿泉水调查和取样工作，发现若干处具有进一步调查研究和开发利用价值的矿泉水点，并对2014年度在西秦岭山地发现的部分具有寻找矿泉水的地段进行了复核调查取样。夏河县桑科乡赛赤沟矿泉水调查评价项目在工作区及外围发现了4处流量较大的天然泉水。

五、综合研究

2015年，甘肃地调院共承担综合研究项目7个。包括新编甘肃省地质志、矿产志，甘肃省页岩气、非金属矿、第三轮矿产资源等地质矿产勘查规划，矿产资源勘查实施方案，整装勘查区基础性研究等。通过志书编写全面总结提高了全省的基础地质、矿产地质认识，为今后地质矿产背景资料的广泛使用提供了新的资料。省级规划和实施方案的编制，科学地部署了矿产资源勘查工作。通过整装勘查区基础地质研究，提高了区内的地质工作程度和技术理论水平，发现了新的矿化线索。

完成主要实物工作量：1∶5万高精度磁测742 km^2，1∶1万地质测量46 km^2，1∶1万岩石剖面测量50 km，1∶2000岩石、地化、地质剖面测量58 km，矿点检查5处，综合异常查证4个。

六、区域地质图数据库建设

2015年度，完成了21个标准图幅的1∶5万数字地质图空间数据库。

（周会武）

青海省地质调查局工作

青海省地质调查局

概　况

青海省地质调查局是2012年4月，经青海省机构编制委员会批准，在原青海省地质勘查管理中心基础上成立的，为省国土资源厅直属的正处级公益类全额拨款事业单位，是青海省国土资源厅的技术支撑单位。主要职能是组织实施和承担青海省公益性、基础性、战略性地质调查和矿产资源勘查工作，承担政府出资的地质勘查项目技术监理和探矿权申报、登记和股权管理工作，承担地质勘查成果的总结、技术交流、业务培训等工作。目前局机关设有综合部、发展研究部、技术管理部、矿权管理部和党群部等5个管理机构，下属基础地质调查院、矿产资源勘查院、环境地质调查院和地质资料数据中心4个生产单位。全局现有职工128人，其中各类专业技术人员114人、管理人员11人，专业技术人员比例达91%。专业技术人员中，教授级高级工程师9人、高级工程师16人、工程师29人、助理工程师59人；有博士2人、硕士21人、本科97人、专科2人；有国家百千万人才1人、青海省自然学科带头人1人、青海省优秀专家1人、青海省国土资源系统优秀专家4人，人才队伍整体素质较高。

青海地调局自成立以来，立足统筹规划青海省地勘工作和组织实施青海省地勘基金项目两大职能，紧紧围绕“全力推进找矿突破战略行动、努力实现找矿重大突破，精心服务国土资源管理”这一中心任务，内抓制度和作风建设，建立健全各项管理制度，不断提升服务能力和服务水平；外抓项目部署和组织管理，不断提高青海省地勘工作部署和实施质量，为引领地质找矿工作实现重大突破，服务经济社会发展提供资源保障发挥了积极作用。同时，积极做好与中央地勘基金中心、地调局，西安地调中心的沟通对接等工作，争取中央财政项目和资金，为青海省地勘工作的开展奠定基础，推动找矿突破战略行动的顺利实施。

地质调查进展与成果

2015年，青海省共落实各类地勘项目567项，资金16.46亿元。其中，青海省地勘基金项目184项，资金5亿元；青藏专项项目175项，资金4亿元；州县地方财政项目2项，资金0.03亿元；商业性项目206项，资金7.43亿元。

一、基础地质调查

按照“生态保护第一、尊重群众意愿”和以生态文明理念统领地质工作发展的要求，对青海省地勘基金项目部署进行了合理调整，提交了《2015年整装勘查工作实施建议》和《青海省地质工作总体部署方案（2015~2020年）》，完成了《青海省找矿突破战略行动方案（2015~2020年）》修编等工作。拟定了2016年青海省地勘基金项目立项指南，确定了“青南地区局部调整、适度退出，北部地区加强研究、深化勘查”的工作思路，以青海省现有的整装勘查区为基本单元，将矿产勘查项目整合为9个片区，实现了片区化管理，进一步明确了青海省未来5年地质工作方向及部署思路。

二、矿产资源调查评价

新发现普查基地9处，新提交矿产地7处，新提交可供开发的矿产地9处。重要矿种新增资源量：煤炭2亿吨、铁矿石0.3亿吨、铜镍铅锌122.34万吨、金36.09吨、银653吨、钾盐0.6亿吨。

承担实施了地调局的青海省都兰－兴海地区1∶5万矿调多元信息集成与靶区优选、青海省东昆仑中段1∶5万矿调多元地质信息集成与找矿预测、青海省祁漫塔格地区1∶5万矿调多元地质信息集成与找矿预测和青海省地质找矿跟踪指导与资源潜力调查等地质调查项目。编制各类图件共计100余份，圈定磁异常297处、化探综合异常355处，划分了成矿远景区18个、找矿靶区87处。开展以成矿规律、找矿模式、成矿预测为重点内容的科技攻关。

三、其他

一是承办了青海省地质勘查专题研讨会（2014~2015年），就整装勘查区及重点矿区找矿经验和存在的突出问题进行了研讨，优化下一步工作部署。二是组织召开了青海省1∶2.5万地球化学测量技术方法研讨会，就野外采样点布设、采样介质、样品采集、样品重量要求、野外定点及监控和质量检查要求等问题形成共识，极大地提升了青海省1∶2.5万水系沉积物测量工作质量。三是承办了青海省贵德县扎仓沟地热资源勘查开发利用研讨会，实地考察了贵德县扎仓沟地热资源勘查开发利用现状，对青海省下步地热资源的勘查利用提出了指导意见。四是协助承办了青海省整装勘查工作研讨会，总结了2015年整装勘查工作进展、成果及存在问题，探讨“十三五”期间整装勘查工作思路、任务目标，为整装勘查下阶段工作做出了长期规划。五是组织召开了青海省水工环地质工作部署研究暨技术研讨会，对“十三五”期间青海省水工环地质工作重点及生态环境保护等提出了指导性建议。六是合作承办了青海省2015年地勘成果汇报暨“青藏专项”、“‘358’地质勘查工程”总结大会，系统梳理总结了青海省2008~2015年来的地勘成果，剖析研究了目前地勘工作中存在问题和面临形势，提出了2016年及“十三五”期间地勘工作思路、任务目标和部署方案。

（王方刚）

青海省地质调查院工作

青海省地质调查院

概　况

青海省地质调查院是隶属于青海省地质矿产勘查开发局的正处级事业单位，主要从事中央和地方基础性、公益性地质调查和战略性地质调（勘）查地方矿产勘查以及商业性矿产勘查开发工作。

青海地调院设有8个机关职能部室、4个生产部门（地研所、区调所、矿产所、物化探所）、3个中心（遥感中心、信息技术中心、地矿咨询中心）、1个有限责任公司（江源地质科技有限责任公司）、1个基地管理服务中心，设立了博士后科研工作站、青藏高原北部地质过程与矿产资源重点实验室、桂林理工大学有色及贵金属隐伏矿床勘查教育部工程研究中心西宁工作站3个科研机构。拥有在职职工257人、内退职工63人。其中专业技术人员199人，教授级高级工程师5人、高级工程师33人、工程师64人。拥有各类设备、仪器、装备1524台（套），生产车辆77辆。固定资产原值6403.46万元，净值3264.41万元。

青海地调院2015年支出安全措施费用197.5万元，举办安全教育培训22期，培训人员650人次。组织635人进行了健康检查，为全院635名从业人员办理了人身意外伤害保险和车辆保险。开展5次安全大检查，确保了2015年安全生产。

青海地调院管辖基地面积72亩，住宅楼22栋、办公楼4栋、老干部活动室1栋、职工食堂1栋、锅炉房1栋、配电室1栋，绿化面积13 120 m^2、硬化面积22 008 m^2。

2015年，获得国土部科学技术奖二等奖1项、青海省科学技术进步奖三等奖1项。1人获青海省政府“优秀专家”称号，2人获“昆仑英才”称号，2人获青海省“第十批自然学科与工程技术学科带头人”称号，1人获“全国五一劳动奖章”，1人获“全国最美青工”称号。再次获得青海省委组织部“人才小高地”项目建设单位。

地质调查进展与成果

2015年，青海地调院共承揽各类地勘项目61项（续作40项、新开21项），其中青藏专项项目11项、省财政项目21项、局、院联合项目2项、商业性项目3项、其他项目24项。参加设计审查的项目共38项，其中14个项目优秀，优良率100%，优秀率为36.84%；提交地调局、青海地调局评审报告16项，获得优秀7项，优良率100%，优秀率43.75%。2015年，计划汇交41个报告，12个报告已完成汇交。

一、基础地质调查

（一）区域地质调查。

2015年，在中南祁连、东昆仑、宗务隆、拉脊山、新疆等地区开展了区域地质调查和矿调工作，完成1:5万填图3315 km^2、1:5万遥感3113 km^2、1:1万土壤测量42.4 km^2、1:1万磁法测量224.48 km^2、1:1万地质草测198.77 km^2。在宗务隆、东昆仑南及拉脊山等3条构造带的成矿地质背景调查、研究程度进一步得到提高，确定了没草沟、拉脊山两条蛇绿构造混杂岩带及宗务隆构造混杂岩带在区内的存在，为地质构造演化及成矿作用研究奠定了基础。明确了夏日哈木镍矿含矿岩体存在明显的3个岩相分带，对侵入岩浆构造填图技术方法进行了初步总结。开展了青海省地质志的修编工作；收集了大量有关青海省同位素数据的地质资料，初步形成了应用同位素数据库。

新发现以金、银、铜、铁为主的矿点4处、矿化点4处、矿化线索16处，非金属（玉石、大理岩及石英岩）矿点12处。

（二）物化探工作。

2015年，通过开展物化探工作，在青海省互助县甘禅口地区4幅1:5万水系沉积物及地面高精度磁法测量项目圈定了3个找矿远景区和7处找矿靶区；青海省刚察县哈尔盖地区4幅1:5万水系沉积物测量项目圈定了3个找矿远景区和6处找矿靶区。同时，承担了区调、矿调、矿产项目的物化探工作，对涉及区内的物化探异常进行了系统检查及进一步解剖工作。

（三）遥感地质调查。

2015年，承担地调局、航遥中心项目共计13项。通过青海省矿产资源开发环境遥感监测的开展，在青海省全域共提取各类矿产资源开发活动图斑2396处，发现矿产疑似违法开采图斑60处，其中越界开采17处、无证开采39处、以采代探4处。地质灾害共计39个，其中塌陷区4个、崩塌19个、滑坡14个、泥石流2个。

矿产资源遥感综合调查项目利用多光谱和高分辨率多源遥感数据，开展岩性－构造遥感地质解译，为基础地质调查与矿产勘查提供有效的矿产信息。地质矿产类遥感信息产品研发与应用示范项目初步建立了地质矿产类遥感信息产品体系，并创新性地探索出一套基于国产卫星的蚀变信息提取方法，提高了国产高分辨率遥感影像高原地表要素提取的效率和质量。

二、矿产资源调查评价

2015年，组织实施了拉陵灶火和昆仑河两个省级整装勘查区的勘查工作。共计实施矿产勘查项目22项，完成钻探24 188 m、槽探65 891 m^3。2015年提交二道沟地区金钨矿普查基地1处，铜金山－昆仑河地区铜钨多金属矿、格尔木市黑刺沟地区金多金属矿2处矿产地，拉陵灶火中游铜多金属矿可供开发的矿产地1处。新增金资源量8.71吨、铜资源量1.1万吨、钨资源量2.7万吨。

在昆仑河整装勘查区大致查明了区内的找矿远景，确定了以找蚀变岩型金矿和热液型钨锡矿两个类型矿的找矿方向。在拉陵灶火地区的斑岩型铜钼矿已逐步显现出良好前景，在其外围发现了很好的银矿找矿信息和成矿事实。

三、地质科学研究

2015年，承担地调局、青海勘查基金、财政部、国家自然基金以及青海省科技厅等部门科研项目11项。与中国地质大学等科研院所合作，对昆仑河和拉陵灶火两个整装区的成矿作用、成矿类型进行探索与研究，为该区找矿提供了理论指导。“三稀”矿产资源调查、赛什塘－苦海地区喷流沉积型矿等项目圈定了多处成矿远景区和找矿靶区。发挥院重点实验室职能，在柴北缘地区优选多处成矿远景区和找矿靶区。

四、地质调查信息化建设与服务

承担并完成了区域地质图空间数据库建设（青海）1:5 万区域地质图空间数据库建设（青海部分）185 幅。

祁漫塔格整装勘查区 21 个项目的实物地质资料和 159 个钻孔数据入库工作也大大提高了钻孔数据库的应用价值和利用率。

（卢世银）

宁夏回族自治区地质调查院工作

宁夏回族自治区地质调查院

概　况

宁夏回族自治区地质调查院成立于 1998 年，隶属宁夏回族自治区国土资源厅。2007 年 3 月，根据自治区人民政府的有关规定，由宁夏回族自治区地质矿产勘查开发局重新组建了新的自治区地质调查院。主要承担国家和自治区基础性、公益性地质调查和战略性矿产勘查工作，为国土资源管理提供技术业务支撑，为经济发展提供公益性服务。

单位设 5 个职能管理部门：办公室、组织人事科、财务科、技术科和总工办；6 个业务部门：基础地质调查部、矿产地质调查部、地质环境部、勘查技术部、信息技术部和综合研究室。

2015 年，在编人员 92 人，专业技术人员占全院职工总数的 85%。其中，教授级高级工程师 5 人、高级工程师 14 人、工程师 12 人，中高级职称占职工总数的 41.3%，3 人拥有博士学位，13 人拥有硕士学位。具有固定的办公地点，拥有各类地质勘查与办公仪器设备 380 余台（套）。

拥有国土资源部颁发的区域地质调查、固体矿产勘查、地质灾害危险性评估 3 项甲级资质和自治区国土资源厅颁发的地质灾害治理工程设计单位等多项乙级地质调查类资质，是自治区唯一拥有区域地质调查甲级资质的基础地质调查及科研单位。2013 年通过了质量、环境、职业健康安全体系认证。

2015 年，院 1 人荣获自治区政府“塞上英才”称号，2 人荣获国土资源部“最美地质队员”称号，2 人荣获国土资源部国土资源科学技术奖，1 人被授予自治区科技厅科技创新领军人才。

地质调查进展与成果

一、基础地质调查

1. 宁夏 1:5 万乌达幅等 4 幅区域地质矿产调查。2015 年度主要完成 1:5 万野外地质填图面积442 km^2、测试样品 222 件、实测剖面 2 km。通过了西安地调中心组织的野外验收，其中石嘴山幅地质图被评为优秀图幅，并提交了报告初审稿。通过编写野外地质简报，总结了测区内地层、岩浆岩、构造、矿产等地质特征。其中对贺兰山岩群及古老花岗岩的解体及细化填图成为本项目调查工作的一大亮点。

2. 宁夏固原地区 1:5 万区域地质综合调查。属祁连成矿带地质矿产调查项目。2015 年，主要完成 1:5 万区域重力调查面积 1000 km^2，通过了西安地调中心组织的野外资料验收，获得优秀。通过测制测区内出露的主要地层的地质剖面，总结了其岩性特征、厚度、沉积构造、接触关系，对其形成的沉积环境进行了初步分析。本区构造大致呈北西向，贯穿整个工区存在一南北向负异常，靠近负异常东侧的梯级带比较发育，可能存在南北向断层。

3. 大西北地区国土遥感综合调查（宁夏、甘肃）。属全国国土遥感综合调查与信息系统建设项目。矢量成果除了 1:25 万基础调查数据外，还缩编完成了 1:2000 万、1:1000 万、1:400 万、1:100 万的成果数据；图件成果已完成 1:25 万、1:100 万的制作，1:400 万正在制作；报告成果正在编制中。除以上设计书要求成果外，还形成了典型遥感解译样本数据库和野外核查数据库、外野采集和核查轨迹矢量数据、定位点矢量数据等。

4. 宁夏回族自治区矿产资源开发环境遥感监测。属国土资源开发与保护基础地质支撑计划项目。2015 年度，项目组利用 2～10 月的 GF－1、ZY－3 等遥感数据完成了重点矿集区矿山开发状况遥感调查工作；利用 2015 年 2 月的 GF－2 遥感数据完成了矿山地质环境问题区的矿山地质灾害、矿山环境状况及恢复治理情况、矿山占地及“矿山复绿”行动工程遥感监测工作；利用 2014 年度土地变更调查数据（IKONS、

02C、YG8、ZY－3等数据），完成了宁夏全区矿山地质灾害、矿山环境恢复治理、矿山占地及“矿山复绿”行动工程遥感监测工作。目前，正在开展重点矿集区成果入库和图件编制以及2015年度阶段性成果报告编制。

二、矿产资源调查评价

1. 宁夏六盘山盆地油气基础地质调查。2015年度，完成1∶1000地质剖面测量3 km、1∶5000路线地质调查25 km，在地表调查和验证钻孔中均见到了较厚的烃源岩和油气显示。通过对资料的深入分析和地面调查，初步选定了几处钻孔验证靶区。

2. 宁夏宁东地区铀矿资源远景调查。2015年，完成调查验证孔4个、机械岩心钻探2077.56 m、综合测井2058.6 m、伽马测井2053.6 m。本项目共完成34个验证孔，其中工业孔12个、矿化孔8个、异常孔11个；圈定8个找矿靶区，发现铀矿产地4个、矿点1处，显示出宁东地区巨大的砂岩型铀矿找矿潜力，是宁夏铀矿找矿中的重大发现。该项目通过了天津地调中心组织的野外验收并获得优秀，成果报告评审获得优秀。

3. 宁夏六盘山中南段矿产远景调查。2015年度，主要完成了1∶5万矿产地质调查200 km^2、槽探2000 m^3及岩石地球化学剖面测量等野外地质调查工作，通过西安地调中心组织的野外验收，获得良好级。经路线地质调查，共发现矿（化）点7处。其中，铅锌矿（化）点2处、铜矿（化）点5处。新发现铅洞山含铅石英脉7条、三关口铜矿化层8处。通过1∶1万的岩石剖面进行查证显示，单元素异常高值主要分布在和尚铺地层中，尤其Cu、Pb、Zn、Ag等异常峰值较高。重新厘定了六盘山群泥质白云岩层中赋存铜矿化体（前人认为矿石类型为砂岩）。通过对立洼峡铅锌矿化区、铅洞山铅锌矿化区、三关口铜矿化区、秋千架铜矿化区1∶1万的地质草测及槽探采样工作，发现立洼峡、铅洞山铅锌矿化规模、品位均好；三关口沿奥陶系与六盘山群不整合面分布的沉积改造型铜矿化规模、品位均好。以上3个区域成矿潜力较大，为成果报告提交找矿靶区区域。

4. 宁夏中卫市香山东北麓铜及多金属矿调查。属自治区地勘基金项目。已顺利完成年度野外工作任务，通过了国土资源厅组织的野外验收，获得良好级。该项目通过电法测量圈定了多个重点极化率异常，并针对重点异常开展了钻探验证，在具体层段见到了强硅化蚀变带。目前报告的编制工作正在按计划进行中。

5. 宁夏西吉盆地航磁异常查证。属自治区地勘基金项目。2015年度野外工作如期完成，通过了自治区国土资源厅组织的野外验收，获良好级。该项目在新生界之下，于钻孔内见到了数百米厚的侵入岩体和变质岩层，部分岩体具有明显磁性（含磁体矿），为西吉盆地进行区域基础地质研究获得了非常宝贵的地质资料。目前已完成报告初审稿。

三、水文地质环境地质调查

1. 宁夏沿黄经济区水文地质环境地质调查评价。2015年度遥感解译工作基本完成，编制了系列图件，通过3期沙化图的对比，发现银川平原盐沙化土地总量明显下降，且减少的沙化土地主要分布在银川平原黄河东岸；完成了物探解译工作，查明了工作区地层空间结构、含水层分布特征、构造、水质分布特征等情况；通过包气带原位试验及水分运移研究，建立了试验点包气带水分运移数值模拟模型，总结了地面蒸发量的经验公式；通过灵武900 m钻孔进行了第四纪古气候古植被分析；开展了地下水动态监测，掌握了地下水动态规律，为地下水资源评价提供了依据。

2. 宁夏生态移民安置区地下水勘查与供水示范工程。2015年度重点完成了1.1∶5万水文地质调查，调查面积413 km^2；完成钻探进尺1037 m；取样并测试全分析、有毒元素及五项毒物水样各50组，岩土样50件组；完成了暖泉幅1∶5万水文地质调查工作和水文地质钻探工作。

四、地质科研

宁夏回族自治区矿产资源调查成果综合集成与服务产品开发。2015年，重点开展并完成了铜、金等矿种典型矿床资料收集和编写工作，完成了矿产志普及本初稿的编写，并在项目组内部反复讨论，已经开始修改相关内容，并将非金属矿篇定稿；对铜金等典型矿床进行了资料收集，基本完成铜金矿种的试点研编工作；完成了铁矿篇初稿。编写完成了《宁夏回族自治区矿产资源调查成果综合集成与服务产品开发2016年续作论证方案》并提交全国项目办评审。

（毛晓琴）

新疆维吾尔自治区地质调查院工作

新疆维吾尔自治区地质调查院

概　况

新疆维吾尔自治区地质调查院自2011年开始组实，2015年已到位128人。内设机构为总工办、综合办公室、资源评价部、勘查技术部、物化探部、非常规油气资源评价部、水工环部、信息部、财务资产部、审计监察室、人力资源部、安全装备部。安全生产工作持续平稳，牢固树立“党政同责、一岗双责、齐抓共管”的理念。

2015年，承担并实施地调局渠道项目13个、中央返还两权价款项目14个、新疆地勘基金续作项目2个，共29个项目。完成的主要工作量：1∶25万多目标化探完成4000 km^2，完成率100%；1∶5万区域地质矿产地质调查完成5808 km^2，完成率96%；1∶5万磁法测量完成3161 km^2，完成率99%；1∶5万化探完成3794.75 km^2，完成率99%；1∶5万重力完成400 km^2，完成率100%；槽探完成23 780.89 m^3，完成率92.09%；钻探完成4981.69 m，完成率85.65%。

获奖情况：2015年度提交设计24份，优秀设计7份，优秀率为30%；提交成果报告19份，获优秀评价的报告14份，优秀率为69.2%。2015年获国土资源科学技术奖1项、自治区科技进步奖1项、新疆地勘局地质勘查和科学技术突出成果奖3项。

地质调查进展与成果

一、基础地质调查

（一）区域地质调查。

在巴音布鲁克地区原中泥盆统萨阿尔明组中获得其锆石U－Pb同位素年龄796.8±6.0Ma，为该地区研究前寒武纪地质构造演化提供了新信息。

对依连哈比尔尕山东段及谢米斯台山北缘蛇绿混杂岩进行了解体，获得其就位时间，为研究调查区古生代洋盆演化提供了重要线索。

初步认为阿尔泰山西段原震旦纪—早寒武世喀纳斯群由4个组级岩石地层单位组成，并获得了大量前寒武纪岩石碎屑信息；认为喀纳斯—禾木一带侵入岩浆活动以早古生代中－晚期为主，为研究阿尔泰山西段地层格架及地质构造深化奠定了翔实基础。

（二）物化探工作。

针对2014年圈定的1∶5万化探综合异常，优选出60个，通过异常查证，新发现金矿化点2处、铜矿化点5处、铅锌矿化点1处、铁矿化点2处，其中拟择优滚动立项5个。对准噶尔盆地北缘乌仑古河地区、谢米斯台山中段阿克尔布拉克一带开展1∶5万高精度磁测扫面，对研究隐伏构造、推断隐伏磁性地质体、圈定找矿靶区和发现矿产地提供物探依据。

分别在伊宁地区霍城县和察布查尔县一带、阿克苏地区温宿县托乎拉乡一带发现富硒土壤617 km^2、286 km^2，富硒性较好的农产品主要有水稻、小麦、玉米等。为当地政府土地资源规划、开发管理提供重要的地球化学依据，尤其是阿克苏地区富硒土壤、富硒农产品的发现，为推动南疆土地质量调查评价示范、南疆当地发展绿色农业提供了首选区域。

二、矿产调查评价

在东天山成矿带圈定找矿靶区50处。新发现金、铜、铅锌、银、钨、钼、锰、铁等矿（化）点共38处，重点评价了路北铜镍矿、阿奇山铅锌矿、清白山铅锌矿、翠岭东金矿点、新月地金矿点、鱼脊岭钨钼矿点，显示了较好的找矿前景。

其中，路北铜镍矿经槽探和钻探控制，初步圈定4个矿体，2015年新发现V号铜镍矿体，镍平均品位0.44%，铜平均品位0.25%；阿奇山铅锌矿在48线施工ZK4803号孔，钻进深度为580.15 m，锌平均品位1.4%，铜平均品位约0.6%，显示阿奇山铅锌矿深部具有很好的铜矿成矿和找矿前景。清白山铅锌矿控制铅锌矿化带长约4.4 km，圈定矿体36条，锌品位0.5%～3.5%（最高8%），铅品位0.3%～1.5%，为碳酸盐岩层控型。翠岭东金矿点圈定矿化体3条，金平均品位$1.02\times10^{-6}\sim1.58\times10^{-6}$。新月地金矿点金矿化带东西长2.2 km，圈定矿（化）体15个，其中矿体4条，为蚀变岩型金矿。

在西天山地区发现了艾尔宾山南坡金矿化带，长200 m，宽3～9 m。金品位$1.71\times10^{-6}\sim7.6\times10^{-6}$；沙湾县热水泉子一带新发现宁家河铅锌矿点；和静县依开布鲁斯台地区新发现诺热萨拉铜矿点、莫苏哈若铜铁矿点。

在阿尔泰地区富蕴县杜热一带新发现喀巴克铜矿点、喀巴克南铜矿点。在西准噶尔拉巴地区新发现沙尔巴克特金矿点、卡拉也镍矿点。

三、水文地质工作

库车－拜城盆地水文地质调查子项目工作量基本完成，对承担的矿产志钠硝石、钾销石志的章节进行了修改，参加了地下水、地热和矿泉水章节的编写。对东疆煤炭基地地下水勘查子项目成果进行了汇总。

四、地质科学研究

开展了东天山基性－超基性杂岩含矿性专项调查与靶区优选工作，对红岭铜镍矿、白鑫滩铜镍矿以及白鑫滩西、海豹滩、海豹滩东、海豹滩北基性杂岩体开展了相关研究。在伊犁盆地巩乃斯－尼勒克凹陷油气基础地质调查工作初步查明二叠纪晓山萨依组、塔木其萨依组为重要烃源岩层系。初步完成了新疆铍、锶等27个矿种矿产志研编，同时对新疆新近发现的重要矿床——和田县火烧云铅锌矿、新源县卡特巴阿苏金矿、若羌县卡尔卡尔西萤石矿和巴楚县瓦北稀土矿开展了野外调研及重大问题研究。开展了新疆地质志预研究阶段，初步完成了43个1∶50万图幅地理底图修编及总体设计编写、资料收集等相关工作。

五、信息化建设与服务

完成2015年度1∶5万地质图空间数据库的建库工作，共新建数据库24个图幅。新疆地质工作程度数据库维护工作基本完成，新增约2000余条地质勘查工作记录。配合矿产志项目开展新疆矿产志数据库建设工作。新疆中比例尺化探数据库项目，已编制完成1∶5万区调工作程度图，正在开展1∶5万化探工作程度资料的收集和整理工作。开展了计算机安全保密工作，制定了保密制度，对院计算机网络实行了内外网分离，并对全院涉密计算机部署“三合一”设备，增强了资料安全保密性。

（杨春蓉）

北京市地质环境监测总站工作

北京市地质环境监测总站

概　况

北京市地质环境监测总站（北京市水文地质工程地质大队）隶属于北京市地质矿产勘查开发局，是从事公益性地质工作的全额拨款事业单位。主要职责是承担北京市地下水质、水位动态和地面沉降的监测、评价、预报工作，地质灾害危险性评估，承担水资源量计算，地下水资源勘查、评价、监测、分析等具体工作，承担地下水人工排水和回灌的技术性工作，开展有关开发利用以及技术交流与合作工作，负责北京市地质中心实验室的管理工作。下设17个管理和业务科室，拥有北京地下水科学试验基地，以及国内先进的地下水监测系统、地面沉降监测系统和地裂缝监测站。

该站编制255人。2015年末，在岗职工125人，其中各类专业技术人员115人（正高级职称5人、副高级职称32人、中级职称38人、初级职称29人）。全年未发生安全责任事故。2015年，新购置仪器设备12台（套），新增固定资产50.32万元。

2015年，获局地质科技奖一等奖1项，大禹水利科学技术奖三等奖1项，北京地勘局科技成果奖一等奖2项、二等奖2项。

地质调查进展与成果

一、水文地质环境地质灾害地质调查

（一）地质环境监测。

1. 地下水动态监测。2015年，共有各类地下水监测井1508眼（国家级监测井50眼），其中单测水位监测井326，单测水质监测井880眼，水位水质共同监测井302眼。依托北京市财政项目北京市地面沉降监测系统运行（2015年度），完成了628眼监测井的水位监测（自动监测井243眼、人工监测井385眼），获取水位数据116 415个，编制《地下水情月报》12期，提交了《北京市平原区2015年地下水位动态监测报告》和《北京市平原区2015年地下水资源评价报告》。依托北京市财政项目北京市平原区地下水环境监测网运行（2015年度），对1182眼井取样3084件进行了化验。提交项目季报、半年报和年度报告。定期为政府部门提供地下水环境基础信息，并应用于国家和北京市相关部门。

2. 地质灾害监测。地面沉降监测：对7个地面沉降监测站各类标孔和628眼外围地下水动态监测井进行了基岩标监测10 220次、分层标监测75 190次、地下水位监测27 010次、孔隙水压力监测11 680次、气象监测4380次；完成了国家一等水准测量

3970 km，GPS 测量点联测 112 个，获取并解译 InSAR 数据 9 景。提交了《北京市地面沉降监测 2015 年度报告》。

地裂缝监测：2015 年水准监测成果显示，高丽营地裂缝垂直变形量达到 12.4 mm/a，水平扭动方向累计变形量为 12.34 mm，水平拉张方向累计变形量为 29.53 mm。

（二）地质调查评价。

1. 2015 年国家级地质环境监测与预报（北京部分）。是环境监测院委托的公益性地质项目，经费 24.67 万元，项目周期为 1 年。完成了 50 个国家级监测点地下水位和水温的常规监测及 28 个国家级监测点地下水质的常规监测；运行维护了北京平原示范区地下水自动监测仪和自动传输设备；提交了《2015 年度北京市国家级地下水监测数据及统计报表》《2015 年度北京市地质环境监测成果报告》和《2015 年度北京市平原区北京平原示范区地下水监测工作报告》。发现北京地下水水质超标主要分布在第一和第二含水层组，而第三和第四含水层组水质超标较少，水质相对较好。

2. 北京市重点地区地面沉降监测（2015 年度）。是环境监测院委托的公益性地质项目，经费 25 万元，项目周期为 2015 年 10 月～2016 年 2 月。在北京与河北交界处建设水准点 6 个，开展了二等水准测量 182 km，为京津冀地面沉降监测一体化奠定了基础。

二、地质科学研究

1. 北京地区地面沉降防控与地下水资源合理开发。属于北京市科技计划课题，是续作项目，项目总经费 568 万元（其中市财政科技经费 288 万元），项目周期为 2013 年 7 月～2015 年 6 月。2015 年度经费 133 万元，年内安装了地下水位自动监测设备 15 套。公开发表学术论文 23 篇，取得实用新型专利 6 项，编制了《北京地面沉降与地裂缝》专著，完成了《北京地区地面沉降监测技术要求》和《北京市重大线性工程地面沉降专项监测方案标准》，填补了北京地面沉降监测领域的技术空白；提出了一套基于地面沉降控制的地下水优选方案，为北京市地下水控采和地面沉降调控提供了决策依据。

2. 北京市西郊地区地下水战略储备及高效利用关键技术研究与示范。属于北京市科技计划课题，项目总经费 500 万元，项目周期 2015～2016 年。2015 年度经费 150 万元，年内完成了基础地质和水文地质资料的收集与整理，分析了研究区水文地质条件，确定了已有基岩地下水观测井，构建了地下水流模型中的结构模型，完成了 2 眼监测井的选址。

三、其他

1. 一孔多层地下水监测井建设规程。是环境监测院委托的项目，工作周期 2014 年 5 月～2016 年 6 月。总经费 50 万元。2015 年度经费 20 万元，年内完成了一孔多层地下水监测井建设研究成果报告，根据专家意见，项目组将项目名称“一孔多层地下水监测井建设规程”更名为“巢式地下水监测井建设规程”。目前正处征求意见阶段。

2. 基于新水情下的北京地下水资源可持续利用调查评价及保护规划建议。是北京市地勘局下达的科研项目，项目经费 118.67 万元，工作周期 2015 年 1～12 月。年内完成了 1∶20 万区域水文地质补充调查，调查面积 5585 km^2；完成了 1∶5 万专项水文地质调查，调查面积 1315 km^2；完成地下水位普测 100 点次、重点地段监测 2280 点次；建立了北京市平原区地下水流数值模拟模型，面积 6400 km^2。编制《基于新水情下的北京地下水资源可持续利用调查评价及保护规划建议成果报告》。

（赵立新）

天津市地质环境监测总站工作

天津市地质环境监测总站

概　况

天津市地质环境监测总站隶属于天津市地质矿产勘查开发局，是从事公益性地质环境监测与研究的全民事业单位。主要承担地质灾害危险性评估、地质灾害治理工程设计、勘查和监理、建设项目水资源论证、工程测量、地理信息系统工程等工作。设置 4 个管理科室和地质市场开发部、地质环境监测中心、地下水资源与沉降研究所 3 个业务科室。

现有在职职工 70 人，共有专业技术人员 58 人。其中从事地质专业技术人员 46 人，占全站总人数的 65.7%；高级职称 10 人、中级职称 27 人、初级职称 21 人；大学本科以上学历 53 人，约占职工总数的 75.7%。

拥有CJY－80型直读式沉降仪、KY－1数字式孔隙水压测试仪、GTS－602TQPCONG全站仪、Trimble5700型GPS接收机、GPS12卫星定位仪等多种各类先进的技术设备。年内无重大安全责任事故，伤亡事故率为零。

2015年度，天津滨海新区超深分层标建设关键技术研究项目获国土资源科学技术奖二等奖。

地质调查进展与成果

一、陈塘庄地面沉降分层标重建工程

编制完成项目总体设计，包括单孔设计图。2015年4～6月，开展场地及周边的地面沉降调查，并且与陈塘管委会、发改委、规划、环保、土地、设计、技术咨询公司等多部门、多单位密切联系进行重建筹备工作。

二、天津滨海新区1∶5万工程地质调查评价

2015年度，天津滨海新区1∶5万工程地质调查评价为京津唐重点规划建设区地质环境综合调查子项目的专题项目。年内开展了滨海新区1∶5万天津新港幅工程地质调查，完成调查面积150 km^2，共调查地质点80个点，包括地质地貌点51个、工程揭露点5个、收集钻孔点9个；完成槽型取样器钻探15个孔，完成工程地质钻探5个孔，钻探进尺415m，完成了水文地质钻探施工共4个孔，总进尺116 m；采集浅层地下水样品7件，采取原状土样－土常规分析（包括压缩、抗剪、容重、液塑限颗粒分析、颗粒密度、含水量等）208件、渗透系数11件、三轴剪切强度9件、土壤水溶盐分析58件。另外包括标贯试验14次，进行静力触探（测试深度30m、双桥）32m，进行十字板剪切5次，进行剪切波速2个孔共180 m。12月份进行GPS坐标和高程测量。完成野外验收。

三、国家地下水监测工程（天津）

2015年度，完成国家地下水监测工程（天津国土资源部分）初步设计报告，初步布设了国家级地下水监测井位；进行了初步设计的评审和归档；参与编制《国家级地下水监测工程初步设计》天津部分章节。

（王国良）

河北省环境地质勘查院工作

河北省环境地质勘查院

概　况

河北省环境地质勘查院加挂河北省地质环境监测总站牌子。2015年12月，经省编办批准加挂河北省地质灾害应急技术中心牌子。隶属于河北省地质矿产勘查开发局。现有在职职工277人，其中博士2人、硕士29人、大学本科144人；正高级职称9人、副高级职称64人、中级职称74人；省管优秀专家1人，享受国务院政府特殊津贴1人。

主要职责为开展全省地下水环境动态监测、地热动态监测、地质灾害监测、地下水情预报工作；开展环境地质、水文地质工作；负责全省地质灾害应急调查、监测预警、快速处置、防治工程技术服务工作；负责全省地质灾害应急会商、决策支持和信息处理工作；负责地质灾害防治综合研究等工作。

单位设综合办公室等5个管理部门和地质灾害监测预警中心、地下水及地面沉降监测中心、矿山环境监测保护室、地质灾害及地质遗迹研究室、水土污染防治研究室、地环工程处、信息中心、综合研究室、实验室9个业务部门，唐山、廊坊、保定、石家庄、邢台、邯郸6个直属分院和5个地质队管市级监测站。

参与完成的华北平原地下水污染调查评价及关键技术研究项目获得了国土资源科技进步奖一等奖。2个项目获得省国土资源优秀成果二等奖。

地质调查进展与成果

一、地质环境监测

年内有地下水水位动态监测点2755个，其中国家级115个、省级881个、市级1759个。完成水质取样及分析722件，其中按国标项目（加测简分析）394件、简分析160件、专项分析168件。

河北省作为全国率先启动地下水监测工程的4个省份之一，2015年度启动石家庄、衡水两个地区地下水监测站点建设。设计新建和改建监测站点100个，其中衡水新建42个、改建6个，钻探总进尺7070.72 m；石家庄新建48个、改建4个，钻探总进尺3970.62 m。12月1日，第一眼监测井在衡水市枣强县开钻。

二、地质灾害防治

汛前地质灾害隐患排查，共排查地质灾害点4400多处。参与汛期地质灾害巡查60处，汛期地质灾害应急调查10起。

汛期地质灾害预报预警。发布省级地质灾害预报预警信息4期，发布预警短信455次、12 500条。

开展河北省地面沉降调查监测与研究工作，完成河北省地面沉降调查与监测项目二等水准测量2800 km，GPS B级测量41点次，分层标监测180组次，埋设水准标石50块。完成《河北省地面沉降十年成果总结》编制工作。

（陈　宁）

山西省地质环境监测中心工作

山西省地质环境监测中心

概　况

山西省地质环境监测中心（山西省国土资源厅地质灾害应急中心）是直属山西省国土资源厅全额预算管理事业单位。

中心领导职数4人，其中主任1人、副主任2人、总工程师1人。机构设置为4个管理科室、12个技术科室。单位编制67人，实际在册在职60人，其中各类专业技术人员52人，包括正高级职称2人、副高级职称24人、中级职称17人、初级职称9人。被地调局评为A级地方公益性地质调查队伍。

中心拥有各类设备415台（套），资产净值751.26万元，2栋二层砖混结构办公楼，总建筑面积1959.61 m^2。

2015年，被山西省国土资源厅评为目标责任考核优秀单位；继续保持了“省直机关文明单位”。2人荣获国土资源部“十二五”科技与国际合作先进个人，1人荣获“山西省学术技术带头人”，1人荣获中国气象局气象服务贡献奖，16人被聘为山西省国土资源系统地质灾害防治专家，8人被聘为山西省地震防御、农业气象灾害防治专家。年内未发生重大安全生产事故。

地质调查进展与成果

一、基础地质调查

晋西三川河流域（J49E016012、J49E016013幅）1∶5万地质灾害调查。2015年超额完成了各项调查、勘查任务，并顺利通过了地调局组织的野外验收，等级为优秀。完成的调查成果被评为良好。

二、水文地质环境地质灾害地质调查

2015年，共承担地质调查项目7项，项目总费用885.75万元，其中国家地质调查项目3项，2项为续作、1项为新开，总经费130.02万元；地方财政项目4项，3项为续作，1项为新开，总经费755.73万元。

（一）地质环境调查评价监测。

1. 山西盆地地裂缝地面沉降监测。2015年建设了大西高铁祁县段重点地裂缝水准监测网，埋设标石18个；完成大同市、太原市、临汾市、运城市地面沉降监测水准测量1525 km；完成地裂缝监测水准变形测量150点次；完成大同市地裂缝仪器站监测365日次；完成山西重点地区地面沉降GPS监测29点次；取得了486个地面沉降水准监测高程数据、29个地面沉降GPS监测高程数据、75个地裂缝监测变形数据、8760个地裂缝仪器站变形监测数据。2015年提交的《山西盆地地面沉降地裂缝调查报告》被地调局评为优秀成果报告。

2. 地下水动态监测。2015年，完成山西省405个地下水位监测点、181个水质监测点的日常监测工作，共获取地下水水位监测数据39 287个、水质监测数据7092个、地表水流量监测数据396个。完成了《国家地下水监测工程项目（山西）初步设计》的编制工作，启动了国家重点工程项目地下水监测工程。

3. 滑坡地质灾害专业监测。2015年，在已经建成的吕梁市孝义市上令狐村滑坡和临汾市翼城县桥上镇翟家沟滑坡自动化监测示范点基础上，又建成了晋中市太谷县红崖村滑坡、忻州市繁峙县伯强村及朔州市怀仁县羊圈沟村2处泥石流地质灾害监测预警示范区，并正式投入使用，监测内容包括降水量、土体含水率、位移等，监测手段包括降水自动监测技术、GPS位移监测技术、北斗位移监测技术、传感器技术等，为山西省突发性地质灾害的监测起到了引领与示范作用。

4. 山西省重大地质灾害调查与监测。完成了山西省大型地质灾害点野外核查及大同市、忻州市、阳泉市3个地质灾害监测示范区的建设。对2012年以来安装的30台自动雨量站和2014年建立的一个地质灾害专业监测点进行了维护。并编制完成了《2015年山西省重大地质灾害调查与监测报告》。

（二）国土资源综合评价、监测。

1. 大同盆地国土资源综合监测示范项目。该项目为国家示范项目，通过筛选建立了国土资源综合监测指标，总结形成了一套国土资源综合监测技术规程规范体系。2015年11月，项目成果通过地调局验收，被评为良好等级。

2. 典型资源型地区资源环境承载力综合评价与区划项目。受地调局委托，山西环境监测中心对山西省资源环境承载力进行了综合评价与区划，评价结果表明全省资源环境承载力整体呈中等偏低水平。提出了山西省资源开发利用和环境保护建设的合理模式，并基于不同区域的资源环境承载能力，以是否适宜或如何进行大规模、高强度资源开发和区域环境如何保护为基准，将山西省划分为资源优先开发区、资源优化开发区、资源控制开发区的资源环境管理分区，为国土资源合理开发、促进资源型地区经济可持续发展提供了依据。2015年11月，项目成果通过地调局验收评审，被评为优秀等级。

三、地质科研

地质灾害气象风险预警。2015年，山西省36处重大地质灾害隐患点雨量监测站实时降水资料纳入了预警预报模型，进一步提高了地质灾害气象风险预警的精度；对短信群发信息库进行了更新，进一步扩大短信的受众范围。2015年，共发布三级以上地质灾害气象风险预警21次，发布预警短信38 535条，晋中、临汾、运城、吕梁等地市多次成功组织了安全避险，避免了大量的人员伤亡和经济损失。

四、其他

（一）地质灾害趋势预测。

2015年2月6日，在山西省国土资源厅主持下会同省政府应急办和省交通、水利、气象、地震等部门召开了2015年度地质灾害趋势预测会商会，听取了相关部门对山洪灾害、气象气候、交通干线和地震预测分析，分析了灾情预测形势，为最大限度减轻地质灾害起到了积极的预防作用。

（二）汛期地质灾害防治。

编制了《山西省2015年度地质灾害防治方案》，参与了山西省地质灾害防治领导组组织的汛期地质灾害防治督查、检查工作，督查检查范围包括山西省11个地市、45个重点县。按照省厅的统一部署及各市县国土资源部门的请求，全年中心组织专家完成了20起共计60人次地质灾害应急处置工作，并编制了地质灾害应急情况调查报告。全年每日安排2名职工全天24小时地质灾害应急值班，保证了省内突发性地质灾害信息传报通畅。为地方政府开展地质灾害应急处置提供了强有力的技术支持。

（三）服务支撑国土资源管理工作。

国土资源部地质环境司下达的“山西省地质环境图系编制”项目。2015年，组织有关地勘单位完成了考察调研、基础资料收集、野外调查核查、地理地图编制及部分图件的编制等项工作，取得了图系编制的阶段性成果。

（贺秀全）

内蒙古自治区地质环境监测院工作

内蒙古自治区地质环境监测院

概　况

内蒙古自治区地质环境监测院（内蒙古自治区环境地质研究所）是隶属于内蒙古自治区国土资源厅的正处级公益一类事业单位。2011年加挂了内蒙古自治区地质灾害应急中心牌子。主要职责是承担全区地质环境监测、矿山地质环境保护与治理、地质灾害防治、地质遗迹保护、地热矿泉水以及地下水资源调查评价等基础性、公益性工作。负责全区地质环境规划编制、监测网建设和综合研究工作，并开展地质灾害应急响应和地质环境项目管理的技术支撑服务，为政府在地质环境管理、保护和合理开发利用等方面的决策提供科学依据。

内蒙古环境监测院核定处级领导职数6人。下设6个直属分院，并新组建了8个盟市分院，内设6个管理科室和13个技术业务科室。另外，内蒙古地质环境学会、中国古生物化石保护基金会驻内蒙古自治区代表处、内蒙古自治区古生物化石专家委员会办公室挂靠该院。全院现有在册职工409人，在编229人。其中，管理人员12人、专业技术人员141人

(高级职称62人、中级职称40人、初级职称39人)、工勤技能人员76人，本科以上学历120人、博士3人、硕士14人。全院拥有固定资产土地72 334.19 m^2、房屋及构筑物10 356.06 m^2、仪器设备916台（套)。拥有各类资质15项，其中甲级资质6项、乙级资质5项、丙级资质3项、自治区级计量认证证书1项。

修订完成了《安全生产管理办法》，制定了《全面开展安全生产大检查和专项整治工作方案》，全年未发生任何安全生产事故。

地质调查进展与成果

一、水文地质环境地质调查

(一) 地下水动态监测。

继续开展全区7个主要城市及其近郊地下水动态监测工作。2015年完成810个监测点的常规监测，采集数据21 772组，采取水样368件，监测总控制面积4293.70 km^2。提交了2014年国家级地下水监测数据和全区2014年度地质环境监测报告。

提交“全区14个主要城市地下水监测网建设与维护”项目前期调查成果，完成了对14个主要城市的水源地、地下水降落漏斗区、污染分布区的调查和14个城市地下水监测网的初步部署方案；开展了自治区主要城市：呼和浩特、包头、赤峰、通辽、集宁、乌海5个城市已有监测网的维护工作，对77眼淤堵孔进行了清理修复并安装180套自计水准仪；开展了海拉尔、满洲里、锡林浩特、乌兰浩特、二连浩特5个东部城市的拟建监测网设计工作，计划新建监测孔157眼，累计钻探进尺13 090 m，监测控制面积1679.9 km^2。

(二) 地面沉降监测。

内蒙古自治区呼和浩特、包头地面沉降调查监测前期工作。首次在内蒙古自治区开展了基于InSAR的地面沉降监测应用，选择自治区首府和最大工业城市——呼和浩特市和包头市进行探索研究。通过InSAR的地面沉降监测技术成果及随即开展地质环境（地面沉降）专项调查的实地验证，依据PS点沉降速率大于10 mm/a的分布范围及密集性、广泛性综合衡量，在呼和浩特市确定了4处明显的地面沉降区，总面积25.3 km^2，包头确定了4处较明显的地面沉降区，总面积37.72 km^2，分别查明了地面沉降区分布范围、沉降中心位置及沉降速率。

(三) 矿山地质环境调查。

2015年，完成并提交了内蒙古自治区国土资源厅下达的7个项目成果：内蒙古自治区矿山地质环境调查、内蒙古自治区矿山地质环境保护与恢复治理研究、大兴安岭南段地质灾害高易发区矿山地质环境调查、内蒙古自治区矿山地面塌陷发育规律及治理模式研究、内蒙古自治区矿山地质环境动态遥感监测研究及信息系统建设、内蒙古大兴安岭林区矿业开发与生态环境保护研究、内蒙古自治区十二个矿产资源型城市矿区矿山地质环境调查综合研究；地调局1个项目：呼伦贝尔能源矿产资源集中开采区矿山地质环境调查；新开展5个项目：鄂尔多斯市东胜矿区矿山地质环境动态监测示范区建设、内蒙古自治区矿山集中开发区地质环境遥感动态监测、内蒙古自治区矿山地质环境承载力评价研究、锡林郭勒草原矿山地质环境治理模式研究、内蒙古自治区矿山地质环境保护与治理“十三五”规划；配合国土资源厅完成了《内蒙古自治区矿山地质环境治理办法》送审稿工作及《内蒙古自治区矿山地质环境治理方案编制技术要求》《内蒙古自治区矿山地质环境分期治理方案编制技术要求》2项技术标准的起草工作。2015年5月27～29日，配合国土资源厅在呼和浩特市承办了为期3天的《内蒙古自治区矿山地质环境治理办法》培训工作。

(四) 地质灾害调查与治理。

2015年新开项目包括内蒙古自治区阴山山地中西段地质灾害高易发区地质灾害调查（1:5万)、内蒙古自治区地质灾害防治规划（2016～2020年）和内蒙古自治区地质灾害应急技术业务发展规划（2016～2020年）等3个项目，均由内蒙古自治区国土资源厅于2015年8月下达。续作项目为内蒙古自治区阴山山地东段（燕山段）地质灾害高易发区地质灾害调查（1:5万)。

(五) 矿山地质环境保护与治理。

完成了全区5000多个矿山地质环境动态监测资料的整理和统计、上报工作，并完成国土资源部矿山地质环境动态网络直报，编写了年度矿山地质环境形势分析报告。8月14日～9月14日，完成了全区14个盟市督查指导工作。配合国土资源厅执法局进行了全区矿山地质环境执法调研及矿山地质环境应急调查，完成了阿拉善左旗铁龙公司闫地拉图铁矿矿山地质环境应急调查、锡林郭勒盟正镶白旗亿豪铅锌矿应急调查工作。

(六) 地下水资源勘查与评价。

完成《内蒙古自治区巴彦淖尔市临河区地下水资源综合评价报告》，为巴彦淖尔市临河区构建了一个地下水资源动态评价模型，评价了2处可供利用的水源地。完成了内蒙古自治区乌兰察布市集宁周围地下水资源综合评价、托克托县蒲滩拐取水口滑坡地质灾害勘查、内蒙古自治区阿尔山市矿泉水资源普查、内蒙古自治区二连浩特市后备水源地（巴嘎塔拉凹陷）供水水文地质详查、内蒙古自治区乌拉特前期白彦花地区地热资源预可行性勘查、内蒙古自治区地热能开发利用规划、内蒙古自治区察哈尔右翼前旗－集宁区地下水资源勘查与区划等项目。

二、地质调查信息化建设与服务

1. 完成了内蒙古地质灾害防治工程协会网等网站建设、机房及网络改造和与厅专线联通工作，正在建设自治区地质环境信息网。组织实施了矿政管理基础数据库及应用系统中地质环境管理方面的7个子系统程序的调试完善工作。作为全国第二批地质环境信息平台建设单位，拟建国家、自治区、盟（市）三级专线联通、资源共享的信息化服务体系。

2. 内蒙古自治区地质环境图系编制。全区拟分别编制地质环境图系以及建立全区数字地质环境图系管理系统，地质环境图系由地质环境条件类、地质灾害类、矿山地质环境类、地下水类、地质遗迹类等五大类图件构成，以纸质版和电子版两种方式表现。全区图件共10张。

3. 地质灾害应急指挥平台。配有专用卫星通信设备、四旋翼飞行器、地质灾害应急调查车辆、便携式高清单兵传输系统、高清视频会议终端、迷你单兵图像发射机等，可实现灾害现场与自治区国土资源厅和国土资源部应急指挥系统的互联互通，进行3方视频会商，做到对地质灾害现场的应急指挥，能迅速、有效地指导灾害现场进行应急处置。

三、地质遗迹保护

2015年，开展了4个项目：华北地区重要地质遗迹调查（内蒙古）、内蒙古自治区地质遗迹保护规划（2016～2020年）、内蒙古自治区新发现重要古生物化石调查评价及抢救性挖掘、内蒙古自治区地质环境图系编制（地质遗迹图件）。

（康　艾）

辽宁省地质环境监测总站工作

辽宁省地质环境监测总站

概　况

辽宁省地质环境监测总站（辽宁省地质灾害应急中心）为辽宁省地质矿产勘查开发局所属处级全额拨款事业单位。主要职责为承担全省地质环境监测网络建设与管理，负责地质环境监测的相关技术工作；负责地质灾害调查、预警、应急处置的相关技术工作。辽宁环境监测总站编制为189人，2015年在职职工88人。在职职工中各类专业技术人员72人，其中研究员13人、副高级职称26人、中级职称20人、初级职称9人。2015年重新修订了《财务管理办法》《保密工作管理办法》，对“十二五”期间项目进行梳理。全面落实安全生产责任制，全年未发生责任事故。项目成果获辽宁省国土资源厅科学技术成果奖一等奖1项、二等奖1项、三等奖5项。

地质调查进展与成果

一、地质环境监测

（一）地下水监测。

辽宁环境监测总站已在全省建成地下水自动监测点21个，国家级地下水监测工程辽宁省监测区前期勘查工作已完成。2015年，全省共有地下水监测点895个，其中包括泉水监测点20个。以监测点级别划分：国家级101个、省级115个、市级169个。以监测要素划分：水位366个、水质210个、水位水质共用点200个和单测流量点9个。

2015年提交了《辽宁省地下水水情通报（2014年）》《辽宁省地下水水位预报（2015年）》和《辽宁省地质灾害灾情通报（2014年）》，为各级地质环境管理部门提供工作依据。

（二）地质灾害监测。

在前期抚顺西露天矿北帮专业监测网正常运行的基础上，已完成16处重要地质灾害隐患点专业监测建设工作。2015年，重要地质灾害隐患点监测示范工程二期续作项目已启动，拟选的40处重要地质灾害隐患点监测已完成26处监测设备安装，其中包括12处单独雨量监测点、10处泥位监测架杆、2处滑坡监测、1处崩塌监测、1处地裂缝监测，2016年将全面投入使用。

抚顺西露天煤矿采矿坑有近百年的开采历史。采坑紧邻抚顺市区，并有抚顺石油一厂、抚顺发电厂等企业。长期高强度的矿山开采为抚顺的经济建设做出巨大贡献的同时，也诱发了一系列的地质环境和地质灾害问题。辽宁环境监测总站自 2006 年 6 月正式启动抚顺西露天矿北邦地质灾害监测、预警工作，已建各类地质灾害专业监测点 50 个，其中 GPS 实时监测点 9 个、GPS 常规静态监测点 6 个、GPS 非常规静态监测点 14 个、地裂缝简易监测点 17 个、地下水位监测点 6 个、深部岩移监测点 8 个。经过多年的连续监测表明，该监测区域处于整体向南缓慢滑移状态。

此外，盘锦市辽河油田采油区地面沉降监测项目自 2013 年启动，主要针对盘锦市辽河油田采油区 300 km^2 区域开展地质调查与遥感监测工作。采用 D－InSAS 和小基线集技术，采集多个时相的高分辨率 Radarsat－2 雷达数据和中等分辨率真的 ASAR 数据，对地面变形进行监测分析，具体工作内容包括 SAR 数据预处理、SLC 数据的获取、干涉基线估算、干涉图生成、干涉图去平去噪、相位解缠、轨道重去平、区域地面形变生成。监测数据显示，工作区沉降区域面积约 22.62 km^2，其中严重沉降区面积约 10.5 km^2，沉降量在 －93.72 ～ －77.19 mm 之间；较大沉降区 1.83 km^2，沉降量在 －77.18 ～ －47.47 mm；中等沉降区面积约 4.68 km^2，沉降量在 －47.46 ～ －27.01 mm；较小沉降区面积约 15.06 km^2，沉降量在 －27.00 ～ －15.31 mm。计划 2016 年结题。

（三）地质环境信息系统建设。

辽宁省地质环境信息平台建设工作 2014 年启动，一期投入 161.5 万元，2015 年二期投入 840 万元。目前，已初步建立了以地理分布为原型，以工作职能为基础，以地下水、地质灾害、矿山地质环境为对象，以地下水水位、地下水水质、突变型地质灾害、缓变型地质灾害、矿山地质环境以及相关的水文地质、工程地质、环境地质基础信息为主要内容的全省地质环境监测信息系统。地质环境监测信息系统最终实现利用计算机技术对地质环境监测工作所产生的监测动态数据和基础信息数据进行存储管理、综合分析，实现利用网络通信技术进行数据的传输、交换，建立采用动态数据库支持下的功能模块化结构，可为国民经济建设提供地质灾害防治辅助决策信息及地质环境保护管理辅助决策信息。

二、汛期地质灾害气象风险预警

2015 年，在以往工作的基础上进一步将气象风险预警工作方法理顺，完善了省内国土资源部门的气象风险预警结果接收、处理、落实的程序和方法等。辽宁环境监测总站积极与高等院校合作，改进、完善预警模型，在提高常规预警精度的同时，研究即时预警的方法和发布方式。在区域趋势预报的基础上，完善实时预报预警工作。同时推进市、县级地质灾害易发区内县级地质灾害气象预报预警工作的开展。力求省、市、县互动，进一步提高预报水平。

三、其他

（一）汛期地质灾害防治。

汛前巡查：由省厅主管领导带队，辽宁环境监测总站技术人员参加，对全省 14 个市及绥中县、昌图县进行了巡查。技术人员主要查验技术资料，分析重要地质灾害隐患点的危险程度，并跟县（区）局及乡镇政府沟通，提出地质灾害预防的技术措施建议。

（二）地质环境管理技术支撑。

2015 年，辽宁环境监测总站开展了地质环境项目前期考察、立项论证等工作；编制了年度地下水水情通报、地下水水情预报和地质灾害灾情通报；起草了地质环境公报及年度地质灾害防治方案；完成了《辽宁省地质灾害防治规划》《辽宁省矿山地质环境保护与恢复治理规划》和《辽宁省矿山复绿行动实施规划》的编制工作。

（卢鸿雁）

吉林省地质环境监测总站工作

吉林省地质环境监测总站

概　况

吉林省地质环境监测总站（吉林省地质灾害应急技术指导中心）隶属于吉林省国土资源厅和吉林省地质矿产勘查开发局，以吉林省国土资源厅管理为主的公益性事业单位。总站编制为 108 人，2015 年在册职工 92 人，在职职工中各类专业技术人员 82 人，占在职职工总数的 89.1%，其中正高级职称 9 人、副高级职称 8 人、中级职称 22 人，博士 5 人、硕士 20 人、本科 40 人。

总站内设办公室、财务科、人事科、党办、科技项目管理办公室、环评与规划室、地质灾害与预警预报研究室、地下水环境监测室、综合研究室、矿山环境与国土整治研究室、地质环境评价室、信息室和勘察处，下设长春、吉林、四平、辽源、通化、白城、通榆、松原、延吉和珲春等10个分站。负责全省水工环地质调查、液体矿产勘查及全省地质环境监测工作，是吉林省国土资源厅的主要技术支撑单位。

单位拥有办公设备382台（套），包括通用设备44台（套）、专用设备107台（套）、交通运输设备3台（套）、电子产品及通信设备174台（套）、电器设备8台、仪器仪表及量具46台。2015年全年无安全生产责任事故。

地质调查进展与成果

一、水文地质环境地质灾害地质调查

（一）地下水动态监测。

吉林省地下水监测面积为78 563 km^2，其中城市监测面积为2435 km^2（包括9个城市、1个均衡区），区域监测面积为76 128 km^2。现有地下水动态监测点596个，其中国家级164个、省级55个、统测点377个。2015年完成城市和区域219个地下水长测点的日常监测工作，枯、丰水期地下水统测377点，采集、分析测试地下水样品81组。向环境监测院提交了吉林省各市地下水动态监测报告、地下水水情通报，编制了《中国环境状况公报（吉林省部分）》，为吉林省地下水资源开发利用保护提供了有效、连续的基础资料。

（二）国家地下水监测工程。

编制完成了《国家地下水监测工程初步设计（吉林省部分）》，计划布设497个国家级地下水自动监测站点。

（三）其他。

1. 吉林1∶5万朝阳川镇（K52E007014）、崇明（K52E008015）环境地质调查。由地调局下达，工作起止年限为2014～2015年，工作经费为450万元。完成1∶5万遥感解译760 km^2、水工环测绘760 km^2、各类调查点608处、水位统测300点次、调查剖面120 km、水文地质钻探615.8m，其中水文地质钻探共完成深孔（白垩系孔隙裂隙水）7眼，进尺536.40 m，浅孔（第四系潜水）8眼，进尺79.40 m，抽水试验45个台班；工程地质钻探1015 m，钻井30眼，原位试验180 m；采集水样180组、土壤样20组、岩土体样136组。2015年10月通过地调局东北项目办组织的野外验收。查明区内区域水文地质、工程地质条件及主要环境地质问题，分析影响地质环境变化的因素，提出环境地质问题防治对策；建立地质环境调查评价数据库系统。编制的成果报告于2015年12月通过地调局东北项目办组织的评审。

2. 松嫩平原（吉林）地下水污染调查评价。由地调局下达，工作起止年限为2012～2014年，工作经费为620万元。2015年11月通过由地调局东北项目办组织的成果报告审查，质量等级为优秀。项目运用水均衡法和数值模拟法分别进行了地下水资源评价，在对区内地下水资源与地质环境综合分析的基础上，结合区内水资源供需与潜力分析，提出了地下水资源开发利用区划。

3. 延龙图地区环境地质调查评价。由地调局下达，工作起止年限为2012～2014年，工作经费为600万元。成果报告2015年12月通过了由地调局东北项目办组织的评审。进一步查明了延龙图地区水文地质、水化学条件、地质资源及环境地质问题，提出了城市环境地质问题的防治措施与建议。

4. 延边地区重点城市环境地质调查与评价。由地调局下达，工作起止年限为2015～2017年，工作经费为250万元。2015年，完成调查面积766 km^2，占总调查面积的80%；完成野外调查点618个，占总调查点数的90%，其中环境地质调查点164个、水文地质调查点291个、工程地质调查点160个；完成无机样采集73组，占总无机样总数的104%。

5. 地质灾害调查与区划。2015年承担了图们、汪清、江源和吉林市城区4个县（市）（1∶50 000）地质灾害调查与区划项目，资金总额720万元。调查总面积15 106 km^2、总调查点3250个，已完成调查总面积的100%，完成总调查点数的110.6%，野外调查工作基本结束。

二、地质科学研究

（一）吉林省地质环境图系编制。

为吉林省财政资金项目，由国土资源厅组织实施，吉林环境监测总站承担。项目需要编制5类9张图，建设吉林省地质环境图系空间数据库，同时建立吉林省地质环境图系服务管理平台。按图系类别可分为：①地质环境条件类：吉林省地质环境分区图；②地质灾害类：吉林省崩塌滑坡泥石流分布图、吉林省崩塌滑坡泥石流易发程度分区图；③地下水类：吉林省地下水资源图、吉林省地下水环境图；④矿山地质环境类：吉林省矿山地质环境问题图、吉林省矿山地质环境保护与治理区划图；⑤矿泉水类：吉林省矿泉水资源分布图、吉林省矿泉水资源勘查规划图。2015年，完成对地理底图的修编和各类资料及成果图件的收集工作，完成了地质灾害类2张图件的编制及地质条件类图件的初稿。

（二）地质灾害预警预报。

受吉林省国土资源厅委托，吉林环境监测总站从2004年开始与吉林省气象台联合承担了吉林省汛期地质灾害气象预报预警工作。2015年共制作汛期地质灾害预报预警产品92件，对外发布地质灾害预报预警信息23次，其中三级22次。2015年，吉林省共发生地质灾害24起，成功预警预报地质灾害18起，预报成功率为75%。

三、其他

（一）地质灾害巡查。

配合吉林省国土资源厅对白山市浑江区板石街道珍珠门村居民家院落处熔岩塌陷灾害和通化县西江镇东江泵站至磨齿公路崩塌灾害进行现场排查及技术指导，对灾情进行分析，为地质灾害防治提供科学依据，为地方政府提供技术支撑。

2015年核查灾害点10处，其中通化6处、白山4处，均为崩塌地质灾害，规模多为小型，未造成人员伤亡，经济损失不大。

（二）地质灾害应急。

2015年，在吉林省国土资源厅和国土资源部地质灾害应急技术指导中心的支持协助下，购买了地质灾害会商系统设备及应急设备，设备包含卫星接收设备、机房设备、无人飞机、三维激光扫描仪、野外数据采集及传输设备等，并建立了吉林省地质灾害会商系统及应急指挥平台。

吉林环境监测总站作为吉林省地质灾害应急演练的技术支撑单位，于2015年8月7日参加了由吉林省国土资源厅指导，国土部地质灾害应急技术指导中心技术协助，伊通县政府、伊通县国土资源局承办的伊通县大酱村大型地质灾害应急演练。在演练期间运用卫星会商系统、应急指挥系统、航拍无人机、三维激光扫描仪等行业先进地质灾害应急设备，为地质灾害应急处置积累实战经验。

（胡婧敏）

黑龙江省地质环境监测总站工作

黑龙江省地质环境监测总站

概　况

黑龙江省地质环境监测总站（黑龙江省地质灾害应急技术指导中心）是黑龙江省国土资源厅直属的全额预算拨款事业单位。负责组织实施全省地质环境监测工作规划、计划，主要承担黑龙江省地质环境监测、地质灾害调查、矿山地质环境调查、地质灾害预警预报及综合分析研究等工作。

总站内设办公室，政工办，财务科，总工办，综合研究室，全面质量管理办公室，地下水动态监测研究室，地质灾害研究室，信息室，勘察一、二、三、四室及五大连池分站，共14个科室。人员编制总数为95人，在职职工89人，其中专业技术人员65人，包括正高级职称5人、副高级职称28人、中级职称18人、初级职称14人。

总站拥有监测车辆3台，地下水自记水位仪56台（其中16台损坏不能使用），全站仪1台，GPS卫星导航仪18台，彩色绘图仪1台，MapGIS软件9套，地下水动态分析软件6套，光谱仪1台，数字浊度仪1台，计算机、打印机等办公设备155台。2015年无重大安全责任事故发生。

该站拥有地质灾害治理工程勘查、地质灾害危险性评估2项甲级资质，地质灾害防治工程设计、地质灾害防治工程监理、地质勘察3项乙级资质，共5项资质。

地质调查进展与成果

一、水文地质环境地质调查

（一）地下水动态监测。

2015年全省总监测面积120 337 km^2，其中城市网监测面积3337 km^2、松嫩平原监测面积117 000 km^2。共有地下水水位动态长期监测点288个，地下水水质监测点137个，其中国家级地下水水位监测点91个、国家级地下水水质监测点40个。按时向环境监测院汇交年度地下水监测资料，编写并汇交《年度黑龙江省主要城市和地区地下水水情通报》及其报表。

（二）松嫩平原（黑龙江）地下水污染调查评价。

2015年3月，地调局东北项目办组织专家对该项目的野外工作进行检查验收，得分为92分，成绩优秀。编制的《松嫩平原地下水污染调查评价成果报告》于2015年11月通过地调局东北项目办组织的专家验收，得分为92分，为优秀等级。

二、地质调查信息化建设与服务

（一）地质灾害气象风险预警。

2015 年汛期，该站加强与省气象局气象中心的联系，第一时间获取省气象台发布的气象预警信息，经过整理、分析后制作地质灾害预警信息。2015 年共发布地质灾害预警信息 31 次，发出短信 420 条。

（二）地质环境信息化建设。

根据 2014 年编制的《黑龙江省地质环境信息化建设方案》，2015 年初黑龙江省国土资源厅将黑龙江省地质环境信息化建设工作一分为二：①黑龙江省地质环境信息化建设，主要完成基础设施和信息化平台建设内容，申请资金 507.66 万元，已于 2015 年 8 月申请立项，目前正在等待批复；②黑龙江省地质环境监测服务工程，主要是建立信息化的标准体系、建设数据中心以及信息化系统的总体集成，申请资金 650 万元，计划分为 3 期进行，第一期建设内容主要是建立标准体系、开发数据采集系统并且建立地下水监测数据库。

（三）地质环境监测服务工程。

2014 年编制的《黑龙江省地质环境监测服务工程（第一期）可行性研究报告》于 2015 年 2 月通过了黑龙江省国土资源厅的评审。其后，编制了《黑龙江省地质环境监测服务工程（第一期）实施设计》，并于 2015 年 9 月通过了评审。2015 年 11 月黑龙江省省国土资源厅下达了黑龙江省地质环境监测服务工程（第一期）项目的批复文件。

三、其他

2015 年初，编写了《黑龙江省 2015 年地质灾害趋势预测》和《黑龙江省 2015 年汛期地质灾害防灾预案》。并按省国土资源厅的统一安排部署，配合黑龙江省地质灾害防治协会赴黑龙江省地质灾害规划区内 9 个地市开展地质灾害巡查工作，主要检查了各地市汛期地质灾害防灾预案的编制落实情况等 17 个方面工作的开展情况。

（郑盛楠）

浙江省地质环境监测院单位工作

浙江省地质环境监测院

概　况

浙江省地质环境监测院（浙江省地质灾害应急中心）为浙江省国土资源厅直属全额预算拨款处级事业单位。内设办公室、综合研究室、地下水动态监测室、地质灾害应急处置室、地质灾害预警预报室、信息室等 6 个科室。主要职责为编制地质环境监测工作规划，起草地质环境监测工作技术要求，拟定地质环境监测管理对策建议，建设和管理全省地质环境信息系统，汇总和提交全省地质环境监测数据，承担或组织实施地下水环境、地面沉降、重点突发性地质灾害、土壤环境、矿山地质环境、地质遗迹等地质环境要素的监测、调查评价和研究。

浙江环境监测院为中国地质调查局省级公益性地质调查队伍建设能力 A 级单位，拥有国土资源部颁发的甲级地质灾害危险性评估单位资质等级证书，浙江省国土资源厅颁发的乙级液体矿产勘查、乙级水文地质、工程地质、环境地质调查单位资质等级证书，建成的滑坡灾害——浙江新昌野外基地是浙江省唯一的国土资源部野外科学观测研究基地。截至 2015 年底，院内编制 34 人，现有在编人员 29 人，其中享受国务院政府特殊津贴 1 人、博士 2 人、硕士 12 人，具有高级及以上职称的专业技术人员 18 人。

截至 2015 年底，单位固定资产总值 1485.5 万元，年内新增 9 万元。2015 年继续贯彻落实安全生产责任制和目标管理考核，年内未发生责任事故。

地质调查进展与成果

一、水文地质环境地质灾害地质调查

（一）地质环境监测。

为省直专项资金项目。

1. 地下水环境监测。2015 年继续开展以城市为中心、沿海平原和金衢盆地为重点的地下水环境监测，监测网控制杭嘉湖、宁奉、温黄、温瑞等沿海平原及金衢盆地东部地区，面积 12 080 km^2。监测地下水类型包括沿海平原孔隙承压水、河谷孔隙潜水、红层孔隙裂隙水、岩溶水及基岩裂隙水，监测内容为水位、水质、水量和水温。2015 年，全省共有各类监测点 433 个，其中国家级 34 个、省级 76 个、地区级 323 个；按监测内容分，水位监测点 367 个、水量监测点 28 个、水质监测点 118 个、水温监测点 192 个，其中有地下水水位、水温自动监测点 173 个。

国家地下水监测工程（浙江省部分）是环境监测院下达的2016年度项目，总经费2232万元。2015年编制完成总体工作方案，包括年度工作部署、技术要求、实施方案、进度安排、质量保障措施及经费预算，经省国土资源厅审定后报环境监测院。

2. 地质灾害监测。

（1）地面沉降监测。2015年开展了温州市、台州市地面沉降分层监测标组建设，基本建成了由水准监测网、GPS监测网、基岩标、分层标等组成的地面沉降监测网，控制面积约7200 km^2。2015年全省共计有分层监测标2组、基岩标15座、GPS固定站7座、GPS监测点128个、水准点1165个、地面标自动监测点6座。

同时开展了宁波鄞州中心区、南部商务区、东部新城、鄞州潘火及下应等城市规划建设区及重大工程建设区工程性地面沉降监测；进行了杭嘉湖平原一级点21个、二级点75个GPS网测量工作；实施嘉兴GPS固定站、分层标、地面标自动化实时监测和宁波江东分层标的人工监测；实施杭嘉湖、宁波、温黄、温州永强等平原地面沉降一、二等水准测量，路线总长2999.2 km；开展了宁奉平原江东地面沉降8个监测标组和7个孔隙水压力的监测。

（2）突发性地质灾害监测。2015年浙江省共有地质灾害隐患5298处，全部纳入群测群防监测网络，安排责任人开展日常监测预警。在此基础上，建立了重要地质灾害隐患的专业监测网络，安装降雨量和位移变形为主要监测要素的专业监测设备44套、位移伸缩报警仪62台。

（二）环境地质调查。

1. 浙江海洋经济发展示范区地质环境调查评价。为部省合作的2011～2015年项目，中央财政总经费1590万元。2015年主要开展了1∶5万浬浦镇幅环境地质调查300 km^2，完成工程地质钻探400 m。截至2015年底，完成台州重点地区上盘镇、金清镇、椒江区、台州市、温岭市、松门镇、浬浦镇7幅1∶5万环境地质调查工作，共计完成1∶5万水文地质、工程地质调查2009.51 km^2、1∶5万环境地质调查1925.35 km^2，实施第四纪地质钻探2954.2 m、水文地质钻探3468.98 m、工程地质钻探2737.05 m、监测井建设17组。2015年11月，通过地调局和浙江国土资源厅联合组织的野外验收，获优秀级。2015年，编制完成了项目成果报告及相关系列图件，完成各图幅1∶5万水文地质、工程地质图及说明书编制，完成示范区地面沉降、突发性地质灾害、地质灾害风险区划、江海岸带地质环境、地质环境区划等5个专题研究及应用性图件的编制。

2. 台州城市地质调查。为浙江海洋经济发展示范区地质环境调查评价的地方财政配套项目，工作年限为2013～2014年，地方财政总经费760万元。2015年，在台州重点地区7幅1∶5万水文地质、工程地质及环境地质调查成果基础上，完成了台州城市地质调查报告及相关图件编制。重点建立了台州城市规划区三维地质结构，查明了主要环境地质问题，圈定了地下水应急水源地，提出了地下空间开发利用地质建议，开展了滨海工业区工程建设及地热能评价，完善了地质环境监测网络，搭建了地质环境信息服务平台。

（三）灾害地质调查。

1. 杭嘉湖地区地面沉降调查。为地调局下达的2012～2015年项目，总经费510万元。2015年开展了项目原始资料整理，编制野外工作总结，10月通过环境监测院组织的野外验收；编制完成项目成果报告和杭嘉湖地区地面沉降防治对策研究、杭嘉湖地区地下水流－地面沉降防治管理模型研究等2个专题报告及相关图件，于12月完成项目成果评审。通过综合研究和专题研究，掌握了杭嘉湖地区地下水和地面沉降动态特征，得出了研究区地下水禁限采后地质环境效应变化规律特点，深入研究了杭嘉湖地区地面沉降防治对策，建立了杭嘉湖平原地面沉降防治管理模型。

2. 余杭区农村山区地质灾害调查评价。为地方财政资金2014～2015年项目，总资金为85万元。2015年，主要在完成野外调查基础上编写野外总结报告，于11月完成浙江省国土资源厅组织的野外验收，获优秀级；年内编制完成项目成果报告和图件，并建立空间数据库。基本查明了已发生地质灾害、地质灾害隐患、不稳定斜坡的分布发育特征，分析了地质灾害形成条件和诱发因素，开展了地质灾害易发程度和危险程度分区评价，对地质灾害防治重点村庄和重点巡查区进行了划分，编制了防灾避险图册。

二、地质调查信息化建设与服务

地质灾害气象风险预报（警）。浙江环境监测院和浙江省气象台继续加强地质灾害气象风险预报（警）工作，市、县国土资源、水利、气象等部门进一步推动信息共享平台建设。2015年，全省各级国土资源部门共发布地质灾害气象风险等级预报（警）2631次，发送预警信息短信131 510多条；发布三级以上省级地质灾害气象风险预警54次，其中黄色预警（三级）35次、橙色预警（二级）16次、红色预警（一级）3次。通过省气象服务中心在浙江卫视发布地质灾害风险预报图 43 次，通过浙江省国土资源厅网站向社会公众发布地质灾害预警预报图 200 多次，成功避让地质灾害 33 起，避免了 225 人伤亡。

三、其他

2015 年，浙江环境监测院及时编制上报《浙江省地质环境公报（2014 年）》《长江三角洲地区地面沉降防治规划（2014 ~ 2020 年）》（浙江省域）、《2015 年度浙江省地质灾害防治方案》《2015 年浙江省突发性地质灾害预报预警工作方案》和《浙江省地质灾害应急预案操作手册》等。

（周丽玲）

安徽省地质环境监测总站工作

安徽省地质环境监测总站

概　况

安徽省地质环境监测总站成立于 1983 年，隶属于安徽省地质矿产勘查开发局，是从事全省公益性水工环地质工作的事业单位。主要负责全省地质环境监测，开展基础性、公益性水文地质、工程地质、环境地质调查评价工作；承担汛前地质灾害巡查、汛期应急调查、汛后地灾核查，地质灾害气象预警预报及野外校验，全省重要地质灾害隐患点群测群防技术指导，矿山地质环境监测等职能。在全省 16 个省辖市设立了市级地质环境监测站，均入驻各市国土资源局办公。现有编制 210 人，实有在职职工 199 人，其中，各类专业技术人员 151 人；专业技术人员中：高级职称 44 人（教授级高级工程师 5 人）、中级职称 38 人、初级职称 69 人。现有各类技术装备、设备和仪器 742 台（套），设备净值 812.74 万元，年内新增设备净值 87.8 万元。

该站下设办公室、人事科、财务科、党委办公室、总工办公室、工会、离退科、水环室、地质灾害预警室、地质灾害调查研究评价室、矿山研究室、信息网络室、测绘院、地热研究院、勘查院、实验室等机构。

2015 年，获得安徽地勘局安全生产先进单位称号，安徽省蚌埠市“安康杯”竞赛优胜单位和“蚌埠市第十六届文明单位”称号。

另外，该站承担完成的安徽省浅层地热能调查与评价、安徽省地质碳汇潜力研究、安徽省东至县 1∶5 万地质灾害调查项目分获 2015 年度安徽省国土资源科技进步奖一等奖、三等奖和质量优秀奖三等奖。

地质调查进展与成果

2015 年，共承担公益性地质项目 41 个，其中中央财政出资项目 10 个、省财政出资项目 23 个、安徽地勘局出资项目 3 个、其他（地方财政出资）公益性项目 5 个。

一、矿产资源调查评价

安徽省和县香泉镇老山双泉 1 号泉饮用天然矿泉水补充勘查评价。为安徽省国土厅项目，工作周期为 2014 年 8 月 ~2015 年 5 月。截至 2015 年 5 月底，已完成 1∶2.5 万地质、水文地质补充调查 15 km^2，完成 1∶5000 水文地质补充调查 3 km^2、全分析水样 6 组、简分析水样 1 组、单项分析样 1 组、放射性分析水样 6 组、微生物分析水样 3 组。查明了矿泉水形成的地质构造条件，取得了矿泉水的物理性质和化学成分指标，成果报告业已提交。

二、水文地质环境地质灾害地质调查

1. 安徽阜阳地区地下水调查评价。由南京地调中心组织实施，安徽环境监测总站承担。工作周期为 2014 年 7 月 ~2015 年 7 月。2015 年 5 月 28 日，该项目通过了水文环境所组织的审查，并变更专题名称为安徽阜阳地区地下水动态及含水层结构模型研究，项目顺延至 2015 年 12 月。2015 年内，主要开展了工作区 1∶5 万水文地质调查工作，完成了地下水动态监测 1000 组和丰水期、枯水期地下水水位、水温统测工作。在综合研究、充分收集工作区已有的钻孔资料、地质成果报告的基础上，编制完成了《安徽阜阳地区所收集资料利用情况及其综合分析报告》和《安徽阜阳地区地下水监测网络建设及动态研究报告》等。

2. 淮南煤炭矿区矿山地质环境调查。为环境监测院项目，工作周期为 2014 年 3 月 ~2016 年 12 月。2015 年，开展了淮南煤炭矿区凤台幅等相关区域矿山地质环境调查，查明了工作区内以地面塌陷和含水层破坏为主的矿山地质环境问题及其成因、危害。完成了 1∶5 万环境地质调查 400 km^2；开展矿山地质环境问题调查 150 km^2；采集并测试土壤样品 200 件、水质样品160件。

3. 安徽省崩塌滑坡泥石流地质灾害易发程度分区图编制（属安徽省地质环境图系编制子项目）。为安徽省国土资源厅项目，工作周期为2014年3月～2016年6月。项目主要目标是系统集成全省地质灾害成果资料，综合分析安徽省主要地质灾害类型、规模、分布现状以及危害程度，全面总结全省地质灾害发育规律，编制《安徽省崩塌滑坡泥石流易发程度分区图》及说明书（中英文）。收集36个县市的1∶5万县市地质灾害详细调查成果及地质灾害隐患点资料；利用1∶25万区域地质调查规范，进行了皖南山区及大别山山区野外地质环境背景调查，调查面积约4100 km^2；编制完成比例尺1∶75万安徽省崩塌滑坡泥石流易发程度分区图1幅。

4. 安徽省沿江城市带水土重金属污染调查评价。为安徽省国土资源厅项目，工作周期为2015年1月～2017年6月。该项目主要任务是在充分收集已有资料的基础上，开展金属矿山水土重金属污染调查，查明水土重金属污染物质组成、来源、污染方式、污染途径，评价水土重金属污染状况，分析水土重金属污染趋势，提出重金属污染防治措施与建议。2015年度，已完成遥感解译工作1502 km^2，完成1∶1万专项调查面积236 km^2，采集地表水水样180个、地下水水样90个、土壤样品220个。

5. 皖江经济区岩溶塌陷调查。为地调局项目，工作周期为2013年3月～2016年3月。2015年，开展1∶5万黄墓渡（H50E006018）、乔木湾幅（H50E008017）岩溶塌陷调查，查明地下岩溶分布、地下水强径流途径、盖层结构与空间分布以及岩溶塌陷类型、发育现状、分布特征和主要控制因素，分析岩溶塌陷的成因和形成演化规律，建立了岩溶塌陷调查数据库。完成遥感调查面积883 km^2、地面调查441 km^2、实测剖面2210 m；完成1250个点的物探、工程地质钻探93m；编制1∶5万地质计算机成图2幅。

6. 岳西县主簿镇园口河流域1∶1万地质灾害详细调查（试点）。为安徽省国土资源厅项目，工作周期为2015年9月～2016年11月。主要任务是在1∶5万岳西县地质灾害调查的基础上，开展主簿镇园口小流域1∶1万地质灾害调查、评价，进行地质灾害易发程度和危险性分区；进一步查明地质灾害点和地质灾害隐患点，提出防治措施与对策。2015年，完成项目设计书的修改及完善工作；已完成地质遥感解译49.2 km^2，完成地质灾害（隐患）点调查15点及工程地质环境点调查83点。

7. 安徽省地下水环境监测。为省级公益性地质项目。由站水环室与16个市级环境监测站共同承担。按要求对全省320个国家级及省级点进行了地下水监测孔（点）常规的水位、水温、水质和水量监测，完成水位监测73 949次、水温监测72 520次、开采量监测120次；采集并测试枯水期水样252组和丰水期水样58组。完成日常监测管理工作及地下水监测孔统测、质量检查等工作。完成了18台自记水位仪安装和3个新建监测孔的施工等专项工作。编制完成了《2014年安徽省度地下水环境监测报告》《2014年度安徽省主要城市和地区地下水水情通报》《2014年度安徽省地下水环境公报》和《2014年安徽省城市地下水预测预报报告》。

三、地质科学研究

安徽省地质灾害气象预警。实时关注气象信息，及时掌握雨情动态，全年共制作《地质灾害气象预警预报》产品155期，向地质灾害隐患点责任人以及监测人累计发送地质灾害预警短信信息6.9万条，传真信息788件。在全年612起地质灾害中，有548起发生在预警时段的预警区内，预报准确率占灾害总数的89.7%。

四、地质调查信息化建设与服务

根据《安徽省地质环境信息化建设方案》要求，积极组织并中标安徽省地质环境信息化项目中地质环境基础业务数据库建设和地质灾害隐患点野外监测子项目，并成功争取将安徽省地质环境数据分中心设立在该站。

（蔡传根）

福建省地质环境监测中心工作

福建省地质环境监测中心

概　况

福建省地质环境监测中心为福建省国土资源厅直属、参照公务员法管理的事业单位，编制50人，现有在编人员37人，其中高中级以上专业技术人员23人。中心设置办公室、地质灾害防治室、地下水监测室、矿山地质环境室、总工办、监测预警室、信息室等7个职能科室，下辖福州、漳州、龙岩、莆田、三明、东山、连城等7个监测站。

地质调查进展与成果

一、地下水环境监测

开展了全省以监测地热田热水动态为主的福州盆地、漳州盆地、莆田涵江、莆田城厢4个监测区，以监测岩溶水动态为主的龙岩盆地、连城盆地、永安盆地3个监测区，以监测海岛型砂层孔隙水为主的东山岛监测区，以及监测仙游城关盆地和莆田南部半岛的地下水等共10个监测区的地下水、地下热水监测工作。全省监测网点控制面积821 km^2，观测路线长度每次为759 km。2015年各类监测点数235个，主要监测项目为水位、水质、水温、水量等。完成《福建省地下水监测统计报表》《福建省地下水动态监测月报》《福建省地下水环境监测工作年报》《福建省国家级地下水动态监测数据库年报》《福建省地质环境监测成果报告（地下水)》和《福建省地质环境监测结果报告》等。

根据《福建省水资源环境统一监测管理平台建设规划》（闽发改高技〔2013〕820号），福建环境监测中心开展了53个地下水自动化监测站点的建设工作，通过布设地下水自动化监测站点，对重大典型的地下水水源地、工业污染区、地方病区、海水入侵区等五大区域进行实时监测。2015年，完成一期21个监测井的水文地质钻探、成井工作、站房建设方案设计、自动化监测仪器的安装试用工作，正在施工二期32个监测井的水文地质钻探。

二、福建沿海平原区地下水污染调查评价

地调局地质调查项目，工作周期2012～2015年，总经费350万元，2015年经费120万元。在完成厦门、泉州、莆田、仙游、漳州平原地区地下水污染调查的基础上，2015年在福州、宁德地区继续开展地下水污染调查，开展1∶20万地下水污染调查20 000 km^2，调查点200处，取地下水样60组，全部完成年度工作任务。此外，对2012～2014年的成果进行总结梳理，顺利通过南京地调中心组织的审查，并获得优秀等次。本项目基本查明了调查区地下水水质情况、污染现状、污染源等情况，评价了地下水污染程度及变化趋势，编制了地下水污染防治区划，建立了地下水污染调查评价数据库。项目提出了水资源合理开发利用与生态地质环境保护的措施、建议，为工作区地方政府实施地下水污染防控规划、保护、管理与合理利用地下水提供翔实可靠的基础数据。

三、地质灾害气象风险预警

2015年，汛期全省共发布地质灾害风险预警产品30期，其中地质灾害气象风险预警等级为橙色预警级别7期、红色预警级别1期，主要集中在6月端午节前后连续强降雨和“苏迪罗”台风登陆降雨期；发布地质灾害预警信息通报4期；发布预警短信和防灾知识10万多条。通过实时发布地质灾害风险预警，及时提醒受地质灾害威胁区域的居民群众，做好相关防范措施，有效减少了因灾造成的重大伤亡情况发生。

四、重大露采矿山地质环境生态恢复治理调查

开展了福建省20个大型露采矿山矿产资源开发利用和矿山生态环境恢复治理情况调查工作，运用无人机航摄、遥感解译、移动执法等先进设备技术和手段对露天开采矿山的开发利用和生态环境恢复治理动态监管，加快推进矿业权“三清两二退一公开”相关工作的落实，进一步提高节约集约开发利用矿产资源水平，为福建省生态文明先行示范区建设提供有效的矿产资源支撑和生态环境保障；开展了福建省敖江流域饰面石材矿山退出及生态环境恢复治理调查，对敖江流域涉及的古田、罗源、连江3个县234个饰面石材进行摸底调查，利用高精度无人机航影像解译，查清越界开采、非法占地及矿山用地等基本情况，评估开发利用方案和生态方案执行情况，提出恢复治理方案建议，为保护省会福州的饮用水源地提供决策依据。

另外，研制开发了福建省矿山地质环境动态监测

综合管理系统，系统主要包含采矿权（含废弃矿山）基础信息管理、保证金数据管理、在采矿山地质环境恢复治理动态管理、废弃矿山“青山挂白”治理动态管理、矿山地质公园动态管理等5大功能模块。目前系统已投入正式投入使用。

五、其他

（一）突发性地质灾害野外基地建设。

自2011年获得第一批命名和建设的国土资源部野外科学观测研究基地以来，突发性地质灾害——福建德化、顺昌野外基地建设得到稳步推进。2015年完成了基地试验观测场地基础设施、基地沙盘、基础数据积累及数据库、基地历年成果展厅等相关工作，得到了全国野外基地办公室的充分肯定，拟作为首批挂牌单位予以验收。

（二）地质灾害群测群防。

对列入2015年福建省县级以上年度防治方案的地质灾害隐患点，组织开展了对地质灾害受威胁对象和基层群测群防体系的信息采集，主要采集地质灾害受威胁人员的身份证、常住人口、房屋结构、联系电话、群测群防人员信息等，进一步完善地质灾害隐患点信息，由以往侧重调查地质灾害灾体情况转向注重查明受威胁对象信息。组织专业技术人员对2015年福建省新发生的433起地质灾害点（其中滑坡334起、崩塌90起、地面塌陷6起、泥石流3起）进行逐点核查，为福建省国土资源厅开展地质灾害防治和当地政府防灾减灾提供了第一手资料。

（洪儒宝）

江西省地质环境监测总站工作

江西省地质环境监测总站

概　况

江西省地质环境监测总站是列入财政供给的公益性事业单位。主要承担江西省地质环境监测、地质灾害调查、矿山地质环境调查、地下水资源调查、地质灾害预警预报等工作。内设8个主要职能管理部门，站属6个研究室、9个市级环境监测站。

省编委批准编制为200人，现有职工148人，其中专业技术人员108人，占现有职工总数的73%；专业技术人员中正高级职称2人，占专业技术人员2%；副高级职称22人，占专业技术人员的20%；中级职称32人，占专业技术人员的30%。

2015年加强安全生产目标管理考核；强化安全检查督促，有针对性地改善安全生产条件和作业环境，2015年未出现安全事故。

总站共有各类技术装备、设备和仪器设备176台（套），其中运输设备2辆、试验测试及物探设备3台（套）、测绘设备5台（套）、野外通信及定位设备19台、计算机及附属设备76台（套）、照相设备32台、制图设备4台、其他生产设备35台（套）。

地质调查进展与成果

一、地下水动态监测

2015年，江西省南昌等8个城市地下水动态监测网控制总面积为883.39 km^2。监测点共计125个，其中国家级18个、省级77个、地区级12个、统测点18个。全年常规监测取得水位监测数据3930组、水温监测数据2402组，采集水质样76组。

编制完成了2015年度江西省地质环境监测成果报告和2015年南昌、九江、吉安、赣州、萍乡、景德镇、宜春地质环境监测年度报告。

二、江西鄱阳湖平原地下水污染调查评价

为地调局下达的项目，工作周期2012～2015年，工作总经费560万元。完成主要实物工作量：1∶25万地下水污染调查面积28 000 km^2（调查区主要为鄱阳湖平原地区）、调查各类点1358个、地下水现场测试477组、采集无机水样477组、有机水样477组。该项目野外调查工作及数据库建库报告于2015年11月通过地调局组织的专家验收，等级为优秀。

本次工作基本查明了工作区内土地利用状况和污染源分布特征；进行了地下水系统分区，基本查明了区域水文地质条件与水化学特征；系统评价了地下水质量及污染状况，并首次在整个鄱阳湖平原区开展区域有机组分测试分析及调查研究；评价了区域地下水质量、污染状况、地下水脆弱性评价，编制了区域地下水污染防治区划；建立了工作区地下水污染调查评价信息系统。编制的江西鄱阳湖平原地下水污染调查评价报告于2015年12月通过地调局组织的专家审查，等级为优秀。

该项目成果直接为江西省环保厅的《江西省地

下水基础环境状况调查和评估（2014～2016年）》提供了基础数据和重要的技术依据。通过对江西省水源地、垃圾填埋场、危险废物处置场、矿山开采区、再生水农用区、高尔夫球场、加油站及储油库和重点工业园等8类场地污染调查与模拟评价，为环保部门和当地政府管理部门进行地下水管理、场地环境管理提供了有力的技术支撑。

三、九江－瑞昌地区水文地质工程地质调查

为地调局下达的项目，工作周期2013～2015年，工作总经费700万元。2015年5月，年度工作方案通过地调局组织的专家审查。年内已完成庐山幅水文地质调查和物探工作；11月瑞昌幅工程地质调查野外工作通过了地调局中南项目办组织的专家验收，质量等级为良好。

2015年完成的实物工作量：1∶5万水文地质调查面积447.63 km^2、1∶2.5万专项水文地质测量152 km^2、高密度电阻率测量11 km（高密度电法测线29条、总测点数3390个、有效测点数2250个）、水文地质钻探700 m、各类调查点249个，采集岩土样9组、水样15组。

通过综合分析研究：

1. 对工作区的第四系地层重新进行界定，查明了工作区内第四系地层发育特征。

2. 基本查明了区内岩溶的发育情况。通过地面调查及物探工作确定了庐山幅西北部岩溶区的岩溶边界，基本查明该区浅部（100 m内）岩溶发育情况，碳酸盐岩裂隙溶洞水分布不均，其中在范家铺－新塘向斜核部溶蚀裂隙发育，地下水水量丰富，向斜两翼溶蚀裂隙发育，被碳质页岩充填，水量贫乏。

3. 基本查明了影响瑞昌城区和码头镇规划建设的主要工程地质问题是高陡边坡稳定性较差、岩溶地面塌陷、淤泥质土以及活动性断裂带，并根据其影响因素对瑞昌城区和码头镇规划建设场地的工程地质条件适宜性进行评价。

项目实施时，在九江县城门乡金兰村和新合镇涌塘村施工探采结合的ZK1和ZK9钻孔，并成功成井，解决了当地用水问题。但根据开采可能出现的环境地质问题，要求当地政府加强监管，采取限量开采和监测等措施。

四、江西省1∶5万县（区、市）地质灾害调查

江西省1∶5万安远县、宜黄县、上饶县、万年县、星子县（含庐山区）地质灾害调查为2013～2015年江西省国土资源厅下达的项目，其中安远县、宜黄县2个项目野外调查工作已通过江西地勘局组织的专家验收，目前正在进行报告编制工作；上饶县已完成野外调查工作；万年县、星子县（含庐山区）野外调查工作尚在进行中。

完成实物工作量：

1. 安远县完成调查面积2375 km^2，各类调查点共1771个，其中滑坡点260个、崩塌点31个、泥石流点6个、不稳定斜坡点905个、矿山点71个、地质环境点495个、搬迁集中安置点3个，勘查点3处，采样96组。

2. 宜黄县完成调查面积1937.1 km^2，各类调查点1308个，其中滑坡点293个、不稳定斜坡点634个、崩塌点39个、泥石流8个、地面塌陷1个、地质环境点323个、搬迁集中安置点8个、重要设施点2个，重要隐患点勘查4处。

3. 上饶县完成调查面积2211.72 km^2，各类调查点共1842个，其中搬迁避让新址点21个、滑坡点248个、崩塌点14个、泥石流点9个、不稳定斜坡点413个、地面塌陷点33个、地质环境点1104个。

4. 万年县完成调查面积980 km^2，调查点数1120个，其中滑坡点274个、滑坡隐患点227个、崩塌点8个、崩塌隐患点81个、泥石流点14个、地面塌陷点6个、不稳定斜坡点22个、地质环境点483个、搬迁集中安置点5个。

5. 星子县（含庐山区）完成调查面积1000.18 km^2，调查各类灾点969个，其中滑坡隐患点211、滑坡点244个、崩塌隐患点145、崩塌点83个、泥石流点6个、地面塌陷2个、地质环境点278个。

五、其他

（一）地质灾害应急调查及治理。

2015年，总站积极配合地方政府及管理部门，进行地质灾害应急调查，全年完成地质灾害应急调查报告120份；对重大地质灾害隐患点采取通过立项和其他方式筹措资金解决地质灾害隐患点治理。2015年完成地质灾害防治工程立项与设计项目15个。

（二）规划及图系编制。

2015年，承担了江西省国土资源厅下达的江西省矿山地质环境恢复与治理“十三五”规划、江西省地质灾害防治“十三五”规划、江西省地质环境监测规划（2016～2030年）和江西省地质环境图系编制等公益性项目。

（罗晓慧）

山东省地质环境监测总站工作

山东省地质环境监测总站

概　况

山东省地质环境监测总站（山东省地质灾害应急技术指导中心）为全额预算管理事业单位，主要职责是承担全省地质环境监测、地质灾害预警预报、地质灾害防治及相关调查评价与研究，为全省重大地质灾害应急处置工作提供技术支持。该站编制128人（领导职数5人），内设16个科室，其中业务科室12个（含3个直属分站）、管理科室4个；实有在编职工124人，其中已聘各类专业技术人员91人（高级及以上职称37人、中级职称42人、初级职称12人、工勤人员19人）。质量体系运行有效。为省直文明单位。

2015年底，单位固定资产总值5758.19万元，年内新增359.04万元，减少565.39万元（含汽车报废和调整为无形资产）。年内获山东省国土资源科学技术奖一等奖1项、二等奖9项、三等奖5项。层层落实安全生产责任制，组织安全工作大检查，确保了无责任事故发生。

地质调查进展与成果

一、山东省地质环境监测

作为省直专项资金项目，2015年完成水位点1019个，获数据54 188个；水质监测点669个，获数据27 429个。按监测频率分，长测点745个、统测点274个；按级别分，国家级143个（年内新建90个、修复升级10个）、省级242个、地市级360个。年内维护运行自动化监测点175处（其中新增9处）、人工点29处。完成资料整理入库上报工作。

山东作为4个率先启动国家地下水监测工程省份之一，完成《山东省组织实施国家地下水监测工程方案》和《山东省地下水监测站点建设年度实施方案（2015年度）》编制。10月，完成4个标段的政府采购。至2015年底，共完成监测井74眼，正在施工6眼，总进尺7834.5 m。

年内将原3种不同厂家生产的地下水监测设备发送的数据兼容整合到一个管理平台，方便了地下水动态监测数据分析和使用。

二、山东省重点地区地面沉降监测

山东省地面沉降监测与防治研究为地调局下达、环境监测院组织实施、山东环境监测总站承担的项目，工作年限为2012～2014年，后期更名为山东省地面沉降调查。年内编制的成果报告顺利通过环境监测院组织的最终成果验收并结题。

2015年7月，环境监测院与山东环境监测总站签订《山东省重点地区地面沉降监测（2015年度）技术服务合同》。随后，编写的业务设计书通过环境监测院组织的专家评审。9～12月，完成鲁北平原B级GPS测量及数据解算25点次，正在进行GPS测量结果分析和成果报告的编制。

三、鲁中煤铁矿区矿山地质环境调查

属地调局下达的大型矿产资源基地地质环境调查与影响评价子项目，由环境监测院组织实施，起止时间为2014～2016年。2015年编制的年度设计于6月通过环境监测院审查。随之开展（孙村幅）资料收集和野外调查，收集了多部门的区域性地质、水文地质、降水资料和各煤矿储量核实报告100余套、各煤矿分煤层的采掘工程平面图、各水平采掘工程平面图、地面岩移观测资料、钻孔水位动态观测台账等200余套。9月，招标确定遥感解译和物探协作单位。至12月，共完成1∶5万区域地质环境调查200 km^2、1∶1万矿山地质环境问题专项调查100 km^2；共调查生产矿山19个、闭坑矿山3个；调查重点塌陷地和矸石山面积约50 km^2；完成1∶1万遥感解译540 km^2，高密度电阻率法物探200点，土、水样分析均为90个；水位动态监测170点次。

四、全国地质环境图系（山东部分）编制

根据国土资源部有关要求，山东环境监测总站编写的《山东省地质环境图系编制实施方案》2014年2月通过国土资源部专家审查，山东省财政批复专项经费815.7万元。年内分专题组分别进行了资料搜集和野外补充调查。至2015年底，初步编制完成了《山东省地质环境分区图》《山东省崩塌滑坡泥石流分布图》《山东省崩塌滑坡泥石流易发程度分区图》、《山东省地面沉降现状图》《山东省地下水资源图》《山东省地下水环境图》《山东省矿山地质环境问题图》《山东省矿山地质环境保护与治理区划图》《山东省地质遗迹资源分布图》及说明书。

五、山东半岛蓝色经济区 1∶10 万区域水文地质工程地质环境地质综合调查

属省直地勘基金项目。自 2010 年启动至 2014 年共开展 29 幅。2015 年下达桃村幅、道头幅、栖霞幅等 10 个图幅。9 月，总体设计通过省国土资源厅组织的审查。年内已完成地形图修编、资料收集分析整理等；完成调查点 137 个、调查面积 847.53 km^2、填写调查表 177 份，布设水位监测点 52 个、测次 1062 次，取样 8 件，并完成了全部外包工作的招投标工作。

至 2015 年，该项目自开展以来在缺水地区共施工勘察水井 312 眼，其中岩溶水 14 眼、基岩裂隙水 63 眼、孔隙水 235 眼，总涌水量 $6 \times 10^4 m^3$，解决了 3.2 万人用水问题。

六、地质灾害气象预警预报

2015 年汛前，省国土资源厅和省气象局共同召开地质灾害气象预警预报联防联动工作会议，商定重要气象信息和地质灾害信息第一时间互通互报；提高信息发布能力和联防联动快速反应能力；建立完善省、市级地质灾害防治专家库（吸纳气象部门专家）；提高精细化预报水平；推进重点县级地质灾害监测预警系统平台建设；加强地质灾害气象预警预报总结工作等。

2015 年 6 ~ 9 月，山东环境监测总站与省气象台密切联系，充分利用 21 处地质灾害危险点视频监测仪监测资料，按时采集和分析地质灾害和天气预报信息，共制作预警预报产品 122 件。发布黄色预警产品 7 次，均在山东卫视新闻联播及天气预报、山东卫视公共频道、山东经济电台、山东地质环境信息网、《齐鲁晚报》《济南时报》《山东商报》及时发布。同时为各级国土资源相关部门、技术人员及群测群防员发送预警短信 16 138 条。据收到的反馈信息，汛期由降水引发的地质灾害共 5 起，成功预报 2 起。由于提前预警，最大限度地避免了可能造成的人员伤亡及财产损失。

七、地质灾害应急

2015 年，山东环境监测总站协助省国土资源厅编制了《山东省突发地质灾害应急预案》。完成了《山东地质灾害应急技术指导规划》（送审稿）的编制。完善地质灾害应急平台建设，加强实地演练，提高应急技术支撑能力。11 月 2 日，山东环境监测总站应急技术指导中心专家和应急通讯指挥车等装备参加了威海市政府组织的应急救援综合演练和装备展示。

八、地质环境信息化建设

2015 年，山东环境监测总站根据省国土资源厅下达的地质环境信息化建设专项，收集了大量水工环地质资料，整理了地质环境调查数据采集标准，编写了《山东省地质环境信息化建设工作方案》初审稿。

山东环境监测总站地质环境信息化成果通过了环境监测院和公安部信息安全等级保护评估中心安全等级测评，认为安全防护体系建设走在了全国同行业前列。随后根据测评意见对现有设备配置进行了修改和完善。

九、其他

年内，协助省国土资源厅编制了《2014 年度山东省地质环境公报》和《山东省 2015 年地质灾害防治方案》，并配合进行了地质灾害防治工作汛前检查；完成了快捷查询工具书《山东省地质环境管理实用手册》的编辑和出版。

按照省财政厅、省国土资源厅《山东省 2015 年省级地质勘查项目立项指南》要求，组织编写上报了《山东半岛蓝色经济区 1∶10 万区域水文地质工程地质环境地质综合调查》和《山东省阳信县信城地区地热资源可行性勘查》立项申请并获批复，按省厅批复组织实施设计方案。完成省厅安排的 2016 ~ 2018 年省直地质勘察项目库 10 个项目的立项建议。

承担完成山东省绿色矿山建设和绿色矿业发展政策体系研究和山东省矿山地质环境保护治理恢复研究。按照部和省厅部署，按时完成《山东省重点区域矿山地质环境治理工程实施方案》编制上报。

另外，年内通过到部分兄弟省份进行学习调研，编写完成《山东省地质环境监测规划》初稿。

（刘玉让）

河南省地质环境监测院工作

河南省地质环境监测院

概　况

河南省地质环境监测院是河南省国土资源厅直属的公益性事业单位。主要职责是承担地质灾害应急处置和技术服务，拟定相关技术规程规范；开展全省地质灾害监测预警，承担地质灾害和矿山地质环境调查评价和综合研究；开展全省地质环境监测，承担水文地质、工程地质、环境地质、城市地质、地热等调查评价和综合研究；为省厅地质环境项目管理提供技术服务。

河南环境监测院核定事业编制168人，现有在职职工139人，其中各类专业技术人员94人（教授级高级工程师9人、高级工程师26人、中级职称46人），本科以上学历95人、大专学历26人。内部设置15个工作部门，包括5个业务部门（水文地质所、地质灾害防治所、矿山地质环境保护所、综合研究所、实验测试中心）、4个管理部门（综合办公室、党群办公室、财务科、技术质量办公室）和6个服务部门（发展规划室、地质灾害应急中心办公室、信息化管理办公室、社会技术服务中心、资料室、后勤服务中心）。年内全院做到文明生产、安全生产，全年未发生安全生产事故。

2015年，有7项地质成果获河南省国土资源科技成果奖，其中一等奖2项、二等奖3项、三等奖2项。

地质调查进展与成果

一、水文地质环境地质灾害地质调查与地质环境监测

（一）环境地质调查。

1. 焦作矿山地质环境调查。为地调局招标项目。截至2015年底，完成全部野外工作量，包括1:5万遥感地质解译2000 km^2、1:5万区域水文地质、环境地质调查460 km^2、1:1万矿山地质环境问题专项调查200 km^2、土壤样品采集与分析403件、岩石样160件、水质样品采集与分析302件、物探测点604个、浅井100 m、槽探120 m^3，钻探施工704.09 m等，提交了野外工作总结，完成数据库建设、资料整理及报告编写。环境监测院组织专家对该项目的野外工作进行了验收，质量等级为优秀；2015年12月，该项目成果通过了环境监测院审查验收。

2. 河南省“三区两线”矿山地质环境遥感调查。为河南省财政资金安排项目。2015年完成遥感影像解译7611 km^2，解译图斑11436个、1:5万矿山地质环境调查3271 km^2，完成数据库建设、资料整理及报告编写。2015年11月，该项目成果通过了审查验收。该成果已作为河南省“三区两线”矿山环境整治专项活动的重要依据。

（二）地质环境监测。

1. 地下水环境监测。河南省财政资金安排项目。2015年地下水监测面积：区域10.8×10^4 km^2、城市9011.9 km^2；完成622个地下水动态长期监测点枯水期（5月）、丰水期（9月）水位统测各1次，全年取得水位监测数据79 864个；60个自动水温监测点正常开展；地下水水质监测点385个，采样频率为1次/年，测试项目为污染全分析。开展了城市及地下水饮用水水源地的监测。编制了《2015年度河南省区域地下水动态监测报告》《河南省地下水年鉴》与《河南省地下水监测年报》。

完成了151个国家级监测点地下水水位和水温的常规监测、40个国家级监测点地下水水质的常规监测。向环境监测院提交了《2015年国家级地质环境监测与预报（河南省）》以及2015年度国家级地下水监测数据及统计报表。

国家地下水监测工程（河南国土部分）。是中央直属国家基本建设项目，河南省是四个试验省份之一。受环境监测院委托，河南环境监测院负责组织河南省境内地下水监测站点建设工作。截至2015年12月底，计划在河南省境内建设的100个地下水监测井站点落地完成90%，累计钻探进尺1500 m，工作总体进展顺利，工程质量满足设计要求。

2. 中原城市群地质环境监测与评价。地调局项目子课题。2010～2014年进行了每个年度的野外工作；2015年4月进行了野外验收，级别为优秀；5～10月完成数据库建设、资料整理及报告编写；11月进行了最终成果验收；12月进行了项目数据库验收；均被评为优秀。

3. 开封市地面沉降监测与运行维护。河南省财政资金安排项目。2015年完成的主要工作量为监测标石维修、监测墩普查133个；一等水准测量180 km、二等水准测量140 km、B级GPS测量20点；监测站自动化监测、地下水水位长期监测及监测站周围绿化等。提交了《开封市地面沉降监测报告（2015年度）》。

4. 焦作市资源枯竭型城市矿山地质环境监测网络建设。焦作市国土资源局招标项目。2015年3～11月，完成了地下水环境监测工程、地面变形监测工程、土壤环境监测工程、地貌景观破坏、治理效果及维护需求监测工程等建设及初始值测定工作。2015年12月完成资料整理及监测网络建设报告编制工作。目前该项目已通过焦作市国土资源局组织的验收。

二、信息化建设与地质科研

1. 河南省地质环境图系编制。是河南省财政资金安排项目，工作周期2年。2015年，编制完成了河南省地质环境分区图等地质环境图系（总计11张），建立全省地质环境图系信息系统。目前该项目

已提请河南省国土资源厅审查验收。

2. 河南省地质环境信息化建设。是河南省财政资金项目。2015 年开始实施二期工程建设任务，主要进行了完成地下水环境子数据中心架构和数据结构设计，逐步建立和完善地下水环境数据库，完成地下水环境业务信息系统（一张图）建设；完成矿山地质环境子数据中心架构和数据结构设计，逐步建立完善矿山地质环境数据库，完成矿山地质环境业务信息系统（一张图）的建设，并与第一阶段建设成果进行集成。截至 2015 年 12 月，一期工程已经完成初验，实现网上试运行，二期工程正在实施中。

3. 全省汛期地质灾害气象预警预报。为河南省财政资金项目。2015 年汛期，地质灾害气象预警预报信息于 5 月 26 日起共值班 128 天，省级预警信息网络发布 128 次，其中黄色预警 49 次、橙色预警 6 次，成功预报地质灾害 8 起。

三、其他

（一）地质灾害防治。

1. 年内对全省突发地质灾害应急指挥与会商系统进行了设备升级改造，实现了视频信号高清采集与传输；开展 4 期应急能力训练，提高了新设备的操作水平和应急实战能力。

2. 汛期共安排应急值守和预警预报 896 人次、128 天应急值守，上报各类汇总材料 264 份，多渠道向各地市传达信息 2307 次，预警值班抽查 119 次。

3. 分别选派骨干技术力量，汛前配合省厅开展地质灾害防治工作落实情况检查，现场指导临灾避险工作；汛中先后赶赴林州市石板岩镇、叶县孤石滩水库、商城、新县等突发灾害现场，在第一时间开展应急调查，为地质灾害应急处置提供决策依据；汛后开展全省隐患点实地核查工作，进一步落实责任，为下一步地灾防治工作打下基础。

（二）全省地质环境管理技术支撑与服务工作。

1. 承担了《河南省地质灾害防治“十三五”规划》《河南省矿山地质环境保护“十三五”规划》和《河南省地质环境监测“十三五”规划》的编制工作，目前各规划均已完成规划大纲和专题研究的编制。

2. 在调研的基础上，先后协助省厅起草了《矿山地质环境保护与恢复治理方案和土地复垦方案合并实施办法》等材料，适时提出建设性意见，为省厅地质环境工作的决策管理提供参考。

3. 组织完成 2015 ~ 2017 年度省财政地质环境项目立项；编制完成 32 个地质环境基础性调查项目招标文件与项目合同签订工作；组织完成了 19 个 1∶5 万地灾详查项目成果报告评审和 20 个治理项目的竣工（成果）验收；开展了 14 个治理项目勘察设计、9 个 1∶5 万矿山地质环境调查项目设计书和 7 个治理工程设计变更的审查工作。先后 2 次筹办地质环境项目管理座谈会，整理矿山治理方案备案材料 26 份，初步建立了地质环境项目数据库。

（莫德国）

湖北省地质环境总站工作

湖北省地质环境总站

概　况

湖北省地质环境总站是 1980 年经湖北省人民政府批准成立的公益性事业单位，隶属于湖北省地质矿产勘查开发局。被地调局评定为地方公益性地质调查队伍能力建设 A 级。是省级地质环境调查和监测保护专业队伍，为地质环境管理和保护提供技术支撑和专业服务，现有在职职工 274 人，其中专业技术人员 240 人，正高职高级工程师 11 人、高级工程师 62 人、工程师 72 人，注册岩土工程师 4 人，1 人享受省政府特殊津贴，1 人被评为省政府有突出贡献中青年专家。

总站设置 1 个机关、4 个中心、1 个海外事业部。4 个中心分别是地质环境监测应急中心（下设武汉、襄阳、黄石、孝感、三峡库区、丹江口库区、神农架林区等工作站），地质环境调查中心（下设地下水、地质环境等专业室），资源环境调查中心（下设地热室、矿山环境室），地质环境信息中心。

截至 2015 年底，单位固定资产总额 3975.44 万元，年内新增 133.46 万元。获评湖北省直机关文明单位。质量体系有效运行，安全生产责任制层层落实，年内未发生安全责任事故。

年内获湖北地勘局科学技术奖地质调查类二等奖。

地质调查进展与成果

一、矿产资源调查评价

2015年，提交了竹溪县地热资源勘查实施方案和可行性论证；完成湖北省长江中游城市群地热资源分布图和湖南、江西地热资源分布图汇总；承担完成湖北省咸宁市温泉地热田矿业权有偿化处置技术服务工作；完成三门湖地热勘查成果编制及汇总报告。

二、水工环地质调查

1. 地下水环境监测。完成全省110个国家级、65个省级、73个地区级地下水监测点监测、三峡库区地质灾害专业监测、武汉市岩溶地面塌陷监测预警示范、大冶铜绿山矿山地质环境监测工作。依托武汉市岩溶塌陷调查等项目建设了22个省级监测点，完善了地下水监测网络。承担了孝感市膏盐矿区地面沉降监测工程，实现了地质环境监测预警工作的新突破。

2. 地下水应急战略水源建设。组织开展地下水资源专项调查，圈定地下水战略水源地，撰写完成地下水饮用安全隐患和用水安全等技术性材料；集成武汉市水工环地质成果，评价了武汉市地下水资源量和动态变化趋势，为武汉海绵城市建设提供依据。

3. 湖北重点岩溶流域沙道沟图幅1:5万水文地质及环境地质调查。完成调查面积445 km^2、水文地质钻探900m、地球物探物理500点、水岩土样140件、各类野外调查点358个。

4. 武汉都市圈东南部沿江产业带地质环境综合调查。2015年完成1:5万水文地质、工程地质调查900 km^2，钻探2610 m（其中水文地质1450 m、工程地质1160 m），垂向电测深600点，高密度1020点，静力触探650 m。基本查明区内工程地质条件和水文地质条件，评估城市规划发展及重大工程建设规划区地质环境安全。

5. 武汉市岩溶塌陷调查。2015年5月，2015年度工作方案通过南京地调中心的评审。8月，湖北环境总站选了项目承担单位。9月，优选项目武汉市豹子澥幅1:5万岩溶塌陷调查2015年度工作方案通过了环境监测院的评审；年内完成豹子澥幅1:5万地形图、地质图数字化，1:1万地质剖面测量534 m，1:2000地质剖面测量511m，1:5万遥感解译、水文地质、地质灾害调查450 km^2。9月，委托业务岩溶塌陷风险管理系统2015年度工作方案通过了环境监测院评审。

6. 丹江口库区堵河流域地质灾害调查（I49E024009幅和I49E024010幅）。2015年完成《1:5万综合工程地质图》《地质灾害分布图》《地质灾害易发程度分区图》《地质灾害危险性区划图和重点调查区1:1万灾害地质图》《地质灾害危险性区划图》和《地质灾害风险评价图》。查明了工作区内地质灾害类型、空间分布和时间规律，查明地质灾害发育点329处。

7. 湖北野三河岩溶流域龙潭坪幅（H49E008010）水文地质环境地质综合调查。完成1:5万水文地质环境地质调查420 km^2、水文地质钻探800 m、地球物探物理500点。

8. 鄂北丘陵山区严重缺水地区水文地质调查。该项目由地调局下达，所属计划项目为严重缺水区和地方病区地下水勘查与供水安全示范。6月，2015年度工作方案通过了环境监测院组织的评审。截至2015年底，云梦县幅1:5万专项水文地质生态环境地质测量及1:1万专项水文地质测量已完成，浅井施工完成57%；皂市幅已完成1:5万遥感解译和专项水文地质生态环境地质测量，钻探进尺156.4 m。

9. 长江中游武汉城市群三维地质调查。完成1:5万水文地质、工程地质测量900 km^2，水文地质钻探419.28 m，高密度电法4 km，激电测深40点。该项目厘定了第四系地质、基岩地质、工程地质和水文地质标准层；研发了武汉市地质信息管理系统及平台，建立了基于多源、大数据的三维地质结构模型；修订了可溶岩分布范围并编制了岩溶发育强度分布图件。该项目成果于7月通过地科院组织的验收。

10. 矿山地质环境调查与恢复治理。完成武汉市矿山环境治理示范工程二期工程核查和示范工程三期方案编制。完成武汉市汉阳区仙女山等矿山地质环境治理工程和示范工程立项、工程变更设计和报告审查工作。协助开展了黄石铁山－还地桥矿山治理示范工程勘查设计工作。中标承担了武汉南部矿山集中区江夏矿山环境治理勘查设计工作，中标价425万元。

三、地质科研

汛期地质灾害气象风险预报预警。与武汉中心气象台、武汉市气象局联合开展了湖北省、武汉市汛期地质灾害气象风险预警工作，共计制作湖北省地灾气象风险预警成果89期，短信接收单位1201家62次，接收人员5842人62次。与武汉市气象台联合制作武汉市地质灾害气象风险预警188期。

2015年，湖北环境总站承担科研项目6个：武汉市岩溶地面塌陷对工程建设影响研究、湖北省城镇化进程中的地质环境问题及对策研究、民生地质学初步研究、湖北省地热资源成生机理研究、武汉市城市地质空间与地质环境综合效应评价研究和湖北省地下水系统与监测网优化研究。另外依托项目发表论文8篇。

四、境外地质工作

承接机井、工程地质勘察、钻孔施工工程、水厂建设项目11项，合同总额684.1万元，实现产值703万元。加纳西部省雅克罗姆金矿靶区优选与评价顺利通过国家验收，下一步开展莫霍瓦萨现场详勘探矿工作。

五、其他

2015年，进一步完善应急工作制度和技术要求，承担省厅地质灾害应急值班室、全省地质灾害应急卫星通信、应急移动平台建设工作。组织排查、巡查、核查494个地质灾害点和37个区段水库库岸。实施82次应急救援调查工作，编制78份应急调查报告和2份地质灾害排查简报。8～10月，对武汉市汉阳区鹦鹉大道沿线相继发生的3次地面塌陷开展了应急调查和应急处置技术服务工作。对重大地质灾害进行应急技术指导和培训授课。

受省厅委托编制了《2015年湖北省地质环境公报》和《地质灾害规范编制组织管理办法》。

（邹　薇）

湖南省地质环境监测总站工作

湖南省地质环境监测总站

概　况

湖南省地质环境监测总站（中心）是湖南省国土资源厅直属的正处级公益性全额拨款事业单位，主要职责是承担湖南省地质环境调查、监测、预警、应急、评价和综合研究工作，开展国土资源遥感调查、监测与土地矿产卫片执法检查等技术服务工作。该站编制102人（领导职数7名），内设16个科室，其中业务科室10个、管理科室6个；实有在编职工100人，其中已聘专业技术人员84人（高级及以上职称31人、中级职称37人、初级职称16人、工勤人员16人）。

质量管理体系运行有效。为全国国土资源系统先进单位、湖南省省级文明单位和湖南省委党建示范点。

2015年底，单位固定资产总值2392.96万元，年内新增363.47万元，减少62.83万元（含汽车报废和调整为无形资产）。年内获地调局地质科技奖一等奖1项、二等奖1项，湖南省科学技术进步奖三等奖1项。层层落实安全生产责任制，组织安全工作大检查，确保了无责任事故发生。

地质调查进展与成果

一、湖南省地质环境监测

作为省直专项资金项目，2015年湖南省地下水监测点共计130个。按监测级别分，国家级61个、省级55个、地区级14个；按监测内容分，水位、水温、水质125个，流量、水温、水质3个，单一水质2个；按监测手段分，人工点88个、自动监测42个；全省地表水质监测点24个，其中水位、水温、水质点20个，流量、水温、水质点2个，单一水质点2个。全年取得地下水监测数据61 233个，其中水位19 355个、流量216个、水温19 571个、水质1440个，开采量1080个、即时气温19 571个。

2015年12月，参加了环境监测院山东枣庄国家地下水监测工程项目管理办法、项目管理系统技术标准规范培训班，进行了监测点位的落实报批等相关前期准备工作。

二、湖南有色金属、煤炭矿区矿山地质环境调查

属地调局下达的大型矿产资源基地地质环境调查与影响评价子项目，由环境监测院组织实施，起止时间为2014～2016年。2014年度工作成果于9月通过评审。编制的2015年度工作方案于6月通过环境监测院审查。至12月，共完成1∶5万遥感解译2850 km^2、1∶1万遥感解译250 km^2、1∶5万区域环境地质调查862 km^2、1∶1万矿山地质环境问题专项调查230 km^2、水样采集测试310件、土样采集测试400件、水文物探激电中梯扫面1 km^2及视电阻测深40点，水文钻探363.6 m，发表论文1篇。

三、灾害易发区遥感地质综合解译

本项目是地调局2012在全国地表形变遥感地质调查计划项目的子项目，原名突发性灾害应急遥感调查与体系建设，2013～2015年易名为灾害易发区遥感地质综合解译。由航遥中心组织实施，项目总经费230万元，起止时间为2012～2015年。2012～2015年间收集整理了湖南122个、四川80个、重庆20

个、甘肃40个共262个县（区、市）地质灾害调查与区划资料和147幅1:20万水文地质图数据。2015年利用2011~2014年土地卫片执法检查遥感影像对甘肃省天水市、庆阳市等40个县（区、市）进行地质灾害补充解译，共解译滑坡1698个、崩塌129个、泥石流158条。2015年度，利用甘肃文县的GF-2数据完成了400 km^{2}地质灾害重点区1:5万野外验证，共调查地质灾害点32个，其中滑坡26个、泥石流6个。

四、湖南省、浙江省矿产资源开发环境遥感监测（2015）

是地调局国土资源开发与保护基础地质支撑计划、国土遥感综合调查工程、全国矿产资源开发环境遥感监测项目之一。由航遥中心组织实施，项目总经费160万元，起止时间为2015~2017年。2015年已经完成基础资料的收集和野外踏勘，编制了项目设计书通过评审。年内开展了湖南省全域、浙江省西部5市的矿产资源开发状况遥感调查、重点矿集区的矿产资源开发状况遥感调查、矿山地质环境现状遥感调查和矿产资源规划执行情况遥感调查工作。建设了矿产资源开发环境数据库，编制了各自1:50万系列成果图件和分县1:5万系列成果图件，实物工作量全部完成。目前正在编制湖南省矿产资源开发环境成果报告。

五、长江中游地区国土遥感综合调查

是地调局国土资源开发与保护基础地质支撑计划、国土遥感综合调查工程、全国国土遥感综合调查与信息系统建设项目之一。起止时间为2015~2017年12月。由航遥中心组织实施，2015年项目总经费80万元。2015年完成长江中游地区（湖南省和江西省）1:25万自然资源（林地、草地、地表水）和生态地质环境（荒漠化、湿地等）遥感调查380 000 km^{2}和重点区1:5万自然资源和生态地质环境遥感调查80 km^2；编制工作区自然资源和生态地质环境现状图，形成成果数据；编写了年度成果报告。

六、全国地质环境图系（湖南部分）编制

根据国土资源部有关要求，湖南环境监测总站编写的《湖南省地质环境图系编制实施方案》2014年8月通过国土资源部专家审查，湖南省财政批复专项经费698.87万元。年内分专题组分别进行了资料搜集和野外补充调查。至2015年底，初步编制完成了《湖南省地质环境分区图》《湖南省崩塌滑坡泥石流分布图》《湖南省崩塌滑坡泥石流易发程度分区图》《湖南省矿山地质环境问题图》《湖南省矿山地质环境保护与治理区划图》及说明书，《湖南省地下水资源图和地下水环境图》完成了60%的工作量。

七、地质灾害监测预警

2015年，总站与湖南省气象台联合开展湖南省地质灾害气象预报预警工作209天，共发布地质灾害气象预报预警产品37期，其中橙色预警9期、黄色预警26期。通过预警预报工作，2015年共成功预报地质灾害158起（比2014年增加68起），紧急转移7113人，避免人员伤亡4570人，避免经济损失3121万元，没有出现一起地质灾害群死群伤事件，防灾工作成效显著。

严格执行汛期每日每小时和汛期24小时值班制度，尤其针对2015年湖南汛期过后还遭遇61年来最严重的冬汛，将汛期值班延长17天，全年值班值守时间达209天。

八、矿泉水资源调查

2015年，开展湖南省矿泉水资源调查及其开发利用评价，完成野外调查，问卷调查，水样分析及综合研究，建立数据库，编制了《湖南省矿泉水资源分布图》《湖南省矿泉水资源开发利用现状图》和《湖南省矿泉水资源开发利用潜力分区图和成果报告》，成果评定为优秀。

九、其他

（一）地质灾害应急。

2015年，对全省14个市（州）98个县（区、市）进行汛前地质灾害排查，逐一排查威胁100人以上、险情重大的地质灾害及隐患点320处，逐一检查防灾、避险“两卡”发放和监测记录情况，落实防灾及监测责任人，将245处大型及以上重要地质灾害隐患点纳入省级年度方案。全年派出省级地质灾害应急调查队伍9批次，指导协助地方政府开展应急调查和处置工作。

编制《湖南省地质灾害防治知识宣传教育培训工作方案》，发放《珍惜生命安全，防范地质灾害》湖南省地质灾害防治专题宣传教育片共6万多本，指导全省各地开展地质灾害应急演练159批次，举办宣传培训128次。

（二）矿山地质环境监测及保护。

2015年，继续开展国家级冷水江锡矿山矿山地质环境监测示范区的监测，监测数据不断丰富，实现了矿山地质环境数据库的在线管理与使用；开展邵东石膏矿的矿山地质环境调查评价与全省采空地面塌陷调查工作。从严完成332个矿山的分期治理验收。

完成湖南省矿产资源总体规划中矿山地质环境保护与恢复治理专题研究及专项规划，配合完成湖南国土资源“十三五”规划。

另外，年内还开展了5个科研项目的研究和8个技术标准制定。其中，《地质灾害遥感调查技术规定》（DD2015—01）作为地调局行业标准颁布，《矿山地质环境综合防治方案编制规范》（DB43/T 1042—2015）作为湖南省地方标准颁布。

（李江辉）

广东省地质环境监测总站工作

广东省地质环境监测总站

概　况

广东省地质环境监测总站成立于1983年，系广东省国土资源厅直属正处级公益一类事业单位，核定编制25人。主要负责组织实施广东省地质环境监测工作；承担地质灾害调查评价、监测和综合研究；承担地质灾害预警预报和开展汛期地质灾害巡查及应急技术调查等工作；负责广东省地下水动态监测，开展地下水资源与环境调查评价和综合研究；对市、县（区、市）地质环境监测工作实施业务指导、协调和技术服务。

内设5个正科级科室：办公室、地质环境监测科、地质灾害监测与应急科、地质灾害预警预报科和地下水监测科。

截至2015年底，共有在职人员25人，其中管理人员7人、专业技术员17人、技术工人1人，双肩挑岗位人员2人，教授级高级工程师1人、高级工程师7人、工程师6人、助理工程师5人。

年内新增in－situ30 m线缆长度水温、水位测量仪1套，in－situ100 m线缆长度水温、水位测量仪1套。

2015年，未发生安全生产责任事故。

地质调查进展与成果

一、水工环地质调查

（一）地下水环境监测。

广东省地下水监测范围包括广州市广花盆地、佛山市、肇庆市、深圳市、湛江市区，茂名市、阳江市、韶关市、潮州市、揭阳市区、梅州市、河源市、惠州市、江门市、粤北韶关和清远岩溶石山地区、雷州半岛地区，共16个监测区，涉及地级市15个，监测面积37 713 km²，占全省陆地总面积的20.97%。

截至2015年底，共有监测点471个，其中地下水监测点460个、地表水监测点11个、停测地下水监测点9个。地下水监测点按监测频率统计：长测点412个、统测点48个；按监测点级别统计：国家级36个（分布在广花盆地、佛山、肇庆、深圳、湛江5个监测区）、省级376个、地市级48个；按监测手段统计：自动监测点132个（分布在佛山、深圳、粤北韶关和清远岩溶石山地区和雷州半岛地区）、人工监测点328个。

共完成水位监测228 728次，水质监测310次，水温监测232 027次。

（二）地质灾害监测。

2015年5月，广东省重大地质灾害隐患监测示范项目通过验收。该项目在全省不同地区选择地质灾害隐患点17个，部署专业监测仪器（包括降雨自动监测、地表裂缝位移监测、土体含水率监测、视频监测、次声监测等）39套，建立地质灾害监测系统建设，通过监测数据变化动态掌握地质灾害监测点降水、土体含水率及坡面位移变化。

（三）矿山地质环境调查。

2015年，完成了2014年度《广东省老矿山找矿项目监审课题成果报告》的编制审查工作，组织专家对全省9个老矿山找矿项目开展了监审工作。

另外，广东省矿产资源集中开采区矿山地质环境调查项目通过了由武汉地调中心组织的竣工验收。

二、地质科技进展与成果

（一）汛期地质灾害气象风险预报预警。

2015年汛期，地质灾害气象预警预报工作于从4月15日开始，至10月15日结束，历时183天。累计发布3级以上地质灾害气象风险预警信息75期，其中3级预警73期、2级预警2期。根据反馈信息与预警结果的分析对比，汛期主要降雨过程共诱发各类地质灾害175起，发生在3级以上预警时空范围内的地质灾害137起，占灾害总数的78.3%。各级国土资源主管部门根据风险预警信息，成功避让各类地质灾害6起，避免人员伤亡66人，避免直接经济损失86万元。

（二）广东省地质灾害成灾规律研究。

2015年，在收集全省区域地质、水文地质、环境地质以及历年地质灾害、降雨、人类工程活动、社会经济等资料的基础上，采用野外调查、实验测试、遥感影像分析、资料综合分析等方法，分析了突发性地质灾害分布规律及其与地形地貌、岩土体类型、降雨和人类工程活动的关系，并结合人员伤亡和财产损失，分析广东省地质灾害成灾规律；从岩土物理力学性质、岩土地球化学性质、土体矿物组合、土体矿物磁性特征等方面对典型地质灾害案例进行了灾害特征和机理研究。编制的《广东省地质灾害成因规律研究》通过专家评审。

（三）广东省地质灾害防治信息化建设（一期）。

2015年，基于国土资源部国家级地质环境信息化建设成果，通过建立全省地质灾害防治通信网络系统、标准化体系、数据体系、信息服务体系、基础设施建设、安全防护体系和多目标、多节点、多层次应用系统，形成支持地质灾害防治的综合一体化的、可持续扩展的信息化技术框架，达到数据集成化、成果可视化、信息综合化、系统一体化，实现全省地质灾害防治（应急）各类信息资源及服务资源的共享，并初步搭建地下水、矿山地质环境、地质遗迹等地质环境相关业务系统框架，预留地质环境信息系统接口。该项目已完成并通过验收。

三、突发性地质灾害应急调查与处置

截至2015年底，全省已调查发现地质灾害隐患点7824处，威胁总人口32.57万人，潜在经济损失115.43亿元，其中，威胁100人以上地质灾害隐患点521处，威胁人口20.27万人，潜在经济损失76.73亿元；威胁1000人以上地质灾害隐患点58处，威胁人口10.16万人，潜在经济损失56.85亿元。

年内共发生突发性地质灾害191起，其中崩塌112起、滑坡59起、泥石流5起、地面塌陷12起、地裂缝3起，造成6人死亡、7人受伤、直接经济损失3666.4万元。

2015年，共派出突发地质灾害应急调查与处置技术人员31人次，配合广东省国土资源厅调查、处置突发地质灾害14起，提交地质灾害应急调查报告13份。

2015年12月20日至2016年1月8日，协助国土资源部和广东省国土资源厅参与深圳光明新区“12.20”滑坡事故现场调查工作。

（吕韶君）

广西壮族自治区地质环境监测总站工作

广西壮族自治区地质环境监测总站

概　况

广西壮族自治区地质环境监测总站是广西壮族自治区国土资源厅直属的公益性事业单位，负责全区地下水环境监测、地质灾害调查与监测、地质灾害预警预报、矿山地质环境监测保护、地质遗迹监测保护、参与涉及地质灾害民事纠纷仲裁的技术鉴定等公益性地质环境保护工作；承担地质灾害治理工程的勘查、设计、监理任务；承担建设项目环境影响评价、地质灾害危险性评估、编制开发建设项目水土保持方案、生产建设项目土地复垦、建设项目压覆矿产资源评估等工作。

广西环境监测总站分别在南宁、柳州、桂林、北海、玉林、河池、百色、梧州、来宾、贵港、贺州、崇左、钦州、防城港等14个市设有直属分站，并均有固定的办公场所。

单位编制151人，在岗职工267人，其中专业技术人员210人（正高级职称2人、高级职称42人、中级职称80人、助理工程师及技术员68人，见习生18人）。

2015年新增地下水水位、温度自动记录仪、便携式多参数测定仪、便携式流速仪、超高密度直流电法仪、全站仪、电子水准仪、GNSS卫星导航接收机、地质雷达等设备购置总数70多台（套），购置费用185万元。

地质调查进展与成果

一、水文地质环境地质灾害地质调查

（一）地质环境监测。

1. 地下水环境监测。全区共设地下水监测点471个，监测面积达6501.7 km^2。按监测内容分：水位长测点129个、统测点240个、水质监测点全分析135个、Cl^-监测点13个；按监测级别分：国家级点69个、省级点161个、地市级点241个。全年共获得地下水监测数据 19 246 个，其中水位监测数据 11 425 个、水质监测数据 7821 个。

全区已有 42 个点采用仪器自动在线监测，通过网上传输到室内接收中心计算机。

通过地下水环境监测，准确地掌握了监测区域地下水动态变化及环境质量，及时发现了水质污染、水源枯竭、区域性水位下降等地质环境问题，并提出整治措施与对策。

2. 地质灾害监测。截至 2015 年底，全区共建设地质灾害自动监测点 304 处、山体滑坡报警系统 130 套，系统已正式投入使用，为地质灾害监测预警工作的及时、有效开展提供了有力支撑。

（二）地质环境调查评价。

1. 桂林柳州城市土地地下空间开发利用调查。自 2014 年启动桂林、柳州市城区及规划区土地地下空间开发利用调查项目（城市地质调查）工作，在 2014 年完成项目设计及资料收集的基础上，2015 年野外工作基本结束，将在 2016 年转入室内资料整理和报告编写工作。截至 2015 年 10 月 31 日，野外工作量已达到设计工作量 100% 。正进行室内资料整理和报告编写及城市三维可视化城市地质环境管理系统建设工作。

2. 南宁城市规划区地质环境综合调查。为地调局下达项目，工作起止年限：2015 年 5 月 ~2016 年 6 月，年内完成了野外工作，包括 1∶5 万专项水文地质调查 450 km^2、1∶5 万专项工程地质调查 450 km^2、1∶5 万遥感解译 470 km^2、电法（高密度电阻率法）综合测点 650 点、地质雷达 8.0 km、水文地质钻探 500 m，工程地质钻探 1526.2 m、水样无机全分析 90 组、氘氧氚同位素 30 组、土工试验 110 件、膨胀土样 200 件，地下水动态监测 362 点次。目前正进行室内资料整理和报告编写工作。

3. 西南地区岩溶地下水污染调查评价（广西）。为岩溶地质所委托项目。在 2011 年完成桂江流域，2012 年完成洛清江流域，2013 年完成融江流域，2014 年完成右江（上游）、柳江（桂中）、贺江流域的基础上，2015 年完成右江流域（下游）、左江、邕江、郁江（上游）面积 40 000 km^2 岩溶水污染调查。完成地下水有机、无机采样各 144 组。在基础调查及样品数据分析基础上，对流域地下水进行质量、污染、防污性能评价并进行防污区划，为新一轮城市、农村合理规划建设、供水安全、生态安全提供基础资料。已完成野外工作，进行室内资料整理和报告编写工作。

（三）地质灾害调查。

1. 1∶5 万地质灾害详细调查。2015 年，广西环境监测总站负责了广西乐业县、陆川县、南丹县的地质灾害详细调查项目，完成了设计编制及评审、项目的野外工作。

2. 广西北部湾人工改变海岸引发海岸带地质灾害等环境地质问题调查评价。为 2014 年广西国土资源厅下达项目。工作起止年限 2014 年 3 月 ~2015 年 12 月。完成了广西海岸带 1∶5 万专项环境地质、地质灾害调查 250 km^2，1∶2.5 万专项环境地质、地质灾害调查 200 km^2、遥感解译 12 500 km^2，基本查明了广西北部湾海岸带人工改变海岸的方式、历史和现状，岸线类型、滩涂类型的分布及其随人工改变海岸发生的发展变化特征；基本查明了人工改变海岸引发的海岸侵蚀、潮沟摆动与潮滩侵蚀淤积、港湾和航道淤积、自然岸线长度锐减、自然滩涂面积锐减、红树林损毁等环境地质问题的特征及其形成原因；基本查明了海水入侵和地下咸水分布特征；初步发现了浅部断裂、活动沙波等潜在海底地质问题。

二、地质科研

广西汛期地质灾害气象预报预警。据各类地质灾害调查统计，2015 年全区有地质灾害隐患点 9860 处、地质灾害易发区（村）5339 个、地质灾害专业监测点 330 个。从 4 月 30 日开始，如期开展了汛期的地质灾害预警预报工作，共开展地质灾害气象预警预报工作 157 天，发布地质灾害气象预警预报产品 157 次，其中橙色预警 1 次、黄色预警 41 次、蓝色预警 115 次，共发布地质灾害气象预警短信 19.38 万条。

据统计，全区成功预报 23 起地质灾害，由于提前预报，共组织转移人员 4865 人，避免 240 人伤亡，避免直接经济损失 762 万元。

三、其他

（一）地质灾害防治应急。

2015 年，广西环境监测总站协助地方政府国土资源部门完成了 109 个县（区、市）的地质灾害巡查工作，先后出动巡查小组 316 个 664 人次，完成地质灾害巡查点 895 处。广西环境监测总站全年共完成 78 场次的地质灾害群测群防培训，培训人数 13 367 人，协助地方政府开展地质灾害避险演练 46 场次，参加演练人数 11 969 人。

（二）地质遗迹保护。

截至 2015 年 12 月 31 日，全区已建地质遗迹自然保护区 5 处，“金钉子”地层剖面 2 处，面积约 2.23 km^2，约合 223.0 hm^2；新增田东地质公园，总面积 68.2 km^2，约合 6820.0 hm^2，是一个以地貌景观和水体景观为主的大型综合性自治区级地质公园。

定期开展北海涠洲岛、象州县大乐泥盆系剖面等20处地质遗迹巡查26次、地质遗迹巡查点23个，及时掌握全区地质遗迹的保护现状。

另外，受广西区国土资源厅委托，开展全区119处矿泉水及天然泉水进行水源地年检，完成年检报告119份。年检报告提供给地方及上级部门使用。

（周海玲）

海南省地质环境监测总站工作

海南省地质环境监测总站

概　况

海南省地质环境监测总站为海南省国土资源厅所属处级全额预算管理事业单位。内设办公室、财务室、水文地质室、环境地质室、地质矿产室、综合研究室和地灾预警室。2015年，在编在职职工39人，其中各类专业技术人员32人。技术人员中，副高级职称9人、中级职称14人、初级职称及以下9人。2015年度拥有各类固定资产总值484.06万元，年内新增各类固定资产27件，价值67万元。年内全面实现了安全生产目标。

地质调查进展与成果

一、水文地质环境地质灾害地质调查

（一）地下水动态监测。

2015年，全省共有监测点34个（与2014年底相比，因其他原因减少3个），其中海口地区29个、其他地区5个，国家级监测点11个、省级监测点23个。监测内容为地下水的水位、水质、水温。水位监测全年完成2368点次，监测有人工监测和监测仪自动监测，人工监测点28个，监测频率为3次/点·月；监测仪自动监测点6个，监测频率为1次/点·天。水质监测分别于4月（枯水期）和9月（丰水期）完成2次共34套地下水水质采样分析测试。水温监测全年监测34点次，与水质监测同步进行。编制完成海南省地下水动态监测工作季报2份、半年报1份、年报1份，完成了2015年地下水监测数据库建设。

完成地下水监测井井口保护装置和95台地下水监测仪的安装调试工作。

（二）海南省1∶5万地质灾害详细调查项目（儋州市、东方市）。

儋州市完成的工作量：1∶5万详细调查面积3400 km^2、1∶1万地质灾害详细调查面积50 km^2、调查地质环境点1399个、调查地质灾害点86处、地质钻探进尺320 m、槽探500 m^3、1∶500地形测绘1 km^2、物探高密度电阻率法探测点1630点、地震面波勘探点48个。东方市完成的工作量：1∶5万地质灾害详细调查面积2256 km^2、1∶1万地质灾害详细调查面积50 km^2、调查地质环境点627个、调查地质灾害点7处、地质钻探进尺300 m、槽探500 m^3、1∶500地形测绘1 km^2、物探高密度电阻率法探测点1443点、地震面波勘探点25个。上述两个项目的地质灾害野外调查、工程地质钻探等野外工作已通过验收。

二、地质科学研究

汛期地质灾害气象风险预警。与海南省气象局互动，依据实际降雨情况以及海南省各市县地质灾害隐患实际情况，及时地对地质灾害发生的可能性进行风险预警，并将有关信息发送到各市县和乡镇政府群测群防员。全年共预警3次，其中1次二级风险预警、2次三级风险预警。由于全年降雨量不大，地质灾害预警工作到位，全年没有因地质灾害造成人员死亡及财产损失。

三、其他

1. 编制完成《海南省地质环境公报（2014年度）》和年度地质灾害灾情月报、地质环境综合年报统计。

2. 地质灾害防治。协助海南省国土资源厅开展汛前排查、汛中巡查、汛后核查等地质灾害“三查”以及突发性地质灾害应急调查。分别在6月份、12月份派遣数名专业技术人员参加省厅工作组对全岛18个市县开展汛期地质灾害防治工作检查。

3. 矿产地清理。总共对海南岛2008～2015年有汇交地质勘查报告的213个地段进行清理，圈定矿产地范围，编制《海南省矿产地调查清理报告（2008～2015年）》。

4. 数据统计和报告编写。完成海南省2014年固体矿产开发利用统计数据统计及年报、海南省2014年度矿产资源储量统计数据库的数据录入及简表、海南省2014年度地质勘查成果网络直报及成果通报、

海南省2015年上半年地质勘查成果网络直报及下半年勘查形势分析、海南省2014年度地质勘查行业情况网络直报及年报、海南省2014年矿产资源年报等编写工作，以及海南省2015年4个季度矿产资源储量评审备案情况网络直报工作。

（颜若福）

重庆市地质环境监测总站工作

重庆市地质环境监测总站

概　况

重庆市地质环境监测总站成立于2001年8月，是重庆市国土房屋管理局直属正处级事业单位，定编30人。内设机构：办公室、财务科、总工办、项目办、信息科、地质环境科、地质灾害防治科、地质灾害监测预警科。2015年底实有占编人员19人，实际在岗人员41人，其中正高级工程师1人、副高级工程师12人、工程师8人、助理工程师4人、管理人员6人、工勤人员10人。单位建立了完善的质量管理体系及安全生产管理体系，通过ISO9001:2000质量管理体系认证。

单位主要职责：①为国家建设提供地质环境监测服务；按照地质环境监测工作的规划、计划提出地质灾害预警工程项目的设置建议；承担地质灾害监测预警、调查评价和研究；实施矿山地质环境调查、地下水动态监测；收集、汇总、分析和处理地质环境监测数据和资料，实施信息化管理，为行政决策提供监测数据和建议；②组织全市公益性地质环境保护项目技术审查；组织地质灾害危险性评估报告及矿山地质环境保护与恢复治理方案审查；组织地质灾害防治市颁资质申报材料审查；③受地调局和环境监测院委托，承担国家级地质环境监测和预报及地质调查任务。

地质调查进展与成果

一、重庆都市经济圈城市地质调查

完成补充水文地质钻探20孔，总进尺4664.35 m，提交了《补充水文地质钻探竣工报告》；建立了适合重庆市山地特点的三维建模方法，完成了重庆都市经济圈三维地质结构模型的建设。

各年度成果报告于2015年12月31日通过了地调局西南项目办组织的专家验收、审查，正在按照地调局要求开展数据库建设工作。取得的主要成果如下：编制印发了《山地城市地质调查技术指南（试行）》，可指导重庆市其他区县城市地质调查工作的开展；完成了重庆都市经济圈三维地质结构模型的建设，可为都市经济圈城市规划建设提供科学、直观的地质依据；通过补充水文地质钻探，取得了各含水层的水位、水量及压力等相关水文地质参数，其本查明了都市经济圈岩溶地区特别是因隧道工程建设影响区的岩溶发育规律，为水文地质结构模型的建立、评价提供水文地质参数及相关数据；对水文地质钻探孔开展了自动化监测工作，实时采集监测数据，为实时掌握都市经济圈地下水动态提供了依据；在部分缺水严重地区，将地下水水质满足饮用水标准的钻孔移交当地村民使用，由其自建泵房，解决了饮用水困难问题。

二、涪陵地区页岩气勘探开发地质环境监测与评价

完成一般调查区1050 km^2 内地质灾害、矿山地质环境、水文地质条件等背景调查；完成重点调查区460 km^2 内建成及在建的页岩气勘探开发作业场所及周边地质环境的调查工作；建立了78处地质环境监测点，包括15处地质灾害点、10处建筑物监测点、3处重要工程监测点、1处水土流失监测点、1处轻微地震监测点、12处地下水监测点、5处地表水监测点、6处土壤监测点、5处大气监测点、20处噪音监测点；完成了第一阶段的监测数据采集工作，取样化验33样次，其中水质分析26样次、土质分析7样次。初步查明了涪陵地区页岩气勘探开发各阶段对地质环境的影响作用；初步掌握了现阶段涪陵地区页岩气勘探开发引发的地质环境问题，以及对周边居民生产生活的影响。

（向　强）

四川省地质环境监测总站工作

四川省地质环境监测总站

概　况

四川省地质环境监测总站为四川省国土资源厅直属的公益性全额拨款正县级事业单位。主要职责是编制省级地质环境监测规划、地质灾害年度防治方案；组织编制地质环境、地质遗迹、地下水资源的年报、通报和公报；开展地质灾害风险预警预报、应急值班值守、督导核查、应急调查抢险及灾险情统计报送；负责省级地质环境信息管理系统的建设、运行、维护；指导市（州）地质环境监测部门开展地质环境监测工作。

四川环境监测总站定编85人，2015年实有在编在岗职工67人、聘用人员17人。以水文地质、工程地质、环境地质、会计、测绘、计算机及信息工程等专业为主的技术人员共有69人，其中具有中、高级职称的技术人员有47人，占单位技术人员总数的68.1%。内设办公室、财务科、总工办、地质环境科、预警预报科、信息会商科、监测科、应急科等8个职能科室。

地质调查进展与成果

一、水工环地质调查

1. 地质灾害详细调查。2015年，四川部署彭州、都江堰、北川、丹巴等35个县（市）的地质灾害详细调查工作，投入资金6774.14万元。受四川省国土资源厅委托，四川环境监测总站完成项目总体设计编制。据统计，此次详查工作共调查面积 15.63×10^4 km^2、隐患点10 560处、搬迁户7639户，完成安置点选址350处、地质灾害治理工程复核1968处、钻探14 757.13 m、物探50 599.32 m。

2. 地下水动态监测。截至2015年，四川省地下水监测网络集中部署在成都平原，动态监测监控面积6473 km^2，其中成都市城区及近郊300 km^2 和德阳市城区及近郊80 km^2 为加密观测区，共有64个地下水监测点监测工作。2015年共获得水位观测数据1290次、水温观测数据1257次，完成枯水期、丰水期地下水“全+污”水样采集及分析102组。经监测分析，2015年成都平原地下水为无色、无味、无嗅、透明淡水，地下水化学类型为 $HCO_3-Ca\cdot Mg$ 及 $HCO_3\cdot SO_4-Ca$ 型水，成分相对稳定，平均水位454.32～662.56 m。

3. 包虫病区地下水调查与打井供水。为省直专项资金项目，投入资金4325.18万元。2015年，在石渠县实施了包虫病区地下水资源应急调查与打井供水示范二期工程，全年共完成规划井150口，钻探进尺6392.2 m，解决包虫病区17 399人安全饮水问题。

二、地质科技进展与成果

1. 四川地质灾害综合防治关键技术与方法研究。系四川省国土资源厅科技支撑项目，建设经费500万元，建设期2015～2017年。2015年，四川环境监测总站收集全省4.1万处地质灾害隐患信息，梳理历年所开展的地质灾害预警预报、避险搬迁、工程治理等方面工作，牵头编制了四川地质灾害综合防治关键技术与方法研究申报书和实施方案，成功申报四川省地质灾害综合防治体系科技支撑项目。

2. 省级地质灾害专业监测预警平台建设。为芦山地震灾后恢复重建项目。项目依托2002年开发的四川省地质灾害气象预警预报系统，整理历年来四川省地质灾害发生情况及气象资料，分析地质灾害发生与气象预警预报耦合关系，细化预警预报格网至3 km×3 km，优化预警预报参数，建成了基于矢量地理地图数据、实时气象预报数据和GIS平台的地质灾害风险预警预报系统。

3. 地质环境图系编制。为2014年续作项目，归口管理单位为四川省国土资源厅。2015年，启动实施了崩塌滑坡泥石流易发分区图、地下水环境图、矿山地质环境保护与治理区划图等3张图的编制工作，全面完成地质环境条件、地质灾害、地下水、矿山地质环境和地质遗迹等5方面的集成研究和图件编制工作。

三、地质调查信息化建设

1. 四川省地质环境管理信息建设。继续开展四川省地质环境管理信息系统建设工作，主要包括系统整体性优化、易用性优化，MAS系统、办公系统、一张图系统、应急值班系统、安全防护系统升级等，同时实现了与国家级节点数据互联互通及省内推广应用工作。全年完成35个县（市）地质灾害详查数据库录入及21个市（州）地质灾害隐患点动态管理工作，其中新增点入库1320处，隐患消除点出库2706处；4月依据地质环境管理数据库，整理筛选37 238处省级地质灾害专职监测隐患点信息，并经四川省国土资源厅门户网站和《四川日报》公示。

2. 地质灾害专业监测预警平台。为芦山地震灾后恢复重建项目。综合地质环境条件、降雨（含实时监测雨量、预报雨量）、地震、人类活动等因素，构造了一体化的地质灾害专业监测数据展示平台，完成了地质灾害野外应急数据采集、无线数据采集、群防群测数据采集、地质环境管理等4个移动应用终端开发。

3. 地质灾害气象风险预警预报。5月1日至10月15日，四川环境监测总站累计制作预警预报产品168期，联合四川气象台发布3级以上预警预报信息142次，发布风险预警短信136.8万条。全年实现成功避险51起，避免了3524人的因灾伤亡，避免直接经济损失达29 827万元。

四、其他

1. 地质灾害详细调查四川实施细则编制。2015年，在国土资源部出台的《崩塌滑坡泥石流灾害调查规范（1∶50 000）》（DZ/T 0261—2014）的基础上，四川环境监测总站结合全省地质灾害防治工作实际，细化了调查分区（新增概查区），补充了避险搬迁安置调查、典型小流域调查、重点场镇调查以及治理工程复查复核等4部分内容。该实施细则已发布实施。

2. 地质灾害综合防治体系建设。四川环境监测总站完成了四川省地质灾害综合防治体系2015年度实施方案编制。2015年度，四川重点部署地质灾害避险搬迁25 948户、工程治理项目69处，排危除险447处。

3. 地质灾害应急调查与抢险。参与峨眉山九里镇王山－抓口寺滑坡、金川县曾达沟泥石流、万源市城南大岩窝－红卫桥地质灾害等24处突发重大地质灾害应急抢险调查工作，指导基层政府开展抢险救灾和灾后重建工作。

4. 地质灾害宣传培训。四川环境监测总站组织省内高校、科研院所、气象部门、专业地勘单位的50余名地质灾害防治及气象方面的专家组成省级专家宣讲团，分成5个宣讲组深入省级相关部门及基层一线，针对防灾责任人、安全管理员、监测员及施工人员、村社干部、受威胁群众等全面开展地质灾害防治知识集中宣传培训。全省累计举办地质灾害防治知识培训讲座4863场次，各类参训人员达43万人。

5. 无人飞行器航测。开展峨眉山九里镇王山－抓口寺滑坡、青川青竹江流域地质灾害等3次应急测绘保障任务，航摄面积321 km^2，完成正射影像图220 km^2。

（刘梦君）

贵州省地质环境监测院工作

贵州省地质环境监测院

概　况

贵州省地质环境监测院是贵州省国土资源厅和贵州省地质矿产勘查开发局共管的公益性正县级事业单位。主要职责是为全省地质环境保护、地质灾害应急处置提供技术支撑和决策服务。内设办公室、财务资产科、地质环境监测科、地质环境与地质遗迹调查科、研究室、地质灾害综合防治科、地质灾害应急处置科、地质灾害预警预报科、地质灾害技术指导科9个科室，下辖10个地质环境监测分院。贵州环境监测院现有事业编制职工共117人，拥有本科以上学历的91人，其中硕士20人、博士1人。技术职称结构为正高职称10人、副高职称23人、中级职称44人、助理及以下职称35人。

贵州环境监测院现有办公场所面积为2692.40m^2。2015年，固定资产总额为716.62万元，主要有计算机、GPS定位仪、监测仪器、办公家具和20辆工作用车。装备数量及性能基本满足正常工作和野外作业的需要。

地质调查进展与成果

一、水文地质环境地质灾害地质调查

1. 西南地区岩溶地下水污染调查评价（贵州省）。该项目是水文环境所实施的计划项目中西部地区地下水污染调查评价的工作项目之一。2015年具体开展贵州省乌江中上游岩溶地下水污染调查评价工作，项目经费为80万元。2015年3月野外验收评为优秀，12月提交成果报告送审稿。

2. 贵州省地热资源现状调查评价与区划。该项目是水文环境所实施的计划项目全国地热资源调查评价的工作项目之一，工作起止年限：2013～2014年，项目总费用150万元。2015年6月26日，于北京地科院通过项目成果验收，成果质量良好。

3. 贵州六盘水水城－钟山区煤炭矿区矿山地质环境调查。该项目是由环境监测院组织实施属于的计划项目大型矿产资源基地地质环境调查与影响评价的工作项目之一。2014年4月，经环境监测院以公开招标的方式确定贵州环境监测院为项目承担单位，工作项目起止年限：2014～2015年。2015年年度工作经费160万元。2015年已完成野外地质调查、采样工作、室内综合研究、成果报告编制工作。

4. 黔中地区岩溶塌陷调查。该项目是由岩溶地质所组织实施的计划项目重点地区岩溶塌陷调查的工作项目之一，2014年5月中标承担，项目总预算400万元，工作起止时间2014～2015年。2014年全面完成野外调查工作，2015年10月野外验收评为良好。

二、地质环境监测及地质灾害应急处置

1. 地下水动态监测。2015年继续在贵阳、遵义、安顺、六盘水、凯里5个主要城市开展城市223个监测点的地下水动态监测工作，完成水位监测5723次、流量监测1253点（次），采集送检地下水样299组，监测控制面积合计2066.18 km^2。利用黔中地区岩溶塌陷调查（安顺、补郎幅）项目和国土资源厅重大科研项目岩溶盆地地下水资源监测与管理研究，分别在安顺、玉屏建设自动化监测点8个。

2. 地质灾害气象预报预警。2015年度，预报预警工作运行期共183个工作日。其中，发布三级以上气象预报预警信息129天，占工作日的70.5%。根据地质灾害气象风险预警预报等级，分别采用网站、短信、传真以及电视、广播播放等方式发布预警预报信息。

3. 地质灾害应急调查。2015年共派出255人（次）、85起（处）灾点的地质灾害应急调查，提交调查报告（意见）。主要有①纳雍县乐治镇高枧村大涵洞组“4.30”公路边坡垮塌事件；②云岩区头桥海马冲宏福景云小区“5.20”滑坡地质灾害；③贵阳市观山湖区甲秀北路公路边坡滑塌；④纳雍县鬃岭镇左家营箐脚组“6.06”崩塌地质灾害等。

三、地质科学研究

1. 贵州岩溶地下水资源可持续利用调查评估（子课题四）。岩溶盆地地下水资源监测与管理。属省国土资源厅计划开展的重点科研项目，实施时间2014～2016年，科研经费100万元。2015年10月提交年度报告1份。

2. 贵州省地质环境图系编制项目。根据国土资源部办公厅印发《全国地质环境图系编制工作方案》的通知和黔国土资地环函〔2014〕38号要求，贵州环境监测院承担了《贵州省崩塌滑坡泥石流分布图》《贵州省崩塌滑坡泥石流易发程度分区图》《贵州省地下水环境图》《贵州省地质环境分区图》《贵州省地质遗迹资源分布图》《贵州省矿山地质环境保护与治理与区划图》和《贵州省矿山地质环境问题图》7幅图件的编制工作，工作时间为2013～2015年，工作经费为165万元，已于12月进行项目成果省内评审。

3. 贵州省1∶5万黄平幅水文地质编图。根据《省国土资源厅关于下达贵州省1∶5万水文地质编图项目计划的通知》（黔国土资发〔2015〕6号），该项目为贵州省国土资源勘测规划研究院组织实施的贵州省1∶5万水文地质编图的工作项目之一，项目起止时间：2015年，工作经费50万元。成果图件、图幅说明及数据库已于2015年5月通过评审。

四、其他

作为全省地质环境保护、地质灾害应急处置提供技术支撑和决策服务单位，2015年受贵州省国土资源厅委托，编制了《贵州省矿山地质环境恢复治理工程实施方案（2015年度）》《贵州省地质灾害防治“十三五”规划》《贵州省地质灾害三年综合治理行动计划》《贵州省地质灾害2015年度实施方案》和《重点地区重大地质灾害勘查2015年度实施方案》等地质灾害防治工作部署方案。参加贵州省地质灾害大排查大演练的培训资料编制和工作检查。参与了在贵阳市开阳县开展的省级地质灾害应急抢险演练等多项工作。

（曾　群）

西藏自治区地质环境监测总站工作

西藏自治区地质环境监测总站

概　况

西藏自治区地质环境监测总站隶属西藏自治区国土资源厅，是自治区财政全额拨款的正县级公益性事业单位，亦是自治区国土资源厅地质环境业务技术支撑单位。主要职责是承担全区地质灾害应急调查；参与全区地质灾害防治规划与地质灾害防治预案的制定，负责重大地质灾害的监测预警预报工作、全区地质遗迹的调查评价工作、全区矿山地质环境保护工作、全区地下水动态监测工作，为全区地质环境保护、地质灾害应急处置提供技术支撑和决策服务。

总站设站长1人、副站长1人，下设总工办、地质环境调查评价中心、地质灾害调查评价中心和行政办公室（含财务）4个科室。编制19人，2015年在编职工15人，其中专业技术人员12人，高级职称7人。

2015年，层层落实安全生产责任制，未发生安全责任事故。

地质调查进展与成果

一、水文地质环境地质灾害地质调查

（一）西藏主要城镇（八宿、朗县、波密、加查、贡嘎）水文地质调查评价。

累计完成水文地质调查及遥感解译面积均为1820 km^2、水文地质钻探1350 m/20孔、工程地质钻探800 m/40孔，采集各类水土样240件。查明了调查区水工环地质条件、地下水赋存分布状况与开发利用条件和主要环境地质问题，为主要城镇和重点地区规划建设提供了科学依据。通过探采结合井的施工，能解决上述5县主要城镇重点缺水区5000余人、8000余头牲畜饮水问题。

（二）西藏地方病严重区地下水调查与供水安全示范。

自2010年以来，系统开展了谢通门县、桑日县、林周县、墨竹工卡县、八宿县、工布江达县、洛隆县、芒康县、嘉黎县9个县地方病严重区地下水调查与供水安全示范工作，调查涉及213个行政村66 439人，其中患病人数9741人，平均患病率20.15%。在地方病区共实施供水安全示范井57口，日出水量19 577.59 m^3，可解决14 475人的安全饮水问题。基本查明了调查区地方病人数，地方病分布地域，病区与非病区地形地貌特征、地层岩性特征、供水水质特征以及土壤与植被条件，提出了进一步减少地方病发病率的合理化建议和措施。项目的实施深得民心，对维护藏区社会稳定意义十分重大，并具有较好的社会效益。项目成果报告已于2015年12月16日在北京通过了环境监测院组织的专家评审。

（三）南羌塘盆地重点区水文地质环境地质调查。

南羌塘盆地重点区水文地质环境地质调查。完成了改则幅、物玛幅1∶25万水文地质环境地质调查，调查及遥感解译面积30 800 km^2、水文地质钻探18孔共1606.58 m、工程地质钻探10孔共406.47 m，采取水样201件、土样150件。基本查明了调查区地形地貌特征、地层岩性、地下水类型及富水性、水化学特征和主要环境地质等问题。找到了具有一定供水意义的泉水，流量达730 L/s，泉水水质清亮，pH值7.73，总硬度499.13 mg/L，总矿化度738.86 mg/L，水化学类型为$SO_4 \cdot HCO_3 - Mg \cdot Ca$型，水中锶含量0.703 mg/L，达到国家《饮用天然矿泉水》标准（GB8537—1995）的界限指标。可解决当地人畜饮用及牧场灌溉问题。项目成果已于2015年9月6日在拉萨通过了环境监测院组织的专家评审。

二、地质环境监测与预警

（一）地下水环境监测。

2015年度，地下水环境监测工作仍只在拉萨、日喀则两市进行，监测控制面积380 km^2。共有地下水监测点34个，其中国家级监测点10个、地方级监测点24个。按监测内容分，水位监测点34个、水质监测点31个、水温监测点15个。年内共取水样62件，获得各类监测数据3941个。提交了《西藏自治区地质环境监测成果报告（2015年度）》、报表及数据库。

（二）地质灾害监测。

1. 樟木口岸和林芝冰川泥石流监测。2015年6月19～21日总站技术人员赶赴日喀则协助聂拉木县国土资源局将地调局捐赠的裂缝监测无线报警仪、滑坡预警伸缩仪、微型裂缝报警器简易监测设施在樟木

口岸边防一连、边检站等受地质灾害威胁严重的地段进行现场安装，同时在边防一连、边检站、留守指挥部附近针对性地选出了12裂缝进行不定期的人工监测。截至2015年12月23日，樟木口岸现有各类地质灾害监测点25个，其中自动监测点有14个，包括斜坡地表裂缝位移监测6组、雨量监测点4个、气温监测点4个；人工监测点有11个，其中深部位移监测点3个、简易裂缝监测点8个。全年共获取监测数据10 131组，发送16条预警短信。

2. 林芝地区冰川泥石流灾害监测。在林芝地区波密、米林、察隅、工布江达和巴宜区5个县（区）选择易发生冰川泥石流的16条沟布设15个雨量/气温监测站、6个泥位监测站、1个冰舌和积雪厚度视频监测站、5个泥石流次声告警监测站、8个泥位视频图像监测站、1个冰湖水位监测站，共有各类监测点51个。截至2015年12月23日，共获取各类监测数据272 042组，发送65条预警短信。

3. 昌都地质灾害监测站建设。2015年9月30日，总站技术人员会同昌都市相关部门对北京天拓斯特科技有限公司承建的昌都县地质灾害监测站建设工程进行了项目竣工验收，对3处一体化雨量/气温自动监测站、9处简易雨量监测站、5处泥石流次声自动监测站和3处泥石流无线广播预警站、12处斜坡地表位移裂缝位移自动监测站的安装和昌都县地质灾害监测预警系统运行等情况进行检查。承建单位已按照招标文件和合同要求完成了昌都县地质灾害监测站建设工程软硬件设备基础土建、安装、调试及培训等工作，地质灾害监测预警系统已开通运行。

（三）地质灾害气象风险预警。

工作时间为5月1日~9月30日，历时153天。制作地质灾害气象风险预警产品287件，发布三级黄色预警275次、二级橙色预警12次，未出现一级红色预警，发送传真125份、短信391条。成功预报突发性地质灾害6起（同天发生最多24起）。“4.25”地震后加强了对受地震影响严重的聂拉木县、定日县、定结县、吉隆县的关注，适时发布地震灾区地质灾害气象风险预警信息。

三、其他

（一）地质灾害巡查。

完成了地质灾害巡检路线3条，巡查各类灾害点132处（其中治理工程11处）。通过排查、检查、核查，对发现的重大隐患点提出了防灾避让或治理方案，消除了灾害隐患。9月14~17日，配合国土资源厅赴林芝市、山南地区开展了汛中地质灾害巡查及矿山和水电工地地质灾害防治检查工作。

（二）地质灾害应急调查。

“4.25”尼泊尔地震发生后，派出专业技术人员135人天、车辆3台次、行程12 600余千米，参与震后地质灾害应急调查及灾后临时安置选址工作。2015年6月16~22日，配合厅及相关部门对樟木口岸地质灾害进行了实地调查，对震前安装的自动监测设备进行了检查，协助聂拉木县国土资源局安装了简易监测设施，提出了监测预警、应急能力建设、勘查治理等建议，并提交了《关于樟木口岸边防一连、边检站、守桥中队等地段地质灾害灾情的报告》。根据西藏自治区人民政府办公厅秘书四处《关于赴那曲地区安多县就多玛乡驻地整体搬迁进行实地调研的紧急通知》要求，与地质环境处会同那曲地区国土资源局、安多县人民政府及国土资源局，于2015年8月1~3日，就多玛乡整体搬迁进行了实地调研，提交了《关于赴那曲地区安多县就多玛乡驻地整体搬迁的调研报告》。根据国土资源厅和总站紧急安排，2015年12月10~13日，派出2名专家与区防办、区水利厅防汛机动抢险队有关专家组成工作组赶赴昌都市左贡县就碧土乡碧土村龙日自然村滑坡及堰塞湖险情进行了实地调查，提出了监测预警、应急处置和搬迁避让等措施，并提交了《左贡县碧土乡碧土村龙日自然村山体滑坡灾害应急调查报告》。

（于乐琪）

陕西省地质环境监测总站工作

陕西省地质环境监测总站

概　况

陕西省地质环境监测总站隶属于陕西省地质调查院，是省财政全额拨款的正处级公益性事业单位，亦是陕西省国土资源厅地质环境业务技术支撑单位。主要职责是地下水动态监测；地质灾害监测勘查设计监理；水文地质工程地质环境地质勘查；地质遗迹保护。总站设站长1人、副站长2人、总工程师1人。

下设总工办、综合办公室、计划财务科、地质灾害防治室、地质环境监测室、综合研究室、地质环境信息中心。单位编制60人，2015年在职职工47人，其中管理人员6人、技术人员32人（其中正高级工程师3人、高级工程师9人、工程师10人、助理工程师10人）、工人9人。

总站完成的《矿产资源高强度开采区地质灾害与防治技术》荣获2015年陕西省科学技术奖一等奖。范立民同志获得第十四次李四光地质科学奖（李四光野外地质工作者奖）。层层落实安全生产责任制，年内未发生安全责任事故。

地质调查进展与成果

一、水文地质环境地质灾害地质调查

1. 韩城市、彬县地质灾害详细调查。为省地质灾害防治专项资金项目，项目起止年限为2015年1～12月，总经费为164.3万元。编制工作设计于5月通过评审。与当地国土资源等相关部门成立协调领导小组和联合调查组，8月完成了野外调查和野外验收；11月25日通过陕西地调院组织的成果评审，获优良等级。

2. 关中城市群城市地质环境监测网建设。为西安地调中心实施并承担的关中盆地重点地区1∶5万水文地质工程地质调查专项，项目起止年限为2014～2015年，总经费300万元，其中2015年经费200万元。2015年，完成了胜天水库旧址以北的金水沟工程地质调查环境地质调查，紫光村以北的二级、一级黄土台塬工程地质水文地质调查，富力坊村以北二级、一级黄土台塬工程水文地质工程地质调查。完成水文地质钻探900 m，分别位于岐山县周公庙和合阳县岱堡村。

二、地质环境监测

（一）地下水动态监测。

指导全省8市环境监测站246个地下水动态监测点（国家级点47个、省级及地区级地下水动态监测点199个）的年度监测任务。完成西安地区103个地下水监测点的监测工作，其中4个国家级点，月监测6次；53个省级点，月监测3次；46个市级点，月监测1次。完成38个统测点统测的年度监测任务、数据汇总整理和季报、年报编写工作。编写完成《2015年度陕西省地下水动态监测报告》及2015年度陕西省和西安市年度（季度）地下水水情通报。

（二）地质灾害监测。

完成西安地面沉降分层标监测64点次、地裂缝对点监测142点次、地裂缝短水准剖面监测273点次，仪器站监测全年连续不间断。短水准剖面、对点、分层标监测每季度末监测1次，每年4次，年底汇总整理资料并编写报告。

三、地质科学研究

1. 陕西省地质灾害气象预报预警。利用研发的预报系统对全省地质灾害进行精细化分等级预报。2015年汛期省级预报共制作发布了5期地质灾害气象预警产品，发送地质灾害预警等各类短信息6178条。

2. 陕西省地下水动态研究。是陕西省财政公益性基金项目，由陕西地调院实施。项目起止年限是2013～2015年，总经费1000万元，其中2015年度240万元。已完成了咸阳、渭南、宝鸡、商洛、汉中、安康、榆林、延安等8个市，西安、铜川正在进行之中。已完成调查面积1695 km^2，填写调查表约1300张，采取地下水样1130套、地表水样130套、有机样130套。完成了《陕西省地下水位年鉴（1986～2000年）》《陕西省地下水位年鉴（2001～2013年）》和《陕西省地下水质年鉴》的编录、校核工作，年鉴共收纳近30年地下水位数据50万余条，并以市为单位编写动态总结及图件，目前已进入出版阶段。全省共布置地下水位监测点435个（含统测和群观）。完成了陕西省主要开采区地下水易污性评价课题，陕西省地下水环境评价已确定外协单位。

3. 编制完成了陕西省典型矿山地质环境治理恢复技术方法研究立项论证报告，于2015年5月通过陕西地调院的评审，并同意立项。

4. 陕西省地质环境图系编制。为陕西省地质灾害防治专项资金项目，陕西省国土资源厅委托，陕西地调院下达，项目起止年限为2014～2018年，总经费420万元，其中2015年度223.16万元。完成了《陕西省地质环境图系编制实施方案》中灾害类、矿山类4幅图件初稿的编制工作。

四、地质调查信息化建设与社会化服务

建立了陕西省地质环境信息网（地环专网），用于地质环境数据的整合、传输；建立了陕西省地质灾害数据报送网（数据报送网），用于地质灾害数据的报送；建立了陕西省地质环境数据中心，包括数据云盘、数据中心服务、数据库管理系统、数据交换系统、数据采集系统等；建立了陕西省地质环境信息平台，研发了移动端地质灾害防治系统APP（防治APP）；建立了陕西省地质灾害防治信息网，用于发布全省地质灾害防治信息。

五、其他

（一）地质灾害应急调查。

1. 汛期地质灾害防治。2015年4月为省国土资源厅起草的《陕西省2015年地质灾害防治方案》由陕西省人民政府批准发布实施。汛期全天候24小时值班，汛期共接报地质灾害灾情33起，共拨打电话4093次，接发传真655次。

完成西安市蓝田县九间房镇铜鹅沟水石流灾害应急调查、小寨镇南沟村坡面泥流灾害应急调查、长安区王曲街道办崩塌灾害应急调查、山阳县“8.12”大型山体滑坡灾害应急调查。

2. 地质灾害应急演练。2015年，在西安市高陵县泾渭街道办梁村崩塌组织开展了3次野外应急调查演练。参加省国土资源厅组织的卫星远程视频会商、演练、调试20次，其中省国土资源厅组织的冬春季节冰雪冻融地质灾害研判会视频会商1次、省厅应急治理项目视频会商巡查2次、省国土资源厅地质环境处组织演练11次、配合省厅指挥中心调试设备6次。

（二）为政府依法行政提供技术支撑。

1. 按照省厅要求，完成了《陕西省“十三五”地质灾害防治规划》和《陕西省地质环境监测规划》初稿的编制工作。

2. 编制并向有关部门提交了《2015年陕西省地质灾害趋势预测报告》《2015年陕西省地质灾害趋势预测》《2015年汛期地质灾害趋势研判报告》和《2016年陕西省地质灾害趋势研判报告》等。

3. 起草了《陕西省地质灾害隐患点认定与核销暂行办法》与《陕西省工程建设引发地质灾害防治管理办法》。完成了《地裂缝地质灾害监测规范（征求意见稿）》《突发地质灾害点应急预案编制要求（初稿）》和《陕西省地质灾害应急调查指南（初稿）》并通过国土资源厅审查。《地裂缝地质灾害监测规范》完成征求意见稿，并通过中国地质学会组织的咨询论证。

4. 2015年受委托进行20个高标准“十有县”的检查验收，同时对上年度达标的11个高标准“十有县”申报材料进行复验。编制上报了《陕西省高标准“十有县”奖金分配办法》。

（陈建平）

甘肃省地质环境监测院工作

甘肃省地质环境监测院

概　况

甘肃省地质环境监测院（甘肃省地质环境研究所）隶属于甘肃省地质矿产勘查开发局管理的正县级事业单位。2010年4月加挂甘肃省地质灾害应急中心牌子（为甘肃省国土资源厅事业单位）。主要从事地下水动态监测，地质灾害防治工程勘查、设计、监理及地质灾害危险性评估，地质灾害气象预警预报，地下水资源评价，水文地质工程地质勘查，工程咨询等工作。院现有职工311人，其中在职职工186人、退休职工125人；技术人员133人，其中正高级职称8人、副高级职称39人、中级职称32人、初级职称54人，水工环地质专业技术人员116人，按学历分：博士1人、硕士23人、本科89人、其他73人，甘肃省领军人才2人，国土资源部科技杰出青年1人。内设生产科研部门8个、应急调查队1个、管理科室6个、后勤物业服务中心和汽车运输保障部门各1个。2015年严格落实安全生产责任制，安全生产实现“四个为零”的目标。

2015年10月27日，甘肃省科学技术厅批准了该院申请的甘肃省地下水工程及地热资源重点实验室培育基础项目。2015年12月，应急中心荣获国土资源部授予的“全国国土资源管理系统先进集体”称号。

地质调查进展与成果

一、水文地质环境地质灾害地质调查

1. 鄂尔多斯盆地陇东严重缺水地区水文地质调查。该项目是地调局下达的集中连片特殊困难区水文地质调查与供水安全示范项目子项目。目标是围绕鄂尔多斯盆地陇东严重缺水问题，选择重点地区开展1:5万水文地质调查，查明水文地质条件和地下水资源状况，深化区域水文地质规律的认识，提出陇东盆地地下水开发利用方案和保护措施，为解决缺水问题提供水文地质依据。野外工作已通过验收，质量较好。

2. 敦煌盆地重点地区1:5万水文地质调查。属地调局部署项目。2015年选择敦煌幅（K46E024019）开展水文地质调查，编制标准图幅1:5万水文地质图及说明书。2015年7月8日，院通过公开招标被确定为项目承担单位。全面收集了工作区社会经济、气象水文、区域地质、水文地质、遥感地质与地球物理勘探、地下水环境问题、地下水开发利用、地下水动态等资料。基本查明了区内包气带结构、地下水系统边

界、地下水补径排条件、地下水动态特征、开发利用及地下水环境问题。进一步查明了含水层空间结构、富水性及水文地质参数。2016年续作。

3. 甘肃省地下水动态监测（张掖、酒泉、疏勒河）。该项目是甘肃省国土资源厅2014年12月下达的省矿补费项目，项目工作周期为2015年1～12月。本项目目的是针对张掖、酒泉及疏勒河3个地下水动态监测区存在的突出问题，以保障监测网络的正常运行，修复酒泉地区监测站点，填补监测空白区，增加监测目标含水层，保证监测资料的连续性。酒泉及张掖监测区孔口保护装置修建，为后期自动化监测仪器的安装，创造了条件。2015年度完成监测井清洗13个、坐标测量及地面标高修正80个，安装地下水监测井保护装置20个，采取地下水水质样品35组，圆满地完成了设计的各项工作任务。

4. 兰州市城市供水水资源远景调查评价。项目目的是查明各水源地存在的问题，根据各县区城市社会经济发展规划，对兰州市及各县区水资源进行中期2020年和远期2030年远景评价，为城市建设供水水源地建设、保护提供决策依据。已完成永登县、榆中县、皋兰县、红古区、西固区、城关区、七里河区和安宁区的水源地水文地质调查的所有野外工作。

5. 环县严重缺水区地下水开发利用研究。是甘肃地勘局下达的2015年度第一批水工环地质勘查项目。通过初步查明环县地下水类型、分布规律、埋藏条件、赋存特征、开采利用现状及严重缺水区水资源短缺的现状，初步评价县域内地下水资源量，提出开发利用方案，解决或缓解环县严重缺水区人畜用水困难问题。2015年项目承担单位根据项目总体设计，已完成或超额完成各项设计工作任务。

6. 甘南藏族自治州地方病环境水文地质调查。是甘肃地勘局下达的2015年度第一批水工环地质勘查项目。通过开展甘南藏族自治州地方病的严重区1∶50万区域环境水文地质调查，掌握区内地方病的患病种类及程度，研究地方病与当地环境水文地质的联系，提出相应的改水对策，为地方病防治提供科学依据。

二、其他

1. 地质灾害防治体系建设。年内继续完善全省地质灾害数据库，将已验收完成的2012年度、2013年度地质灾害详细调查成果入库。指导兰州市、陇南市地质灾害监测预警示范区建设，完成国土资源部部署的地质灾害防治信息化建设任务。

2. 地质灾害气象风险预警。2015年，发布地质灾害预警48次，其中橙色预警12次、黄色预警36次。截至9月，甘肃共成功避让了7起灾害，紧急转移人口2885人，避免伤亡2586人，避免经济损失1944.3万元。应急中心实行24小时双岗值班，并参加省厅夜间应急值班任务，保障省政府应急办和国土资源部应急办应急信息通畅，并随时保障与中心进行信息沟通。

3. 地质灾害应急调查、巡查、检查。2015年，应急中心共开展突发性地质灾害应急调查30次，派遣技术人员86人次、车辆40余车次；开展地质灾害排查1次，派遣技术人员20人次、车辆10余车次。提交应急调查报告30套，特别是永靖黑方台“4.29”滑坡、“5.1”滑坡应急工作，根据厅安排，第一时间赶赴现场，与临夏州国土资源局一起指导撤离群众避险，避免了14户居民人员伤亡，应急工作成效显著。

上半年先后派出专家6批次，开展了兰州市、兰州新区、陇南市、临夏州、庆阳市、甘南州等市州及永靖县、皋兰县等县的地质灾害防治知识、应急知识、信息化建设等方面的培训，培训人员2000余人，进一步起到了夯实群测群防工作基础。4月25日～27日与兰州大学共同承办了以“城市化与地质灾害防治”为主题的2015年地质灾害与防治战略学术论坛。

4. 科普宣传和培训。2015年度，结合“4.22”世界地球日、“5.12”全国防灾减灾日、“10.13”国际减灾日宣传日，通过发放宣传材料、与兰州大学等高校合作开展讲座等方式宣传地质灾害防治知识和地质灾害应急知识。

（魏　玮）

青海省地质环境监测总站工作

青海省地质环境监测总站

概　况

青海省地质环境监测总站始建于1986年，2003年7月省编委批准为省国土资源厅直属、社会公益性县级事业单位。主要承担全省地下水环境监测、地质灾害调查、矿山环境调查、地下水资源调查、地质遗迹调查、地质灾害预警预报及应急处置等工作。设办公室、地下水环境监测室、地质灾害监测室、综合研究室和地质环境调查院等5个科级部门。批准编制33人，现有在职职工28人，其中专业技术人员23人，高级职称9人（正高级职称1人）、中级职称5人，博士1人。

拥有国土资源部颁发的地质灾害危险性评估甲级资质，省国土资源厅颁发的地质灾害治理工程勘查乙级资质、地质灾害治理工程设计乙级资质、地质灾害治理工程监理乙级资质和省水利厅颁发的水资源评价乙级资质。

现有各类车辆5辆，各类装备、设备、仪器258台（套），其中地质环境装备13台、地质信息装备131台（套）、其他设备114台（套）。

地质调查进展及成果

2015年度承担了大通河流域地质灾害调查及成灾规律研究和大通河流域地质灾害调查工作。

一、大通河流域地质灾害调查及成灾规律研究

该项目为地调局下达，西安地调中心实施，青海环境监测总站承担，工作起止年限为2013～2015年。2014年底前已完成项目区（青海省门源县）的全部野外调查工作和室内资料整理及成果编制工作。2015年度进一步修改和完善了相关成果，12月通过了由地调局西北项目办组织的评审，成果评审等级为优秀。目前，成果报告及相关图件等资料正在归档中。

二、大通河流域地质灾害调查

该项目为地调局下达，西安地调中心实施，青海环境监测总站承担，工作起止年限为2013～2015年。2014年底前已完成项目区（青海省祁连县、西宁市及海东市）的全部野外调查工作和部分资料整理及成果编制工作。2015年全面进行了室内资料整理及报告编写工作，编制了《大通河流域祁连县地质灾害调查及成灾规律研究报告》及其附图附件、《青海省西宁市及海东市地质灾害综合研究报告》及其附图附件。12月通过了由地调局西北项目办组织的评审，成果评审等级为优秀。目前，相关成果资料的归档工作正在有条不紊地进行。

（张俊才）

宁夏回族自治区国土资源调查监测院工作

宁夏回族自治区国土资源调查监测院

概　况

宁夏回族自治区国土资源调查监测院是隶属于宁夏国土资源厅的基础性、公益性事业单位，加挂宁夏回族自治区地质灾害应急中心和宁夏回族自治区矿产资源储量评审中心牌子。全院编制210人，至2015年底，实有在职职工193人，其中专业技术人员170人（高级职称45人、中级职称69人、初级职称56人），研究生及以上学历24人。拥有国土资源部和宁夏国土资源厅颁发的固体矿产勘查、水工环地质调查、地质灾害危险性评估甲级等9个资质证书。主要承担水文地质环境地质调查评价与勘查、矿产地质调查及勘查、地球化学勘查、区域地质调查、岩矿测试鉴定、地下水及地质灾害监测评估等领域工作。质量体系运行有效。

单位设7个管理科室和11个业务科室，其中在石嘴山市和固原市设立了地质环境监测分站，固原环境监测分站加挂固原市地质灾害应急分中心牌子。配置有交通、通讯、GPS、GIS、测绘、矿产勘查、水文地质工程地质环境地质调查及办公和资料管理等方面的设备和软件。

2015年12月，该院被国土资源部和人力资源和社会保障部联合表彰为全国国土资源管理系统先进集体；连续4年保持自治区文明单位荣誉称号。1项成果获宁夏国土资源科技成果奖三等奖。

地质调查进展与成果

一、基础地质调查

1. 罗山地区多目标区域地球化学调查。为地调局土地质量地球化学调查评价专项，下达资金550万元。2015年5月，项目设计通过地调局组织的审查。10月，按设计完成1∶25万多目标区域地球化学土壤测量10 000 km^2，采集表层土壤样品10 200件，形成组合样2550件，采集深层土壤样品2552件，形成组合样638件，完成1∶5万土壤测量339.5 km^2，采集土壤样1378件、植物样240件、灌溉水样28件、设置尘降样10件。样品全部送检。

2. 宁夏中宁县富硒土地质量调查评价。属自治

区地勘基金项目。2013 年 6 月下达任务书，项目总预算为 450 万元。2015 年 6 月完成综合研究并提交最终成果报告和数据库。共完成地质调查 150 km^2，采集岩石样 28 件、土壤样 2470 件、植物样 646 件，肥料样 20 件、灌溉水样 20 件。已通过国土资源厅组织的审查验收。

3. 宁夏青铜峡市富硒土地质量地球化学调查评价。为自治区地勘基金项目。2015 年 10 月下达任务书，项目总预算为 877.6 万元，工作起止年限为 2015～2018 年。计划对青铜峡市 1907.57 km^2 土地进行富硒土地质量地球化学调查。至 2015 年年底已完成地质调查约 650 km^2，采集土壤样 3800 件、植物样 469 件、设置尘降样 23 件。植物样已全部送化验室分析测试。

二、水文地质环境地质灾害地质调查

1. 地下水动态监测。年内对银川市、石嘴山市、固原市和吴忠市 4 个监测站 322 个地下水监测点进行监测，其中国家级点 48 个、省级点 274 个，监测面积 3040 km^2。获取数据：水位、水温观测 1272 点次、水质取样及分析 76 个。建成银川站、吴忠站地下水动态监测数据库，编制完成 2014 年度地下水动态监测年报。开展了 25 个自动监测孔监测仪安全维护、数据下载工作。

2. 宁夏主要城市浅层地温能开发区 1∶5 万水文地质调查。为 2014 年 6 月地调局委托项目，项目总经费 150 万元。至 2015 年 9 月底，完成热响应试验数据处理及热响应试验报告，编制完成地级市适宜性分区图、换热功率分区图、热容量分区图等 27 张图件以及数据库建库工作。2015 年底，《宁夏主要城市浅层地温能开发区 1∶5 万水文地质调查评价报告》通过环境监测院的最终验收。

3. 宁夏 1∶5 万地质灾害详细调查接图与综合研究。2015 年 7 月，自治区国土资源厅下达任务书，项目总预算 140 万元，计划 2016 年 6 月完成。2015 年，收集了全区 22 个县（区、市）1∶5 万地质灾害详细调查项目资料，并在此基础上进行了系统分析、整理；完成银川平原地质灾害详细调查遗留区 1∶5 万遥感解译、1∶5 万地质灾害调查 2595.45 km^2，共调查地质环境点 214 个，核查黄河河岸崩塌点 2 处，拍摄照片 435 张；开展了 4 处典型地质灾害形成机理研究的补充勘查、采样及岩土测试工作；完成工程地质钻探（探井）414 m，探井取样 194 组、钻探取样 262 组、泥石流取样 3 组，分别开展了滑坡岩土样品密度、含水率、干密度、比重等 14 项试验。目前正进行野外资料整理、汇总，勘查报告编写及全区系列图件的接图等。

4. 宁夏煤炭资源开采区地表变形监测。为自治区地勘基金项目，项目总预算 892 万元，工作周期 2013 年 3 月至 2015 年 6 月。在 2014 年完成宁夏贺兰山煤田、宁东煤田煤炭资源开采区地表变形监测调查区雷达遥感调查、高精度航空遥感解译、野外实地调查工作基础上，2015 年主要进行自动监测设备的安装与调试，其中包括人工监测点的土建工作。2 月起开始对宁东地区各大矿区的地表变形开始动态监测。截至 2015 年底，共计进行设备巡察 12 次，监测系统报警应急处置 10 次，监测系统经过不断进行调试和优化，监测设备运行良好。编制的监测成果于 12 月被评为优秀级。

5. 银川市浅层地温能监测网建设。为 2013 年 6 月下达的自治区地勘基金项目，项目总预算资金 400 万元。2015 年内每两个月对 2014 年安装的贺兰山山前贺兰神酒庄内地下水水源热泵、北京东路德隆楼餐饮部内地埋管地源热泵监测数据（包括水温、水流量及用电量数据）下载 1 次，并对下载的 150 万条数据进行了分析、研究。7 月进行了监测设备维护和监测数据校正。通过远程传输与数据接收设备对各监测点监测情况进行监控，及时了解设备运转情况。

2015 年 3 月开始第 3 处监测站点（宁夏广播电视发射中心院内）施工，完成钻探 200 m、热物性土样采集 34 件、热响应试验 2 组。随后进行地埋管地源热泵机组监测设备安装、调试。该项目最终成果报告已通过国土资源厅评审。

三、地质科学研究

1. 汛期地质灾害气象预警预报。为自治区地质灾害防治专项资金项目。2015 年，联合自治区气象局制订年度地质灾害气象预（警）报工作方案。按照预（警）报工作机制和工作流程，共发布地质灾害气象风险预警 12 次，预警等级均为 3 级（黄色预警）。

2. 宁夏地质环境图系编制。2015 年 7 月环境监测院下达任务书，自治区财政补贴资金 200 万元。共完成地质、气象、水文、环境等相关部门的资料搜集工作，并对所收集的资料进行系统分析、整理和集成。对资料不全或者地质环境条件变化较大的区域进行了地质环境调查工作。在固原市、吴忠市和中卫市等地区采取地下水样 76 组，核查地质灾害点 34 处，补充地质灾害调查 2513.15 km^2。至 2015 年底，编制的各类图件和说明书已通过国土资源厅评审。

四、地质调查信息化建设与服务

宁夏地质灾害调查数据库集成更新。2014 年 6

月环境监测院委托项目。通过收集宁夏地质灾害调查与研究成果，汇总集成全区14个区（县）1:5万地质灾害调查成果，更新全区地质灾害调查数据库，实现与全国地质灾害调查数据库的对接和更新，提交合同要求的全部数据，编写的《宁夏地质灾害调查数据库建设报告》通过环境监测院组织的专家验收。

五、其他

汛期地质灾害应急调查。受自治区国土资源厅委派，完成了宁夏地质灾害应急卫星指挥及会商系统建设，编制完成《宁夏回族自治区地质灾害应急预案》和《2015年地质灾害防治方案》，配合自治区国土资源厅对贺兰山东麓沿线、泾源县、彭阳县、隆德县等重点地质灾害点进行巡查1次、汛期应急调查2次。

2014年10月，单位办公场地整体搬迁。2015年实施国土资源同城备份机房、UPS和空调整体迁移至新址。

（张玲燕）

新疆维吾尔自治区地质环境监测院工作

新疆维吾尔自治区地质环境监测院

概　况

新疆维吾尔自治区地质环境监测院（新疆维吾尔自治区地质灾害应急中心）为全额预算管理事业单位，主要职责是承担全区地质环境监测、地质灾害预警预报、地质灾害防治及相关调查评价与研究，为全区重大地质灾害应急处置工作提供技术支持。编制59人（领导职数5人），内设12个科室，其中业务科室9个（含2个直属分站）、管理科室3个；实有在编职工38人，其中专业技术人员30人（正高级工程师1人、高级工程师19人，工程师8人、助理工程师2人）。因工作需要外聘人员47人，主要为聘用的应届本科、硕士毕业生和监理人员。质量体系运行有效。为自治区文明单位。

截至2015年，资产总计5266.59万元，其中流动资产2966万元，占总资产的56%；固定资产2301.07万元（其中计算机设备819.28万元，办公设备、家具及电器117.27万元，车辆6辆388.32万元，专用设备976.20万元），占总资产的44%。

地质调查进展与成果

一、地质环境监测

（一）地下水常规监测。

2015年，新疆共有397个监测点，其中长期监测点343个（自动监测点181个、人工监测点162个）、统测点54个。监测控制面积92 913 km²。全年共取得各类监测数据48 341个，其中水位48 123个、水质182组、水量36个。昌吉均衡试验场共完成气象监测17 478次、地温监测792次、潜水蒸发17 885次、入渗监测17 885次、大型水面蒸发监测214次、负压计监测792次。

2015年提交的成果约10份，主要包括季报、年报、水情通报、水资源公报（水位水质部分）、哈密地区地下水监测网建设及塔城地区白杨河流域地下水监测网运行维护年度设计及年度报告、加强一号冰川水质监测工作方案等。

（二）国家地下水监测工程。

完成2015年度工作方案编制。完成新建监测点踏勘138个和119眼现状监测井的调查。

（三）地质灾害监测。

完成新源县、巩留县两个地质灾害监测预警示范站监测设备的维护及地质灾害动态监测工作，编制总结报告。2015年两个示范站共采集各类监测数据6067个。

二、地质灾害气象预警预报

2015年3月31日~9月30日汛期，坚持24小时值班。共发布汛期地质灾害气象预报预警信息184期，其中黄色预警28期、地质灾害灾情险情报告13期。

三、新疆矿产资源集中开采区矿山地质环境调查

工作周期2013~2015年。完成遥感解译4800 km²，各类解译点1200点、矿山217座；调查矿山4134座，其中实地调查217座、核查217座；调查矿山地质灾害108处；完成1:5万区域矿山地质环境调查1180 km²和1:1万区域矿山地质环境调查160 km²。

四、新疆地质环境图系编制（2014~2015年）

2015年，完成了《新疆地质环境分区图》《新疆崩塌滑坡泥石流分布图》《新疆崩塌滑坡泥石流易发程度分区图》《新疆地下水资源图》《新疆地下水环境图》《新疆矿山地质环境问题图》和《新疆矿山地质环境保护与治理区划图》编制及说明书的编写，通过了自治区国土资源厅的评审，为优秀。目前根据规范的修订来进行成果的修编并准备上报环境监测院终审。预计2016年底提交成果报告。

五、其他

2015年4月9日，会同新疆国土厅地环处、自治区气象局、武警黄金第八支队等部门联合组成3个工作组共计16人，历经19天，行程11 400 km，巡查检查了9个地（州）及其所属的14个县（市），听取防灾工作情况汇报21次，查阅防灾工作档案资料168盒，并实地核查了地质灾害隐患点、地质环境治理项目共30处，及时反馈检查意见并形成通报21份。编制并上报了《2015年汛期巡查检查工作总结》。

对公格尔九别峰沙川滑移进行应急调查，协助新疆阿克陶县编制了《公格尔九别峰沙川滑移应急预案》，指导县局进行了监测及防灾排查工作。同时严密监控灾情发展，对可能发生的次生灾害编制了应急中心应对预案。

1月16日，开展了一次地质灾害应急平台系统野外应急调查演练。5月11日，进行了一次地质灾害应急桌面推演，演练发生地质灾害后应急分队调查处置的全过程。“4. 22”世界地球日举行了2场宣传活动；开展了5月22日全国第七个“防灾减灾日”宣传周和10月13日第27个国际减灾日活动，参加了“5. 12”防灾减灾宣传活动，提供了2000册维汉双语防灾手册，布置展板4块，发放宣传资料300多份；悬挂了2条横幅，设置宣传台，布置展板4块，向市民讲解防灾减灾知识，发放宣传资料500多份。

（吕　东）

中央管理地质勘查单位工作

中国人民武装警察部队黄金部队工作

中国人民武装警察部队黄金指挥部

概　况

中国人民武装警察部队黄金部队（以下简称“黄金部队”）在武警总部和国土资源部领导下，深入贯彻落实科学发展观和国发〔2011〕43号文件精神，按照以区域地质矿产调查为主要任务、多金属勘查为重要任务、地质灾害应急救援为辅助任务、维稳处突为预备任务的战略部署，着眼定位国家地质野战军的目标，科学谋划，精心组织，圆满完成年度任务。

2015年，黄金部队承担地质调查项目40项，其中新开8项、续作32项。完成1∶5万区域地质调查11 759 km^2、1∶5万水系沉积物测量10 056.5 km^2、1∶5万磁法测量3847 km^2、钻探6585.9 m、槽探64 021.1 m^3。黑龙江三兴山、内蒙古索伦山、内蒙古哈达门沟、黑龙江战备村、黑龙江东马扎尔、内蒙古白音图嘎、新疆阿勒泰、广西博白县、云南岔河、四川金沟10个项目一次性通过野外验收。提交矿产地3处，其中加吾金及多属矿提交Au（333）资源量585 kg、Au（334）资源量4907 kg、Pb资源量3202吨、Ag资源量10 544吨；多尔贡玛锑矿提交Sb（334）资源量10 462吨；大黑山铝土矿提交铝土矿资源量577万吨。

地质调查进展与成果

一、基础地质调查

2015年承担区矿调类项目25项，其中新开8项、续作17项。

1. 甘肃中寨等2幅1∶5万区域地质矿产调查。在测区新发现牙形石组合，显示原石炭纪地层可能为二叠系—三叠系。圈定1∶5万水系沉积物单元素异常98个，综合异常9个。

2. 青海下仓界等2幅1∶5万区域地质矿产调查。在三叠系昌马河组底部发现二叠纪灰岩构造岩块。圈定1∶5万水系沉积物单元素异常198个、综合异常14个。

3. 青海曲旁浪斜等4幅1∶5万地质矿产综合调查。在原巴颜喀拉山群地层中新发现多处二叠纪马尔争组灰岩构造岩块。

4. 河北西洋河等5幅1∶5万区域地质矿产调查。将区内原崇礼岩群归并为桑干岩群，发现高压麻粒岩3处。圈定物化探综合异常20个，新发现石墨富集地段4处。

5. 西南天山柯坪地区6幅1∶5万地质矿产综合调查。在阿瓦塔格组中首次发现叠层石，指示由潮上带至潮下带的变化规律。

6. 新疆阿勒泰市3幅1∶5万区域地质矿产调查。将测区侵入岩划分为中晚奥陶世、中晚志留世、早泥盆世、中泥盆世、晚三叠世。圈定1∶5万水系沉积物单元素异常297个、综合异常39个。

7. 新疆扎冷木特等4幅1∶5万地质矿产综合调查。将古元古界温泉岩群解体为变质表壳岩和正片麻岩两个系列，并在温泉岩群中首次发现类白片岩＋榴闪岩高压变质岩组合。

8. 广西博白县等2幅1∶5万区域地质矿产调查。在原古近系邕宁群中识别出新近纪南康组。通过1∶5万地面高精度磁法测量，划分出3个磁场分区，圈定局部磁异常11个；圈定1∶5万水系沉积物测量单元素异常146个、综合异常9个。

9. 广东洽水圩等2幅1∶5万区域地质矿产调查。新厘定出晚泥盆世帽子峰组、中泥盆世信都组。通过1∶5万地面高精度磁法测量，圈定磁异常9个；圈定1∶5万水系沉积物测量单元素异常146个、综合异常10个。

10. 云南岔河等4幅1∶5万区域地质矿产调查。在灯影组新发现了凝灰质粉砂岩及粘土岩（斑脱岩）

夹层。发现了海陆过渡相 P/T 界线，表明由二叠纪—三叠纪区内气候由温暖湿润变化至高温干旱。

11. 云南待补等 4 幅 1∶5 万地质矿产综合调查。划分出填图单位 37 个，识别出二叠系峨眉山组火山岩主要以溢流相、火山沉积相为主，局部见爆发相。

12. 西藏夏瓦等 4 幅 1∶5 万区域地质矿产调查。将测区划分出碰撞造山早期、碰撞造山中晚期、拆离伸展阶段高原隆升晚期阶段等 4 个构造变形期次。

13. 西藏推等 4 幅 1∶5 万地质矿产综合调查。将测区划分了 2 个地层分区，正式填图地质单元 20 个，非正式填图地质单元 7 个。

14. 四川金沟等 2 幅 1∶5 万区域地质矿产调查。将测区中部的理塘蛇绿混杂岩群细分为 7 个岩组，初步判定斗巫巴岩组的沉积时代为奥陶纪。圈定 1∶5 万水系沉积物测量单元素异常 101 个、综合异常 17 个。

15. 四川阿加洼等 2 幅 1∶5 万区域地质矿产调查。将测区划分出 5 个构造变形期，其中洋盆裂解发育期形成近南北向展布的理塘洋盆，洋壳俯冲期逐步发育一系列南北向及北北西向断裂。

16. 黑龙江十五里桥等 9 幅 1∶5 万区域地质矿产调查。厘定出组级岩石地层单位 11 个、侵入岩填图单位 3 个。新发现矿化点 1 处、找矿线索 2 处。

17. 内蒙古复兴屯等 4 幅 1∶5 万地质矿产综合调查。重新厘定了地层单位，初步建立了测区构造格架。圈定 1∶5 万水系沉积物单元素异常 193 个、综合异常 3 个。

18. 黑龙江战备村等 2 幅 1∶5 万地质矿产综合调查。首次在大兴安岭地区建立了火山岩岩石地层单位晚侏罗世战备村组。圈定 1∶5 万水系沉积物单元素异常 204 个、综合异常 24 个。

19. 黑龙江三兴山等 4 幅 1∶5 万区域地质矿产调查。厘定了组级地层填图单元 11 个、侵入岩填图单元 6 个，划分出 26 个侵入体。

20. 吉林开峰林场等 4 幅 1∶5 万区域地质矿产调查。重新厘定出组级地层填图单元 29 个、侵入岩填图单元 7 个。区内多金属矿产空间上具有分片集中、成带分布的特征。

21. 内蒙古白音图嘎等 4 幅 1∶5 万浅覆盖区区域地质矿产调查试点。划分出组级填图单位 12 个，总结了不同技术手段在浅覆盖区开展区域地质矿产调查的有效方法。

22. 内蒙古索伦山地区 6 幅 1∶5 万区域地质矿产调查。获得索伦山蛇绿岩中辉长岩锆石 U－Pb 年龄 280 Ma，玄武岩锆石 U－Pb 年龄 287 Ma。圈定 1∶5 万高磁异常 8 个、1∶5 万水系沉积物单元素异常 287 个、综合异常 21 个。

23. 内蒙古努尔盖公社等 4 幅 1∶5 万区域地质矿产调查。厘定正式填图单位 13 个、非正式填图单位 1 个。圈定磁异常 6 个、1∶5 万水系沉积物组合异常 31 个。

24. 内蒙古白音吉日嘎拉大队等 4 幅 1∶5 万区域地质矿产调查。厘定了组级填图单位 16 个，圈定磁异常异常 5 个。

二、矿产资源调查评价

2015 年承担矿产资源调查评价类项目 7 项，续作 7 项。

1. 青海省都兰－同德－甘德地区金多金属矿产调查评价。在阿尼玛卿成矿带中发现铜矿体 2 条。

2. 云南省乌蒙山马龙—路南一带金铜多金属矿产资源调查评价。在马龙纳章－芳华调查区共发现钼矿脉 2 条、铅锌多金属矿脉 5 条。

3. 西藏哲古—日当一带铅锌锑多金属矿产调查评价。在象日矿区发现含辉锑矿化破碎蚀变带 12 条，初步圈定矿体 12 个。

4. 安徽南部地区多金属矿产靶区优选与调查评价。在休宁县白石坑找矿靶区发现金多金属矿脉 15 条。

5. 甘肃省文县阳山金矿带深部矿产远景调查。研究表明阳山金矿带深部具有较好的找矿前景，有可能存在成矿第二富集区。

6. 黑龙江省北部东马扎尔—老沟一带矿产远景调查。开展了基于 MRAS 系统的区域金铜铅锌多金属矿资源成矿预测，圈定成矿远景区 37 处。

7. 内蒙古哈达门沟金矿田深部矿产远景调查。确认了沙德盖岩体和山前大断裂产状，认为沙德盖岩体向南侧伏，山前断裂的北侧边界南倾。

三、地质科学研究

2015 年承担专题研究项目 8 项，续作 8 项。

1. 新疆东准噶尔地区构造岩浆作用与多金属成矿关系调查。初步总结了铜、金矿时空分布规律、构造环境与成矿的关系、岩浆演化序列与铜、金成矿的关系。

2. 全国金矿找矿勘查部署。修编了《全国金矿勘查工作部署图（1∶400 万）》，划分了Ⅲ级成矿区带 57 个，其中重点勘查区带 6 个、接续勘查区带 13 个、远景调查区带 38 个。

3. 青海省东昆仑成矿带东段金多金属矿产综合编图。形成编图区统一的岩石地层划分表，制定了综合编图的基本框架和技术要求，编制基础地质图及不同地质历史时期成矿构造环境系列图。

4. 基础地质图更新编制技术研究与数据库建设。统一设计了1∶25万、1∶50万和更小比例尺地质图空间数据库模型；设计了目标比例尺地质图图元属性从源地质图数据库中提取继承关系，并形成标准化统一数据结构的方法。

5. 地质资料信息服务集群化产业化综合研究。完成15 000件文件级数据采集，汇编了《地质资料文件汇编》和《地质资料政策汇编》。

6. 甘肃阳山地区金矿整装勘查区专项填图与技术应用示范。建立了阳山金矿逆冲推覆、韧脆性剪切和后期脆性构造叠加及泥盆系地层“三位一体”找矿预测模型。

7. 甘肃岷县寨上－马坞金矿整装勘查区专项填图与技术应用示范。在寨上矿区估算新增金（333＋334）资源量8168 kg；马坞矿区2015年新增估算（334）金资源量604 kg。

8. 全国找矿突破战略行动组织实施费。根据地调局相关制度规定，在严格落实和执行项目设计的基础上，狠抓项目运行监管，认真筹备各类会议（培训），精心组织地调项目的评审验收。

（毛世东）

有色金属矿产地质调查中心工作

有色金属矿产地质调查中心

概　况

有色金属矿产地质调查中心（以下简称“有色地调中心”）是2001年经中央机构编制委员会办公室批准成立的正局级事业单位，主要从事区域地质调查、固体矿产勘查、遥感地质、地球物理、地球化学、水工环地质、地质灾害与环境治理、测绘、钻探等业务。有色地调中心设有7个机关处室，下辖5个二级事业单位。事业编制数335人，现有专业技术人员180人。有色地调中心重视安全生产，建立安全生产责任制，自成立以来无重大安全责任事故发生。近年新购置先进技术设备和仪器320多台（套），设备齐全，拥有实施各类地勘项目的能力。

2015年，有色地调中心地质及管理工作成效显著。铁氧化物铜金型矿物构造岩相学填图新技术研发、示范应用与找矿预测获2015年度中国有色金属工业科学技术奖一等奖，海外重要有色金属矿产资源富集国成矿规律找矿预测研究及矿业投资环境分析获2015年度中国有色金属工业科学技术奖二等奖，河北平泉县洼子店金矿大比例尺找矿预测研究获2015年度中国有色金属工业科学技术奖三等奖。中心系统公开发表论文30余篇。7人获得教授级高级工程师任职资格，6人获得高级工程师任职资格。

地质调查进展与成果

2015年，有色地调中心及中心所属单位共承担地质矿产调查项目21项。其中，基础性地质调查项目3项、战略性矿产资源调查评价项目15项、水文地质环境调查项目1项、地质科研项目2项。

一、基础地质调查

1. 阿尔金成矿带矿产资源遥感综合调查。完成1∶5万岩性－构造遥感解译420 km^2、重点区成/控矿要素遥感解译30 km^2，建立了遥感影像解译标志，新发现3处锌铜多金属矿找矿线索。

2. 甘肃省矿产资源开发环境遥感监测。完成甘肃省全省的矿产资源规划监测、矿山地质环境调查、矿山环境恢复治理状况（含复绿工程）监测解译与分析454 000 km^2，初步查明各市、县级行政区矿山开发占地、矿山地质灾害、矿山环境污染、矿山环境恢复治理等的分布现状。

3. 新疆哈密市卡拉塔格地区铜多金属矿整装勘查区1∶5万区域地质综合调查。通过1∶5万重力测量，在测区内推断了22条线性构造和7个环形构造。根据高斯高低通滤波结果，提取了17个重力高重异常。综合地质、化探、物探资料分析，认为该区具有寻找斑岩型铜金矿的有利条件。

二、矿产资源调查评价

（一）2015年在新疆实施项目8项。

1. 新疆乌恰县康苏地区铜铅锌矿调查评价。通过实测地质剖面，划分了1∶5万遥感解译地层单元24个、1∶1万填图单元26个。在白垩系第五段砂砾岩中，经槽探揭露圈2层锌矿化体，一层厚1.95 m，品位0.24%；另一层厚0.5 m，品位0.13%，同时发现锶矿（化）体厚2 m。在ZK14701孔中，见石盐20 m，经测试含钠37%。在ZK16101孔，见1 m铅锌矿，含铅为1%。

2. 新疆乌恰县萨里塔什地区铅锌矿调查评价。检查综合异常26处，新发现找矿线索7处。

3. 新疆阿合奇县布隆一带矿产地质调查。发现了鲍鱼沟矽卡岩型－斑岩型铜金矿床，矽卡岩矿体含铜0.68% ~4.36%、金$0.44\times10^{-6}\sim0.78\times10^{-6}$。蚀变石英闪长玢岩含铜0.23%。还发现穷苏沟一带的岩体和异常。

4. 新疆乌恰县巴依次级盆地铜矿调查评价。矿区内ZK3012孔，在142~149 m，见黄铁矿、斑铜矿、辉铜矿，穿铜矿7 m，平均品位0.36%；在149~154 m，穿铜化矿体5 m，平均品位0.14%。盆地外围元古代苏鲁铁列克铜矿点，矿体长1200 m，厚1.92 m，平均品位0.85%。

5. 新疆哈密市野马泉西地区矿产地质调查。通过槽探揭露，在野马泉北山共圈出金矿化异常带3条、金矿化体5条，长80~280 m，厚1~2 m，品位$0.1\times10^{-6}\sim0.25\times10^{-6}$。在白干湖金矿西延，圈定金矿化体2条，长50 m，宽1~2 m，Au品位为$0.1\times10^{-6}\sim0.27\times10^{-6}$。

6. 新疆哈密市景峡－铜鱼梁地区矿产地质调查。通过1∶5万激电测量，圈定5个异常；通过地化剖面圈出2条Au、As异常带，均产在蚀变破碎带中。

7. 新疆富蕴县杜热地区矿产地质调查。1∶5万电法发现8个甲级异常；科克别克提揭露铜镍矿化体，单工程最高品位Cu 2.25%；加波萨尔北及外围发现6条金矿化体，最高品位Au 11.33×10^{-6}；札勒测区单工程最高品位Cu 0.45%，有含矿斑岩。

8. 新疆重点地区航空高光谱调查与找矿预测技术研究。建立了红山铜金矿床、东戈壁钼矿床、雅满苏铁矿床的基于地面高光谱遥感找矿模型。根据高光谱蚀变矿物（或矿物组合）填图，在卡拉塔格、东戈壁－野马泉西地区圈定出17处铜铁钨钼多金属找矿有利地段，初步预测了11处金矿找矿靶区。

（二）大兴安岭成矿带地质矿产调查项目2项。

1. 内蒙古额尔古纳市莫尔道嘎北部金多金属矿异常查证。在希利基其沟东南测区发现2条矿化蚀变带、1处低阻高极化异常带＋化探异常带。876高地测区发现高Au－Ag－Pb－Zn异常－高极化率－强褐铁矿化破碎蚀变带的组合特征，槽探验证发现2条矿化体，其中Pb－Zn矿化体视厚度11 m，为强褐铁矿化破碎蚀变带，品位Pb＋Zn 0.4% ~1.0%，平均0.7%，Ag $2\times10^{-6}\sim18.6\times10^{-6}$，平均$10.4\times10^{-6}$。

2. 内蒙古鄂伦春自治旗奇力滨地区地质矿产调查。1∶5万化探初步圈定24个综合异常，开展了兴滨幅1∶50 000区域地质调查工作，遥感解译初步完成，划分出了全区的构造框架，解译出线性及环形构造，提取了蚀变信息。

（三）云南兰坪地区层控铅锌矿专项地质调查。

首次厘定、完善测区内三合洞组地层岩性和层序，新发现挖鲁八组地层存在，重新厘定麦初箐组地层。认为测区矿化分布与飞来峰前缘构造－溶蚀角砾岩关系密切，远离构造－溶蚀角砾岩热流体活动、蚀变、矿化等则较弱或没有分布。

（四）河北承德下营坊地区矿产地质调查。

通过1∶5万水系沉积物测量获取一条北东向展布的多元素异常带，元素组合以Au－Cu－Ag－Pb－Mo－Zn为主，通过1∶5000土壤地球化学剖面及地表工程揭露，获取2个Au矿化蚀变带。探槽TC82－35，发现银矿化，矿化体厚度1 m，品位18.9×10^{-6}。

（五）湖南省沅陵县北部地区铜金多金属矿产地质调查。

1∶5万水系沉积物测量圈定了5处Au、Sb、W综合异常，圈定2处找矿远景区。在牛家山－大西溪逆冲断层附近新发现2处金矿化点，通过槽探地表验证，地表矿化较好，有望在该矿化区域提交找矿靶区。

（六）江西省安远地区铜铅锌多金属矿远景调查。

开展1∶5万水系沉积物测量和版石幅水系异常圈定及适量地、物、化剖面布设等工作，提出工作区内找钼矿前景较好，另在版石幅及周边的上瑶、白露岭、陈屋附近具有寻找新钼矿床（点）的潜力。

（七）主要有色金属资源安全跟踪与动态评价。

围绕“有色金属资源安全评价”的问题，对有色金属资源安全影响因素、有色金属资源安全评价方法等展开了专题研究；开展了有色金属资源安全全球供应风险、生态环境影响风险与供应受限的经济影响的资料收集、评价指标影响因素的选择与构建。

三、水文地质环境地质调查

陇南有色金属集中开采区矿山地质环境调查评价：查明工作区内主要矿山地质环境问题有矿山地质灾害、地形地貌景观与土地破坏、水土污染三大类。调查了矿山地质环境治理措施及治理效果，查明目前工作区主要治理工程大致分为重金属防治工程和地质灾害防治工程两大类，且对矿山环境问题防治起到了积极作用。

四、地质科学研究

1. 新疆乌恰县萨热克地区铜多金属矿整装勘查

区专项填图与技术应用示范。编制了新疆乌恰县萨热克地区铜多金属矿整装勘查区1:5万系列图件25幅。基本确定了本区填图单元、各单元的鉴别标志及各地层间的接触关系，在矿区的东北部新圈定辉绿辉长岩脉3条。开展找矿预测研究，为勘查工程布置提供合理化建议，2015年新增（332+333+334）铜资源量2.04万吨，铜矿床平均品位0.83%。

2. 典型金属矿地球化学元素序结构研究与应用示范。基本形成了一套用于金属矿产资源潜力评价和找矿预测的地球化学元素序结构分析技术应用的工作方法和工作流程。发表论文2篇。

（李艳艳）

中国核工业地质局工作

中国核工业地质局

概　况

中国核工业地质局始建于1955年，是隶属于中国核工业集团公司的全额拨款事业单位，承担国家放射性矿产地质勘查的规划、立项、组织实施和放射性矿产资源储量评审以及地质档案资料统一管理等任务。局机关设有办公室、财务处、地质计划处、科技外事处、安全生产管理处等10个部门，下辖12个单位，共有在职职工4235人，离退休人员2817人。

2015年，获部委和行业协会等奖励12项。其中，热液型铀矿攻深找盲技术创新与资源突破获国防科技进步奖一等奖，天然金属铀的首次发现入选2015年度全国十大地质科技进展。2人获得中国地质学会青年地质科技奖银锤奖。

地质调查进展与成果

一、基础地质调查

（一）航空物探测量。

开展了甘肃省北祁连山－龙首山、甘肃礼县－陕西宝鸡和黑龙江完达山－太平岭等地区1:5万航空物探调查及江苏六合－安徽滁州地区航磁调查，共完成航磁、航放综合测量14.31万测线千米和航磁测量1.53万测线千米，圈定筛选重点航磁异常352个、航放异常37个。

（二）1:5万区域地质调查。

开展了青海省曲麻莱县叶格等3个图幅和云南省玉溪市三街幅1:5万区域地质调查，在青海省曲麻莱县叶格地区厘定出4期构造变形，总结了该区金矿找矿蚀变组合标志；在云南省玉溪市三街地区发现了白云石等矿点11处、铁锰矿化点5处。

（三）遥感地质调查与环境监测。

1. 开展了辽宁省和内蒙古自治区西部矿产资源开发环境遥感监测，完成1:5万遥感监测面积2.8×10^4 km^2，提取疑似违法开采点121处，大致查明了矿山开发占地、地质灾害和环境恢复治理现状。

2. 完成新疆维吾尔自治区1:25万国土资源遥感调查166×10^4 km^2，掌握了全疆范围内林地、草地、地表水、荒漠化及湿地分布现状。

3. 完成中国灾害易发区高分遥感正射影像数据制作与更新50万km^2，完成DLG地形数据更新64幅，建立了中国灾害应急遥感基础数据库。

4. 开展了黑龙江小兴安岭伊春地区浅覆盖区光能谱填图技术研究与示范，综合研究了森林覆盖型浅覆盖区光能谱构造岩性填图技术方法，建立了光能谱解译标志及技术操作流程。

5. 开展了新疆重点地区航空高光谱调查与找矿预测技术研究，完善了高光谱蚀变矿物信息查证技术方法，建立了高光谱遥感找矿模型，圈定找矿靶区4处。

6. 完成阿尔金成矿带和柴达木北缘1:5万矿产资源遥感调查2200 km^2，预测找矿靶区3处，圈定35 km长的铁矿带1条。

7. 在新疆吉木萨尔和伊犁地区、甘肃北山和柳园地区完成航空高光谱遥感调查4000 km^2，圈出了伊犁尼勒克－巩留地区油页岩分布范围，圈定多金属找矿有利地段6个，预测油气渗漏区1片。

（四）铀矿整装勘查区综合研究。

开展了鄂尔多斯盆地东北部、通辽、伊犁盆地南缘等8片铀矿整装勘查区的基础地质调查和找矿预测研究，厘定了成矿构造和成矿结构面类型，总结了成矿模式和预测评价模型8个，预测找矿靶区19片。

二、铀矿资源调查与勘查

（一）铀矿资源调查评价。

组织实施了重要远景区铀矿调查项目，取得了显著的找矿成果。

1. 砂岩型铀矿调查评价。在二连盆地乔尔古地段确定了赛汉组上段古河谷砂体的分布范围，扩大了古河谷延伸范围；在鄂尔多斯盆地新街地区新发现铀异常点1个，扩大了新街地区的找矿空间；在松辽盆地东部发现有利于铀成矿的大规模的辫状河砂体；在柴达木盆地西南缘发现了2处铀异常点；在准噶尔盆地库普坳陷发现多片氡气异常；在武腾盆地近地表发现长1 km、宽30多米的钙结岩型铀矿化带；在广西十万大山盆地发现了产于古河谷中的铀矿化。

2. 花岗岩型铀矿远景调查。在甘肃龙首山地区探获工业铀矿体，经跟进勘查落实中型铀矿产地1处；在广东省龙川－平远地区新发现铀矿化点2处，槽探揭露到工业矿段3段；在广西苗儿山新发现2条含矿构造带，落实了2处铀矿化点；在四川省西部发现铀矿化点1处；在西藏达荣－杰萨错地区新发现铀异常带1条；在桃山－诸广成矿带北段大王山－于山地区发现串珠状伽马异常，圈定铀异常点3个。

3. 火山岩型铀矿远景调查。在内蒙古红山子地区圈定铀－多金属找矿靶区2片，经跟进勘查初步落实铀－多金属矿产地1处；在内蒙古多伦地区新发现铀－多金属异常26片，圈定了多金属找矿靶区1片；在内蒙古林西－扎兰屯地区新发现铀异常点10个，经跟进勘查有望落实铀矿产地2处。

4. 碳硅泥岩型铀矿远景调查。在江西修水地区确定了主要赋矿层位和主要找矿类型，发现了4处铀高场区和氡气异常区，预测了铀成矿远景区2片，圈定找矿靶区1片。

5. 全国钍资源远景调查。总结了钍矿的时空分布规律，厘定了中国钍成矿区带；在甘肃龙首山、内蒙古白云鄂博矿区和外围、辽宁赛马预测钍成矿远景区11片，评述了钍成矿地质条件。

（二）全国重要矿集区找矿预测。

承担了南岭中段青嶂山矿集区铀矿找矿预测项目，大致查明了矿集区内铀矿化类型以“交点”型为主，微晶石英脉型次之；预测出铀成矿远景区11片，总体评价了工作区铀矿资源潜力。

（三）铀矿地质勘查。

按照“立足普查、远近兼顾，突出重点、优化布局，整装勘查、综合评价，依靠科技、创新机制”的部署原则，做好铀矿地质勘查，全年共完成钻探工作量500 000 m。

1. 砂岩型铀矿勘查。主要部署在伊犁、鄂尔多斯、二连、吐哈、松辽和巴音戈壁等沉积盆地，找矿成果突出。其中，伊犁盆地南缘蒙其古尔矿带向东延伸，总体达到特大型规模；洪海沟矿床在头屯河组和西山窑组下段发现厚大矿体，资源储量有较大增加；鄂尔多斯盆地纳岭沟矿床及外围资源规模持续扩大；二连盆地中部首次发现特高品位富大矿体，总体资源规模大幅增加；在吐哈盆地十红滩铀矿床南带揭露到较富矿层；松辽盆地宝龙山矿床外围新发现多个工业孔，资源储量有一定增加。

2. 其他类型铀矿勘查。主要部署在老矿田深部和外围，找矿成果显著。其中，在诸广南地区新发现一批工业孔，资源量明显增加；江西相山横排山－沙洲地区矿体连续性较好，落实了中型铀矿产地；苗儿山向阳坪地区7号带主要矿体持续扩大，矿体连续性好；在甘肃龙首山地区揭露到厚大铀矿体，资源量大幅增加；在广东下庄竹筒尖矿床揭露到较好工业矿体，资源规模接近中型；新疆白杨河地区发现富大铀矿体。此外，在辽宁连山关、湖南鹿井中山等地区也取得了较好的找矿成果。

3. 新区探索。主要开展了塔里木、准噶尔、四川和酒泉等沉积盆地以及华北陆块北缘、大兴安岭、北秦岭和川西等地区铀矿调查评价。在准噶尔盆地东部、二连盆地中部、鄂尔多斯盆地西南部新发现了铀矿产地3处，圈定放射性异常255片，预测铀成矿远景区112片、找矿靶区66片。

三、铀矿地质科研

创新驱动，科技引领，铀矿地质科研取得重要进展。构建了巴丹吉林－巴音戈壁盆地、柴达木盆地北缘、松辽盆地和鄂尔多斯盆地南缘4个地区区域铀成矿模式，总结了铀源、构造、沉积相和有利砂体找矿标志，预测了8片铀成矿远景区；初步建立了流－岩反应的铀成矿作用模拟实验模型；研制了小型化航空物探综合测量系统（AGRSS－15样机）和低本底智能型210Po仪器；申报发明专利45项，获得授权21项。

（胡　鹏）

中国煤炭地质总局工作

中国煤炭地质总局

概 况

中国煤炭地质总局成立于1953年，现为国务院国资委管理的中央地质勘查单位，业务范围涵盖了煤炭、化工等多种矿产资源研究、勘查与矿业开发及相关工程施工、服务与专用设备制造等多个领域，拥有地质调查、矿产勘查、专业技术服务等各类资质400多个。

地质调查进展与成果

2015年，煤炭地质总局共承担地质调查项目42项（不含中化地质矿山总局），总经费7152万元，其中新开17个（经费3262万元）、续作25个（经费3890万元）。

一、基础地质调查

1. 灾害易发区高分遥感数据制作与数据更新。完成1:5万标准分幅地质灾害低易发区高分正射影像59×10^4 km^2；完成福建、浙江、吉林、辽宁、甘肃省及内蒙古自治区灾害中易发区60×10^4 km^{2}正射影像数据处理；完成长江三峡周边地质灾害高易发区1:5万地理数据、地形信息的更新72幅；完成陕西省佛坪县地质灾害重点区1:5万遥感调查80 km^2。

2. 陕西省矿山开发遥感调查与监测。查明矿产资源规划执行情况，查清陕西省矿山开发状况和违规矿山的类型、数量及分布，完成矿山环境综合评价，建立成果数据库。

3. 新疆重点矿集区矿产资源开发遥感调查与监测。完成全区矿产疑似违法图斑提取、矿产资源规划监测、矿山环境恢复治理监测面积104×10^4 km^2；重点区矿产资源开发利用状况、矿山地质环境问题、矿山环境恢复治理（含复绿工程）、矿产资源规划执行情况等遥感调查与监测，面积1.4×10^4 km^2；矿山地质环境问题区1:5万环境地质调查110 km^2。提交了遥感调查成果报告，建立了成果数据库。

4. 新疆西昆仑地区1:5万J43E022023、J43E022024、J43E023023、J43E023024四幅区域地质调查项目。新发现2处矿化点，发现矽卡岩型铁多金属矿为区内重要成矿类型。

5. 西北边境地区国土资源遥感综合调查。取得1:25万叶城南部地区、1:5万奇普恰普河谷通道甜水海至天文点重点区以及天文点哨所附近典型区的遥感调查与综合评价成果，基本掌握了西北边境地区的基础地质环境及国土资源开发状况；在狮泉河地区重点地段开展了1:5万遥感综合调查1600 km^2；编制了喀喇昆仑山西南部地区系列专题图件22 000 km^2。

6. 东昆仑成矿带矿产资源遥感综合调查。完成遥感数据处理、遥感地质矿产解译、遥感异常信息提取400 km^2；完成调查区1:10万构造格架解译；开展区内1400 km^{2}地层岩性、构造、蚀变信息等高分影像解译，并编制了系列成果图件。

7. 黄河中游地区国土遥感综合调查。查明内蒙古自治区、山西省林地、草地、地表水等自然资源与湿地、荒漠化等生态地质环境因子的空间分布特征，形成工作区1:25万本底调查数据。

8. 青海省大柴旦行委土尔根达坂地区1:5万J46E010023、J46E011023、J46E011024三幅区域地质矿产调查。新发现黄铁矿化3处、褐铁矿化1处、萤石矿1处、钨矿化1处、铜矿化3处；探槽揭露4处矿体。

9. 青海省大柴旦行委擦勒特地区J46E011022、J46E012022、J46E013022三幅1:5万区域地质矿产调查。新发现铜、钨矿化点2处、铜矿化点2处、石灰岩矿点1处、脉石英矿点3处。

10. 能源和非金属矿产勘查标准的制修订。开展《煤田水文地质勘查规范》《天然焦地质勘查规范》《煤层气测井规范》3个规范的制修订工作。

二、矿产资源调查评价

1. 全国煤层气资源综合评价与区划。首次划定煤层气国家规划矿区13个，总面积65 682 km^2，地质资源总量6.609×10^{12} m^3。查明首批煤层气国家规划矿区内煤层气勘查开发现状及矿权分布和重叠情况，提出合理勘查开发中国煤层气资源的政策建议。

2. 新疆富蕴喀斯特村铀矿地质调查。将准噶尔盆地调整为重点工作区，首次在准噶尔盆地中侏罗世头屯河组发现大型远景规模的铀矿产地1处。

3. 内蒙古恩格日因和乌兰诺尔地区铀矿地质调查项目。重点对恩格日因、乌兰诺尔、准栅3个调查区煤田区块勘查过程中发现的铀矿异常进行钻探验证，圈出找矿靶区，估算了资源量。

4. 青藏高原煤系矿产资源综合调查与评价。主要对青藏高原中东部昌都－芒康、边坝－八宿、拉萨北等3个赋煤带开展煤系矿产综合调查与评价工作，分析青藏高原中东煤系矿产资源潜力，划分了煤系矿产资源有利区带。

5. 贵州六盘水煤田煤层气基础地质调查。基本了解了六盘水煤田主要赋煤向斜煤系地层基本地质特征、煤层赋存特征、煤层宏观特征、各煤层含气量、矿井生产动态。

6. 内蒙古苏吉－陶力嘎查铀矿地质调查。施工钻孔11个，其中工业孔1个、矿化孔7个，确定工作区泥岩型工业铀矿体的存在，初步圈定了成矿远景区。

7. 内蒙古塔拉壕和红庆梁地区铀矿地质调查。在红庆梁和塔拉壕两个区共施工钻孔8个，其中6个矿化孔、2个异常孔，初步确定两个工作区均存在工业铀矿体。

8. 新疆裕民县巴尔鲁克西段矿产地质调查。在苏云河西调查区圈出综合异常6个，揭露出1条铜多金属矿体，2条金多金属矿体。在麦协楞巴斯调查区圈出综合异常11个，揭露出1条金多金属矿体。在铁木勒巴依调查区对2014年发现的ⅧAu矿化体进一步控制并新发现ⅨAu矿化体。在克因布拉克调查区与该区发现一条孔雀石化蚀变带，具有进一步寻找超基性岩型金矿的意义。

9. 青海省兴海县大河坝南地区多金属矿调查评价。完成异常查证3处、槽探1000 m^3、钻探650 m，提交找矿靶区1处。

10. 青海省东昆仑中部煤炭资源远景调查。完成1:2000实测地质剖面4.6 km，对埃坑德勒斯特调查区和辉特陶可可调查区含煤远景区赋煤特征有了进一步的了解。

11. 云南省文山盆地煤炭资源调查评价。完成1:2000实测地质剖面2.6 km，大致了解了工作区平远远景区含煤地层赋存情况。

12. 云南省宣威煤田南部二叠系煤炭资源远景调查评价。开展可控源音频大地电磁测深50点，完成了云南省宣威煤田南部二叠系煤炭资源远景调查工作。

13. 东北赋煤区煤系矿产资源综合调查。进一步认识东北赋煤带中部区域地质概况，初步确定高锗煤、高镓煤及采样分布范围，提交研究报告。

14. 内蒙古二连盆地群油页岩资源远景调查。在伊和乌苏凹陷内施工油页岩钻孔1口，孔深485.68 m，共测试样品159件。

15. 湖北省荆当盆地煤炭资源调查评价。在西河含煤远景区开展可控源音频大地电磁测深测量，提交湖北省荆当盆地煤炭资源调查评价成果报告，以及工作区煤炭资源分布图和相关图件。

16. 青海门源盆地煤炭资源调查评价。完成可控源音频大地电磁测深136点，了解含煤地层分布范围、煤层层数、煤类和煤质的一般特征，绘制调查区内煤层底板等高线图。

17. 新疆吐哈盆地大南湖东四C区铀矿地质调查。施工2个钻孔，其中ZK04为工业孔，ZK05为矿化孔。

18. 吉林长春卡伦湖地区铀矿地质调查。发现矿化孔3个，其中，ZKU01、ZKU02和ZKU03均见有铀矿化。

三、水文地质环境地质灾害地质调查

1. 山西霍西煤炭矿区矿山地质环境调查。完成1:5万矿山地质调查400 km^2、专项矿山地质调查155 km^2，初步分析了矿体开采对地下水、矿山地面等环境影响。

2. 内蒙古商都县严重缺水地区水文地质调查。开展（K49E014023）1:5万水文地质调查，查明了基础水文地质条件；开展了严重缺水地区水文地质调查数据库建设。

3. 鄂尔多斯东北部煤矿开采集中区水文地质环境地质调查。基本查清区内煤矿水文地质及环境地质概况，初步分析了工作区放射性环境地质条件。

（苗 琦）

中化地质矿山总局工作

中化地质矿山总局

概 况

中化地质矿山总局是从事国家公益性基础性地质、化工矿产、金属矿产及其他矿产资源勘查的专业地质局，现有18家直属地质勘查单位，包括16家地质勘查院、1家地质调查院、1家地质研究院，分布在16个省（区、市）；拥有16家获国家级计量认证资质认定的地质实验室，地质资料档案室。经过多年发展，目前已形成拥有地质调查、矿产勘查、水文地质、环境地质、工勘施工等专业技术力量较完整的地质工作体系。

2015年，全局拥有各类资质217个，其中地质勘查类114个、地质灾害类61个、工勘施工类26个、地质测绘类14个、其他类3个。15家地质实验室获国家计量认证资质认定。

2015年，全局荣获国土资源科学技术奖一等奖1项，国土资源部全国危机矿山接替资源找矿专项重大找矿突破奖1项，省部级科技进步奖二等奖3项、三等奖6项；1个项目入选“中国地质学会十大地质科技进展”；2人获黄汲清青年地质科学技术奖；4人获中国地质学会青年地质科技奖银锤奖；3人获首届野外青年地质贡献奖金罗盘奖。

地质调查进展与成果

2015年，中化地质矿山总局共承担地质调查子项目22项，其中续作12项、新开10项，分别由局所属10家地质勘查院承担，项目总经费4540万元。

通过地质矿产调查评价项目的实施，中化矿山总局解决了重要化工矿产资源、化工矿山地质环境和基础地质问题，促进了化工地质领域的人才成长和团队建设。全局2015年取得重要进展的调查成果有：

一、武夷山市桃棋－建阳市岭根墙地区晶质石墨矿产资源远景调查

本项目是由中化矿山总局承担的重要非金属矿产调查计划项目的子项目，项目周期：2013～2015年。

通过远景调查工作，大致查明区内大金山组中段为石墨矿层主要赋存层位，圈定武夷山市桃棋外围、建阳莒口至长埂、湖桥、西岸至溪仔边、水北－王厝、铜罗形－碗厂共6个找矿靶区；经对重点检查区的评价，预计可提交武夷山桃棋外围和建阳莒口—长埂2处中大型晶质（大鳞片状）石墨矿产地，矿产地特征如下：

1. 武夷山桃棋外围矿产地：圈定了5个矿（化）体，推测长400～2650 m，倾向上控制延伸200 m，真厚度为2.05～26.48 m，平均品位：固定碳2.50%～3.98%。石墨片径0.02～1.8 mm，其中片径<0.147 mm（100目）约占石墨总量10%～20%，片径>0.147 mm（100目）约占80%以上，为大鳞片的晶质石墨矿。预计可提交石墨矿物量（334?）119.92万吨，为大型晶质（大鳞片状）石墨矿产地。

2. 建阳莒口－长埂矿产地：初步圈定5条矿体，推测长500～3950 m，倾向控制延伸150～200 m，真厚度为2.00～26.26 m，平均品位：固定碳2.50%～4.68%。石墨片径0.1～1 mm，混合岩型的石墨片径较大，1～2 mm，为大鳞片状晶质石墨矿。预计可提交石墨矿物量（334?）50万～100万吨，为大型晶质（大鳞片状）石墨矿产地。

本次调查成果发现大型晶质石墨矿产地2处，有助于中国工业和高科技产业的发展。同时积累了宝贵经验，为武夷山成矿带同类型矿床找矿提供了找矿模型。

二、塔里木白垩纪—古－新近纪（第三纪）盐盆地钾盐资源远景调查评价

1. 盐岩岩屑测试分析发现钾盐矿物。通过对含钾石盐岩屑钾试剂滴定及X射线衍分析，证明库车坳陷南部石油钻井盐屑中存在钾盐矿物，其中羊塔4井矿化度最高、矿化规模最大，K含量最高达到7.83%，Cl含量一般20%～50%，岩性为含钾石盐岩或泥质含钾石盐岩（即KCl含量14.94%）。

2. 库车坳陷深部含钾盐层矿化特征。经过对含钾盐层对比分析，以羊塔4井为代表，可划分为3个矿化段：上钾盐矿化段：井深5141～5171 m，厚30 m，K平均含量3.71%，该段岩性主要为含钾石盐岩；中钾盐矿化段：井深5181～5192 m，厚11 m，K平均含量4.89%，该段中上部主要为含钾石盐岩，中下部含泥质增加；下钾盐矿化段：井深5196～5218 m，由3层含钾盐岩与石盐互层组成，含钾盐层累计厚9 m，K平均含量2.31%。

矿化段累计总厚度50 m。

按照K含量大于等于2.62%（即KCl≥5%为工业指标边界品位），连续厚度大于等于2m，在矿化段内可划分为4个钾盐矿层，累计厚度39 m（表3）。

3. 推断含钾盐层分布范围，为最终提交深部钻探验证靶区提供了依据。以羊塔4井含钾盐岩为标杆，对该层位进行地震解译，平均波阻抗值为9300～9700（盐岩一般8000～10 000）；解译层位瞬时频率值为5～29，属瞬时频率低值区；地震解译圈定的盐岩厚度高值区分布呈北东向展布，向两侧呈递减变薄趋势。通过分析研判，上述3个条件综合叠加，并且含钾钻井（羊塔4井、羊塔6井）钾盐矿层进行标定，推断为含钾盐层分布范围为粉红色实线所圈定区域。

库车坳陷深部钾盐矿化盐岩层的发现，是塔里木

表3　羊塔4井钾盐矿化（层）划分简表

矿名称	深度/m	厚度/m	矿化段 K≥1.05%		边界品位 K≥2.62%			
			$K^{+}_{平均}$/%	矿化分段	深度/m	厚度/m	$K^{+}_{平均}$/%	矿层
钾石盐为主 中部夹钾石盐岩 底部含膏泥	5141～5171	30	3.71	上矿化段	5141～5157	16	3.34	第四层矿
					5159～5171	12	4.58	第三层矿
钾石盐岩为主 底部含钾石盐岩	5181～5192	11	4.89	中矿化段	5181～5189	8	6.15	第二层矿
含钾石盐岩	5196～5200	4	2.41	下矿化段	未达边界品位/%			
钾石盐岩	5204～5207	3	2.74		5204～5207	3	2.74	第一层矿
含钾石盐岩	5216～5218	2	1.51		未达边界品位/%			
矿（化）层 累计厚度		50				39		

盆地古代固体钾盐找矿工作的重要突破；对其进行成矿规律的研究既具有重要的科学价值，又具有重要的潜在经济、社会效益。

三、松辽盆地西斜坡油砂矿带基础地质调查

松辽盆地西斜坡油砂矿带基础地质调查为2015年新开项目，年度经费220万元。

项目组在985.34 km^{2}有利区内，以北东向为调查“基线”，以1000 m×1000m为采样网度，共采集烃气化探样品1088件（包括重复样、密码样各20件），并对化探样品进行了酸解烃、溶解烃、热释汞、蚀变碳测定。依据酸解烃的测试结果，共圈定了4个油砂矿综合异常，分别命名为Ⅰ号、Ⅱ号、Ⅲ号和Ⅳ号综合异常。

采用ZK1501钻孔对Ⅰ号综合异常进行了验证工作，ZK1501孔深467.21 m，共见3层油砂，分别是415.12～415.27 m、425.47～425.91 m和433.38～437.58 m，油砂层累积厚度4.79 m，目估含油率6%左右，该钻孔验证效果显著。

成果意义如下：①证明了烃气土壤化探测量方法在油砂矿勘查中找矿效果显著，可以推广。通过钻探工程对Ⅰ号综合异常的验证效果表明，此次采用的烃气土壤化探方法，采集的样品介质、采样深度、采样粒级等，及测试项目、测试手段，对测试数据的数理统计分析结果，在实际应用中极为便捷、快速、可行，能够很好地反映深部油砂矿在地表的地球化学表现；②通过钻探验证，表明松辽盆地西斜坡调查区的油砂资源具有一定的资源潜力，具有进一步开展调查工作的必要。

四、我国主要磷矿、硫铁矿矿山集中开采区地质环境调查

该项目为续作项目，2015年度经费180万元。

1. 2015年调查磷、硫铁矿矿山企业20家，初步完成了中国主要磷矿、硫铁矿矿山集中开采区地质环境背景分区。根据中国磷矿、硫铁矿分布较广的特点，进行地质环境背景分区。本次将调查区地质环境背景共分为：①华北、东北平原丘陵山地地质环境（河北矾山磷矿）；②华南丘陵山地地质环境（广东云浮硫铁矿）；③黄土高原、山西山地地质环境（河南银家沟硫铁矿）；④秦巴、西南中山高原地质环境区（云南、贵州、四川磷矿集中开采区）。

2. 基本查明中国主要磷矿、硫铁矿矿山集中开采区矿山地质环境问题的类型、特征、成因及危害等。调查区矿山地质环境问题的产生是自然条件的脆弱性和人类不合理的矿业开发活动综合作用所致，后者是矿山地质环境问题的主导诱因，前者为矿山原生地质环境问题。

3. 对采集的水土样品进行测试，分析调查区水土污染情况，提出相应环境保护与恢复治理对策建议。

4. 提出中国主要磷矿、硫铁矿矿山集中开采区地质环境影响评价因子并确定权重，划分单元格，利用定性和定量相结合的方法，对每一单元格进行评价赋值，最终进行评估分区。

项目成果为全面开展磷矿、硫铁矿矿山地质环境保护与恢复治理工作提供基础资料和决策依据，预期将产生良好的经济效益、社会效益和环境效益。

（焦　森）

中国建筑材料工业地质勘查中心工作

中国建筑材料工业地质勘查中心

概　况

中国建筑材料工业地质勘查中心（以下简称“中材地勘中心”）是隶属于国务院国资委的地质勘查事业单位，创建于1953年，现有职工11 000余人，各类专业技术人员3500余人。下属26个地勘单位，经济规模年收入超30亿元。拥有设备净值约2.8亿元，主要为全液压动力头钻机、高精度电法、ICP等离子光谱仪、原子吸收光谱仪、现场快速分析仪、测绘动态GPS、资源储量数据处理软件等设备。拥有地质勘查资质150个，其中甲级43个、乙级68个、丙级39个，资质类别涉及固体矿产勘查、地质钻（坑）探、地质实验测试、水工环地质调查、区域地质调查、地球物理勘查、地球化学勘查、液体矿产勘查、遥感地质调查等9个类别。为适应新形势的需要，逐步组建了44个工程勘察施工企业，取得工程勘察施工甲级和综合甲级资质近60个，完成了上千项大型工程勘察施工项目，为国家基础设施建设作出了贡献，先后获得数百项工勘行业奖。在发展主业的同时，利用掌握资源或地理位置的优势，积极调整产业结构，兴办了一批矿山开采、加工企业和酒店宾馆等第三产业，为单位发展形成了新的产业，保持了地勘单位持续发展。

2015年，1人获得中国地质学会青年地质科技奖银锤奖。

地质调查进展与成果

2015年，中材地勘中心承担了7项地质矿产调查评价工作项目，其中6项新开、1项续作。完成主要工作量：1∶50 000矿产地质调查2509 km^2、1∶10 000地质测量260.51 km^2、激电测深点435个、槽探17 836 m^3、自然重砂300件，提交晶质石墨矿产地2处、找矿靶区2处；脉石英找矿靶区2处；金刚石找矿远景区1处，出土金刚石4粒，发现超基性岩管1处。预测晶质石墨（矿物）（334?）资源量378.4万吨，预测脉石英资源量75.7万吨。

一、四川省攀枝花市石墨矿调查

在区内发现8个石墨矿体，均赋存于闪长岩体与咱里组地层的外接触带上，矿体产状与地层产状基本一致，倾向南东东，倾角52°～76°，矿体厚度为9.5～16.8 m，走向长度为548.9～787.8 m，固定碳含量为2.7%～21.6%，固定碳平均含量为13.5%。预测石墨矿物资源量35.4万吨，矿床规模达中型。石墨矿石为石墨白（绢）云母石英片岩，鳞片状变晶结构，千枚状或条带状构造，主要矿物成分为石英、白云母、石墨，以及少量长石及石榴子石，其中石墨矿物呈鳞片状、片状，与白云母在岩石中沿长轴呈定向排列，石墨片径一般为0.05～0.26 mm。

二、河北省张家口地区石墨矿资源调查评价

调查区内发现4处石墨矿化点，通过物探工作，4处石墨矿化点的激电异常明显且连为一体。经探槽工程验证为石墨矿，圈定石墨矿产地1处，呈北东向展布，长约5.0 km，宽约1.5 km，面积7.5 km^2。石墨矿赋存于新太古代红旗营子群中部。岩性为灰白色方解石大理岩、蛇纹石化含石墨橄榄大理岩，以及灰黑色透辉透闪大理岩、石英岩、含石墨黑云斜长片麻岩、黑云斜长变粒岩、含石墨浅粒岩、黑云角闪片岩。石墨见矿厚度平均约40 m，固定碳含量2%～10%，平均固定碳含量为3.89%。估算预测资源量(334)？矿石量8705万吨，矿物量343万吨，为一处潜在大型晶质石墨矿床。

三、甘肃省肃北县鹰咀山一带石墨矿调查评价

圈定石墨矿体11条，圈定白石头沟找矿靶区1处。区内石墨矿赋存于古元古代—新太古代敦煌岩群二岩组中，主要含矿岩性为石墨斜长片麻岩。矿化带整体呈半圆环状，受断层影响分为东西两部分，西侧矿化带总体呈南西-北东走向，长约1200 m，宽100～370 m，倾向165°～193°，倾角51°～83°，初步圈定矿体8条，平均固定碳含量3.6%；东侧矿化带被斜长角闪片岩分为两条，整体呈弯曲的圆弧状，走向由北西向逐渐转为近东西向，长度800 m左右，宽度10～80 m，倾向140°～288°，倾角62°～76°，初步圈定矿体3条，平均固定碳含量9.6%。

四、新疆奇台县黄羊山一带石墨矿调查评价

圈定了石墨矿找矿靶区1处，靶区（Ⅰ-1）位于调查区北部，呈北西向分布，面积12.55 km^2，石墨矿化体产于中细粒黑云角闪碱长花岗岩、细粒黑云母碱长花岗岩和中粒角闪石碱长花岗岩接触带附近，

圈定出2个石墨矿化体，①号石墨矿化体南北控制长度约2.1 km，东西向控制宽度300～600 m不等，平均480 m；固定碳（C）含量最低为0.46%，最高为3.32%，有一定的找矿前景；②号石墨矿化体，出露长约1.1 km，宽180～550 m不等，平均宽350 m。固定碳含量为2.94%～11.00%，平均6.43%，有进一步工作的价值。

五、安徽大别山东段脉石英矿资源调查评价

圈定了桥冲－赵家埠脉石英找矿靶区1处，桥冲－赵家埠脉石英找矿靶区位于本工作区北东侧，区内出露古元古代中深变质表壳岩与新元古代变质侵入岩以及英山－潜山超高压变质带变质岩，岩性主要有桥岭岩组黑云斜长片麻岩、含绿帘黑云斜长片麻岩，水吼岭二长花岗质片麻岩及榴辉岩（ec）等。区内共发现了134条石英脉，其中大脉38条占28.36%，宽度大多为1～4 m，局部达7 m，集中分布在区内北部高岭—桥冲及南部赵家埠等地。脉石英预测的资源量40万吨。

六、山东省临沂中北部地区脉石英调查评价

调查区发现13处脉石英成矿点，圈定了电法异常17处，初步估算脉石英资源量35.7万吨。圈定芦山头脉石英找矿靶区1处，靶区内地表出露有5条脉石英矿体，脉石英矿脉的SiO_2含量均在97%以上，SiO_2平均含量99.09%，Fe_2O_3平均含量0.063%。脉石英矿体赋存于新太古代泰山岩群中，矿体多呈复合透镜状、脉状，常成群成组分布，规模较大的主矿体两侧可见近于平行分布的脉石英细脉。脉石英均为致密块状，矿物组成主要为石英集合体，表面风化受铁质渲染，局部沿裂隙染有黄褐色铁质锈斑，新鲜面为白色、乳白色，透明半透明，脉石英最宽约1.5 m，地表出露长约125 m，总体走向130°，倾向NE，倾角约70°。脉石英乳白，致密块状，不透明。围岩为条带状英云闪长岩。

七、山东省沂源县西里地区金刚石矿远景调查

自然重砂中出土了4粒金刚石和大量指示矿物，圈定了1处金刚石重砂异常和3处铬透辉石－铬铁矿重砂异常；发现1处超基性岩管，圈定了8处磁异常，有6处有隐伏超基性岩管存在的可能；突破了以往金刚石成矿区带；圈定了1处金刚石找矿远景区。

在东唐庄地区发现1处超基性岩管，超基性岩管总体沿北东30°方向展布。断面上看呈上宽下窄的“喇叭口”。围岩为万山庄超单元前麻峪单元绿泥透闪片岩和傲徕山超单元蒋峪单元二长花岗岩。磁法测量结果显示，岩管的平面形态呈NE走向的椭圆状，该岩体长轴（走向延伸）约30 m，短轴宽度11.0～14.4 m，视电阻率垂向电测深显示，该岩管总体产状直立，向下深度至少在75 m以上。

（陈军元）

中国冶金地质总局工作

中国冶金地质总局

概　况

中国冶金地质总局（以下简称“冶金地质总局”）是中央管理的地质勘查单位，前身是1952年设立的重工业部地质司（后改为地质局），1956年划归冶金工业部，2003年交国务院国资委管理。主要职责是固体矿产地质勘查、研究与开发，超硬材料生产及机械设备研制，冶金地质勘查发展规划和规章制度制定，冶金地质行业标准研究，冶金地质勘查业务管理，相关地质勘查组织实施，所属地质单位队伍管理，国外重要地质矿产勘查，相关信息和技术服务。总部内设14个职能部门，下辖11个事业单位和9个控股公司。截至2015年末，共有职工37 736人，其中在职21 440人，离（退）休16 296人。2015年，冶金地质总局认真贯彻党和国家关于安全生产的各项方针政策，深入贯彻落实国资委、国家安全监管总局的各项工作部署，严格落实企业主体责任，加大教育培训和考核力度，健全完善安全生产管理体系和安全生产技术体系，强化治理各项安全隐患，严控安全风险。2015年，内蒙古东乌旗花脑特银多金属矿勘探和广西大新大型锰矿勘探分获十大地质科技进展和十大地质找矿成果，1人荣获全国地勘行业“最美地质队员”称号。

地质调查进展与成果

2015年，冶金地质总局所属单位共承担地质调查评价项目37项（其中续作项目19项、新开项目18项）。完成钻探12 294.54 m、浅井240 m、槽探62 117.6 m^3。基础地质：剖面性工作完成1071.042 km、面积性工作完成12 766.2 km^2；物化探及遥感：剖面

性工作完成 1116.44 km，面积性工作完成 13 915.98 km^2。

一、新疆库鲁塔格山北段矿产地质调查

完成1∶1万地质草测12.21 km^2、1∶2000地质草测1.5 km^2、1∶1万地化剖面26.22 km、1∶1万激电剖面11 km，槽探2621.03 km^3、钻探1191 m。发现塔什乌依铌矿化点和塔什乌依金矿化点2处，圈出了3条石墨矿体。

二、大兴安岭西南段钨锡矿资源调查

完成1∶5万水系沉积物测量372.88 km^2、激电中梯剖面测量49.2 km、槽探801.3 7m^3、基本分析样129件。发现并圈定了4处有进一步价值的极化异常；施工探槽，见到3条矿化蚀变带。

三、内蒙古贺根山－索伦山地区铬铁矿调查评价

完成1∶5万重力测量735 km^2、1∶5000高精磁法剖面测量150.5 km、1∶5000重力剖面测量150.5 km、1∶5000地质剖面测量150.5 km、1∶5000地球化学剖面测量33.9 km，可控源音频大地电磁测面测深测量30点。

四、河北省东莲花院－昌黎地区矿产地质调查

完成1∶5000重力精测剖面33 km、1∶5000磁力精测剖20 km、电磁测深148点。

五、西藏雪莎地区地质矿产综合调查

完成1∶5万水系沉积物测量1760 km^2、1∶5万区域地质矿产填图193.7 km^2，圈定了1处金铅综合异常，普遍具硅化、黄铁矿化，具良好的找矿前景。

六、西藏班公湖－怒江成矿带东段丁青岩体及外围铬铁矿资源潜力评价

完成1∶5万矿产地质填图800 km^2、1∶5万磁法测量200 km^2、1∶1万磁法测量10.88 km^2，发现铬铁矿（化）点41处。

七、西藏乃东县温区一带铜多金属调查评价

完成1∶1万矿产地质填图35.7 km^2、1∶2.5万岩屑（土壤）地化测量12 km^2、钻探999 m、槽探2445 m^3；完成1∶1万磁法测量10.88 km^2，发现铬铁矿（化）点41处。发现2层黄铜矿化矽卡岩，累计铅直厚度分别为5.39 m和14.47 m，目估品位Cu 0.3%～0.7%。

八、山西省北部矿集区找矿预测

完成1∶1万土壤地球化学测量27.6 km^2、1∶2万高精度磁测30 km^2，圈出3个找矿预测靶区。

九、青海省天峻县纳日宗地区矿产远景调查

1∶5万水系沉积物238 km^2、1∶5000激电中梯剖面9 km、1∶2000岩石剖面4 km、槽探1976 m^3、钻探653.3 m，发现一条宽30 m左右，出露长约300 m左右的铜铅锌多金属矿化带。

十、新疆和布克赛尔县乌尔禾地区矿产调查评价

完成1∶5万高精度磁法235 km^2、1∶1万地质草测37 km^2、1∶2000地质草测1 km^2、1∶1万地化（土壤）剖面30 km、1∶1万高精度磁法剖面30 km、1∶5000激电中梯剖面30 km、槽探2000 m^3、钻探500 m。

十一、新疆阿尔金北缘克孜萨依－金雁山地区铬铁矿调查

完成1∶2.5万高精度磁法60 km^2、1∶2.5万重力60 km^2、1∶2.5万地质草测190 km^2、1∶1万地物（高精度磁法、重力）剖面40 km、槽探203.5 m^3。发现铬铁矿蚀变带7条、褐铁矿化蚀变石英脉2条。

十二、青海省海晏县西海镇地区地矿产调查

完成1∶5万J47E019020、J47E019021、J47E019022区域地质调查87 km^2、1∶1万剖面测量102 km、1∶1万土壤剖面测量90 km、槽探1510 m^3。建立了测区岩石地层序列；重新厘定了侵入岩岩石类型和侵入体的相对年龄，对大岩基进行解体，划分了侵入岩填图单元，系统采集了各类样品和同位素测年样。

十三、青海省拉脊山东段金多金属矿调查评价

完成1∶1万地质草测7 km^2、1∶5000地质剖面10 km、1∶5000激电中梯剖面10 km、1∶5000土壤剖面8.24 km、槽探5076 m^3、钻探2065.35 m。圈定金矿（化）体3条，分别为视厚度1.30 m，Au品位3.93×10^{-6}；水平厚度1.0 m，Au品位0.58×10^{-6}；水平厚度1.0 m，Au品位1.74×10^{-6}。

十四、内蒙古自治区锡林郭勒盟巴彦诺尔等3幅1∶5万矿产地质调查

完成1∶5万矿产地质调查800 km^2，1∶5万高精度磁法测量65 km^2，1∶1万高精度磁法测量15 km^2，1∶1万激电中梯测量6 km^2，1∶1万地质草测20 km^2，1∶1万土壤测量15 km^2，1∶1万地质、化探综合剖面102 km，1∶2000地质剖面20 km，槽探500 m^3。

十五、新疆东准噶尔卡拉麦里地区铬铁矿调查评价

完成1∶2.5万高精度磁法415 km^2、1∶2.5万重力415 km^2、1∶2.5万地质草测530 km^2、1∶1万地物（高精度磁法、重力）剖面40 km、槽探800 m^3、钻探505.1 m。

十六、云南薄竹山地区钨锡多金属矿调查评价

圈定化探异常30个，找矿靶区3个。

十七、新疆阿克陶县阿克萨依铁铜矿调查评价

圈出单元素异常249个，综合异常28处。发现了11处铜矿点，并圈出了沉积变质型苏盖特铜矿找矿靶区。

十八、新疆温宿县库凡提一带矿产远景调查

新发现了1条石墨矿带，初步圈定出石墨矿体3条；发现高岭土矿点1处，初步圈出了1条高岭土含矿层。

十九、新疆皮山县麦拉山一带矿产远景调查

提交4处找矿靶区分别是黑山头北（HS-1-甲）铅锌多金属矿找矿靶区、甜水湖北东（HS-29-甲）铅锌找矿靶区、甜水湖南（HS-28-乙）铜矿找矿靶区。

二十、新疆塔城地区玛依勒山地区矿产地质调查

圈定磁法异常6处，圈出的4个找矿远景区，新发现金矿（化）点5处。

二十一、广西南丹-宜州地区锰矿资源调查评价

完成钻探840 m、浅井182 m、槽探3500 m^3。新发现锰矿点15个，氧化锰矿属风化堆积型矿床。

二十二、广西田东-德保地区矿产地质调查

完成钻探285.88 m，槽探1366.2 m^3。对含锰岩系、锰矿层进行圈定和控制。

二十三、湖南安化-桃江地区锰矿资源调查

完成钻探1099.18 m、浅井58 m、槽探2471.6 m^3。圈定了冲天蜡烛向斜为重要找矿靶区。

二十四、湖南湘潭-九潭冲地区矿产地质调查

完成钻探2120.22 m，槽探1269 m^3。圈定了乌田向斜为重要找矿靶区。

二十五、新疆博罗科努成矿带库尔赛达坂—依列克达坂一带铁铜多金属矿调查评价

完成1∶1万地质草测30 km^2、1∶5000地质剖面20 km、槽探1790.36 m^3。

二十六、新疆乌恰县—阿克陶县玛尔坎苏一带锰矿资源远景调查评价

完成1∶5万地质草测542 km^2、1∶5000地质剖面23 km、槽探3058 m^3。圈出含锰层位，长65 km，圈定了4个锰矿找矿靶区，显示出良好的找矿潜力。

二十七、新疆乌恰县吉根一带锰矿资源远景调查评价

完成1∶1万地质草测320 km^2、1∶5000地质剖面30 km、钻探674.68 m、槽探2010.2 m^3。新发现一个含锰沉积层位，圈定18个锰矿体。

二十八、新疆西准噶尔地区达拉布特岩带铬铁矿调查评价

完成1∶2.5万高精度磁法、重力测量1260 km^2，1∶2.5万地质草测630.3 km^2，1∶1万地物（高精度磁法、重力）剖面40 km，槽探1980 m^3，钻探306 m。

二十九、新疆新源县则克台—吐尔巩一带铁矿调查评价

完成1∶5万地质草测44.5 km^2、1∶1万物化测量50 km^2、槽探1141m^3、钻探557.4 m。

三十、新疆霍城县大西沟地区矿产地质调查

完成1∶5万地质草测525 km^2、1∶1万物化测量722 km^2、槽探1501.47 m^3。

三十一、新疆巴里坤县沙马尔他乌一带铜金多金属矿远景调查

新发现铅锌矿产地1处（红星盐厂南铅锌多金属矿），新发现金矿点2处（色皮口金矿点、芨芨台子金矿点）、银矿点2处（依齐萨伊银矿点、卡扎赫南银矿点）、铅锌矿化点2处（小红柳峡牧场东南铅锌矿化点、塔克尔巴斯套铅锌矿化点），新发现铜、金、铅锌矿化线索多处。

三十二、新疆巴里坤县纸房断裂东火山岩型铜金矿远景调查

圈定找矿靶区6处，发现金矿（化）点6处、磁铁矿点1处。

三十三、新疆策勒县恰哈铜金矿远景调查

新发现矿（化）点6处，其中铜矿点1处、铜矿化点4处、金矿化点1处；围绕区内北西向蛇绿构造混杂岩带圈定找矿远景区1处、找矿靶区3处。

三十四、青海省天峻县疏勒河地区矿产远景调查

圈定找矿靶区8处，通过稀疏工程控制，圈定一条长约180 m，宽约40 m的钼矿化带，并初步圈出了一条辉钼矿体，矿体长约150 m，宽约15 m，平均品位约0.074%，最高品位为0.44%。

三十五、甘肃北山红山地区铁矿调查

新发现铁矿体9条（包括2条隐伏矿体），地表累计矿体长度达7.83 km，通过钻探验证证明四矿区西和五矿区西均有较大找矿潜力，预测已知矿区铁矿石资源量可达2亿吨以上。

三十六、新疆库地岩体及外围铬铁矿资源调查评价

赛吕西发现橄辉岩，结合前期发现的辉石岩，初步认为赛吕西超基性岩体为库地蛇绿岩的一部分，有望圈定铬铁矿找矿靶区。

三十七、西南三江成矿带中段通吉格-扎仁地区铜矿资源评价

初步圈定2条具有潜在规模的铜矿体，长350～800 m，厚1.0～3.5m，打块样品分析Cu 0.10%～24.15%，目估平均品位Cu 1.0%～2.0%。

（高东旭）

中联煤层气有限责任公司工作

中联煤层气有限责任公司

概 况

中联煤层气有限责任公司于1996年3月30日经国务院批准成立，是专门从事煤层气勘探、开发、输送、销售和利用的国家公司，享有煤层气勘探、开发和生产对外合作专营权；并在国家计划中实行单列。公司历经股权变更，目前为中国海洋石油总公司的全资子公司。公司下辖3个二级单位（晋城分公司、太原分公司、研究中心）、3个项目组（临兴－神府项目指挥部、外围项目组、七元矿项目组）、10个对外合作联管会。现有员工900余人。

公司自1996年成立以来，先后在全国15个省31个地区实施各类煤层气科研项目112个，其中对外合作项目15个，施工各类煤层气井3200余口。2001年，公司在沁水盆地提交了国内第一份煤层气探明地质储量报告。截至2015年底，公司拥有煤层气探明地质储量$1724.58\times10^{8}\ m^{3}$。公司已建成潘河、潘庄2个煤层气田，2015年天然气产量$10.27\times10^{8}\ m^{3}$；另有7个在建项目，设计年产能合计$22.5\times10^{8}\ m^{3}$。

截至2015年底，公司共有煤层气矿业权32个，面积18 211.912 km^2，其中探矿权30个，面积18 018.622 km^2；采矿权2个，面积193.29 km^2；2013年在神府、横山堡南区块新增列页岩气矿种，增列面积797.838 km^2。

地质调查进展与成果

2015年，中联公司承担1项地调局项目主要煤层气含矿区带煤层气勘查开发前景项目。2015年6月，该项目通过成果验收。

该项目总体目标与任务为跟踪国内外煤层气资源勘探开发动态及其技术发展方向；跟踪中国主要煤层气含矿区带煤层气资源评价与勘探开发动态及远景规划，分析研究主要煤层气含矿区带地质条件与煤层气资源赋存规律、储层特征、产能及开发潜力、勘探控制程度及经济可采性，确定有利目标区域，并评价其煤层气勘探开发前景。

通过地质编图、野外露头观测和井下地质编图和实验分析研究，对全国7个主要煤层气赋存区域的地质条件及勘探开发前景进行总结分析评价，取得以下成果：

一、煤层气基础地质研究

分析国外（主要是美国、澳大利亚、加拿大）的煤层气勘探开发现状，认识到煤层气产业从起步到先导性开发试验，再到规模性商业开发是一个长期过程。深入总结7个主要含煤层气盆地（群）的勘探开发现状，沁水盆地、鄂尔多斯盆地东缘是中国煤层气勘探开发活动最多、程度最高的两个地区，滇东黔西盆地（群）、准噶尔盆地南缘、两淮地区煤层气勘探开发工作亦有不错的工作基础，其余盆地（群）煤层气勘探开发基础较差。

重点收集盆地及其临近区域以往煤层气勘探及相关研究成果，跟踪国内外煤层气资源勘探开发动态及技术发展方向和各个盆地煤层气勘探开发动态、技术发展方向与远景规划；对筛选出的煤层气区带进行综合对比分析；开展沁水、鄂尔多斯、准噶尔、两淮、吐哈、辽中、滇东黔西等主要煤层气区带煤层气资源调查评价；进行样品测试及地层测试；分析研究了煤层气地质条件与赋存规律、储层特征、产能及开发潜力。

二、煤层气资源调查评价

采用体积法，计算7个主要含气盆地的煤层气地质资源量、可采资源量、资源丰度，以含气区带为基本单元，总结煤层气资源的分布规律。建立煤层气资源勘查潜力评价体系，评价全国重点含气盆地煤层气资源勘查潜力，指出下一步煤层气勘查方向。

开展主要煤层气区带煤层气资源调查评价，分析评价煤层气勘探程度及经济可采性，进行主要煤层气有利区目标优选及勘探开发前景评价。基于主要含气盆地煤层气资源勘查潜力评价的特点，建立两种评价方法：一是灰色聚类与层次分析相结合的评价体系。该评价体系包含资源条件、可采性条件、开发利用条件三大指标体系，包括地质资源量、资源丰度、渗透性、平均埋深、可采系数、储层压力梯度、临储比、市场需求、地形条件、基础设施、构造复杂程度、煤层稳定性等12个指标参数。该体系的评价方法，首先是应用层次分析法确定各评价指标在综合评价中所占的权重，然后根据各参数取值或打分情况，进行灰色聚类，并最终对各含气区带的勘查潜力进行打分排序，划分优（优先开展勘查工作）、良（鼓励开展勘查工作）、可（可以开展勘查工作）、差（暂缓开展勘查工作）4 个级别。二是参数对比方法，即通过对比各类煤层气物性参数，选取有利区。此外，还编制了主要煤层气区块煤层气综合评价图，通过综合评价优选出各个盆地有利区块，为煤层气勘探开发提供依据。

（徐晓燕）

院校地质调查院工作

中国地质大学（北京）地质调查研究院工作

中国地质大学（北京）地质调查研究院

概　况

中国地质大学（北京）地质调查研究院成立于2000年9月，为学校二级单位，主要职责是代表学校行使地质调查项目的组织实施和业务管理工作。获得地调局高校地调院能力建设A级单位称号，具有5个甲级地质勘查资质。内设综合办公室、总工办公室、财务管理办公室（主要负责地质调查项目经费支出、财务票据等复审工作）及资料档案室等部门，配备院长、副院长及总工程师各1人，其他工作人员11人。2015年，新增测试设备4台（套），资产价值约120万元；完成地调项目立项及年度工作方案审查186项（含委托业务）；地质调查出版物管理系统成果登记约150项。全年安全生产无事故。

2015年，由王成善院士团队完成的青藏高原生长的深部过程、岩石圈结构与地表隆升成果获得国家自然科学奖二等奖，该项成果得到部分地质调查项目的支持。此外有3人次参与的地质调查项目获得国土资源科学技术奖一、二等奖。

地质调查进展与成果

一、基础地质调查

1. 松辽盆地科学钻探地质综合研究。完成松科2井数据平台（DIS）建设，对T_{4-1}界面（沙河子组顶面）之下沙河子组、火石岭组和基底的岩性进行预测，制作了模拟柱状图，初步厘定松辽盆地营城组地层序列，成功举办2015年松辽盆地科学钻探国际学术研讨会。

2. 青藏高原重要构造－岩浆带区域地质专项地质调查。重点研究东昆仑岩浆岩带的岩浆岩时空格架、构造－岩浆演化序列与岩浆作用特征，查明了各个岩石组合特征。对班公湖－怒江成矿带成岩、成矿年龄进行汇总，厘定南羌塘地区不同期次的岩浆岩组合特征，确认日喀则蛇绿岩的岩石组合、岩石地球化学特征，揭示日喀则蛇绿岩的构造环境和地幔域特征。研究了三江特提斯构造－岩浆作用时空格架，划分构造－岩浆带，探讨其构造属性，厘定中生代火山岩的时代，获得一些新的资料和认识。

二、矿产调查与评价

1. 青海省大柴旦镇绿梁山－双口山多金属矿调查评价。在鱼卡金红石矿区外围共发现宽度达到20 m以上的榴辉岩型矿体和矿化体15条，最宽榴辉岩可达50 m左右。宽度在10～20 m的榴辉岩20余条，其长度在100～500 m不等，其中，已经有探槽控制的金红石矿体10条，长度在300～1000 m不等。至少可计算出TiO_2资源量15万～20万吨；发现双口山东南银铅金矿区主要矿化体Au9、Au10走向延伸1.5～2 km，具有找到大中型金矿的潜力；在绿梁山东金找矿靶区发现该带构成一长度大于800 m的新的金矿化带，并查明矿化带产出位置位于深大断裂的次级构造带中，位于深成侵入体下盘围岩位置；在铁石观金找矿靶区一处310°方向的窄石英脉内发现品位高达8.95×10^{-6}金矿体。

2. 甘肃省南部矿集区找矿预测。查明矿区内较为发育的燕山期中酸性岩浆岩，在时间上、空间上、物质成分上控制金成矿作用的发生与形成，认为大水金矿床成矿地质体为矿区燕山期闪长岩岩脉。概将该区成矿结构面划分为多组断裂交叉复合控矿、岩脉与围岩的接触带控矿、溶洞构造控矿等类型。查明该矿区主要成矿元素为Au，元素浓度异常中发育三级浓度分带，反映出前缘晕元素异常较发育，即异常强度大，范围宽，而尾晕元素异常相对不发育。根据原生晕特征预测Au 2矿体深部可能还存在盲矿体，提出Au 7矿体的南部和Au 20号矿体的南西纵深部位有很好的找矿远景。

3. 新疆西天山及中亚邻区大型－超大型铜金矿

床成矿地球动力学背景、过程和定量评价项目。识别出吉尔吉斯斯坦 Taldy bulak Leveberezhny 金矿床有两期金矿化，查明成矿规律和成矿时代，发现寒武纪金成矿事件，并具有区域找矿意义。重新厘定巴音布鲁克群形成时代，其形成于中晚奥陶世至中晚志留世。地球化学特征表明本区中基性火山岩和正长斑岩应形成于大洋岛弧环境，其岩浆源区可能为俯冲板片流体交代地幔楔形区。

4. 覆盖区矿产综合预测与汇总。研发了 3 种覆盖区弱缓异常识别和提取方法技术，主要有基于小波分析的局部奇异性方法、连续深度自编码网络方法、综合信息融合新方法。

5. 武夷山植被覆盖区勘查模型研究与控矿要素探查。进行了武夷山植被覆盖区“马坑式”及“紫金山式”矿床找矿方法组合总结，开展闽西南大排铁铅锌多金属矿床稳定同位素及其对成矿模型的意义、矾山外围包围山钼矿床锆石 U－Pb 和辉钼矿 Re－Os 年龄及其地质意义、矾山外围锦溪铜（钼）矿床锆石 U－Pb 和辉钼矿 Re－Os 年龄及其地质意义等研究及福建平和大矾山铜多金属远景区构造岩相蚀变与成矿预测图编制。

三、物化遥及其他

1. 大地电磁和地震资料二维联合反演方法技术及其在深部找矿中应用研究。实现大地电磁和地震全波形资料二维联合反演算法，通过代码调试和初步模型试算，完成 2 个典型矿区实测地震资料的处理和反演试验。

2. 覆盖区遥感技术与图像融合研究及应用。对东天山、大兴安岭南段和武夷山的遥感信息提取结果进行修正，对遥感找矿模型进行优化，进一步对典型矿区遥感构造、岩性、蚀变进行解译和修正。根据新疆东戈壁钼矿和内蒙古乌日尼图钼矿建立针对钼矿的典型矿床的遥感找矿模型。

3. 京津地区矿产资源开发环境遥感监测。发现京津地区正在开采采场 432 处、废弃采场 698 处，其中正在开采采场包括违法采场 303 处、合法采场 129 处。并查明违法采场分布特征；在京津地区共发现 22 处地质灾害，其中滑坡 14 处、泥石流 2 处，崩塌 4 处、塌陷坑 2 处；查明北京和天津地区的矿山复绿工程情况。

4. 热红外高光谱矿化蚀变矿物提取方法研究与应用示范。提出基于波谱先验知识与大气辐射传输模型的大气校正方法的理论框架，基于稀疏性约束的温度与发射率分离方法，基于稀疏表示的岩性识别方法。总结了热红外高光谱岩性填图工作流程。

5. 典型地下水铬污染场地调查。对铬污染场地铬污染迁移转化规律、全国地下水重金属污染进行总结。对地下水有机污染综合研究，并对中国地下水有机污染风险进行评估并提出防控措施。地下水无机常规组分水化学背景值研究，初步建立了地下水视背景值建立体系。并完成了全国分散饮用供水井水质评价分析。

6. 重要成矿区带找矿突破与保护综合评价体系研究。对全国矿产资源规划确定的 75 个国家级矿业经济区进行评价，研究评述找矿突破的方向、重点，国家有关矿业发展等管理政策的落地情况，提出 75 个矿业经济区的发展建设程度分类及不同类型（阶段）矿业经济区的支持政策着力点。

7. 我国绿色矿业发展研究。研究矿山地质环境破坏、矿山地质环境恢复治理总体情况；研究共伴生矿综合利用总体情况、典型地区矿山地质环境及共伴生矿综合利用情况及绿色矿业发展对矿山地质调查工作的需求，提出新形势下加强地质调查工作的政策建议。

（刘文灿）

中国地质大学（武汉）地质调查研究院工作

中国地质大学（武汉）地质调查研究院

概　况

2000 年 5 月，为了适应新一轮国土资源大调查的需要，中国地质大学（武汉）地质调查研究院正式成立，成为国内最早的高校地调院。全面负责学校国土资源大调查、地质矿产调查评价等专项项目的管理工作，同时承担地质调查科学研究和硕士、博士研究生等高层次人才培养工作。拥有国土资源部颁发的 9 个领域甲级地质勘查资质和地质灾害防治工程勘查、设计及地质灾害危险性评估甲级资质，是地调局院校地调院能力建设评估 A 级单位，通过了 ISO9001:2008 质量、职业健康安全、环境管理体系第三方认证。15

年来，为全国国土资源管理、矿产勘查开发、区域经济发展和生态环境建设等方面提供了有力的专业技术支持与服务，获得了社会各界良好的评价与赞誉。

2015年度，共承担地质调查子项目39项，结题地质调查子项目33项，汇交地质调查子项目21项。依托地质调查子项目和协作项目，发表科研论文110篇，其中SCI、EI、ISTP论文41篇，出版专著2部。

地质调查进展与成果

2015年度，承担工作项目39项，其中甲类项目8项、乙类项目31项，涉及基础地质调查、矿产资源调查评价与研究、水文地质环境地质灾害地质调查、地质科研等领域。

一、基础地质调查

新疆1∶5万板房沟、小柳沟、伊吾军马场、口门子幅填图试点项目是地调局为拓展中国区域地质调查与研究新领域、拓展地质找矿空间、提升中国区域地质调查面向生态文明建设和经济社会发展服务的能力、革新传统区调工作方法与技术、探索和总结中国区域地质调查新方式和新技术而启动的特殊地质地貌区填图试点项目下设的子项目。项目通过剖面实测和填图，进一步对测区的地层系统进行了清理，厘定测区岩石地层序列，并对部分岩石地层单位进行了解体，大部分组级地层单位划分到段；获得一批侵入岩同位素年龄资料，对测区侵入岩填图单元系统进行了重新梳理；调研全区构造变形格局和时序关系的基础上，结合区域构造发展演化，初步梳理研究区构造变形的序次关系；采用具有针对性的数据处理方法，对重磁异常数据进行了处理，包括磁异常化极、磁异常匹配滤波、重力异常垂向导数、重磁异常线性特征分析等。根据区内重磁异常线性特征，推测基底断裂分布，根据布格重力异常，对覆盖区古－新近系（第三系）基岩面深度进行初步反演估算，得到界面深度图。

青海省冷湖行委昆特依地区4幅1∶5万区调，内蒙古1∶5万冬贵敖包、海勒斯台、新庙、嘎海庙幅区矿调和青海省都兰县宗加地区1∶5万J47E023003、J47023004两幅区域地质矿产调查3个区矿调项目均按任务书要求完成年度工作任务，并取得较多重要进展。

二、矿产资源调查评价与研究

中国典型页岩气富集机理与综合评价参数体系为学校负责组织实施的计划项目，下设典型地区页岩气赋存与保存机理、典型地区富有机质页岩结构、非均质性及控制因素、页岩气评价参数体系及选区选层评价等工作项目。2015年度该项目以鄂西渝东、中扬子西部、下扬子皖南宣城等为主要研究区块，重点开展下寒武统页岩，兼顾上奥陶统—下志留统页岩气的地质调查和研究，研究地层埋藏抬升、受热、生烃演化及改造历史，分析页岩埋藏－抬升过程中页岩吸附能力及其控制因素、吸附气与游离气含量的转换关系，综合分析页岩气赋存状态与保存机制及其控制因素。并以中国南方下寒武统页岩为重点，查明富有机质页岩垂向非均质性及空间分布，选择典型解剖区开展页岩宏观—微观多重非均质性变化、岩相类型划分、古生产力、海平面变化、氧化还原条件、有机硅质来源等研究，查明页岩非均质性变化及其影响因素。基于大量的地质测试资料重点开展页岩脆性矿物含量、粘土矿物含量、TOC含量、孔隙度的定量化表征方程，基于此开展参数的平面预测，测试预测精度并进行修正；初步提出页岩气分类分级评价参数体系和甜点地球物理预测方法。

西藏仲巴县帮布勒地区铜多金属矿调查评价、中上扬子地块周缘成矿系统演化与铅锌多金属矿床时空分布规律研究、中上扬子西南缘大型铅锌矿床定位规律研究、中上扬子地块东南缘Pb－Zn－Ag－V矿床成矿规律与成矿模式研究、中上扬子南缘锰矿成矿构造环境研究、扬子地块北部大陆增生再造过程及其成矿背景、含金刚石母岩岩石学特征对比、黔西南矿集区找矿预测、山西省北部矿集区找矿预测、基于盲信号的深部矿产地球物理弱异常提取及精细定位研究、重要矿产资源战略接续区综合评价、长江中下游深部铁铜矿精细地球化学勘查技术研究、青海省东昆仑典型金矿床成矿控制条件与找矿方向综合调查等项目均按要求完成当年任务，发表多篇高水平论文。

三、水文地质环境地质灾害地质调查

湖北宜昌兴山香溪河岩溶流域1∶5万水文地质调查完成教场坝幅和三溪河幅区域地层的含水性分析，划分区域含水层和隔水层；确定岩溶含水系统和岩溶水流系统划分的原则与方法，并对已完成5个图幅的地下水流系统进行圈划，确定几种岩溶水流系统模式；确定选取典型小流域利用水文自动检测手段，获取地下水地表水水文过程监测数据，通过水文分析与理化分析相结合的方法求取地下水资源评价参数，进而形成岩溶地下水资源总量定量评价方法；香溪河水文地质调查高级人才培养基地建设稳步推进。

江汉平原重点地区1∶5万水文地质调查（脉旺咀幅，彭场镇幅）项目通过地面调查及水位统测，查明地下水的补径排条件及流场特征，绘制了脉旺嘴幅和彭场镇幅平水期和丰水期的等水位线图；通过高分

辨率动态监测，掌握调查区地表水及地下水的动态特征；对江汉平原地貌地形进行了遥感解译，查明江汉平原重点区及图幅工作区的土地利用类型；利用中等分辨率遥感影像研究了三峡大坝修建对陆溪口沙洲形态的影响；建设关键带专题研究野外监测场地 2 个，重点开展季节性水位波动影响下高砷含水层水文 - 生物地球化学的动态演化。

长江上游宜昌 - 江津小流域地质灾害调查与早期预警、资源型地区资源环境承载力评价指标研究等项目均进展顺利，完成 2015 年度的主要工作量和任务，达到预期目标。

四、地质科学研究

青藏高原新近系区域地质专项调查通过扎实的野外调查和前期的积累，取得多项重要进展：通过塔里木盆地碎屑锆石双定年成果证明西昆仑山脉是一个古老活化的造山带；证明喜马拉雅南坡第四纪以来的加速剥蚀；开展西藏措勤盆地新生代地层综合研究及古海拔重建，并采用碳酸盐岩氧同位素分析方法进一步重建古高程。

神农架 - 雪峰山地区区域地质专项调查、东北界河地区国土资源遥感综合调查与监测、西部艰险复杂地区遥感地质调查应用技术研究、湖北省矿山环境监测、地质矿产实验测试标准物质研制、基于远程数据传输的钻探工程数字化设计与管理系统、覆盖区勘查技术方法研究及应用、典型覆盖区勘查模型研究与控矿要素探查、覆盖区找矿靶区优选与验证等项目均圆满完成 2015 年度科研任务，取得丰富的研究成果。

（王　东）

吉林大学地质调查研究院工作

吉林大学地质调查研究院

概　况

吉林大学地质调查研究院是吉林大学法人授权、具有部分管理职能的直属单位。近几年来，各项工作取得突破性进展，在开展国家基础性、公益性和战略性地质调查工作中不仅进一步强化了传统地学学科的集成优势，而且日益显示出吉林大学理、工、文等多学科与地学紧密结合的特色，形成特有的以地学学科为骨干、以相关多学科为辅助的新型国家公益性地质调查队伍。

2015 年，吉林大学地调院再次通过国土资源部评审，获得 8 项甲级地质勘查资质，同时地质灾害危险性评估（甲级）资质通过年检，成为在地质勘查和地质灾害危险性评估行业领域具有资质最多的地勘单位之一，充分体现了在地质勘查、地质灾害评估领域的综合科技实力与能力。

地质调查进展与成果

一、基础地质调查项目

2015 年度，吉林大学地调院所承担的基础地质调查及研究类项目，均按照任务书和设计书的要求完成 2015 年度主要实物工作量，共完成 1∶5 万区域地质调查面积 881 km^2、1∶5 万区域重力测量 527 km^2 等，各项目进展顺利，解决多个重要基础地质问题，主要成果如下：

1. 西藏改则多不扎 1∶5 万 4 幅区域地质调查。在曲色组的灰岩夹层中发现了大量化石，经过中国科学院南京古生物研究所鉴定时代为晚三叠世诺利期。包括诺利克双列片珊瑚、理塘网片珊瑚、中生代刺毛虫、中生代水螅、中生代海绵以及层孔虫等，将图幅东部的部分取色组重新厘定为日干配错组。孤峰洋岛中灰岩牙形石数据显示其形成于晚三叠世，是目前班公湖 - 怒江缝合带上所报道的最古老的洋岛型岩石组合，显示至少在晚三叠世，班公湖 - 怒江洋便已具备了成熟的洋壳。

2. 西准噶尔克拉玛依后山地区复杂造山带三维地质调查。是地质矿产调查评价三维地质调查示范项目，承载着“从传统走向现代、从单一走向综合，从二维走向三维”的研究重任，项目以地表地质调查资料为基础，结合地球物理勘探资料和钻探资料，揭示研究区主要三维地质结构。

3. 内蒙古 1∶5 万民主公社、罕庙、迟家堡、西沙拉地质矿产综合调查。现已完成测区西部 527 km^2 的地质填图及放射性随检工作任务。依据本次地质工作，结合 1∶20 万地质调查成果，地层厘定为 10 个填图单位；侵入岩方面，划分了 3 个填图单位；火山岩方面，圈定火山机构 20 个，新发现蚀变矿化信息点 7 处等。

二、矿产资源调查评价项目

2015 年度，吉林大学地调院共承担能源与矿产资源调查研究项目12项，均按照任务书和设计书的要求，全部完成2015年度主要实物工作量，共完成1:5万地质调查面积1064 km^2、地质调查井5口，各项目均有重要进展：

1. 吉黑东部地区资源远景调查评价。及时跟踪吉黑东部最新的基础地质理论、成矿理论研究成果以及矿产勘查的重大突破，加强重要成矿区带成矿规律与找矿方向研究；以小兴安岭-张广才岭成矿带为工作的主要地区，以斑岩型铜矿、斑岩型铜钼矿床、浅成低温热液型金矿、岩浆型铜镍矿床等为重点，建立典型矿床的成矿模式与找矿模式，确定找矿方向。

2. 吉林和龙县幅等4幅1:5万矿产地质调查实验示范。检查土壤地球化学异常1处，圈定视激化率异常6处，依据视电阻率推断了晚二叠世和中侏罗世花岗岩的界限。岩石中U、Th、K及总放射性强度有明显的差异；研究了覆盖层厚度对能谱测量结果的影响；放射性能谱数据经熵平均、小波滤波等预处理，可去除地表盖层的随机干扰；通过放射性元素的多元统计分析，划分出地质单元8类。高磁剖面数据经化极处理后，共圈定出高磁异常8处，并研究了磁异常与下伏地质体的对应关系；探讨了利用磁场梯度变化识别覆盖区地质体界限的可行性。利用因子分析将土壤中的23种元素分为5个因子，据此对土壤母质分布进行了推断；Si/Mg比可勾勒鸡南岩组与花岗岩的界限，Zr×Nb/Cr可勾勒地层与花岗岩的界限；2种粒级土壤的异常圈定结果除Au外较为吻合。

3. 内蒙古1:5万马家沟、阿林一合、平安屯幅区域地质矿产调查。确立测区地层填图单元，否定寿山沟组、哈达陶勒盖组在测区的存在，确定测区晚侏罗世—早白垩世火山岩的岩性组合，初步分析不同时期火山岩发育特征及火山机构；新发现钼矿化线索1处。

三、水文地质环境地质灾害地质调查

2015年度，吉林大学地调院承担水文地质、环境地质调查项目3项，均按照任务书和设计书的要求，完成年度主要实物工作量，其中1:5万水文地质环境地质调查面积100 km^2、水文地质工程地质钻探1400 m。各项目的进展顺利。

二氧化碳地质储存机理与评价预测。系统开展了煤矸石样品的高温高压水岩气实验、天然气田类比区探井砂岩岩性分析，初步确认窑街煤矿中的煤岩割理、煤矸石及煤层顶板中比较普遍发育疑似片钠铝石矿物，该矿物可能与无机CO_2充注驱替煤层气(CH_4)后所形成，暗示CO_2-ECBM后剩余的CO_2可以部分固化于矿物中（矿物圈闭）；系统开展方解石水岩气反应动力学实验；开展THC-MP软件场地模型建立与测试；THC-VISUAL软件完成处理场地非均质地质模型构建模块；TOUGHREACT+FLAC3D软件实现30万网格的模型搭接计算，基本完成压溶作用在软件功能上的更新；系统设计场地地球化学非均质对二氧化碳储存的影响模拟方案，完成15套地球化学非均质性对二氧化碳储存运移影响模拟；初步建立CO_2地质储存工程的CO_2逃逸-地表位移-工程安全评估体系；研发二氧化碳地质储存模拟实验系统设备2套；申报发明专利2项，软件著作权2项。

四、综合类研究项目

2015年度，吉林大学地调院共承担技术方法类地调项目4项，均按照任务书和设计书的要求，圆满完成了2015年度工作任务，各项目取得了众多重要进展。

1. 地质调查工作方法指南编制与应用。修改完善《矿田构造分析方法指南》《重要标准化石鉴定指南》《常用地质软件工具使用指南》和《金属矿勘查的地球物理方法指南》。

2. 东北边境地区基础地质遥感调查。已全部成基础地质、工程地质、水文地质、地形地貌等全部10个专题的遥感解译，解译面积4500 km^2。

3. 东北地区国土遥感综合调查。完成全区1:5万精度的地表水、湿地、荒漠化、水陆边界解译及地表水、湿地、荒漠化的内部接边与数据库的建立，收集到东北三省1:25万土地利用现状数据，完成1:25万土地利用现状数据的基础上修编全区1:25万精度的林地、草地专题因子。

（刘　兵）

成都理工大学地质调查研究院工作

成都理工大学地质调查研究院

概　况

成都理工大学地质调查研究院是专门管理学校承担的隶属于中国地质调查局的各类地质调查项目和各类地质勘查资质证书的职能机构。主要职责是制定学校隶属于地调局工作领域的中长期发展规划和实施计划；代表学校管理隶属于地调局的各类地质调查项目并签订合同；组织全校地质调查项目立项申报、设计审查、质量检查、野外验收、成果验收、资料汇交；建立地质调查工作的质量管理体系和安全生产管理体系，按照《中国地质调查局地质调查项目管理办法（试行）》的要求，对全校的地质调查项目实施全过程进行监督。

设有院办公室（兼安全生产管理办公室）、总工程师办公室（兼质量管理办公室）以及资料室。现有专（兼）职管理人员12人。

依托学科专业特色和优势，2015年共承担地质调查工作项目24项，其他地勘单位委托学校承担的地质调查子课题29项，年度项目总经费为5082.28万元。

2015年，获得区域地质调查、固体矿产勘查、地球化学勘查、地球物理勘查、遥感地质调查、水文地质工程地质环境地质调查共6项甲级地质勘查资质证书，获得液体矿产勘查丙级地质勘查资质证书。顺利完成地质调查质量管理体系升级换版工作，以及安全生产管理体系年度维护工作。

2015年，朱利东、刘顺2位教授被国土资源部授予“联创齐争优秀帮扶专家”荣誉称号。

地质调查进展与成果

一、基础地质调查

2015年，共承担基础地质调查项目3项，完成1∶5万地质填图总面积2546 km^2。

1. 云南保山－龙陵地区湾甸坝、勐统街、凤庆县、营盘、雪华（G47E021014、G47E021015、G47E021016、G47E022015、G47E022016）5幅区域地质矿产调查。测区内矿点调查、检查共有10个，主要分布于勐统幅和凤庆幅，其中勐统幅6个、凤庆幅4个；铁矿点6个、铜矿点1个、铅锌矿点1个、黄铁矿矿化点1个、煤矿点1个。本次工作新发现矿点7个，其中辉钼矿点2个、铁矿点4个、黄铁矿矿化点1个。

2. 贵州1∶5万响水、白纳、大方、林泉、牛场坡、沙窝（G48E005015、G48E005016、G48E006015、G48E006016、G48E007015、G48E007016）6幅岩溶石山区域地质调查。新发现稀土矿化点多处。含矿岩系为龙潭组底部、梁山组底部的浅灰色粘土岩，层厚4～8 m不等。龙潭组稀土总量（∑RE2O3）介于0.072%～0.175%，平均0.11%，超过风化壳粘土岩离子型稀土矿的边界。品位要求（∑RE2O3≥0.05%）。

3. 青海省天峻县疏勒河地区J47E006005、J47E006006、J47E006007、J47E007005四幅1∶5万区调。区内主要的硫磺山自然硫矿床8处，烟煤矿化点2处，并严格受区域性断裂或次一级断裂构造及褶皱构造控制。该地区主要以富集中低温热液金属汞、锑、金、铜、自然硫、煤、石膏等为主的有利金属成矿条带。结合工作区地质背景、成矿类型，调查区东南部崩坤沟、河深、考克塞大部分为A类找矿靶区，小部分为B类靶区。

二、矿产资源调查评价

2015年共承担矿产资源调查评价工作项目18项。

1. 四川石渠－甘孜－理塘地区铜金银多金属典型矿床研究与找矿靶区评价。对四川巴塘海子山地区进行1∶5万水系沉积物异常初步圈定，并选择四川巴塘海子山铜、铅、锌作为研究对象。对四川巴塘海子山地区进行1∶5万水系沉积物异常查证，初步圈定2个一级找矿远景区、8个二级找矿远景区以及2个三级找矿远景区。

2. 川滇黔成矿带基底铜多金属成矿带成矿模式及其找矿模型研究。建立大红山矿床的成矿模式，大红山群红山组和曼岗河组为一套绿片岩相变质岩和矿化蚀变岩，其原岩主要为中基性火山岩和侵入岩，碳酸盐岩。铁矿体主要赋存于一套富含CO_2的隐爆陆相火山蚀变岩（即红山组）中，铁矿体被辉长辉绿岩或辉长岩所包围；铜矿体沿蚀变火山岩（即曼岗河组）的层间裂隙贯入而形成。常见黄铜矿石英脉或网脉叠加于铁矿而构成铁铜矿体。大红山铁铜矿床为富铁和富铜两种成矿流体在空间上叠加而形成。

3. 西藏山南地区铜多金属矿成矿地质背景与成矿条件及找矿方法技术研究。以区域上近东西向构造和北东－南西向的构造复合带为基础，结合区域化探异常、重力异常及航磁特征圈定重点成矿范围。在重点范围内以比马组为主要赋矿地层；以花岗岩、花岗斑岩、花岗闪长岩为主要含矿岩性；以矽卡岩化、角岩化、硅化作为找矿主要的蚀变标志确定找矿靶区。结合现场勘查，在构造、围岩等有利条件地区发现2处铜矿化异常点。

4. 中国西部大型盆地碳酸盐岩成藏条件及资源潜力评价。总结西部三大盆地碳酸盐岩油气成藏特征和差异，提出油气集聚带的划分方案。鄂尔多斯盆地属于“1隆”（中央古隆起）控制“1带”（隆起东部“半环形”油气集聚带）；四川盆地属于“4隆”+“2槽”控制的多层、多区天然气集聚带；塔里木盆地属于“2隆”+“2缘”控制下的多个油气集聚带。

5. 塔里木盆地碳酸盐岩油气地质调查及战略选区（带）评价。首次编绘塔里木盆地海相震旦系—奥陶系、石炭系—二叠系碳酸盐岩层系统的一系列工业图件。从宏观到微观、从定性到定量、从一维到三维，建立岩性、电性、岩石物理紧密结合的露头、钻井、地震地层划分、对比技术，形成“缝洞定量、精细雕刻”技术和“正演模拟、属性优选、边界刻画、厚度描述”的碳酸盐岩圈闭识别评价技术。

三、水文地质环境地质灾害地质调查

2015年，承担水文地质、环境地质、灾害地质调查工作项目3项。

1. 西南地区重大地质灾害调查与早期预警。完成汶川图幅（H48E004007）1∶5万地质灾害调查的野外工作，编制了泥石流灾害分布图，同时以图幅带专题形式完成相关资料分析、基础图件编制，开展泥石流沟道堵塞体溃决特征和溃决型泥石流的动力过程模拟方法研究。另外，收集项目所涉及各子项目的调查成果图件，集成地质灾害专业监测点实时监测数据，完成西南地区地质灾害成灾背景和发育分布规律总结，编制相关综合图件；以此为基础，建立西南地区重大地质灾害综合信息数据库，集成监测示范区实时监测数据，研发地质灾害早期监测预警系统。

2. 西南地区重大地质灾害调查与预警区划。完成薛城图幅（H48E003006）1∶5万地质灾害调查的野外工作及重点勘察区的钻探、坑探、测绘等工作，完成观音井图幅及东榆铺图幅地区1∶1万泥石流地质灾害调查，编制实际材料图、地质灾害分布图等图件，同时以图幅带专题形式完成相关资料分析、基础分析图件的编制、室内土工试验等；另外，对子项目野外调查成果的总结及分析，查明了薛城图幅地区地质灾害发育分布规律、观音井图幅及东榆铺图幅地区泥石流灾害发育分布规律，对流域内典型的泥石流堆积现象如泥石流的反粒径现象、混杂堆积现象、石背石现象等典型泥石流现象进行了确定；结合滑坡现场监测专题的实时监测数据，初步完成西南地区重大地质灾害泥石流预警模型及平推式滑坡预警判据研究，以此为基础，建立西南地区重大地质灾害初步预警模型。

3. 西南深切河谷地区斜坡地质灾害调查评价。完成土门幅（H48E002009）1∶5万地质灾害调查工作。在收集、分析已有资料基础上，以高精度遥感解译、工程地质测绘、地质灾害测量和工程地质勘查为主要手段，查明图幅内地形地貌、地质构造、岩土体工程特性、斜坡结构类型等孕灾地质环境背景和工程地质条件；查清地质灾害类型、规模、特征，综合分析地质灾害时空分布规律与成灾模式。完成土门幅（H48E002009）1∶5万和重点区域1∶1万专门工程地质图编图和地质灾害易发性与危险性区划，建立流域地质灾害调查评价空间数据库，并对典型地质灾害进行了详细勘查与剖析。

（白　梅）

长安大学地质调查研究院工作

长安大学地质调查研究院

概　况

长安大学地质调查研究院是长安大学直属二级单位，实行委托法人负责制。全面负责制定并组织落实学校地质调查工作发展规划和管理政策；负责国土资源大调查地质调查项目和地质矿产调查评价项目的立项论证、申报以及实施方案、野外验收、成果报告审查前的内部审查和资料汇交工作；按地调局地质调查项目管理制度的要求进行项目管理；负责与地质勘查资质和地质灾害资质相关项目的管理工作；负责地质勘查资质和地质灾害资质认证申请、年度复审及资质的管理使用；建立学校的地质调查项目质量管理体系，并进行项目实施，对地质调查项目进行质量监控检查。内设管理机构：院办公室（兼安全生产办公室）、总工办公室（兼质量管理办公室）、资质管理办公室（兼信息资料办公室）。

2015年度，获得区域地质调查、固体矿产勘查、地球物理勘查、水文地质工程地质环境地质调查等4个甲级资质。

地质调查进展与成果

2015年，承担地质调查工作（子）项目9项（其中子项目5项、优选项目1项、整装勘查项目3项），参加地质调查委托项目14项。地调项目经费总计2055.45万元。

一、基础地质调查

1. 青海省共和县曲什那地区1∶5万J47E021017、J47E021018、J47E022018三幅区域地质矿产调查。完成1∶50 000地质调查450 km^2、1∶5000实测地质剖面63 km、1∶2000实测地质剖面39 km、1∶10 000岩石剖面测量38.71 km。重新厘定调查区的填图单位，将调查区地层进一步细划到（岩）段，将甘家组划分为上、下两个岩性段，隆务河群划分为8个岩性段，建立划分标志。确立调查区的主干断裂，建立构造格架。

2. 青海省循化县道帏地区1∶5万I48E002003、I48E003003两幅区域地质矿产调查。填图面积800 km^2、1∶5000实测剖面72 km、1∶2000实测剖面91 km、1∶1000实测剖面1.1 km、1∶500实测剖面0.2 km。建立测区的地层构造格架，新填绘出多个早古生代侵入体和晚寒武世六道沟组变基性火山岩，识别出一个元古宙变质侵入体；通过对祁连造山带与西秦岭造山带交接转换区域沉积地层（甘家组、隆务河组、河口组、临夏组）不同类型、不同尺度、不同样式构造变形形迹的解析，筛分出祁连造山带与西秦岭造山带印支期以来至少5期构造变形序列。

二、矿产资源调查评价

1. 新疆东天山百灵山岩体及周边地区成矿潜力调查。完成1∶5000实测剖面15 km、矿产地质测量50 km^2。通过研究表明百灵山岩体是由多个岩体组成的复式岩体，时代相当于晚石炭世—早二叠世。百灵山岩体周边地区矿床、矿点分布规律表明矿产种类以铁矿为主，其次为铜矿、铅锌矿和银矿；在铁岭以南和以西地区新发现铁矿点十几处，品位$\sum Fe = 25\% \sim 56\%$，金矿化点1处，品位0.64×10^{-6}；圈定出3个成矿远景区（东岭－黑山疙瘩铁－铜－金成矿远景区、百灵山铁矿南部铁矿成矿远景区、双龙铜矿北部铁－铜成矿远景区）。

2. 塔里木周缘铜镍矿找矿方向与资源潜力调查。完成1∶10 000磁法剖面106 km、遥感地质解译400 km^2、1∶2000地质剖面草测2.3 km。通过遥感解译和野外路线调查表明塔里木南缘阿羌—儿克里阔勒一带浅山区存在6个铁质基性—超基性岩体；野外路线观察和高精度磁法测量获得儿克里阔勒岩体主要有两个铁质基性—超基性侵入体组成，磁法剖面揭示岩体深部延伸大；系统分析塔里木板块周缘镁铁质—超镁铁质岩体的成矿地质条件和找矿方向，筛选了3个有利于的找矿靶区（坡七（坡东）岩体、达拉库岸Ⅱ号岩体、兴地Ⅲ号岩体）。

3. 新疆西天山阿吾拉勒铁铜矿整装勘查区关键基础地质研究。完成典型矿床解剖2处、1∶2000岩相－蚀变地质剖面实测8 km；1∶5000构造地质剖面实测15 km、1∶1万构造－岩相－蚀变专项填图20 km^2、1∶2000高精度磁法剖面实测16 km、1∶2000磁法剖面布设16 km。通过遥感地质解译和野外验证、地球物理研究以及专项地质填图工作，明确松湖、塔尔塔格铁矿成矿地质体为火山机构和火山岩－次火山岩建造，成矿构造为火山机构及其伴生裂隙、北西西向高角度韧－韧脆性剪切走滑断层，初步建立“三位一体”找矿预测地质模型；系统分析阿吾拉勒整装勘查区的成矿地质条件和找矿方向，筛选出6个有利找矿靶区。

4. 新疆西天山那拉提山一带铜金矿典型矿床研究。完成路线地质调查15 km，典型矿床解剖、矿点地质调查各2处，钻孔编录4262.55 m，探槽编录2534 m，1∶1万岩性构造地质填图30.92 km^2，1∶2000岩性构造地质填图10.91 km^2，1∶2000剖面测量10.2 km，1∶500剖面测量3.44 km。通过调查与研究，查明了阿里斯托、金塔矿区成矿地质体特征、成矿构造和成矿结构面特征及成矿作用特征标志，初步建立“三位一体”的成矿模型，对矿产勘查提出具体建议。

5. 陕西石泉－旬阳金矿整装勘查区羊坪湾和黄龙矿专项填图与找矿预测研究。完成1∶5000构造－岩相填图7.8 km^2、1∶1万填图17 km^2、1∶2000剖面14.9 km、1∶5000剖面10.8 km。研究发现，该金矿区带内3期面理置换叠加明显，呈南北分带；可分出6条控制金矿产出的脆－韧性剪切带；区内S2面理主导控矿，且其弯曲和突变段为富矿段；成矿类型为陆内造山型叠加岩浆热液型。据此提出12个深部找矿靶区，如长沟、鹿鸣、沙沟金矿、黄龙硝磺洞西倾段、金沟北东倾没段、金斗坡、柳树坪、刘家场、石板沟、坝王沟、箱子寨、铜钱峡等预测靶区。

三、水文地质环境地质灾害地质调查

1. 汉江中游任河流域（陕西段）地质灾害调查。完成1∶50 000遥感地质解译540 km^2、1∶50 000区域工程地质调查400 km^2、1∶50 000地质灾害调查及预测预警400 km^2、1∶10 000遥感地质解译60 km^2、1∶10 000区域工程地质调查100 km^2、1∶10 000地质灾害调查及预测预警100 km^2、工程地质勘查剖面测量10 km、1∶2000地形测绘1.37 km^2、取样钻探160 m、浅井60 m、槽探60 m^3、电法剖面测量3.4 km共948点。通过调查掌握了区内气象水文、地形地貌、地质构造、地层岩性、新构造运动及人类活动等地质环境条件及地质灾害的孕灾背景；区内查明地质灾害点151处，类型主要包括滑坡、崩塌、泥石流，归纳总结了区内地质灾害的发育规律；通过调查分析初步揭示了区内地质灾害的成灾机理，区内滑坡以顺向覆盖层滑坡为主，受降雨、地形等因素的影响，上覆的松散土体容易沿基岩面发生滑动，产生滑坡、泥石流等地质灾害。

2. 泾河南岸泾阳段黄土滑坡调查评价。完成1∶50 000地质灾害调查200 km^2、大型灌溉滑坡试验1组、地震物探剖面测量2.5 km、工程地质钻探436 m、平硐105 m、槽探1400 m^3、大型现场渗水试验1组、岩土体物理力学参数试验30组。进一步查清研究区影响滑坡发育的孕灾条件；补充调查泾河下游礼泉段塬边的地质灾害，重点对庙店滑坡进行了深入研究；利用无人机、3D激光扫描对重点地段和典型滑坡进行了拍摄，获得一批较好的图像和地形地貌资料；通过钻探、平硐和物探获得塬边斜坡土层结构、裂缝和地下水的情况；通过土工实验得到塬边黄土的物理力学特性，通过模型实验探索了滑坡远程滑动的特征和机理。

（郭俊锋）

石家庄经济学院地质调查研究院工作

石家庄经济学院地质调查研究院

概　况

石家庄经济学院地质调查研究院成立于2001年，为学校直属二级单位，代表学校行使对地质调查项目的组织实施和业务管理工作，制定学校在地质调查工作领域的长期规划；组织地质调查项目的立项论证、合同与协议的商讨与签订；组织地调项目的设计、年度工作方案、野外验收、成果报告审查前的内部审查；指导督促项目组做好资料汇交工作；负责地勘资质的申请、管理和质量管理体系的认证、审核工作。拥有区域地质调查、固体矿产勘查、地球物理勘查、土地规划4项甲级资质；地质灾害评估、建设项目环境影响评价2项乙级资质；地质灾害勘查1项丙级资质。2015年9月，经方圆标志认证集团有限公司质量管理体系再认证，颁发国际质量管理体系认证证书。

2015年，3个地调项目完成成果报告评审，1个项目进行了原始资料质量抽查和野外现场检查。参加抽查检查、验收、评审的项目均达到良好及以上。

地质调查进展与成果

一、基础地质调查

1. 内蒙古1∶5万哈腊特（L50E013022）、高尧乌拉（L50E013023）、哈拉盖图牧场（L50E014022）、海勒斯台（L50E015022）幅区域地质矿产调查。

（1）根据岩石组合、接触关系及区域地层对比，结合同位素测年成果，对测区地层重新进行厘定，初步建立测区的岩石地层格架，新获取了大量同位素年代学资料，为地层时代确定提供新资料。

（2）应用火山地层-岩性（岩相）-火山构造三重填图法，对区内的中新生代火山岩进行详细的调查。划分出喷溢相、爆发相、火山通道相、潜火山相及喷发-沉积相，其中爆发相又进一步划分为空落堆积相、碎屑流堆积相、崩落堆积相等，查明各期各类火山岩相的空间分布；共填绘出30个Ⅴ级火山机构（火山喷发中心），对乌拉盖水库西破火山、沙尔必其破火山、哈拉盖农牧场西盾状火山进行重点解剖，初步划分Ⅳ级火山构造，初步总结了早白垩世火山活动的迁移规律和空间叠置规律。

（3）根据侵入体的地质特征、岩石学、接触关系和同位素测年资料，将工作区侵入岩初步厘定为5个填图单位。将原1∶20万所划燕山期塔拉查干复式岩体解体为中粗粒黑云母碱长花岗岩和中细粒似斑状二长花岗岩，分别获得LA ICP-MS锆石U-Pb同位素年龄为150.8±3.5 Ma和139.5±4.8 Ma。

（4）新发现3个珍珠岩矿化点，以及呼勒斯台诺尔钼多金属等多处找矿线索。

2. 内蒙古1∶5万准和热木音苏木（L49E021018）、塔拉拜农场（L49E022018）、扎尔嘎朗特敖包（L49E023018）、登金查干陶勒盖（L49E023019）、乌兰呼都格（L49E024018）、哈珠苏木（L49E024019）区域地质矿产调查。

（1）查明测区泥鳅河组下部为砂泥质快速堆积的产物，上部为富含早中泥盆世腕足、苔藓虫、海胆等海相生物化石的滨浅海沉积。将宝力高庙组划分为3个岩性段，一段为沉积碎屑岩段；二段为安山岩－英安岩－流纹岩夹火山碎屑岩岩石组合；三段为厚层流纹岩夹碱流岩。在二段和三段的火山岩中分别获得了326.3～307.4 Ma、305±5.5 Ma的锆石同位素年龄，将宝力高庙组的地层时代厘定为晚石炭世。结合岩石学和地球化学特征，明确宝力高庙组火山岩南北带具有不同的地球化学特征，形成于不同的大地构造背景。

（2）将原红旗组重新厘定为上三叠统青格勒组；将白音高老组划分为2个岩性段：一段为中基性—偏碱性火山岩组合（玄武安山岩＋安山岩＋粗安岩＋粗面岩）；二段为酸性火山岩组合（英安质凝灰岩＋英安质黑曜岩＋流纹岩），丰富了白音高老组的内涵，并测得安山岩3个锆石U－Pb同位素年龄（135.1～134.4 Ma）

（3）对测区晚古生代侵入岩进行解体，以查干敖包－阿荣旗断裂为界划分南北两个构造岩浆岩带，识别出南带石炭纪花岗闪长岩－二长花岗岩－碱性花岗岩序列（307.7～302 Ma）、二叠纪黑云母二长花岗岩（294.4 Ma），以及早二叠世辉长闪长岩－石英二长岩－花岗闪长岩序列和近东西向的脉岩群（304～288 Ma）

（4）查明南带构造岩浆岩带以宝力高庙组二段钙碱性火山岩和石炭纪富含镁质角闪石、镁铁黑云母和微粒闪长岩包体的花岗岩为主，具有钙碱性岩浆演化的趋势，显示陆缘火山弧岩浆岩的岩石学、地球化学和同位素地质学特征，据此厘定处南带石炭纪陆缘岩浆弧的存在；北带（查干敖包－阿荣旗断裂以北）花岗岩具有A－花岗岩的岩石学和地球化学、同位素地质学特征，结合宝力高庙组三段中碱流岩的存在，反映了北带石炭纪处于弧后伸展的背景。早二叠世辉长闪长岩序列代表基性幔源岩浆的侵位，近东西向脉岩群（290.6～281.0 Ma）的出现指示了南北向伸展背景的深大断裂构造带的存在。这些资料为研究兴蒙造山带的地质演化尤其精细刻画二连－贺根山以北晚古生代晚期构造岩浆岩带的时空演化提供可能。

（5）测区的褶皱、断裂、脆韧性剪切带等构造形迹的期次、组合及运动学特征等进行了详细调查；查明塔拉拜农场幅勃勒金－阿曼乌苏脆韧性剪切带为向南西斜冲的推覆构造，明确测区发育北北东向、北西向两组脆性断裂；划分测区构造单元、构造层和构造演化阶段，建立测区构造格架，探讨了地质构造演化序列。

二、矿产资源调查评价

1. 黑色金属矿山“三率”综合实地调查评价。项目在实地调查20个黑色金属矿山企业“三率”基础上，总结中国黑色金属矿山企业资源综合利用情况，分析了影响中国黑色金属矿山“三率”指标的因素，提出提高中国黑色金属矿山“三率”的对策。

2. 华北陆块北缘金银多金属矿找矿方法有效性评价。

（1）在区域成矿背景方面，对华北陆块北缘基底侵入岩（苗杖子金矿区花岗斑岩、温泉斑状花岗岩、石英二长岩）进行同位素年代学和地球化学的研究。根据矿床地质特征和同位素地球化学特征，探讨了印支期钼金多金属矿床成矿机制及成矿地球动力学背景。

（2）分别对河北省青龙满族自治县四拨子铜钼矿床、冀东唐杖子金（钼）矿、长城式金矿、张宣地区东坪金矿、黄土梁金矿、蔡家营锌金矿等进行了解剖研究。

（3）矿床地球化学研究表明：张宣地区金银多金属矿床的He、Ar和S同位素研究显示成矿有幔源流体的贡献；Hf同位素研究表明：成矿流体来源于元古宙和太古宙地壳物质的再循环；H、O同位素的研究表明：成矿晚期阶段有大气水的加入；锆石U－Pb测年表明：张宣地区金银多金属矿床的形成时间在150～140 Ma之间。

（4）成岩成矿作用研究表明：冀东金矿密集区和张宣金矿密集区中生代成矿作用可划分为4期，分别是：①印支期成矿作用，以金厂峪金矿为代表，其成矿年龄在242.4±5.4 Ma～240.5±4.2 Ma之间。②燕山早期成矿作用，以青龙四拨子铜钼矿床为代表，成矿年龄在196.0±2.9 Ma～191.6±2.7 Ma之间。③燕山中期成矿作用，以峪耳崖、牛心山和唐杖子金矿为代表，成矿年龄在171.5±2.8 Ma～167.2±2.4 Ma之间。④燕山晚期成矿作用，以下营坊金矿、东梁金矿、东坪金矿和蔡家营锌金矿为代表，成矿年龄在150～140 Ma之间。区域成矿背景、矿床地质特征、矿床地球化学和同位素年代学研究表明，华北陆块北缘中段中生代金银多金属矿床是在印支燕山构造运动背景下形成的与侵入体有关的岩浆热液矿床。

（5）通过系统分析研究华北陆块北缘中段地质、地球物理和地球化学特征，在兴隆－遵化－宽城－青龙金地球化学省内，通过典型矿床的解剖，认为区内发生了三叠纪、早侏罗世、中侏罗世和晚侏罗世 4 次金银多金属成矿作用，发育了印支－燕山期 4 套岩浆热液成矿系统，具备了良好的成矿条件。以往的物探及遥感解译资料认为该区深部有大规模的中酸性岩体存在，浅部是基底隆起且地表有小岩枝分布，断裂构造发育，具有很好的热液运移和储存条件，由于该区剥蚀程度较浅，深部围绕印支－燕山期中酸性岩体有希望找到大型、特大型金矿床。

（6）采用证据权重法和权重叠加模型两种方法对张家口南部地区铅锌银多金属矿床的远景区进行了预测和分析。圈定了赤城县大东沟和怀安县朱家洼铅锌银多金属找矿靶区，并对赤城县大东沟圈出的异常区域进行野外踏勘和路线地球化学剖面测量。基岩原生晕地球化学测量表明，梁家沟－火石沟靶区Ⅱ号异常找矿潜力较大，该区域可能存在隐伏热液型铅锌银多金属矿床。

（孙　力）

统 计 资 料

2015 年地质调查情况统计

地质调查项目分类

	合　计	工　作　阶　段				
		基础	预查	普查	详查	勘探
合　计	**5278**	**4417**	**587**	**210**	**52**	**12**
矿产资源调查评价	**1765**	**1067**	**547**	**141**	**4**	**6**
能源矿产地质勘查	412	339	57	13		3
其中：石油地质调查	34	30		3		1
金属矿产地质勘查	1188	610	450	122	3	3
非金属矿产地质勘查	97	63	31	3		
水气矿产地质勘查	9	9				
海洋地质调查	**14**	**13**		**1**		
水文、工程、环境地质勘查	**443**	**378**	**9**	**31**	**25**	
水文地质	122	97	5	7	13	
工程地质	14	13	1			
环境地质	156	148	1	4	3	
水文工程环境地质综合勘查	151	120	2	20	9	
区域地质调查	**810**	**797**	**7**	**6**		
地球物理、地球化学勘查	**338**	**330**	**4**	**3**		**1**
地面物探	120	114	2	3		1
地面化探	144	143	1			
航空物探	50	49	1			
物化探综合勘查	19	19				
遥感	**172**	**163**	**5**	**4**		
矿产资源	140	132	5	3		
土地资源	30	29		1		
地质灾害预警工程	**153**	**133**	**1**	**2**	**15**	**2**
地质灾害调查	128	110	1	2	14	1
地质灾害治理	5	5				

——按专业性质（一）

计量单位：个

工作进程				项目性质			
设计	施工	编写报告	汇交资料	新开项目	续作项目	结转项目	中止项目
147	**2169**	**1360**	**1602**	**696**	**1514**	**3068**	
56	**775**	**482**	**452**	**281**	**510**	**974**	
38	214	66	94	166	83	163	
1	21	4	8	24		10	
15	477	372	324	99	353	736	
2	48	22	25	15	31	51	
1	1	2	5	1	1	7	
		2	12			14	
6	192	104	141	79	93	271	
1	53	25	43	16	22	84	
1	4	3	6	2	4	8	
4	68	39	45	34	32	90	
	67	37	47	27	35	89	
18	**275**	**241**	**276**	**47**	**261**	**502**	
2	**119**	**108**	**109**	**34**	**90**	**214**	
	29	55	36		30	90	
1	54	42	47	22	35	87	
1	22	6	21	10	13	27	
	11	4	4	2	9	8	
5	**83**	**34**	**50**	**57**	**22**	**93**	
3	63	31	43	38	19	83	
2	20	2	6	19	3	8	
3	**63**	**30**	**57**	**12**	**47**	**94**	
3	50	22	53	12	37	79	
	1	2	2		1	4	

地质调查项目分类

	合计	工作阶段				
		基础	预查	普查	详查	勘探
土地资源监测调查评价	**14**	**12**		**1**	**1**	
土地资源监测	3	2			1	
土地资源调查	2	2				
土地资源评价	7	7				
土地利用与保护	1	1				
数字国土工程	**115**	**113**	**1**			**1**
信息化标准建设	38	37				1
信息技术研究与开发	19	19				
地矿基础数据库建设	14	14				
国土资源基础数据库建设	44	44				
地矿基础数据库建设	40	40				
土地基础数据库建设	1	1				
国土资源网络系统建设	8	8				
国土资源管理信息系统建设	1	1				
国土资源信息服务系统建设	4	3	1			
国土资源科学研究	**634**	**626**		**5**	**2**	**1**
地质科学研究	616	609		5	2	
土地科学研究	4	4				
技术发展工程	**229**	**215**		**11**	**3**	
地矿技术发展工程	203	189		11	3	
区域地质技术发展工程	11	11				
地球物理技术发展工程	25	25				
地球化学技术发展工程	9	9				
遥感技术发展工程	40	40				
水、工、环地质技术发展工程	15	12			3	
探矿工程技术发展工程	40	40				
其他技术发展工程	62	51		11		
其他	**591**	**570**	**13**	**5**	**2**	**1**

——按专业性质（二）

计量单位：个

工作进程				项目性质			
设计	施工	编写报告	汇交资料	新开项目	续作项目	结转项目	中止项目
1	**8**	**3**	**2**	**2**	**8**	**4**	
1	1	1		1	2		
	1	1			1	1	
	4	1	2	1	3	3	
	1				1		
8	**53**	**16**	**38**	**25**	**38**	**52**	
	11	6	21	4	5	29	
7	4	2	6	6	6	7	
3	4	2	5	2	6	6	
	30	5	9	8	22	14	
	26	5	9	7	19	14	
	1			1			
	5	2	1	3	4	1	
	1			1			
1	2		1	3	1		
6	**205**	**160**	**263**	**33**	**152**	**449**	
6	195	155	260	31	145	440	
	2		2	2		2	
7	**127**	**45**	**50**	**21**	**99**	**109**	
7	104	42	50	21	80	102	
	8	1	2		8	3	
1	7	7	10	2	6	17	
	3	4	2		5	4	
	10	14	16	4	6	30	
	4	4	7	1	4	10	
	35	2	3	5	25	10	
6	36	10	10	9	25	28	
35	**269**	**135**	**152**	**105**	**194**	**292**	

地质调查项目分类

	合　计	工　作　阶　段				
		基础	预查	普查	详查	勘探
合计	**5278**	**4417**	**587**	**210**	**52**	**12**
北京	603	595	3	2	2	1
天津	51	50	1			
河北	236	210	12	3	10	1
山西	52	36	10	5		1
内蒙古	414	366	37	10	1	
辽宁	113	88	17	8		
吉林	82	69	10	3		
黑龙江	150	131	11	6	2	
上海	12	12				
江苏	95	83	7	5		
浙江	62	53	4	5		
安徽	106	93	7	6		
福建	102	78	22	1		1
江西	111	87	16	8		
山东	87	64	19	3	1	
河南	111	69	24	18		
湖北	175	144	24	2	5	
湖南	154	128	21	4		1
广东	110	92	7	11		
广西	107	88	10	6	2	1
海南	34	28	1	5		
重庆	61	50	6	2	2	1
四川	245	227	11	6	1	
贵州	95	82	5	5	2	1
云南	176	143	27	2	4	
西藏	396	343	35	16	1	1
陕西	142	120	15	5	2	
甘肃	138	96	25	13	4	
青海	485	340	102	35	8	
宁夏	35	25	5	1	4	
新疆	479	369	93	13	1	3
台湾	1	1				
境外	58	57		1		

——按项目工作地区

计量单位：个

工作进程				项目性质			
设计	施工	编写报告	汇交资料	新开项目	续作项目	结转项目	中止项目
147	**2169**	**1360**	**1602**	**696**	**1514**	**3068**	
27	277	138	161	106	184	313	
2	17	17	15	5	18	28	
10	103	58	65	39	65	132	
1	21	10	20	4	12	36	
8	154	151	101	56	116	242	
4	37	44	28	10	31	72	
2	39	20	21	16	20	46	
8	45	61	36	20	31	99	
	1	5	6		3	9	
3	42	15	35	10	33	52	
1	21	16	24	9	14	39	
	54	12	40	16	26	64	
3	31	18	50	14	23	65	
	49	21	41	17	32	62	
3	31	28	25	10	21	56	
5	37	37	32	14	24	73	
1	87	40	47	18	65	92	
1	75	36	42	26	45	83	
5	49	26	30	13	36	61	
4	54	15	34	18	33	56	
	12	5	17	3	7	24	
1	26	13	21	8	17	36	
7	115	49	74	31	87	127	
2	49	19	25	20	28	47	
3	66	44	63	14	57	105	
9	131	106	150	44	90	262	
6	55	30	51	19	34	89	
4	73	26	35	14	51	73	
7	195	157	126	21	160	304	
1	10	12	12	7	10	18	
13	185	120	161	70	130	279	
		1				1	
6	28	10	14	24	11	23	

地质调查项目分类

	合 计	工 作 阶 段				
		基础	预查	普查	详查	勘探
合 计	**5278**	**4415**	**589**	**209**	**52**	**13**
一、地调局及局属单位	**2509**	**2277**	**125**	**66**	**35**	**6**
地调局	1	1				
天津地调中心	99	97	2			
沈阳地调中心	100	96	2	2		
南京地调中心	99	92	7			
武汉地调中心	104	100			4	
成都地调中心	111	111				
西安地调中心	152	141	10	1		
青岛海地所	14	14				
航遥中心	86	86				
广州海洋局	17	16		1		
水环地调中心	52	22		5	23	2
发展研究中心	117	117				
实物资料中心	19	18	1			
环境监测院	62	62				
地质图书馆	21	21				
油气调查中心	37	35	1			1
地调局（优选）	7	5	2			
油气调查中心（优选）	26	20	5	1		
发展研究中心（优选）	9	9				
环境监测院（优选）	11	10		1		
航遥中心（优选）	15	14		1		
地科院（优选）	64	58	2	1	2	1
天津地调中心（优选）	53	47	6			
沈阳地调中心（优选）	46	39	5	2		
南京地调中心（优选）	39	34	5			
武汉地调中心（优选）	37	34	2		1	
成都地调中心（优选）	134	121	13			
西安地调中心（优选）	275	208	54	12	1	
地科院（分类）	**702**	**649**	**8**	**39**	**4**	**2**
地科院	21	21				

——按单位（一）

计量单位：个

工作进程				项目性质			
设计	施工	编写报告	汇交资料	新开项目	续作项目	结转项目	中止项目
197	**2131**	**1350**	**1600**	**696**	**1514**	**3068**	
83	**1134**	**665**	**627**	**342**	**835**	**1332**	
1				1			
7	32	40	20	14	31	54	
3	34	44	19	10	30	60	
2	43	11	43	18	27	54	
1	50	25	28	20	31	53	
1	58	22	30	18	40	53	
9	67	28	48	22	38	92	
	5	4	5	3	1	10	
	37	21	28	20	17	49	
1	2		14	3		14	
	31	13	8	10	21	21	
1	66	25	25	24	51	42	
1	11	5	2	5	8	6	
	34	21	7	14	18	30	
	17	2	2	1	15	5	
2	25	4	6	22	5	10	
		2	5			7	
3	11	1	11	6	5	15	
4	3	1	1	4	4	1	
	2	9			2	9	
	1	9	5		1	14	
	25	22	17	3	13	48	
6	15	28	4	3	19	31	
2	21	19	4	5	17	24	
	19	12	8	2	18	19	
	22	11	4	2	20	15	
2	54	68	10	5	59	70	
5	137	99	34	5	124	146	
32	**312**	**119**	**239**	**102**	**220**	**380**	
	12	1	8	4	5	12	

地质调查项目分类

	合 计	工 作 阶 段				
		基础	预查	普查	详查	勘探
地质研究所	149	147	1	1		
矿产资源所	159	156	3			
地质力学所	89	81		6	2	
实验测试中心	30	30				
水文环境所	60	46		10	2	2
物化探所	70	70				
岩溶地质所	36	27		9		
成都综合所	17	16	1			
郑州综合所	21	5	3	13		
勘探技术所	17	17				
探矿工艺所	18	18				
探矿工程所	15	15				
二、省（区、市）地调院	**1061**	**792**	**251**	**18**		
北京地调院	8	8				
天津地调院	8	8				
河北地调院	34	26	8			
山西地调院	26	17	9			
内蒙古地调院	43	34	9			
辽宁地调院	25	22	3			
吉林地调院	28	16	11	1		
黑龙江地调总院	39	35	4			
上海地调院	7	7				
江苏地调院	30	23	5	2		
浙江地调院	22	20	2			
安徽地调院	41	40	1			
福建地调院	53	35	18			
江西地调院	34	25	9			
山东地调院	21	13	8			
河南地调院	55	38	16	1		
湖北地调院	43	24	19			
湖南地调院	57	43	14			
广东地调院	27	26		1		

——按单位（二）

计量单位：个

工作进程				项目性质			
设计	施工	编写报告	汇交资料	新开项目	续作项目	结转项目	中止项目
10	36	28	75	23	24	102	
8	73	35	43	30	46	83	
8	21	24	36	11	23	55	
	25	1	4	5	15	10	
2	27	10	21	11	10	39	
	36	11	23	9	28	33	
1	20	3	12	4	16	16	
	13	2	2		11	6	
3	8	4	6	3	9	9	
	14		3	1	11	5	
	12		6	1	11	6	
	15				11	4	
3	**322**	**227**	**509**	**93**	**244**	**724**	
	2	4	2		3	5	
	5		3	1	4	3	
	7	8	19		8	26	
	8	4	14	1	7	18	
1	14	10	18	6	10	27	
	7	10	8		7	18	
	6		22	1	5	22	
	10	23	6	3	7	29	
	1	2	4		2	5	
	13	3	14	3	9	18	
	10	3	9	4	7	11	
	17	4	20	6	9	26	
	15	10	28	7	10	36	
	7	6	21	4	7	23	
	7	5	9		7	14	
	16	13	26	5	11	39	
	18	7	18	3	17	23	
	26	10	21	7	21	29	
	9	6	12	2	9	16	

地质调查项目分类

	合计	工作阶段				
		基础	预查	普查	详查	勘探
广西地调院	31	24	7			
海南地调院	23	20	1	2		
重庆地调院	8	8				
四川地调院	61	55	6			
贵州地调院	27	26	1			
云南地调局	26	15	11			
西藏地调院	65	50	9	6		
陕西地调院	36	28	8			
甘肃地调院	27	15	12			
青海地调院	49	20	24	5		
宁夏地调院	15	13	2			
新疆地调院	90	56	34			
云南地调院	2	2				
三、省（区、市）环境监测站	**122**	**111**	**1**	**3**	**7**	
北京环境监测站	2	2				
天津环境监测站	3	3				
河北环境监测站	2	2				
山西环境监测中心	7	7				
内蒙古环境监测院	2	1			1	
辽宁环境监测总站	3	3				
吉林环境监测站	5	5				
黑龙江环境监测站	4	4				
浙江环境监测院	4	4				
安徽环境监测站	4	4				
福建环境监测中心	6	6				
江西环境监测站	5	5				
山东环境监测站	4	4				
河南环境监测院	2	2				
湖北地质环境站	10	7	1	1	1	
湖南环境监测站	8	8				
广东环境监测站	1	1				
广西环境监测站	4	4				

——按单位（三）

计量单位：个

工作进程				项目性质			
设计	施工	编写报告	汇交资料	新开项目	续作项目	结转项目	中止项目
	13	4	14	5	7	19	
	10	4	9	3	6	14	
	4	1	3	1	4	3	
	20	3	38	9	12	40	
	12	2	13	6	5	16	
	11	5	10	2	8	16	
	12	21	32	4	7	54	
	3	5	28	1	2	33	
1	8	8	10	1	6	20	
	13	19	17	2	10	37	
	3	5	7	2	5	8	
	14	22	54	3	11	76	
1	1			1	1		
	28	**26**	**68**	**9**	**11**	**102**	
			2			2	
		2	1			3	
	1		1			2	
	2	2	3			7	
	1		1	1		1	
			3			3	
	3	1	1	1		4	
	1	2	1			4	
	2	2			1	3	
	2		2		1	3	
		1	5			6	
	1	1	3		1	4	
	1	2	1		1	3	
			2			2	
	3	2	5	2	1	7	
	5	2	1	3	2	3	
			1			1	
	2		2	2		2	

地质调查项目分类

	合　计	工　作　阶　段				
		基础	预查	普查	详查	勘探
海南环境监测站	2	1		1		
重庆环境监测站	7	7				
四川环境监测站	2	2				
贵州环境监测站	3	2			1	
云南环境监测站	1	1				
西藏环境监测站	5	5				
陕西环境监测站	1	1				
甘肃环境监测站	9	9				
青海环境监测站	3	1			2	
宁夏国土资源调查监测院	6	3		1	2	
新疆环境监测院	7	7				
四、省（区、市）国土资源厅、地勘局	**71**	**68**	**3**			
北京地勘局	3	3				
河北地勘局	6	6				
山西地勘局	1	1				
内蒙古地勘局	4	2	2			
黑龙江地勘局	3	3				
江苏地勘局	2	2				
浙江地勘局	1	1				
安徽地勘局	1	1				
福建地勘局	3	3				
江西地勘局	2	2				
河南地勘局	1	1				
湖北地勘局	1	1				
湖南地勘局	1	1				
广东地质局	3	3				
广西地勘局	2	2				
重庆地勘局	2	2				
四川地勘局	5	5				
贵州地勘局	1	1				
云南地勘局	2	2				
西藏地勘局	14	14				

——按单位（四）

计量单位：个

工 作 进 程				项 目 性 质			
设计	施工	编写报告	汇交资料	新开项目	续作项目	结转项目	中止项目
			2			2	
		2	5			7	
			2			2	
		1	2		1	2	
			1			1	
	2		3		1	4	
			1			1	
	1		8		1	8	
		1	2			3	
	1	2	3		1	5	
		3	4			7	
2	**35**	**9**	**25**	**4**	**30**	**37**	
	2		1	1		2	
2	1	1	2	2		4	
			1			1	
	1	1	2		2	2	
		1	2			3	
	1	1			1	1	
			1			1	
			1			1	
	1	1	1		1	2	
	1		1		1	1	
			1			1	
			1			1	
			1			1	
	3				3		
	1		1	1		1	
			2			2	
	3	2			4	1	
			1			1	
	2				2		
	13		1		9	5	

地质调查项目分类

	合计	工作阶段				
		基础	预查	普查	详查	勘探
陕西地勘局	2	2				
甘肃地勘局	1	1				
青海地勘局	2	2				
新疆地勘局	4	3	1			
鞍山国土资源局	1	1				
江苏国土资源信息中心	1	1				
青海国土资源科技信息中心	2	2				
五、地勘各工业部门	**618**	**427**	**136**	**51**	**1**	**3**
冶金地勘系统	**99**	**65**	**13**	**19**	**1**	**1**
冶金地质总局	22	18	3	1		
冶金地质总局二局	1			1		
冶金地质总局山东正元地勘院	12	7	3	2		
冶金地质总局中南地勘院	13	10	2	1		
冶金地质总局西北局	2	1		1		
冶金地质总局矿产资源研究院	1	1				
冶金地质总局地球物理勘查院	4	4				
冶金地质总局昆明地勘院	1	1				
辽宁冶金地勘局	2		2			
四川冶金地勘局	9	9				
冶金地质总局西北地勘院	4		3	1		
四川冶金地勘局六〇四大队	1			1		
四川冶金地勘院	4	1		2	1	
冶金地质总局第三地勘院	4	1		3		
冶金地质总局第一地勘院	6	3		3		
冶金地质总局广西地勘院	6	2		3		1
冶金地质总局山东局	2	2				
冶金地质总局中南局	4	4				
冶金地质总局新疆地勘院	1	1				
有色地勘系统	**179**	**91**	**65**	**23**		
有色地调中心	53	29	22	2		
有色北京矿产地质研究院	8	5	3			
内蒙古有色地勘局	4	4				
辽宁有色地质局勘查总院	5	1	1	3		

——按单位（五）

计量单位：个

工作进程				项目性质			
设计	施工	编写报告	汇交资料	新开项目	续作项目	结转项目	中止项目
	1	1			2		
			1			1	
	1		1		1	1	
	4				4		
			1			1	
		1				1	
			2			2	
58	**259**	**159**	**142**	**125**	**179**	**314**	
2	**39**	**31**	**27**	**15**	**22**	**62**	
	4	5	13	2	5	15	
			1			1	
	3	7	2		3	9	
	10	3		5	2	6	
	1		1	1		1	
			1			1	
	1		3		1	3	
	1			1			
		2				2	
	3	2	4		4	5	
		2	2			4	
		1				1	
	1	3			1	3	
	4			1		3	
		6		2		4	
	6				3	3	
2				2			
	4				3	1	
	1			1			
2	**64**	**73**	**40**	**14**	**48**	**117**	
	17	20	16	10	10	33	
1	6	1		3	5		
1	2	1			3	1	
		2	3			5	

地质调查项目分类

	合计	工作阶段				
		基础	预查	普查	详查	勘探
江苏有色华东地勘局	7	7				
浙江有色地勘局	1			1		
河南有色地矿局	9	6	3			
湖南有色地勘局	5	4	1			
广东有色地质局	7	7				
贵州有色和核工业地勘局	6	4	2			
云南有色地质局	3		3			
西北有色地勘局地勘院	2		2			
甘肃有色地调院	5	3	2			
青海有色地勘局	22	2	18	2		
新疆有色地勘局	7	6	1			
河南有色地矿局第一地质大队	1		1			
湖南有色地勘局一总队	1			1		
江西有色地勘二队	3			3		
江西有色地勘院	2		1	1		
辽宁有色地质局一〇五队	1			1		
辽宁有色地质局一〇三队	2	1		1		
铜陵有色金属集团控股有限公司	2			2		
广东有色地勘院	3	1	1	1		
贵州有色和核工业地勘局地勘院	2	1		1		
辽宁有色地质局	10	6	3	1		
西北有色地勘局	4	3	1			
甘肃有色地勘局白银矿产勘查院	4	1		3		
武警黄金部队	**56**	**42**	**12**	**2**		
武警黄金指挥部	55	42	12	1		
武警黄金地质研究所	1			1		
煤田地勘系统	**100**	**78**	**20**	**2**		
中煤地质总局	18	15	3			
内蒙古煤田地质局	2	2				
福建煤田地质局	1	1				
山东煤田地质局	1		1			
湖南煤田地质局	4	2	2			
四川煤田地质局	1	1				

——按单位（六）

计量单位：个

工作进程				项目性质			
设计	施工	编写报告	汇交资料	新开项目	续作项目	结转项目	中止项目
	5	1	1		5	2	
	1					1	
	2	4	3		2	7	
	2	2	1		2	3	
	5	2			5	2	
	2	1	3		3	3	
			3			3	
			2			2	
	1	2	2		1	4	
	4	17	1		4	18	
		2	5			7	
		1				1	
		1				1	
	2	1				3	
	1	1				2	
		1				1	
	1	1		1		1	
	2					2	
	3					3	
		2				2	
	3	7			4	6	
	2	2			3	1	
	3	1			1	3	
1	**38**	**2**	**15**	**11**	**29**	**16**	
1	38	2	14	11	29	15	
			1			1	
18	**43**	**19**	**20**	**31**	**32**	**37**	
	6	5	7	3	4	11	
	2			2			
	1				1		
	1				1		
	2		2		1	3	
	1				1		

地质调查项目分类

	合　计	工　作　阶　段				
		基础	预查	普查	详查	勘探
宁夏煤田地质局	2	2				
新疆煤田地质局	6	5	1			
中煤地质总局水文地质局	2	2				
中煤地质总局航测遥感局	14	13	1			
中煤地质总局勘查总院	7	7				
中煤地质总局特种技术勘探中心	12	7	4	1		
中煤地质总局广西地质局	2	2				
四川煤田地质工程勘察设计研究院	4	3		1		
甘肃煤田地质局	2	1	1			
新疆煤田地质局综合地勘队	2	2				
湖南煤田地勘院	4	2	2			
四川煤田地质局一三七队	1		1			
中煤地质工程总公司	3	3				
新疆煤田地质局一五六地勘队	2	1	1			
新疆煤田地质局一六一地勘队	3	2	1			
中煤地质总局青海地质局	4	2	2			
江西煤田地质勘查研究院	1	1				
中煤地质总局第四水文地质队	1	1				
中煤地质总局广东煤炭地质局勘查院	1	1				
核工业地质系统	**126**	**111**	**10**	**4**		**1**
核工业地质局	3	3				
核工业航测遥感中心	20	20				
青海核工业地质局	4	2	2			
江西核工业地质局二六一大队	1	1				
四川核工业地质局	3	3				
四川核工业地质局二八二大队	3	3				
陕西核工业地调院	1	1				
广东核工业地质局二九三大队	1		1			
陕西核工业地质局二二四大队	5	5				
广东核工业地质局	2	2				
湖南核工业地质局	1		1			
江西核工业地质局	1		1			
核工业北京化工冶金研究院	1	1				

——按单位（七）

计量单位：个

工作进程				项目性质			
设计	施工	编写报告	汇交资料	新开项目	续作项目	结转项目	中止项目
2				2			
3	1	1	1	4		2	
		2		1		1	
1	10	2	1	4	7	3	
4	1	1	1	4	1	2	
2	9		1	3	8	1	
1		1		1		1	
	2		2		2	2	
		1	1			2	
1	1			2			
	2	2		1	1	2	
		1				1	
		2	1		2	1	
1			1	1		1	
2			1	2		1	
	3	1			2	2	
			1			1	
	1				1		
1				1			
32	**54**	**18**	**22**	**40**	**34**	**52**	
	1		2			3	
1	13	3	3	5	9	6	
	2		2		1	3	
	1				1		
		1	2		1	2	
	1		2		1	2	
1				1			
			1			1	
	4	1		4	1		
	2				2		
	1			1			
	1				1		
1				1			

地质调查项目分类

	合 计	工 作 阶 段				
		基础	预查	普查	详查	勘探
河南核工业地质局	1	1				
吉林核工业地质局	1	1				
陕西核工业地质局	1	1				
四川核工业地调院	3	3				
核工业北京地质研究院	21	21				
核工业二〇八大队	9	8	1			
核工业二一六大队	5	5				
核工业二四三大队	7	7				
核工业二〇三研究所	9	8	1			
核工业二三〇研究所	3	3				
核工业二四〇研究所	5	4		1		
核工业二七〇研究所	6	4		2		
核工业二八〇研究所	3	1	2			
核工业二九〇研究所	6	3	1	1		1
化工地质矿山总局	**31**	**21**	**10**			
中化地质矿山总局	22	14	8			
中化地质矿山总局地质研究院	8	6	2			
中化地质矿山总局黑龙江地勘院	1	1				
建材地勘中心	**24**	**18**	**5**	**1**		
中材地勘中心	3	1	2			
中材地勘中心山东总队	4	3	1			
中材地勘中心青海总队	2		2			
中材地勘中心贵州总队	1			1		
中材地勘中心湖南总队	2	2				
中材地勘中心陕西总队	2	2				
中材地勘中心吉林总队	2	2				
中材地勘中心黑龙江总队	1	1				
中材地勘中心辽宁总队	1	1				
中材地勘中心安徽总队	1	1				
中材地勘中心甘肃总队	1	1				
中材地勘中心河北总队	1	1				
中材地勘中心四川总队	1	1				
中材地勘中心新疆总队	1	1				

——按单位（八）

计量单位：个

工作进程				项目性质			
设计	施工	编写报告	汇交资料	新开项目	续作项目	结转项目	中止项目
1				1			
1				1			
1				1			
	2	1		1	1	1	
2	7	9	3	4	4	13	
3	5		1	3	3	3	
3	2			3	2		
3	3		1	3	2	2	
2	4		3	2	3	4	
2	1			2		1	
1	1	3		1	1	3	
2	2	1	1	2		4	
1	1		1	1	1	1	
3	3			3		3	
3	**11**	**11**	**6**	**8**	**10**	**13**	
1	9	10	2	5	9	8	
1	2	1	4	2	1	5	
1				1			
	10	**5**	**9**	**6**	**4**	**14**	
			3			3	
	2		2	1	1	2	
		1	1		1	1	
		1				1	
		1	1			2	
	1		1			2	
	2				2		
		1				1	
		1				1	
	1			1			
	1			1			
	1			1			
	1			1			
	1			1			

地质调查项目分类

	合　计	工　作　阶　段				
		基础	预查	普查	详查	勘探
中材地勘中心内蒙古总队	1	1				
中联煤层气公司	**3**	**1**	**1**			**1**
中联煤层气有限责任公司	2		1			1
中联煤层气国家工程研究中心有限责任公司	1	1				
六、院校	**383**	**379**		**2**	**1**	**1**
北京大学	7	7				
中国地质大学（北京）	101	101				
石家庄经济学院	6	6				
吉林大学	53	52		1		
南京大学	11	11				
中国地质大学（武汉）	90	90				
中南大学	2	2				
成都理工大学	44	44				
长安大学	23	22			1	
东华理工大学	4	4				
杭州师范大学	2	1		1		
合肥工业大学	11	11				
武汉大学	3	3				
中国海洋大学	2	2				
中国矿业大学（北京）	6	5				1
中山大学	2	2				
北京师范大学	2	2				
清华大学	1	1				
云南大学	5	5				
中国矿业大学	2	2				
中国石油大学（北京）	2	2				
中国石油大学（华东）	3	3				
昆明理工大学	1	1				
七、其他单位	**514**	**361**	**73**	**69**	**8**	**3**
冶金地质总局第二地勘院	2	2				
湖北煤炭地勘院	1		1			
浙江大学	2	2				

——按单位（九）

计量单位：个

工作进程				项目性质			
设计	施工	编写报告	汇交资料	新开项目	续作项目	结转项目	中止项目
			1			1	
			3			**3**	
			2			2	
			1			1	
6	**126**	**127**	**124**	**35**	**74**	**274**	
1	1	2	3	1	1	5	
	25	41	35	7	19	75	
	1	4	1		1	5	
2	16	19	16	4	9	40	
2	4	3	2	4	3	4	
	33	30	27	7	18	65	
	1		1			2	
	20	10	14	1	11	32	
	6	6	11	1	4	18	
	1		3	1		3	
	1		1		1	1	
	3	3	5	2	1	8	
	3				3		
		2				2	
	2	3	1	1	1	4	
	1	1			1	1	
	2			1		1	
		1				1	
1	3	1		3		2	
		1	1			2	
	1		1		1	1	
	1		2	1		2	
	1			1			
45	**227**	**137**	**105**	**88**	**141**	**285**	
1	1			1	1		
		1				1	
	1		1	2			

地质调查项目分类

	合　计	工　作　阶　段				
		基础	预查	普查	详查	勘探
国土资源部油气中心	4	4				
国土资源部咨询中心	7	7				
国土资源部信息中心	14	14				
国土资源部储量中心	2	2				
中国国土经研院	52	52				
中国土地勘测规划院	2	2				
地质博物馆	8	6	1			1
国土资源部	1	1				
北京地研所	2	2				
中科院地质与地球物理所	7	7				
北京地质工程设计研究院	4	3		1		
中国石油天然气集团公司	1	1				
中国石油化工集团公司	1	1				
天津华北地勘局	5	4	1			
山西第三地质工程勘察院	1	1				
黑龙江区调所	9	8	1			
安徽勘查技术院	15	14	1			
江西地勘局赣西地质调查大队	2	1	1			
山东地质科学实验研究院	4	4				
湖南国土资源规划院	1	1				
西藏地勘局第二地质大队	4	2		2		
西藏地勘局第五地质大队	4	1	3			
西藏地勘局第六地质大队	3	2		1		
陕西国土资源规划与评审中心	1	1				
陕西地勘局第二综合物探大队	8	7		1		
青海国土规划研究院	1	1				
青海柴达木综合地勘院	10	2	3	5		
天津地热勘查开发设计院	1		1			
青海环境地勘局	11	3	2	3	3	
重庆地质矿产研究院	5	3	2			
内蒙古第五地勘院	1	1				
内蒙古地勘院	3	3				
内蒙古第二水文地质工程地质勘察院	1			1		

——按单位（十）

计量单位：个

工 作 进 程				项 目 性 质			
设计	施工	编写报告	汇交资料	新开项目	续作项目	结转项目	中止项目
1	1	1	1	1		3	
	2	4	1		2	5	
1	9	3	1	5	5	4	
			2			2	
7	24	13	8	14	11	27	
2				2			
1	2	4	1	1	1	6	
1				1			
			2			2	
2		1	4	2		5	
	3	1			2	2	
	1					1	
		1				1	
	2	2	1		4	1	
		1				1	
	3	2	4		4	5	
	3		12		3	12	
		2				2	
	1	1	2		1	3	
			1			1	
	2	1	1		2	2	
	4			1	3		
	3			2		1	
		1				1	
	4		4	1	2	5	
			1			1	
	6	1	3	2	4	4	
			1			1	
	3	1	7		1	10	
1	3		1	1	1	3	
			1			1	
	2		1		2	1	
			1			1	

地质调查项目分类

	合 计	工 作 阶 段				
		基础	预查	普查	详查	勘探
河北区调所	6	5	1			
河南地勘局第一地勘院	2		1	1		
河南地勘局第三地质矿产调查院	3	2	1			
河南地勘局第一地质矿产调查院	11	3	4	4		
山东地矿工程勘察院	1	1				
山东国土资源资料档案馆	1	1				
湖北富硒产业研究院	3	3				
四川国土勘测规划院	1		1			
贵州国土资源勘测规划院	1		1			
陕西地勘局区域地质矿产研究院	4	4				
青海第三地勘院	11	8		3		
青海第四地勘院	4	2	2			
青海第五地勘院	14	11	2	1		
青海国土资源博物馆	1	1				
青海水文地质工程地质环境地质调查院	4	2		1	1	
中科院上海技术物理研究所	1	1				
中科院遥感应用研究所	2	2				
长庆油田勘探开发研究院	1	1				
中国矿业联合会	5	4	1			
西藏地勘局地热地质大队	6	5	1			
青海地调局	4	4				
吉林区调所	1	1				
北京金有地质勘查有限责任公司	1		1			
福建国土资源档案馆	1	1				
福建国土资源勘测规划院	2	2				
福建闽西地质大队	1		1			
甘肃地勘局第三地勘院	3	1		2		
公安部第三研究所	1	1				
广东地质局七一九地质大队	1		1			
广西二一五地质队有限公司	2	1	1			
贵州地勘局一〇三地质大队	3	1		2		
贵州地勘局一〇五地质大队	5	3	1		1	
发展和改革委国土开发与地区经济研究所	1	1				

——按单位（十一）

计量单位：个

工作进程				项目性质			
设计	施工	编写报告	汇交资料	新开项目	续作项目	结转项目	中止项目
	2	1	3		3	3	
		1	1			2	
	2	1			2	1	
	7	4		1	3	7	
		1				1	
			1			1	
1		1	1	1		2	
		1				1	
			1			1	
	2	2			2	2	
	3	6	2		3	8	
		2	2		2	2	
	9	2	3	1	7	6	
			1			1	
	1	1	2		1	3	
			1			1	
	1		1			2	
		1				1	
	1	2	2			5	
	6			2	4		
	4				1	3	
	1				1		
	1					1	
			1			1	
1			1	1		1	
			1			1	
	1	2		1		2	
		1				1	
		1				1	
	2			1		1	
	1	2			1	2	
	4	1		1	3	1	
	1					1	

地质调查项目分类

	合计	工作阶段				
		基础	预查	普查	详查	勘探
国家海洋局	2	2				
海南资源环境调查院	1			1		
河北地矿局石家庄综合地质大队	1		1			
黑龙江地球物理勘察院	3			3		
湖北地质实验研究所	1	1				
湖北地质局第一地质大队	3	1	2			
湖南地勘局四一六队	2	1		1		
江苏华东地质调查集团有限公司（华东有色地勘院）	2		1	1		
江苏地矿局第一地质大队	1			1		
江西地勘局赣西北大队	3	1	2			
辽宁地勘院	3	3				
内蒙古赤峰地勘院	4	1	1	2		
内蒙古矿产实验研究所	1			1		
山东第一地勘院	1			1		
首钢地勘院地研所	2	2				
四川地勘局四〇三地质队	2		2			
四川地勘局一〇八地质队	2		1	1		
新疆地勘局第一地质大队	2			1	1	
新疆地质矿产研究所	2	2				
新疆有色地勘局七〇四队	2			2		
浙江第七地质大队	2	1		1		
中科院古脊椎动物与古人类研究所	1	1				
重庆地勘局205地质队	2	1	1			
重庆一三六地质队	3		1	2		
国家海洋局第三海洋研究所	1	1				
中科院海洋研究所	1	1				
新疆地勘局第九地质大队	7	3	4			
陕西延长石油（集团）有限责任公司	1	1				
安徽地勘局313地质队	1	1				
福建闽北地质大队	1			1		
河南地勘局第五地勘院	1			1		
黑龙江地调总院齐齐哈尔分院	4	4				

——按单位（十二）

计量单位：个

工作进程				项目性质			
设计	施工	编写报告	汇交资料	新开项目	续作项目	结转项目	中止项目
			2			2	
			1			1	
	1					1	
		2	1			3	
		1				1	
	1	2			1	2	
	1	1			1	1	
	2					2	
	1					1	
	1	2			1	2	
	2	1			2	1	
	2	2		1		3	
		1				1	
		1				1	
		2			1	1	
	1	1				2	
	1	1				2	
		2				2	
1			1	1		1	
	1	1				2	
	1	1			1	1	
	1					1	
	1	1			1	1	
		2	1			3	
			1			1	
			1			1	
3			4	3		4	
		1				1	
	1				1		
		1				1	
		1				1	
	3	1			4		

地质调查项目分类

	合计	工作阶段				
		基础	预查	普查	详查	勘探
湖北鄂西北地质矿产调查所	1	1				
湖南地勘局四〇二队	1					1
湖南湘南地质勘察院	2	2				
辽宁地质矿产研究院	1	1				
辽宁第六地质大队	1	1				
陕西地勘局第三地质队	2			1	1	
四川地勘局攀西地质队	1	1				
四川地勘局物探队	2	2				
青海有色地勘局地勘院	1			1		
新疆地勘局第四地质大队	1					1
新疆地勘局第六地质大队	1			1		
新疆地勘局第一区调大队	5	4		1		
华北地勘局五一四地质大队	1			1		
安徽地勘局 321 地质队	3	1		2		
福建 121 地质大队	1	1				
广东地质局第八地质大队	1	1				
贵州国土资源技术信息中心	1	1				
河南国土资源调查规划院	1	1				
黑龙江第六地质勘察院	1		1			
湖北地质局第六地质大队	1	1				
湖北国土测绘院	1	1				
湖南有色地勘局二一七队	1			1		
湖南有色地勘局二总队	1	1				
华东冶金地勘局综合地质大队	2			2		
吉林煤田地质二〇三勘探公司	1		1			
吉林有色地勘局六〇四队	2	2				
江西国土资源厅信息中心	1	1				
辽宁第三地质大队	1		1			
陕西地勘局第六地质队	2	2				
四川鑫顺矿业股份有限公司	1		1			
西藏国土资源信息中心	1	1				
新疆地勘局第三地质大队	2	2				
中金集团内蒙古金盛矿业开发有限公司	2	1	1			

——按单位（十三）

计量单位：个

工作进程				项目性质			
设计	施工	编写报告	汇交资料	新开项目	续作项目	结转项目	中止项目
			1			1	
		1				1	
	2			1		1	
1				1			
	1				1		
		2				2	
1				1			
1	1			1	1		
	1				1		
	1					1	
		1				1	
	5				5		
		1				1	
	3			1		2	
			1			1	
			1			1	
	1				1		
			1			1	
		1				1	
	1				1		
	1				1		
		1				1	
		1				1	
	1	1				2	
		1				1	
1		1		1		1	
		1				1	
		1				1	
	1	1			1	1	
		1				1	
	1				1		
		2			1	1	
	1	1			1	1	

地质调查项目分类

	合计	工作阶段				
		基础	预查	普查	详查	勘探
有色桂林矿产地质研究院有限公司	1	1				
有色金属工业昆明勘察设计研究院	2	2				
紫金矿业集团股份有限公司	1		1			
新疆生产建设兵团国土资源局	2	1	1			
黑龙江地质矿产测试应用研究所	1	1				
西藏地勘局中心实验室	1	1				
浙江地球物理地球化学勘查院	1	1				
重庆国土资源和房地产信息中心	1	1				
安徽地勘局327地质队	1	1				
安徽地勘局332地质队	1	1				
包钢勘察测绘研究院	1		1			
甘肃地勘局第四地勘院	2	1		1		
甘肃有色地勘局兰州矿产勘查院	1			1		
广东地质局第三地质大队	1			1		
广东地质局第五地质大队	2	1		1		
广东有色金属地质局九三二队	1			1		
广西核工业三一〇地质大队	1	1				
国家测绘地理信息局卫星测绘应用中心	1	1				
国土资源部财务中心	1	1				
河南地勘局第四地勘院	1		1			
河南有色地矿局第四地质大队	1	1				
黑龙江第四地质勘察院	1			1		
黑龙江有色地勘局七〇七队	1	1				
湖南地勘局四〇五队	1	1				
湖南地勘局四一八队	1		1			
湖南核工业地质局三〇二大队	1	1				
吉林第四地调所	2	1		1		
吉林第一地调所	1	1				
吉林有色地勘查局六〇二队	1			1		
江西地勘局赣东北大队	1	1				
江西地勘局赣南大队	2	2				
江西地勘局九一六大队	2	1		1		
金川集团股份有限公司	1		1			
辽宁冶金地勘局四〇四队	1		1			
内蒙古地质勘查有限责任公司	2	2				

——按单位（十四）

计量单位：个

工作进程				项目性质			
设计	施工	编写报告	汇交资料	新开项目	续作项目	结转项目	中止项目
			1			1	
		1	1			2	
		1				1	
	1	1			1	1	
	1					1	
	1					1	
	1					1	
		1				1	
	1				1		
	1				1		
	1					1	
	1	1		1		1	
	1					1	
	1					1	
	2				1	1	
	1					1	
	1				1		
	1				1		
1				1			
		1				1	
	1				1		
		1				1	
	1				1		
	1				1		
	1					1	
	1				1		
	1	1			1	1	
	1				1		
	1					1	
	1				1		
	2			1	1		
	1	1			1	1	
	1					1	
	1					1	
		2				2	

地质调查项目分类

	合计	工作阶段				
		基础	预查	普查	详查	勘探
内蒙古第二地勘院	1	1				
青海第一地勘院	5		4	1		
青海有色地勘局八队	1	1				
山东第六地勘院	2	1	1			
陕西地勘局第一地质队	1	1				
陕西核工业地质局二一一大队	5	5				
四川川煤矿山勘测设计有限责任公司	1			1		
西北有色地勘局七一一总队	1		1			
云南黄金矿业集团股份有限公司	1	1				
云南地勘院	2	2				
浙江第十一地质大队	1		1			
中国测绘科学研究院	2	1			1	
重庆地勘局607地质队	1	1				
东北煤田地质局一〇七勘探队	1	1				
东北煤田地质局一〇一勘探队	1	1				
广东地球物理探矿大队	1	1				
广西区域地质调查研究院	1	1				
河北地勘局第二地质大队	1	1				
河北地勘局第三地质大队	1	1				
河北地勘局水文工程地质勘查院	1	1				
河北地勘局第四地质大队	1	1				
江西核工业地质局二六五大队	1	1				
内蒙古煤田地质局109勘探队	1	1				
内蒙古煤田地质局231勘探队	1	1				
宁夏核工业地质勘查院	2	2				
山东地勘局第五地质大队	2	2				
山西地质遗迹保护事务中心	1	1				
天津华北地勘局核工业二四七大队	1	1				
新疆地勘局第八地质大队	1	1				
新疆地勘局第二地质大队	1		1			
浙江土地资源调查办公室	1	1				
中国建筑材料科学研究总院	1	1				
中科院广州地化所	2	2				
中石油大庆油田有限责任公司	1	1				
辽河石油勘探局	1	1				
云南驰宏资源勘查开发有限公司	1	1				

——按单位（十五）

计量单位：个

工作进程				项目性质			
设计	施工	编写报告	汇交资料	新开项目	续作项目	结转项目	中止项目
	1				1		
		4	1		3	2	
	1				1		
1		1		1		1	
	1				1		
4	1			4	1		
	1					1	
	1					1	
	1				1		
	2				2		
	1					1	
1	1			1	1		
	1				1		
1				1			
1				1			
1				1			
	1				1		
	1				1		
	1			1			
1				1			
	1				1		
		1		1			
1				1			
	1			1			
	2			2			
	2			2			
	1			1			
1				1			
	1			1			
	1			1			
1				1			
1				1			
	2			1	1		
1				1			
1				1			
	1			1			

查明矿产资源量——按矿种

	计量单位	本年查明资源量			预测的资源量
		合计	控制的资源量	推断的资源量	
二、金属矿产					
（一）黑色金属矿产					
锰矿	矿石万吨				257
（二）有色金属矿产					
镍矿	金属吨				36 759
钨矿	三氧化钨吨	74 868		74 868	
铅锌矿	金属吨	2 600 000		2 600 000	5 798 416
（三）贵金属矿产					
金矿	金属千克	1042		1042	7079
三、非金属矿产					
（一）冶金辅助材料					
冶金用脉石英	矿石万吨				463
四、建材及其他非金属矿产					
石墨	矿物万吨				459

查明矿产资源量——按矿种分地区

	计量单位	本年查明资源量			预测的资源量
		合计	控制的资源量	推断的资源量	
二、金属矿产					
（一）黑色金属矿产					
锰矿	矿石万吨				257
湖南					257
（二）有色金属矿产					
镍矿	金属吨				36 759
新疆					36 759
钨矿	三氧化钨吨	74 868		74 868	
广东		74 868		74 868	
铅锌矿	金属吨	2 600 000		2 600 000	5 798 416
福建					98 416
湖南		2 600 000		2 600 000	5 700 000
（三）贵金属矿产					
金矿	金属千克	1042		1042	7079
海南		1042		1042	7079
三、非金属矿产					
（一）冶金辅助材料					
冶金用脉石英	矿石万吨				463
湖南					463
（四）建材及其他非金属矿产					
石墨	矿物万吨				459
江西					422
河南					37

新发现矿产地——按矿种分地区、矿产地（一）

	工作单位	计量单位	本年查明资源量			本年预测的资源量
			合计	控制的资源量	推断的资源量	
一、能源矿产						
煤		千吨				339 000
四川						339 000
四川省宜宾五指山地区煤炭－硫铁矿资源调查评价	四川地勘局					339 000
二、金属矿产						
（一）黑色金属矿产						
铁矿		矿石万吨	3102	2420	682	1973
内蒙古			2378	2378		
内蒙古包头市白云鄂博铁矿外围铁、铌、稀土矿	地科院资源所		2378	2378		
贵州			724	42	682	1435
贵州省威宁县香炉山铁稀土矿	成都地调中心（优选）		724	42	682	1435
新疆昆仑山						538
新疆塔什库尔干县赞坎西铁矿	西安地调中心（优选）					538
（二）有色金属矿产						
铜矿		金属吨	418 420		418 420	220 176
西藏						150 000
西藏申扎县雄梅铜矿	矿产资源所					150 000
新疆			418 420		418 420	70 176
新疆伊吾县蒙西铜矿	新疆地调院		378 967		378 967	46 282
新疆鄯善县红山梁铜矿	新疆地调院		39 453		39 453	23 894
铅矿		金属吨	138 868	77 669	61 199	
内蒙古			138 868	77 669	61 199	
内蒙古乌拉特后旗阿拉其图敖包铅矿	内蒙古第二地勘院		138 868	77 669	61 199	
铝土矿		矿石万吨	517		517	2319
贵州			517		517	2319
贵州省务川县丰乐铝土矿	贵州有色和核工业地勘局					866
贵州省金沙县长沟铝土矿	成都地调中心（优选）		146		146	479

新发现矿产地——按矿种分地区、矿产地（二）

	工作单位	计量单位	本年查明资源量			本年预测的资源量
			合计	控制的资源量	推断的资源量	
贵州省修文县洒坪铝土矿	成都地调中心（优选）		371		371	974
镍矿		金属吨				36 759
新疆						36 759
新疆托里县沙克马镍矿	有色金属矿产地质调查中心					36 759
钨矿		三氧化钨吨	74 868		74 868	15 505
福建						15 505
福建省三明市清流县嵩溪镇国母洋钨矿	福建地调院					15 505
广东			74 868		74 868	
广东省阳春市双树钨铋矿	广东省有色金属地质局		5233		5233	
广东省阳春市尧垌铜多金属矿	广东省有色金属地质局		69 635		69 635	
铅锌矿		金属吨	73 032		73 032	539 515
福建						98 416
福建省屏南县黛溪镇后章铅锌矿	福建地调院					98 416
贵州			73 032		73 032	441 099
贵州省织金县大垭口铅锌矿	成都地调中心（优选）		73 032		73 032	441 099
（三）贵金属矿产						
金矿		金属千克	1042		1042	7079
海南			1042		1042	7079
海南省昌江孔汉岭金矿	海南地调院		1042		1042	7079
（五）稀土金属矿产						
轻稀土矿		轻稀土氧化物吨	1		1	9
贵州			1		1	9
贵州省威宁县香炉山铁稀土矿	成都地调中心（优选）		1		1	9
三、非金属矿产						
（一）冶金辅助材料						
冶金用脉石英		矿石万吨				463
湖南						463

新发现矿产地——按矿种分地区、矿产地（三）

	工作单位	计量单位	本年查明资源量			本年预测的资源量
			合计	控制的资源量	推断的资源量	
湖南省城步苗族自治县狗子田冶金用脉石英矿	中建材料地勘中心湖南总队					189
湖南省城步苗族自治县桐木岔冶金用脉石英矿	中建材料地勘中心湖南总队					274
（二）化工原料矿产						
钾盐		氧化钾万吨	2500		2500	7500
湖北			2500		2500	7500
湖北省荆州市李埠钾盐矿	矿产资源所		2500		2500	4500
潜江凹陷、塔里木盆地	矿产资源所					3000
（四）建材及其他非金属矿产						
石墨		矿物万吨	1535		1535	494
内蒙古			1535		1535	
内蒙古乌拉特中旗大乌淀石墨矿	矿产资源所		1535		1535	
江西						422
江西省北武夷地区贵溪市显西－下枧垄晶质石墨矿	中建材料地勘中心					176
江西省北武夷地区金溪县上太坪晶质石墨矿	中建材料地勘中心					127
江西省北武夷地区南城县黄狮渡晶质石墨矿	中建材料地勘中心					119
河南						37
河南省灵宝市小秦岭地区杨家湾晶质石墨矿	中建材料地勘中心					37
四川						35
四川省攀枝花市新民石墨矿	中建材料地勘中心四川总队					35

新进展矿产地

	工作单位	计量单位	累计查明资源量		
			合 计	控制的资源量	推断的资源量
二、金属矿产					
（一）黑色金属矿产					
铁矿		矿石万吨	11 832	5385	6447
内蒙古东三盟、赤峰			772		772
内蒙古赤峰市红岭铅锌矿矿区深部	内蒙古赤峰地质矿产勘查开发院		772		772
吉林			7428	4402	3026
吉林省白山市板石沟铁矿井下矿	吉林省第四地质调查所		6011	4402	1609
吉林省白山市板石沟铁矿	吉林省第四地质调查所		1417		1417
四川			3632	983	2649
四川省冕宁县泸沽铁矿	四川省冶金地质勘查院		3632	983	2649
（二）有色金属矿产					
钨矿		三氧化钨吨	51 098	0	51 098
广东			51 098	0	51 098
广东省翁源县红岭钨矿	广东省有色金属地质局九三二队		51 098	0	51 098
铅锌矿		金属吨	200 542		200 542
内蒙古东三盟、赤峰			200 542		200 542
内蒙古赤峰市白音诺尔铅锌矿	内蒙古赤峰地质矿产勘查开发院		200 542		200 542
（三）贵金属矿产					
金矿		金属千克	49 989	30 195	19 794
吉林			49 989	30 195	19 794
吉林省白山市金英金矿	吉林省第四地质调查所		49 989	30 195	19 794

——按矿种分地区、矿产地

本年查明资源量			预测的资源量	
合计	控制的资源量	推断的资源量	合计	本年
7244	3300	3944	6670	664
772		772		
772		772		
5526	3300	2226	5351	351
4909	3300	1609		
617		617	5351	351
946		946	1319	313
946		946	1319	313
25 982	0	25 982	0	
25 982	0	25 982	0	
25 982	0	25 982	0	
200 542		200 542		
200 542		200 542		
200 542		200 542		
33 902	18 279	15 623		
33 902	18 279	15 623		
33 902	18 279	15 623		

提交矿产地——按矿种

计量单位：处

	新发现矿产地				可供普查的矿产地				可供详查的矿产地			
	合计	大型	中型	小型	合计	大型	中型	小型	合计	大型	中型	小型
合　计	**28**	**9**	**13**	**6**	**16**	**5**	**7**	**4**	**5**	**2**	**3**	
一、能源矿产	**1**		**1**		**1**		**1**					
煤	1		1		1		1					
二、金属矿产	**17**	**3**	**9**	**5**	**14**	**4**	**6**	**4**	**4**	**1**	**3**	
（一）黑色金属矿产	**3**	**1**	**1**	**1**	**4**	**1**	**2**	**1**	**2**		**2**	
铁矿	3	1	1	1	4	1	2	1	2		2	
（二）有色金属矿产	**13**	**2**	**8**	**3**	**8**	**3**	**4**	**1**	**1**		**1**	
铜矿	3		2	1	1		1					
铅矿	1		1						1		1	
铝土矿	3		3		2		2					
镍矿	1		1									
钨矿	3	1	1	1	3	2		1				
铅锌矿	2	1		1	2	1	1					
（三）贵金属矿产	**1**			**1**	**2**			**2**	**1**	**1**		
金矿	1			1	2			2	1	1		
三、非金属矿产	**10**	**6**	**3**	**1**	**1**	**1**			**1**	**1**		
（一）冶金辅助材料	**2**		**1**	**1**								
冶金用脉石英	2		1	1								
（二）化工原料矿产	**2**	**2**			**1**	**1**						
钾盐	2	2			1	1						
（四）建材及其他非金属矿产	**6**	**4**	**2**						**1**	**1**		
石墨	6	4	2						1	1		

提交矿产地——按单位

计量单位：处

	新发现矿产地				可供普查的矿产地				可供详查的矿产地			
	合计	大型	中型	小型	合计	大型	中型	小型	合计	大型	中型	小型
合　计	**27**	**9**	**12**	**6**	**16**	**5**	**7**	**4**	**5**	**2**	**3**	
一、地调局及局属单位	**10**	**5**	**4**	**1**	**7**	**3**	**3**	**1**	**2**	**1**	**1**	
成都地调中心（优选）	4	2	2		4	2	2					
西安地调中心（优选）	1			1	1			1				
地科院（分类）	**5**	**3**	**2**		**2**	**1**	**1**		**2**	**1**	**1**	
矿产资源所	5	3	2		2	1	1		2	1	1	
二、省（区、市）地调院	**5**		**2**	**3**	**1**			**1**				
福建地调院	2		1	1								
海南地调院	1			1	1			1				
新疆地调院	2		1	1								
四、省（区、市）国土资源厅、地勘局	**1**		**1**		**1**		**1**					
四川地勘局	1		1		1		1					
五、地勘各工业部门	**10**	**4**	**4**	**2**	**3**	**1**	**1**	**1**				
冶金地勘系统					**1**		**1**					
四川冶金地勘院					1		1					
有色地勘系统	**4**	**1**	**2**	**1**	**2**	**1**		**1**				
有色金属矿产地调中心	1		1									
广东有色地质局	2	1		1	2	1		1				
贵州有色和核工业地勘局	1		1									
建材地勘中心	**6**	**3**	**2**	**1**								
中材地勘中心	4	3	1									
中材地勘中心湖南总队	2		1	1								
七、其他单位	**1**		**1**		**4**	**1**	**2**	**1**	**3**	**1**	**2**	
内蒙古赤峰地勘院					1		1					
广东有色地质局九三二队					1	1						
黑龙江第四地勘院					1			1				
吉林第四地调所					1		1		2	1	1	
内蒙古第二地勘院	1		1						1		1	

发现查证物化探异常——按矿种

计量单位：处

	新发现物探异常	新发现化探异常	检查物探异常	检查化探异常	验证物探异常	验证化探异常	见矿物探异常	见矿化探异常	查证物化探异常
合　计	**3529**	**5262**	**1503**	**1820**	**449**	**1669**	**189**	**291**	**664**
一、能源矿产	* * *	* * *	* * *	* * *	* * *	* * *	* * *	* * *	* * *
煤					1				
石油	167	9	80	4	17	1	6		102
油砂		5		2		1		1	
其他	* * *	* * *	* * *	* * *	* * *	* * *	* * *	* * *	* * *
二、金属矿产	**1263**	**3115**	**468**	**853**	**207**	**1009**	**84**	**188**	**342**
（一）黑色金属矿产	**66**	**56**	**50**	**43**	**11**	**11**	**6**	**10**	**54**
铁矿	40	53	41	40	10	8	4	9	51
锰矿	11	3	8	3	1	3	1	1	3
铬铁矿	15		1				1		
（二）有色金属矿产	**905**	**1012**	**337**	**559**	**99**	**236**	**56**	**109**	**238**
铜矿	312	374	172	191	51	102	27	46	114
铅矿		39		45		11		5	
镍矿	1		1		1		1		
钨矿	34	32	12	37	1	4	2	9	
锡矿	6	28	9	18	3	14	3		18
锑矿	6	48	4	17	2	17	2	4	17
铅锌矿	60	127	45	86	18	18	4	10	30
多金属	486	364	94	165	23	70	17	35	59
（三）贵金属矿产	**282**	**1292**	**77**	**226**	**94**	**755**	**20**	**65**	**39**
金矿	281	1292	75	221	94	755	20	64	32
银矿	1		2	5				1	7
（四）稀有金属矿产	**10**	**755**	**4**	**25**	**3**	**7**	**2**	**4**	**11**
铌钽矿		23							
铌矿	3	81		18					
铷矿	7	651	4	7	3	7	2	4	11
三、非金属矿产	**325**	**0**	**117**	**0**	**37**	**1**	**17**	**0**	**5**
（一）冶金辅助材料	**8**	**0**	**0**	**0**	**1**	**1**	**0**	**0**	**0**
萤石（普通）	0	0	0	0	0	1	0	0	0
冶金用石英岩	8				1				
（二）化工原料矿产	**10**	**0**	**3**	**0**	**4**	**0**	**1**	**0**	**1**
钾盐	10	0	3	0	4	0	1	0	1
（三）特种非金属	**272**	**0**	**82**	**0**	**14**	**0**	**1**	**0**	**0**
金刚石	272	0	82	0	14	0	1	0	0
（四）建材及其他非金属矿产	**35**		**32**		**18**		**15**		**4**
石墨	18		15		18		15		4
玻璃用脉石英	17		17						
四、不分矿种	**1461**	**2100**	**535**	**954**	**139**	**655**	**64**	**98**	**200**

提交地质调查报告

	报告提交单位	报告评审机构
2015 年续作项目		
基础地质调查		
地质矿产调查规划部署研究项目	**发展研究中心**	
华北地区地质矿产调查评价进展跟踪与工作部署研究	天津地调中心	地调局
东北地区地质矿产调查评价进展跟踪与工作部署研究	沈阳地调中心	地调局
华东地区地质矿产调查评价进展跟踪与工作部署研究	南京地调中心	地调局
西南地区地质矿产调查评价进展跟踪与工作部署研究	成都地调中心	地调局
西北地区地质矿产调查评价进展跟踪与工作部署研究	西安地调中心	地调局
地质调查发展战略与政策研究项目	**发展研究中心**	
矿产资源战略若干问题研究	发展研究中心	地调局
地质科技与信息资料服务		
全国地质构造区划与区域地质调查综合集成项目	**地质研究所**	
江南造山带区域地质调查片区总结与服务产品开发	地质研究所	地科院项目办
2015 年结转项目		
基础地质调查		
土地质量地球化学调查评价	**物化探所**	
湖南新田县土地质量地球化学评估	湖南地调院	地科院项目办
深部地质调查试点	**地质研究所、矿产资源所**	
综合地球物理技术在深部地质调查中的应用研究	地质研究所	地科院项目办
长江三角洲经济区地质环境调查评价与区划	**南京地调中心**	
闽江口地区地质环境调查	福建地调院	华东项目办、福建国土厅
珠三角－环北部湾经济区地质环境调查评价与区划	**武汉地调中心**	
珠三角地区北西向活动断裂调查评价	武汉地调中心	中南项目办
全国矿山地质环境调查	**环境监测院**	
华北地区矿产资源集中开采区矿山地质环境调查	河北环境监测站	环境监测院
东北地区矿产资源集中开采区矿山地质环境调查	辽宁环境监测站	环境监测院
西南地区矿产资源集中开采区矿山地质环境调查	四川地调院	环境监测院
地质灾害多发区调查评价与关键问题研究	**环境监测院、武汉地调中心**	
地质灾害详细调查信息系统建设与综合研究	环境监测院	地调局
西北地区地质灾害调查评价与关键问题研究	**西安地调中心**	
白龙江流域主要城镇环境工程地质勘查与综合研究	西安地调中心（优选）	西安地调中心
青海省玉树州地质灾害详细调查及综合研究	西安地调中心	西北项目办
新疆伊犁谷地滑坡成灾规律研究	西安地调中心（优选）	西安地调中心

一览表——正式报告（一）

报告评审等级	报告审查机构	报告审批文号	资料汇交文号
优秀	地调局	中地调（总）审字〔2013〕114 号	国地资凭〔2015〕0215 号
优秀	地调局	中地调（总）审字〔2013〕110 号	国地资凭〔2015〕0340 号
优秀	地调局	中地调（总）审字〔2013〕115 号	国地资凭〔2015〕0168 号
优秀	地调局	中地调（总）审字〔2013〕112 号	国地资凭〔2015〕0143 号
优秀	地调局	中地调（总）审字〔2013〕120 号	国地资凭〔2015〕0508 号
优秀	地调局	中地调（发展）审字〔2014〕008 号	国地资凭〔2015〕0542 号
良好	地科院项目办	中地调（地科）审字〔2015〕047 号	国地资凭〔2015〕1160 号
优秀	地科院项目办	中地调（地科）审字〔2015〕011 号	国地资凭〔2015〕0408 号
优秀	地科院项目办	中地调（地科）审字〔2015〕170 号	
优秀	华东项目办、福建国土厅	中地调（华东）审字〔2015〕003 号	国地资凭〔2015〕1213 号
优秀	中南项目办	中地调（中南）审字〔2015〕029 号	国地资凭〔2015〕1060 号
优秀	地调局	中地调（地环）审字〔2014〕028 号	国地资凭〔2015〕0720 号
良好	环境监测院	中地调（地环）审字〔2014〕024 号	国地资凭〔2015〕1187 号
优秀	地调局	中地调（地环）审字〔2015〕006 号	国地资凭〔2015〕0979 号
优秀	地调局	中地调（地环）审字〔2015〕003 号	国地资凭〔2015〕0563 号
优秀	地调局	中地调（西北）审字〔2015〕026 号	国地资凭〔2015〕1176 号
优秀	西北项目办	中地调（西北）审字〔2015〕022 号	国地资凭〔2015〕0839 号
良好	西北项目办	中地调（西北）审字〔2015〕027 号	国地资凭〔2015〕1203 号

提交地质调查报告

	报告提交单位	报告评审机构
舟曲地质灾害预警判据及模型研究	西安地调中心	西北项目办
西部复杂山体地质灾害成灾模式研究	**地质力学所**	
青海湟水河流域大型滑坡成灾机理与防治技术研究	地质力学所	地科院项目办
滑坡防治格构锚固技术大型物理模型试验研究	长安大学	地科院项目办
库水波动下地下水孔隙水变化实时监测与地质灾害预测评价	水环地调中心	地科院项目办
灌溉渗透诱发型黄土崩滑灾害机理研究	西安地调中心	地科院项目办
西部复杂山体岩体结构研究	中科院地质与地球物理所	地科院项目办
三峡库区高陡岸坡成灾机理研究	武汉地调中心	地科院项目办
重庆地区地质灾害成灾机理与防治研究	地质力学所	地科院项目办
高速滑坡形成机理研究	中国地质大学（武汉）	地科院项目办
复杂山体特大滑坡形成机理与大型物理模拟研究	地质力学所	地科院项目办
地质灾害监测预警与示范	**环境监测院**	
延安市地质灾害监测预警	西安地调中心	环境监测院
地质灾害防治技术方法研究与示范	**探矿工程所**	
滑坡应急治理微型组合抗滑桩技术试验研究	探矿工程所	西南项目办
滑坡深部位移监测仪器研发与应用示范	探矿工程所	西南项目办
西部复杂山体滑坡快速加固技术研究	探矿工程所	西南项目办
中国地质构造区划综合研究与区域地质调查综合集成	**地质研究所**	
中国岩相古地理编图	成都地调中心	地科院项目办
中国不同构造单元第四系标准地层柱的建立和精细对比	地质研究所	地科院项目办
全国重要区域地层系统与关键生物群系统演化调查	**地质研究所**	
中国西部晚古生代—中生代陆相脊椎动物群序列、地层格架与古地理背景	地质研究所	地科院项目办
扬子地台古生代—三叠纪海相地层划分对比	地质研究所	地科院项目办
河北阳原盆地西部湖相地层火山灰层特征及年代地层序列研究	水文环境所	地科院项目办
华南地史生物辐射期生态系统重建研究	武汉地调中心	地科院项目办
辽西葫芦岛北部地区中生代被子植物化石研究	吉林大学	地科院项目办
中央造山带的复合造山及南北板块会聚	**地质研究所**	
中央造山带西段（阿尔金—祁连—西秦岭）增生－碰撞造山作用及动力学	地质研究所	地科院项目办
中央造山带西段（昆仑）早古生代造山带板块体制及造山动力学	地质研究所	地科院项目办
中央造山带秦祁昆结合部构造属性、板块体制与成矿背景	地质研究所	地科院项目办

一览表——正式报告（二）

报告评审等级	报告审查机构	报告审批文号	资料汇交文号
良好	西北项目办	中地调（西北）审字〔2015〕028 号	国地资凭〔2015〕0838 号
良好	地科院项目办	中地调（地科）审字〔2015〕044 号	国地资凭〔2015〕0998 号
优秀	地科院项目办	中地调（地科）审字〔2015〕043 号	国地资凭〔2015〕0464 号
优秀	地科院项目办	中地调（地科）审字〔2015〕030 号	国地资凭〔2015〕0518 号
良好	地科院项目办	中地调（地科）审字〔2015〕042 号	国地资凭〔2015〕0486 号
良好	地科院项目办	中地调（地科）审字〔2015〕039 号	国地资凭〔2015〕0966 号
优秀	地科院项目办	中地调（地科）审字〔2015〕031 号	国地资凭〔2015〕0485 号
优秀	地科院项目办	中地调（地科）审字〔2015〕033 号	国地资凭〔2015〕0501 号
优秀	地科院项目办	中地调（地科）审字〔2015〕038 号	国地资凭〔2015〕0879 号
良好	地科院项目办	中地调（地科）审字〔2015〕045 号	国地资凭〔2015〕0887 号
优秀	地调局	中地调（地环）审字〔2015〕001 号	国地资凭〔2015〕0837 号
优秀	西南项目办	中地调（西南）审字〔2015〕008 号	国地资凭〔2015〕0499 号
优秀	西南项目办	中地调（西南）审字〔2015〕007 号	国地资凭〔2015〕0466 号
优秀	西南项目办	中地调（西南）审字〔2015〕006 号	国地资凭〔2015〕0685 号
优秀	地科院项目办	中地调（地科）审字〔2014〕068 号	国地资凭〔2015〕0642 号
良好	地科院项目办	中地调（地科）审字〔2015〕048 号	国地资凭〔2015〕0883 号
优秀	地科院项目办	中地调（地科）审字〔2015〕023 号	国地资凭〔2015〕0820 号
优秀	地科院项目办	中地调（地科）审字〔2015〕022 号	国地资凭〔2015〕0886 号
良好	地科院项目办	中地调（地科）审字〔2015〕024 号	国地资凭〔2015〕0591 号
良好	地科院项目办	中地调（地科）审字〔2015〕026 号	国地资凭〔2015〕0725 号
良好	地科院项目办	中地调（地科）审字〔2015〕025 号	国地资凭〔2015〕0738 号
优秀	地科院项目办	中地调（地科）审字〔2015〕020 号	国地资凭〔2015〕0893 号
良好	地科院项目办	中地调（地科）审字〔2015〕016 号	国地资凭〔2015〕0882 号
优秀	地科院项目办	中地调（地科）审字〔2015〕019 号	国地资凭〔2015〕0478 号

提交地质调查报告

	报告提交单位	报告评审机构
中央造山带古生代—中生代花岗岩浆作用及对成矿作用的制约	地质研究所	地科院项目办
中央造山带构造格架、南北板块会聚及中国大陆钻探岩芯综合研究	地质研究所	地科院项目办
中央造山带东段（东秦岭—大别—苏鲁）岩石构造单元及复合造山过程	地质研究所	地科院项目办
地质矿产领域标准体系的健全完善和标准升级推广	**中国国土经研院**	
地质矿产领域标准体系建设	发展研究中心	发展研究中心
地质矿产领域标准体系建设	物化探所	地科院
地质矿产领域标准体系建设	环境监测院	地调局
地质调查安全保障体系建设	**水环地调中心**	
地质调查安全生产管理保障系统建设	水环地调中心	地调局
地质资料信息服务集群化推广及产业化研究	**发展研究中心**	
实物地质资料筛选及保管技术方法研究	实物资料中心	地调局
地质资料信息服务集群化产业化试点研究	鞍山国土资源局	地调局
西南三江成矿带南段地质矿产调查	**成都地调中心**	
四川盐源县马角石地区矿产地质调查	四川冶金地勘局	西南项目办
川滇黔相邻区地质矿产调查	**成都地调中心**	
四川壤塘县金木达－南木达地区矿产地质调查	成都地调中心（优选）	西南项目办
四川黑水瓦布梁子地区矿产地质调查	四川冶金地勘局	西南项目办
西南华南重点地区地质矿产调查评价	**武警黄金指挥部**	
西藏1:5万哲古、卡珠、邛多江、松多、卡果、让宗（H46E020007、H46E020008、H46E020009、H46E021007、H46E022007、H46E021008）幅区域地质矿产调查	武警黄金指挥部	武警黄金指挥部
西藏古堆地区金锑多金属矿产远景调查	武警黄金指挥部	武警黄金指挥部
柴达木周缘成矿带地质矿产调查评价	**西安地调中心**	
青海省曲麻莱县白的口地区1:5万I46E009024、I46E010024、I46E011024幅区域地质矿产调查	西安地调中心（优选）	西北项目办
冈底斯成矿带地质矿产调查	**成都地调中心**	
西藏雪古拉地区矿产远景调查	四川冶金地勘局	西南项目办
三维地质调查试点	**地质研究所**	
松辽盆地外围三维地质调查	沈阳地调中心	地科院项目办
本溪－临江地区三维地质调查	辽宁地调院	地科院项目办
中央造山带与南北构造带交汇区地壳三维地质调查	地科院（优选）	地科院项目办

一览表——正式报告（三）

报告评审等级	报告审查机构	报告审批文号	资料汇交文号
良好	地科院项目办	中地调（地科）审字〔2015〕017 号	国地资凭〔2015〕0822 号
优秀	地科院项目办	中地调（地科）审字〔2015〕018 号	国地资凭〔2015〕0897 号
优秀	地科院项目办	中地调（地科）审字〔2015〕021 号	国地资凭〔2015〕0880 号
优秀	地科院	中地调（地科）审字〔2015〕160 号	国地资凭〔2015〕1230 号
良好	地科院	中地调（地科）审字〔2013〕068 号	国土资实回〔2015〕7127 号
优秀	地调局	中地调（地科）审字〔2015〕110 号	国地资凭〔2015〕0834
优秀	地调局	中地调（发展）审字〔2014〕013 号	国地资凭〔2015〕0136 号
优秀	地调局	中地调（发展）审字〔2014〕018 号	国地资凭〔2015〕0463 号
优秀	地调局	中地调（发展）审字〔2014〕004 号	国地资凭〔2015〕0235 号
良好	西南项目办	中调局（西南）审字〔2015〕023 号	国地资凭〔2015〕1168 号
良好	西南项目办	中地调（西南）审字〔2014〕053 号	国地资凭〔2015〕0915 号
优秀	西南项目办	中地调（西南）审字〔2015〕024 号	国地资凭〔2015〕1190 号
优秀	地调局	中地调（武黄）审字〔2015〕004 号	国地资凭〔2015〕1093 号
优秀	武警黄金指挥部	中地调（武黄）审字〔2015〕003 号	国地资凭〔2015〕1092 号
通过	西北项目办	中地调（西北）评估〔2014〕011 号	国地资凭〔2015〕0952 号
良好	西南地区项目管理办公室	中地调（西南）审字〔2015〕022 号	国地资凭〔2015〕1195 号
优秀	地科院项目办	中地调（地科）审字〔2015〕147 号	国地资凭〔2015〕0241 号
优秀	地科院项目办	中地调（地科）审字〔2015〕146 号	国地资凭〔2015〕0203 号
良好	地科院项目办	中地调（地科）审字〔2013〕194 号 中地调（地科）审字〔2013〕191 号	国地资凭〔2015〕0798 号

提交地质调查报告

	报告提交单位	报告评审机构
基础地质调查与研究（结转项目）		
西南地区基础地质调查及数据更新	**成都地调中心**	
西藏江麦 - 改则地区 1:20 万区域化探	西藏地调院	西南项目办
大兴安岭成矿带基础地质调查	**天津地调中心**	
内蒙古 1:25 万西老府、多伦幅区调修测及蒙南 - 冀北地区晚中生代地层格架与重要地质事件和年代地层系统研究	地质研究所	地调局
多目标生态农业地球化学调查	**地调局**	
河南省黄淮平原区经济区农业地质调查	河南地调院	华北项目办
城市地质调查	**地调局**	
广州城市地质调查	广东地调院	地调局
我国重要生物群的起源、演化研究	**地质研究所**	
典型地质景观形成条件研究（地质遗迹分类分级及建库）	地科院	地科院项目办
大兴安岭成矿带铜铅锌多金属矿调查评价	**沈阳地调中心**	
黑龙江大兴安岭地区 1:5 万航空物探测量	核工业地质局	地调局、黑龙江国土资源厅
黑河 - 七台河 - 双鸭山能源多金属成矿带遥感地质综合调查（河北地调院）	河北地调院	地调局
多目标区域地球化学调查与评价	**物化探所**	
山东省黄河下游流域多目标区域地球化学系列图编制	山东地调院	华北项目办
西南地区基础地质调查及数据更新	**成都地调中心**	
云南泸水 - 大理地区 1:20 万区域重力调查	陕西地调院	西南项目办
华北地区基础地质调查及数据更新	**天津地调中心**	
内蒙古桑根达来 - 二连浩特地区 1:20 万区域化探	内蒙古地调院	华北项目办
多目标区域地球化学调查与评价	**物化探所**	
中国农业生态地球化学评价体系研究与成果集成（新疆地调院）	新疆地调院	西北项目办
中国农业生态地球化学评价体系研究与成果集成（江苏地调院）	江苏地调院	华东项目办
中国农业生态地球化学评价体系研究与成果集成（福建地调院）	福建地调院	华东项目办
全国区域地质环境遥感调查与监测	**航遥中心**	
长江流域基础地质遥感调查与监测（安徽地调院）	安徽地调院	地调局
中国地质构造区划综合研究与区域地质调查综合集成	**地质研究所**	
福建省地质系列图件编制与综合研究	福建地调院	地调局
综合基础地质图件编制与更新	**地质研究所**	
1:500 万中国变质地质图的编制与研究	地质研究所	地科院项目办
全球变化的地质响应研究	**岩溶地质所**	

一览表——正式报告（四）

报告评审等级	报告审查机构	报告审批文号	资料汇交文号
优秀	西南项目办	中地调（成）审字〔2012〕136 号	国地资凭〔2015〕0285 号
优秀	地调局	中地调（基）审字〔2009〕016 号	国地资凭〔2015〕0090 号
优秀	华北项目办	中地调（天）审字〔2010〕009 号	国地资凭〔2015〕0220 号
优秀	地调局	中地调（基）审字〔2011〕031 号	国地资凭〔2015〕0252 号
优秀	地科院项目办	中地调（地科）审字〔2014〕017 号	国地资凭〔2015〕0333 号
优秀	地调局基础部	中地调（基）审字〔2013〕005 号	黑地资凭〔2015〕0009 号
优秀	地调局	中地调（基）审字〔2011〕057 号	国地资凭〔2015〕0424 号
优秀	华北项目办	中地调（天）审字〔2011〕019 号	国地资凭〔2015〕0356 号
优秀	西南项目办	中地调（成）审字〔2012〕155 号	国地资凭〔2015〕0809 号
优秀	华北项目办	中地调（华北）审字〔2013〕020 号	国地资凭〔2015〕0719 号
优秀	西北项目办	中地调（西北）审字〔2013〕034 号	国地资凭〔2015〕1199 号
优秀	华东项目办	中地调（南）审字〔2012〕21 号	国地资凭〔2015〕0166 号
优秀	华东项目办	中地调（华东）审字〔2013〕006 号	国地资凭〔2015〕0103 号
优秀	地调局基础部	中地调（基）审字〔2011〕100 号	国地资凭〔2015〕1214 号
优秀	地调局	中地调（基）审字〔2012〕48 号	国地资凭〔2015〕0669 号
良好	地科院项目办	中地调（地科）审字〔2014〕048 号	国地资凭〔2015〕0558 号

提交地质调查报告

	报告提交单位	报告评审机构
岩溶动力系统与碳循环	岩溶地质所	地调局
大调查成果整合集成与区域部署项目	**国土资源部**	
固体矿产资源调查评价成果分析与应用（资源所）	矿产资源所	地调局
固体矿产资源调查评价成果分析与应用（地大北京）	中国地质大学（北京）	地调局
西南地区基础地质调查及数据更新	**成都地调中心**	
四川省1∶20万雅安、宝兴、小金、马尔康四幅区域重力调查	陕西地调院	西南项目办
西北地区基础地质调查及数据更新	**西安地调中心**	
西北地区重要成矿带基础地质综合研究	西安地调中心	西北项目办
新疆1∶5万若羌县阿尔金山沟口泉等4幅区调	新疆地调院	西北项目办
新疆1∶20万若羌县幅塔尔阿格孜幅、嘎斯煤田幅、牙鲁拉克幅区域重力调查	新疆地调院	西北项目办
华北地区基础地质调查及数据更新	**天津地调中心**	
内蒙古1∶5万敖包特陶勒盖、拉名海尔罕、额热木廷色尔、准额仁、陶申陶勒盖、沙尔沟特、威廷查干、莫若格钦幅区调	中国地质大学（北京）	华北项目办
内蒙古索伦山－霍林郭勒地区基础地质综合研究	天津地调中心	地调局
东北地区基础地质调查及数据更新	**沈阳地调中心**	
内蒙古1∶20万巴彦公社、加格达奇、松林区、十五里河区域重力调查	河南地调院	东北项目办
华东地区基础地质调查及数据更新	**南京地调中心**	
江苏1∶5万扬中县、江都县、谏壁镇、泰州市幅区调	南京地调中心	华东项目办
云南大理至瑞丽基础地质综合调查	**地质力学所**	
云南1∶5万马厂、道街坝幅区调	地质力学所	西南项目办
云南1∶5万清河街、镇安街、龙陵县、龙新幅区调	四川地调院	西南项目办
地质调查技术标准制修订	**中国国土经研院**	
基础和水工环调查标准的制修订	青岛海地所	地调局
能源和非金属矿产勘查标准的制修订	中联煤层气有限责任公司	地调局
能源和非金属矿产勘查标准的制修订	中建材料工业地勘中心	地调局
固体矿产勘查标准的制修订	中国地质大学（北京）	地科院项目办
固体矿产勘查标准的制修订	中国地质大学（武汉）	地科院项目办
全国地下水资源及其环境问题调查评价	**水文环境所**	
赣州盆地水文地质调查	江西环境监测站	地科院项目办
鄂尔多斯盆地能源基地地下水勘查	**西安地调中心**	
鄂尔多斯盆地（甘肃）能源基地地下水勘查	甘肃环境监测站	地调局

一览表——正式报告（五）

报告评审等级	报告审查机构	报告审批文号	资料汇交文号
优秀	地调局	中地调（科）审字〔2011〕46号	国地资凭〔2015〕0420号
优秀	地调局	中地调（总）审字〔2013〕113号	国地资凭〔2015〕0213号
通过	地调局	中地调（总）审字〔2013〕117号	国地资凭〔2015〕0379号
优秀	西南项目办	中地调（成）审字〔2012〕156号	国地资凭〔2015〕0808号
优秀	西北项目办	中地调（西北）审字〔2014〕038号	国地资凭〔2015〕0310号
优秀　良好	西安地调中心	中地调（西）审字〔2011〕11号	新地资凭〔2014〕0095号
良好	西北项目办	中地调（西）审字〔2012〕04号	国地资凭〔2015〕0767号
二优三良	华北项目办	中地调（华北）审字〔2013〕026号	国地资凭〔2015〕0842号
优秀	地调局	中地调（基）审字〔2013〕001号	国地资凭〔2015〕0099号
良好	东北项目办	中地调（东北）审字〔2013〕005号	国地资凭〔2015〕0427号
优秀	华东项目办	中地调（华东）审字〔2013〕032号	国地资凭〔2015〕0370号
良好	西南项目办	中地调（成）审字〔2011〕148号	国地资凭〔2015〕0391号
三优一良	西南项目办	中地调（成）审字〔2013〕7号	国地资凭〔2015〕0202号
良好	地调局	中地调（总）审字〔2013〕318号	国地资凭〔2015〕1162号
良好	地调局	中地调（总）审字〔2013〕036号	国地资凭〔2015〕0156号
良好	地调局	中地调（总）审字〔2013〕023号	国地资凭〔2015〕0139号
良好	地科院项目办	中地调（地科）审字〔2014〕064号 中地调（地科）审字〔2014〕065号	国地资凭〔2015〕0135号
优良	地科院项目办	中地调（地科）审字〔2015〕124号	国地资凭〔2016〕0031号
良好	地科院项目办	中地调（地科）审字〔2013〕203号	国地资凭〔2015〕0759号
优秀	西北项目办	中地调（西北）审字〔2014〕026号	国地资凭〔2015〕0320号

提交地质调查报告

	报告提交单位	报告评审机构
西南岩溶石山地区地下水及环境地质调查	**岩溶地质所**	
云南重点岩溶流域地下水勘查与开发示范	云南地调局	地科院项目办
长江三角洲经济区地质环境综合调查评价与区划	**南京地调中心**	
上海市重点规划区地质环境调查评价	上海地调院	华东项目办
海峡西岸经济区地质环境调查与区划	**南京地调中心**	
福州（平潭）综合实验区地质环境调查评价	福建地调院	华东项目办
西北黄土高原区地质灾害详细调查	**西安地调中心**	
青海省西宁市地质灾害详细调查（西宁市）	青海环境监测站	调查局
青海省西宁市地质灾害详细调查（湟源县）	青海水文地质工程 地质环境地调院	西北项目办
宁夏宁南地区地质灾害详细调查（海原县）	宁夏国土资源调查监测院	西北项目办
皖赣地质灾害详细调查	**南京地调中心**	
皖南地质灾害详细调查（黄山、歙县）	安徽环境监测站	地调局
东南沿海地区地质灾害详细调查	**南京地调中心**	
福建省地质灾害详细调查（泰宁县、将乐县、永安市）	福建环境监测中心	地调局
西部复杂山体地质灾害成灾模式研究	**地质力学所**	
甘肃省白龙江流域主要城镇环境工程地质勘查	甘肃环境监测站	西北项目办
我国近海矿产资源潜力调查与评价	**青岛海地所**	
南海北部陆坡双峰南海域油气资源潜力调查与研究	广州海洋局	地调局
华南海岸带矿产资源综合调查评价	广州海洋局	地调局
海岸带基础环境地质调查与评价	**青岛海地所**	
华南海岸带地质环境综合调查评价	广州海洋局	地调局
华南海岸带重点经济区地质环境监测评价	广州海洋局	地调局
信息项目	**发展研究中心**	
青海省矿产资源管理数据库整合	青海国土资源科技信息中心	地调局
全国地热资源调查评价	**水文环境所**	
上海市浅层地温能调查评价	地科院（优选）	地科院项目办
南京市浅层地温能调查评价	地科院（优选）	地科院项目办
昆明市浅层地温能调查评价	地科院（优选）	地科院项目办
福州市浅层地温能调查评价	地科院（优选）	地科院项目办
拉萨市浅层地温能调查评价	地科院（优选）	地科院项目办
西宁市浅层地温能调查评价	地科院（优选）	地科院项目办
南昌市浅层地温能调查评价	地科院（优选）	地科院项目办

一览表——正式报告（六）

报告评审等级	报告审查机构	报告审批文号	资料汇交文号
良好	地科院项目办	中地调（地科）审字〔2013〕044 号	国地资凭〔2015〕0588 号
优秀	华东项目办	中地调（华东）审字〔2013〕013 号	国地资凭〔2015〕0692 号
良好	华东项目办	中地调（华东）审字〔2013〕019 号	国地资凭〔2015〕0114 号
优秀	西北项目办	中地调（西北）审字〔2013〕015 号	国地资凭〔2015〕0958 号
优秀	西北项目办	中地调（西北）审字〔2013〕017 号	国地资凭〔2015〕0020 号
优秀	西北项目办	中地调（西北）审字〔2013〕011 号	国地资凭〔2015〕0313 号
良好	地调局	中地调（水）审字〔2013〕045 号	国地资凭〔2015〕0377 号
优秀	地调局	中地调（水）审字〔2013〕046 号	国地资凭〔2015〕0382 号
优秀	西北项目办	中地调（西北）审字〔2014〕025 号	国地资凭〔2015〕0631 号
优秀	地调局基础部	中地调（基）审字〔2012〕45 号	国地资凭〔2014〕0068 号
优秀	地调局	中地调（基）审字〔2012〕42 号	国地资凭〔2014〕0063 号
优秀	地调局基础部	中地调（基）审字〔2012〕43 号	国地资凭〔2014〕0064 号
优秀	地调局基础部	中地调（基）审字〔2012〕44 号	国地资凭〔2014〕0067 号
良好	地调局	中地调（总）审字〔2012〕57 号	资发字〔2014〕001 号
良好	地科院项目办	中地调（地科）审字〔2013〕146 号	国地资凭〔2015〕0244 号
优秀	地科院项目办	中地调（地科）审字〔2013〕145 号	国地资凭〔2015〕0681 号
良好	地科院项目办	中地调（地科）审字〔2013〕165 号	国地资凭〔2015〕1030 号
良好	地科院项目办	中地调（地科）审字〔2013〕152 号	国地资凭〔2015〕0373 号
良好	地科院项目办	中地调（地科）审字〔2013〕168 号	国地资凭〔2015〕0038 号
良好	地科院项目办	中地调（地科）审字〔2013〕160 号	国地资凭〔2015〕0013 号
良好	地科院项目办	中地调（地科）审字〔2013〕151 号	国地资凭〔2015〕0367 号

提交地质调查报告

	报告提交单位	报告评审机构
汾渭地区地面沉降地裂缝监测与防治研究	**长安大学**	
山西盆地地面沉降地裂缝 InSAR 与 GPS 监测及关键技术研究	长安大学	西北项目办
中国地质构造区划综合研究与区域地质调查综合集成	**地质研究所**	
辽宁省地质系列图件编制与综合研究	辽宁地调院	地科院项目办
山东省地质系列图件编制与综合研究	山东地调院	地科院项目办
陕西省地质系列图件编制与综合研究	陕西地调院	地科院项目办
贵州省地质系列图件编制与综合研究	贵州地调院	地科院项目办
江西省地质系列图件编制与综合研究	江西地调院	地科院项目办
中国第三代岩相古地理编图	地质研究所	地科院项目办
亚洲系列地质图件编制及相关重大地质问题研究	**地质研究所**	
1:500 万中国变质地质图编辑完善	地质研究所	地科院项目办
地质调查标准制修订	**中国国土经研院**	
物化遥钻测方法技术标准的制修订	安徽勘查技术院	地科院项目办
物化遥钻测方法技术标准的制修订	水文环境所	地调局
地质调查标准化建设	**天津地调中心**	
地质调查实验测试方法系列标准研制与修订	实验测试中心	华北项目办
水工环及海洋地质调查标准研制与修订	广州海洋局	华北项目办
地质资料信息服务集群化产业化试点研究	**发展研究中心**	
地质资料信息服务集群化产业化试点研究	安徽地调院	地调局
地质资料信息服务集群化产业化试点研究	青海国土资源博物馆	地调局
长江三角洲经济区地质环境调查评价与区划	**南京地调中心**	
厦门湾地质环境调查	福建地调院	华东项目办
长江中游城市群地质环境调查与区划	**武汉地调中心**	
昌九工业走廊地质环境调查与区划	江西环境监测站	中南项目办
长江中游地质环境调查信息系统和四维地质填图平台建设方法研究	中国地质大学（武汉）	中南项目办
全国重要地质遗迹调查	**环境监测院**	
全国重要古生物化石产地调查	地质博物馆	地调局
华北地区重要地质遗迹调查（北京）	北京地质研究所	地调局
华南地区重要地质遗迹调查（海南）	海南地调院	地调局
全球气候变化地质记录研究	**地质力学所**	
青藏高原古大湖气候变化记录研究	地质力学所	地科院项目办
中国东部季风边缘区末次间冰期以来的气候变迁	地质研究所	地科院项目办

一览表——正式报告（七）

报告评审等级	报告审查机构	报告审批文号	资料汇交文号
良好	西北项目办	中地调（地环）审字〔2014〕003 号	国地资凭〔2015〕60613 号
优秀	地科院项目办	中地调（地科）审字〔2014〕001 号	国地资凭〔2015〕0268 号
优秀	地科院项目办	中地调（地科）审字〔2014〕024 号	国地资凭〔2015〕0724 号
优秀	地科院项目办	中地调（地科）审字〔2013〕190 号	国地资凭〔2015〕0770 号
优秀	地科院项目办	中地调（地科）审字〔2013〕189 号	国地资凭〔2015〕0443 号
优秀	地科院项目办	中地调（地科）审字〔2013〕199 号	国地资凭〔2015〕0510 号
良好	地科院项目办	中地调（地科）审字〔2014〕025 号	国地资凭〔2015〕0634 号
良好	地科院项目办	中地调（地科）审字〔2014〕047 号	国地资凭〔2015〕0558 号
优秀	地科院项目办	中地调（地科）审字〔2015〕135 号	国地资凭〔2015〕0344 号
通过	地调局	未知	国地资凭〔2015〕0348 号
优秀	华北项目办	中地调（华北）审字〔2013〕031 号	国地资凭〔2015〕0093 号 国地资凭〔2015〕0094 号
优秀	华北项目办	中地调（华北）审字〔2013〕002 号	国地资凭〔2013〕336 号
良好	地调局	中地调（总）审字〔2013〕045 号	国地资凭〔2015〕0741 号
优秀	地调局	中地调（总）审字〔2013〕040 号	国地资凭〔2015〕1177 号
优秀	华东项目办	中地调（华东）审字〔2013〕024 号	国地资凭〔2015〕1079 号
优秀	中南项目办	中地调（中南）审字〔2014〕001 号	国地资凭〔2015〕0758 号
优秀	中南项目办	中地调（中南）审字〔2015〕008 号	国地资凭〔2015〕0902 号
优秀	地调局	中地调（地环）审字〔2014〕018 号	国地资凭〔2015〕0751 号
良好	地调局	中地调（地环）审字〔2014〕017 号	国地资凭〔2015〕0693 号
优秀	地调局	中地调（地环）审字〔2014〕015 号	国地资凭〔2015〕0726 号
优秀	地科院项目办	中地调（地科）审字〔2013〕184 号	国地资凭〔2015〕0383 号
良好	地科院项目办	中地调（地科）审字〔2013〕182 号	国地资凭〔2015〕1218 号

提交地质调查报告

	报告提交单位	报告评审机构
高分辨率洞穴石笋记录的气候突变及其规律性研究	岩溶地质所	地科院项目办
中国气候变化地质记录对全球气候变化重要事件响应	地质力学所	地科院项目办
青藏高原东缘全球气候变化的地质记录研究	地质力学所	地科院项目办
2 万年来全球气候变化与地球磁场变化相关性调查	地质力学所	地科院项目办
青藏高原及邻区五千年来湖泊记录的气候演变机制及其影响	矿产资源所	地科院项目办
黄土堆积区气候变化环境效应调查	水文环境所	地科院项目办
中国地质碳汇潜力研究	**岩溶地质所**	
中国典型地区岩溶碳汇调查	岩溶地质所	地科院项目办
土壤固碳潜力表征方法与主要农耕区土壤碳汇潜力研究	物化探所	地科院项目办
中国矿物碳汇潜力研究	南京大学	地科院项目办
全国资源环境承载力调查评价	**环境监测院**	
重要矿产资源保障能力综合评价	矿产资源所	地调局
海洋基础地质调查	**青岛海地所**	
1∶100 万汕头幅海洋区域地质调查	广州海洋局	地调局
1∶100 万中建岛幅海洋区域地质调查	广州海洋局	地调局
1∶100 万黄岩岛幅海洋区域地质调查	广州海洋局	地调局
1∶25 万莆田幅海洋区域地质调查	广州海洋局	地调局
西北黄土高原区 1∶5 万地质灾害调查	**西安地调中心**	
陕西宝鸡地区地质灾害详细调查及综合研究	地质力学所	西北项目办
西南山区 1∶5 万地质灾害调查	**成都地调中心**	
岷江流域地质灾害详细调查成果集成	四川地调院	西南项目办
西部复杂山体地质灾害成灾模式研究	**地质力学所**	
重庆武隆－南川地区地质灾害成灾机理与防治研究	地质力学所	地科院项目办
重庆武隆－南川地区地质灾害详细调查	重庆地勘局	地科院项目办
重庆武隆－南川地区地质灾害监测预警	环境监测院	地科院项目办
汶川地震地质灾害调查评价	**地质力学所**	
汶川地震灾区高位泥石流遥感调查评价	四川地调院	地科院项目办
龙门山及邻近构造带综合地球物理勘查	物化探所	地科院项目办
西南地区重大地质灾害防治研究	**成都理工大学**	
西南历史强震触发重大滑坡调查与机理研究	成都理工大学	西南项目办
川西深切河谷斜坡地震动评价技术研究	成都理工大学	西南项目办
西南复杂斜坡滑坡形成条件与失稳机理研究	成都理工大学	地科院项目办
汾渭地区地面沉降地裂缝监测与防治	**长安大学**	

一览表——正式报告（八）

报告评审等级	报告审查机构	报告审批文号	资料汇交文号
优秀	地科院项目办	中地调（地科）审字〔2013〕177 号	国地资凭〔2015〕0140 号
良好	地科院项目办	中地调（地科）审字〔2013〕187 号	国地资凭〔2015〕0316 号
优秀	地科院项目办	中地调（地科）审字〔2013〕185 号	国地资凭〔2015〕0174 号
良好	地科院项目办	中地调（地科）审字〔2013〕186 号	国地资凭〔2015〕0104 号
良好	地科院项目办	中地调（地科）审字〔2014〕021 号	国地资凭〔2015〕0610 号
良好	地科院项目办	中地调（地科）审字〔2013〕183 号	国地资凭〔2015〕0303 号
优秀	地科院项目办	中地调（地科）审字〔2013〕118 号	国地资凭〔2015〕0277 号
良好	地科院项目办	中地调（地科）审字〔2013〕121 号	国地资凭〔2015〕0125 号
良好	地科院项目办	中地调（地科）审字〔2013〕122 号	国地资凭〔2015〕0889 号
优秀	地调局	中地调（水）审字〔2013〕039 号	国地资凭〔2015〕0070 号
优秀	地调局	中地调（基）审字〔2012〕45 号	国地资凭〔2015〕0661 号
优秀	地调局	中地调（基）审字〔2014〕005 号	国地资凭〔2015〕0678 号
优秀	地调局	中地调（油气）审字〔2015〕097 号	国地资凭〔2015〕0676 号
优秀	地调局	中地调（油气）审字〔2015〕096 号	国地资凭〔2015〕0662 号
优秀	西北项目办	中地调（西北）审字〔2013〕035 号	国地资凭〔2015〕0019 号
优秀	西南项目办	中地调（西南）审字〔2014〕001 号	国地资凭〔2015〕0978 号
优秀	地调局	中地调（地科）审字〔2015〕033 号	国地资凭〔2015〕0501 号
良好	地科院项目办	中地调（地科）审字〔2015〕034 号	国地资凭〔2015〕1048 号
良好	地科院项目办	中地调（地科）审字〔2015〕036 号	国地资凭〔2015〕1148 号
优秀	地科院项目办	中地调（地科）审字〔2013〕125 号	国地资凭〔2015〕1034 号
良好	地科院项目办	中地调（地科）审字〔2013〕192 号	国地资凭〔2015〕0580 号
良好	西南项目办	中地调（西南）审字〔2013〕041 号	国地资凭〔2015〕0389 号
优秀	西南项目办	中地调（西南）审字〔2013〕042 号	国地资凭〔2015〕0390 号
优秀	地科院项目办	中地调（地科）审字〔2014〕016 号	国地资凭〔2015〕0219 号

提交地质调查报告

	报告提交单位	报告评审机构
晋中盆地地裂缝三维地震勘探	中国矿业大学（北京）	地调局
全国矿山地质环境调查	**环境监测院**	
山西省矿产资源集中开采区矿山地质环境调查	山西环境监测中心	环境监测院
内蒙古自治区矿产资源集中开采区矿山地质环境调查	内蒙古环境监测院	地调局
山东省矿产资源集中开采区矿山地质环境调查	山东环境监测站	环境监测院
河南省矿产资源集中开采区矿山地质环境调查	河南环境监测院	环境监测院
广西壮族自治区矿产资源集中开采区矿山地质环境调查	广西环境监测站	环境监测院
北京市矿产资源集中开采区矿山地质环境调查	北京环境监测站	环境监测院
湖北省矿产资源集中开采区矿山地质环境调查	湖北地质环境站	环境监测院
湖南省矿产资源集中开采区矿山地质环境调查	湖南环境监测站	地调局
重庆市矿产资源集中开采区矿山地质环境调查	重庆环境监测站	环境监测院
贵州省矿产资源集中开采区矿山地质环境调查	贵州环境监测站	环境监测院
亚洲系列地质图件编制及相关重大地质问题研究	**地质研究所**	
小比例尺地质图数据库国际标准建立与完善	地质研究所	地科院项目办
中国新元古代年代地层格架及其全球对比	地质研究所	地科院项目办
亚洲南部泥盆纪—三叠纪古地理-古构造研究和相关图件编制	地质研究所	地科院项目办
亚洲构造演化过程中几个关键时段火山岩研究	西安地调中心	地科院项目办
亚洲滨太平洋中新生代火山岩带地质特征及其与太平洋东岸火山岩带对比研究	南京地调中心	地科院项目办
亚洲中生代花岗岩若干问题研究及相关图件编制	地质研究所	地科院项目办
1:500 万亚洲地质环境系列图编制与重大地质环境问题研究	水文环境所	地调局
全国重要区域地层系统与关键生物群系统演化综合研究	**地质研究所**	
中国埃迪卡拉系古生物群系统演化及其国际对比	地质研究所	地科院项目办
陕西紫阳中志留统底界层型剖面研究	西安地调中心	地科院项目办
中国地质构造区划综合研究与区域地质调查综合集成	**地质研究所**	
中国西部重要蛇绿岩带形成构造环境研究	地质研究所	地科院项目办
不同地层区地层系统的完善与对比研究	地质研究所	地科院项目办
航空地球物理探测技术及实用化仪器研发	**航遥中心**	
航空重力梯度旋转平台研制	航遥中心	地调局
航空物探异常快速查证新技术研究	成都理工大学	航遥中心
物探综合软件系统升级维护与国际国内推广	发展研究中心	地调局
星载对地观测技术研发及资源勘查应用	**航遥中心**	
野外地质矿产调查服务与管理系统研建与应用	航遥中心	地调局

一览表——正式报告（九）

报告评审等级	报告审查机构	报告审批文号	资料汇交文号
良好	地调局	中地调（地环）审字〔2014〕002 号	国地资凭〔2015〕0091 号
优秀	地调局	中地调（地环）审字〔2014〕029 号	国地资凭〔2015〕0718 号
优秀	地调局	中地调（地环）审字〔2014〕037 号	国地资凭〔2015〕0797 号
良好	地调局	中地调（地环）审字〔2014〕036 号	国地资凭〔2015〕0778 号
良好	地调局	中地调（地环）审字〔2014〕040 号	国地资凭〔2015〕0687 号
良好	环境监测院	中地调（地环）审字〔2014〕022 号	国地资凭〔2015〕1071 号
良好	地调局	中地调（地环）审字〔2014〕025 号	国地资凭〔2015〕0418 号
优秀	地调局	中地调（地环）审字〔2014〕021 号	国地资凭〔2015〕0917 号
优秀	地调局	中地调（地环）审字〔2014〕038 号	国地资凭〔2015〕1073 号
良好	地调局	中地调（地环）审字〔2015〕007 号	国地资凭〔2015〕0737 号
良好	地调局	中地调（地环）审字〔2014〕030 号	国地资凭〔2015〕0949 号
通过	地科院项目办	中地调（地科）审字〔2014〕015 号	国地资凭〔2015〕0516 号
通过	地科院项目办	中地调（地科）审字〔2014〕046 号	国地资凭〔2015〕0633 号
通过	地科院项目办	中地调（地科）审字〔2014〕010 号	国地资凭〔2015〕0334 号
通过	地科院项目办	中地调（地科）审字〔2014〕011 号	国地资凭〔2015〕0507 号
通过	地科院项目办	中地调（地科）审字〔2014〕012 号	国地资凭〔2015〕0167 号
通过	地科院项目办	中地调（地科）审字〔2014〕013 号	国地资凭〔2015〕0735 号
通过	地科院项目办	中地调（地科）审字〔2014〕020 号	国地资凭〔2015〕0517 号
优秀	地科院项目办	中地调（地科）审字〔2014〕061 号	国地资凭〔2015〕0754 号
优秀	地科院项目办	中地调（地科）审字〔2015〕028 号	国地资凭〔2015〕0843 号
优秀	地科院项目办	中地调（地科）审字〔2014〕006 号	国地资凭〔2015〕0335 号
优秀	地科院项目办	中地调（地科）审字〔2015〕049 号	国地资凭〔2015〕0885 号
优秀	地调局	中地调（航遥）审字〔2014〕002 号	国地资凭〔2015〕0118 号
优秀	地调局	中地调（航遥）审字〔2014〕003 号	国地资凭〔2015〕0639 号
优秀	地调局	中地调（航遥）审字〔2015〕005 号	国地资凭〔2015〕0747 号
优秀	地调局	中地调（航遥）审字〔2015〕014 号	国地资凭〔2015〕0948 号

提交地质调查报告

	报告提交单位	报告评审机构
覆盖区卫星高光谱数据岩性弱信息提取模型与软件设计	吉林大学	地调局
航空高光谱成像系统研发及地质勘查遥感系统建设	**航遥中心**	
基于地面实测岩矿光谱数据环境填图技术的应用示范	吉林大学	地调局
深部钻探技术与系列钻探设备研发	**勘探技术所**	
深部地质钻探技术成果综合研究及集成示范	勘探技术所	地调局
地质调查同位素分析新技术研发与应用	**地质研究所**	
河流冲积物光释光测年研究	水文环境所	地科院项目办
地质灾害应急供水实用实验技术与应用研究	水文环境所	地科院项目办
LA－MC－ICPMS 硅同位素微区原位分析技术	矿产资源所	地科院项目办
复杂难选冶矿产资源综合利用技术研究	**成都综合所**	
海南岛北部火山岩地区风化淋滤型褐铁矿、铝（钴）土矿及伴生矿产资源综合利用研究与潜力评价	海南地调院	
我国油页岩灰渣资源综合利用技术研究	中国地质大学（北京）	地调局
恩施地区富硒石煤资源综合利用研究	中国地质大学（武汉）	地调局
地质工作可持续发展战略与管理研究	**发展研究中心**	
矿产资源战略评价体系与方法研究	中国地质大学（武汉）	地调局
科技基础工作方法及战略研究	**发展研究中心**	
月球重点地区地质结构研究及探月新技术开发	地科院	地调局
地质调查成果编辑与出版	发展研究中心	地调局
地质高科技战略发展研究	中国国土经研院	地调局
地质调查标准制修订	**中国国土经研院**	
能源和非金属矿产勘查标准的制修订	中煤地质总局勘查总院	地科院项目办
能源和非金属矿产勘查标准的制修订	中建材料工业 地勘中心陕西总队	地科院项目办
能源和非金属矿产勘查标准的制修订	中建材料工业 地勘中心湖南总队	地科院项目办
基础和水工环调查标准的制修订	地质研究所	地科院项目办
基础和水工环调查标准的制修订	地质力学所	地调局
物化遥钻测方法技术标准的制修订	南京地调中心	地科院项目办
物化遥钻测方法技术标准的制修订	中国地质大学（北京）	地科院项目办
物化遥钻测方法技术标准的制修订	江苏有色华东地勘局	地调局
地质信息资料技术标准制修订	地质图书馆	地科院项目办
地质试验测试标准制修订	实验测试中心	地科院项目办

一览表——正式报告（十）

报告评审等级	报告审查机构	报告审批文号	资料汇交文号
优秀	地调局	中地调（航遥）审字〔2015〕006 号	国地资凭〔2015〕0551 号
良好	地调局	中地调（航遥）审字〔2015〕007 号	国地资凭〔2015〕0552 号
优秀	地调局	中地调（科）审字〔2013〕073 号	国地资凭〔2015〕0336 号
通过	地科院项目办	中地调（地科）审字〔2013〕109 号	国地资凭〔2015〕0137 号
良好	地科院项目办	中地调（地科）审字〔2013〕110 号	国地资凭〔2015〕0465 号
通过	地科院项目办	中地调（地科）审字〔2013〕113 号	国地资凭〔2015〕0102 号
良好	地调局科外部	中地调（科）审字〔2013〕058 号	国地资凭〔2015〕1052 号
良好	地调局	中地调（科）审字〔2013〕101 号	国地资凭〔2015〕0074 号
良好	地调局	中地调（科）审字〔2013〕088 号	国地资凭〔2015〕0061 号
良好	地调局	中地调（发展）评字〔2014〕015 号	国地资凭〔2015〕0571 号
优秀	地调局科外部	中地调（科）审字〔2013〕059 号	国地资凭〔2015〕1226 号
优秀	地调局	中地调（发展）审字〔2015〕003 号	国地资凭〔2015〕0788 号
良好	地调局	中地调（发展）审字〔2014〕010 号	国地资凭〔2015〕0119 号
优秀	地科院项目办	中地调（地科）审字〔2014〕039 号	国地资凭〔2015〕0541 号
良好	地科院项目办	中地调（地科）审字〔2014〕058 号	国地资凭〔2015〕0891 号
良好	地科院项目办	中地调（地科）审字〔2014〕059 号	国地资凭〔2015〕0707 号
良好	地科院项目办	中地调（地科）审字〔2015〕125 号	国地资凭〔2015〕0951 号
优秀	地调局	中地调（总）审字〔2013〕027 号	国地资凭〔2015〕0352 号
优秀	地科院项目办	中地调（地科）审字〔2014〕060 号	国地资凭〔2015〕0169 号
优秀	地科院项目办	中地调（地科）审字〔2014〕037 号	国地资凭〔2015〕0353 号
良好	地调局	中地调（总）审字〔2013〕104 号	国地资凭〔2015〕0691 号
良好	地科院项目办	中地调（地科）审字〔2014〕045 号	国地资凭〔2015〕0214 号
优秀	地科院项目办	中地调（地科）审字〔2015〕008、078	国地资凭〔2015〕0529 号

提交地质调查报告

	报告提交单位	报告评审机构
地质试验测试标准制修订	水文环境所	地科院项目办
地质矿产调查评价预算与财务管理研究	**中国国土经研院**	
地质调查评价定额体系研究与建设	中国国土经研院	发展研究中心
地质调查财务管理与运行机制研究	发展研究中心	地调局
地质资料信息服务集群化产业化试点研究	**发展研究中心**	
地质资料信息服务集群化产业化试点研究	福建国土资源档案馆	地调局
地质资料信息服务集群化产业化试点研究	上海地调院	地调局
地质资料信息服务集群化产业化试点研究	山东国土资源资料档案馆	地调局
地质资料信息服务集群化产业化试点研究	西安地调中心	地调局
国家地质数据库建设与更新维护	**发展研究中心**	
国家地质数据库更新与维护	天津地调中心	地调局
国家地质数据库更新与维护	沈阳地调中心	地调局
国家地质数据库更新与维护	西安地调中心	地调局
国家地质数据库更新与维护	成都地调中心	地调局
地质调查信息服务集群体系建设与服务产品开发	**发展研究中心**	
地学文献资料集成与服务系统建设	地质图书馆	发展研究中心
重点成矿区带地质矿产调查评价（结转项目）		
天山成矿带地质矿产调查评价	**西安地调中心**	
新疆天山地区物化探技术试验运用研究与示范	物化探所	西北项目办
中国北方主要平原（盆地）地下水动态调查评价	**环境监测院**	
松嫩平原地下水动态调查评价	沈阳地调中心	地调局
鄂尔多斯盆地能源基地地下水勘查	**西安地调中心**	
鄂尔多斯盆地北部地下水循环与合理开发利用研究	西安地调中心	环境监测院
鄂尔多斯盆地甘肃能源基地地下水勘查	甘肃环境监测站	西北项目办
西南岩溶石山地区地下水及环境地质调查	**岩溶地质所**	
西南岩溶石山地区重大环境地质问题及对策研究	岩溶地质所	地科院项目办
淮河流域平原区地下水污染调查评价	**南京地调中心**	
安徽平原地区地下水污染调查评价	安徽地调院	华东项目办
河南平原地区地下水污染调查评价	河南地调院	华东项目办
山东平原地区地下水污染调查评价	山东地调院	华东项目办
豫西成矿带地质矿产调查评价	**天津地调中心**	
河南省信阳铌钽矿勘查与可利用性评价	郑州综合所	华北项目办
中国大陆周边地区主要成矿带成矿规律对比及潜力评价	**发展研究中心**	

一览表——正式报告（十一）

报告评审等级	报告审查机构	报告审批文号	资料汇交文号
良好	地科院项目办	中地调（地科）审字〔2015〕009 号	国地资凭〔2015〕0609 号
优秀	地调局	中地调（发展）审字〔2015〕004 号	国地资凭〔2015〕1221 号
优秀	地调局	中地调（发展）审字〔2014〕007 号	国地资凭〔2015〕0190 号
优秀	地调局	中地调（发展）审字〔2014〕009 号	国地资凭〔2015〕0413 号
优秀	地调局	中地调（总）审字〔2013〕047 号	国地资凭〔2015〕0112 号
优秀	地调局	中地调（总）审字〔2013〕043 号	国地资凭〔2015〕1166 号
优秀	地调局	中地调（总）审字〔2013〕046 号	国地资凭〔2015〕0189 号
优秀	地调局	中地调（总）审字〔2013〕099 号	国地资凭〔2015〕0111 号
优秀	地调局	中地调（总）审字〔2013〕090 号	国地资凭〔2015〕0342 号
优秀	地调局	中地调（总）审字〔2013〕091 号	国地资凭〔2015〕0072 号
优秀	地调局	中地调（总）审字〔2013〕101 号	国地资凭〔2015〕0206 号
优秀	地调局	中地调（发展）审字〔2015〕008 号	国地资凭〔2015〕0965 号
良好	西北项目办	中地调（西北）审字〔2014〕077 号	国地资凭〔2015〕0483 号
良好	地调局	中地调（地环）审字〔2014〕007 号	国地资凭〔2015〕0034 号
优秀	西北项目办	中地调（西北）审字〔2014〕031 号	国地资凭〔2015〕1171 号
优秀	西北项目办	中地调（西北）审字〔2014〕026 号	国地资凭〔2015〕0320 号
良好	地科院项目办	中地调（岩）审字〔2012〕12 号	国地资凭〔2015〕0147 号
优秀	华东项目办	中地调（华东）审字〔2013〕027 号	国地资凭〔2015〕0935 号
优秀	华东项目办	中地调（华东）审字〔2013〕012 号	国地资凭〔2015〕0222 号
优秀	华东项目办	中地调（华东）审字〔2014〕019 号	国地资凭〔2015〕0221 号
良好	华北项目办	中地调（华北）审字〔2015〕002 号	国地资凭〔2015〕0861 号

提交地质调查报告

	报告提交单位	报告评审机构
中蒙边界重要成矿带1:100万成矿规律图编制与研究	天津地调中心	地调局
中俄蒙合作阿尔泰成矿带成矿作用与成矿规律对比研究	矿产资源所	地调局
兴都库什－西昆仑成矿带成矿地质背景及成矿规律对比研究	西安地调中心	地调局
北山－祁连成矿带地质矿产调查	**西安地调中心**	
甘肃省肃北县塔尔沟地区矿产远景调查	甘肃有色地调院	西北项目办
甘肃五个泉子达坂－大道尔基地区矿产远景调查	甘肃地调院	西北项目办
秦岭成矿带地质矿产调查	**西安地调中心**	
甘肃成县－临潭地区铜钨金矿产远景调查	甘肃地调院	西北项目办
陕西南郑－镇坪铅锌多金属矿远景调查	陕西地调院	西北项目办
川滇黔相邻区地质矿产调查	**成都地调中心**	
西南严重缺水地区地下水勘查（探矿工艺所）	探矿工程所	地调局
西南严重缺水地区地下水勘查（福建省地勘局）	福建地勘局	地调局
西南严重缺水地区地下水勘查（甘肃省地矿局）	甘肃地勘局	地调局
西南严重缺水地区地下水勘查（河南省地矿局）	河南地勘局	地调局
西南严重缺水地区地下水勘查（湖北省地矿局）	湖北地勘局	地调局
西南严重缺水地区地下水勘查（湖南省地勘局）	湖南地勘局	地调局
西南严重缺水地区地下水勘查（西安地调中心）	西安地调中心	地调局
西南严重缺水地区地下水勘查（水文环境所）	水文环境所	地调局
西南严重缺水地区地下水勘查（岩溶地质所）	岩溶地质所	地调局
大兴安岭成矿带北段地质矿产调查	**沈阳地调中心**	
内蒙古呼伦贝尔盟莫尔道嘎－吉峰地区铜多金属矿远景调查	有色地调中心	东北项目办
内蒙古新巴尔虎右旗达斯乎都格一带铅锌多金属矿调查	中冶地质总局	东北项目办
晋冀成矿区地质矿产调查	**天津地调中心**	
鲁西地区铁矿远景调查	山东地调院	华北项目办
长江中下游成矿带地质矿产调查	**南京地调中心**	
长江中下游地区深部矿勘查方法技术示范	南京地调中心	华东项目办
江苏宁镇地区铁铜矿远景调查	江苏地调院	华东项目办
长江中下游基底结构与导矿－控矿要素研究	地质力学所	华东项目办
江西九瑞地区铜多金属矿远景调查	江西地调院	华东项目办
武夷成矿带地质矿产调查	**南京地调中心**	
福建大田－漳平地区矿产远景调查	福建地调院	华东项目办
福建上杭－永定地区铜多金属矿评价	福建地调院	华东项目办
福建建瓯－南平地区矿产远景调查	福建地调院	华东项目办

一览表——正式报告（十二）

报告评审等级	报告审查机构	报告审批文号	资料汇交文号
优秀	地调局	中地调（科）审字〔2013〕098 号	国地资凭〔2015〕0449 号
优秀	地调局科外部	中地调（科）审字〔2012〕12 号	国地资凭〔2013〕303 号
良好	地调局科外部	中地调（科）审字〔2013〕019 号	国地资凭〔2015〕1206 号
良好	西安地调中心	中地调（西）审字〔2012〕21 号	中地调资收字〔2016〕60020 号
良好	西北项目办	中地调（西）审字〔2012〕27 号	国地资凭〔2015〕0959 号
优秀	西安地调中心	中地调（西）审字〔2012〕28 号	国地资凭〔2015〕1045 号
良好	西北项目办	中地调（西）审字〔2012〕25 号	国地资凭〔2015〕0796 号
优秀	地调局	中地调（水）审字〔2013〕018 号	国地资凭〔2015〕0284 号
优秀	地调局	中地调（水）审字〔2013〕031 号	国地资凭〔2015〕0403 号
优秀	地调局	中地调（水）审字〔2013〕032 号	国地资凭〔2015〕0393 号
优秀	地调局	中地调（水）审字〔2013〕023 号	国地资凭〔2015〕0386 号
优秀	地调局	中地调（水）审字〔2013〕017 号	国地资凭〔2015〕0029 号
优秀	地调局	中地调（水）审字〔2013〕033 号	国地资凭〔2015〕0387 号
优秀	地调局	中地调（水）审字〔2013〕021 号	国地资凭〔2015〕0560 号
优秀	地调局	中地调（水）审字〔2013〕034 号	国地资凭〔2015〕0970 号
优秀	地调局	中地调（水）审字〔2013〕035 号	国地资凭〔2015〕0926 号
良好	东北项目办	中地调（东北）审字〔2014〕021 号	国地资凭〔2015〕0240 号
优秀	东北项目办	中地调（东北）审字〔2014〕022 号	国地资凭〔2015〕0739 号
优秀	华北项目办	中地调（华北）审字〔2014〕012 号	国地资凭〔2015〕0641 号
优秀	华东项目办	中地调（华东）审字〔2014〕014 号	国地资凭〔2015〕0853 号
良好	华东项目办	中地调（华东）审字〔2013〕031 号	国地资凭〔2015〕0374 号
良好	华东项目办	中地调（华东）审字〔2013〕007 号	国地资凭〔2015〕0134 号
良好	华东项目办	中地调（华东）审字〔2014〕006 号	国地资凭〔2015〕0365 号
优秀	华东项目办	中地调（华东）审字〔2013〕022 号	国地资凭〔2015〕0360 号
良好	华东项目办	中地调（华东）审字〔2013〕014 号	国地资凭〔2015〕0939 号
优秀	华东项目办	中地调（华东）审字〔2013〕025 号	国地资凭〔2015〕0361 号

提交地质调查报告

	报告提交单位	报告评审机构
新疆煤炭资源调查评价	**新疆地勘局**	
新疆和什托洛盖煤田哈阿特山北缘煤炭资源调查评价	新疆地勘局第九地质大队	西北项目办
新疆东疆地区五堡煤炭资源调查评价	新疆地勘局第九地质大队	西北项目办
新疆东疆地区碎石梁煤炭资源调查评价	新疆地勘局第九地质大队	西北项目办
新疆尉犁县、若羌县孔雀河—罗北一带煤炭资源调查评价	新疆地勘局第九地质大队	西北项目办
天山成矿带地质矿产调查	**西安地调中心**	
新疆富蕴县恰库尔图一带铜镍金多金属矿产调查评价	新疆地调院	西北项目办
新疆和静县大尤路都斯盆地煤炭资源调查	新疆煤田地质局 一六一煤田地质勘探队	西北项目办
鄂尔多斯盆地矿产资源综合评价与区划	**国土部油气资源 战略研究中心**	
矿产资源勘查开发地质环境影响评价	环境监测院	地调局
天山成矿带地质矿产调查评价	**西安地调中心**	
新疆西天山赛里木湖地区铜铅锌矿调查评价	新疆地调院	西北项目办
新疆西天山阿吾拉勒东段铜铁矿调查评价	新疆地调院	西北项目办
新疆西南天山霍什布拉克地区铅锌矿远景调查	陕西地调院	西北项目办
阿尔泰成矿带地质矿产调查评价	**西安地调中心**	
新疆 1:25 万捷尔任斯克、托里县幅区调修测	新疆地调院	西北项目办
新疆托里老凤口地区矿产远景调查	新疆有色地勘局	西北项目办
昆仑－阿尔金成矿带地质矿产调查	**西安地调中心**	
新疆 1:5 万空贝利、霍什别里、阔勒阿依尔克、木吉幅区调	河南地调院	西北项目办
新疆西昆仑塔什库尔干地区铁铅锌矿远景调查	河南地调院	西北项目办
北山－祁连成矿带地质矿产调查	**西安地调中心**	
甘肃北山公婆泉—双尖山地区铜多金属矿远景调查	甘肃地调院	西北项目办
秦岭成矿带地质矿产调查	**西安地调中心**	
陕西太白地区矿产远景调查	西北有色地勘局地质勘查院	西北项目办
西南三江成矿带南段地质矿产调查	**成都地调中心**	
云南 1:5 万梁河县、江东、帕底幅区调	成都地调中心	西南项目办
云南 1:5 万骂泥街、牛孔、广丰、作播幅区调	成都理工大学	西南项目办
川滇黔相邻区地质矿产调查	**成都地调中心**	
四川木里－会东地区铁矿评价	四川地调院	西南项目办
云南易门地区矿产远景调查	云南有色地质局	西南项目办
青藏高原东缘地震活动带基础地质综合调查综合研究	成都地调中心	地调局

一览表——正式报告（十三）

报告评审等级	报告审查机构	报告审批文号	资料汇交文号
优秀	西北项目办	中地调（新疆）审字〔2013〕006 号	国地资凭〔2015〕0792 号
良好	西北项目办	中地调（新疆）审字〔2013〕013 号	国地资凭〔2015〕0049 号
良好	西北项目办	中地调（新疆）审字〔2013〕014 号	国地资凭〔2015〕0325 号
良好	西北项目办	中地调（新疆）审字〔2013〕007 号	国地资凭〔2015〕0326 号
优秀	西北项目办	中地调（西北）审字〔2014〕012 号	国地资凭〔2015〕1173 号
良好	西北项目办	中地调（西北）审字〔2014〕014 号	国地资凭〔2015〕0960 号
良好	地调局资源部	中地调（资）审字〔2012〕26 号	国地资凭〔2013〕018 号
良好	西北项目办	中地调（新疆）审字〔2013〕028 号	国地资凭〔2015〕0612 号
优秀	西北项目办	中地调（新疆）审字〔2013〕021 号	国地资凭〔2015〕0323 号
优秀	西北项目办	中地调（西北）审字〔2015〕072 号	国地资凭〔2015〕1229 号
优秀	西北项目办	中地调（西）审字〔2012〕61 号	国地资凭〔2015〕0864 号
良好	西北项目办	中地调（西北）审字〔2014〕016 号	国地资凭〔2015〕0318 号
一优三良	西北项目办	中地调（西）审字〔2012〕52 号	国地资凭〔2015〕0603 号
优秀	西北项目办	中地调（新疆）审字〔2013〕001 号	国地资凭〔2015〕0772 号
良好	西北项目办	中地调（西北）审字〔2014〕024 号	国地资凭〔2015〕1044 号
良好	西北项目办	中地调（西北）审字〔2013〕021 号	国地资凭〔2015〕1183 号
优秀	西南项目办	中地调（成）审字〔2013〕12 号	国地资凭〔2015〕0032 号
优秀	西南项目办	中地调（西南）审字〔2015〕046 号	国地资凭〔2015〕1157 号
优秀	西南项目办	中地调（西南）审字〔2013〕025 号	国地资凭〔2015〕0448 号
良好	西南项目办	中地调（西南）审字〔2013〕020 号	国地资凭〔2015〕1170 号
良好	地调局	中地调（基）审字〔2012〕19 号	国地资凭〔2015〕0041 号

提交地质调查报告

	报告提交单位	报告评审机构
大兴安岭成矿带北段地质矿产调查	**沈阳地调中心**	
黑龙江1:25万漠河县、漠河、兴安幅区调修测	黑龙江地调总院	东北项目办
内蒙古1:5万孟恩套勒盖、敖兰敖日格、科尔沁右翼中旗、马家窑、哈日道布幅区调	沈阳地调中心	东北项目办
内蒙古1:5万河源、1355.3高地、基尔果山、毛尧口幅区调	吉林地调院	东北项目办
内蒙古1:5万1314.4高地、1083.1高地、榛子坝防火站、阿斯格勒幅区调	辽宁地调院	东北项目办
内蒙古1:5万宝日根、巴彦哲里木、坤都冷幅区调	吉林大学	东北项目办
内蒙古1:25万扎鲁特旗（L51C004001）幅区调修测	沈阳地调中心	东北项目办
大兴安岭成矿带南段地质矿产调查	**天津地调中心**	
内蒙古1:5万敖包查干、多钦乌拉、宾巴勒查干、满都胡宝力格、1252高地幅区调	天津地调中心	地调局
内蒙古1:5万哈丹沟巴润布郭、干其硝、巴彦毛敦、扎德盖索格木、图木特、呼日其格幅区调	山西地调院	华北项目办
湘西-鄂西成矿带地质矿产调查	**武汉地调中心**	
湖北1:5万汪家营、利川市、忠路、黄泥塘幅区调	武汉地调中心	地调局
长江中下游成矿带地质矿产调查	**南京地调中心**	
长江中下游重点成矿带综合地球物理立体地质填图示范	物化探所	华东项目办
长江中下游重点成矿带综合地球物理立体地质填图示范	安徽地调院	华东项目办
成矿带区域地球物理调查	**物化探所**	
黑龙江讷河-龙镇地区1:25万区域重力调查	物化探所	东北项目办
云南临沧-勐海地区1:25万区域重力调查	贵州地调院	地科院项目办
新疆1:25万三塘湖、克孜勒塔格、纸房幅区域重力调查	新疆地调院	西北项目办
成矿带区域地球化学调查	**物化探所**	
内蒙古1:25万恩和、额尔古纳右旗、额尔古纳左旗幅区域化探	安徽勘查技术院	地科院
内蒙古扎赉特旗地区1:5万化探	安徽勘查技术院	东北项目办
宁夏贺兰山地区1:25万区域地探	宁夏地调院	西北项目办
新疆苏吾什杰幅、36团场幅1:25万区域化探	新疆地调院	西北项目办
新疆巴什库尔干幅、石棉矿幅、茫崖镇幅1:25万区域化探	新疆地调院	西北项目办
新疆且末县幅、瓦石峡幅1:25万区域化探	新疆地调院	西北项目办
新疆西昆仑岔路口地区1:5万化探	新疆地调院	西北项目办
重要矿产勘查成矿区划与成果集成	**矿产资源所**	
长江中下游重要“矿源层”沉积环境与燕山期岩浆热液叠加成矿作用研究	矿产资源所	地科院项目办

一览表——正式报告（十四）

报告评审等级	报告审查机构	报告审批文号	资料汇交文号
优秀	东北项目办	中地调（东北）审字〔2014〕013 号	国地资凭〔2015〕1011 号
优秀	东北项目办	中地调（东北）审字〔2014〕018 号	国地资凭〔2015〕0216 号
二优二良	东北项目办	中地调（东北）审字〔2014〕005 号	国地资凭〔2015〕0762 号
优秀	东北项目办	中地调（沈）审字〔2013〕02 号	国地资凭〔2015〕0204 号
良好	东北项目办	中地调（东北）审字〔2014〕004 号	国地资凭〔2015〕0160 号
优秀	东北项目办	中地调（东北）审字〔2014〕019 号	国地资凭〔2015〕0241 号
三优三良	地调局	中地调（基）审字〔2013〕002 号	国地资凭〔2015〕0191 号
一优三良	华北项目办	中地调（华北）审字〔2013〕035 号	国地资凭〔2015〕0514 号
良好	地调局基础部	中地调（基）审字〔2012〕40 号	鄂地资汇〔2014〕0067 号
优秀	华东项目办	中地调（华东）审字〔2014〕011 号	国地资凭〔2015〕0652 号
优秀	华东项目办	中地调（华东）审字〔2015〕004 号	国地资凭〔2015〕0936 号
良好	东北项目办	中地调（东北）审字〔2014〕006 号	国地资凭〔2015〕0426 号
优秀	地科院项目办	中地调（地科）审字〔2013〕204 号	国地资凭〔2015〕0923 号
优秀	西北项目办	中地调（西北）审字〔2013〕008 号	国地资凭〔2015〕0595 号
优秀	地科院项目办	中地调（地科）审字〔2015〕098 号	国地资凭〔2015〕1186 号
优秀	东北项目办	中地调（东北）审字〔2013〕003 号	国地资凭〔2015〕0035 号
良好	西北项目办	中地调（西北）审字〔2013〕033 号	国地资凭〔2015〕0487 号
良好	西北项目办	中地调（西北）审字〔2013〕024 号	国地资凭〔2015〕0021 号
优秀	西北项目办	中地调（西北）审字〔2013〕025 号	国地资凭〔2015〕0865 号
良好	西北项目办	中地调（西北）审字〔2013〕028 号	国地资凭〔2015〕1041 号
优秀	西北项目办	中地调（西北）审字〔2013〕029 号	国地资凭〔2015〕0868 号
良好	地科院项目办	中地调（地科）审字〔2013〕136 号	国地资凭〔2015〕0341 号

提交地质调查报告

	报告提交单位	报告评审机构
全国地下水资源及其环境问题调查评价	**水文环境所**	
河套平原地下水资源及其环境问题调查评价	水文环境所	地调局
正定地下水科学与工程试验场能力建设	水文环境所	地科院项目办
严重缺水地区和地方病区地下水勘查及供水安全示范	**水环地调中心**	
东北地方病严重区地下水勘查及供水安全示范	沈阳地调中心	地调局
全国矿产资源潜力评价	**矿产资源所**	
矿产资源定量化预测新方法研究	中国地质大学（武汉）	地调局
全国物探化探遥感自然重砂综合信息评价	发展研究中心	地调局
北山－祁连成矿带地质矿产调查	**西安地调中心**	
宁夏1:5万水磨沟（J48E007016）、崇岗（J48E007017）、苏峪口（J48E008016）、暖泉（J48E008017）、姚伏（J48E008018）幅区调	宁夏地调院	西北项目办
宁夏1:5万腰坝（J48E009015）、黄旗口（J48E009016）、木井子（J48E010015）、井子泉（J48E010016）幅区调	宁夏地调院	西北项目办
甘肃北山营毛沱－玉石山地区铁铜多金属矿调查	西安地调中心	西北项目办
甘肃肃北多若诺尔—石板墩铁矿调查	甘肃地调院	西北项目办
秦岭成矿带地质矿产调查	**西安地调中心**	
陕西1:5万贾旗寨（I48E017019）、古城（I48E017020）、勉县（I48E018019）、新集（I48E018020）幅区调	陕西地调院	西安地调中心
秦岭成矿带基础地质综合研究	西安地调中心	西北项目办
陕西省山阳—柞水池沟—冷水沟铜矿调查	西北有色地勘局地质勘查院	西北项目办
甘肃省雪坪沟—温泉一带钨多金属矿调查评价	甘肃地调院	西北项目办
西南三江成矿带南段地质矿产调查	**成都地调中心**	
云南1:5万阿热（G47E002016）、小中甸（G47E003016）、中村（G47E002017）、东坝（G47E003017）幅区调	成都理工大学	西南项目办
云南1:5万黎明乡（G47E006015）、怒巴洛（G47E007015）、挂登（G47E009014）、富乐（G47E009015）幅区调	中国地质大学（武汉）	西南项目办
四川理塘地区铜铅锌矿调查评价	四川地调院	西南项目办
四川九龙江浪穹隆铜多金属调查评价	成都地调中心	西南项目办
滇西北地区斑岩铜矿成矿系统研究与靶区优选	云南地调局	西南项目办
云南省施甸东山－摆田地区重磁测量调查	成都地调中心（优选）	西南项目办

一览表——正式报告（十五）

报告评审等级	报告审查机构	报告审批文号	资料汇交文号
优秀	地科院项目办	中地调（地科）审字〔2013〕196 号	国地资凭〔2015〕0873 号
优秀	地科院项目办	中地调（地科）审字〔2013〕134 号	国地资凭〔2015〕0592 号
良好	地调局	中地调（水）审字〔2013〕056 号	国地资凭〔2015〕0024 号
优秀	地调局	中地调（资）审字〔2013〕048 号	国地资凭〔2015〕0881 号
优秀	地调局资源部	中地调（资）审字〔2014〕076 号	国地资凭〔2015〕1152 号
良好	西北项目办	中地调（西北）审字〔2014〕065 号	国地资凭〔2015〕0047 号
良好	西北项目办	中地调（西北）审字〔2014〕058 号	国地资凭〔2015〕0321 号
优秀	西北项目办	中地调（西北）审字〔2015〕030 号	国地资凭〔2015〕0482 号
良好	西北项目办	中地调（西北）审字〔2014〕021 号	国地资凭〔2015〕0776 号
二优二良	西北项目办	中地调（西北）审字〔2015〕067 号	国地资凭〔2015〕1000 号
良好	西北项目办	中地调（西北）审字〔2013〕020 号	国地资凭〔2015〕0962 号
优秀	西北项目办	中地调（西北）审字〔2013〕022 号	国地资凭〔2015〕0488 号
优秀	西北项目办	中地调（西北）审字〔2014〕017 号	国地资凭〔2015〕0993 号
良好	西南项目办	中地调（西南）审字〔2015〕038 号	国地资凭〔2015〕1082 号
良好	西南项目办	中地调（西南）审字〔2014〕012 号	国地资凭〔2015〕0028 号
良好	西南项目办	中地调（西南）审字〔2013〕029 号	国地资凭〔2015〕0042 号
优秀	西南项目办	中地调（西南）审字〔2013〕013 号	国地资凭〔2015〕0040 号
优秀	西南项目办	中地调（西南）审字〔2013〕012 号	国地资凭〔2015〕0218 号
良好	西南项目办	中地调（西南）审字〔2015〕025 号 中地调（西南）审字〔2015〕026 号 中地调（西南）审字〔2015〕027 号	国地资凭〔2015〕1085 号

提交地质调查报告

	报告提交单位	报告评审机构
川滇黔相邻区地质矿产调查	**成都地调中心**	
重庆1:5万鸣玉（H48E017021）、水江（H48E017022）、南川（H48E018021）、鱼泉河（H48E018022）幅区调	重庆地调院	西南项目办
贵州1:5万梵净山（G49E001003）、德旺（G49E002003）、江口县（G49E002004）、凯德（G49E003004）幅区调	贵州地调院	西南项目办
四川马边－雷波地区铅锌矿调查评价	四川地调院	西南项目办
黔渝地区中低品位铝土矿铁矿可利用性评价	成都综合所	西南项目办
四川1:25万武都县、平武县、绵阳市、广元市、成都市幅区调修测	四川地调院	西南项目办
大兴安岭成矿带北段地质矿产调查	**沈阳地调中心**	
黑龙江1:25万开库康（N51C003004）、塔河县（N51C004004）、新街基（N52C004001）幅区调修测	黑龙江地调总院	东北项目办
黑龙江1:5万1147高地（M51E004015）、工队（M51E004016）、1302高地（M51E005015）、1070高地（M51E005016）幅区调	黑龙江地调总院	东北项目办
内蒙古1:5万元宝山煤矿（K50E011022）、艮兑营子（K50E011023）、平庄（K50E012022）、马厂（K50E012023）幅区调	沈阳地调中心	东北项目办
大兴安岭成矿带南段地质矿产调查	**天津地调中心**	
内蒙古1:5万宝日嘎斯台牧场（L50E018020）、阿尔登（L50E018021）、珠日和林场（L50E019020）、乌苏图如（L50E019021）幅区调	内蒙古地调院	华北项目办
大兴安岭成矿带（南段）基础地质综合研究	天津地调中心	华北项目办
辽东－吉南成矿带地质矿产调查	**沈阳地调中心**	
黑龙江1:25万佳木斯市（L52C002003）、双鸭山市（L52C002004）幅区调修测	黑龙江地调总院	东北项目办
辽宁1:5万平顶山（K51E016020）、二户来（K51E016021）、八里甸子（K51E017020）、普乐堡镇（K51E017021）幅区调	辽宁地调院	东北项目办
晋冀成矿带地质矿产调查	**天津地调中心**	
河北1:5万张三营（K50E015015）、唐三营（K50E015016）、八达营（K50E016015）、榆树底（K50E016016）幅区调	河北地调院	华北项目办
山东1:5万店集（J51E021003）、王村（J51E021004）、即墨（J51E022002）、鳌山卫（J51E022003）、崔格庄（J51E022004）幅区调	山东地调院	华北项目办
河北1:5万下二道河子（K50E018018）、六沟（K50E019018）、小寺沟（K50E019019）、党坝（K50E020019）幅区调	河北地调院	华北项目办

一览表——正式报告（十六）

报告评审等级	报告审查机构	报告审批文号	资料汇交文号
优秀	西南项目办	中地调（西南）审字〔2015〕042 号	国地资凭〔2015〕0922 号
优秀	西南项目办	中地调（西南）审字〔2013〕044 号	国地资凭〔2015〕0441 号
良好	西南项目办	中地调（西南）审字〔2013〕030 号	国地资凭〔2015〕0142 号
优秀	西南项目办	中地调（西南）审字〔2013〕051 号	国地资凭〔2015〕0331 号
四优一良	西南项目办	中地调（西南）审字〔2014〕050 号	国地资凭〔2015〕1022 号
良好	东北项目办	中地调（东北）审字〔2014〕014 号	国地资凭〔2015〕1014 号
良好	东北项目办	中地调（东北）审字〔2014〕016 号	国地资凭〔2015〕1015 号
二优二良	东北项目办	中地调（东北）审字〔2015〕001 号	国地资凭〔2015〕0623 号
三良一合格	华北项目办	中地调（华北）审字〔2014〕010 号	国地资凭〔2015〕0721 号
优秀	华北项目办	中地调（华北）审字〔2014〕003 号	国地资凭〔2015〕0098 号
优秀	东北项目办	中地调（东北）审字〔2014〕015 号	国地资凭〔2015〕1012 号
优秀	东北项目办	中地调（东北）审字〔2014〕011 号	国地资凭〔2015〕0238 号
一优三良	华北项目办	中地调（华北）审字〔2013〕029 号	国地资凭〔2015〕0779 号
二优三良	华北项目办	中地调（华北）审字〔2014〕004 号	国地资凭〔2015〕0026 号
二优二良	华北项目办	中地调（华北）审字〔2013〕030 号	国地资凭〔2015〕0777 号

提交地质调查报告

	报告提交单位	报告评审机构
河北 1:25 万邢台市（J50C003001）、邯郸市（J50C004001）幅区调修测	河北地调院	华北项目办
晋冀成矿带基础地质综合研究	天津地调中心	华北项目办
河北承德庞家沟-下金宝沟金银多金属矿调查评价	有色地调中心	华北项目办
山东单县地区铁矿调查评价	山东地调院	华北项目办
豫西成矿带地质矿产调查	**天津地调中心**	
豫西成矿带基础地质综合研究	天津地调中心	华北项目办
湘西-鄂西成矿带地质矿产调查	**武汉地调中心**	
湖南 1:25 万怀化市（G49C001002）、邵阳市（G49C001003）幅区调修测	湖南地调院	中南项目办
湖南 1:5 万花垣（H49E021006）、古丈（H49E021008）、麻粟场（H49E022006）、溪马镇（H49E022008）、禾库（H49E023006）、夯希（H49E024006）幅区调	湖南地调院	中南项目办
湖北 1:5 万秦口（I49E024010）、房县（I49E024011）、土城（H49E001010）、西蒿坪（H49E001011）、上龛（H49E002010）、松香坪（H49E002011）幅区调	湖北地调院	中南项目办
湖北 1:5 万木瓜河（H49E001012）、寺坪（H49E001013）、马桥（H49E002012）、欧家店（H49E002013）、峠峪（H49E002014）幅区调	湖北地调院	中南项目办
扬子地台金刚石找矿方向研究与异常查证	湖南地调院	武汉地调中心
湖北白河口—东溪矿产远景调查	湖北地调院	中南项目办
湖北兴山坛子岭铅锌矿调查评价	湖北地调院	中南项目办
湖北长阳曾家墩地区铅锌矿远景调查	湖北地调院	中南项目办
南岭成矿带地质矿产调查	**武汉地调中心**	
湖南 1:25 万武冈（G49C002002）、永州（G49C002003）幅区调修测	湖南地调院	中南项目办
广西 1:5 万水口（G49E013006）、林溪（G49E013007）、龙额乡（G49E014005）、良口（G49E014006）幅区调	广西地调院	中南项目办
湖南 1:5 万腰陂（G49E007023）、高陇（G49E007024）、茶陵县（G49E008023）、宁冈县（G49E008024）幅区调	湖南地调院	中南项目办
广东 1:5 万坪石镇（G49E017021）、沙坪乡（G49E018021）、乐昌县（G49E018022）、乳阳林业局（G49E019021）、桂头镇（G49E019022）幅区调	广东地调院	中南项目办

一览表——正式报告（十七）

报告评审等级	报告审查机构	报告审批文号	资料汇交文号
一优一良	华北项目办	中地调（华北）审字〔2014〕009 号	国地资凭〔2015〕0686 号
良好	华北项目办	中地调（华北）审字〔2014〕002 号	国地资凭〔2015〕0269 号
良好	华北项目办	中地调（华北）审字〔2015〕005 号	国地资凭〔2015〕0799 号
优秀	华北项目办	中地调（华北）审字〔2014〕013 号	国地资凭〔2015〕0593 号
良好	华北项目办	中地调（华北）审字〔2014〕001 号	国地资凭〔2015〕0100 号
优秀	中南项目办	中地调（中南）审字〔2013〕027 号	国地资凭〔2015〕0906 号
良好	中南项目办	中地调（中南）审字〔2013〕025 号	国地资凭〔2015〕0909 号
良好	中南项目办	中地调（中南）审字〔2014〕003 号	国地资凭〔2015〕0406 号
良好	中南项目办	中地调（中南）审字〔2014〕004 号	国地资凭〔2015〕0405 号
良好	中南项目办	中地调（中南）审字〔2014〕017 号	国地资凭〔2015〕1059 号
良好	中南项目办	中地调（中南）审字〔2015〕025 号	国地资凭〔2016〕0003 号
优秀	中南项目办公室	中地调（中南）审字〔2015〕012 号	国地资凭〔2015〕0929 号
良好	中南项目办	中地调（中南）审字〔2014〕010 号	国地资凭〔2015〕0728 号
优秀	中南项目办	中地调（中南）审字〔2013〕029 号	国地资凭〔2015〕0907 号
良好	中南项目办	中地调（中南）审字〔2015〕18 号	国地资凭〔2015〕0903 号
优秀	中南项目办	中地调（中南）审字〔2013〕023 号	国地资凭〔2015〕0910 号
良好	中南项目办	中地调（中南）审字〔2014〕011 号	国地资凭〔2015〕1066 号

提交地质调查报告

	报告提交单位	报告评审机构
南岭燕山早期典型复式岩体中主体与补体的成因联系及其对成矿的意义	北京大学	中南项目办
广西罗富地区矿产远景调查	广西地调院	中南项目办
广东英德金门-雪山嶂铜铁铅锌矿产远景调查	广东地调院	中南项目办
湖南茶陵-宁岗地区矿产远景调查	湖南地调院	中南项目办
广西龙州地区铝土矿调查评价	广西地调院	中南项目办
广西扶绥-崇左地区铝土矿调查评价	广西地调院	中南项目办
桂西地区铝土矿勘查选区研究	广西地调院	中南项目办
江西崇义淘锡坑外围钨矿调查评价	江西地调院	中南项目办
南岭地区重要金属矿床成矿规律研究及选区评价	武汉地调中心	中南项目办
钦杭成矿带地质矿产调查	**南京地调中心**	
湖南 1:25 万株洲市（G49C001004）幅区调修测	湖南地调院	中南项目办
广西 1:25 万梧州市（F49C001003）幅区调修测	广东地调院	中南项目办
广西 1:5 万贵台圩（F49E011002）、小董（F49E011003）、陆屋圩（F49E011004）、大寺镇（F49E012002）、大垌圩（F49E012003）、平吉墟（F49E012004）幅区调	广西地调院	中南项目办
海南 1:5 万番阳（E49E007006）、五指山（E49E007007）、营盘村（E49E007008）、乘坡（E49E007009）幅区调	海南地调院	中南项目办
湖北 1:5 万通城县（H49E017024）、月田（H49E018023）、陈家坝（H49E018024）幅区调	湖北地调院	中南项目办
钦杭成矿带（西段）基础地质调查综合研究	武汉地调中心	中南项目办
浙江 1:5 万崇仁镇（H51E015003）、长乐镇（H51E016003）、巍山镇（H51E017002）、岭口（H51E017003）幅区调	南京地调中心	华东项目办
浙江 1:5 万临安镇（H50E011023）、万市（H50E012023）、余杭镇（H50E011024）、富阳县（H50E012024）幅区调	浙江地调院	华东项目办
江西 1:5 万万载县（H50E024002）、田心（H50E024003）、三阳桥（G50E001002）、杨桥（G50E001003）、分宜县（G50E002003）幅区调	江西地调院	华东项目办
江西 1:25 万宜春市（G50C001001）幅区调修测	江西地调院	华东项目办
钦杭成矿带（东段）基础地质调查综合研究	南京地调中心	华东项目办
广东宋桂地区矿产远景调查	广东地调院	中南项目办
湖南文家市地区矿产远景调查	湖南地调院	中南项目办
湖南幕阜山地区铜金钨多金属矿产远景调查	湖南地调院	武汉地调中心

一览表——正式报告（十八）

报告评审等级	报告审查机构	报告审批文号	资料汇交文号
优秀	中南项目办	中地调（中南）审字〔2014〕014 号	国地资凭〔2015〕0730 号
良	中南项目办	中地调（中南）审字〔2015〕5 号	国地资凭〔2015〕1070 号
优秀	中南项目办	中地调（中南）审字〔2014〕009 号	国地资凭〔2015〕1061 号
良好	中南项目办	中地调（中南）审字〔2014〕018 号	国地资凭〔2015〕1054 号
优	中南项目办	中地调（中南）审字〔2015〕006 号	国地资凭〔2015〕1069 号
优	中南项目办	中地调（中南）审字〔2015〕007 号	国地资凭〔2015〕1068 号
良好	中南项目办	中地调（中南）审字〔2015〕004 号	国地资凭〔2015〕0904 号
良好	中南项目办	中地调（中南）审字〔2014〕006 号	国地资凭〔2015〕0368 号
良好	中南项目办	中地调（中南）审字〔2014〕015 号	国地资凭〔2015〕0148 号
优秀	中南项目办	中地调（中南）审字〔2013〕021 号	国地资凭〔2015〕0908 号
优秀	中南项目办	中地调（中南）审字〔2014〕012 号	国地资凭〔2015〕0916 号
良好	中南项目办	中地调（中南）审字〔2015〕20 号	国地资凭〔2015〕1067 号
良好	中南项目办	中地调（中南）审字〔2014〕005 号	国地资凭〔2015〕0905 号
良好	中南项目办	中地调（中南）审字〔2014〕002 号	国地资凭〔2015〕0407 号
良好	中南项目办	中地调（中南）审字〔2015〕009 号	国地资凭〔2015〕1057 号
优秀	华东项目办	中地调（华东）审字〔2014〕036 号	国地资凭〔2015〕0680 号
优秀	华东项目办	中地调（华东）审字〔2014〕035 号	国地资凭〔2015〕0963 号
良好	华东项目办	中地调（华东）审字〔2014〕020 号	国地资凭〔2015〕0654 号
良好	华东项目办	中地调（华东）审字〔2014〕021 号	国地资凭〔2015〕0742 号
良好	华东项目办	中地调（华东）审字〔2013〕036 号	国地资凭〔2015〕0362 号
良好	中南项目办	中地调（中南）审字〔2014〕019 号	国地资凭〔2015〕1062 号
良好	中南项目办	中地调（中南）审字〔2015〕022 号	国地资凭〔2015〕1055 号
良好	中南项目办	中地调（中南）审字〔2014〕016 号	国地资凭〔2015〕1196 号

提交地质调查报告

	报告提交单位	报告评审机构
湖北通城地区铜金钨多金属矿产远景调查	湖北地调院	中南项目办
广西大瑶山东侧铜多金属矿产远景调查	广西地调院	中南项目办
浙江省萧山区杜家东坞地区远景调查	浙江地调院	华东项目办
江西省德兴张家坂－先告山地区铜金矿远景调查	江西地调院	华东项目办
江西赣中铁矿田资源远景调查	江西地调院	华东项目办
江西黄茅－大桥地区矿产远景调查	江西地调院	华东项目办
萍乡－绍兴结合带铜多金属成矿规律研究	南京地调中心	华东项目办
长江中下游成矿带地质矿产调查	**南京地调中心**	
江苏1:5万慈湖（H50E002019）、柘塘镇（H50E002020）、小丹阳（H50E003019）、博望镇（H50E003020）幅区调	江苏地调院	华东项目办
长江中下游成矿带基础地质综合研究	南京地调中心	华东项目办
江苏溧水地区铁铜矿远景调查	江苏地调院	华东项目办
江苏镇江宝华山—巫岗铁铜矿远景调查	江苏地调院	华东项目办
安徽庐江项镇铺铜铁多金属矿调查评价	安徽勘查技术院	华东项目办
江西九瑞地区邓家山—沙河矿产远景调查	江西地调院	华东项目办
江西瑞昌坳下矿区铜多金属矿调查评价	江西地调院	华东项目办
武夷成矿带地质矿产调查	**南京地调中心**	
浙江1:5万双溪（H50E021024）、丽水县（H50E022024）、大港头（H50E021001）、章村（H50E022001）幅区调	浙江地调院	华东项目办
福建1:5万镇前（G50E005021）、东游（G50E006019）、岭下（G50E006020）、双溪（G50E006021）幅区调	福建地调院	华东项目办
福建1:5万新泉（G50E016011）、梅村（G50E016012）、古田（G50E017012）、湖洋（G50E018012）幅区调	福建地调院	华东项目办
武夷山成矿带基础地质综合研究	南京地调中心	华东项目办
福建上杭荣石地区矿产远景调查	福建地调院	华东项目办
福建平和大小矾山地区矿产远景调查	福建地调院	华东项目办
福建双洋－溪南地区矿产远景调查	福建地调院	华东项目办
江西冷水坑矿集区北部岭西—江坊铜铅锌金矿远景调查	江西地调院	华东项目办
福建永定虎岗地区铁锰多金属矿远景调查	南京地调中心	华东项目办
广东省龙川县金石嶂地区银铅锌矿远景调查	有色地调中心	华东项目办
高精度航空物探调查	**航遥中心**	
机载高光谱测量	核工业北京地质研究院	地调局
机载高光谱测量	西安地调中心	地调局

一览表——正式报告（十九）

报告评审等级	报告审查机构	报告审批文号	资料汇交文号
良好	中南项目办	中地调（中南）审字〔2015〕014 号	国地资凭〔2015〕1072 号
良	中南项目办	中地调（中南）审字〔2015〕015 号	国地资凭〔2015〕1083 号
良好	华东项目办	中地调（华东）审字〔2014〕002 号	国地资凭〔2015〕0666 号
优秀	华东项目办	中地调（华东）审字〔2014〕008 号	国地资凭〔2015〕0369 号
良好	华东项目办	中地调（华东）审字〔2014〕009 号	国地资凭〔2015〕0414 号
良好	华东项目办	中地调（华东）审字〔2014〕010 号	国地资凭〔2015〕0372 号
优秀	华东项目办	中地调（华东）审字〔2015〕005 号	国地资凭〔2015〕0854 号
优秀	华东项目办	中地调（华东）审字〔2014〕018 号	国地资凭〔2015〕0683 号
良好	华东项目办	中地调（华东）审字〔2013〕038 号	国地资凭〔2015〕0415 号
良好	华东项目办	中地调（华东）审字〔2014〕003 号	国地资凭〔2015〕0679 号
优秀	华东项目办	中地调（华东）审字〔2014〕001 号	国地资凭〔2015〕0432 号
良好	华东项目办	中地调（华东）审字〔2014〕004 号	国地资凭〔2015〕0378 号
良好	华东项目办	中地调（华东）审字〔2014〕005 号	国地资凭〔2015〕0430 号
良好	华东项目办	中地调（华东）审字〔2014〕012 号	国地资凭〔2015〕0655 号
良好	华东项目办	中地调（华东）审字〔2014〕031 号	国地资凭〔2015〕0932 号
优秀	华东项目办	中地调（华东）审字〔2013〕033 号	国地资凭〔2015〕0337 号
良好	华东项目办	中地调（华东）审字〔2013〕034 号	国地资凭〔2015〕0338 号
良好	华东项目办	中地调（华东）审字〔2013〕037 号	国地资凭〔2015〕0109 号
良好	华东项目办	中地调（华东）审字〔2014〕023 号	国地资凭〔2015〕0938 号
优秀	华东项目办	中地调（华东）审字〔2014〕022 号	国地资凭〔2015〕0941 号
良好	华东项目办	中地调（华东）审字〔2014〕024 号	国地资凭〔2015〕0940 号
良好	华东项目办	中地调（华东）审字〔2014〕017 号	国地资凭〔2015〕0512 号
优秀	华东项目办	中地调（华东）审字〔2014〕007 号	国地资凭〔2015〕0106 号
良好	华东项目办	中地调（华东）审字〔2014〕033 号	国地资凭〔2015〕0731 号
优秀	地调局	中地调（航遥）审字〔2015〕003 号	国地资凭〔2015〕0752 号
优秀	地调局	中地调（航遥）审字〔2015〕002 号	国地资凭〔2015〕0784 号

提交地质调查报告

	报告提交单位	报告评审机构
机载高光谱测量	核工业航测遥感中心	航遥中心
机载高光谱测量	航遥中心	地调局
成矿带区域地球物理调查	**物化探所**	
区域重力调查数据整理与地改方法研究	发展研究中心	地科院项目办
河北冀东铁矿外围1:5万重力调查	河北地调院	地科院项目办
江苏1:5万长乐、上沛、高淳县、东坝幅重力调查	南京地调中心	地科院项目办
成矿带区域地球化学调查	**物化探所**	
四川1:25万里庄幅区域化探	四川地调院	地调局
天山成矿带地质矿产调查评价	**西安地调中心**	
新疆1:5万德菲谢河（K43E022017）、奥乐托苏（K43E023016）、迈丹（K43E023017）、阿克切依（K43E024016）、吐克买提（K43E024017）、瓮库尔（J43E001016）、科克塔木（J43E001017）幅区调	新疆地调院	西北项目办
新疆1:5万散尔塔格（K43E020019）、布特本罗克（K43E021019）、木尔则克勒德（K43E021020）、阔博尔干塔什（K43E022018）、乌尊萨孜（K43E022019）、谢依特（K43E022020）幅区调	新疆地调院	西北项目办
新疆1:5万红旗牧场（L44E021012）、赛里木湖（L44E021013）、三台（L44E021014）、四台（L44E021015）幅区调	新疆地调院	西北项目办
新疆1:5万玛热勒托盖库松木切克（L44E022017）、沃依曼吐别克（L44E022018）、乌兰丹达盖（L44E022019）、精河水文站（L44E022020）幅区调	河北地调院	西北项目办
新疆1:25万三道岭（K46C001002）幅区调修测	长安大学	西北项目办
新疆1:25万星星峡（K46C003004）幅区调修测	陕西地调院	西北项目办
天山成矿带基础地质综合研究	西安地调中心	西北项目办
新疆和静县开门德廷铜多金属矿调查评价	新疆地调院	西北项目办
新疆哈密市黄山—镜儿泉—图拉尔根一带铜镍资源潜力评价	新疆有色地勘局	西北项目办
天山成矿带铁铜成矿环境与成矿规律研究	矿产资源所	西北项目办
新疆尼勒克县松湖铁矿深部及外围调查评价	新疆地调院	西北项目办
新源县—和静县玉希莫勒盖一带铜金铁多金属矿调查	新疆地调院	西北项目办

一览表——正式报告（二十）

报告评审等级	报告审查机构	报告审批文号	资料汇交文号
优秀	地调局	中地调（航遥）审字〔2015〕001 号	国地资凭〔2015〕0645 号
优秀	地调局	中地调（航遥）审字〔2015〕008 号	国地资凭〔2015〕0421 号
优秀	地科院项目办	中地调（地科）审字〔2015〕082 号	国地资凭〔2015〕0380 号
优秀	地科院项目办	中地调（地科）审字〔2015〕085 号	国地资凭〔2015〕0717 号
优秀	地科院项目办	中地调（地科）审字〔2015〕116 号	国地资凭〔2015〕0945 号
优秀	地调局基础部	中地调（基）审字〔2013〕011 号	国地资凭〔2015〕1028 号
良好	西北项目办	中地调（西北）审字〔2014〕039 号	国地资凭〔2015〕0828 号
良好	西北项目办	中地调（西北）审字〔2014〕084 号	国地资凭〔2015〕0628 号
良好	西北项目办	中地调（新疆）审字〔2013〕017 号	国地资凭〔2015〕0583 号
良好	西北项目办	中地调（西北）审字〔2014〕068 号	国地资凭〔2015〕0627 号
良好	西北项目办	中地调（西北）审字〔2014〕062 号	国地资凭〔2015〕0584 号
良好	西北项目办	中地调（西北）审字〔2014〕086 号	国地资凭〔2015〕0589 号
良好	西北项目办	中地调（新疆）审字〔2013〕011 号	国地资凭〔2015〕0149 号
良好	西北项目办	中地调（新疆）审字〔2013〕027 号	国地资凭〔2015〕0616 号
优秀	西北项目办	中地调（西北）审字〔2015〕001 号	国地资凭〔2015〕0840 号
优秀	西北项目办	中地调（西北）审字〔2014〕075 号	国地资凭〔2015〕0953 号
优秀	西北项目办	中地调（西北）审字〔2014〕010 号	国地资凭〔2015〕0617 号
良好	西北项目办	中地调（西北）审字〔2014〕013 号	国地资凭〔2015〕0015 号

提交地质调查报告

	报告提交单位	报告评审机构
新疆西天山特克斯－霍拉山地区1:5万航磁调查	航遥中心	西北项目办
新疆东天山东南缘1:5万航磁调查	航遥中心	地调局
新疆1:5万马栏村（K45E011014）、新井子（K45E011015）、白土滩（K45E012015）、白土塘（K45E012016）幅区调	长安大学	西北项目办
新疆焉耆县哈都虎拉山一带金铜多金属矿远景调查	中冶地质总局	西北项目办
塔里木周缘铜镍矿成矿地质条件及选区研究	长安大学	西北项目办
阿尔泰成矿带地质矿产调查评价	**西安地调中心**	
新疆哈巴河县金坝金矿调查评价	中冶地质总局	西北项目办
新疆1:25万阿克扎尔（L44C001004）、塔城市（L44C002004）幅区调修测	新疆地调院	西北项目办
新疆1:25万可可托海（L45C001004）、江德勒克（L46C001001）幅区调修测	陕西地调院	西北项目办
新疆巴尔鲁克库珠尔特地区1:5万L45E003021、L45E004021、L45E005021、L45E006021幅区调	新疆地调院	西北项目办
阿尔泰－准噶尔北缘成矿带基础地质综合研究	西安地调中心	西北项目办
新疆准东伊吾县蒙西铜矿调查评价	新疆地调院	西北项目办
新疆福海县卡鲁安地区锂辉石矿调查评价	新疆有色地勘局	西北项目办
新疆哈拉乔拉地区矿产远景调查	中冶地质总局 山东正元地质勘查院	西北项目办
昆仑－阿尔金成矿带地质矿产调查	**西安地调中心**	
新疆1:5万包孜亚（J43E009013）、（J43E010012）、苏巴什（J43E010013）、卡拉苏（J43E011012）、木斯塔格阿塔冰山（J43E011013）幅区调	陕西地调院	西北项目办
新疆1:5万如森迭尔阿勒（J43E014012）、塔什库尔干塔（J43E014013）、托格浪夏尔（J43E014014）、克其克汗尤力沟（J43E015012）、琼汗尤力沟（J43E015013）、拉仍孜拉（J43E015014）、沙雷阔勒岭（J43E016013）幅区调	陕西地调院	西北项目办
新疆阿尔金地区1:5万J45E012015、J45E012016、J45E012017、J45E013015、J45E013016、J45E013017幅区调	河北地调院	西北项目办
新疆西昆仑柳什—苦阿一带矿产远景调查	新疆地调院	西北项目办
新疆阿尔金山喀腊达坂一带铁多金属矿调查评价	新疆地调院	西北项目办
新疆塔什库尔干县赞坎铁矿调查评价	新疆地调院	西北项目办

一览表——正式报告（二十一）

报告评审等级	报告审查机构	报告审批文号	资料汇交文号
优秀	西北项目办	中地调（西北）审字〔2014〕055 号	国地资凭〔2015〕0474 号
优秀	地调局	中地调（航遥）审字〔2014〕001 号	国地资凭〔2015〕0491 号
良好、优秀	西北项目办	中地调（西北）审字〔2014〕061 号	国地资凭〔2015〕0836 号
良好	西北项目办	中地调（新疆）审字〔2013〕008 号	国地资凭〔2015〕0992 号
良好	西北项目办	中地调（西北）审字〔2014〕081 号	国地资凭〔2015〕0315 号
良好	西北项目办	中地调（西北）审字〔2014〕006 号	国地资凭〔2015〕0007 号
良好	西北项目办	中地调（新疆）审字〔2013〕019 号	国地资凭〔2015〕0023 号
优秀	西北项目办	中地调（西北）审字〔2014〕037 号	国地资凭〔2015〕0050 号
良好	西北项目办	中地调（新疆）审字〔2013〕016 号	国地资凭〔2015〕0322 号
良好	西北项目办	中地调（新疆）审字〔2013〕010 号	国地资凭〔2015〕0833 号
良好	西北项目办	中地调（西北）审字〔2014〕008 号	国地资凭〔2015〕0048 号
良好	西北项目办	中地调（西北）审字〔2014〕001 号	国地资凭〔2015〕0046 号
良好	西北项目办	中地调（新疆）审字〔2013〕009 号	国地资凭〔2015〕0991 号
良好	西北项目办	中地调（西北）审字〔2014〕066 号	国地资凭〔2015〕0489 号
良好	西北项目办	中地调（西北）审字〔2014〕067 号	国地资凭〔2015〕0309 号
良好	西北项目办	中地调（西北）审字〔2014〕069 号	国地资凭〔2015〕0626 号
良好	新疆 358 项目办	中地调（新疆）审字〔2013〕022 号	国地资凭〔2015〕1174 号
优秀	西北项目办	中地调（新疆）审字〔2013〕023 号	国地资凭〔2015〕0162 号
优秀	西北项目办	中地调（新疆）审字〔2013〕024 号	国地资凭〔2015〕0866 号

提交地质调查报告

	报告提交单位	报告评审机构
新疆东昆仑祁曼塔格1:5万航磁调查	航遥中心	西北项目办
重要成矿带遥感地质调查综合研究	航遥中心	西北项目办
西昆仑成矿带矿产资源遥感地质调查	西安地调中心	西北项目办
西昆仑成矿带矿产资源遥感地质调查	航遥中心	西北项目办
西昆仑成矿带矿产资源遥感地质调查	中国地质大学（武汉）	西北项目办
西昆仑成矿带矿产资源遥感地质调查	中国地质大学（北京）	西北项目办
新疆东昆仑1:5万卡尔瓦东地区J46E020002、J46E020003、J46E021002、J46E021003幅区调	吉林地调院	西北项目办
新疆东昆仑1:5万卡尔瓦西地区J45E020024、J46E020001、J45E021024、J46E021001幅区调	吉林地调院	西北项目办
西昆仑成矿带矿产资源遥感地质调查	中冶地质总局	西北项目办
西昆仑成矿带矿产资源遥感地质调查	北京市地质研究所	西北项目办
大小兴安岭地区金多金属矿产资源调查评价	**武警黄金指挥部**	
黑龙江逊克高松山矿区及外围金矿调查评价	武警黄金指挥部	武警黄金指挥部
缺煤省份煤炭资源调查	**发展研究中心**	
能源勘查战略跟踪与部署研究	发展研究中心	地调局
河南省东濮凹陷内黄隆起煤炭资源调查评价	中煤地质工程总公司	地调局
全国铀矿资源调查评价	**核工业地质局**	
新疆北部古生代火岩型铀矿找矿方向和远景评价	核工业北京地质研究院	地调局
非常规能源矿产调查评价	**发展研究中心**	
鄂尔多斯盆地南部铜川-延安地区三叠系油页岩资源调查评价	西安地调中心	地调局
汾渭盆地富氦天然气调查评价	西安地调中心	地调局
中国能源矿产时空分布规律研究	地调局（优选）	油气调查中心
湖南省页岩气资源潜力评价	湖南煤田地质局	地调局
全国重要非金属调查	**中建材工业地勘中心**	
内蒙古中西部石墨矿勘查选区研究	中建材工业地勘中心内蒙古总队	地调局
全国地热资源调查评价	**水文环境所**	
杭州市浅层地温能调查评价	浙江地调院	地科院项目办
地质调查进展跟踪、成果集成与部署研究	**发展研究中心**	
基础地质调查跟踪与部署研究	物化探所	地调局
整装勘查进展跟踪与评价	**发展研究中心**	
矿产勘查开发利用布局研究	发展研究中心	地调局

一览表——正式报告（二十二）

报告评审等级	报告审查机构	报告审批文号	资料汇交文号
优秀	西北项目办	中地调（西北）审字〔2014〕056 号	国地资凭〔2015〕0490 号
优秀	西北项目办	中地调（西北）审字〔2015〕083 号	国地资凭〔2015〕0750 号
优秀	西北项目办	中地调（西北）审字〔2014〕053 号	国地资凭〔2015〕0845 号
良好	西北项目办	中地调（西北）审字〔2014〕059 号	国地资凭〔2015〕1175 号
良好	西北项目办	中地调（西北）审字〔2014〕046 号	国地资凭〔2015〕0495 号
优秀	西北项目办	中地调（西北）审字〔2014〕047 号	国地资凭〔2015〕1049 号
良好	西北项目办	中地调（西北）审字〔2015〕045 号	国地资凭〔2015〕1042 号
良好	西北项目办	中地调（西北）审字〔2015〕046 号	国地资凭〔2015〕1043 号
优秀	西北项目办	中地调（西北）审字〔2014〕050 号	国地资凭〔2015〕0051 号
良好	西北项目办	中地调（西北）审字〔2014〕052 号	国地资凭〔2015〕0763 号
优秀	地调局	中地调（黄金）审字〔2013〕001 号	国地资凭〔2015〕0425 号
优秀	地调局	中地调（资）审字〔2013〕078 号	国地资凭〔2015〕0748 号
良好	地调局	中地调（资）审字〔2013〕028 号	国地资凭〔2015〕0097 号
通过	地调局	未知	国地资凭〔2015〕0869 号
优秀	地调局	中地调（资）审字〔2013〕026 号	国地资凭〔2015〕0045 号
良好	地调局	中地调（油气）审字〔2014〕002 号	国地资凭〔2015〕0471 号
良好	地调局	中地调（油气）审字〔2014〕001 号	国地资凭〔2015〕0419 号
优秀	地调局	中地调（资）审字〔2013〕030 号	国地资凭〔2015〕0006 号
良好	地调局	中地调（油气）审字〔2014〕004 号	国地资凭〔2015〕0192 号
优秀	地科院项目办	中地调（地科）审字〔2013〕180 号	国地资凭〔2015〕0371 号
良好	地调局	中地调（发展）审字〔2015〕001 号	国地资凭〔2015〕0524 号
优秀	地调局	中地调（资）审字〔2013〕029 号	国地资凭〔2015〕0555 号

提交地质调查报告

	报告提交单位	报告评审机构
重要成矿带找矿疑难问题研究	**矿产资源所**	
辽冀地区沉积变质型铁矿控矿因素和勘查技术方法组合优选	矿产资源所	地科院项目办
东昆仑祁漫塔格地区多旋回构造岩浆演化与多金属成矿	矿产资源所	地科院项目办
南岭地区岩浆岩成矿专属性研究	矿产资源所	地科院项目办
中上扬子地块周缘铅锌等多金属成矿的构造制约与找矿方向	矿产资源所	地科院项目办
大兴安岭成矿带关键构造－岩浆－成矿事件研究	矿产资源所	地科院项目办
重要矿产勘查成矿区划与成果集成	**矿产资源所**	
新形势下矿产区划工作新机制研究	国土部咨询研究中心	地科院项目办
重要矿种成矿区划与数据集成	矿产资源所	地科院项目办
矿产资源综合评价与区划研究	**中国国土经研院**	
能源矿产资源综合评价与区划	中煤地质总局	地调局
中国前寒武纪地壳形成演化及其对成矿作用制约研究	**地质研究所**	
华北克拉通新太古代—古元古代重大地质事件转折期地质演化过程及资源效应	地质研究所	地科院项目办
华南扬子古大陆演化及其资源效应	**成都地调中心**	
扬子地块东南缘河上镇群地层划分及沉积岩相古地理研究	南京地调中心	西南项目办
扬子北缘马槽园群沉积充填序列及其大地构造背景研究	湖北地调院	西南项目办
大巴山前缘及邻区构造与岩溶景观形成与分布研究	成都理工大学	西南项目办
环扬子地块构造演化与成矿背景研究	**地质研究所**	
环扬子岩浆作用与成矿	地质研究所	地科院项目办
中国陆块聚散过程与成矿地质背景研究	**地质研究所**	
扬子克拉通东南缘新元古代的陆块聚散的岩浆和成矿响应	地质研究所	地科院项目办
西南三江新生代碰撞变形与铅锌多金属成矿背景	地质研究所	地科院项目办
冈瓦纳古陆地壳性质、成因及矿产资源——以东南极及喜马拉雅有关地区研究为例	地质研究所	地科院项目办
北疆—内蒙古二叠纪沉积盆地演化与大地构造属性	地质研究所	地科院项目办
华北克拉通北部中元古代岩浆作用及成矿背景	地质力学所	地科院项目办
天山－兴蒙造山区造山过程与成矿地质背景研究	**地质研究所**	
古亚洲洋构造体制与滨太平洋构造体制叠加转变综合调查和研究	沈阳地调中心	地科院项目办
兴蒙造山带基本构造格局综合调查和研究	地质研究所	地科院项目办
兴蒙造山带中古老陆块性质与成矿背景综合研究	天津地调中心	地科院项目办
大兴安岭北段－松嫩盆地地学剖面综合调查	黑龙江区调所	地科院项目办

一览表——正式报告（二十三）

报告评审等级	报告审查机构	报告审批文号	资料汇交文号
优秀	地科院项目办	中地调（地科）审字〔2013〕140 号	国地资凭〔2015〕0296 号
优秀	地科院项目办	中地调（地科）审字〔2013〕142 号	国地资凭〔2015〕0765 号
优秀	地科院项目办	中地调（地科）审字〔2013〕144 号	国地资凭〔2015〕0732 号
优秀	地科院项目办	中地调（地科）审字〔2013〕143 号	国地资凭〔2015〕0872 号
优秀	地科院项目办	中地调（地科）审字〔2013〕137 号	国地资凭〔2015〕0295 号
良好	地科院项目办	中地调（地科）审字〔2013〕049 号	国地资凭〔2015〕0211 号
良好	地科院项目办	中地调（地科）审字〔2013〕048 号	国地资凭〔2015〕0073 号
良好	地调局	中地调（资）审字〔2013〕005 号 中地调（资）审字〔2013〕006 号	国地资凭〔2013〕183 号
良好	地科院项目办	中地调（地科）审字〔2015〕006 号	国地资凭〔2015〕0636 号
良好	西南项目办	中地调（西南）审字〔2014〕047 号	国地资凭〔2015〕0511 号
优秀	西南项目办	中地调（西南）审字〔2014〕041 号	国地资凭〔2015〕0914 号
良好	西南项目办	中地调（西南）审字〔2014〕044 号	国地资凭〔2015〕0746 号
良好	地科院项目办	中地调（地科）审字〔2014〕062 号	国地资凭〔2015〕1204 号
良好	地科院项目办	中地调（地科）审字〔2015〕055 号	国地资凭〔2015〕0894 号
良好	地科院项目办	中地调（地科）审字〔2015〕051 号	
良好	地科院项目办	中地调（地科）审字〔2015〕052 号	国地资凭〔2015〕0884 号
良好	地科院项目办	中地调（地科）审字〔2015〕053 号	国地资凭〔2015〕0955 号
优秀	地科院项目办	中地调（地科）审字〔2015〕057 号	国地资凭〔2015〕0888 号
良好	地科院项目办	中地调（地科）审字〔2013〕169 号	国地资凭〔2015〕0025 号
优秀	地科院项目办	中地调（地科）审字〔2013〕175 号	
良好	地科院项目办	中地调（地科）审字〔2013〕174 号	国地资凭〔2015〕0101 号
优秀	地科院项目办	中地调（地科）审字〔2013〕170 号	国地资凭〔2015〕0927 号

提交地质调查报告

	报告提交单位	报告评审机构
全球矿产资源形势动态评估系统与中国资源安全战略研究	**矿产资源所**	
中国能源安全与低碳经济战略研究	矿产资源所	地科院项目办
我国大宗短缺矿产资源安全形势动态跟踪分析	矿产资源所	地科院项目办
我国矿产资源安全评估系统建设	矿产资源所	地科院项目办
重要成矿区带矿田构造研究与找矿预测	**地质力学所**	
胶东西北部金矿集中区矿田构造解析与找矿预测	地质力学所	地科院项目办
阿尔金喀腊大湾地区铁多金属矿构造控矿研究与找矿预测	地质力学所	地科院项目办
全国地下水资源及其环境问题调查评价	**水文环境所**	
淮北（安徽）地区水文地质调查	南京地调中心	地科院项目办
华北平原典型地区含水层结构调查	水文环境所	地调局
中国北方主要平原（盆地）地下水动态调查评价	**环境监测院**	
华北平原地下水动态调查评价	环境监测院	地调局
银川平原地下水动态调查评价	宁夏国土资源调查监测院	环境监测院
河西走廊地下水动态调查评价	甘肃环境监测站	地调局
准噶尔盆地地下水动态调查评价	新疆环境监测院	地调局
中国北方主要平原（盆地）地下水动态调查评价综合研究	环境监测院	地调局
下辽河平原地下水动态调查评价	辽宁环境监测站	地调局
松嫩平原地下水动态调查评价（黑龙江）	黑龙江环境监测站	地调局
松嫩平原地下水动态调查评价（吉林）	吉林环境监测站	环境监测院
重要能源基地水文地质环境地质调查	**水文环境所**	
鄂尔多斯盆地能源基地东胜－准格尔地下水资源勘查	内蒙古第二水文 地质工程地质勘查院	地科院项目办
鄂尔多斯盆地（宁夏）能源基地地下水勘查	西安地调中心	地科院项目办
西北大型盆地水文地质调查	**西安地调中心**	
鄂尔多斯盆地地下水动态调查评价	西安地调中心	环境监测院
地质环境与地质灾害预警工程（结转项目）		
全国矿山地质环境调查与评估	**环境监测院**	
小秦岭金矿带矿山环境地质问题调查与评价	西安地调中心	地调局
我国重点海岸带滨海环境地质调查与评价	**青岛海地所**	
华南西部滨海湿地地质调查与生态环境评价	广州海洋局	地调局
南海北部湾全新世环境演变及人类活动影响研究	广州海洋局	地调局
长江三角洲经济区地质环境综合调查评价与区划	**南京地调中心**	
长江三角洲经济区地质环境综合研究与功能区划	南京地调中心	华东项目办

一览表——正式报告（二十四）

报告评审等级	报告审查机构	报告审批文号	资料汇交文号
优秀	地科院项目办	中地调（地科）审字〔2013〕073 号	国地资凭〔2015〕0079 号
优秀	地科院项目办	中地调（地科）审字〔2013〕075 号	国地资凭〔2015〕0076 号
良好	地科院项目办	中地调（地科）审字〔2013〕078 号	国地资凭〔2015〕0113 号
良好	地科院项目办	中地调（地科）审字〔2013〕201 号	国地资凭〔2015〕0723 号
优秀	地科院项目办	中地调（地科）审字〔2013〕193 号	国地资凭〔2015〕0600 号
优秀	地科院项目办	中地调（地科）审字〔2013〕132 号	国地资凭〔2015〕1077 号
良好	地科院项目办	中地调（地科）审字〔2013〕133 号	国地资凭〔2015〕1233 号
优秀	地调局	中地调（地环）审字〔2014〕006 号	国地资凭〔2015〕0860 号
良好	地调局	中地调（地环）审字〔2014〕012 号	国地资凭〔2015〕0961 号
良好	地调局	中地调（地环）审字〔2014〕009 号	国地资凭〔2015〕0602 号
优秀	地调局	中地调（地环）审字〔2014〕011 号	国地资凭〔2015〕0014 号
优秀	地调局	中地调（地环）审字〔2014〕016 号	国地资凭〔2015〕0519 号
优秀	地调局	中地调（地环）审字〔2014〕008 号	国地资凭〔2015〕0428 号
良好	地调局	中地调（地环）审字〔2014〕010 号	国地资凭〔2015〕0624 号
良好	地调局	中地调（地环）审字〔2014〕013 号	国地资凭〔2015〕0625 号
通过	地科院项目办	中地调（地科）审字〔2015〕091 号	国地资凭〔2015〕0688 号
优秀	地科院项目办	中地调（地科）审字〔2015〕050 号	国地资凭〔2015〕1035 号
良好	西北项目办	中地调（西北）审字〔2013〕039 号	国地资凭〔2015〕1179 号
优秀	地调局	中地调（水）审字〔2013〕041 号	国地资凭〔2015〕0782 号
优秀	地调局	中地调（基）审字〔2011〕105 号	国地资凭〔2015〕1003 号
优秀	地调局	中地调（基）审字〔2011〕104 号	国地资凭〔2015〕0990 号
优秀	华东项目办	中地调（华东）审字〔2014〕013 号	国地资凭〔2015〕0363 号

提交地质调查报告

	报告提交单位	报告评审机构
海峡西岸经济区地质环境综合调查评价与区划	**南京地调中心**	
海峡西岸经济区地质环境综合调查专题和综合研究	南京地调中心	华东项目办
平潭岛 1:5 万水文地质工程地质调查	福建地调院	华东项目办
海西临港工业区 1:5 万水文地质工程地质调查	南京地调中心	华东项目办
海西沿海地区地下水资源潜力评价及应急水源地调查	福建环境监测中心	华东项目办
长江三角洲地区地面沉降监测与风险管理	**上海地调院**	
上海市地面沉降监测与风险管理	上海地调院	华东项目办
全国矿山地质环境调查与评估	**环境监测院**	
全国矿山地质环境综合研究与动态评估（湖北地质监测站）	湖北地质环境站	地调局
西北黄土高原区地质灾害详细调查	**西安地调中心**	
新疆伊犁地区地质灾害详细调查	新疆环境监测院	地调局
西北黄土高原区地质灾害遥感数据处理	西安地调中心	西北项目办
宁夏宁南地区地质灾害详细调查	宁夏国土资源调查监测院	地调局
甘肃天水市地质灾害详细调查	地质力学所	地调局
兰州城市地质调查与地质灾害预警信息系统	甘肃环境监测站	西北项目办
西南山区地质灾害详细调查	**成都地调中心**	
乌江流域地质灾害详细调查（贵州段凤冈县）	贵州环境监测站	地调局
西南山区城镇建设地质灾害风险管制方法及示范	成都理工大学	西南项目办
西部复杂山体地质灾害成灾模式研究	**地质力学所**	
单斜灰岩山体滑坡遥感早期识别技术研究	岩溶地质所	地科院项目办
典型地质灾害监测预警与示范治理	**环境监测院**	
延安宝塔地区地质灾害监测预警示范	西安地调中心	地调局
华蓥山地区地质灾害监测预警示范	四川环境监测站	地调局
辽东山区泥石流灾害详细调查与监测预警	辽宁环境监测站	地调局
资源调查与利用技术发展工程（结转项目）		
现代实验测试技术在地质调查中的应用研究	**实验测试中心**	
同位素实验测试技术与方法研究（矿产资源所）	矿产资源所	地调局
地质调查发展战略研究	**发展研究中心**	
中国矿产资源安全评估与系统建设	矿产资源所	地调局
重要成矿区带隐伏矿勘探勘查技术组合攻关研究	**物化探所**	
火山岩盖层下的找矿技术攻关研究	物化探所	地调局
现代实验测试技术在地质调查中的应用研究	**实验测试中心**	
重点同位素地质分析标准物质研制（矿产资源所）	矿产资源所	地科院项目办

一览表——正式报告（二十五）

报告评审等级	报告审查机构	报告审批文号	资料汇交文号
优秀	华东项目办	中地调（华东）审字〔2014〕016号	国地资凭〔2015〕0933号
良好	华东项目办	中地调（华东）审字〔2013〕018号	国地资凭〔2015〕0359号
良好	华东项目办	中地调（华东）审字〔2014〕015号	国地资凭〔2015〕1078号
优秀	华东项目办	中地调（华东）审字〔2013〕001号	国地资凭〔2015〕0116号
优秀	南京地调中心	中地调（南）审字〔2012〕07号	沪地资凭〔2012〕0567号
优秀	地调局	中地调（水）审字〔2013〕068号	国地资凭〔2015〕0068号
良好	地调局	中地调（水）审字〔2011〕61号	国地资凭〔2015〕0596号
良好	西北项目办	中地调（西北）审字〔2015〕025号	国地资凭〔2015〕1198号
良好	地调局	中地调（总）审字〔2011〕16号	国地资凭〔2015〕0158号
良好	西北项目办	中地调（西北）审字〔2013〕014号	国地资凭〔2015〕1181号
良好	西北项目办	中地调（西北）审字〔2014〕029号	国地资凭〔2015〕0601号
良好	地调局	中地调（水）审字〔2010〕007号	国地资凭〔2015〕0264号
优秀	西南项目办	中地调（西南）审字〔2013〕036号	国地资凭〔2016〕0019号
良好	地科院项目办	中地调（地科）审字〔2015〕040号	国地资凭〔2015〕0821号
优秀	地调局	中地调（水）审字〔2013〕053号	国地资凭〔2015〕0311号
优秀	地调局	中地调（水）审字〔2012〕024号	国地资凭〔2015〕1156号
良好	地调局	中地调（水）审字〔2013〕050号	国地资凭〔2015〕0237号
通过	地调局	未知	国地资凭〔2015〕0155号
优秀	地调局	中地调（总）审字〔2010〕43号	国地资凭〔2015〕0078号
通过	地调局	中地调（科）审字〔2013〕061号	国地资凭〔2015〕0121号
通过	地科院项目办	中地调（地科）审字〔2013〕082号	国地资凭〔2015〕0075号

提交地质调查报告

	报告提交单位	报告评审机构
引进现代分析测试设备配套方法研究（广州海洋局）	广州海洋局	地调局
地质调查预算标准跟踪评估和预算财务管理规范化研究	**中国国土经研院**	
地质调查项目预算财务管理规范化研究	中国国土经研院	地调局
地质调查数据资料服务基础建设	**发展研究中心**	
地质调查数据资料社会化服务基础建设（成都地调中心）	成都地调中心	地调局
共伴生资源利用技术及矿产综合利用标准研究	**郑州综合所**	
江西横峰特大型钽铌矿综合利用	郑州综合所	地调局
矿产资源概略性评价规范研究	郑州综合所	地调局
青藏高原地质矿产资源调查与评价（结转项目）		
重点矿产资源规划区环境地质综合调查评价	**地调局**	
青藏高原生态地质环境遥感调查与监测（吉林大学）	吉林大学	地调局
关键地质理论及勘查技术方法研究	**地调局**	
青藏高原深部探测与地壳活动特征	地科院	地科院项目办
青藏高原新构造及晚新生代古大湖研究	地质力学所	地调局
青藏高原基础地质调查与技术支撑	**地调局**	
青海格尔木循环经济区水文地质和环境地质调查评价	青海环境地勘局	地调局
青海德令哈循环经济区水文地质和环境地质调查评价	青海环境地勘局	地调局
西藏拉萨－工布江达地区环境地质综合调查评价	四川地调院	地调局
柴达木周缘及邻区成矿带地质矿产调查评价	**西安地调中心**	
青海沱沱河地区铅锌银矿评价	青海地调院	西北项目办
青海省阿多－拉沟赛地区地质矿产调查	青海地调院	西北项目办
青海省东昆仑祁漫塔格地区铜多金属地质矿产调查	青海地调院	西北项目办
青海拉陵灶火地区地质矿产调查	青海地调院	西北项目办
青海同仁地区地质矿产调查	青海有色地勘局	西北项目办
青海省同德县加吾及外围金矿普查	武警黄金地质研究所	地调局
西藏冈底斯成矿带地质矿产调查评价	**成都地调中心**	
西藏弄如日地区地质矿产调查	湖北地调院	西南项目办
西藏乃东－桑日地区地质矿产调查	陕西地调院	青藏专项（西藏）项目办
西藏贡嘎地区地质矿产调查	西藏地调院	西南项目办
西藏申扎县甲岗地区地质矿产调查	陕西地调院	西南项目办
青藏高原重要盐湖资源远景调查	矿产资源所	地调局
青藏高原基础地质调查成果集成与综合研究	**成都地调中心**	
青藏高原基础地质数据库建设、系列图件编制和中生代构造－古地理综合研究	成都地调中心	地调局

一览表——正式报告（二十六）

报告评审等级	报告审查机构	报告审批文号	资料汇交文号
优秀	地调局	中地调（科）审字〔2011〕35 号	国地资凭〔2013〕104 号
良好	地调局	中地调（发展）审字〔2014〕012 号	国地资凭〔2015〕0649 号
优秀	地调局	中地调（总）审字〔2013〕060 号	国地资凭〔2015〕0643 号
良好	地调局	中地调（科）审字〔2013〕042 号	国地资凭〔2015〕0509 号
优秀	地调局	中地调（科）审字〔2013〕056 号	国地资凭〔2015〕0212 号
良好	地调局	中地调（基）审字〔2011〕130 号	国地资凭〔2015〕1080 号
优秀	地科院项目办	中地调（地科）审字〔2014〕002 号	国地资凭〔2015〕0606 号
合格	地调局	中地调（基）审字〔2012〕14 号	国地资凭〔2015〕0385 号
优秀	地调局	中地调（水）审字〔2013〕072 号	国地资凭〔2015〕0004 号
优秀	地调局	中地调（水）审字〔2013〕073 号	国地资凭〔2015〕0005 号
良好	地调局	中地调（水）审字〔2012〕07 号	国地资凭〔2015〕1025 号
优秀	西北项目办	中地调（西）审字〔2012〕044 号	国地资凭〔2015〕0496 号
良好	西北项目办	中地调（西）审字〔2012〕40 号	国地资凭〔2015〕0054 号
优秀	西北项目办	中地调（西北）审字〔2014〕054 号	国地资凭〔2015〕0324 号
优秀	西安地调中心	中地调（西）审字〔2012〕39 号	西安资收字〔2014〕060 号
良好	西北项目办	中地调（青藏（青））审字〔2013〕005 号	国地资凭〔2015〕0312 号
良好	地调局	中地调（武黄）审字〔2011〕03 号	国地资凭〔2015〕0141 号
良好	西南项目办	中地调（青藏（藏））审字〔2013〕005 号	国地资凭〔2015〕0445 号
良好	西南项目办	中地调（西南）审字〔2015〕033 号	国地资凭〔2015〕1032 号
良好	西南项目办	中地调（青藏（藏））审字〔2013〕019 号	国地资凭〔2015〕0423 号
优秀	西南项目办	中地调（西南）审字〔2015〕012 号	国地资凭〔2015〕1081 号
优秀	地调局	中地调（资）审字〔2013〕025 号	国地资凭〔2015〕0590 号
优秀	地调局	中地调（基）审字〔2012〕9 号	国地资凭〔2015〕0559 号

提交地质调查报告

	报告提交单位	报告评审机构
青藏高原大陆动力学及资源环境效应	**地质研究所**	
青藏高原大陆动力学与成矿作用研究	地质研究所	地调局
青藏高原北缘花岗岩浆作用及成矿作用	地质研究所	地调局
青藏高原东缘造山带与四川盆地的耦合关系	地质研究所	地调局
青藏高原岩石圈地震层析探测及地壳-地幔结构	地质研究所	地调局
西藏南部中生代以来岩浆作用与岩石圈构造动力学过程	地质研究所	地调局
喜马拉雅东构造结的形成及动力学机制探讨	地质研究所	地调局
喜马拉雅玛西构造结的活动构造	地质研究所	地调局
青藏高原基础地质调查与技术支撑	**成都地调中心**	
青藏高原生态地质环境遥感调查与监测（航遥中心）	航遥中心	地调局
西藏1:5万双湖区角木日地区4幅区调	中国地质大学（北京）	西南项目办
西藏1:5万双湖区戈木日东部地区4幅区调	吉林大学	西南项目办
青藏高原资源开发的环境承载力评价方法研究	中国地质大学（武汉）	地调局
青海沱沱河-玉树地区大型推覆构造与铅锌矿成矿作用研究	地质研究所	地调局
西藏自治区野外地质调查工作条件安全预警	西藏地调院	地调局
青海柴达木周缘及邻区成矿带地质矿产调查	**西安地调中心**	
青藏高原地区（青海）水文地质环境地质调查	西安地调中心	西北项目办
冈底斯成矿带地质矿产调查	**成都地调中心**	
西藏达孜县拉抗俄铜矿调查评价	西藏地调院	西南项目办
陆域冻土区天然气水合物调查评价	**矿产资源所**	
羌塘盆地天然气水合物物化探调查	物化探所	地科院项目办
柴达木周缘及邻区成矿带地质矿产调查评价	**西安地调中心**	
青海省曲麻莱县大场地区金矿普查	青海地调院	西北项目办
青海1:5万中灶火地区4幅区调	中国地质大学（武汉）	西北项目办
青海省格尔木市那陵格勒河砂丘地区铁多金属矿普查	青海地调院	西北项目办
青海省化隆县甘都地区铜镍矿调查评价	西安地调中心	西北项目办
冈底斯成矿带地质矿产调查	**成都地调中心**	
西藏邦达地区地质矿产调查	西藏地调院	西南项目办
西藏丁钦弄地区地质矿产调查	西藏地调院	西南项目办
柴达木盆地循环经济试验区1:5万水文地质调查	**西安地调中心**	
青藏高原柴达木盆地重点地区水文地质环境地质调查（都兰县）	西安地调中心	西北项目办
青藏高原柴达木盆地重点地区水文地质环境地质调查（天峻县）	西安地调中心（优选）	西北项目办
青藏地区成矿区带区域物化遥地质调查	**青藏专项项目办**	

一览表——正式报告（二十七）

报告评审等级	报告审查机构	报告审批文号	资料汇交文号
优秀	地调局	中地调（科）审字〔2012〕93 号	国地资凭〔2015〕0404 号
优秀	地调局	中地调（科）审字〔2012〕90 号	国地资凭〔2015〕0395 号
良好	地调局	中地调（科）审字〔2012〕85 号	国地资凭〔2015〕0401 号
优秀	地调局	中地调（科）审字〔2012〕88 号	国地资凭〔2015〕0394 号
优秀	地调局	中地调（科）审字〔2012〕84 号	国地资凭〔2015〕1150 号
优秀	地调局	中地调（科）审字〔2012〕83 号	国地资凭〔2015〕1020 号
优秀	地调局	中地调（科）审字〔2012〕82 号	国地资凭〔2015〕0396 号
优秀	地调局基础部	中地调（基）审字〔2011〕92 号	国地资凭〔2015〕0967 号
二优二良	西南项目办	中地调（成）审字〔2012〕12 号	国地资凭〔2015〕0502 号
优秀	西南项目办	中地调（成）审字〔2011〕131 号	国地资凭〔2015〕0827 号
优秀	地调局	中地调（水）审字〔2012〕06 号	国地资凭〔2015〕0043 号
优秀	地调局	中地调（科）审字〔2012〕68 号	国地资凭〔2015〕0771 号
良好	地调局	中地调（人）审字〔2012〕05 号	国地资凭〔2015〕0410 号
优秀	西北项目办	中地调（西北）审字〔2014〕027 号	国地资凭〔2015〕0059 号
良好	西南项目办	中地调（西南）审字〔2014〕057 号	国地资凭〔2015〕0877 号
通过	地科院项目办	中地调（地科）审字〔2013〕135 号	国地资凭〔2015〕0442 号
优秀	西北项目办	中地调（西北）审字〔2014〕019 号	国地资凭〔2015〕1172 号
优秀	西北项目办	中地调（西）审字〔2012〕50 号	国地资凭〔2015〕0314 号
优秀	西北项目办	中地调（西北）审字〔2014〕057 号	国地资凭〔2015〕0587 号
良好	西北项目办	中地调（青藏（青））审字〔2013〕019 号	国地资凭〔2015〕0003 号
良好	西南项目办	中地调（西南）审字〔2015〕009 号	国地资凭〔2015〕1197 号
良好	西南项目办	中地调（西南）审字〔2014〕056 号	国地资凭〔2015〕0875 号
优秀	西北项目办	中地调（西北）审字〔2014〕027 号	国地资凭〔2015〕0841 号
优秀	西北项目办	中地调（西北）审字〔2014〕033 号	国地资凭〔2015〕1210 号

提交地质调查报告

	报告提交单位	报告评审机构
西藏1:25万邦多区幅区域化探	四川地调院	西南项目办
西藏1:25万错麦区幅区域化探	四川地调院	西南项目办
青海地区地质灾害详细调查	**西安地调中心**	
青海海东地区地质灾害详细调查	青海环境监测站	西北项目办
青海海东地区地质灾害详细调查	青海环境地勘局	西北项目办
青海省玉树州地质灾害详细调查（称多县、杂多县、治多县、曲麻莱县）	西安地调中心	地调局
柴达木周缘及邻区成矿带地质矿产调查评价	**西安地调中心**	
北祁连成矿带成矿条件研究与找矿靶区优选	西安地调中心	西北项目办
青海省地质调查综合研究	西安地调中心	西北项目办
青海东昆仑地区1:5万J46E024013、J46E024014、I46E001013、I46E001014、I46E001015幅区调	中国地质大学（武汉）	西北项目办
青海沱沱河地区1:5万I46E011012、I46E011013、I46E012012、I46E012013幅区调	江西地调院	西北项目办
青海1:25万布伦台（J46C004002）、大灶火（J46C004003）幅区调修测	青海地调院	西北项目办
青海1:5万日阿哇日（J47E011012）、雄达涅阿（J47E011013）、木里日肖日（J47E012012）、木里（J47E012013）、亚姆格勒（J47E013012）、草芒（J47E013013）幅区调	青海地调院	西北项目办
青海1:5万大头羊煤矿（J46E014023）、超力本陶勒盖（J46E014024）、绿草山煤矿（J46E015023）、耳温乌兰（J46E015024）、红铁沟（J46E016024）幅区调	青海地调院	西北项目办
青海1:5万玉龙滩（J48E018001）、抓什究（J48E018002）、贺尔（J48E019001）、桥头（J48E019002）幅区调	青海地调院	西北项目办
青海省茫崖牛鼻子梁地区铜镍矿调查评价	青海核工业地质局	西北项目办
青海省东昆仑洪水河东地区铁多金属资源远景调查	青海核工业地质局	西北项目办
青海格尔木市那陵格勒河西M5异常区多金属矿调查评价	青海第四地勘院	西北项目办
青海沱沱河地区1:5万I46E006005、I46E006006、I46E007005、I46E007006幅区调	西安地调中心（优选）	西北项目办
青海沱沱河地区1:5万I46E003001、I46E003002、I46E004001、I46E004002幅区调	西安地调中心（优选）	西北项目办
青海沱沱河地区1:5万I46E006001、I46E006002、I46E007001、I46E008001幅区调	西安地调中心（优选）	核工业二〇三研究所

一览表——正式报告（二十八）

报告评审等级	报告审查机构	报告审批文号	资料汇交文号
优秀	西南项目办	中地调（青藏（藏））审字〔2013〕008 号	国地资凭〔2015〕0439 号
优秀	西南项目办	中地调（青藏（藏））审字〔2013〕009 号	国地资凭〔2015〕0400 号
良好	西北项目办	中地调（青藏（青））审字〔2013〕012 号	国地资凭〔2015〕0957 号
良好	西北项目办	中地调（青藏（青））审字〔2013〕010 号	国地资凭〔2015〕0954 号
优秀	青藏专项（青海）项目办	中地调（青藏（青））审字〔2013〕011 号	国地资凭〔2015〕1200 号
良好	西北项目办	中地调（西北）审字〔2014〕042 号	国地资凭〔2015〕1208 号
优秀	西北项目办	中地调（西北）审字〔2015〕009 号	国地资凭〔2015〕0308 号
优秀	西北项目办	中地调（西北）审字〔2014〕060 号	国地资凭〔2015〕0492 号
良好	西北项目办	中地调（西北）审字〔2014〕072 号	国地资凭〔2015〕0604 号
一优一良	西北项目办	中地调（西北）审字〔2014〕073 号	国地资凭〔2015〕0161 号
三优三良	西北项目办	中地调（西北）审字〔2014〕074 号	国地资凭〔2015〕0317 号
良好	西北项目办	中地调（西北）审字〔2014〕040 号	国地资凭〔2015〕0473 号
优秀	西北项目办	中地调（西北）审字〔2014〕041 号	国地资凭〔2015〕0016 号
良好	西北项目办	中地调（西北）审字〔2014〕036 号	国地资凭〔2015〕0594 号
良好	西北项目办	中地调（西北）审字〔2014〕035 号	国地资凭〔2015〕0302 号
良好	西北项目办	中地调（西北）审字〔2014〕078 号	国地资凭〔2015〕0829 号
中止项目，不评级	西北项目办	中地调（西北）审字〔2015〕014 号	国地资凭〔2015〕0585 号
通过	西北项目办	中地调（西北）审字〔2015〕034 号	国地资凭〔2015〕0494 号
通过	西北项目办	中地调（西北）审字〔2015〕011 号	国地资凭〔2015〕1039 号

提交地质调查报告

	报告提交单位	报告评审机构
青海沱沱河地区 1∶5 万 J45E024024、J46E024001、I45E001024、I46E001001、I46E001002 幅区调	西安地调中心（优选）	西北项目办
青海沱沱河地区 1∶5 万 I45E002024、I45E003024、I45E004023、I45E004024 幅区域地质调查	西安地调中心（优选）	西北项目办
青海沱沱河地区 1∶5 万 I45E006023、I45E006024、I45E007023、I45E007024、I46E008024 幅区调	西安地调中心（优选）	核工业二〇三研究所
青海沱沱河地区 1∶5 万 I46E001007、I46E002007、I46E003006、I46E003007 幅区调	西安地调中心（优选）	西北项目办
青海沱沱河地区 1∶5 万 I46E013001、I46E013002、I46E014001、I46E014002 幅区调	西安地调中心（优选）	西北项目办
青海沱沱河地区 1∶5 万 I46E013003、I46E013004、I46E014003、I46E014004 幅区调	西安地调中心（优选）	西北项目办
青海沱沱河地区 1∶5 万 I46E008009、I46E008010、I46E009009、I46E009010 幅区调	西安地调中心（优选）	西安地调中心
青海沱沱河地区 1∶5 万 I46E017012、I46E017013、I46E018012、I46E018013 幅区调	西安地调中心（优选）	西北项目办
青海沱沱河地区 1∶5 万 I46E016014、I46E016015、I46E017014、I46E017015 幅区调	西安地调中心（优选）	西北项目办
青海沱沱河地区 1∶5 万 I46E018014、I46E018015、I46E019014、I46E019015 幅区调	西安地调中心（优选）	西北项目办
青海沱沱河地区 1∶5 万 I46E017016、I46E017017、I46E018016、I46E018017 幅区调	西安地调中心（优选）	西安地调中心
青海赛多浦岗日地区 1∶5 万 I46E015006、I46E015007、I46E016006、I46E016007 幅区调	西安地调中心（优选）	西北项目办
青海柴达木盆地重要页岩气远景区调查评价	（优选）	油气调查中心
冈底斯成矿带地质矿产调查	**成都地调中心**	
西藏尼雄地区地质矿产调查	江西地调院	西南项目办
西藏南木林县卡孜地区铜矿评价	西藏地调院	西南项目办
西藏 1∶5 万拉果错地区 I44E024024、I45E024001、H44E001024、H45E001001 幅区调	西藏地调院	西南项目办
西藏 1∶5 万德庆（H46E013003）、冈吉（H46E013004）、白朗（H46E013005）、格达（H46E013002）幅区调	中国地质大学（武汉）	西南项目办
西藏 1∶5 万亚模地区 H45E016014、H45E016015、H45E017014、H45E017015 幅区调	西藏地调院	西南项目办

一览表——正式报告（二十九）

报告评审等级	报告审查机构	报告审批文号	资料汇交文号
通过	西北项目办	中地调（西北）审字〔2015〕021 号	国地资凭〔2015〕0505 号
通过	西北项目办	中地调（西北）审字〔2015〕033 号	国地资凭〔2015〕0493 号
通过	西北项目办	中地调（西北）审字〔2015〕012 号	国地资凭〔2015〕1038 号
中止项目，未评级	西北项目办	中地调（西北）审字〔2015〕013 号	国地资凭〔2015〕0851 号
良好	西北项目办	中地调（西北）审字〔2015〕049 号	国地资凭〔2015〕1046 号
通过	西北项目办	中地调（西北）审字〔2015〕020 号	国地资凭〔2015〕0995 号
良好	西北项目办	中地调（西北）审字〔2015〕016 号	国地资凭〔2015〕1013 号
中止项目，未评级	西北项目办	中地调（西北）审字〔2015〕029 号	国地资凭〔2015〕0997 号
通过	西北项目办	中地调（西北）审字〔2015〕017 号	国地资凭〔2015〕1016 号
中止项目，未评级	西北项目办	中地调（西北）审字〔2015〕052 号	国地资凭〔2015〕0996 号
合格	西北项目办	中地调（西北）审字〔2015〕062 号	国地资凭〔2015〕1036 号
良好	西北项目办	中地调（西北）审字〔2015〕010 号	国地资凭〔2015〕1182 号
优秀	地调局	中地调（油气）审字〔2015〕002 号	国地资凭〔2015〕1231 号
良好	西南项目办	中地调（西南）审字〔2014〕040 号	国地资凭〔2015〕0438 号
良好	西南项目办	中地调（西南）审字〔2015〕034 号	国地资凭〔2015〕0874 号
优秀	西南项目办	中地调（西南）审字〔2014〕021 号	国地资凭〔2015〕0027 号
优秀	西南项目办	中地调（西南）审字〔2014〕006 号	国地资凭〔2015〕0398 号
良好	西南项目办	中地调（西南）审字〔2014〕023 号	国地资凭〔2015〕0572 号

提交地质调查报告

	报告提交单位	报告评审机构
西藏1:5万谢通门县（H45E016018）、仁钦则（H45E016019）、东嘎（H45E016020）、艾玛（H45E016021）幅区调	陕西地调院	西南项目办
西藏1:5万仲巴县隆格尔地区H45E006001、H44E007023、H44E007024、H45E007001幅区调	福建地调院	西南项目办
西藏则学地区矿产远景调查	中国地质大学（武汉）	西南项目办
西藏塔尔玛地区矿产远景调查	核工业四川地质局	西南项目管理办公室
西藏越恰错地区矿产远景调查	陕西地调院	成都地调中心
西藏曲水县达布铜钼矿调查评价	西藏地调院	西南项目办
西藏桑日县扒拉郎地区铜矿调查评价	西藏地调院	西南项目办
西藏贡嘎县普隆一带铜钼矿调查评价	中冶地质总局	西南项目办
西藏奴觉－粗麦地区铜多金属矿调查评价	福建地调院	西南项目办
西藏桑日县洛村铜矿调查评价	陕西地调院	西南项目办
西藏卡多地区铜多金属矿调查评价	湖北地调院	西南项目办
冈底斯成矿带成矿规律研究	成都理工大学	西南项目办
西藏冈底斯东段中新生代斑岩成矿系统与找矿预测	矿产资源所	西南项目办
青藏高原重要矿产资源发展战略研究	中国地质大学（北京）	西南项目办
西藏1:25万热布喀、申扎县幅区域重力调查	四川地调院	西南项目办
西藏班公湖－怒江成矿带地质矿产调查	**成都地调中心**	
西藏1:5万聂拉木（I44E014007）、拉木吉雄（I44E015007）、日土县（I44E016007）、德角（I44E017007）幅区调	中国地质大学（武汉）	西南项目办
西藏1:5万那曲地区H46E005010、H46E005011、H46E006010、H46E006011幅区调	福建地调院	西南项目办
西藏1:5万改则县亭贡地区I44E018020、I44E018021、I44E019020、I44E019021幅区调	西藏地调院	西南项目办
西藏1:5万青卡尔地区H45E005021、H45E005022、H45E006021、H45E006022幅区调	吉林大学	西南项目办
西藏1:5万班戈县南地区H46E005001、H46E005002、H46E006001、H46E006002幅区调	河北地调院	青藏专项（西藏）项目办
西藏1:5万双湖冈玛错地区I45E009003、I45E009004、I45E010003、I45E010004幅区调	吉林大学	西南项目办

一览表——正式报告（三十）

报告评审等级	报告审查机构	报告审批文号	资料汇交文号
二优二良	西南项目办	中地调（西南）审字〔2014〕013 号	国地资凭〔2015〕0630 号
良好	西南项目办	中地调（青藏（藏））审字〔2013〕012 号	国地资凭〔2015〕0849 号
优秀	西南项目办	中地调（西南）审字〔2014〕014 号	国地资凭〔2015〕0440 号
良好	西南项目办	中地调（西南）审字〔2014〕034 号	国地资凭〔2015〕0199 号
良好	西南项目办	中地调（西南）审字〔2014〕015 号	国地资凭〔2015〕1009 号
良好	西南项目办	中地调（西南）审字〔2014〕058 号 中地调（西南）审字〔2014〕059 号 中地调（西南）审字〔2014〕060 号 中地调（西南）审字〔2014〕061 号	国地资凭〔2015〕0878 号
合格	西南项目办	中地调（西南）审字〔2015〕0618 号	国地资凭〔2015〕0968 号
良好	西南项目办	中地调（青藏（藏））审字〔2013〕018 号	国地资凭〔2015〕0800 号
良好	西南项目办	中地调（青藏（藏））审字〔2013〕001 号	国地资凭〔2015〕0039 号
良好	西南项目办	中地调（西南）审字〔2014〕011 号	国地资凭〔2015〕0648 号
良好	西南项目办	中地调（西南）审字〔2014〕017 号	国地资凭〔2015〕0579 号
优秀	西南项目办	中地调（西南）审字〔2014〕019 号	国地资凭〔2015〕0172 号
优秀	西南项目办	中地调（西南）审字〔2014〕052 号	国地资凭〔2015〕1026 号
优秀	西南项目办	中地调（西南）审字〔2014〕051 号	国地资凭〔2015〕0578 号
良好	西南项目办	中地调（西南）审字〔2014〕004 号	国地资凭〔2015〕1029 号
良好	西南项目办	中地调（西南）审字〔2014〕016 号	国地资凭〔2015〕0434 号
良好	西南项目办	中地调（青藏（藏））审字〔2013〕011 号	国地资凭〔2015〕0037 号
良好	西南项目办	中地调（西南）审字〔2014〕022 号	国地资凭〔2015〕0124 号
良好	西南项目办	中地调（西南）审字〔2014〕010 号	国地资凭〔2015〕0153 号
二优二良	西南项目办	中地调（西南）审字〔2015〕016 号	国地资凭〔2015〕1033 号
优秀	西南项目办	中地调（西南）审字〔2014〕008 号	国地资凭〔2015〕0154 号

提交地质调查报告

	报告提交单位	报告评审机构
西藏1:5万改则东地区I45E021002、I45E021003、I45E021004、I45E022002幅区调	成都理工大学	西南项目办
西藏1:5万日土县羌多地区I44E017015、I44E017016、I44E018015、I44E018016幅区调	成都理工大学	西南项目办
西藏布拉错地区矿产远景调查	西藏地调院	西南项目办
西藏叉茶卡地区矿产远景调查	西藏地调院	西南项目办
西藏青草山地区矿产远景调查	西藏地调院	西南项目办
西藏改则县拿若铜矿调查评价	西藏地调院	西南项目办
西藏重点成矿带化探弱信息提取及应用	成都理工大学	西南项目办
班公湖－怒江成矿带矿产资源遥感地质调查	中国地质大学（北京）	地调局
青藏高原碰撞造山及大陆动力学	**地质研究所**	
新特提斯洋盆形成和演化古地磁证据	地质力学所	地科院项目办
青藏高原重点地区水文地质环境地质调查	**水环地调中心**	
青藏铁路沿线水文地质环境地质调查评价	水环地调中心	地调局
油气资源调查评价		
西北地区油气基础地质调查	**西安地调中心**	
银－额盆地及其邻区石炭－二叠系油气二维地震测量	西安地调中心（优选）	油气调查中心
西部典型盆地多种能源矿产共存特征及富集机理研究	长安大学	西北项目办
矿产资源调查评价工程（结转项目）		
武夷山成矿带铜铅锌矿评价	**南京地调中心**	
武夷山成矿带铜多金属矿成矿规律研究	中国地质大学（北京）	华东项目办
全国地下水资源及其环境问题调查评价	**水文环境所**	
水文地质工程地质环境地质发展史研究	水文环境所	地科院项目办
海洋油气新区调查	**广州海洋局**	
中国海域油气勘探开发数据库与形势图	青岛海地所	地调局
矿产资源调查评价		
矿产资源“三率”开发水平调查	**郑州综合所**	
全国重要矿山“三率”综合调查与评价信息系统	郑州综合所	华北项目办
西北地区页岩气基础地质调查	**西安地调中心**	
银额盆地及其邻区石炭－二叠系页岩气远景调查	油气调查中心（优选）	油气调查中心
柴达木盆地重要页岩气远景区调查评价	**油气调查中心**	

一览表——正式报告（三十一）

报告评审等级	报告审查机构	报告审批文号	资料汇交文号
良好	西南项目办	中地调（西南）审字〔2015〕035 号	国地资凭〔2015〕0582 号
良好	西南项目办	中地调（西南）审字〔2015〕036 号	国地资凭〔2015〕1084 号
良好	西南项目办	中地调（西南）审字〔2014〕054 号	国地资凭〔2015〕1023 号
良好	西南项目办	中地调（西南）审字〔2015〕030 号	国地资凭〔2015〕1063 号
良好	西南项目办	中地调（西南）审字〔2015〕031 号	国地资凭〔2015〕1047 号
优秀	西南项目办	中地调（西南）审字〔2014〕055 号	国地资凭〔2015〕1024 号
良好	西南项目办	中地调（西南）审字〔2014〕049 号	国地资凭〔2015〕0392 号
良好	地调局	中地调（基）审字〔2013〕014 号	国地资凭〔2015〕0461 号
良好	地科院项目办	中地调（地科）审字〔2015〕161 号	国地资凭〔2015〕1235 号
优秀	地调局	中地调（地环）审字〔2014〕039 号	国地资凭〔2015〕1158 号
优秀	油气调查中心	中地调（油气）审字〔2015〕008 号	国地资凭〔2014〕0117 号
优秀	油气调查中心	中地调（油气）评字〔2015〕002 号	国地资凭〔2016〕0001 号
良好	华东项目办	中地调（南）审字〔2011〕15 号	国地资凭〔2015〕0761 号
优秀	地科院项目办	中地调（地科）审字〔2013〕197 号	国地资凭〔2015〕0546 号
优秀	地调局	中地调（基）审字〔2013〕30 号	国地资凭〔2015〕0208 号
优秀	华北项目办	中地调（华北）审字〔2015〕014 号	国地资凭〔2015〕1215 号
良好、良好	地调局	中地调（油气）审字〔2015〕003 号 中地调（油气）审字〔2015〕006 号 中地调（油气）审字〔2015〕011 号	国地资凭〔2015〕1227 号

提交地质调查报告

	报告提交单位	报告评审机构
柴达木盆地新区新层系页岩气成藏地质条件调查	油气调查中心	地调局
水工环地质调查		
岩溶地区水文地质环境地质调查	**岩溶地质所**	
湖北重点岩溶流域水文地质及环境地质调查	湖北地质环境站	地科院项目办
地质灾害高发区滑坡泥石流调查与监测	**环境监测院**	
兰州市地质灾害调查监测	环境监测院	西北项目办
全国地面沉降地裂缝调查	**环境监测院**	
汾渭盆地地面沉降地裂缝 InSAR 调查	长安大学	环境监测院
山西盆地地面沉降地裂缝调查	山西环境监测中心	地调局
矿山环境监测	**航遥中心**	
矿山环境综合调查与评价	中国地质大学（北京）	地调局
地质科技与信息资料服务		
全球巨型成矿带区域构造与成矿地质背景对比研究	**矿产资源所**	
南美巨型成矿带重要矿床地质背景、成矿作用和找矿潜力研究	南京地调中心	地科院项目办
地质调查标准化建设与标准研制更新	**实验测试中心**	
制定钒矿地质勘查规范和制定方解石地质勘查规范	国土资源部 矿产资源储量评审中心	地科院项目办
制定地质资料数据涉密属性数据处理规程和制定三维数据交换技术要求	发展研究中心	地调局
制定海洋地质取样技术规程和制定滨海砂矿地质勘查规范	青岛海地所	地科院项目办
制定地球物理计量单位和修订升级局部生态地球化学评价技术要求	中国地质大学（北京）	地科院项目办
制定气举反循环钻探规程和修订钻探工程名词术语	勘探技术所	地科院项目办
修订工程地质钻探规程	水环地调中心	地科院项目办
修订煤田地震勘探规范和修订《地面瞬变电磁法技术规程》	中煤地质总局	地科院项目办
地质调查信息服务集群体系建设与服务产品开发	**发展研究中心**	
境外矿产资源信息集成与服务系统建设	发展研究中心	发展研究中心
地质调查项目预算标准与财务管理跟踪调查	**中国国土经研院**	
地质调查经济管理政策研究	发展研究中心	地调局
地质矿产领域标准体系的健全完善和标准升级推广	**中国国土经研院**	

一览表——正式报告（三十二）

报告评审等级	报告审查机构	报告审批文号	资料汇交文号
良好	地调局	中地调（油气）审字〔2015〕131 号	国地资凭〔2015〕1234 号
优秀	地科院项目办	中地调（地科）审字〔2014〕033 号	国地资凭〔2015〕0067 号
通过	西北项目办	中地调（西北）审字〔2014〕030 号	国地资凭〔2015〕0599 号
良好	地调局	中地调（地环）审字〔2014〕003 号	国地资凭〔2015〕0613 号
优秀	地调局	中地调（地环）审字〔2015〕061 号	国地资凭〔2015〕0096 号
优秀	地调局	中地调局（航遥）审字〔2015〕009 号	国地资凭〔2015〕0569 号
良好	地科院项目办	中地调（地科）审字〔2015〕167 号	国地资凭〔2015〕0946 号
优秀、优秀	地科院项目办	中地调（地科）审字〔2015〕119 号 中地调（地科）审字〔2015〕122 号	国地资凭〔2015〕0736 号
优秀	地科院	中地调（地科）审字〔2015〕012 号	国地资凭〔2015〕1223 号
优秀、优秀	地科院项目办	中地调（地科）审字〔2015〕133 号 中地调（地科）审字〔2015〕134 号	国地资凭〔2015〕1163 号 国地资凭〔2015〕1185 号
优秀	地科院项目办	中地调（地科）审字〔2015〕120 号	国地资凭〔2015〕0749 号
良好	地科院项目办	中地调（地科）审字〔2015〕136 号	国地资凭〔2015〕0898 号
优秀	地科院项目办	中地调（地科）审字〔2015〕111 号	国地资凭〔2015〕0690 号
优秀	地科院项目办	中地调〔地科〕审字〔2015〕080 号 中地调〔地科〕审字〔2015〕081 号	国地资凭〔2015〕0545 号
优秀	发展研究中心	中地调（发展）审字〔2015〕009 号	国地资凭〔2015〕1219 号
优秀	地调局	中地调（发展）审字〔2014〕011 号 中地调（发展）审字〔2015〕136 号	国地资凭〔2015〕0210 号

提交地质调查报告

	报告提交单位	报告评审机构
地质矿产领域标准应用程度及效果评价	发展研究中心	地调局
重点成矿区带地质矿产调查评价		
阿尔泰成矿带地质矿产调查评价	**西安地调中心**	
新疆托里县沙克玛金矿调查	有色地调中心	西北项目办
新疆东准噶尔卡拉麦利 1:5 万 L45E016022、L45E017020、L45E017021、L45E018020、L45E018021 幅区调	中国地质大学（武汉）	西北项目办
新疆青河县 1:5 万阿克布拉克（L46E005001）、阿尔沙特（L46E005002）、昆格依特（L46E006001）、喀拉布腊他乌（L46E006002）幅区调	陕西地调院	西北项目办
新疆富蕴县萨木尔斯－青河县阿尔沙特锂铍钽铌矿远景调查评价	新疆有色地勘局	西北项目办
新疆托里县库普一带金铜多金属矿调查评价	安徽勘查技术院	西北项目办
天山成矿带地质矿产调查评价	**西安地调中心**	
新疆 1:5 万阿克塔拉 K43E023018、K43E023019、K43E023020、K43E024018、K43E024019 幅区调	新疆地调院	西北项目办
昆仑－阿尔金成矿带地质矿产调查	**西安地调中心**	
新疆 1:5 万 J43E021020、J43E022019、J43E022020、J43E023019、J43E023020 幅区调	四川核工业地质局二八二大队	西北项目办
新疆 1:5 万 J43E021021、J43E022021、J43E022022、J43E023021、J43E023022 幅区调	四川核工业地质局二八二大队	西北项目办
北山－祁连成矿带地质矿产调查	**西安地调中心**	
宁夏西吉盆地航磁异常查证	宁夏地调院	西北项目办
西南三江成矿带南段地质矿产调查	**成都地调中心**	
云南 1:5 万木嘎、富永、老厂、募乃、勐梭、澜沧县（F47E007015、F47E007016、F47E008015、F47E008016、F47E009015、F47E009016）幅区调	云南地调局	西南项目办
云南 1:5 万半坡、谦六、芒蚌街、大山、丫口街、官房（F47E005017、F47E006017、F47E007017、F47E008017、F47E009018、F47E009019）幅区调	云南地调局	西南项目办
云南 1:5 万墨江、雅邑、龙潭、漫兴、勐野井盐厂、江西（F47E004023、F47E005023、F47E006023、F47E007023、F47E008023、F47E008024）幅区调	贵州地调院	西南项目办
云南省牟定县冷水塘－大平地铁矿调查评价	云南地调局	西南项目办

一览表——正式报告（三十三）

报告评审等级	报告审查机构	报告审批文号	资料汇交文号
优秀	地调局	中地调（发展）审字〔2015〕115 号	国地资凭〔2015〕0791 号
良好	西北项目办	中地调（西北）评字〔2015〕011 号	国地资凭〔2015〕1184 号
优良	西北项目办	中地调（西北）审字〔2015〕047 号	国地资凭〔2015〕0629 号
总报告：优； 图幅： 二优二良	西北项目办	中地调（西北）审字〔2015〕063 号	国地资凭〔2015〕1228 号
良好	西北项目办	中地调（西北）审字〔2015〕003 号	国地资凭〔2015〕0475 号
良好	西北项目办	中地调（西北）审字〔2014〕070 号	国地资凭〔2015〕1017 号
良好	西北项目办	中地调（西北）审字〔2014〕085 号	国地资凭〔2015〕0611 号
优秀	西北项目办	中地调（西北）审字〔2015〕056 号	国地资凭〔2015〕1004 号
优秀	西北项目办	中地调（西北）审字〔2015〕055 号	国地资凭〔2015〕1005 号
良好	西北项目办	中地调（西北）审字〔2014〕071 号	国地资凭〔2015〕0306 号
一优五良	西南项目办	中地调（西南）审字〔2015〕005 号	国地资凭〔2015〕0975 号
二优四良	西南项目办	中地调（西南）审字〔2015〕003 号	国地资凭〔2015〕0973 号
三优三良	西南项目办	中地调（西南）审字〔2014〕038 号	国地资凭〔2015〕0919 号
良好	西南项目办	中地调（西南）审字〔2014〕030 号	国地资凭〔2015〕0444 号

提交地质调查报告

	报告提交单位	报告评审机构
四川九龙乌拉－小金地区矿产远景调查	成都综合所	西南项目办
云南香格里拉县地苏嘎－松诺铜多金属矿远景调查	云南地调局	西南项目办
云南香格里拉县阿热－铜厂沟铜多金属矿远景调查	云南地调局	西南项目办
四川省得荣县中木－古学铜金多金属矿调查评价	四川冶金地勘局	西南项目办
川滇黔相邻区地质矿产调查	**成都地调中心**	
重庆 1:5 万合川、北碚、瓷器口、静观、悦来、重庆（H48E013018、H48E014018、H48E015018、H48E013019、H48E014019、H48E015019）幅区调	重庆地调院	西南项目办
贵州 1:5 万旧城、镇南、格林、务川、中观音、丰乐（H48E020023、H48E020024、H48E021023、H48E021024、H48E022023、H48E022024）幅区调	贵州地调院	西南项目办
云南 1:5 万下拉古、环州村、下村、黑井、化同（G47E013023、G47E013024、G47E014023、G47E016023、G47E016024）幅区调	云南地调局	西南项目办
云南 1:5 万剑川县、鹤庆县、甸尾、松桂（G47E009016、G47E009017、G47E010016、G47E010017）幅区调	中国地质大学（武汉）	西南项目办
贵州 1:5 万三穗县、台江县、岑松、桐林（G49E007003、G49E008002、G49E008003、G49E007004）幅区调	贵州地调院	西南项目办
重庆 1:5 万场马武、龙潭幅、山窝、鸭江（H48E015022、H48E015023、H48E016021、H48E016022）幅区调	重庆地调院	西南项目办
贵州省松桃普觉－江口桃映锰矿评价	贵州地调院	西南项目办
云南省牟定安益－猛林沟及外围铁矿远景调查	云南有色地质局	西南项目办
贵州省凯里－黄平地区铝土矿远景调查	贵州有色和核工业地勘局	西南项目办
贵州兔街子－辅处地区铅锌铜矿远景调查	贵州地调院	西南项目办
大兴安岭成矿带北段地质矿产调查	**沈阳地调中心**	
内蒙古 1:5 万天池（L51E005002）、小东沟林场（L51E005003）、三十公里（L51E006002）、五道沟（L51E006003）幅区调	核工业二四三大队	东北项目办
湘西－鄂西成矿带地质矿产调查	**武汉地调中心**	
湖北 1:5 万高店子（H49E009009）、野三关（H49E009010）、清太坪（H49E010009）、枝柘坪（H49E010010）幅区调	湖北地调院	中南项目办
黄陵周缘新元古代沉积盆地演化及重要含矿层对比研究	中国地质大学（武汉）	中南项目办
南岭成矿带地质矿产调查	**武汉地调中心**	
南岭成矿带及整装勘查区重要金属矿床成矿规律研究与选区评价	武汉地调中心	中南项目办

一览表——正式报告（三十四）

报告评审等级	报告审查机构	报告审批文号	资料汇交文号
良好	西南项目办	中地调（西南）审字〔2014〕033 号	国地资凭〔2015〕0976 号
优秀	西南项目办	中地调（西南）审字〔2014〕031 号	国地资凭〔2015〕0399 号
优秀	西南项目办	中地调（西南）审字〔2014〕032 号	国地资凭〔2015〕0460 号
良好	西南项目办	中地调（西南）审字〔2014〕007 号	国地资凭〔2015〕1154 号
优良	西南项目办	中地调（西南）审字〔2015〕001 号	国地资凭〔2015〕0193 号
优秀	西南项目办	中地调（西南）审字〔2014〕036 号	国地资凭〔2015〕0576 号
三优二良	西南项目办	中地调（西南）审字〔2015〕004 号	国地资凭〔2015〕0924 号
良好	西南项目办	中地调（西南）审字〔2014〕035 号	国地资凭〔2015〕0030 号
优秀	西南项目办	中地调（西南）审字〔2014〕037 号	国地资凭〔2015〕1021 号
良好	西南项目办	中地调（西南）审字〔2015〕010 号	国地资凭〔2015〕0503 号
优秀	西南项目办	中地调（西南）审字〔2014〕025 号	国地资凭〔2015〕0640 号
良好	西南项目办	中地调（西南）审字〔2014〕027 号	国地资凭〔2015〕0950 号
优秀	西南项目办	中地调（西南）审字〔2014〕029 号	国地资凭〔2015〕0346 号
优秀	西南项目办	中地调（西南）审字〔2014〕026 号	国地资凭〔2015〕0620 号
三优一良	东北项目办	中地调（东北）审字〔2014〕017 号	国地资凭〔2015〕0298 号
良好	中南项目办	中地调（中南）审字〔2015〕002 号	国地资凭〔2015〕0913 号
优秀	中南项目办	中地调（中南）审字〔2015〕013 号	国地资凭〔2015〕0931 号
优秀	中南项目办	中地调（中南）审字〔2014〕015 号	国地资凭〔2015〕0148 号

提交地质调查报告

	报告提交单位	报告评审机构
江西赣县罗仙寨—龙潭下钨矿远景调查	江西地调院	中南项目办
钦杭成矿带地质矿产调查（东段）	**南京地调中心**	
江西1∶5万芦溪（G50E003001）、钱山（G50E004001）、良坊（G50E005001）、上城（G50E005002）幅区调	江西地调院	华东项目办
武当－桐柏－大别成矿带地质矿产调查	**武汉地调中心**	
湖北1∶5万宋埠（H49E006004）、新洲县（H49E007004）、淋山河（H49E008004）、团风镇（H49E009004）幅区调	湖北地调院	中南项目办
武夷成矿带地质矿产调查	**南京地调中心**	
江西1∶5万南城县（G50E003011）、龙湖（G50E003012）、株良（G50E004011）、资福（G50E004012）幅区调	江西地调院	华东项目办
浙江沐尘－遂昌地区矿产远景调查	浙江地调院	华东项目办
江西宜黄－棠阴地区矿产远景调查	江西地调院	华东项目办
航空地球物理调查	**航遥中心**	
中国陆域航磁特征与地质构造研究	航遥中心	地调局
成矿带中比例尺区域地球物理调查	**物化探所**	
宁夏大地电磁测深剖面测量	宁夏地调院	地科院项目办
攀枝花市、东川市幅1∶25万区域重力调查	地科院（优选）	地科院
南方缺煤省份煤炭资源调查	**发展研究中心**	
特殊和稀缺煤炭资源调查	中煤地质总局	油气调查中心
全国铀矿资源调查评价	**核工业地质局**	
柴达木东北缘埃姆尼克山－查查香卡地区铀矿调查评价	核工业二〇三研究所	地调局
西藏班戈－嘉黎地区铀矿远景调查	核工业二八〇研究所	地调局资源部
青海省西宁－化隆盆地砂岩型铀资源调查评价	核工业二〇三研究所	地调局
全国重要非金属调查	**中建材工业地勘中心、中化地质矿山总局**	
山东省蒙阴县桃花峪－双泉山地区金刚石矿远景调查	中建材工业地勘中心山东总队	地调局
全国矿产资源潜力评价	**矿产资源所**	
全国重要矿产成矿地质背景研究	发展研究中心	地调局
全国重要矿产区域成矿规律研究	矿产资源所	地调局
全国重要矿产总量预测	矿产资源所	地调局
全国重要矿产资源潜力评价综合信息集成	发展研究中心	地调局
全国煤炭资源潜力评价	中煤地质总局	地调局
全国化工矿产资源潜力评价	中化地质矿山总局	地调局

一览表——正式报告（三十五）

报告评审等级	报告审查机构	报告审批文号	资料汇交文号
良好	中南项目办	中地调（中南）审字〔2015〕017 号	国地资凭〔2015〕1212 号
良好	华东项目办	中地调（华东）审字〔2014〕030 号	国地资凭〔2015〕0943 号
优秀	中南项目办	中地调（中南）审字〔2015〕001 号	国地资凭〔2015〕0729 号
良好	华东项目办	中地调（华东）审字〔2014〕029 号	国地资凭〔2015〕0942 号
良好	华东项目办	中地调（华东）审字〔2015〕007 号	国地资凭〔2015〕1211 号
良好	华东项目办	中地调（华东）审字〔2015〕002 号	国地资凭〔2015〕0744 号
优秀	地调局	中地调（航遥）审字〔2015〕004 号	国地资凭〔2015〕0548 号
优秀	地科院项目办	中地调（地科）审字〔2014〕038 号	国地资凭〔2015〕0586 号
优秀	地科院项目办	中地调（地科）审字〔2015〕128 号	国地资凭〔2015〕0974 号
优秀	地调局	中地调（油气）审字〔2014〕003 号	国地资凭〔2015〕0755 号
通过	地调局	中地调（资）审字〔2013〕082 号	国地资凭〔2015〕0871 号
优秀	地调局	中地调（资）审字〔2013〕081 号	国地资凭〔2015〕1216 号
通过	地调局	中地调（资）审字〔2013〕083 号	国地资凭〔2015〕0870 号
优秀	地调局	中地调（油气）审字〔2014〕005 号	国地资凭〔2015〕0709 号
优秀	地调局资源部	中地调（资）审字〔2013〕075 号	国地资凭〔2015〕0901 号
优秀	地调局	中地调（资）审字〔2013〕072 号	国地资凭〔2015〕0740 号
优秀	地调局	中地调（资）审字〔2013〕074 号	国地资凭〔2015〕1232 号
优秀	地调局	中地调（资）审字〔2013〕076 号	国地资凭〔2015〕0281 号
优秀	地调局	中地调（资）审字〔2013〕073 号	国地资凭〔2015〕0890 号
优秀	地调局	中地调（资）审字〔2013〕070 号	国地资凭〔2015〕0621 号

提交地质调查报告

	报告提交单位	报告评审机构
全国铀矿资源潜力评价	核工业地质局	地调局
全国物探化探遥感自然重砂综合信息评价	航遥中心	地调局
东北地区矿产资源潜力评价与综合	沈阳地调中心	地调局
华东地区矿产资源潜力评价与综合	南京地调中心	地调局
中南地区矿产资源潜力评价与综合	武汉地调中心	地调局
西南地区矿产资源潜力评价与综合	成都地调中心	地调局
西北地区矿产资源潜力评价与综合	西安地调中心	地调局
老矿山深部和外围找矿	**发展研究中心**	
黑龙江省宾县弓棚子铜锌钨矿接替资源勘查	黑龙江地球物理勘察院	国土部矿产勘查技术指导中心
整装勘查进展跟踪与评价	**发展研究中心**	
整装勘查实施方案编审辅助系统研发与推广	发展研究中心	地调局
重要矿产勘查成矿区划与成果集成	**矿产资源所**	
重要矿产远景调查区找矿前景综合分析与评价	发展研究中心	地科院项目办
地质调查进展跟踪、成果集成与部署研究	**发展研究中心**	
能源资源地质调查跟踪与部署研究	发展研究中心	地调局
中国前寒武纪地壳形成演化及其对成矿作用制约研究	**地质研究所、天津地调中心**	
华北、扬子克拉通及周边地区孔兹岩系原岩形成时代、变质-深熔特征及其含矿性	地质研究所	地科院项目办
华北克拉通太古宙早期古老陆壳物质的寻找、鉴别和研究	地质研究所	地科院项目办
东北地区泛非期陆块聚合和离散过程及其动力学背景	地质研究所	地科院项目办
华北克拉通对哥伦比亚超大陆事件的响应及大地构造格架	天津地调中心	地科院项目办
华北克拉通与南部非洲卡拉哈里克拉通前寒武纪构造演化及成矿作用对比	天津地调中心	地科院项目办
中东亚三维地质结构与资源环境响应	**地科院**	
西藏冈底斯及邻区深部过程与构造岩浆成矿研究	地科院	地科院项目办
重大岩浆事件及其成矿作用和构造背景研究	**地质研究所、武汉地调中心**	
郯庐断裂带（中南段）构造演化对区域矿产分布规律的控制与影响	合肥工业大学	地科院项目办
晋宁期—加里东期构造-岩浆活动及构造格局演变对区域成矿作用的制约	南京地调中心	地科院项目办
华南中生代构造-岩浆活动时空演化规律及其与成矿作用分区分阶段性的关系	南京地调中心	地科院项目办

一览表——正式报告（三十六）

报告评审等级	报告审查机构	报告审批文号	资料汇交文号
优秀	地调局	中地调（资）审字〔2013〕032 号	国地资凭〔2015〕1159 号
优秀	地调局	中地调（资）审字〔2013〕077 号	国地资凭〔2015〕0450 号 国地资凭〔2015〕0801 号
优秀	地调局	中地调（资）审字〔2013〕064 号	国地资凭〔2015〕0994 号
优秀	地调局	中地调（资）审字〔2013〕066 号	国地资凭〔2015〕1147 号
优秀	地调局	中地调（资）审字〔2013〕067 号	国地资凭〔2015〕0544 号
优秀	地调局	中地调（资）审字〔2013〕069 号	国地资凭〔2015〕1145 号
优秀	地调局	中地调（资）审字〔2013〕068 号	国地资凭〔2015〕0981 号
合格	发展研究中心	中地调（发展）审字〔2015〕022 号	国地资凭〔2015〕0066 号
优秀	地调局	中地调（发展）审字〔2014〕006 号	国地资凭〔2015〕0145 号
优秀	地科院项目办	中地调（地科）审字〔2015〕097 号	国地资凭〔2015〕0570 号
优秀	地调局	中地调（发展）审字〔2015〕078 号	国地资凭〔2015〕0577 号
优秀	地科院项目办	中地调（地科）审字〔2015〕004 号	国地资凭〔2015〕0682 号
优秀	地科院项目办	中地调（地科）审字〔2015〕005 号	国地资凭〔2015〕0896 号
良好	地科院项目办	中地调（地科）审字〔2015〕007 号	国地资凭〔2015〕0622 号
通过	地科院项目办	中地调（地科）审字〔2015〕002 号	国地资凭〔2015〕0637 号
通过	地科院项目办	中地调（地科）审字〔2015〕003 号	国地资凭〔2015〕0638 号
优秀	地科院项目办	中地调（地科）审字〔2014〕063 号	国地资凭〔2015〕0657 号
良好	地科院项目办	中地调（地科）审字〔2014〕040 号	国地资凭〔2015〕0713 号
优秀	地科院项目办	中地调（地科）审字〔2014〕041 号	国地资凭〔2015〕0107 号
优秀	地科院项目办	中地调（地科）审字〔2014〕042 号	国地资凭〔2015〕0364 号

提交地质调查报告

	报告提交单位	报告评审机构
中生代含碳酸盐岩盆地沉积－岩浆作用与成矿关系模型	南京地调中心	地科院项目办
环扬子地块构造演化与铅锌多金属成矿地质背景研究	**中国地质大学（武汉）、武汉地调中心、地质研究所**	
上扬子铅锌矿床与岩相古地理关系研究	武汉地调中心	地科院项目办
南岭地区燕山期深部岩浆活动与大规模成矿复杂性研究	中国地质大学（北京）	地科院项目办
中南地区重大地质事件同位素年代学研究	武汉地调中心	地科院项目办
华南中部震旦纪—志留纪地层格架、岩相古地理与成矿关系	武汉地调中心	地科院项目办
湘黔桂地区华力西期—印支期盆地演化及其对油气资源的制约	武汉地调中心	地科院项目办
中下扬子地区中新生代构造演化与成矿	合肥工业大学	地科院项目办
环扬子成矿系列与成矿作用	合肥工业大学	地科院项目办
环扬子地质流体与地温热液成矿作用研究	长安大学	地科院项目办
华南扬子古大陆演化及其资源效应	**成都地调中心**	
康滇地轴前震旦纪地层划分对比及古大陆再造研究	成都地调中心	西南项目办
黔北梵净山地区及黔南摩天岭地区前寒武纪古大陆演化及沉积岩相古地理研究	贵州地调院	西南项目办
华南板溪群地层划分及沉积岩相古地理研究	湖南地调院	西南项目办
扬子地块西缘格伦维尔造山过程、南华裂谷作用及其成矿效应综合研究	成都地调中心	西南项目办
扬子地块东南缘罗迪尼亚超大陆解体及沉积－成矿响应综合研究	成都地调中心	西南项目办
中国陆块聚散过程与成矿地质背景研究	**地质研究所**	
中国前寒武纪陆壳聚散的基本框架与成矿制约	地质研究所	地科院项目办
中国主要陆块晚前寒武纪以来裂解重组过程的再造及其对成矿作用的制约	地质研究所	地科院项目办
中国显生宙重要地区陆壳聚散的基本框架与成矿制约	地质研究所	地科院项目办
全国地下水资源及其环境问题调查评价	**水文环境所**	
白云鄂博－固阳地区地下水资源调查与评价	内蒙古地调院	地科院项目办
全国地下水资源及其环境问题战略研究	水文环境所	地科院项目办
岩溶地区水文地质环境地质调查	**岩溶地质所**	
云南重点岩溶流域水文及环境地质调查	云南地调局	地科院项目办
北方岩溶区水文地质环境地质调查示范	岩溶地质所	地科院项目办
青藏高原地质矿产资源调查与评价		
柴达木周缘成矿带地质矿产调查评价	**西安地调中心**	
青海省刚察地区1:5万电泵站J47E016017、J47E016018、J47E017017、J47E017018幅区调	西安地调中心（优选）	西安地调中心

一览表——正式报告（三十七）

报告评审等级	报告审查机构	报告审批文号	资料汇交文号
良好	地科院项目办	中地调（地科）审字〔2014〕043号	国地资凭〔2015〕0117号
良好	地科院项目办	中地调（地科）审字〔2014〕054号	国地资凭〔2015〕0550号
优秀	地科院项目办	中地调（地科）审字〔2014〕052号	国地资凭〔2015〕0925号
良好	地科院项目办	中地调（地科）审字〔2014〕053号	国地资凭〔2015〕0351号
优秀	地科院项目办	中地调（地科）审字〔2014〕056号	国地资凭〔2015〕0063号
良好	地科院项目办	中地调（地科）审字〔2014〕050号	国地资凭〔2015〕0429号
良好	地科院项目办	中地调（地科）审字〔2014〕051号	国地资凭〔2015〕0964号
优秀	地科院项目办	中地调（地科）审字〔2014〕049号	国地资凭〔2015〕0944号
优秀	地科院项目办	中地调（地科）审字〔2014〕057号	国地资凭〔2015〕0605号
优秀	西南项目办	中地调（西南）审字〔2014〕046号	国地资凭〔2015〕0223号
优秀	西南项目办	中地调（西南）审字〔2014〕045号	国地资凭〔2015〕0581号
优秀	西南项目办	中地调（西南）审字〔2014〕048号	国地资凭〔2015〕0727号
良好	西南项目办	中地调（西南）审字〔2015〕002号	国地资凭〔2015〕0764号
优秀	西南项目办	中地调（西南）审字〔2014〕043号	国地资凭〔2015〕0088号
良好	地科院项目办	中地调（地科）审字〔2015〕175号	国地资凭〔2015〕1164号
良好	地科院项目办	中地调（地科）审字〔2015〕058号	国地资凭〔2015〕0876号
良好	地科院项目办	中地调（地科）审字〔2015〕056号	国地资凭〔2015〕0824号
良好	地科院项目办	中地调（地科）审字〔2015〕088号	国地资凭〔2015〕1149号
优秀	地科院项目办	中地调（地科）审字〔2015〕089号	国地资凭〔2015〕1220号
良好	地科院项目办	中地调（地科）审字〔2015〕086号	国地资凭〔2015〕0012号 国地资凭〔2015〕0969号
良好	地科院	中地调（地科）审字〔2015〕095号	国地资凭〔2015〕1153号
优秀	西北项目办	中地调（西北）审字〔2015〕070号	国地资凭〔2015〕1202号

提交地质调查报告

	报告提交单位	报告评审机构
青海湟源地区 1:5 万日月 J47E020020、J47E020021、J47E020022、J47E021020、J47E021021、J47E021022 幅区调	西安地调中心	西北项目办
青海省格尔木市清水南地区玉石矿调查评价	青海第四地勘院	西北项目办
西南三江成矿带北段地质矿产调查评价	**西安地调中心**	
青海杂多县然者涌－莫海拉亨地区铅锌矿整装勘查区综合研究及结扎地区铅锌矿调查评价	青海地调院	地调局
青海省杂多县陆日格－众根涌地区铜矿调查评价	青海地调院	地调局
青海沱沱河地区巴布茸－直钦赛加玛铜多金属矿调查评价	青海第五地勘院	西安地调中心
冈底斯成矿带地质矿产调查	**成都地调中心**	
西藏 1:5 万东巧地区 I46E024003、I46E024004、H46E001003、H46E001004 幅区调	西藏地调院	西南项目办
西藏 1:5 万拉孜地区 H45E018014、H45E018015、H45E018016、H45E019014、H45E019015、H45E019016 幅区调	西藏地调院	西南项目办
西藏 1:5 万仲巴县城西地区 H44E012022、H44E013022、H44E013023、H44E013024、H44E014022、H44E014023 幅区调	中国地质大学（北京）	西南项目办
西藏 1:5 万九子拉地区 H46E008005、H46E008006、H46E009005、H46E009006 幅区调	贵州地调院	西南项目办
西藏 1:5 万噶尔地区 I44E020009、I44E020010、I44E021009、I44E021010、I44E022009、I44E022010 幅区调	西藏地调院	西南项目办
西藏班公湖－怒江成矿带地质矿产调查	**成都地调中心**	
西藏 1:5 万埃永错东地区 I44E016013、I44E016014、I44E017013、I44E017014 幅区调	河北区调所	青藏专项（西藏）项目办
西藏 1:5 万纳屋错地区 I44E020017、I44E020018、I44E021017、I44E021018 幅区调	成都理工大学	西南项目办
西藏 1:5 万达查沟地区 I45E023005、I45E023006、I45E024005、I45E024006 幅区调	吉林大学	西南项目办
西藏 1:5 万日土县常木错地区 I44E014011、I44E014012、I44E015011、I44E015012 幅区调	江西地调院	西南项目办
西藏多格错仁、龙木错盐湖资源调查评价	西藏地调院	西南项目办
西藏 1:25 万班戈县幅、那曲县幅区域重力调查	陕西地勘局第二综合物探大队	西南项目办
青藏高原碰撞及大陆动力学	**地质研究所**	
青藏高原南部变质作用及构造演化	地质研究所	地科院项目办
青藏高原中部昆仑－巴颜喀拉－金沙江古特提斯构造－岩浆演化及动力学	中国地质大学（武汉）	地科院项目办

一览表——正式报告（三十八）

报告评审等级	报告审查机构	报告审批文号	资料汇交文号
良好	西北项目办	中地调（西北）审字〔2015〕071 号	国地资凭〔2015〕1201 号
良好	西北项目办	中地调（西北）审字〔2014〕079 号	国地资凭〔2015〕0835 号
中止项目	地调局	未知	国地资凭〔2015〕0304 号
中止，未定级	地调局	未知	国地资凭〔2015〕0305 号
良好	西安地调中心	中国调（西北）审字〔2015〕43 号	国地资凭〔2015〕1001 号
二优二良	西南项目办	中地调（西南）审字〔2015〕014 号	国地资凭〔2015〕0618 号
一优五良	西南项目办	中地调（西南）审字〔2015〕015 号	国地资凭〔2015〕0527 号
优良	西南项目办	中地调（西南）审字〔2015〕017 号	国地资凭〔2015〕0862 号
二优二良	西南项目办	中地调（西南）审字〔2014〕039 号	国地资凭〔2015〕0684 号
三优三良	西南项目办	中地调（西南）审字〔2015〕011 号	国地资凭〔2015〕0525 号
优秀	西南项目办	中地调（西南）审字〔2015〕020 号	国地资凭〔2015〕1027 号
优秀	西南项目办	中地调（西南）审字〔2015〕037 号	国地资凭〔2015〕1031 号
良好	西南项目办	中地调（西南）审字〔2014〕042 号	国地资凭〔2015〕0446 号
良好	西南项目办	中地调（西南）审字〔2015〕041 号	国地资凭〔2015〕0918 号
良好	西南项目办	中地调（西南）审字〔2015〕044 号	国地资凭〔2015〕1018 号
优秀	西南项目办	中地调（西南）审字〔2015〕029 号	国地资凭〔2015〕0850 号
优秀	地科院项目办	中地调（地科）审字〔2015〕069 号	国地资凭〔2015〕1019 号
良好	地科院项目办	中地调（地科）审字〔2015〕065 号	国地资凭〔2015〕0999 号

地质灾害调查结果

	调 查 结 果											
	查 处 危 险 点 数 量											
	崩塌（个）			滑坡（个）			泥石流（条）			地面塌陷（个）	地裂缝（条）	其他
		大	中		大	中		大	中			
合计	**1352**	**302**	**904**	**3036**	**707**	**2160**	**511**	**102**	**327**	**1083**	**1017**	**945**
北京	106		106	22	0	22	21	5	16	20		7
内蒙古	69	8	35	55	3	28	6	1	3	7	2	0
辽宁	0	0	0	0	0	0	0	0	0	0	0	3
吉林	23		23	3		3	2		2			
安徽	14		6	12		5						
福建												
湖北	9	0	9	5	0	5	2	0	2	3	0	0
广东	0			11		11				38		
广西	0									888		
重庆	17		17	35		35	1		1	3	3	45
四川	829	238	513	1700	222	1418	211	34	127	8	0	4
贵州	0			0						30	1	
云南	61	24	37	226	9	217	10	0	10	0	1	0
西藏	50	11	39	74	26	48	110	28	82			
陕西	165	15	116	475	134	264	42	7	5	86	1010	847
甘肃				400	307	92	16	6	10			4
青海												
宁夏												
新疆	9	6	3	18	6	12	90	21	69	0	0	35
境外												

与减灾效果——按地区

减灾效果						
受威胁人口（人）	受威胁财产（万元）	避免直接经济损失（万元）	避免人口伤亡（人）	群策群防点（处）	专业监测点（处）	应急处置点（处）
324 903	**1 823 105**	**18 731**	**2620**	**682**	**99**	**231**
1181						
4374	0	0	0	24	0	52
0	0	0	0	0	3	0
275				26	1	13
0	0	0	0	0	0	1
80	20				2	
5132	7827					104
140 356	198 329	18 731	2520	276	86	8
					5	
28 455	114 929	0	0	290	0	47
44 620	1 500 000			56		5
100 030				10		
					2	
400	2000	0	100	0	0	1

地质调查实物工作量——按工作量（一）

	计量单位	本年计划	上年未完	实际完成	国土资源经费完成
一、钻探	**米**	**705 099.72**	**169 295.52**	**549 345.81**	**491 085.94**
（一）机械岩心钻探	米	416 770.37	130 003.37	320 550.29	273 609.7
（二）水文钻探	米	155 348.99	19 405.99	114 316.92	104 073.77
（三）取样钻探	米	35 559.18	4309.18	33 847.28	33 757.28
（四）砂钻	米	1000		1000.1	1000.1
（五）其他钻探	米	92 191.18	15 576.98	77 216.29	76 230.16
三、坑探	**米**	**8632.14**	**4327**	**4466.71**	**1580**
机掘	米	7532.14	4127	3466.71	580
手掘	米	1100	200	1000	1000
四、浅井	**米**	**28 759.3**	**2433.3**	**16 353.1**	**15 822.36**
五、槽探	**立方米**	**857 149.31**	**113 909.81**	**786 847.02**	**729 368.17**
六、地形测绘					
1:5万	平方千米	3		3	
1:2.5万	平方千米	620	620		
1:1万	平方千米	44		34	34
1:2000	平方千米	32	4	32.99	32.99
其他比例尺	平方千米	12.2		12.2	12.2
剖面千米	剖面千米	894.7	2	894.38	893.38
七、矿产地质测量					
（一）矿产地质填图					
1:25万	平方千米	11 000		4000	4000
1:5万	平方千米	90 038	2934.5	63 269.52	60 331.63
1:2.5万	平方千米	980	80	985	985
1:1万	平方千米	2982.13	112.13	2766.45	2673.18
1:5000	平方千米	415.5		241.5	41.5
1:2000	平方千米	227.18	11.68	219.23	66.23
其他比例尺	平方千米	25		106.2	106.2
剖面千米	剖面千米	4249.84	138.86	3820.88	3515.81
（二）矿产地质草测					
1:5万	平方千米	18 767	240	17 611.68	17 515.89
1:2.5万	平方千米	1200		1217.23	947.23
1:1万	平方千米	4933.85	282.75	4647.16	4470.51

地质调查实物工作量——按工作量（二）

	计量单位	本年计划	上年未完	实际完成	国土资源经费完成
1:5000	平方千米	103		100.6	97.6
1:2000	平方千米	49.86	2.86	51.94	51.94
其他比例尺	平方千米	107.5		108.65	102.65
剖面千米	剖面千米	1019.12	33.12	1063.97	893.71
八、石油地质测量					
1:25 万	平方千米	100		100	100
1:10 万	平方千米	600		600	600
1:5 万	平方千米	6851		6701	6701
1:1 万	平方千米	55		87.3	87.3
其他比例尺	平方千米	769		1154.05	1071.25
剖面千米	剖面千米	2499.91	-2.09	2936.14	2501.14
九、区域地质调查					
（一）区调地质调查					
1:25 万	平方千米	13 531		13 531	13 531
1:20 万	平方千米	3443		3443	3443
1:10 万	平方千米	8000		8000	8000
1:5 万	平方千米	210 215	7805	193 323.8	183 361.95
1:2.5 万	平方千米	90		94	94
1:1 万	平方千米	416.7	14.7	420.3	420.3
1:5000	平方千米	642	-13	676.2	664.2
1:2000	平方千米	21		23.5	18.5
其他比例尺	平方千米	297		297	30
剖面千米	剖面千米	4180.25	247.25	4011.82	3814.46
（二）修测					
1:100 万	平方千米	1		1	1
1:25 万	平方千米	3257		3257	3257
1:5 万	平方千米	4640	200	4523	3699.5
1:1 万	平方千米	125	19	119	90
剖面千米	剖面千米	29		29.27	29.27
其中：片区修测					
1:5 万	平方千米	500		500	500

地质调查实物工作量——按工作量（三）

	计量单位	本年计划	上年未完	实际完成	国土资源经费完成
十、水文、工程、环境地质勘查					
（一）区域水文地质调查					
1:25 万	平方千米	354 800		354 800	354 800
1:10 万	平方千米	2300		2680	2680
1:5 万	平方千米	61 518	1530	52 613	45 823.59
1:1 万	平方千米	30		30	30
其他比例尺	平方千米	60		60	60
（二）区域水文地质调查修测					
1:25 万	平方千米	1500		2000	2000
1:5 万	平方千米	2616		2616	2616
（三）区域工程地质调查					
1:5 万	平方千米	13 451	600	12 248	12 248
1:2.5 万	平方千米	30		30	30
1:1 万	平方千米	570		570	570
1:5000	平方千米	3		3	3
剖面千米	剖面千米	95	20	69.1	69.1
（四）区域环境地质调查					
1:25 万	平方千米	3 672 181		3 641 840	3 521 840
1:10 万	平方千米	3080		5200	5200
1:5 万	平方千米	37 368	1009	32 593	30 335.98
1:2.5 万	平方千米	25		25	25
1:1 万	平方千米	440		440	440
1:2000	平方千米	10		10	10
其他比例尺	平方千米	130		130	130
其中：地质灾害调查及预测预警					
1:25 万	平方千米	30 000		30 000	30 000
1:5 万	平方千米	17 366	100	15 996	15 996
1:2 万	平方千米	400			
1:1 万	平方千米	1955	30	1715	1715
1:5000	平方千米	0.4		0.4	0.4
1:2000	平方千米	6		6	6
其他比例尺	平方千米	590 000		590 000	590 000

地质调查实物工作量——按工作量（四）

	计量单位	本年计划		实际完成	
			上年未完		国土资源经费完成
（五）水文地质勘查					
1:25 万	平方千米	5000		5000	
1:5 万	平方千米	8434. 63		7279. 63	7279. 63
1:1 万	平方千米	250		250	250
剖面千米	剖面千米	71. 14	12. 14	74. 14	56. 14
（六）工程地质勘查					
1:5 万	平方千米	2920		2920	2920
1:2. 5 万	平方千米	400	400	400	
1:1 万	平方千米	20		20	20
剖面千米	剖面千米	117. 3	14. 3	117. 3	117. 3
（七）环境地质勘查					
1:25 万	平方千米	16 000		16 000	16 000
1:5 万	平方千米	8270		7362	7362
1:2. 5 万	平方千米	80	80	80	80
1:1 万	平方千米	170		170	170
1:2000	平方千米	23		23	23
（八）地热地质勘查					
1:5 万	平方千米	2800		2300	2300
（九）其他					
1:25 万	平方千米	231 300	131 300	100 000	100 000
1:5 万	平方千米	6820		6750	6750
1:1 万	平方千米	533		533	533
1:2000	平方千米	30		30	30
剖面千米	剖面千米	52		43	43
十一、地球物理地球化学勘查					
（一）航空物探					
1. 磁法测量		81		82	82
（1）面积测量					
1:25 万	平方千米	180 000	140 000	128 044. 8	128 044. 8
1:5 万	平方千米	149 807. 7	25 069. 7	153 217. 05	153 217. 05
1:1 万	平方千米	1307	69	1333. 89	1210. 89

地质调查实物工作量——按工作量（五）

	计量单位	本年计划	上年未完	实际完成	国土资源经费完成
（2）测线					
1:25万	测线千米	45 000	35 000	32 011.2	32 011.2
1:5万	测线千米	629 509.5	62 609.5	567 933.1	547 427.1
1:2.5万	测线千米	15 000		15 316	15 316
1:1万	测线千米	10 750	750	11 258.9	11 258.9
2. 放射性测量					
（1）面积测量					
1:5万	平方千米	5000		5696.3	5696.3
（2）测线					
1:5万	测线千米	154 550	14 550	148 692	128 186
1:2.5万	测线千米	15 000		15 316	15 316
3. 电法测量					
（1）面积测量					
1:5万	平方千米	1330	580	780	780
1:1万	平方千米	15		15	15
4. 重力测量					
（1）面积测量					
1:10万	平方千米	28 814.1	28 814.1	28 814.1	28 814.1
1:5万	平方千米	398	380	380	380
其他比例尺	平方千米	100		100	5
（2）测线					
1:10万	测线千米	28 814.1	28 814.1	28 814.1	28 814.1
（二）地面物探					
1. 磁法					
1:200万	平方千米	300			
1:5万	平方千米	19 051.32	2931.5	18 391.35	18 356.35
1:2.5万	平方千米	180		60	60
1:2万	平方千米	30		25	25
1:1万	平方千米	1241.47	55.57	1075.4	1051.4
1:5000	平方千米	215.5		154.7	133.2
1:2000	平方千米	89	30	52	52
其他比例尺	平方千米	510		310	310

地质调查实物工作量——按工作量（六）

	计量单位	本年计划	上年未完	实际完成	国土资源经费完成
剖面千米	剖面千米	10 018.32	907.87	8746.8	8141.7
2. 电法					
1:25 万	平方千米	100		100	
1:10 万	平方千米	3870		3750	500
1:5 万	平方千米	43 597.75	2706.75	42 275.04	16 805.94
1:2.5 万	平方千米	245		199.1	199.1
1:1 万	平方千米	515.28	6.58	439.94	388.44
1:5000	平方千米	315	5	254.38	254.38
1:2000	平方千米	0.1		0.1	
其他比例尺	平方千米	2174		1551	1551
剖面千米	剖面千米	66 871.74	561.12	64 862.84	63 699.33
3. 重力					
1:25 万	平方千米	19 739	4490	9149.4	9149.4
1:10 万	平方千米	3250		3250	
1:5 万	平方千米	23 133	984	21 422	20 313
1:2.5 万	平方千米	60		60	60
1:2 万	平方千米	29		29	29
1:1 万	平方千米	354		305	305
1:5000	平方千米	123	43	123	123
剖面千米	剖面千米	6650	72	5577.56	5163.56
4. 地震					
地震	剖面千米	8977.2	90	7478.59	6986.89
5. 放射性					
1:5 万	平方千米	6792	40	6921.98	6471.15
1:2.5 万	平方千米	20		20.9	20.9
1:1 万	平方千米	393.19		398.19	328.19
1:5000	平方千米	12.85		12.85	12.85
剖面千米	剖面千米	524.95	20.8	535.77	497.17
（三）地面化探					
1. 岩石测量					
1:5 万	平方千米	140		140	140
1:1 万	平方千米	483	31.8	414.85	414.85

地质调查实物工作量——按工作量（七）

	计量单位	本年计划	上年未完	实际完成	国土资源经费完成
1:5000	平方千米	140	5	217.2	21.2
1:2000	平方千米	41.29	2.29	40.75	40.75
其他比例尺	平方千米	7.46	1.96	6.26	6.11
剖面千米	剖面千米	1467.45	146.05	1701.09	1663.43
2. 土壤测量					
1:25万	平方千米	14 328		14 332	14 332
1:5万	平方千米	15 617	2164	15 066.5	15 046.5
1:2.5万	平方千米	190		160.9	160.9
1:2万	平方千米	10		10	10
1:1万	平方千米	1463.55	212.05	1345.94	1207.54
1:5000	平方千米	771	-0.5	738.7	110.7
其他比例尺	平方千米	50		50	50
剖面千米	剖面千米	3991.21	365.73	3382.81	3156.15
3. 水系沉积物测量					
1:100万	平方千米	312 000		30 400	270
1:25万	平方千米	26 068		14 968	14 968
1:20万	平方千米	3620		3620	3620
1:10万	平方千米	1200		1200	1200
1:5万	平方千米	85 772.98	10 456.6	77 950.35	76 526.35
1:2.5万	平方千米	220		220	220
1:5000	平方千米	324.61		324.61	324.61
其他比例尺	平方千米	50		50	
剖面千米	剖面千米	71	5	71	71
4. 水化学测量					
1:25万	平方千米	11 600		11 600	11 600
1:5万	平方千米	246		101	101
1:1万	平方千米	2		2	2
其他比例尺	平方千米	60		11	
5. 生物测量					
1:5万	平方千米	160		143	143
其他比例尺	平方千米	70			
6. 气体测量					

地质调查实物工作量——按工作量（八）

	计量单位	本年计划	上年未完	实际完成	国土资源经费完成
1:5 万	平方千米	88		88	88
1:2.5 万	平方千米	100		102	102
剖面千米	剖面千米	266	-9	275.3	275.3
7. 多目标区域地球化学					
1:25 万	平方千米	87 495		71 708	68 708
1:5 万	平方千米	6512	-30	6604	6604
剖面千米	剖面千米	280			
8. 其他					
1:100 万	平方千米	1 000 000			
1:25 万	平方千米	40 000		40 000	40 000
1:20 万	平方千米	30 000		30 000	
1:5 万	平方千米	3808.8	45	3808.8	608.8
1:2.5 万	平方千米	3		3	3
1:5000	平方千米	10		10.2	10.2
1:2000	平方千米	20		20.05	20.05
其他比例尺	平方千米	5050		5020	5020
剖面千米	剖面千米	566		561.5	523.5
（四）地下物探					
1. 测井					
测井	测井米	77 602.31	21 454.71	59 835.23	48 872.04
2. 井中物探					
井中物探	测井米	52 097.74	29 039.94	45 052.36	29 589.3
（五）物化探异常查证					
1. 一级物化探异常查证					
一级物化探异常查证	处	93	4	89	89
2. 二级物化探异常查证					
二级物化探异常查证	处	123		1	1
十二、遥感地质					
1. 航空黑白摄影测量					
1:25 万	平方千米	10 000		10 000	
1:5 万	平方千米	20 000		20 000	20 000
3. 航空彩色摄影测量					

地质调查实物工作量——按工作量（九）

	计量单位	本年计划	上年未完	实际完成	国土资源经费完成
1:5 万	平方千米	1346		1346	
1:2000	平方千米	10		10	10
4. 航空彩色红外线测量					
1:1 万	平方千米	40		40	40
5. 航空多光谱扫描测量					
1:5 万	平方千米	2280	1280	1200	1200
1:5000	平方千米	5	5		
8. 地质解译					
1:100 万	平方千米	200 000		200 000	200 000
1:50 万	平方千米	785 800	10 100	315 400	310 000
1:25 万	平方千米	2 898 226		1 134 226	1 133 726
1:10 万	平方千米	29 775		29 775	29 775
1:5 万	平方千米	1 108 716	81 395	900 997.8	873 378.89
1:2.5 万	平方千米	2000		800	800
1:1 万	平方千米	6214	2170	6067	6067
1:5000	平方千米	350	50	100	100
1:2000	平方千米	20		15	15
其他比例尺	平方千米	1 291 994	454 000	1 286 994	832 994
十四、供水成井情况					
1. 供水成井	眼			11	
十五、环境监测情况					
1. 生态环境调查					
1:25 万	平方千米	1 770 000		1 770 000	1 770 000
1:5 万	平方千米	37 046		37 046	37 046
1:1 万	平方千米	70			
2. 水土污染调查					
1:25 万	平方千米	730 000		810 000	370 000
1:5 万	平方千米	600		600	600
4. 新建环境监测站	个	13		12	12
5. 新建环境监测点	个	60		60	45
十六、地质灾害预警工程					
1. 滑坡、泥石流调查与治理	处	1			

地质调查项目经费完成情况

	累计预算	中央财政资金	地方财政资金	累计地质调查项目经费完成			
				累计	中央财政资金	地方财政资金	其他
合　计	**3 660 126.68**	**3 511 967.14**	**82 389.76**	**3 360 954.44**	**3 225 404.28**	**78 709.3**	**56 840.86**
一、能源矿产	**287 682.87**	**282 998.74**		**237 173.19**	**230 407.29**		**6765.9**
煤	46 309.13	41 810		42 074.7	38 153.8		3920.9
油页岩	25 390	25 390		17 170.44	17 170.44		
石油	82 019.25	82 019.25		70 864.83	70 864.83		
天然气	51 766.45	51 916.45		39 041.46	39 041.46		
煤层气	5490	5490		3996.82	3996.82		
石煤	360	360		330	330		
油砂	520	520		366	366		
天然沥青	400	400		376	376		
地热	18 977.52	18 977.52		17 860.52	17 860.52		
天然气水合物	6300	6300		5100	5100		
其他	50 150.52	49 815.52		39 992.42	37 147.42		2845
二、金属矿产	**985 483.12**	**910 726.05**	**21 210.8**	**912 637.23**	**848 910.3**	**19 560.47**	**44 166.46**
（一）黑色金属矿产	**174 861.03**	**168 400.73**	**290.28**	**165 199.66**	**159 066.14**	**290.28**	**5843.24**
铁矿	149 166.03	143 560.73	90.28	141 622.39	136 343.87	90.28	5188.24
锰矿	15 925	15 070	200	14 716	13 861	200	655
铬铁矿	9040	9040		8193.16	8193.16		
钒矿	730	730		668.11	668.11		
（二）有色金属矿产	**631 221.76**	**584 785.54**	**15 794.95**	**586 277.8**	**547 948.52**	**14 675.48**	**23 653.8**
铜矿	263 477.89	250 002.62		246 234.37	235 191		11 043.37
铅矿	10 018.37	9128.37		8087.94	7551.41		536.53
锌矿	1263.22	420		1263.22	420		843.22
铝土矿	16 768.49	16 755		16 353.41	16 339.92		13.49
镍矿	8105.93	7120		7028.39	6852.83		175.56
钴矿	60	60		50	50		
钨矿	17 820.56	13 635		17 282.17	13 293.35		3988.82
锡矿	11 810	10 160	920	10 814.66	9214.66	870	730
钼矿	7669	7669		6963.12	6963.12		
锑矿	1915	1915		1854.04	1854.04		
铅锌矿	86 744.28	78 669.48	1907	78 024.97	72 356.68	1907	3761.29
多金属	205 569.02	189 251.07	12 967.95	192 321.51	177 861.51	11 898.48	2561.52
（三）贵金属矿产	**163 725.33**	**141 864.78**	**5125.57**	**146 662.02**	**127 397.89**	**4594.71**	**14 669.42**
铂矿	60	60		52.5	52.5		
金矿	159 441.17	138 154.78	5125.57	143 181.13	124 094.19	4594.71	14 492.23
银矿	4224.16	3650		3428.39	3251.2		177.19
（四）稀有金属矿产	**13 970**	**13 970**		**12 849.58**	**12 849.58**		
铌钽矿	3435	3435		2932.82	2932.82		
铌矿	1290	1290		1290	1290		
钽矿	770	770		728.62	728.62		

——按矿种（一）

计量单位：万元

本年地质调查项目经费总额					本年地质调查项目经费完成			
合计	中央财政资金	上年结余	地方财政资金	上年结余	合计	中央财政资金	地方财政资金	其他
904 332.84	**867 223.52**	**245 437.52**	**10 461.2**	**8842.2**	**621 904.28**	**599 720.34**	**6810.74**	**15 373.2**
138 767.39	**138 545.52**	**12 413.52**			**93 769.06**	**93 711.42**		**57.64**
6367.21	6145.34	2705.34			3313.18	3255.54		57.64
18 392.64	18 392.64	122.64			10 673.08	10 673.08		
44 890.02	44 890.02	3258.02			34 514.6	34 514.6		
28 225.64	28 225.64	4765.64			21 916.58	21 916.58		
3704.75	3704.75	174.75			2211.57	2211.57		
60	60				30	30		
440.92	440.92	20.92			286.92	286.92		
104	104	104			80	80		
2796	2796	796			1679	1679		
1200	1200							
32 586.21	32 586.21	466.21			19 064.13	19 064.13		
189 704.03	**164 512.53**	**64 718.53**	**4790.07**	**3935.07**	**121 668.19**	**107 476.83**	**3169.74**	**11 021.62**
25 316.39	**23 761.34**	**9011.34**	**156.65**	**156.65**	**17 374.74**	**16 146.47**	**156.65**	**1071.62**
16 340.26	14 941.86	7311.86			10 516.34	9444.72		1071.62
5263.42	5106.77	1036.77	156.65	156.65	4054.42	3897.77	156.65	
3464.96	3464.96	614.96			2618.12	2618.12		
247.75	247.75	47.75			185.86	185.86		
119 193.89	**101 848.31**	**40 353.31**	**2782.43**	**1927.43**	**75 686.93**	**66 418.29**	**1692.96**	**7575.68**
43 314.48	38 981.53	15 826.53			26 514.96	24 613.91		1901.05
4396.52	3506.52	1476.52			2466.09	1929.56		536.53
1079.84	1066.35	646.35			674.76	661.27		13.49
2422.53	1436.6	386.6			1344.99	1169.43		175.56
60	60				50	50		
6001.85	2545.64	1415.64			5463.46	2203.99		3259.47
2948.05	2898.05	713.05			2017.71	1987.71	30	
2287.63	2287.63	727.63			1581.75	1581.75		
451.33	451.33	51.33			390.37	390.37		
18 255.83	14 371.33	6961.33	471.84	471.84	10 516.52	9038.53	471.84	1006.15
37 975.83	34 243.33	12 148.33	2260.59	1455.59	24 666.32	22 791.77	1191.12	683.43
39 706.08	**33 415.21**	**13 791.21**	**1850.99**	**1850.99**	**24 296.1**	**20 601.65**	**1320.13**	**2374.32**
60	60				52.5	52.5		
38 379.76	32 488.06	13 324.06	1850.99	1850.99	23 773.05	20 080.8	1320.13	2372.12
1266.32	867.15	467.15			470.55	468.35		2.2
4981.65	**4981.65**	**1501.65**			**3861.23**	**3861.23**		
1598.7	1598.7	528.7			1096.52	1096.52		
300	300				300	300		
216.27	216.27	36.27			174.89	174.89		

地质调查项目经费完成情况

	累计预算	中央财政资金	地方财政资金	累计地质调查项目经费完成：累计	中央财政资金	地方财政资金	其他
铍矿	940	940		875.98	875.98		
锂矿	5365	5365		4876.95	4876.95		
铷矿	2170	2170		2145.21	2145.21		
（五）稀土金属矿产	**995**	**995**		**981.5**	**981.5**		
重稀土矿	560	560		546.5	546.5		
轻稀土矿	435	435		435	435		
（六）稀散元素矿产	**710**	**710**		**666.67**	**666.67**		
镓矿	710	710		666.67	666.67		
三、非金属矿产	**163 303.78**	**160 893.78**	**2410**	**155 924.51**	**153 506.78**	**2417.73**	
（一）冶金辅助材料	**2870**	**2870**		**2660.19**	**2660.19**		
蓝晶石	710	710		699.83	699.83		
萤石（普通）	1430	1430		1230	1230		
冶金用石英岩	430	430		430.36	430.36		
冶金用脉石英	300	300		300	300		
（二）化工原料矿产	**49 029**	**46 619**	**2410**	**47 656.09**	**45 238.36**	**2417.73**	
自然硫	205	205		204.4	204.4		
硫铁矿	580	580		530.07	530.07		
含钾岩石	490	490		450	450		
钾盐	42 894	40 484	2410	41 872.72	39 454.99	2417.73	
硼矿	980	980		980	980		
天然卤水	630	630		610.97	610.97		
磷矿	3250	3250		3007.93	3007.93		
（三）特种非金属	**6520**	**6520**		**6331.3**	**6331.3**		
金刚石	6520	6520		6331.3	6331.3		
（四）建材及其他非金属矿产	**7160**	**7160**		**6980.35**	**6980.35**		
石墨	3360	3360		3372.1	3372.1		
刚玉	660	660		583.96	583.96		
滑石	570	570		506.79	506.79		
透辉石	50	50		50	50		
玉石	750	750		750	750		
水泥用灰岩	60	60		12	12		
建筑用砂	1120	1120		1120	1120		
玻璃用脉石英	520	520		520	520		
高岭土	50	50		45.5	45.5		
饰面用大理石	20	20		20	20		
（五）水气矿产	**97 724.78**	**97 724.78**		**92 296.58**	**92 296.58**		
地下水	93 539.78	93 539.78		88 173.67	88 173.67		
二氧化碳气	840	840		840	840		
氦气	2750	2750		2687.91	2687.91		
氡气	595	595		595	595		
四、不分矿种	**2 223 656.91**	**2 157 348.57**	**58 768.96**	**2 055 219.51**	**1 992 579.91**	**56 731.1**	**5908.5**

——按矿种（二）

计量单位：万元

本年地质调查项目经费总额					本年地质调查项目经费完成			
合计	中央财政资金	上年结余	地方财政资金	上年结余	合计	中央财政资金	地方财政资金	其他
69.64	69.64	69.64			5.62	5.62		
2192.26	2192.26	442.26			1704.21	1704.21		
604.78	604.78	424.78			579.99	579.99		
445	**445**				**431.5**	**431.5**		
250	250				236.5	236.5		
195	195				195	195		
61.02	**61.02**	**61.02**			**17.69**	**17.69**		
61.02	61.02	61.02			17.69	17.69		
36 807.04	**36 814.77**	**7903.77**	**-7.73**	**-7.73**	**31 407.27**	**31 407.27**		
844.03	**844.03**	**84.03**			**634.22**	**634.22**		
219.03	219.03	69.03			208.86	208.86		
610	610				410	410		
15	15	15			15.36	15.36		
11 926.97	**11 934.7**	**2113.7**	**-7.73**	**-7.73**	**10 494.06**	**10 494.06**		
72.6	72.6	7.6			72	72		
401.14	401.14	121.14			351.21	351.21		
100	100				60	60		
10 073.73	10 081.46	1815.46	-7.73	-7.73	8992.45	8992.45		
188.85	188.85	28.85			169.82	169.82		
1090.65	1090.65	140.65			848.58	848.58		
1102.16	**1102.16**	**482.16**			**913.46**	**913.46**		
1102.16	1102.16	482.16			913.46	913.46		
1839.02	**1839.02**	**189.02**			**1659.37**	**1659.37**		
1124.5	1124.5	54.5			1136.6	1136.6		
76.08	76.08	76.08			0.04	0.04		
183.61	183.61	33.61			120.4	120.4		
60	60				12	12		
344.83	344.83	24.83			344.83	344.83		
50	50				45.5	45.5		
21 094.86	**21 094.86**	**5034.86**			**17 706.16**	**17 706.16**		
20 693.02	20 693.02	4933.02			17 366.41	17 366.41		
401.84	401.84	101.84			339.75	339.75		
539 054.38	**527 350.7**	**160 401.7**	**5678.86**	**4914.86**	**375 059.76**	**367 124.82**	**3641**	**4293.94**

地质调查项目经费完成情况

	累计预算	中央财政资金	地方财政资金	累计地质调查项目经费完成			
				累计	中央财政资金	地方财政资金	其他
合　计	**3 660 126.68**	**3 511 967.14**	**82 389.76**	**3 360 954.44**	**3 225 404.28**	**78 709.3**	**56 840.86**
北京	323 074.46	322 451.46	350	294 031.65	293 486.65	350	195
天津	28 984.2	28 984.2		26 362.96	26 362.96		
河北	151 802.68	150 221.09	576	142 527.99	140 961.4	561	1005.59
山西	31 900.61	27 810	1767	27 750.79	24 816.8	1767	1166.99
内蒙古	259 954.46	244 911.79	7858	242 017.16	226 116.05	7816.44	8084.67
辽宁	67 893.02	65 839.02	724	63 703.81	61 649.81	724	1330
吉林	45 533.48	42 351.96	1604.17	36 970.39	34 391.77	1068.81	1509.81
黑龙江	137 427.73	111 415.33	24 092.4	128 304.19	103 387.52	23 219.4	1697.27
上海	5844.61	5844.61		5672.83	5672.83		
江苏	70 167.1	67 770	720.28	65 102.42	63 357.66	720.28	1024.48
浙江	36 635	30 065	2830	33 661.41	28 735.08	2356.33	2570
安徽	71 499	67 374		60 916.81	58 142.72		2774.09
福建	67 713.52	61 593.52	5460	62 977.66	56 857.66	5460	660
江西	66 009.24	60 596.28	630	60 516.98	54 968.81	630	4918.17
山东	52 725.32	51 215.32	1510	47 522.86	46 059.11	1463.75	
河南	67 687.48	65 016.1	1800	62 808.69	60 137.31	1800	871.38
湖北	102 463.6	99 105	2690	93 505.85	90 025.25	2690	790.6
湖南	103 677.13	97 196.13	3501	95 151.03	89 080.17	3500.33	2570.53
广东	69 337.08	61 271	2136.08	62 121.05	55 120.06	2136.08	4864.91
广西	73 141	70 791	1075	66 942.2	65 752.2	555	635
海南	25 407.98	23 390	1147.98	22 767.14	20 904.16	1147.98	715
重庆	44 645.3	39 669.17	2197	40 208.29	35 376.39	2197	2634.9
四川	191 796.39	180 382.7		176 650.37	167 864.06		8786.31
贵州	71 843.77	68 172	3000	64 553.88	60 882.11	3000	671.77
云南	113 318.48	113 408.3	21.6	102 737.12	102 676.94	21.6	38.58
西藏	325 701.5	325 901.5		306 730.33	306 730.33		
陕西	88 619	86 884	1380	82 294.71	80 259.71	1380	655
甘肃	115 120.3	108 616.6	2002	102 376.01	97 668.02	1061.29	3646.7
青海	412 867.81	402 091.46	9736.35	383 964.73	373 212.62	9502.11	1250
宁夏	26 933.54	26 332.54	300	26 431.47	26 030.47	300	101
新疆	390 061.72	385 027.89	3280.9	356 570.15	351 676.14	3280.9	1613.11
台湾	380	380		343.7	343.7		
境外	19 960.17	19 888.17		16 757.81	16 697.81		60

——按地区

计量单位：万元

本年地质调查项目经费总额					本年地质调查项目经费完成			
合计	中央财政资金	上年结余	地方财政资金	上年结余	合计	中央财政资金	地方财政资金	其他
904 332.84	**867 223.52**	**245 437.52**	**10 461.2**	**8842.2**	**621 904.28**	**599 720.34**	**6810.74**	**15 373.2**
76 511.12	76 362.88	18 407.88	18.24	18.24	54 324.64	54 254.4	18.24	52
6115.8	6115.8	1930.8			3494.56	3494.56		
33 315.43	33 259.09	9334.09	56.34	56.34	25 717.58	25 676.24	41.34	
9081.5	7711.56	3551.56	213.32	213.32	4789.43	4576.11	213.32	
67 498.42	63 176.17	15 042.17	217.88	73.88	49 818.33	45 537.64	176.32	4104.37
12 276.57	12 276.57	3616.57			8787.36	8787.36		
17 561.61	16 339.59	8044.59	535.36	535.36	8998.52	8379.4		619.12
29 735.8	23 618.64	4936.64	5837.16	4882.16	20 832.86	15 781.43	4994.16	57.27
610.63	610.63	260.63			438.85	438.85		
17 120.49	15 995.49	4780.49			13 285.81	12 813.15		472.66
8211.3	6237.66	2547.66	512.64	512.64	5267.71	4937.74	38.97	291
21 771.38	19 635.32	6210.32			11 324.19	10 539.04		785.15
14 184.89	13 560.59	5281.59	624.3	624.3	9568.03	8943.73	624.3	
18 207.65	15 651.44	6186.44			12 679.28	10 227.86		2451.42
10 909.83	10 842.19	4537.19	67.64	67.64	6483.84	6462.45	21.39	
14 025.36	13 974.86	6009.86			9871.57	9821.07		50.5
32 534.04	31 938.84	7788.84	305.2	305.2	23 352.09	22 874.89	305.2	172
28 005.26	26 868.68	8173.68	125.68	125.68	19 753.06	19 026.62	125.01	601.43
18 659.72	14 756.33	6201.33			10 419.67	7681.37		2738.3
25 973.24	24 432.18	4572.18	747.65	227.65	19 472.44	19 091.38	227.65	153.41
4231.1	3929.3	2274.3	1.84	1.84	1590.26	1443.46	1.84	144.96
13 741.06	13 559.09	1434.09			9564.05	9526.31		37.74
52 941.06	49 369.69	11 236.69			41 140.68	39 782.69		1357.99
26 481.74	26 260.56	2050.56			19 448.78	19 227.6		221.18
27 068.47	27 068.47	9378.47			16 521.66	16 521.66		
79 928.29	79 928.29	18 143.29			60 737.12	60 737.12		
18 310.68	18 310.68	5729.68			12 072.21	12 072.21		
34 854.87	32 579.57	9194.57	940.71	940.71	22 729.58	22 249.99		479.59
76 947.76	76 645.52	34 060.52	257.24	257.24	49 234.65	49 156.65	23	55
3738.2	3738.2	163.2			3436.13	3436.13		
94 279.01	93 041.08	23 179.08			60 442.44	59 974.33		468.11
87.5	87.5	87.5			51.2	51.2		
9413.06	9341.06	1091.06			6255.7	6195.7		60

地质调查项目经费完成情况

				累计地质调查项目经费完成			
	累计预算	中央财政资金	地方财政资金	累计	中央财政资金	地方财政资金	其他
合　计	**3 649 884.66**	**3 501 725.12**	**82 389.76**	**3 354 039.26**	**3 218 489.1**	**78 709.3**	**56 840.86**
一、地调局及局属单位	**1 766 470.17**	**1 758 119.35**	**3638**	**1 631 793.47**	**1 624 012.53**	**3573**	**4207.94**
地调局	400	400					
天津地调中心	58 737.3	58 393.3	374	52 416.04	52 042.04	374	
沈阳地调中心	65 634.4	65 634.4		61 959.72	61 959.72		
南京地调中心	57 620	57 200		50 777.75	50 777.75		
武汉地调中心	58 693	58 693		57 434	57 434		
成都地调中心	98 409	96 537		89 939.07	89 271.95		667.12
西安地调中心	95 400	95 700		87 799.15	87 799.15		
青岛海地所	4985	4985		4883.22	4883.22		
航遥中心	103 074.53	103 074.53		100 449.41	100 449.41		
广州海洋局	12 630	12 630		12 439.74	12 439.74		
水环地调中心	50 665.86	50 665.86		49 618.15	49 618.15		
发展研究中心	78 617	78 617		77 051.83	77 051.83		
实物资料中心	23 251	23 251		23 251	23 251		
环境监测院	37 465	37 465		35 790.91	35 790.91		
地质图书馆	13 827.88	13 827.88		13 383.57	13 383.57		
油气调查中心	55 927.5	55 927.5		39 367.62	39 367.62		
地调局（优选）	7840	7840		7568.63	7568.63		
油气调查中心（优选）	15 460	15 850		6824.7	6824.7		
发展研究中心（优选）	2490	2490		1171.83	1171.83		
环境监测院（优选）	9290	9290		6124.83	6124.83		
航遥中心（优选）	1580	1580		1478.75	1478.75		
地科院（优选）	59 617.52	59 617.52		55 022.82	55 022.82		
天津地调中心（优选）	34 174	34 474		31 190.14	31 190.14		
沈阳地调中心（优选）	28 240	27 620	620	25 273.2	24 703.2	570	
南京地调中心（优选）	28 555	28 555		24 062.27	24 062.27		
武汉地调中心（优选）	25 970	25 970		22 111.87	22 111.87		
成都地调中心（优选）	112 553	112 553		104 832.75	104 832.75		
西安地调中心（优选）	214 133.76	214 133.76		194 525.54	194 525.54		
地科院（分类）	**411 229.42**	**405 144.6**	**2644**	**395 044.96**	**388 875.14**	**2629**	**3540.82**
地科院	11 242.12	11 242.12		10 429.63	10 429.63		
地质研究所	56 761	56 761		55 219.68	55 219.68		

——按单位（一）

计量单位：万元

本年地质调查项目经费总额					本年地质调查项目经费完成			
合计	中央财政资金	上年结余	地方财政资金	上年结余	合计	中央财政资金	地方财政资金	其他
894 713. 59	**857 604. 27**	**245 391. 27**	**10 461. 2**	**8842. 2**	**615 905. 1**	**593 721. 16**	**6810. 74**	**15 373. 2**
512 169. 29	**505 823. 12**	**122 207. 12**	**513. 35**	**319. 35**	**389 339**	**384 652. 71**	**478. 35**	**4207. 94**
400	400				400	400		
16 336. 9	16 320. 56	4330. 56	16. 34	16. 34	10 190. 83	10 174. 49	16. 34	
18 373. 9	18 373. 9	4100. 9			14 604. 82	14 604. 82		
19 561. 91	19 141. 91	4271. 91			12 719. 66	12 719. 66		
19 516. 23	19 516. 23	1806. 23			18 257. 23	18 257. 23		
48 788. 2	46 916. 2	6956. 2			40 318. 27	39 651. 15		667. 12
25 350. 05	25 350. 05	5000. 05			17 652. 29	17 652. 29		
363. 06	363. 06	133. 06			261. 28	261. 28		
18 337. 51	18 337. 51	4377. 51			15 298. 19	15 298. 19		
356. 03	356. 03	96. 03			165. 77	165. 77		
15 836. 86	15 836. 86	1592. 86			14 789. 15	14 789. 15		
16 515. 42	16 515. 42	2685. 42			15 106. 25	15 106. 25		
5483. 5	5483. 5	33. 5			5483. 5	5483. 5		
10 139. 97	10 139. 97	3099. 97			8404. 88	8404. 88		
4137. 08	4137. 08	327. 08			3622. 4	3622. 4		
46 796. 99	46 796. 99	3097. 99			36 897. 11	36 897. 11		
271. 37	271. 37	271. 37						
8549. 51	8549. 51	1969. 51			659. 14	659. 14		
1940	1940				1050	1050		
1864. 15	1864. 15	1114. 15			458. 98	458. 98		
223. 25	223. 25	123. 25			22	22		
12 265	12 265	5745			8804. 8	8804. 8		
9202. 07	9202. 07	3462. 07			5918. 21	5918. 21		
7387. 86	7093. 09	2175. 09	294. 77	244. 77	4484. 06	4209. 29	274. 77	
9884. 15	9884. 15	4709. 15			5391. 42	5391. 42		
11 149. 57	11 149. 57	6139. 57			7291. 44	7291. 44		
27 389. 48	27 389. 48	10 324. 48			19 993. 47	19 993. 47		
48 662. 11	48 662. 11	25 612. 11			28 938. 2	28 938. 2		
107 087. 16	**103 344. 1**	**18 652. 1**	**202. 24**	**58. 24**	**92 155. 65**	**88 427. 59**	**187. 24**	**3540. 82**
3346. 37	3346. 37	856. 37			2533. 88	2533. 88		
13 064. 74	13 064. 74	1874. 74			11 623. 42	11 623. 42		

地质调查项目经费完成情况

	累计预算	中央财政资金	地方财政资金	累计地质调查项目经费完成			
				累计	中央财政资金	地方财政资金	其他
矿产资源所	84 362.3	80 427.48	494	81 368.1	77 333.28	494	3540.82
地质力学所	45 532	45 532		43 561.41	43 561.41		
实验测试中心	13 506	13 506		13 164.51	13 164.51		
水文环境所	48 996	46 846	2150	46 421.68	44 286.68	2135	
物化探所	43 463	43 463		41 960.31	41 960.31		
岩溶地质所	33 946	33 946		32 700.59	32 700.59		
成都综合所	12 220	12 220		11 392.93	11 392.93		
郑州综合所	15 640	15 640		14 982.02	14 982.02		
勘探技术所	21 250	21 250		20 388.17	20 388.17		
探矿工程所	16 905	16 905		16 304.03	16 304.03		
探矿工艺所	7406	7406		7151.9	7151.9		
二、省（区、市）地调院	**879 528.73**	**823 700.26**	**54 306.91**	**821 253.33**	**767 103.96**	**53 072.81**	**1076.56**
北京地调院	2694	2694		2445.35	2445.35		
天津地调院	3885	3885		2968.43	2968.43		
河北地调院	24 338.07	24 338.07		23 376.65	23 376.65		
山西地调院	18 322	16 555	1767	16 692.15	14 925.15	1767	
内蒙古地调院	29 989	24 989	5000	28 753.45	23 753.45	5000	
辽宁地调院	20 603	19 879	724	19 775.82	19 051.82	724	
吉林地调院	21 831	20 987	844	18 616.4	17 772.4	844	
黑龙江地调总院	42 333.4	27 411	14 922.4	42 049.9	27 127.5	14 922.4	
上海地调院	4080	4080		3983.02	3983.02		
江苏地调院	20 785	20 155	630	19 897.08	19 267.08	630	
浙江地调院	13 960	11 890	2070	13 728.54	11 658.54	2070	
安徽地调院	29 624	29 624		25 896.3	25 896.3		
福建地调院	43 137	37 677	5460	41 065.93	35 605.93	5460	
江西地调院	24 210	24 210		22 458.6	22 458.6		
山东地调院	17 391.19	15 881.19	1510	16 052.65	14 588.9	1463.75	
河南地调院	43 530	41 530	1800	40 819.25	38 819.25	1800	200
湖北地调院	29 930	27 240	2690	27 764.55	25 074.55	2690	
湖南地调院	47 956	45 195	2761	43 794.2	41 033.87	2760.33	
广东地调院	20 429.08	18 003	2136.08	18 171.83	16 035.75	2136.08	
广西地调院	22 245	22 045	200	20 642.23	20 442.23	200	
海南地调院	16 277.98	14 260	1147.98	14 027.42	12 164.44	1147.98	715

——按单位（二）

计量单位：万元

本年地质调查项目经费总额					本年地质调查项目经费完成			
合计	中央财政资金		地方财政资金		合计	中央财政资金	地方财政资金	其他
		上年结余		上年结余				
16 627. 35	12 924. 29	2458. 29	162. 24	18. 24	13 513. 43	9810. 37	162. 24	3540. 82
10 954. 96	10 954. 96	2943. 96			9049. 37	9049. 37		
4190. 45	4190. 45	520. 45			3774. 96	3774. 96		
14 640. 17	14 600. 17	2050. 17	40	40	13 660. 85	13 635. 85	25	
9076. 27	9076. 27	2956. 27			7573. 58	7573. 58		
10 602. 96	10 602. 96	792. 96			9355. 55	9355. 55		
4486. 28	4486. 28	986. 28			3659. 21	3659. 21		
4078. 08	4078. 08	1048. 08			3420. 1	3420. 1		
7172. 7	7172. 7	1007. 7			6310. 87	6310. 87		
6102. 85	6102. 85	842. 85			5501. 88	5501. 88		
2743. 98	2743. 98	313. 98			2178. 55	2178. 55		
139 779. 74	**132 356. 58**	**53 191. 58**	**6833. 2**	**6733. 2**	**81 545. 81**	**75 801. 75**	**5599. 1**	**144. 96**
892. 68	892. 68	517. 68			644. 03	644. 03		
1404. 26	1404. 26	439. 26			487. 69	487. 69		
2433. 19	2433. 19	1303. 19			1471. 77	1471. 77		
3612. 85	3399. 53	1919. 53	213. 32	213. 32	1983	1769. 68	213. 32	
4495. 4	4495. 4	845. 4			3259. 85	3259. 85		
1824. 6	1824. 6	784. 6			997. 42	997. 42		
4723. 25	4723. 25	3778. 25			1508. 65	1508. 65		
5604. 96	1453. 57	98. 57	4151. 39	4051. 39	5321. 46	1170. 07	4151. 39	
471. 26	471. 26	171. 26			374. 28	374. 28		
4944. 34	4944. 34	969. 34			4056. 42	4056. 42		
2702	2702	162			2470. 54	2470. 54		
6464	6464	3689			2736. 3	2736. 3		
6784. 9	6160. 6	2505. 6	624. 3	624. 3	4713. 83	4089. 53	624. 3	
4763. 02	4763. 02	1883. 02			3011. 62	3011. 62		
2460. 34	2392. 7	1232. 7	67. 64	67. 64	1113. 27	1091. 88	21. 39	
5668. 11	5668. 11	2288. 11			2957. 36	2957. 36		
6518. 89	6213. 69	1393. 69	305. 2	305. 2	4353. 44	4048. 24	305. 2	
10 703. 98	10 578. 3	3483. 3	125. 68	125. 68	6542. 18	6417. 17	125. 01	
3970. 89	3680. 89	1500. 89			1713. 64	1713. 64		
5980. 62	5823. 97	878. 97	156. 65	156. 65	4377. 85	4221. 2	156. 65	
3252. 97	2951. 17	1426. 17	1. 84	1. 84	1002. 41	855. 61	1. 84	144. 96

地质调查项目经费完成情况

	累计预算	中央财政资金	地方财政资金	累计地质调查项目经费完成			
				累计	中央财政资金	地方财政资金	其他
重庆地调院	5150	5150		4824.37	4824.37		
四川地调院	44 638	44 638		42 801.66	42 801.66		
贵州地调院	20 685	17 685	3000	19 803.81	16 803.81	3 000	
云南地调局	19 094.6	19 073	21.6	18 316.65	18 295.05	21.6	
西藏地调院	68 563	68 563		65 875.21	65 875.21		
陕西地调院	31 800.56	30 412	1380	29 663.69	28 275.13	1380	8.56
甘肃地调院	26 970	24 968	2002	25 345.6	24 284.31	1061.29	
青海地调院	60 847.95	60 188	659.95	55 013.42	54 599.94	413.48	
宁夏地调院	11 710	11 309	300	11 710	11 309	300	101
新疆地调院	90 468.9	87 136	3280.9	84 919.17	81 586.27	3280.9	52
云南地调院	2050	2050					
三、省（区、市）环境监测站	**69 869**	**69 015**	**854**	**61 727.02**	**61 388.25**	**338.77**	
北京环境监测站	610	610		610	610		
天津环境监测站	1470	1470		1135.87	1135.87		
河北环境监测站	910	910		910	910		
山西环境监测中心	2265	2265		2155.76	2155.76		
内蒙古环境监测院	364	270	94	280.6	228.16	52.44	
辽宁环境监测站	460	460		460	460		
吉林环境监测站	1770	1770		1490	1490		
黑龙江环境监测站	1465	1465		1237.5	1237.5		
浙江环境监测院	3450	2690	760	2752.39	2466.06	286.33	
安徽环境监测站	990	990		960.32	960.32		
福建环境监测中心	2290	2290		1895.47	1895.47		
江西环境监测站	2360	2360		2263.21	2263.21		
山东环境监测站	1380	1380		1282.14	1282.14		
河南环境监测院	1210	1210		1210	1210		
湖北地质环境站	12 875	12 875		10 691.14	10 691.14		
湖南环境监测站	2410	2410		1765.95	1765.95		
广东环境监测站	210	210		193.33	193.33		
广西环境监测站	770	770		669.41	669.41		
海南环境监测站	400	400		400	400		
重庆环境监测站	3940	3940		3906	3906		
四川环境监测站	740	740		740	740		

——按单位（三）

计量单位：万元

本年地质调查项目经费总额					本年地质调查项目经费完成			
合计	中央财政资金	上年结余	地方财政资金	上年结余	合计	中央财政资金	地方财政资金	其他
1691.46	1691.46	201.46			1365.83	1365.83		
6468.95	6468.95	1513.95			4632.61	4632.61		
5073.68	5073.68	423.68			4192.49	4192.49		
3520.16	3520.16	1030.16			2742.21	2742.21		
5433.17	5433.17	2913.17			2745.38	2745.38		
2811.8	2811.8	2496.8			674.93	674.93		
2860.19	1919.48	544.48	940.71	940.71	1235.79	1235.79		
9626.6	9380.13	6910.13	246.47	246.47	3792.07	3792.07		
955	955	0			955	955		
9662.22	9662.22	5887.22			4112.49	4112.49		
2000	2000							
14 535.59	**13 979.36**	**7339.36**	**556.23**	**556.23**	**6393.61**	**6352.61**	**41**	
44	44	44			44	44		
348.54	348.54	348.54			14.41	14.41		
35.97	35.97	35.97			35.97	35.97		
202.24	202.24	202.24			93	93		
122.06	78.47	28.47	43.59	43.59	38.66	36.63	2.03	
0	0							
560	560	310			280	280		
420.01	420.01	420.01			192.51	192.51		
949.36	436.72	236.72	512.64	512.64	251.75	212.78	38.97	
214.29	214.29	54.29			184.61	184.61		
580.46	580.46	580.46			185.93	185.93		
383.57	383.57	83.57			286.78	286.78		
420.83	420.83	260.83			322.97	322.97		
0	0	0						
3884.05	3884.05	1684.05			1700.19	1700.19		
1065.11	1065.11	565.11			421.06	421.06		
16.67	16.67	16.67						
371.24	371.24	11.24			270.65	270.65		
62.77	62.77	62.77			62.77	62.77		
109	109	109			75	75		
0	0							

地质调查项目经费完成情况

	累计预算	中央财政资金	地方财政资金	累计地质调查项目经费完成			
				累计	中央财政资金	地方财政资金	其他
贵州环境监测站	720	720		691.63	691.63		
云南环境监测站	220	220		220	220		
西藏环境监测站	9510	9510		8752.65	8752.65		
陕西环境监测站	210	210		166.17	166.17		
甘肃环境监测站	8160	8160		6549.59	6549.59		
青海环境监测站	700	700		566.95	566.95		
宁夏国土资源调查监测院	2010	2010		1782	1782		
新疆环境监测院	6000	6000		5988.94	5988.94		
四、省（区、市）国土资源厅、地勘局	**41 645**	**41 745**		**38 389.87**	**38 389.87**		
北京地勘局	1100	1100		940.86	940.86		
河北地勘局	2610	2610		2310	2310		
山西地勘局	340	340		340	340		
内蒙古地勘局	2350	2350		2305.18	2305.18		
黑龙江地勘局	5700	5700		5700	5700		
江苏地勘局	230	230		130	130		
浙江地勘局	320	320		320	320		
安徽地勘局	700	700		700	700		
福建地勘局	660	660		512.1	512.1		
江西地勘局	375	375		300	300		
河南地勘局	490	490		490	490		
湖北地勘局	1000	1000		1000	1000		
湖南地勘局	320	320		320	320		
广东地质局	1220	1220		955.22	955.22		
广西地勘局	670	670		580	580		
重庆地勘局	1320	1320		1320	1320		
四川地勘局	4680	4680		4680	4680		
贵州地勘局	1100	1100		1100	1100		
云南地勘局	1645	1645		1402.79	1402.79		
西藏地勘局	9400	9400		8315.45	8315.45		
陕西地勘局	1220	1220		1175.64	1175.64		
甘肃地勘局	400	400		400	400		
青海地勘局	695	695		686.24	686.24		
新疆地勘局	2310	2410		1646.45	1646.45		

——按单位（四）

计量单位：万元

本年地质调查项目经费总额					本年地质调查项目经费完成			
合计	中央财政资金	上年结余	地方财政资金	上年结余	合计	中央财政资金	地方财政资金	其他
185.41	185.41	25.41			157.04	157.04		
19.47	19.47	19.47			19.47	19.47		
2132.74	2132.74	1032.74			1375.39	1375.39		
71.15	71.15	71.15			27.32	27.32		
1724.94	1724.94	724.94			114.53	114.53		
144.41	144.41	144.41			11.36	11.36		
289	289	89			61	61		
178.3	178.3	178.3			167.24	167.24		
10 824.46	**10 824.46**	**2064.46**			**7419.33**	**7419.33**		
190	190	100			30.86	30.86		
300	300	70						
0	0							
250	250	0			205.18	205.18		
0	0							
100	100	40						
11.01	11.01	11.01			11.01	11.01		
0	0							
321.8	321.8	121.8			173.9	173.9		
75	75							
0	0							
0	0							
0	0							
626.97	626.97	116.97			362.19	362.19		
120	120	20			30	30		
10	10	10			10	10		
920	920	40			920	920		
0	0							
1032.31	1032.31	242.31			790.1	790.1		
4746.44	4746.44	466.44			3661.89	3661.89		
684.32	684.32	104.32			639.96	639.96		
0	0							
119.1	119.1	4.1			110.34	110.34		
1287.45	1287.45	687.45			473.9	473.9		

地质调查项目经费完成情况

				累计地质调查项目经费完成			
	累计预算	中央财政资金	地方财政资金	累计	中央财政资金	地方财政资金	其他
鞍山国土资源局	270	270		270	270		
江苏国土资源信息中心	120	120		89.94	89.94		
青海国土资源科技信息中心	400	400		400	400		
五、地勘各工业部门	**426 394.34**	**389 406**	**14 158**	**388 751.42**	**356 696.55**	**12 815**	**19 239.87**
冶金地勘系统	**96 652.61**	**78 863**	**6198**	**88 328.23**	**74 979.23**	**5678**	**7671**
冶金地质总局	19 590	19 590		19 515.97	19 515.97		
冶金地质总局二局	3605	3605		3605	3605		
冶金地质总局山东正元地勘院	10 030	10 030		9698.04	9698.04		
冶金地质总局中南地勘院	7490	7070		6283.75	5981.75		302
冶金地质总局西北局	1260	1260		1260	1260		
冶金地质总局矿产资源研究院	240	240		240	240		
冶金地质总局地球物理勘查院	16 523	9450	6198	15 483	9450	5678	355
冶金地质总局昆明地勘院	280	280		280	280		
辽宁冶金地勘局	2133	2133		2133	2133		
四川冶金地勘局	6110	6110		6089.08	6089.08		
冶金地质总局西北地勘院	4630	3975		4630	3975		655
四川冶金地勘局六〇四大队	1330	665		1330	665		665
四川冶金地勘院	5153	2165		3994.1	2037.09		1957.01
冶金地质总局第三地勘院	4638.61	2315		2353.42	1186.43		1166.99
冶金地质总局第一地勘院	7960	4295		6801.75	4231.75		2570
冶金地质总局广西地勘院	2950	2950		2598.89	2598.89		
冶金地质总局山东局	550	550					
冶金地质总局中南局	2180	2180		2032.23	2032.23		
有色地勘系统	**133 944.73**	**125 311**		**126 996.95**	**119 553.08**		**7443.87**
有色地调中心	37 110	37 110		35 741.05	35 741.05		
有色北京矿产地质研究院	4680	4680		4301.17	4301.17		
内蒙古有色地勘局	2220	2220		1942.22	1942.22		
辽宁有色地质局勘查总院	3006	3006		3006	3006		
江苏有色华东地勘局	3345	3345		3270	3270		
浙江有色地勘局	695	620		576.38	576.38		
河南有色地矿局	4177.89	4120		4161.69	4103.8		57.89
湖南有色地勘局	3140	3140		2948.78	2948.78		
广东有色地质局	2850	2850		2365.03	2365.03		

——按单位（五）

计量单位：万元

本年地质调查项目经费总额					本年地质调查项目经费完成			
合计	中央财政资金	上年结余	地方财政资金	上年结余	合计	中央财政资金	地方财政资金	其他
0	0							
30. 06	30. 06	30. 06						
0	0	0						
106 145. 07	**94 903. 1**	**21 645. 1**	**2005**	**680**	**66 852. 66**	**62 084. 16**	**662**	**4106. 5**
22 324. 29	**17 240. 67**	**5640. 67**	**614**	**94**	**13 999. 91**	**13 356. 9**	**94**	**549. 01**
2075. 57	2075. 57	65. 57			2001. 54	2001. 54		
0	0							
2498. 56	2498. 56	1488. 56			2166. 6	2166. 6		
3259. 11	2969. 11	559. 11			2052. 86	1880. 86		172
350	350	0			350	350		
0	0	0						
3287	2082	522	614	94	2247	2082	94	71
280	280	0			280	280		
3. 24	3. 24	3. 24			3. 24	3. 24		
1037. 09	1037. 09	207. 09			1016. 17	1016. 17		
0	0							
0	0							
1725. 45	679. 45	419. 45			566. 55	551. 54		15. 01
2371. 5	1214. 88	1034. 88			86. 31	86. 31		
2522. 87	1136. 87	636. 87			1364. 62	1073. 62		291
1193. 58	1193. 58	483. 58			842. 47	842. 47		
550	550							
1170. 32	1170. 32	220. 32			1022. 55	1022. 55		
22 444. 9	**17 717. 45**	**6802. 45**			**15 652. 12**	**12 114. 53**		**3537. 59**
6173. 33	6173. 33	1573. 33			4904. 38	4904. 38		
2052. 1	2052. 1	142. 1			1673. 27	1673. 27		
382. 2	382. 2	22. 2			104. 42	104. 42		
0	0	0						
550	550	80			475	475		
303. 87	228. 87	228. 87			185. 25	185. 25		
291. 1	254. 09	104. 09			274. 9	237. 89		37. 01
474. 64	474. 64	234. 64			283. 42	283. 42		
1003. 78	1003. 78	313. 78			518. 81	518. 81		

地质调查项目经费完成情况

				累计地质调查项目经费完成			
	累计预算	中央财政资金	地方财政资金	累计	中央财政资金	地方财政资金	其他
贵州有色和核工业地勘局	3988	3988		4023.13	4023.13		
云南有色地质局	2515.02	2485		2515.02	2485		30.02
西北有色地勘局地勘院	2322	2322		2307	2307		
甘肃有色地调院	5490	5490		4996.89	4996.89		
青海有色地勘局	22 740	22 740		21 973.81	21 973.81		
新疆有色地勘局	8340	8340		8340	8340		
河南有色地矿局第一地质大队	963.49	950		963.49	950		13.49
湖南有色地勘局一总队	1515	785		1515	785		730
江西有色地勘二队	3610.56	1295		3455.64	1245.34		2210.3
江西有色地勘院	1890	1130		1889.76	1129.29		760.47
辽宁有色地质局一〇五队	290	290		290	290		
辽宁有色地质局一〇三队	1730	960		1730	960		770
铜陵有色金属集团控股有限公司	2300	995		2148.41	940		1208.41
广东有色地勘院	2325	1275		2130.23	1138.71		991.52
贵州有色和核工业地勘局地勘院	1311.77	640		1311.77	640		671.77
辽宁有色地质局	6530	6530		6526	6526		
西北有色地勘局	2060	2060		2034.37	2034.37		
甘肃有色地勘局白银矿产勘查院	2800	1945		534.11	534.11		
武警黄金部队	**64 783**	**64 783**		**52 150.82**	**52 150.82**		
武警黄金指挥部	63 383	63 383		50 750.82	50 750.82		
武警黄金地质研究所	1400	1400		1400	1400		
煤田地勘系统	**43 603**	**42 803**		**38 741.76**	**37 461.76**		**1280**
中煤地质总局	8215	8215		8006.34	8006.34		
内蒙古煤田地质局	981	981		981	981		
福建煤田地质局	190	190		1	1		
山东煤田地质局	830	830		660	660		
湖南煤田地质局	1910	1910		1817	1817		
四川煤田地质局	1100	1100		662.86	662.86		
宁夏煤田地质局	600	400		402.62	402.62		
新疆煤田地质局	3650	3650		2483.5	2483.5		
中煤地质总局水文地质局	70	70		40	40		
中煤地质总局航测遥感局	5342	5342		5186.9	5186.9		
中煤地质总局勘查总院	1435	1435		1257.2	1257.2		

——按单位（六）

计量单位：万元

本年地质调查项目经费总额					本年地质调查项目经费完成			
合计	中央财政资金	上年结余	地方财政资金	上年结余	合计	中央财政资金	地方财政资金	其他
230	230	0			265.13	265.13		
0	0							
15	15	15						
643.11	643.11	493.11			150	150		
1775.83	1775.83	775.83			1009.64	1009.64		
8.3	8.3	8.3			8.3	8.3		
13.49	0	0			13.49			13.49
0	0							
2460.3	606.09	606.09			2305.38	556.43		1748.95
1010.26	308.26	308.26			1010.02	307.55		702.47
0	0							
140	140	0			140	140		
416.06	0	0			319.47			319.47
1166.44	612.94	612.94			971.67	476.65		495.02
221.18	0	0			221.18			221.18
425	425	0			421	421		
423.02	423.02	73.02			397.39	397.39		
2265.89	1410.89	1210.89						
24 071.26	**24 071.26**	**7541.26**			**11 467.59**	**11 467.59**		
24 071.26	24 071.26	7541.26			11 467.59	11 467.59		
0	0							
14 870.19	**14 830.29**	**757.29**			**10 156.95**	**10 137.05**		**19.9**
580	580	0			371.34	371.34		
981	981	0			981	981		
70	70							
50	50							
346	346	286			253	253		
557.14	557.14	247.14			120	120		
400	400				402.62	402.62		
2570	2570				1403.5	1403.5		
40	40	0			40	40		
1332.4	1332.4	65.4			1177.3	1177.3		
995	995	0			817.2	817.2		

地质调查项目经费完成情况

				累计地质调查项目经费完成			
	累计预算	中央财政资金	地方财政资金	累计	中央财政资金	地方财政资金	其他
中煤地质总局特种技术勘探中心	5090	5090		4095.82	4095.82		
中煤地质总局广西煤田地质局	1030	1030		1029.51	1029.51		
四川煤田地质工程勘察设计研究院	3800	2600		3786.41	2586.41		1200
甘肃煤田地质局	480	480		480	480		
新疆煤田地质局综合地勘队	600	600		402.83	402.83		
湖南煤田地勘院	1810	1710		1510	1430		80
四川煤田地质局一三七队	380	380		380	380		
中煤地质工程总公司	1110	1110		1110	1110		
新疆煤田地质局一五六勘探队	2260	2260		2257.77	2257.77		
新疆煤田地质局一六一勘探队	1400	1400		610	610		
中煤地质总局青海地质局	1780	1780		1341	1341		
江西煤田地质勘察研究院	240	240		240	240		
核工业地质系统	**64 791**	**55 096**	**7890**	**60 856.81**	**50 944.81**	**7067**	**2845**
核工业地质局	3790	1925	1865	3790	1925	1865	
核工业航测遥感中心	25 350	19 325	6025	23 962	18 760	5202	
青海核工业地质局	3450	3450		3473.27	3473.27		
江西核工业地质局二六一大队	340	340					
四川核工业地质局	2140	2140		2129.86	2129.86		
四川核工业地质局二八二大队	2400	2400		2238.34	2238.34		
陕西核工业地调院	200	200					
陕西核工业地质局二二四大队	1470	1470		1354.38	1354.38		
广东核工业地质局	840	840		840	840		
江西核工业地质局	240	240					
四川核工业地调院	975	975		946.52	946.52		
核工业北京地质研究院	5800	5800		5800	5800		
核工业二〇八大队	1600	1800		1394.44	1394.44		
核工业二一六大队	1700	1700		1543	1543		
核工业二四三大队	2705	2705		2384	2384		
核工业二〇三研究所	961	1361		321	321		
核工业二三〇研究所	200	200		200	200		
核工业二四〇研究所	2710	2150		2710	2150		560
核工业二七〇研究所	4760	3505		4760	3505		1255
核工业二八〇研究所	400	400					

——按单位（七）

计量单位：万元

本年地质调查项目经费总额					本年地质调查项目经费完成			
合计	中央财政资金	上年结余	地方财政资金	上年结余	合计	中央财政资金	地方财政资金	其他
3400	3400	0			2405.82	2405.82		
150	150	0			149.51	149.51		
563.86	563.86	43.86			550.27	550.27		
0	0							
600	600	0			402.83	402.83		
599.9	560	0			299.9	280		19.9
0	0							
100	100	0			100	100		
374.89	374.89	114.89			372.66	372.66		
800	800				10	10		
360	360	0			300	300		
0	0							
17 327.17	**15 936.17**	**556.17**	**1391**	**586**	**11 319.98**	**10 751.98**	**568**	
21.69	21.69	21.69			21.69	21.69		
5524	4133	393	1391	586	4136	3568	568	
182.51	182.51	-17.49			205.78	205.78		
180	180							
30	30				19.86	19.86		
200	200	0			38.34	38.34		
200	200							
1220	1220	0			1104.38	1104.38		
800	800	0			100	100		
240	240							
207.97	207.97	27.97			179.49	179.49		
1570	1570	0			1570	1570		
1350	1350	0			944.44	944.44		
1090	1090	0			900	900		
1121	1121	131			800	800		
1000	1000							
500	500	0			200	200		
400	400	0			400	400		
450	450				450	450		
400	400							

地质调查项目经费完成情况

				累计地质调查项目经费完成			
	累计预算	中央财政资金	地方财政资金	累计	中央财政资金	地方财政资金	其他
核工业二九〇研究所	3200	2170		3010	1980		1030
化工地质矿山总局	**14 565**	**14 565**		**13 762. 08**	**13 762. 08**		
中化地质矿山总局	11 895	11 895		11 462. 7	11 462. 7		
中化地质矿山总局地质研究院	2670	2670		2299. 38	2299. 38		
建材地勘中心	**7385**	**7315**	**70**	**7274. 77**	**7204. 77**	**70**	
中材地勘中心	660	660		660	660		
中材地勘中心山东总队	2730	2730		2730	2730		
中材地勘中心青海总队	1490	1490		1490	1490		
中材地勘中心贵州总队	650	650		650	650		
中材地勘中心湖南总队	350	350		350	350		
中材地勘中心陕西总队	480	480		480. 36	480. 36		
中材地勘中心吉林总队	665	665		554. 41	554. 41		
中材地勘中心黑龙江总队	140	70	70	140	70	70	
中材地勘中心辽宁总队	70	70		70	70		
中材地勘中心内蒙古总队	150	150		150	150		
中联煤层气公司	**670**	**670**		**640**	**640**		
中联煤层气有限责任公司	600	600		570	570		
中联煤层气国家工程研究中心有限责任公司	70	70		70	70		
六、院校	**160 303. 41**	**160 303. 41**		**145 265. 23**	**145 265. 23**		
北京大学	2557	2557		2128	2128		
中国地质大学（北京）	40 496	40 496		35 397. 47	35 397. 47		
石家庄经济学院	3310	3310		3207. 57	3207. 57		
吉林大学	23 748	23 748		20 962. 95	20 962. 95		
南京大学	2654	2654		2531	2531		
中国地质大学（武汉）	38 231	38 231		35 189. 28	35 189. 28		
中南大学	1010	1010		816. 38	816. 38		
成都理工大学	22 620	22 620		21 286. 69	21 286. 69		
长安大学	9475	9475		9352. 11	9352. 11		
东华理工大学	3950	3950		3587. 68	3587. 68		
杭州师范大学	420	420		362. 54	362. 54		
合肥工业大学	3580	3580		3454. 83	3454. 83		
武汉大学	735	735		555. 01	555. 01		

——按单位（八）

计量单位：万元

本年地质调查项目经费总额					本年地质调查项目经费完成			
合计	中央财政资金	上年结余	地方财政资金	上年结余	合计	中央财政资金	地方财政资金	其他
640	640				250	250		
4070.68	**4070.68**	**170.68**			**3357.76**	**3357.76**		
3217.58	3217.58	107.58			2875.28	2875.28		
853.1	853.1	63.1			482.48	482.48		
1006.58	**1006.58**	**146.58**			**898.35**	**898.35**		
22.8	22.8	22.8			22.8	22.8		
439.35	439.35	39.35			439.35	439.35		
200	200	0			200	200		
0	0							
0	0							
15	15	15			15.36	15.36		
327.73	327.73	67.73			217.14	217.14		
0	0							
0	0	0			2	2		
1.7	1.7	1.7			1.7	1.7		
30	**30**	**30**						
30	30	30						
0	0							
31 822.93	**31 822.93**	**17 668.93**			**16 819.15**	**16 819.15**		
429	429	199						
8752.83	8752.83	5927.83			3654.3	3654.3		
330	330				227.57	227.57		
6036	6036	4681			3250.95	3250.95		
760.15	760.15	126.15			637.15	637.15		
7515.86	7515.86	3750.86			4474.14	4474.14		
0	0							
4022.62	4022.62	1767.62			2689.31	2689.31		
927.58	927.58	137.58			804.69	804.69		
759.13	759.13	659.13			396.81	396.81		
98.26	98.26	48.26			40.8	40.8		
364.17	364.17	64.17			239	239		
200	200				10.79	10.79		

地质调查项目经费完成情况

				累计地质调查项目经费完成			
	累计预算	中央财政资金	地方财政资金	累计	中央财政资金	地方财政资金	其他
中国海洋大学	330	330		330	330		
中国矿业大学（北京）	1940	1940		1430	1430		
中山大学	1223	1223		1223	1223		
北京师范大学	580	580		556.48	556.48		
清华大学	200	200		200	200		
云南大学	1329.41	1329.41		1051.24	1051.24		
中国矿业大学	390	390		390	390		
中国石油大学（北京）	680	680		518	518		
中国石油大学（华东）	735	735		735	735		
昆明理工大学	110	110					
七、其他单位	**305 674.01**	**259 436.1**	**9432.85**	**266 858.92**	**225 632.71**	**8909.72**	**32 316.49**
冶金地质总局第二地勘院	710	710		210	210		
湖北煤炭地勘院	150	150		150	150		
国土资源部油气中心	440	440		440	440		
国土资源部咨询中心	270	270		201	201		
国土资源部信息中心	14 210	14 210		10 794.89	10 794.89		
国土资源部储量中心	180	180		180	180		
中国国土经研院	16 894.1	16 894.1		13 211.37	13 211.37		
中国土地勘测规划院	170	170					
地质博物馆	5820	5820		4839.56	4839.56		
国土资源部	100	100					
北京地研所	390	390		387.8	387.8		
中科院地质与地球物理所	1920	1920		1421	1421		
北京地质工程设计研究院	1936	1663		1726.83	1531.83		195
中国石油天然气集团公司	140	140					
天津华北地勘局	1862.7	1830		1862.7	1830		32.7
山西第三地质工程勘察院	80	80		80	80		
黑龙江区调所	6404	5814	590	6185	5595	590	
安徽勘查技术院	9408	9408		9070.48	9070.48		
江西地勘局赣西地质调查大队	665	665		665	665		
山东地质科学实验研究院	1200	1200		1113.95	1113.95		
湖南国土资源规划院	220	220		220	220		
西藏地勘局第二地质大队	4500	4500		4202.21	4202.21		

——按单位（九）

计量单位：万元

本年地质调查项目经费总额					本年地质调查项目经费完成			
合计	中央财政资金	上年结余	地方财政资金	上年结余	合计	中央财政资金	地方财政资金	其他
2.13	2.13	2.13			2.13	2.13		
680	680	80			170	170		
65	65				65	65		
135.03	135.03	55.03			111.51	111.51		
0	0							
278.17	278.17	8.17						
0	0							
312	312	162						
45	45	0			45	45		
110	110							
79 436.51	**67 894.72**	**21 274.72**	**553.42**	**553.42**	**47 535.54**	**40 591.45**	**30.29**	**6913.8**
700	700							
0	0							
300	300				300	300		
80	80				10	10		
5454.07	5454.07	2064.07			2038.96	2038.96		
0	0	0						
5351.79	5351.79	2161.79			1965.9	1965.9		
170	170							
896.91	896.91	696.91			4.47	4.47		
100	100							
2.2	2.2	2.2						
499	499	119						
514.47	384.47	164.47			305.3	253.3		52
0	0							
373.2	371	21			373.2	371		2.2
0	0							
1349	1349	89			1130	1130		
1255.41	1255.41	660.41			917.89	917.89		
0	0							
261.25	261.25	131.25			175.2	175.2		
0	0	0						
1332.4	1332.4	692.4			1034.61	1034.61		

地质调查项目经费完成情况

				累计地质调查项目经费完成			
	累计预算	中央财政资金	地方财政资金	累计	中央财政资金	地方财政资金	其他
西藏地勘局第五地质大队	2950	2950		2852.44	2852.44		
西藏地勘局第六地质大队	940	940		729.93	729.93		
陕西国土资源规划与评审中心	100	100		100	100		
陕西地勘局第二综合物探大队	3575	3575		3427.32	3427.32		
青海国土规划研究院	160	160		127.85	127.85		
青海柴达木综合地勘院	25 820	23 410	2410	25 997.37	23 579.64	2417.73	
天津地热勘查开发设计院	1500	1500		1500	1500		
青海环境地勘局	7705	7705		7341.65	7341.65		
重庆地质矿产研究院	4912	2715	2197	3302	1105	2197	
内蒙古第五地勘院	1240	620	620	1240	620	620	
内蒙古地勘院	1430	1430		1141.07	1141.07		
内蒙古第二水文地质工程地勘院	600	600		600	600		
河北区调所	3780	3780		3731	3731		
河南地勘局第一地勘院	2140	2140		2139.11	2139.11		
河南地勘局第三地质矿产调查院	1870	1870		1706.96	1706.96		
河南地勘局第一地质矿产调查院	7515	7515		6739.2	6739.2		
山东地矿工程勘察院	440	440		471.27	471.27		
山东国土资源资料档案馆	280	280		280	280		
湖北富硒产业研究院	450	450		400	400		
四川国土勘测规划院	120	120		120	120		
贵州国土资源勘测规划院	120	120		120	120		
陕西地勘局区域地质矿产研究院	3090	3090		2987.5	2987.5		
青海第三地勘院	9435	9435		8837.2	8837.2		
青海第四地勘院	3020	3020		2894.12	2894.12		
青海第五地勘院	8805	8805		8138.91	8138.91		
青海国土资源博物馆	190	190		190	190		
青海水文地质工程地质环境地质调查院	3450	3450		3415.8	3415.8		
中科院上海技术物理研究所	300	300		300	300		
中科院遥感应用研究所	1160	1160		1160	1160		
长庆油田勘探开发研究院	160	160		160	160		
中国矿业联合会	1170	1170		820	820		
西藏地勘局地热地质大队	2943	2943		1664.9	1664.9		
青海地调局	1150	1150		957.49	957.49		

——按单位（十）

计量单位：万元

本年地质调查项目经费总额					本年地质调查项目经费完成			
合计	中央财政资金	上年结余	地方财政资金	上年结余	合计	中央财政资金	地方财政资金	其他
1363.66	1363.66	283.66			1266.1	1266.1		
851.78	851.78	151.78			641.71	641.71		
0	0							
665.46	665.46	135.46			517.78	517.78		
0	0							
6521.84	6529.57	-230.43	-7.73	-7.73	6699.21	6699.21		
0	0							
859.58	859.58	659.58			496.23	496.23		
1275	1275	0			75	75		
60.58	30.29	30.29	30.29	30.29	60.58	30.29	30.29	
684.29	684.29	154.29			395.36	395.36		
0	0							
690	690				641	641		
122.48	122.48	122.48			121.59	121.59		
566.28	566.28	166.28			403.24	403.24		
2061.61	2061.61	1406.61			1285.81	1285.81		
-2.51	-2.51	-2.51			28.76	28.76		
0	0							
50	50							
0	0							
0	0							
677.34	677.34	97.34			574.84	574.84		
1803.86	1803.86	913.86			1206.06	1206.06		
728.44	728.44	378.44			602.56	602.56		
2307	2307	837			1640.91	1640.91		
0	0							
271.59	271.59	71.59			237.39	237.39		
0	0							
0	0							
0	0							
0	0							
2190.01	2190.01	290.01			911.91	911.91		
299.18	299.18	199.18			106.67	106.67		

地质调查项目经费完成情况

	累计预算	中央财政资金	地方财政资金	累计地质调查项目经费完成			
				累计	中央财政资金	地方财政资金	其他
吉林区调所	300	300		216.81	216.81		
北京金有地质勘察有限责任公司	1632	1355		698.36	421.36		277
福建国土资源档案馆	90	90		90	90		
福建国土资源勘测规划院	330	330		279.21	279.21		
福建闽西地质大队	520	260		520	260		260
甘肃地勘局第三地勘院	6891.7	3245		6891.7	3245		3646.7
公安部第三研究所	120	120		120	120		
广东地质局七一九地质大队	800	400		400	400		
广西二一五地质队有限公司	880	480		740	460		280
贵州地勘局一〇三地质大队	1355	1355		1196.21	1196.21		
贵州地勘局一〇五地质大队	2055	2055		1929.79	1929.79		
发展和改革委国土开发与地区经济研究所	160	160		100	100		
国家海洋局	2640	2640		2640	2640		
海南资源环境调查院	400	400		400	400		
河北地矿局石家庄综合地质大队	1022	970	52	317	265	52	
黑龙江地球物理勘察院	2065	905		2065	905		1160
湖北地质实验研究所	150	150		150	150		
湖北地质局第一地质大队	1563.6	1075		1521.6	1033		488.6
湖南地勘局四一六队	1040	770		878.93	638.93		240
江苏华东地质调查集团有限公司(华东有色地勘院)	2942.1	1770	90.28	2082.99	1470.89	90.28	521.82
江苏地矿局第一地质大队	1245	650		1108.69	606.03		502.66
江西地勘局赣西北大队	2032.4	1340		1957.4	1265		692.4
辽宁地勘院	1745	1745		1799.68	1799.68		
内蒙古赤峰地勘院	3610	1670		3572	1632		1940
内蒙古矿产实验研究所	1746.52	850		1746.52	850		896.52
山东第一地勘院	375	375		375	375		
首钢地勘院地研所	1300	1300		1211.66	1211.66		
四川地勘局四〇三地质队	6485.69	2145		6496.18	2145		4351.18
四川地勘局一〇八地质队	2560	1320		2573	1323		1250
新疆地勘局第一地质大队	970	970		970	970		
新疆地质矿产研究所	380	380		300	300		

——按单位（十一）

计量单位：万元

本年地质调查项目经费总额					本年地质调查项目经费完成			
合计	中央财政资金	上年结余	地方财政资金	上年结余	合计	中央财政资金	地方财政资金	其他
120	120				36.81	36.81		
933.64	933.64	933.64						
0	0							
120.14	120.14	10.14			69.35	69.35		
0	0							
659.59	180	0			659.59	180		479.59
0	0							
400	0	0						
362.41	160	80			222.41	140		82.41
190.49	190.49	10.49			31.7	31.7		
919.68	919.68	79.68			794.47	794.47		
0	0							
0	0							
0	0							
705	705	705						
0	0	0						
0	0							
395	395	205			353	353		
411.76	351.76	131.76			250.69	220.69		30
1048.44	288.44	288.44			999.33	799.33		200
365	0				648.69	376.03		272.66
178.33	178.33	38.33			103.33	103.33		
520	520	0			574.68	574.68		
1031.03	469.68	319.68			993.03	431.68		561.35
0	0							
0	0							
261.97	261.97	101.97			173.63	173.63		
725.37	0				735.86			735.86
45	0				58	3		55
0	0							
80	80							

地质调查项目经费完成情况

	累计预算	中央财政资金	地方财政资金	累计地质调查项目经费完成			
				累计	中央财政资金	地方财政资金	其他
新疆有色地勘局七〇四队	2660	1155		1955.18	1150.18		805
浙江第七地质大队	1560	1560		1433.09	1433.09		
中科院古脊椎动物与古人类研究所	264	264		260	260		
重庆地勘局205地质队	855	855		775	775		
重庆一三六地质队	4839.13	2060		4694.9	2060		2634.9
国家海洋局第三海洋研究所	700	700		700	700		
中科院海洋研究所	900	900		900	900		
新疆地勘局第九地质大队	7850	7850		6528.78	6528.78		
陕西延长石油（集团）有限责任公司	120	120		120	120		
安徽地勘局313地质队	240	240					
福建闽北地质大队	600	200		600	200		400
河南地勘局第五地勘院	900	300		900	300		600
黑龙江地调总院齐齐哈尔分院	2466	2466		2002	2002		
湖北鄂西北地质矿产调查所	300	300		300	300		
湖南地勘局四〇二队	1110	370	740	1110	370	740	
湖南湘南地质勘察院	1690	700		1639.47	655.47		984
辽宁地质矿产研究院	50	50					
辽宁第六地质大队	170	170					
陕西地勘局第三地质队	935	935		876.13	876.13		
四川地勘局攀西地质队	500	500					
四川地勘局物探队	1150	1150		600	600		
青海有色地勘局地勘院	440	440		440	440		
新疆地勘局第四地质大队	810	270		850.55	270		580.55
新疆地勘局第六地质大队	835.93	550		725.56	550		175.56
新疆地勘局第一区调大队	3640	3640		2528.48	2528.48		
华北地勘局五一四地质大队	1050	350		1050	350		700
安徽地勘局321地质队	2410	950		1135.73	465.73		670
福建121地质大队	300	300		300	300		
广东地质局第八地质大队	400	400		400	400		
贵州国土资源技术信息中心	200	200		200	200		
河南国土资源调查规划院	190	190		190	190		
黑龙江第六地质勘察院	275	275		275	275		

——按单位（十二）

计量单位：万元

本年地质调查项目经费总额					本年地质调查项目经费完成			
合计	中央财政资金	上年结余	地方财政资金	上年结余	合计	中央财政资金	地方财政资金	其他
768.92	68.92	68.92			64.1	64.1		
339.06	339.06	109.06			212.15	212.15		
10	10	10			6	6		
239	239	69			159	159		
211.97	30	30			67.74	30		37.74
0	0							
0	0							
1938.7	1938.7	1088.7			617.48	617.48		
0	0							
160	160							
0	0							
16.05	16.05	16.05			16.05	16.05		
1063	1063	167			599	599		
0	0							
0	0	0						
174	153	3			123.47	108.47		15
50	50							
140	140							
502.66	502.66	502.66			443.79	443.79		
500	500							
858.93	858.93	158.93			308.93	308.93		
210	210	0			210	210		
252	0				292.55			292.55
285.93	0	0			175.56			175.56
2817.52	2817.52	967.52			1706	1706		
0	0	0						
1515	655	435			240.73	170.73		70
0	0							
0	0							
200	200				200	200		
0	0	0						
0	0							

地质调查项目经费完成情况

	累计预算	中央财政资金	地方财政资金	累计地质调查项目经费完成			
				累计	中央财政资金	地方财政资金	其他
湖北地质局第六地质大队	180	180					
湖北国土测绘院	360	360		360	360		
湖南有色地勘局二一七队	1390	500		1036.53	500		536.53
湖南有色地勘局二总队	430	430		430	430		
华东冶金地勘局综合地质大队	1410	470		1365.68	470		895.68
吉林煤田地质二〇三勘探公司	500	500		500	500		
吉林有色地勘局六〇四队	1375.17	615	760.17	659.81	435	224.81	
江西国土资源厅信息中心	220	220		198	198		
辽宁第三地质大队	360	360		360	360		
陕西地勘局第六地质队	620	620		497.27	497.27		
四川鑫顺矿业股份有限公司	260	260		160	160		
西藏国土资源信息中心	640	640		602.17	602.17		
新疆地勘局第三地质大队	820	820		773	773		
中金集团内蒙古金盛矿业开发有限公司	450	450		450	450		
有色桂林矿产地质研究院有限公司	385	385		385	385		
有色金属工业昆明勘察设计研究院	730	730		730	730		
紫金矿业集团股份有限公司	500	500		360	360		
新疆生产建设兵团国土资源局	1325	1325		1285	1285		
黑龙江地质矿产测试应用研究所	60	60		60	60		
西藏地勘局中心实验室	140	140		60	60		
浙江地球物理地球化学勘查院	70	70		40	40		
重庆国土资源和房地产信息中心	130	130		124.5	124.5		
安徽地勘局327地质队	450	450		397.25	397.25		
安徽地勘局332地质队	440	440		440	440		
包钢勘察测绘研究院	525	525					
甘肃地勘局第四地勘院	760	760		716	716		
甘肃有色金属地勘局兰州矿产勘查院	560	560		206.68	206.68		
广东地质局第三地质大队	1790	630		1670.69	571.83		1098.86
广东地质局第五地质大队	2220	960		1784.92	818.44		966.48
广东有色金属地质局九三二队	1260	420		1198.05	420		778.05
广西核工业三一〇地质大队	200	200					

——按单位（十三）

计量单位：万元

本年地质调查项目经费总额					本年地质调查项目经费完成			
合计	中央财政资金	上年结余	地方财政资金	上年结余	合计	中央财政资金	地方财政资金	其他
180	180	100						
80	80				80	80		
892.71	2.71	2.71			539.24	2.71		536.53
0	0							
440	0	0			395.68			395.68
0	0							
715.36	180	0	535.36	535.36				
22	22	22						
0	0							
340	340	120						
100	100	100						
240.8	240.8	40.8			202.97	202.97		
181.63	181.63	1.63			134.63	134.63		
200	200	0						
0	0							
0	0							
0	0							
100	100				60	60		
0	0							
0	0							
0	0							
5.5	5.5	5.5						
173.27	173.27	3.27			120.52	120.52		
200	200	0			200	200		
0	0							
323	323	143			279	279		
560	560	560			206.68	206.68		
913.48	306.56	306.56			794.17	248.39		545.78
1775.82	562.85	432.85			1340.74	421.29		919.45
840	0	0			778.05			778.05
200	200							

地质调查项目经费完成情况

				累计地质调查项目经费完成			
	累计预算	中央财政资金	地方财政资金	累计	中央财政资金	地方财政资金	其他
国家测绘地理信息局卫星测绘应用中心	180	180		150	150		
国土资源部财务中心	150	150					
河南地勘局第四地勘院	525	525					
河南有色地矿局第四地质大队	310	310		257.64	257.64		
黑龙江第四地质勘察院	1140	380		898.27	361		537.27
黑龙江有色地勘局七〇七队	280	280		280	280		
湖南地勘局四〇五队	170	170					
湖南地勘局四一八队	525	525		525	525		
湖南核工业地质局三〇二大队	350	350		179.6	179.6		
吉林第四地调所	1445	815		1420.91	815		605.91
吉林第一地调所	450	450		420.16	420.16		
吉林有色地勘局六〇二队	1357.35	410		1313.9	410		903.9
江西地勘局赣东北大队	420	420		364.89	364.89		
江西地勘局赣南大队	230	230		40	40		
江西地勘局九一六大队	1445	815	630	1445	815	630	
金川集团股份有限公司	570	570		1	1		
辽宁冶金地勘局四〇四队	670	670					
内蒙古地质勘查有限责任公司	2543.22	840		2511.27	808.05		1703.22
内蒙古第二地勘院	180	180		170	170		
青海第一地勘院	5703.4	4360	1343.4	5918.59	4570.69	1347.9	
青海有色地勘局八队	520	520		490	490		
山东第六地勘院	585	585					
陕西地勘局第一地质队	410	410		410	410		
陕西核工业地质局二一一大队	949	949		226.45	226.45		
四川川煤矿山勘测设计有限责任公司	630	210		8.6	2.6		6
西北有色地勘局七一一总队	525	525					
云南黄金矿业集团股份有限公司	540	540					
云南地勘院	880	880		799.61	799.61		
浙江第十一地质大队	525	525					
中国测绘科学研究院	470	470		360	360		
重庆地勘局607地质队	430	430		425	425		

——按单位（十四）

计量单位：万元

本年地质调查项目经费总额					本年地质调查项目经费完成			
合计	中央财政资金	上年结余	地方财政资金	上年结余	合计	中央财政资金	地方财政资金	其他
170	170				140	140		
150	150							
0	0							
193.31	193.31	83.31			140.95	140.95		
299	19	19			57.27			57.27
220	220				220	220		
130	130							
0	0							
180	180				9.6	9.6		
204.65	180	0			180.56	180		0.56
306.66	306.66	6.66			276.82	276.82		
688.2	26.19	26.19			644.75	26.19		618.56
215.88	215.88	35.88			160.77	160.77		
200	200				40	40		
200	200	0			200	200		
0	0							
0	0							
31.95	31.95	31.95						
180	180				170	170		
435.89	440.39	-209.61	-4.5	-4.5	651.08	651.08		
230	230				200	200		
60	60							
190	190	0			190	190		
919	919	0			206.45	206.45		
0	0							
0	0							
540	540	320						
460.64	460.64	80.64			380.25	380.25		
0	0							
110	110	10						
225	225	35		0	220	220		

地质调查项目人员——按专业性质（一）

计量单位：人

	期末从事地质调查人数	平均从事地质调查人数	期末直接投入项目人数	直接投入地调技术人员		平均直接投入项目人员
					高级技术人员	
合　计	**42 391**	**33 699**	**37 726**	**32 538**	**11 190**	**33 383**
矿产资源调查评价	**14 161**	**10 641**	**12 109**	**10 182**	**3142**	**10 331**
能源矿产地质调查	4432	2834	3610	2839	896	2843
其中：石油地质调查	757	355	592	376	158	344
金属矿产地质调查	8046	6572	7161	5940	1716	6460
非金属矿产地质调查	779	585	737	647	239	587
水气矿产地质调查	83	14	63	73	43	14
水文、工程、环境地质勘查	**6280**	**5071**	**5718**	**5197**	**1506**	**5107**
水文地质	1880	1600	1741	1549	444	1601
工程地质	135	117	122	119	42	117
环境地质	1200	940	1037	951	357	877
水文工程环境地质综合调查	3065	2414	2818	2578	663	2512
区域地质调查	**7028**	**6158**	**6653**	**4899**	**1273**	**6163**
地球物理、地球化学勘查	**2112**	**1851**	**1918**	**1591**	**622**	**1771**
地面物探	522	474	487	293	83	462
地面化探	673	512	605	557	214	510
航空物探	715	683	640	576	257	626
物化探综合调查	150	133	137	127	58	126
遥感	**826**	**682**	**794**	**745**	**245**	**690**
矿产资源	677	549	652	607	201	559
土地资源	128	112	121	117	41	110
地质灾害预警工程	**1220**	**1012**	**1145**	**1068**	**359**	**996**
地质灾害调查	935	789	900	834	278	773
地质灾害治理	3	3	3	3	1	3
土地资源监测调查评价	**83**	**68**	**73**	**67**	**33**	**67**
土地资源监测	11	10	11	11	3	10

地质调查项目人员——按专业性质（二）

计量单位：人

	期末从事地质调查人数	平均从事地质调查人数	期末直接投入项目人数	直接投入地调技术人员	高级技术人员	平均直接投入项目人员
土地资源调查	5	5	5	5	5	5
土地资源评价	52	40	44	43	20	40
土地利用与保护	15	13	13	8	5	12
数字国土工程	**661**	**470**	**601**	**582**	**280**	**470**
信息化标准建设	161	122	134	130	47	116
信息技术研究与开发	33	15	16	16	6	15
地矿基础数据库建设	33	15	16	16	6	15
国土资源基础数据库建设	340	257	324	322	166	254
地矿基础数据库建设	283	213	277	275	141	210
土地基础数据库建设	6	6	6	6	5	6
国土资源网络系统建设	68	47	68	68	39	56
国土资源管理信息系统建设	9	9	9	9	3	9
国土资源信息服务系统建设	48	18	48	35	17	18
国土资源科学研究	**4374**	**3588**	**3791**	**3559**	**1501**	**3533**
地质科学研究	4148	3383	3587	3370	1410	3333
土地科学研究	18	11	11	11	6	11
技术发展工程	**1362**	**1030**	**1173**	**1109**	**462**	**1045**
地矿技术发展工程	1202	895	1014	956	403	910
区域地质技术发展工程	41	38	41	41	15	38
地球物理技术发展工程	109	97	109	108	41	99
地球化学技术发展工程	58	56	49	43	15	59
遥感技术发展工程	105	99	102	93	38	98
水、工、环技术发展工程	105	87	105	102	51	105
探矿工程技术发展工程	420	220	259	247	112	216
其他技术发展工程	356	295	345	318	130	292
其他	**4284**	**3128**	**3751**	**3539**	**1767**	**3210**

地质调查项目人员——按矿种（一）

计量单位：人

	期末从事地质调查人数	平均从事地质调查人数	期末直接投入项目人数	直接投入地调技术人员		平均直接投入项目人员
					高级技术人员	
合　计	**42 391**	**33 699**	**37 726**	**32 538**	**11 190**	**33 383**
一、能源矿产	**4310**	**2660**	**3451**	**2712**	**909**	**2677**
煤	318	217	254	228	96	239
油页岩	282	207	268	262	58	205
石油	1284	528	790	537	239	494
天然气	482	289	394	335	129	312
煤层气	96	62	71	64	28	59
石煤						
油砂	22	19	22	19	7	23
天然沥青						
地热	135	108	116	116	32	108
天然气水合物						
* * *	* * *	* * *	* * *	* * *	* * *	* * *
二、金属矿产	**8896**	**7199**	**8012**	**6672**	**2004**	**7115**
（一）黑色金属矿产	**1301**	**1072**	**1082**	**960**	**277**	**980**
铁矿	787	618	590	505	142	507
锰矿	231	187	221	205	69	206
铬铁矿	262	255	259	238	60	255
钒矿	21	12	12	12	6	12
（二）有色金属矿产	**5456**	**4393**	**5013**	**4089**	**1207**	**4437**
铜矿	1616	1513	1520	1224	341	1452
铅矿	271	208	241	198	48	246
锌矿						
铝土矿	57	37	47	41	14	39
镍矿	162	106	153	130	42	132
钴矿	7		7	7	4	
钨矿	217	153	175	159	46	140
锡矿	281	183	254	213	79	208
钼矿	128	103	127	110	40	100
锑矿	36	10	36	28	3	10
铅锌矿	811	561	703	578	172	590
多金属	1870	1519	1750	1401	418	1520
（三）贵金属矿产	**1907**	**1540**	**1703**	**1428**	**463**	**1508**
铂矿	5	5	5	5	4	5
金矿	1873	1507	1672	1401	455	1478
银矿	29	28	26	22	4	25
（四）稀有金属矿产	**190**	**165**	**179**	**164**	**46**	**159**
铌钽矿	51	50	51	46	7	50
铌矿	7	7	7	7	2	7
钽矿	29	29	29	29	3	29

地质调查项目人员——按矿种（二）

计量单位：人

	期末从事地质调查人数	平均从事地质调查人数	期末直接投入项目人数	直接投入地调技术人员	高级技术人员	平均直接投入项目人员
铍矿						
锂矿	91	67	80	72	32	61
铷矿	12	12	12	10	2	12
（五）稀土金属矿产	**42**	**29**	**35**	**31**	**11**	**31**
重稀土矿	22	22	22	22	9	22
轻稀土矿	20	7	13	9	2	9
（六）稀散元素矿产						
镓矿						
三、非金属矿产	**2494**	**1878**	**2312**	**2125**	**692**	**1906**
（一）冶金辅助材料	**69**	**57**	**64**	**64**	**23**	**57**
蓝晶石	25	23	25	25	12	23
萤石（普通）	36	26	31	31	8	26
冶金用石英岩	8	8	8	8	3	8
冶金用脉石英						
（二）化工原料矿产	**436**	**324**	**413**	**368**	**170**	**344**
自然硫	13	13	13	13	5	13
硫铁矿	33	17	33	31	10	17
含钾岩石						
钾盐	300	219	277	240	125	242
硼矿						
天然卤水	14	14	14	11	4	11
磷矿	76	61	76	73	26	61
（三）特种非金属	**81**	**66**	**76**	**68**	**18**	**60**
金刚石	81	66	76	68	18	60
（四）建材及其他非金属矿产	**254**	**161**	**249**	**224**	**71**	**156**
石墨	104	94	100	75	20	90
刚玉						
滑石	12	12	12	12	1	12
透辉石	3	3	2	2	1	2
玉石						
水泥用灰岩	11	11	11	11	10	11
建筑用砂						
玻璃用脉石英	118	35	118	118	36	35
高岭土	6	6	6	6	3	6
饰面用大理石						
（五）水气矿产	**1654**	**1270**	**1510**	**1401**	**410**	**1289**
地下水	1634	1270	1510	1391	406	1289
二氧化碳气						
氦气	20			10	4	
氡气						
四、不分矿种	**26 691**	**21 962**	**23 951**	**21 029**	**7585**	**21 685**

地质调查项目人员——按地区

计量单位：人

	期末从事地质调查人数	平均从事地质调查人数	期末直接投入项目人数	直接投入地调技术人员		平均直接投入项目人员
					高级技术人员	
合　计	**42 391**	**33 699**	**37 726**	**32 538**	**11 190**	**33 383**
北京	4926	4063	4186	4017	2094	3969
天津	253	227	247	240	92	228
河北	2293	1894	2152	1986	647	1949
山西	465	273	392	303	83	316
内蒙古	3729	2626	3148	2400	720	2650
辽宁	872	431	577	489	219	416
吉林	807	689	740	619	253	682
黑龙江	1032	925	943	748	224	874
上海	32	28	32	32	11	28
江苏	655	491	597	577	210	483
浙江	404	363	377	352	112	300
安徽	1149	559	974	833	312	543
福建	651	515	582	546	218	521
江西	659	525	583	563	190	498
山东	690	582	623	537	233	519
河南	701	601	663	596	181	599
湖北	1098	965	1058	987	321	951
湖南	1253	1076	1146	1000	332	1078
广东	763	621	663	518	169	609
广西	1377	917	1244	1106	261	921
海南	410	333	404	354	105	336
重庆	407	340	383	360	128	389
四川	1922	1686	1705	1437	494	1658
贵州	874	647	812	698	207	668
云南	1389	1092	1259	1012	380	1111
西藏	3240	2871	3062	2656	690	2913
陕西	978	639	803	700	239	671
甘肃	1211	1054	1118	914	302	981
青海	3228	2713	2792	2321	593	2581
宁夏	333	262	325	251	59	269
新疆	3977	3234	3578	2853	877	3203
台湾	4	3	4	3	3	4
境外	609	454	554	530	231	465

地质调查项目人员——按单位（一）

计量单位：人

	期末从事地质调查人数	平均从事地质调查人数	期末直接投入项目人数	直接投入地调技术人员	高级技术人员	平均直接投入项目人员
合　计	**41 645**	**33 240**	**37 113**	**32 071**	**11 060**	**32 912**
一、地调局及局属单位	**23 148**	**18 267**	**20 745**	**18 668**	**6635**	**18 326**
天津地调中心	401	265	346	320	130	284
沈阳地调中心	974	347	665	467	219	356
南京地调中心	599	285	506	468	163	271
武汉地调中心	427	427	427	427	142	428
成都地调中心	467	466	467	461	95	465
西安地调中心	880	314	471	434	186	350
青岛海地所	11	10	10	10	3	10
航遥中心	669	669	613	545	236	613
广州海洋局	27	27	27	27	9	27
水环地调中心	1561	1561	1561	1561	334	1561
发展研究中心	1095	1085	1089	1088	781	1085
实物资料中心	11	9	11	11	2	9
环境监测院	176	175	176	176	87	176
地质图书馆	247	81	247	231	93	67
油气调查中心	669	285	376	294	123	253
油气调查中心（优选）	4	4	4	4	1	4
环境监测院（优选）	44	47	39	37	15	43
航遥中心（优选）	2	2	2	2	2	2
地科院（优选）	746	535	736	521	141	554
天津地调中心（优选）	319	260	269	213	70	237
沈阳地调中心（优选）	357	250	326	271	99	267
南京地调中心（优选）	568	416	494	431	164	376
武汉地调中心（优选）	451	416	435	397	101	413
成都地调中心（优选）	1171	1026	1093	887	223	1031
西安地调中心（优选）	1897	1540	1737	1337	284	1552
地科院（分类）	**9375**	**7765**	**8618**	**8048**	**2932**	**7892**
地科院本部	415	293	352	336	168	286
地质研究所	2638	2690	2572	2543	776	2752
矿产资源所	1301	1085	1209	1160	557	1085

地质调查项目人员——按单位（二）

计量单位：人

	期末从事地质调查人数	平均从事地质调查人数	期末直接投入项目人数	直接投入地调技术人员		平均直接投入项目人员
					高级技术人员	
地质力学所	758	553	653	540	273	544
实验测试中心	203	172	202	190	106	172
水文环境所	1688	1220	1513	1350	401	1277
物化探所	413	382	389	374	155	384
岩溶地质所	985	622	877	755	213	643
成都综合所	311	214	298	269	88	223
郑州综合所	238	238	238	227	47	235
勘探技术所	240	125	145	145	74	124
探矿工艺所	115	101	100	90	57	97
探矿工程所	70	70	70	69	17	70
二、省（区、市）地调院	**4626**	**3661**	**4252**	**3800**	**1241**	**3673**
北京地调院	34	34	34	27	13	27
天津地调院	82	77	82	79	19	77
河北地调院	55	44	42	38	16	44
山西地调院	211	141	163	135	45	170
内蒙古地调院	206	170	172	145	31	169
辽宁地调院	40	26	31	21	8	21
吉林地调院	117	106	117	106	63	117
黑龙江地调总院	63	63	63	63	10	63
上海地调院	16	12	16	16	7	12
江苏地调院	118	110	118	118	32	110
浙江地调院	102	86	102	102	36	86
安徽地调院	407	177	311	268	102	171
福建地调院	197	176	179	164	82	178
江西地调院	115	106	111	111	32	106
山东地调院	115	95	100	86	58	93
河南地调院	121	110	119	119	46	110
湖北地调院	226	150	203	186	62	139
湖南地调院	536	515	536	458	115	520
广东地调院	152	139	140	128	30	122
广西地调院	209	66	156	150	38	66

地质调查项目人员——按单位（三）

计量单位：人

	期末从事地质调查人数	平均从事地质调查人数	期末直接投入项目人数	直接投入地调技术人员	高级技术人员	平均直接投入项目人员
海南地调院	297	220	291	262	85	223
重庆地调院	79	74	79	69	34	104
四川地调院	183	102	162	142	42	85
贵州地调院	165	109	165	136	39	109
云南地调局	195	175	195	169	85	191
西藏地调院	135	131	132	116	24	130
陕西地调院	81	81	81	56	16	74
甘肃地调院	4	4	4	4	1	4
青海地调院	163	158	154	149	31	158
宁夏地调院	81	72	79	70	11	70
新疆地调院	121	132	115	107	28	124
三、省（区、市）环境监测站	**808**	**744**	**776**	**644**	**224**	**750**
天津环境监测站	25	25	25	25	6	25
山西环境监测中心	10	3	8	8	1	3
内蒙古环境监测站	20	20	20	12	5	20
吉林环境监测站	46	46	46	36	24	46
浙江环境监测院	59	54	44	44	22	50
安徽环境监测站	20	15	15	15	13	14
福建环境监测中心	37	28	37	35	6	25
江西环境监测站	12	12	12	12	4	12
山东环境监测站	20	20	20	20	10	20
河南环境监测院	30	24	30	23	11	27
湖北地质环境站	228	212	222	189	52	213
湖南环境监测站	41	41	41	41	8	41
广西环境监测站	32	30	32	29	6	30
海南环境监测站	26	26	26	24	6	26
重庆环境监测站	22	8	22	22	7	22
贵州环境监测站	11	11	11	11	2	11
云南环境监测站	3	3	3	3	1	3
西藏环境监测站	113	113	113	46	19	113
陕西环境监测站	13	13	13	13	3	13

地质调查项目人员——按单位（四）

计量单位：人

	期末从事地质调查人数	平均从事地质调查人数	期末直接投入项目人数	直接投入地调技术人员		平均直接投入项目人员
					高级技术人员	
甘肃环境监测站	32	32	28	28	11	28
青海环境监测站	3	3	3	3	2	3
新疆环境监测站	5	5	5	5	5	5
四、省（区、市）国土资源厅、地勘局	**416**	**375**	**407**	**320**	**86**	**370**
内蒙古地勘局	1	1	1	1		1
福建地勘局	10	8	8	8	4	8
广东地质局	26	20	26	21	10	26
广西地勘局	17	10	17	14	5	10
重庆地勘局	3	3	3	3	1	3
四川地勘局	73	71	71	57	9	69
云南地勘局	76	64	76	62	20	54
西藏地勘局	153	144	148	124	29	142
陕西地勘局	35	32	35	17	3	35
青海地勘局	8	8	8	8	3	8
新疆地勘局	14	14	14	5	2	14
五、地勘各工业部门	**6124**	**5125**	**5755**	**3864**	**1081**	**5050**
冶金地勘系统	**766**	**712**	**721**	**628**	**130**	**640**
冶金地质总局	112	114	102	89	20	108
山东正元地质勘查院	84	101	75	71	35	93
冶金地质总局中南地勘院	128	112	128	110	12	112
冶金地质总局西北局	24	24	24	17	2	24
冶金地质总局地球物理勘查院	68	52	57	52	13	49
冶金地质总局昆明地勘院	21	16	21	19	2	13
四川冶金地勘局	50	51	48	45	8	50
四川冶金地勘院	25	25	25	24	6	25
冶金地质总局第三地勘院	14	7	12	10	2	7
冶金地质总局第一地勘院	166	155	156	131	19	99
冶金地质总局广西地勘院	43	31	43	37	8	37
冶金地质总局中南局	31	24	30	23	3	23
有色地勘系统	**1189**	**823**	**1017**	**873**	**284**	**783**
有色地调中心	327	223	291	254	106	207

地质调查项目人员——按单位（五）

计量单位：人

	期末从事地质调查人数	平均从事地质调查人数	期末直接投入项目人数	直接投入地调技术人员	高级技术人员	平均直接投入项目人员
有色北京矿产地质研究院	112	82	112	64	30	62
内蒙古有色地勘局	64	26	64	60	9	33
有色华东地勘局	88	55	83	82	25	56
浙江有色地勘局	7	15	7	6	1	15
河南有色地勘局	62	24	39	31	19	23
湖南有色地勘局	23	16	20	17	3	14
广东有色地勘局	115	57	73	68	17	60
贵州有色和核工业地勘局地勘院	48	23	22	20	5	22
甘肃有色地调院	9	9	9	8	2	9
青海有色地勘局	59	52	57	40	4	52
江西有色地勘二队	68	63	58	58	13	49
江西有色地勘院	17	17	17	17	8	17
辽宁有色地质局一〇三队	50	28	36	36	11	27
铜陵有色金属集团控股有限公司矿产资源中心	6	11	6	6	4	13
广东有色地勘院	5	4	4	4	1	4
辽宁有色地质局	59	56	50	45	12	56
西北有色地勘局	70	62	69	57	14	64
武警黄金部队	**1971**	**1902**	**1933**	**627**	**96**	**1941**
武警黄金指挥部	1971	1902	1933	627	96	1941
煤田地勘系统	**958**	**603**	**889**	**693**	**216**	**614**
中煤地质总局	78	47	77	72	43	44
内蒙古煤田地质局	36	32	34	26	10	30
宁夏煤田地质局	89	56	89	27	9	51
新疆煤田地质局	79	35	58	34	14	34
中煤地质总局煤田水文地质局	22	22	22	22	22	22
中煤地质总局航测遥感局	170	138	156	138	41	138
中煤地质总局勘查总院	131	82	131	91	35	82
中煤地质总局特种技术勘探中心	107	76	100	86	19	69
四川煤田地质工程勘察设计院	37	33	31	26	9	28
新疆煤田地质局综合地勘队	126	32	126	108	7	68

地质调查项目人员——按单位（六）

计量单位：人

	期末从事地质调查人数	平均从事地质调查人数	期末直接投入项目人数	直接投入地调技术人员		平均直接投入项目人员
					高级技术人员	
中煤地质工程总公司	39	22	39	39	3	22
新疆煤田地质局一五六队	10	10	8	6	4	8
中煤地质总局青海地质局	18	18	18	18	0	18
核工业地质系统	**911**	**799**	**894**	**766**	**263**	**787**
核工业地质局	12	12	12	12	12	10
核工业航测遥感中心	299	299	299	299	117	299
青海核工业地质局	8	8	7	6	1	7
四川核工业地质局	4	4	4	4	1	4
陕西核工业地质局二二四大队	137	90	127	77	12	79
四川核工业地调院	33	32	33	32	4	32
核工业北京地质研究院	96	84	94	75	42	73
核工业 208 大队	66	53	66	47	15	49
核工业 216 大队	102	74	93	83	15	79
核工业 243 大队	60	60	60	46	16	60
核工业 230 研究所	13	13	13	10	5	13
核工业 240 研究所	35	24	35	31	9	31
核工业 270 研究所	30	30	30	25	10	30
核工业 290 研究所	16	16	21	19	4	21
化工地质矿山总局	**237**	**208**	**226**	**205**	**61**	**212**
中化地质矿山总局	202	174	191	172	54	178
中化地质矿山总局地质研究院	35	34	35	33	7	34
建材地勘中心	**92**	**78**	**75**	**72**	**31**	**73**
中材地勘中心	4	9	3	3	2	6
中材地勘中心山东总队	38	38	38	38	9	38
中材地勘中心湖南总队	3	3	2	2	1	2
中材地勘中心陕西总队	18	16	18	18	11	16
中材地勘中心吉林总队	28	11	13	10	7	10
中材地勘中心内蒙古总队	1	1	1	1	1	1
六、院校	**2547**	**1962**	**2100**	**1995**	**844**	**1978**
中国地质大学（北京）	740	646	661	600	240	633
石家庄经济学院	42	20	42	18	5	24

地质调查项目人员——按单位（七）

计量单位：人

	期末从事地质调查人数	平均从事地质调查人数	期末直接投入项目人数	直接投入地调技术人员	高级技术人员	平均直接投入项目人员
吉林大学	294	257	278	267	111	268
南京大学	124	116	102	109	35	115
中国地质大学（武汉）	308	303	307	307	129	303
成都理工大学	529	303	358	358	201	303
长安大学	291	165	173	161	61	170
东华理工大学	28	20	28	27	7	20
杭州师范大学	25	9	15	15	5	9
合肥工业大学	39	39	39	39	20	39
中国海洋大学	3	2	3	3	1	2
中国矿业大学（北京）	68	34	48	45	22	46
中山大学	2	2	2	2	1	2
北京师范大学	20	20	20	20	4	20
中国石油大学（华东）	34	26	24	24	2	24
七、其他单位	**3976**	**3106**	**3078**	**2780**	**949**	**2765**
国土资源部信息中心	187	158	187	187	87	158
中国国土经研院	342	174	295	289	122	235
地质博物馆	182	97	89	63	31	97
北京 101 地质大队	356	236	47	36	10	35
天津华北地勘局	48	38	48	46	9	36
黑龙江区调所	30	30	30	30		30
安徽勘查技术院	56	61	46	38	13	46
山东地质科学实验研究院	113	86	84	72	49	44
西藏地勘局第二地质大队	44	26	44	44	8	26
西藏地勘局第五地质大队	59	53	52	52	8	53
西藏地勘局第六地质大队	32	32	32	26	6	32
陕西第二物探大队	42	42	42	16	6	42
青海柴达木综合勘查院	33	33	33	29	10	33
青海环境地勘局	206	211	12	206	72	10
重庆地质矿产研究院	8	3	8	8	1	6
内蒙古地勘五院	8	8	8	7	3	8
内蒙古地勘院	38	38	30	19	3	30

地质调查项目人员——按单位（八）

计量单位：人

	期末从事地质调查人数	平均从事地质调查人数	期末直接投入项目人数	直接投入地调技术人员		平均直接投入项目人员
					高级技术人员	
河北区调所	38	31	34	29	9	28
河南地勘局第一地勘院	10	10	10	9	3	9
河南地勘局第三地质矿产调查院	16	16	16	10	4	16
河南地勘局第一地质矿产调查院	69	67	69	62	15	71
山东地矿工程勘察院	10	4	10	10	4	4
陕西地勘局区域地质矿产研究院	35	35	35	26	6	35
青海第三地勘院	42	36	28	28	2	35
青海第四地勘院	19	11	11	11		11
青海第五地勘院	68	53	68	33	5	53
青海水文地质工程地质环境地质调查院	11	11	11	11	3	11
西藏地勘局地热地质大队	65	59	65	46	8	56
福建国土资源勘测规划院	31	16	31	30	14	31
甘肃地勘局第三地勘院	30	23	28	24	5	20
广西二一五地质队有限公司	60	30	60	40	10	26
贵州地勘局一〇三地质大队	31	12	31	31	23	31
贵州地勘局一〇五地质大队	60	60	60	60	6	60
湖北地质局第一地质大队	24	23	24	23	10	23
湖南地勘局四一六队	47	21	47	40	21	45
江苏华东地质调查集团有限公司（华东有色地勘院）	28	25	23	23	7	25
江苏地矿局第一地质大队	10	10	10	10	3	10
江西地勘局赣西北大队	19	19	19	19	6	19
辽宁地勘院	39	39	39	34	18	39
内蒙古赤峰地勘院	164	84	149	93	29	121
首钢地勘院地研所	3	7	3	2	0	6
四川地勘局四〇三地质队	105	257	105	95	3	257
新疆有色地勘局七〇四队	43	5	40	34	11	34
浙江第七地质大队	13	13	13	13	5	13
重庆地勘局205地质队	7	7	7	7	2	7
重庆一三六地质队	26	10	11	10	3	11
新疆地勘局第九地质大队	112	112	112	68	13	112

地质调查项目人员——按单位（九）

计量单位：人

	期末从事地质调查人数	平均从事地质调查人数	期末直接投入项目人数	直接投入地调技术人员		平均直接投入项目人员
					高级技术人员	
河南地勘局第五地勘院	10	10	6	6	2	6
黑龙江地调总院齐齐哈尔分院	76	76	76	76	27	47
湖南湘南地质勘察院	23	11	23	19	8	11
陕西地勘局第三地质大队	21	17	21	17	7	21
青海有色地勘局地勘院	31	31	31	31	18	31
新疆地勘局第四地质大队	8	6	6	6	2	6
新疆地勘局第一区调大队	46	41	46	23	7	36
安徽地勘局321地质队	82	32	82	37	14	32
贵州国土资源技术信息中心	39	21	39	21	6	21
湖南有色地勘查局二一七队	2	4	1	1	1	3
西藏国土资源信息中心	14	14	14	14	6	14
新疆地勘局第三地质大队	4	5	4	4	4	5
安徽地勘局327地质队	33		33	30	10	
安徽地勘局332地质队	12	6	10	8	6	10
甘肃地勘局第四地勘院	17	17	13	8	2	15
甘肃有色地勘局兰州矿产勘查院	41	41	41	27	14	41
广东地质局第三地质大队	40	30	25	15	3	20
广东地质局第五地质大队	60	45	50	40	13	60
广东有色地质局九三二队	8	6	8	8	3	6
河南有色地矿局第四地质大队	12	9	11	9	4	8
湖南核工业地质局三〇二大队	27	27	3	24	12	3
吉林第一地调所	15	15	15	15	2	15
吉林有色地勘局六〇二队	28	10	25	25	7	10
江西地勘局赣东北大队	40	13	32	30	13	11
江西地勘局九一六大队	44		14	10	4	
青海第一地勘院	25	25	25	25		25
青海有色地勘局八队	32	19	15	15	7	19
陕西地勘局第一地质队	56	56	56	53	14	56
陕西核工业地质局二一一大队	13	12	13	11	0	13
云南地勘院	70	50	56	48	30	55
重庆地勘局607地质队	28	25	28	25	17	25

附 录

局机关主要领导及变动情况

局党组领导

党组书记 钟自然
党组副书记 王 研
成员 王学龙 李金发 李海清 王小烈
党组纪检组组长 李海清

局领导

局长 钟自然
副局长 王 研 王学龙 李金发

局机关各部室负责人

办公室
主任 马 军
副主任 陈 辉

总工程师室
主任 严光生（兼）
副主任 窦云涛

财务部
副主任 严兴华（挂职，主持工作）

基础调查部
主任 张海啟
副主任 伍光英

资源评价部
副主任 龙宝林（主持工作）

水文地质环境地质部
主任 文冬光

科技外事部
主任 吴珍汉

装备部
主任 唐 兰（主持工作）
副主任 周 昶

人事教育部
主任 赵 奇
副主任 安俊良

监察审计室（纪检组）
主任 李志忠

局直属机关党委
书记 王 研（兼）
常务副书记 余浩科

局直属机关纪委
书记 杨 澍

变动情况：

1. 2015 年 7 月 30 日，中地调党发〔2015〕32 号，经局党组第 32 次会议研究决定：胡茂焱同志任中国地质调查局武汉地质调查中心（武汉地质矿产研究所）党委书记（正局级）、副主任（副所长），免去其中国地质调查局办公室副主任职务；2015 年 10 月 19 日，中地调党发〔2015〕46 号，经局党组第 42 次会议研究决定：陈辉同志任中国地质调查局办公室副主任（正处级），免去其中国地质调查局总工程师室副主任职务。

2. 2015 年 10 月 19 日，中地调党发〔2015〕46 号，经局党组第 42 次会议研究决定：伍光英同志任中国地质调查局基础调查部副主任（正处级），免去其中国地质调查局总工程师室副主任职务；窦云涛同志任中国地质调查局总工程师室副主任（正处级，试用期一年），免去其中国地质调查局财务部综合与统计处处长职务。

3. 2015 年 2 月 13 日，中地调党发〔2015〕10 号，经局党组第 10 次会议研究决定：申勤同志任中国国土资源航空物探遥感中心副主任（副局级，试用期一年）、党委委员，免去其局财务部副主任职务；严兴华同志挂职担任局财务部副主任（副局级、主持工作），挂职时间一年。

4. 2015 年 5 月 29 日，中地调党发〔2015〕22 号，经局党组第 18 次会议研究决定：肖桂义同志任中国地质调查局天津地质调查中心（天津地质矿产研究所）副主任（副所长）（副局级，试用期一年）、党委委员，免去其局基础调查部副主任职务；2015年10月19日，中地调党发〔2015〕46号，经局党组第42次会议研究决定：伍光英同志任中国地质调查局基础调查部副主任（正处级），免去其中国地质调查局总工程师室副主任职务。

5. 2015年1月5日，局批准王全明同志调出申请，由龙宝林同志主持资源评价部工作。

6. 2015年2月13日，中地调党发〔2015〕18号，经局党组第10次会议研究决定：何庆成同志任中国地质调查局南京地质调查中心（南京地质矿产研究所）副主任（副所长）（副局级，试用期一年）、党委委员，免去其中国地质调查局科技外事部副主任职务；吴珍汉同志任中国地质调查局科技外事部主任（试用期一年），兼任中国地质科学院副院长、党委委员。

7. 2015年2月13日，中地调党发〔2015〕18号，经局党组第10次会议研究决定：韩英哲同志任中国地质调查局人事教育部巡视员（副局级），免去其中国地质调查局装备部主任职务；2015年8月27日，中地调党发〔2015〕34号，经局党组第35次会议研究决定：免去韩英哲同志中国地质调查局人事教育部巡视员职务，办理退休；2015年10月19日，中地调党发〔2015〕46号，经局党组第42次会议研究决定：周昶同志任中国地质调查局装备部副主任（正处级，试用期一年），免去其中国地质调查局装备部装备处处长职务。

8. 2015年2月13日，中地调党发〔2015〕18号，经局党组第10次会议研究决定：赵奇同志兼任中国地质调查局油气资源调查中心党委书记（正局级）、副主任。

9. 2015年7月30日，中地调党发〔2015〕32号，经局党组第32次会议研究决定：李志忠同志任中国地质调查局监察审计室主任（副局级，试用期一年），免去其中国地质调查局油气资源调查中心副主任职务；马江芬同志任中国地质调查局油气资源调查中心纪委书记（副局级）、党委委员，免去其中国地质调查局监察审计室副主任职务。

10. 2015年10月19日，中地调党发〔2015〕46号，经局党组第42次会议研究决定：王昭同志任中国地质调查局监察审计室副主任（正处级），免去其中国地质调查局直属机关党委副书记、纪委书记职务；杨澍同志任中国地质调查局直属机关党委纪委书记（正处级），免去其中国地质调查局办公室综合处（保卫处）处长职务。

（马成义　刘元宏）

直属单位领导班子及变动情况

天津地质调查中心（天津地质矿产研究所）

主任（所长）、党委副书记	金若时
总工程师	苗培森
副主任（副所长）	高新平
副主任（副所长）	肖桂义
副主任（副所长）	赵凤清

变动情况：

1. 2014年10月24日，中地调党发〔2015〕43号，经局党组第10次会议研究决定：骆庆君同志任国家地质实验测试中心党委书记（正局级）、副主任，免去其中国地质调查局天津地质调查中心（天津地质矿产研究所）副主任（副所长）、党委委员职务。

2. 2015年5月29日，中地调党发〔2015〕22号，经局党组第18次会议研究决定：肖桂义同志任中国地质调查局天津地质调查中心（天津地质矿产研究所）副主任（副所长）（副局级，试用期一年）、党委委员，免去其局基础调查部副主任职务；赵凤清同志任中国地质调查局天津地质调查中心（天津地质矿产研究所）副主任（副所长）（副局级，试用期一年）。

沈阳地质调查中心（沈阳地质矿产研究所）

主任（所长）、党委副书记	陈仁义
党委书记、副主任（副所长）	曹贵斌
副主任（副所长）	邴志波
总工程师	朱　群
副主任（副所长）	张　泉

变动情况：

2015年7月17日，中地调党发〔2015〕4号，经局党组第30次会议研究决定：免去曹贵斌同志中国地质调查局沈阳地质调查中心（沈阳地质矿产研究所）纪委书记职务。

南京地质调查中心（南京地质矿产研究所）

党委书记、副主任（副所长）、纪委书记 郭坤一
总工程师 邢光福
副主任（副所长） 郑济林
副主任（副所长） 何庆成

变动情况：

2015 年 2 月 13 日，中地调党发〔2015〕18 号，经局党组第 10 次会议研究决定：何庆成同志任中国地质调查局南京地质调查中心（南京地质矿产研究所）副主任（副所长）（副局级，试用期一年）、党委委员，免去其中国地质调查局科技外事部副主任职务。

武汉地质调查中心（武汉地质矿产研究所）

主任（所长）、党委副书记 姚华舟
党委书记、副主任（副所长） 胡茂焱
副主任（副所长） 张旺驰
副主任（副所长） 鄢道平
副主任（副所长） 钟开威

变动情况：

2015 年 7 月 30 日，中地调党发〔2015〕32 号，经局党组第 32 次会议研究决定：胡茂焱同志任中国地质调查局武汉地质调查中心（武汉地质矿产研究所）党委书记（正局级）、副主任（副所长），免去其中国地质调查局办公室副主任职务。

成都地质调查中心（成都地质矿产研究所）

名誉所长 刘宝珺
主任（所长）、党委副书记 徐学义
党委书记、副主任（副所长） 王 剑
党委副书记、纪委书记 王全海
副主任（副所长） 孙清元

变动情况：

2015 年 7 月 30 日，中地调党发〔2015〕32 号，经局党组第 32 次会议研究决定：吴琳同志任中国地质科学院探矿工艺研究所党委书记（正局级）、副所长，免去其中国地质调查局成都地质调查中心（成都地质矿产研究所）副主任（副所长）、党委委员职务。

西安地质调查中心（西安地质矿产研究所）

主任（所长）、党委副书记 李文渊
党委书记、副主任（副所长） 杜玉良
副主任（副所长） 郭兴华
副主任（副所长） 王香萍
副主任（副所长） 王 涛

变动情况：

2015 年 12 月 16 日，中地调党发〔2015〕70 号，经局党组第 52 次会议研究决定：免去杜玉良同志中国地质调查局西安地质调查中心（西安地质矿产研究所）纪委书记、纪委委员职务。

青岛海洋地质研究所

副所长（主持工作）、党委副书记 吴能友
党委书记、副所长 周永青
副所长 姜玉池
副所长 张训华
党委副书记、纪委书记 王建华

变动情况：

2015 年 2 月 13 日，中地调党发〔2015〕18 号，经局党组第 10 次会议研究决定：彭轩明同志任中国地质科学院地球物理地球化学勘查研究所所长、党委副书记，免去其青岛海洋地质研究所所长、党委委员职务；吴能友同志任青岛海洋地质研究所副所长（副局级，主持工作）、党委副书记；姜玉池同志任青岛海洋地质研究所副所长（正局级）、党委委员，免去其中国地质科学院岩溶地质研究所所长、党委副书记职务。

广州海洋地质调查局

局长、党委副书记 温 宁
总工程师 杨胜雄
副局长 严兴华
副局长 张光学
副局长、纪委书记 李国胜

中国国土资源航空物探遥感中心

主任、党委副书记 韩子夜
党委书记、副主任 温国勇
副主任、总工程师 熊盛青
副主任 胡尚英
副主任 方洪宾
纪委书记 李知用
副主任 申 勤

变动情况：

1. 2015 年 2 月 13 日，中地调党发〔2015〕8

号，经局党组第10次会议研究决定：免去王凯同志中国国土资源航空物探遥感中心副主任、党委委员职务，办理退休。

2. 2015年2月13日，中地调党发〔2015〕10号，经局党组第10次会议研究决定：申勤同志任中国国土资源航空物探遥感中心副主任（副局级，试用期一年）、党委委员，免去其局财务部副主任职务；温国勇同志兼任中国国土资源航空物探遥感中心副主任。

3. 2015年2月13日，中地调党发〔2015〕43号，经局党组第10次会议研究决定：韩子夜同志任中国国土资源航空物探遥感中心主任（正局级）、党委副书记。

中国地质调查局水文地质环境地质调查中心

主任、党委副书记	李文鹏
党委书记、副主任	武选民
副主任	孙晓明
副主任	郭建强

变动情况：

1. 2015年5月29日，中地调党发〔2015〕22号，经局党组第18次会议研究决定：中国地质调查局水文地质环境地质调查中心副主任郭建强同志明确为副局级职级。

2. 2015年12月16日，中地调党发〔2015〕70号，经局党组第52次会议研究决定：免去武选民同志中国地质调查局水文地质环境地质调查中心纪委书记、纪委委员职务。

中国地质调查局油气资源调查中心

主任	叶建良
党委书记、副主任	赵　奇
副主任	翟刚毅
副主任	高炳奇
纪委书记	马江芬

变动情况：

1. 2015年2月13日，中地调党发〔2015〕18号，经局党组第10次会议研究决定：赵奇同志兼任中国地质调查局油气资源调查中心党委书记（正局级）、副主任。

2. 2015年7月30日，中地调党发〔2015〕32号，经局党组第32次会议研究决定：李志忠同志任中国地质调查局监察审计室主任（副局级，试用期一年），免去其中国地质调查局油气资源调查中心副主任职务；马江芬同志任中国地质调查局油气资源调查中心纪委书记（副局级）、党委委员，免去其中国地质调查局监察审计室副主任职务。

中国地质调查局发展研究中心（全国地质资料馆、国土资源部矿产勘查技术指导中心）

主任（馆长）、党委副书记、技术指导中心主任	严光生
党委书记、副主任（副馆长）	邓志奇
副主任（副馆长）	蔡　纲
副主任（副馆长）	齐亚彬
总工程师	谭永杰
党委委员	许庆丰
党委委员、技术指导中心副主任	薛迎喜
纪委书记	付晶泽
副主任	施俊法
党委委员、技术指导中心副主任	李　剑

变动情况：

1. 2015年5月29日，中地调党发〔2015〕22号，经局党组第18次会议研究决定：施俊法同志任中国地质调查局发展研究中心（全国地质资料馆）副主任（副局级，试用期一年）、党委委员。

2. 2015年10月30日，中地调党发〔2015〕56号，第44次局党组会议研究决定：李剑同志任中国地质调查局发展研究中心（国土资源部矿产勘查技术指导中心）党委委员、国土资源部矿产勘查技术指导中心副主任（副局级，试用期一年）；宋志刚同志任北京探矿工程研究所纪委书记（副局级）、党委委员，免去其中国地质调查局发展研究中心（全国地质资料馆）副巡视员职务。

国土资源实物地质资料中心

党委书记	许庆丰
副主任	颜世强
副主任	王彦洪
党委副书记、纪委书记	李增悦

中国地质环境监测院（国土资源部地质灾害应急技术指导中心）

党委书记、副院长	张　连
副院长（常务副主任）（正局级）	田廷山
党委委员（副主任、总工程师）（正局级）	殷跃平
副院长	黄学斌

党委委员（副主任）	刘传正
副院长	张作辰
副院长	郝爱兵
副院长	马淑玉

变动情况：

2015年2月13日，中地调党发〔2015〕18号，经局党组第10次会议研究决定：免去侯金武同志中国地质环境监测院（国土资源部地质灾害应急技术指导中心）院长（主任）、党委副书记职务，办理退休。

中国地质图书馆（中国地质调查局地学文献中心）

馆长（主任）、党委副书记	刘延明
副馆长（副主任）、纪委书记	单昌昊
副馆长（副主任）	薛山顺

变动情况：

2015年2月13日，中地调党发〔2015〕8号，经局党组第10次会议研究决定：免去杨家才同志中国地质图书馆副馆长、党委委员职务，办理退休。

中国地质科学院

局党组成员、院党委书记、副院长（主持工作）	王小烈
常务副院长、党委副书记	朱立新
副院长	王瑞江
副院长	吴珍汉

变动情况：

2015年1月23日，中地调党发〔2015〕5号，经局党组研究决定：因年龄原因，免去董树文同志中国地质科学院副院长、党委委员职务。

中国地质科学院地质研究所

所长、党委副书记	侯增谦
党委书记、副所长	何长虹
副所长	高锦曦
副所长	江云华

变动情况：

2015年7月9日，中地调党发〔2015〕29号，经局党组第27次会议研究决定：免去卢民杰同志中国地质科学院地质研究所副所长、党委委员职务，办理退休。

中国地质科学院矿产资源研究所

所长、党委书记	傅秉锋
副所长	王宗起
副所长	邢树文
副所长	李基宏

变动情况：

1. 2015年10月15日，中地调党发〔2015〕42号，经局党组第41次会议研究决定：免去张佳文同志中国地质科学院矿产资源研究所副所长、党委委员职务，办理退休。

2. 2015年12月14日，中地调党发〔2015〕67号，经局党组第50次会议研究决定：根据毛景文同志本人申请和工作需要，免去其中国地质科学院矿产资源研究所副所长、党委委员职务。

中国地质科学院地质力学研究所

名誉所长	龙长兴
所长、党委副书记	徐　勇
党委书记、副所长	徐龙强
副所长	侯春堂
副所长	马寅生

变动情况：

1. 2015年8月27日，中地调党发〔2015〕34号，经局党组第35次会议研究决定：免去赵越同志中国地质科学院地质力学研究所副所长、党委委员职务，办理退休。

2. 2015年12月16日，中地调党发〔2015〕70号，经局党组第52次会议研究决定：免去徐龙强同志中国地质科学院地质力学研究所纪委书记、纪委委员职务。

国家地质实验测试中心

主任、党委副书记	庄育勋
党委书记、副主任	骆庆君
副主任	罗立强
副主任、纪委书记	沈建明

变动情况：

1. 2015年10月15日，中地调党发〔2015〕42号，经局党组第41次会议研究决定：免去吴淑琪同志国家地质实验测试中心副主任、党委委员职务，办理退休。

2. 2014年10月24日，中地调党发〔2015〕43

号，经局党组第10次会议研究决定：骆庆君同志任国家地质实验测试中心党委书记（正局级）、副主任，免去其中国地质调查局天津地质调查中心（天津地质矿产研究所）副主任（副所长）、党委委员职务；庄育勋同志不再担任国家地质实验测试中心党委书记，改任党委副书记。

中国地质科学院水文地质环境地质研究所

所长、党委书记	石建省
副所长	张永波
副所长	李援生
副所长	张兆吉
纪委书记	张民福

中国地质科学院地球物理地球化学勘查研究所

名誉所长	谢学锦
所长、党委副书记	彭轩明
党委书记、副所长	甘行平
副所长	史长义
副所长	覃家海
副所长	吕庆田
纪委书记	白　冶

变动情况：

1. 2015年2月13日，中地调党发〔2015〕18号，经局党组第10次会议研究决定：彭轩明同志任中国地质科学院地球物理地球化学勘查研究所所长、党委副书记，免去其青岛海洋地质研究所所长、党委委员职务；免去韩子夜同志中国地质科学院地球物理地球化学勘查研究所所长、党委副书记职务，另有任用。

2. 2015年12月16日，中地调党发〔2015〕70号，经局党组第52次会议研究决定：白冶同志任中国地质科学院地球物理地球化学勘查研究所纪委书记（副局级）、党委委员，免去其局总工程师室副巡视员职务。

中国地质科学院岩溶地质研究所

所长、党委副书记	刘同良
党委书记、常务副所长	张发旺
副所长	蒋忠诚
副所长	刘德成

变动情况：

1. 2015年2月13日，中地调党发〔2015〕18号，经局党组第10次会议研究决定：姜玉池同志任青岛海洋地质研究所副所长（正局级）、党委委员，免去其中国地质科学院岩溶地质研究所所长、党委副书记职务；刘同良同志任中国地质科学院岩溶地质研究所所长（正局级，试用期一年）、党委副书记，免去其中国地质科学院探矿工艺研究所副所长、党委委员职务。

2. 2015年12月16日，中地调党发〔2015〕70号，经局党组第52次会议研究决定：免去张发旺同志中国地质科学院岩溶地质研究所纪委书记、纪委委员职务。

中国地质科学院矿产综合利用研究所

所长、党委书记	刘亚川
副所长、党委副书记、纪委书记	胡泽松
副所长	陈炳炎
副所长	齐先茂

变动情况：

2015年2月13日，中地调党发〔2015〕10号，经局党组第10次会议研究决定：齐先茂同志任中国地质科学院矿产综合利用研究所副所长（副局级，试用期一年）、党委委员，挂职担任局总工程师室副主任，挂职时间一年。

中国地质科学院郑州矿产综合利用研究所

所长、党委书记	冯安生
副所长	郭珍旭
党委副书记、纪委书记	杨绍文
副所长	胡宏杰

变动情况：

2015年8月27日，中地调党发〔2015〕34号，经局党组第35次会议研究决定：免去杨友生同志中国地质科学院郑州矿产综合利用研究所副所长、党委委员职务，办理退休。

中国地质科学院勘探技术研究所

所长、党委书记	张金昌
副所长、党委副书记	徐刚峰
副所长、纪委书记	高　鹏
副所长	冉恒谦
副所长	刘开江

中国地质科学院探矿工艺研究所

所长、党委副书记	胡时友

党委书记、副所长 吴 琳
副所长 宋 军
副所长 李子章

变动情况：

1. 2015年2月13日，中地调党发〔2015〕18号，经局党组第10次会议研究决定：刘同良同志任中国地质科学院岩溶地质研究所所长（正局级，试用期一年）、党委副书记，免去其中国地质科学院探矿工艺研究所副所长、党委委员职务。

2. 2015年7月30日，中地调党发〔2015〕32号，经局党组第32次会议研究决定：吴琳同志任中国地质科学院探矿工艺研究所党委书记（正局级）、副所长，免去其中国地质调查局成都地质调查中心（成都地质矿产研究所）副主任（副所长）、党委委员职务。

北京探矿工程研究所

所长、党委副书记 何远信
党委书记、副所长 李明祥
副所长 刘三意
副所长 贾 军
纪委书记 宋志刚

变动情况：

2015年10月30日，中地调党发〔2015〕56号，经局党组第44次会议研究决定：宋志刚同志任北京探矿工程研究所纪委书记（副局级）、党委委员，免去其中国地质调查局发展研究中心（全国地质资料馆）副巡视员职务；免去李明祥同志北京探矿工程研究所纪委书记职务。

（赵 霞 聂大海）

大 事 记

1月

1月27日，2015年全国地质调查工作会议在北京召开。国土资源部党组书记、部长姜大明出席会议并作重要讲话。国土资源部党组成员、中国地质调查局局长、党组书记钟自然主持会议并讲话。中国地质调查局局党组副书记，副局长王研代表局党组作工作报告。国务院办公厅、国家发展和改革委员会、财政部、人力资源和社会保障部、商务部等有关部门负责人，国土资源部有关司局和有关部属单位负责人，中国地质调查局党组成员，有关院士专家应邀参加会议。各省（区、市）国土资源管理部门、地质调查院、地质环境监测总站、武警黄金指挥部、中央管理的有关地勘单位、有关地质院校的负责同志及中国地质调查局各直属单位党政主要负责人、局机关各部室主要负责人等参会。

2月

2月5日，中国地质调查局矿产资源成矿规律与成矿预测研究中心在中国地质科学院矿产资源研究所成立。

2月27日，国土资源部党组成员、中国地质调查局局长、党组书记钟自然率团访问美国地质调查局，与美国地质调查局局长 Suzette M. Kimball 进行会谈，并发布《中美两国地质调查局长对话》。

3月

3月26日，国家测绘地理信息局与中国地质调查局在北京签署协同发展合作协议。国土资源部部长、党组书记、国家土地总督察姜大明，国土资源部党组成员、副部长、国家测绘地理信息局局长库热西，国土资源部党组成员、中国地质调查局局长、党组书记钟自然出席签约仪式并讲话。国家测绘地理信息局卫星测绘应用中心、中国国土资源航空物探遥感中心签署了对口合作协议，国家基础地理信息中心、中国地质调查局发展研究中心（全国地质资料馆）签署协议并交换数据。

4月

4月1日，中国地质调查局2015年党风廉政建设工作视频会议在北京召开。

5月

5月11日，中国地质调查局2015年廉政文化活动周活动启动。

5月15日，中国地质调查局与印度地质调查局签署《中华人民共和国国土资源部中国地质调查局与印度共和国矿业部印度地质调查局地学领域合作谅解备忘录》。中华人民共和国国务院总理李克强和印度共和国总理纳伦德拉·莫迪出席签字仪式。

5月21日，我国首个干热岩科学钻探工程在福建省漳州龙海市开钻，该项目由水文环境所负责，标志着我国干热岩勘查开发进入实践探索阶段。

5月22日，中国地质调查局召开“三严三实”专题教育动员大会。

5月25日，全国地质勘查行业“最美地质队员”评选活动总结表彰会在北京召开。广州海洋局何高文、航遥中心光荣当选“十佳最美地质队员”。南京地调中心叶念军当选“最美地质队员”。

5月26日，国土资源部党组成员、中央纪委驻国土资源部纪检组组长赵凤桐到地质力学所调研。

6月

6月3日，中国地质调查局与北京大学在北京签署《天然气水合物创新战略联盟合作协议》。

6月3日，国土资源部党组成员、中国地质调查局局长、党组书记钟自然在北京会见西澳大利亚州矿产石油部部长比尔·迈米安。

6月11日，国土资源部党组成员、中国地质调查局局长、党组书记钟自然在局机关会见乌兹别克斯坦国家地质与矿产资源委员会主席图拉穆拉托夫。

6月16日，中国地质调查局海洋装备应用研讨会暨船舶建造合同签字仪式在京举行。国土资源部党组成员，中国地质调查局局长、党组书记钟自然出席会议并讲话。局党组副书记、副局长王研出席会议并讲话。局党组成员，国家发展改革委投资司，国土资源部规划司、财务司、地质勘查司、科技与国际合作司相关负责人，中国船舶工业集团、中国远洋运输集团、中国船级社相关负责人出席会议。

6月19日，2015年度地质调查局地质科技奖评出，其中一等奖7项、二等奖19项，涵盖能源、重要矿产、海洋、地质环境、信息服务等不同领域。

6月24日，国土资源部中国地质调查局与浙江省人民政府在杭州召开“推进浙江省地质调查工作”合作协议签字仪式。国土资源部党组成员、中国地质调查局局长、党组书记钟自然，浙江省人民政府副省长黄旭明出席并讲话。

6月25日，由中国地质调查局、浙江省人民政府共同主办的全国土地质量地质调查服务土地管理现场会在浙江省嘉兴市召开。中国地质调查局在会上发布《中国耕地地球化学调查报告（2015年）》。

6月25日，青岛海地所国土资源部天然气水合物重点实验室顺利通过专家现场验收，正式揭牌。

7月

7月1日，中国地质调查局庆祝建党94周年“两优一先”暨杰出青年表彰视频大会在北京召开。

7月31日，中国地质调查局2015年巡视工作动员培训会在北京召开。

8月

8月25日，由国土资源部和国务院参事室、中央文史研究馆联合主办，中国地质调查局和国土资源部矿产资源储量司承办的纪念中国人民抗日战争暨世界反法西斯战争胜利70周年地质矿产史料展在中国地质博物馆展出。国土资源部部长、党组书记、国家土地总督察姜大明，国务院副秘书长、国务院参事室党组书记、主任王仲伟出席仪式并致辞。国土资源部党组成员、副部长、国家土地副总督察张德霖主持仪式。国务院参事室党组成员、副主任方宁，国土资源部党组成员、中国地质调查局局长、党组书记钟自然出席仪式。

9月

9月7日，中国地质调查局召开第10次局务（扩大）会议，审议通过《关于加强地质调查成果评价的指导意见（试行）》《关于加强地质科技人才队伍建设的指导意见（试行）》，以及《关于计划协调人责任与权利的暂行规定（试行）》《关于工程首席专家责任与权利的暂行规定（试行）》和《关于项目负责人责任与权利的暂行规定（试行）》。

10月

10月14日，中美两国地质调查局地下水水质与监测合作研讨会在北京举办。

10月22日，中国地质调查局在2015中国国际矿业大会上发布《中国地质调查年度报告（2015）》，发布了一批中国地质调查成果地质资料服务信息。这是新中国成立以来首次提供1000余幅1∶5万区域地质图网上服务，首次发布近11万幅全国矿产资源潜力评价成果省级地质资料服务目录和提供93幅海洋地质调查最新基础地质图件数据。

同日，2015中国国际矿业大会国际地质调查局长高层论坛在天津召开，中国地质调查局党组副书记、副局长王研主持论坛。来自秘鲁、缅甸、泰国、伊朗、苏丹、土耳其、新西兰、加纳及马达加斯加9个国家和地区的地质调查局长、副局长就本国地质和矿产资源概况、地学研究、地质工作和矿业投资潜力等方面进行了介绍。

同日，由中国地质调查局主办的中国地质矿产调查评价新进展专题论坛召开。

10月25日，李四光学术思想研讨会在北京召开。国土资源部部长、党组书记、国家土地总督察姜大明出席开幕式并讲话。部党组成员、副部长汪民，中国科学技术协会副主席冯长根出席开幕式，部党组成员、中国地质调查局局长、党组书记钟自然主持开幕式。与会领导为“李四光学者”和“杰出地质人才”称号获得者颁发证书。

11月

11月6日，国土资源部党组成员，中国地质调查局局长、党组书记钟自然在北京会见浙江省人民政府副省长黄旭明。

11月10日，“海洋六号”综合地质地球物理调查船历时197天、航程近6×10^4 km，圆满完成中国地质调查局2015年深海资源调查航次和中国大洋36航次科考任务，返抵广州海洋地质专用码头。

11月18日，中国地质调查局被国务院安委办评为2015年全国“安全生产月”活动先进单位。

11月23～29日，由东亚东南亚地学计划协调委员会（CCOP）主办，中国地质调查局承办的东亚东南亚地学计划协调委员会（CCOP）第51届年会和第65届指导委员会会议在西安召开。

11月26日，国家海洋局、国家测绘地理信息局、中国地质调查局在北京签署协同发展合作协议。国土资源部部长、党组书记、国家土地总督察姜大明出席协议签署仪式并讲话。国土资源部党组成员、副部长、国家测绘地理信息局局长库热西，国土资源部党组成员、中国地质调查局局长、党组书记钟自然，国土资源部党组成员、国家海洋局局长、党组书记王宏签署协议。

12月

12月4日，国土资源部党组书记、部长、国家土地总督察姜大明到青岛海地所东部科研基地视察指导工作。部党组成员、副部长汪民，部党组成员、中国地质调查局局长、党组书记钟自然，山东省委常委、青岛市委书记李群，山东省副省长、省政府党组成员王书坚等陪同视察。

12月7日，2015年中国科学院院士增选和外籍院士选举结果揭晓，中国地质科学院地质研究所高锐研究员当选中国科学院院士。

12月11日，中国地质调查局与安徽省人民政府签订《皖江经济带综合地质调查合作协议》。国土资源部党组成员、中国地质调查局局长、党组书记钟自然，安徽省人民政府副省长方春明出席签约仪式并讲话。

12月11日，中国地质调查局与安徽省人民政府在安徽合肥召开长江经济带地质工作研讨会。国土资源部党组成员、中国地质调查局局长、党组书记钟自然，安徽省人民政府方春明副省长出席会议并讲话。会议期间，中国地质调查局发布《支撑服务长江经济带发展地质调查报告（2015）》。

12月16日，中国地质调查局在北京召开国土资源业务卫星发展规划（地矿）研讨会，会议宣布中国地质调查局卫星应用研究中心正式成立。

12月29日，国土资源部党组成员、中国地质调查局局长、党组书记钟自然与武警黄金指挥部司令员王成、政委杨继明一行在北京召开座谈会。